정서의 이해

Dacher Keltner · Keith Oatley · Jennifer M. Jenkins 공저 | **김현택** 역

Understanding Emotions (3rd edition)

학지사

역자 서문

　매번 번역을 마칠 때면 이제 다시는 번역을 하지 않겠다고 다짐을 했다. 우리나라에서는 학문적 업적으로 평가받기도 힘든 데다가 요즈음은 이전보다 다들 영어를 읽고 쓰는 데 어려움이 덜하기 때문에 웬만하면 원서를 직접 읽는 것이 더 낫다고 생각한 것도 번역 작업을 망설이게 하는 데 한몫을 하였다. 그렇게 여러 해 동안 번역에 대한 생각을 접고 있다가 이 책을 발견하고는 번역해서 독자들에게 소개하고 싶은 마음을 또다시 억누를 수가 없었는데, 그 이유는 다음과 같다.

　역자는 지난 30년간 학습과 기억의 뇌신경 기전을 연구해 왔다. 그리고 학습과 기억의 기저에 정서가 있다는 것을 알고는 연구생활의 후반부에 정서 분야로 연구를 확장했다. 정서에 대한 신경과학적 연구는 지난 수십 년 동안 비약적 발전을 해 와서, 이제 우리는 정서가 단순히 억눌러야 하는 오래된 비이성적 유산이 아니라 개인의 삶과 사회생활을 위한 소중한 자산이라는 것을 알게 되었다. 그런데 아직은 정서의 신경과학이 다양하고 복잡미묘하며 사회문화적 색채를 띠고 있는 정서와 감정의 복합적 측면들을 광범위하게 다루고 있지 못한 것이 현실이다. 현재까지 정서의 신경과학의 주된 연구가 공포와 같은 일부 측면에 집중되고 있으며, 다른 정서들의 다양한 측면에 대한 연구는 최근에 시작되고 있다. 그 이유는 이 분야의 과학적 연구가 시작된 지 오래되지 않았으며, 사람들이 당면한 공포와 불안 같은 정서장애를 도와주는 것이 시급하다는 면에서 충분히 이해할 수 있다. 하지만 역자에게는 정서에 대한 더 광범위한 미지의 영역을 생각할 때마다 그런 현실적 조건이 항상 아쉬움으로 남아 있었다. 그런 이유로 역자가 이 책을 발견했을 때 번역해서 독자들에게 소개하고 싶은 생각이 강렬하게 들었다.

역자의 바람에 걸맞게, 이 책은 다양하고 복합적인 정서에 대한 이해와 응용을 심리학에만 국한해서 설명하는 것이 아니라 진화적 유산, 문화인류학, 철학, 신경과학, 문학, 예술 분야의 시각에서 깊이 있게 다루고 있는 책이다. 인간 심리의 어떤 면도 단순하지 않으므로, 다각도로 바라보는 것이 통찰을 주는 데 필수적이라고 생각한다. 정서를 잘 이해하기 위해서는 정서의 신경과학이 발견한 공포와 불안, 쾌락의 뇌신경 회로와 뇌신경화학 그리고 호르몬에 대해서 잘 알아야 할 뿐만 아니라, 문학 및 예술 작품들이 묘사한 개인적 · 대인적 정서의 미묘한 측면들, 정서의 사회적 기능에 대한 관찰들, 정서의 문화인류학적 다양성 등을 알아야 한다. 즉, 정서의 이해에는 과학적이면서도 인문학적인 통찰이 필요하다는 말이다. 그래야 앞으로의 정서연구가 획기적으로 발전하고, 또 임상 장면에서 정서장애를 더 잘 이해할 수 있게 되며, 여러 치료법의 기저에 있는 다양한 과학적 · 인문학적 기초를 깊이 이해하여 더 좋은 치료법들을 개발해 나갈 수 있을 것이다.

이 책은 세 명의 저자가 같이 썼다. Dacher Keltner는 풍부한 기초연구 경험과 더불어 그의 전문적 지식으로 사회적 기여를 하고 있다. 이 책이 가진 학문적 우수성은 그의 수고에 힘입은 바가 크다고 생각한다. 그리고 역자는 이 책을 읽으면서 다른 교재와 달리 문학적 · 예술적 감각을 발견하였는데, 이러한 면에 있어서는 아마도 Keith Oatley의 공로가 크다고 생각한다. 그는 작가상을 받은 소설가이자 심리학자로서 이 책을 문학적으로 특별하게 만든 사람이라고 할 수 있다. Jennifer M. Jenkins의 전문성과 노력에 힘입어서 우리는 아동의 정서 발달과 복지 그리고 정서장애에 대한 이해를 더 넓히고 실제적 적용에 도움을 얻을 수 있다. 세 저자에게 역자 서문의 지면을 빌려서 감사드린다.

번역은 정성이 들어가는 작업이다. 언제나 문장의 뜻을 정확하게 번역해야 하는 것은 물론이고, 원어의 단어를 어떻게 번역하는 것이 더 좋을지도 많이 생각하게 된다. 역자의 전공인 생리심리학과 행동신경과학에 대한 내용을 만날 때에는 그것이 사실의 발견에 초점을 맞추고 있기 때문에 그런 고민이 상대적으로 덜하였지만, 이미 이야기한 대로 이 책의 내용이 문학과 예술부터 뇌과학과 분자생물학까지 망라하므로 어떤 때는 우리말에서 적확한 표현을 찾기 위해서 여러 번 고민하고 바꾸어야 하였다. 사실 우리말에서 정서, 감정, 느낌, 기분이 상호 배타적으로 정의되어 있지 않으므로 어떤 경우에는 같은 원어 단어를 문맥에 따라 다른 말로 번역한 경우도 있다. 하지만 정서(emotion)만은 자극에 대한 반응이라고 정의하고 자극-반응(stimulus-response: S-R) 심리학의 학문적 전통에 따라 번역하여서 무리가 없도록 하였다. 독자들의 더 좋은 의견이 있다면 언제라도 참조하도록 하겠다.

책 한 권을 번역하는 데 여러 사람의 수고가 없을 수 없다. 이 자리를 빌려서 김혁, 김석찬, 전현진, 송인욱, 김민지, 박선영, 박찬현, 이경은의 도움에 깊은 감사를 드린다. 그리고 이 책이 출판될 때까지 오래 기다리고 이해해 주신 학지사의 김진환 사장님께 고맙다는 말씀을 드린다. 특히 역자가 미처 발견하지 못했던 빠진 부분과 오류를 전문가 식견으로 발견하고 지적해 준 황미나 편집자는 이 책의 숨은 공로자이다. 끝으로, 게으른 역자가 번역을 마칠 수 있도록 재촉해 주고, 원문의 문학적·예술적 표현이나 사회문화적으로 이질적인 내용들을 역자가 잘 이해할 수 있도록 설명하고 도와준 아내 Linn Roby에게 고마운 마음을 보낸다.

아무리 정성을 쏟아서 번역하여도 실수를 피할 수는 없다. 독자들이 읽다가 잘못된 부분이나 불명확한 부분이 있다면 모두 역자의 책임이다. 그런 부분들이 발견되면 언제라도 연락 주셔서 수정할 기회를 주시면 감사하겠다.

저자 서문

인생에서 이상한 것은 그 속성이 수백 년 동안 누구에게나 명백하였지만 아무도 적절한 설명을 남기지 않았다는 것이다. 런던 거리에 대한 지도는 있지만, 우리의 정열에 대한 것은 없다.

— Virginia Woolf, 『야곱의 방(Jacob's Room)』

『정서의 이해(Understanding Emotions)』3판을 출간하면서, 이 책이 정서에 관한 표준적 학부 교과서가 되었다는 것을 알고서 감사한 마음이 들었으며, 성장하고 있는 이 과학 영역에 참여하게 된 것이 기쁘다. 우리 세 사람 Dacher, Keith, Jennifer는 같이 작업하는 것을 계속 즐겼으며, 이번에는 Dacher가 대표 저자가 될 차례라고 생각했다.

저술과 발표의 전통에 따르면, 사람들은 수천 년 동안 정서에 흥미를 가지고 있었다. 대부분의 사회에서 정서는 사람들이 자신과 타인 그리고 그들 간의 관계, 의례, 공공의 삶을 이해하는 중심에 있다. 심리학에 대한 과학적 연구의 시대에, 우리는 평상시의 대화를 이해할 수 있고 급속히 증가하는 과학적 증거들도 진지하게 이해할 수 있는 접근법을 여기에 제시한다.

심리학에서 정서는 현재 사람의 마음과 사회의 인간관계를 이해하는 중심이 되는 합당한 위치로 이동하고 있다. 우리 책에서도 볼 수 있지만, 정서에 관한 전체 주제는 심리학에만 국한된 것이 아니다. 정서는 신경과학, 정신의학, 생물학, 인류학, 사회학, 문학, 철학의 영역으로 확장된다.

이번 판에서는 정서가 개인의 뇌와 신체에서 생기는 것이지만, 친밀한 방식과 공적인 방식으로 상호관계를 매개한다는 점증하는 인식도 반영한다. 정서는 사회생활에 일종의 문법을 제공한다. 사실상 이 분야의 발달 덕분에, 이번 판에서는 정서의 핵심이 사회적인 것이라는 유기적 논지에 도달한다.

우리는 독자들이 이번 판을 좋아할 것이라 생각한다. 이번 판은 이전 판들의 전통을 이어 가면서도 새로운 것들을 부가해서, 가르치는 사람과 학생들이 더 쉽고 즐겁게 사용할 수 있도록 했다. 이번 판에서 몇 장은 대학원 학생들과 공동 작업을 하였다. 제8장은 Mark Wade, 제11장은 Heather Prime, 제12장은 Dillon Browne과 Mark Wade, 제13장은 Hannah Oatley 와 같이 작업하였으며, 큰 감사를 보낸다. 이들은 우리의 작업을 크게 향상시켜 주었다. 또한 여러 장을 읽고 피드백과 제안을 해 준 동료들에게도 깊이 감사한다. 그 동료들은 Gerald Cupchik, James Gross, June Gruber, Terry Maroney, Batja Mesquita, Randolph Nesse, Ira Roseman, David DeSteno, Emiliana Simon-Thomas, Jessica Tracy이다.

정서 분야에서 흥미진진한 진전이 계속되고 있으며, 우리는 그런 조류를 반영하기 위해서 최선을 다했다. 또한 이 교재를 갱신하는 데 동료들의 제안도 받아들였다. 제3판에서 변경된 부분은 다음과 같다.

- 전체에 걸쳐서 참고문헌을 갱신하였는데, 심리학, 정신의학, 사회과학, 인문학, 신경과학의 최근 연구와 자료들이 포함되었다.
- 정서의 인간관계 기능과 사회적 기능에 대해서 더 많이 강조하였으며, 여러 종류의 관계에서 사람들 사이에 정서가 어떻게 작동하는지에 대한 모의 논의들도 덧붙였다.
- 공감, 기쁨, 돌봄, 사회적 거부의 신경과학뿐만 아니라 진화 및 환경과 상호작용하는 유전자에 관한 현대 연구의 새로운 논의들이 들어갔다.
- 사회적 동기와 반사회적 동기, 정서와 도덕성, 법과 정서, 의식, 정서조절(자유의지에 대한 논의 포함), 웰빙, 스트레스 반응의 생리학과 새로운 절들이 포함되었다.
- 중요한 인물, 개별 정서, 소설과 영화, 반성과 수양이라는 네 종류의 글상자가 포함되었다.
- 각 장의 요약과 함께 생각해 보고 논의할 점이 들어가 있다.

과학과 인문학 둘 다 초기 작가들의 전통에서 덕을 보고 있다. 12세기의 학자인 Bernard of Chartres가 처음 말한 대로 우리가 더 멀리 볼 수 있는 이유는 거인들의 어깨에 올라타 있기 때문인데, 말하자면 우리 이전에 있었던 그런 사람들 덕분이다. 작가로서 우리의 작업은 그런 위치에서 보이는 것들을 내어놓으면서 이론들과 증거를 평가하는 것이다. 독자로서 당신이 이미 아는 것과 관련지어서 우리가 말하는 것을 평가할 수 있으며 토론에 참여할 수 있는데, 이것이 과학과 토론의 사회적 과정이며 이해를 증진시키는 방식이다.

이 책은 정서에 관심을 가지고 있는 모든 사람에게 정서 이해에 대한 개념화와 연구가 얼마나 많이 진전되었는지 보여 주고자 저술되었다. 어떤 사람들은 정서가 체계적으로 연구하기에는 너무나 다양하고 이질적이라고 주장하고 있지만, 우리가 그런 복잡한 영역에서 이런 교재를 쓴다는 사실 자체가 법칙이 나타나고 있는 것이라고 믿는다.

어떤 관점 없이 인간의 정서를 논한다는 것은 단조롭고 대체로 불가해하다. 현재 이 분야의 출판물은 수천 가지가 넘으므로 모두 섭렵하기는 불가능하다. 그래서 우리가 대표적이라고 믿는 출판물들을 선택했으며, 바라건대 독자들에게 이 광범위한 분야에 관해서 생산적으로 생각할 수 있는 이미지를 전해 주고 싶다. 이 책의 전체적 기승전결뿐만 아니라 각 장은 그 나름대로 줄거리가 있는데, 중심 인물들, 기초가 되는 아이디어들, 지적 논란과 견해 차이로 인한 긴장관계도 포함하고 있다. 우리가 논쟁이 있을 때 그것에 대해서 논의했으므로, 독자들은 상이한 관점으로 그 분야를 볼 수 있다. 하지만 우리는 또한 일관성 있는 교재가 되도록 작업했다. 우리의 관점이 유일한 것은 아니지만, 이 분야에 일관성 있는 관점이 있다는 것을 앎으로써 그 관점에 찬성하거나 반대할 수 있고 또 변경할 수도 있다. 어떤 증거도 그 자체로 결론적인 것은 아니고 어떤 생각을 탐구해 나가는 한 걸음이라는 것을 알기 때문에, 독자들이 자신의 관심에 적용될 수 있는 개념들과 관점들에 관한 통합적 그림을 그리기 바란다.

증거들을 취급할 때 공정하기 위해서 최선을 다하였지만, 우리의 지식이 완전할 수는 없고 관점들도 우리의 관심과 개념 쪽으로 치우칠 수밖에 없는 것이 사실이다. 우리의 관심은 정서를 인지적 · 진화적 · 사회적 · 발달적 견지에서 생각하는 것이며, 정서장애라고 알려진 상태에서 무엇이 잘못되었는지 이해하는 것이다. 우리는 정서가 생물학적 과정에 근거를 두고 있고, 친밀한 관계 안에서 정교화되며, 문화에 의해서 규정된다는 것을 안다. 당신이 서명을 할 때 능숙한 쓰기 기술을 구사하듯이, 어떤 정서에도 생물학적 근저가 되는 요소들과 제약들이 다 있다. 정서 역시 개인적 발달의 역사를 가지고 있다. 정서는 개인 간 배경과 문화적 배경 안에서만 충분히 이해될 수 있다.

우리는 대부분 서양적 전통 안에서 정서에 관해서 썼다. 이것이 유럽-미국식 추정들이 보편적이라는 의미는 아니다. 우리는 문화 간 비교도 많이 제시하고 있다. 동시에 대부분의 독자가 서양적 전통에 속해 있거나 그것을 잘 알고 있으리라 생각한다. 정서의 실체에 관한 아이디어와 발견들이 그 전통 안에서 명확히 보이리라고 믿는다 이 책을 정서 분야의 일반적 소개뿐만 아니라, 학부 2~4학년의 정서 관련 과목으로, 또는 석사과정과 박사과정의 대학원생들을 위해서 썼다. 그런데 이 책은 좀 특별하다. 오늘날 대부분의 심리학 교재는 암기해야 할 것이 많은 개론서이며, 개념적인 교재는 소수이다. 그런데 I. A. Richards(1925)는 책을 "생각하기 위한 기계(a machine to think with)"(p. 1)라고 하였다. 우리는 독자의 생각을 초빙하기 위해서 이 책을 썼다. 우리가 내린 결론들이 이야기의 줄거리를 이룬다. 하지만 우리가 결론을 내린 증거들에 관한 상세한 내용들을 충분히 제공함으로써 독자들이 자신의 결론을 도출할 수 있기를 바란다.

이 책의 전체 14개 장은 한 주에 한 장씩 진행함으로써 한 학기에 마칠 수 있다. 아마 1~2개 장은 강의자의 판단에 따라 생략할 수도 있을 것이다. 1년 과정을 위해서는 각 장을 쪼개서 두 번 이상 강의할 수 있을 것이다. 전체에 걸쳐서 우리는 두 가지 점을 잊지 않고 기억했는데, 정서의 이해를 촉진시키는 주제들에 관한 것 그리고 임상심리학, 정신의학, 의료 서비스, 교육, 조직의 중요 문제들에 대한 실제적 적용에 관한 것이다. 이 책을 사용하는 많은 강의자가 다른 문헌들도 보충해서 사용하리라 생각한다. 각 장의 끝부분에 더 읽을거리를 마련했는데, 여기에는 개관 논문들과 책들이 있다.

우리는 학술회의들에 참석하고 또 출판물의 현재 추세를 살펴보면서 우리의 생각과 그 범위를 검증해 왔다. 이 분야에는 학술지, 국제적인 연구 학회, 개관 논문, 핸드북 등이 있다. 저자 중 한 사람(Dacher Keltner)은 계속해서 이 책에 있는 자료들을 캘리포니아 대학교 버클리 캠퍼스의 학부 정서 과목을 듣는 학생들과 함께 보관하고 있다. 우리 세 사람 모두 이 자료를 우리의 과정과 강의에 사용한다.

강의 매뉴얼과 강의 노트 그리고 강의에 대한 조언이 필요하면 연락 주기 바란다.

차례

제1부 정서에 대한 조망

제1장

정서를 이해하기 위한 접근법

사진 출처: The Expression of the Emotions in Man and Animals by Charles Darwin, 1872

[그림 1-0] 모자를 쓰고 있는 어린 소녀(Darwin, 1872)

어린아이들이나 성인들의 삶에 있어서 중요한 순간들은 왜 항상 정서로 채색되는가?

— Vygotsky (1987), p. 335

서론

정서를 꺼 버릴 수 있는 스위치가 있다면 어떻겠는가? 홀딱 반한 사람 앞에서 말을 더듬거릴 일도 없을 것이다. 화가 나서 함부로 말해 놓고 나중에 후회할 일도 없을 것이다. 불안에 휩싸여서 잘할 수 있는 일을 망쳐 버리는 경우도 없을 것이다. 이런 스위치가 있으면 정서를 꺼 버리겠는가?

다들 그렇게 하고 싶을 것이다. 2,000년이 넘는 시간 동안, 많은 사상가는 우리의 정서가 원초적이고 파괴적이라고 생각해 왔다. 그리고 우리의 이성이 열정을 통제해야만 인간의 본성이 더 고상해진다고 생각해 왔다. 어떤 정서는 위험하다고 생각했는데, 예를 들면 분노는 파괴적이라고 여겼다.

이 책에서는 다른 견해를 소개할 것인데, 그것은 근래에 인간 정서에 관한 연구에서 나온 것이며, 정서가 사회생활에 중요한 역할을 한다는 것이다. 그렇다고 정서가 항상 이성적이라는 말은 아니다. 정서의 많은 부분에 대해서 이해할 수 있다는 것이다. 이 책에서 오래된 질문에 대한 해답을 얻을 수 있는데, 시작은 느렸지만 정서에 대한 연구가 신속한 발전을 보였고 많은 발견이 있었기 때문이다. 진화적 과정에서 정서가 어떻게 생기게 되었는가? 다른 문화권에서는 정서가 어떻게 다른가? 우리의 뇌와 신체는 정서와 어떤 관계를 가지고 있는가? 정서를 표현할 때 무슨 일이 일어나는가? 인간관계를 맺으며 살아가면서 정서는 어떻게 배양되는가? 정서가 역기능을 할 때는 언제인가? 행복이란 무엇인가?

이 도입 장에서 이러한 질문들에 답할 수 있는 기초를 놓는다. 우선, 심리학과 사회과학에서 정서연구가 어떻게 시작되었는지 살펴볼 것이다. 그런데 그것보다 우선적으로 할 질문은 도대체 정서가 무엇인가 하는 것이다.

정서란 무엇인가? 처음 생각

우리 모두는 정서를 경험하기 때문에 정서가 무엇인지 안다. 그런데 심리학자들은 정서는 정의하기 힘든 것이라고 한다. 사실 그런 문제는 일반적인 것이다. 우리는 나무가 무엇인지 모두 알고 있지만, 나무의 정확한 정의가 무엇인지는 잘 모른다. 우리가 의미하는 바가 정확히 무엇인지 잘 모르면서 어떤 것을 지칭할 수 있는 것이 언어의 놀라운 기능 중 하나라고 한다(Putnam, 1975). 정확한 정의를 내리기 위해서는 좋은 이론이 있어야 한다. 이 책을 읽고서 독자들은 각자 나름대로 정서에 대한 좋은 정의를 내리기를 바란다.

　그런데 우리가 무엇에 대해서 이야기하는지에 대해 대강 합의를 해야 출발을 할 수 있을 것이다. 어떤 정서란 우리의 관심(목표)과 사건 사이를 매개하는 심리적 상태 또는 과정이다. Sylvan Tomkins(이 장의 나중 부분에서 그의 연구를 언급할 것이다)가 이야기했듯이, 어떤 순간에 특정 정서가 여러 관심사 중에서 하나에 우선권을 부여한다. 그 정서는 그 관심사를 긴급한 것으로 만든다. 우리가 길을 건너다가 차에 치일 뻔했다면 자신을 보호해야겠다는 관심사가 긴급한 것이 될 것이며, 이때 공포라는 정서가 생긴다. 그러면 순간적으로 인도로 피하게 된다. 어떤 사람이 우리를 모욕하면 분노하게 되고 그 사람이 우리에게 무엇을 잘못했는지에 집중하는 것이 가장 긴급한 관심사가 된다. 그러므로 심리학자들은 정서가 비이성적이라고 생각하는 것이 아니라 국소적으로는 이성적인 것이라고 생각한다. 국소적으로 이성적이라는 말은 정서가 모든 면에서 이성적이라는 말은 아니다. 정서는 특정 상황에서 자신의 관심사를 적응적으로 다루게 한다는 점에서 이성적이라는 말이다. 즉, 정서는 그 관심사가 우선권을 가지게 한다는 점에서 국소적이며, 그 정서는 그 관심사를 긴급한 것으로 취급한다.

　또한 정서는 우리가 누구를 사랑하며, 어떤 것을 싫어하고 경멸하는지와 같은 근원적 가치도 포함해서 모든 가치관의 원천이다(Solomon, 2007).

　가장 중요하게는, 정서가 있기 때문에 인간관계가 생기고 그것에 연루된다. 누가 삶을 같이 할 사람인가? 가족 구성원에 대해서 어떻게 느끼는가? 누가 친구인가? 친밀하게 지내던 사람과 헤어지면 왜 걱정을 하는가? 싫은 사람과 방을 같이 쓰면 왜 힘이 드는가? 타인은 나를 어떻게 보는가? 정서 자체는 개인적으로 생기는 것이지만, 대부분의 중요한 정서가 개인 차원에서 생기지는 않는다. 이 말은 정서가 인간관계를 매개한다는 것이다. 어떤 사람에 대한 사랑, 분노, 공포나 친구를 잃었을 때 느끼는 슬픔을 생각해 보면 알 수 있을 것이다.

　심리학 연구자들은 개인의 마음과 뇌에서 어떤 일이 일어나는지를 발견하는 데 초점을 맞추는 경향이 있다. 예를 들면, 최근까지도 정서연구는 얼굴표정의 개인적 지각, 개인의 생리적 반응, 개인적 경험에 대한 반응을 측정하는 것이 주가 되었었다. 하지만 현재는 개인 차원에서 어떤 일이 일어나느냐 하는 것보다 대부분의 중요한 정서들이 인간관계에서 일어난다는 면에 주목하고 있다. 이 책에서는 그러한 면을 강조할 것인데, 그 이유는 그것이 현재 정서연구의 추세이기도 하려니와, 정서연구가 그 방향으로 가야 하기 때문이다.

　어떤 관심사에 중요성을 부여하는 정서가 있다면, 그것에 해당하는 인간관계에서의 용어는 무엇일까? 그것은 다른 사람에 대해서 몰두하는 것이라고 할 수 있을 것이다(Aubé, 2009). 어떤 사람을 사랑할 때는 그 사랑이 짧게 끝날지라도 그리고 사랑이라고 구태여 말하지 않더라도 그 사람에 대해서 한동안 몰두하게 된다. 그 사람의 관심이 나의 관심이 되는데, 성적인 면에서나 아이를 양육하는 일에서도 그렇게 되고, 위험에 처했을 때의 군인들이나 소방관들의 경우에도 서로 돕게 되는 것이다. 어떤 사람에 대해서 분노할 때는 발생한 문제를 해결하거나 아예 이별하기 위해서 몰두하게 된다.

이러한 생각들은 현대의 연구에서 나온 것이기도 하지만, 우리의 개인적 경험이나 직관으로 알고 있는 것이다. 그렇지 않은가? 이해할 만한가?

19세기의 선구자들

정서에 대한 현대적 생각은 Charles Darwin, William James, Sigmund Freud에게서 유래한 것이다. 이제 그들의 생각을 살펴보자.

Charles Darwin: 진화적 접근

우리가 물려받은 것이 바로 우리가 가지고 있는 사악한 정열의 기원이다! 비비원숭이의 모습을 한 악마가 바로 우리의 조상이다.

– Charles Darwin, 노트, Gruber & Barrett (1974), p. 289

현대 생물학의 중요한 인물인 Charles Darwin은 1872년에 정서에 대해 지금까지 나온 책 중에서 가장 중요한 책을 출판하였다. 그 책은 『인간과 동물의 정서표현(The Expression of the Emotions in Man and Animals)』(1872)이다. 그것보다 조금 이전에 쓴 『종의 기원(The Origin of Species)』(1859)에서 그는 모든 생명체가 환경에 적응하기 위해서 어떻게 진화하는지 설명하였다. 이것을 이해한다면, Darwin이 정서도 우리가 생존하기 위해서 필요한 것이라고 제안했으리라 짐작할 수 있다. 그래서 심리학자들과 생물학자들은 Darwin이 그렇게 말했으리라고 생각하겠지만, 사실은 그렇지 않다. 그는 우리가 짐작하는 것보다 더 상식적이고 미묘하게 말했다.

Darwin은 1838년에 정서를 관찰한 것을 기록하기 시작했다. 그 당시에 주류 이론은 하느님께서 인간에게 특별한 안면 근육을 내려 주셔서 인간만이 기분을 표현할 수 있다는 것이었다. 하지만 Darwin 이론의 중심 원리는 인간이 다른 종에서 유래했다는 것이다. 즉, 우리는 생각보다 더 동물에 가까울 뿐만 아니라 우리 인간도 동물이라는 것이다. Darwin은 수많은 관찰을 했는데, 이러한 관찰들이 오늘날의 정서연구에도 여전히 영향을 주고 있다(Darwin, 1872/1998).

정서에 관한 그의 책에서 Darwin은 두 가지의 큰 질문을 하고 있는데, 그것은 오늘날에도 여전히 유효한 질문이다. 첫 번째 질문은 정서가 사람과 동물에게서 어떻게 표현되느냐 하는 것이다. 〈표 1-1〉은 Darwin이 작성한 정서표현의 분류이다.

Darwin의 두 번째 질문은 우리의 정서가 어디에서 유래했느냐 하는 것이다. 그는 대부분의 정서표현이 우리의 진화적 과거나 개인적 과거에서 유용했던 습관에서 유래했다고 했다. 그러므로 정서표현이란 일종의 반사 메커니즘이기 때문에 어떤 정서표현은 유용한가 아닌가에 관계없이 나타난다고 한다. 정서표현은 원래 습관을 일으키던 상황과 유사한 상황에서도 불수의적으로 일어날 수 있다. Darwin의 책에는 그런 예들이 풍부하게 나와 있다. 안구에 윤활액을 공급할 기능이 아닌 경우에 흘리는 눈물, 공포와 분노를 느낄 때 적절한 목적도 없이 털을 곤두세우는 것 등이 그 예들이다.

Darwin에게는 그런 표현들이 성인의 정서가 하등동물이나 유아들의 정서와 연장선상에 있다는 것을 보여 주는 것이었다. 왜냐하면 성인에게 일어나는 이러한 표현들이 '쓸모없는 것은 아니겠지만', Darwin에게는 마치 화석으로부터 종들의 진화적 조상을 추적하듯이 진화적 사고를 할 수 있게 하는 중요한 것들이기 때문이었다. 더 정확하게 이야기하자면, Darwin은 정서표현이 창자에 붙어 있으며 지금은 별다른 기능을 하지 않는 조그만 충양돌기 같은 것이라고 생각했다. 그는 이런 것들이 우리가 충양돌기가 쓸모 있었던 인간 이전의 우리 조상의

〈표 1-1〉 Darwin(1872)이 분류한 정서표현, 신체체계, 정서의 종류

정서표현	신체체계	정서의 종류
얼굴 붉힘	혈관	수치심, 수줍음
신체접촉	체근(somatic muscle)	애정
주먹을 쥠	체근	분노
울기	누선	슬픔
얼굴 찌푸림	안면근	분노, 좌절
웃음	호흡기관	즐거움
발한	땀샘	고통
털이 곤두섬	피부기관	공포, 분노
비명을 지름	발성기관	고통
어깨를 으쓱임	체근	체념, 감수
비웃음	안면근	모욕, 경멸
벌벌 떪	체근	공포, 불안

후손이라는 것을 증명하는 것이라고 제안했다. Darwin은 많은 정서표현이 동질적인 것이라고 했다. 예를 들면, 비웃는 표현을 할 때 한쪽 이빨들을 드러내는데, 이것은 으르렁거리며 물어 버리겠다는 행동적 표현의 잔재라고 했다. 이러한 태세가 과거 진화의 어느 시점에서 조상들에게는 유용했겠지만 지금은 아니다. 우리가 때로 신랄한 비난을 퍼붓기도 하지만, 현재 성인들이 공격을 할 때 이빨을 사용하지는 않는다.

Darwin은 유아에게서도 그런 표현들을 찾아내었다. 그는 우는 것이 유아가 지르는 비명의 흔적이라고 했는데, 성인에게서는 비명을 지르는 것이 부분적으로 억제된다. 그는 유아가 지르는 비명을 자세히 기술하고는, 눈을 감고 눈물을 흘리는 것이 비명을 지를 때 유아들을 보호하는 기능이 있다고 주장했다. 성인이 울 때도 눈물을 흘리지만, 성인의 눈물은 더 이상 보호 기능이 없다. Darwin의 생각 중에서 가장 흥미로운 것 하나는 성인이 사랑하는 사람을 포옹하는 애정표현인데, 이것이 부모가 유아를 포옹하는 것에서 기인했다는 것이다([그림 1-1] 참조).

Darwin에게는 정서가 우리를 우리 종의 과거와 연결시켜 주는 것이기도 하며, 우리의 유아기와 연결시켜 주는 것이기도 하다. 그는 얼굴표정을 기술해 두었으며, 그런 표정의 보편성을 주장했다. 그런 주장으로 말미암아 수많은 연구가 있게 되었다. 우리는 제4장에서 그것을 보게 될 것이다. '정서가 어떻게 유익할 수 있는가?'라는 질문에 그는 전망을 던져 주었는데, 그것이 이 절의 처음에 제시한 인용문에 나타나 있다. 진화에서 인간 이전에 나타난 야수적인 열망을 극복하면 우리는 더 나아질 것인가? 그의 책의 많은 부분은 유용하느냐 그렇지 않으냐에 상관없이 나타나는 정서표현들의 여러 가지 예로 가득 차 있다. 그는 그의 책 마지막 부분에 다음과 같이 적고 있다.

사진 출처: *The Expression of the Emotions in Man and Animals* by Charles Darwin, 1872, Plate VI No. 1

(a)

(b)

사진 출처: *The Expression of the Emotions in Man and Animals* by Charles Darwin, 1872, Plate I No. 1

[그림 1-1] Darwin(1872)의 사진 두 장. 비웃는 사진(a)과 우는 사진(b).

얼굴과 신체의 표현은 그 기원이 무엇이든지 간에 그 자체로 우리의 복지를 위해서 매우 중요한 것이다. 그것이 모자간에 일어나는 최초의 소통방식이다. 엄마는 미소를 지으면서 아기를 받아들이고 격려하게 되며, 얼굴을 찌푸리면서 아기에게 무엇을 못하게 한다. 타인의 표현을 보고서 그의 공감을 쉽게 알아차리고…… 우리가 보이는 몸짓과 표정이 말하는 것을 더욱 생생하고 활기차게 만든다.

－ Darwin (1972/1988), p. 359

단서를 달기는 했지만, Darwin은 정서가 유용한 기능을 가지고 있다고 했다. 정서로 말미암아 우리가 사회적 상호작용을 원활하게 할 수 있는 것이다. 이것이 바로 우리가 이 책에서 추구하는 가설이다.

중요한 인물: Charles Darwin

Chalres Darwin이 여덟 살 되던 해에 그의 어머니가 사망했다. Darwin이 열여섯 살이 되던 해에 그의 아버지는 그를 에든버러 대학교에 보내서 의학을 전공하도록 했다. 하지만 Darwin은 수업을 빼먹고 에든버러 근교에 있는 포스 브리지 해안에 채집을 하러 다니면서 박물학에 큰 흥미를 느끼게 되었다. 아들의 의학교육이 실패한 데 실망한 그의 아버지는 Darwin을 케임브리지 대학교에 보내서 신학을 전공하도록 했다. Darwin은 신학 공부마저도 흥미를 가지지 못했다. 그는 딱정벌레를 수집하고 사냥하러 다니는 일에 더 흥미를 느꼈다. 그는 1831년에 학부를 졸업하고 시골교구 목사가 되어서 취미로 박물학을 공부할 작정이었다. 하지만 그가 케임브리지 대학교에서 빈둥거리기만 한 것은 아니었다. 여러 과학자에게 좋은 평판을 얻어서, 22세에 비글호의 박물학자로 임명되었다. 비글호는 영국 해군 함정인데, 남아메리카의 해안선을 측량하는 임무를 띠고 있었다. 비글호를 타고 5년간 여행하고 돌아온 후 2년이 지나서, Darwin은 사촌인 Emma에게 청혼했다. 몇 달 지나서 그들은 일생을 같이할 결혼생활을 시작했고, 대체로 행복했다. Darwin은 건강염려증이 있어서 부인과 함께 런던 근교에 정착한 이후로 치료차 온천에 가는 일을 제외하고는 거의 외출을 하지 않았다.

Darwin 부부는 10명의 자녀를 가졌는데, 그중 2명은 유아 때 사망했다. Darwin과 Emma는 자상한 부모였지만 딸 Annie가 10세에 죽자 완전히 낙심하게 되었다. 진화론이 종교와 상충하는 것으로 보일지 모르지만, Darwin 자신은 진화론이 그의 기독교적 신앙에 위배된다고 생각하지는 않았다. 하지만 딸 Annie가 죽자 신의 존재에 대해서 회의심을 갖게 되었다.

Darwin이 쓴 노트를 보면, 1837년부터 그는 어떻게 한 종이 다른 종으로 변하는가를 이해하기 위해서 고심했다는 것을 알 수 있다. 그는 서서히 그것을 이해하게 되었고, 1859년이 되어서야 비로소 『종의 기원(On the Origin of Species)』을 출판했다.

Darwin의 노트에는 1838년부터 줄곧 인간과 인간이 아닌 종들의 정서표현에 대해서 점차적으로 흥미를 가지고 동물원을 자주 방문했다는 이야기가 나와 있다. 그는 다른 사람을 고용해서 관찰을 하도록 하기도 했다. 그는 문화 차이를 연구하는 것이 중요하다는 것을 깨달았다. 그는 설문지를 처음으로 사용한 학자들 중 한 사람이다. 그는 인쇄한 설문지를 선교사들과 전 세계를 돌아다니는 사람들에게 보내서 특정 표현들을 관찰해 보라고 요청했다. 그래서 36편의 회신을 받았다. 그는 연구하는 데 사진을 이용한 최초의 연구자들 중 한 사람이기도 하다. 그는 정서에 대한 과학적 논증을 하기 위해서 자연적 표현과 의도된 표현을 함께 연구했다. Darwin이 1872년에 출판한 정서표현에 관한 책은 정서에 대한 과학적 연구의 결과이다. 그가 1877년에 학술지 『마음(Mind)』에 출판한 논문에는 그의 어린 아들

William의 정서 발달과 인지 발달에 대한 관찰이 포함되어 있는데, 이것은 발달심리학에 대한 최초 공헌 중의 하나이다(Bowlby, 1991; Gruber & Barrett, 1974에서의 전기적 정보).

William James: 생리학적 접근

> 흥분을 일으키는 어떤 것을 지각하게 되면 곧바로 신체적 변화가 있게 되고…… 신체적 변화가 일어나면 느낌에도 똑같은 변화가 일어나는데, 이것이 정서이다.
>
> — James (1890), p. 449

『심리학의 원리(The Principles of Psychology)』(1890)에 나오는 이 유명한 구절은 정서를 먼저 느끼게 되고, 그러면 우리가 어떤 행동을 하게 된다는 상식에 반대되는 주장을 William James가 한 것이다. 상식으로 보자면, 만일 숲속에서 곰과 마주친다면 우리는 놀라서 도망치게 될 것이라고 생각한다. 그런데 James는 우리가 곰과 마주치게 되면 그 깜짝 놀랄 일 때문에 그것에 반응할 때 일어나는 신체적 변화를 지각하는 것이 정서라는 것이다. James는 깜짝 놀랄 때는 심장이 마구 뛰고, 피부는 차갑게 식고, 얼어붙어서 꼼짝 못하게 되거나 정신없이 도망가게 되는데, 이때 공포를 느낀다는 것이다(1855년에 Carl Lange는 독자적으로 똑같은 생각을 발표했다. 그래서 이 이론을 James-Lange 이론이라고 한다).

James의 이론은 정서경험의 특성에 관한 것이다. 그는 정서가 어떻게 우리의 신체변화로 나타나는가에 대해서 강조하였다. 우리는 벌벌 떨 수도 있고, 진땀을 흘릴 수도 있으며, 심장이 쿵쾅거릴 수도 있고, 울거나 웃을 때 호흡이 흐트러질 수도 있다. James의 주장은 바로 정서에서 중요한 점이 그러한 신체변화들의 패턴이라는 것이다. 정서란 바로 이렇게 신체화된 것이라는 중요한 관점이 James의 관찰에 잘 나타나 있다. "우리가 강한 정서를 상상해 보면서 거기에서 신체적 변화들을 의식적으로 모두 제거해 버리고 나면 아무것도 남는 것이 없다는 것을 알게 될 것이다"(James, 1890, p. 451). 이 생각은 두 가지 측면에서 정서연구의 지표가 된다.

첫째, James는 경험에 초점을 맞추고는 그 경험이 신체화된다고 주장했다. 그는 공포에서부터 기쁨에 이르는 우리의 모든 정서경험이 근육과 관절의 움직임뿐만 아니라 자율신경계에도 변화를 일으킨다고 했다. 자율신경계는 심장, 혈관, 위장과 땀샘과 같은 우리의 내부기관을 지배하는 신경계이다. James에 의해서 다양한 정서와 관련된 생리적 변화에 대한 관심이 촉진되었다. 이에 대해서는 제5장과 제6장에서 살펴볼 것이다.

둘째, James는 정서가 경험에 색깔과 따뜻함을 입힌다고 했다. 이런 것이 없다면 모든 것은 무채색일 것이다. 우리는 정서가 지각에 미치는 영향을 나타내는 것으로 '장밋빛 세상'이라든지 '하늘이 노랗다'라는 표현을 흔히 쓴다. 이 책의 여러 부분에서 우리는 과학자들이 이런 현상을 연구한 것을 볼 수 있다. 제10장에서 정서가 옳고 그름이나 공정하고 당연함 같은 판단에 영향을 주는 것을 보게 된다.

Sigmund Freud: 심리치료적 접근

"나는 즉시 창문에서 멀리 떨어져서 벽에 기대었는데, 숨을 쉴 수가 없었다."

(Freud의 초기 사례연구에서 피험자인 Katharina가 말한 것임)

– Freud & Breuer (1895)

Freud는 어떤 사건은 너무 충격적이어서 정서적 상처를 남기게 되는데, 그로 인해서 이후의 삶이 변하게 된다고 했다. 그의 주요한 설명은 많은 사례연구에 나타나 있다.

Freud는 정서가 많은 정신질환의 중심에 있다는 것을 처음으로 주장한 사람들 중 한 사람이다. 앞선 인용문에 나오는 Katharina는 그의 초창기 환자였는데, 질식할 것 같은 발작 때문에 얼마나 괴로움을 당하는지에 대해 이야기하고 있다. Freud가 좀 더 자세히 설명해 보라고 하자, Katharina는 이렇게 말한다. "언제나 무섭게 나를 노려보고 있는 험상궂은 얼굴을 봐요. 그러면 나는 소스라치게 놀랍니다."(p. 192) 그녀는 그 얼굴이 누구인지 알지 못했다. Freud는 그 발작이 불안에서 온다는 것을 잘 알았다. 오늘날 같으면 Katharina는 공황발작으로 진단받았을 것이다(American Psychiatric Association, 2000).

Darwin과 마찬가지로 Freud도 현재의 정서는 환자가 어렸을 때 경험한 과거의 정서에서 유래한 것일 수 있다고 생각했다. Katharina를 치료하는 것은 그녀의 발작이 어떻게 시작되었으며 그 무서운 사람이 누구인지 알아내는 것이었다. Freud가 개발한 방법은 정신분석인데, Katharina의 경우에서 우리는 이런 종류의 치료법이 어떤 것인지 알 수 있다. 즉, 환자의 과거 삶에 대한 이야기를 듣고 그 이야기에서 빠진 부분을 알아내는 것이다(이 경우에는 그녀의 발작 때 나타나는 그 험상궂은 얼굴이 누구인지를 모르는 것이 빠진 부분이다). 그리고 치료자는 그 빠진 부분에 대해서 해석(interpretation)을 해서 채워 넣어 주고, 환자가 그 빠진 부분을 무의식으로 가지고 있었다는 통찰(insight)을 하도록 해 주는 것이다. Freud는 1895년도의 원래 사례연구에서는 Katharina의 과거 삶에서 빠진 부분이 성적 괴롭힘이었다는 것을 알았지만 그렇게 설명하지는 않았다. 그가 1924년에 추가한 보고서 각주에서 그는 다음과 같이 적고 있다. "오랜 시간에 걸쳐 장막을 조심스럽게 들어 올려서 Katharina가…… 왜 발작을 일으켰는지 알았는

데, 그것은 그녀의 아버지에게서 당한 성적 접촉 때문이었다."(p. 210)

정신분석이 가장 초기에 개발되었고 가장 영향력이 큰 심리치료인 것은 사실이지만, 새로이 개발된 행동치료나 인지행동치료를 선호하는 치료자들에게 가장 비판을 많이 받는 것도 사실이다(이에 대해서는 제14장에서 다시 논하겠다).

아마도 우리가 정서에 대해서 이해하는 데 있어 가장 중요한 것은 Freud가 말한 바 있는 성인의 정서가 그가 어린아이였을 때 부모나 보호자와 어떤 관계를 맺었느냐에 달려 있다는 것이다. 이 생각은 정신분석학자인 John Bowlby가 1951년부터 계속 연구해 온 애착이론의 기초가 되는 것이다. 애착이론이란 유아와 엄마 또는 그 유아를 돌보아 주는 중요한 보호자 사이에 형성되는 사랑에 관한 것인데, Bowlby는 나중에 일어나는 모든 사회적 발달이 애착에서 출발한다고 했다. 이 이론이 20세기의 정서에 관한 심리학적 연구의 가장 중요한 요소라는 점에 이견이 없을 것이다. 애착이론 없이는 아동의 정서 발달을 이해할 수 없을 정도이다. 제11장에서 이 이론에 대해 다시 살펴볼 것이다.

또한 Freud의 이론은 유명한 Richard Lazarus의 이론에도 지대한 영향을 주었다. Lazarus는 Freud의 이론과 Darwin의 진화론에서 적응이라는 개념을 결합해서, 정서는 환경에서 일어나는 사건들을 우리가 목표를 가지고 평가할 때 일어난다고 주장한다. 이것과 관련 이론들은 제7장에서 다루게 된다.

사진 출처: ⓒCorbis

[그림 1-2] 1909년 클라크 대학교에서 Freud가 명예 학위를 받은 것을 기념하는 학술대회에서 찍은 단체 사진. Freud가 앞 줄 오른쪽에서 네 번째, Jung은 오른쪽에서 세 번째, William James는 왼쪽에서 세 번째에 있다.

철학적 접근과 문학적 접근

Darwin, James, Freud가 정서연구에 중요한 초석을 놓았지만, 서양의 학문적 전통으로 볼 때 그들은 정서에 대해서 최초로 생각한 사람들이 아니다. 소설을 쓰는 작가들과 마찬가지로 철학자들도 정서의 특성과 씨름을 하였다. 이 절에서 정서를 이해하기 위한 중요한 학문적 조류에 영향을 준 세 명의 사상가에게 주목하려고 하는데, 그들의 생각은 현재에도 유효하다.

Aristotle과 정서의 윤리학

> ……좋은 것이나 나쁜 것이 따로 없다. 다만 생각이 그렇게 만들 뿐이다.
>
> – Shakespeare, 『햄릿(Hamlet)』, II, 2, 1, pp. 249-250

Aristotle(BC 384~322)은 최초로 정서를 분석한 사람이었다. 그의 가장 기본적인 통찰은 많은 사람이 정서가 우리의 통제 밖에 있다고 생각하는 데 반해서 사실 정서는 우리가 무엇을 믿느냐에 달려 있다는 것을 알았다는 것이다. 이렇게 보자면 우리가 믿음을 만들어 낸 것이므로, 정서라는 것도 사실은 우리가 만든 것이다.

Aristotle은 그가 쓴 책 『수사학(Rhetoric)』에서 다른 판단을 하면 다른 정서가 생긴다는 것을 설명했다. 그는 '분노'라고 하는 것은 "자신 또는 자신의 친구와 관련된 일에 대해 정당하지 못한 명백한 모욕을 당하고 나서 발생하는 고통에 대한 명백한 복수의 충동으로 정의될 수 있다."라고 했다(1378b, 1.32). 그 정서는 모욕을 당했다고 우리가 믿음으로써 일어나는 것이라고 인지적으로 정의된다. 모욕이란 경멸, 훼방, 수치를 당했다는 것이다.

Aristotle의 논증에서 설득에 미치는 정서의 역할에 대해서는 우리가 이 절의 서두에서 본 Shakespeare의 『햄릿』에 나오는 구절의 반향을 볼 수가 있다. 즉, 우리의 정서경험은 우리의 판단과 평가에 따른다는 것이다. 이렇게 생각해 보자. 여름날 저녁에 산뜻한 옷을 차려입고 지금 극장 앞에 줄을 서 있다. 내가 영화를 같이 보자고 초대한 사람이 팔을 약간 스치면 갑자기 기분이 묘하게 좋아질 것이다. 그런데 낯선 사람이 똑같이 그렇게 하면 불안해지거나, 화가 나거나, 혐오감이 일어날 것이다. 정서는 이렇게 우리의 판단에 달려 있는 것이다.

Aristotle의 『시학(Poetics)』은 주로 비극의 서술에 관한 것인데, 정서에 대해서 더 많이 다루고 있다. Aristotle은 연극은 인간의 활동에 관한 것인데 그것이 잘못되거나 뜻하지 않은 결과를 낳으면 어떻게 되는지를 이야기해 주는 것이라고 한다. 우리는 신이 아닌 인간이다. 우리는 우리가 한 모든 일의 결과를 완전히 예측할 수는 없다. 그렇지만 우리는 그 행동에 책임을 져야 하고, 그것이 인간 비극의 뿌리이다.

　Aristotle은 비극의 두 가지 효과를 말하고 있다. 첫째, 그 극을 보면서 관객은 정서적 감동을 받는다. 주연배우가 예측하지 못한 결과에 직면해서 고난을 받으면, 그 선량한 주인공이 어쩔 수 없는 상황에서 고통받아야만 하는 음울한 광경을 본다. 우리는 주인공을 보고 동정을 느끼면서 또 한편으로는 스스로 공포를 느끼는데, 그 이유는 이러한 연극이 가지는 일반적인 매력이 그 주인공이 바로 자기 자신이라는 것을 알기에 생기기 때문이다([그림 1-3] 참조).

　둘째, Aristotle이 카타르시스(Katharsis)라고 부르던 정서를 경험할 수 있다. 이 용어는 '정화' 또는 '세정'이라고 잘못 번역되었는데, 마치 관객이 유독한 정서를 제거하거나 증가시키기 위해서 극장에 간다는 말처럼 들린다. 하지만 철학자 Martha Nussbaum(1986)이 말했듯이, Aristotle의 카타르시스는 정화나 세정이 아니다. 그 의미는 명확함이다. 이 용어는 무엇을 이해하기 위해서 장애물을 제거한다는 의미이다. 극장에서 인간의 고난을 보면서 동정과 공포의 정서를 경험할 수 있으며, 불완전하게만 알고 있는 세상에서 인간 행위의 결과와 정서 사

사진 출처: Noboru Komine/Photo Researchers

[그림 1-3]　고대의 이 극장은 연극을 공연하기 위한 중요한 시설인데, 시민들은 어디에 앉더라도 다른 사람들을 모두 다 볼 수 있게 만들어져 있다.

이의 관계를 스스로 이해할 수 있게 되는 것이다.

　이러한 두 가지 사조를 보면, 정서라는 것은 평가이며 우리의 믿음에 좌우되는 것이다. Aristotle이 죽은 후 얼마 지나지 않아서 철학에서 두 가지 중요한 학파가 생겨났다. 첫 번째 학파는 (금욕적) 쾌락주의(Epicureanism)인데, Epicurus의 가르침에 기초를 두고 있다. Epicurus는 기원전 300년경에 유사한 견해를 가진 동료들과 함께 아테네 근교에서 살았다. 두 번째 학파는 금욕주의(Stoicism)이다. 이 이름은 스토아(stoa: 산책용 주랑)에서 유래하였는데, 이 학파에 속한 철학자들이 산책용 주랑에서 가르쳤기 때문이다. 산책용 주랑은 수도원과 유사한데, 아테네의 장터 옆 부분을 따라가면서 있었다([그림 1-4] 참조).

　현대에서 쾌락주의(epicurean)라는 단어의 사전적 의미가 '쾌락을 추구하는'이라고 하고, 금욕주의(stoic)는 '쾌락이나 고통을 떠난'이라고 하지만, 그 의미는 원래의 의미와는 다르다. 하지만 현대 언어에서 이 단어들은 여전히 큰 영향을 미치고 있다.

사진 출처: ⓒakg-images/Helmut Kalle/The Image Works

[그림 1-4] 아테네에 있는 아고라(agora: 장터)를 따라서 늘어서 있는 스토아(stoa: 산책용 주랑, portico: 주랑현관). 이곳에서 금욕주의 철학자들은 정서를 다스리는 법을 가르쳤다. (이 그림에 나오는 산책용 주랑은 원래의 것이 아니라 Stoa 학파가 생기고 한 세기 지나서 건축된 것이며 1930년대에 복원된 것이다.)

(금욕적) 쾌락주의자들과 금욕주의자들이야말로 서구 사회 최초의 정서연구자들이라고 해도 좋다. 이 학파들의 학설이 서구 사회의 사고 발달에 큰 영향을 끼쳤다. 금욕적 쾌락주의자들은 인간 본연의 사회성이라는 생각을 만들어 냈는데, 이 생각이 미국 혁명과 프랑스 혁명에 영향을 미쳤다. 인간이 환경과 조화롭게 사는 것이 자연스러운 것과 마찬가지로, 인간이 행복을 추구할 권리가 있다는 생각은 금욕적 쾌락주의자가 만들어 낸 독특한 것이다. 금욕주의 철학자들의 생각은 Constantine 황제가 개종한 이후에 로마가 기독교를 받아들이는 데 영향을 미쳤다.

금욕적 쾌락주의자들은 인간은 단순하게 살아야 한다고 생각했는데, 부유함과 같은 갈망을 일으키는 것이나 사치와 같은 부자연스러운 것들, 명성과 같은 부질없는 것을 추구하는 것보다는 음식과 우정과 같은 기본적 쾌락만을 즐기는 것이 더 좋다고 생각했다. 부질없는 것들을 추구하는 것은 고통스러운 정서만 일으킨다고 생각했는데, 의지가 꺾이거나 끊임없이 탐욕을 추구하거나 다른 사람이 우리가 가지지 못한 것을 가졌다는 사실 때문에 좌절을 겪게 되면 분노만 생길 뿐이라고 했다. 금욕적 쾌락주의자들은 그런 비이성적인 욕망들로부터 눈을 돌려서 보다 가치 있는 것들을 보라고 한다.

금욕주의자들은 금욕적 쾌락주의자들보다 더 극단적이었다. 정서는 욕망에서 비롯되므로, 해롭고 파괴적인 정서에서 벗어나기 위해서는 모든 욕망을 끊어야 한다고 생각했다. 유일한 가치는 변덕스러운 유행이나 다른 사람들을 통제하려는 데에서 벗어난 자기 자신에게 있으며, 그래서 그것은 이성과 미덕에 있다고 했다. 금욕주의자들이 생각하기에 분노, 불안, 욕망과 같은 대부분의 정서는 자신과 사회에게 파괴적이므로 우리의 일상에서 규제되어야 한다. 기독교가 전파됨으로써 금욕주의 철학자들이 근절시키려 했던 나쁜 욕구와 나쁜 생각은 기독교의 7대 죄악이 되었다(Sorabji, 2000).

금욕적 쾌락주의 철학과 금욕주의 철학은 윤리적(ethical)인 것인데, 이 학파들의 철학자들이 정서가 어떻게 작동하는가 하는 것을 이해하려고 했을 뿐만 아니라 더 나은 삶을 살기 위해서 어떻게 해야만 하는가를 이해하고자 하는 목표도 가지고 있었기 때문이다(Nussbaum, 1994). 윤리적이라는 것은 우리가 어떻게 해야 하는지를 아는 것을 의미하지 않는다. 그것은 우리가 다른 사람들과의 관계에서 우리의 삶을 어떻게 꾸려 가야 하는가에 대한 모든 고려사항에 관한 것이다. 간단명료하게 이야기하자면, 삶에는 두 가지 선택만이 있을 뿐이다. 즉, 금욕적 쾌락주의에 따라서 절제함이 갖추어진 쾌락적 삶을 살거나, 금욕주의에 따라서 이성을 지고의 미덕으로 두는 것이다.

의학이 신체적 질병을 치료하는 방법을 찾듯이, 금욕적 쾌락주의자들과 금욕주의자들은 영혼을 치료하기 위한 철학적 사고를 찾는다. 그리고 영혼의 질병의 주된 근원으로 정서에 초점을 맞추었다. 금욕주의 사고방식은 로마의 작가인 Marcus Aurelius(AD 170)와 Epictetus(AD 100)에게서 잘 볼 수 있다. 전자는 로마의 황제였고, 후자는 이전에 노예였다.

금욕적 쾌락주의자와 금욕주의자들이 있었던 지 2,000년도 지난 후에, 정서와 정서가 윤리적 행동에 기여하는 것과 행복의 추구에 대해서 연구하는 사람들(철학자들 포함)은 심리학에서 그 답을 찾는 경향이 있다. 이 장의 도입 부분을 생각해 보라. 우리는 정서가 무의식에서 발생하는 굉장히 생물학적인 것이며 몸에서 일어나는 것이라고 했다. 그런 힘에 직면해서 우리는 우리의 정서에 어떤 영향을 미칠 수 있는가? 우리는 어떻게 의미 있고 성공적인 삶을 살 수 있는가? 분노하거나 고립되지 않고 균형을 잘 잡으면서 즐겁게 일에 몰두할 수 있는가? 우리의 정서가 유전자나 양육에 큰 영향을 받음에도 불구하고 어떻게 자유의지라는 것을 사용해서 우리 자신과 사랑하는 사람들을 위해서 올바르게 살아갈 수 있는가? 우리는 어떻게 우울증이나 불안증, 중독에서 벗어날 수 있는가? 우리가 이기적 존재임에도 불구하고 어떻게 사회에 가치 있는 일을 할 수 있는가? 이러한 질문들에 대한 답을 제14장에서 찾을 수 있다. 원하면 건너뛰어서 그것을 읽어도 좋다. 이 책을 꼭 순서대로 읽을 필요는 없다. 하지만 앞에 있는 질문들은 가능하면 읽기 시작하는 처음 부분에서 생각하는 것이 좋다. 그리고 정서에 관한 이해를 넓혀 가면서도 계속 생각해 보라.

René Descartes: 철학적으로 말하다

영혼의 열정(The Passions of the Soul)

– Descartes의 책의 제목

Descartes는 현대 철학과 세계에 대한 과학적 시각의 창시자로서 널리 알려져 있다. Descartes는 17세기에 네덜란드에서 저술활동을 했는데, 네덜란드가 암담했던 스페인의 식민지 시절을 막 벗어나서 상업활동과 지적 활동의 중심이 되던 때였다. 아마도 네덜란드는 그 시대에 자유분방한 사상가들이 활동할 수 있고 박해를 받지 않고 저술활동을 할 수 있는 몇 안 되는 나라 중 하나였을 것이다. Descartes는 그의 책『영혼의 열정(The Passions of the Soul)』(1649)에 감각신경과 운동신경, 반사반응과 기억에 대해서 집중적으로 적어 놓았다.

정서를 그 시대에는 열정(passion)이라고 했는데, Descartes는 그 책의 첫머리에서 다음과 같이 적고 있다. "과학적 결함이라고 할 것 같으면 우리의 선조들로부터 물려받은 것 중에서 선조들이 열정에 대해 적어 놓은 것보다 더한 것은 없다."(p. 331)

Descartes가 준 통찰은 무엇인가? 그는 여섯 가지의 기본적 정서가 있다고 했는데, 그것들은 놀라움(wonder), 욕망, 기쁨, 사랑, 증오, 슬픔이다. 이 정서들은 우리의 생각에서 일어나며, Descartes는 그것이 영혼이라고 했다. 동시에 그 정서들은 우리의 신체와 긴밀하게 연결되어 있는데, 예를 들면 우리의 심장이 빨리 뛴다든지, 얼굴이 붉어진다든지, 눈물을 흘린다든지 하는 것들이라고 했다. Descartes는 정서와 외부세계에서 일어나는 사건들의 지각과 신체 내부에서 일어나는 지각을 구분하였다. 지각이 외부세계와 배고픔이나 고통과 같은 신체 상태를 우리에게 알려 주는 데 반해, 정서는 우리의 영혼에게 어떤 것이 중요한지를 알려 주는 것이라고 했다. 영혼이라는 말을 현대적으로 바꾸면, 우리의 관심과 정체성과 관련된 우리의 자아를 말하는 것이다.

정서가 영혼에서 나온다고 생각했기 때문에, Descartes는 정서가 생각에 완전히 좌우되지는 않고 무엇이 진리인가가 판단력에 의해 지배된다고 생각했다. 그는 다음과 같이 말했다.

> ……용기를 내고 공포를 없애기 위해서는 무엇을 해야겠다는 의지만으로는 불충분하고, 우리는 이성적이 되거나 위험한 대상이 별것 아니라고 우리를 설득하는 사례들이 있어야 한다. 즉, 도망가는 것보다는 방어하는 것이 더 안전하며…… 도망친다면 남는 것은 후회와 수치심밖에 없다는 것을 알아야 한다.
>
> – Descartes (1649), p. 352

Aristotle과 마찬가지로 Descartes도 정서란 우리가 사건을 어떻게 평가하느냐에 달려 있다고 했다. Descartes 역시 정서에는 중요한 기능이 있다고 말한 초기의 사람들 중 하나이다.

> ……모든 열정의 유용성이란 영혼의 판단력을 강화하고 지속하는 것인데, 영혼의 판단력이 좋은 결과를 낳으면 그것은 보존되어야 하고, 그렇지 못하면 쉽게 지워 버려야 한다. 다시 말하면, 열정이 초래한 모든 나쁜 것은 그 열정이 영혼의 판단력을 필요 이상으로 강화하고 보존하거나, 열정을 불어넣기에는 적합하지 않은 다른 것들을 강화하거나 보존한다는 사실에 있다.
>
> – Descartes (1649), p. 364

우리가 언제, 왜 어떤 사람을 사랑하게 되었는지 생각해 보면, 사랑이 그 사람에 대한 우리의 생각을 지속시키고 확장시킨다는 것을 알 수 있다. 우리가 과도하게 불안하거나 우울한 경우는 우리가 영향을 미칠 수 없는 이슈들에 봉착했을 때이다. 지각적인 면에서 보자면, Descartes의 생각은 우리의 정서가 보통은 기능적이지만 어떤 때는 역기능적일 수 있다는 것이다.

Descartes는 르네상스 말기에 저술활동을 펼쳤다. 그는 혈액의 순환을 발견한 William

Harvey와 동시대 사람인데, 그 당시에 혈액은 네 가지 체액 중 하나로 생각되었다. 이러한 체액설은 그리스 의사였던 Hippocrates와 Galen으로부터 유래한 것인데, 그들은 질병이 네 가지 체액 사이의 불균형에 의해서 발생한다고 생각했으며, 어떤 종류의 체액이 증가하면 특정 정서가 생긴다고 생각했다. 혈액은 희망과 활력을 일으킨다고 생각했으며, 거기서 다혈질 (sanguine, 피가 많은)이라는 용어가 생겼다. 점액(phlegm)은 침착함을 일으킨다고 생각하여 거기서 점액질(phlegmatic)이라는 용어가 나왔고, 노란 담즙은 분노를 일으킨다고 생각하여 거기서 담즙질(choleric)이라는 말이 생겼으며, 검은 담즙은 낙담을 일으킨다고 생각하여 거기서 우울질(melancholy)이라는 말이 생겼다. 17세기 중반 이전에는 이러한 체액들이 유출됨으로써 각 정서를 경험하게 된다고 생각했다. 예를 들면, 검은 담즙이 과다하면 슬픔을 경험하게 된다고 했는데, 이것은 마치 정체되어 있는 물웅덩이에서 악취를 풍기는 것과 유사하다고 생각했다(Paster, Rowe, & Floyd-Wilson, 2004). Descartes는 새로운 상상력을 동원한 사람들 중 한 사람이었다. Descartes의 새로운 생리학적 설명에서는 정서는 마음(mind)에서 생기며, 우리로 하여금 계획을 세우게 하고 또한 우리의 신체에 영향을 미치는 것이라고 했다.

George Eliot: 예술의 세계

> Dorothea에게는 정서가 충만하지 않은 삶이란 있을 수 없는 것이었……
>
> — George Eliot, 『미들마치(Middlemarch)』, p. 894

정서에 대한 많은 통찰이 소설가들이나 시인들에게서 나왔다. Virginia Woolf는 의식의 흐름에 대해서 말했고, D. H. Lawrence는 남성과 여성 사이의 정서적 관계에 대해서 썼으며, J. D. Salinger는 사춘기의 자의식에 대해서 썼다. George Eliot(필명은 Mary Ann Evans)은 정서적 경험과 그것이 친밀한 관계에 주는 영향에 대해서 무척이나 인상적인 아이디어를 주었다.

George Eliot은 1856년에 『웨스트민스터 리뷰(Westminster Review)』에 「독일인의 삶에 관한 자연사(The natural history of German life)」라는 수필을 기고하였다(Pinney, 1963). 그녀는 그 수필에서 von Riehl이 쓴 두 권의 책을 언급하였다. von Riehl은 인류학의 선구자로서 독일 농부들의 삶을 기술한 사람이다. 그 수필은 Eliot 자신의 소설들에 대한 일종의 선언문 같은 것이었다. 그 수필은 다음과 같이 말하고 있다.

그들이 화가이든 시인이든 소설가이든 간에, 우리가 예술가들에게 크게 신세 지고 있는 것은 그들 덕분에 우리의 감정을 확장시킬 수 있다는 것이다. 일반화와 통계에 근거한 호소는 진부한 공감을 일으키고, 도덕적 감정은 이미 충분하다. 하지만 위대한 한 예술가가 전해 주는 인생의 모습은 놀라움을 일으키며, 그것이 사소하고 이기적인 것일지라도 그 놀라움과는 별개로 주의를 끌어서 도덕적 감정의 날것 그대로라고 할 수 있을 정도이다. …… 예술은 삶과 가장 밀착된 것인데, 예술은 경험을 증폭시키고 우리의 개인적 영역을 넘어서 인간들 사이의 만남을 확장시키는 것이다.

– George Eliot, 『에세이(Essays)』 (1883), pp. 192-193

정서라는 말을 사용하고 있지 않지만, 이 인용문은 문예물에서 정서가 얼마나 중요한지를 이야기하고 있으며, 이 책이 정서에 대해서 다루는 데 영향을 주고 있다. 즉, 정서란 한 개인 안에 국한된 것이 아니라 인간들 사이에서 일어나는 것이다. Eliot은 공감(sympathy)을 이야기하고 있는데, 그것은 서로를 연결해 주는 정서로서 소설가들과 예술가들에 의해 우리의 지인들을 넘어서 더 많은 사람에게로 확장된다.

Eliot은 1871~1872년에 『미들마치』라는 소설을 발표했는데, 이 소설은 사람들의 내면에서 일어나는 정서경험을 묘사한 것이다. 각 등장인물은 각자 열망과 삶의 계획을 가지고 있지만, 우여곡절에 의해서 삶이 굴곡지게 된다. Eliot이 말하고자 하는 점은 다음과 같다. 우리가 추구하는 것들이 어떤 결과를 낳을 것인지 모른다면, 그리고 우리를 이끌어 주는 더 높은 의지 없이 그냥 운명을 맞이한다면, 우리의 인생은 도대체 어디로 가는 것이란 말인가? Eliot은 우리의 정서가 인생의 나침반이라고 말한다. 또한 우리는 정서로써 타인에게 주된 영향을 미친다.

이 소설에서 Eliot은 세상에서 무엇인가 가치 있는 일을 하고 싶어 하는 Dorothea를 그녀가 존경하는 노학자인 Casaubon과 대비시킨다. Dorothea는 배움의 길로 들어서고 싶은 희망에서 그와 결혼한다. Dorothea가 자신과 타인의 정서에 잘 교감하는 데 반해서, Casaubon은 박학다식함에도 불구하고 그 자신의 정서조차 모르는 사람이다. 이 소설이 3분의 1 정도 진행되었을 때 Casaubon은 Dorothea와 언쟁을 벌인 후에 분노를 이기지 못하고 심장마비를 일으킨다. 마을의 의사인 Lydgate는 진찰을 마친 후에 Dorothea에게 그녀의 남편이 악화되지 않도록 언쟁을 피하라고 말해 준다.

며칠 후에 Lydgate는 또 진찰을 하게 되는데, 그때 Casaubon은 자신의 상태에 대해서 솔직히 이야기해 달라고 말한다. Lydgate는 예후를 정확하게 알 수는 없지만 위험한 상태라고 이야기한다. Casaubon은 자신이 죽을 것이라는 것을 알게 되고 비탄에 빠진다. Lydgate가 돌아간 후에, Dorothea는 정원으로 들어서면서 즉시 남편을 만나고 싶은 충동에 사로잡힌다.

하지만 그녀는 또다시 자신의 주장을 내세우며 대들 것이 두려워서 남편을 만나기를 망설였다. 번번이 거절당한 그녀의 열망이 강렬한 기억으로 떠오르면서 그녀의 공포는 더 심해졌다. 좌절된 에너지는 전율을 일으켰고, 그녀는 남편이 다가오는 것이 보일 때까지 근처의 수풀 사이를 배회했다. 그녀는 남편에게 다가가서 하늘에서 내려온 천사처럼 얼마 남지 않은 여생을 깊은 슬픔에서 나온 충실한 사랑으로 가득 채우겠다는 약속을 보여 주려고 했다. 그런데 남편은 그녀를 매우 차갑게 대했으며 그녀는 더욱 겁을 먹었다. 하지만 그녀는 남편과 팔짱을 꼈다.

Casaubon은 뒷짐을 지고서 그녀의 나긋한 팔을 뻣뻣한 팔로 힘들게 받아들였다.

Dorothea는 이렇게 반응이 없는 뻣뻣한 감각으로 말미암아 참담함을 느꼈다. 참담함이란 강한 단어이지만 그것만으로는 불충분할 정도이다. 그것은 기쁨의 씨앗이란 눈을 씻고 찾아보려 해도 찾을 수 없는 하찮은 행위를 겪을 때 올라오는 그런 것이다.

– Eliot (1883), pp. 230-231

이 인용문에서 우리는 정서가 어떻게 생기고 소통되는지에 대한 Eliot의 많은 생각을 읽을 수 있다. 정서는 관계를 만드는 것이다. 정서는 우리가 타인을 어떻게 지각하고 우리가 처한 상황을 어떻게 지각하는지에 지대한 영향을 미친다. 우리가 경험하는 정서는 타인이 보는 바와는 다르다는 것을 이해하게 된다. 공감이 확장됨으로써 우리 독자들은 감동을 느낀다. 나중에 Eliot은 한 편지에서 다음과 같이 적고 있다.

……나의 글은 그저 삶의 실험들입니다. 그것은 우리의 생각과 정서가 무엇을 할 수 있는지를 알고자 하는 노력이며, 그것이 실제적이든 아니면 가능성의 세계에 속하는 것이든 더 나은 삶을 살려고 하는 주제를 담고 있는 것입니다.

– Haight (1985), p. 466

뇌과학, 심리학, 사회학

지금까지 우리는 선각자들이 정서의 특성과 씨름해 온 것을 살펴보았다. 정서에 관한 과학적 연구는 어떻게 시작되었는가? 20세기 전반부에 행동주의에서 기인한 정서연구에 대한 저항이 있었다. 행동주의는 관찰 가능한 행동만이 심리학 연구에서 가치가 있다는 것을 보여 주었다. 하지만 지난 50여 년 동안 뇌과학, 심리학, 사회과학에서 시작은 느렸지만 점점 속도가 붙으면서 정서연구는 그 진가를 발휘하고 있다.

John Harlow, Tania Singer: 새로운 뇌과학

공감에 대해서는 철학자들과 사회과학자들이 논의를 많이 하였으며, 최근에 와서는 신경과학에서 공
감연구가 주목을 받고 있다.

　　　　　　　　　　　　　　　　　　　　　　　　　　　　－ Tania Singer et al. (2004), p. 1157

정서가 뇌와 관련이 있다는 가장 최초의 충격적인 증거 중 하나는 시골 의사인 John Harlow가 기술한 끔찍한 사고에서 나왔다.

Harlow가 보고한 임상 사례는 Phineas Gage에 관한 것인데, Gage는 버몬트주 철도 공사장의 착실한 십장이었다. 1848년 9월 13일에 인부들은 바위를 깨기 위해서 구멍을 뚫고 화약을 채워 넣었다. Gage는 그 구멍에 길이 1m, 직경 3cm가 되는 긴 쇠막대기로 화약을 쟁여 넣고 있었다. 그 쇠막대기의 무게는 6kg 정도나 되었다. 이 쇠막대기로 바위에 화약을 채워 넣을 때 불꽃이 튀어서 폭발하게 되었다. 그 쇠막대기는 그의 왼쪽 눈썹 바로 밑으로 들어가서 두개골을 뚫고서 15m나 날아갔다. 출혈이 심하고 상처에 감염이 있었지만, 어쨌든 Gage는 신체적으로 회복되었다([그림 1-5] 참조). 하지만 정신적으로는 큰 변화가 일어났다.

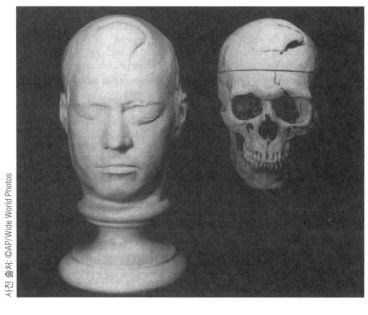

사진 출처: ⓒAP/Wide World Photos

[그림 1-5]　왼쪽 그림은 Gage의 머리 모형이다. 오른쪽은 그의 두개골인데, 1848년의 그 사고에서 쇠막대기가
　　　　　 뚫고 지나간 자리를 보여 주고 있다.

Gage를 치료한 Harlow는 "말하자면 그의 지적인 능력과 동물적 성향 사이의 균형이 깨진 것 같았다."라고 기록하고 있다(1868, p. 277). 그 결과는 정서에서 나타났다. 그는 그 사건이 있기 이전에는 상냥하고 호감 가는 사람이었지만, 이제는 참을성 없고 불경스러우며 화를 잘 내는 사람이 되었다. 고용주는 Gage를 이전에는 가장 일 잘하는 십장이라고 여겼지만, 이제는 더 이상 그에게 일을 줄 수가 없었다.

Antonio Damasio는 1994년에 쓴 그의 책 첫머리에서 이 이야기를 하고는 '현대의 Gage'에 해당하는 전두엽 손상을 입은 다른 환자들에 대해서 말하고 있다. 가장 충격적인 증상은 인간관계의 붕괴라고 한다. 배우자들이 그들과 이혼을 하게 되는데, 그 이유는 환자들이 종잡을 수 없는 성격으로 변해 버리기 때문이다. 그 환자들은 다른 사람들에게 이용을 당해서 돈을 다 빼앗기게 된다. 그 환자들의 사회생활은 엉망진창이 되어 버리는데, 정서적으로 어떤 것이 중요한지 자신에 대해서도 모르고 남에 대해서도 모르기 때문이다. 이에 대해서는 제6장에서 더 자세히 다룰 것이다.

전기의 시대가 도래하기 전에는 뇌가 전기신호를 주고받아서 작동한다는 것을 몰랐음에도 불구하고, 정서가 뇌의 기능과 관련이 있다는 중요한 증거를 바로 이 불쌍한 Gage의 사고 덕분에 얻게 된 것이다.

Walter Cannon은 정서 이해에 영향을 미친 뇌과학 연구의 선구자 중 한 사람이다. Cannon은 하버드 대학교 동료인 William James와 논쟁을 벌였다. Cannon은 1927년에 쓴 논문에서 James의 이론이 "진실에 근거해서 확고하며 경험에 의해서 재삼재사 확인되었다."(p. 106)라는 논평가들의 관찰 내용을 먼저 언급하면서 시작하였는데, 그것을 비판하는 모험을 감행하는 데 전율을 느꼈다. Cannon이 전율(공포, trepidation)을 느꼈다라고 한 것은 일종의 수사이다. 그가 전율을 느끼지는 않았을 것이다. Cannon의 1927년 논문은 그가 James-Lange 이론에 대해서 비판을 가한 일련의 논문의 시작일 뿐이었다. 그가 중요하게 주장하는 바는 다음과 같은 것이었다. 만일 James가 옳다면 내장(James에 의하면 내장으로부터 신체 느낌이 일어난다고 한다)과 뇌 사이의 연결을 분리시킨 실험실 동물은 정서의 감소가 일어나야 한다. 하지만 그런 수술을 한 동물에게서 정서 감소는 일어나지 않았다.

그 대신에 Cannon은 전혀 다른 수준에서 신경회로를 잘랐을 때 정서에 지대하고도 놀랄 만한 변화가 일어난다는 것을 발견했다. Cannon은 실험실 고양이에게 대뇌피질과 뇌의 하위 부분(피질하 부위)의 연결을 자르거나 함께 제거했을 때 그 고양이가 약을 올리지 않았는데도 강한 분노와 같은 정서를 보인다는 것을 알았다. 그런 현상을 보고 피질과 같은 상위 뇌 부위는 정서가 들어 있는 하위 뇌 부위를 억제한다고 생각했다.

James의 정서이론에 관한 여러 측면에서 Cannon의 주장이 옳았을지 모르지만, Cannon의 추론은 조심해서 받아들여야 한다. 왜냐하면 Cannon의 시대 이전인 신경학의 태동기에서부터 상위 뇌 부위라고 불리는 피질의 기능은 하위 뇌 부위인 피질하 부위를 억제하는 것이라는 견해가 널리 퍼져 있었기 때문이다. 망치를 가지고 텔레비전의 뒷부분을 세게 내려치면 화면이 지직거릴 것인데, 그러면 부수어 버린 그 부분이 화면이 지직거리지 않도록 하는 부분이라고 말하는 것과 무엇이 다른가? 복잡한 메커니즘은 각 요소들 사이의 상호작용으로 설명되어야지, 어떤 요소가 전체 메커니즘의 출력 부분을 활성화하거나 억제한다는 식으로 설명되어서는 안 된다.

현대에 와서 인간 뇌에서의 정서연구들은 뇌 손상 연구에서 뇌활동의 패턴을 추적하는 뇌영상 연구 쪽으로 방향이 바뀌어 왔는데, 특히 그중에서도 뇌의 어떤 부위에 있는 뉴런들의 활동이 증가하면 그 부위에서 일어나는 미세한 혈류변화를 감지하는 기능적 자기공명영상(functional Magnetic Resonance Imaging: fMRI)을 이용하고 있다. 그러한 영상을 이용해서 Tania Singer와 동료들(2004)은 실험 참가자들이 직접 전기충격을 받을 때 나타나는 뇌활동과 그들과 같은 방에 있는 사랑하는 사람들이 유사한 전기충격을 받는다는 신호를 보았을 때 실험 참가자들에게서 나타나는 뇌활동을 비교해 보았다. 실험 참가자들이 직접 전기충격을 받았을 때는 감각을 담당하는 체감각 피질 부위를 포함해서 전측 도피질(anterior insular)과 전측 대상피질(anterior cingulate cortex)이 활성화된다. 그런데 그들이 사랑하는 사람들이 전기충격을 받는다는 신호를 본 경우에 실험 참가자의 전측 도피질과 전측 대상피질이 활성화되었다. 이처럼 고통의 정서적 부분이 두 사람 사이에 공유되는 것이다. 즉, 실험 참가자 자신의 고통뿐만 아니라, 사랑하는 사람이 고통을 받는다는 상상에 의해서도 뇌 부위에서 활성화가 일어난다는 것이다.

전측 대상피질([그림 1-6] 참조)이 포함된 뇌 부위들은 공감이라는 중요한 정서의 질적 측면에 관여한다. 이러한 종류의 연구를 통해서 Frederique de Vignemont과 Tania Singer(2006)는 공감을 다음과 같이 정의했다.

- 어떤 정서를 가지는 것이다.
- 그 정서는 상대방의 정서와 유사하다.
- 상대방의 정서를 관찰하거나 상상하는 것만으로 유발된다.
- 상대방이 자신의 그 정서를 일으켰다는 것을 아는 것이다.

fMRI 연구들이 현대판 골상학이 아니라는 것을 명심해야 한다. 말인즉슨, 어느 뇌 부위가 활성화되었다고 해서 그 부분이 어떤 행동을 전적으로 담당하고 있는 부위가 아니라는 것이

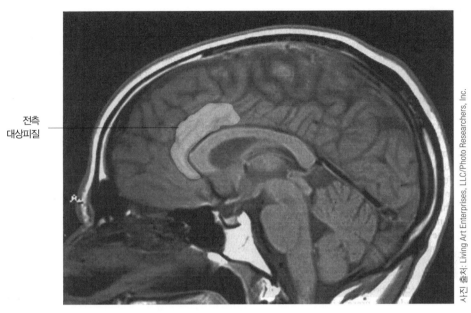

사진 출처: Living Art Enterprises, LLC/Photo Researchers, Inc.

전측
대상피질

[그림 1-6]　인간 뇌의 단면에서 전측 대상피질(밝게 칠해진 부분)을 볼 수 있다.

다. 하지만 Singer 등처럼 실험을 주의 깊게 하고, Vignemont과 Singer처럼 그 실험들에서 이론을 도출하면 정서에 대한 새롭고도 중요한 이해를 얻을 수 있다. 우리가 친밀한 관계를 형성한다면, Darwin이 말한 것처럼 정서표현에 의해서만 타인의 정서를 인식할 수 있는 것이 아니라, 타인의 정서와 자신의 정서를 조화시킴으로써 공감적으로 타인의 정서를 인식할 수 있다. 공감은 정서연구에서 새롭게 떠오르는 분야이다.

소설과 영화: 아바타

James Cameron이 감독한 〈아바타(Avatar)〉(2009)는 공전의 히트를 쳤으며 언제 보아도 좋은 영화이다. 아바타란 게임에서 우리를 대신하는 또 다른 존재이다. 이 영화에서 아바타는 Jake Sully(Sam Worthington이 연기함)의 마음이 들어가 있는 다른 행성의 존재이다. Sully는 해군으로 복무하고 있다. 그는 전투에서 부상을 입어서 하반신 마비가 된다. 휠체어를 사용할 수밖에 없는 신세이지만, 그는 서기 2154년에 알파 센타우루스 태양계에 있는 판도라로 파견되는 요원들에 합류할 수 있는 특별한 기술을 가지고 있다. 그의 마음은 나비 종(Na'vi species)의 한 명에게로 들어간다. 나비 종은 키가 2.7m나 되며, 푸른

색 피부를 가지고 있고, 온화한 품성을 가진 종으로서 아름다운 숲에서 평화롭게 살고 있다.

인간들은 판도라에 언옵테니움(unobtanium)이라고 불리는 귀중한 광물을 채굴하러 가는데, 이 광물은 지구의 에너지 위기를 해결할 수 있는 것이다. 이 영화의 구성은 유럽인이 토착민을 살해하고 아메리카 대륙을 약탈하는 것과 비견될 수 있다. 한편으로 보자면, 아바타는 호감을 주는 주인공이 처음에는 고통을 겪다가 극복 불가능해 보이는 난관을 이기고 사랑하는 여인을 얻는 상투적인 영화이다. 여기서 사랑스러운 여인은 나비 종의 공주인 Neytiri(Zoe Saldana가 연기함)인데, 그녀는 그가 판도라의 숲에서 평

화롭게 살아가도록 인도한다.

그런데 Cameron은 굉장히 심리학적인 영화제작자이다(Oatley, 2010). Jake는 처음에는 자기와 유사한 사람들에게서 공감적 일체감을 느끼게 되지만, 시간이 지날수록 자신이 그들과는 다르다는 것을 알게 된다. Jake는 처음에는 판도라로 파견 나가는 군사령관 Quaritch 대령에게 일체감을 느낀다. 군대에 오래 근무했으므로 Jake는 쉽게 그에게 일체감을 느끼게 된다. 그다음에는 여성 인류학자인 Grace Augustine에게 일체감을 느끼게 되는데, 그녀는 나비 종의 특성을 잘 읽어서 그들을 거주지에서 꾀어내고 귀중한 금속광산을 포기하도록 만드는 임무를 부여받았다. 그녀는 Jake의 마음이 나비 종의 몸에 들어가도록 해서 인간들의 목표를 방해하는 나비 종 집단에 침투시킨다. 마지막으로, Jake는 나비 종의 공주인 Neytiri와 사랑에 빠져서 그 자신이 다른 종족의 일원으로서 정체감을 가지게 된다.

Cameron 감독에게 있어서 가장 중요한 심리학적 이슈는 자신이 속한 집단의 일원이 되고 싶어 하고, 자신이 속하지 않은 집단의 일원은 경멸하는 인간의 성향에 관한 것이다. 그런 집단이란 국적, 정치색, 성차, 피부색 등 어느 것으로도 만들어질 수 있다. 우리 스스로를 돌아보면 심지어 어떤 스포츠팀을 좋아하느냐 하는 것으로도 만들어진다는 것을 알 수 있을 것이다.

공감과 그 반대편에 있는 샤덴프로이데(Schadenfreude: 남의 불행은 나의 기쁨)에 관한 개관 논문에서, Cikara, Bruneau, Saxe(2011)는 남을 배려하고 서로 돕는 성향은 인간 사회의 기본 토대이기는 하지만, 인간은 다른 집단에 속한 사람들을 배려하지 않고 도움을 주지 않으려는 매우 강한 동기를 가지고 있다고 주장한다. 다른 집단에 속한 사람에게 동정과 공감을 느낀다는 것은 드물고도 취약한 일이다. Cikara 등은 다른 집단에 속한 사람들에게 공감을 느끼게 되는 연구들을 개관했다. 아마도 〈아바타〉와 같은 영화가 그렇게 하는 데 도움을 줄 것이다.

Magda Arnold, Sylvan Tomkins: 새로운 심리학 이론

……정서에는 이중적 기반이 있다. 대상에 관한 정서와 그 대상에 대한 자신의 경험이 그것이다.
— Magda Arnold & J. Gasson (1954)

미국 심리학에서 오랫동안 혹평을 받아 오던 주제들을 다시 재개시키는 것이 나의 의도이다.
— Sylvan Tomkins (1962)

20세기 중반 이후에, 처음에는 그 목소리가 미약했지만 점차로 정서가 학문 분야에서 오랫동안 무시되어 왔다는 의견이 개진되었다. 그들 중에는 Magda Arnold와 Sylvan Tomkins가 있었다. 이 두 사람이 1954년에 발표한 논문들은 오늘날도 과학적 정서연구의 지침이 되고 있다. Arnold는 Gasson과 공동으로 정서란 사건에 대한 평가(appraisal, evaluation)로 말미암아 일어난다고 말했다. 그 해에 Tomkins는 국제심리학회(International Congress of Psychology)에서 정서와 얼굴표정의 관계에 대한 이론을 발표했다.

오늘날 대부분의 연구자는 정서는 사건에 대해서 그 당사자가 행한 평가(appraisal)에 의해서 생긴다고 간주한다. 이런 생각은 Aristotle이 정서는 평가(evaluation)라고 생각한 것과 유사하다(Nussbaum, 2001). 만일 사건에 대해서 어떤 평가를 내릴 것인지 안다면 어떤 정서가 일어날 것인지 알아맞힐 수 있다는 것이다. 또는 지금 어떤 정서를 느끼고 있는지 안다면 사건에 대해서 어떤 평가를 내렸는지 알 수 있다는 것이다.

정서가 자신과 대상을 연결해 준다는 것이 평가에 대한 Arnold와 Gasson의 생각이다. 지각이 외부에 있는 대상에 대한 지식이며, 성격은 우리 자신이 어떤 사람이냐에 대한 지식임에 비해서, 정서란 기본적으로 관계성에 관한 것이다. Arnold와 Gasson은 그것을 "정서란 적절하다고 판단한 대상으로 향하는 느낌의 경향성이나, 부적절하다고 판단한 대상에서 멀어지는 느낌의 경향성으로 간주할 수 있다."(1954, p. 294)라고 표현하고 있다.

그러므로 평가란 대상에 대해서 처음에 일어나는 끌림 또는 거부를 말하며, 그것이 긍정적 정서인가 또는 부정적 정서인가를 결정한다. 그런 다음에는 그 정서를 일으키는 대상이 지금 앞에 있는가 없는가, 또는 지금 행동을 취할 수 있는가 없는가에 따라서 차후에 구분을 더 해나갈 수 있다. 그 대상을 취하거나 거부하는 데 아무 어려움이 없다면 '충동적(impulsive)' 정서가 일어날 것이다. 행동을 취하기 곤란한 경우에는 '갈등적 정서(emotions of contention)'가 일어난다. Arnold와 Gasson은 특정 정서가 이러한 평가에 의해서 일어난다고 주장한다. 만일 어떤 대상이 적절하면서 눈앞에 있는 것이라면 그 충동적 정서는 사랑이 될 것이다. 만일 어떤 대상이 부적절하면서 눈앞에 있는 것이 아니라면 그 갈등적 정서는 공포가 될 것이다. 제7장에서 보게 되겠지만, 이런 생각은 상당한 영향력을 가지고 있다.

Arnold처럼 Tomkins도 정서야말로 인간생활에서 중심이 되는 것이라고 보았다. 책들이 시리즈로 출판되었는데, 첫 번째 책이 1962년에 나왔다. 그 책에는 Tomkins의 주요 주장이 실려 있는데, 감정(affect)이 기본적 동기체계라는 것이다. 정서는 동기의 증폭기라고 했다. 배고픔, 갈증, 성 같은 동기들은 오랫동안 행동의 결정인자로 간주되었다. 하지만 Tomkins는 그렇지 않다고 주장했다. "이것은 완전히 오류이다. 동기의 긴급함, 긴박함, 혹함 등은 착각이다. 그것은 동기'신호'를 동기의 '증폭기'로 착각한 데서 유래한 것이다. 동기증폭기는 동기의 감정적 반응이다."(Tomkins, 1970, p. 101) Tomkins가 이야기한 '동기신호'는 어떤 사건에 대한 신경적 메시지인데, 예를 들자면 잠재적인 성적 파트너에 대한 신호이다. 그가 말하는 '동기증폭기'는 혹하는 것, 예를 들자면 그 사람에 대한 강렬한 끌림이다.

Tomkins의 설명에 의하면, 인간의 행위와 생각은 동기체계들 사이의 상호작용인데, 각 동기체계는 섭식, 호흡, 섹스와 같은 특정 기능을 완수하며, 사람을 완전히 압도할 수 있다. 이 동기체계들의 우선순위를 매기는 것은 무엇인가? 그것이 바로 정서이다. 마치 증폭기가 볼륨을 조정해서 소리의 크기를 정하듯이, 정서는 특정 동기체계를 증폭시킴으로써 그 순위를 매긴다.

Tomkins가 말하는 두 가지 설명을 들어 보자. 첫째로, 물에 빠지거나 목이 막힌 경우에는 잠시 숨을 못 쉬게 되는데, 이때 다시 숨을 쉬려고 발버둥을 치게 되는 이유는 갑자기 산소가 부족해져서라기보다는 동기신호를 증폭시키는 공포가 엄습하기 때문이다. Tomkins에 의하면, 제2차 세계대전 중에 산소 마스크를 쓰지 않으려고 하는 전투기 조종사들은 산소 부족이 생기게 되었다. 그런데 산소 부족이 서서히 나타나기 때문에 그렇게 불편함을 느끼지 못했다. 산소가 필요하다는 동기신호는 증폭되지 못했으므로, 어떤 전투기 조종사들은 미소를 짓고 죽어 갔다. 두 번째로, 우리가 성적으로 흥분되었다는 것은 성기가 흥분했다는 것이 아니라 정서적으로 흥분했다는 것이다. 사람이 흥분을 하고 다른 이에게 다가가서 성행위를 하는 것이다. 예를 들면, 성기관의 변화가 성적 동기를 증폭시키게 되어서 성행위를 다른 모든 것보다 우선순위에 두게 되는 것이다.

Tomkins의 주장으로 말미암아 얼굴표정에 대한 연구가 촉발되었다. 그는 얼굴표정의 변화가 인간에게 있어서 정서의 일차적 증폭기라고 했다. 얼굴에서 정서와 관련된 혈류변화와 근육의 움직임이 특정 목표에 주의를 기울이게 한다는 것이다. 제4장에서 얼굴표정에 관한 이런 생각을 다시 살펴볼 것이다.

정서가 평가와 관련이 있다는 Arnold의 생각이 지각적 차원의 입력에 중점을 둔 것이라면, 정서가 신체적 피드백과 동기들 사이의 우선순위와 관련이 있다는 Tomkins의 생각은 운동 차원의 출력에 초점을 맞춘 것이다. 두 사람은 공통적으로 정서 개념을 정상적 기능의 핵심에 두었으며, 그로 말미암아 새로운 연구 분야가 생기게 된 것이다.

Alice Isen: 새로운 실험

성공이 따뜻하게 달아오르다.

— Alice Isen(1970)의 논문 제목에서 발췌

심리학에서 1950년대부터 1990년대까지는 개혁과 확장의 시대였는데, 주된 이유는 실험의 발전에 있었다. 사회심리학뿐만 아니라 지각 및 학습에 있어서도 동물 또는 사람을 피실험자로 해서 그들을 실험집단과 통제집단으로 나누고 실험 조작의 결과를 서로 비교하는 것이 연구의 규범이었다.

Isen의 초기 중요한 정서연구들에서는 우리가 일상적으로 경험하는 것들을 다루고 있는데, 그것은 행복감이 세상에 대한 지각을 어떻게 바꾸느냐에 관한 것이었다. 그녀는 한 실험(1970)에서 지각-운동 기술을 검사하였다. 무선표집한 피실험자들에게 그 검사를 아주 잘했

다고 이야기해 주어서 피험자들을 약간 행복하게 했다. 그 경우에 그런 이야기를 듣지 않은 피실험자들에 비해서 모르는 여성(물론 그 실험을 도와주는 사람이다)이 책을 떨어뜨린 경우에 도와주는 행동이 증가했다.

그 이후에 Isen과 동료들(1978)은 쇼핑몰에서 사람들에게 공짜 선물을 주어서 그들을 약간 행복하게 만들었다. 그 실험과 상관없는 사람들이 별도로 소비자 만족도를 조사해 보니, 공짜 선물을 받은 사람들이 받지 않은 사람들보다 그들의 차와 TV가 더 잘 동작한다고 보고했다. 정서가 세상을 어떻게 보는지에 영향을 미친다는 것인데, 이 현상은 정서와 인지 연구에서 중요한 주제이다(제10장 참조). 후속 연구에서 Isen은 행복이 인지적 조직화에 광범위한 영향을 미친다는 것을 보여 주었다(Isen et al., 1978). 〈표 1-2〉에서 그런 연구들을 볼 수 있다. 사람들을 행복하게 만들면, 문제해결에 더 창의적이 되고 더 독특한 단어연합을 하였다.

Isen의 연구는 사회적 상황에서 정서가 우리의 지각과 행위에 영향을 준다는 것을 보여 준 최초의 증거이다. 한 상황에서 일어난 정서나 기분이 사회적 행동이나 판단에 영향을 미친다는 발견은 실험사회심리학에서 확고하게 자리 잡은 효과들 중 하나이다. 제10장에서 왜 그런 정서나 기분이 생겼는지 모를 경우에 그 효과가 극대화된다는 것과 정서가 인지에 영향을 준다는 것을 설명할 것이다.

〈표 1-2〉 행복을 유발시키는 사례들에 관한 Isen과 동료들의 연구. 각 연구에서 중립적 기분과 부정적 기분이 미치는 영향을 비교하였다.

연구	행복을 유도한 방법	행복을 유도한 결과
Isen (1970)	아주 잘했다고 말해 줌	큰 액수를 기부함, 타인을 도와줌
Isen & Levin (1972)	과자를 줌	도와주는 행동 증가, 도서관에서 조용히 함
Isen et al. (1978)	공짜 선물을 줌	긍정적 기억을 더 잘 떠올림, 소비재에 대해서 불만을 덜하게 됨
Isen et al. (1985)	긍정적 단어연합 등	더 독특한 단어연합을 함
Carnevale & Isen (1986)	만화와 선물을 줌	통합적 협상, 분쟁 감소
Isen & Geva (1987)	사탕봉지	위험이 클 때 손해에 더 조심함, 위험이 작을 때 손해에 덜 조심함
Isen et al. (1987)	코미디 프로 또는 사탕	더 창의적인 문제해결
Kraiger, Billings, & Isen (1989)	황당하게 웃기는 TV 프로그램	과제 수행에 더 만족함
Isen (1990)	아이들에게 스티커를 줌	더 높은 발달 수준을 보임
Isen et al. (1991)	철자 맞히기를 성공했다고 함	진단을 더 빨리 내림, 환자에게 더 많은 관심을 보임

Erving Goffman, Arlie Russell Hochschild: 자기와 타인

경고신호를 보내라.

－ 채권추심회사의 사무실 벽에 붙어 있는 구호

Shakespeare가 희곡『뜻대로 하세요(As You Like It)』(1623)에서 "이 세상은 무대(All the world's a stage)"라고 했을 때, Erving Goffman은 이 말은 비유가 아니라고 말했다. 즉, 우리는 문자 그대로 서로를 향해서 자신을 연극적으로 표현하며 그렇게 해서 우리의 사회적 현실을 창조한다고 했다. 그런 연기를 통해서 도덕적 세계가 창조되는 것이다. 그런 연기를 통해서 우리는 자신 됨을 드러내며, 상대방은 우리가 누구인지 알게 되는 것이다.

Alice Isen이 한 실험과 같은 것이 유일한 과학적 방법은 아니다. 사회학자인 Goffman은 이론적 시각을 통한 면밀한 관찰법을 사회과학에 도입했다. Goffman의 시각으로 보자면, 삶이란 각자가 맡은 바 역할을 하는 드라마 같은 것이다. 정서를 이해하기 위해 가장 본받을 만한 작업은 Goffman의 책『만남(Encounters)』(1961)에 들어 있는 에세이「게임의 즐거움(Fun in Games)」에 나와 있다. 이 내용은 Aristotle이 행복의 본성에 대해서 이야기한 이후로 가장 중요한 분석 중 하나이다. 그 내용은 Freud의 저작『일상에서의 정신병리학(The Psychopathology of Everyday Life)』(1901)을 사회적 관점에서 다시 쓴 것이라고도 할 수 있다. 그것은 정서가 가족과 함께 있을 경우, 사장님과 함께 있을 경우, 첫 번째 데이트를 할 경우와 같은 특정 역할 안에서 어떤 방식으로 생길 수 있는지를 보여 준다.

Goffman은 우리가 각종 사회적 상호작용을 할 때, 즉 쇼핑센터에서, 직장에서, 가족과 함께 있을 때, 또는 데이트를 할 때 마치 게임을 하듯이 한다고 했다. 우리가 특정 상황에 들어갈 때는 보이지 않는 막을 통과해서 자체적 규칙, 전통, 역사가 있는 조그마한 세계로 들어간다. 그래서 그런 종류의 상호작용에 적합한 역할을 맡는다. 즉, 데이트를 할 때는 매력 있고 유혹하는 역을 하게 되고, 대학교에서는 학생으로서의 역을 하게 된다. 그 막 안에서 정해진 배역을 계속하기 위해서 그것에 해당하는 연기를 하면서 그 세계에 어울리는 대체적 규칙과 각본을 따른다. 그래서 데이트를 할 때는 농담을 하며 자신의 취약점을 드러내기도 하며, 학생으로서는 열심히 배우려고 한다. 이런 연기는 자신이나 남이 볼 때 좋게 또는 나쁘게도 보이며, 적절하게 또는 부적절하게, 또 어떤 때는 부분적으로만 적절하게 보이기도 한다. 그리고 행동을 바꾸라거나 비난하거나 칭찬하는 등 다른 사람들의 의견을 받아들인다. 각 종류의 막 안에서 하는 독특한 역할들로 말미암아 사회적 · 도덕적 세계가 생기게 되며, 그런 것들이 대체로 대화의 주제가 된다.

이제 Goffman의 통찰이 정서에 적용된다. 어느 정도로 연기를 잘해야 그 역할에 아주 적합하게 될 수 있느냐 하는 문제이다. 게임은 전심전력을 다해야 재미있다(제9장에서 이 주제를 더 자세히 살펴볼 것이다). 더 나아가서 우리는 하는 일에 완전히 몰두할 때 일반적으로 행복을 느낀다는 것을 잘 알고 있다. 하지만 삶에서 많은 경우에 내적 갈등도 있다. 즉, 규칙을 따르고, 각본에 따라 연기를 하고, 상호작용에 참여하지만 그 일에 몰두하지 않을 수도 있다. 다른 것을 하고 싶을 때도 있다. 그럴 때 우리는 삶의 어떤 측면에서 심적 동요를 일으키고 불만스러워한다.

Arlie Russell Hochschild는 사회학자인데, Goffman의 영향을 많이 받았다. 그녀는 사람들이 자신의 역할을 연기할 때 일어나는 갈등에 대해서 연구했다. 즉, 우리 자신 안에 있는 나와 지금 연기를 하고 있는 나 사이에서 일어나는 문제들이 있다는 것이다.

Hochschild의 부모는 외무부에서 일했는데, 그녀가 열두 살 때 외교관 파티에서 접시에 땅콩을 담아서 권해 드릴 때 사람들이 자기에게 짓던 미소가 진짜였는지 아닌지에 대해서 이야기하고 있다. 그녀의 부모는 제스처에 대해서 빈번히 이야기했다. 즉, "불가리아 사절의 딱딱한 미소, 눈길을 슬쩍 돌리는 중국 영사, 악수를 너무 길게 하는 프랑스 경제관료" 등이 그런 것들이다(Hochschild, 1983, p. ix). 이런 제스처는 개인 간에 어떤 의미를 전하는 것이 아니라 국가 간에 주고받는 메시지였다. 열두 살 먹은 소녀가 외교적 역할을 연기하는 배우들에게 땅콩을 권해 준 것인가? 어느 선에서 개인이 끝나고 직업이 시작되는가? 도대체 정서가 어느 정도로 자동적으로 생겨나지 않고 작전이나 역할 또는 속임수에 의해서 극적으로 생겨날 수 있는가?

대학원생이 되었을 때, Hochschild는 '세일즈맨은 제품을 파는 것일까, 아니면 그들의 성격을 파는 것일까?' 하는 문제에 대한 답을 찾고자 했다. 그녀는 '느낌 법칙(feeling rule)'을 만들어 내었다. 이 법칙은 사적이고 무의식적인 것이며, 또한 다른 사람의 정서나 판단에 영향을 주는 직업들에서 사회적으로 고안된 것일 수 있다.

Hochschild는 델타항공의 승무원 훈련을 관찰하였는데, 그 훈련과정에는 긴급 상황에서 어떻게 행동해야 하는지, 기내식을 어떻게 제공해야 하는지 등이 포함되어 있었다. 그런데 Hochschild는 델타항공의 스튜어디스가 된다는 것이 어떤 처신을 해야 하는 것인지에 대해서 이야기한다. 훈련생은 자신이 마치 배우가 된 것처럼 역할을 해야 했다. 그 주된 목적은 승객들에게 특정 정서를 유도하기 위한 것이다. 훈련생들은 다음과 같이 훈련을 받았다. "항상 미소를 지으면서 일할 것…… 미소는 가장 큰 자산이다."(Hochschild, 1983, p. 105) 훈련생들에게 승객을 마치 자신의 집을 방문한 손님처럼 생각하라고 했다. 그들은 "Stanislavski(러시아의 배우이자 감독―역자 주)가 좋은 배우가 되기 위해서 어떤 훈련을 받아야 하는지를 말한 것과 유사하게 승객들을 환대한다는 정서적 기억을 항상 상기하며 실제로 그렇게 할 것이 요청되었다"(p. 105). Stanislavski의 훈련에는 전문적 배우가 되기 위해서는 특정 표현을 실제처럼 훈련해야 하고 또 연기를 더 잘하기 위해서 그 훈련한 기억을 떠올려야 한다는 것이 들어 있다. 오늘날 이것은 메소드 연기(method acting)라고 알려져 있다. 그 상황에 완전히 몰입해 들어가야 멋진 연기가 수월하게 나오는 것이다.

자신 안에 어떤 정서를 만들어 냄으로써 그 정서를 타인에게서도 이끌어 내는 직업은 사회 전반에 널려 있다. Hochschild는 이것을 정서노동(보통 감정노동이라고 함)이라고 한다. 그녀가 추산한 바로는, 1970년에 미국에서 38%의 유급직이 상당한 정서노동을 하는 직종이다. 정서노동이 필요한 직업군에는 여성이 남성보다 두 배나 더 많이 종사한다. 그 이유는 사회성과 관련이 있다. 개인 보좌역을 잘하기 위해서는 상냥함, 쾌활함, 친절함이 있어야 한다. 그런 직종의 목적 중에는 상관에게 기분 좋은 정서적 지지를 제공하는 것이 포함된다. 정서노동을 필요로 하는 많은 직업은 회사와 고객들 사이의 접촉에 관련된 일을 하는 것이다. 항공 업무에서 보듯이 그런 직업의 목적은 종종 회사의 생산물을 판매하는 것이다.

정서노동이 필요한 모든 직업이 유쾌한 정서를 일으켜야만 하는 것은 아니다. 채권추심자가 하는 일은 항공사 스튜어디스가 하는 일과 정반대이다. 어떤 채권추심사 사장의 모토는 "경고신호를 보내라."이다(Hochschild, 1983, p. 146).

Goffman과 Hochschild는 문화와 관련된 역할, 가치, 사회적 의무가 우리의 정서를 결정한다는 견해를 가지고 있다. 이것이 제3장에서 이야기할 문화와 정서의 중심 주제이다.

정서란 무엇인가? 여러 개념들

이 장의 도입부에서 '정서란 무엇인가?'라고 물었다. 이제 이 물음을 좀 더 진행시켜 보고, 다음 두 가지 질문에 집중해 보자. 정서란 무엇인가? 그리고 정서는 이 책에서 나중에 다루게 될 기분(mood), 정서장애(emotional disorders), 성격특성(personality trait) 같은 것과 어떤 관계가 있는가?

연구자들의 정서에 대한 생각

정서가 무엇인지 생각해 보기 위해서 다음 두 가지를 해 보자. 먼저, 자신의 정서에 주목해 보자. 정서일기를 쓰고(제7장의 글상자 참조), 일기에 적어 놓은 정서들의 특성을 생각해 보자. 그다음으로 〈표 1-3〉에 있는 이론가들의 정서에 대한 생각을 읽어 보자.

〈표 1-3〉 선도적 이론가들의 정서에 대한 생각

James (1884)	나의 논지는…… 흥분된 사건을 보면 곧바로 신체적 변화가 생기며, 그런 신체적 변화에 대한 우리의 느낌이 정서이다.
Arnold & Gasson (1954)	정서 또는 감정은 적절하다고 판단한 대상으로 향하거나 부적절하다고 판단한 대상에서 멀어지는 느낌의 경향성인데, 이것이 특정한 신체적 변화에 의해서 강화된다.
Lutz & White (1986)	정서란 도덕적 위계 내에서 자신의 사회적 관계를 정의하고 타협하려고 하는 원초적 표현양식이다.
Tooby & Cosmides (1990)	정서란 생물학적 과정을 조절하는 여러 메커니즘을 서로 조화롭게 동작하도록 하는 독특한 시스템이다. 즉, 각각의 정서적 상태는 디자인적 특성들을 나타내고 있다는 것인데, 이 말은 정서가 특정 형태의 적응적 문제들을 해결하기 위해서 '디자인된 것'이라는 의미이며, 그래서 심리적 메커니즘은 독특한 형태를 지닌다고 간주한다.
Lazarus (1991)	정서는 환경과의 관계에서 일어나는 실시간 뉴스에 대한 조직화된 심리생리학적 반응이다.
Ekman (1992)	정서란 기본적인 삶의 과업들을 처리하기 위한 적응적 가치를 지니면서 진화해 온 것이다. 각 정서는 신호, 생리, 직전의 사건에 따라서 각각 독특한 특성을 지니고 있다. 또한 각 정서는 빠른 시작, 짧은 기간, 저절로 일어남, 자동적 평가, 반응들 사이의 일관성이라는 측면에서 여타 정서와 공통되는 특성들도 지니고 있다.
Frijda & Mesquita (1994)	정서는…… 최초이면서 가장 중요하게 환경과 관련된 반응방식이다. 정서는 그 환경과의 상호작용에 관여할 것인지 말 것인지를 결정하는 준비상태들이다.
Izard (2010)	정서의 기능은 다음과 같다. ① 처리를 중단하든지 바꾸며, 주의와 반응 방향에 집중하게 해 준다. ② 인지와 행동에 동기를 일으켜서 대처하고, 적응하며, 소속되고, 안녕을 얻기 위해서 물리적·사회적 환경에 있는 개인의 처신을 인도하고 조화롭게 해 나가는 데 필요한 정서정보(진화적으로 내려오는 의사소통 신호를 포함)를 제공해 준다.
Campos, Walle, Dahl, & Main (2011)	정서의 작업정의(working definition)는 다음과 같다. ① 어떤 사건이 중요하다는 것을 등록하는 것이다. ② 당사자에게 중요한 사안에 대해 자신과 환경의 관계를 설정하거나, 유지시키거나, 변화시키거나, 종료시키려는 시도이다.

〈표 1-3〉에는 정서가 무엇인가에 대한 여러 학자의 생각이 나와 있는데, 우리는 그것들이 우리 자신이 경험한 정서를 잘 나타내고 있는지 그리고 우리가 지금 이해하고 있는 정서에 대한 생각과 잘 들어맞는지 음미해 보고 논의해 볼 수 있다. 이 표에 나와 있는 정서에 대한 생각들은 많은 연구를 요약한 것이다. 이것들이 정서에 대한 정의라고 생각할 수도 있지만, 사실은 정서의 정의에 대한 필요충분조건을 갖추고 있지는 않다. 더욱이 정서라는 용어가 너무

광범위하게 사용되고 있으므로, 그 범주는 정의를 내리기에는 너무 이질적이라는 반론도 있다(예: Griffiths, 1997). Izard(2010)는 정서가 얼마나 많은 의미를 가지고 있는지 보여 주었고, 또한 정서가 어떻게 생기며 그 기능이 무엇인지에 대해서 연구자들 사이에 상당한 합의가 있다는 것도 보여 주었다. 〈표 1-3〉에 있는 Izard의 정서에 대한 정의는 Izard가 34명의 정서 연구자에게 편지를 써서 정서의 기능이 무엇인지 물어본 것이다. Izard의 정의 ①에 대해서, 34명의 정서 연구자는 10점 만점에 평균 8.87점을 주었다. ②에 대해서는 8.23점을 주었다. 같은 방식으로 조사해 보니, 정서의 구조에 대해서는 "적어도 부분적으로는 '정서과정(emotion process)'에 신경계가 기여한다."는 생각에 8.92점을 주었다. Izard는 정서의 발생뿐만 아니라 정서의 구조와 기능에 대해서 연구자들 사이에 강력한 의견 일치가 있다고 결론지었다. Izard의 조사연구는 정서의 정의에 대해서는 충분히 일치된 견해가 부족했지만, 이것은 정서의 구조와 기능 그리고 발생에 대한 합의보다는 훨씬 덜 중요하다는 것을 보여 주었다.

우리는 Frijda와 Mesquita(〈표 1-3〉 참조)가 "정서는…… 최초이면서 가장 중요하게 환경과 관련된 반응방식이다. 정서는 그 환경과의 상호작용에 관여할 것인지 말 것인지를 결정하는 준비상태들이다."라고 한 말에 동의한다. 특히 우리가 첨언을 하자면 그 환경은 사회적 환경이다. 이 동일한 논지가 Campos, Walle, Dahl, Main(2011)의 정서에 대한 정의에 채택되었다.

이 책에서 우리가 채택한 접근방식은 정서를 행위와 연관시켰다는 것이다. 즉, 정서는 강한 충동인데, 기술적으로 표현하자면 그것은 '행위의 경향성'이다. 인간에게 있어서는 대부분의 정서는 사회적인 것이다. 정서로 말미암아 자녀들에게 애착을 가지게 되고, 우정과 애정 결합이 생기고, 사회적 계층을 무난하게 형성하게 된다. 〈표 1-3〉에서 Ekman이 이야기한 많은 '기본적인 삶의 과업'은 사회적인 것이고, Lutz와 White가 이야기했듯이 정서로 말미암아 '도덕적 명령에 근거해서 자아의 사회적 관계'를 설정할 수 있다. 도덕적 명령이란 사회로 이루어진 세상에서 사람들이 명령에 의해서 행동하게 된다는 것이며, 우리 모두는 자신과 타인이 올바른 일을 하는지를 끊임없이 판단하고 있다는 것이다.

이론가들이 정서에 대해서 생각한 것들을 요약해 보면 좀 더 진전된 결론에 도달한다. 즉, 정서는 적어도 세 가지 측면을 가지고 있다(Lang, Greenwald, Bradley, & Hamm, 1993; Levenson, 1999). 첫 번째는 행동적 측면이다. 우리는 흔히 자세와 몸짓과 신체접촉뿐만 아니라 얼굴표정과 음성 등 여러 행위로써 정서를 표현한다. 이것은 Darwin(1872)이 말한 '표현(expression)'이다. 두 번째는 생리학적 측면이다. 정서가 일어날 때는 뇌와 자율신경계 그리고 신체의 다른 체계가 활성화된다. 신체적 측면은 James(1884)가 주목한 것이다. 신체적 측면은, 예를 들면 접근이나 도피 같은 특정 형태의 행동을 준비하고 또 실행할 수 있게 해 준다. 세 번째는 경험적 측면이다. 우리는 종종 우리의 정서를 의식하므로 그 정서경험을 언어로 표현할 수 있다. 예를 들면, 우리가 경험한 정서에 대해서 다른 사람과 이야기할 수 있다(Rimé, 2009). 정서경험들은 소설, 시, 음악, 시각예술, 무용 등에서 감동을 주는 형태로 나타난다.

정서의 이러한 다양한 측면이 우리가 대화, 자율신경계 생리반응, 중추신경계 생리반응, 언어, 경험, 평가를 할 때 일어나는 모든 일을 조직해 낸다. 정서들에 이러한 다양한 측면이 있기 때문에 다양한 기능을 하게 되며, 그것들이 모여서 우리가 사회적 환경에 적응하며 살 수 있다.

이러한 통찰들을 함께 고려하면, 우리는 정서를 사건에 대한 다면적 반응이라고 말할 수 있으며, 그 사건은 내면세계나 외부세계에서 도전이나 기회로 간주된다. 우리의 목표들 중에서도 특히 사회적 목표와 관련된 중요한 사건들에 대해서 그렇다고 말할 수 있다.

과학의 시대 이전에는 용어 정의야말로 이해를 위해서 가장 중요하였다. 현재에는 특정 과정이 어떻게 작동하는지 이해하는 것이 더 중요하다는 것을 우리 모두 알고 있다. 자, 이렇게 생각해 보자. 수백 년 전에는 행성의 운동은 원운동이라고 정의하였다. Newton에 의해서 비로소 행성의 운동에서 중력과 관성이 서로 직각으로 작용한다는 것을 이해하고 나서야 행성의 운동이 타원운동이라는 것을 더 잘 이해하게 되었다. 이해가 정의보다 우선이다. 교과서를 쓸 때는 어떤 연구 분야에서든 출발점이 좋은 것이 중요한데, 정서의 이해라는 면에 있어서는 출발점이 좋다고 생각한다. 우리가 Newton의 물리학과 동등한 수준에 도달했다고 생각하지는 않는다. 이견이 있고 없고를 떠나서, 우리가 〈표 1-3〉에 있는 생각들을 정서에 대한 정의라고 하지 않고 제안이자 출발점이라 한 이유가 거기에 있다.

정서적인 영역: 정서, 기분, 성향

영어에는 사람들이 어떻게 느끼는지를 묘사하는 수천 개의 단어가 있다. 룸메이트가 화가 났다든지, 짜증이 났다든지, 적대적이라는 단어를 사용할 수 있다. 우리 자신이 슬프다든지, 울적하다든지, 우울하다고 말할 수도 있다. 과학자들은 감정(affect)을 정서, 기분, 성향, 기호 등과 관련된 다양한 현상을 망라하는 단어로 사용하며, 어떤 사람들은 이 모든 영역을 정서의 영역이라고 간주한다. [그림 1-7]은 각각의 상태가 지속되는 시간이라는 측면에서 그 스펙트럼을 보여 준다.

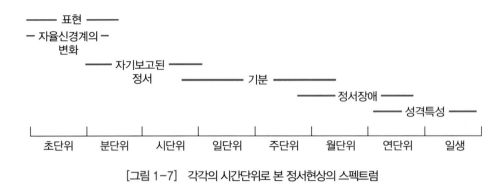

[그림 1-7]   각각의 시간단위로 본 정서현상의 스펙트럼

정서일화

정서(emotion) 또는 정서일화(emotion episode)란 일반적으로 일정 기간 동안만 지속되는 상태를 말한다. [그림 1-7]에서 보듯이, 얼굴표정과 대부분의 신체반응들은 일반적으로 몇 초간만 지속되며, 어떤 신체반응들은 몇 분간 지속되기도 한다. 과학자들은 사람들이 잘할 수 있는 경우에는 정서일화들을 구조화된 일기 형식으로 쓰도록 하거나 정서일화들을 기억하라고 한다. 이 경우에, 사람들은 전형적으로 몇 분에서 몇 시간 정도 지속된 경험들을 보고한다. 하지만 정서적(emotional)이라는 용어는 때때로 더 넓은 의미를 지닐 수 있어서 그 용어는 감정적(affective)이라는 용어와 동일한 의미를 가진다.

기분

기분(mood)이라고 할 때는 전형적으로 몇 시간, 몇 주 동안 지속되는 상태를 말하며, 때로는 낮은 강도로 배경이 되는 상태이다. 언제 기분이 시작되고 끝나는지는 불분명하다. 정서일화가 대상이 있는 것에 반해서, 기분은 흔히 대상이 없으며 왠지 모르지만 느끼는 것이다(Frijda, 1993). 정서는 특정 사람이나 사건에 대해서 생긴다. 철학자들은 정서경험의 초점을 정서의 '의도적 대상(intentional object)'이라고 부른다. 만일 내가 화가 났다면, 무엇에 대해서 화가 났는지 명확히 알고 있다(예: 룸메이트의 오만함, 아버지가 내가 첫 번째 데이트에서 창피스러운 일을 한 것에 대해서 말한 것 등). 반대로, 만일 짜증스러운 기분이 든다면 왜 그런지 별로 분명하지 않을 것인데, 이것은 의도적 대상이 덜 명확하다는 말이다.

정서장애

우울증이나 병적 불안상태와 같은 정서장애(emotional disorder)는 몇 주, 몇 달, 또는 어떤 경우에는 몇 년간 지속된다. 이런 질환들은 연구면담을 통해서 정기적으로 평가하며, 어떤 질환인지는 DSM 최신판인 『정신질환의 진단 및 통계 편람(Diagnostic and Statistical Manual of Mental Disorders: DSM-IV-TR)』(American Psychiatric Association, 2000)을 근거로 분류된다(현재는 시중에 DSM-5가 나와 있다.—역자 주). 주요우울장애(major depression)인 경우는 대부분의 활동에서 우울한 기분 또는 흥미상실 또는 쾌락상실이 적어도 두 주간 계속될 때이다. 우울증의 일화들이 정상적 슬픔에 해당하는 일화들과 어떤 관계가 있는지를 발견하는 것이 아주 중요한 연구거리이다. 제12장과 제13장에서 이 문제를 더 자세히 다루겠다.

성격특성

이 스펙트럼을 오른쪽으로 따라가 보면, 성격의 정서적 측면을 나타내는 용어를 볼 수 있는데, 성격은 일생 동안 유지되는 것이다. 우리는 사람들을 '따뜻하다' 또는 '비꼰다'라고 묘사한다. 수줍음이란 사회적 상황에서 불안을 느끼는 경향성을 말한다. 호감을 준다는 말은 다른 사람들을 사랑스럽게 대하고 동정심을 느끼는 경향성을 말한다. 특성(trait)이라는 용어는 성격이 장기간 지속되는 것을 지칭한다. 제11장에서 보게 되겠지만, 성격의 여러 측면의 중심부에 정서가 있으며, 이러한 정서적 경향성이 사람들의 삶에 지대한 영향을 미친다.

요약

이 책을 쓰는 데 도움이 된 새로운 과학 분야들은 유서 깊으며 유력한 근거를 가지고 있다. 이 장에서 우리는 정서의 특성에 대한 통찰들을 보여 준다. 이 장은 Darwin으로 시작하는데, Darwin은 정서에 대해서 과학적으로 연구를 시작한 인물이라 할 수 있다. 다음으로, 미국 심리학의 창시자인 William James와 심리치료의 창시자인 Sigmund Freud를 소개했다. 그리고 철학자 Aristotle과 Descartes의 정서에 대한 초창기 생각들을 살펴보았다. 이 창시자들은 우리가 이 책에서 계속해서 제기하는 '정서란 무엇인가?' '우리는 어떻게 정서를 표현하는가?' '정서는 어디에서 오는가?' '정서는 우리의 이성에 어떤 영향을 미치는가?' '정서는 어떤 기능을 가지고 있는가?'와 같은 질문들을 끄집어내었다.

그다음에 소설가 George Eliot이 정서를 어떻게 다루었는지를 보았다. 그녀는 정서가 우리 자신과 타인의 관계에서 어떤 역할을 하는지에 천착했다. 현대의 정서심리학은 이 주제를 향해서 나아가고 있으며, 그것이 이 책의 특징이기도 하다.

초창기부터 뇌과학은 사고를 당한 사람들을 연구해 왔는데, Phineas Gage의 손상을 입은 뇌에 대해서 의사인 John Harlow가 설명해 놓은 것은 지금 보아도 놀랍다. 최근에는 뇌영상이 중요해졌는데, 예를 들자면 Tania Singer와 동료들이 수행한 공감연구를 들 수 있다. 우리는 Magda Arnold와 Sylvan Tomkins의 강력한 이론들과 Alice Isen의 유도된 정서의 영향력을 설명했다. 또한 우리는 Erving Goffman과 Arlie Russell Hochschild가 보여 준 대로, 사회생활을 하면서 주어진 역할 안에서 정서가 어떻게 만들어지는지도 알게 되었다.

마지막으로, 외부적 사건과 내적 목표를 연결시켜 주는 기능적 과정들이 있으며, 그 기능적 과정을 통해서 사회생활을 해 나간다는 측면에서의 정서 개념을 제시했다. 이 책은 여러 정서의 영역에 대해서 이야기한다. 그 영역에는 정서일화가 있는데, 이것은 기분보다는 더 짧고 구체적이다. 이 책의 후반부에서는 오랫동안 지속되는 상태인 정서장애와 성격특성에 대해서 다룰 것이다.

생각해 보고 논의할 점

1. 이 장에서 다룬 여러 가지 접근 중에서 어떤 것이 정서를 이해하는 측면에서 가장 매력적으로 보이는가? 그 이유는 무엇인가?
2. 정서를 연구하는 데 있어서 어떻게 뇌연구가 심리적 연구를 보완할 수 있는가?
3. 소설이나 영화와 같은 예술작품들을 통해서 우리 자신의 정서에 대해 살펴볼 수 있는가?

더 읽을거리

정서에 관한 훌륭한 핸드북

Lewis, M., Haviland-Jones, J., & Barrett, R. F. (Eds.). (2008). *Handbook of emotions* (3rd ed.). New York, NY: Guilford.

Sander, D., & Scherer, K. (Eds.). (2009). *Oxford companion to emotion and the affective sciences.* New York, NY: Oxford University Press.

뛰어난 저자들이 만든 유용한 책, 1927년에 시작된 위텐버그 심포지엄(Wittenberg Symposium)의 느낌과 정서 시리즈 제4권

Manstead, A., Frijda, N., & Fischer, A. (2004). *Feelings and emotions: The Amsterdam Symposium.* Cambridge, UK: Cambridge University Press.

철학자들이 저술한 다음의 책들은 다양한 접근을 깊게 다루고 있다.

Nussbaum, M. (2001). *Upheavals of thought: The intelligence of emotions.* New York, NY: Cambridge University Press.

Solomon, R. (2007). *True to our feelings: What our emotions are really telling us.* New York, NY: Oxford University Press.

다음 책은 정서에 대한 역사와 생각을 다루고 있다.

Oatley, K. (2004). *Emotions: A brief history.* Oxford, UK: Blackwell.

제**2**장

정서의 진화

사진 출처: Harper & Row. Photo by Frans de Waal

[그림 2-0] 이 사진을 찍기 약 10분 전에 이 두 마리의 수컷 침팬지는
나무 끝에 붙어서 서로 싸웠다. 사진에서 한 마리가 다른
침팬지에게 손을 뻗어 화해를 시도하고 있다. 이 장면
직후에, 이 둘은 포옹하고 함께 땅으로 내려왔다.

모든 다른 영장류와 마찬가지로, 인간도 지극히 사회적인 동물이다. 인
류가 성공적으로 생존할 수 있었던 것은 이러한 사회성 덕분이다.
— Robin Dunbar (2001), p. 175

인류가 유인원에게서 유래했다는 말을 들었을 때, 우스터(잉글랜드의 헤리퍼드 우스터주의 주도—역자 주) 교회 주교의 아내는 1860년 당시에 이렇게 말했다고 한다. "세상에 우리가 유인원에게서 나왔다니! 우리가 유인원의 자손이라는 것이 사실이 아니기를 바랍니다. 만일 사실이라면 알려지지 않도록 기도합시다."(Leakey & Lewin, 1991, p. 16) 비록 우리가 현재 유인원의 직계 후손은 아니지만, 우리와 유인원의 조상은 같다. 현대 인류의 가계도는 현대 침팬지들의 가계도와 600만 년 전에 분리되어 각자 가계도의 흐름을 이어 가고 있다. 진화론(evolution)은 종(species)이 어떻게 발전하는지에 관한 이론이며, 생물학의 중심 개념으로 자리 잡았다. 또한 진화론은 정서의 근본적 특성에 대한 통찰력을 준다(Dawkins, 1986; Keltner, Haidt, & Shiota, 2006; Nesse & Ellsworth, 2009).

진화론을 뒷받침하기 위해서 Darwin이 제시한 근거 중에는 인간의 **정서표현**(emotional expressions)이 다른 동물들의 정서표현과 유사하다는 점도 있었다. 정서에 대한 그의 책에서 Darwin(1872)은 이렇게 주장하고 있다. "여러 정서표현, 예를 들면 극심한 공포를 느낄 때 털을 곤두세운다든가, 분노가 치밀 때 이빨을 드러낸다든가 하는 표현방식은, 인간이 과거에 하등한 동물과 같은 조건으로 존재했다고 생각하면 쉽게 이해할 수 있을 것이다."(1872, p. 12)

Darwin의 분석으로 인해서, 우리가 제4장에서 논의할 현대 정서표현 연구들이 탄생했다. 진화론에 대한 그의 광범위한 이론 덕분에 정서를 바라보는 시각이 바뀌게 되었다. 이 장에서는 정서에 대한 진화적 접근에 대해서 알아보자.

진화적 접근의 요소

『종의 기원(On the Origin of Species)』에서 Darwin(1859)은 진화를 세 가지 과정으로 설명했다. 첫 번째는 과잉(superabundance)이다. 즉, 동물과 식물들은 재생산에 필요한 것보다 더 많은 후손을 생산한다. 두 번째는 변이(variation)이다. 즉, 각 후손은 약간씩 서로 다르다. 그리고 이 변이는 후대로 유전된다. 세 번째는 선택(selection)이다. 즉, 환경에 더 나은 적응을 보이는 특징들이 선택된다. 왜냐하면 주어진 환경에서 살아남아야 하고, 살아남은 특징들은 후대로 계승되기 때문이다. 저명한 철학자 Daniel Dennett(1995)은 진화에 대한 Darwin의 생각이 역사상 누구도 생각하지 못했던 것이었다고 말했다.

과학자들은 Darwin의 진화론 개념을 연구해서 정서의 진화를 이해할 수 있는 세 가지 주요 개념을 쌓았다. 이것이 이어지는 세 절에서 보면서 알아볼 세 가지 세부 항목의 주제이다.

선택압

자연선택(natural selection)의 핵심은 선택압(selection pressures)이다. 인간은 물리적 · 사회적 환경에 의해 개체의 생존과 후손의 재생산이 결정된다. 몇몇 선택압은 생존에 대한 기회나 위협과 직접적으로 관련이 있다. 생존을 위해서 인간은 음식과 물을 확보하고, 적정 온도에서 생활해야 하며, 포식자와 질병을 피해야 한다. 가령 단 음식을 좋아하고 쓴 음식을 싫어하며, 체온을 조절하고, 싸움 또는 도주(fight or flight) 반응을 하는 등 많은 우리의 생존 시스템은 여러 종류의 선택압의 결과이다.

Darwin은 이 요소들에 대해서 알지 못했지만, 그것은 오늘날 잘 알려진 유전자들이다. 유전자는 번식행위를 통해서 한 세대에서 다음 세대로 전달된다. 두 종류의 성적 선택압으로 인해서 누구의 후손이 재생산될지 결정된다. 이성 간의 경쟁(intersexual competition)은 한쪽 성이 반대 성의 어떤 특성을 선택하는 과정을 의미한다. 예를 들면, 전 세계에서 여성과 남성은 좋은 성격의 짝을 선호하는데(Buss, 1987), 아마 이러한 사람들이 관대하고 신의 있는 파트너가 될 것이기 때문이다. 이러한 선택 절차를 통해서 좋은 성격과 관련된 특성이 더 많이 선택되고, 따라서 좋은 성격을 가진 사람들이 더 많아질 것이다.

동성 간의 경쟁(intrasexual competition)은 동성 간 짝짓기 경쟁이다. 많은 종에서 이러한 투쟁이 지속적으로 일어나는데, 주로 수컷 간에 일어난다. 수사슴은 서로의 뿔을 걸고 둘 중에서 누가 우세하고 누가 짝짓기 기회를 얻을 것인지 겨루며 이러한 폭력적 싸움을 한다. 젊은 남자들이 지위를 얻고자 할 때 보이는 상대방 놀리기, 호전적인 기 싸움, 힘겨루기와 같은 역학 관계가 그 예가 될 것이다. 이는 사슴의 투쟁과 그 기능이 비슷하다. 즉, 누가 더 높은 지위를 얻을 것인지, 누가 더 젊은 암컷의 관심의 대상이 될 것인지에 관한 것이다. 동성 간의 선택에 의해서 더 강하고, 아름답고, 교활하고, 정서지능이 좋거나, 유머 감각이 있는 특성을 가진 개체가 승리하게 되고, 그 특성이 후대로 계승된다.

진화론자들은 협력적인 사회관계를 맺는 우리의 능력을 아주 중요하게 생각한다. Nesse(2010)는 진화적 적합성(fitness)을 주장했는데, 적합성이란 생존과 재생산의 성공 가능성이다. 적합성은 다른 개체에게 사회적 파트너로 선호되면 증가한다. 마찬가지로 적합성은 성적인 파트너로 선호되면 증가한다(Flinn & Alexander, 2007). 우리는 고도로 사회적인 종이다. 강력한 관계를 만드는, 진화적으로 갈고 닦은 능력에 생존의 기회가 달려 있다.

적응

두 번째로 중요한 개념은 적응(adaptation)이다. 적응은 유기체가 특정 선택압을 극복하고 생존과 재생산을 돕는 유전적 특성이다. 〈표 2-1〉에서 인간 진화의 과정에서 생겨난 적응을 볼 수 있다.

우리가 좋아하거나 싫어하는 음식을 생각해 보자. 일반적으로 사람들은 단맛, 신맛, 짠맛, 쓴맛을 느끼게 해 주는 1만 개의 미뢰(taste buds)를 가지고 있다. 단맛을 선택함으로써 영양학적으로 가치가 있는 음식을 선별할 수 있다. 식물은 동물이 먹지 못하도록 유독한 성분을 가지고 있다. 그런 식물은 쓴맛과 자극적인 냄새가 난다. 우리가 순무나 양배추를 먹을 때는 치사량에는 못 미치지만 어쨌든 독소를 섭취하게 된다. 이러한 쓴 음식에 대한 혐오 덕분에 독소를 피하게 된다(Rozin & Kalat, 1971).

이제 진화에서 중심이 되는 문제를 고려해 보자. 자손을 낳고 키우는 데 도움이 되는 건강한 짝과 함께 재생산을 하게 되면 더욱 건강하고, 생존 가능성이 높고, 그래서 또 다음 후손을 생산할 수 있는 후손을 볼 수 있다. 여기에서 우리는 여성과 남성의 매력에 관한 흥미로운 통찰을 할 수 있다. 건강하지 못한 자식을 임신할지도 모르는 짝에게 헌신하기 위해 자원을 바치는 것은 불리하다. 이러한 문제의 한 가지 해결책으로, 인간은 비대칭적 얼굴보다 대칭적인 얼굴에 더욱 매력을 느낀다. 발달 초기에 기생충에 감염되면 얼굴 비대칭이 생기게 되며, 극단적인 경우에는 얼굴기형이 된다. 대칭 얼굴에 대한 우리의 선호는 기생충에 저항력이 있는 짝을 찾도록 하는 것일 수 있다. 최근에 밝혀진 바로는 우리가 아름답다고 생각하는 얼굴은 선천적으로 우리에게 좋은 것일 수도 있다. Tsukiura와 Cabeza(2011)는 fMRI 스캔을 사용하여 매력과 선량한 행동에 대한 점수를 매겼을 때 내측 안와전두피질(medial orbitofrontal cortex)이 활성화되는 것을 발견했는데, 이 부위는 보상의 처리와 관련된 영역이다. 반면에 매

〈표 2-1〉 적응의 예

문제/압력	적응
독성물질 회피	쓴맛 혐오
건강한 짝 찾기	대칭 얼굴을 아름다운 것으로 인지
자손 양육비용 분담	지위 및 자원을 소유한 수컷 선호
짝의 생식능력	어려 보이는 외모의 짝 선호
새끼 보호	아기 같은 특징들에 대한 정서반응

력과 선량한 행동에 대한 점수를 매길 때 섬피질(insular cortex)에서는 활성이 감소했다. 우리가 신체적으로 매력적인 사람을 선호하는 이유는 그들이 좋은 성격을 가졌을 것이라고 추측하기 때문이다. 신체적 매력과 좋은 성격을 가진 짝을 고른다는 것은 우리가 더 나은 유전자를 가진 개체와 자손을 남기도록 하는 것이다.

이런 식으로 분석해 보면, 낭만적 사랑에 대한 여성과 남성의 흥미로운 차이점을 밝혀낼 수 있다. 여성이 후손을 임신하는 역할을 하기 때문에, 남성에 비해서 아이를 양육하는 데 더 많은 자원을 바쳐야만 한다. 여성은 더 높은 지위를 가진 남성에게 매력을 느꼈는데, 그 이유는 그런 남성이 더 많은 자원을 가질 것이기 때문이다(Buss, 1992; Fletcher et al., 2004). 만일 당신이 여성이라면 냉정하고 초연한 사람보다는 친절하고 재력 있는 남자를 선택하지 않겠는가?

남성에게는 이 문제가 좀 다르다. 여성을 통해서 유전자를 남기므로 최적의 조건은 여성의 건강한 신체와 임신하는 데 있어서의 최적 연령이다. 그래서 논쟁이 있기는 하지만, 남성들은 도톰한 입술, 어려 보이는 피부, 모래시계 같은 몸매의 여성에게 매료된다. 비록 문화적 차이가 많이 있지만, 엉덩이에 비해 날씬한 허리를 가진 것의 효과는 다양한 인종 집단에서 여성의 매력 신호로 확인되었다(Singh et al., 2010). 남성이 매력을 느끼는 것은 성적인 이미지를 보여 주고 남성의 신체적 반응을 측정하는 것으로 간단히 확인할 수 있다. Chivers 등(2010)은 이성애자 남성이 여성의 누드 사진과 성관계 사진을 보면서 느끼는 흥분의 정도는 생식기 혈류 측정과 높은 상관관계가 있음을 알아냈다. 여성도 그런 사진을 보면 흥분하지만, 생리적 흥분이 일어났다고 해서 항상 심리적 흥분을 보고하지는 않았다. 이는 여성은 신중해야 한다는 압박감, 지위가 있고 자원이 많은 짝을 기다려야 한다는 것 등으로 말미암아 여성이 생리적 반응이 있음에도 불구하고 매력을 느끼는 것과는 크게 상관이 없기 때문일 수 있다(Ogas & Gaddam, 2011).

적응의 마지막 예로, 동물 봉제인형이나 사람 인형에서 보는 아기 같은 특징을 사람들이 좋아한다는 것을 생각해 보자. 유전자가 살아남기 위해서는 유아기 때 생존하는 것이 중요한 결정요인이다(Hrdy, 1999). 인간의 아기들은 아주 취약하다. 유아들은 엄청난 보살핌, 헌신, 자원이 필요하다. 진화론자들은 아기 같은 특징에 대한 우리의 반응이 부모들로 하여금 자식이 생존능력을 가진 나이에 도달할 때까지 도움을 주도록 했다고 주장한다. 부모들은 유아들의 아기 같은 특징인 큰 앞이마, 큰 눈, 작은 턱을 보고, 유아들의 미소, 울음소리, 웃음소리, 체위, 피부의 부드러움에 응하여 엄청난 사랑을 느낀다. 그래서 아이를 양육하는 데 압도적으로 많은 비용이 들지만, 유전자가 한 세대에서 다음 세대로 전달될 기회는 증가하게 되는 것이다. 사람들이 종종 그들의 자녀를 놀라우리만큼 깊이 사랑하는데, 이것은 자연선택임에 의심의 여지가 없다.

방금 언급한 것에는 몇 가지 조건이 따른다. 인간의 모든 특성 혹은 행동이 적응의 산물은 아니다. 인간의 여러 가지 특성은 코를 고는 것에서부터 경망스럽게 다리를 떠는 것까지 누가 보아도 명백한 진화적 기능으로 설명되지 않는 한낱 부산물에 지나지 않은 것들도 있다. 게다가 거의 모든 인간의 특성이 생존과 재생산을 목적으로 나타난 것이라고 생각해서는 곤란하다. 진화는 임기응변의 땜질이므로, 종종 기존의 해부학적·행동적 형태에 새로운 기능이 부여된 것이다. 이렇게 새로운 기능이 부여된 특성을 굴절적응(exaptation)이라고 부른다. Andrew(1963, 1965)는 인간을 포함한 영장류의 얼굴표정이 어떻게 반사에서부터 발전되었는지 설명하기 위해 이 원리를 적용했다. 많은 동물은 깜짝 놀랐거나 같은 종의 동료에게 접근할 때 귀를 납작하게 만드는 반사를 보인다. 이 기능의 원래 목적은 귀를 보호하는 것이었다. 하지만 귀 보호와 더불어, 이 행동 패턴은 쉽게 상대방의 눈에 띈다. 만일 우리가 어떤 개가 순하다고 느낀다면, 납작하게 눕힌 귀도 한몫을 한 것이다. 사람들은 귀를 뒤로 젖히지 못하니까 대신에 눈썹을 올리는데, 이는 같은 동작에서 유래된 것이다. Eibl-Eibesfeldt(1970)는 많은 다른 문화권에서 사람들을 몰래 촬영해서 그들이 만나서 반가워할 때나 유혹적 미소를 보낼 때 눈썹을 몇 분의 1초 동안 살짝 들어 올린다는 것을 보여 주었다([그림 2-1] 참조). 이러한 것은 인류에게 거의 공통적인 것이다.

[그림 2-1] 환영의 뜻으로 눈썹을 살짝 들어 올리는 여인

유전자 복제의 자연적 설계

지금까지 우리는 정서가 적응적이어서 인간의 생식, 생존, 사회적 협력에 관련된 특정 선택 압을 충족시킨다는 진화적 접근법에 대해 살펴보았다.

아시다시피 신체를 구성하고 있는 100조 개나 되는 세포들의 핵 안에는 염색체들이 있다. 우리는 부모에게서 23쌍의 염색체를 물려받았고, 각 염색체들은 유전자들을 가지고 있으며, 각 유전자들은 DNA로 이루어져 있다. 인간은 2만 5,000개의 유전자를 가지고 있는데, 그 각각은 세포 안에서 단백질을 생성하는 역할을 한다. 이 세포들은 인간 성장에서 많은 구조로 그 형태가 나타난다. 손, 손가락, 얼굴 근육, 뇌의 신경회로, 말초신경계, 눈 등이 세포로 이루어져 있으며, 그것들이 모여 있는 것이 바로 우리이다. 이 책에서 배우게 될 것이지만, 그 유전자들은 또한 생리학적·해부학적 시스템을 형성하는 데 조력한다. 그런 시스템에는 신경망, 말초신경계 분지들, 근육집합 등이 있는데, 이러한 것들이 정서를 만드는 데 일조한다.

여기 현대의 유전이론과 결합함으로써 진화론에는 반직관적인 개념이 있다. 사람들은 우리가 유전자를 우리의 부모에게서 받았고 우리의 자손들에게 전해 준다고 생각한다는 것이다. 그런데 그것이 아니다! 그렇게 생각하면 오산이다. 현대의 진화유전학은 우리의 유전자들이 스스로 다음 세대로 넘어간다고 한다. 이것이 유전자의 주된 특성이다. 즉, 그것은 스스로 재생산한다. 유전자들은 우리의 것이 아니다. 우리의 신체는 유전자들이 볼 때 거쳐 지나가는 것에 불과하다.

유전자는 자기를 구성하고 있는 DNA를 가지고 스스로를 복제한다. 유전자들은 그렇게 스스로 복사함으로써 유전 암호가 되며, 그 암호에 의해서 식물의 구조나 동물의 구조가 다시 만들어져서 다음 세대를 살아가게 된다. 인간이 불멸이 될 가능성은 없지만, 유전자들은 잠재적으로 불멸한다. 유전자들은 조합과 재조합을 하고 또한 가끔은 돌연변이가 일어나기도 하지만, 한 세대에서 다음 세대로 계속해서 건너간다. 유전자들의 문제는 그것이 스스로 살아갈 수는 없다는 것이다. 유전자들은 그것을 담고 재생산을 가능케 할 식물의 몸체나 동물의 신체가 필요하다. 식물과 동물은 유전자들이 다음 세대로 건너가는 운송수단이라는 말이다.

Richard Dawkins(1976)가 이런 연구를 시작한 이후에, Keith Stanovich(2004)는 이런 생각을 더 강하게 밀고 나갔다. 유전자들의 운송수단으로서 우리 인간들은 실제로 로봇이고, 유전자들에 의해서 특정한 방식으로 행동하도록 프로그램되었으며, 자연선택의 도움으로 우리의 생존기회가 증가했다는 것이다. 건축과 의료 기술 같은 것은 우리가 개발한 것이지만, 사실은 우리로 하여금 더 좋은 로봇이 되도록 했다는 것이다. 이러한 기술들로 말미암아, 유전자들이 다음 세대로 건너뛰어서 재생산하는 것이 더욱 용이해졌다. 오늘날 인류의 유전적 구성을 위해 70억 개의 우리가 있다. 그런데 우리는 단지 우리의 유전자가 우리를 위해 세팅해 놓은 대로만 행동하는 것은 아니다. 우리는 기대 이상으로 잘해 나가고 있다. Dawkins는 1976년에 출판한 그의 책 제목인 '이기적인 유전자(The selfish gene)'로 유명해졌다. 하지만 Nesse(2006)가 지적한 대로, 이 말이 인간이 이기적이라는 의미는 아니다. 우리의 사회적 기반인 적응(이것은 유전자들이 생존하도록 돕는다)은 우리가 다른 사람들과 잘 지내는 것이며, 때로는 이타적이 되는 것이다(Vaish & Warneken, 2011 참조).

어떻게 유전자가 우리를 프로그래밍할까? 한번 추측해 보라. 주된 방법은 우리의 정서를 사용하는 것이다. 우리 인간들은 아주 좋은 운송수단이다. 공포라는 정서를 가지고 있으므로, 우리는 신체를 위험에서 피하도록 하고, 그럼으로써 우리의 유전자를 안전하게 운반한다. 음식에 대해 정서적으로 끌리는 것은 영양분에 대한 것인데, 단맛을 선호하고 쓴맛을 혐오해서 구역질로 거부함으로써 우리의 몸을 만들어 간다. 성에 관해 흥미를 가져서 성욕을 느끼기도 하고 사랑을 느끼기도 해서 우리의 유전자가 스스로 다음 세대로 이어 갈 수 있게 한다. 자녀들에 대한 사랑의 정서로, 우리는 자녀들을 잘 기른다. 구성원 서로가 사이좋게 잘 지냄으로써 자녀들이 성장할 수 있는 사회공동체를 만든다.

우리가 알아야 할 것이 있다. 유전자들이 정서를 아주 철저하게 프로그래밍해서, 어떤 경우에는 우리가 반사적 반응을 한다는 것이다. Darwin은 1872년에 출판한 그의 저서에서 그가 직접 해 본 실험을 소개하였다.

> 동물원의 독사 사육장 앞에 있는 두꺼운 유리판에 내 얼굴을 들이대었다. 큰 독사가 내게 공격을 하더라도 피하지 않으려고 했다. 하지만 독사가 달려들자마자 엉겁결에 1~2m 뒤로 재빨리 피했다. 한 번도 경험해 보지 못한 상상 속의 위험 앞에서 나의 의지와 이성은 여지없이 무너졌다.
>
> – Darwin (1872/1965), p. 38

이러한 반사에서 유전자의 프로그래밍은 절대적이다. 공격하는 뱀을 피하는 것은 아주 중요한데, 뱀과 마주쳤든지 아니든지 간에 우리뿐만 아니라 우리 조상들도 이미 그런 반사가 신경회로에 깊이 새겨져 있다.

Darwin이 공격하는 뱀으로부터 뒤로 피하는 것과 같은 공포반응은, 우리와는 다른 방식으로 살았던 조상에게서 물려받은 현대인의 정서이론에 대한 가장 좋은 예라고 할 수 있다. 사실 정서의 가장 단순하고 자동적인 많은 요소가 똑같은 방식으로 작동한다. 자녀들이 보채며 우는 소리에 반응해서 부모들이 부드럽게 만져 주는 것, 악취에 대한 혐오가 생겨서 움츠리는 것, 잠재적인 성적 상대방에게 욕망을 느끼는 것이나 성적인 사진 또는 비디오를 보고 욕망을

개별 정서: 혐오

비글호를 타고 세계를 향해하며, Chalres Darwin은 그의 진화론의 초석을 마련할 방대한 노트를 집필했다. 하나는 티에라 델 푸에고(Tierra del Fuego) 원주민에 관한 것이었다. Darwin의 기록에 의하면, 원주민이 Darwin이 먹으려고 저장해 놓은 고기를 만졌다. 그 고기의 감촉이 보들보들하자, 남자는 혐오스러운 얼굴표정을 지었다. 지금은 이런 정서표현이 어느 인종에나 다 있다고 알려져 있다. 이 정서표현은 코를 찡그리고 윗입술을 오므리는 것이다. Darwin에 따르면, 그 남자의 손이 깨끗해 보였지만, 그는 점심을 먹으려 하지 않았다.

혐오는 거절의 정서이고, 원래 쓴맛을 지닌 것에 대한 것이다. 이런 점에서 보자면, 혐오는 잠재적인 독성에 대해서 진화해 온 정서반응이라고 볼 수 있다. 하지만 아동의 발달 동안, 혐오는 실제적으로나 잠재적으로 오염된 모든 것으로 확대된다(Rozin, Haidt, & McCauley, 2008). 논의를 좀 더 끌고 나가면, 혐오는 어떤 사람이나 그 사람의 행위 또는 생각이 순수하지 못하고 비도덕적인 경우에 대한 신호로 작용한다.

Wicker 등(2003)의 신경영상 연구는 혐오를 느낄 경우와 혐오를 인식하는 경우에 공통적으로 두뇌의 전측 섬엽(anterior insula)이 관여한다는 것을 보여 주었다. 논점은 우리가 타인이 혐오스럽다고 인식할 때, 우리 자신의 혐오경험을 떠올려서 혐오감을 느낀다는 것이다. Darwin이 생각하기로는, 아마도 그가 점심 먹기를 꺼리는 것은 누군가가 그의 음식을 만졌다는 사실 자체 때문이 아니라 자신의 혐오적 느낌 때문일 것인데, 그것은 그 보관된 고기를 만진 사람에 대한 혐오가 반영된 것이다.

어떤 것을 보고 먹기를 거부하는 혐오(Chapman et al., 2009)는 도덕적 혐오에 대한 거부반응과 정확히 일치하는데, 그것은 타인이 저지른 용인할 수 없는 부당한 행위에 대한 거부이다.

느껴서 남성의 성기가 반사적으로 발기되는 것이 그 예가 될 수 있다(Tinbergen, 1951).

물론 정서반응의 반사적 요소들은 복잡한 사회적 관계 내에도 존재하고 특정한 문화에 의해 그 모습이 갖추어진다. 다음 장에서 그것을 알아보겠다. 우리 인류의 목적이 유전자의 목적보다도 더 중요할 수 있다.

그래서 우리 유전자가 만든 정서와 욕망들의 프로그래밍에는 범위가 있어서, 그 한쪽 끝에는 뱀이 공격할 때 Darwin이 놀라서 뒤로 물러선 것과 같은 반사가 있고, 다른 한쪽 끝에는 우리의 문화나 우리 자신에 의해서 수정될 수 있는 욕망이나 충동이 있다. 유전자와 정서가 밀접해 있는 한쪽 끝부분에서는 유전자가 우리에게 명령을 내린다. 중간 부분에서는 분노나 공포와 같은 정서가 위치해 있고, 이런 정서들은 어떤 경우에는 거의 불가항력적이지만 다른 경우에는 우리가 그 정서를 수정할 수도 있다. 유전자와 정서가 느슨하게 연결되어 있는 다른 쪽 끝부분에서는 유전에서 기인한 정서가 그저 우리에게 속삭일 뿐이다. 제14장에서 우리는 어떻게 우리가 정서들의 명령과 속삭임을 다룰 수 있는지에 대해 보게 될 것이다. Stanovich가 말한 대로 우리가 '로봇들의 반란'에 얼마나 참여할 수 있는지 고려하게 될 것이다. 그런 유전자 로봇의 반란에 참여함으로써 우리 자신과 우리 인간 종의 목적은 수백만 년 동안 내려온 포유류 진화에서 작동한 유전자의 목적보다 더 중요해질 것이다.

우리의 유전자가 정서를 통해서 우리를 프로그래밍할 수 있다는 것을 실감함으로써 이를 수 있는 가장 현저한 결론은 이런 효과가 무의식적으로 발생할 수 있다는 것이다. 무의식적 효과, 즉 우리의 의지에 의해서가 아니라 이성적으로 설명하기 어려운 다양한 이유에서 일어나는 정서적 편향, 충동, 본능적 욕구가 우리에게 영향을 준다.

세 가지의 사회적 동기와 한 가지의 반사회적 동기

어떻게 우리의 진화적 유산을 이해해야 할까? 가장 중요하다고 말할 수 있는 것은 인간은 사회적이라는 것이다. 우리는 포유류라고 불리는 계열에서 나왔다. 포유류의 특징은 알에서 태어나는 것이 아니라 맨몸 자체로 태어난다는 것인데, 스스로 생존할 수 없는 기간 동안에는 부모가 수유를 하고 양육해야 한다. 우리가 속한 영장류는 포유류 중에서도 가장 사회적인데, 그것은 포유류의 사회성이 증폭된 것이다. 영장류는 집단생활을 한다. 우리 인간은 그냥 사회적인 것이 아니라 초사회적이다. 우리는 가족과 사회를 이루고 살며, 사회공동체 내에서 사고하고 행동하는 문화라는 것을 만들어 왔다.

호기심과 신체적 위험에 직면했을 때의 자기보호 같은 몇몇 동기는 사회적 요소들이 필요치 않다. 그럼에도 불구하고 대부분의 인간 정서의 핵심은 타인들과 관련된 것들이다. 정서로 말미암아 우리는 사회적 생활을 할 수 있다.

제1장에서 우리는 정서란 목표(동기)와 관련된 사건에 대한 평가라는 Aristotle의 생각을 살펴보았다. 이제 우리의 목표와 관심이 대부분 사회적인 것이라는 것을 살펴볼 차례이다. 그것들은 무엇인가? 이 절에서는 한 가지 답을 말하겠다. 세 가지의 기본적인 사회적 동기와 한 가지의 반사회적 동기가 있다.

사회적 동기와 반사회적 동기는 적응으로 간주될 수 있는데, 이는 진화 동안 선택되었다. 이러한 핵심 동기들을 이해하는 것은 우리의 가장 중요한 정서들을 이해하기 위한 기초가 된다. 유전자는 우리가 초사회적 생활에 전념하도록 해 왔다. 우리는 강한 사회성, 언어, 의식을 물려받았기 때문에 경험에 의미를 부여할 수 있고, 유전적 경향성을 창조적으로 달리 표현할 수 있으며, 여러 가지 정서 중에서 어떤 정서를 선택할 수도 있는 것이다. 이런 것을 배우는 것이 인간에게 중요하다.

애착

아기들이 모유를 먹고 자란다는 생리학적 사실에 심리학적으로 따라오는 것이 애착 (attachment)이다. John Bowlby(1951)가 애착이라는 개념을 생각해 내었는데, 그는 각인이론 (imprinting)을 바탕으로 부모와 분리되어서 자라는 아이들을 연구하였다. Konrad Lorenz(1937) 는 새끼 거위들이 알에서 부화한 후에 주위에 있는 것들 중에서 첫 번째로 본 크고, 움직이고, 소리를 내는 대상을 다시 알아보고 그것을 따라다니는 것을 보고 각인이라는 개념을 생각해 내었다. 대개 그 대상은 어미 거위이며, 진화에 의해서 그렇게 된 것이다. 이것은 생물학적 메커니즘이며, 그래서 새끼 거위들은 어미 곁에 있게 된다. 하지만 이러한 재인 형태가 완전히 정해져 있는 것은 아니다. 만일 진짜 어미가 나타나지 않으면, 첫 번째로 나타난 그럴듯하게 움직이는 대상의 특징을 대신 배운다. Lorenz의 연구에서는 이러한 대상이 때로는 그 자신이 되기도 하였다. 당신은 들판을 걷는 Lorenz의 뒤를 그가 어미인 줄 생각하며 따르는 새끼 거위 무리의 사진을 본 적이 있을 것이다. 이 효과는 되돌릴 수 없다. 이러한 방식으로 각인된 거위는 다른 거위를 알아볼 수 없다. 그 거위들에게는 Lorenz가 사회적 신호가 된 것이다.

애착은 인간에게서 보이는 각인이라고 할 수 있다. 애착의 기능은 유아를 보호하고 돌보는 것이다. 유아와 양육자가 서로 협조해야 유아는 잘 자랄 수 있다. 인간 유아는 너무나 취약해서 아기를 보호하는 데 전심전력을 다하는 양육자 없이는 생존할 수 없는데, 대개 그 양육자는 어머니이다. 진화적으로 볼 때, 포식자들이 유아들에게는 위험한 대상이었다. 오늘날의 부모들은 세균, 복잡한 거리, 계단에서 굴러떨어지는 것을 걱정한다.

심지어 이런 부모의 보호에도 불구하고, 초기 아동기는 인생에서 여전히 가장 취약한 기간이다. 애착으로 말미암아 엄마가 유아의 곁에 있고, 유아가 울면 즉시 돌아보게 된다. 또한 Bowlby는 엄마가 안전기지(secure base)라는 개념도 만들어 냈다. 아기가 기어 다니기 시작할 때, 엄마가 옆에 있으면 그 아기는 새로운 환경을 탐색할 수 있다. 필요하면 아기들은 엄마에게로 돌아갈 수 있다. 엄마는 한시도 아기에게서 눈을 떼지 않는다. 안전기지로서 엄마의 기능은 사춘기까지 계속된다(Allen et al., 2003). 신뢰는 애착 이론가들뿐만 아니라 정서 발달의 단계 이론가(예: Erikson, 1950, 1959)들도 강조한 것인데, 그것은 현재 안전하며 또 계속 안전하리라는 믿음이다.

Mary Ainsworth(1967)는 우간다에서 유아와 엄마에 대한 현장연구를 했다. 그녀는 유아가 엄마와 함께 있을 때에 나타내는 행동 패턴을 알아내었는데, 그런 행동은 유아가 다른 사람과 있을 때는 결코 나타내지 않는 것이었다. Ainsworth가 작성한 애착행동 목록이 〈표 2-2〉에 제시되어 있다.

〈표 2-2〉 Ainsworth(1967)의 애착행동 목록

1. 차별화된 울음소리(즉, 엄마와 있을 때와 타인과 있을 때를 비교함)
2. 차별화된 미소
3. 차별화된 발성
4. 엄마가 떠날 때 울기
5. 엄마 따라다니기
6. 엄마를 향한 시각운동 지향
7. 미소, 까르르대기, 좋아하면서 반가워하기
8. 엄마를 반길 때 팔을 들어 올리기
9. 엄마를 반길 때 손뼉 치기
10. 엄마 품에서 부비적거리기
11. 엄마의 무릎 사이에 얼굴 파묻기
12. 걸어서 엄마한테로 가기
13. 아기가 엄마를 포옹하거나, 꼭 껴안거나, 엄마에게 뽀뽀하기(우간다 아기들에게서는 관찰되지 않지만, 서구 사회의 아기들에게는 빈번히 나타남)
14. 엄마를 안전지대 삼아 멀리까지 탐사하기
15. 안전 피난처인 엄마에게로 도망가기
16. 엄마한테 매달리기

유아는 엄마가 곁에 있어서 안전을 느낄 때면 확연히 다른 행동 패턴을 보인다. 엄마가 곁에 없을 때는 전적으로 다른 행동반응이 나타난다. 다른 문화권에서도 그것에 해당하는 애착 패턴들을 발견할 수 있다. 이러한 행동 패턴들의 지극히 중요한 기능은 엄마 곁에 있는 것이고, 엄마가 항상 옆에 있도록 만드는 것이며, 어떤 위험에서라도 유아를 보호하도록 하는 데 있다(Bowlby, 1971).

애착의 기능이 이것만 있는 것은 아니다. Bowlby는 생의 초기에 신체적인 발달을 위한 적절한 영양분만큼이나 사랑(Bowlby에게는 애착)이 정서 발달에 중요하다고 생각했다. 그는 유아의 애착관계가 이후의 모든 친밀한 관계를 위한 틀을 형성할 것이라고 생각했으며, 그것을 애정적 유대(affectional bond)라고 불렀다. 그는 다음과 같이 말했다.

애정적 유대와 강력한 정서의 주관적 상태는 함께 가는 경향이 있는데, 모든 작가와 극작가는 그것을 알고 있다. 그러므로 모든 인간 정서에서 가장 강력한 형태들은 애정적 유대의 형성, 유지, 붕괴, 재형성 중에 발생한다. 그래서 그것은 때로는 정서적 유대라고 불린다. 주관적인 경험이라는 측면에서, 유대의 형성은 사랑에 빠지는 것으로 묘사되고, 누군가를 사랑함으로써 유대를 유지하고, 누군가에 대해서 슬퍼

하면서 파트너를 잃는다.

– Bowlby (1979), p. 69

다음과 같은 실험을 해 보자. 〈표 2-2〉에 있는 Ainsworth의 16개 애착 관련 행동의 목록을 생각해 보라. 이제 그 목록을 아동이 엄마와 함께 있을 때 보이는 아동의 행동 패턴으로 보는 대신에, 두 명의 성인 연인 간의 상호작용에 대한 서술이라고 상상해 보라. 그 행동 패턴들이 두 경우에 잘 맞아떨어지는가? 그 연인들은 서로에게 차별화된 미소를 보이고 목소리를 내며, 서로를 따라다니고, 서로 눈을 맞추고, 떨어져 있을 때는 스트레스 받는 것처럼 보이는가? 만일 그렇다면, 이는 성인의 사랑이 아동기 애착관계를 원형으로 해서 형성된다는 Bowlby의 가설을 지지하는 것인가? Darwin(1872)이 그런 암시를 했는데, 그는 유아가 껴안고 또 안기는 것이 정교화된 것을 성인의 애무라고 생각했다. 이 생각에 따르면, 성인의 낭만적인 사랑과 성행동은 생의 초기에 만국 공통으로 나타나는 진화된 그 행동 패턴이 정교화된 것이다.

자기주장

다른 종류의 사회적 동기는 진화하는 동안 가장 먼저 출현하였는데, 그것은 자기주장(assertion) 혹은 권력(power)이다. 우리 인류는 지위계급 안에서 살게 된다. 이러한 계급은 다른 동물세계의 많은 부분에서도 일어난다. 예를 들어, 수컷 바닷가재들은 처음 만났을 때 싸운다. 그리고 승자가 지배자가 된다. 2인자로 밀려난 바닷가재는 1인자를 알아보고, 혹시 다음에 1인자 바닷가재와 마주치면 굽실댄다. 바닷가재뿐만 아니라 많은 동물이 지배계급이 되기 위해 경쟁을 하는데, 이를 통해서 성적 대상에게 접근할 우선권을 획득하게 되고, 음식물과 다른 자원들도 높은 계급에 속한 개체가 차지하게 된다.

계급은 우리 인간에서도 나타나는데, 학계, 스포츠계, 정치권, 음악계에서도 그러한 것을 볼 수 있다. 각 분야에는 언제나 최고의 1인자가 있다. 패배자(loser)라는 단어를 떠올려 보자. 거기에는 경멸이라는 의미가 담겨 있다. 만일 당신이 인류 역사에서 계급의 중요성에 대해 회의적인 입장을 가지고 있다면, 세계문명에서 기념비적인 건축물들을 생각해 보라. 이집트와 마야 왕조의 피라미드, 메소포타미아의 지구라트, 중세 유럽의 대성당들, 이 모든 건축물은 경외감을 일으키며, 그 당시 지배자들이 얼마나 위대한지 우리에게 말해 주고 있다.

계급과 권력이 인간에게 중요하기는 하지만, 사회적 권력은 신중하게 규제되어야만 하는데, 복수를 당할 수 있고 명성이 위험해질 수도 있기 때문이다(Miller, 2006). 현대사회에서는 법률이 그런 규제이다. 권력은 종종 책임을 수반한다. 예를 들면, 부모는 아동을 잘 돌보아야 한다. 이렇게 해서 애착의 사회적 동기가 생기는 것이다. 또한 이것은 학생을 가르치고 돌보는 것에 대한 교사의 책임감, 고용인의 복리와 임금 지불에 대한 고용주의 책임감, 후배의 권리를 보호할 선배의 책임감, 시민을 보호할 경찰의 책임감을 말한다.

자기주장은 사회계층 위쪽으로 올라가려는 동기이며, 우리를 아래로 내리누르려는 누군가에게 저항하는 도전이다. 이는 경쟁과 투쟁의 동기이다. 수치심은 사회적 지위가 하락했을 때 일어나는 사회 정서이다. 그래서 누구나 계급을 유지하는 것이 굉장히 중요하기 때문에, Scheff(1997)는 수치심이 가장 중요한 정서라고 하였다. 하지만 종종 수치심에 대해 이야기하는 것은 금기시된다. 정서의 긍정적 면을 제9장에서 볼 것인데, 그것은 우리의 자의식을 유지하도록 해 주는 것이고 또한 우리의 사회적 지위를 유지하게 해 주는 것이다.

소속감

인간의 세 번째 사회적 동기는 소속감(affiliation)인데, 이를 또한 대상에 대한 애정(affection)이라고 말하기도 한다. Goldberg, Grusec, Jenkins(1999)는 생애 초기에 부모와 아기 사이에서 볼 수 있는 애착의 보호기능과 다르기는 하지만 매우 중요한 또 다른 보호기능으로서 소속감, 따뜻함, 애정을 언급하고 있다. 소속감과 따뜻함은 인간 발달에 근본적으로 중요하지만, 보호기능과는 다른 면도 있다(MacDonald, 1992). 예를 들어, Fox와 Davidson(1987)은 아기들이 그들의 엄마가 팔을 벌린 채 다가오는 것을 보았을 때, 기뻐하는 것과 동시에 왼쪽 전두엽이 활성화되는 것을 발견했다. 여기서 활성화된 이 부분은 소속감과 관련된 체계이다. 대조적으로 양육자와 분리되어 스트레스를 받은 경우 소속감과 관련된 뇌 부위에서 활성 감소는 크지 않지만 오른쪽 전두엽 활성에 변화가 생기는데, 여기는 분리감과 관련된 체계이다. MacDonald(1992)는 애착이 모든 영장류에서 일어나지만, 따뜻함으로 인해서 생기는 애정적 유대는 일부 영장류에서만 일어난다고 했다.

MacDonald(1992), Goldberg 등(1999)은 애착이 관련된 분리감 체계와 소속감에서 오는 따뜻함이 관련된 분리감 체계는 문화에 따라 우선순위가 다르다고 가정했다. 소속감과 따뜻함이 관련된 체계는 긍정적 보상에 근거해 있으며, 이는 신체접촉 체계와 밀접히 연관되어 있다. 우리는 다정하다고 느끼는 상대와 신체접촉을 하고 포옹을 한다. Clark와 Finkel(2005)은 소속감을 공동체 관계(돌봄)의 측면에서 말하고 있는데, 이는 "네가 이걸 나에게 해 주니까 나도 이걸 너에게 해 주겠다."는 교환이라는 측면의 상업적 관계와는 반대되는 특성이라는 것이다. 사람들은 공동체 관계(돌봄관계)에서 더 많은 정서를 표현한다. 자기주장은 경쟁하기 위한 동기인 반면에, 소속감은 협력하고자 하는 동기인 셈이다.

당신은 아마도 섹스가 우리 인간에게 강력한 사회적 동기라고 생각할 것이다. 맞는 말이다. 그런데 우리의 친척뻘인 침팬지에게는 섹스가 그냥 형식적인 행위이다. 반면, 우리 인간에게는 섹스가 사랑과 밀접하게 연관되어 있고, 사랑은 애착동기와 밀접하게 연관되어 있으며, 또한 여기서 설명한 대로 소속감, 따뜻함, 협력의 동기와 밀접하게 연관되어 있다. Djikic과 Oatley(2004)에 따르면, 진화된 성적 동기란 여타의 진화된 동기들과 함께 기능해서 성적 대상을 서로 사랑하게 된 상태이다.

그렇게 되어서 인간의 성적 파트너들은 아이를 양육하는 데 서로 협력한다. 진화적 용어를 빌리자면, 번식을 위해서 친애동기-온정 시스템으로 인한 정교화가 일어나는데, 이것을 수컷 제공 가설(male provisioning hypothesis)이라고 한다(Lovejoy, 1981). Lovejoy는 결정적인 진화 동인은 인류가 직립에 적합한 전문화된 발을 가지고 보행을 하기 시작한 것이라고 하는데, 이제 유아는 더 이상 아기 유인원이 하듯이 엄마에게 매달려 다니지 못하게 되었다. 그러므로 엄마는 더 많은 자원을 아기들을 돌보는 데 바쳐야 했다. 동시에 수컷들은 자신의 유아를 키우는 데 기여하기 시작했다. 이것은 유인원의 난잡한 성행동과 결별함으로써 가능하게 되었다. 유인원에서는 어느 새끼의 아비가 누구인지 알 수 없는데, 그 이유는 유인원 암컷들이 그들 집단에 있는 많은 수컷과 교미하기 때문이다. 인간의 경우에는 특정 여성과 특정 남성이 오래 지속되는 성적 관계를 시작했다. 이것을 배우자 유대(pair-bonding)라고 하는데, 이는 다른 유인원들에게서는 드문 현상이다. 배우자 유대를 형성한 한 쌍의 남성과 여성은 서로에 대한 성적 관심을 지속한다. 남성이 아기를 돌보는 노력을 기울이는 것은 자신의 유전자에게 좋은 일이다. 여성이 오직 특정 남성하고만 성적인 관계를 유지하면, 여성은 아기를 기르는 데 필요한 자원을 그 남성으로부터 얻게 되는 것이다. 인간의 성과 사랑은 제3장과 제9장에서 더욱 자세히 논의될 것이다.

인간의 유아기는 너무 길고도 필요한 게 많아서 한 명의 양육자의 자원으로는 부족하다. 인간 가족은 한 명의 여성, 그녀의 자녀, 그리고 전형적으로는 한 명의 남성 배우자로 구성되는데, 그들은 애정이라는 정서로 서로 유대를 형성한다. 자녀를 양육하는 데 드는 비용과 더불어 일반적으로 집단생활을 하는 데는 친족이 아닌 사람들의 협조도 필요하며(Hrdy, 1999), 이 경우에는 우정에 기반을 둔 애정의 형태가 나타난다.

인간에게 애정과 협력은 성적 관계에만 국한된 것은 아니다. 인간은 우정, 팀워크와 같은 모든 종류의 협조에 의해서 혼자서는 할 수 없는 일들을 할 수 있으며, 그것이 진화의 영향을 받은 인간 삶의 기본적 모습이다(Nesse, 2010). 비록 유인원에서도 이러한 능력의 흔적이 보이기는 해도, 인간의 그런 능력이야말로 인간이라는 측면의 중심적 표상이 되었다.

세 가지 사회적 동기의 공간 내에서의 정서

우리는 사회적 목표를 관리하고, 세 가지의 기본 사회적 동기의 3차원 공간에 우리를 위치하게 해 봄으로써 사회적 정서를 이해할 수 있는데, 그것은 [그림 2-2]에 나타나 있다. 제9장에서 우리는 어떻게 이러한 세 가지 사회적 동기가 우리의 정서에 강력한 영향을 미치는지 알아볼 것이다. 애착을 일으키는 대상이 있을 때 일어나는 전형적인 긍정적 정서들은 신뢰, 편안함, 안심이며, 반대로 그런 대상을 잃었을 때는 불안과 스트레스가 일어난다. 전형적인 자기주장은 분노이며, 지위를 잃으면 수치심이나 당황스러움 그리고 어떤 종류의 지위 저하와 관련된 정서가 일어난다. 전형적으로 친화욕구와 관련된 긍정적인 정서는 애정, 온정, 호감이며, 반면에 애정을 느끼는 상대방을 잃게 되면 슬픔과 비통함을 느낀다. 애착, 자기주장, 친화욕구로 구성되는 3차원의 사회적 모델이 [그림 2-2]에 나타나 있다.

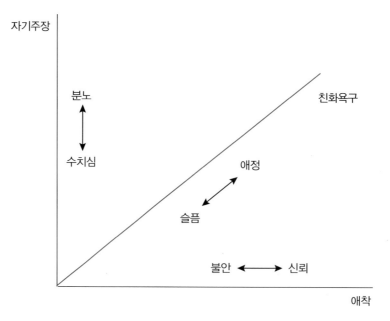

[그림 2-2] Jenkins와 Oatley의 세 가지 주된 사회적 동기에 근거한 도식. 애착, 자기주장, 친화욕구는 독립적 차원을 구성하며, 이 3차원 공간 모델에서 정서들은 화살표로 표시되어 있다.

반사회적 동기

애착, 자기주장, 친화욕구만이 인간의 사회적 삶의 동기는 아니다. 또한 진화는 적개심

(hostility)이라는 반사회적 동기도 물려주었다. 즉, 경쟁 상황이나 전쟁에서 상대방을 배척하거나, 모욕을 주거나, 때로는 파괴해 버리는 것이다. 이러한 동기와 연합된 정서 중에는 경멸과 증오가 있다. 그것을 인간의 현저한 능력이라는 측면에서 보자면, 내집단(in-groups) 사람들은 서로 협조적으로 유대를 형성하지만, 그 집단에 속하지 않은 외집단(out-groups) 사람들은 편견, 잔혹함, 심지어 살인의 목표로 삼는다(Sober & Wilson, 1998 참조).

이러한 종류의 동기에 대한 진화적 기원은 침팬지 연구에서 살펴볼 수 있는데, 예를 들면 Goodall(1986)의 연구가 있다. 그녀는 탄자니아의 곰베 지역에서 침팬지들에 대해서 기록했는데(이 지역은 크기와 모양이 맨해튼과 유사한 거친 숲이다), 그곳에서 소규모 집단의 침팬지들이 별도의 집단을 형성하고 있었다. 연구자들은 1974년에 북쪽 지역의 더 큰 침팬지 패거리 집단이 순찰을 돌면서 남쪽 집단의 침팬지가 홀로 혹은 소수집단으로 경계를 넘어오면 그들을 공격하고 죽여 버리는 것을 보고는 큰 충격을 받았다.

남쪽에 위치한 Goodall의 캠프 주위에는 소수의 침팬지 집단이 있었는데, 그 집단의 수컷은 여섯 마리였다. 이 두 하위 집단이 Goodall의 캠프에 과일을 따러 오면서 가끔 마주치는 경우가 있기도 하고, 또 개별 침팬지들이 사이좋게 마주치는 경우도 있었지만, 대부분은 두 하위 집단 사이에 긴장이 계속되었다. 그들은 서로를 피하기 시작했다. 결국에는 남쪽의 수컷들은 캠프에 오지 않게 되었다. 그리고 폭력이 시작되었다. 자신들의 영역을 순찰하던 북쪽의 수컷들이 남쪽 영역을 침범하기 시작했다. 언젠가 다 자란 수컷 여섯 마리와 아직 앳된 수컷 한 마리 그리고 암컷 한 마리가 남쪽 영역에서 남쪽 수컷 한 마리와 마주치게 되었다. 남쪽 수컷이 도망치려고 했지만 북쪽 수컷들에게 붙잡혔다. 북쪽 수컷들 중 한 마리가 그를 붙잡았고, 다른 수컷들은 그를 주먹으로 10분 동안 때렸으며, 붙잡았던 수컷은 그를 다시 여러 차례 때렸다. 그들이 떠났을 때는 남쪽 수컷은 심각하게 부상을 입었고, 비록 시체를 발견하지는 못했지만 그 수컷은 아마도 상처를 입고 죽었을 것으로 추정된다. 남쪽 집단에 속해 있던 암수의 성체 침팬지들은 이런 식으로 살해당했다. 남쪽 영역에 있던 덜 자란 암컷들은 북쪽 집단에 속하게 되었다. 그 공격은 명백히 살육이다. 즉, 한 집단 내에서 일어날 수 있는 싸움보다 훨씬 오랫동안 계속되었으며, 마치 다른 동물을 잡아먹을 때처럼 물어뜯고 살을 찢었다. 그 공격은 낯선 침팬지를 희생물로 삼은 것이 아니었다. 그들은 이전에 친구들이었다.

남쪽 집단을 전멸시킨 주된 이유가 영토 문제는 아닌 것 같았다. 그 적개심은 남쪽 침팬지들이 더 이상은 '우리'가 아니라 외집단인 '그들'이 되었다는 데 있는 것처럼 보였다.

'우리'에 대한 정서적 선호와 '그들'에 대한 적개심은 인류 공통적으로 상속받은 듯하다. 이는 예를 들어 Tajfel의 연구(Tajfel & Turner, 1979)에서 나타나는데, 그 연구에서 학령기 아동을 여러 집단에 무작위 할당을 해서 연구했다. 아동들은 자신과 동일한 집단에 속한 내집단 구성원에게 선호를 나타내었다. 이러한 선호 현상은 누가 자신의 그룹에 포함된 내집단 구성원인지 또는 그렇지 않은 외집단 구성원인지 모를 때도 관찰되었고, 심지어 그러한 행위와 선호가 자신에게 아무런 영향을 주지 않음에도 불구하고 나타났다.

고대의 금욕주의자들은 가장 위험하면서도 제일 중요하게 극복해야 할 정서가 바로 분노 (anger), 특히 그중에서도 격노(rage)라고 생각했다. 현대 우리의 관점으로 보자면, 그것은 우리의 반사회적 적개심의 동기이며, 적개심과 관련된 정서인 경멸, 혐오, 증오 같은 것이다. 그런 것들이 사회적 종으로서의 우리에게 가장 큰 장애물이다. 기본적으로 우리와 똑같은 타인들에게 우리와 다르게 보인다고 해서 살인적 공격성이나 혐오를 가지는 것은 진화적으로 물려받은 경향성이다. 이러한 타인들은 피부색이 다른 사람들, 종교가 다른 사람들, 또는 사는 지역이 다른 사람들일 수 있다. 이러한 경향성이 돌출되어 나오는 것이 전쟁으로, 살인이 일어나는 것뿐만 아니라 우리 사회에서 경제적으로 어려운 사람들이나 우리의 후손들과 다른 사람들과 함께 살아가야 할 환경을 잘 돌보지 않는 것으로 나타난다. 우리가 강하고 더 크게 협력하는 사회를 건설하고자 한다면, 증오와 관련된 정서들에 대해서 신속히 반성하고 사려 깊은 관계를 만들어 나가는 것이 필요하다.

인간의 정서가 지금의 모습을 갖게 된 이유

우리는 지금까지 인간의 정서적인 생활을 만들어 내는 네 가지 핵심 동기를 살펴보았다. 이러한 동기들을 진화적 도식에 비추어서 정서를 진화적으로 접근해 보면, 정서란 진화과정에서 선택압을 충족시키는 적응이라는 것을 알게 된다(Tooby & Cosmides, 1990; Nesse, 1990; Nesse & Ellsworth, 2009). 이러한 분석에 특별한 의미를 부여하기 위해서 진화 이론가들은 정서를 진화적 적응의 환경(environment of evolutionary adaptedness) 안으로 끌고 들어와서, 인간의 정서를 우리 인간 종이 침팬지와 보노보 계열에서 분화한 이래로 600만 년 동안 진화해 왔던 환경을 가지고 설명한다. 주요한 점은 오늘날 확장된 가족과 같은 집단적 삶이 인간의 사회적 환경이라는 것이다. 하지만 오직 하나의 물리적 환경만이 있었다고 오해하면 안 된다. Potts(1998)의 중요한 이론에 의하면, 인간의 적응은 600만 년 전에 발생한 심각한 기후변화 때문에 일어난 여러 가지 환경변화의 산물이었다. 그런 변화에 대한 적응은 인간의 특징으로서 유연성과 다재다능이라고 하는 선택적 우월함을 낳았다.

진화 이론가들은 왜 인간의 정서가 지금과 같은 모습을 가지게 되었는지를 설명하기 위해 몇 가지 증거를 대고 있다. 이어지는 세 절에서는 첫째로 우리의 진화적 친척인 침팬지와 보노보의 사회생활, 둘째로 인간 조상의 유래, 셋째로 초기 조상들의 삶과 비슷한 현대사회의 삶의 방식을 살펴보겠다. 이러한 세 종류의 증거를 들어서 결론을 말할 것인데, 그것이 이 책의 중심 내용이다. 인간 정서에 관한 이야기는 곧 인간의 삶에 관한 이야기이며, 그것은 굉장히 사회적이다. 사회적 정서들로 우리는 가족과 기술, 문화를 발달시켜 왔는데, 그것은 협력과 경쟁, 우리 사회적 집단에 대한 선호를 바탕으로 하고 있다. 우리의 사회성은 우리 종의 성공뿐만 아니라 삶에서 무엇이 가장 가치 있는가를 정하는 핵심이다.

침팬지의 사회생활

다른 동물들과 우리가 관련되었다는 증거는 이제는 잘 알려져 있다. 해부적 · 행동적 상응성이 확실한 지표를 제공한다. 새로운 유전체학을 이용하여 침팬지의 유전자를 분석하고 인간의 유전 암호와 비교하였다(Chimpanzees Sequencing and Analysis Consortium, 2005). 침팬지와 비교했을 때 우리의 DNA는 침팬지의 DNA와 고작 4% 정도만 다르다. 이러한 종류의 측정을 사용할 때는 약간 주의를 기울일 필요는 있다. 예를 들어, 우리는 상추와 다량의 DNA를 공유하는데, 그 이유는 모든 생물체가 살아가기 위해서 동일한 메커니즘을 갖고 있기 때문이다.

중요한 인물: Jane Goodall

Charles Darwin을 제외하고는, 인간과 우리 영장류의 관련성을 Jane Goodall보다 더 많이 탐구한 사람은 그 누구도 없을 것이다. 고생물학자인 Louis Leakey의 지원을 받으면서, Goodall은 탄자니아 곰베에서 침팬지를 연구했다. 그녀는 케임브리지 대학교에서 그녀의 초창기 관찰연구로 박사학위를 받았다. Goodall은 학사학위도 없이 박사학위를 받은 몇 안 되는 사람 중 하나였다.

1986년에 출판된 Goodall의 주요 저작 『곰베의 침팬지들(The Chimpanzees of Gombe)』은 개별적으로 독특한 성격, 독특한 정서, 다른 침팬지들과 독특한 관계를 맺는 각 침팬지들의 생활에 대한 기록이었다. 먼저, 그녀는 자신이 침팬지들의 신뢰를 얻어야 한다는 것을 깨달았다. 그러기 위해서 침팬지들이 그녀의 존재를 인정하고 받아들일 때까지 그 무리 근처에서 몇 시간이라도 앉아 있어야 했다. 그

녀는 침팬지를 각 개체별로 알아보아야 한다는 것을 깨달았고, 그래서 각각에게 이름을 지어 주었다. 그 후에 각 침팬지들을 며칠이고 따라다니면서 각각의 행동을 기록하였으며, 그 후에는 침팬지 집단에 대해서도 관찰하였다.

이 책에는 Goodall이 침팬지들이 작은 원숭이를 사냥해서 고기를 나누어 먹는다는 것을 밝혀낸 최초의 인물이라는 사실이 나와 있다. 또한 이 책에는 침팬지들의 정서가 인간의 정서와 매우 유사하다는 것을 관찰한 기록이 있는데, 한 침팬지가 집단에서 떨어져 나가면 다른 침팬지들이 그 침팬지를 살해해 버리는 반사회적 정서를 관찰한 것도 들어 있다.

오늘날 Goodall은 침팬지가 멸종 위기에 처한 종이라는 것을 널리 알리고 있으며, 지구와 그 서식지를 보호해야 한다고 주장하고 있다.

침팬지의 정서를 통해 우리는 무엇을 배울 수 있는가? 그 대답은 탄자니아의 곰베 지역에서 수년간 침팬지를 관찰한 Jane Goodall(1986)과 동료들의 업적에 나타나 있다. Goodall은 암컷 침팬지 Melissa, 딸 Gremlin, Gremlin의 갓난이 Getty로 구성된 한 침팬지 가족에 대해서 기록했다.

Getty는 엄마에게 매달리고, 빙글빙글 돌고, 다리를 들어 올려서 차고, 발가락으로 움켜쥐곤 했다. 가끔씩 Gremlin은 위로 손을 뻗어서 하릴없이 Getty의 사타구니를 간질였다. 몇 분 뒤 Getty는 나무 위로 올라가 버렸다. [중략] 그러다 엄마의 배 위로 갑자기 털썩 떨어져서는 안겼다. Getty의 할머니는 부드럽게 미소 지으면서 Getty를 안아 주었다.

— Goodall (1986), p. 594

Goodall은 이후에 어떻게 Getty가 그의 엄마 옆에 눕고 젖을 먹게 되는지를 이야기하고 있다. 이후에 계곡의 반대편에서 다른 침팬지의 소리(pant-hoot; 멀리 떨어져 있을 때 서로의 존재를 알리는 소리—역자 주)가 들려왔다. 이것은 수놈인 Evered가 아마도 그의 보금자리에서 내는 소리일 것이다. Melissa 가족의 또 다른 어린 식구인 Gimble은 Melissa의 팔을 붙잡고 일어나 앉아서는 소리 나는 쪽을 바라보았다. Gimble은 그 소리에 응답했는데, Evered가 Gimble이 추앙하는 수놈 중 하나였기 때문이다.

이러한 관찰을 토대로, Goodall은 많은 침팬지의 정서를 기록했다. 그런 정서에는 낯선 침팬지에 대한 걱정, 공격적 상호작용에 대한 두려움, 상실의 고통, 성가신 어린 것에 대한 짜증, 싸울 때 느끼는 분노, 어미나 아비의 죽음에 따르는 애도와 그것으로 인해 꼼짝 않고 있다가 죽는 경우까지도 있었다. 또한 Goodall은 정서를 표현하는 방법에 대한 목록을 만들었는데, 여기에는 협박할 때 이빨을 드러내 보이는 것, 흥분할 때(성적으로든, 공격적으로든) 털을 곧추세우는 것, 사회적 염려를 나타내는 끙끙대는 소리[서열이 낮은 침팬지가 서열이 높은 침팬지에게 다가갈 때 내는 이런 소리를 팬트 그런트(pant-grunt)라고 한다], 공포로 인한 끽끽거리는 소리와 비명소리, 분노의 짖음, 고통으로 흐느끼는 소리, 웃음소리 및 즐겁게 놀면서 신체를 접촉할 때 내는 헐떡임, 사회적 흥분에 따르는 팬트 후트와 포효가 포함된다.

이러한 표현들은 상호작용의 독특한 패턴의 기본이 된다. 그래서 과일이 많이 열린 나무를 발견했을 때, 침팬지들은 팬트 후트를 한다. 그러면 다른 침팬지들도 그곳에 와서 모두가 함께 먹고 같이 즐거움을 느낀다. 어미와 새끼의 상호작용이나 어린 것들 간의 놀이에서 그리고 화해할 때 다정한 신체접촉, 만지기, 쓰다듬기, 껴안기 등을 한다. 만일 한 침팬지가 다쳤다면, 그 침팬지는 독특한 구조요청 비명을 지른다. 그러면 응급처치를 하려고 다른 침팬지들이

모여든다. 그들이 서식지를 순찰할 때, 수컷들은 긴장하고 소리에 기민해지며, 그들 집단 외
부의 동물을 공격할 때는 흥분한다.

애착과 모자 유대

앞에서 언급한 것과 마찬가지로, 애착은 보호의 절차이고, 이는 침팬지들 간에 강하게 보인
다. Hirata(2009)가 개관한 문헌을 보면, 침팬지 어미들은 새끼들과 음식을 나누어 먹었을 뿐
만 아니라 자기가 좋아하는 음식을 양보하기도 했다. 또한 침팬지 어미들은 새끼들을 가르치
고 도왔는데, 이 모든 행동은 사랑이라고밖에는 말할 수 없는 것이었다.

자기주장과 계급

침팬지의 사회생활은 계급적이다. 포유동물에서는 일반적으로 계급에 의해서 그룹의 일원
들이 빠르게 그리고 비교적 평화롭게 자원을 할당하는 방식이 결정된다. 상호적 호혜와 관련
된 규칙에 따라 그들은 자원을 나누는 데 있어서 스스로 좋은 방식을 발견(heuristic, 발견적 방
법)한다. 그런 것들에는 짝짓기 기회, 먹이, 사회적 주의, 공동의 노력이 필요할 때의 노동력
제공 문제 등이 있다(De Waal, 2005; Fiske, 2010).

침팬지들 사이에서 우두머리 수컷(alpha male)은 다른 모든 침팬지로부터 경외를 받는 존재
이다. 그는 이전 우두머리를 격퇴시키고 자신의 자리를 견고하게 하기 위해서 덤벼들고, 나뭇
가지를 꺾어 버리고, 돌을 던지고, 큰 소리로 꽥꽥거리는 등으로 겁을 준다(Goodall, 1992). 가
끔 공개적인 싸움이 일어난다. 하지만 종종 그 우두머리가 가장 큰 수컷이 아닐 수 있다. 우두
머리는 다른 침팬지들, 특히 암컷들과 동맹을 맺는 기술이 가장 좋은 개체일 수도 있다. 우두
머리 수컷은 일반적으로 그 위치를 몇 년간 유지한다. 다른 수컷들은 그보다 낮은 서열에 대
충 위치하게 된다. 암컷들도 그것에 상당하는 위계구조를 가진다. 양성에서 동물들은 그들의
위치를 사수하거나 더 높은 서열로 오르기 위해 도전하는데, 주로 화를 내며 위협하거나 간혹
은 공개적으로 싸우게 되며, 이런 일은 두 동물이 동일한 수준의 위계에 있게 되면서 그들 사
이에 위계 간격을 만들어 내지 못할 때 일어난다.

침팬지는 주로 과일을 먹지만, 숲속에서 꼬리감는원숭이(cebus monkey)나 꼬마돼지와 같
은 작은 동물들을 사냥할 기회가 있으면 마다하지 않는다. 침팬지가 사냥했을 때, 상위 계
급에 있는 침팬지가 그 사냥에 참가하지 않았더라도 더 많은 먹이를 차지하는 경향이 있다
(Nishida et al., 1992). 상위 계급의 침팬지는 먹이를 독점하지는 않으며, 서로 그 먹이를 나누
는 것에 세련된 규칙이 있다(Boesch & Boesch, 1989; De Waal, 1996). 먹이를 나누는 것을 5,000번
이상 관찰하고서, De Waal은 침팬지들이 이전에 자기에게 먹이를 나누어 주던 침팬지들과 먹

이를 나누어 먹거나, 그날 일찍이 자신에게 털 손질을 해 준 침팬지와 먹이를 나누어 먹는다는 것을 알게 되었다. 침팬지들은 서로 간에 먹이 거래를 하고 교환한다. 높은 서열의 침팬지는 낮은 서열의 침팬지들이 먹이를 놓고 다툴 때 그 갈등을 해결하는 역할도 한다.

이 주제에 대해 대규모로 실시된 동물행동학적 · 비교문화적 개관 연구(Eales, 1992)에 따르면, 높은 서열의 동물에게 회유하고 복종하는 몸짓은 인간을 포함한 고등 영장류에게는 유전된 것으로 광범위하게 나타난다. 그런 몸짓에는 밑을 쳐다보며, 몸을 숙이고, 눈을 피하거나 내리깔고, 꼼짝하지 않으며, 공포스러운 표정을 짓는 것 등이 있다.

친화욕구와 협동

어미와 새끼 침팬지는 놀이를 하면서 많은 시간을 보낸다. 이것은 이전에 말한 Goodall의 연구(1986)에서 언급했다.

어린 침팬지들도 함께 논다. 놀이는 포유동물의 활동 중 하나인데, 아마도 다른 종류의 동물들은 그렇지 않은 것 같다. 놀이로써 소속감과 애정을 느끼며, 협동적이게 된다. 놀이를 하면서 웃고, 유머를 하게 된다. Panksepp(2005)은 놀이는 특정 두뇌 시스템에 의해 일어나며, 친사회적 행동의 발달을 촉진한다고 했다.

De Waal(1996, 2008)은 침팬지들이 갈등을 어떻게 해결해 나가는지, 먹이를 어떻게 나누는지, 고통스러운 상황에 처한 다른 침팬지들을 어떻게 돕는지를 연구했다. 또한 침팬지들은 자신에게 특별한 이득이 없더라도 자신이 속한 집단 내의 다른 침팬지들을 위해서 무언가를 했다. De Waal은 돌봄행위의 주된 목록을 만들었다. 침팬지, 개코원숭이, 짧은꼬리원숭이들은 그들 집단의 동료가 위해를 당하는 것을 보면 상당히 스트레스를 받는다. 영장류는 약한 개체를 돌본다. 예를 들어, 원숭이들도 인간처럼 때때로 시력이 없는 상태로 태어날 수 있는데, 그렇게 되면 나무에서 떨어지는 것부터 시작해서 집단을 배회하는 등의 수많은 위험에 노출된다. De Waal은 집단 내의 다른 원숭이들이 그 시력이 없는 원숭이를 보호하는 부담을 감당하며, 먹이를 먹여 주는 것과 같은 도움행동을 한다는 것을 관찰했다. 돌봄은 우리의 영장류 친족들의 생활방식이다.

또한 De Waal은 침팬지나 짧은꼬리원숭이가 서로 화가 나서 싸운 후에 어떤 행동을 하는지도 관찰했다. 그는 이렇게 싸운 후의 행동과 평온한 상태에서의 행동을 비교했다. 그는 싸우고 난 후에는 서로 물리적으로 더 가까이 있으며, 서로 간에 화해를 한다는 것도 발견했다(이 장 서두의 사진 참조). 때로는 이긴 쪽에서 먼저 화해를 시도했고, 또 때로는 싸움에서 진 쪽이 먼저 화해를 시도했다. 후자의 경우 그 동물은 걱정스럽게 접근했으며, 이빨을 드러내면서 웃는 표정을 짓는다든지, 머리를 숙이고 끄덕인다든지, 복종을 나타내는 끙끙거리는 소리를 내면서 복종한다는 것을 보였다. 이것은 결과적으로 서로 간의 애정 어린 털 손질로 이어졌고, 그다음에는 신체적 접촉, 사회적 유대관계를 회복하는 포옹으로 이어졌다(De Waal, 2000). 침팬지들의 교미는 순식간에 끝나지만, 암컷과 수컷은 서로 협조해서 한다.

일단 15세가 되면 성적으로 성숙하는데, 암컷 침팬지들은 그때 분홍빛의 커다란 음순을 가지게 되면서 성적 수용성을 나타낸다. 이렇게 수용성이 높아진 기간은 전형적으로 36일 월경주기에서 10일간 지속되며, 암컷은 그동안 자신이 속한 사회집단의 성체 수컷 대부분과 하루에 수십 번 교미를 한다. 그렇지 않다면 암컷 침팬지는 한 마리의 수컷 배우자와 함께 그 집단을 떠난다. 암컷 침팬지에게 접근하기 위한 공격성과 호전적 태도는 수컷 침팬지에게서는 흔한 일이다. 수컷에게서 성적 괴롭힘을 당하기도 하고 심지어 강간당하는 일도 없지 않지만, 일반적으로는 암컷이 짝짓기 대상과 시기를 결정한다. 어미는 유아의 양육을 거의 책임진다. 수컷은 집단에 공헌하지만 개별적으로 양육에 관여하지는 않는다.

보노보는 침팬지의 한 종류인데, 근래에 별개의 종으로 알려졌으며, 아마 일반 침팬지 종보다 인간과 더욱 가깝다. 그들은 일반 침팬지들보다는 덜 공격적이고, 그들의 사회생활은 성행위를 중심으로 돌아가는 것처럼 보인다(De Waal, 1995; Kano, 1992). 암컷 보노보는 임신능력을 가진 개체가 되기 전부터 거의 5년 동안 성욕이 왕성하다. 그들은 매 월경 주기의 절반 이상 동안 성적으로 수용적이다. 그들은 그들이 속한 사회집단 내의 다수의 성숙한 수컷들과 자유롭게 교미한다. 암컷과 수컷의 동성애도 흔하다. 나이가 좀 더 어린 수컷은 종종 더 나이가 많은 암컷 보노보와 성활동을 갖는데, 이는 성교육 놀이 정도로 생각된다. 보노보 간의 성적 접촉은 우정, 갈등 완화, 놀이에 해당한다.

침팬지의 반사회적 행동

앞에서 우리는 침팬지 무리가 이웃 집단 침팬지들을 찾아내서 살해한다는 Goodall(1986)의 관찰에 대해서 이야기하였다. Goodall의 캠프에서 과일을 배급해 주었기 때문에 이러한 종류의 행동이 촉발되었지, 그렇게 하지 않았다면 그런 살육은 없었을 것이라는 비평 때문에, 그런 조건이 아닌 경우에도 성체 침팬지들 사이에 살육이 일어난다는 것을 관찰하는 것이 중요하게 되었다(Boesch, Head, Tagg, Arandjelovic, Vigilant et al., 2007). 비록 침팬지들이 종종 그들의 동료들에게도 공격적이기는 하지만, 자기 종에 속하는 다른 개체들을 죽이는 것은 그것과는 완전히 다른 종류의 동기이다.

이기주의와 속임수

이때까지 우리는 사회생활의 진화적 근거에 대해 알아보았지만, 물론 개별적인 행동과 이기적인 행동도 동시에 발생한다. 영장류 동물학자들이 그 부분을 제대로 발견했는데, 우리 인간처럼 침팬지는 많은 시간을 이기적으로 행동하며, 지위다툼 같은 것이 그 예이다. 이기적인 행동 중에서 가장 흥미로운 측면은 속임수인데, 이는 다른 개체를 이해해야 가능한 것이며, 제8장의 주제이다. Call과 Tomasello(2008)는 침팬지들이 동료 침팬지가 신의, 욕구, 기분을 가지고 있다는 것을 실제로 이해하지는 못하지만, 상대 침팬지가 어떤 지각과 목표를 가지고 있다는 것을 이해하고 있으며, 그렇기 때문에 상대방을 속일 수 있다고 결론지었다.

동물 정서

정말 침팬지에게 정서가 있을까? 아니면 진정한 정서란 인간만이 가질 수 있는 것일까? 우리가 동물에게 직접 질문할 수 없기 때문에 당연히 알 수 없을 것이다. 하지만 대부분의 생물학자는 그렇게 생각하지 않는데, Darwin은 인간의 정서와 다른 동물들의 정서가 명백하게 연속선상에 있다는 것을 관찰했다. Darwin부터 시작한다.

한 인터뷰에서 De Waal은 다음과 같이 말했다(Wonderlance.com, 2011).

동물들은 아마도 상당 부분 우리와 동일한 정서를 갖고 있을 것입니다. 이것은 많은 두뇌연구에서도 당연한 것으로 나타났습니다. 쥐나 원숭이를 대상으로 한 실험에서, 우리가 공포나 분노를 느낄 때 활성화되는 뇌 부위를 자극했더니 그런 동물들에게서 공포나 분노가 나타났습니다. 그래서 소위 행동주의자들은 여전히 이러한 해석을 금기시하는데도, 신경과학자들은 일반적으로 인간과 동물의 정서가 유사할 것이라고 가정하는 것을 별문제로 여기지는 않습니다. …… 만일 암컷 개코원숭이가 자기 새끼를 잃어버린 장소에 1주일 뒤에 돌아오면 높은 나무에 올라가서 주변 환경을 살피며 애처롭게 새끼를 부르고 안절부절못하는데, 몇 주 동안이나 개코원숭이 무리가 새끼를 잃은 영역을 지나칠 때마다 계속 그렇게 합니다. 인간 관찰자가 그런 행동을 상실이나 비탄의 의미로 추정하지 않기가 힘듭니다.

Panksepp(2005)은 다른 포유류들에게서 본능적 정서행동을 발생시키는 두뇌 시스템의 신경동력학으로부터 우리의 정서도 나온다고 주장하였다. 우리가 제1장에서 제안했던 대로, 정서는 행동 경향성에 기반을 두고 있으며, 이런저런 행위를 하도록 부추긴다. Panksepp은 대문자로 명명해야만 할 정도로 그 자신이 아주 중요하다고 생각하는 행동 경향성들을 확인했는데, 그런 것들에는 탐색(SEEKING), 공포(FEAR), 격노(RAGE), 갈망(LUST), 돌봄(CARE), 공황(PANIC), 놀이(PLAY) 등이 있다. 이러한 시스템들은 포유류가 발달하면서 정교화되었으며, 침팬지나 우리 인간과 같은 사회적 영장류의 삶에 있어서 극도로 정교화되었다.

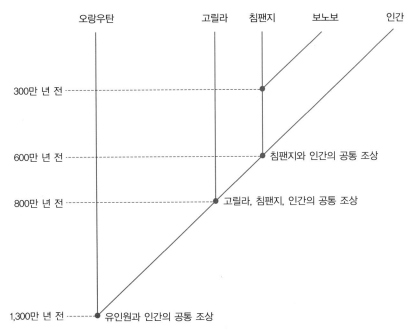

[그림 2-3] 인간과 유인원의 관계성을 보여 준다. 인간은 오랑우탄 계보와 약 1,300만 년 전에 갈라졌으며, 침팬지 계보와는 약 600만 년 전에 갈라졌다.

인류의 계보

오늘날 우리가 자동차나 휴대전화, 페이스북의 친구들과 살아가는 방식은 인간의 정서가 진화해 왔던 환경과는 판이하게 다르다. Wilson과 Cann(1992)은 인류의 공통 조상들, 즉 이브들이 아프리카에 살았던 때는 약 20만 년 전이라고 추정했다. 농사를 지어서 식량을 생산하는 것과 같은 오늘날 생존에 필수적인 일들은 약 1만 년에서 1만 2,000년 전에 시작되었다(Diamond, 1997). 그로부터 얼마 지나지 않아서 무역의 중심지로서 도시가 발명되었다(Leick, 2001). 이러한 움직임으로, 인간 문화의 진화는 종의 진화를 추월하게 되었다. 만일 문명을 이룬 기간이 1만 년이라고 할 때, 이는 우리 조상 이브가 살았던 이래로 단지 5%의 기간일 뿐이며, 우리가 침팬지로부터 분리된 이래로는 0.25%에 해당할 뿐이다. 다시 말해, 우리가 원숭이와 비슷한 존재에서 인간이 되기까지 살아온 대부분의 기간 동안의 그 세상은 현재의 세상과 아주 달랐다는 것이다. 인간이라는 종이 나타난 이후로 계속되어 온 것은 우리의 강한 사회성이었다.

유목생활을 할 때 우리 조상에게 가족은 중요했을 것이다. 인간 가족은 한 집단을 형성하는

데, 그 집단 안에는 남성과 여성 그리고 모든 연령층이 다 포함되며, 여성이 자손들과 함께 산다. 그 집단에는 최소한 성인 남성이 한 명은 있으며, 여성의 성적인 파트너이다. 확장된 가족 집단에는 전형적으로 다른 친족들도 포함되는데, 형제나 자매, 나이 든 자식, 다른 집단에서 온 그들의 성적 파트너들이다. (근친상간에 대한 금기사항, 가족 외부의 사람과 결혼하는 사회적 메커니즘은 인류 보편적이다.) 반면에, 침팬지나 보노보 가족은 암컷 한 마리와 그 암컷의 새끼 몇 마리로 구성된다.

확장된 가족으로서 10~20명의 사람이 모여서 살아가는 집단은 인간 패턴의 한 가지인데, 그들은 동물 사체를 먹는 자-사냥꾼-채집자들이다. 그리고 그 집단은 종종 같은 지역 내의 유사한 집단과 만난다. 그런 사람들은 대략 150명 정도의 다른 사람들을 알고 있으며(Dunbar, 1993, 2004), 그들 중 여러 사람은 친족일 것이다. 부싯돌 같은 도구가 250만 년 전에 사용되었다는 것이 발견되었는데, 이는 부싯돌을 만드는 기술을 배우고 연습하기 위해서 정서적으로 결속되었을 것이라는 것을 의미한다. 불의 사용은 약 70만 년 전에 시작되었는데, 이것이 단순히 온기를 얻기 위한 것만은 아니고 나누어 먹을 음식을 준비하기 위한 것이라는 것을 알 수 있다. 언어는 약 20만 년 전에 생겨났고(Henshilwood & Dubreuil, 2009), 언어가 생겨남으로써 대화, 논쟁, 험담, 협동계획과 같은 정서에 기반을 둔 기술들이 나타났다. 신체나 사물에 색을 입히기 위한 황토공장이 10만 년 전부터 있었다(Henshilwood, D'Errico, Van Niekerk, Coquinot, Jacobs, Lauritzen et al., 2011). 가장 오래된 예술품들로는 조개들에 구멍을 뚫어 만든 목걸이 장식품들이 8만 2,000년 전부터 있었다(Bouzouggar et al., 2007). 또한 4만 3,000년 전에 만들어진 플루트가 발굴됨으로써 그때부터 음악이 정서적으로 중요한 의사소통 수단이었다는 것을 알게 되었다(Huron, 2003). 동일한 시대에 매장의식이 있었다는 증거(Bowler et al., 2003)로 볼 때, 이것은 죽은 사람들이 다른 세상에서 다시 살아난다는 정서적으로 감동적인 이야기가 있었다는 것을 의미하는 것이다. 가장 오래된 것으로 알려진 동굴 벽화는 3만 1,000년 전에 제작된 것이다(Chauvet, Deschamps, & Hillaire, 1996). 우리가 현재 미술작품과 여러 예술작품에 끌리는 것은 정서적으로 진화된 선호성에 의한 것이라고 생각된다(Dutton, 2009; Kawabata & Zeki, 2004).

도구를 만드는 것, 음식을 준비하기 위해 불을 사용하는 것, 언어를 사용하고 예술을 창조하는 것은 인류 보편적인 것이다(Brown, 1991). 이 모든 것이 혁신이며, 우리를 다른 영장류와는 다른 독보적인 존재가 되게 한 것이다. 모든 것이 사회적인 것이다. 그리고 모든 것에는 정서적인 측면이 있다.

초기의 사람과 동물(hominid) 집단의 관심사 중에는 자손을 양육해야 하는 것이 있었다(Hrdy, 1999). 결정적으로 중요한 진화 단계는 일부일처제의 출현이다(앞에서 언급하였다). 일부일처제로 인해서 분업이 일어났는데, 이는 남자가 죽은 동물의 고기나 사냥한 고기를 집에 가져왔다는 것을 의미한다.

비록 서구 사회와 같이 일부일처제를 공식적인 정책으로 채택한 사회의 비율이 표본으로 선정한 전체 853개 사회 중 16%에 불과하지만(Van den Berghe, 1979), 그리고 혼외정사가 대부분의 사회에서 드문 일은 아니지만, 실제로는 일부일처제가 아주 일반적인 성적 패턴이다. 심지어 한 명의 남성이 여러 명의 부인을 거느리는 사회의 경우일지라도, 이런 패턴은 자원을 많이 가진 소수의 남성에게만 국한된 것이다. 일부일처제에 수반되는 정서는 질투심인데, 이는 배우자 쌍이 침입자에 의해 위협을 느낄 때 발생하는 것이다(Dunbar, 2004).

언어의 진화

아마 인간과 인간 종이 아닌 우리의 친척들을 구분 짓는 가장 중요한 종 특성은 언어이다. Robin Dunbar(1993, 2003, 2004)는 침팬지와 다른 영장류들은 털 손질로 사회적 유대관계를 유지한다는 것을 관찰했다. 털 손질은 사회적 상호관계의 상당한 부분을 차지하고 있는데, 침팬지는 깨어 있는 시간의 20%를 털 손질에 쓰는 것으로 보낸다. 침팬지들은 서로 조용하고 다정하게 앉아서 교대로 서로에게 털 손질을 해 준다. Dunbar는 그런 털 손질로써 사회를 결합시키는 것이 웃음과 대화로 대체되었다고 가정한다. 대화는 털 손질의 언어적 등가물이다. 털 손질은 손으로 둘 사이에서만 할 수 있는 것과 비교해서, 우리는 한 사람 이상과 동시에 이야기할 수 있고, 또한 식사를 준비하거나 걸을 때처럼 다른 작업을 하면서도 대화할 수 있다. 침팬지의 신피질 크기와 비교했을 때 인간의 신피질 크기가 거대하게 증가한 이유는 우리가 고도의 사회생활을 영위할 때 150명 정도의 지인에 대한 정신적 모델을 만들고 유지하며, 대화를 할 때 이 모델을 정교화하기 때문이다. 이것을 50마리 정도의 사회집단만 유지하면 되는 침팬지와 비교했을 때, 침팬지 집단의 모델이 훨씬 단순하다. 우리 인간은 타인을 우리 자신처럼 인식한다. 우리에게는 마음이론(theory of mind)이 있다. 우리는 타인이 생각할 법한 것에 관해 생각할 수 있고, 타인이 아는 것을 알 수 있는 데다가, 의도를 공유할 수 있다. 이러한 능력들은 침팬지가 할 수 있는 것을 넘어선 영역이다(Tomasello, 1999, 2008).

Dunbar의 주장대로 털 손질이 언어로 대화하는 것으로 대체된 이유는 인간의 경우 친밀함을 유지하는 집단의 최대 크기가 약 150명인데, 만일 우리가 손으로 털 손질을 해서만 그런 관계를 유지한다면, 이것은 침팬지가 그들의 집단 크기인 50마리 내에서 털 손질에 전념할 수 있는 시간인 깨어 있는 시간의 20%를 훨씬 초과하게 될 것이기 때문이다. 진화과정 동안 인간 조상에게서 손으로 털 손질을 해서는 150명이라는 그런 큰 집단을 만들 수는 없었을 것인데, 그렇게 큰 집단에서 이러한 종류의 털 손질은 영장류의 생존에 필요한 다른 활동에 너무

사진 출처: ©Frans Lanting/©Corbis

[그림 2-4] 두 마리의 침팬지가 털 손질 중이다. Dunbar의 가설에 의하면, 정서적으로 친밀함을 표현하는 이런 활동은 인간에서는 대화로 대체되어 왔다.

많은 지장을 주기 때문이다.

인간의 두뇌는 피질 영역의 확대로 점차 커졌는데, 이 영역에서 우리의 사회집단에 속한 사람들에 관한 정신적 모델을 만들고, 언어로 대화함으로써 타인들이 알 것 같은 것들에 관해서 토론도 하게 되었으며, 타인들이 어떤 기분을 느낄지, 어떻게 공동 작업을 하는지 등도 알게 되었다. 언어는 흘긋 보기, 표정 짓기, 제스처에 의한 소통을 대체하는 것이 아니라 소통을 증강시킨다. 언어를 통해서 우리는 타인의 정서를 공유하며 우리 영장류 사촌들이 하던 어떤 방법보다 더 뛰어난 방법으로 타인의 정서적 마음을 이해할 수 있다. 다음 장에서 우리는 언어와 문화가 생물학적으로 날것인 정서들을 어떻게 다듬어 나가는지 살펴볼 것이다.

집단 간 분쟁

화석의 기록에 의하면 인간이 지난 600만 년 동안 침팬지 계보에서 분화되어 오는 과정에서 약 20종류의 사람 종(원인)이 있었다. 그중에서 몇 종은 우리 인간의 조상이었을 것이다. 최후의 사람 종은 네안데르탈인이었는데, 2만 8,000년 전에 멸종했다. 경쟁에서 우리 조상의 뛰어난 기술이 외집단에 대항하는 전쟁을 일으켜 네안데르탈인을 멸종시켰을까?

현생 인류의 조상과 네안데르탈인 사이에 접촉이 있었다는 고생물학적 증거를 가지고 Mellars(2004)는 다음과 같이 결론지었다.

두 종 간에 영토와 자원을 놓고 직접적인 경쟁이 있을 경우에, 해부학적으로 현생 인류에 속하는 종이 더 복잡한 기술과 더 복잡한 조직을 가지고 있으므로 네안데르탈인에 비해서 강력한 경쟁적 우위를 가졌을 것이다(p. 464).

멸종 이전에 네안데르탈인들은 유럽에 서식하던 사람 종이었다. 네안데르탈인들이 멸종하기 직전에 10배나 더 많은 수의 해부학적으로 현생의 인간들이 (아마도 식민지를 만들기 위해서?) 밀어닥쳤다(Mellars & French, 2011). 최근의 유전적 증거는 네안데르탈인들과 인간들 사이에 이종교배가 있었다는 사실을 밝혀냈지만, 우리 인류의 조상이 그들을 멸종으로 몰고 갔는지는 여전히 의문으로 남아 있다.

이제 우리가 유일하게 살아남은 사람 종인데, 우리는 너무 쉽게 반사회적 동기를 발휘할 수 있으며 스스로 집단 학살을 자행할 수 있다. 이러한 초기 인간들의 후손들인 우리는 최신 기술과 공격성을 결합해서 기꺼이 외집단에 대해 전쟁을 일으킬 수 있다. 선사시대의 전쟁은 우리의 사회집단 내에서 계급을 놓고 경쟁하는 것이 아니었다. 그것은 내집단 정서에 근거해서 다른 외집단에 속한 구성원을 겨냥한 경멸, 잔인함, 적개심인데, 그런 외집단 구성원에게서 보이는 차이라는 것이 정말로 하찮은 것일 때도 그런 일이 일어난다.

우리는 전쟁을 또 다른 의미의 정치로 생각하는 경향이 있는데, 군사역사학자 John Keegan(1994)은 더욱 솔직하게 이야기한다. 그는 전쟁이 아주 정서적인 문제라고 한다. 전쟁은 우리가 타인을 우리와 다른 존재로 볼 때 그들을 죽이고자 하는 충동에서 일어난다.

현대의 수렵-채집 사회

우리는 현존하는 수렵-채집인의 문화를 살펴봄으로써 인간 정서의 기원에 대한 또 다른 일견을 얻을 수 있다. 호주와 서아프리카의 사바나 지역에서, 일부 사람은 현대에도 수렵-채집인의 삶을 이어 가고 있다. 이들 중에는 칼라하리 지역의 부시맨들인 !Kung족과 G/wi족 사람들이 있다('!'는 혀를 입천장에 붙였다가 재빨리 뗄 때 나는 '딱' 하는 소리를 나타내고, '/'는 혀를 앞니에 붙였다가 뗄 때 나는 소리로 꾸짖을 때 내는 '쯧' 하는 소리 같은 것이다). Lorna Marshall과 그녀의 가족은 1950년도에 그들 부족과 함께 생활했다(Marshall, 1976; Thomas, 1989). 그리고 1960년대와 1970년대에 Lee(1984)와 미국인 인류학자들도 이 사람들을 방문했다.

서구문명의 영향을 받아서 최근에 그들의 생활이 바뀌기 직전까지 !Kung족과 G/wi족 사람들은 준사막 지역에 거주했는데, 몇백 평방마일의 익숙한 지역을 이동하면서 살았다.

사진 출처: ©John Warburton-Lee Photography/Alamy

[그림 2-5] 수렵-채집인 집단인 !Kung족

Thomas는 G/wi족 사람들은 신체가 작고 유연하며 대가족을 구성하고 산다고 했다. 그들은 이동하는 중에 혈연이나 결혼으로 관계가 맺어진 다른 가족들을 만났다. G/wi족은 잠을 자기 위해 모닥불 둘레에 흙을 파내고 구덩이를 만들었다. 여성은 특히 식물들을 알아보는 전문가들이었는데, 땅에서 뿌리와 채소를 채집하고 야생수박에서 수액을 얻었다. 남성들은 사냥을 했는데, 활촉에 유충의 독을 묻힌 화살로 동물을 쏘았다. 그들은 화살을 맞고 도망치는 영양이 죽을 때까지 하루 종일 쫓아다녔다. 그들이 유숙하는 곳으로 죽은 영양을 가져와서는 복잡한 규칙에 따라 그것을 나누었다. 어떤 식량도 낭비되는 법이 없었다.

　아마도 20만 년 전의 우리의 조상인 이브로부터 혈통이 이어져 내려오는 그 오랜 기간 동안 호모사피엔스(Homo sapiens)는 G/wi족 사람들과 !Kung족 사람들처럼 10~30명 정도로 구성된 준유목생활을 하는 수렵-채집 대가족 집단을 구성하고 다른 집단 사람들과 가끔 마주치며 생활해 왔을 것이다. 그러므로 비록 사는 환경이나 식량을 얻고 나누고 자손을 보호하고 지키는 협업방식은 다를지라도, 우리 정서의 상당 부분은 아마 앞에서 언급한 생활방식에 적응된 것이라고 생각된다.

인간관계의 기본으로서의 정서

우리는 유전자가 인간이 그것들을 운반하도록 프로그래밍한다는 것을 알았다. 어떤 경우에는 그 프로그래밍이 강제성을 띠는데, Darwin이 동물원에서 아프리카산인 큰 독사가 그를 공격할 때 뒤로 피하지 않을 수 없었던 것이 그런 경우이다. 그 반대편으로 조금 가 보면, 비록 그런 반사반응을 일으키지는 않더라도 몇몇 정서는 여전히 우리에게 강력한 영향을 준다. 강한 불안과 강한 분노는 조절하기 어렵다. 그 범위의 중간 부분에는 우리 인간에게 역시나 중요한 것으로서 유전자 복제에 필수적인 성적 매력 및 성적 기능과 관련된 정서들이 있다. 하지만 우리는 우리의 문화와 개인적 이성으로 그것을 조절할 수 있다. 그 범위의 반대편 끝에서는 몇몇 유전자가 우리에게 속삭이고 있는데, 음악에 대한 선호, 시각예술에 대한 선호, 혹은 소설이나 영화에 대한 선호들과 관련이 있을 것이다. 이러한 유전자들은 우리가 하는 대부분의 선택과 관련이 있다.

우리의 영장류 친척들로부터, 인간 조상의 화석 기록으로부터, 그리고 현대의 수렵-채집인에 대한 연구들로부터, 우리는 정서가 사람들이 사회집단을 이루고 살아갈 수 있도록 상호작용을 구축한다는 것을 알게 된다. 진화적 적응성의 환경이 변한다는 것은 일차적으로 물리적 요인들이 변하는 것이 아니라 사회적 특성들이 변하는 것으로 정의된다. 그런 것들에는 성적 애착, 자손 양육을 위한 돌봄, 자원을 할당하는 것을 조정하는 계급, 집단 내 협동, 다른 집단 구성원에 대한 적대행위 등이 있다. Oatley(2004c)가 이야기했듯이, 현재의 정서적 패턴을 과거로 돌이켜서 비추어 보면, 진화적 적응성의 환경은 다음과 같은 것이었음에 틀림없다.

사람들은 친구들, 가까운 지인, 사랑하는 사람들과 함께 있음으로써 행복했다. 요즘의 우리처럼 우리의 조상들도 아이들에 대해서 걱정했고, 친구들이나 사랑하는 사람들이 자기들을 좋아하는지 신경 썼으며, 귀중하게 여기는 사람이나 물건을 잃거나 빼앗기면 정신적 혼란을 느꼈을 것이다(pp. 28-29).

〈표 2-3〉에는 우리 조상들에게서 정서가 어떻게 일어나게 되었으며 그것이 오늘날까지 계속되고 있는지를 이해할 수 있는 사항들이 요약되어 있다(Bowlby, 1971; Ekman, 1992; Frank, 1988; Izard, 1971, 1977; Keltner & Haidt, 1999, 2001; Nesse, 1990; Oatley, 1992, 2004; Plutchik, 1991; Tooby & Cosmides, 1990; Trivers, 1971). Nesse(1990)는 정서의 진화를 이해하기 위해서 우리가 특정 정서에 집중할 것이 아니라 반복되는 상황에 집중해야 한다고 말했다. 만일 우리가 그렇게 한다면 포식자에 대한 공포와 같은 어떤 정서는 그 자체로 독특한 것이지만, 많은 정서는 특정 상황에서 겹쳐서 나타날 것이다.

〈표 2-3〉 동기, 관계, 반복되는 상황 및 정서

동기	관계	반복되는 상황	정서
애착	애착	부모와 접촉 유지	부모의 사랑
	성적 접촉	번식 가능성	성적 욕망, 사랑
	암수의 유대	침입자의 위협	질투
	애착차단	분리	걱정, 불안
	애착회복	재결합	안심(또는 분노)
	애착상실	이별, 사별	슬픔, 절망
자기주장	상대방의 지위 낮춤	상대방의 불합리한 지위 상승	분노, 시기
	상대방의 권력 쟁취	유화, 복종 표시	모욕감, 굴종, 당혹감
	상대방에게 책임전가	위반	분노
	권력을 부여함	상대방이 자신보다 높게 보임	경외감
친애동기	친밀함	협조, 보살핌	애정, 따뜻함, 감사
	성적 관심	성적 유희, 성교	욕망, 애정
	관계상실	이별, 죽음	슬픔
	유대회복	실수	죄책감, 용서
반사회적 목표	적개심	집단 간 갈등	증오, 잔인함, 경멸
비사회적 목표	계획을 실시함	진척	행복, 원기충만
		실패	슬픔, 좌절, 억지수고
	자원들	찾음, 발견	열정
	환경탐색	신기함	흥미, 놀라움
	위험 회피	위협	공포
	오염 회피	독성	역겨움
	포식	사냥	흥분
	쫓김	도주	공포

　　정서는 인간 사회생활의 구조를 제공한다. 그것은 사람들이 다른 사람들과 관계를 맺는 윤곽 형태를 만들어 낸다. 〈표 2-3〉에서 당신은 애착과 친화욕구의 정서가 협력적 유대를 만들고 지속하며, 자기주장(권력)의 정서는 우리의 삶이 위계와 관련되도록 하고, 증오와 잔인함과 같이 반사회적으로 동기화된 정서들은 집단 간에서 일어나는 관계 측면임을 볼 수 있다. 그리고 물론 즉각적인 사회적 요소가 필요 없는 정서들도 있다.

　　서양에서는 우리가 스스로를 개별적 인간으로 생각하는 경향이 있지만, 일차적으로 우리는 사회집단의 일원일 것이다. 유아와 돌보는 사람으로 구성된 최초의 사회집단으로 시작하며, 대부분의 경우에 가족생활을 하게 된다. 그다음에는 다른 집단들의 구성원이 된다.

Donald(1991)는 인간 진화의 한 국면은 다른 사람의 행동을 똑같이 모방하는 것이라고 했다. 우리는 춤과 음악에서, 사람들이 공식적이든 비공식적(패션이라고 하는 것)이든 유니폼을 좋아한다는 사실에서 그렇다는 것을 알 수 있다. 우리가 하루 종일 하는 행위들을 하나씩 살펴보면, 이러한 행위들이 집단에 의해서 규정되거나 집단과 관련해서 행해진다는 것을 알 수 있을 것이다. 달리 말하면, 우리는 우리의 정체성을 집단으로부터 얻는다(Tajfel & Turner, 1979). 우리는 스스로를 학교의 한 구성원으로, 직장의 한 구성원으로, 아마도 어떤 종교의 신도로, 아마도 특정 인물, 밴드 또는 팀의 팬으로 여긴다. 집단 내에서 개인 간의 차이는 최소화되고, 집단 간 차이는 강조된다. 이렇게 집단을 묶는 것에는 남성과 여성, 흑인과 백인, 미국인과 여타 다른 나라 국민 등이 있다.

집단 충성심과 더불어 개인성도 발달하면서, 우리는 이기적이 될 수 있다. 그런데 노력한다면 다른 사람들도 개인성을 가진 존재로 볼 수 있게 되며, 개인으로서의 다른 사람들을 배려할 수 있게 된다.

정서에 대한 진화적 접근에서 우리가 얻어야 할 핵심적 증거들은 정서가 사회적 기능 혹은 개인적 기능 중에서 어느 쪽에 기여를 하는지, 정서가 얼마나 보편성을 띠고 있는지, 정서가 얼마나 생물학적 근저를 가지고 있는지, 정서가 얼마나 문화에 따라 독특한 것인지와 같은 것들이다.

요약

유전자는 우리를 유전자 재생산을 위한 운반매체로 사용한다. 이 장에서 우리는 유전자들이 어떻게 부분적으로는 우리 정서의 도움으로 우리를 프로그래밍하고, 우리를 안전하게 보호하며, 성적 행동을 하게 하는지에 관해 다루었다. 이러한 프로그래밍의 어떤 부분은 강제적으로 수행된다. 다른 부분은 우리에게 어느 정도 선택권이 있다. 인간 종의 성공적인 진화는 집단생활에서 비롯된 것이며, 세 가지 사회적 동기에서 정서가 생겨났다. 그것은 애착, 자기주장(권력), 소속감(애정)이며, 집단 간에 일어나는 적개심인 반사회적 동기도 함께 존재한다. 우리의 여러 정서가 사회성을 띠고 있다는 증거는 침팬지와 보노보, 선사시대 인간 종에 대한 연구에서 얻어졌으며, 현대사회에서 수렵-채집인으로 사는 사람들에 대한 연구에서도 얻어졌다.

생각해 보고 논의할 점

1. 우리가 우리의 유전자를 전달한다는 관점이 아니라, 우리의 유전자가 스스로를 전달하기 위해서 우리를 운반매체로 활용한다는 관점을 어떻게 생각하는가?

2. 타인에 대해서 내가 느끼는 어떤 정서, 즉 사랑, 분노 또는 질투, 시기에 대해서 생각해 보라. 이런 정
   서들을 느끼게 될 때, 그것이 당신 자신에 대한 생각에 어떤 영향을 미치는가? 이런 정서들을 느끼게
   될 때, 그 정서를 느끼게 한 그 사람에 대한 당신의 생각은 어떤 영향을 받는가?
3. 우리는 외집단 구성원에 대한 적대감을 얼마만큼 변화시킬 수 있다고 생각하는가? 테러리즘, 20세기
   와 21세기에 일어났던 여러 전쟁, 미국 인권운동에 대한 당신의 지식에 근거해서 이 문제를 생각해
   보라.

더 읽을거리

정서에 영향을 준 진화론의 기초

Keltner, D., Haidt, J., & Shiota, M. (2006). Social functionalism and the evolution of emotions. In M.
    Schaller, J. A. Simpson, & D. T. Kenrick (Eds.), *Evolution and social psychology* (pp. 115–
    142). Madison, CT: Psychosocial Press.

침팬지와 인간의 사회생활과 정서적 삶

De Waal, F. (2005). *Our inner ape: The best and worst of human nature.* London, UK: Granta.

인간 진화에 관한 재미있는 논의

Christian, D. (2004). *Maps of time: An introduction to big history.* Berkeley, CA: University of
    California Press.
Dunbar, R. (2004). *The human story: A new history of mankind's evolution.* London, UK: Faber.

제**3**장

정서의 문화적 이해

서양에서의 정서의 형성

정서의 문화적 접근

정서에 미치는 문화적 영향
연구에 대한 접근

정서에 관한 진화적 접근과
문화적 접근의 통합

사진 출처: ⓒAsian Art & Archaeology, Inc./Corbis

[그림 3-0] 중국의 한 왕조 시기에 만들어진 작은 입상. 2,000년 이전
의 작품이며, 아마도 북방 부족의 외국인을 표현한 것 같다.

우리는 세계를 돌아다니며 아름다움을 찾으려 하지만, 우리가 그 아름
다움을 가지고 있지 않다면 어떻게 그것을 발견할 수 있겠는가.

— Ralph Waldo Emerson, 『에세이(Essays)』, xii, Art

미국의 인류학자 Catherine Lutz는 9개월 동안 태평양에 있는 작은 섬 이팔루크에서 그곳에 사는 430명의 정서적 생활을 연구했다(Lutz, 1988). 어느 날, 다른 여성과 앉아 있던 Lutz는 5세 여자아이가 춤추며 우스꽝스러운 얼굴을 지으며 행복을 나타내는 것을 보았는데, 그것은 그 섬의 언어로 '커(ker)'라고 하는 것이었다. Lutz는 작은 소녀가 약간 귀엽다고 생각하고, 따뜻하게 대해 주려 했다. "그 아이에게 미소를 보이지 마세요."라고 동행자가 말했다. "저 아이는 당신이 '송(song)' 하지 않다고 생각할 겁니다." 이 단어 '송'은 정당하게 화가 나 있는 것을 의미한다(p. 167). 옆에 앉아 있던 여성은 소녀가 사회지능(social intelligence)을 가져야 할 나이가 되었으며, 이는 타인에 대한 배려로 이팔루크에서 중요한 것이라고 말했다. 그리고 소녀는 부적절한 수준의 행복을 보이지 말아야 하는데, 이것은 이팔루크에서는 뽐내는 것으로 여겨지며 받아들여지지 않는 것이다.

이러한 언쟁을 겪고는, Lutz는 이팔루크에 사는 사람들과 자신의 나라에 사는 사람들의 정서적 생활이 얼마나 다른지 알게 되었다. 이팔루크에서는, 작은 소녀는 버릇없어 보일 수도 있는 '커'를 보이지 말았어야 했다. 소녀는 좋은 사회지능을 가진 사람들이 그러하듯이, 조용히 앉아 있어야만 했다. 분노의 속성에서도 차이가 나타난다. 이팔루크에서 정당화되는 분노인 '송'은 사회적 규칙을 공공연하게 위반할 때 나타나는 것이다. 그러므로 '송'은 우리가 서구사회에서 경험하는 분노가 아닌데, 서구에서 분노란 권리를 위반함으로써 발생하는 것이다. '송'을 표현하는 것은 사람들의 사회적 의무인데, 그들이 사회적 조화를 해치는 어떠한 것을 발견하였을 때 그것을 나타낸다. '송'에 적절하게 대응하는 것은 메타구(metagu)인데, 이는 타인에 대해 조심스럽게 신경을 써 주는 것이다.

서양에서의 정서의 형성

여기서 우리는 문화가 무엇인지에 대해 말해야 한다. 문화는 관념(ideas)과 관습(practices)의 시스템으로, 특정한 사회 또는 일군의 사회에서 보편화되어 있는 것이다. 사회는 특정 시간대에 특정 장소에 살고 있는 사람들의 그룹이다.

서양 문화에서의 정서의 암묵적(implicit) 이론을 어떻게 묘사할 수 있을까? 첫째, 우리는 정서에 대한 불신에 주목해야 할 것이다. 만약 당신이 다른 사람의 주장을 폄하하려면, 단지 그 사람이 '정서적(emotional)'이라고 말하면 된다. 그 의미는 '비이성적(irrational)'이라는 것이다. 이러한 생각은 최소한 Plato(BC 375)까지 거슬러 올라가는데, 그는 정서란 마음의 낮은 수준에서 왜곡된 이성으로부터 발생한다고 생각했다. 이러한 불신은 근대의 Darwin(1872)에게까지 이어져 왔는데, 그는 성인에게 있어서 정서의 표현이란 쓸모없는 것이며, 우리 인간 종의 조상으로부터 온 진화의 흔적이고, 우리 유아기의 발달의 흔적이라고 주장했다.

그러나 서구세계에 사는 우리가 정서에 대해서 꼭 그렇게만 일관되게 생각하는 것은 아닌데, 우리가 정서를 진정성을 보증하는 것으로 여기며 참나를 발견하는 최고의 안내자로도 생각하기 때문이다. 정서의 철학에서 영향력이 있는 사람 중 한 명인 Robert Solomon은 다음과 같이 말했다. "정서란 영혼의 생명력이며, 우리의 가치 대부분의 근원이다."(1977, p. 14) 이후에 배우게 되겠지만(제7장과 제10장), 정서는 우리 생활에서 일어나는 사건들이 얼마나 우리의 핵심적 관심과 흥미에 상응하는지를 신호해 주는 역할을 한다.

정서에 대한 이런 다른 태도들은 서양 문화를 형성했다. 정서에 대한 진가는 유럽과 아메리카 대륙에서 낭만주의(Romanticism)라 불리는 역사적 시기에 확실해졌다[이 시기는 단어 '로맨틱(romantic)'과는 구분되어야 하는데, 로맨틱은 '로맨틱한 사랑'과 같은 용도로 쓰이며, 이 단어는 '성적인' 것의 동의어이다]. 낭만주의 시기에는 정서가 개인의 삶에서, 정치에서, 문학에서, 철학에서 가치 있는 것으로 여겨졌다.

Jean-Jacques Rousseau(1755)는 낭만주의 정신의 초기 주창자 중 한 명이 될 만하다. 그는 종교적인 감성이 권위, 성경, 신의 존재에 대한 논증에 의거한다기보다는 사람이 어떻게 느끼는지에 기반을 두고 있다는 생각을 책으로 출판했다. 그는 교화에 의한 추구를 인공적이고 오염된 것이라고 비판했으며, 대신에 교육은 자연적이어야 하고, 사람의 자연적인 정서가 무엇이 옳은 것인지 말해 준다고 했다. 즉, 사람들은 그저 양심의 느낌에 깨어 있어야 한다는 것이다. 『사회계약론(The Social Contract)』(1762)의 도입부에 나오는 그의 호소력 있는 구절 "인간은 자유롭게 태어났으나, 도처에서 속박받는다(Man is born free, and is everywhere in chains)."는 프랑스 혁명에서 집회 구호가 되었으며, 이러한 생각들은 대서양을 건너 미국 독립전쟁을 돕게 된다.

낭만주의에 대해 이해하고 싶다면, 유명한 여권운동가 Mary Wollstonecraft와 사회개혁가 William Godwin의 딸 Mary Shelley가 쓴 낭만주의 시대의 소설 『프랑켄슈타인(Frankenstein)』을 보라. 열여섯 살 때 Mary Shelley는 낭만주의 시인 Percy Bysshe Shelley와 눈이 맞아서 달아났다. 그녀가 열여덟 살이 되었을 때, Mary와 Mary의 남편, Mary의 이복자매 Claire, Byron 경(또 한 명의 낭만주의 시인), 그리고 또 다른 친구 한 명과 알프스에서 '마음에 안 드는' 여름 휴가를 보내고 있었다[소설 『프랑켄슈타인』은 "습하고 마음에 안 드는 여름(Wet, ungenial summer)"으로 시작한다—역자 주]. 그들은 문학, 철학, 생물학에 대해 많이 읽고 긴 대화를 나누었다. 어느 날, Byron이 각자 유령 이야기를 쓰자고 제안했다. 침실로 돌아온 Mary Shelley는 잠을 이루지 못했다. 죽은 생명체의 근육 움직임을 자극하기 위해 전기를 사용하는 실험에 대한 대화로 말미암아, 그녀는 강력한 기계장치 옆에 서 있는 어떤 과학자가 그 자신이 꿰매어서 맞춘 흉측한 인간에게 결국은 무릎을 꿇게 되는 이미지를 떠올렸다. 이 이야기는 세계 최초의 공상과학 소설 중 하나인『프랑켄슈타인』(1818)이 된다.

우리는『프랑켄슈타인』을 공포 소설로 생각하지만 이것은 실제로는 낭만주의의 정서적인 주제에 관한 것인데, 그 인조생명체가 초라한 작은 집에 살고 있는 가족을 몰래 돕는 것에서 보이는 친절함이라는 타고난 자연적인 정서에 대한 이야기이며, 더 나아가서는 그 자신의 부자연스러운 추함 때문에 사람들의 공격을 받는 것에 대해 분노할 때 나타나는 자연적인 여러 가지 정서에 대한 이야기이다. 그리고 이 인조생명체가 자신을 창조한 그 과학자에게 느끼는 의존적 정서를 그리고 있다.

『프랑켄슈타인』에는 많은 낭만주의의 주제가 있다. 거칠고 황량한 풍경을 배경으로 하여, 자연적인 것에 대해서는 강조하면서 인공적인 것에 대해서는 불신하고, 거만하게도 그들의 범주를 넘어서는 인간들에 대한 염려가 서려 있다. 이것들은 우리가 만든 똑똑하지만 위험한 기술적 시스템들에 대한 선견지명이 있는 도발적인 생각이며, 우리에게 시사하는 바가 크다

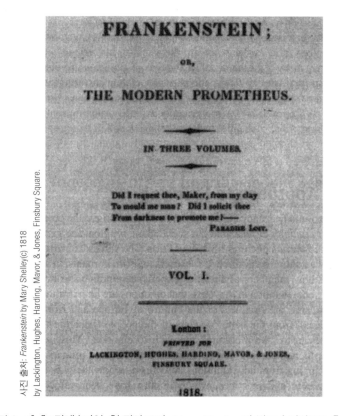

사진 출처: *Frankenstein* by Mary Shelley(c) 1818 by Lackington, Hughes, Harding, Mavor, & Jones, Finsbury Square.

[그림 3-1] 『프랑켄슈타인』 첫 권의 표지. Mary Shelley가 썼으나 익명으로 출판되었다.

(Perrow, 1984). 보다 일반적으로는 낭만주의 운동에서 정서에 대한 핵심적 믿음을 볼 수 있는데, 그것은 정서가 행동을 일으키는 원시적이고도 진정한 원인이라는 것이며, 그 믿음은 오늘날에도 여전히 살아 있다.

정서의 문화적 접근

우리의 문화적 배경은 많은 요소를 가지고 있다. 우리의 모국, 우리의 지리적 출생지, 민족 집단이나 인종, 사회적 계급, 종교, 성별 등이 그런 것이다. 우리는 이 장에서 문화의 형태가 어떻게 정서를 형성하는지에 대해 배울 것이다. 자신에 관한 가치, 개념, 생각들은 문화적 배경의 일부로서 예술, 종교의례, 사회적 관습(social practices), 사회적 제도 안에서 표현되며, 여러 종류의 사회 구성원들이 정서를 종종 매우 다르게 경험한다는 것을 보여 준다. 정서는 비이성적이지만 동시에 참된 자신의 진실한 측면을 보여 준다는 서양에서의 정서에 대한 우리의 믿음은 유럽과 북아메리카 문화의 산물이며, Catherine Lutz가 만났던 이팔루크 사람들의 신념체계와 다르다.

정서에 대해서 문화적 접근을 한다는 것은 어떠한 의미가 있을까? 가장 중요한 것은, 문화적 접근은 정서가 주로 문화적 과정으로 인해 형성된다는 가정을 포함하고 있다는 것이다. 정서에 어떤 가치가 부여되고 정서가 어떻게 발생하는가 하는 측면은 문화 특정적인 신념과 실천들에 의해서 형성되며, 이것은 다시 역사적 힘과 경제적인 힘에 의해서 영향을 받는다. 더 급진적인 주장을 하는 사람들은 정서는 사람들이 부여하는 의미로부터 도출되는 것으로, 문화적일 수밖에 없다고 말한다. 그런 것들에는 언어들과 예술활동들이 있다. 이는 문화마다 매우 다르기 때문에, 정서에 대한 관심사는 문화의 차이에 대한 관심으로 귀결된다. 예를 들어, 사랑에 대한 당신의 경험은 다른 문화권의 사람이 겪은 사랑에 대한 경험과는 다를 수 있다.

문화적 접근의 두 번째 가정은 정서는 문화 특정적인 정체성과 인간관계에 대한 연기를 하기 위해서 사람들이 수행하는 역할로 간주될 수 있다는 것이다. 제1장에서 언급한 Arlie Hochschild의 항공사 여자 승무원들의 정서적인 역할에 대한 저작을 떠올려 보라. Averill(1985)은 다른 많은 정서처럼, 사랑에 빠지는 것도 일시적인 사회적 역할이라고 주장했다. 이는 '사랑하는 사람'의 역할에 대한 각본을 제공하는데, 그런 경우에는 부모와의 관계나 예전에 사랑했던 사람과의 관계와 같은 사회적 역할을 유보하는 것이 허용된다. '사랑에 빠지는' 것과 같은 정서는 하나의 사회적 관계의 구조에서 다른 사회적 관계의 구조로 이행하는 것을 완수하는 것이다.

Batja Mesquita(2001)는 문화적 접근은 정서의 '가능성'보다는 정서의 '실천'에 초점을 두고 있다고 주장했다. 가능성(potential)은 다른 문화권의 사람들이라도 적절한 실험적 상황에 처하게 되면 경험, 표현, 생리적 측면에서 특정한 공통적 정서반응을 보일 수 있는지 물어보는 것을 말한다(관련 연구는 Tsai & Levenson, 1997; Tsai, Levenson, & Carstensen, 2000; Tsai et al., 2002 참조). 대답은 아마도 '그렇다'일 것이다. 그리고 이것은 지난 장에서 자세히 말했던 진화적인 접근과 맥을 같이한다. 반면에, 실천(practice)은 사람의 정서적 삶에서 실제로 무엇이 일어났는지를 말한다. 다른 문화권 사람들의 매일의 정서적 경험은 정말 다르며, 종종 극적일 정도로 다르다. 예를 들어, 어떤 문화는 분노의 공적인 표현을 허용한다[예: Rosaldo(1980)가 기록한 일롱곳(Ilongot)족]. 반면, 모든 분노 표현을 억누르려 노력하는 곳도 있다[예: Briggs(1970) 가 기록한 우트쿠 이누이트(Utku Inuit)족; 제9장 참조)]. 어떠한 문화(서양 문화)에서는 수치심이 해로우며 피해야 하는 것으로 여겨진다. 더 위계적으로 구조화된 사회에서는 수치심은 가치 있고 긍정적으로 보이는데, 특히 낮은 지위의 사람이 수치심을 보일 때 그러하다(Abu-Lughod, 1986; Doi, 1973; Menon & Shweder, 1994). Mesquita, Frijda, Scherer(1997)가 발견한 것처럼, "서로 다른 문화권의 사람들은 그들의 정서 가능성에서는 비슷해 보인다. 특히 이 가능성이 높은 수준의 의미를 지닐 때 그러하다. 그러나 정서생활의 기본적인 구성요소들이 비슷함에도 불구하고, 현실에서 구체적인 정서는 문화마다 매우 다양하다." 다음에 나오는 세 절에서 우리는 정서에 대한 세 가지 특정적인 문화적 접근을 다룰 것이다(Peng, Ames, & Knowles, 2001).

자기구성: 독립적인 자기와 상호의존적인 자기

우선, 다음의 인용문들을 보라. 첫 번째는 미국 독립선언문의 유명한 구절이다.

우리는 다음과 같은 진실을 자명한 것이라 생각한다. 즉, 모든 인간은 평등하게 태어났고, 창조주로부터 양도할 수 없는 권리를 부여받았으며, 그중에는 생명권, 자유권, 행복추구권이 있다.

이제 중국의 위대한 철학자인 공자의 논어를 보자.

어진(仁) 사람이란 내가 이루고 싶은 것을 남이 먼저 이루도록 해 주는 사람이다.

(夫仁者, 己欲立而立人, 논어 6:28—역자 주)

미국 독립선언문과 공자의 논어는 수많은 사람의 삶에 영향을 주었다. 독립선언문은 개인의 권리와 자유를 최우선 순위에 두었으며, 타인으로부터 권리와 자유가 침해받는 것을 보호하도록 해 주었다. 공자는 사회에서 자신의 위치를 아는 것, 전통과 역할의 명예로움, 나 이전에 타인을 생각하는 것의 중요성을 강조했다. 낭만주의에 대해 배우면서 알게 되었던 것처럼, 서구 사회에서 사람들은 그들의 개인성, 자아실현, 자유, 자기표현을 중요하게 생각하게 되었다. "삐걱거리는 바퀴가 기름을 얻는다." "자랑할 게 있으면, 자랑해야지."라고 말한다. 그런데 아시아 문화권에서의 훈계와 명언들은 그것과 아주 다른 자기(self)를 강조한다. "빈 수레가 요란하다." "모난 돌이 정 맞는다."라는 말들이 그것을 나타내고 있다.

유명한 한 논거에서 Hazel Markus, Shinobu Kitayama, Harry Triandis 등은 정서에 영향을 주는 자기구성(self-construal)이 두 종류가 있다고 했다(Fiske et al., 1998; Hofstede, 1980; Markus & Kitayama, 1991, 1994; Triandis, 1989, 1994, 1995). 〈표 3-1〉에 그것이 나와 있다.

독립적 자기구성은 개인주의라고도 불린다(Schimmack, Oishi, & Diener, 2005). 여기서 중요한 것은 개인의 특수성과 독립성, 그리고 개인을 고유한 특성과 선호를 가진 존재로 정의하는 것, 개인의 기질 또는 선호 같은 내면의 원인에 초점을 두는 것이다. 이러한 것들은 시간과 사회적 맥락을 넘어서도 변하지 않는 것이라고 생각한다.

상호의존적 자기구성을 가진 사람들은 집단주의자라고도 하며, 자기(self)는 기본적으로 다른 사람과 연결되어 있다. 중요한 것은 공동체, 가족, 정부와 같은 집단 내에서 개인의 사회적 상태, 정체성, 역할을 아는 것이다. 여기서는 사회적 맥락과 상황이 행동에 미치는 영향이 강조된다. 자기 자신을 사회적 관계, 역할, 의무의 맥락 안에 들어 있는 존재로 보며, 여기서 자기는 계속해서 변하며 바뀌고 다른 맥락, 관계, 역할에 영향을 받는다.

〈표 3-1〉 두 개의 다른 자기구성. 이 표는 주로 북유럽과 북아메리카에 널리 퍼져 있는 독립적이며 개인주의적인 자기와 아시아, 아프리카, 남아메리카에서 현저한 상호의존적인 자기의 요소들을 비교해서 보여 준다.

독립적 자기	상호의존적 자기
나는 자주적이며, 분리되어 있다.	나는 다른 사람들과 연결되어 있다.
나는 고유한 특성과 선호를 가지고 있다.	나는 역할과 의무를 이행한다.
내 행동은 내적인 이유에 의한 것이다.	내 행동은 사회적 맥락의 결과이다.
내가 누구인지는 맥락에 따라 변하지 않는다.	내가 누구인지는 맥락마다 다르다.

개별 정서: 아마에

일본에는 아마에(amae)라고 부르는 정서가 있다. 이는 영어로 간단히 번역할 수 없다(Ferrari & Koyama, 2002). 아마에는 일종의 애착 정서이다. 이는 상호의존적 정서로서, 서로 융합하는 경험이며, 다른 사람이 자기를 완전히 수용해 줄 때 느끼는 편안함에서 나오는 것이다.

이 정서를 다른 문화권에서는 알 수 없다든지, 범세계적 중요성이 없다는 것은 아니다. 오히려 이는 서양 성인의 삶에서 아직 완전히 정착되지 못한 부분이다. 아마에의 원래 중국 표의문자는 아이가 물고 있는 젖가슴을 나타낸다. 서양인이 이 정서를 상상할 때, 그것은 퇴행(regression)으로 보이기 때문에 성인이 되면 그만두어야 하는 것으로 생각할 것이다. 그러나 일본에서는 꼭 그렇지는 않다. 이것은 가족 내의 관계에서 받아들여지는 정서이다. Lebra(1983)는 아마에라는 정서가 힘이 약한 사람이 더 힘 있는 사람과의 관계에서 나오는 의존성이며, 이로 인해 힘이 약한 사람이 수동적이 됨으로써 받아들여졌다는 만족감을 주는 것이라고 했다. 그와 동시에 아마에는 연인 간에서 상호의존 관계로 경험할 수도 있다.

자기구성에서의 근본적인 차이로 말미암아, 다른 문화권에 사는 사람들의 정서적 삶이 매우 다를 것이라고 예측할 수 있다. 북유럽, 캐나다, 미국과 같은 독립적인 문화에서 사는 사람의 정서적 경험은 아시아, 지중해 주변 유럽, 아프리카, 남아메리카와 같은 상호의존적 문화에서 사는 사람의 정서적 경험과 아주 많이 다를 것이다. 예를 들어, 그 정서가 어느 정도로 사회적 관계를 맺고 있는가(즉, 그 정서가 다른 사람과 연결되어 있는가) 또는 사회적으로 관계를 맺고 있지 않은가(즉, 타인과 거리를 두고 있는가)에 따라 그 정서에 대해서 생각하는 방식이 다를 것이다. Kitayama, Mesquita, Karasawa(2006)는 일본 대학생들과 미국 대학생들에게 14일 이상 동안 매일 가장 강한 정서적 에피소드를 보고하게 했으며, 그 에피소드가 있을 때 어떠한 정서를 느꼈는지도 보고하게 했다. 상호의존적인 일본 학생들은 긍정적인 사회관계적 정서들(예: 존중감, 동정심)과 부정적인 사회관계적 정서들(수치심과 죄의식과 같이, 나에 대한 타인의 평가를 인식하며 사회적 관계를 회복시키기 위한 행동의 동기가 되는 정서)에 대한 경험을 더 많이 보고했다. 더 독립적인 태도의 미국 학생들은 사회적 관계에 속박되지 않은 긍정적 정서들(자존심, 자아존중감)과 사회적 관계에 속박되지 않은 부정적 정서들(분노, 좌절)에 대한 경험을 더 많이 보고했다.

자기구성의 관점에서 수행된 연구들은 문화가 어떤 방식으로 우리가 경험하는 정서들에 영향을 주는지, 어떠한 정서가 우선시되고 가치를 지니는지를 밝혀냈다. 이뿐만 아니라 정서가 반응을 일으키는 문화 특정적 요소도 발견했다. 예를 들어, 일본 유아들과 미국 유아들은 자기 부모의 분노 표현에 극적으로 다르게 반응한다. Miyake 등(1986)은 11개월 된 미국 유아들과 일본 유아들에게 재미있는 장난감을 보여 주었는데, 각각의 장난감은 엄마의 기쁨, 분노, 공포를 표현하는 목소리와 짝지어져 있었다. 미국과 일본의 유아들 모두는 엄마의 즐거운 목소리와 공포에 찬 목소리를 듣고 얼마나 빨리 움직이는지에서 차이가 없었다. 그러나 그들의 엄마가 화난 목소리로 말하는 것을 들을 때는 문화적 차이가 확연했다. 미국 유아들은 평균 18초가 지난 후에 장난감에 다가가는 움직임을 시작했으나, 일본 유아들은 유의미하게 길게 평균 48초가 지난 후 움직이기 시작했다. 상호의존적 문화에서 분노는 쉽사리 사회적 조화를 깨트릴 수 있기 때문에, 드물게 나타나고 매우 부정적인 것이다. 일본 유아들은 아마도 엄마의 분노 표현에 더 억제된 것으로 보이는데, 이러한 부정적인 사건이 매우 드물기 때문이다.

마지막으로, 자기구성에서 문화적인 차이는 사람들이 행복을 찾는 방식에도 영향을 준다. 앞의 〈표 3-1〉을 다시 보고, 스스로 가설들을 만들어 보라. 어디서 행복의 결정요인들의 문화적 차이를 발견할 수 있는가? Mark Suh와 동료들은 상호의존적인 문화권의 사람들이 의무를 수행하고 문화적 규범을 준수하는 것에서 더 큰 행복을 찾는 것을 발견했다. 반면에, 독립적인 문화권의 사람들은 긍정적인 정서를 표현하는 것에서 더 큰 행복을 발견하는 것으로 나타났다(Suh, Diener, Oishi, & Triandis, 1998).

가치

정서의 문화적 차이들을 이해하려는 시도의 두 번째 접근은 가치(values)의 차이에 대한 부분이다. 가치는 우리의 사회적 행동을 지배하는 원리들이다. 수많은 가치가 우리가 문화의 구성원으로서 공동체에서 공존하는 방법을 지배한다. 또 가치들을 기반으로 자원 할당, 가족의 구성원이 되는 것, 도덕적 위반을 벌하는 것과 같은 일들이 수행된다. 예를 들어, 다른 문화권에서 온 사람은 자유, 개인의 권리, 평등, 생각과 느낌의 표현, 권위에 대한 존중, 성적 순결, 위계질서 등과 같은 가치들에 우선순위를 다르게 부여한다(Haidt, Koller, & Dias, 1993; Rozin et al., 1999; Shweder et al., 1997; Tsai, Simenova, & Watanabe, 2004). 한 사례를 들어 보자면, 인류학자 Benedict(1946)는 그들의 적이었던 일본인을 이해하기 위해서 미국 정부의 의뢰를 받아 제2차 세계대전이 종전되던 해에 출간한 책에서 다음과 같이 설명했다. 미국에서 진실하게 되라는 것은 한 개인의 가장 깊은 내면적 정서에 맞게 행동하라는 것이다. 일본에서 진실성으로 흔히 번역되는 마코토(makoto)라는 다른 개념은 내면적 느낌에 좌우되지 않으면서 전문적 지식을 사용하여 내면적 갈등 없이 완벽하게 사회적 의무를 수행하는 것이다.

특정한 가치를 중요하게 여기는 면에서 서로 다른 문화권에 사는 사람들은 가치와 관련된 서로 다른 정서 유발자(elicitor)를 경험한다. 어떤 문화에서는 명확한 질투 유발자가 다른 문화에서는 질투를 불러일으키지 않는다는 놀라운 사실을 보자. 서양 문화에서는 배우자가 다른 사람에게 성적 관심을 보이면 질투를 느낀다(Buss et al., 1992; DeSteno & Salovey, 1996; Harris,

2003; Harris & Christenfeld, 1996; Salovey, 1991). Hupka(1991)가 지적했듯이, 일부일처제인 서구 사회에서는 한 남편과 한 아내가 있는 가족을 소중한 가치로 여긴다. 이 가치는 한 성인의 사회적 지위나 경제적인 안전, 주거, 아이 양육, 성인으로서의 동반자 관계, 성생활 등에서 주춧돌이 된다. 여기에 성적으로 끼어드는 사람은 이 가치와 그에 연관되는 사회적 구조에 위협을 준다. 그래서 서구 사회에서 이러한 사람은 질투에서 기인한 협박이나 미움을 받았다.

그러나 다른 사회에서는 '자기'란 더 상호의존적이고, 집단적이고, 확장된 것이다. 노인을 포함한 구성원 모두는 서로에게 협력을 아끼지 않으며, 여러 사람이 함께 아이 양육을 맡고, 성인들 사이의 관계란 다른 많은 친척과 함께하는 것이며, 일부일처제가 꼭 그렇게 소중한 가치로 여겨지는 것도 아니다. 이러한 사회에서는 쾌락적인 혼외 성관계가 통상적인 것이다. 금세기 초에 인류학자들은 인도의 토다(Todas)족을 방문하고 이러한 종류의 사회를 발견했다(Hupka, 1991). 그들은 결혼한 짝이 같은 사회집단 안에서 애인을 가지고 있어도 질투하지 않았다. 반면에 토다족 남자들은 그들의 아내가 토다족이 아닌 사람과 성교를 하면 질투를 했다. 그리고 둘째 아들이 첫째 아들보다 먼저 결혼할 때 질투를 보였다. 이런 것들은 서양에서의 질투 유발자와는 아주 다르다.

이러한 종류의 관찰을 통해서 문화심리학자들은 가치에 대한 문화적 차이에 따라 어떤 정서가 초점(focal)이 되며 일상생활에서 중요한지는 문화에 따라 다르다고 주장한다(Markus & Kitayama, 1994; Mesquita, 2003; Mosquera Rodriquez et al., 2004). 어떤 특정 문화의 구성원들인가에 따라 분노, 연민, 고마움, 경외심 같은 정서들을 더 많이 느끼고 더 많이 표현할 수도 있고, 아니면 덜 느끼고 덜 표현할 수도 있다. 초점 정서가 더 쉽게 유발되고 더 강하게 체험될 수 있으며, 더 강한 전시행동(display behavior)으로 나타날 수도 있다.

어떤 문화에서는 명예에 대한 가치가 초점이 된다. 이는 타인에게 공손함과 존중을 보여서 예의를 지키는 것을 포함한다. Rodrigues-Mosquera와 동료들은 명예에 대한 것을 우선시하는 문화에서는 수치심이나 분노 같은 명예를 보호하는 정서가 더 초점적이라고 말했다. 명예를 중시하는 문화에서 사는 사람들(스페인 사람들)은 다른 문화권의 사람들보다 더 수치스러워하거나 분노하는 반응을 보이는데, 이러한 정서들이 명예와 '체면'을 지켜 주고, 모욕을 당할 때 분노함으로써 개인의 사회적 지위가 회복되기 때문이다(Rodrigues, Fischer, & Manstead, 2000). 실제로, 분노를 보이지 않는 것은 약하다는 것을 의미할 수도 있다. 미국 남부에서도 명예가 강조되는데, 그래서 남부에서 온 사람들이 모욕을 받았을 때[예: 실험 공모자가 그들을 '멍청이(asshole)'라고 할 때] 북부에서 온 학생들보다 더 많은 분노 표정을 보였다(Cohen et al., 1996). 또한 그들은 더 높은 테스토스테론과 코르티솔 수준을 보였고, 악수할 때 타인의 손을 더 세게 잡았으며, 좁은 복도에서 공모자였던 사람이 걸어올 때 길을 비켜 주는 것을 거절했다. Osterman과 Brown(2011)은 명예를 중시하는 사회에서는 특정 종류의 사람들 간의 폭력 뿐만 아니라 자기 자신에 대한 폭력도 더 널리 용인된다는 것을 발견했다. 즉, 자살은 명예가 덜 중요한 미국 내 주에서보다 명예를 중시하는 주에서 더 빈번했다. 명예중시 문화에서는 타인의 존경과 존중이 없는 삶보다는 자살을 더 선호할 수 있다.

특정 가치에 대한 문화적 차이는 자발적 정서반응에도 영향을 미치는 것이 발견되었다. 예를 들어, Iris Mauss와 동료들은 여러 문화권에서 정서 통제의 가치가 미치는 영향에 대해 연구했다. 동아시아 문화권에서는 정서 통제가 더 높은 가치를 지닌다. 정서의 자발적 표현을 사회적 조화를 해치는 위협으로 생각하므로 권장되지 않는다. 반면, 자발적인 정서표현은 서유럽 문화권에서는 더 높은 가치를 지닌다. 낭만주의의 전통 안에서 정서표현은 개인들이 고유한 자신을 표현할 수 있는 수단이다. 분노를 경험하는 것은 특히 이런 정서 통제와 결합된 가치에서 문화적 차이가 날 때 발생한다. 모든 정서 중에서 분노는 사회적 관계를 가장 크게 해치는 것이기 때문에 정서 통제에 가치를 두는 동아시아 문화권에서 온 사람들은 분노 표현을 억제할 것이라 예상할 수 있다.

이 가설을 검증하기 위해 Mauss와 동료들은 아시아계 미국인 대학생들과 유럽계 미국인 대학생들에게 스트레스가 높은 과제를 수행하게 했다. 즉, 특정 크기의 숫자를 거꾸로 세야 하는 것인데, 예를 들자면 13,822 같은 큰 숫자에서 7씩 빼는 것이다(Mauss et al., 2010). 그들이 이 좌절감을 주는 과제를 하는 동안, 무례한 실험자 한 사람이 실험 참가자를 여러 번 방해하고, 실수를 지적하고, 잘못해서 실망스럽다고 말한다. 이것은 의심할 여지 없이 실험 참가자에게 아주 짜증 나는 상황이다. 그러자 여기서 말한 것과 일치하게, 두 문화권의 사람들이 그

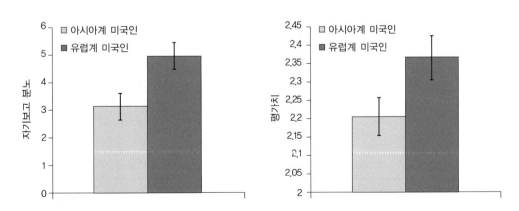

[그림 3-2] 유럽계 미국인들이 짜증 나는 실험자에 대해 더 큰 분노를 경험하고 표현했다.

출처: Mauss et al. (2010)에서 발췌.

짜증 나는 상황에서 생리적 반응으로는 차이를 보이지 않았음에도 불구하고, 유럽계 미국 참가자들이 분노를 더 많이 보고하고 그 무례한 실험자에게 더 강하게 분노에 찬 표정을 지었다.

마지막으로, 정서가 어떤 문화가 지니는 중요한 특정 가치들을 강화하는 경우에, 이러한 정서들은 높은 가치로 평가될 것이 틀림없다. Jeanne Tsai의 감정평가이론(affect evaluation theory)은 이 생각을 주목하게 만들었다(Tsai, 2007; Tsai, Knutson, & Fung, 2006). Tsai는 특정한 문화적 가치와 이상을 고취하는 정서들은 더 높게 평가되고, 그 결과로 개인들의 사회적 삶에서 더 주요한 역할을 할 것이라고 추론했다. 예를 들어, Tsai와 동료들은 미국에서는 신나는 것(excitement)이 중요한 가치라고 생각했다. 신난다는 것은 개인들로 하여금 자기표현과 성취에서 문화적 이상을 추구하도록 해 준다. 반면, 많은 동아시아 문화권에서는 침착함(calmness)과 자족함(contentedness)에 더 높은 가치를 두는데, 이러한 긍정적인 정서들이 개인들로 하여금 더 조화로운 관계로 집단에 화합하도록 해 주기 때문이다(Kitayama, Karasawa, & Mesquita, 2004; Kitayama, Markus, & Kurokawa, 2000; Kitayama, Mesquita, & Karasawa, 2005; 또한 Mesquita, 2001; Mesquita & Karasawa, 2002 참조). 정서가 가치를 지니게 되는 이러한 차이들로 말미암아 정서행동에서의 중요한 문화적 차이가 생긴다. 동아시아인과 비교해서 미국인은 더 위험한 레크리에이션(예: 산악자전거 타기)을 좋아하고, 더 신나는 표정의 미소로 상품 광고를 하는 경향이 있으며, 신나는 기분을 증진시키는 약물(코카인)에 중독되기 쉽고, 진정되고 느린 음악보다는 빠르고 신나는 음악을 선호하며, 아동도서에서도 더 신나는 주인공이 등장하는 경향이 있다(Tsai, 2007). 이러한 차이를 [그림 3-3]과 유명한 저술들에서도 볼 수 있다. 오늘날 기독교의 복음서와 기독사상에 대한 유명한 책들에서 높은 각성을 지닌 긍정 정서들('자부심' '영광')은 높은 가치를 지닌다. 반면에 불교 경전들과 불교사상을 소개하는 유명한 책들에서는 낮은 각성을 지닌 긍정 정서들('고요한' '평화로운')이 높은 가치를 지닌다(Tsai et al., 2007). Tsai는 사회적 수행에서 이 모든 차이가 미국에서 신나는 것에 대해 가치를 부여한 것으로부터 기인하는 것이라고 추론한다.

정서가 어떻게 받아들여지고 어떻게 이해되는지를 알기 위한 새롭고도 중요한 동향은 특정 정서와 그 정서의 제시(display)가 아니라 그 정서가 일어난 맥락을 같이 고려해야 한다는 것을 강조한다(Barrett, Mesquita, & Gendron, 2011). 우리는 이에 대해 제7장에서 더 논의할 것이다. 어떤 정서가 어떻게 표현되는지, 정서가 어떻게 이해되는지, 그 정서가 무엇을 의미하는지는 특히 맥락에 달려 있으며, 이 맥락은 여러 요소의 범위에 의해 달라진다. 이 요소는 관련된 사람의 성별, 권력관계, 가장 근본적으로는 맥락이 일어난 문화의 관습들을 포함한다. 어떤 영국 사람이 한 농담의 맥락은 다른 영국인이 호감의 표시로 이해할 수 있지만, 미국인은 이해할 수 없는 농담이 될 수 있으며, 일본인에게는 무례하게 보일 수도 있다.

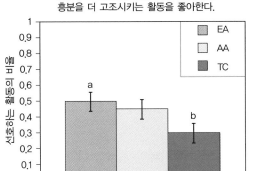
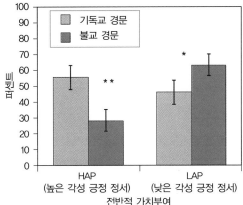

[그림 3-3] 유럽계 미국인(EA) 실험 참가자들은 아시아계 미국인(AA)이나 대만계 중국인(TC) 실험 참가자들보다 신나는 여가활동에 훨씬 큰 선호를 보였다. 기독교 경문은 높은 각성의 긍정(High Arousal Positive: HAP) 정서를 더 강조했고, 반면에 불교 경문은 조용하고 낮은 각성의 긍정(Low Arousal, Calm, Positive: LAP) 정서를 더 강조했다.

출처: 좌-Tsai, Louie et al. (2007); 우-Tsa, Miao, & Seppala (2007)에서 발췌.

인식론

인식론(epistemologies)이란 앎의 방식들이다. 그것은 지식구조들과 이론들을 일컫는데, 영역 특정적(domain-specific) 방식들로서 생각, 정서, 행동을 인도해 준다(Peng, Ames, & Knowles, 2001; Peng & Nisbett, 1999). Kaiping Peng과 Richard Nisbett은 동아시아인과 서유럽인의 인식론적 특성들을 묘사했다(Peng & Nisbett, 1999). 동아시아인은 동아시아의 위대한 지적 전통에 뿌리를 둔 전체론적·변증법적 사고구조에 따라 지식과 사고를 배운다. 이런 것에는 2,500년 동안 내려온 유교, 도교, 불교가 있다. 이 인식론은 다섯 가지 원리에 기초를 두고 있다.

① 변화: 정적인 것은 없다.
② 모순: 반대되는 것들도 종종 조화롭게 공존하며, 두 가지 모두 진실이다.
③ 공변(covariation): 여러 사건은 복잡계 내에서 상호 연관되어 있다.
④ 타협: 진실이란 반대되는 것들 간의 통합에 있다.
⑤ 맥락: 사건들은 각각 단독적으로 일어나지 않으며 맥락 안에서 일어난다.

상상력을 동원한 논증으로써, Peng과 Nisbett(1999)은 아시아인들이 미국인들보다 모순되는 관념들에서 더 큰 의미를 찾으며 심지어 즐거움도 느낄 수 있다는 가설을 검증했다. 그들은 먼저 모순이 관련된 중국 속담들(예: "반쪽 겸손은 반쪽 오만이다.")이 미국 속담들보다 많다는 것을 발견했다. 미국 속담들은 더 단선적이고, 하나의 진실만을 포함하고 있었다(예: "빵 반쪽이라도 있는 것이 없는 것보다는 낫다."). 그리고 중국과 미국 학생들에게 속담들을 보여 주었다. 중국 학생들은 모순적이고 변증법적인 속담을 더 잘 이해하고, 좋아하고, 사용할 수 있었다. 반면, 미국 학생들은 더 직선적인 속담을 선호했다.

원칙 2, 즉 모순의 원칙을 고려하였을 때, 동아시아인들은 미국인에 비해 더 큰 정서적 복잡성(emotional complexity)을 경험할 것이라 예상할 수 있다. 즉, 동시에 모순적인 감정들을 경험하는 것이다. 예를 들어, 행복과 슬픔, 연민과 경멸, 분노와 사랑을 동시에 경험할 수 있다는 말이다(Miyamoto, Uchida, & Ellsworth, 2010). 아마도 동아시아인들은 복잡한 사회적 상황에서 다중적이고 심지어 모순적이기까지 한 의미에 더 집중할 것이고, 그 결과로 모순적인 감정을 경험하게 될 것이다. 반면에 서양인은 한 상황에서 하나의 의미에만 초점을 둠으로써 보다 단순한 정서를 경험하게 될 것이다.

최근의 발견들도 이런 예측들과 맥을 같이하는데, 문화와 관련된 인식론이 어떻게 정서경험의 복잡성을 만들어 내는지에 대해 말한다. 그 예를 보면, 한 경험 표집(experience samping) 연구에서 학생들은 전자기기에서 '삑' 하는 소리가 날 때마다 그들의 현재의 정서를 보고하도록 했다. 실험실 연구와 마찬가지로 이 연구에서도 중국, 일본, 한국의 실험 참가자들은 서유럽 학생들에 비해 그 특정 시점에서 긍정적 정서와 부정적 정서를 더 많이 보고하는 경향이 있었다(Schimmack, Oishi, & Diener, 2002; 다른 방법론을 사용한 비슷한 결과는 Kitayama, Markus, & Kurokawa, 2000 참조). 서유럽 학생들에서는 한 종류의 정서(예: 행복)를 많이 보고하면 그 반대 정서(예: 슬픔)는 적게 보고하였다.

Michelle Shiota 등(2010)은 유럽계 미국인 연인들과 아시아계 미국인 연인들 사이의 모순적 정서에 대한 조사에서 비슷한 경향을 보고하였다. 사적인 사건들을 이야기한 뒤에, 유럽계 미국인 연인들은 사랑의 경험과 분노와 경멸의 경험 간에 부적 상관을 보였다. 그러나 아시아계 연인들은 이 두 모순적인 정서들에서 정적 상관을 보였다. 더 일반적으로 말해서, 서양인들은 긍정적 정서를 최대화하려 애쓰고 부정적 정서를 최소화하려 애쓰는 듯 보인다. 반면에 아시아인들은 균형적인 정서 상태를 추구하는 듯 보인다(Kitayama et al., 2000).

마지막으로, 원칙 5, 즉 맥락의 원칙을 고려해 보자. 맥락이 사회적 상황을 이해하는 데 중요하게 관련이 있을 정도로 문화적 인식론에는 현저한 차이가 있다. 세계의 여러 곳에 사는 사람들, 특히 동아시아 문화권에서 사는 사람들은 사회적 상황에 의미를 부여하는 데 있어서 맥락에 더 주의를 기울이는 경향이 있다. 반면에 서유럽 문화는 개인에 더 집중하는 경향이 있다(Peng & Morris, 1994). 이 맥락중심적 동아시아 인식론은 심지어 예술적 전통에서도 나타난다. 동아시아와 서유럽의 박물관들에서 수백 개의 그림을 분석한 결과, 동아시아 문화권의 그림들은 서유럽 문화권의 그림들에 비해 배경에 더 많은 공간을 할당했다. 서유럽 문화권의 그림들은 사람의 얼굴에 공간을 더 많이 할당했다(Masuda et al., 2008). 이처럼 맥락에 주의를 기울이는 것 때문에 정서의 의미에 있어서 문화 간에 그렇게 큰 차이가 나타나게 되는 것이다.

예를 들어, 동아시아 문화권과 서유럽 문화권에서 정서를 유발하는 사건들이 다를 것이라 예상할 수 있다. 이러한 견지에서 보자면, 동아시아 문화권의 사람들이 맥락적인 이유로 고마움이나 경외감을 경험할 것이라 기대할 수 있다. 그런 것에는 경제 상황이 좋은 것, 공동체의 일원이 되는 것 등이 있다. 그리고 북유럽 문화권의 사람들은 특정 개인의 행동의 결과에 고마움이나 경외감을 경험할 것이다. 맥락에 초점을 두는 그런 문화 간 차이는 사람들이 경험하는 정서의 종류에도 영향을 준다. 예를 들어, 동아시아 문화권의 사람들은 집단적인 자부심을 가지는 경향이 있다(예: 한 집단의 성공). 그리고 서유럽인들은 개인적 자부심을 가지는 경우가 많다. 그리고 제4장에서 동아시아인들이 타인의 정서에 대해 판단할 때는 사회적 맥락에 대한 정보를 요소로 간주하는 성향이 더 크다는 것을 보게 될 것이다.

정서에 미치는 문화적 영향 연구에 대한 접근

문화심리학자들은 단지 관심을 끄는 변수(예: 자기구성, 명예의 가치, 인식론)가 다른 문화권을 비교하는 것만으로 정서의 문화적 다양성을 이해하는 데 있어서 큰 발전을 이루어 냈다. 지금까지 우리는 문화가 정서를 다양한 방법으로 구성한다는 강력한 통찰들을 이끌어 낸 연구들을 보았다. 이제 문화가 정서적 반응을 어떻게 다양하게 하는지에 대한 더 완전한 그림을 보기 위해 다른 문화 간의 정서들의 비교를 살펴보자.

문화 간 비교

정서는 유발(elicitation)로 시작한다. 정서의 유발자들은 문화에 따라 다를까? 연구자들은 분노(anger)나 공포(fear) 같은 정서 용어를 다른 문화권에서 온 참가자들에게 주었다. 그리고 그들에게 각 종류의 정서를 일으키는 상황을 묘사해 보라고 요구했다(예: Boucher & Brandt, 1981). 또는 여러 가지 상황을 주고 참가자들에게 어떠한 정서를 느낄지 보고하게 하였다. 또는 다른 문화권에서 온 사람들에게 여러 가지 정서를 표현한 얼굴 사진들을 보여 주고, 그 사진과 같은 정서를 유발할 수 있는 사건을 묘사해 보라고 하였다(Haidt & Keltner, 1999).

제7장에서 더 살펴보겠지만, 세계적으로 공통된 정서의 유발자가 있다. 그러나 정서적 유발자가 사회적으로 '관여된'(즉, 타인이 관계된) 것인지, 아니면 사회적으로 '비관여된'(즉, 주로 자신만이 관계된) 것인지에 따라 정서반응에 있어서 문화별 차이가 있었다. 앞서 서술했던 내용들에서 예상할 수 있듯이 일본, 수리남, 터키 같은 상호의존적 문화의 구성원들은 친구와 격식을 차리지 않는 대화 같은 사회적 '관여'의 맥락에 있을 때 긍정적인 정서(차분함, 고양감)를 경험하는 경향이 있었다(Kitayama, Karasawa, & Mesquita, 2003; 또한 Mesquita & Leu, 2007 참조). 반면에, 미국인과 네덜란드인은 사회적 관여가 덜한 맥락에서 긍정적 정서를 경험하였으며 개인의 선호나 개인적 성취를 더 많이 표현하였다(또한 Frijda & Mesquita, 1994 참조).

최근에 David Matsumoto와 동료들은 정서 분야에서 가장 야심찬 문화 간 연구 중 하나를 수행하였다. 그 연구는 정서 억제(emotional suppression)의 문화적 차이를 이해하기 위한 것이었다(Matsumoto et al., 2008). 연구에는 23개의 문화에서 온 3,000명이 넘는 사람들이 참여했다. 참가자들은 정서를 억제하는 자신의 경향성을 보고했는데, 이는 사회적 맥락의 특징에 따라 정서를 억제하는 것을 말한다. Matsumoto와 동료들은 다른 문화들에 있어서 중요한 가치에 관한 정보도 수집했다. 고도로 수직적인 문화에서는 개인이 정서를 더 많이 억제하는 경향이 있다고 보고하였다. 반면, 더 평등주의적이고 개인주의적인 문화권에서 온 사람들은 정서표현을 덜 억제하는 것으로 보고하였다. 이는 더 개인주의적인 문화권 사람들이 더 진정한 자신이 드러나도록 자신의 정서를 자유롭게 표현한다는 기존의 생각과 일치한다. 나중에, 특히 서유럽 문화권에서 정서 억제의 비용에 대해서 더 배우게 될 것이다. Matsumoto와 동료들은 이 주제와 관련된 비교문화 연구들을 발표하였다. 23개의 문화에 걸쳐 개인들이 더 정서를 억제할수록, 약물 남용이나 폭력과 같은 사회적 적응의 문제가 적게 보고되었다. 그러나 문화들에 걸쳐 정서 억압이 심하면 낮은 수준의 행복, 복지와 연관되어 있었다.

정서 억제에 관한 이 연구는 그 이전의 정서표현 규칙(display rules) 연구에서부터 비롯된 것인데, 누구에게 어떤 정서를 어떻게 표현하는 것이 적절한가에 관한 것이다. 예를 들어, 이 장의 첫 부분에서 보았듯이 태평양 섬의 이팔루크족에게는 너무 큰 행복을 표현하는 것이 적절치 않은 행동이다. 더 일반적으로 말하자면, 사람들은 정서표현을 감쇠시킬 수 있다. 어떤 사람이 공개석상에서 거만하게 행동할 때 웃음이 나오는 충동을 억누르는 것이 그 예가 될 것이다. 또한 사람들은 표현을 더 강하게 할 수도 있는데, 예를 들어 직장 상사가 예전에 했던 이야기를 다시 말할 때도 더 감탄하는 미소를 띠면서 듣는 것이다.

문화에 따라 사람들이 정서표현을 어떻게 조절하는가는 매우 다양하다. 예를 들어, 많은 아

소설과 영화: 〈알로, 슈티〉

문화적 차이에 대해 진짜 재미있는 영화가 있는데, 바로 〈알로, 슈티(Welcome to the Sticks)〉이다. 이 영화는 프랑스에서 역대 가장 인기 있는 영화라고들 한다. 만약 당신이 프랑스인이라면, 아마도 이 영화(〈Bienvenu chez les Cht'is〉)에 대해서 알고 있을 것이다. 만일 당신이 프랑스인이 아니라면, 영화를 대여해서 당신이 그 영화를 얼마나 좋아할지 한번 보라. 이 영화는 우체국장인 Philippe(Kad Merad가 연기함)에 대한 이야기이다. 그의 부인인 Julie(Zoé Félix가 연기함)는 심술궂고 비협조적이다. 그녀는 Philippe가 프랑스 리비에라(코트다쥐르, 남부 프랑스의 휴양지—역자 주)로 전근 가기를 원한다. 그렇게 인기 좋은 곳으로 가는 것이 어렵기에, 확률을 높이기 위해서 Philippe는 장애인 행세를 하기로 한다. 그는 휠체어를 산다. 조사관이 도착했을 때, 그의 계략은 들통나고 처벌로 우체국 인사부는 그를 남부 프랑스인이 북극이라고 여기는 프랑스의 반대편 끝인 베르그로 보낸다. Philippe는 차를 몰고 그의 새 업무지로 출발한다. Julie가 동행하기를 원치 않았기에 그는 혼자 가게 된다. 마음이 내키지 않다 보니 고속도로에서 운전을 너무 느리게 하여 경찰이 그를 불러 세운다. Philippe는 경찰에게 그가 북쪽으로 전근 가게 되었다고 설명한다. 경찰은 "용기를 내요."라고 말하고는 벌금을 매기지 않고 그를 보내 준다.

베르그 우체국의 직원들은 따뜻하고 Philippe에게 친절해서 그의 새 업무지는 Phillippe를 행복하게 해 주지만, 의도치 않게도 부인에게 전화를 할 때마다 자신이 기대했던 것보다 베르그가 더 나쁜 곳이라고 말하게 된다. Julie는 이전에는 요구가 많은 사람이었지만 이제는 이해심 있는 사람이 되었다. 그녀는 이전에는 냉정했지만 이제 다정한 사람이 되었다. 결국 Philippe는 주말에 그녀를 보기 위해 남쪽으로 간다. 그의 직장생활이 이제까지보다 나아지자, 이제 그의 결혼생활도 훨씬 더 좋아졌다. 몇 주 후 Julie도 베르그로 이사하기로 결심한다. Philippe는 우체국 동료들에

게 그가 Julie에게 베르그 사람은 거칠고 그의 상황은 절망적이라고 거짓말했다고 털어놓았다. 그래서 Julie가 도착할 때, 그들은 그녀가 상상했던 것보다 모든 것이 더 끔찍하도록 연극을 벌인다.

사람들 사이에 어떤 차이가 있을 때 우리는 다른 사람들을 비웃는다. 그러나 이 영화는 그런 종류의 영화가 아니다. 오히려 문화적 차이를 초월한다. 그리고 이 영화는 우리가 관람인으로서 함께 참여하여 웃도록 하는 데 기반을 두고 있다.

Henri Bergson(1900/1911)은 우리가 왜 웃는지에 대해 질문을 던졌다. 첫 번째, Bergson은 인간만이 웃는다고 생각했고, 그에게 그것은 사회적이라는 것을 의미한다. 우리는 경치를 보고는 웃지 않으며, 동물들이 사람처럼 보일 때는 웃는다. Bergson은 사람이 기계처럼 행동을 하는 것을 볼 때 우리가 웃는다고 생각했는데, 사람이 된다는 것은 그렇게도 취약한 상태이기 때문이다. 두 번째, Bergson은 우리가 웃기 위해서는 조금 떨어져 있을 필요가 있다고 말했다. 우리는 어떤 사람에게 연민을 느낄 때는 웃지 않는다. 가장 중요한 세 번째로, Bergson은 웃음이 사회적인 메아리를 필요로 한다고 말했다. 우리는 오직 타인과 교제하고 있을 때만 웃는다. 그래서 웃음은 웃음이 생긴 곳의 문화에 대해 많은 것을 말해 준다.

웃음에 대한 근래의 최고 연구 중 하나는 Panksepp(2005)의 논문이다. 그도 또한 웃음을 사회적인 것으로 보았다. Panksepp은 웃음이 유아기에서 시작해서 아동기의 놀이까지 이어진다고 말한다. 술래잡기 놀이를 할 때 쫓기는 아이가 쫓는 아이보다 더 많이 웃는다. Panksepp은 서로 놀 때 쥐들이 찍찍거리는 소리를 낸다는 것을 발견했다. 이 소리는 동물에게 있는 원시적인 웃음 같은 것이다. 사림이 쥐들을 간지럽힐 때 쥐들은 이런 소리를 내는데, 그렇게 해서 쥐들은 이 특정한 사람에게 유대감을 느낀다.

시아 문화에서는 개인적 공적을 말하는 것은 부적절하며, 개인의 성공에 대한 기쁨이나 자부심과 관련된 표현은 겸손하게 해야 한다. 수렵꾼이자 화전민 생활을 하는 말레이시아의 작은 원주민 집단인 취옹(Chewong)족에게는 공포와 수줍음 외에는 모든 정서를 표현하지 못하게 하는 금기가 존재한다(Howell, 1981). 취옹족에게는 각각의 상황에서 무엇을 해야 하고 무엇을 하지 말아야 하는지 명확한 행동 규칙이 있다. 만약 규칙을 어기면 심각한 신체적 병에 걸린다고 믿는다. 결과적으로 취옹족은 서로 정서적인 표현을 하지 않는다. "그들은 어떤 종류의 몸짓도 거의 사용하지 않으며, 그들의 얼굴은 말하고 듣고 있을 때 거의 변화가 없다."(pp. 134-135) 이는 취옹족이 실제로 정서를 경험하지만 표현을 회피하는 것은 아닌가 하는 궁금증을 불러일으킨다.

정서표현 규칙이 있다는 것을 처음으로 보여 준 것은 Ekman과 Friesen의 실험(Ekman, 1972; Friesen, 1972)이다. 참가자는 25명의 미국 남성과 25명의 일본 남성이었고, 각자 자기 나라에 거주하고 있었다. 첫 단계에서 참가자들은 혼자서 영화 필름을 보았는데, 카누 여행, 종교적 할례, 흡입기를 사용한 아이의 분만, 코의 부비강 수술에 대한 것이었다. 두 번째 단계에서는 실험 참가자와 같은 나라에서 온 대학원생이 방으로 들어가서 참가자들이 영상을 본 경험에 대해 간단히 인터뷰를 하였다. 세 번째 단계에서는 인터뷰 진행자가 스크린을 등지고 참가자를 마주 본 채로 앉아서, 코 수술을 하는 매우 불쾌한 영상이 다시 재생되는 가운데 참가자에게 다음과 같이 묻는다. "당신이 영상을 보면서 지금 어떤 기분을 느꼈는지 말해 주십시오." 각 단계에서 실험 참가자들은 알지 못했지만, 그들의 얼굴표정은 비디오로 녹화되었다.

첫 단계에서 그들이 혼자 있을 때는 미국인 참가자들과 일본인 참가자들은 영상의 같은 시점에서 거의 똑같이 공포와 혐오스러운 얼굴표정을 지었다. 그러나 세 번째 단계에서 인터뷰 진행자와 마주 보면서 화면을 보고 있을 때는, 일본인 참가자들은 미국인 참가자들에 비해 미소를 더 많이 지으면서 부정적 표현을 억제하였다. 느린 속도로 화면을 볼 때, 실험 참가자의 얼굴표정 비디오 영상에는 일본인 참가자들이 공포나 혐오스러운 얼굴표정을 짓기 시작했으나 이내 예의 바른 미소로 이를 가리는 것이 나타났다.

좀 더 최근의 연구에서 Safdar, Friedlmeier, Matsumoto, Yoo, Kwantes 등(2009)은 캐나다인, 미국인, 일본인 대학생들의 정서표현 규칙을 비교하였다. 그들은 북아메리카 학생들에 비해 일본 학생들이 분노, 경멸, 혐오 같은 강렬한 정서표현을 억제하는 정서표현 규칙 경향을 발견하였다. 그러나 일본인들이 강력한 정서를 표현하는 것은 같이 있는 파트너가 누구인지에 따라 달랐다. 즉, 그들의 정서표현은 사회적 맥락을 얼마나 고려하느냐에 따라 달라졌다. 또한 일본인 참가자들은 캐나다인 참가자들에 비해서 행복함은 표현해야만 하며 놀람은 덜 표현해야 한다고 생각했다.

문화기술지

　정서에 대한 문화의 영향에 대한 통찰을 얻을 수 있는 더 진전된 방법은 문화기술학적 접근이다. 이 방법은 Lutz가 사용하였는데, 이 장의 처음에 나왔던 상황에 맞지 않은 표정을 짓던 작은 소녀의 일화가 그런 것이다. 문화기술지(ethnographies)는 특정 문화 구성원의 사회적 삶을 깊이 있게 서술하는 것이다. 이는 주로 인류학자들에 의해 기록되는데, 인류학자들은 역사, 언어, 관습, 풍습, 미신에 대한 집중적인 연구를 수행해 왔고 주로 몇 년 동안 관찰대상과 함께 지낸다.

　짧은 시간 동안의 단편적 정서반응에 집중하기보다, 문화기술지 학자들은 유명한 인류학자인 Clifford Geertz(1973)가 '심층기술(thick descriptions)'이라 부른 것에 초점을 둔다. 말하자면 정서의 경우에는 어떤 정서가 일어나는지뿐만 아니라 환경과 문화적 유의미성도 고려하는 것이다. 문화기술지는 종종 담화(discourse)에 초점을 맞춘다. 담화란 정서경험을 사회적으로 이해하도록 하기 위해서 여러 가지 형태로 언어를 사용하는 방법을 말한다. 문화기술지 학자들은 사람들이 정서를 명명하기 위해서 사용하는 간단한 단어들이 아니라 더 복잡한 의사소통 행위들을 연구한다. 그 예로는 사과하는 말, 뒷담화, 노래, 시, 말썽을 일으키는 사람들에 대

[그림 3-4]
이팔루크 여성이 어린 아들을 위해 즉석에서 머리장식을 만들어 주며 웃고 있다. 이런 종류의 사회반응적인 미소는 낮은 강도의 미소이며, '신나는 행복'을 의미하는 커(ker)와는 다른 종류의 신호이다.

사진 출처: University of Chicago Press. By permission of Catherine Lutz.

해 대비하는 공동체 모임이 있다(Abu-Lughod & Lutz, 1990; Lutz & White, 1986). 다른 문화권 사람들의 정서적 삶에 대해 기술한 유력한 문화기술지들로부터 정서 연구자들은 정서를 어떻게 생각해야 하는지에 대해 깊은 영향을 받았다(예: Abu-Lughod, 1986; Briggs, 1970; Rosaldo, 1980). 심층기술을 더 깊게 이해하기 위해 Lutz의 연구를 살펴보자.

이팔루크의 정서

Lutz가 연구를 수행한 이팔루크는 뉴욕 센트럴파크의 5분의 1 정도 크기밖에 안 되는 태평양에 있는 작은 산호섬이다. Lutz(1988)는 "특히 미국 문화에서 만연하는 성차별과 계급적 불평등, 폭력을 줄일 수 있을 것이라고 내가 생각할 만큼, 이곳 사람들이 그러한 문제들을 어떻게 피해 나가도록 삶을 영위해 나가는지" 알고자 했다(p. 17). 이팔루크는 고도로 상호의존적인 사회이다. 섬에서 가장 높은 곳은 해수면보다 고작 몇 미터 정도밖에 되지 않으며, 태풍이 때때로 오두막집을 날려 버리고, 타로토란(taro) 농장을 파괴하고, 석호의 물고기들이 격감하는 이 섬에서 사람들은 서로 의지할 수밖에 없었다.

섬에서의 첫 주 동안, Lutz는 그녀의 오두막을 방문한 젊은 여성들에게 물었다. "당신들은 먹는 물을 구하기 위해 저와 함께 가 주시겠어요(Do you want to come with me to get drinking water)?"(p. 88) 그 여성들은 실망스러운 표정을 지었다. Lutz는 그녀가 뭔가 잘못된 행동을 했음을 잠시 후에 알게 되었다. Lutz가 그 여성들을 '당신들(you)'이라고 부름으로써 그들을 독립적인 의사결정을 하는 자신과 분리한다는 것을 은연중에 나타내었던 것이다. 그녀는 상호의존적인 자기를 의미하는 더 나은 형태로, "우리(we) 가서 마실 물을 좀 구해 오죠, 좋죠?"라고 해야 했다고 적고 있다. 이 표현은 그 결정이 집단적임을 의미하는 것이다.

미국과 이팔루크에서 정서의 사회적 의미에는 주목할 만한 차이가 있다. 이팔루크의 커(ker)를 보자. Lutz는 이것을 '행복/신남(happiness/excitement)'으로 번역했다. 미국에서는 사람들이 "행복을 추구할 권리가 있다"(미국 헌법)는 것을 자명한 진실로 믿는다. 이팔루크에서는 사람들이 커를 추구할 어떤 권리가 있다고 생각하지 않는다. 이팔루크 사람들은 그것을 하지 말아야 할 것으로 생각한다. 커는 만족이나 사람 사이에서 일어나는 기쁨(이팔루크에서는 흔한 것임)이 아니다. 커를 느낀다는 것은 그 자신에게 너무나도 뿌듯해하는 것이다. 이는 뽐내기나 심지어 난장판으로 이어질 수 있어서, 이팔루크인들은 이 행동을 금지한다. 상호의존적인 문화에서는 어떤 형태의 기쁨은 사람을 타인과 분리시킬 수 있다. 이런 종류의 행복함은 사람들이 타인을 충분히 배려하지 못하게 할 수 있으므로 금지되는 것이다. 이팔루크인에게는 "온화하고 차분히 그리고 조용하게라는 의미를 지닌 말루웰루(maluwelu)"가 더 나은 것이다(p. 112).

그녀와 이팔루크인의 차이점 때문에 Lutz는 사회적인 실수를 많이 하였다. 어느 날 밤에 그녀는 문이 없는 움막에 머물고 있었는데, 한 남자가 들어와서 겁에 질렸다. 그녀가 비명을 지르자 그녀를 맡아 준 가족이 놀라서 잠을 깼다. 그들은 무엇이 잘못되었는지 살펴보았다. 그들 모두는 공동 움막에서 잠잘 때 쓰는 깔개들을 서로 맞대고 가까운 거리에서 함께 잤다. 그 남자는 도망쳤고, Lutz가 그 가족에게 그 사건을 이야기하자 모두들 재미있다는 듯이 웃었다. Lutz는 그 섬에 오랫동안 있었으므로 남자들이 때때로 성적인 만남을 위해 밤에 여성을 찾아온다는 것을 잘 알고 있었다. 그러나 그녀는 부지불식간에 초대하지 않은 어떤 남자가 방문을 한다는 것은 필연적으로 위험하다는 미국적인 생각을 떠올렸다. Lutz는 이팔루크에서는 비록 남성들이 술에 취하거나 해서 공공장소에서 아주 가끔 위험해 보일 수도 있고, 그들 사이에 의견충돌이 일어나서 다른 사람들이 공포를 느낄 수도 있지만, 상호 간 폭력이란 사실상 존재하지 않으며, 강간도 발생한 적이 없다고 말했다. 그래서 밤의 방문객은 공포와 전혀 상관없는 것이다. 그 사건은 곧 대화의 주제가 되었다. 비록 어느 누구도 왜 Lutz가 겁에 질렸는지 이해하지는 못했지만, 그녀의 양어머니는 그 사건의 이야기에서 어떤 만족감을 보였는데, 그 이유는 비록 Lutz가 나타낸 불안이 부적절하기는 했지만 어쨌든 불안이었기 때문이다. 그녀의 양어머니는 드디어 Lutz가 불안이라고 하는 귀중한 정서를 보일 수 있게 되었다고 생각했다!

Lutz가 알아낸 이팔루크에서 가장 귀중한 정서는 파고(fago)로, '연민/사랑/슬픔'으로 번역된다. 이것은 긍정적 관계의 기본적 지표로, 아이들, 친척들, 성적 파트너와의 관계를 포함한다. 파고는 사랑하는 존재가 없어서 그 사람이 필요할 때 특히 느껴지는 것이다. 왜냐하면 그 사람이 없을 때는 의지하는 사람과 떨어져 있는 것이기 때문이다. 파고는 사람이 필요한 상태에 있다는 의미의 슬픔을 표현하는 것이며, 또한 그 슬픔을 더 잘 돌보아 줄 수 있는 사람에게 전하는 연민의 표현이다.

이팔루크 사람들의 정서적 삶을 연구함으로써, Lutz는 문화마다 특정 정서들과 그것의 유발자들에 대한 가치가 극적으로 다를 수 있음을 보여 주었다. 더 나아가서 그녀는 정서가 일시적인 반응이 아니라 더 복합적인 것이라고 주장하였고, 정서는 개인들로 하여금 공동체 안에서 살 수 있도록 해 주는 사회적 역할과 의례라는 것을 밝혔다.

역사적 접근

자주 사용되지는 않지만 정서에 대해 깨달음을 주는 문화적 접근은 역사적 방법(historical method)이다. 지금부터 수백 년이 흐르고 나면 과학자들은 이 방법을 사용해서 21세기 서양인의 정서적 삶에 대해 알기 위해 토크쇼와 연속극, 휴대전화, MTV, 페이스북, 비디오게임, 인터넷 채팅, 트위터를 연구할 것이다. 각기 다른 역사시대에 종교적인 경전들(Menon & Shweder, 1994; Tsai et al., 2007), 에티켓 지침서들(Elias, 1939), 시와 사랑 노래들(Abu-Lughod, 1986), 대중가요와 같은 종류의 문서들은 특정 역사적 시기의 정서적 삶을 보여 주었다. David Konstan(2006)과 Barbara Rosenwein(2007) 같은 유명한 역사학자들은 이제 정서에 대한 연구에 착수했으며, 역사에 나오는 사회들을 문화에 기반을 두고서 보고 있다. 그렇게 해서 우리에게 예리한 통찰과 현대사회의 정서와 이전 사회의 정서를 대비해서 보여 줄 수 있다.

　　Stearns와 Haggarty(1991)가 1850년에서 1950년 사이에 부모를 위한 84개의 미국 지침서와 아이들에게 인기 있었던 문학작품들을 조사해서 얻은 사실을 살펴보자. 1900년 이전에는 3개의 특징이 나타난다. 아이들에게 공포를 일으키는 것의 위험성에 대해 부모에게 경고하는 내용, 아동기 공포에 대한 주제에 대한 침묵함, 공포에도 불구하고 용기 있고 적절하게 행동하는 것에 초점을 둔 소년 이야기가 그것이다. 그리고 변화가 나타났다. "20세기 부모들은 훈육의 방법으로 아이들에게 겁주는 짓을 하지 말아야 하며, 아이들에게 혼란스러운 신호를 주지 않도록 부모들도 정서에 통달해야 한다."(Stearns & Haggarty, 1991, p. 75) Benjamin Spock(1945)은 그의 유명한 지침서에서 아동기의 공포는 사려 깊은 관리가 필요하다고 서술했다. 걸음마를 걷는 아이들을 부모로부터 떼어 놓는 것은 아이들에게 공포를 일으키므로 이런 일을 하지 말아야 한다. 일단 공포가 발생하면, 아이들을 참을성과 사랑으로 돌보아야 한다. 소년들이 읽는 이야기책에서는, 1940년대에 이르러서는 공포에도 불구하고 올바르게 행동하는 모습은 사라지고, 전혀 공포를 느끼지 않는 강인한 남자의 모험 이야기로 대체된다. 미국 사회에서 공포의 조절은 중요한 것으로 간주되었는데, 우선 공포를 이기지 못하면 좋은 시민이 되지 못한다고 생각했으며, 나중에 가서는 효율적인 인간이 되지 못한다고 생각했기 때문이다. 미국 대통령 Franklin Roosevelt는 1933년의 대통령 취임연설에서 "우리가 두려워해야 할 것은 두려움 그 자체이다."라는 유명한 말을 했다.

　　사랑에 빠지는 것에 대한 서양의 생각과 관련된 역사적 문헌들을 더 살펴보자. 다음은 1950년대 초에 신문에 나온 이야기이다.

　　월요일, 23세의 Floyd Johnson 상등병과 19세의 Ellen Skinner는 전혀 모르는 사이였는데, 샌프란시스코역에서 함께 열차를 타게 되었다. 그들은 통로를 사이에 두고 서로 마주 앉아 있었다. Johnson은 수요일까지 그 통로를 건너가지 않았지만, 신부가 된 그녀는 "나는 이미 청혼을 받아들일 준비가 되어 있었어요."라고 말했다.

－ Burgess & Wallin (1953)에서 발췌

Johnson 상등병은 나중에 그들이 이미 눈으로 모든 이야기를 했다고 말했다. 목요일에 그 커플은 네브래스카의 오마하에서 내렸다. 당시에 그들은 결혼하기로 계획을 세웠으나, 네브래스카에서는 그들이 Ellen Skinner의 부모에게 승인을 얻어야 했기 때문에, 그들은 강을 건너 아이오와의 카운슬 블러프스로 갔다.

신문에 이 이야기가 나오고 30년도 더 지났을 때, Averill(1985)이 미국 성인들에게 그것을 보여 주었다. 그들 중 40%는 이 이야기에 나타난 이상적 사랑을 한 경험이 있었다고 말했다. 다른 40%는 그들 자신의 사랑 경험은 명백히 이 내용과 같지 않았다고 말했는데, 그들의 반응은 이 이상적인 이야기에 대해 불편한 태도와 어떤 식으로든지 각자가 거부감을 가진다는 데 있었다. 또 그들은 이렇게 반응하는 것은 그것이 이상적인 이야기이기 때문이라고 했다.

Averill은 이러한 종류의 사랑은 서양 문화에서는 명확한 특성을 지니고 있는 것이라고 주장했다. 정말이지 열정적인 성적 사랑은 전 세계에서 일어난다. 이는 큰 기쁨과 열정을 주는 경험이다. 이 경험은 구애를 할 때 일어나며, 뇌에서 페닐알라닌(phenylalanine) 수준이 높아지는 것과 같은 핵심적 생물학적 변화가 일어난다(Diamond, 2003; Liebowitz, 1983). 이러한 변화가 세계 공통적인지 알아보기 위해 Jankowiak과 Fischer(1992)는 166개 사회의 문화기술지 문헌들을 조사했는데, 전형적으로는 인류학자인 저자가 사랑(love)과 성욕(lust)을 구분했는지, 그리고 연인이 결혼 여부와 상관없이 처음 만난 두 해 동안 ① 개인적인 번민 또는 열망, ② 사랑의 노래와 그와 유사한 것들, ③ 사랑의 도피행각, ④ 열정적 사랑이라는 고유한 근거, ⑤ 사랑이 일어났다는 인류학자의 확증이라는 사랑의 속성이 하나라도 나타나고 있는지 보았다. 그 결과를 보면, 166개 문화 중 147개(88.5%)에서 이러한 종류의 열정적이며 성적인 사랑의 증거가 있었다.

그러나 Averill(1985)이 지적하듯이, 사랑에 대한 서양적 이상을 할리우드가 열심히 이용하였고, Floyd Johnson과 Ellen Skinner에게 50년 전에 일어난 일은 오늘날에도 생생히 살아 있어서, 세계에 퍼져 있는 그런 오래된 이야기만이 아니게 되었다. 이것은 서양만의 독특한 것이며, 중세 유럽에서 시작된 것이다.

이러한 생각의 기원은 궁정 연애(courtly love)로, 11세기에 프로방스에서 만들어져서 많은 중세 문헌에서 정교화되었다. 궁정(courtly)이라는 단어는 원래 궁중(royal court)에서 일어나는 일을 의미했다. 나중에 구애(courtship)라는 의미가 여기서 나왔다. 그 생각이란 상류층 남성이 숙녀와 사랑에 빠져서 그녀의 기사가 되는 것이다. 궁정 연애는 결혼 밖에서 일어나야만 했다. 그 숙녀를 먼 거리에서 처음 보게 되고, 그녀는 가질 수 없는 존재이다. 그 기사는 위험에 빠질 수도 있고, 사소한 것일지라도 그녀가 원하는 것은 무엇이든 주도록 봉사해야만 하며, 그녀를 숭배해야 한다. 심지어 기사가 기독교적 덕성의 모범이 되어야만 함에도 불구하고, 숙녀를 숭배하는 그 생각은 신성모독에 가까울 정도의 전율을 선사한다.

수백 년 전 궁정 연애는 유럽의 위대한 시들의 주제였다. 프랑스 시인 Chrétien De Troyes 가 쓴, 카멜롯에 있는 Arthur 왕의 궁정에서 왕의 아내이자 왕비인 Guinevere와 그녀를 사랑하는 Lancelot 사이에 일어나는 이야기인 『원탁의 기사(The Knight of the Cart)』(Chrétien De Troyes, 1180)가 그 원형이다.

그 후에는 『장미 이야기(Romance of the Rose)』(De Lorris & De Meun, 1237~1277)가 나온다. 첫 부분은 Guillaume de Lorris가 썼는데, 그것은 뛰어난 심리적 비유이다. 연인들은 각자 어떤 정서와 심리적 특징들의 조합으로 표상되는데, 그들 각자는 그 연극에서 독특한 연기자이다. 시는 사랑에 빠진 한 젊은 남자가 잠들어 꿈을 꾸는 것으로 시작한다. C. S. Lewis(1936) 의 해석에 따르면, 독자는 젊은 남자의 시선을 통해 이야기를 경험한다. 그는 생명의 강 옆을 산책하다가, 궁정 연애가 일어나는 아름다운 정원에 들어가서 한 숙녀를 만난다. 구애가 진행되면서, 그의 의식은 각기 다른 성격, 희망, 상냥한 생각, 이성 등이 차례로 등장하는 것으로 표현된다. 그 숙녀 또한 하나의 전체로서 등장하지 않는다. 그녀 역시도 여러 성격의 표현이다. 환대[Bielacoil, '다정한 환영(fair welcome)'을 의미하는 프로방스어 'belh aculhir'에서 온 말]는 숙녀로서 대화할 때의 자신이며, 즐거우며 친절하다. 그리고 물론 이러한 모습을 보고 젊은 남자는 먼저 접근할 수밖에 없다. 그리고 솔직함(Franchise, 숙녀의 귀족적 취향)과 동정심도 있다. 그러나 다른 것들도 있다. 그것은 위험, 공포, 수치심이다. 젊은이가 상황에 맞지 않은 소리를 하면 '환대'는 몇 시간 동안 사라지고, 오직 공포나 다른 부정적인 정서만 나타난다. 더구나 질투와 사랑에 꽂히는 일도 있다. 이런 것들이 젊은 남자 또는 숙녀의 항구적인 특성은 아니지만, 예측불허로 그들을 사로잡는다. 그 젊은 남자가 정원의 중심에 있는 장미에 접근했을 때, 사랑의 신이 나타나 화살을 쏘고 그를 사랑의 포로로 만든다.

누군가는 이 패턴의 어떤 요소들이 다른 곳에서도 나타난다고 주장한다. 예를 들어, 성경에는 야곱이 라헬과 결혼하기까지 긴 기간을 헌신한다. 그럼에도 불구하고, 사랑에 빠지는 것에 대한 서양의 관념에는 독특해 보이는 요소들이 포함되어 있다. 사랑에 빠지는 것(서양식으로)은 갑자기, 예상치 못하게, 불가항력적으로 일어난다. 그런 패턴을 완벽히 따를 때는 헌신이 숭배가 되곤 한다. 이것은 각본에 잘 나타나 있다(Schank & Abelson, 1977; 또한 Frijda, 1988 참조). 약 400년 전에 이런 각본은 다른 역사적 저작물에서도 꽤 정확히 묘사되었는데, William Shakespeare(1623)가 쓴 『로미오와 줄리엣(Romeo and Juliet)』이 그런 것이다. 여기 Schank와 Abelson이 생각하는 각본의 전형이 있다(Oatley, 2004b). (극에 나오는) 두 사람은 서로 마주쳐야 한다. 각자가 서로에게 끌린다. 둘 간에 말은 필요 없다. 그리고 곧 환상이 만들어지는 시기인 잠시 동안의 이별이 온다. 그러고는 둘 다 그런 환상을 가졌다는 것을 확인하는 만남이 또 온다. 빙고! 사랑에 빠졌다. 이 상태에서는 헌신도 있다. Shakespeare는 Romeo가 Juliet을 어루만지며 처음으로 다음의 말을 하도록 묘사하였다.

> 나의 불경한 손으로 그 거룩한 성소를 더럽히고 있다면,
> 그 점잖은 죄의 보상으로 내 입술에 낯을 붉힌 두 순례자처럼 대기하여
> 부드럽게 키스하여 그 추한 흔적을 씻고자 하오.
>
> — 『로미오와 줄리엣(Romeo and Juliet)』, 1, 5, 90-94

여기서 Romeo는 자신이 지금 손으로 어루만지고 있고 숭배하게 될 Juliet을 마치 성인(saint)상인 것처럼 말한다("그 거룩한 성소"). 사랑에 빠진 상태에는 자아의 범주 안에 있는 다른 것도 포함된다(Aron & Aron, 1997; Aron, Aron, & Allen, 1989; Aron et al., 1991). 그리고는 어려움을 극복하고, 이전의 책무와 관계들을 포기하는 일시적인 역할이 주어진다. Floyd Johnson과 Ellen Skinner의 이야기가 그렇게 유명세를 탄 것은 그들의 이야기가 이 패턴에 정확히 맞았기 때문이다.

Averill(1985)은 이러한 문화적 정교화가 없었다면, 오늘날 우리가 경험하는 사랑이 달라졌을 것이라 주장한다. La Rochefoucauld(1665)는 "사랑에 관해 한 번도 들어 본 적 없는 사람은

[그림 3-5]
서양만의 낭만적 사랑이 문화적으로 독특하게 된 기원은 중세 유럽의 궁정 연애까지 거슬러 올라갈 수 있다. 이를 묘사한 가장 유명한 책은 『장미 이야기』로, 궁정 연애의 정원을 묘사한 약 1,500개의 채색 삽화가 있다.

사랑에 빠지지 않을 것이다."(Maxim 136)라고 말했다. Averill과 Nunley(1992)는 거기서 더 나아간다. 그들은 누군가 사랑에 대해 들어 보지 않았다면 사랑에 빠질 수 있는지를 의문스러워했다.

정서에 관한 진화적 접근과 문화적 접근의 통합

제1장에서 우리는 정서의 본성에 대해 지속적으로 질문을 했다. 이 장과 이전 장에서 진화적 접근과 문화적 접근을 탐색하면서, 이 질문들 중 일부에 답을 하였다. 정서적 접근과 문화적 접근의 차이를 강조하는 것은 솔깃한 일이지만, 이들의 융합을 인식하는 것도 중요하다(Matsumoto & Hwang, 2012). 두 접근 모두가 정서가 사회적 삶의 기본적 문제들의 해결법이라는 가정에서 출발한다. 즉, 정서가 사람의 애착, 자식 돌봄, 위계에 편입하는 것, 장기적인 우정을 지속하도록 도와준다는 것이다. 이 책의 중심 주제는 두 접근의 핵심을 정확하게 보는 것이다.

진화적 접근과 문화적 접근은 둘 다 정서가 중요한 기능을 한다고 가정한다. 두 접근은 각기 다른 종류의 기능에 초점을 맞추는데, 진화적 접근은 정서가 생존과 유전자 자기복제를 가능하게 하는 데 초점을 두고, 문화적 접근은 문화에서 사회적 삶의 부분에 초점을 둔다. 그런데 둘 다 정서가 기능적이고 적응적인 수단이라 가정한다. 정서가 사회적 삶에 비기능적이고 비적응적이며 유해하다는 시각은 이미 지나갔다.

그러나 〈표 3-2〉에서 보듯이 두 가지 접근 사이에는 많은 차이점이 있다. 첫 번째 질문은 간단한 질문이다. 정서란 무엇인가? 진화 이론가들에게 정서란 생존하고 기회를 만들기 위해 고대로부터 내려오는 반복적인 위협들을 해결하는 보편적인 프로그램들이다(Ekman, 1992; Plutchik, 1980; Tomkins, 1984; Tooby & Cosmides, 1990). 이러한 시각에서는 정서가 종 특유의

〈표 3-2〉 진화적 접근과 문화적 접근의 비교

주요 질문	진화적 접근	문화적 접근
정서란 무엇인가?	생물학적 과정	해석, 언어, 믿음, 역할
정서들은 보편적인가?	그렇다	아마도 아니다
정서의 기원은 무엇인가?	진화적 적응을 만든 환경	관습, 제도, 가치
기능	개인: 행동을 준비 양자: 사회적 조정	의도와 가치를 구체화 역할, 정체성, 이데올로기를 구체화

반응과 행동의 패턴이며 자연선택의 소산이다. 문화 이론가들에게 정서적 경험의 핵심은 문화 안에서 일어나는 사회적 삶의 단편들마다 어떤 정서를 펼쳐 보이는 것이다. 이것은 종종 의사소통 행위들, 대화, 비유 등에서 나타나며, 정서의 의식적 경험에 스며드는 개념들로 나타난다. 정서는 담화의 과정이며, 타인들과 관계를 가질 때 우리가 충족시켜야 할 역할들이다. 문화 이론가들에게 정서의 어떤 요소들은 보편적이지만, 가장 중요한 것은 확연한 정서의 문화적 차이이다. 이는 사회적 담화와 사회적 관습, 의례, 관계, 정체성에 대한 문화 특정적 관심, 도덕성, 사회구조로서 학습되는 것이다(Averill, 1985; Lutz & White, 1986; Mesquita, 2003; Shweder & Haidt, 2000).

특히 문화기술지를 연구하는 문화 이론가들은 종종 문화적 특수함에서 한 걸음 더 나아간다. 그들은 자주 문화가 다를 때에는 정서들을 경험하는 것이 서로 비교될 수 없는 것이라고 주장한다. 예를 들어, 파고(fago)라는 정서는 이팔루크만의 특징이라는 것이 그들의 주장이다. 파고라는 정서가 어떻게 발생하게 되는지 묘사하고, 그것이 연민(compassion)/사랑(love)/슬픔(sadness)과 같은 영어 단어들의 합성으로 지칭될 수 있다고 말할 수는 있지만, 당신이 이팔루크의 구성원이 되지 않는 이상 이팔루크의 파고를 경험할 수는 없는 것이다. 비슷하게 Averill(1985)이 주장하였듯, 당신이 서양 문화에서 성장하지 않았다면, 성적 매력, 헌신, 이타적 감정, 일생 동안의 전념이 혼합된 정서인 '사랑에 빠진다'라는 경험을 할 수 없을 것이다.

정서가 어디서 왔는가에 대한 질문에서 이런 두 접근이 각기 어떻게 답하는지 알기 되었기를 바란다. 진화 이론가들은 정서의 출현을 계통 발생의 역사, 영장류의 정서, 진화적으로 적응해야 하는 환경 특정적인 문제나 기회들에 적용하는 것에서 찾는다. 문화 이론가들은 정서의 기원을 문화적 발전의 역사 안에서 찾는다. 그들은 새로운 제도, 가치, 기술, 문화적 서사, 사회적 관습 등의 출현에서 정서의 기원을 추적한다.

그러면 우리는 왜 정서를 가지고 있는가? 진화 이론가들은 개인이 가지고 있던 종 특징적인 메커니즘에 의한 정서의 기능적 역할에 집중하는 경향이 있다. 개인적 수준에서 분석해 보자면, 정서는 최대한의 이득을 얻도록 하는 역할을 한다(Frijda et al., 1989; Levenson, 1999). 양자 간의 수준에서 분석하자면, 정서는 얼굴표정, 목소리, 자세를 통해 의사소통과 조정에 초점을 맞춘다(Keltner et al., 2003; Scherer, Johnstone, & Klasmeyer, 2003). 이 수준에서 보자면, 정서들은 현재의 정서, 의도, 경향성에 대한 정보를 전달해서 상호관계나 갈등관계를 해결하고, 그 환경이 만들어 내는 문제나 기회에 대한 반응을 조정하기 위해서 있는 것이다.

문화적 접근은 개인과 양자 간 수준의 분석에서 큰 통찰을 주고, 정서가 개인적 자아감의 일부이며 문화 특정적인 관계들이라는 것을 드러내 보여 준다. 동시에 문화 이론가들은 다른 수준의 분석에도 초점을 맞추는 경향이 있다. 그것은 정서가 집단과 사회에 어떻게 기능하는지에 관한 것이다. 문화 이론가들은 정서가 가치를 정의하고 구성원들이 서로 역할을 협상하는 데 도움을 준다고 본다(예: Clark, 1990; Collins, 1990). 예를 들어, 의례화된 수치심은 집단 위계구조 내에서 개인의 위치를 알려 주고 특정 역할과 가치를 강제한다. 이러한 수준의 문화적 분석으로 보자면, 정서는 개인들이 정체성을 확립하고 이데올로기와 권력구조를 구체화하고 강화하는 데 도움을 준다. 예를 들면, 성별에 따른 역할이 그런 것이다(Hochschild, 1990; Lutz, 1990). 어떤 문화의 정서들은 그 문화를 정의하는 데 필수적이다. 예를 들면, 한 문화권의 사람들은 비슷한 정서를 보이는 경향이 있다. De Leersnyder, Mesquita, Kim(2011)은 사람들이 다른 나라로 이민을 가면, 이주한 나라의 문화에 노출된 양과 그 문화에 참여한 양에 따라 그 이민자들의 정서가 그 문화권의 사람들과 비슷해져 간다는 것을 발견하였다.

이제 어떤 한 정서에 대해 어떻게 연구자들이 두 관점에서 접근하는지 고려함으로써 진화적 접근과 문화적 접근에 대한 우리의 통합을 결론지어 보자. 당혹감(embarrassment)이라는 정서를 살펴보자. 진화적 접근을 따르는 연구자들은 당혹감의 생물학적 메커니즘에 대한 연구를 추구할 것이다. 예를 들자면, 홍조와 당혹감을 나타내는 비언어적 표현들을 연구할 것이며, 당혹감의 이런 측면들이 보편적인지, 영장류와 다른 종에서도 보이는 원초적인 달래기(appeasement)에서도 나타나는지 연구할 것이다(Keltner & Buswell, 1997). 이 접근법으로 보자면, 아마도 당혹감이란 개인의 위반사항에 대한 정보를 알려 주고, 다른 이들에게 후회하고 있다는 신호를 보냄으로써 용서를 구하도록 해 주고, 갈등과 위반 후에 화해를 촉진하는 기능을 한다고 주장할 것이다.

문화적 접근에서 당혹감에 대한 주요 관심사는 그것이 어떻게 표현되는지, 그 가치는 무엇인지, 그리고 존중, 겸손, 순종 같은 중요한 가치들과 어떻게 연관되는지이다. 이 분야의 연구자들은 아마도 자기의 구성, 가치, 인식에 따라서 문화마다 당혹감의 의미, 가치, 유발자가 얼마나 극적으로 다른지에 관한 연구들을 추구할 것이다. 또한 문화 이론가들은 그 문화의 사회사에서 문화 특정적인 형태의 당혹감의 기원을 찾으려 할 것이다. 예를 들어, 고대 일본에서는 당혹감이 중심적이고 가치 있는 정서였다. 1,000년 전에 Murasaki Shikibu가 쓴 세계 최초의 장편 소설이라 생각되는 『겐지 이야기(The Tale of Genji)』에서는 지금의 교토에 있던 황제의 궁전에 있는 어떤 숙녀가 더 높은 계급의 사람을 만나면서 부끄러워하는 것을 볼 수 있다(만약 당신이 중요한 사람 앞에서 수줍음을 느꼈다면 이런 종류의 정서에 대해 희미하게나마 느낄 수 있을 것이다). 여기에서 그 머나먼 문화를 잠깐 살펴보도록 하자. 젊은 왕자 Genji는 병이 든 예전 유모를 방문한다. 유모는 울먹이며 다정스럽게 Genji에게 말을 한다. 그녀의 아이들은 "Genji의 앞에서 그렇게 부적절한 정서를 드러내어…… 당혹스럽게 느낀다"(p. 57). 만약 그 어머니가 아이들에게 그런 식으로 말했다면 아이들이 당혹스럽게 느끼지는 않았을 것이다. Genji의 계급이 그들로 하여금 당혹감을 느끼게 한 것이다. 같은 장의 뒷부분에서 Genji 는 낮은 계급의 연인 Yugao와 밤을 보낸다. 그녀는 아침에 자신의 낡은 집에서 무례한 이웃들이 서로 불러대는 소리에 잠이 깬다. 서양에서는 그런 소음에 짜증이 나거나, 잠자는 연인이 깰까 봐 걱정할 것이다. Yugao에게는 그런 것이 아니었다. 그녀는 "주변에서 일찍 일어난 사람들이 힘든 하루 일을 하기 위해 나가려고 준비하는 말소리와 쨍그랑거리는 소리를 듣고 매우 당혹스럽게 느꼈다"(p. 63). 만약 Genji와 Yugao가 궁전에서 깨어났다면 이런 일은 없었을 것이다. 모든 것이 Genji의 높은 계급에 맞게 이루어졌으리라. 이러한 예시들은 정서를 이론화할 때 맥락의 중요성, 특히 문화적 맥락의 중요성을 보여 준다. 예를 들어, 문화적 접근은 이런 당혹감이 특정 사회의 특정 집단에서 중요한 역할을 한다고 말할 것이다. 당혹감은 집단 내의 지위가 다른 사람들 사이에서 소통하는 역할을 하며, 문화적 관행과 규범을 잘 지킨다는 것을 알려 주는 것이다. 우리는 사회적 삶에서 정서를 완전히 이해하려면 진화적 안목과 문화적 안목 두 가지 모두가 필요하다고 생각한다.

요약

정서의 문화적 차이를 어떻게 설명하는가? 이 질문에 답하기 위해서, 우리는 우선 사회적 삶에서 정서를 우선시한, 낭만주의라고 알려진 특정 문화에서 정서들을 살펴보았다. 그리고 우리는 정서에 대한 문화적 접근의 기본적 가정들을 개관했다. 정서는 역동적인 문화적 과정에 의해서 형성되며, 어떤 역할이라고 생각할 수 있다. 그리고 우리가 정서 실행, 즉 정서가 매일매일 어떻게 경험되는지에 초점을 맞출 때, 정서에 대한 문화적 영향에 관한 통찰을 얻을 수 있다. 정서에 대한 문화적 접근의 기본 가정들을 적어 보자면, 우리는 정서의 문화적 다양성에 대해 세 가지 접근을 고려해야 한다. 첫 번째 접근은 자기구성의 차이로 돌아가서 정서에 있어서 문화적 차이를 추적하는 것이다. 두 번째는 가치에서 문화적 차이를, 세 번째는 인식론, 즉 앎의 방법에서 문화 특정적인 차이를 찾아보는 것이다. 다음으로, 우리는 문화가 정서에 미치는 영향을 어떻게 연구할지에 대해 살펴보았다. 우리는 정서의 문화 간 비교, 문화기술지라는 풍부한 서술들 그리고 역사적 접근들을 살펴보았다. 우리가 문화에 대한 이러한 다른 개념들과 방법론적 접근들을 살펴봄으로써 문화마다 정서, 정서표현 규칙, 정서 유발자, 정서의 언어, 복잡한 정서적 경험에 대한 가치가 다양함을 보았다. 그리고 정서에 대한 문화적 접근과 진화적 접근이 통합으로 이 장을 결론지었다.

생각해 보고 논의할 점

1. 다른 문화권에서 온 사람이 당신이 생각했던 것과 다른 방향으로 정서를 표현하는 것을 본 적이 있는 지 생각해 보라. 이러한 차이를 자기구성의 시각에서 볼 것인가, 아니면 가치의 시각에서 볼 것인가?
2. 사람들이 자신들의 정서를 표현해야만 하는 명확한 정서표현 규칙의 맥락에 대해 생각해 보라. 어떤 맥락과 어떤 정서표현 규칙이 사람들의 정서행동을 만들어 내는가?
3. 우리는 정서에 대한 진화적 접근과 문화적 접근을 살펴보았다. 어떻게 이 두 종류의 이론으로 정서에 대한 자신만의 이해를 만들어 낼 것인가? 어떤 면에서 정서가 진화적이고 보편적이며, 어떤 면에서 정서가 문화에 따라 다르다고 생각하는가?

더 읽을거리

18세기에 가장 유명한 유럽의 연애 소설은 독일의 가장 유명한 작가의 준자서전적 작품인데, 그는 과학자이며 소설가이고 극작가인 Goethe이다. 다음 작품은 여전히 읽을 만하다.

von Goethe, J. (1774). *The sorrows of young Werther* (translated by M. Hulse). Harmondsworth: Penguin (1989).

다음 책은 태평양에 있는 아주 작은 섬에서 보낸 9개월간의 생활에 관한 것이다. 정서적 삶과 관습에 관한 고전이다.

Lutz, C. (1988). *Unnatural emotions: Everyday sentiments on a Micronesian atoll and their challenge to Western theory*. Chicago, IL: University of Chicago Press.

훌륭한 2권의 핸드북

Mesquita, B., & Leu, J. (2007). The cultural psychology of emotion. In S. Kitayama & D. Cohen (Eds.), *Handbook of cultural psychology* (pp. 734-759). New York, NY: Guilford.

Shweder, R., Haidt, J., Horton, R., & Joseph, C. (2008). The cultural psychology of emotions: Ancient and renewed. In M. Lewis, J. H. Jones, & L. F. Barrett (Eds.), *Handbook of emotions* (third edition). New York, NY: Guilford.

제2부 정서의 요소

제**4**장

정서소통

사진 출처: Andersen Ross/Blend Images/Getty Images, Inc.

[그림 4-0] 사람들은 정서를 여러 가지 방식으로 주고받는데, 언어적
　　　　　으로 우리가 무엇을 어떻게 이야기하느냐에 더해서 비언어
　　　　　적인 표정, 몸짓, 신체접촉 같은 것으로도 소통한다.

　　……보편적인 언어가 있는데, 그런 것에는 표정과 눈빛, 몸짓, 음조 등
이 있다. 그런 보편적 언어로써 무엇을 요구하고 얻기도 하며, 거부하며
아무것도 안 하기도 한다.

　　　　　　　　　　　　　　　 － Augustine, 『고백론(Confessions)』, 1-8

다음 번 강의를 마치고 나가면서 강의실에서 서로 이야기하고 있는 학생들을 보라. 조금 전에 들은 어떤 멋진 강의에 대해서 이야기를 주고받고 있거나 주말에 무엇을 할 것인지 이야기하고 있을 것이다. 몇몇 학생은 농담을 주고받으며 시시덕거리고 있을 것이다. 그런데 자세히 보면, 모든 학생이 거의 언제나 그러고 있다는 것을 알게 된다.

사람들이 시시덕거리는 방식을 연구하기 위해서, Givens(1983)와 Perper(1985)는 수백 시간을 독신자 술집에서 보내면서 이성교제에서 나타나는 비언어적 행태를 꼼꼼하게 기록했다.

사진 출처: Alfredo Dagli Orti/The Art Archive at Art Resource, NY

[그림 4-1] 헝가리 화가인 Miklós Barabás가 그린 〈희롱하기(Flirtation)〉라는 그림은 특징적 요소들을 나타내고 있다. 남자는 몸통과 머리를 여자 쪽으로 향해서 직접적인 흥미를 나타내고 있다. 여자는 머리를 돌리고 시선을 피하면서 전형적인 새침 떠는 모습을 보여 주고 있다.

그들은 이성교제에서 비언어적으로 일어나는 밀고 당기는 다양하고 다층적인 신체언어들을 발견했다. 처음에 상대방을 점찍었을 때에는, 남자는 어깨를 으쓱이면서 사회적 신분을 나타내려고 과장된 몸짓으로 팔을 치켜 올리는데, 그렇게 해서 잘 발달된 팔을 보여 주거나 번쩍이는 시계를 보여 준다. 그러면 동시에 여자는 수줍게 미소를 지으면서, 곁눈질로 살짝 흘겨보고 머리카락을 흩날리고 엉덩이를 흔들면서 캣우먼처럼 걷는다. 그다음에 서로 관심을 보이는 단계로 들어가면, 남자와 여자는 뚫어져라 상대방을 쳐다보면서 눈썹을 올려서 관심을 나타내며, 흥이 오른 음성으로 깔깔거리며 웃고, 입술을 약간 오므리면서 서로 눈길을 길게 맞춘다. 이제 탐색 단계가 되면, 남자와 여자는 도발적으로 서로의 팔을 스치며, 어깨를 토닥이거나, 약간은 일부러 서로 부딪히며, 상대방이 좋아하는지 싫어하는지 눈치를 살핀다. 이제 낙착 단계에 들어가면, 미래의 파트너들은 서로 상대방에 대한 흥미를 가늠하려고 상대방의 눈짓, 웃음, 시선, 자세 등을 따라서 한다. 서로 간에 그런 닮은 행동을 더 많이 할수록, 남녀 관계의 다음 단계로 넘어갈 가능성이 더 높다.

서로 간에 희롱할 때 정서표현을 하는 것과 마찬가지로, 대부분의 사회적 상호작용에서 사람들은 정서를 표현한다. 정서소통은 우리의 사회생활에서 일종의 문법이다. 정서소통은 형제간에 장난을 치거나, 사랑하는 사람이 죽어서 슬퍼하거나, 애인과 다투거나, 어린아이를 달래 주거나, 어떤 집단에서 자신들의 지위를 협상할 때 중심적 역할을 한다. 사람들은 표정, 음성, 신체접촉, 자세, 걸음걸이 등으로 정서를 표현한다(Montepare, Goldstein, & Clausen, 1987). 정서소통은 다양한 통로를 통해 일어나는데, 그중 많은 것이 제1장에서 본 것처럼 Darwin의 정서표현 연구에 나타나 있다(〈표 1-1〉 참조).

다섯 가지의 비언어적 행동

미소, 웃음, 시선, 신체접촉과 같은 단어들은 그 자체는 단순 명료해 보이지만, 종종 정서적으로 함축된 의미를 가진 다양한 비언어적 행동을 나타낸다. 미소라는 단어를 생각해 보자. 미소가 무엇을 의미하느냐와 미소가 어느 정도로 긍정적 정서경험과 연관되느냐에 대해서 열띤 논쟁이 계속되었다(예: Fernández-Dols & Ruiz-Belda, 1995, 1997; Frank, Ekman, & Friesen, 1993; Fridlund, 1992; Kraut & Johnston, 1979). 그것은 경우에 따라서 각각 다르다는 것이 정답이다. 우리는 공손함을 표현하기 위해서, 반대 의견을 감추기 위해서, 연애적 관심을 표현하기 위해서, 연약함을 나타내기 위해서, 다른 사람이 말하는 것에 찬성한다는 의미 등으로 미소를 짓는다. 미소라는 단어 하나조차도 비언어적인 신체언어(nonverbal communication)를 적절

사진 출처: Andrew Holt/Getty Images, Inc.

[그림 4-2]
영국에서는 경멸을 나타내는 거친 제스처이
지만 남유럽에서는 그렇지 않다. 이런 제스
처는 단어처럼 학습된 관습이다.

하게 설명하기 힘들다.

Paul Ekman과 Wallace Friesen(1969)은 정서표현에 대한 연구를 해서 비언어적 행동이 다
섯 가지 범주로 나뉜다고 하였다. 첫 번째는 상징(emblem)인데, 여기서는 비언어적인 몸짓이
곧바로 어떤 단어로 번역될 수 있다. 영어권에서 이런 것들로는 평화의 사인(손가락으로 V자를
만드는 것), 그리고 1960년대 후반에 주먹을 높이 쳐드는 것이 미국 흑인들의 사회정치적 운동
(Black Power)을 상징하는 것 등이 있다. 연구자들은 전 세계에 걸쳐서 800개 이상의 상징을
분석하였다. 이러한 상징들은 그보다 훨씬 많은 것이 확실하다.

상징들은 문화에 따라서 의미하는 바가 다르다. 예를 들면, 어떤 사람을 향해서 검지와 약
지를 곧추세우는 것은 이탈리아와 스페인에서는 경멸의 표시이지만, 영국과 스칸디나비아에
서는 그런 의미라는 것을 거의 모두가 모른다. 영국에서 그것에 해당하는 제스처는 검지와 중
지를 손바닥이 자신을 보도록 해서 곧추세우는 것([그림 4-2] 참조)인데, 다른 나라에서는 이
것을 모른다. 미국에서는 이것에 해당하는 제스처가 중지를 곧추세우는 것이고, 호주에서는
엄지를 곧추세우는 것이다. 이 네 가지의 제스처는 야비한 성적 의미를 내포하고 있지만 손가
락으로 만드는 형태는 각자 다르다. 이 네 가지의 제스처는 네 가지의 다른 언어로 한 단어를
표현하는 것이라 할 수 있다.

두 번째로 비언어적 행동의 범주에 드는 것은 예증(illustrator)이다. 이것은 비언어적 제스
처로서 말을 할 때 함께 나타내 보이는 것으로 그 말을 더욱 생생하고, 시각적이며, 또렷하
게 만들어 준다. 우리는 말할 때 자주 손으로 제스처를 하고 관찰하는 데 시간을 할애한다.

McNeill(2005)은 우리가 하고자 하는 말보다 조금 앞서서 그것에 해당하는 제스처를 한다는 것을 발견했다. 또한 우리는 말하는 것을 예시하고 극적으로 만들기 위해서 얼굴 제스처를 사용한다. 말하는 중에 가장 중요한 점을 강조하고자 할 때 눈썹을 치켜올린다. 말하는 요점을 강조하기 위해서 고개를 끄덕이기도 한다.

세 번째로, 조절자(regulator)는 대화를 조정하기 위해서 사용하는 비언어적 행동이다. 그런 행동에는 고개를 끄덕이거나 눈썹을 움직이며 흥미가 있다는 표시를 음성으로 해 주는 것 등이 있다. 사람들은 다른 사람에게 말을 시키기 위해서 그 사람을 향해서 몸을 돌리거나 바라본다. 다른 사람의 말을 막으려면 몸을 돌려 버리거나 외면해 버린다. 사람들이 누가 이야기를 하고 누구는 하지 않는다는 것을 명시적으로 정하지 않고도 협력해서 대화를 잘 이어 갈 수 있다는 것은 인간의 사회생활에서 엄청난 기술이다. 사람들은 조절자들을 사용해서 그렇게 한다.

네 번째 종류의 비언어적 행동은 자기적응자(self-adaptor)이다. 그것은 겉으로 보기에는 의도가 없는, 그냥 신경 에너지를 방출하는 것처럼 보이는 불안한 행동들이다. 사람들은 얼굴을 만지고, 머리카락을 잡아당기며, 다리를 달달 떨고, 입술을 깨물고, 뺨을 긁는다. 우리들은 이런 자기적응자들을 알아차리지 못하고 그냥 나타내는데, 이는 대가를 치른다. 그것을 본 사람들은 당신이 거짓말을 하고 있다고 생각한다.

마지막으로, 정서표시(displays of emotion)가 있다. 이 표시들은 얼굴과 목소리, 신체, 신체접촉에서 나타나며 정서를 전달한다.

정서의 얼굴표현

정서표현들을 어떻게 다른 비언어적 행동과 구분할 수 있는가? 즐거워서 미소 짓는 것과 주사 맞으며 아플 때 짓는 미소는 어떻게 다른가? 업신여김을 당해서 정말 화가 난 표정과 아무 정서가 없이 화가 난 척 연기를 해서 뭔가를 얻어 내려고 할 때 가짜로 화가 난 표정은 어떻게 다른가?

정서표현의 표지자

정서표현을 여타의 비언어적 행동과 구별하는 몇 가지 특성이 있다(Frank et al., 1993). 대부분의 이러한 기준은 얼굴표정 연구에 근거한 것이기는 하지만, 목소리나 신체접촉에도 적용될 수 있다. 첫째, 정서표현은 몇 초간만 지속된다(Bachorowski & Owren, 2001; Ekman, 1993). 기쁠 때 짓는 미소는 시작해서 끝나기까지 전형적으로 10초 정도 걸린다. 정서적 경험 없이 짓는 공손한 미소는 예외적으로 짧은데, 0.25초 정도밖에 걸리지 않는다. 내키지 않는 만찬에 참석해서 줄곧 예의 바르게 미소를 짓는 경우는 좀 더 오래 걸릴 수도 있다.

둘째, 정서에 의해서 일어나는 얼굴표정은 불수의적 근육활동에 의해서 일어나며, 의도적으로 그런 표정을 만들어 내거나 억제할 수 없다(Dimberg, Thunberg, & Grunedal, 2002; Kappas, Bherer, & Thériault, 2000). 예를 들면, 분노를 나타내는 얼굴표정은 입 주위 근육을 조여들게 하는데, 대부분의 사람은 수의적으로 그렇게 할 수 없다. 그러므로 가짜로 분노를 표현하면 입 주위 근육을 조일 수 없다. 정서표현과 함께 나타나는 이러한 불수의적 활동은 미간을 찌푸리거나 입술을 깨무는 것과 같은 수의적 활동과 신경해부학적 기원이 다르다(Rinn, 1984). 예를 들면, 우리는 어떤 사람이 사랑이나 동정 또는 분노를 나타냈을 때 그것이 진짜인지를 아는 것이 중요하다는 것을 잘 알고 있다.

셋째, Darwin이 생각했듯이, 인간의 정서표현들에 해당하는 표시들이 다른 종들에게 많이 있다. 우리는 한 논문을 살펴볼 것인데, 거기에는 당혹감, 웃음, 사람, 인간의 목소리에 대한 많은 연구가 들어 있다.

정서표현의 보편성에 관한 연구

제1장에서 논의했듯이, Darwin(1872)은 인간 정서의 진화에 대한 예들을 수집하기 위해서 동물원에 있는 동물들을 관찰하거나, 그가 항해를 할 때 마주친 다른 사회에 속한 사람들 그리고 Darwin 자신의 아이들을 관찰했다. 그렇게 해서 정서표현을 설명하기 위한 세 가지 원리를 찾아내었다(Hess & Thibault, 2009; Shariff & Tracy, 2011). 첫째, 쓸모 있는 습관의 원리(principle of serviceable habits)에 의하면, 정서는 위협에 대해서 적응적으로 반응하는 표현행동이며, 그러한 진화적 과거 행적은 미래에도 다시 나타날 수 있다. 예를 들면, 미간을 찌푸리는 것은 타격을 받을 때 눈을 보호할 수 있으며, 이빨을 드러내는 것은 우리 조상들에게는 곧 공격할 것이라는 신호였는데, 이러한 것들은 현대인들도 화가 났을 때 하는 반응들이다. 둘째, 대조의 원리(principle of antithesis)는 정서적으로 반대 상태는 반대되는 표현과 연관된다는 것이다. 예를 들면, 나중에 배우게 되겠지만 자부심은 지배적이며 몸을 부풀리는 표현을 하는데, 그런 것에는 가슴을 펴고 머리를 뒤로 젖히는 것 등이 있다. 반면에, 수치심은 굴종적 행동을 표현하는데, 그런 것에는 어깨가 처지고 고개를 숙이는 것 등이 있다. 셋째, 신경방전의 원리(principle of nervous discharge)는 과도하고 목표가 없는 에너지는 무작위적으로 표현된다

는 것인데, 이런 것에는 얼굴을 만진다든가, 다리를 떤다든가 하는 것이 있다.

Darwin은 그 논지를 진척시켜서, 얼굴표정이 진화의 유산이므로 인류 보편적인 것이라고 했다. Sylvan Tomkins, Paul Ekman, Carroll Izard는 Darwin의 책을 정성 들여 읽은 후에 그가 관찰한 것에서 두 가지 가설을 추출해 내었다(Ekman, Sorenson, & Friesen, 1969; Izard, 1971; Tomkins, 1962, 1963). 첫째는 부호화 가설(encoding hypothesis)이다. 모든 문화에 걸쳐서 각각의 정서를 경험하면 똑같은 각각의 정서표현이 나타날 것이다. 둘째는 복호화 가설(decoding hypothesis)이다. 모든 문화권에 사는 사람들은 그런 정서표현을 똑같이 해석할 것이다.

이러한 가설들을 처음 검증할 때, Ekman과 Friesen은 3,000명이 각각 여섯 가지의 다른 정서를 표현하는 사람들의 사진들을 사용했다. 그들의 얼굴표정은 분노, 혐오, 공포, 행복, 슬픔, 놀람을 나타내는데, 이는 Darwin이 말한 얼굴 근육 배치 형태에 따른 것이다. Ekman, Solenson, Friesen(1969)은 그 사진들에서 여섯 가지 정서를 가장 알아보기 쉬운 사진들을 골

중요한 인물: Sylvan Tomkins, Carroll Izard, Paul Ekman

정서에 대한 관심을 20세기 후반부에 다시 크게 불러일으킨 중요한 인물은 Sylvan Tomkins이다. Tomkins는 감정이론(affect theory)을 만들어 냈다. 이 이론에 의하면, 정서라는 것은 이미 가지고 태어나는 것으로서 인류 모두에게 유전적으로 전해진 것이며 프로그램되어 있는 반응이라는 것이다. Tomkins는 특정 생리학적 메커니즘에 근거해서, 감정이 아홉 가지의 기본적 정서 세트에서 유래한 것이라고 하며, 각각의 정서는 분명히 구별할 수 있는 얼굴표정으로 나타난다고 했다. Darwin의 이론화에 근거해서, Tomkins는 이런 분명히 구별되는 얼굴표정은 전 세계에 보편적인 것이라고 했다. 이제 그의 이론을 받쳐 줄 강력한 경험적 데이터가 필요하다.

이것을 달성하기 위해서, Tomkins는 그가 가르치고 있던 두 명의 젊은 과학자에게 얼굴표정의 보편성에 관해 연구하자고 격려했는데, 그들이 Carroll Izard와 Paul Ekman이었다. 이 두 사람은 아주 동떨어진 문화들에서 얼굴표정의 보편성에 대한 획기적인 연구를 했다. 처음에 Carroll Izard는 아이들을 데리고 특정 얼굴표정들을 가지고 각각 다른 정서들을 확실히 구분해 내는 부호화 체계를 개발했다.

최근에 Izard의 연구는 정서를 이해하는 것이 어떻게 아이들과 성인들의 생활기능과 건강을 증진시킬 수 있는지에 집중하고 있다. Paul Ekman은 그의 오랜 연구 동료인 Wallace Friesen과 함께 Izard의 부호화 체계와 다른 부호화 체계를 개발했다. Ekman과 Friesen의 활동부호화 체계(Action Coding System)는 해부학에 근거를 두고 있다. 그래서 연구자들은 특정 얼굴 근육의 수축과 배치 형태에 따라서 특정 정서를 알아낼 수 있다. 정서의 얼굴표정에 대한 Ekman의 연구는 전 세계에 걸쳐서 여러 사회에서 인정되며, 소수의 기본 정서가 있다는 것을 받아들이는 연구자들뿐만 아니라 그 생각에 회의적인 연구자들에게도 연구의 초석이 되어 있다. 미국심리학회(American Psychological Association: APA)는 Ekman을 20세기의 가장 뛰어난 심리학자 중 한 사람으로 추대하였으며, Ekman은 그의 연구를 일반적인 문화로 만들어서 미세표정(micro-expression)으로 거짓말을 탐지해 낼 수 있다고 했다. 그래서 이것이 미국 출입국관리소에서 사용되고 있으며, 인기 있는 TV 프로그램인 〈Lie to me〉에도 응용되고 있다.

라서 일본, 브라질, 아르헨티나, 칠레, 미국에서 온 실험 참가자들에게 보여 주고, 여섯 가지의 정서 이름 중에서 그 사진에 나타난 정서와 가장 잘 맞아떨어지는 것을 고르라고 했다. 다섯

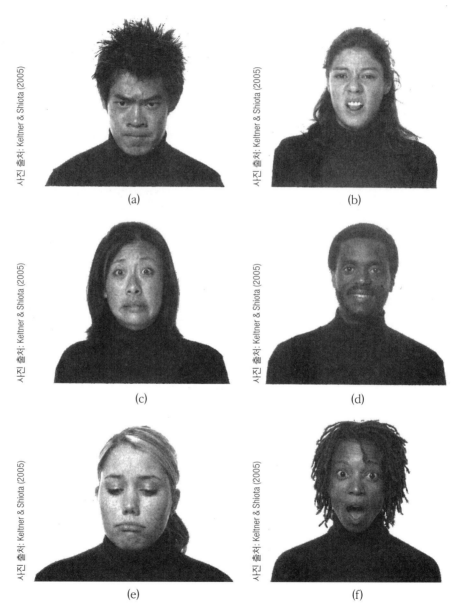

[그림 4-3] 여섯 가지 정서. (a) 분노, (b) 혐오, (c) 공포, (d) 행복, (e) 슬픔, (f) 놀람. 이 사진들은 Darwin이 묘사한 것과 유사하며, Ekman과 Friesen이 한 연구에서 사용한 사진들과도 유사하고, 얼굴표정에 대한 여러 연구에서 사용한 사진들과도 유사하다.

[그림 4-4]
뉴기니에서 Paul Ekman

가지의 다른 문화에 속한 실험 참가자들은 그 여섯 가지 정서를 80~90%의 정확도로 알아맞 혔다. 이 연구에서 우연 수준으로 알아맞힐 확률은 16.6%이다. 그런데 이 연구에 문제점이 있 었다. 일본, 브라질, 아르헨티나, 칠레에서 온 실험 참가자들은 미국 TV나 영화를 본 적이 있 고, 그렇기 때문에 미국식으로 정서의 이름을 붙일 수 있도록 이미 학습되었다는 것이다.

　이 비평에 대해서, Ekman은 뉴기니로 가서 포레이(Fore) 언어를 사용하는 사람들과 6개월 동안 생활하면서 연구했다. 그들은 영화나 잡지를 본 적이 없고, 영어나 혼용어(영어와 토착어 가 합성된 언어)를 사용하지 않으며, 서구 문명에 노출된 적이 거의 없는 사람들이었다.

　포레이 사람들과의 연구에서, Ekman과 Friesen은 여섯 개 정서 각각을 관련시킨 짧은 이야 기를 만들어서 사용했다. 예를 들면, 슬픔에 대한 이야기는 "이 사람의 아이가 죽었다. 그래서 이 사람은 슬프다."와 같은 것이다. 그다음에 그들은 세 가지 얼굴표정을 그것에 해당하는 짧 은 이야기 세 개와 같이 보여 주고, 이야기와 얼굴표정을 짝지어 보라고 했다. 이때 우연 수준 으로 짝지을 확률은 33%이다. 또 다른 과제에서는 포레이 사람들이 정서를 불러일으키는 그 짧은 이야기들을 듣고 나서 얼굴표정을 지은 것을 촬영한 무편집 동영상을 미국 대학생들에

〈표 4-1〉 뉴기니의 실험 참가자들과 미국의 실험 참가자들이 여섯 가지 정서가 담긴 사진들을 보고 판단했을 때의 정확률. 포레이 사람들(왼쪽 두 줄)의 판단에서 우연 수준 정확도는 33%이고, 미국 대학생들의 판단에서 우연 수준 정확도는 16.6%이다.

	뉴기니의 포레이 사람들		미국의 대학생들
	Ekman과 Friesen의 사진들		포레이 사람들이 하는 정서표현 판단
	성인	아동	
분노	84	90	51
혐오	81	85	46
공포	80	93	18
행복	92	92	73
슬픔	79	91	68
놀람	68	98	27

게 보여 주었다. 그 대학생들은 각 동영상에 나타난 포레이 사람들의 얼굴표정을 여섯 가지 정서와 짝지었다. 이 경우에 우연으로 짝지을 확률은 16.6%이다.

이 두 가지 연구결과는 대체적으로 정서표정에 대한 Darwin의 논지를 확인해 주었다(〈표 4-1〉 참조). 포레이 사람들은 Ekman과 Friesen이 보여 준 사진들에 나온 여섯 가지 정서를 80~90%의 정확도로 맞추었다. 더욱이 아동들에게서도 같은 결과를 얻었는데, 이것은 얼굴표정을 보고 정서를 아는 능력이 생의 초기부터 있다는 것인데, 제8장에서 이 부분을 더 자세히 다루겠다. 미국 대학생들도 포레이 사람들이 지은 표정을 공포와 놀람을 제외하고는 정확하게 맞혔다.

지금까지 수십 편의 유사한 연구가 있었는데, 다른 문화권 사람들의 가치관, 종교, 정치 형태, 경제발전 정도, 자기구성에 관계없이 분노, 혐오, 공포, 행복, 슬픔, 놀람을 나타내는 사진들을 맞추는 데 별 차이가 없다는 결과를 얻었다(Ekman, 1984; Elfenbein & Ambady, 2002, 2003; Izard, 1971, 1994). 여섯 가지 얼굴표정을 인식하는 것은 보편적이며, 인류 속성의 진화의 한 부분이다(Brown, 1991).

보편적 얼굴표현 연구에 대한 비판

우리가 방금 본 보편적 얼굴표현 증거에 대한 몇 가지 비판이 있다(예: Barrett, 2011; Fridlund, 1992; Russell, 1994). 첫째는 자유반응(free response)에 관한 비판이다. Ekman과

Friesen의 연구와 더불어 그들의 방법을 따른 연구들에서 실험 참가자들은 연구자들이 미리 정해 놓은 용어를 사용해서 얼굴표정을 명명하였다. 만일 실험 참가자들이 그들의 언어로 자유롭게 얼굴표정을 명명하게 하였다면, 연구자들이 미리 정해 놓은 단어보다 많이 다른 정서 단어를 사용하지 않았을까? 혹시 실험 참가자들은 미소 짓는 것을 '행복'이라고 명명하기보다 '감사' '숭배' 혹은 '기쁜 의존(amae)'이라거나 서구적 이해를 넘어서는 어떤 명명을 하지 않았을까?

이 비판을 해결하기 위해서 Haidt와 Keltner(1999)는 미국과 인도의 실험 참가자들에게 14가지 얼굴표정 사진을 그들 자신의 용어로 명명하게 했는데, 그 사진들 안에는 Ekman과 Friesen이 사용한 얼굴표정들도 들어 있었다. 코딩을 해 보니, 자유롭게 명명을 하게 한 결과, 이처럼 아주 다른 문화적 배경을 가진 실험 참가자들도 분노, 혐오, 공포, 행복, 슬픔, 놀람, 당혹의 얼굴표정을 명명하는 데 유사한 개념들을 사용하였다(Izard, 1971). Haidt와 Keltner는 그들이 연구한 14개 얼굴표정 중에서 "문화 간에 인식할 수 있는 표정과 인식할 수 없는 표정을 나눌 만한 명확한 선은 없었다."(p. 225)라고 결론지었다.

두 번째 비판은 생태학적 타당성(ecological validity)에 관한 것이다. Ekman의 연구에서 사용한 얼굴표정들이 사람들이 생활에서 일상적으로 짓거나 판단하는 종류의 것이 아닐 수 있다는 것이다. 그 표정들은 대단히 틀에 박힌 것이고 과장된 것으로서, 배우들이나 얼굴 근육을 잘 움직이는 사람들이 지은 표정이라는 것이다. 그래서 일상생활에서 짓는 표정들이 Ekman과 Friesen의 사진들에 있는 얼굴표정과 닮아 있냐는 의문을 제기한다. 그리고 일상생활에서는 그보다는 더 미묘한 얼굴 정서표현을 하는 것이 일반적인데, 그런 경우에도 그렇게 일관되게 판단을 하겠냐는 것이다(Wagner, MacDonald, & Manstead, 1986). 실험의 편리성 때문에 대부분의 얼굴표정 인식 연구들에서는 사진을 사용한다. Ambadar, Schooler, Cohn(2005)은 사람들이 비디오 클립과 같은 동영상에서 정서표현을 더 잘 인식한다는 것을 보여 주었는데, 이러한 동영상이 실제 상황에 더 가깝다.

더 일반적으로, Lisa Feldman Barrett(2011)은 사람들이 정서적 일화를 겪는 동안 얼마나 원형적인 기본 정서표현을 하겠느냐고 의문을 제기했다(개관은 Matsumoto et al., 2008 참조). 그녀가 언급한 것은 Roch-Levecq(2006)의 연구인데, 이 연구에서는 선천적 시각장애를 가진 20명의 아이에게 기본 정서들이 일어나도록 만든 사건들을 들려주고 그들이 느낀 것을 표정으로 나타내어 보라고 했을 때, 또 다른 정상 시각을 가진 20명의 아이들이 짓는 표정보다 인식하기가 더 어려웠다고 했다. 시각장애를 가진 아이들의 표정은 Ekman류의 이론들이 예측하는 완전하고 기본적이며 원형적인 얼굴표정이 아니었다.

이론의 논란을 확장시켜서 Barrett, Mesquita, Gendron(2011)은 맥락에 따라 똑같은 얼굴표정도 다른 의미를 가질 수 있다고 했다. 그들은 시각 장면, 목소리, 어떤 존재, 다른 사람의 얼굴, 문화적 지향, 심지어 사용하는 단어들에 의해서도 얼굴에 나타나는 정서가 달라질 수 있다고 했다. 그래서 우리가 정서적 소통을 일종의 언어라고 생각하면, bank라는 단어조차도 비행기가 기울어지는 것, 저금하는 것을 의미할 수 있고, 강물을 생각할 때는 또 다른 의미를 지니듯이, 똑같은 정서표현도 다른 맥락에서는 다른 의미일 수 있다. 그래서 Barrett 등은 정서지각을 맥락과 함께 하는 것이 통상적이며 효율적이고 어느 정도는 자동적인 것이라고 한다.

Ekman 계열의 연구를 비판하는 것에 대한 반응으로, Darwin의 가설은 여전히 추구할 가치가 있다는 것도 있고, 다른 반응들은 대안적 가설을 제시하는데, 예를 들면 Russell, Barrett 등이 제안한 것이다. 이러한 논쟁은 현재도 진행 중이다. 우리가 맥락이 어떻게 정서표시의 발생과 지각에 영향을 미치는지에 대한 새로운 연구 흐름을 기대할 수 있지만, 어떤 정서표현들은 보편적 특성을 지니고 있는 것처럼도 보인다. 이제부터 보게 될 새로운 연구 흐름은 Ekman이 연구한 기본적 정서 세트와 다른 보편적 정서표시들을 볼 것이다.

새로운 정서적 얼굴표시들을 발견하기

Ekman이 수집한 증거들을 보면 분노, 혐오, 행복, 슬픔이 보편적 얼굴표정과 관련이 있다. 그런데 공포 표현과 놀람 표현에 관한 증거는 그렇게 명확하지 않다. 과학자들은 또 다른 보편적 정서표현들을 찾아내었는가? 그렇다. 경멸이 그 목록에 포함되었다. 입술 가장자리를 한쪽만 다무는 것인데, 이것은 멸시하는 표시이며 다른 사람에게 도덕적 불인정을 보내는 것이다(Matsumoto & Ekman, 2004).

다른 정서들은 없는가? 사랑하는 사람이 질투를 느낄 때나 그렇지 않을 때를 구분할 줄 아는가? 또는 당신의 생일을 잊어버린 친구가 느끼는 죄책감은 어떤가? 사랑과 감사는 어떤가? 그것들은 애정관계와 우정에 결정적으로 중요한 정서들이지 않은가?

그러한 정서표현들을 목록에 올리기 위해서는 얼굴활동의 특유한 패턴(부호화의 증거, encoding evidence)이 특정 정서경험과 상관을 보여야 한다. 그리고 다른 문화권에 있는 관찰자가 그런 얼굴표시를 바로 그 정서의 신호(복호화 증거, decoding evidence)라고 지각해야 한다. 진화적 정당성을 입증하기 위해서는 다른 종들도 유사한 맥락에서 해당 정서와 유사한 표현행동을 보이는 것이 중요하다. 이러한 원리들에 의거한 최근 연구들에서는 당혹감, 수치심, 자신감, 사랑, 욕망, 동정심에 해당하는 명확한 비언어적 표시가 있다는 것을 시사한다.

자의식 정서: 당혹감, 수치심, 자신감

Darwin은 자의식 정서에 해당하는 많은 증거를 가지고 있었다. 하지만 그는 얼굴 빨개짐(blush)에만 집중하였는데, 이것은 생리학적 반응으로서 다음 장에서 더 보게 될 것이다. Ekman의 초기 정서 보편성 연구에서는 자의식 정서들이 특정 정서표시로 나타나는지는 언급하지 않았다.

최근에 Darwin의 전통에 따른 두 가지 조사가 있었는데, 거기서는 당혹감, 수치심, 자신감이 독특한 비언어적 표시를 가지고 있다는 것을 확증해 주었다. 이제 당혹감부터 살펴보자. 실험실에서 당혹감을 어떻게 일으킬 수 있을까? 연구자들은 다소 짓궂은 수단을 고안해 내었다. 예를 들면, 학생들에게 친구들 앞에서 고무젖꼭지를 빨게 하거나 수영복 모델 역할을 하도록 했다. 아마도 가장 당황스러운 검사는 실험 참가자들에게 Barry Manilow의 노래 〈Feelings〉를 과장된 제스처를 하면서 부르게 하고 비디오를 찍은 다음에 그것을 다른 학생들이 있는 데에서 같이 보도록 하는 것이었다.

당혹감 표시를 특징짓기 위해서, Keltner(1995)는 한 과제를 선택한 후에 실험 참가자들의 머리를 고정시켜서 그들의 얼굴활동을 각 장면마다 코딩할 수 있도록 했다. 그런 후에 실험 참가자들은 엄격한 실험자가 지시하는 대로 각각의 근육을 움직여서 만들기 힘들고 이상한 얼굴표정을 지으면서 동시에 그것들을 촬영하는 과제를 했다. 실험자의 지시는 다음과 같았다.

눈썹을 올리십시오.
한쪽 눈을 감으십시오. 입술을 오므리십시오.
뺨을 볼록하게 하십시오.

통상적으로 15초 정도만 노력하면 실험 참가자들은 표정을 잘 지었다. 그리고 나면 그들은 그 표정들을 10초 동안 유지해야 하며, 그 후에 휴식을 취했다. 이런 과제를 하는 것은 보통 당혹감을 일으키는 결과를 낳는데, 다른 사람들 앞에서 그렇게 하면 침착함과 평정심을 잃게 만들기 때문이다(Miller, 1992; Miller & Tangney, 1994). 당혹감을 느낀다고 말하는 사람들에게서 Keltner는 휴식 직전의 10초 동안의 행동을 코딩했다.

매 장면을 주의 깊게 분석해 보니, 2~3초 동안 짧지만 확실히 드러나는 감정적 표시가 나왔다(또한 Edelman & Hampson, 1979, 1981; Harris, 2001 참조). 첫째, 당혹감을 느끼는 사람은 0.75초 이내에 눈을 아래로 깔았다. 그런 후에 고개를 옆으로 돌렸는데, 통상적으로는 왼쪽으로 돌렸으며 그다음 0.5초 이내에 고개를 숙였다. 이런 머리 움직임이 일어날 때, 사람들은 약

2초 정도 미소를 지었다. 이런 미소가 일어날 때와 끝날 때는 입술을 빨거나, 앙다물거나, 오 므렸다. 그리고 고개를 숙이는 동안 몇 가지 흥미로운 행동을 했는데, 두세 번 슬쩍 위를 쳐다 보았으며 가끔 얼굴을 만졌다. 다른 정서표현과 마찬가지로, 당혹감 표시도 약 5초 동안 조화 롭고도 신뢰할 만하게 펼쳐졌다. 그것은 유동적이면서 점진적인 시작과 끝이 있는 불수의적 정서표현이었다.

관찰자가 이 표시를 당혹감이라고 쉽게 확인할 수 있는 복호화 증거가 있는가? 한 연구에 서 실험 참가자들은 2~3초짜리 당혹감 표시 비디오를 보았으며, 그것과 더불어 자발적인 혐 오, 분노, 수치심, 즐거움, 공포 표시 비디오들도 함께 보았다(Keltner, 1995). 강제선택 질문방 법을 사용해서 얻은 결과를 보면, 실험 참가자들은 신뢰할 만하게 그 정서표시들을 당혹감 소 통이라고 판단했다. 두 번째 연구는 보편성에 관한 것이었는데, 실험 참가자들이 정지 영상을 보고 당혹감을 판단할 수 있느냐 하는 것이었다. 그 정지 영상에는 아래를 쳐다보는 것과 머 리 움직임, 억지 미소 등이 있었는데, [그림 4-5]에 나와 있는 것과 같이 당혹감을 나타내는 표시가 담겨 있지만 동영상 장면이 아닌 경우이다. 인도의 힌두사원이 있는 소도시에서 온 사 람들에게 당혹감 표시가 담겨 있는 정지 사진과 다른 정서표시들이 들어 있는 사진들을 보여

(a)

사진 출처: Haidt & Keltner (1999)

(b)

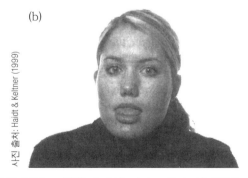

사진 출처: Haidt & Keltner (1999)

[그림 4-5]
당혹감을 표시하는 데 있어서 보편성과 문 화적 차이성. 미국인과 인도인은 원형적인 당혹감 표시를 판단할 때는 다르지 않다. 하지만 인도인만이 당혹감 표시로서 혀를 내어 무는 의식적 행동을 인식할 수 있다.

출처: Haidt & Keltner (1999). *Social Psychology* (2nd ed.). WW Norton.

주었을 때, 그들은 자신들의 말로 그 정서표시를 당혹감이라고 신뢰할 만하게 판단했다. 그리고 당혹감 표시를 머리를 아래로 숙이고 시선을 피하는 수치심 표시와 쉽게 구분했다(Haidt & Keltner, 1999).

다른 종들도 이런 당혹감과 비슷한 행동을 보이는가? Keltner와 Buswell(1997)은 이 질문에 대한 답을 얻기 위해서 다른 종들의 유화적 표시에 대한 30여 개의 연구를 분석했다. 유화적 상호관계에서는 전형적으로 사회적 계급에서 하위에 있는 동물들이 지배층에 있는 동물을 진정시키고 공격성을 완화시키기 위해서 특정 신호를 보낸다(De Waal, 1989). 사람의 당혹감 표시는 다른 종들에서 유화적 표시와 진정으로 닮았다. 당혹감 표시의 각 요소들이 지닌 깊은 의미를 이해하기 위해서 Darwin식으로 행동을 잘 분석해 보자.

첫째, 시선 회피가 있다. 이것은 상대방을 진정시키기 위해서 많은 종이 하는 전형적 행동이다. 많은 영장류에서 고개를 돌리는 것으로 공격행동을 멈출 수 있다. 눈을 길게 바라보는 것은 반대표시이다. 그것은 공격성을 증가시킨다. 고개를 숙이는 것은 어떤가? 돼지, 토끼, 부비새, 비둘기, 아비새 같은 많은 종에서 고개를 숙이거나 고개를 돌리거나 머리를 까닥거리는 것은 유화적 표시이다. 이런 머리 움직임은 몸통을 작게 만들며 복종하겠다는 신호이다. 당혹스러운 미소는 단순한 미소가 아닌데, 그것은 미소 통제가 함유된 것으로서 입술 앙다물기와 입술 오므리기를 보이며 의심할 바 없이 억제 신호이다. 이런 종류의 통제된 미소는 인간 이외의 특정 영장류에게는 통상적인 유화 신호이다. 얼굴을 만지는 것은 당혹감에서 가장 이상한 요소이다. 토끼가 그렇듯이, 여러 영장류에서 유화책을 쓸 때는 얼굴을 가린다. 어쨌든 당혹감의 요소들은 다른 종들의 유화적 표시에서 통상적으로 볼 수 있다.

Jessica Tracy와 Rick Robins(2004, 2007)는 자부심 연구에 매진했는데, 자부심이란 사회적으로 가치 있는 활동을 해서 지위에 득이 되는 것과 관련이 있다. 인간이 아닌 종들 중에서 특히 영장류들은 신체적 크기를 돋보이게 함으로써 사회적 지위가 높아진 신호를 보이는데, 동물원에 있는 유인원들이 자기 가슴을 두드리는 전형적인 행동을 보았을 것이다. 인간들도 그렇게 한다. Tracy와 Robins는 그들의 연구에서 몸을 활짝 펴고, 고개를 꼿꼿이 들고, 팔을 치켜드는 것이 자부심을 보여 주는 표시라고 했다. 이 두 사람 이전에 Darwin과 Ekman도 아프리카 부르키나파소의 오지 사람들을 살펴보았을 때 자부심에 해당하는 정서를 쉽게 확인할 수 있었다.

그런데 다른 문화권에 사는 사람들도 자부심을 이렇게 표시할까? 현실에서 얻은 데이터를 창의적으로 활용해서 Tracy와 Matsumoto(2008)는 20개 나라의 정상 시각을 가진 운동선수와 시각장애 운동선수들이 올림픽 유도 시합에서 이겼을 때와 졌을 때의 정서표현을 분석했다. 그들은 관련된 행동들을 주의 깊게 분석했는데, 미소 짓기, 주먹을 허공에 쳐들기, 가슴을 활

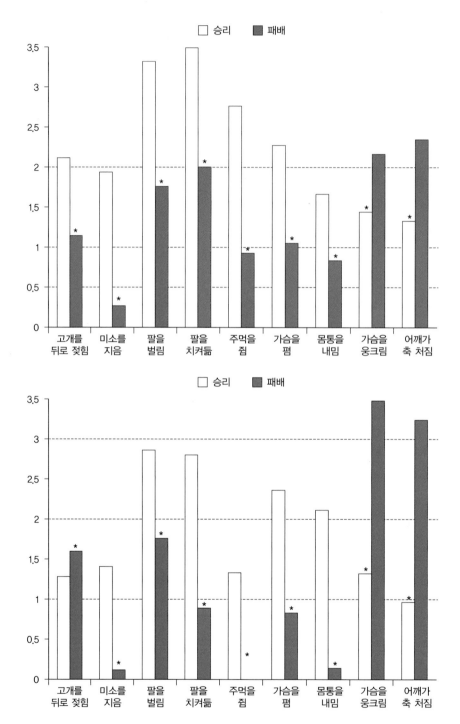

[그림 4-6] 정상 시각을 가진 올림픽 선수들(위 그림)과 시각장애 올림픽 선수들(아래 그림)이 시합에서 승리하거
나 패배했을 때 보이는 반응

출처: Tracy & Matsumoto (2008).

짝 펴기와 가슴을 웅크리기, 어깨를 움츠리기 등을 분석했다. Darwin은 시각장애인들의 정서표현이 진화적 보편성을 증명하는 것과 밀접하게 연관된다고 했는데, 그 이유는 시각장애인은 다른 사람들이 하는 행동을 보고 따라 하지 못하기 때문이다. 확실하게도, [그림 4-6]을 보면, 정상 시각을 가진 선수들(위 그림)이나 시각장애 선수들(아래 그림)이나 비슷하게 팔을 쳐들고, 가슴을 활짝 펴서 자부심을 표현했다는 것을 알 수 있다. 시합에 졌을 경우에는 두 집단 선수들 모두 고개를 떨구고 어깨가 축 쳐져서 수치심을 나타냈다. 이렇게 수치심과 자부심 표현은 보편성을 띠고 있다.

긍정적 정서표시: 사랑, 욕망, 동정심

이제 Darwin 학파에서 주목하는 마지막 정서군을 살펴보자. 그것은 사랑, 욕망, 동정심이다. 제2장에서 우리는 정서가 어떻게 우리로 하여금 장기간에 걸친 애착을 형성하게 하는지 자세히 살펴보았다. 장기적 애착에 의해서 우리는 후손을 낳고, 연약한 자손을 돌보며, 가족을 형성하고, 우정을 기르는데, 이러한 것들은 우리의 생존과 웰빙에 필수적인 것이다(Bowlby, 1969). Bowlby는 그렇게도 중요한 애착을 형성하는 데 도움이 되는 것이 바로 그 세 가지 긍정 정서라고 주장한다. 욕망은 생식을 촉진시킨다. 사랑은 장기적 애착들을 촉진시킨다. 그리고 동정심은 연약한 타인, 특히 자손을 돌보는 것을 촉진시킨다.

Gian Gonzaga 등(2001)은 애정관계에 있는 사람들이 첫 번째 데이트에서 좋아하는 주제에 대해서 이야기하면서 사랑과 욕망을 느낄 때 나타내는 비언어적 행동들을 자세히 코딩했다. 이들은 사랑을 느낄 때 미소를 짓고, 마주 바라보며, 친밀한 손짓을 하고, 개방적 몸짓을 하고, 앞으로 기대는 것과 같은 표시들을 보였다. 많은 영장류도 함께 있는 것이 좋다는 신호를 보내고 유사한 행동으로 친밀함을 보였다. 대조적으로, 연인들은 입술을 핥고 혀를 내미는 것과 같은 다른 행동들로 성적 욕망을 표시했다. 사랑과 욕망을 느낄 때 나타나는 이런 비언어적 표시들과 관련된 부호화 증거는 복호화 증거와 짝을 이룬다. 사랑과 욕망이 나타나 있는 비디오나 사진을 보여 주면 그런 경험이 없는 관찰자라고 하더라도 미소를 짓고, 또 마주 바라보며, 친밀한 손짓을 하고, 개방적 몸짓을 하고, 앞으로 기대는 것과 같은 표시들을 보면 그것을 사랑의 신호라고 판단한다. 그리고 입술을 핥고 혀를 내미는 것과 같은 표시들을 보면 확실히 욕망이라고 판단한다.

동정심은 어떠한가? 일련의 연구에서 Nancy Eisenberg와 동료들은 어떤 사람이 고통을 당하고 있는 것을 목격한 사람의 얼굴활동을 면밀히 코딩했다(Eisenberg et al., 1989). 그들은 동정심을 느낄 때는 눈썹이 처지며 걱정스러운 눈빛이 된다는 것을 발견했다. 또한 그녀는 이런 동정심 표시가 도와주는 행동이 증가하고 심박률이 낮아지는 것과 관련 있다는 것도 발견했다. 반면에 그런 고통에 움찔하며 놀라는 것은 도와주는 행동이 감소하고 심박률은 증가하는 것과 관련이 있었다.

종합하면, Ekman과 동료들이 시초에 탐구한 바와 같이 여섯 가지의 정서표현에 보편성이 있는 것은 확실하며, 거기에 경멸이 보태진다. 그런데 여전히 논란도 있는데, 예를 들면 Russell 과 Fernández-Dols(1997)가 이야기한 최소 보편성 같은 것도 있다. 최소 보편성이란 행복한 미소 같은 것은 전 세계적으로 인식된다는 강력한 증거가 있는 반면에, 공포나 놀람 같은 것은 그렇게 강력한 증거는 없다. 당혹감, 수치심, 자부심, 사랑, 욕망, 동정심과 같은 최근에 연구되고 있는 표현들에서도 진화적 표시라는 특징적 모습들이 있다. 그런 표현들이 여러 연구를 통해서 보편적이라고 확정하는 것이 앞으로 해야 할 일이다.

음성에 의한 정서소통

언어를 통해서 음성을 사용하는 능력은 영장류와 인간을 구분해 주는데, 이것은 인간 두뇌에서 전두엽이 크게 발달한 덕분이다(Dunbar, 2003). 이 절에서는 사람들이 음성으로 정서소통을 하는 방식을 살펴볼 것이다.

음성소통의 예: 짓궂게 굴기와 웃기

음성으로써 정서를 풍부하게 표현할 수 있다는 증거를 보자. 목소리의 미묘한 차이로서 의미를 전달하는 두 가지 흔한 사회적 행동이 있다. 짓궂게 굴기(teasing)는 한 사람이 다른 사람의 통상적으로 별로 좋지 못한 행동이나 태도를 꼬집어서 장난으로 집적이는 것이다(Keltner et al., 2001). 별명을 부르는 것에서부터 옆구리를 간질이는 것까지 여러 종류의 짓궂게 굴기가 있다. 한 가지는 비꼬는 말인데, 짓궂게 구는 사람이 어떤 말을 정반대를 의미하는 음조로 하는 것이다. 샤워를 하면서 음치처럼 노래를 부르면 "우와…… 진짜 가수 같다."라고 말하는 것이 이런 경우에 해당한다. 짓궂게 굴기 위해서는 말하는 것이 의미하는 것하고 다르다는 것을 알리는 청각적 표지자들을 사용해야 한다. 그런 것에는 보통 때보다 더 빠르거나 느리게 말하기도 하고, 혀 짧은 소리로 말하거나, 늘어지는 소리로 말하거나, 콧소리로 말하는 것 등이 있으며, 모두 말하는 것과 반대되는 의미를 담고 있다. 말하는 형태로 그 의미를 나타내는 것이다.

웃음을 생각해 보자. 웃음은 언어보다 진화적으로 먼저 출현했으며, 수백만 년 동안 인류에게 하나의 의사소통 방법이었다(Dunbar, 2004; Provine, 1992, 1993; Provine & Fischer, 1989). 얼굴로 보자면, 웃음은 안륜근을 수축시키는 것이며, 음성적으로는 독특한 소리를 내는 것이다. 무슨 정서를 표현하는 것인가? 아마도 유쾌함(Ruch, 1993)이나 기쁨(Panksepp, 2005)일 것이다. Panksepp은 동물들도 웃음에 해당하는 행동을 가지고 있는데, 그것은 통상 장난을 칠 때 나타난다고 했다.

다음에 친구들과 대화를 할 때 얼마나 다른 웃음들이 있는지 자세히 들어 보라. 불안, 경멸, 분노, 비꼼, 당혹, 성적 욕망을 나타내는 다양한 웃음이 있다. 많은 웃음은 정서가 전혀 없는 것같이 보인다. 사람들은 대화가 끊기는 막간을 메우기 위해서 웃는데, 그렇게 해서 말하는 사람의 말을 잘 듣고 있다는 것을 나타내기도 하고, 말을 계속하도록 부추기기도 한다.

Jo-Anne Bachorowski와 동료들은 다양한 웃음의 청각적 특성들을 조사했다(Bachorowski & Owren, 2001; Bachorowski, Smoski, & Owren, 2001; Smoski & Bachorowski, 2003). 그들은 재미있는 영화 장면을 보거나 재미있는 과제를 함께 하는 사람들에게서 얻은 수천 가지 웃음을 분석했다. 그런 웃음에는 낄낄거림, 히히거림, 헐떡거림, 콧방귀, 킥킥거림, 목소리를 내어서 웃는 것, 노래하듯 웃는 것 등이 있었다. 그런 웃음들은 성대에서 나오는 다양한 모음과 음정으로 이루어져 있다. 여성은 목소리를 내어서 웃는 경향이 더 많았고, 남성은 콧방귀를 뀌거나 킥킥거리는 것이 더 많았다(Bachorowski & Owren, 2001). 사람들은 목소리를 내어서 웃는 것을 더 좋아했는데, 그런 웃음이 듣는 사람의 정서에 직접적인 영향을 주고 듣는 사람에게 긍정적인 경험을 주거나 상기시키기 때문이다. 친구 사이에서는 서로 웃음을 주고받아서 둘 사이에 웃음이 교차한다. 그래서 웃음은 우정이나 장난치기, 친밀함의 신호이다(Smoski & Bachorowski, 2003). 여성들은 장기간에 걸쳐서 성적 파트너와 관계를 가지는 이유를 "그 사람이 나를 웃게 만들어요."라고 한다.

음성으로 하는 정서소통

이제 정서상태가 발성 형태를 얼마나 뚜렷하게 변화시키는지 살펴보자. Klaus Scherer는 정서와 관련된 몇 가지 생리적 변화가 말할 때 음고, 빠르기, 크기를 변화시킨다고 주장했다(Scherer, 1986). 예를 들면, 불안한 상태에서는 폐를 둘러싸고 있는 근육들이 긴장하므로 후두를 통과하는 공기의 흐름을 감소시킨다. 그래서 긴장된 성대에서 음고는 변화가 적어진다. 입속의 침이 마르고 입술이 조여든다. 이 모든 변화가 말하는 형태에 영향을 준다. 이러한 정서 관련 생리적 변화들에 의해서 생긴 독특한 목소리로 정서를 읽을 수 있다.

사람들이 목소리로 정서소통을 할 수 있는지 알아보기 위해서, 연구자들은 두 가지 방법을

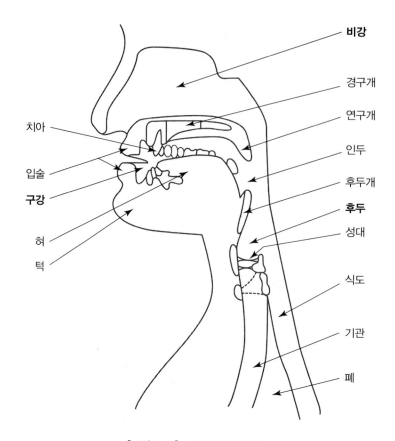

비강

경구개

연구개

인두

후두개

후두

성대

식도

기관

폐

치아

입술

구강

혀

턱

[그림 4-7] 발성기관의 해부학

사용하였다. 한 가지는 사람들, 특히 성우들이 무의미 철자나 중립적 문장을 읽을 때 목소리로 정서들을 나타내도록 하는 것이다(Banse & Scherer, 1996; Juslin & Laukka, 2003; Klasmeyer & Sendlmeier, 1999; Wallbott & Scherer, 1986). 이러한 목소리를 청자에게 들려주고 그 목소리에 가장 잘 맞는 정서 항목들을 주고 고르도록 하는 것이다. Van Bezooijen, Van Otto, Heenan(1983)은 4명의 남성과 4명의 여성 네덜란드 모국어 사용자들에게 'twee maanden zwanger(two months pregnant)'라는 구를 중립적 음성으로 읽도록 하고, 또 혐오, 놀람, 수치, 흥미, 기쁨, 공포, 경멸, 슬픔, 분노의 아홉 가지 정서로 읽도록 했다. 그런 다음에 녹음된 그 구를 네덜란드, 대만, 일본 실험 참가자들에게 들려주었다. 이런 종류의 실험 60개를 개관한 다음에, Juslin과 Laukka(2003)는 청자들이 그중에서 다섯 가지 정서를 알아내었다고 했다. 그 정서들은 분노, 공포, 행복, 슬픔, 다정함인데, 그 정확도가 약 70%에 달했다(Scherer, Johnstone, & Klasmeyer, 2003). 청자들은 자신이 속한 문화권의 목소리를 들었을 때 제일 잘 알아맞혔다.

두 번째 종류의 연구는 실험 참가자들이 짤막한 소리를 뱉어서(vocal bursts) 정서적 소통을 하는 것이다. 이것은 말하는 중간에 내는 단어가 아닌 짧은 소리를 일컫는다. 짤막한 소리로 공포나 분노를 나타내는 방법을 생각해 보라. 비명을 지르거나 으르렁거리는 것이다. 맛있는 아이스크림을 먹고 음미하는 소리는 어떤 것인가? 아마도 '음~' 또는 '와우~' 하는 소리일 것이다. 이런 짤막한 소리를 사용한 연구를 하기 위해서, 사람들에게 어떤 정서에 대한 정의를 미리 말해 준다(예: 경외감에 대한 정의는 "당신은 광대한 무엇을 마주한다. 그런데 그것을 즉시 이해할 수는 없다."가 될 수 있다). 그리고 그 정서를 단어가 아니라 짤막한 소리로 나타내라고 한다(Sauter & Scott, 2007; Simon-Thomas et al., 2009). 그런 다음에 이 소리를 청자에게 들려주고, 그 소리를 여러 가지 정서 용어를 사용해서 명명해 보라고 한다. 이 연구에서 밝혀진 것은 사람들이 짤막한 소리로 정서소통을 아주 잘한다는 것이다. 예를 들어서, Simon-Thomas 등의 연구에서 발견할 점들을 요약한 [그림 4-8]을 자세히 보자. 우리는 여기서 사람들은 많이 연구된 정서들인 분노, 혐오, 공포, 슬픔, 놀람에 대해서 짤막한 목소리로 의사소통을 잘할 수 있을 뿐만 아니라, 비교적 덜 연구된 정서인 존경, 경외감, 성취감, 즐거움, 지겨움, 경멸, 만족감, 흥분, 기쁨, 안도감에 대해서도 짤막한 목소리로 의사소통을 잘할 수 있음을 보여 주고 있다(Simon-Thomas et al., 2009).

짤막한 목소리로 정서소통을 하는 것은 보편적인가? 이 물음에 대한 답을 얻기 위해서, Disa Sauter는 나미비아의 오지로 거서 힘바(Himba)족으로부터 증거를 수집했다. 이 부족민은 약 2만 명 정도로, 전기도 없고, 정규교육도 안 받았으며, 외부인과의 접촉도 거의 없었다(Sauter et al., 2010). Sauter는 서유럽 사람들이 낸 정서가 담긴 짧은 목소리를 힘바족 사람들에게 들려주었다. 그들은 분노, 혐오, 즐거움, 공포, 슬픔, 놀람이 담긴 짧은 목소리를 쉽게 알아들었다. 또한 Sauter는 힘바족 사람들이 내는 짧은 목소리를 녹음해서 서유럽인에게 들려주었는데, 그들도 그 소리를 쉽게 판별해 내었다. 아주 흥미롭게도, 힘바족 사람들은 서유럽인이 내는 짧은 목소리 중에서 기쁨, 안도감, 존경심은 잘 구별하지 못했다. 이 결과를 보면 짧은 목소리 중에서 어떤 것들은 인류 보편적이며, 다른 것은 그 의미를 파악하는 데 문화적 영향이 있는 것으로 보인다(Russell, 1994).

인간의 정서적 발성과 인간이 아닌 종의 정서적 발성 사이에 연속성이 있는가? Cheyney와 Seyfarth(1990)는 버빗원숭이에게는 세 종류의 포식자가 있는데, 각 포식자에게 어떤 식으로 회피반응을 하는지 보고하였다. 버빗원숭이는 독수리가 나타났을 때 덤불 속으로 숨었다. 표범이 나타났을 때에는 나무 위로 피했다. 뱀이 나타났을 때에는 뒷다리로 서서 아래를 내려다보았다. 이 원숭이가 포식자를 발견하면 암수를 막론하고 그 포식자에 해당하는 특유의 경고음을 낸다. 그러면 그 근처에 있던 다른 원숭이들이 그 소리를 듣고, 그 포식자에 대응하는 특

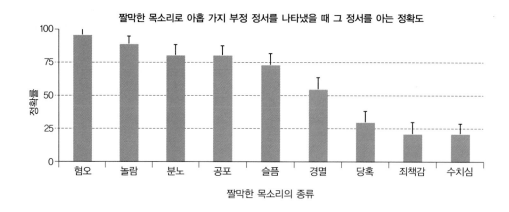

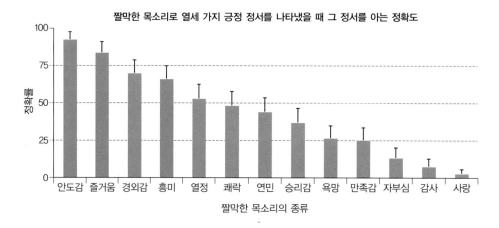

[그림 4-8] 관찰자들은 짤막한 목소리로 여러 가지 정서를 잘 알아낼 수 있다.

출처: Simon-Thomas et al. (2009).

정 공포를 나타내면서 회피행동을 한다.

Disa Sauter와 Charles Snowdon은 인간의 소리와 유사한 다른 종의 발성을 기록했다 (Sauter, 2010; Snowdon, 2003). 여러 종은 인간이 공포를 느낄 때 내는 목소리와 유사하게 급박 하고 짧은, 음고가 높은 소리를 내었다. 짧은꼬리원숭이 새끼는 어미와 떨어지면 우는 소리를 내는데, 이는 어린아이가 엄마와 떨어졌을 때 내는 소리와 유사하다. 이 원숭이들은 다정한 분위기에서 가르랑거리는 소리를 내는데, 이것은 인간이 애정을 느낄 때의 표현에 해당한다. 스리랑카에 사는 짧은꼬리원숭이들은 잘 익은 과일을 발견하면 먹이 환호성을 내는데, 이것 은 기쁠 때 내는 소리와 닮았다. 지배적인 영장류는 종종 위협적인 소리를 내는데, 이것은 인 간이 분노한 목소리와 닮았다. 그리고 침팬지가 교미할 때 수놈은 짧게 헐떡이는 소리를 내고

[그림 4-9] 버빗원숭이가 세 종류의 포식자에게 보이는 세 가지 다른 공포반응

암놈은 길게 소리를 지르는데, 인간에게도 거기에 해당되는 소리들이 있다.

촉각에 의한 정서소통

촉각은 출생 시에 가장 발달해 있는 감각 양식이다(Field, 2001; Hertenstein, 2002; Stack, 2001). 신체접촉은 말로 하지 않는 다양한 언어인데, 거기에는 추파를 던지는 것, 권력을 나타내는 것, 달래는 것, 장난치는 것, 친밀함을 유지하는 것 등이 있다(Eibl-Eibesfeldt, 1989; Hertenstein et al., 2005).

촉감의 네 가지 기능

많은 인간 이외의 영장류 종들은 하루 중에 꽤 많은 시간을 털 손질(grooming)을 하면서 보내는데, 두 마리가 편안하게 같이 앉아서 서로에게 털고르기를 해 준다(Dunbar, 1996). 예를 들면, 침팬지들은 깨어 있는 시간의 20%를 털 손질을 하면서 보내고, 그런 가운데 친밀한 관계를 형성한다(De Waal, 1989). 영장류의 털 손질과 인간의 신체접촉을 연구한 것을 보면 촉각적 접촉의 네 가지 기능을 알 수 있다.

첫 번째는 제대로 신체접촉을 하면 진정 효과가 있다는 것이다. 예를 들면, 의사가 유아 30명의 발꿈치에서 피를 뽑는 과정을 관찰한 연구가 있었다(Gray, Watt, & Blass, 2000). 한 조건에서는 엄마들이 그 유아들을 온몸을 꼭 안아 주었다. 다른 조건에서는 유아들을 포대기에 싸서 유아용 침대에 눕혀 놓았다. 엄마가 안아 준 유아들은 시술을 받는 동안 대조군의 유아들보다 우는 것이 82%나 줄어들었으며, 얼굴을 찌푸리는 것도 65% 줄었고, 심박률도 더 낮았다. 인간이 아닌 영장류에서도 털 손질을 하면 심박률이 낮아졌고 남을 때리는 것과 같은 스트레스 관련 전위행동을 덜 보였다(Aureli, Preston, & De Waal, 1999). 새끼쥐들도 어미가 손질을 잘해 주면 시상하부-뇌하수체-부신피질 축의 활동이 낮아졌는데, 이 활동은 스트레스에 반응해서 생기는 것이다. 그리고 그 당시뿐만 아니라 성체가 되어서도 코르티코스테론 수준도 낮아졌는데, 이 물질은 스트레스 관련 호르몬이다(Francis & Meaney, 1999; Levine & Stanton, 1984; Meaney, 2001).

신체접촉의 두 번째 기능은 안전을 신호해 주는 것이다. 이러한 통찰은 처음에 애착 관련 문헌에서 나왔는데, 그 이론가들은 유아들의 기본적인 욕구는 환경이 안전한지 아는 것이며 그 정보를 부모들과의 신체접촉을 통해서 얻는다는 것을 발견했다(Main, 1990). 한 가지 예시가 되는 연구를 보면, Anisfeld와 동료들은 부모가 밀접한 신체접촉을 하는 아기띠를 사용하는 경우의 아기들과 그렇지 않은 운반도구를 사용하는 경우에서 그 아기들의 애착 형태를 비교해 보았다(Anisfeld et al., 1990; Weiss et al., 2000). 부모와 밀접한 신체접촉을 하는 아기띠를 사용한 경우의 아기들이 나중에 안정적인 애착을 보였으며, 주변을 탐색할 때 더 자신감이 있어 보였다.

신체접촉의 세 번째 기능은 협조성을 함양시킨다는 것이다. 침팬지들에게 신체접촉을 보상으로 사용하면 좋아하는 물건을 교환하는 것이 증진된다. 예를 들면, De Waal(1996)은 침팬지들은 하루 일찍 그들에게 털 손질을 해 준 다른 침팬지들에게 먹이를 더 잘 나누어 준다고 했다. 인간들도 마찬가지인데, 신체접촉이 협동성을 높인다. 한 연구에서 실험 참가자들에게 그 지방에서 중요한 사안에 대한 청원서에 서명해 달라고 했다(Willis & Hamm, 1980). 참가자들에게 신체접촉을 하며 부탁할 때 들어줄 확률(81%)이 그렇지 않은 경우의 확률(55%)보다 훨씬 더 높았다. 최근에 NBA 프로농구 선수들 사이에서 보인 신체접촉을 연구한 것에서, Michael Kraus와 동료들은 2008년 첫 시즌에 각 팀이 보인 모든 종류의 신체접촉을 코딩했다. 그런 신체접촉에는 하이파이브, 주먹 맞대기, 머리 토닥이기, 허그 등이 포함되었다(Kraus, Huang, & Keltner, 2010). 게임 도중에 자기 팀 동료선수와 그런 신체접촉을 하는 기간은 약 2초에 불과했지만, 그러한 신체접촉이 팀의 기능에 굉장히 중요했다. 서로 간에 신체접촉을 많이 할수록 시합에서 더 협조적이었으며(다른 팀 선수들을 방어하는 데 서로 협조를 더 잘했고, 서로 간에 효과적인 패스를 더 잘했다), 시즌이 끝날 때 팀 성적이 더 좋았다.

신체접촉의 마지막 기능은 즐거움을 준다는 것이다. 아주 부드러운 천으로 팔을 스치는 것은 전두엽에서 좋은 맛이나 냄새를 느끼는 데 관여하는 부분을 활성화시킨다(Berridge, 2003; Rolls, 2000). 또한 신체접촉으로 결혼생활에서 좋았던 시절을 떠올릴 수도 있다. 오래도록 결혼생활을 해 온 부부는 최근에 결혼한 부부보다 신체접촉을 적게 하지만(Willis & Briggs, 1992), 행복한 결혼생활을 하는 부부는 덜 행복한 부부보다 신체접촉을 더 많이 한다(Beier & Sternberg, 1997). 신체접촉의 이런 기능들을 알고서, William James(1890)는 "신체접촉은 애정 표시의 알파요 오메가이다."라고 했다.

촉감으로 하는 정서소통

신체접촉이 관계 형성에 가지는 중요성과 여러 가지 기능을 볼 때, 신체접촉에 의해서 상이한 정서들을 소통할 수 있을까 하는 의문이 생긴다. 이러한 질문에 답하기 위해서 Matthew Hertenstein과 동료들이 최근에 한 연구가 있다(Hertenstein, Keltner, App, Bulleit, & Jaskolka,

2006). 첫 번째 연구에서 신체접촉을 하는 사람(encoder)과 접촉을 당하는 사람(decoder)이 테이블에 마주 앉는다. 검정 커튼이 두 사람 사이에 쳐지고, 그 두 사람은 신체접촉 이외에는 어떤 방식으로도 소통할 수 없다. 접촉하는 사람에게 정서 목록을 주고서 접촉당하는 사람의 팔에 접촉을 해서 어떤 식으로든지 각 정서를 소통하도록 하게 했다. 접촉당하는 사람은 신체접촉 장면을 전혀 볼 수 없도록 하기 위해서 팔을 커튼 너머 접촉하는 사람 쪽으로 내밀도록 했다. 각 신체접촉 후에 접촉당한 사람은 접촉한 사람이 무슨 정서를 소통하려고 했는지 13가지 선택항 중에서 하나를 고르도록 했다. [그림 4-10]에서 볼 수 있듯이, 실험 참가자들은 상대방의 팔을 1~2초 동안만 접촉해서도 사랑, 감사, 동정심뿐만 아니라 분노, 혐오, 공포 정서도 신뢰할 만하게 소통할 수 있었다. 두 번째 실험에서 접촉당하는 사람은 눈을 가리고 실험실에 서 있었고, 접촉하는 사람은 정서들을 전달하기 위해서 접촉당하는 사람의 신체 어느 부위라도 접촉할 수 있게 하였다(Hertenstein et al., 2009). [그림 4-10]의 각 오른쪽 막대들에서 볼 수 있듯이, 이 조건에서는 팔뚝만 접촉하는 조건에 비해서 더 정확하게 정서를 소통할 수 있었는데, 행복과 슬픔 정서까지도 신뢰할 만하게 소통할 수 있었다.

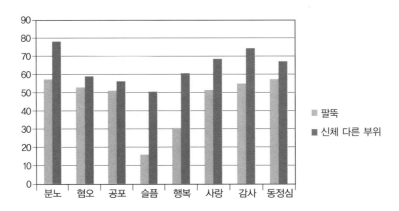

[그림 4-10] 한 사람이 모르는 타인과 팔뚝(왼쪽) 및 다른 신체 부위(오른쪽)에 접촉을 해서 의사소통할 때의 정확도

정서표현과 사회적 상호작용의 조정

이 책의 주된 주제는 우리가 사회적 관계를 가지는 데 정서가 얼마나 결정적으로 중요한지를 보여 주는 것이다. 얼굴표현, 음성, 신체접촉이 행동 패턴으로 사람들을 묶어 주고 그렇게

해서 중요한 사회적 상호작용을 만들어 낸다. 그런 것들에는 스트레스를 받고 있는 아이를 달래 주는 것부터 장래의 구혼자들 간의 추파를 던지는 장난, 집단에서의 지위 경쟁까지 다 포함된다. 0.5초 내로 사람들은 다른 사람들의 정서표현을 흉내 내고 생리적 반응을 나타낸다. Paula Niedenthal, Ursula Hess와 동료들은 정서표현이 신경적 과정들과 반응들의 연쇄를 일으킨다고 생각한다(Niedenthal, 2010). 예를 들면, 따뜻하고 즐거운 미소는 보는 사람으로 하여금 신경적 과정을 격발시켜서, 눈맞춤을 해서 그 미소에서 더 많은 정보를 얻으려 하며, 즐거움을 느끼고, 행동을 흉내 내며, 그러한 정적 정서의 신체적 경험을 하여 접근행동을 일으킨다는 것이다. 반면에 자신감 있는 지배적 미소는 그 미소에 대해 자동적으로 정보를 얻으려는 반응을 일으키고 신경활동을 일으키는데, 그 활동은 위협감과 회피행동을 야기한다. 미소에서 작동하는 정서소통은 목소리와 신체접촉에서도 마찬가지로 작동한다. 수신자에게 체계적인 경험들과 행동을 일으키며, 사람들 사이에서 상호작용 단계를 설정한다.

　이론을 만들어 보면, 정서표현이 사회적 상호작용을 조절한다고 할 수 있다(Keltner & Kring, 1998). 정서의 정보기능으로서 정서표현들은 사회에 신속하고 중요한 정보를 제공한다. 정서표시들은 그 정서를 보내는 측의 현재 정서를 신뢰할 만하게 전달할 뿐만 아니라, 상호 간의 관계성도 신호해 준다(Ekman, 1993; Fridlund, 1992). 예를 들면, 분노는 다른 사람과 대면한 상태에서 힘과 지배력을 명확하게 전달한다(Knutson, 1996). 얼굴표정과 음성으로 분노를 표현하면, 더 많은 권력을 가지고 있으며 타협에서 유리한 고지를 점령할 수 있다는 것을 보여 준다(van Kleef et al., 2006). 정서표현은 정서를 나타내는 사람의 의도가 진지하다는 것을 말해 준다. 예를 들면, Eva Krumhuber, Tony Manstead와 동료들은 사람들이 진실한 미소를 짓는 사람을 동료로서 더 신뢰하며, 더 많은 지원을 한다는 것을 발견했다. 진실한 미소는 가짜 미소보다 더 길게 미소를 시작해서 더 천천히 끝난다. 가짜 미소는 금방 시작해서 금방 끝난다(Krumhuber et al., 2007). 마지막으로, 정서표현은 상황에 대한 정보를 전달하며, 그래서 사람들은 외부의 기회나 위험을 조절하는 반응을 할 수 있다(예: Klinnert et al., 1986; Sorce et al., 1985). 예를 들면, 부모들은 신체접촉이나 목소리를 통해서 아이들에게 다른 사람이나 어떤 물체가 안전한지 또는 위험한지 신호해 줄 수 있다(Hertenstein & Campos, 2004).

　정서표시들은 그것을 보는 사람에게 특정 반응을 격발시키는 상기기능(evocative function)을 통해서 사회적 상호작용을 조절한다. 예를 들면, 다른 사람의 정서에 맞추거나 그것을 반영하는 것은 공감의 중요한 기본이며, 사회생활에서 매우 중요하다. Sato와 Yoshikawa(2007)는 실험 참가자들이 행복이나 분노에 대한 정적이거나 동적인 얼굴표정을 볼 때 그들의 얼굴을 자연스럽게 촬영하였다. 피험자들은 그들이 보는 얼굴표정에 따라서 자신들의 얼굴표정을 지었다. Oatley(2009)는 이러한 공감적 반영에 근거해서 정서가 특정 관계성의 윤곽을 만들어 준다고 말했다. 미소 짓는 것을 보면 우리도 행복을 느끼고 미소를 보내는데, 이것은 협조하고 싶다는 의미이다. 눈물 흘리는 것을 보면 우리도 슬픔을 느끼며, 그래서 도움을 주게 된다. 얼굴을 찌푸리는 것을 보면 우리도 화가 나며, 그래서 갈등이 일어날 것에 대비하게 된다. 다른 사람이 절박한 위험을 나타내면 우리도 겁을 먹는다. 이렇게 각각의 공감적 정서로 말미암아 특정 관계성을 가지게 되는 것이다. 이렇게 생각해 보자. 무대에서는 배우가 대본을 외운다. 그 배우가 하는 일은 대사를 사용해서 인물들 간의 특정 관계를 인물-정서 관계로 연기하는 것이다. 일상에서는 이런 일이 반대 방향으로 일어난다. 정서는 단어로 된 대본이 아니라 관계의 대본을 먼저 만들어 낸다. 그런 것들에는 행복한 협조, 슬픈 파혼, 화가 나는 갈등, 함께 느끼는 공포 등이 있다. 그런 후에 우리는 서로 간의 상호작용에 걸맞은 단어들을 사용한다.

걸맞은 정서뿐만 아니라, 정서표현이 동반자들 사이에서 상호보완적인 정서를 일으키기도 한다. 예를 들면, 분노를 나타내는 사진을 본 사람은 공포 조건화가 촉진되는데, 심지어 그런 사진이 의식적으로 처리되지 않는 경우에도 그렇게 된다(Esteves, Dimberg & Öhman, 1994; Öhman & Dimberg, 1978). 스트레스를 받고 있는 표정을 보면 동정심이 일어난다(Eisenberg et al., 1989).

걸맞은 정서와 보완적인 정서를 경험하면 사회적 상호작용이 질적으로 높아진다. Lara Tiedens와 Alison Fragale(2003)은 사람들이 서로 보완적인 자세를 취할 때, 예를 들면 한 사람이 지배적인 자세를 취하고 다른 사람은 복종적 자세를 취할 때, 서로 간의 관계를 더 잘해 나갈 수 있다는 것을 발견했다.

마지막으로, 정서표시가 보상기능(incentive function)을 해서, 사회적으로 바람직한 행동을 일으킨다. 부모는 따뜻한 미소와 신체접촉으로 자녀들이 하는 행동에 보상을 준다. 그렇게 해서 다음에 그 행동을 더 많이 하도록 한다(Tronick, 1989). 성인 배우자들 간의 웃음도 바람직한 행동에 보상을 주는 것이다(Owren & Bachorowski, 2001). 그것의 유용하고, 환기를 시키며, 보상적인 기능을 통해서, 정서표현은 우리의 사회적 상호작용과 관계를 만들어 간다.

정서표현에서의 문화적 차이

해외여행을 해 보면, 다른 문화권에서도 유사한 정서표현을 하는 것을 보고 충격을 받을 것이다. 멕시코 시골마을의 조콜로(광장)를 거닐거나 태국의 시장에서나 나이지리아의 버스 정류장에서도 문화권에 상관없이 많은 정서표현이 유사하다는 것을 보고 강한 인상을 받을 것이다. 아이들은 놀이를 할 때 미소를 짓기도 하고 웃기도 한다. 연애를 하는 젊은이들은 내숭을 떤다. 논쟁을 할 때에는 눈살을 찌푸리고 드러내 놓고 무시하기도 한다. 이 장에서 우리는 정서표현의 보편성에 대한 증거를 충분히 보았다.

동시에 정서표현에서 문화적 차이(cultural variation)도 볼 것이다. 초기의 문화 연구자들은 다른 문화권에서 정서표현들이 대단히 다르다는 것을 알았다. Briggs(1970)는 캐나다 극지방에 사는 이누이트(Inuit)족(에스키모로도 불림)이 분노를 나타내지 않는다는 것을 발견했다. 17세기 일본 사무라이 무사들의 아내는 남편이 전쟁터에서 명예롭게 전사했다는 소식을 들으면 미소를 지었다고 한다. 이러한 사실들을 보고, Birdwhistell(1970)은 "정서상태에 대한 보편적 신호라는 것은 아마도 없다. …… 우리는 정서표현이 학습된 것이며, 특정 사회의 특정 구조에 의해서 나타나는 형태라고 생각한다."(p. 126)라고 결론지었다. 그렇다면 다른 문화에서 어떻게 이런 차이가 나타나는가?

표현행동에서의 문화적 차이

연구자들은 다른 문화권에 사는 사람들이 정서표현에서 차이를 보이는 방식 세 가지를 확인했다. 첫째, 문화에 따라 특정 정서들을 표현하는 강도에서 차이가 난다. 제3장에서 특정 정서들이 특정 문화에서 더 강조되어 있으며, 그래서 더 강하게 표현된다는 것을 배웠다. 그런 것을 Tracy와 Matsumoto(2008)의 연구에서 볼 수 있다. 그들은 올림픽 선수들의 정서표현 연구에서 더 집단적 문화에 속한 선수들이 시합에서 졌을 때 더 수치심을 나타내는데, 이것은 집단적 문화에서 겸손함과 나서지 않음을 강조하는 것과 일맥상통한다는 것을 발견했다. 같은 맥락에서 Jeanne Tsai와 Robert Levenson은 여러 가지 정서적 자극에 대해서 반응하는 데 있어서, 독립적 문화권에 사는 사람들이 흥분해서 강하게 미소 짓는 것을 더 잘 보인다는 것을 발견했다(Tsai & Levenson, 1997).

둘째, 문화는 문화 특정적인 정서 악센트(emotion accent)를 발달시키는데, 이것은 정서표현에서 스타일과 문화적으로 독특한 방식이 있다는 것이다(Elfenbein & Ambady, 2002). 각각의 정서표시에는 다양한 행위가 포함된다는 것을 상기해 보라. 예를 들면, 분노 표현에는 눈살을 찌푸리고, 쏘아보고, 입술을 꽉 다무는 것 등이 포함된다. 당혹감 표시로는 눈을 아래로 깔고, 머리를 옆으로 돌리면서 내리고, 억지 미소를 짓고, 얼굴을 만지는 것 등이 포함된다. 정서 악센트는 정서표현의 요소들을 선택하고 그것을 정교화시키고 극적으로 만들어서, 특정 정서를 표현하기 위해서 그 요소를 전형적이고도 과장되게 만든다. 서남아시아 전체에 걸쳐서 혀를 내어 물면서 어깨를 움츠리는 것은 당혹감을 표현하는 정서 악센트이다. 그것은 당혹감 표시에서 두 가지 요소를 강조하는 것인데, 입 주변 근육을 억제시키고(혀를 내어 물기), 신체 크기를 작게 만드는 자세(어깨 움츠리기)를 하는 것이다. 이러한 정서 악센트의 의미에 대한 문화적 차이를 연구하기 위해서, Haidt와 Keltner는 실험 참가자들에게 당혹감을 나타내는 두 가지 표현을 보여 주었는데, 앞의 [그림 4-5]에 그것이 나타나 있다(Haidt & Keltner, 1999). 두 문화에서 온 사람들 모두 당혹감의 원형적 표시는 잘 해석했지만, 인도인만이 당혹감 표시로서 혀를 내어 무는 행동을 쉽게 인식했다.

마지막으로, 다른 문화권에 속한 사람들은 문화 특정적 표현 법칙(display rule)에 근거해서 표현행동을 조절한다는 면에서 차이가 있었다. 제3장을 되돌아보면, 우리는 일본과 같은 고도의 집합적 문화에서는 사람들이 정서표현을 더 많이 억제한다는 것을 배웠다. 이것은 더 집합적인 문화에서는 정서표현을 하는 사람이 더 두드러져 보이고, 그것이 다른 사람들에게 영향을 끼쳐서 집단의 화목을 해치게 된다는 관념과 일맥상통한다.

정서표현 해석에서의 문화적 차이

연구자들이 정서 인식의 보편성에 대한 증거를 수집할 때, 다른 문화권에 사는 사람들이 정서의 얼굴표현에 대해서 어떤 식으로 달리 해석하는지에 대한 자료도 같이 수집했다. 예를 들면, 다른 문화권에 사는 사람들은 행동표시들로부터 정서를 확인할 때 그 정확도가 서로 다르다(Matsumoto, 1990; Russell, 1991a). Matsumoto(1989)와 Schimmack(1996)은 더 개인적이고 독립적인 문화권에서 사는 사람들이 정서의 얼굴표정을 더 정확하게 판단한다는 것을 발견했다. 왜 그러한가? 한 가지 가능성은 개인적인 문화권에 사는 사람들은 정서표현을 더 많이 하도록 권장받으므로 정서표현들을 판단하는 실제 경험을 더 많이 할 것이며, 그 결과로 정서표현이 담겨 있는 사진을 보면 더 정확하게 판단한다는 것이다.

둘째, 다른 문화권에 사는 사람들은 정서의 얼굴표정에서 읽어 내는 정서의 강도가 서로 다르다는 것이다(Matsumoto & Ekman, 1989). 예를 들면, 일본인 실험 참가자들은 모든 종류의 정서 얼굴표정을 보고서 미국인 실험 참가자들이 여기는 것보다 그 얼굴표정이 덜 강한 정서를 가지고 있다고 여긴다(Biehl et al., 1997; Matsumoto et al., 1999, 2002). 왜 이런 차이가 발생하는가? Matsumoto(1999)는 일본인과 미국인이 겉으로 드러내는 정서표시의 강도와 내면의 경험을 판단하는 것을 비교해 보았다. 일본인들은 정서표시와 정서의 내면적 경험이 동일하다고 가정하였다. 반면에 미국인들은 내면적 경험보다는 겉으로 드러내는 정서표시들을 더 강하다고 했다. 이러한 사실은 제3장에서 논의한 대로 미국에서는 느낌을 표현하는 것을 강조한다는 사실과 일치한다(Matsumoto et al., 2009).

마지막으로, 최근의 연구들은 더 집합적 문화권에 사는 사람들은 정서표현의 의미를 만들 때 맥락적 정보에 더 많이 의지한다고 한다. 이런 것을 효과적으로 보여 주는 한 연구에서

Takahiko Masuda, Phoebe Ellsworth와 동료들은 일본인과 미국인 실험 참가자들에게 다양한 표정을 짓고 있는 만화 캐릭터들을 보여 주었다(Masuda, Ellsworth, Mesquita, Leu, & van de Veerdonk, 2004). 중심에 있는 얼굴은 언제나 작고 덜 두드러진 주변 얼굴들로 둘러싸여 있었는데, 그 얼굴들이 짓는 표정은 중심 얼굴들의 표정과 달랐다. 예를 들면, 중심 얼굴이 행복한 표정을 짓고 있는 것으로 보이면, 주변 얼굴들은 슬픈 표정으로 보이도록 했다. 일본인들은 미국인들보다 중심 얼굴의 표정을 판단하는 데 주변 얼굴들의 영향을 더 많이 받았다. 행복한 중심 얼굴이 슬픈 주변 얼굴들로 둘러싸인 경우에 중심 얼굴을 덜 행복한 것으로 판단했고, 슬픈 중심 얼굴이 행복한 주변 얼굴들로 둘러싸인 경우에는 중심 얼굴을 덜 슬픈 것으로 판단했다. 이러한 증거에 근거해서 Barrett, Mesquita, Gendron(2011)은 정서표현이 별도로 인식되는 것이 아니라 맥락 안에서 인식된다고 주장했다.

예술에서의 정서소통

정서를 경험할 때 예술적 표현(artistic expression)을 하고 싶은 경우가 있다. 절망이나 갈망을 느낄 때, 글을 쓰거나 피아노를 치거나 추상화를 그리고 싶을 때가 있다. 새로운 연인에게 큰 기쁨을 느낄 때, 시를 쓰거나 노래를 짓고 싶거나 마음속에서 영화와 같은 장면이 떠오를 수 있다. 예술은 일종의 의사소통이다. 미소를 짓거나 투덜대는 것은 일시적인 것이지만, 예술은 오래가고 장소에 국한된 것도 아니다(Oatley, 2003). 냄비나 자전거는 유용한 반면에, 예술작품은 정서의 표현이며 문화적으로 중요하다. 예술작품들은 본질적으로 문화적이다. 예술은 사회마다 다른데, 바빌로니아의 서사시로부터 베냉의 청동기, 뉴올리언스의 재즈에 이르기까지 모두 다른 모습을 하고 있다. 하지만 예술도 진화한다. 예술은 기원전 8만 년에서 3만 년 사이에 시작된 것으로 고고학적 기록에 나타난다. Bouzouggar 등(2007)의 최근 발견을 보면, 북아프리카에서 목걸이를 만들기 위해서 조개껍질에 구멍을 내어 구슬처럼 만든 것이 발견되었는데, 그 기원이 8만 2,000년 전으로 거슬러 올라간다. Mithen(1996, 2001)이 언급했듯이, 이것이 의미하는 바는 은유의 능력이 인간의 독특한 인지능력으로 나타났다는 것을 말해 준다. 은유는 즉시적인 것과도 관계가 있지만 상상하는 것과도 관계가 있다. 그래서 Hamlet이 "덴마크가 감옥이다(Denmark's a prison)."라고 말했을 때, 덴마크는 실재하는 것이지만 감옥은 그의 상상의 산물이다. 그 자체로 유용한 물건들과는 달리, 예술작품은 물건이면서 또한 그 이상의 무엇이다. 동굴벽화(가장 오래된 것은 3만 1,000년 전) 같은 것은 벽에 그려진 표시이면서 또한 매머드(mammoth)이다. 조개껍질은 조개껍질이면서 또한 목걸이용 구슬이다. 인간의 매장지는 어떤 사람이 죽었으며 다른 곳에서 삶을 계속하고 있다거나 다른 형태로 존재한다는 이야기를 들려준다. 그러한 예술적 작품들은 정서적으로 중요한 의미를 지닌다.

낭만주의에서 유래한 네 가지 가설

서구적 사고방식에는 정서를 예술의 형태로 표현하면 그 정서를 더 깊게 이해할 수 있다는 믿음이 있어 왔다. 이것이 낭만주의(Romanticism) 운동의 지적이고 역사적인 중심 주제이다(Oatley, 2003). 그것을 제1장에서 다루었고, 이제 예술에서 정서표현을 체계화해서 다루는 데 사용할 것이다. 예술가들은 예술을 정서가 표현하고 이해하는 양식이라고 생각한다. 시인 William Wordsworth는 시에 대해서 다음과 같이 이야기했다.

> 시는 강력한 느낌이 자발적으로 넘쳐 나온 것이다. 시는 고요함에서 생겨난 정서에 그 기원을 두고 있다. 그 정서는 어떤 형태의 반응에 의해서 그 고요함이 사라질 때까지 관조된다. 그러면 관조의 대상이 되기 이전의 그 정서와 유사한 어떤 정서가 서서히 나타나는데, 그것도 사실은 마음속에 있는 것이다.
>
> – Wordsworth (1802), p. 611

위대한 무용가이자 안무가인 Martha Graham이 간결하게 피력했다. "예술가와 비예술가는 느끼는 데서 능력의 차이가 있는 것은 아니다. 그 비밀은 예술가는 우리 모두가 가지고 있는 그 느낌을 명확하게, 즉 객관화할 수 있다는 것이다(Gardner, 1993, p. 298).

낭만적인 관념은 예술에서 정서소통에 관한 네 가지 가설로 번역될 수 있다. 첫째로, 때때로 우리는 의식적으로 이해하지 못하는 정서를 경험하며, 그것을 예술로 표현함으로써 탐구한다는 것이다. 우리의 정서가 때때로 명확하지 않은가? Oatley와 Duncan(1992)은 구조화된 일기에 적어 넣은 매일의 정서적 사건을 보면, 실험 참가자들이 잘 이해하지 못하는 정도가 5~25%에 달한다는 것을 발견했다. 많은 정서경험이 미완성 단계이다(Oatley & Johnson-Laird, 1987). 예술적 표현의 주된 목적은 그런 불명확한 정서를 예술이라는 언어로써 탐구하는 것이다. 그런 것에는 시각적·음악적·언어적인 것들이 있다.

낭만적 관념의 두 번째 가설은 이런 탐구에는 창조적 표현이 포함된다는 것이다. 정서는 기대가 충족되지 않을 때, 어떤 계획이 우여곡절을 겪거나, 긴박한 문제에 대한 쉬운 해결책이 없을 때 생기는 경향이 있다. 그러므로 그런 상황들은 창의적 행동을 필요로 한다(Averill & Nunley, 1992). 예술은 표현을 하는 창의적 활동이다. 그러므로 그런 정서들을 이해하는 것이다. 이런 것이 William Wordsworth와 Martha Graham의 인용문에 잘 나타나 있다. Djikic, Oatley, Peterson(2006)은 픽션 작가들과 물리학자들을 인터뷰해서 그들이 사용하는 단어들을 비교해 보았다. 작가들은 (아마도 거의 무의식적으로) 정서, 특히 부정적 정서에 매료되었지만 물리학자들은 그렇지 않았다. 정서와 창의성의 관계를 더 연구하기 위해서, Csikszentmihalyi(1996)와 그의 학생들은 91명의 굉장히 창의적인 사람을 인터뷰했다. 거기서 발견한 주제 중의 하나는 창의적 표현이 정서적 경험으로부터 나온다는 것이었다. 예를 들면, 유명한 독일 시인 Hilde Domin이 70세에 인터뷰한 내용에서 발췌한 것을 보자. 그녀의 시에서 다음과 같이 말한다.

　　[정서는] 실현된다. …… 그것은 촉매제 같은 것이다. …… 당신은 그 정서로부터 당분간 해방된다. 그러면 그다음 독자가 그 작가의 자리를 대신한다. 그렇지 않은가? 만일 그 문장을 그와 동일시하면, 이제는 그 사람이 그 작가가 될 것이다.

　　　　　　　　　　　　　　　　　　　　　　　　　－ Csikszentmihalyi (1996), p. 245

낭만적 관념에서 유래된 세 번째 가설은 예술적 표현은 종종 그 자체가 주제가 되면서 역동적인 정서 형태를 띤다는 것이다. 예를 들면, 만일 당신이 이별의 여파를 겪으면서 그림 그리기에 몰두한다면, 당신의 그림은 분노와 절망의 정서적 색조를 띨 것이다. 만일 당신이 비극적인 아동기에 관한 소설을 쓴다면 상실과 갈망이 그 중심 주제가 될 것이다.

이 세 번째 제안에서 더 나아간 증거는 Gabrielsson과 Juslin(2001), Juslin과 Laukka(2003)가 제시한 것으로, 앞서 이야기한 역동적 주제만큼 역동적이지는 않지만 음악에 관한 것이다. 그들은 목소리와 음악이 정서적인 표현특성을 공유한다는 것을 관찰했다. 그런 것에는 연주자들이 나타내는 음향적 특성들로 템포, 음의 강도, 음색과 음높이 등이 있다. 이러한 특성 때문에 바이올린, 첼로, 오르간, 슬라이드 기타, 색소폰 같은 악기들이 인간의 목소리를 흉내 낼 수 있는 것이다. 유명한 작곡가인 Richard Wagner는 이렇게 말했다. "가장 오래되었고, 음악을 위한 가장 아름다운 기관이며, 우리의 음악이 유일하게 빚지고 있는 것은 인간의 목소리이다." 철학자 Susanne Langer도 유사한 결론에 도달했다. "인간의 느낌 형태는 언어 형태보다는 음악 형태와 더 잘 맞기 때문에, 음악은 언어가 도달할 수 없는 섬세함과 진실함으로 느낌의 본질을 드러낼 수 있다."(1957, p. 235)

최근에 사람들이 목소리와 음악으로 정서를 알아낸다는 단서들을 분석한 것을 보면, Juslin과 Laukka(2003)는 목소리와 음악이 유사한 음향적 변수들을 사용해서 정서소통을 한다는 주장을 지지하는 증거를 발견했다. 그들은 음성과 음악에 템포, 음의 강도, 음높이 등이 있고, 그런 것들을 사용해서 사람들이 분노, 슬픔, 행복, 다정함 등을 소통한다는 것을 발견했다.

낭만주의에서 영감을 받은 마지막 가설은 예술작품을 읽거나 보는 사람들은 그 작품과 정서적으로 소통하는 경험을 한다는 것이다. Oatley(2012)의 책 『열정적인 뮤즈: 이야기 속에 있는 정서를 탐험하다(The Passionate Muse: Exploring Emotion in Stories)』는 픽션이 어떻게 등장인물의 정서와 독자의 정서 두 가지 모두를 구현할 수 있는지 보여 주고 있다. 이 책은 두 가지를 혼합한 것으로, 일곱 부분의 단편소설과 각 부분의 정서에 대한 심리학적 논의로 구성되어 있다.

사람들은 예술작품의 정서적 내용에 정서적으로 반응한다(예: Lipps, 1962). 우리는 소설이나 영화 속의 주인공의 정서를 그 행위를 가지고 경험한다(Tan, 1996). 웅장한 성당의 아치형 지붕을 볼 때 천국을 경험한다. Kreitler와 Kreitler(1972)는 박물관을 방문한 사람들이 자신도 모르게 조각상들의 자세를 흉내 내는 비율이 84%나 된다는 것을 발견했다.

예술작품을 접하고 그 정서를 얼마나 정확하게 인식할까? 음악을 보면, Gabrielsson과 Juslin(2003), Juslin과 Laukka(2003)는 여러 연구를 개관했는데, 가수에게 가사 없이 짧은 멜로디만으로 노래를 하도록 했다. 그렇게 노래해서 분노, 공포, 행복, 슬픔, 기쁨, 다정함과 사랑을 전달하도록 했다. 그리고 그 노래를 들은 사람들에게 여러 가사를 주고 그 노래와 가장 잘 맞는 것을 짝짓도록 했다. 이런 연구를 열두 번도 넘게 했는데, 그 노래들을 들은 사람들은 평균 70% 정도의 정확도를 보였다. 이 정확도는 얼굴표정이나 목소리로 정서를 아는 정확도에 필적했다.

나티야샤스트라에 나타난 미적 정서

예술작품에 나타난 정서를 이해하고 느끼는 것에 어떤 유익한 점이 있는가? 제1장에서 보았듯이, 이 질문은 카타르시스에 대한 Aristotle의 분석의 핵심이다. 그는 연극이 여러 가지 보편적 고난과 인간의 조건들을 표현한다고 생각했다. 연극에서 인간은 고통을 받는데, 생명에 위협을 받고, 사랑에 빠지고, 불륜에 맞닥뜨리며, 힘든 목표를 이루려고 분투한다. 그런 극적인 정서표현들을 보고, 관객은 자신들의 정서를 더 명확하게 이해하게 된다. Freud(1904/1985)도 비슷한 견해를 가졌는데, 예술이 우리 내면에 있는 여러 정서적 갈등의 측면을 위장된 형태로 표현할 수 있게 해서 비난은 피하면서 표현의 만족을 얻을 수 있게 한다고 했다.

Juslin과 동료들은 하루 중에 무작위로 사람들에게 전화를 걸었는데, 그때 젊은 사람들의 약 40%가 음악을 듣고 있었으며, 대부분은 정서에 심취하였기 때문에 만족감을 느끼고 있는 것을 발견했다(Juslin et al., 2008). Mar, Oatley, Peterson(2009)은 사람들이 픽션(논픽션은 아님)을 많이 읽을수록 다른 사람들에 대한 공감을 더 많이 한다는 것을 발견했다. 그 결과가 공감력이 큰 사람이 픽션을 더 많이 읽어서 얻어진 것은 아니었다.

예술이 주는 정서와 통찰의 가장 세련된 치료효과 중 한 가지를 기원전 2세기에 살았던 Bharata가 저술한 힌두-인도 문헌 『나티야샤스트라(Natyasastra)』(나티야샤스트라는 무용과 연극에 관한 인도의 경전이다.—역자 주)에서 볼 수 있다(Bharata Muni, 200 BCE). 이 문헌에는 배우와 무희가 공연을 할 때 정서를 어떻게 표현하는지에 대한 구체적인 묘사들이 있다. Hejmadi, Davidson, Rozin(2000)은 인도와 미국의 실험 참가자들에게 10가지의 다른 정서를 나타내는 춤을 Hejmadi 자신이 직접 추는 비디오를 보여 주었다(그녀는 인도에서 무용수로 20년간 활약하였다). 그 무용은 10가지 정서를 주로 얼굴표정과 손동작으로 나타내는 것이었다. 그 정서들은 분노, 혐오, 공포, 영웅심, 유머, 사랑, 평화, 슬픔, "라쟈(lajya: 당혹감, 부끄러움, 겸손함의 혼합정서)", 놀라움이었다. 각각의 동영상은 4~10초간 보여 주었다. 놀랍게도, 자유답변과 선택답변 모두에서 시청자들은 모두 우연 수준보다 높은 수준으로 맞추었는데, 춤과 제스처로 10가지 정서를 판단한 정확도는 61~69%였다.

나티야샤스트라에서 Bharata는 라사(rasa: 인도 미학에서 정서에 해당함—역자 주)에 대한 이론을 논하고 있는데, 그것은 독특한 미적 정서들을 일컫는다. 최근에 그런 미적 정서들이 서양의 정서이론으로 논의되고 있다(Oatley, 2004c; Shweder & Haidt, 2000). 각각의 라사는 일상의 정서에 해당한다. 하지만 그 고대 이론가의 생각으로는, 한 가지 라사를 가질 때 그 사람은 자기중심적인 두꺼운 껍질을 깨고 나와서 더 명확하게 이해하고 경험할 수 있다. 라사에 대한 인도의 문헌을 보면, 일상의 여러 가지 정서와 라사 사이의 연결관계가 잘 그려져 있다.

정서소통에 대한 관심을 추구하기 위해서 〈표 4-2〉에 전통적인 것을 조금 소개해도 무방하다고 생각한다. 여기에는 배우가 나타내는 정서들의 목록이 있으며, 라사에 대한 산스크리트 명칭이 있고, 관객들이 그것을 볼 때 느낄 수 있는 정서를 대략적으로 번역한 목록도 있다. 예를 들면, 배우가 나타내는 고통과 슬픔을 보면 연민이라는 미적 정서가 생긴다. 한편, 그것이 미적 정서이므로 이해와 통찰의 즐거움도 함께 생긴다. 연기자가 모든 고난을 견디는 것을 보면(이것은 스토리에 자주 등장하는 주제이다) 관람자는 영웅적 느낌을 가진다. 최근의 서구적 연극운동은 라사 이론에 따라서 배우들을 훈련시키는 것이다(Schechner, 2001). 또한 〈표 4-2〉에서 각각의 정서 주제들이 특정 장르(사랑 이야기, 코미디, 비극 등)에 해당한다는 것도 볼 수 있을 것이다.

정서는 일상생활에서 소통되지만, 이러한 소통은 일시적인 것이다. 하지만 진짜 중요한 것은 우리가 가지는 정서이다. 그래서 예술가들은 다양한 형태의 정서표현을 만들어 내었는데, 이러한 것들로 말미암아 오래 지속되는 정서소통을 하게 되고 정서를 새로운 방식으로 경험하며 또 깊이 생각하게 된다.

〈표 4-2〉 배우들이 연기한 정서들, 라사, 관객들이 경험하는 미적 정서들에 대한 영어 단어

배우의 정서	라사	관객의 정서
성적 욕망	srngara	사랑
재미	hasya	재미
슬픔	karuna	연민
분노	raudra	분노
공포	bhayanaka	두려움
인내	vira	영웅심
혐오	bibhatsa	증오
놀람	adbhuta santa	경외심

요약

이 장에서 우리는 얼굴표정, 목소리, 신체접촉, 예술로 정서소통하는 것을 살펴보았다. 우리는 비언어적 행동 영역을 다섯 분야로 나누어서 다루었다. 그것은 상징, 예증, 조절자, 자기적응자, 정서표시이다. 우리는 정서가 어떻게 표시되는지를 배웠다. 즐거움에서 비롯된 미소는 그 시간적 길이와 불수의적 근육활동의 측면에서 정서가 포함되지 않은 공손한 미소와는 다르다. 그다음으로 우리는 사람들이 정서소

통을 하는 다양한 방식을 배웠다. 얼굴 정서표현의 보편성에 대한 문헌을 개관했다. 짓궂게 굴기와 웃음과 같은 소통행위에 음성적인 측면이 어떻게 스며들어 가는지 배웠다. 그다음으로, 정서소통에서 덜 연구된 분야인 신체접촉을 다루었다. 생의 최초 순간부터 신체접촉은 달래 주고, 안전하다는 것을 알려 주고, 순응시키고, 보상을 주는 것으로 작동한다. 최근의 증거는 사람들이 팔을 잠깐 접촉함으로써 여러 가지 정서소통을 할 수 있다는 것을 보여 주었는데, 사랑, 감사, 연민 등의 소통이 가능하다. 그다음으로, 정서표현이 사회적 상호작용을 만드는 방식과 그것이 문화 간에 얼마나 다른지를 살펴보았다. 마지막으로, 우리는 예술에서 정서소통이 어떻게 일어나는지를 낭만주의의 관점에서 살펴보았다. 낭만주의 관점에서는 네 가지 명제를 제시한다. 우리가 완전히 이해하지 못하는 정서들이 그 의미를 탐색하도록 동기를 일으킨다. 이런 탐색은 창의적이다. 예술적 표현은 주제를 띠고 있고, 목소리와 같은 질적인 표현 통로를 가지며, 참관자들은 그 예술에 참여함으로써 정서를 경험한다. 우리는 이번 논의를 고대 인도의 나티야샤스트라를 개관하고 결론짓는다. 그 문헌에서는 정서가 무용과 연극으로 표현되는 방식과 미적 정서의 속성을 보여 주고 있다.

생각해 보고 논의할 점

1. 친구들이 서로 상호작용하는 것을 10분 정도 관찰하고, 거기에서 나타난 상징, 예증, 조절자, 자기적 응자, 정서표시를 적어 보라. 무엇을 보았는가?
2. Darwin의 쓸모 있는 습관의 원리를 떠올려 보라. 왜 우리가 특정 정서를 표현하는지를 설명하는 데 이 원리를 사용할 수 있는가? 혐오감, 당혹감, 감사함에 이 원리를 적용해 보라.
3. 좋아하는 음악을 떠올려 보라. 그 음악이 당신의 정서에 어떤 통찰을 주었는가?

더 읽을거리

얼굴 정서표현에 대한 Ekman의 관점

Ekman, P. (1993). Facial expression and emotion. *American Psychologist, 48,* 384-392.

정서표현에 관한 최근의 진화적 조망

Shariff, A. F., & Tracy, J. L. (2011). What are emotion expressions for? *Current Directions in Psychological Science, 20,* 395-399.

정서표현에 대한 Barrett의 관점

Barrett, L. F. (2011). Was Darwin wrong about emotional expressions? *Current Directions in*

Psychological Science, 20, 400-406.

얼굴표정에 대한 광범위한 개관

Matsumoto, D., Keltner, D., Shiota, M., O'Sullivan, M., & Frank, M. (2008). Facial expressions of emotion. In M. Lewis, J. Haviland-Jones, & L. F. Barrett (Eds.), *Handbook of emotion* (pp. 211-234). New York: Guilford Press.

음악공연에서 정서가 소통되는 방식에 대한 개관

Juslin, P. N. (2010). Expression and communication of music performance. In P. N. Juslin & J. A. Sloboda (Eds.), *Handbook of music and emotion* (pp. 453-489). New York: Oxford University Press.

신체적 변화와 정서

사진 출처: Alinari/Art Resource

[그림 5-0]　Bernini의 〈성 테레사(St. Teresa)〉. Gombrich(1972,
p. 345)는 이 조각에 대해서 Bernini가 "예술가들이 지금
까지 회피했던 정서의 정점을 우리에게 가져다주었다."고
했다.

식은땀이 나를 뒤덮고 전율이 온몸을 엄습한다.

— Sappho, BC 580년경

William James는 아마도 가장 유명한 미국 심리학자일 것이다. 그는 소설가로 똑같이 유명해진 동생 Henry와 정기적으로 편지를 주고받았다. 그들이 주고받은 편지는 육신의 병과 신체 감각들로 채워져 있는데, 요통, 배탈, 신체 피로 같은 것에 대한 생생하고도 개인적인 서술들이다. 이러한 경험들이 William James가 1884년에 급진적으로 연구 분야를 정서에 대한 것으로 바꾸는 단서가 되었을까?

이때까지 대다수의 작가는 정서경험이 정서적으로 흥분되는 사건에 대한 반응이라고 주장했다. 정서경험은 결과적으로 행동을 포함해서 정서와 관련된 신체변화를 일으킨다. James는 그 순서를 바꾸었다. 그리고 제1장에 서술되어 있듯이, 그는 정서경험의 근원을 몸에 두었다. 그가 제시한 순서는 ① 흥분되는 사건, ② 사건에 대한 신체반응, ③ 현재 신체반응에 대한 정서경험으로서의 지각과 같다. 그의 주장에는 논쟁의 여지가 있으며, 그 여파는 오늘날까지 계속되고 있다.

시인들은 2,500여 년 전부터 발한, 떨림, 가슴 두근거림, 얼굴 빨개짐, 근긴장, 근육운동, 눈물, 전율과 같은 신체변화가 우리의 정서경험과 관련되어 있다는 것을 알고 있었다. 그러나 James는 이 생각을 더 진전시켰다. 분노에서부터 좋아하는 음악가의 작품을 들을 때의 황홀함까지, 정서는 신경내분비선, 자율신경계, 행동을 일으키는 근육에 반향을 일으킨다는 것이다. 정서는 그러한 반향의 지각이다.

James는 어떻게 이러한 관점에 도달했을까? 주로 사고 실험을 통해서였다. 그는 독자들에게 이렇게 물어보았다. 심장박동, 근긴장, 피부 감각, 메스꺼움과 같은 신체적인 감각을 당신에게서 없애 버리면 공포, 사랑, 당혹감, 그것도 아니면 어떤 정서가 남을까? James는 당신은 순전히 지적인 상태로 남아 있을 것이지만 정서는 결여되어 있을 것이라고 말했다.

중요한 인물: William James

William James는 1842년에 모두 다 재능이 많은 5형제의 장남으로 태어났다. 그의 아버지는 몽상가이자 약간 괴짜이고, 생활에 얽매이지 않고 살 수 있을 만한 재산을 가진 한량으로, 아일랜드 이민자 아버지의 뉴욕에 있는 큰 집을 물려받았으며, William James는 거기에서 태어났다. 그의 어머니 Mary는 현실적인 사람이었다. 1843년에 태어난 그의 동생 Henry는 세계적으로 유명한 소설가가 되었지만, 유일한 여동생인 Alice는 Henry만큼 충분한 재능을 보였음에도 당시 여성으로서의 장벽을 극복하지 못하고 만성적인 건강 문제로 병약했다. 그의 가족은 다정하지만 혼란스러운 생활을 했다. 보모와 가정교사를 고용하기도 하고, 오랜 기간 유럽에 머물렀으며, 특수 사립학교에 보내기도 하는 등 아이들에게 교육경험도 다양하게 제공했다. 18세가 되자, William은 1년 동안 미술을 배웠고, 그 후에 화학도 배웠다. 2년 뒤 그는 의학으로 전과해 1869년에 의학 박사학위를 취득했다. 1872년에는 하버드 대학교에서 생리학 강사 자리를 얻었다.

1878년, 전환기가 찾아왔다. 그는 Alice Gibbens를 만났다. 그녀를 만나서 그는 계획적으로 살게 되었다. 그들은 관심사를 공유했고, Gibbens는 그가 에너지를 집중할 수 있도록 도와주었다. 그때부터 그의 건강염려증도 좋아져서 제대로 능력 발휘를 할 수 있게 되었다. 1885년 William James는 철학 교수가 되었다. 그는 미국 심리학의 창시자였고, 철학의 실용주의 학파에 영향을 끼쳤는데, 이 학파에는 John Dewey 등이 있었다. James는 다정하고, 관대하고, 생각을 말로 풀어내는 데 탁월한 재능이 있는 사람이었으므로 그의 책은 널리 읽혔다. 그가 집필한 『심리학의 원리(Principles of Psychology)』는 여전히 최고의 심리학 교과서로 여겨진다.

심리학의 원리와 함께, 행위의 결과로서 일어나는 신체 경험, 즉 마지막에 생기는 것으로서의 정서에 대한 이론은 그를 유명하게 만들어 주었으며, 그 영향력이 지금도 계속되고 있다. 그러나 James 자신은 정작 이 이론을 포기한 것 같다고 당신에게 말해 주는 James 학파의 학자들은 별로 없을 것이다. 그의 유일한 대규모 연구 프로젝트 후에, 1902년에 출간된 책 『종교적 경험의 다양성(Varieties of Religious Experience)』에서 마지막에 생기는 것으로서의 정서에 대한 그의 이론은 찾아볼 수 없다. 대신에 이 책에서 James는 종교적 개종에서는 정서가 원인이 된다고 했다. 거기서는 정서가 일차적 동인이 되며, 그것에 의해서 사람들은 정체성과 삶에 변화를 겪는다고 했다(Oatley & Djikic, 2002).

James의 분석은 이 장의 핵심을 이루는 세 가지 질문을 제기하고 있다. 첫째, 개념적으로는 간단하지만 경험적 연구는 어려운 것으로서, 정서에만 특정적으로 활성화되는 신체 시스템이 있는가? 둘째, 이러한 신체 시스템의 활성화에 기반을 둔 정서경험의 범위는 어디까지인가? 그리고 마지막으로, 정서의 신체적 반응이 얼마나 우리의 사회적 행동을 인도하는 역할을 하는가?

이 질문들에 대답하기 위해서는 과학적 연구의 초점이 되어 온 특정 신체 시스템인 자율신경계(autonomic nervous system)에 대해 이해해야 한다. James가 말한 내용의 타당성을 평가하기 위해서, 자율신경계가 정서와 얼마나 연관되어 있는지 살펴보자.

자율신경계

피질의 신경 신호는 변연계와 시상하부(다음 장 참조)와 통신하며, 이들은 신호를 자율신경계의 뉴런 집합들로 보내고, 표적기관들, 분비샘들, 근육, 혈관으로 보낸다. 이 구조들은 이번에는 신호를 만내 방광으로, 즉 사율신경세들 통해서 시상하부, 변연계, 피질로 보낸다.

자율신경계는 변화하는 주위 사건에 적응적 반응을 할 수 있도록 신체 내부 상태를 유지한다. 자율신경계의 부교감신경(parasympathetic) 가지는 회복과정, 심박 수 감소와 혈압 감소, 내부 자원을 소화과정을 돕는 데 사용한다. 교감신경(smpathetic) 가지는 심박 수, 혈압, 심박출량을 높이고, 신체적 활동을 돕기 위해 소화과정을 중지시킨다. 이 두 가지 신경은 소화, 혈류,

체온 외에도 방어행동, 성행동, 공격성 등을 포함하는 정서와 관련된 행동을 통제한다.

자율신경계의 두 가지는 척수의 다른 부분에서 뻗어 나오며, 다른 신경전달물질에 의해 통제된다. 자율신경계의 도해는 [그림 5-1]에 있고, 설명은 〈표 5-1〉에 있다. 여기서 볼 수 있듯이, 자율신경계의 두 가지 영향은 넓은 영역에 미치고, 여러 기능과 관계되어 있다.

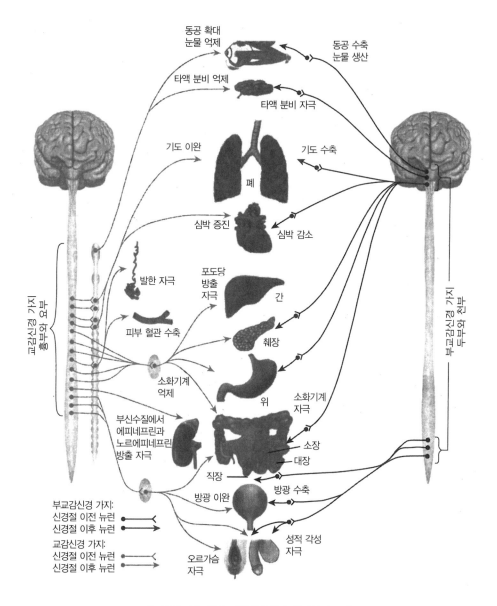

동공 확대
눈물 억제

동공 수축
눈물 생산

타액 분비 억제

타액 분비 자극

기도 이완

기도 수축

폐

심박 증진

심박 감소

발한 자극

포도당
방출
자극

간

피부 혈관 수축

췌장

소화기계
억제

위

소화기계
자극

부신수질에서
에피네프린과
노르에피네프린
방출 자극

소장

대장

직장

방광 수축

방광 이완

교감신경 가지

부교감신경 가지

부교감신경 가지:
신경절 이전 뉴런
신경절 이후 뉴런

교감신경 가지:
신경절 이전 뉴런
신경절 이후 뉴런

성적 각성
자극

오르가슴
자극

[그림 5-1] 인간 자율신경계의 해부학적 도해

〈표 5-1〉 자율신경계의 교감신경 가지와 부교감신경 가지 활성화의 효과

기관	부교감신경 활성	교감신경 활성
심근	심박 수 감소	심박 수 증가
혈관: 동맥	수축능 감소	수축능 증가
몸통, 사지	○	혈관 수축
얼굴 피부	혈관 확장	혈관 수축
내장 영역	○	혈관 수축
골격근	○	혈관 수축
발기 조직	혈관 확장	혈관 수축
두개골	○	혈관 수축
혈관: 정맥	○	혈관 수축
위장관		
환상근	운동성 증가	운동성 감소
괄약근	이완	수축
방광	수축	이완
생식기관		
정낭	○	수축
정관	○	수축
자궁	○	수축
동공	동공 수축	동공산대
기관-기관지근	수축	이완
입모근	○	수축
타액선	강한 분비	약한 분비
누선(눈물샘)	분비	○
한선	○	분비
소화선	분비	분비 감소
물질대사		
간	○	글리코겐 분해
지방세포	○	혈액 내 유리지방산
췌장	인슐린 분비	인슐린 분비 감소
부신수질	○	아드레날린, 노르아드레날린 분비
림프 조식	○	활동 억제(자연살해세포)

출처: Janig (2003)에서 발췌.

부교감신경 가지와 교감신경 가지

자율신경계 부교감 가지는 척수의 두 부분에서 시작되는 신경으로 구성된다. 미주신경 (vagus nerve)은 척수의 꼭대기 근처에서 시작된다. 부교감신경계는 심박 수와 혈압을 감소시킨다. 동맥을 확장시킴으로써 혈류를 촉진한다. 음경과 음핵의 발기성 조직에 혈류를 증가시키므로 성적 반응에 핵심적 역할을 한다. 소화된 음식물을 위장관으로 운반해서 소화과정을 진행시킨다. 또한 부교감신경계는 동공과 세기관지를 수축시킨다. 그리고 소화액, 타액, 눈물과 같은 다양한 체액이 분비되도록 자극한다.

자율신경계의 교감 가지는 부교감 가지와 별도로 구성되어 있으며, 척수의 여러 지점에서 출발하는 많은 수의 신경로로 되어 있다. 전형적으로 교감신경계는 부교감신경계와 반대 작용을 한다. 심박 수, 혈압, 심박출량을 증가시킨다. 거의 모든 동맥과 정맥을 수축시킨다. 그리고 소화과정을 차단한다. 이것이 큰 스트레스를 경험할 때 우리가 음식을 먹기 어려운 이유이다. 또한 생식기관 내에서 수축 작용을 담당하는데, 이것은 오르가슴 때 일어나는 일이다. 교감신경계는 팔, 목, 등의 털을 둘러싼 입모근(piloerector muscle)을 수축시킨다. 털이 곤두서면 열 조절을 할 수 있으며 정서반응에도 관여하는데, 소름이 돋는 것이 그 예에 해당한다. 그리고 교감신경은 몸에 에너지를 제공하는 여러 과정을 증진시킨다. 글리코겐 분해와 혈류 안에 지방산을 방출하는 것 등이 여기에 포함된다. 그런 과정과 함께, 교감신경계는 자연살해세포의 활동을 감소시키는데, 이는 교감신경이 면역반응에 관여한다는 것이다. 이것이 아마도 만성적으로 스트레스를 받으면 건강이 나빠지는 이유일 것이다. 이러한 영향을 보면서, 많은 사람은 자율신경계가 몸이 싸움 또는 도주(fight-or-flight) 반응을 준비하는 것을 돕는다고 주장해 왔다.

심리학자들은 자율신경계 활동을 다양한 방법으로 측정한다. 그들은 심박 수를 측정한다. 땀 분비 반응도 측정하는데, 이를 피부 전기 반응(Galvanic Skin Response: GSR)이라고 한다. 그리고 동맥과 정맥의 혈관 수축을 측정한다. 또한 몸의 각기 다른 부위들의 혈류를 측정한다. 손가락과 얼굴의 온도를 측정하는데, 이는 혈류와 혈관 확장의 변화를 반영한다. 미주신경의 활성화를 알아내기 위해서 호흡과 심박 주기 사이의 관계를 관찰한다.

〈표 5-1〉에서 William James가 주장한 자율특이성(autonomic specificity)과 정서에 대한 두 가지 잠재적 지지 증거를 발견할 수 있다. 첫 번째는 신체의 각기 다른 영역을 활성화시키는 각기 다른 자율신경로가 상당수 있다는 것이다. 그래서 각각의 정서들이 각각의 자율신경계 경로들과 연관될 가능성이 있다는 것이다(Janig, 2003). 두 번째는 자율신경계의 구성요소들이 여러 방식으로 결합될 수 있다는 것이다. 이런 구성요소들에는 심박 수, 피부 혈류(예: 얼굴 빨

개짐), 발한, 눈물 흘림, 위장활동, 호흡 등이 있다. 이런 구성요소들의 결합 패턴들로써 다양한 정서경험을 설명할 수 있다는 것이다.

후기 James 학파 이론

James의 이론은 비록 영향력이 있었을지라도, 막 떠오르는 정서에 대한 과학적 연구에서 초기 이론들과 쉽게 조화를 이루지는 못했다. 그래서 1884년에 James의 생각이 들어 있는 책이 출판된 이래로, 정서 이론가들은 신체적 반응과 자율신경계에 관한 주제를 계속 붙잡고서 William James의 정서에 대한 생각을 개선시키는 이론들을 개발하는 데 매진하였다.

자율특이성에 대한 Cannon의 비판

Walter Cannon은 하버드 대학교에서 처음에는 William James의 학생이었으며, 나중에는 동료가 되었다. 그는 정서에 대한 James의 주장을 납득할 수 없었다(Cannon, 1927, 1929). 그는 신체적 변화는 뇌에 의해서 발생하는 것이고, 많은 다양한 정서는 똑같은 교감신경계의 일반적 활성화가 관여하고 있다고 했다. 이 각성반응(arousal response)은 아드레날린 호르몬 분비와 연관이 있다. 이 교감-부신 반응(sympathetic-adrenal response)의 효과는 행동하기 위해서 신체 자원을 이동시키는 것인데, 소위 말하는 3F(fight, flight, sexual behavior: 싸움, 도주, 성행동)가 여기에 해당한다.

Cannon은 다음과 같이 주장하며 James의 자율특이성 이론을 비판했다. 첫 번째로, 심박수, 호흡, 발한반응의 변화와 같은 자율신경계의 반응들은 정서경험의 다양성을 설명하기에는 너무 막연하다. 예를 들어, 심박 수는 조그마한 사건에 의해서 증가하거나 감소할 수 있다. 침이나 땀 분비도 경미하게 증가하거나 감소할 수 있다. 예를 들어, 이러한 종류의 변화는 감사함, 존경심, 자비심, 사랑, 헌신, 욕망, 자부심과 같은 정서경험들을 설명할 수 있는 충분한 정보를 담고 있지 않다. Cannon은 서로 다른 정서들의 독특성과 미묘함은 몸이 아닌 뇌에서 발견된다고 주장하였다.

두 번째 비판은 자율신경 반응들이 우리가 정서를 경험할 때나 한 정서에서 다른 정서로 빠르게 바뀌는 것을 설명하기에는 너무 느리다는 것이다. 일반적으로 자율신경계 반응들은 자극을 지각한 후 15~30초 안에 발생한다(Janig, 2003). 그러나 사람들의 정서경험은 훨씬 빠르게 발생할 수 있다. 얼굴의 홍조는 당혹스러운 사건이 발생한 지 약 15초 후에 최대에 달한다

사진 출처: Deepak Paul. Courtesy of the Berkeley Psychophysiology Laboratory

[그림 5-2] Robert Levenson의 실험실에 설치된 장비에서 두 실험 참가자가 대화할 때 두 사람의 자율신경
활동을 기록하고 있다. 센서를 통해서 심박 수, 손가락과 귀의 맥파, 손가락에서 피부 전기 반응, 피
부 온도, 호흡 등이 측정된다(버클리 대학교 심리생리학 실험실에서 Deepak Paul이 촬영함)

(Shearn et al., 1990). 당신이 마지막으로 급작스럽게 당황을 느꼈을 때를 상기해 보자. 당신은
아마도 당혹스러운 사건이 발생한 이후 15~30초보다 훨씬 빨리 당혹감을 경험했을 것이다.
Cannon은 정서경험이 자율신경 활동보다 더 빠르게 일어난다는 것을 강력히 주장했다.

세 번째 비판은 James가 정서에 특정적이라고 강력히 주장했던 자율신경계의 주 활동이 실
제로는 발열, 추위에 노출됨, 질식 등의 다양한 상태에서 일어난다는 것이다. Cannon은 사람
들이 사랑과 발열이 똑같은 자율신경계 패턴을 가진다는 것을 알 수 있다고 주장했다. 이는
사랑이 질병의 형태를 하고 있다는 당신의 개인적인 관점으로 보자면 흥미로운 일이다. 그러
나 이런 것이 각각의 정서가 별개의 자율신경계 패턴을 지각하는 것이라는 William James의
강한 가설을 지지하지는 않는다.

마지막으로, Cannon은 자율신경계 변화에 대한 우리의 민감성이 우리가 경험하는 다양한
정서상태를 만들어 내기에 충분히 정밀한지에 대해 의문을 제기했다. 예를 들어, Cannon은
우리가 혈류의 변화, 혈관 수축, 또는 음식물을 소화할 때 일어나는 자율신경 감각에 대해서
대개 둔감하다고 주장했다. Cannon은 예를 들어 사람들은 내장에 자상을 입거나 화상을 입
더라도 실제로는 감각을 거의 느끼지 못한다는 것을 지적했다. 좀 더 최근의 연구들은 사람
들이 자신의 심박활동에 약간만 동조한다는 것을 발견했다(Katkin, 1985; Katkin, Blascovich, &

Godband, 1981; Rimé, Philippot, & Cisamolo, 1990). 자율신경계가 정서 특정적 반응들을 생성한다 해도, 특정 정서경험으로 해석될 수 있는지는 분명하지 않다.

정서의 2요인이론

1962년에 Stanley Schachter와 Jerome Singer(1962)는 William James의 이론과 그의 이론에 필적할 만한 영향력을 갖게 된 Cannon의 비판에 기반해서 정서의 2요인이론(two-factor theory)을 제안했다. 그들의 이론은 정서경험이 두 가지 처리과정의 산물로 발생한다고 제안했다. 첫째는 미분화된 자율신경 각성으로 인해서 심장박동, 혈류, 행동을 위해 몸이 준비할 수 있다는 것이다. 그러나 각성은 그것에 대한 해석 없이는 특정한 정서적 의미를 갖지 않는다. Schachter와 Singer의 이론에서 둘째 요인은 미분화된 각성에 대한 해석 또는 설명이다. 이 공식을 검증한 유명한 실험에서, Schachter와 Singer는 실험 참가자들에게 아드레날린을 주사하여 전반적 각성을 일으켰다. 어떤 실험 참가자들은 주사의 생리적 효과에 대해 정보를 받지 못했고, 다른 실험 참가자들은 정보를 받았다. 그리고 실험자는 실험 공모자들을 이용해서 참가자들을 실험 공모자가 화를 내거나 행복해하는 사회적 상황에 처하게 했다. 아드레날린 주사를 맞고서 그 생리적 효과를 모르는 실험 참가자들은 실험 참가자와 실험 공모자 모두무례한 설문지에 대해 응답하도록 한 경우에 실험 공모자가 행복해할 때 같이 행복을 느꼈고, 실험 공모자가 화를 낼 때 같이 화를 냈다.

Schachter와 Singer(1962)의 실험이 충분히 재현된 적이 없다는 사실에도 불구하고(Manstead & Wagner, 1981; Reisenzein, 1983), 그들의 이론은 정서 분야에서 두 가지의 지속적인 영향력을 가지고 있다. 첫 번째로 이 이론은 Arnold와 Gasson(1954)이 제안했던 평가(appraisal)와 관련된 사항에 대한 관심을 더해 주었다(제1장 참조).

두 번째 영향은 반복 검증되어 온 발견으로, 생리적 각성 또는 불안 상태가 명백한 근거를갖고 있지 않을 때 사람들은 현 상황에서 무엇이 일어나고 있는가에 따라서 그 각성에 표식을 붙이고 경험하는 경향이 있다는 것이다. 예를 들어, 당신이 불안한 상태에서 CIA에서 일한다고 소문이 난 첫 데이트 상대의 부모님 집에 도착한다고 하자. 당신은 계단을 내려오는 그녀를 보면서 긴장과 기대 속에서 열렬한 사랑에 빠질 수 있다. 이와 같은 예를 보면, 사람들은각성이나 불안을 당면한 사회적 상황에 귀인(attribution)시킴으로써 흥분이나 사랑과 같은 특정 정서를 경험할 수 있다.

조금 더 구체적으로 말하면, Schachter와 Singer는 각성의 오귀인(misattribution)에 대해 관심을 기울였다. 예를 들어, 직장에서의 근무 어려움의 근원이 어떻게 가정에서는 긴장의 근원으로 귀인될 수 있는지 연구해 왔다. 그래서 지금 운동을 하고 있는 사람들은 그 운동이 신체를 각성시키므로, 만화를 보면 그 만화가 더 웃기고, 성인물을 보면 더 자극적으로 느낀다(Zillmann, 1978). 그리고 여러 차례 반복 검증된 그 일반적 발견으로 볼 때, 각성은 때로는 순수하게 생리적인 것이고 때로는 불안과 같은 특정 정서로부터 유발된 것인데, 다른 상황들로 전이될 수 있고 사회생활을 할 때의 정서적 경험에 영향을 미친다(또한 Zillmann & Vorderer, 2000 참조). 우리는 제10장에서 흥분의 전이 효과에 대해 더 많이 이야기할 것이다.

생리적 특이성에 대한 탐색

Schachter와 Singer의 2요인이론이 광범위하게 받아들여지고 있었으므로, 수십 년 동안 정서에는 생리적 특이성이 거의 없다고 생각했다. William James의 핵심 주장인 특정한 '신체적 반향'에 의해서 각각의 정서가 정의된다는 것을 지지하는 증거는 거의 없었다. 그러다 1980년대 초반이 되어서 Paul Ekman과 Wallace Friesen의 한 가지 우연한 발견에 의해 그것이 바뀌게 되었다.

지시된 얼굴 동작

1970년대에 Paul Ekman과 Wallace Friesen은 정서적 표현에서 활성화되는 얼굴 근육들을 식별하는 부호화 체계(제4장 참조)를 개발하는 데 여러 해를 쏟았다(Ekman & Friesen, 1978, 1984; Ekman & Rosenberg. 1997). 이 체계를 개발하기 위해 Ekman과 Friesen은 자신들의 얼굴 근육을 움직여서 어떻게 이러한 근육 움직임들이 얼굴의 찡그림, 주름살, 보조개와 같은 얼굴 모습의 변화를 만들어 내는지에 대해서 꼼꼼하게 기록하는 데 수천 시간을 들였다. 이렇게 하는 동안, Ekman은 자신의 얼굴 근육을 움직이는 것이 자신의 감정에 변화를 일으킨다는 것을 알았다. 그가 이마를 찡그리면 심박 수는 증가하는 듯했으며 혈압은 상승했다. 역겨움을 느낄 때 하는 것처럼 코를 찡그리며 혀를 내밀면 심장박동은 느려지는 듯했다. 어떤 정서상태에 해당하는 얼굴 근육들을 움직이는 것이 특정 자율신경 활동을 만들어 내는 것일까? 이는 특정 신체반응이 특정 정서경험을 불러일으킨다는 William James의 생각과 일치하는 것이다.

Ekman의 발견에서 직접적으로 시작된 연구들에서, Robert Levenson과 동료들(Ekman, Levenson, & Friesen, 1983; Levenson et al., 1990)은 지시된 얼굴 동작(directed facial action) 과제를 이용했다. 그들은 Ekman의 비교문화적 판단연구에서 사용된 여섯 가지의 다른 정서표현 얼굴을 만들기 위해 실험 참가자들이 개별 얼굴 근육들을 지시에 따라 움직이도록 했다. 한 표정에 대해서 실험 참가자는 다음과 같이 지시를 받았다.

1. 코끝을 찡그리십시오.
2. 윗입술을 치켜올리십시오.
3. 입을 벌리고 혀를 쭉 내미십시오.

이 지시의 경우에 표현되는 정서는 혐오이지만, 실험 참가자들은 자신이 무슨 정서표현을 했는지 알지 못했다. 일단 실험 참가자가 지시를 받고서 요구된 특정 정서표현을 하게 되면, 그 표정을 10초간 유지하게 했다. 실험 참가자들이 그 표정을 유지하는 동안에 자율신경 활동 측정치가 수집되었고, 이 자료는 통제 조건과 비교되었다. 〈표 5-2〉는 이 과제를 사용한 한 연구의 결과를 나타낸다.

이 결과를 생리적 특이성에 대한 주장에 대입해 보자. 당시에 자율신경계의 정서 관련 변화들은 비특이적이라는 Cannon의 주장에 근거한 두 가지 가설이 있었다(Levenson et al., 1990). 첫째는 모든 정서가 교감신경계 반응의 증가와 관련이 있다는 것이다. 둘째는 긍정적인 정서들은 각성 감소와 관련이 있지만, 부정적 정서들(분노, 혐오, 공포, 슬픔)은 모두 증가된 교감신경계 반응을 나타낸다는 것이다. 〈표 5-2〉의 결과는 Cannon이 말했던 것과 같은 두 가지 예측에 대해 이의를 제기한다. 이 표를 보면 부정적 정서들 간에 차이가 있다. 첫째, 표에서 볼 수 있듯이, 심박 수의 큰 증가는 공포, 분노, 슬픔에 의해 발생하였으나 혐오는 별로 그렇지 않았다. 둘째, 피부 전기 반응(한선활동 측정치)은 분노와 슬픔에서보다 공포와 혐오에서 더 컸다. 셋째, 손가락 온도는 공포에서보다 분노에서 더 높았다. 한 가지 가능성은 분노한 상태에서 혈액이 손으로 더 자유롭게 흘러들어 가기 때문(아마도 전투를 하기 위해서)인 반면에, 공포 상태에서는 도망치기 위해서 혈액이 가슴에 머물러 있어야 하기 때문이라고 말할 수 있다. 따

〈표 5-2〉 지시된 얼굴 동작 과제에서 관찰된 자율신경계의 정서 관련 생리학적 변화

	분노	공포	슬픔	혐오	미소	놀람
심박 수(BPM)	5.0	5.5	4.2	.70	2.4	.20
손가락 온도	.20	−.05	.07	.07	.01	.01
피부 전기 반응	.41	.58	.43	.52	.07	.07
근육 활동	−.01	.01	−.01	.01	.01	.00

출처: Levenson et al. (1990)에서 발췌.

라서 그 네 가지 부정적 정서는 자율신경 활동의 특정적 측면에서 달랐다. 이는 각성이 모든 정서에서 일어난다는 자율신경 활동 모형이 모두 맞는 것은 아니라는 것이다(비판은 Cacioppo et al., 1993 참조). 이러한 신체적 반응들이 정서의 진화된 요소들인 만큼, 여러 문화에서 이러한 생리학적 차이들이 발견되리라고 기대할 수 있다. 이에 대한 호기심에 이끌려 Levenson 과 Ekman은 인도네시아 서수마트라에 사는 모계사회인 미낭카바우 사람들을 대상으로 지시된 얼굴 동작 연구를 수행했다(Levenson et al., 1992). 그들은 지시된 얼굴 동작 과제에서 대부분 유사한 특정적 생리학적 차이들을 발견했고, 이 결과는 그런 차이점들이 보편적일지도 모른다는 것을 암시한다. 후속 연구들은 이 정서 특정적 자율신경 패턴들이 노인에게서 재현되었다. 그러나 재미있게도 일반적으로 노인들(65세 이상)은 약한 자율신경 반응을 보였다 (Levenson et al., 1991). Ekman(2007)은 지시된 얼굴 동작 연구들을 개관했는데, 거기에는 정서를 유도하기 위해 사용된 방법 모음집이 실려 있다.

William James의 생리적 특이성 논증에 대해 더 많은 신뢰를 더해 주기 위해서는 얼굴 빨개짐, 스트레스, 수치심, 긍정적인 정서에 대한 연구들이 지시된 얼굴 동작 과제로 얻은 결과들 위에 더 쌓여야 할 것이다.

빨개짐

빨개지는 것(blush)은 얼굴, 귀, 목, 흉부 상부가 저절로 붉어지는 것인데, 이것은 이 영역에 있는 피하 모세혈관의 혈량 증가에 따른 것이다(Cutlip & Leary, 1993). 이와 대조적으로, 얼굴에 홍조를 띠는 것(flush)은 비사회적 반응으로 격한 신체활동, 온도변화 또는 음주와 관계된다. 얼굴 빨개짐은 오랫동안 소설가(특히 빅토리아 시대의 소설가), 시인, 청소년(얼굴이 빨개지는 것을 줄이기 위해서라면 어떤 대가라도 치를 것이다), 연애를 하는 사람들의 흥미를 끌었다. 미국의 풍자작가 Mark Twain은 "사람은 얼굴을 붉히거나 그럴 필요가 있는 유일한 종이다."라고 말했다. 알다시피, Mark Twain이 전적으로 옳은 것은 아니다. 인간 말고도 일부 영장류는 유화적 제스처로서 얼굴 빨개짐을 보인다(Hauser, 1996). 그러나 얼굴 빨개짐이 실수를 저지르고 그것을 만회하려는 목적과 관련이 있다고 본 그의 짐작은 옳았다.

Darwin의 책 『인간과 동물의 정서표현(The Expression of the Emotions in Man and Animals)』 중 얼굴 빨개짐에 대한 장에서, 그는 겸손함, 당혹감, 수줍음, 수치심이 얼굴 빨개짐과 관련되어 있다고 보았다. 기본적으로 이 논제는 우리가 다음에서 검토할 발견들을 보면 맞다. 이 분석에서 Darwin은 다소 특이한 이론적 설명을 했다. 그는 얼굴 빨개짐이 자기초점적 주의의 산물이라고 가정했다. 그는 다음과 같이 추론했다. 우리가 신체의 특정 부분에 주의를 줄 때,

그 영역의 생리적 활동이 자극받는다. 그래서 부끄러움이나 당혹감을 느낄 때 우리는 얼굴에 주의를 주기 때문에 그 영역으로 피가 흐른다. 어떤 의사가 Darwin에게 들려준 이야기를 보면, 이 의사가 한 여성 환자의 블라우스 단추를 하나씩 풀었을 때 차례로 드러나는 그녀의 목과 윗가슴이 차례대로 빨갛게 되었다고 하였다.

더 최근에는 Mark Leary와 동료들이 얼굴 빨개짐을 만드는 상황들을 꼼꼼하게 분석했다. 그들은 얼굴이 빨개지도록 하는 요인들을 식별했고, 특정한 원인을 보여 주었다. 그것은 부정적인 자기초점적 주의이다(Leary et al., 1992). 우리가 타인으로부터 긍정적 관심을 받을 때나 다른 사람이 나를 어떻게 생각할까를 생각할 때는 얼굴이 빨개지지 않는다. 그러나 우리가 탐탁지 않은 사회적 주목(undesirable social attention)의 대상이 되었을 때는 얼굴이 빨개진다. 이것은 자신의 자아, 특히 다른 사람의 눈에 비친 자신의 자아가 잠재적으로 해를 입는 주의이다.

그렇다면 얼굴 빨개짐과 정서는 어떻게 연관되어 있을까? 사람들은 일반적으로 당황할 때 얼굴이 빨개진다고 보고한다. 미국 학생들의 92%가 그랬던 것에 비해(Miller & Tangney, 1994) 약 21%의 스페인계 실험 참가자(Edelmann, 1990)만 얼굴 빨개짐을 보고했다. 더욱이 얼굴 빨개짐은 거의 확실하게 당황할 때 일어난다. 어떤 연구에서는 사람들이 부끄러움이나 죄책감을 느낄 때는 얼굴 빨개짐을 드물게 보고했다(Miller & Tangney, 1994).

얼굴 빨개짐은 다른 정서에서 일어나는 자율신경 반응과 구분되는가? 필적할 만한 후보가 되는 것은 공포의 자율신경 반응이다. 얼굴 빨개짐 경험은 종종 특정 공포, 가장 잘 알려져 있기로는 사회불안과 관련이 있다. 그리고 우리는 공포가 심박 수 상승과 혈관 수축과 같은 교감신경 반응 지표로 정의된다고 알고 있다. 얼굴 빨개짐과 불안 관련 생리 지표를 비교한 한 연구에서, 실험 참가자의 뺨의 혈류와 온도, 손가락 온도, 피부 전기 반응이 두 가지 조건에서 기록되었다. 당혹감 조건에서 실험 참가자와 네 명의 실험 공모자는 참가자가 실험에 앞서 미국 국가(The Star Spangled Banner)를 부른 비디오테이프를 보았다. 공포를 유도한 조건에서, 실험 참가자와 실험 공모자들은 Alfred Hitchcock의 영화 〈싸이코(Psycho)〉의 무시무시한 샤워 장면을 보았다(Shearn et al., 1990). 참가자들의 뺨의 혈류와 온도, 손가락 피부 전도도는 소름 끼치는 비디오 장면을 보는 동안에 비해서 자신들이 노래 부르는 장면을 볼 때 더 증가했다(Shearn et al., 1992).

유감스럽게도, 많은 자율신경 반응과 다르게 얼굴 빨개짐은 눈에 잘 뜨인다. 얼굴 빨개짐에는 어떤 사회적 이익이 있을까? 여기서 최근의 과학적 연구는 Mark Twain이 관찰한 대로 우리가 필요로 하기 때문에 얼굴을 붉힌다는 데 동의한다. Corine van Dijk, Peter De Jong 등 (2009)은 얼굴 빨개짐은 사람들이 저지른 실수에 대한 자각과 후회에 대한 신호로서, 불수의적이며 대가를 치르는 수단이라고 제안했다. 만일 그렇다면, 우리는 난처한 사회적 상황에서 얼굴이 빨개지는 사람들을 더 긍정적으로 대해야 한다. 이 가설에 걸맞게, van Dijk와 동료들은 관찰자들이 실수를 한 뒤 얼굴을 붉힌 사람들에게 더 긍정적으로 반응한다는 것을 발견했다. 얼굴 빨개짐은 자신에게는 상당한 대가를 치르는 일이지만, 상대방이 자신의 입장을 이해할 수 있도록 해 준다.

개별 정서: 경외감

경외감(awe)은 세상을 이해할 때 자신이 방대하며 초월적인 존재 안에 있다고 느끼는 정서이다(Keltner & Haidt, 2003). 사람들은 몇몇 가장 드라마틱한 삶의 경험에서 경외감을 느낀다. 그런 것에는 영적 지도자나 정치적인 지도자 곁에 있을 때, 파리의 노트르담 성당이나 인도의 타지마할과 같은 위대한 문화적 유산을 볼 때, 세쿼이아 숲이나 그랜드 캐니언과 같은 거대한 자연과 마주쳤을 때, 또는 음악과 미술에 대한 반응 등이 있다. Darwin이 비글호를 타고 여행할 때 경험한 경외롭고 불가사의한 광경은 그가 진화론을 발전시키는 계기가 되었다. 여러 면에서 경외감으로 말미암아 우리는 무엇이 가장 의미가 있는지, 무엇으로 우리와 다른 사람들이 일체감을 가지게 되는지 깨닫게 된다.

경외감과 관련된 자율신경계 반응이 있을까? 전율이나 소름이 확실한 후보가 될 수 있다. 전율과 소름은 과학적 용어로는 입모근 수축(piloerection)인데, 모낭을 둘러싼 작은 근육들의 수축을 의미하며 자율신경계 교감반응이다. 인간이 아닌 동물 종에게서, 동물들은 자신이 힘이 세다는 신호를 보내기 위해 몸의 크기를 부풀릴 때 입모근 수축반응을 보인다. 인간에게서는, 최근 연구는 경외감에 압도될 때 우리가 그 반응을 보인다는 것을 발견했다. 많은 최근 연구는 사람들이 자긍심, 사랑, 연민과 같은 긍정적인 정서가 아니라 경외감을 느낄 때 소름이 돋는 것(추워서 떠는 것이 아님)을 보고하고(Campos et al., 출간 중), 그것은 공포나 추위를 느꼈을 때 느끼는 오싹함(chill)과는 다르다는 것을 발견했다(Maruskin et al., 출간 중). 이는 미래의 이론가들이 이러한 정서 관련 신체반응의 진화적인 기원에 관한 이론을 성립하도록 도와준다. 그리고 우리가 음악을 경외하고 사회공동체로 스며들게 하는 경향과 같은 다양한 현상의 기원을 밝혀 줄 수 있다.

시상하부-뇌하수체-부신 축

William James의 정서는 내장운동에 체화되어(embodied) 있다는 논지는 단지 자율신경계에만 국한되어 있는 것은 아니다. 예를 들면, 신경내분비계는 분비선의 네트워크로 이루어져 있는데, 여기에는 뇌하수체, 생식선 등이 있고, 여기에서 여러 가지 호르몬을 혈류로 방출하며, 그 호르몬들은 여러 기관과 근육에 효과를 나타낸다. 특히 정서와 관련이 있는 신경내분비계의 분지 중 하나는 시상하부-뇌하수체-부신(Hypothalamic-Pituitary-Adrenal: HPA) 축으로, 이것이 활성화되면 스트레스 관련 호르몬인 코르티솔이 혈류로 방출된다([그림 5-3] 참조). 50년 이상의 과학적 연구에서는 스트레스를 주는 사건이 시상하부의 실방핵(paraventricular nucleus)을 활성화시키고, 이 영역은 뇌하수체 전엽(anterior pituitary)으로 전기화학적 신호를 보내서 부신피질 자극 호르몬(Adreno-Cortico-Tropic Hormone: ACTH)을 방출한다는 것을 알아냈다. ACTH는 신장 위에 위치한 부신에서 스트레스 호르몬인 코르티솔이 혈류로 방출되도록 부신선(adrenal glands)을 자극한다.

코르티솔은 물질대사를 요하는 활동에 필요한 포도당 생산을 활성화시킨다. 또한 이 호르몬은 심박 수와 혈압을 높여서 싸움 또는 도주 행동에 관여하는 근육군에 혈액을 배분하도록

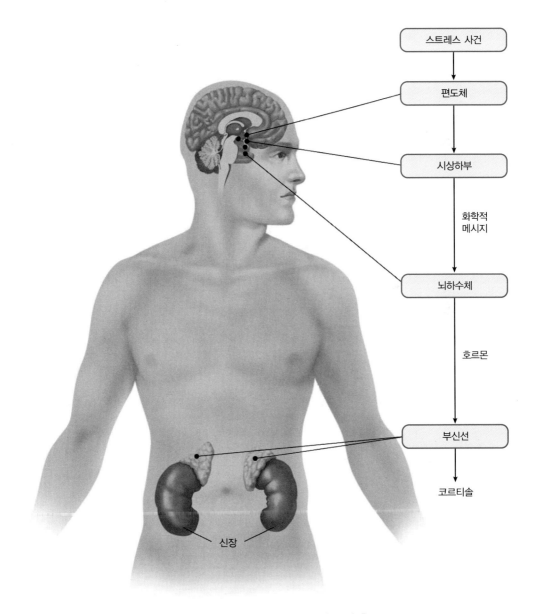

[그림 5-3] 시상하부-뇌하수체-부신(HPA) 축

한다. 이 호르몬은 면역계를 억제한다.

단기적 관점에서, HPA 축의 활성화에 의해서 일어나는 코르티솔의 증가는 우리의 조상이 신체적 생존에 대한 위협(포식동물이 달려들거나 격분한 경쟁상대를 만난 경우)에 대응하도록 해 주었다. 오늘날에는 이 같은 스트레스 반응이 즉각적인 위험과 문제에 대해 우리가 반응하도록 돕는다. 그래서 우리가 밤늦게까지 시험 공부를 할 수 있으며, 위험을 피할 수 있고, 또는 아픈 친구나 아이를 돌보는 데 헌신할 수 있다.

특정한 정서들 또한 HPA 축을 활성화시키고 혈류로 코르티솔이 방출되도록 한다. 이 주제와 관련이 있는 연구에서는 종종 Trier 사회 스트레스 과제(Trier Social Stress Task)를 사용하고 있다. 신경을 곤두서게 하는 이 과제에서 실험 참가자들은 평가자인 청중에게 즉흥 연설을 해야 하는데, 평가자들은 연설을 비판적이고 실망스럽게 바라보도록 지시를 받았다. 당연히 이 과제는 코르티솔 반응뿐만 아니라 증가된 교감 자율신경계 활성화를 일으킨다. 관련 연구들에 대한 개관에서 Sally Dickerson과 Margaret Kemeny(2004)는 참가자들이 Trier 사회 스트레스 과제에서 자신의 긍정적 사회 정체성이 위협받는다고 느꼈을 때 코르티솔 분비가 유발되었다는 것을 지적했다. 이는 부정적인 사회적 평가와 관련된 우리의 정서경험들, 즉 불안, 공포, 분노 같은 정서가 코르티솔 반응과 관련이 있다는 것을 시사한다.

어떤 특정 정서들이 코르티솔 방출과 상관이 있는지를 실험한 더 최근의 연구에서 Moons, Eisenberger, Taylor(2010)는 참가자들에게 Trier 사회 스트레스 과제를 하게 했다. 코르티솔 측정치가 공포와 분노에 대한 자기보고와 함께 수집되었다. 스트레스를 주는 그 검사를 마친 후, 실험 참가자들의 혈중 코르티솔 수준은 분노와 상관을 보였으나, 공포와는 상관을 보이지 않았다.

면역계

면역계는 신체가 감염에 대항해 싸우고 상처를 치유하는 것을 돕는 세포와 분비선들의 네트워크로서 온몸에 분포되어 있다. 면역반응은 감염에 따른 염증과 몸속의 병원균을 공격하는 킬러 T세포, 백혈구와 같은 다양한 종류의 세포 활성화로 이루어져 있다. 면역계의 한 부분은 사이토카인계(cytokine system)이다. 친염증성 사이토카인은 면역 세포에서 방출되고 박테리아 및 바이러스와 싸우는 염증반응의 생성을 돕는다. 또한 사이토카인은 뇌로 '질병행동(sickness behavior)'을 촉발하는 신호를 보내는데, 질병 관련 행동에는 수면 증가, 철수행동, 사회적 행동의 억제, 탐색적 행동의 억제, 공격적 행동의 억제가 있으며, 이러한 행동들 모두는 신체가 질병이나 부상으로부터 회복하는 것을 돕는다(Kemeny, 2009). 이 질병행동은 많은 동물 종에서 복종을 나타내는 행동과 유사하다. 질병에 걸렸을 때 하는 행동에는 조용해짐, 웅 크림, 기침을 하는 것 등이 있는데, 이런 것들은 수치심과 당혹감 같은 굴종적 정서에서도 관 찰된다. 이러한 관찰은 수치심과 같은 굴종적 정서가 실제로 사이토카인계의 활성화와 관련 이 있을지도 모른다는 흥미로운 가능성을 제시한다.

일화적인 증거를 들자면, 영어에서 종종 사람들이 굴종적 정서를 병으로 은유하는 것을 관 찰할 수 있는 것이 흥미롭다. "수치스러워서 죽을 것만 같다." 또는 "부러워서 배가 아프다."라 는 표현들이 있다. 아마도 이런 은유들이 굴종적 정서와 사이토카인계의 활성화 간의 관계를 담고 있을 수 있다. Sally Dickerson과 동료들은 최근에 굴종적 정서와 사이토카인계 활성화 사이의 관계가 단순히 시적 은유 이상임을 시사하는 연구를 했다(Dickerson et al., 2004). 한 실 증적 연구에서 실험 참가자들은 높은 SET(사회 평가 위협 조건; [그림 5-4]의 SET)에서 왜 자신 이 해당 일자리의 완벽한 지원자인지에 대해 연설을 해야만 했다. 더 구체적으로, 이 조건에 서 두 명의 청중은 참가자의 연설에 귀를 기울였으나, 일반적인 수치심을 유발하는 반응인 비 판적이고, 냉담하고, 거부하는 얼굴표정을 보였다(Dickerson et al., 2004, 2009). [그림 5-4]에

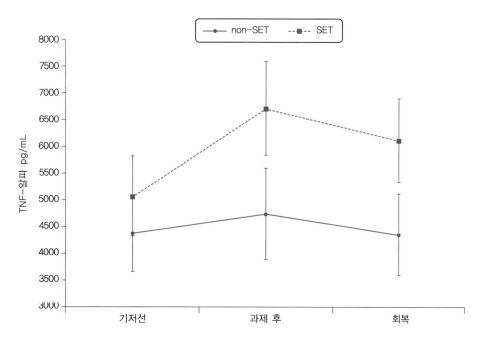

[그림 5-4] 사회적 평가의 위협이 증가한 상황, 즉 SET(점선)에서 실험 참가자들이 왜 자신이 그 일자리의 적합 한 지원자인지 연설을 해야만 할 때 사이토카인 방출의 한 측정치(TNF-알파)가 증가한다.

출처: Dickerson et al. (2009).

서 볼 수 있듯이, 비판적이고 거절을 당한다고 판단하면 사이토카인계의 표지자 중 하나가 증가한다. 그리고 앞서 언급한 연구에서 Moons 등(2010)은 Trier 사회 스트레스 과제 후에 공포의 자기보고가 사이토카인 수준과 상관을 보이는 것을 발견했다. 이는 위협받고 굴종적인 자아와 관련된 정서가 사이토카인계와 연관되어 있음을 재차 시사한다.

부교감 반응과 긍정적 정서

긍정적 정서는 어떤가? 현재 자율신경 특이성은 발전이 부진하지만, 유망한 연구들이 나오고 있다. 웃음은 호기(내쉬는 숨), 호흡과 심박률에 변화를 일으킨다(Ruch, 1993). 미소를 지으면 스트레스 관련 심박 가속을 줄이는 경향이 있어, 더 평온한 상태로 돌아오게 해 준다(Fredrickson & Levenson, 1998). 긍정적 정서가 특정 자율신경계 반응을 활성화하는 다른 방법들이 있을까?

후보가 하나 있는데, 그것은 Steven Porges(1995, 1998)의 창의적인 이론에서 나타났다. 다른 종들 간의 자율신경계 비교를 통해서, Porges는 자율신경계 진화가 세 단계로 이루어진다는 논거를 만들었다. 첫 번째 단계에서 배측 미주신경 복합체(dorsal vagal complex)가 생겼는데, 이는 모든 종에 존재한다. 그것은 소화과정을 조절하고, 포식자에게 공격받았을 때 많은 파충류와 어류에서 보이는 부동반응을 일으킨다. 진화에서 그다음 단계에 나타나는 것은 싸움과 도주 행동을 통제하는 교감신경계로, 분노, 공포, 슬픔과 같은 정서와 관련이 있는 것으로 보인다. 마지막 단계의 자율신경계 진화는 오직 포유류에게만 있는 복측 미주신경 복합체(ventral vagal complex)이다. 이는 미주신경에 의해 통제된다. Porges가 지적했듯이, 복측 미주신경 복합체는 얼굴 근육 활동, 시선의 응시를 가능케 하는 머리 움직임 그리고 발성을 조절하며, 이들은 모두 사랑이나 연민과 같은 긍정적인 정서와 관련되어 있어서 사회적 유대를 촉진한다(제4장 참조).

연구자들은 심박률에 미치는 부교감신경계 지표를 도출하기 위해서 심박률과 호흡을 함께 측정하여 미주신경 활성도(vagal tone, activation of vagus nerve)를 기록한다(Berntson, Cacioppo, & Quigley, 1993). 비록 미주신경이 많은 기능을 가지고 있으나 그중 몇몇 기능은 정서적이다. Porges의 주장과 일치하게, 미주신경은 또한 심박출을 감소시킴으로써 유연한 사고, 주의집중, 사람들 사이에서의 사회적 안정감을 가지도록 한다. 미주신경 활성도가 높은 사람들은 긍정적인 정서를 더 크게 경험하고 더 강한 사회적 유대를 갖는 것으로 밝혀졌다. 미주신경 활성도가 높은 사람들은 그 이후 6~8개월 동안 더 높은 수준의 긍정적 정서를 가지며, 다른 사람에 대한 친절과 온정을 보인다(Oveis et al., 2009). 휴식기 미주신경 활성도는 Rorschach 검사 동안의 자발적인 긍정적 정서 증가와 관련되어 있다(Kettunen et al., 2000). 조증 경향이 있는 대학생들은 긍정적인 영상과 부정적인 영상 모두에 대해 높은 긍정 정서를 보고하며, 높은 미주신경 반응을 보인다(Gruber et al., 2008).

일련의 증거는 미주신경 활성도가 높은 사람들이 더 유연한 사고과정을 누리고, 따라서 정서를 더 잘 조절할 수 있음을 암시한다. 예를 들면, 미주신경 활성도가 높은 사람들은 주의를 한 곳에서 다른 곳으로 더 쉽게 이동할 수 있고, 작업 기억 과제에서 수행이 더 좋으며, 스트레스를 주는 과제에 대해 더 큰 회복탄력성을 보이거나 덜 부정적인 정서를 보인다(Kok & Fredrickson, 2010). 미주신경 활성화는 사람들이 정서를 더 효과적으로 조절할 수 있도록 만들어 주는 것 같다.

가장 풍부한 자료를 가진 지금까지의 연구들 중 하나에서 Kok과 Fredrickson(2010)은 9주간의 연구의 시작과 종료 시점에 사람들의 미주신경 활성도를 평가했다. 그 두 번의 평가 사이에 실험 참가자들에게 매일 긍정적 정서경험과 사회적 유대의 강도를 보고하도록 했다. 9주 동안의 자료를 보면, 시작 단계에서 높은 수준의 미주신경 활성도를 보인 사람들은 그 기간 동안 긍정적 정서와 사회적 유대에서 더 큰 증가를 경험했다. 동일하게 중요한 점은 9주에 걸친 사회적 유대의 증가가 연구 종료 단계에서 미주신경 활성도 상승으로 이어졌다는 것이다. [그림 5-5]는 이 중요한 발견을 보여 준다. 연구 시작 단계에서 높은 미주신경 활성도를

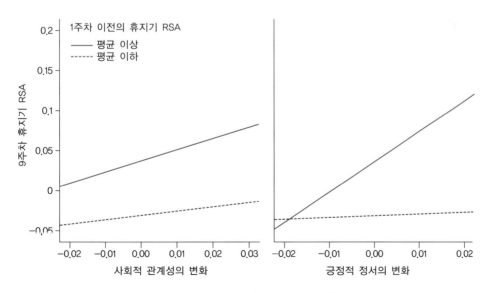

[그림 5-5] 연구를 시작할 때 미주신경 활성도, 즉 휴지기 호흡 동성 부정맥(RSA)이 높았던 실험 참가자들(실선)은 높은 사회적 관계와 긍정 정서를 계속 보이며, 이것은 또다시 미주신경 활성도의 증진을 일으킨다.

출처: Kok & Fredrickson (2010).

보였으면서(실선), 9주에 걸쳐 미주신경 활성도가 증가한 사람들(세로축)이 더 큰 사회적 유대를 보였고(왼쪽 그래프), 긍정적 정서의 증가도 보였다는 것(오른쪽 그래프)을 확인할 수 있다. 이 발견에서 중요한 점은 미주신경 활성도가 시간에 따라 더 긍정적인 정서와 사회적 유대의 증가를 예언할 뿐만 아니라 그 반대도 성립한다는 것, 즉 긍정적인 정서와 사회적 유대의 증가가 미주신경 활성도 또한 증가시킨다는 것이다.

신체반응과 정서경험 사이의 상호작용

우리가 앞서 살펴본 생리적 특이성에 대한 주장과 더불어, William James는 정서와 관련된 신체 시스템이 활성화되면 정서경험이 일어나야 한다는 두 번째 주장을 했다. James의 유명한 에세이에 있는 그의 말을 인용하면, "소위 말해서 특정 정서를 발현시키는 어떤 임의적 각성이라도 그것은 그 정서 자체를 우리에게 일으켜야 한다." 여기서 James는 우리가 정서의 특정 신체 시스템이 관여하면 특정 정서 패턴을 경험할 것이라고 주장했다.

James가 그렇게 주장한 지 80여 년이 흐른 후에, 저명한 이론가인 Sylvan Tomkins(1962)는 정서 특정적 신체반응의 자취를 따라서 정서경험이 일어난다는 유사한 논지를 내놓았다.

감정들은 얼굴 그리고 몸 전체에 넓게 분포되어 있는 근육과 분비선 반응들의 집합이다. 이 반응들은 본질적으로 '받아들일 수 있는' 또는 '받아들일 수 없는' 감각 피드백을 일으킨다. 조직화된 이 반응들의 집합은 감정별로 특정 '프로그램'이 저장되어 있는 피질하 중추에서 촉발된다. 이 프로그램들은 선천적으로 부여된 것이며 유전적으로 전달된 것이다. 그 프로그램들은 얼굴, 심장, 내분비선과 같이 널리 분포되어 있는 기관들을 동시에 파악할 수 있고, 연관된 특정 반응 패턴들을 그 기관들에 하달할 수 있다(pp. 243-244).

이 논지를 경험적으로 검증한다는 것은 상당히 어려운 일이다. 과학자들은 어떻게 특정 신체 시스템을 활성화할 수 있을까? 이러한 어려움에도 불구하고 두 종류의 증거가 신체반응이 정서경험을 생성한다는 James와 Tomkins의 주장과 관련이 있다.

신체활동이 정서반응을 생성한다

신체적 변화가 정서에 직접 측정 가능한 영향을 줄 수 있다는 가장 초기의 인상적인 증거는 Strack, Martin, Stepper(1988)에 의해 제시되었다. 그들은 실험 참가자들에게 입에 펜을 물고 있으라고 지시했는데, 실험 참가자들은 인식하지 못하였지만 그들이 미소를 지을 때 움직이는 특정 근육들에 운동을 일으켰고, 그렇게 하지 않았던 실험 참가자들에 비해 만화를 보고 더 웃기다고 했다. 유사한 연구에서 Larsen, Kasimatis, Frey(1992)는 실험 참가자들에게 슬픈 표정처럼 눈썹을 찌푸리라고 했다. 그들은 비록 실험 참가자들이 자신의 눈썹 모양이 슬픈 표정을 짓고 있다는 것을 모르고 있어도 그림들을 보고 더 슬프다고 판단했다.

예상을 해 보자. 공포에 대해 알고 있는 것에 대해 떠올려 보라. 공포는 특정 얼굴 근육, 말하는 어조, 접촉 패턴, 도망 또는 얼어붙음과 관련된 손, 팔, 신체의 동작, 심혈관계의 패턴화된 반응과 관련이 있다. James와 그의 지지자들은 이러한 신체적 변화가 다른 정서들과 차별되는 공포경험을 일으킬 수 있음을 예측한다.

이 가설과 일치하게, 엄선된 연구들은 사람들이 정서 특정적 얼굴 근육을 움직일 때 정서의 요소들이 발생한다는 것을 발견했다. 예를 들어, 지시된 얼굴 동작을 사용한 Levenson과 Ekman의 연구에서는 50% 이상의 사람들이 지시된 얼굴 동작을 하는 동안 정서경험을 보고했고, 25% 이상의 사람들은 목표했던 정서, 예를 들어 슬픔을 표현하는 표정을 지으려 얼굴 근육을 움직일 때 매우 강력한 슬픔을 보고했다. 실험실 상황에서는 공포나 분노 또는 슬픔과 관련되어 있는 얼굴 근육을 단순히 움직이는 것만으로도 해당 정서경험을 촉발한다.

새로운 연구들은 우리의 몸 전체가 특정 정서에 연관된 표현 패턴대로 움직일 때, 그 특정 정서의 구성요소가 발생하는지를 밝혀내고 있다. 예를 들어, 제4장에서 자부심의 표현으로 강함을 나타내는 신체적 신호로서 넓게 편 어깨와 가슴 그리고 치켜든 단단한 주먹 등이 있다는 것을 학습했다. 대조적으로, 수치심의 표현은 정반대의 행동 패턴인 축 처진 어깨, 위축된 자세, 푹 숙인 고개 등이다. 최근 연구들은 사람들이 이러한 자세를 각각 취할 때 자부심 관련 느낌과 수치심 관련 느낌을 경험한다는 것을 밝혀냈다. 예를 들어, 때때로 힘의 표시이자 자신감의 표출인 주먹 쥔 자세를 취해 보라는 요청을 받았을 때, 사람들은 자존감(self-esteem)이 고양된 느낌을 경험한다(Schubert & Koole, 2009). 또한 다른 연구에서는 사람들이 1분 동안 기운이 넘치고 자신감 있는 자세를 잡았을 때 지위 상승 행동(status-enhancing behaviors)과 관련된 호르몬인 테스토스테론 측정치가 실제로 상승했다. 그러나 그들이 수치심과 관련된 자세를 취하자 코르티솔 수준이 증가했다(Carney, Cuddy, & Yap, 2010).

심지어 호흡 패턴을 달리해도 정서상태를 변화시킬 수 있다. 예를 들어, 공포와 불안이 있으면 얕고 짧은 날숨 형태를 보이는데, 이것은 강한 교감 자율신경계 반응이 있을 때 나타나는 호흡 특성이다. 반대로, 우리가 숨을 깊고 천천히 내쉴 때에는 부교감 자율신경계, 특히 미주신경 가지가 활성화된다. William James가 예측했듯이, 단순히 숨을 깊게 내쉬는 것이 공포를 감소시키고 안정을 증가시킬 수 있을까? 이 가능성에 부합되게, 여러 실험실 연구에서는 큰 불안을 겪는 사람들이 숨을 깊이 들이쉬고 내쉬는 패턴을 취함으로써 불안이 경감된다는 것을 발견했다(Brown & Gerbarg, 2005). 이러한 발견은 사람들이 스트레스를 받았을 때 침착해지기 위해서 하는 중요하고도 널리 알려진 방법인 심호흡을 이해하는 데 도움을 준다.

반성과 수양: 정서적 안정을 발달시키기

이 장에서 공포, 불안, 스트레스의 개요를 배웠다. 이들은 자율신경계 교감부와 HPA 축의 활성화 증가와 관련되어 있다. 이런 정서 관련 신체반응의 연구로부터 손쉽게 정서적 평온을 얻을 수 있는 실제적 비결을 알아낼 수 있다. 아마도 가장 강력한 것은 자동차에 붙어 있는 스티커에서 쉽게 찾아볼 수 있는 "심호흡하세요."라는 문구이다. 명상과 요가 수련에 들어 있는, 역사적으로 다양한 명상법은 심호흡 패턴에 초점을 맞춘다. 다른 명상적 전통에서는, 예를 들어 들숨과 날숨을 깊이 쉬어서 호흡 속도를 늦추라고 사람들에게 권장한다. 예를 들어, 널리 통용되는 기법 중 하나는 여섯을 세면서 (가슴을 펴면서) 숨을 들이마시고, 여섯을 세면서 (복근을 끌어당기며) 숨을 내뱉는 것으로, 이를 10번 내지 20번 반복하는 것이다. 또 다른 종류의 요가에서 주된 초점은 프라나야마 호흡(pranayama breathing)인데, 더 천천히 그리고 더 깊게 숨을 쉬는 방식을 강조하며 특히 숨을 깊이 내쉬는 데에 역점을 둔다. 이 장에서 배운 것과 James의 두 번째 예측에서 알 수 있는 것은 이러한 호흡 패턴들이 미주신경과 관련이 있다는 것이다. 이는 스트레스 관련 생리적 반응을 진정시키고, 고도의 평온과 긍정적 정서로 가는 길을 열어 준다.

신체 입력 감소와 정서경험의 감소

신체적 반응이 정서를 만들어 낸다는 James의 주장을 검증하는 두 번째 접근은 사람들이 정서에 의해서 생성되는 신체반응 입력을 받지 못할 때 무슨 일이 일어나는지를 관찰하는 것이다. 신체로부터 입력이 감소된 사람들은 아마 정서도 감소할 것이라고 확실히 예측할 수 있겠다. 어떤 증거가 있는가? 관련 연구를 보면, 척수 손상을 입어서 그 손상 부위 이하의 신체적 감각을 상실한 환자들이 정서적 삶에서 무슨 일이 일어나는지를 살펴본 것이다. Hohmann(1966)은 척수 손상을 입은 25명의 성인 남성을 인터뷰했다. Hohmann 자신도 하반신이 마비되었는데, 성적인 느낌, 공포, 분노, 비탄, 감상적인 성향 등 전반적인 정서성에 대해 인터뷰를 했다. 이 남성들 대다수는 상해 이후 성적인 느낌이 줄었다고 보고했다. 목 수준에서 상해를 입은 환자들이 큰 감소를 보고했다. 29세인 독신 남성은 상해를 입기 전 과거 성적 접촉의 느낌을 "나의 온몸이 뜨겁고 팽팽한 느낌"이라고 묘사했으나, 상해를 입은 후에는 "더 이상 아무 느낌도 없었다."(p. 148)라고 말했다. Hohmann은 공포감 역시 감소했음을 발견했다. 한 남성은 흉부 상위 수준에 상해를 입었다. 폭풍이 몰아치는 어느 날, 그는 호수에서 낚시를 하고 있었는데 통나무가 그의 보트를 쳐서 구멍을 냈다. 그는 "내가 가라앉고 있다는 걸 알았고 당연히 두려웠지만, 웬일인지 내가 이전에 느꼈던 것과 같은 함정에 빠진 공황상태를 느끼지는 않았다."(p. 150)라고 말했다.

　Hohmann의 기술을 보면서, 당신은 이 연구에 어떤 혼입 변수가 있다고 생각할 것이다(혼입이란 연구 결과에 영향을 미치는 변인 이외의 다른 변인을 말한다). 정서를 일으키는 사건에 대한 그 사람들의 반응에서 상해 자체의 영향은 없는가? 상해를 입은 지 평균 10년(2~17년)의 시간이 경과하였으므로 단순 노화에 따른 영향은 없는가?

　척수 손상 환자들에 대한 후속 연구에서는 더 발전된 방법론이 적용되었는데, 다른 결과가 나왔다. Bermond 등(1991)은 37명의 척수 손상 환자에게 상해 이후 공포, 분노, 비탄, 감상적인 성향, 기쁨이 증가하거나 감소함을 나타내는 척도를 가지고 평정하도록 했다. 집단 전체로 보았을 때도 그렇고, 목 영역에 손상이 있는(따라서 가장 큰 감각 상실이 있는) 실험 참가자 14명의 집단을 보았을 때도 평정된 정서 강도에서 어떠한 전반적인 감소도 발견되지 않았다. 상해 이후 몇몇 환자는 몇 가지 척도에서 약간의 정서 강도의 증가를 보고했으나 대부분의 환자는 척도에서 변화가 없었다. 19명의 환자, 그리고 연령, 성별, 교육 수준을 맞춘 19명의 비손상 집단을 대상으로 한 연구에서, Cobos 등(2002)은 상해 이후 척수 손상 환자들의 정서경험이 감소하지 않았거나, 일부 경우에는 증가한 것을 발견했다. 동시에 환자들이 정서적인 사진을 식별하는 능력은 비손상 집단과 비교했을 때 차이가 없었다.

　이 질문에 대한 또 다른 연구방법에서 연구자들은 특정 신체적 반응을 차단하고 정서 관련 반응을 관찰했다. 그런 방법에는 보톡스 주사를 맞고 연구하는 것이 있는데, 이 물질은 근육을 마비시킨다. 보톡스는 눈썹 부분에 주름살이 생기는 것을 방지하므로, 그 부분에 주사하기도 한다. 그래서 사람들에게 인기가 있다! Joshua Davis, Kevin Ochsner와 동료들(Davis et al., 2010)은 중년 여성에게 보톡스 처치 전과 후에 정서를 불러일으키는 짧은 영상을 보여 주고, 이 영상에 대한 긍정적 정서나 부정적 정서 반응을 보고하도록 했다. 그들은 보톡스 주사를 맞은 여성들이 그 영상에 대해 전반적으로 감소된 정서반응을 보고하는 것을 발견했다. 실험 참가자들은 강한 긍정적 영상과 강한 부정적 영상에 대해 비슷한 수준의 정서를 보고했던 것이다. 그런데 약간 긍정적 영상에 대해서는 감소된 정서반응을 보였다. 이러한 발견은 신체반응(이 경우에는 얼굴 근육 움직임)이 정서경험에 전부는 아니지만 약간 영향을 줄 수 있음을 시사하는 것이다.

체화, 인지 그리고 사회적 상호작용

이 책을 통해 다양하게 배우게 될 것은 정서가 몸에서 일어나는 짤막한 반응 이상이라는 것이다. 정서는 우리가 세계를 지각하고, 추론하고, 도덕적 판단을 내리고, 다른 사람과 소통하는 방법을 만들어 낸다. 아마도 우리는 James의 주장을 편협한 방식으로 생각해 온 것 같다. 대신에, 우리가 보았듯이 정서 관련 신체적 반응이 일시적 경험에 기여하고 있을 뿐만 아니라 그런 신체적 반응들이 인지과정 및 사회적 과정의 광범위한 부분에 기여하고 있다.

그런 관심이 Paula Niedenthal(2007)로 하여금 체화(embodiment)라고 불리는 이론을 만들어 내도록 하였다. 체화란 신체적 반응에서 기인하는 의식적 정서경험뿐만 아니라 정서를 경험할 때 일어나는 복잡한 생각, 개념, 사고, 은유, 암묵적으로는 사회적 상호작용까지를 말하고 있다. 여기서 말하고자 하는 것은, 정서와 관련된 인지적 처리과정(예: 어떤 정서경험에 대한 기억 또는 어떤 책에 나와 있는 정서적 문구를 이해하는 것)은 그 정서에 대한 신체 반응 및 감각들과 관계가 있다는 것이다. 이 마지막 절에서 정서 관련 신체적 반응들이 주변 사물을 범주화하고, 의사결정을 하고, 다른 사람들을 이해하는 데 중요하게 기여한다는 것을 보게 될 것이다.

Niedenthal과 동료들(2009)은 정서 관련 신체적 반응들이 범주화에 어떻게 영향을 주는지에 대해 일련의 연구를 하였다. 한 연구에서 그들은 참가자들에게 세 가지 다른 종류의 정서(분노, 기쁨, 혐오)와 관련된 단어 목록을 주고 어떤 단어가 세 가지 정서 범주 중 어디에 속하는지 결정하도록 하였다. 예를 들어, 실험 참가자들에게 구토, 태양, 싸움과 같은 단어를 제시하였으며, 이 단어가 세 가지 정서 범주 중 어디에 속하는지 정하도록 하였다. 이 간단한 개념 판단을 할 때, [그림 5-6]에서 볼 수 있듯이 정서 특정적 얼굴 근육 활동이 생겼다. 분노와 관련된 단어를 범주화할 때는 눈썹을 찌푸려서 주름을 만드는 추미근이 활성화되었으며, 기쁨과 관련된 단어를 범주화할 때는 입술 끝을 올리는 대관골근과 눈 주위의 안륜근이 활성화되었다. 그리고 혐오와 관련된 단어를 범주화할 때는 윗입술을 치켜올리는 상순거근이 활성화되었다. 정서 단어들을 범주화할 때 이 정서들과 관련이 있는 신체적 측면이 함께한다는 것이다.

후속 실험에서 Niedenthal 등(2009)은 참가자에게 제시된 정서 관련 단어들에 가장 적합한 세 가지 정서 범주(혐오, 기쁨, 분노)를 판단하는 동안 펜을 입에 물고 있도록 했다. 이 행동은 참가자들이 혐오(윗입술 치켜올리기)와 기쁨(미소)과 관련된 얼굴 근육을 움직이지 못하게 했다. 이 연구자들은 사람들이 체화된 반응이 없이 혐오 관련 단어와 기쁨 관련 단어를 분류하기가 더 어려울 것이라고 했다. 이것이 바로 그들이 발견한 것이다. 따라서 체화는 범주화에서 단지 상관관계만 갖는 것이 아니라 인과관계 효과도 있는 것으로 확인되었다.

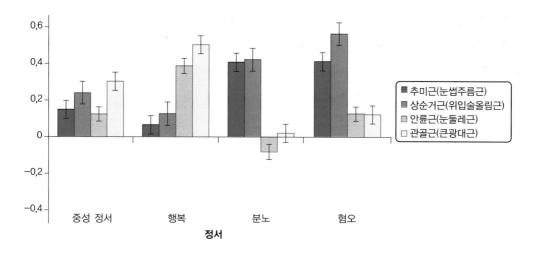

[그림 5-6] 기쁨, 분노, 혐오와 같은 특정 정서들이 그 정서들에 관련된 특정적 얼굴 근육들을 활성화시킨다는 처리 개념

출처: Niedenthal el al. (2009)에서 발췌.

신체 표지자 가설

James 학파 이론의 또 다른 변형은 Antonio Damasio(1994)의 신체 표지자 가설(somatic marker hypothesis)이다. 폭발사고로 쇠말뚝이 관통해 전두엽에 손상을 입은 후에 삶이 와해되어 버린 철도 건설현장 감독 Phineas Gage를 떠올려 보자(제1장 참조). Hanna Damasio와 동료들(1994)은 Gage의 두개골에 컴퓨터 분석방법을 이용해서 손상된 그의 뇌 영역이 전두엽 아래의 가운데 부분임을 알아냈다. Antonio Damasio(1994)와 동료들은 이러한 유형의 뇌 손상을 입은 여러 환자를 연구했고, Phineas Gage처럼 그들의 정서가 무뎌져 버렸다는 것을 알았다. 정서적 장애 외에도, 이 전두엽 손상 환자들은 일상생활을 계획하는 데 큰 어려움이 있었다. 그들은 별로 중요하지도 않은 일을 놓고 끝없이 머뭇거리고, 부적절한 사람들과 어울리는 등의 파멸적인 사회적 의사결정을 한다. 예를 들어, 그들은 부적절한 태도를 보이며, 타인을 배려하는 것이 부족하고, 도덕 영역에서 많은 결손을 보인다(Stuss & Benson, 1984). 따라서 때때로 이 증후군은 유사 사이코패시(pseudo-psychopathy) 또는 후천적 소시오패시(acquired sociopathy)라고 불린다.

이러한 유형의 결과를 설명하기 위해, Damasio(1994)는 신체 표지자(somatic marker) 가설을 제안했는데, 이 가설은 이 장에서 본 다수의 이론과 발견을 하나로 묶어서 설명해 준다. 복내측 전두엽에 손상을 입은 환자들은 의사결정과 판단에서 그들을 인도해 줄 수 있는 정서 관련 신체반응, 즉 그러한 반응의 상징적 표상인 신체 표지자의 활용에 결손을 보인다. 예를 들어, 정서 관련 신체반응은 우리가 위험한 활동을 회피하도록 해 주며, 우리가 불공정한 행위에 반응하도록 해 주고, 고통을 받는 사람들을 돕도록 한다. 또 정서 관련 신체활동은 우리가 선에 근거한 행위에 초점을 두도록 해 준다(제10장 참조). 우리의 복내측 전두피질이 손상되면, 우리는 더 이상 신체 표지자를 사용할 수 없다. 우리는 여러 분야의 의사결정에서 곤란을 느낄 것이고, 몸의 지혜(wisdom of the body)를 상실한 삶을 살아갈 것이다.

신체 표지자 가설에 대한 증거는 무엇인가? 여러 연구에서 복내측 전두피질 손상 환자는 정서적인 자극에 대해서 신체적 반응을 거의 보이지 않았고, 그들의 판단에도 문제가 생겼다. 통제집단의 환자와 비교해서, 복내측 전두피질 손상 환자는 누드 사진이나 신체 절단 장면과 같은, 정서를 발생시키는 슬라이드를 보고도 피부 전기 반응을 거의 나타내지 않았다(Tranel, 1994; Tranel & Damasio, 1994). 그런데 중요한 점은 복내측 전두피질 손상 환자 집단이 시끄러운 소음이나 심호흡하기와 같은 다른 종류의 자극에 대해서는 높은 피부 전기 반응을 나타냈다는 것이다. 그들은 평소에 정서를 촉발할 수 있는 사건에 대해서 정서적으로 손상된 반응을 하는 것으로 보인다.

아이오와 도박 과제(Iowa Gambling Task)로 알려진 패러다임에서, 복내측 전두엽 손상 환자들은 고위험 도박을 끊지 못하는 것을 보여 주었다(Bechara et al., 1997). 이 과제에서 환자 집단과 통제 참가자 집단은 4개의 서로 다른 카드 뭉치에서 카드를 뽑도록 요구받았다. 어떤 카드는 금전적인 보상이 있고 또 어떤 카드는 손해를 본다. 카드 뭉치 4개 중에서 2개는 위험한데, 여기에서는 큰 이득을 볼 기회를 주지만 선택을 반복하면 전반적으로 손해를 본다. 나머지 두 뭉치는 보다 안전한데, 이길 기회를 적게 제공하지만 반복적으로 선택하면 소소한 이득을 보게 된다. 전형적인 통제집단 환자들은 위험한 카드 뭉치들에서 카드를 뽑을 때 교감신경계 활성화로 인해서 높은 피부 전기 반응을 나타내게 된다. 결국 이들은 이 카드 뭉치들을 회피하게 된다. 대조적으로, 복내측 전두엽 손상 환자 집단은 위험한 카드 뭉치들에 대해 그러한 자율신경계 반응을 보이지 않았다. 이들은 위험한 카드 뭉치들을 고르는 경향을 보였고, 결국은 돈을 잃었다. 정상인 참가자는 심지어 그들의 최선의 전략을 말로 설명할 수 있기 이전에도 유리한 선택을 한다. 대조적으로, 환자들은 심지어 최선의 전략을 의식적으로 알게 된 뒤에도 불리한 선택을 계속했다.

아이오와 도박 과제를 사용한 연구는 계속되고 있다. 정상인 참가자를 대상으로 이 과제를 하는 한 반복 실험에서, Guillaume, Jollant, Jaussent, Lawrence, Malafosse 등(2009)은 불리한 카드 뭉치에서 카드를 뽑는 것과 암묵적 측정치인 피부 전도도 변화 사이의 유의미한 상관을 발견했다. 동시에 연구자들은 카드 뭉치의 속성에 대한 참가자들의 외현적 인식이 의사결정에 더 강하게 연관되어 있다는 것을 발견했다. 암묵적 측정치와 외현적 측정치는 서로 관련성이 없었다. 연구자들은 암묵적 경로와 외현적 경로 둘 다 과제 수행에 영향을 미친다는 것을 발견했다. 신체 표지자 가설을 개괄하는 연구에서, Ohira(2010)는 다음과 같이 결론을 내렸다. 아이오와 도박 과제의 위험한 카드 뭉치에서 카드를 뽑을 때, 비록 의사결정과 상승된 피부 전기 반응 사이에 상관관계가 있다 하더라도, 여전히 그러한 신체반응이 의사결정과 무슨 인과관계를 갖는지 확실한 것은 알 수 없다.

체화된 인지와 공감

이제 이 책의 높은 사회적 주안점에 걸맞은 일련의 발견을 언급하고 이 장을 마치는 것이 좋겠다. 최근 연구들은 체화된 반응이 우리가 다른 사람들의 정서를 이해하는 데 중요한 역할을 한다는 것을 시사한다. 예를 들어, 앞에서 보톡스 처치가 우리의 정서경험을 감소시킨다는 것을 배웠다. 더 최근에는 Neal과 Chartrand(2011)가 보톡스 처치 후에 사람들이 다른 사람의 정서를 지각하는 데 덜 능숙해진다는 것을 발견했다.

이러한 발견들은 공감의 토대, 즉 타인에 대한 이해가 바로 우리의 체화된 반응임을 시사한다. 제1장에서 de Vignemont과 Singer(2006)의 연구를 통해 논의했듯이, 당신이 누군가와 같이 있다면 당신은 단지 그의 얼굴 형태만 인지하는 것이 아니라 그가 느끼는 정서의 여러 번역판을 당신의 몸에 만들어 둔다.

최근의 여러 연구는 이 관점을 더욱 뒷받침하고 있다. 큰 파장을 일으킨 최초의 중요한 발견은 Giacomo Rizzolatti 등(1996)에 의해 이루어졌다. 그 발견은 원숭이 뇌의 전운동피질에서 거울뉴런(mirror neuron)을 찾아낸 것이다. 이 뉴런들은 다른 원숭이의 의도적 행동을 그 원숭이가 지각할 때 또는 똑같은 행동을 할 때 발화한다.

인간 정서에 관해 Wicker 등(2003)은 거울뉴런을 밝혀낸 것과 유사한 패러다임에서, 인간 실험 참가자가 누군가의 혐오 표정을 보았을 때와 실험 참가자 스스로가 혐오감을 경험했을 때 뇌섬엽(insula)이라고 불리는 뇌의 영역이 활성화되는 것을 발견하였다(제6장 참조). 중요하게도, 뇌섬엽은 개인의 자율신경 반응을 추적하는 뇌의 영역으로서, 타인의 정서를 이해하는 것이 우리 자신의 신체반응 입력에 어느 정도 기인하고 있음을 시사한다. Gallese, Keysers, Rizzolatti(2004)는 이 신경 메커니즘이 "어떠한 외현적 사고의 중개 없이도…… 내적인 재현(internally replicating)을 함으로써 우리가 타인의 행동과 정서의 의미를 직접 이해할 수 있게 해 준다."(p. 396)라고 말했다. 그들은 이 메커니즘을 시뮬레이션 시스템이라고 불렀다.

행위 또는 정서표현을 인식하기 위해서는 (행동주의자들이 자극이라고 부르는 것과 같은) 특정 패턴을 범주화해야 한다고 생각할 수 있다. 거울뉴런 그리고 미러링(또는 모방)과 같은 현상의 발견은 본질에 근접한 것이다. 우리는 자신의 몸으로 의도적 행위를 할 수 있기에 의도적 행위를 인식하며, 우리 자신이 행위를 할 수 있기에 행위 단어들이 의미하는 바를 알 수 있고, 우리 몸에서 정서를 느낄 수 있기에 정서를 인식할 수 있다(Gallese, Gernsbacher, Heyes, Hickok, & Iacoboni, 2011).

　비록 이 장이 신체변화에 대한 것이기는 하지만, 인간의 체화에 대한 정서적 이슈가 인간관계에 대한 정서적 이슈를 빈번하게 가리키고 있다는 것은 인상적이다.

요약

　William James는 정서경험은 정서 특정적 신체반응, 특히 자율신경계 반응의 지각이라고 주장했다. 우리는 자율신경계의 두 개의 가지를 살펴보았다. 교감 가지는 각성 및 싸움 또는 도주와 같이 큰 노력을 요하는 행동을 촉진시키기 위해 심박출량 증가와 관련이 있고, 부교감 가지는 몸을 진정시킨다. 그다음으로, 우리는 William James로부터 유래한 두 가지 이론에 대해서 고찰했다. 하나는 정서와 함께 비특정적 각성이 발생한다는 Cannon의 생각이고, 다른 하나는 각성과 함께 사회적 평가를 함으로써 정서들이 발생한다는 Schachter와 Singer의 생각이다. 우리는 이어서 지시받은 얼굴 동작 과제, 얼굴 빨개짐, HPA 축, 면역계, 부교감 자율신경계에 대한 최근 연구들을 살펴보면서, 정서 특정적 신체반응에 대해 발견된 사실들을 고찰했다. 이와 같은 정서 관련 신체반응들에 대한 이해를 기반으로, 우리는 그다음으로 신체 동작이나 신체반응들을 차단하는 것이 정서경험에 어떤 영향을 주는지 살펴보았다. 우리는 체화로 알려진 최근의 이론화를 통해 다음과 같은 결론을 얻었다. 체화는 정서 관련 신체반응들이 우리가 이 세상의 사물들을 범주화하고, 의사결정을 하고, 타인을 이해하는 것에 어떻게 도움이 되는지를 밝히는 데 도움이 된다.

생각해 보고 논의할 점

1. 최근에 이르러 과학적으로 연구되기 시작한 정서 관련 신체반응 중 하나는 오싹함 또는 소름이다. 당신이 소름을 느꼈을 때, 어떤 정서들이 관련되어 있다고 생각하는가? 어떻게 소름과 정서의 관계에 대해 연구할 수 있는가? 소름에 대해 Darwin의 진화론적 설명을 할 수 있는가?
2. 영화나 소설 속에서 등장인물의 얼굴이 빨개졌을 때를 생각해 보라. 얼굴 빨개짐의 여파로 무슨 일이 일어났는가? 얼굴 빨개짐이 신뢰와 호감의 증가를 촉발한다는 최근의 발견과는 어떻게 합치될 수 있는가?
3. 체화에 대한 실험을 해 보고 그것이 당신의 정서에 어떻게 영향을 주는지 관찰하라. 주먹을 꽉 쥐고

가슴을 펴고 자신감 있는 자세로 서 보라. 아니면 눈살을 찌푸리고 입술을 꼭 다물어 보라. 이런 자세로부터 어떤 감각과 정서가 일어나는 것 같은가?

더 읽을거리

일반 독자층을 위해 쓰인 다음의 책은 베스트셀러가 되었다.

Damasio, A. (1994). *Descartes' error*. New York, NY: Putnam.

자율신경계와 정서 관련 발견에 대해 개관한 읽을거리

Stemmler, G. (2003). Methodological considerations in the psychophysiological study of emotion. In R. J. Davidson, K. R. Scherer, & H. H. Goldsmith (Eds.), *Handbook of affective sciences* (pp. 225-255). New York, NY: Oxford University Press.

생리적 특수성에 대하여 몇몇 확고한 발견은 다음의 논문에 나와 있다.

Levenson, R., Ekman, P., & Friesen, W. (1990). Voluntary facial action generates emotion-specific autonomic nervous system activity. *Psychophysiology, 27*(4), 363-384.

체화와 정서에 대해 탁월하게 다룬 논문

Niedenthal, P. M., Mermillod, M., Maringer, M., & Hess, U. (2010). The simulation of smiles (SIMS) model: Embodied simulation and the meaning of facial expression. *Behavioral and Brain Sciences, 33*, 417-433.

제**6**장

뇌 기전과 정서

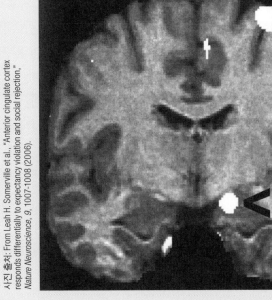

사진 출처: From Leah H. Somerville et al., "Anterior cingulate cortex responds differentially to expectancy violation and social rejection," *Nature Neuroscience, 9,* 1007-1008 (2006).

[그림 6-0] Leah Somerville과 Bill Kelley의 연구에서 볼 수 있는 기능적자기공명영상(fMRI). 뇌의 관상절편(coronal slice) 은 실험 참가자가 이전에 중립적 정보와 연합된 얼굴을 보았을 때와 비교해서 정서적 정보와 연합된 얼굴을 보았을 때 우측 편도체(화살표가 가리키는 흰색 부분)에서 증가된 혈액 산소 수준 의존적 반응을 보여 주고 있다.

여기서 또한 우리의 심장에 더 가까이 있는 이런 문제들을 해결하기 위한…… 단순 논리의 무기력함을 느낄 수 있다.

－ George Boole (1854), 『생각의 법칙에 대한 탐구
(An Investigation of the Laws of Thought)』, p. 416

Oliver Sacks는 『깨어남(Awakenings)』(1973)이라는 책에서 1916~1917년 겨울 동안 유럽에서 발생하여 전 세계적으로 퍼진 수면병인 기면성 뇌염(encephalitis lethargica) 생존자들에 대해서 기술하였다. 그 병은 10년 이상 지속되었으며, 500여만 명의 사람들이 감염되었다. 그 질병은 도파민 수용체(dopamine receptor) 네트워크가 형성되어 있는 뇌 선조체 영역(striatal regions)의 바이러스 감염으로 발생하였는데, 도파민 수용체는 동기, 행위, 쾌락을 느끼는 데 중요한 역할을 한다. 그 질병에 걸린 사람들은 가사상태(suspended state)에 빠져들었다. 그들은 좀비처럼 무기력했으며 유령처럼 실체가 없었다(Sacks, p. 32) 하루 종일 말도 없이 움직이지 않고 앉아 있었으며 아무것도 하지 않고 멍하니 바라보는 것 이외에는 아무것도 하지 않았다. 지난 50년 동안 병원에 몇 사람이 남아 있었다. 1969년도에 L-도파(L-Dopa)라는 도파민 전구물질(precursor)이 발견되었다. 약물을 처치하면서 선조체의 신경전달물질 기능은 복구되었는데, Sacks는 L-도파에 의해서 가사상태에 있던 사람들에게 어떻게 의식이 돌아오는지 묘사하였다. 그들은 즉각적으로 활동을 시작하였으며, 하루 일상을 계획하기 시작하였다.

기능이 되살아나면서 기쁨과 흥분의 정서가 나타났고, 10년 동안의 무기력에서 벗어났다. 또한 이 약물은 흥분, 기분변화, 다른 정서적인 효과도 불러일으켰다. 신경 메시지가 오랜 시간 동안 휴면상태에 있던 신경 통로를 지나가기 시작했다. Sacks는 한 환자의 사례에 대해서 다음과 같이 서술했다.

> ……엄청나게 강한 식욕과 열정들…… 이것은 '순수한 육체적인 존재'로서의 그녀나 '실제적 자기(real self)'와 완전히 별개인 존재가 거부할 수 없는, 아주 오래되고 깊은 곳에 있었던 어떤 감각들이 폭발적으로 터져 나오는 것이다.

Sacks가 묘사한 사례와 같이 정서, 열정, 식욕, 성욕 등은 L-도파를 처치할 때 나타나는 공통된 현상이다. 이처럼 뇌화학의 단순한 변화가 정서를 아주 크게 변화시켰다. 수면병 환자 치료 이야기는 뇌 영역과 신경전달물질이 정서와 얼마나 긴밀하게 연결되어 있는지를 보여 준다. 이것을 이해하는 것이 이 장에서 다룰 내용이다.

정서신경과학의 역사적 접근

인간의 뇌는 1,000억 개의 뉴런을 가지고 있다. 그리고 각각의 뉴런들은 보통 1만 개 정도의 시냅스를 갖고 있지만 많을 경우에는 15만 개의 시냅스를 갖고 있기도 한다(Kandel, Schwartz, & Jessell, 1991). 뇌가 이러한 복잡한 환경에서 어떻게 작동하는지 상상해 보라. 신경해부학자들은 뇌를 수십 개의 영역으로 구분하여 표시하고[예를 들어, 뇌피질은 브로드만 영역(Brodmann area)으로 알려진 50개의 구분되는 영역으로 되어 있다], 서로 다른 영역들을 연결하는 신경로들을 추적하기 시작하였다. 남은 과업은 여러 가지 정서 관련 과정과 상호작용하는 뇌 영역들을 관련지어서 전체적인 그림을 완성하는 것이다.

과학자들은 신경영상(neuroimaging) 기술을 가지고 이 일을 하고 있다. 신경영상 기술에서 영상장치는 디지털 뇌영상 절편에서 발생하는 생화학적 반응들을 연속적으로 기록하고, 이후 컴퓨터는 이러한 정보를 바탕으로 신진대사적으로 가장 활성화된 뇌 영역들을 시각적 이미지로 재구성해서 보여 준다. 이러한 방법들은 비침습적(noninvasive)이다. 이러한 기술에는 양전자단층촬영술(Positron Emission Tomography: PET)과 기능적 자기공명영상(functional Magnetic Resonance Imaging: fMRI)이 있으며, 이러한 기술들을 통해 구현된 뇌영상 사진은 다양한 정서상태에 따라 나타나는 뇌 활성 변화를 시간적 순서로 보여 준다. 이러한 영상 측정 방법들과 함께, 뇌 과학자들은 사고나 질병에 의해 발생한 뇌 부위의 손상이 정서에 어떠한 영향을 미치는지를 연구한다. 몇몇 연구자는 실험적 목적으로 동물의 특정 뇌 부위를 국소 손상하기도 한다. 전기생리학적 방법을 사용하는 뇌 과학자들은 전류 혹은 자기장(경두개자기자극술, Transcranial Magnetic Stimulation: TMS)을 가해서 뇌의 특정 부위를 자극하기도 하고, 뉴런 집단에 의해 발생되는 전기적 신호인 뇌전도(electroencephalography: EEG) 혹은 뇌자도(magnetoencephalography: MEG)를 측정한다. 약리학자들은 뉴런 메커니즘에 영향을 주는 화학 물질을 사용하는데, 그런 물질들이 정신 활동이나 경험에 미치는 영향을 확인하기 위해 연구자들은 약처럼 뇌 전체 영역에 이 화학 물질을 전신 투여하는 방법을 사용하기도 하고 뇌의 일부분에만 주입하는 방법을 사용하기도 한다. 요약하자면, 정서를 연구하는 뇌과학적 방법으로는 해부학적 방법, 손상법, 자극법, 전기적 기록법, 자기적 기록법, 약리학적 방법 등이 있다.

이러한 방법들을 통해 연구자들은 [그림 6-1]에 나와 있는 것처럼 뇌 영역들의 기능을 발견하기 시작하였다. 후뇌(hindbrain)에는 기본적인 생리적 과정들을 조절하는 구조들이 있다. 연수(medulla)는 심혈관계 활동을 조절하고, 교(pons)는 수면과 호흡을 조절한다. 소뇌(cerebellum)는 운동 협응과 관련이 있는데, 얼굴로 날아오는 공을 막는 것과 같은 자동반사 움직임과도 관련이 있다. 그리고 소위 전뇌(forebrain)라고 하는 영역에는 모든 감각 정보를 통합하

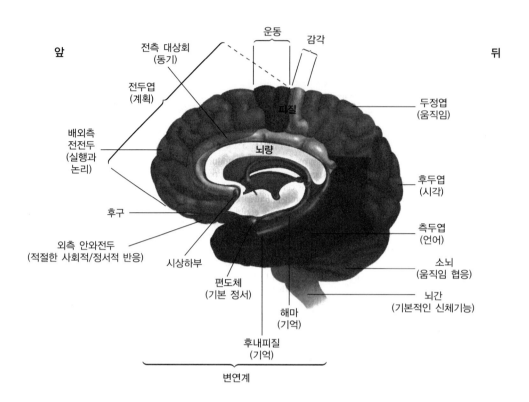

[그림 6-1] 인간 뇌의 분해도. 인간 뇌의 이 단면은 정서와 관련해서 배워야 할 영역들에 초점을 맞추고 있다. 정서와 관련된 피질하 영역들에는 편도체와 시상하부(변연계라고 함)뿐만 아니라 복측 선조체와 중뇌수도 주변 회백질(그림에는 없음)이 포함된다. 정서와 명확하게 연관된 피질 영역으로는 안와전두피질, 배외측피질, 정중선, 전측 대상피질이 포함되는데, 모두 대뇌피질의 전전두 영역에 위치해 있다.

는 시상(thalamus), 기억 처리에 중요한 해마(hippocampus), 그리고 섭식, 성행위, 분노, 체온 조절과 같은 생체기능과 중요하게 연관되어 있는 시상하부(hypothalamus)가 있다. 전뇌에는 편도체(amygdala)와 같은 뇌 구조물을 포함한 변연계(limbic system)와 인간을 다른 종과 가장 현저하게 구분 지으면서 또한 인간의 뇌에서 가장 큰 구조물인 피질(cerebral cortex)이 있다. 우리 뇌에서 유별나게 큰 피질은 우리의 복잡다단한 사회적인 활동에서 기인한다(Dunbar, 2003). 또한 우리는 피질 중에서 전두엽(frontal lobes)이 계획, 의사결정, 정서 조절, 의도적인 행동과 관련이 있다는 것을 알고 있다.

약 350년 전, Descartes(1649)는 감각 자극은 감각신경 안쪽에서 작동하는 작은 끈을 잡아당겨 밸브를 열게 함으로써 뇌 중앙 저장소에 있던 액체를 튜브를 통해 흐르게 해서 근육을 팽창시킬 수 있다고 제안하였다([그림 7-0] 참조). 즉, 그가 생각한 것은 인간의 반사작용 메커니즘을 설명하는 것이었다. 지금은 신경 메시지가 끈이나 유압에 의해서가 아니라 전기적이고 화학적인 신호에 의해서 전달되는 것을 잘 알고 있다. 그럼에도 불구하고 Descartes의 반사에 대한 분석은 감각 수용체를 흥분시키는 사건(자극)이 감각신경을 통해 뇌로 신호를 전달하고, 이는 순차적으로 근육이나 몸의 다른 조직들을 작동시키는 운동신경으로 신호를 보낸다는 것으로서, 오늘날 지식의 기본적인 근간이 되고 있다. 하지만 정서는 반사 그 이상이다. 그래서 우리가 정서의 뇌 기전을 이해하기 위해서는 개인의 목표, 사회적 평가와 같은 추가 개념을 이해하는 것이 필요하다.

뇌 손상과 뇌 자극에 대한 초창기 연구

Cannon은 정서의 뇌 기전에 대한 강력한 이론(제1장에서 논의함)을 제안했다. Cannon의 실험실에서 실시된 연구들, 특히 Bard(1928)라는 Cannon의 학생에 의해서 수행된 연구에서 대뇌피질이 제거된 고양이는 급작스럽고, 부적절하고, 잘못된 공격을 하기 쉽다는 것을 밝혀냈다. 이러한 현상은 '가짜 분노(shame rage)'라고 불린다(Cannon, 1931). 만약 사람들이 강제급식을 하고 잘 보살핀다면, 이러한 고양이들은 오랫동안 살 수 있지만 가짜 분노를 제외하고는 어떠한 자발적인 움직임을 보이지 않는다(Bard & Rioch, 1937). 이러한 관찰을 통해 Cannon은 대뇌피질이 정서표현을 억제한다고 제안하였다. 이 주제에 대해서는 정서 조절에 대한 논의에서 다시 이야기할 것이다.

Cannon과 Bard의 결론은 19세기에 Hughlings-Jackson(1959)에 의해서 제안된 신경계 가설의 연장선에 있다. 이 관점에 따르면, 하위 뇌 구조물(후뇌)은 자세 잡기나 움직임과 같은 간단한 기능을 담당하는 반사 통로이다. 그 위 단계는 좀 더 최근에 진화된 구조물로서 정서를 담당하는 구조물들이다. 그리고 가장 높은 수준이고 가장 최근에 진화된 단계인 대뇌피질은 이러한 하위 단계들을 모두 조절한다. 이러한 주장에 따르면, 아이들은 피질이 하위 수준의 기능을 충분히 억제할 만큼 발달하지 못했기 때문에 정서 조절이 쉽지 않다고 이야기한다. 유사하게, 뇌의 상위 단계 활동이 뇌 트라우마(brain trauma)로 인해 손상되었을 경우(불쌍한 Phineas Gage처럼) 낮은 단계의 기능을 억제할 수 없게 된다.

변연계

정서의 신경과학은 MacLean(1990, 1993)이 제안한 이론에서 추진력을 얻었다. 그의 이론은 Papez(1937)의 이론적인 논문에서 영감을 얻었는데, Papez는 외부 세상과 신체에서 들어온 감각 신호는 시상(thalamus)을 거쳐 세 가지 주요 경로로 나누어진다고 하였다. 그중 하나는 몸 움직임의 주요 경로인 선조체(striatal region) 영역으로 가고, 또 다른 하나는 가장 최근에 발달된 생각의 주요 경로인 대뇌피질 혹은 신피질(neocortex)로 들어간다. 그리고 마지막 통로는 느낌의 통로인 변연계로 들어가는데, 이 구조물은 시상하부와 많은 연결을 맺고 있다.

진화론적인 관점에서 MacLean은 인간의 전뇌가 척추동물의 특징적인 진화 단계에 따라 발달된 세 가지 시스템을 포함하고 있다고 제안했다. 그리고 각각의 시스템은 종 특유의 행동 목록과 관련된 새로운 기능들을 수행한다고 주장했다. 시상하부와는 별도로, 가장 일찍 출현했으며 가장 기본적인 전뇌의 구조물은 선조 영역이다. MacLean은 이 영역이 파충류 진화 단계에서 가장 크게 진화되었으며 기본적인 행동을 계획하거나 시작하는 데 기여한다고 주장한다. 그 기능들을 보자면, 집 짓기를 준비하거나 만들기, 적에게 주의를 기울이고 감시하기, 적의 공격에 대비하여 싸움을 대비하기, 먹이 찾기, 사냥하기, 먹이 저장하기, 위계질서가 있는 사회집단 형성하기, 상대방을 받아 주기, 털 손질하기(grooming), 짝짓기, 군집생활, 이주하기 등이 있다. 예를 들어, 헌팅턴 무도병(Huntington's chorea)이라는 유전병의 초기 단계에서 인간의 선조 영역이 손상될 경우, 환자들은 일상적 활동을 계획할 수 없다. 그들은 자신들을 위해 마련된 활동에는 잘 참가하지만 보통은 앉아서 아무 일도 하지 않는다. 선조 영역의 손상은 이 장 초반에 설명한 기면성 뇌염 환자들에게서도 나타난다.

MacLean(1993)은 그다음 질문을 던졌다. "그러면 포유류는 파충류가 할 수 없는 어떤 일을 할 수 있는가?" 그는 유아기 애착(infant attachment)에 대한 모성적 돌봄(maternal caregiving), 음성을 통한 의사소통, 놀기 등이 있으며, 모든 것은 전뇌의 두 번째 피질하 영역인 변연계에 의해서 작동한다고 답하였다. 파충류들은 서로 상호작용은 하지만 알에서 깨어났을 때부터 혼자만의 삶을 시작한다. 많은 파충류 종에서 갓 태어난 새끼들은 그들의 부모에게 잡아먹히지 않기 위해 부화하자마자 도망간다. 그리고 비록 몇몇 파충류 종은 집단을 형성하지만 대부분의 파충류는 독자적인 삶을 살아간다. 반면에 모든 포유류는 서로 간에 의사소통하며 친밀한 공동체에서 태어나고 대체적으로 사회적인 존재들이다.

변연계는 자율신경계(autonomic nervous system; 제5장 참조)를 조절할 뿐만 아니라 뇌하수체(pituitary gland)를 통해 몸의 호르몬 시스템도 조절하는 시상하부와 긴밀한 관계에 있다. MacLean에 따르면 포유류가 진화 단계상 파충류로부터 분화되었기 때문에 변연계로 말미암아 포유류는 사회성이 발달하게 되었다고 한다.

변연계에 대한 MacLean의 관심은 몇몇의 초창기 발견에서 시작했다. 실험실에서 길러진 야생 원숭이의 변연계 영역을 대부분 손상시켰을 때 평상시에 공격성을 보였던 야생 원숭이들은 온순해졌고 동시에 성욕 과다 행동, 억제되지 않은(disinhibited) 행동, 두려움이 없어져서 모든 것에 접근하는 등의 증상을 보였다(Klüver & Bucy, 1937). Olds와 Milner(1954)는 음식물을 충분히 먹은 쥐들도 변연계의 일부인 중격 영역(septal area)에 전극을 심어 놓으면 스스로에게 전기 자극을 주기 위해 하루에 최대 4시간까지 반복적으로 레버를 누르는 것을 관찰했다. 이를 바탕으로 그들은 '쾌락 중추(pleasure centers)'가 접근행동과 그에 수반되는 정서를 일으킨다고 제안했다(Glickman & Schiff, 1967; Vaccarino, Schiff, & Glickman, 1989). 바이러스나 뇌 질병으로 인해 나타나는 측두엽 간질(epilepsy)에 대한 초창기 분석(Gibbs, Gibbs, & Fuster, 1948)은 변연계 안에 포함된 뉴런 활동으로 인해 간질 전조(auras)와 발작이 야기되고 강한 정서에 휩싸이게 된다는 것을 발견하였다. 간질로 고통받았던 러시아 소설가 Dostoevsky는 그의 간질 전조에 대해 이렇게 썼다. "정상적인 상태에서는 상상할 수 없는 행복감과 함께 다른 사람들은 전혀 생각할 수 없을 정도로 세상과 내 자신이 완전히 조화를 이루고 있는 것 같다." (Dostoevsky, 1955, p. 8) 이러한 느낌에 대해 MacLean은 다음과 같이 말했다. "중요한 점은 이러한 느낌들은 부유하는 것(free-floating)으로 어떤 특정한 물건, 상황, 생각에 대한 것이 아니라는 것이다."(p. 79)

이러한 관찰을 통해 MacLean은 정서와 밀접하게 연관되어 있는 뇌 영역으로 변연계 영역에 관심을 가지게 되었고, 그의 가설 중 일부는 정서신경과학 연구의 선구자인 Jaak Panksepp에 의해 확장되었다(1998, 2001, 2005). 우리는 이것을 MacLean-Panksepp 추측(MacLean-Panksepp conjecture)이라고 부른다. 정서적 경험은 변연계의 활동에 의해 발생하고 각각의 특징적인 정서 유형은 변연계의 각 특정 회로에 의해서 일어난다는 것이다. 그리고 각각의 정서신경 회로는 그 정서를 격발하는 사건에 대해서 준비된 종 특유의 뇌 처리과정과 행동이 일어나도록 한다. 이러한 과정 속에서 특정 정서경험이 발생하고, 우리는 행복감, 분노, 공포와 같은 정서들을 다른 동물들처럼 느끼게 되는 것이다. 우리는 초창기 이론과 그 이론의 중요한 변화들, 그리고 피질과 피질하 구조를 포함한 뇌의 많은 다른 영역이 정서경험과 관련이 있다는 것을 살펴볼 것이다.

정서 그리고 뇌의 피질하 처리과정

MacLean은 진화론적으로 오래된 뇌 영역은 간단한 정서적 반응을 야기하고, 이 정서반응은 피질을 통해서 순차적으로 처리된다고 이론화했다. 정서는 단순한 것부터 더 복잡한 과정을 가진 것에 이르기까지 일련의 단계로 이루어진다는 이러한 주장은 역사적인 근원을 가지고 있고, 이 책에서 중점적으로 다루어진다. 예를 들어, 우리는 다음 장에서 주변 환경의 사건에 대한 가장 빠른 평가는 초창기 정서반응을 야기하고, 그다음에 순차적으로 그 정서의 의미에 대해 복잡하고 신중한 처리를 해서 최초 느낌들을 정교화한다는 것을 배울 것이다.

정서가 단순한 과정에서부터 복잡한 과정으로 이어지는 단계들을 통해 야기된다는 생각은 정서와 관련된 피질하 및 피질 처리에 대해서 배운 것과 부합한다. 정서의 신경과학적 연구들을 종합하면서, Kober, Wager와 동료들은 영화나 슬라이드를 통해 피험자들에게 정서를 느끼게 하고 그들의 뇌영상을 얻은 162개의 신경과학적 연구들을 통합하였다(Kober et al., 2008). 복잡한 통계적 뇌 매핑(brain mapping) 기법을 사용하여, Kober, Wager와 동료들은 정서반응과 관련 있는 6개의 뇌 영역을 확인하였다. 이러한 영역들에는 피질하 영역인 시상하부, 편도체, 중뇌수도 주변 회백질이 포함되었다. 또한 여러 연구에서는 피질 영역들도 활성화된다는 것을 밝혀냈다. 이런 영역들에는 시각피질(정서를 유발하기 위해 시각 자극을 사용한 연구들), 다른 사람을 이해하거나 몸을 지각하는 것과 관련된 뇌의 뒤쪽 영역 그리고 전두엽이 있다.

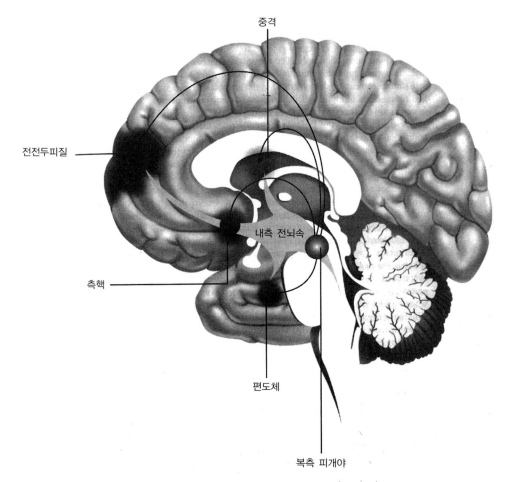

[그림 6-2] 정서와 관련된 피질하 영역들. 여기에는 측핵, 복측 피개야, 편도체가 연루된 보상회로가 포함된다.

정서의 신경과학적 연구를 종합한 Kevin Ochsner의 유사한 연구에서는, 여러 뇌 영역에 정서 지도가 형성될 때 기본적인 사회적 정서 처리(social-emotional processes)도 일어난다고 주장한다. 이러한 영역에는 자극에 대한 정서적 가치를 부여하는 영역, 다른 사람의 정서 신호를 해석하는 데 도움을 주는 영역, 다른 사람의 정서 단서를 해석하는 영역, 다른 사람의 정서 상태를 구체적으로 이해하는 영역, 정서 조절과 관련된 영역들이 있다. 지금부터 우리는 피질하 및 피질 영역이 관련된 정서 처리과정을 좀 더 깊게 고찰할 것이다.

편도체는 정서 컴퓨터

정서연구의 가장 중요한 발전은 Joseph LeDoux(1993, 1996; Rodriques, Sapolsky, & LeDoux, 2009)가 변연계의 기능 중 일부가 특별히 편도체에 집중되어 있다는 생각을 제기하면서 이루어졌다. 실제로 LeDoux는 편도체가 뇌의 중심 정서 처리장치라고 주장했다. 편도체는 감각 정보에 대한 정서적 중요성을 평가한다. LeDoux의 주장은 신경해부학적 분석에서 기인한다. 편도체는 물체의 시각 지각 및 청각 지각을 담당하는 피질의 영역들로부터 입력 신호를 받는다. 또한 편도체는 성행위, 섭식, 공격성 같은 정서적인 행동을 조절하는 시상하부와 풍부한 신경 연결을 맺고 있다. 편도체를 자극해서 보상적 자기자극(rewarding self-stimulation)도 얻을 수 있고(Kane, Coulombe, & Miliaressis, 1991), 정서행동과 자율신경계 반응도 이 영역의 전기자극으로 얻을 수 있다(Hilton & Zbrozyna, 1963).

LeDoux의 가설에서 가장 독특한 부분은 편도체가 시각 및 청각 피질로부터 입력을 받을 뿐만 아니라 시상을 통해서도 직접적으로 시각 및 청각 입력 신호를 받는다는 점인데, 이것은 물체나 사건에 대해 인식하는 경로는 아니다. LeDoux(예: LaBar & LeDoux, 2003; LeDoux, 1990)는 Pavlov 조건화(Pavlovian conditioning), 즉 고전적 조건화(classical conditioning)를 사용하였는데, 이는 즐겁거나 불쾌한 일이 일어날 것이라는 신호로 작용하는 정서적으로 중요한 사건에 대한 기본적 학습 메커니즘이다. 이 학습은 기본적으로 두 개의 자극이 배열된 것이다. 하나는 조건 자극(conditioned stimulus)이라고 불리는 것으로 불빛 깜박임 또는 소리가 주로 사용된다. 실험 전에는 이 자극들은 눈에 띌 만큼 중요한 자극이 아니다. 그 자극이 보상 혹은 처벌이 일어날 것이라는 중요한 신호가 되는 것은 학습이 일어난 이후이다. 소위 무조건 자극(unconditioned stimulus)이라고 불리는 자극은 생물학적으로 중요한 의미를 지닌다. Pavlov의 최초의 실험에서 무조건 자극은 배고픈 개에게 고기 파우더를 주는 것이다(Pavlov, 1927). Pavlov 조건화에서 학습되는 것은 생물학적으로 중요한 사건에 대한 정서이다. 즉, 유쾌(행복 기대)하거나 불쾌(공포나 불안)한 무엇인가가 올 것에 대한 준비이다. 이런 정서적 효과는 종 특유의 행동으로 표출된다. 예를 들어, 개는 맛있는 음식이 올 때는 꼬리를 흔들거나 침을 흘리지만, 위협이 되는 자극이 나타났을 때에는 도망치거나 얼어붙거나 으르렁거리면서 싸우려고 한다. 포유류에게서 정서 조건화는 단지 관찰을 통해서도 일어날 수 있다. 원숭이들은 선천적으로는 뱀을 무서워하지 않지만, 다른 원숭이가 뱀을 보고 공포스러운 반응을 보이는 것을 관찰하게 되면 영구적으로 뱀을 무서워하게 된다(Mineka & Cook, 1993). 부정적 자극에 대한 정서 조건화는 빨리 습득되지만 소거는 늦게 일어난다. 이것은 불안이 왜 심각하고 오래 지속되는 임상적 장애인지를 설명해 준다.

LeDoux와 동료들은 편도체와 시상만 있어도, 단순한 소리 혹은 불빛 깜박임을 조건 자극으로 사용하고 발바닥 전기적 자극을 무조건 자극으로 사용했을 때 쥐들에게 연합 학습이 일어난다는 것을 발견했다. 이러한 학습은 피질이 제거되었을 때에도 일어났다. LeDoux는 이 결과를 편도체가 피질에 의해 처리되지 않은 감각 정보를 받을 수 있다는 의미로 해석했다. 자극 강도와 같은 자극의 간단한 특성만으로도 정서 학습은 일어날 수 있다. 이 연구를 기반으로 하여 LeDoux는 편도체가 정서 처리와 관련된 중추신경 네트워크의 핵심이라고 주장했다. 다른 사람들은 편도체를 목표와 관련된 자극의 자동적인 평가 혹은 기본적인 평가를 하는 하나의 영역으로 생각한다(제1장과 제7장 참조). 다시 말하면, 편도체는 사건의 정서적인 중요성을 평가하는 데 중요한 것처럼 보인다(또한 Emery & Amaral, 2000; Rodrigues, LeDoux, & Sapolsky, 2009 참조).

사람을 대상으로 한 세 종류의 뇌영상 연구들은 LeDoux의 주장을 뒷받침한다(Baxter & Murray, 2002; Gottfried, O'Doherty, & Dolan, 2003). 첫 번째 종류의 연구는 편도체가 유발 자극(evocative stimuli)에 의해 일시적으로 나타나는 정서반응 기간 동안 활성화된다는 점이다. 편도체는 (다른 뇌 영역과 함께) 슬픈 영화(Levesque, Eugène et al., 2003)나 야한 동영상(Beauregard, Levesque, & Bourgouin, 2001)을 볼 때, 충격적인 슬라이드(Lane et al., 1997; Phan, Taylor et al., 2004)를 볼 때, 혹은 불쾌한 맛을 보거나 냄새(Zald et al., 1998)를 맡았을 때 반응이 증가하는 양상을 보였다. 두려운 표정의 얼굴에 대한 지각은 왼쪽 편도체 영역을 활성화했는데(Breiter et al., 1996; Phillips et al., 1997), 특히 두려운 표정의 얼굴을 제시한 후 즉각적으로 중성적인 표정의 얼굴을 제시하여 두려운 표정 얼굴을 차폐시키는 상황에서도 편도체의 활성화가 나타난 점을 감안해 보면 두려운 표정 얼굴의 인식은 의식적인 수준이 아님을 나타낸다(Whalen et al., 1998). 슬픈 표정의 얼굴은 왼쪽 편도체와 오른쪽 측두엽을 활성화시켰다(Blair et al., 1999).

두 번째 종류의 연구는 정서성(emotionality)의 개인차를 중점적으로 다루면서 우울증에서 편도체 활성화가 증가한다는 것을 강조한다(Davidson et al., 2003). 몇몇 연구는 양극성장애로 고통받고 있는 우울증 환자들은 보다 큰 편도체를 가지고 있다는 것을 발견하였다(Strakowski et al., 1999). 다른 연구들은 우울증 환자들은 휴식을 하는 동안에도 통제집단 참가자들에 비해 편도체에서 활성 증가를 보이는 것을 발견하였다(Ho et al., 1996; Nofzinger et al., 1999). 또 다른 연구들은 두려운 표정의 얼굴과 같은 정서 유발 자극에 대해 우울증 환자들은 통제집단에 비해 증가된 편도체 활성화를 보인다는 것을 발견하였다(Yurgelun-Todd et al., 2000).

　마지막으로 세 번째 종류의 연구들은 정서 사건에 대한 기억에 초점을 두었는데, 편도체 활성화 정도에 따라 사람들이 정서를 유발하는 자극을 회상할 것인지 여부를 예측할 수 있다는 것을 발견하였다. 예를 들어, Turhan Canli 등(1999)은 참가자들에게 긍정 정서(예: 아이스크림 사진)를 유발하는 슬라이드와 부정 정서(예: 총이나 피가 나오는 사진)를 유발하는 사진을 보여 주고 그 슬라이드에 반응하는 뇌 활성화를 기록하였다. 이후 참가자들에게 자신들이 보았던 슬라이드를 회상해 보라고 요청하였다. 부정적인 슬라이드에 대한 기억은 편도체와 뇌섬엽의 활성화 정도와 상관관계가 있었다(또한 Hamman, Ely et al., 1999 참조).

　이러한 초창기 편도체에 대한 연구로 말미암아 많은 사람이 이 피질하 영역이 공포, 더 나아가서는 외부 환경에서의 자극의 좋음과 나쁨과 같은 정서가(valence)를 평가하는 데 중심적인 역할을 할 것이라는 판단을 하게 되었다. 좀 더 최근에 이러한 주장은 몇몇의 경험적 연구에 의해서 도전을 받게 되었다. 가장 두드러지는 것은 공포를 유발시키는 연구의 단지 40~50%만이 편도체가 활성화된다고 보고하였다는 것이다(Kober et al., 2008). 우리가 진전시키고 있는 논리의 또 다른 문제점은 편도체가 긍정 자극에 의해서도 활성화된다는 점이다(Liberzon, Phan, Decker, & Taylor, 2003; 개관은 Zald, 2003 참조). 이것은 편도체가 공포 자극 혹은 부적 정서가에 대해 단순한 반응을 하는 것 이상의 어떤 역할을 하고 있다는 것을 보여 준다.

　이러한 부분에 초점을 맞추면서 Will Cunningham, Marcia Johnson과 동료들은 편도체가 자극의 정서적 강도에 반응하는 것이고 그것이 공포를 야기하는 것이든 혹은 부정적인 것이든 긍정적인 것이든 그런 것이 중요한 것은 아니라는 가설을 세웠다. 이러한 가설을 실험한 한 연구에서 참가자들에게 살인, 사랑, 총기 규제, 낙태에 대한 개념에 대해 긍정적이든 부정적이든 판단을 내리게 하면서 fMRI로 뇌의 여러 영역에서 활성화 정도를 측정하였다(Cunningham et al., 2004). 참가자들은 정서를 유발하는 이러한 개념 자극들에 대해 좋고 나쁨을 평가할 뿐만 아니라 정서 강도도 평가했다. 자극 강도가 좋은 쪽으로든 나쁜 쪽으로든 강하면 강할수록 편도체의 활성화 정도는 더 컸다. 자극 정서가는 섬엽 영역의 활성화를 야기했는데, 이 영역에 대해서는 다른 정서반응과 관련하여 나중에 또 살펴볼 것이다. 개념적으로 유사한 다른 연구에서 Cunningham과 동료들은 개인차를 관찰하였는데, 특정 상황에서 잠재적 이득의 관점으로 삶을 바라보는 사람들은 긍정적인 강한 자극에 대해 증가된 편도체 활성화를 보이는 반면, 비용과 위협의 측면에서 삶을 바라보는 사람들은 부정적인 개념에 대해 증가된 편도체 활동화를 보였다(Cunningham et al., 2005). 이 연구에서도 정서적 삶의 형태를 보고한 그런 사람들이 자극의 정서가가 아니라 자극의 강도에서 더 큰 편도체의 활성화를 보였다. 이와 관련된 연구로 Turhan Canli와 동료들은 사회적 관계와 긍정적인 정서 경향성에서 높은 점수를 얻은 외향적인 사람들(extraverted individuals)이 유쾌한 이미지에 대해서 편도체의 활성화가 더 컸다고 했다(Canli et al., 2001; Canli, Silvers, Whitfield, Gotlib, & Gabrieli, 2002).

과학은 논쟁과 토론 덕택에 발전한다. 여기서 우리는 주목받고 있는 설명을 하나 소개한다. 많은 증거가 편도체가 평가된 공포와 자극의 정서가에 반응한다고 하는 반면, 새로운 연구들은 편도체가 자극의 강도 혹은 자극의 현출성(salience)에 반응한다고 하는 것이 더 정확하다고 제안한다.

측핵, 도파민 그리고 아편제

대부분의 살아 있는 유기체들은 그들의 환경에서 보상 물질을 발견하고 이러한 보상을 극대화하는 방향으로 행동하는데, 인간의 경우는 음식, 아름다움, 안락함, 안전함, 존중감 등이 이러한 것에 해당한다. 정서는 이러한 진화의 가장 기본적 과업에 필수적인 것으로서 우리로 하여금 삶의 보상을 찾도록 하고 그것을 즐길 수 있도록 해 준다. 열정은 우리로 하여금 보상을 찾는 것을 추구하도록 한다. 만족은 우리에게 좋은 어떤 것을 음미하게 한다. 자긍심 또는 사랑의 감정은 좀 더 특정한 사회적 보상인데, 말하자면 좋은 친구에 대한 긍지 또는 아끼는 누군가에 대한 애정 같은 것이다.

보상에 대한 최근의 신경과학적인 연구들을 요약하면서, Suzanne Haber와 Brian Knutson(2010)은 다양한 긍정적인 감정과 관련이 있는 뇌의 보상회로들에 대해서 자세히 기술하였다. 뇌의 보상회로 중 일부는 전두엽의 일부인 복내측 전전두엽(ventral medial prefrontal cortex)인데, 이 부위는 쾌락을 주는 자극인 좋은 맛, 기분 좋은 스킨십, 좋은 소리 등과 관련되어 있다. 두 번째는 좀 더 오래된 피질하 영역인 복측 선조체(ventral striatum)인데, 여기에는 도파민이 풍부한 네트워크가 형성된 영역으로서 측핵(nucleus accumbens)과 복측 피개야(ventral tegmental areas, 도파민 생산 영역)가 있다. 중요한 것은 복측 선조체가 전전두엽, 편도체, 해마로부터 신호를 받고 섭식, 수면, 성행위와 관련된 좀 더 기본적인 생체활동을 조절하는 시상하부로 신호를 내보낸다는 점이다.

이러한 신경해부학을 기반으로 하여, 보상회로에 대한 경험적인 연구를 좀 더 살펴보자. 우리는 측핵을 중점적으로 살펴볼 것이다. 측핵은 도파민과 아편성(opioid) 신경전달물질의 주된 통로로 오랫동안 긍정적 감정경험의 중추적인 역할을 하고 있다고 생각되었다(Panksepp, 1998; Rolls, 1999). 예를 들어, 맛있는 음식을 먹을 때(Schultz, Dayan, & Montague, 1997), 성행위를 할 수 있을 때(Fiorino, Coury, & Phillips, 1997), 또는 음식, 성행위, 보상적 약물들과 반복적으로 연합된 조건자극이 제시되었을 때(Di Ciano, Blaha, & Phillips, 1998)에도 도파민 분비가 증가되고 측핵 영역이 활성화된다. 우울증으로 고통받는 사람들에게 긍정적인 슬라이드 장면을 보여 주고 긍정적인 정서를 유지하라고 요구해도, 그들은 우울증이 아닌 사람들에 비해 측핵에서 활성화가 유지되지 않는다. 우울증 환자는 긍정 정서의 토대가 되는 신경활동을 활성화된 상태로 유지하는 것을 힘들어한다(Heller et al., 2009).

이러한 증거를 볼 때, 당신은 아마도 측핵과 도파민이 쾌락적 경험의 중추적인 역할을 한다고 결론 내릴 수 있을 것이다. Kent Berridge와 동료들의 연구는 좀 더 자세한 그림을 보여 준다. 그들은 동물의 단맛에 대한 행동반응을 측정함으로써 도파민 수용체가 아니라 아편성 수용체의 활성화가 설탕물 맛의 가치(value)를 증가시킨다는 것을 발견하였다(Berridge, 2000; Kringelbach & Berridge, 2009; Pecina & Berridge, 2000). 이 연구를 통해 Berridge는 좋아하는 것(liking)과 원하는 것(wanting)을 다음과 같이 명확하게 구분하였다. 약물 중독에서 약물이 주는 효과를 좋아하는 것이 없어져도, 약물을 원하는 것은 지속될 수 있다는 것이다.

도파민과 측핵의 활성화는 원함(wanting)과 관련하여 중추적인 역할을 한다. 원함은 보상을 얻기 위해 행동하려는 동기를 발생시키지만(또한 Depue & Collins, 1999; Panksepp, 1986 참조), 좋아함은 조금 다르다(이후에 설명할 것이다). 도파민 분비와 측핵의 활성화는 원함을 촉진한다. 그래서 다양한 접근행동과 목표지향 행동을 일으키는데, 이러한 것들에는 탐험, 친교, 공격, 성적 행동, 음식 저장, 돌보기 등이 포함된다. 측핵의 손상은 보상받기 위해서 일하는 동기 수준을 감소시킨다(Caine & Koob, 1993). 최근에 Brian Knutson과 동료들은 측핵과 쾌락에 대한 기대가 어떻게 연관되어 있는지에 대한 연구를 하면서 그들의 생각을 정교화했다(또한 Bowman et al., 1996; Schultz et al., 1997). 도박 패러다임에서 Knutson과 동료들은 참가자들에게 돈을 벌 수 있는 기회를 주었다. 연구자들은 그것이 보상의 기대이므로 측핵과 복내측 전전두엽과 같은 뇌 영역의 활성화를 야기한다는 것을 지속적으로 발견했다(Knutson & Greer, 2008). 이러한 연구는 도파민 뉴런 네트워크 활성화가 환경 속에 존재하는 잠재적 보상들과 관련한 신호를 보내는 것을 시사한다. 이것은 삶에 즐거움을 가져올 것 같은 행동에 대한 확실한 동기이다.

반대로 아편제는 자극을 좋아하는 경험과 관련하여 중추적인 역할을 한다. 좋아하는 것은 만족감을 느끼는 완료과정(consummatory process)에 해당하는 것으로서 보상의 즐거움과 관련이 있다. 아편 물질들은 수유(lactation), 간호, 성활동, 모성적 사회관계(maternal social interaction), 스킨십에 의해서 분비된다(Insel, 1992; Keverne, 1996; Matheson & Bernstein, 2000; Nelson & Panksepp, 1988; Silk et al., 2003). 아편 물질의 분비는 섭식행동을 즐겁고 보상적인 것으로 만든다. 도파민과 반대로 아편 물질의 분비는 훌륭한 식사나 위로의 메시지를 받은 후 혹은 날씨가 좋은 날 공원 피크닉 후에 즐겼던 정서적 경험과 같은 조용하고 평온한 즐거움을 만들어 준다.

돈 혹은 좋은 음식 이외의 보상으로 호의적인 관심, 애정관계, 놀이와 같은 사회적 보상은 인간의 정서적인 삶에 얼마나 중요할까? Matthew Lieberman과 Naomi Eisenberger는 우리가 지금까지 다루었던 보상회로가 사회적 보상을 즐길 때에도 관여한다고 주장한다. 그런 것들에는 친구의 존중, 사랑하는 사람과의 애정, 상급자로부터의 칭찬 등이 있다(Lieberman & Eisenberger, 2009). 이런 것과 유사하게, 연구자들은 사람들이 사랑에 대하여 생각할 때 측핵이 활성화되는 것을 발견하였다(Aron et al., 2005). 사람들이 경제 게임에서 협동하거나 자선단체에 돈을 기부할 때 그들의 보상회로의 일부분이 활성화되었다(Harbaugh et al., 2007). 보상회로는 맛있는 음식이나 돈과 더불어 좀 더 복잡한 사회적 보상에 의해서도 활성화된다.

지금부터는 포유류 사회에서 중요하면서도 여러 감정의 원천이 되는 애착과정에 대한 개념들을 살펴보자. Richard Depue와 Jeannine Morrone-Strupinsky(2004)는 도파민과 아편 물질의 역할의 중요성을 강조하면서 친밀한 유대감(affilative bonding)에 대해 다음과 같이 분석하였다. 그들은 미소와 몸짓과 같은 원거리 친화 신호들은 인센티브 자극으로 작용한다고 제안한다. 그것들은 도파민 분비로 나타나는 접근행동 경향을 촉진한다. 이러한 신호들은 도파민 활동을 일으켜 서로에게 더욱 친밀한 관계를 맺도록 하는 행동을 촉진한다. 하나의 예로, 매력적인 여성의 얼굴을 보는 것은 이성애 남자의 측핵을 활성화한다(Aharon et al., 2001).

근거리에서는 스킨십과 위로의 말과 같은 친근하고 친밀한 행동들이 아편 물질 분비를 야기한다. 그리고 그런 아편 물질들은 순차적으로 따뜻함과 평온함, 친밀감의 기분을 발생시킨다. 예를 들어, 태어난 지 얼마 되지 않은 쥐에게서 아편 물질 분비를 차단하면, 어미와 분리된 후 다시 만나도 그들의 어미쥐와 적은 시간을 보낸다(Agmo et al., 1997). 여성에게 아편 물질 분비를 막는 날트렉손이 주어지면 그 여성은 혼자 더 많은 시간을 보내고 친구들과 보내는 시간이 적어지며 사회적 활동을 덜 즐긴다(Jamner et al., 1998).

중뇌수도 주변 회백질

Kober, Wager와 동료들은 정서와 관련된 신경과학적인 연구를 정리하면서 정서와 관련된 마지막 피질하 영역에 대해서 말한다. 그 영역은 중뇌의 중뇌수도 주변 회백질(periaqueductal gray)로서 후뇌 위, 전뇌 아래에 위치해 있다. 중뇌수도 주변 회백질은 정서와 관련된 세 가지 처리와 관련되어 있다. 첫 번째는 우리가 방금 다루었던 아편 물질의 분비와 관련된 것이다. 아편 물질들은 통증 신호가 피질로 전달되기 전에 뇌로 올라가는 통증 신호를 억제한다. 이는 신체가 상해에 노출될 때 위협에서 도피하도록 해 준다(Heinricher et al., 2009; Lovick & Adamec, 2009). 따라서 중뇌수도 주변 회백질은 개인이 고통을 조절하도록 도움을 준다.

두 번째로, 중뇌수도 주변 회백질은 통증, 좀 더 광범위하게는 부정적인 정서를 야기하는 이미지에 의해 활성화된다. 이러한 생각과 관련된 최근의 연구를 살펴보면, 중뇌수도 주변 회백질은 열 통증(thermal pain)에 대한 반응으로 활성화될 뿐만 아니라 사람들이 고통스러운 슬라이드를 볼 때도 활성화된다(Buhle et al., 2012). 즉, 중뇌수도 주변 회백질은 부정적 정서가를 가진 이미지에 의해서 활성화된다.

그리고 마지막으로 최근에 나타나는 증거들은 중뇌수도 주변 회백질은 포유류 뇌의 돌봄(caregiving) 시스템의 일부라는 것을 보여 주고 있다(개관은 Swain, 2010 참조). 사람이 아닌 포유류들을 대상으로 한 연구들에서, 갓 태어난 새끼 품기, 새끼를 둥지로 데려오기, 핥아 주기, 장기간의 양육행동들이 중뇌수도 주변 회백질과 연관이 있다는 것을 발견하였다(예: Stack et al., 2002). 사람 연구에서는 아는 아이 또는 모르는 아이의 이미지를 보는 조건과 비교해서 그들 자신의 아이 이미지를 볼 때, 그리고 그들 자신의 아이들이 미소를 짓거나 우는 것과 같은 애착 갈구 행동을 보이는 동영상을 볼 때, 중뇌수도 주변 회백질이 안와전두피질 및 시상과 같은 다른 영역과 함께 활성화되었다(Noriuchi et al., 2008). 중뇌수도 주변 회백질은 실험 참가자들에게 장애인들의 이미지를 보여 주면서 무조건적인 사랑이 필요하다고 말할 때(Beauregard et al., 2009)에도 다른 공감(empathy) 네트워크 영역과 함께 활성화된다. 또한 중뇌수도 주변 회백질은 슬픈 얼굴표정을 보여 주면서 '동정적인 태도'가 필요하다고 말할 때(Kim et al., 2009) 혹은 실험 참가자들이 고통스럽거나 도움이 필요한 전형적인 사진을 볼 때에도 활성화되었다(Simon-Thomas et al., 2011). 이러한 다양한 연구를 보면 흥미로운 그림을 그릴 수 있다. 중뇌수도 주변 회백질은 통증반응을 경감시킬 수 있고, 괴롭거나 부정적인 정서 신호에 의해서 활성화되며, 돌봄 경향성과도 관련되어 있다.

종합적으로, 우리는 지금까지 세 개의 다른 피질하 영역에서 정서의 기본적 요소들이 어떻게 형성되는지에 대해서 초점을 맞추어 살펴보았다. 편도체는 시초에 자극의 정서가와 자극의 강도를 평가하는 것과 관련된 것으로 보인다. 측핵은 자극에 따라오는 보상의 가능성을 따진다. 그리고 중뇌수도 주변 회백질은 통증 조절, 부정적 감정, 돌봄과 관련되어 있다. 지금부터는 뇌의 피질 영역들이 이러한 신호들을 어떻게 복잡한 경험으로 변환하는지에 대해서 살

퍼볼 것이다.

정서 그리고 뇌의 피질 처리과정

정서에 대한 과학적인 연구에는 뇌 손상을 입은 환자들에게서 얻은 자료들이 두드러진 역할을 해 왔다. 예를 들어, Phineas Gage의 삶을 통해 알게 된 사실들은 뇌의 특정 영역이 사회생활과 정서에 특별한 역할을 한다는 것을 웅변적으로 증명해 준다. 또 다른 두드러진 역할을 한 뇌 손상 환자는 신경과학자인 James Blair의 연구를 통해 알려진 J. S.라는 환자이다. J. S.는 50대 중반이던 어느 날 갑자기 쓰러져서 의식을 잃었다. J. S.는 안와전두피질에 해당하는 전두엽 영역의 일부분에 손상을 입었고, 그의 삶은 예상한 바와 같이 변하였다. 비록 말하거나 사고할 수 있는 능력은 유지되었지만, 그는 전형적인 후천적 소시오패시(acquired sociopathy, 제1장 참조)를 보였다. 병원에서 회복되는 동안, 그는 감정적 폭발 때문에 유명해졌다. 그는 가구를 다른 환자에게 집어던졌고, 여자 간호사의 몸을 더듬었다. 때로는 병원 복도를 바퀴 달린 침대로 서핑하듯 달렸다. Blair의 연구에 의하면, J. S.는 일반적인 학습능력이나 얼굴을 인식하는 능력, 얼굴의 성별을 구별하는 능력에는 손상이 없었다. 하지만 특정 정서를 인식하는 능력이나 다른 사람의 정서에 반응하는 능력에 손상을 보였다.

이 절에서는 J. S.와 같이 사회적인 정서가 손상된 환자들에 대한 이해를 기초로, 어떻게 여러 뇌피질 영역이 정서와 연관되어 있는지에 대해 명확한 그림을 보여 준다. MacLean(1993)은 선조체와 변연계의 발생 이후, 인간 뇌의 진화에 있어서 세 번째 큰 진화는 고등 포유류, 그중에서도 인간에게서 가장 크게 발달한 피질인 신피질이라고 한다. 전체 인간 뇌의 80%는 신피질로 덮여 있다. 피질(바깥 껍질이라는 뜻)의 두께는 0.06~0.12인치이며, 깊숙하게 접혀 있다. 만약 피질을 평평하게 펼치면 약 310제곱인치 정도 된다.

초기의 뇌 연구로부터 과학자들은 편도체나 복측 선조체, 시상하부와 같이 하위 수준의 영역이 관장하는 보다 야만적인 행동을 피질이 억제한다는 가정을 하였다. 인지신경과학에서는 전두엽이 일반적으로 조절이나 실행 통제를 하는 중추로 여겨진다(Gazzaniga, Ivry, & Mangun, 2002). 전두엽 영역들은 인식이 가능한 방향으로 인간의 보다 원초적인 감정이 표상될 수 있도록 해 준다. 이러한 논의는 편도체나 측핵 그리고 중뇌수도 주변 회백질과 같은 영역에서 정서들이 발현된다는 것으로부터 시작된다. 그다음에는 그러한 감정들의 표상이 단기 기억으로 유지되어 계획을 세우게 되며, 사회적인 맥락에 적절한 방향으로 발휘되도록 한다(예: Beer, Knight, & D'Esposito, 2006; Wallis, 2007).

이러한 개념에 따라 피질과 관련된 여러 최신 문헌을 살펴보면서, 공감, 정서 조절, 사회적 통증, 긍정 정서가 피질의 상이한 영역에서 어떻게 표상되는지에 초점을 맞출 것이다.

뇌피질과 공감

제1장에서 우리는 뇌의 공감 네트워크에 대해 연구하고 있는 신경과학자 Tania Singer를 소개하였다. 우리가 다른 사람을 모방하는 능력, 다른 사람의 정서상태를 읽거나 궁극적으로는 다른 사람이 느끼는 것을 그대로 느끼는 것은 여러 면에서 사람을 사람답게 하고 사회적인 유대관계의 중심이 된다(제9장 참조). 최근 신경과학자들은 여러 가지 공감과정이 각기 다른 뇌의 영역들과 어떻게 연관되어 있는지를 도식화하기 시작했다.

Jean Decety와 Claus Lamm(2006), Kevin Ochsner와 Jamil Zaki(출간 중)에 의해 조사된 수많은 연구는 내측 전전두피질 영역과 전측 뇌섬엽과 전측 대상회의 특정 영역이 다른 사람의 정서를 공감하는 것과 연관되는 것을 보여 준다. 예를 들어, 손가락이 찔려서 아플 때, 전측 뇌섬엽과 전측 대상회가 활성화된다. 그리고 다른 사람이 이런 아픔을 느끼고 있다는 것을 들었을 때도 이 영역들이 활성화된다. 자신의 아픔과 타인의 아픔에 대한 평가를 할 때 동일한 뇌의 영역이 활성화된다는 말이다. 이러한 기본적인 공감과정은 다른 정서들에도 적용이 된다. 우리가 역겨움을 느낄 때 전측 뇌섬엽이 활성화되는데, 다른 사람이 역겨움을 느끼는 것을 보았을 때도 전측 뇌섬엽이 활성화된다. 피질의 이러한 영역들은 자신과 타인의 사이를 이어 주며, 다른 사람의 느낌을 알 수 있게 해 준다.

다른 형태의 공감이 있는데, 그것은 다른 사람의 정서상태를 인지적으로 이해하는 것이며 마음이론(theory of mind)이라고도 한다. 이런 형태의 공감은 피질의 또 다른 영역들이 관련된다. Singer는 이 영역들을 공감 네트워크라고 불렀고, Rebecca Saxe는 마음이론 네트워크라고 불렀다(Bruneau et al., 2012). 이 인지적인 공감 네트워크에는 내측 전전두피질, 설전부(precuneus), 측두두정접합(temporal parietal junction: 전전두피질로부터 입력을 받는 연합피질 영역)이 포함된다. 요약하자면, 이러한 피질 영역들은 우리가 다른 사람의 정서를 인지적으로 이해하고, 다른 사람이 우리가 느끼는 것과 다른 정서를 느끼고 있다는 것을 이해하는 데 관여한다.

J. S.의 경우처럼 전두엽이 손상되면 감정을 이입하거나 다른 사람의 감정을 이해하는 능력을 잃어버릴 수 있고 사회적인 관계에 큰 상처를 입을 수 있다(Beer, Shimamura, & Knight, 2004; Blair & Cipolotti, 2000; Hornak, Rolls, & Wade, 1996). 예를 들어, 최근 일련의 연구에서 Howard Rosen과 Robert Levenson(2009)은 전두측두엽 치매로 알려진 치매의 한 유형에서

정서적인 손상이 동반된다는 것을 특정했다. 전두측두엽 치매는 기질적 뇌의 질환으로 삶을 망가뜨리고, 전전두피질뿐만 아니라 우리가 논의한 공감과정과 관련된 측두피질 또한 황폐화시킨다. 다시 이 절의 주제로 돌아와서, 전두측두엽 치매 환자들은 다른 치매 환자군이나 통제군과 비교하여 공감행동에 손상을 보인다. 전두측두엽 치매 환자들은 다른 사람의 정서를 읽는 데 낮은 정확률을 보이고 파트너와 눈맞춤을 잘 하지 않는다. 그리고 자신이 노래 부르는 비디오를 보는 당혹스러운 상황에 처하게 해도 그 동영상을 보고 당혹감을 많이 나타내지 않는다. 당혹감은 다른 사람이 판단할 것이라는 생각에 근거를 두고 있다.

개별 정서: 미적 감정

미적 경험은 오랫동안 시인들과 철학자들에게 영감을 불러일으켰다. 우리는 다양한 자극에 대해서 미적 감정을 경험한다. 과학자들은 현재 어떤 얼굴이 아름답게 보이는지, 음악이 어떻게 미적 경험에서 오는 전율을 일으키는지, 어떻게 전 세계 사람들이 다양한 자연환경에 대해서 아름다움을 느끼는지, 그리고 어떻게 그림, 건축물, 무용 등이 우리에게 감동을 주는지 활발하게 연구하고 있다. 그중에서 소수의 신경과학자가 미에 대해서 이해하기 위해 신경미학(neuroaesthetic)이라고 불리는 새로운 분야에서 연구하고 있다. Nadal과 Pearce(2011)의 최근 개관은 이 분야의 유망함을 보여 주고 있다. 이 신경과학자들은 뇌에서 '미의 중추'를 찾기보다는 처음부터 이론적인 부분을 강조했다. 과학자들이 미를 경험할 때 활성화되는 다양한 뇌의 영역을 발견하는 것은 훨씬 더 타당한 일이다. 거기에는 얼굴이나 소리를 지각하는 것 같은 기본적인 지각 처리과정이 관여할 것이다. 그리고 편도체와 측핵으로부터 전송된 신호와 함께 보다 통합적인 지각과정이 정서에 질적인 면을 더할 것이다. 그리고 고차원적인 피질과정으로서 그 자극이 자아 또는 자기 정체성과 어떻게 관련되어 있는지에 대한 개념적 의미를 경험할 것이다. 이러한 개념적인 배경에 따라, Nadal과 Pearce는 최근 신경미학 연구에서 알게 된 것들을 개관하였다. 예를 들면, 아름다운 그림이나 예쁜 얼굴은 모두 측핵과 안와전두피질을 활성화하는데, 이 부위들은 기본적 보상과정과 연관되어 있고 보상 신호에 사회적인 중요성을 부여해 주는 영역들이다. 멋진 무용 공연을 볼 때, 우리의 시각피질뿐만 아니라 마치 몸이 춤을 추기 위해 준비하는 것처럼 전운동피질 또한 활성화된다. 그리고 음악은 청각피질을 활성화할 뿐만 아니라 편도체나 측핵도 활성화하고, 음악의 정서적인 내용에 따라서 안와전두피질 또한 활성화한다. 미적 감정에 대한 이러한 예비적 발견들은 이미 알려진 많은 지식과 통합되어 정서신경과학을 발전시켰고, 가장 설명하기 힘든 미적 감정에 신경학적 서광을 비추었다.

전전두피질, 정서 그리고 정서 조절

전전두피질에는 정서와 관련된 세 영역이 포함되는데, 그것은 안와전두 영역, 배외측 전전두 영역, 내측 전전두 영역이다. 최근 인지신경과학의 진보는 이 영역들이 정서 조절에 얼마나 중요한지를 강조하고 있다. 구체적으로 전전두피질의 내측 부분은 자기표상, 공감(제1장 참조), 측핵으로부터 입력 신호를 받았으므로 보상의 경험과 중요하게 관련되어 있다. 안와전두 영역([그림 6-1] 참조)은 편도체로부터 입력 신호를 받을 뿐만 아니라 다양한 형태의 감각 양식으로부터도 신호를 받는다. 그래서 안와전두 영역은 목표의 표상(Miller & Cohen, 2001), 보상(O'Doherty et al., 2001; Rolls, 1997, 1999; Rolls & Bayliss, 1994; Rolls et al., 1998), 접근 관련 성향과 회피 관련 성향(Davidson & Irwin, 1999; Davidson, Jackson et al., 2000)과 관련되어 있고, 보상과 처벌의 예측에 대한 의식적 표상을 하는 영역으로 생각된다. 안와전두 영역은 배외측 전전두 영역으로 신호를 보내는데, 이 영역은 운동피질과 훨씬 강하게 연결되어 있으며, 운동피질은 운동을 일으킨다.

전전두피질이 정서 조절에 큰 역할을 한다는 것은 분명하다. 전전두피질은 뇌에서 기본적인 정서 처리를 하는 영역인 측핵과 편도체로부터 신호를 받고, 이 신호를 개인이 할 수 있는 행동으로 표상한다. 이것이 정서 조절의 핵심으로, 현재 상황에서 사회적인 맥락에 적절한 방식으로 행동을 바꾸는 것이다(제8장과 제14장 참조). 두 가지 증거가 전전두피질이 정서 조절에 중요하다는 것을 말해 준다.

첫째, 안와전두피질이 손상된 환자들(J. S.와 Gage 같은)은 정서적인 행동을 조절하는 데 어려움이 있었다. 그들의 정서적 반응들은 전반적으로 사회적인 맥락에 부적절하였다. 앞에서 말했듯이, J. S.처럼 안와전두피질에 문제가 있는 환자들은 낯선 사람의 뺨에 키스를 하거나 껴안는 방식으로 인사를 하였고(예: Rolls, Hornak, Wade, & McGrath, 1994), 저속한 농담이나 장난을 하고(Stuss & Benson, 1984), 부적절한 옷차림으로 처음 보는 사람 앞에 나타나기도 했다(Beer, 2002). 안와전두피질 환자들은 종종 맥락에 맞지 않은 정서를 경험하거나 표현하였다. 예를 들면, 처음 보는 사람을 놀린 다음에 매우 자랑스럽게 생각했다. 이런 상황이 되면 대부분의 사람은 수치심을 느끼게 되거나 심지어 굴욕감을 느낀다(Beer et al., 2003).

두 번째 증거는 뇌영상 연구에서 나왔는데, 사람들이 정서반응을 조절하려고 할 때 전전두피질이 어떤 활동을 하는지를 측정해서 알아냈다(예: Levesque, Eugène et al., 2003). 이러한 초기의 한 연구에서 Kevin Ochsner와 동료들은 15명의 여성에게 114장의 사진을 보여 주는 실험을 하였다. 사진의 3분의 2는 부정적인 정서를 불러일으키는 사진이었고, 3분의 1은 상대적으로 중립적인 내용을 담고 있었다(Ochsner, Bunge, Gross, & Gabrieli, 2002). 실험 참가자들의 절반에게는 더 이상 부정적인 반응을 불러일으키지 않도록 부정적인 사진들에 대해 재평가할 것을 지시하였다. 이러한 재평가는 배측과 복측 영역의 왼쪽 외측 전전두피질과 배내측 전전두피질의 활동을 증가시켰다.

이 연구는 여러 유사한 연구에 영감을 주었고, Kevin Ochsner와 James Gross는 최근에 수행된 유사한 연구 15편을 다음과 같이 요약하였다(Ochsner & Gross, 2008). 단순히 정서에 대해 생각할 때에는 뇌섬엽뿐만 아니라 자율신경계로부터 입력 신호를 받으며, 정서경험의 중추라고 생각되는 편도체도 활성화한다. 자신의 정서반응에 대해서 재평가를 해야 할 때는 앞서 언급했듯이 왼쪽 전두피질의 외측 영역이 활성화될 뿐만 아니라, 무엇에 주의를 기울일지 그리고 어디에 주의를 기울일지 선택하는 배측 전전두피질 역시 활성화된다. 이러한 사실은 재평가의 핵심과 정확하게 일치한다. 재평가에는 어떤 자극이나 사건에 대한 한 가지 평가(예: '이번 시험에서 어떻게 하는지에 따라 내가 들어가는 대학이 결정된다!')에서 다른 평가('이 시험은 수많은 것 중 하나일 뿐이고 내 미래는 수많은 나의 재능과 노력에 달려 있다.')로 주의를 바꾸는 것이 포함된다. 정서를 3인칭 관찰자 시점으로 보는 것과 관련된 정서 조절의 뇌영상 연구가 진행되고 있다. 예를 들면, 한창 정서를 느끼고 있을 때, 자기 자신을 3인칭 관찰자 시점이나 연극에서 연기하는 배우나 소설 속의 주인공처럼 보다 먼 시점에서 바라볼 수 있다. 이러한 형태의 정서 조절은 내측 전전두피질이 관련되어 있고 자기표상과 연관 있는 것으로 알려져 있다.

영화의 초점: 〈시에라 마드레의 보물〉

John Huston 감독의 미국 영화의 고전 〈시에라 마드레의 보물(The Treasure of Sierra Madre)〉(1948년 작)은 전두엽이 정서와 정서 조절에 중요함을 알려 준다. Humphrey Bogart가 국외 거주자 Fred Dobbs의 역을 맡았다. Fred는 멕시코 탐피코에 있는 국외 거주 미국인들에게서 담배와 끼니를 얻는 일에 지친 상태이다. Fred는 빈털터리가 된 보물 탐사자 두 명과 함께 멕시코 시에라 마드레의 건조한 산맥에서 야영하였다. 그들은 금을 찾고 있었다. 처음에는 금을 잘 찾아내었지만, 부를 얻음으로써 그들 사이의 관계도 복잡해졌다. 그들이 찾아낸 금덩이가 많아지면서, 서로 속일 수도 있었지만 서로 신뢰하려고 최선을 다했다. 이 보물 탐사자들의 유대는 굳게 유지되었고, 목표에 대한 열정 때문에 정신적인 동지가 되었다. 새로 찾은 행운을 가지고 마음속으로 그림을 그리기도 했는데, 음식과 옷과 농장과 하얀 담장으로 둘러싸인 멋진 집 같은 것들이었다. 그들은 서로를 보고 웃으며, 농담도 주고받고, 서로를 다독이며 잘 지냈다.

수직 갱도가 Fred의 머리 위로 무너지자 그는 전두엽을 크게 다친다. Fred는 Phineas Gage처럼 사회정서 능력을 잃어버리게 된다. 이야기는 여기서 극적인 반전을 이룬다. 그는 동료들의 의도를 오해하게 되고 금을 숨기려 한다고 의심한다. 그는 동료들을 악의를 갖고 보게 된다. 그는 소원해지고 냉담해진다. 그의 친밀한 말투는 냉혹하게 바뀌고, 동료들을 부를 때도 그들의 이름을 부르지 않고 사무적으로 성만 부른다. 그는 정서를 조절할 수 없는 상태가 되고, 욕을 하거나 쉽게 총을 들이대고 대치하는 상태가 된다. 신경과학이 전두엽에 대해서 이야기하기 전에, 이미 우리는 〈시에라 마드레의 보물〉과 같은 고전적 이야기에서 뇌의 이 영역이 정서기능에 중요하다는 증거를 보고 있다.

전측 대상회와 사회적 고통

지금까지 우리는 피질의 처리과정이 어떻게 다른 사람에게 공감적인 반응을 하며, 현재 상황의 사회적인 맥락이 어떻게 우리의 정서를 조절하여 정서의 사회적 측면을 가능하게 하는지 보았다. 정서의 사회적 차원과 그것이 피질 과정에 표상되는 또 다른 예가 있는가? 최근의 관심은 분리(separation)에 따른 사회적 고통이다. 분리에 따른 사회적 고통으로는 사랑하는 사람과 헤어졌을 때의 슬픔, 사랑하는 사람과 사별했을 때의 애도, 사회적으로 거부를 당하거나 소외를 당해서 생기는 수치심 등이 있다. John Bowlby는 제1장에서 소개했던 그의 애착 이론을 통해서, 분리에 따른 사회적 고통은 그것을 피하기 위해서 애착 대상과 가깝게 있도록 해 주기 때문에 생존에 절대적으로 필요하다고 하였다.

피질의 처리과정이 어떻게 이와 같은 사회적인 고통과 관련될까? Naomi Eisenberger의 멋진 이론을 보면, 전전두피질 영역인 전측 대상피질의 중요한 기능([그림 6-1] 참조)을 말하고 있다(Eisenberger & Lieberman, 2004). Eisenberger는 은유적으로 표현하여, 전측 대상회의 특정 영역이 마음의 경보 시스템이라고 제안하였다. 이러한 논지는 몇 가지 발견에 따른 것이다. 인지과학자들은 대상피질이 불일치 탐지기로서, 자극들, 개인의 목표들, 의도들 간의 갈등을 탐지하는 곳으로 생각한다. 대상회의 배측 영역은 또한 신체적 통증이나 유해한 신체적 감각이 있을 때 활동하고, 특히 그런 통증의 불쾌함을 표지하는 것 같다. 이러한 이유 때문에 제어할 수 없는 통증으로 고통을 받는 환자들에게 외과 의사들이 때로는 전측 대상회의 일부를 절제하는 방법을 사용한 것 같다. 그리고 우리는 방금 다른 사람의 고통에 공감을 할 때 뇌 섬엽과 함께 전측 대상피질이 활성화된다는 것도 배웠다.

이러한 발견들을 보면서, Eisenberger는 우리의 사회적인 고통도 전측 대상피질, 특히 그 배측 영역과 연관되어 있다고 제안한다. 여기 이러한 결론을 뒷받침하는 몇몇 발견이 있다. 영장류에서 전측 대상피질의 배측 영역을 제거하면 가족 구성원들과 분리되었을 때 나타나는 스트레스성 울음이 줄어든다는 것과 전형적인 애착행동이 감소한다는 것이다. 아편제는 신체적인 통증뿐만 아니라 사회적인 고통 또한 줄여 준다. 이러한 증거들을 가지고 추론해서, Eisenberger는 전측 대상피질의 배측 영역이 또한 사람들이 거절, 분리 및 배척되는 것을 탐지하고 반응하는 데 관여한다고 가정하였다.

이러한 사회적인 거절을 보여 주기 위해, Eisenberger와 동료들은 실험 참가자들에게 컴퓨터로 다른 두 명의 실험 참가자와 함께 공놀이를 시켰다(Eisenberger et al., 2003). 이 게임에서 한 참가자는 다른 참가자 두 명과 가상 공을 던지고 받는다. 미리 예정된 시점에 컴퓨터가 놀이를 변화시킨다. 다른 두 명의 실험 참가자가 한 실험 참가자에게 공을 던져 주지 않게 해 버린다. 그러면 그 공놀이에서 공을 받지 못하게 된 실험 참가자는 실제로 학교 운동장에서 배척당하는 상황을 떠올리게 되며, 사회적인 배척 상황에 놓인다. 이러한 사회적인 배척행동은 전측 대상피질의 배측 영역을 활성화했고, 그런 실험 참가자들은 고통스러운 감정을 보고하였는데, 이 두 가지는 상관관계가 있었다. 인간의 진화과정에서 사회적인 관계는 매우 중요해져서, 사회적인 배척을 느끼면 피질에 있는 원조 통증 영역이 사회적 목적에 동원되는 것 같다.

반구외측화 효과, 접근과 철수 그리고 정서

접근(approach)과 철수(withdrawal)는 정서상태의 전 영역에 걸쳐 있는 기본적인 성향이다. 몇 가지 상태(욕망, 동정, 열정)는 우리로 하여금 목표와 목표 달성의 기쁨으로 달려가게 한다. 다른 정서상태들(두려움, 부끄러움, 슬픔)은 철수하고자 하는 성향으로 규정된다. 정서에 대한 신경과학적 연구의 선두자 중 한 사람인 Richard Davidson은 이러한 방식으로 뇌의 기능이 분화되어 있다고 제안한다. 접근과 관련된 상태는 대부분 긍정적이며, 왼쪽 전두엽 영역의 피질 처리과정과 관련이 있다. 반면에 철수와 관련된 상태는 대부분 부정적이고, 오른쪽 전두엽 피질과 관련이 있다(Davidson, 1992a, 1998; Davidson et al., 2003).

Davidson의 주장은 다음과 같다. 접근과 관련된 정서들은 왼쪽 전두엽 영역을 부분적으로 활성화한다. 왜냐하면 좌반구 영역에서 언어 처리과정이 일어나고 언어는 계획적이고 목표 지향적인 행동을 하는 데 중심이 되기 때문이다. 반대로 철수와 관련된 성향들은 오른쪽 전두엽으로 외측화되어 있다. 이러한 분석을 해 보면, 목표를 향해 접근하게 하는 상태는 대부분이 긍정적이고 왼쪽 전두피질 영역이 관여한다. 철수반응을 일으키는 상태는 오른쪽 전두엽 영역을 활성화한다.

이러한 공식을 검증하기 위해, Davidson과 동료들은 두 가지 형태의 지지적 증거를 수집하였다. 첫 번째는 Davidson의 공식과 같이 긍정적인 접근 관련 상태와 부정적인 철수 관련 상태가 실제로 좌우 반구에 기능이 분화되어 있다는 증거들이다. 예를 들면, 한 연구에서 Davidson과 동료들(1990)은 참가자들에게 각자 4개의 짧은 동영상을 보여 주었다. 2개의 즐거운 동영상은 동물들이 노는 것이었다. 2개의 소름 끼치는 동영상은 간호사들을 훈련시키는 동영상으로, 하나는 화상을 입은 환자에 대한 동영상이었고 다른 하나는 절단 수술을 하는 동영상이었다. 각각의 참가자들이 동영상을 시청하는 동안, 좌우 반구에 각각 4개의 전극을 통해서 뇌전도(EEG)를 기록하였고 얼굴표정을 비디오테이프로 녹화하였다. 행복한 표정(제4장에서 묘사한 Duchenne 미소)과 역겨운 표정(코를 찡그림)이 관찰되었다. 참가자들이 행복한 표정을 짓는 동안 유의미하게 왼쪽 전두엽 피질 영역이 오른쪽 전두엽 영역과 비교하여 활성화가 증가되었다. 역겨운 표정을 지을 때에는 오른쪽 전두엽 영역이 훨씬 더 활성화되었다.

다른 유사한 연구들에서는 비디오 형태의 게임을 할 때 행동에 따라서 성인들이 금전적으로 보상을 받거나 금전적으로 처벌을 받는 경우, 그리고 10개월 된 유아에게 어머니가 다가가거나 낯선 사람이 다가갈 경우, 비슷한 패턴이 관찰되었다(Davidson, 1992a). 긍정적인 정서는 보다 왼쪽 전두엽 영역의 활성화와 동반되었고, 부정적인 정서는 보다 오른쪽 전두엽 영역의 활성화가 동반되었다. 후속 연구에서 사람들이 달콤한 맛을 느낄 때 좌반구가 크게 활성화된다는 것도 발견하였다(Lane et al., 1997).

두 번째 증거는 정서성에서의 개인차 연구로부터 나오게 되었고, 다시 한번 Davidson의 뇌의 기능 분화 논지와 일치되는 결과를 얻었다. 긍정적인 정서를 빈번하게 경험하는 경향이 있는 사람들은 쉬고 있을 때나 중립적인 상황에서 훨씬 큰 좌반구 활동성을 보였다(Sutton & Davidson, 1997). 왼쪽 편의 뇌졸중으로 전두엽 영역의 손상을 입은 환자들은 의학적으로 우울증에 걸릴 위험이 높아지는 반면, 오른쪽 전두엽 영역이 뇌졸중으로 손상을 입은 경우에는 조증을 경험하는 것이 보다 일반적이다(Starkstein & Robinson, 1991). Henrique와 Davidson(1991)은 뇌 손상이 없어도 우울한 사람들은 우울하지 않은 사람들에 비해서 왼쪽 전두엽 영역의 활동성이 떨어진다는 것을 발견하였다.

유전적인 반구기능 비대칭을 Davidson(1993)은 감정 스타일(affective style)이라고 불렀다. 이러한 공식을 이끌어 낸 연구는 그가 Kagan과 다른 동료들과 함께 수행한 연구이다(Davidson, 1992a). 31개월 된 386명의 아동이 어머니와 짝을 지어서 놀이 터널이 있는 큰 놀이터에서 장난감을 가지고 노는 것을 25분의 한 회기 동안 관찰하였다. 회기가 시작하고 10분 뒤에 실험자는 원격 조정 로봇을 가지고 와서 로봇이 각각의 아동들에게 다가가서 말을 하게 하였다. 3분 뒤에 로봇은 낮잠을 자야 한다고 말했고, 아동의 앞에서 사라졌다. 회기가 시작하고 20분 뒤, 낯선 사람이 매우 흥미롭게 보이는 장난감들이 들어 있는 쟁반을 가지고 방으로 들어와서 아동들에게 장난감을 가지고 놀자고 하면서 3분을 기다린다. 이 회기에서 아동들을 세 집단으로 구분하였다. 억제된(inhibited) 아동 집단은 ① 25분의 회기 동안 9.5분 이상을 어머니 곁에 있었던 아동들, ② 장난감을 하나도 만지지 않은 아동들, ③ 회기가 시작하고 3분이 지나기 전까지 한마디도 하지 않은 아동들, ④ 로봇에 접근하지 않은 아동들, ⑤ 낯선 사람에게 접근하지 않은 아동들, ⑥ 놀이 터널에 들어가지 않은 아동들로 구분되었다.

그다음 억제되지 않은(uninhibited) 아동 집단은 어머니 곁에 30초 이하 동안만 머물렀으며, ②~⑥에 해당하는 활동을 모두 어려움 없이 한 아동들로 구성되었다. 중간 집단도 있었는데, 두 집단의 측정치 사이에 있는 집단이다. 28명의 아동이 각각의 집단에 선택되었고, 대략적으로 성별 균형을 맞추었다. 7개월 뒤에 휴식기의 뇌전도(EEG)를 측정하였다. [그림 6-3]에서 볼 수 있듯이, 억제된 집단의 아동들이 훨씬 높은 우반구 활성화를 보였고, 억제되지 않은 집단의 아동들은 훨씬 낮은 활동 수준을 보였다. 중간 집단은 두 집단의 사이에 있었다.

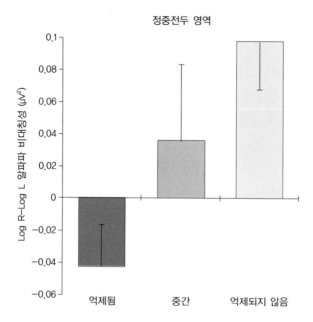

[그림 6-3] 25분의 놀이 회기를 통해서 억제된 집단, 중간 집단, 억제되지 않은 집단으로 분류된 31개월 된 아동들이 이후 38개월 되었을 때의 뇌전도 평균 점수. 점수들은 우반구에 비해서 좌반구의 상대적인 뇌전도 활성화를 나타낸다.

출처: Davidson (1992a).

신경화학물질과 정서

신경계에서 이루어진 가장 중요한 발견 중 하나는 신경섬유가 전기적인 활동을 한다는 것이다. 이것은 Galvani의 발견으로, Mary Shelley가 『프랑켄슈타인(Frankenstein)』을 집필하는 데 영감을 주었다(Tropp, 1976). 이것에 필적하는 발견은 화학물질이 뉴런에서 뉴런으로 신호를 전달한다는 것이다. 이것은 Otto Loewi가 개구리의 미주신경을 전기적으로 자극하는 실험을 통해서 발견하였다. 이 전기 자극은 심장박동을 느리게 만들었다(Brazier, 1959). Loewi는 개구리의 심장을 용액에 담가 두고 전기 자극을 가하였는데, 이후 그 용액을 두 번째 개구리의 심장에 부어 주자 두 번째 개구리의 심장박동도 느려졌다. 그는 어떤 화학물질이 첫 번째 개구리의 신경말단에서 방출되었으며, 이 화학물질 때문에 두 번째 개구리의 심장박동이 느려졌다고 추론하였다. 그 물질은 아세틸콜린이었다. 그 이후 50종이 넘는 화학물질이 신경계에서 방출되며, 다른 뉴런이나 내분비선 또는 근육에 영향을 미친다는 것이 발견되었다.

신경화학물질은 기능적으로 세 가지 유형으로 분류되고, 서로 겹치는 영역이 존재한다. 첫 번째 유형은 신경전달물질(neurotransmitter)로, 뉴런에서 시냅스로 방출된다. 아세틸콜린뿐만 아니라 노르에피네프린, 도파민, 세로토닌, GABA 등이 여기에 포함된다. 신경전달물질은 신경 충동에 의해서 뉴런 축색의 말단으로부터 방출된다. 신경전달물질들은 수 msec 동안 세포 사이의 작은 시냅스 간극으로 퍼져 나가고, 그 신경전달물질을 받은 뉴런이나 근육섬유를 흥분시키거나 억제한다.

두 번째로 호르몬(hormone)이 있다. 호르몬은 혈액을 통해서 운반되며 그 물질에 민감한 장기에 영향을 준다. 호르몬은 일반적으로 신경전달물질에 비해서 느리게 작용하며, 작용 지속 시간은 길다. 호르몬은 아드레날린이나 코르티솔(제5장 참조)과 같은 작은 분자로 되어 있는 것들도 있고, 펩타이드로 되어 있는 것도 있다. 호르몬 시스템을 조절하는 주된 내분비선은 뇌하수체로, 시상하부와 연결되었으며 주로 시상하부의 지배를 받는다. 뇌에서 멀리 떨어져 있는 부신과 같은 다른 내분비선도 호르몬을 분비하는데, 신체에도 영향을 주지만 어떤 경우에는 시상하부에 있는 뉴런에도 영향을 준다.

세 번째는 신경조절물질(neuromodulator)이다. 신경조절물질 대부분은 펩타이드이다. 예를 들면, 내인성 아편제는 아편이나 헤로인과 같은 약물과 화학적으로 유사한데, 통증 시스템을 조절한다. 콜레시스토키닌(cholecystokinin)과 같은 다른 펩타이드는 정서에 중요한 영향을 준다. 몇몇 펩타이드는 신경전달물질이지만, 신경조절물질로 작용할 때는 한 뉴런에서 방출되면 퍼져 나가서 수천 개의 인근 뉴런에 영향을 미친다.

각기 다른 신경화학물질에 대한 연구는 신경계에서 정서가 어떻게 표상되는지를 아는 데 도움을 주어 왔다. 신경화학물질은 해부학적으로 뇌 영역의 네트워크들 안에 존재하고 각기 다른 형태의 행동에 영향을 준다(Panksepp, 1986, 1998). 또한 신경화학물질은 각기 다양한 방식으로 개인에게 투여될 수 있는데, 그렇게 해서 연구자들은 신경화학물질이 어떻게 정서나 기분 그리고 다른 심리적인 상태에 영향을 주는지에 대해 연구할 수 있다. 여기에서 우리는 가장 널리 연구된 신경화학물질 중 두 가지에 대한 개념과 정서 관련성에 대해서 개관할 것이다. 이제 세로토닌과 옥시토신을 살펴보자.

세로토닌

세로토닌(serotonin)은 뇌에서 광범위하게 생산되는 신경전달물질로, 특히 피질하 영역(편도체, 복측 선조체, 시상하부)뿐만 아니라 전전두피질 영역으로 운반된다. 세로토닌은 항우울제인 프로작(화학물질명은 플로옥세틴)과 같은 세로토닌 재흡수 억제제(뇌에서 세로토닌의 가용성을 증가시킴)의 광범위한 사용으로 인하여 관심을 끌게 되었다. 미국인의 거의 10%에 가까운 인구가 항우울제를 복용하는 것으로 추산된다. 하지만 우리가 제13장에서 보게 될 것처럼, 세로토 닌의 우울증 완화 효과는 과대평가되었을 공산이 크다.

이 장의 주제는 세로토닌이 어떻게 정서와 기분에 영향을 주는가이다. 세로토닌에 대한 문 헌들의 종합적 개관에서, Charles Carver 등(2008)은 세로토닌이 관여하는 뇌의 기전은 피질하 영역의 빠르고 정서적이고 연합적인 과정과 전두엽의 느리고 신중하고 언어 기반의 과정 사 이에서 균형을 유지하는 것과 관련된다고 제안하였다. 인지적인 용어로, 이러한 과정들은 각 각 발견적(heuristic) 과정과 심사숙고(deliberative) 과정으로 알려져 있다. Kahneman(2011)은 그것을 '빠른 사고와 느린 사고(fast and slow thinking)'라고 명명하였다. 그리고 우리는 이러한 과정에 대하여 제10장에서 보다 깊게 논의할 것이다. Carver와 동료들은 뇌의 시냅스에서 세 로토닌 수준이 낮아지면, 편도체나 측핵과 같은 영역에서 일어나는 빠르고 직관적인 피질하 반응이 보다 신중한 전두엽 중심적 과정보다 두드러지게 나타나는 경향이 있다고 말한다.

이러한 관점은 세로토닌과 관련된 역설적인 발견을 설명하는 데 도움을 줄 수 있다. 예를 들면, 낮은 수준의 세로토닌은 두 가지 정서장애와 연관된다. 첫 번째는 충동적이고 분노를 쉽게 표출하는 반사회적인 성향이다. 두 번째는 높은 수준의 부정적인 정서를 경험하는 우울 증이다. 표면적으로는, 낮은 수준의 세로토닌이 반사회적 성향과 우울증적 성향 모두와 연관 된다는 것은 모순된다. 하지만 Carver와 동료들의 해석에 따르면, 반사회적인 행동과 우울증 은 둘 다 전두엽의 피질하 과정에 대한 불균형적 영향을 반영한다(반사회적인 사람의 경우 전두 엽이 공격적 성향을 조절하지 않고, 우울증의 경우 전두엽이 부정적 정서를 조절하지 않는다). 이러한 발상에 따르면, 세로토닌 수준의 변화는 피질하 영역과 피질 영역의 상호작용에 불균형을 일 으켜서, 반사회적이고 충동적인 경우는 문제를 일으키는 공격성으로 나타나기도 하고, 부정 적인 정서나 고통을 겪기 쉬운 경우는 우울증으로 나타날 수도 있다.

성격에 대하여, Carver와 동료들은 세로토닌이 피질하 영역과 피질 영역의 처리과정을 조 절한다는 개념과 일치되는 연구들을 요약하였다. 낮은 수준의 세로토닌은 정서 조절과 관련 된 전전두 영역의 활동이 저하된 성격특성들과 연관이 있으며, 여기에는 낮은 동조성(적대감), 높은 신경증적 성향(높은 정서적 반응성), 낮은 억제력(미래를 고려할 수 있는 능력과 사회적인 맥 락에 맞게 충동성을 조절함) 등이 있다. Carver와 동료들은 세로토닌 수준이 낮아지면, 피질하 영역이 전전두 영역의 충동 조절을 중단시켜 버린다고 주장했다.

예를 들면, Carver와 동료들은 Brian Knutson과 동료들(1998)의 실험을 언급했다. 그 실험 에서 일부 지원자에게는 뇌에서 가용한 세로토닌의 수준을 증가시키는 세로토닌 재흡수 억 제제를 투여했고, 다른 지원자들에게는 위약(placebo)을 투여했다. 세로토닌 재흡수 억제제를 준 실험 참가자들을 위약을 준 실험 참가자들과 비교하였을 때 성격검사 결과에서 적대성이나 부정 정서에 대한 지수가 감소하는 것을 발견하였고, 퍼즐 게임을 함께 할 때는 보다 협조적이고 친화적인 모습을 보였다. 또한 Carver와 동료들은 후속 실험에서 세로토닌 수준을 증가시켰을 때 스트레스를 주는 사건에 대해서 보다 낮은 반응성을 보였다고 언급했다.

옥시토신

옥시토신(oxytocin)은 9개의 아미노산으로 이루어진 펩타이드이다. 옥시토신은 시상하부에서 생성되며 뇌와 혈류 모두로 분비된다. 옥시토신 수용기는 후각 시스템, 변연-시상하부 시스템, 중뇌수도 주변 회백질, 자율신경계를 조절하는 척수에 존재하는데, 특히 부교감신경계에 많이 분포한다(Uvnas-Moberg, 1994). 옥시토신은 수유, 모성 유대, 성적인 상호작용과 관련이 있다(Carter, 1992). 가장 일반적인 개념으로 볼 때, 옥시토신은 불안을 감소시킴으로써 유대행동을 가능하도록 촉진하고(Carter & Altemus, 1997; Taylor et al., 2000), 사회적 접촉과 협력을 즐겁게 만들어 준다(Insel, Young, & Wang, 1997; Panksepp, 1998). 옥시토신에 대한 이런 기본적인 사실을 토대로, 초기 이론은 옥시토신이 아마도 사랑의 생물학적인 근원 물질일 것이라고 가정하였다(Carter, 1998; Insel, 1993).

첫 번째로, 일부일처를 하는 초원들쥐(prairie vole)와 유사한 종이지만 일부일처를 하지 않는 산악들쥐(montane vole)를 비교했을 때, 각각 종의 뇌에서 옥시토신 수용기의 분포가 달랐다(Carter, 1998; Insel et al., 1997). 게다가 초원들쥐의 특정 뇌 영역에 옥시토신을 직접 주입하면, 다른 대상들이 있어도 한 대상에 집중하는 것이 증가하는 것을 발견하였다. 반면에 옥시토신 길항제를 주입하면 한 대상에 집중하는 것이 약화되는 것을 별견하였다(Williams, Insel, Harbaugh, & Carter, 1994). 들쥐를 가지고 한 다른 연구들에서는 교미가 옥시토신의 분비를 자극하는 것을 발견하였고(Carter, 1992), 옥시토신의 활동을 억제하면 모성행동이 방해받는 것을 발견하였다(Insel & Harbaugh, 1989; Pederson, 1997). 암컷 초원들쥐에게 옥시토신을 투여하면 친사회적인 행동은 증가하고 공격성이 감소한다는 것을 발견하였다(Witt et al., 1990). 초원들쥐 수컷과 암컷에게 옥시토신 처치를 하면 사회적인 접촉이 증가하게 된다(Witt et al., 1992).

다른 종에 대한 연구도 마찬가지로, 옥시토신의 유사한 사회적인 유대기능을 입증하였다. 영장류에 옥시토신을 주입하면 새끼를 돌보는 빈도가 증가하고, 공격적으로 이빨을 드러내거나 위협적인 표정을 짓는 빈도가 감소한다(Holman & Goy, 1995). 병아리가 격리될 때 스트레스를 받아서 내는 삐삐거리는 소리도 옥시토신 처치 이후에 줄어드는 것을 발견하였다(Panksepp et al., 1997). 옥시토신을 주입받은 암양은 낯선 어린 양에게도 애착을 보였다(Keverne et al., 1997). 새끼 쥐는 어미의 체취를 좋아하지만, 옥시토신 길항제를 미리 처치한 경우에는 그렇지 않았다(Nelson & Panksepp, 1996).

  사람에 대한 초기 연구에서도 옥시토신이 유대관계를 촉진한다는 것을 암시하는 증거를 발견하였다. 모유를 수유하는 여성에 대한 연구에서 옥시토신이 시상하부-뇌하수체 축(hypothalamus-pituitary axis) 활동성을 감소시키는 것을 발견하였다(Carter & Altemus, 1997; Uvnas-Moberg, 1997, 1998). 마사지는 혈류로 옥시토신 분비를 증가시키고(Turner et al., 1999, 2002), 옥시토신은 성적 행위를 할 때 분비가 증가하는 것이 발견되었다(Carmichael et al., 1987; Murphy, Seckl, Burton, Checkley, & Lightman, 1987). 그리고 여성에게 어떤 대상에 대해서 따뜻함을 느꼈던 경험을 자세히 설명해 보라고 했을 때, 그들이 비언어적인 사랑 표현(미소를 지음, 고개를 갸우뚱거림, 손바닥을 보이며 포용의 의사를 보임 등)을 할 때 혈류로 옥시토신 분비가 증가하는 것과 상관관계가 있었다(Gonzaga et al., 2006). 이렇게 개인에게 나타난 것이 커플에게서도 나타난다. Dietzen과 동료들은 이성 커플이 갈등을 표출하기 전에 스프레이로 옥시토신을 코 안에 뿌려 주었을 때, 중성 용액을 흡입한 통제 조건의 커플보다 긍정적인 친화행동(상대방을 인정해 줌, 돌봄, 눈맞춤, 미소)을 더 많이 보인다는 것과 논쟁 후에 스트레스 호르몬이 낮다는 것을 발견하였다(Dietzen et al., 2009).

  옥시토신이 유대와 사랑에 관련되어 있다는 이러한 초기 발견들은 연구자들에게서 옥시토신이 보다 일반적으로 사람에 대한 친사회적인 행동을 촉진할 수 있다는 생각을 이끌어 냈다. 여러 연구가 두 가지의 특별한 가설에 초점을 맞추었다. 첫 번째는 옥시토신이 관대함을 촉진한다는 것이다. 예를 들면, 이 문헌들 중에서 독창적인 한 연구에서는 실험 참가자들이 함께 신용 게임(투자 게임)을 하였다(Kosfeld et al., 2005). 신용 게임에서 '투자자'로 알려진 참가자는 '수탁자'로 알려진 참가자에게 돈을 투자한다. 수탁자에게 맡기면 돈의 가치는 3배가 되고, 수탁자는 투자자에게 돈의 일부를 돌려준다(적든 많든 원하는 만큼 돌려준다). 이 연구에서 실험 참가자들은 비강 흡입기를 통해서 옥시토신을 흡입하거나 통제 조건으로 중성 용액을 흡입한다. [그림 6-4]에서 볼 수 있듯이, 옥시토신을 흡입한 실험 참가자들은 낯선 투자자에게 준 최대 금액이 통제 조건과 비교하여 두 배가 넘는다.

  두 번째 관심은 옥시토신이 다른 사람에 대한 우리의 공감반응을 증가시키는가 하는 것이다. 예를 들면, 이러한 점을 연구한 Domes와 동료들(2007)은 실험 참가자들에게 옥시토신 또는 중성 용액을 비강을 통해 흡입하도록 했다. 그리고 나서 '눈은 마음의 창(Mind-in-the-eye)'으로 알려진 미묘하게 눈의 표정이 다른 36장의 정서를 표현한 사진을 보여 주었다. 옥시토신을 투여한 집단에서 보다 좋은 과제 수행을 보였는데, 특히 눈에 담겨 있는 읽어 내기 어려운 미묘한 정서를 더 잘 읽어 낸다는 것이 증명되었다.

  이러한 연구들은 옥시토신이 사람에게 사랑의 감정, 긍정적인 소통, 친사회적인 행동, 공감

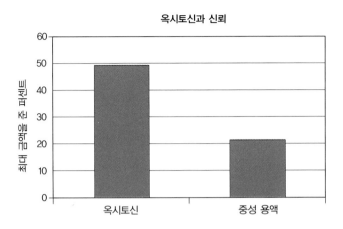

[그림 6-4] 경제 게임에서 옥시토신을 흡입한 실험 참가자들이 최대 금액을 제공할 가능성이 높다.

출처: Kosfeld et al. (2005)에서 발췌.

력을 강화시킨다는 면에서 굉장히 관심을 끈다. 이는 옥시토신이 사랑을 증진시키는 약물이 될 수 있고, 자폐증과 같이 사회적 관계에 어려움을 겪는 특정 장애들에 대한 유망한 치료제가 될 수 있으며, 공동체에서 신뢰와 사회적 관계를 증진시키는 방법이 될 수 있다는 소식이다(심지어 영국에서는 옥시토신 스프레이를 살 수 있다!). 그런데 보다 최근의 조사와 과학적인 연구들에서는 이러한 관점에 대해서 문제를 제기하기도 한다. 무엇보다도 Jennifer Bartz와 동료들의 최근 개관 연구를 보면, 연구에서는 옥시토신이 친사회적인 행동과 공감을 증가시키는 것이 관찰되는 반면, 다른 상황에서는 그렇지 않다는 것을 발견하였다. 이것은 옥시토신이 모든 대상에 대해서 맹목적으로 친사회적 행동이나 공감을 증가시키는 것은 아니라는 말이다(Bartz et al., 2011). 그 대신에 옥시토신의 친사회적인 행동이나 공감은 특정 사회적인 맥락(예: 친구와 상호작용을 하는 것인지, 아니면 적과 상호작용을 하는 것인지)과 개인의 성격에 의해 결정된다는 것이다. 그 개관 연구에서 Bartz와 동료들은 옥시토신이 특정 사회적 맥락에서 현출한 사회적 단서에 대해 사회적 민감성을 촉진시킨다고 제안하였다.

Carsten De Dreu와 동료들(2010)의 최근 연구에서는 옥시토신에 대해서 보다 미묘하게 차이가 나는 관점을 지적하였다. 옥시토신이 특정 형태의 친사회성, 즉 외집단이 아닌 내집단에 대한 친사회성을 촉진한다고 제안하였다. De Dreu와 동료들은 일련의 정교한 연구를 더 수행하였는데, 거기에서 옥시토신이 내집단 선호를 가장 강하게 촉진한다는 것을 발견하였다. 한 일련의 연구에서 옥시토신을 흡입했을 때 실험 참가자들은 자신보다 자신의 내집단에게 더 많은 자원을 할당하였고(중성 용액을 흡입한 조건에서는 자신에게 자원을 더 많이 할당), 내집단을 더욱 신뢰하였고, 공포 수준이 높을 때에는 외집단과의 협력을 회피하였다. 또 다른 연구에서는 옥시토신을 흡입한 실험 참가자들이 통제집단에 비해 상대적으로 자신의 내집단에 대하여 보다 자동적으로 긍정적 평가를 한다는 증거를 보였고, 그들의 내집단이 당혹감과 같은 복합적인 도덕적 정서를 경험하는 것이 더 당연하다고 생각하며, 도덕적 의사결정 과제에서 여러 사람의 생명을 구하기 위해서 자신이 속한 집단의 한 사람을 희생하는 것을 망설이게 된다는 증거들이 있다(De Dreu et al., 2011). 옥시토신이 다른 사람들보다 자신의 내집단에 이익이 되는 보다 편협한 형태의 이타주의와 공감을 촉진하는 것으로 나타났다.

요약

이 장에서 우리는 사람의 뇌를 살펴보면서 뇌의 어떤 영역이 정서와 관련되어 있는지, 그리고 어떤 방식으로 관련되어 있는지 탐색하였다. 우리는 현재까지의 뇌에 대한 이해를 근거로 여러 뇌의 영역이 어떻게 각각의 기능을 수행하는지 살펴보았다. 우리는 다양한 연구방법을 살펴보았는데, 뇌 손상 환자들에 대한 연구에서부터 다양한 자극에 대해 반응하는 뇌 영역에 대한 뇌영상 연구까지 살펴보았고, 향정신성 약물들에 대한 연구도 살펴보았다. 그다음에 정서와 관련된 피질하 영역의 처리과정에 초점을 맞추었다. 여기서는 전뇌의 일부분에 대해서 살펴보았다. 편도체는 무의식적인 수준에서 사건의 정서적인 중요성 할당과 관련이 있고, 측핵은 각기 다른 자극의 잠재적인 보상에 대해서 신호를 주는 것과, 중뇌수도 주변 회백질은 통증경험에 대한 감소 그리고 돌봄과 관련이 있다. 우리는 그다음으로 공감, 정서 조절, 사회적인 고통, 긍정적인 정서 등 정서와 관련된 피질의 처리과정을 살펴보았다. 마지막으로, 정서와 관련된 두 가지 신경화학물질의 역할에 대해서 주의를 돌렸다. 세로토닌은 정서와 관련된 피질하 영역의 처리과정과 피질 영역의 처리과정의 균형에 관여한다. 옥시토신은 사랑과 헌신의 생물학적인 기반으로 생각되었지만, 보다 최근의 연구들은 옥시토신을 사회적 민감성을 촉진하는 신경화학물질로 생각하는 것이 보다 적절하다고 제안한다.

생각해 보고 논의할 점

1. 편도체가 공포, 정서가, 혹은 자극의 강도 중에서 어떤 것에 따라서 활동하는 영역이라고 생각하는가? 그리고 그 결정적 증거는 무엇인가?
2. 원함(wanting)과 좋아함(liking), 다시 말하면 쾌락의 예상과 쾌락의 대상에 각각 해당될 수 있는 정서들에는 어떤 것들이 있는가?
3. 옥시토신이 본질적으로 사회적 감정과 관련되는지 또는 일반적으로 사회적 민감성과 관련되는지를 밝힐 수 있는 연구를 하나 설계하라.

더 읽을거리

감정신경과학에 대한 훌륭하고 광범위한 소개서

Panksepp, J., & Biven, L. (2012). *The archaeology of mind: Neuroevolutionary origins of human emotions*. New York, NY: WW Norton.

감정신경과학의 뛰어난 최근 개관

Ochsner, K. N. (2008). The social-emotional processing stream: Five core constructs and their translational potential for schizophrenia and beyond. *Biological Psychiatry, 64*, 48–61.

LeDoux의 영향력 있는 연구에 대한 가장 최근의 요약

Rodrigues, S. M., LeDoux, J. E., & Sapolsky, R. M. (2009). The influence of stress hormones on fear circuitry. *Annual Review of Neuroscience, 32*, 289–313.

제**7**장

평가, 지식, 경험

출처: The Granger Collection, New York

[그림 7-0] Descartes의 책 『사람에 관한 논의(Traité de l'homme)』
에 나오는 이 그림은 정서에 의해서 움직이는 영혼이 저장
소(F로 표시됨)로부터 생명액이 튜브로 흘러나오도록 밸브
를 열어서 근육을 작동시키고 행위를 만들어 내는 것을 보
여 주고 있다(The Granger Collection, New York).

　　여기서 또한 우리의 심장에 더 가까이 있는 이런 문제들을 해결하기 위
한…… 단순 논리의 무기력함을 느낄 수 있다.

－ George Boole (1854), 『생각의 법칙에 대한 탐구
(An Investigation of the Laws of Thought)』, p. 416

뇌에 전기 폭풍이 일어나서 생기는 병인 간질을 앓는 환자 한 사람이 1961년에 우측 피질과 좌측 피질의 연결을 끊는 수술을 받았는데, 그렇게 하면 간질 발작이 뇌 전체에 퍼지는 것을 방지할 수 있다(이러한 수술은 다른 치료가 모두 듣지 않을 때 한다). 이러한 수술을 분리뇌(split brain) 수술이라고 하는데, 좌측 뇌피질과 우측 뇌피질을 연결해 주는 큰 신경섬유 다발인 뇌량(corpus callosum)을 절단해 버리는 것이다. 좌뇌와 우뇌가 더 이상 정보소통을 할 수 없음에도 불구하고, 그 환자의 지능지수, 성격, 언어능력, 인간관계는 변함이 없었다. Roger Sperry는 그런 분리뇌 환자들을 대상으로 한 실험으로 노벨상을 수상했는데, 그 실험에서는 좌반구와 우반구의 놀라운 기능 차이를 보여 주었다.

우측 시야(visual field)에 어떤 그림이나 글자를 보여 주면, 그 정보는 시신경을 통해서 반대쪽으로 넘어가서 좌반구에서 처리된다. 마찬가지로 좌측 시야에 보여 준 것들은 우반구에서 처리된다. 하지만 분리뇌가 되어 버리면 두 반구는 서로 통신할 수 없게 된다.

Michael Gazzaniga(1988)가 Sperry와 같이 연구한 실제 예를 살펴보자. Gazzaniga가 화재 안전에 관한 끔찍한 비디오를 분리뇌 수술을 받은 여성의 좌측 시야에 보여 주었다. 그 끔찍한 장면이 그 여성의 좌반구에 들어갈 수 없기 때문에 그 비디오를 본 것을 의식할 수 없었다. Gazzaniga가 그 여성을 인터뷰한 것은 다음과 같다.

Gazzaniga: 무엇을 보았죠?
환자: 잘 모르겠네요. 그냥 하얀 불빛이 번쩍인 것 같네요.
Gazzaniga: 그 장면에 사람이 있었나요?
환자: 그렇지 않은 것 같아요. 아마도 나무들을 본 것 같아요. 가을에 붉게 물든 단풍나무들이요.
Gazzaniga: 어떤 정서가 느껴지세요?
환자: 왜 그런지 진짜 잘 모르겠는데, 무서워요. 몸서리가 쳐지고요. 아마도 이 방이 맘에 안 들거나 당신이 그런 것 같네요. 당신이 내 신경을 곤두세우네요.

그 환자는 공포를 느낀 것 같고, 언어 반구인 좌반구를 통해서 말하고 있다. 공포는 분리되지 않은 피질하 영역들에서 처리되는데, 그 영역들이 우반구가 말하고자 하는 내용과 통신을 하고 있지만, 그 공포가 어떻게 해서 생겼는지는 짚어 내지 못하고 있다. Gazzaniga가 그 환자에게 느낌을 이야기하라고 하자, 그녀는 공포를 나타내며, 이야기를 만들어 내는 반구인 좌반구를 통해서 그가 어떻게 그녀의 신경을 곤두세우게 하였는지 이야기한다.

평가와 정서

무엇이 정서가 생기게 하는가? 사건들에 어떤 가치를 매긴다는 것은 각 개인에게 중요한 사항들에 근거해서 가치를 부여하는 것인데, 그것이 평가(appraisal)이다. 그 과정은 Gazzaniga의 분리뇌 환자의 예에 잘 함축되어 있다. 처음 시작할 때는, 그 과정은 반사처럼 자동적이며, 언어하고는 상관없다. 이것이 일차적 평가(primary appraisal)이다. 정서는 그 후에 특정 대상이나 특정 인물에게로 향하는데, 그럴 때는 흔히 단어로 표현된다. 이것이 이차적 평가(secondary appraisal)이다.

역사적 배경과 개념

제1장에서 설명했듯이, 개인의 사정과 관련해서 사건을 평가한다는 개념은 2,400년 전의 Aristotle 시대로 거슬러 올라간다. Aristotle과 그의 후속 철학자인 Epicurus와 Chrysippus 같은 사람들은 바람직한 삶을 살기 위한 방법을 이해하기 위해서 정서를 연구하였다. 서구적 사고방식에 영향을 미친 Epicurus 학파와 Stoa 학파의 윤리학 학파에 속한 철학자들이야말로 최초로 철저한 연구를 한 서양의 정서 연구자들이었다고 이야기해도 손색이 없을 것이다. 그 연구에서 나온 많은 흥미로운 결과 중에서 하나는 Stoa 학파의 Chrysippus가 말한 것인데, 그는 지금 우리가 정서의 첫 번째 마음의 움직임이라고 하는 자동적인 것과 두 번째 마음의 움직임인 정신적이며 판단과 결정이 들어가는 것을 구분했다. Chrysippus는 첫 번째 마음의 움직임은 피할 수 없는 것인데, 그것이 신체에서 일어나며 우리가 어쩔 수 없는 것이기 때문이라고 생각했다. 그런데 두 번째 마음의 움직임은 사고를 포함하므로, Stoa 학파의 철학자들이 말하듯이 그것은 우리에게 더 많이 달려 있는 것이다. 분노로 인한 복수심에 굴복한다든지, 탐욕스러운 이기심에 굴복한다든지 하는 것과 같은 악한 정서가 두 번째로 마음이 움직이는 것이라는 생각은 나중에 그리스도교의 일곱 가지 중죄라는 개념으로 변형되었는데, 이런 것들은 모두 정서적 성질을 가지고 있는 것이다(Oatley, 2011; Sorabji, 2000). 죄라는 것에는 유혹이 포함되며, 그러므로 그것은 다시 우리가 선택할 수 있는 것이 된다. 평가의 두 번째 단계에는 그런 선택의 기회가 있는 것이다.

Magda Arnold와 J. A. Gasson(1954; 이들의 분석은 제1장에서 논의함)은 Stoa 학파의 업적에 대해서 논했다. 그 두 사람의 논문은 정서가 평가에 근거해서 생긴다는 현대적 주장의 기초로 간주된다. 이러한 생각을 발전시킨 중요한 인물은 Richard Lazarus인데, 그는 사람들이 일생 동안에 부닥치게 되는 도전들과 그것에 대처하는 능력에 대해서 연구하였다(Lazarus, 1991).

생애의 도전들로 인해서 경계상태의 주의와 자율신경계 중 교감부의 활동 상승이 야기된다. 그런데 각 도전들은 그것들이 어떻게 평가되느냐에 따라서 각기 다른 정서를 일으킨다. 다음 은 Lazarus가 이러한 과정을 설명한 것이다.

> 정서에 대한 이런 접근에는 두 가지 주제가 담겨 있다. 첫째, 정서가 평가적 판단, 즉 의미에 대한 반응 이다. 둘째, 이런 판단은 환경과 부단한 관계를 맺는 중에 생기는데, 삶이라는 것을 어떻게 살아가느냐 하 는 것과 그 환경을 만난 것이 좋은 일이냐 또는 나쁜 일이냐 하는 것이다.

Aristotle, Arnold, Gasson과 마찬가지로, Lazarus도 평가라는 것에는 그 당사자에게 그 사 건이 좋은 일이냐 또는 나쁜 일이냐 하는 가치 판단이 포함된다고 하였는데, Frijda(2007)는 그 것을 관여(concerns)라고 한다. 그러니 정서야말로 심리학에 딱 맞는 것이다. 정서라는 것은 외부세계에서 일어난 일에 대한 개인의 내부 자아와 개인의 관여와 연결되어 있는 것이다.

Agnes Moors(2007, 2009)는 정서에 대한 평가적 접근(appraisal approach)이야말로 사건과 그 당사자의 목표를 명확하게 규정짓는 과정이므로 정서연구에 필수적일 뿐 아니라, 더 나아 가서 목표와 아무런 관계가 없거나 목표와는 다른 관계가 있는 어떤 개념화보다도 더 우수한 것이라고 주장한다.

Stein, Trabasso, Liwag(1994)는 목표와 그것에서 나온 실행계획에 대한 개념과 목표에 근거 를 두고 있는 믿음들에 대한 논의를 더 확장해 나갔다. 그들은 정서에 근거를 둔 평가에는 다 음과 같은 측면들이 있다고 한다.

1. 예측하지 못했던 어떤 사건은 가치 있는 목표의 위계를 변화시킨다고 지각된다.
2. 믿음은 자주 도전받는다. 그러면 신체적 변화와 그 변화의 표현이 발생한다.
3. 실행계획은 그 사건에 대해서 목표를 재설정하거나 변화시키기 위해서 어떻게 해야 하 는가 하는 형태로 나타나며, 그 실행계획의 가능한 결과를 고려한다.

이러한 단계들을 거치면서 다음과 같은 질문들이 생긴다.

1. 무엇이 일어났는가?
2. 그것에 관해서 나는 어떻게 생각하는가?
3. 그것에 관해서 나는 어떻게 행동해야 하며, 그러면 무슨 일이 일어날 것인가?

Nancy Stein 등(1994)은 5세가 된 Amy의 예를 이야기한다. Amy의 유치원 선생님은 모든 아동에게 그림물감 도구 한 벌씩을 주겠다고 이야기했다. 그러고 나서 학부모의 날을 위해서 그림을 그린 후에 그 그림물감을 집으로 가져가야 한다고 말했다. 각 아동들에게 그림물감 한 벌씩을 지급한 후에, Stein의 실험조교는 Amy가 걱정스러운 얼굴을 하고 있는 것을 알았다. 실험조교가 왜 그러냐고 묻자, Amy는 "신경이 쓰여요. 선생님이 왜 그림물감을 주는지 모르겠어요. 그러니까 내가 집에서 온종일 그림을 그려야 한다는 건가요? 그러기는 정말 싫어요. 선생님이 집에서 그림을 그리라고 할 줄은 몰랐어요. 그림을 그렇게 많이 그리기는 싫거든요. 왜 선생님은 내가 집에서 그림을 그리기를 바라죠?"라고 말했다.

우리는 여기서 Amy가 말을 듣지 않을 목표를 가지고 있다는 것을 알 수 있다(1). 즉, Amy는 그림을 그리고 싶지 않다. 뭔가를 받아서 집에서 해야 한다는 그 생각은 어떤 일을 할 것이라는 선생님들의 믿음에 위배되는 것이다(2). 그 대화는 Amy의 행동계획에 근거해서 계속된다(3).

실험조교: 뭘 할 거니, Amy?

Amy: 그림물감을 집에 가져가기 싫어요. 왜 그래야 하는지 모르겠어요.

실험조교: 그래, Amy. 그래서 어떻게 하고 싶니?

Amy: 그림물감을 집에 가져갈게요. 하지만 집에 가서 엄마에게 왜 그래야 하는지 물어볼래요.

그 실험조교가 2주 후에 Amy가 편안하게 느끼도록 하면서 물어보았을 때도 Amy는 여전히 그림물감에 대해서 걱정하고 있었다. Amy는 그림물감을 오직 한 번만 사용했다고 했다. 하지만 선생님에게는 이야기하지 않았다고 했는데, 그 이유는 선생님이 자신에게 화를 낼까봐 무섭기 때문이라고 했다.

Stein 등(1994)은 어떤 사람이 어떤 사건을 보는 방식은 그 사람의 목표와 가치에 달려 있어서 그 사건을 어떻게 지각하고 어떤 정서가 일어나는지를 결정한다고 말한다. 이것은 Lazarus의 평가와 맥을 같이한다. 똑같은 사건이라도 사람에 따라서 각각 다른 정서를 불러일으킨다. 특정 정서를 일으키는 과정은 사고방식 또는 우리가 이차적 평가라고 부르는 사고에 준하는 과정들이다.

일차적 평가, 좋고 나쁨

우리 인생에는 큰 영향을 미치는 사건들이 있기 마련이다. 대학 기숙사에 처음 도착해서 룸메이트를 만났을 때 즉시 편안하고 친숙한 느낌을 확실하게 주는 경우가 있다. 그런데 이듬해에 세 들어 살기 위해서 아파트를 보러 다녀 보면, 어떤 곳들은 왠지 불편하여서 마음에 들지 않는 경우도 있다. 어떤 평가과정이 이런 반응을 일으키는 것일까?

이런 문제에 대해서, Robert Zajonc(1980)는 우리가 자극들을 여러 가지의 다른 시스템을 통해서 처리한다고 제안한다. 한 가지 시스템은 그 자극이 좋은 것인가 또는 나쁜 것인가 하는 즉각적이고 무의식적인 평가를 만들어 낸다(LeDoux, 1993; Mischel & Shoda, 1995). 이것이 일차적 평가인데, 환경 속에 있는 사건들이나 대상들에 대해서 자동적인 정서반응을 하는 것으로서 신속한 접근반응이나 회피반응을 하도록 한다. 이것이 Chrysippus가 언급한 정서의 첫 번째 마음의 움직임에 해당하는 것이다. 제6장에서 배운 것처럼, 이런 평가를 하는 시스템에는 편도체가 포함될 것이다. 이러한 초기 평가 시스템은 우리에게 확신 또는 부정 같은 핵심적 느낌을 일으키는 것 같다. Russell(2003)은 모든 정서의 중심에는 좋은 기분 또는 나쁜 기분이 있으며, 그것과 함께 침체된 기분 또는 흥분된 기분이 있다고 한다. 그는 이것을 핵심 감정(core affect)이라고 하는데, 이는 나중에 이 장에서 다룰 것이다. 그것을 이차적 평가라고 부르는 다른 시스템도 있는데, Chrysippus가 이차적 마음의 움직임이라고 부르던 것으로서 어떻게 생각하고 행동해야 하는지 결정하기 위해서 더 의도적이고, 더 의식적이며, 더 복잡한 평가를 하게 하는 것이다.

자동적 평가에 대해서 연구하기 위해서, Murphy와 Zajonc(1993)는 실험 참가자들에게 미소 짓는 얼굴이나 화가 난 얼굴 사진들을 보여 주었다. 역치하 조건에서는 실험 참가자들에게 그런 얼굴 사진들을 4msec 동안 보여 준 후에 표의문자인 한자를 보여 주고 나서 그 글자들을 얼마나 좋아하는지 평정하게 하였다. 이 실험 참가자들은 자신들이 행복한 얼굴이나 화난 얼굴을 보았다는 것을 전혀 몰랐다. 얼굴을 인식할 수 있도록 한 실험 조건에서는 그런 동일한 얼굴 사진들을 1초 동안 보여 주었으며, 실험 참가자들은 어떤 얼굴을 보았는지 확실히 알았다. 그런 후에 그 실험 참가자들도 한자를 얼마나 좋아하는지 평정하였다.

[그림 7-1]에서 보듯이, 역치하 자극 조건에서는 실험 참가자들이 미소 짓는 얼굴을 보고 난 후에 한자를 더 좋아하게 되었고, 화난 얼굴을 보고 난 후에는 한자를 별로 좋아하지 않게 되었다. 그런 점화 효과는 얼굴을 인식할 수 있게 한 조건에서는 관찰되지 않았다. 우리가 정서를 띤 자극을 보았다는 것을 인식하게 되면, 그 자극과 관계없는 다른 사건을 판단하는 데 영향을 받지 않는다(Clore, Gasper, & Garvin, 2001; 이 효과에 대한 상세한 논의는 제10장 참조).

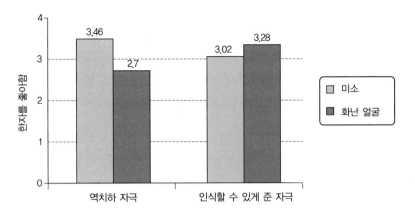

[그림 7-1] 무의식적 평가. 사람들은 미소 짓는 얼굴을 역치하 수준으로 먼저 보고 난 후에 표의문자인 한자를 보면 그것을 더 좋아하는데, 이것은 그 미소가 무의식적 수준에서 긍정적 기분을 활성화시켰기 때문이다. 그 미소 짓는 얼굴을 의식적으로 알 수 있도록 오래 보여 주고 난 후에는, 실험 참가자들이 표의문자인 한자를 더 좋아하는 현상은 보이지 않는다.

출처: Murphy & Zajonc (1993).

자동적 평가가 선호도에 영향을 줄 뿐만 아니라 정서경험도 일으킨다는 증거가 있는가? Dimberg와 Öhman(1996)은 그렇다고 한다. 그들은 먼저 실험 참가자들에게 미소 짓는 얼굴과 화난 얼굴을 극단적으로 짧은 순간 동안만 보여 주었다. 이 사진들을 차폐(mask)하는 방식을 사용해서 그렇게 했는데, 각 사진들을 즉각적으로 다른 사진으로 덮어씌워서 원래 얼굴 사진이 의식상에 지각되지 못하도록 하였다. 실험 참가자들은 화난 얼굴이나 행복한 얼굴을 보았다고 인식하지 못했지만, 행복한 얼굴이 제시되었을 때는 그들도 미소를 지었고 화난 얼굴이 제시되었을 때는 이마를 찌푸렸다(또한 Dimberg, Thunberg, & Elmehed, 2000; Whalen et al., 1998 참조). 또 다른 연구에서 Öhman과 Soares(1994)는 뱀 공포가 있는 사람들에게 역치하 수준으로 뱀 사진들을 보여 주었는데, 그러한 사진들을 본 그들은 피부 전기 반응(GSR)과 부정적 정서를 일으켰다. 역치하 자극으로 점화기법을 사용한 이후의 연구들에서 Moors, De Houwer, Eelen(2004)도 어떤 자극이 좋은지 나쁜지에 대한 일차적이고 자동적인 평가가 있다는 것을 발견하였다. 그들이 사용한 역치하(점화) 자극들은 직업 또는 동물과 같은 의미 범주에 드는 단어들이었는데, 어떤 단어들은 이전에 그 단어들이 제시될 때 보상을 주었으므로 좋은 것이 되었고, 또 다른 단어들은 이전에 보상을 주지 않았으므로 나쁜 것이 되었다.

이러한 연구들을 보면 빠르고, 자동적이며, 의식적으로 인식되기 전에 존재하는 일차적 평가과정이 있다는 것을 알 수 있다. 그런 과정은 즉시적으로 좋다든지 나쁘다든지 하는 느낌을 불러일으킨다.

좋음 또는 나쁨 중 어느 쪽이 더 강한가?

어떤 사건의 성질에 대해 그것이 좋다든지 나쁘다든지 하는 자동적 평가에 대한 연구에서 흥미로운 질문이 제기된다. 좋음 또는 나쁨 중 어느 것이 더 강한가? Cacioppo와 Gardner (1999), Baumeister 등(2001), Rozin과 Royzman(2001)은 조금은 혼란스러운 답을 내어 놓았다. 부정적 평가가 긍정적 평가보다 더 강력하다는 것이다. 나쁜 것이 좋은 것보다 더 강하다. 만족에 대해서보다 위험에 대해서 더 민감하게 반응해야 하는 편향이 있다는 것은 진화적으로 일리가 있다. 그렇지 않다면 우리는 한 번의 잘못으로 죽을 것이고, 우리의 생존 가능성은 사라져 버렸을 것이다.

즐거움을 주는 소리나 맛있는 냄새와 같은 긍정적 자극보다는 무서운 소리나 역겨운 냄새와 같은 부정적 자극이 더 빠르고 강한 생리적 반응을 일으킨다. 여러 연구를 보면, 10달러를 잃는 것과 같은 손실이 10달러를 버는 것 같은 즐거움보다 더 강력한 경험을 일으킨다. 사랑하는 사람을 잃거나 성폭력을 당하는 것과 같은 부정적 트라우마는 일생 동안 지속되는 변화를 일으킨다. 그렇게 심각하게 지속되며 강력한 긍정적 경험을 일으키는 것은 찾아보기 힘들다. 또는 오염이라는 것을 떠올려 보면, 그것은 어떤 혐오스러운 물체가 다른 물체에 단순히 닿기만 해도 그 나쁜 특성이 옮겨붙는 과정이다(Rozin & Fallon, 1987). 바퀴벌레가 스치기만 해도 맛있는 음식을 망쳐 버린다(나쁜 것이 좋은 것을 오염시킨 것이다). 좋아하는 음식을 바퀴벌레에 묻힌다고 해서 그 바퀴벌레가 맛있어지겠는가? 그런 일은 일어나지 않을 것 같다 (Rozin & Royzman, 2001).

부정적 평가가 긍정적 평가보다 더 강력하다는 것을 보여 주기 위해서, Ito 등(1998)은 피자나 아이스크림과 같은 긍정적 정서가를 가진 것들과 불구가 된 얼굴이나 고양이 시체와 같은 부정적 정서가를 가진 것들을 실험 참가자들에게 보여 주었다. 그들은 평가과정과 관련된 뇌활동을 일으키는 영역에 초점을 맞추어서 대뇌피질 전기활동을 기록하였다. Ito 등은 실험 참가자들이 평가를 할 때 명확한 부적 편향을 보인다는 것을 발견했다. 부정적 장면이 긍정적 장면이나 중성적 장면보다 훨씬 큰 뇌활동을 일으켰다.

이차적 평가

자동적인 일차적 평가에서 더 나아가서 이차적 평가를 할 때는 무슨 일이 일어나는가? 평가에 대한 현대의 연구들은 두 가지 집단으로 나눌 수 있다. 첫 번째는 개별적 접근(discrete approach)인데, 이 접근은 평가를 할 때 개별적 정서들이 일어난다는 것을 강조한다. 두 번째는 차원적 접근(dimensional approach)인데, 이 접근은 평가의 요소들에 초점을 두며, 그 요소들은 여러 가지 정서와 연결되어 있다고 한다.

개별적 접근

Lazarus(1991)는 그의 개별적 정서이론에서 두 단계의 평가과정에 대해서 논하였다. 그가 말하는 일차적 평가에 따르면, [그림 7-2]에서 보는 것과 같이 사람들은 사건을 목표와 관련지어서 평가한다. 그 평가의 초기 과정에서, 사람들은 어떤 사건이 각 개인의 목표와 관련이 있는지를 평가한다. 만일 관련이 있다면 어떤 정서가 일어날 것이고, 그렇지 않다면 정서가 일어나지 않는다. 이제 어떤 사건이 목표와 관련되어 있다면, 그 사건이 목표에 부합하는지 그렇지 않은지를 평가하게 된다. 목표 일치 사건은 긍정적 정서를 일으키고, 목표 불일치 사건은 부정적 정서를 일으키게 된다. 이러한 단계들이 일차적 평가를 구성한다. 그러고 나서 각 개인은 그 사건을 보다 구체적인 목표, 즉 자아(ego)와 관련된 주제들과 연관 지어서 평가한다. 이것이 이차적 평가이다. 그 사건들을 도덕적 가치에 근거해서 생각하게 되는데, 예를 들면 친절한가 또는 자신에게 싫은 일을 남에게 하지 않는가 하는 것 등이다. 그 사건들은 자기(self)와 자기정체성에 대한 주제와 관련된 것이기도 한데, 예를 들면 자기규정의 중심이 되는 영역에서 탁월하느냐 하는 것으로서, 그 사람의 학문적 업적, 예술이나 스포츠에서의 수행 정도, 자선행위 같은 것들이다. 그 사건들은 중요한 이상들과 관련된 것이기도 한데, 예를 들면 사회는 공정하고 정의로워야 한다는 것 등이다. 우리가 중요하게 여기는 타인에 대해서 일어나는 정서도 있는데, 그 사람들의 목표와 웰빙도 우리에게 중요하므로, 그런 사건들이 우리 안에서 정서를 불러일으킨다.

Lazarus의 접근과 관련된 개별 정서 접근은 Oatley와 Johnson-Laird(1987, 2011)의 접근이다. 이 두 사람은 우리가 논의해 왔듯이 평가가 두 가지 요소로 이루어져 있다고 간주했다. 어떤 사건에 대한 일차적 평가는 목표와 관련해서 일어난다. 일차적 평가는 자동적이고 무의식적이다. 그것이 좋음과 나쁨이라는 견지가 아닌 기본 정서(행복, 슬픔, 분노, 공포, 혐오)라는 견지에서 일어나며, 각 정서는 되풀이되는 상황들(앞에서 언급한 기본 정서의 순서대로 보자면 각각 목표를 향한 진보, 상실, 좌절, 위협, 유독성)을 처리할 수 있는 특정 모드로 두뇌를 맞춘다는 것이다. 이 장의 처음 부분에서 언급한 Gazzaniga의 환자가 좋은 것이나 나쁜 것을 경험했다고 말하지는 않았다는 것을 기억하라. 그 여자 환자는 '무서움 같은 것'을 느꼈다. 각각의 특정 모드는 어떤 현상학적 색채를 띠고는 있지만 꼭 언어적 의미를 지닐 필요는 없는 어떤 준비성

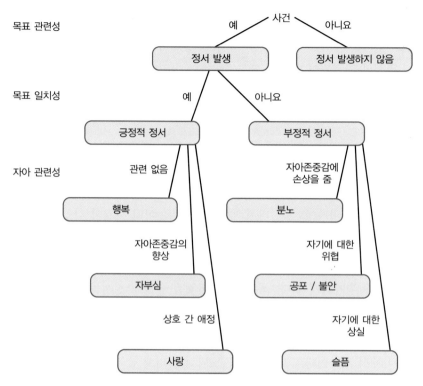

[그림 7-2] 세 가지 특성(목표 관련성, 목표 일치성, 자아 관련성)에 근거한 평가의 결정 과정과 이러한 평가들에 의해서 일어날 수 있는 정서들(Lazarus, 1991). 이 정서들이 더 분화되는 것은 이차적 평가에서 일어난다.

(readiness) 상태의 세트이다(Frijda, 1986, 2007). 그 효과는 우리가 집 안에 초인종, 전화벨, 화재경보기, 도난경보기 등과 같은 여러 종류의 소리 나는 기기를 가지고 있는 것과 좀 비슷하다. 만일 그중에 하나가 울리면 뭔가 중요한 일이 일어났다는 것을 알게 되고 우리의 준비성은 변하지만, 처음에는 그 사건이 무엇인지 정확하게는 모른다. 무슨 일이 일어났는지 조사해 보아야 하는 것이다. 비슷하게, 처음에 어떤 정서가 시작되겠지만 그것의 언어적인 의미는 인식에 의해서 발생하는 이차적 과정에 의해서 일어난다. 그 이차적 과정에서 우리는 그 사건에 대해 무엇이 그 사건을 일으켰으며 그 사건과 관련해서 무슨 조치를 취해야 하는지에 대한 정신적 모형을 만든다.

이차적 평가 단계에서 각 개인은 그 사건에 대한 인과관계, 그 사건에 반응하는 방식, 그리고 취한 행동의 미래 결과에 대해 생각한다. 이 수준에서 Lazarus는 그 과정을 정서의 핵심적 관계 주제(core relational theme)라고 한다. 즉, 정서의 핵심적 의미라는 말이다. 〈표 7-1〉에서 여러 가지 정서에 대한 Lazarus의 분석을 볼 수 있다.

〈표 7-1〉 각 정서와 그것의 핵심적 관계 주제

분노	자신 또는 자신의 소유물을 훼손하는 무례한 행위
불안	불확실하고 존재론적인 위협에 직면함
놀람	즉각적이고, 구체적이며, 압도적인 신체적 위협에 직면함
죄책감	도덕적 명령을 어김
수치심	이상적 자아에 따라서 사는 것에 실패함
슬픔	돌이킬 수 없는 상실을 경험함
부러움	다른 사람이 가진 것을 원함
시기심	못 가진 것에 대해서 제삼자에게 분개하거나 다른 사람의 호의에 대한 위협
혐오	먹을 수 없는 물체 또는 받아들일 수 없는 생각을 취하거나 가까이 함
행복	목표 실현을 위해서 적절하게 전진함
자부심	자기 또는 자기가 속한 집단을 존중으로써 자아정체성을 향상시킴
안도감	목표 불일치 조건을 약화시킴으로써 더 좋게 됨
희망	최악의 상황을 피하고 더 나은 상태에 대해 갈망함
사랑	애정을 원하거나 가지게 됨, 반드시 상호적일 필요는 없음
연민	다른 이의 고통에 같이 동감하고 도와주고 싶어 함

출처: Lazarus (1991)에서 발췌.

우리는 정서를 일으키는 여러 사건의 요약들이라고 할 수 있는 이러한 핵심적 관계 주제들과 정서들을 서로 연관 지어서 생각해 볼 수 있을 것이다. 진화적 용어로 표현하자면, 이러한 핵심적 관계 주제들은 문제들과 사람들이 정서적으로 대응할 기회들로 이루어진 지도 위에서 어떤 위치를 차지할 것이다. 예를 들어, 문제(정서적 반응)라는 면에서 보자면, 경멸(분노), 위험(공포), 도덕적 위반(죄책감), 상실(슬픔), 다른 사람들의 고통(연민) 같은 것들은 인간의 생존, 번식, 협동적 집단생활에 필수적인 것들로서 이어져 내려왔다. 또한 이러한 핵심적 관계 주제들은 우리의 정서적 경험에 대한 언어라고 생각할 수 있다. 즉, 핵심적 관계 주제들로 인해서 정서적 경험의 주제와 이슈들이 파악된다.

차원적 접근

개별적 정서를 가지고는 잘 설명할 수 없는 정서경험의 측면들도 있냐고 생각하는가? 개별적 접근과 잘 맞지 않는 우리 자신의 정서적 삶의 측면들이 있는가? Phoebe Ellsworth(1991)는 우리가 개별 정서가 아니라 다른 방식으로 정서 관련 평가를 하는 것에 대해서 생각해 볼 필요가 있다고 말했다. 즉, 그것은 차원적 접근이다.

개별적 정서에 대한 접근들은 평가들에 근거해서 정서들 사이의 차이를 보는 데 주안점을 둔다. 그런데 많은 정서가 기본적으로는 비슷하다. 예를 들면, 분노와 공포는 핵심에 있어서는 느낌이 유사하다. 두 정서 모두 불쾌하고 각성이 고조된다. 감사와 사랑도 마찬가지인데, 두 정서 모두 기분 좋음과 다른 사람에게 헌신적이 되는 느낌이 뚜렷하다. Ellsworth가 논박하듯이, 어떤 평가이론이든 여러 정서 간의 차이점뿐만 아니라 흥미로운 유사점들도 설명할 필요가 있다.

Ellsworth에 따르면, 개별 정서 접근들이 직면하는 두 번째 문제는 정서들 간의 전이를 설명할 수 없다는 것이다. 정서적 경험을 할 때 흔히 한 정서에서 다른 정서로 변하게 되는 경우가 많다. 분노가 금방 죄책감으로 변하기도 하고, 슬픔이 희망으로, 또는 그러지 않아야겠지만 사랑이 분노로 변하기도 한다.

이러한 관점에서 Phoebe Ellsworth와 Craig Smith(1985, 1988)는 한 가지 평가이론을 개발했는데, 그 이론은 정서들 사이의 차이점들뿐만 아니라 흥미로운 유사점들도 설명할 수 있는 것이다(필적할 만한 설명은 Frijda, 1986; Ortony, Clore, & Collins, 1988; Roseman, 1984; Scherer, 1988; Weiner, 1986 참조). Smith와 Ellsworth는 정서의 의미적 내용에 관한 수많은 논문을 개관하고 난 후에 의미에 있어서 여덟 가지 다른 차원을 추출해 내었는데, 그 차원들은 다양한 정서를 일으키는 평가과정들을 잘 보여 주고 있다. 이 차원들이 〈표 7-2〉에 나타나 있다. 이 차원들을 우리의 삶에서 일어나는 사건들에서 기인한 의미의 단위들이라고 생각하라. 즉, 그 사건이 얼마나 긍정적이거나 부정적인가, 누가 그 사건에 책임이 있는가, 그것은 공정한가, 얼마나 에너지를 바쳐야 하는가, 그 자극에 대해서 얼마나 주의를 기울여야 하는가, 그것과 관련된 것들을 어떻게 보아야 하는가 등이다.

각각의 정서와 관련된 평가 형태를 보여 주기 위해서, Smith와 Ellsworth는 16명의 실험 참가자가 15가지 다른 정서를 경험하는 상상을 하도록 하였다. 그런 후에 실험 참가자들은 〈표 7-2〉

〈표 7-2〉 평가의 차원

1. 주의: 그 사건에 대해서 얼마나 주의를 기울여야 하며 어떻게 생각해야 하는가
2. 확실성: 무엇이 일어날 것인지 얼마나 확신할 수 있는가
3. 통제/대처: 그 상황에서 내가 얼마나 그 결과를 통제할 수 있는가
4. 기쁨: 그 사건이 얼마나 긍정적인가 또는 부정적인가
5. 장애물의 지각: 목표를 추구하는 데 어느 정도 난관이 있는가
6. 책임: 그 사건에 다른 사람들, 나 자신, 상황요인들이 어느 정도씩 책임이 있는가
7. 정당성: 그 사건은 얼마나 공정하며 당연한가 또는 불공정하고 부당한가
8. 노력 예상: 그 사건에 대해서 얼마나 에너지를 바쳐야 하는가

출처: Smith & Ellsworth (1985)에서 발췌.

에 나타나 있는 여덟 가지 차원에서 그들의 정서경험을 평정해 보도록 했다. 각 차원은 평가의 형태이다. 예를 들면, 흥미라는 것은 증가된 기쁨, 주의를 기울이고 싶은 욕망, 상황요인들이 그 사건을 일으키고 있음을 아는 것, 노력을 더 들이고 싶음, 장래 결과에 대해서 어느 정도 알 수 있음, 그 사건이 난관이 있거나 불법적이라는 것에 대한 염려가 없음 등과 같은 여러 가지 평가와 관련되었다. 희망은 증가된 주의, 노력, 상황적 작동자(situational agency), 적절한 수준의 기쁨, 난관이 있거나 불법적이라는 것에 대해 염려하지 않는 것 등과 같은 평가들과 연관되어 있다. 행복은 노력은 적게 들고, 확실성은 크며, 주의는 높아져 있는 것과 연관된 기쁨을 주는 정서였다.

Smith와 Ellsworth가 발견한 두 번째 중요한 결과는 어떤 차원들이 관련된 정서들을 구분하는 데 두드러진 능력을 가지고 있다는 것이다. 통제 차원과 책임 차원의 조합이 그런 것이다. Roseman(1984)이 확인한 작동자(agency)도 중요한데, 예를 들자면 그것은 세 가지 부정적 정서인 분노, 슬픔, 죄책감 사이를 구분하는 것이다. 다른 사람을 비난할 때 우리는 분노하고, 상황들이 부정적 사건 때문에 일어났다고 귀인할 때는 슬픔을 느끼며, 그것들이 우리 자신 때문에 일어났다고 생각할 때는 죄책감을 느낀다. 또한 작동자에 근거해서 긍정적 정서들도 구분하는데, 똑같은 긍정적 정서라도 그것을 우리 자신에게 귀인하면 자부심의 원천이 되며, 다른 사람에게 귀인하면 감사함의 원천이 된다.

정서 관련 평가에 이렇게 인과관계가 중요하다는 것은 유사하게도 Weiner와 Graham(1989)의 연구에도 나타난다. 그들은 여러 가지 뚜렷한 정서가 귀인(attribution)에 의해서 생긴다는 것을 발견했는데, 귀인이란 사건의 원인에 대한 설명이다. 그들은 5~11세 아동들이 짧은 이야기를 듣고 나서 어떤 정서가 느껴지는지 물어보았다. 그중 하나는 다음과 같다.

> 이것은 Chris라는 아동의 이야기이다. 선생님이 철자 맞추기 시험을 쳤는데, Chris가 만점을 받았다. 그래서 Chris는 'A' 등급을 받았다.
>
> — Weiner & Graham (1989), p. 407

만일 다른 아동들이 Chris가 밤샘을 해서 공부했다는 이야기를 들으면(즉, Chris가 노력을 해서 좋은 점수를 받았다면), Chris는 자부심을 가질 것이라고 생각했다. 하지만 만약에 선생님이 시험 문제를 쉽게 내었다는 이야기를 들으면(즉, 외부적 요인에 의한 것이었다면), 나이 든 학생들은 Chris가 자부심을 못 가질 것이라고 특히 더 그렇게 생각했다. 필적할 만한 결과가 죄책감에서도 나타났다. 상해를 초래한 사건이 만일 제어될 수 있는 것이었다면, 그런 사건을 저지른 사람은 죄책감을 느낄 것이라고 생각했다. 그런데 그 사건이 우연히 일어난 것이라면,

나이 든 아동들은 그 사람이 죄책감을 느끼지 않을 것이라고 생각했다.

인과적 귀인에 의해서 정서가 달라진다는 이런 발견은 중요한 의미를 지닌다. 우리에게 어떤 특정한 부정적 사건이 닥칠 수 있지만(바라는 만큼 시험을 잘 보지 못했을 경우 등), 어떤 정서를 느끼는가는 어디에 귀인을 하는가에 달려 있다. 우리 자신에게 귀인을 하는 경우는 죄책감을 느낄 것이다. 다른 사람에게 귀인을 하면 분노가 일어날 것이다. 상황요인들에 귀인을 하면 슬픔을 느끼기 십상이다.

평가연구의 확장

Smith와 Ellsworth의 연구를 생각해 보자. 사람들은 어떤 정서경험을 기억하고 나서 그 평가를 보고하였다. 예를 들면, 이러한 역행적 · 자기보고적 연구에 대해서 여러 비판이 제기되었다(Parkinson, Fischer, & Manstead, 2004). 그들은 아마도 Smith와 Ellsworth가 실제적인 원인을 연구한 것이 아니라 사람들이 정서의 원인이라고 생각한 것을 연구하였을 것이라고 지적했다.

Ira Roseman과 Andreas Evdokas(2004)가 수행한 한 연구가 중요한데, 그것이 평가가 실제로 정서를 일으킨다는 것을 실험적으로 보여 주었기 때문이다. 그들은 사람들을 집단별로 나누고 난 후에, 집단에 따라 좋은 맛이나 불쾌한 맛을 경험하게 될 것이라고 말해 주었다. 그러고 나서 그 사람들에게 그런 맛을 보는 집단에 속할 수도 있고 또는 맛을 보는 집단이나 아무 맛도 보지 않는 중립집단에 무선적으로 속할 수도 있다고 이야기해 주었다. 그 결과는 Roseman(1984, 2001)의 이론이 예언하는 바와 같았다. 즉, 실험 참가자들이 불쾌한 맛을 보는 사건을 확실히 피할 수 있다고 그 상황을 평가했을 때는 안도감이 생겼고, 좋은 맛을 볼 수도 있다고 평가했을 때는 희망이 생겼다.

Kuppens, van Mechelen, Smits, De Boeck, Ceulemans(2007)는 평가가 사람마다 각각 다른 의미를 지닐 수 있다고 했다. 어떤 사람에게는 좌절이 분노를 일으키는 데 반해서 다른 사람에게는 고의적인 불공정이 분노를 일으킨다. 또 어떤 사람에게서는 분노가 인격모독에 의해서 일어난다. 이러한 의미를 지닌 평가들은 습관이 되고, 나아가서 성격 측면이 될 수 있다(Power & Hill, 2010). 우리는 이에 대해 제11장에서 더 자세히 다룰 것이다.

또 다른 접근으로는 평가가 일어날 때 그것을 확인하고, 정서 특정적 평가들이 다른 정서반응 측정치들과 어떤 관계가 있는지를 조사하는 것이다. 예를 들면, 어떤 사람의 이야기 중에서 불확실성이나 상실과 같은 평가 관련 주제들, 또는 책임감이나 노력과 같은 평가 관련 차원들을 코딩하고, 그런 평가들이 경험의 측정치, 표현의 측정치, 생리적 변화의 측정치들과 어떤 관계가 있는지 알아내는 것이다. Bonanno와 Keltner(2004)는 사랑하는 사람이 죽은 지 6개월이 지난 사람들이 하는 이야기를 코딩했다. 이런 이야기들은 우여곡절이 많은, 사랑했던 사람들과 살았던 가슴 저린 이야기였는데, 그들이 어떻게 해서 만나고 사랑하게 되었으며 가정을 이루게 되었는지 그리고 종국적으로 어떻게 생을 마치게 되었는지에 대한 이야기들이었다. 그 이야기들은 상실과 관련된 것들이 많았는데 그것은 슬픔과 관련된 평가 주제이며, 불공평과 관련된 것도 많았는데 그것은 분노경험의 진수인 평가 주제이다. 이 연구자들은 이 두 가지 평가 주제와 관련된 것들을 코딩해서 그 면담을 할 때 동시에 측정한 다른 정서 측정치들과 비교해 보았다. 그들은 상실 평가는 얼굴표현 및 슬픔에 대한 자기보고와 상관이 있는 반면에 분노와는 상관이 없고, 분노 평가는 얼굴표현 및 분노에 대한 자기보고와 상관이 있는 반면에 슬픔과는 상관이 없다는 것을 알게 되었다.

평가에서의 문화적 차이

Rick Shweder 등(1997)은 분노와 혐오를 일으키는 원인이 되는 도덕적 위반 사건들에 대해서 사람들이 어떻게 생각하는지를 알아보기 위해서 면담을 실시하였다. 그들은 힌두교를 믿는 인도인들이 유럽의 문화에서는 별다른 정서를 일으키지 않는 사건들에 대해서 분노한다는 것을 알았다. 그런 것들에는 아버지가 돌아가시고 난 후에 아이가 머리를 자른다든지, 결혼한 여자가 시아주버니와 식사를 같이 한다든지, 남편이 부인을 위해서 요리를 하거나 다리를 주물러 준다든지, 높은 카스트 신분을 가진 사람이 낮은 카스트 신분을 가진 사람과 신체적 접촉을 한다든지 하는 것 등이 있다.

비록 어떤 종류의 정서를 일으키는 요인들은 문화에 따라서 많이 다르지만(Mesquita & Frijda, 1992 참조), 유사한 요인들도 대단히 많다. 예를 들어, Roseman 등(1995)은 미국에 사는 사람들과 인도에 사는 사람들의 평가들을 비교하였다. 두 나라에서 공통적으로 무력함의 평가는 분노가 아닌 슬픔과 공포를 일으킨 반면에, 어떤 사람이 부정적 사건을 일으켰다는 평가는 슬픔이나 공포가 아닌 분노를 촉발시켰다.

그러면 정서를 일으키는 사건들은 문화에 따라서 어떻게 다른가? 제3장에서 나온 독립적 문화에서의 개인주의자와 상호의존적 문화에서의 집단주의자에 대한 논의로 돌아가 보자. 그 논의에서 우리는 다른 사람들과 유대관계를 맺을 수 있다거나 외톨이로 있다는 것에 따라서 정서 평가에 문화적 차이가 있다는 것을 배웠다. 중요한 점은 문화에 따라서 정서 촉발 사건에 대한 평가가 달라진다는 것이다. 혼자 있는 경험과 사회적 유대를 가지는 경험이 개인주의 문화와 집단주의 문화에서 다른 의미를 지닐 수 있다. 혼자 있음에 대해서 생각해 보자. 유럽과 미국의 중산층은 혼자 있다는 것을 긍정적 용어로 평가할 것이며 만족감을 경험할 것이다. 반면, Briggs(1970)가 연구한 이누이트족 사람들이나 Lutz(1988)가 연구한 이팔루크 사람들은 혼자 있는 것을 고립이라고 평가하였는데, 그것은 슬픔을 자아내는 것이다(Mesquita & Ellsworth, 2001; Mesquita & Markus, 2004).

다른 사람에게 의존하고 있다는 것도 문화에 따라서 다른 평가와 다른 정서를 일으키는 것 같다. 예를 들면, 이집트의 유목민 알라드알리(Awlad'Ali)족에게는 권력자들과 같이 있다는 것이 '하샴(hasham)'이라는 수치심을 불러일으키는데, 그런 상황은 자기가 다른 사람에게 의존하고 있다는 것을 상기시키기 때문이다(Abu-Lughod, 1986). 반면, 일본인에게는 때로는 그런 상황이 '아마에(amae)'라는 평온하고 즐거운 경험이라고 알려져 있다(Lebra, 1983). 이것은 권력이 작은 사람이 권력을 더 많이 가진 사람과 관계함으로써 느끼는 편안한 의존감인데, 권력이 작은 사람이 작은 아이처럼 수동적이고 무력해짐으로써 자신을 의탁할 수 있다는 것을 잘 안다는 것이다.

평가의 세 번째 단계: 언어적 공유

지금까지는 개인의 머릿속에 있는 어떤 것으로서의 평가를 다루었다. 그런데 우리가 세상을 이해하는 대부분은 다른 사람들과 대화하는 중에 얻게 된다. 이런 면에서 보자면, 다른 사람들과 우리의 정서를 공유하고 서로 이야기함으로써 얻어지는 평가의 세 번째 단계에 대해서 생각해 보아야 할 것이다. Bernard Rimé와 동료들은 사람들이 정서적 경험을 다른 사람들에게 털어놓는 강력한 경향이 있다는 것을 알았다. Rimé 등(1991)은 이것을 사회적 공유(social sharing)라고 불렀다. 여섯 가지 연구에서 그들은 사람들이 기억하는 정서의 88~96%가 다른 사람과 이전에 언어적으로 공유한 것이라는 것을 발견했다. 그 비율은 연령대, 성별에 상관없이 유사했으며, 네덜란드에 사는 상호의존적인 수리남 사람들이나 독립적인 네덜란드 사람들 간에도 유사했다. 우리가 다른 사람들과 우리의 정서를 공유할 때는 필연적으로 정서 지식에 의존할 수밖에 없고, 우리의 경험을 다른 사람들에게 전달하기 위해서 특정 단어, 개념, 범주, 화법을 쓰게 된다.

우리의 정서경험이 언어적 형태를 띠게 되면, 언어의 여러 효과 때문에 그런 일차적 경험의 의미와 사용법이 확장될 수 있다. 그렇게 해서 특별한 일이 일어나는데, 그런 일은 인간에게서만 가능한 것이다. 정서와 사고 그 자체가 또 정서와 사고의 대상이 된다. 정서들을 마음속에 되뇌고, 그것을 곰곰이 생각해 보고, 다른 사람들과 그 정서를 공유한다. Rimé와 동료들은 정서를 공유한다고 해서 그 정서의 강도가 감소하지는 않는다는 것을 알았다. Rimé(2009)는 언어적으로 정서를 공유하면 인간관계가 확대되고, 사회적 지지를 얻게 되며, 자신의 경험을 자신이 속한 사회의 다른 사람들의 경험 및 직관 등과 비교할 수 있게 된다고 하였다.

이 장의 처음 부분에서 정서의 두 단계에 대해서 이야기하였다. 짧은 첫 번째 단계는 주로 불수의적으로 일어나며, 그 후에 사고가 개입하는 더 긴 두 번째 단계가 있다. 정서를 공유하는 것은 세 번째 단계이다. 그런 삼차적 평가는 다른 사람들과 함께 하는 것이다. 세 번째 단계 평가도 첫 번째 단계나 두 번째 단계 평가와 마찬가지로 정서적 일화 사건이라는 점에서는 동일하지만, 그것은 가족 구성원 또는 친구들과 이야기하고 조율하는 평가 단계인 것이다.

정서란 정말로 어떤 것인지, 그리고 상황들을 어떻게 깊은 수준에서 평가할 수 있는지는 그런 언어적인 형태를 통해서만 답을 얻을 수 있을 것이다. James Pennebaker 등(1988)은 50명의 학생에게 나흘 동안 20분씩 정서적으로 중요한 문제나 피상적인 문제에 관해서 적도록 하였다. 깊은 정서적 문제들을 적은 학생들에게 항원을 제시해서 임파구 반응을 측정해 본 결과, 면역기능이 향상되어 있었고 대학보건센터를 찾은 횟수도 더 적었다. 정서적으로 중요한 문제들을 적도록 한 학생들이 통제집단 학생들보다 문제점들을 적으면서 스트레스는 더 많이 받았지만, 석 달이 지난 후에는 통제집단 학생들보다 더 행복해졌고, 그들이 적었던 정서적 문제들에 직면한 경험을 더 긍정적 경험으로 회상하였다. 이 효과는 Pennebaker의 실험실에서 그리고 다른 연구진에 의해서 여러 번 재확인되었다. Pennebaker는 글로 쓰거나 말을 함으로써 트라우마 경험에 직면하는 것의 치료적 효과를 발견하였다. 그는 글이나 말로 표현하는 것이 트라우마 경험을 억누름으로써 생기는 파괴적 결과를 경감시킨다는 것을 알았다. Pennebaker는 털어놓기, 즉 정서들을 의식선상에 떠올리고 그래서 정서와 그 의미를 이해한다면 파괴적 결과가 해소될 수 있다고 결론지었다(Pennebaker, 2012; Pennebaker & Chung, 2011; Pennebaker & Seagal, 1999).

소설과 영화: 〈현기증〉

수시물(미스테리)은 평가와 급격한 재평가를 기반으로 한다. 흔히 범죄가 일어나고 대부분의 사람은 끔찍하다고 평가한다. 그리고 탐정이 등장하고 그 사건을 재평가해서 그 배후에 전혀 다른 세계가 있다는 것을 보여 준다. 적어도 한 등장인물이 사건들을 다르게 평가해서 범죄를 저지를 것이다. 그 이야기가 끝날 즈음에는 우리의 평가도 역

시 변해 있을 것이다.

Alfred Hitchcock 감독의 1958년 영화 〈현기증(Vertigo)〉에서는 등장인물들과 관객들의 평가가 한 번이 아니라 여러 번 바뀐다.

표면적 줄거리를 보면, 그 영화의 주인공인 Scottie(James Stewart가 연기함)는 샌프란시스코의 형사였

다. 지붕 위에서 범죄자를 추격하는 와중에 그는 지붕 끝에 매달리게 되었고, 그를 구출하려던 동료는 떨어져서 죽는다. Scottie는 조기 은퇴를 하고는 죄의식을 느낀 나머지 현기증과 고소공포증에 시달린다. 옛날 대학 동창생 한 사람이 그에게 형사 때의 수사기법을 활용할 수 있는 일을 맡기게 된다. 그 일은 그 동창생의 부인인 Madeleine(Kim Novak이 연기함)을 미행하는 것이었는데, 그녀는 어떤 죽은 사람의 환영에 시달리고 있는 것 같다. Scottie는 그녀를 미행하였는데, 그녀가 어떤 미술관에서 그 죽은 사람의 초상화 앞에서 몇 시간이고 멍하니 앉아 있는 것을 보게 되었다. 그 초상화의 주인공은 Madeleine의 증조모인 Carlotta였다.

이제 그 밑층의 줄거리가 나타난다. 그것은 Scottie의 재평가이다. 그의 주된 관심은 더 이상 동창생이 맡긴 일이 아니다. 그의 관심은 냉랭하지만 세련된 매너를 가진 금발의 Madeleine에게로 향했다. 사랑에 빠진 것이다. Madeleine이 자살하려고 샌프란시스코만의 바닷물에 뛰어들었을 때, 그녀를 구출해서 자신의 아파트에 데려간다. 이 영화에서 섹스 장면이 나오지는 않는다. 하지만 다음 장면에서 Madeleine은 Scottie의 침대에 누워 있고, 모든 옷은 젖은 채로 말리기 위해서 벽에 걸려 있으며, 그녀는 깨어나서는 자신이 어떻게 거기에 있게 되었냐고 Scottie에게 묻는다.

이제 또 다른 층이 나타난다. Scottie는 단순히 사랑에 빠진 것이 아니라 그녀에게 강박적으로 집착하게 되며 그의 임무는 깡그리 잊어버린다. Madeleine은 그에게 샌프란시스코 남쪽의 탑이 있는 어떤 장소에 Carlotta가 있는 꿈을 꾼 것을 이야기한다. Scottie는 그녀를 차에 태워서 그곳으로 가는데, 그녀가 그곳을 가 보면 홀려 있는 어떤 것에서 벗어나리라 생각했기 때문이다. 그곳에 도착했을 때 그들은

서로 사랑을 고백했다. 하지만 그녀는 그를 밀치고는 탑 꼭대기로 달려 올라갔다. Scottie는 고소공포증을 이기고 그녀를 쫓아 올라간다. 비명소리가 들린다. 창문을 통해서 우리는 그녀가 떨어지는 것을 본다. 이어서 Madeleine이 지붕에 떨어져서 얼굴이 바닥으로 향한 채로 죽어 있는 장면이 나타난다.

그런데 또 다음 평가가 나타난다. 우울증과 죄책감에 짓눌린 Scottie는 거리를 헤매는 도중에 Madeleine을 떠올리게 하는 어떤 여인을 만난다. 그 여인은 부스스한 붉은 머리의 Judy(역시 Kim Novak이 연기함)이다. 그들은 데이트를 하게 된다. Scottie는 Judy에게 금발로 염색하라고 요구한다. 그는 Judy를 드레스숍에 데리고 가서 죽은 Madeleine이 잘 입었던 옷과 비슷한 회색 옷을 사 준다. 이제 그 영화에서 잊지 못할 장면 중의 하나가 나오는데, Judy가 안개 속에서 서서히 그에게 나타난다. 그녀는 바로 Scottie가 기억하는 그 Madeleine이다. 이제 Scottie는 Madeleine을 사랑할 수 있게 된다.

하지만 영화는 거기서 끝나지 않는다. 그다음 평가가 나타나는데, 그 영화를 보는 우리는 Judy가 정말로 Madeleine이었으며, Scottie의 대학 동창이 Judy를 자기의 부인 역할을 하도록 했다는 것을 알게 된다. Goffman(1959)이 말한 것처럼, "현실의 대체물로서 관찰자가 가지는 인상은 언제나 조작될 수 있다. 왜냐하면 어떤 것이 존재한다는 표식이 그 어떤 것 자체가 아니어서 그 어떤 것이 없이도 만들어질 수 있기 때문이다."(p. 251)

이 영화의 완성은 그것의 중심 질문에 있다. "성적인 사랑이 낳는 그 절절한 정서가 얼마나 투사에 의한 평가로 인해서 생기는가, 그리고 얼마나 그 사람을 실재라고 생각하는가?"에 달려 있다는 것이다.

정서 단어

정서 단어의 어휘는 돌이켜 생각해 보고 정서를 나누는 데 중요한 요소인데, 그것을 정서 어휘집(emotion lexicon)이라고 한다. 영어에는 정서경험을 묘사하는 수많은 단어가 있다.

감정표현불능증(alexithymia)에 걸린 사람들이 있는데(Taylor, Bagby, & Parker, 1997), 이는 정서 단어를 거의 사용하지 않는 것을 의미한다. 감정표현불능증은 언어적으로 정서를 알아차리거나 표현하는 데 어려움이 있다. 이 질환은 상상력이 결핍된 것과 관계가 있으며, 자기 내부에서 일어나는 일보다는 외부 사건에 대해서 더 주의를 기울이는 인지적 형태와 관련이 있다. 많은 연구가 감정표현불능증과 정신신체장애(psychosomatic disorder)의 관련성을 살펴보았는데, 정서를 표현하는 단어들이 부족한 나머지 신체적으로 정서표현을 나타내게 되는 것이고, 그래서 면역계에 영향을 미치게 된다는 것이다. Bird 등(2010)은 감정표현불능증을 가진 사람들은 공감능력을 담당하는 뇌영역인 도피질(insula)의 반응성이 줄어들어 있다는 것을 발견했다. 다른 연구자들(Grynberg et al., 2010)은 감정표현불능증과 공감능력 저하가 서로 관련되는 것은 아마도 불안 때문일 것이라고 생각한다.

정서 단어들에 대한 연구들은 정서 언어의 여러 가지 특성을 밝혀내었다. 그런 연구들 중 하나에 따르면, 어떤 정서경험에 명칭을 부여한다는 것은 그 정서경험의 의도적 목적(intentional object)을 확증해 주기 위한 것, 즉 그 정서가 구체적으로 무엇에 관한 것인지를 밝혀 준다는 것이다(Ben Ze'ev & Oatley, 1996). 철학적 용어인 의도(intention)라는 단어는 '무엇에 관함(aboutness)'을 말하는데, 이런 의미에서 생각하는 것, 아는 것, 그리고 대체로 느끼는 것은 의도적이다. 왜냐하면 그런 것들은 '어떤 것에 관한 것'이기 때문이다. 정서 단어들은 우리로 하여금 경험에 주목하게 한다(Ben Ze'ev, 2000). 예를 들면, 어떤 파티에서 활발하게 대화를 하는 도중에 느닷없이 '나는 질투심을 느끼고 있다'는 것을 알게 된다. 이런 경험에 대한 단어를 인식함으로써 그 경험에 더 예민하게 집중하게 되고 특정 사건에 주의를 주게 된다. 아마 당신의 파트너가 당신의 가장 친한 친구에게 아양 떠는 미소를 보내고 있는 중일 것이다. 그 경험, 그 단어, 그 개념이 지금 이 파트너가 과거에 했던 비슷한 행동을 떠올리게 할 것이다. 그러면 정서 단어들이 모호한 상태를 더욱 확실한 정서경험으로 바꾸어 줄 것이다. Anderson 등(2011)의 연구에서는 언어적인 정서 정보가 지각에 영향을 준다는 것을 보여 주었다. 어떤 얼굴이 부정적인 정서적 뒷담화와 짝지어지면, 그 얼굴은 중립적이거나 긍정적인 정서적 뒷담화와 짝지어진 얼굴들보다 모호한 상황에서 더 쉽게 인식되었다.

정서 어휘집은 구조를 가지고 있다. 그것은 여러 수준으로 범주화되어 있으며, 어떤 방식으로 범주화되어 있느냐는 정서들에 대해 우리가 이야기하는 것들 중에 나타나 있다. Shaver 등(1987)이 수행한 중요한 연구에서는 피험자들에게 정서 단어가 쓰인 135개의 카드를 보여 주고 그들로 하여금 그 카드들을 마음 내키는 대로 여러 범주로 분류해 보도록 하였다. 이러한 분류를 통해서 Shaver 등은 영어 사용자들에게서 정서 지식의 구조를 알아내었다.

상위 차원에서는 긍정적 정서와 부정적 정서의 구분이 있었다. 이것은 사람들이 사건들에 대해서 즉각적이고 자동적으로 좋고 나쁨을 평가하는 것과 잘 맞아떨어지는 것처럼 보인다.

그다음 차원에서는 기초 지식으로 잘 알려진 여섯 가지 정서 개념이 나타나는데, 그것들은 사랑, 기쁨, 놀람, 분노, 슬픔, 공포이다. 이 용어들은 사람들이 정서경험을 묘사할 때 가장 빈번하게 사용하는 것들이라는 것을 알 것이다. 또한 이 용어들이 인류 공통의 정서적 얼굴표현에서 나타나는 정서들과 일치한다는 것은 흥미로운 사실이다. 똑같은 정서 목록이 비록 약간의 차이가 있기는 하지만 다른 언어에 대한 분석에서도 역시 나타난다(Romney, Moore, & Rusch, 1997).

이러한 각각의 기본 정서 용어들 밑에는 더 많은 특정 상태가 있다. 이것은 정서 지식의 하위 차원이라고 알려져 있다. 이런 특정 상태들은 그 위에 있는 기본 정서 개념의 특성들을 공유하며, 중요한 면들에서 서로 비슷하다. 예를 들면, 사랑이라는 기본 정서 개념 밑에는 사랑, 연민, 갈망, 동경이 있다. 행복이라는 개념 밑에는 즐거움, 열정, 쾌락, 자존감, 희망, 매혹, 위안이 있다. 슬픔 밑에는 고뇌, 우울, 실망, 죄책감, 당혹감, 동정이 있다.

정서 단어들은 문화에 따라서 극적으로 달라진다. Anna Wierzbicka(1999)는 여러 언어에 능통한 언어학자인데, 영어를 공용어로 하는 문화에서 사람들이 직관적으로 정서에 있어서 인류 공통의 범주가 있다고 추론하는 것에 대해서 비판적이다. 그 대신에 그녀는 인류 공통적 의미요소들에 주안점을 둔 분석에 기반해서 인류 공통적 정서 개념들을 제안했다. 행복: ① X는 어떤 생각을 했기 때문에 행복했다. ② X는 '나에게 좋은 일이 일어났다.'라고 생각했다. ③ X는 '이런 일이 일어나기를 원하였다.'라고 생각했다. ④ X는 '지금 정도면 나는 충분하다.'라고 생각했다.

문화에 따라서 정서 언어들이 얼마나 다른가를 연구하기 위해서, Russell(1991)은 여러 다른 문화에서 살면서 그 문화 내의 언어와 생활에 익숙했던 인류학자들이 쓴 수백 편의 민속학지를 읽었다. Russell은 거의 모든 언어에 분노, 공포, 행복, 슬픔, 혐오라는 단어가 있다는 것을 알아내고는, 정서 언어에 있어서 문화에 따라서 얼마나 차이가 있는지에 대한 매력적인 그림을 그려 내었다.

문화에 따라서 정서를 표현하는 단어들의 수가 다르다. 연구자들은 영어에는 특정 정서 관련 단어가 2,000개나 되는 반면에, 대만어에는 750개, 폴리네시아의 이팔루크족에게는 58개, 말레이시아의 취웡족에게는 8개밖에 없다는 것을 밝혀내었다.

어떤 마음상태를 어떤 정서 단어로 표현하느냐도 문화에 따라서 다르다. 호주 원주민의 언어인 Gifjingali어에서는 공포와 수치심을 'gurakadj'라는 동일한 단어로 표현한다. 수치심과 당혹감은 일본어, 타히티어, 인도네시아어, 네팔어에서는 구분이 없다. 어떤 언어에서는 한 단어로 나타낼 수 있는 마음상태가 영어에서는 한 단어로 나타내는 말이 없다. 예를 들면, 체

코어에서 'litost'라는 단어는 '인생의 비극적 상황을 갑자기 인식하다'라는 의미이다. 독일어에서 'schadenfreude'라는 단어는 '다른 사람의 불행과 실패는 나의 행복'이라는 의미이다. 이런 식으로, 어떤 문화에서는 어떤 경험을 많은 단어와 개념들로 표현한다. 예를 들면, 타히티어에는 분노를 나타내는 단어가 46개나 된다. 이런 경우에는 어떤 정서에 대해서 여러 가지 섬세하고 미묘한 의미를 경험할 것이다.

많은 정서 단어는 은유적이다. 은유(metaphor)라는 것은 그 자체가 아니라 다른 것을 빗대어서 어떤 것을 지칭하는 개념이다. "이 파티는 폭발적이다."라는 말은 폭탄이 폭발하는 이미지를 빗대어서 그 파티의 특성을 말하는 것이다. "정의는 눈을 가린 것이다."라는 말은 정의의 바람직한 추상적 과정을 빗대어 말하는 것인데, 정의가 만인에게 평등하게 적용되어야 한다는 것을 지칭한다.

은유에 대한 연구에서 George Lakoff, Mark Johnson, Zoltán Kövesces는 영어 사용자들에게는 정서경험을 표현하게 위해서 빈번하게 사용하는 다섯 가지 종류의 은유가 있다고 주장했다(Kövesces, 2003; Lakoff & Johnson, 1980). 첫째, 정서는 자연력이다. 우리는 마치 정서가 파도처럼 우리를 휩쓸어 간다고 말한다. 둘째, 정서는 적들이다. 우리는 욕망, 비통함, 좌절과 싸운다. 셋째, 정서는 질병이다. 우리는 사랑앓이를 하고 질투 때문에 괴로워한다. 넷째, 정서는 통 안에 든 액체이다. 우리는 분노로 부글부글 끓고 기쁨이 넘친다. 다섯째, 정서는 동물들이다. 공공장소에서 입맞춤을 많이 하면 새롱거리는 비둘기(lovey-dovey)가 된다.

원형으로서의 정서 개념

정서를 범주화할 수 있는가? 정서 개념이나 개별 정서들에 대한 필요충분한 특성들이 있는가? 어떤 개념에 대해서는 필요충분한 특성들을 동원해서 정의를 할 수도 있다. 예를 들면, '할머니는 부모의 어머니'라고 정의할 수 있다. 하지만 대부분의 개념은 정확한 정의가 어렵거나 불가능한데, 그 이유는 현실세계라는 것이 범주들로 깨끗하게 나누어지지 않을뿐더러, 많은 대상에 대해서 우리가 완전하게 알지는 못하기 때문이다. 우리가 '나무'라고 할 때 우리에게는 모두가 알고 있는 전형적인 '나무'와 같은 종류를 의미하지만, 식물학자에게는 더 많은 이야기가 있을 것이다.

그러므로 언어와 사고는 우리가 잘 모를 때에도 그것에 대해서 이야기하고 이해할 수 있도록 하는 놀라운 특성을 가지고 있다. 그래서 말을 듣는 사람은 원형(prototype)들을 빌려서 사고할 수밖에 없다(Putnam, 1975). 어떤 원형이란 한 범주 내에 있는 한 가지의 실제적 대상이라고 간주할 수 있는데, 그 범주의 전형적 특성들을 나타내는 것이다. 그래서 전형적인 새라고 한다면 울새를 들 수 있다. 울새는 날아다니고, 중간 정도의 크기이며, 지저귀고, 둥지를 트는 등의 특성을 가지고 있다. 어떤 사물을 설명하기 위해서 원형을 들이대는 경우에는 또한 그것의 특정 변형도 언급할 수 있다. '나무'에 대한 원형을 언급할 때는 '크다'라는 개념이 포함되지만, 나무의 특정 변형을 이야기할 수도 있다. 예를 들면, 분재는 '화분에서 기르는 작은 나무이며, 작게 키우기 위해서 계속 가지치기를 해 주는 것'이다.

Fehr와 Russell(1984)은 많은 연구를 한 후에 사람들이 원형에 근거해서 정서를 생각한다고 주장했다. 구체적으로 이야기하자면, 어떤 정서에 대한 사람들의 일상적 원형은 각본(script) 같은 것이라고 하는데, 각본이란 어떤 사건의 진행과정에 대한 특정적 윤곽이다. Russell(1991b)은 이러한 접근을 Johnson-Laird와 Oatley(1989)가 영어 단어집의 의미 분석을 해서 일차적 정서와 그 파생 정서가 있다고 한 접근과 대비해서 설명했다. Russell은 과학에서 의미 분석과 같은 것을 사용해서 정서의 특성들에 대한 정의를 이해하는 것이 필요하기는 하지만, 일상생활에서는 정서에 대해서 원형적 예를 가지고 사고하므로 좋은 예와 덜 좋은 예를 구분하는 명확한 경계는 없다고 주장했다.

여러 가지 정서에 대한 전형적 각본들을 체계적으로 조사한 초기 연구들 중의 한 연구에서 Shaver 등(1987)은 실험 참가자들에게 여러 가지 정서에 대한 원인, 생각, 느낌, 반응, 신체적 표시 등을 글로 쓰도록 했다. 그들은 이 글들을 분석해서 정서 원형들의 특성(즉, 그 사람의 기술이나 정서에 대한 기술에서 적어도 20% 이상 나타나는 특성들)을 확인했다. 슬픔에 대한 원형은 〈표 7-3〉에서 볼 수 있다.

이러한 서술적 방법(narrative methodology)을 통해서 실험 참가자들은 여러 가지 정서에 대한 각본, 또는 De Sousa(1987)의 말을 빌리면 패러다임 시나리오(paradigm scenario)를 제공하는 것이다(또한 De Sousa, 2004 참조). 이런 생각은 연구자들이 여러 가지 서로 다른 정서를 구분하는 데 아주 유용하다. 이러한 서술적 방법을 사용하는 연구자들은 당혹감, 수치심, 죄책감과 같은 자의식 정서의 원형을 찾고자 했다(Keltner & Buswell, 1996; Miller & Tangney, 1994; Parrott & Smith, 1991). 당혹감은 관습에 어긋남에 따라 사회적 노출이 증가하는 데 전형적으

〈표 7-3〉 슬픔의 원형

원인	죽음, 상실, 원하는 것을 얻지 못함
느낌	무기력, 피로, 기진맥진, 느림
표현	고개를 푹 숙임, 슬픈 이야기를 함, 울기, 눈물
생각	비난, 자책, 지난 행동을 반성함
행동	다른 사람을 부정적으로 말함, 잃어버린 것으로부터 철수

출처: Shaver et al. (1987)에서 발췌.

로 따라오는 것이다(예: 엉덩방아를 찧는다든지, 몸의 균형을 못 잡는다든지 하는 것). 수치심은 '핵심 자기(core self)' '자아이상(ego ideal)', 인격을 정의하는 면인 자기 자신이나 중요한 타인의 기대에 걸맞은 삶을 살지 못하는 것에 따라오는 것이다. 죄책감은 다른 사람에 대한 행동을 규정하는 도덕적 규칙을 위반하면 나타난다. 그래서 죄책감에 공통적으로 선행하는 것들은 거짓말, 속임, 절도, 부정, 개인적 의무의 태만 등이다(Tangney, 1992; Tangney et al., 1996).

정서 지식에 대해서 원형적 시각을 갖는다는 것에는 여러 가지 흥미로운 함축된 의미가 들어 있다. 첫째, 정서들의 범주에 명확한 경계가 없다는 의미가 들어 있다. 예를 들면, 슬픔과 분노의 표상들, 또는 공포와 죄책감의 표상들이 겹치게 된다. 둘째, 원형적 접근을 하면 한 가지 범주의 정서가 표상하는 다양한 경험을 설명하기 용이하다. 예를 들면, 여러 가지 다양한 분노가 있는데, 어떤 분노에는 비난이 들어 있고, 우발적 분노도 있으며, 타인을 향한 분노가 있는가 하면, 자신을 향하는 분노도 있다. 또 어떤 분노는 격분(rage)처럼 강력한 것도 있고, 다른 분노는 짜증과 같은 은근한 것도 있다. 원형적 시각에서 보면, 각각의 정서 범주 안에는 어떤 정서의 원형적 특성들을 더 잘 나타내 주는 예들이 있는데, 우리가 슬픔에 대해서 보여 준 것 같은 것들이다. 반면에 그 정서의 많은 변형이 있는데, 그런 변형들은 해당 특성들을 적게 가지고 있거나 다른 특성들을 가지고 있다.

정서 지식의 범주적 특성

또 다른 방식으로, 우리는 여러 가지 정서를 명확한 경계가 있는 범주(category)들로 간주한다. Nancy Etcoff와 John Magee(1992)가 이를 입증했다. 그들은 만일 기본 정서들이 있다면 얼굴표정은 그런 범주로 인식될 것이라고 주장했다. 모든 행복한 얼굴은 한 가지 범주로 분류되고, 모든 화난 표정은 다른 범주로 분류되는 것 등이다. 얼굴표정 지각은 언어 지각 현상과 비견될 수 있다. bit와 pit이라는 두 단어에서 b와 p는 입을 여는 순간과 후두에 의해서 음이 시작되는 순간 사이의 시간에 의해서 구분되는데, 이것을 목소리 개시시간(voicing-onset time)이라고 한다. 사람들은 b 또는 p 소리가 두 가지 소리의 정중앙점에서 어느 쪽으로 치우쳐 있는 경우에는 목소리 개시시간의 시간차를 잘 구분하지 못하지만, b와 p 두 소리의 경계선상에서는 몇 msec 정도의 시간차만 있어도 두 발음을 아주 잘 구분해 낸다.

Etcoff와 Magee는 정서상태가 행복에서 중립, 행복에서 슬픔, 화남에서 혐오 등으로 점진적으로 변해 가는 얼굴 쌍들을 만들었다. 이런 얼굴 쌍들을 만들기 위해서 그들은 Ekman과 Friesen(1975)의 여섯 가지 기본 정서 얼굴표정과 중립정서 얼굴을 채택하고 Brennan(1985)이 개발한 만화 얼굴 생성 프로그램을 사용하였다. 각각의 정서상태 쌍들을 만들기 위해서

11단계의 얼굴을 만들었는데, 각 단계들마다 정서표현이 정확하게 동일한 양으로 증가하였다. [그림 7-3]에서 행복에서 슬픔으로 이행하는 11개의 얼굴을 볼 수 있다. 그들은 이러한 얼굴표정 시리즈에서 얼굴들 사이에 급격한 변별을 할 수 있는 부분이 존재한다는 것을 알아내었는데, 말하자면 행복, 슬픔, 화남, 혐오 등을 구분할 수 있는 경계가 있다는 것이다. 그 경계의 양쪽 면에서는 그런 구분을 잘하지 못했다. 예를 들면, 그런 얼굴 시리즈에서 두 번째 얼굴과 네 번째 얼굴의 정서 차이를 잘 구분하지 못한 반면에, 네 번째와 여섯 번째 얼굴의 정서 차이는 잘 구분해 내었다. 이 실험이 의미하는 바는 기본 정서의 범주가 얼굴 정서표현의 변별력에 영향을 미친다는 것이다.

한 가지 논쟁이 진행 중이다. Ekman(1992), Panksepp(1992), Roseman(2011), Oatley와 Johnson-Laird(2011)와 같은 이들이 한편이다. 이들은 정서들이 명확한 범주가 있다고 간주하는 것이 유용하다고 주장한다. 다른 편에는 Russell(2003), Barrett, Lindquist, Bliss-Moreau, Duncan, Gendron, Mize 등(2007), Clore와 Ortony(2008)가 있다. 이들은 정서의 종류가 포유류나 조류 같은 자연적 종류가 아니라고 하는데, 똑같은 이름을 가진 정서들에서조차도 많은 변형이 있기 때문이다. 정서의 다른 모습들에 주목하기 위해서는 이 논쟁의 대척점에 서 있는 사람들을 살펴보는 것이 좋겠다. 이쪽 편에 서 있는 사람들은 정서의 기능성에 주목하는 사람들이다. 그리고 저쪽 편에 서 있는 사람들은 정서가 차원들로 이루어져 있으며 문화적 구성물로 보는 것이 더 가치 있다고 생각하는 사람들이다.

정서경험

사람들의 정서 평가를 어떻게 연구할 수 있을까? 일기연구(diary study)가 한 가지 방법인데, 매일 정서경험을 한 직후에 그것을 적는 것이다. Joanna Field(1934)는 그녀를 행복하게 했던 것이 무엇인지 알기 위해서 일기를 보관했다. 여기서 그녀가 사랑에 빠져서 결혼하고자 했던 남자에 관한 생각을 보자.

[그림 7-3] 행복에서 슬픔으로 등간격으로 변해 가는 얼굴 연쇄
출처: Etcoff & Magee (1992).

"6월 8일. 같이 여행 가고 싶다. 다른 사람들이 어떻게 사는지 보고 싶고…… 시골 여관에서 같이 자고 싶고, 보트도 타고, 흙길을 같이 걷고 싶고……."(p. 48) 그녀의 생각은 사랑하는 사람과 새로운 경험을 같이 하는 활동계획의 형태로 이루어져 있다.

그런데 불안에 관한 것에서는 생각이 완전히 다르다. 그녀는 다음과 같이 쓰고 있다.

그 사람들에게 차 한잔 같이 하자고 해야 할까? 이렇게 이야기해야겠지. "차 한잔 하실 시간이 있나요? 언제라도 오실 수 있어요?" 우리는 일주일 내내 시간이 있고, 그들이 시간을 선택할 수 있다고 말해야겠지. 혹시 가정부가 문간에 나와서 말하지 않을까? 그녀가 너무 바빠서 그럴 수 없는 것이 아닐까?

이러한 불안한 생각이 꼬리를 물고 일어나면서, Field는 그녀보다 더 부유한 사람들에게 어떻게 접근해야 할지를 고민하고, 여러 가지 초대방식을 연습해 보고, 만일에 전화를 했을 때 그 사람이 너무 바빠서 초대에 응할 수 없다고 가정부가 말한다면 기분이 어떨까 하는 것을 걱정하고 있다.

반성과 수양: 정서일기

정서일기는 당신의 정서를 기록하는 방식인데, 무엇 때문에 그 정서가 시작되었으며, 그 정서가 생길 때 어떤 생각을 가졌으며, 그 정서가 어떤 영향을 미쳤는지를 잘 반성해 보고 정서를 보다 잘 이해하는 것이다.

정서일기를 처음 출판한 심리학자는 Georgina Gates(1926)인데, 51명의 여학생에게 한 주 동안에 화가 났던 일들을 기록하라고 했다. 그 연구에서 그녀는 일상생활에서는 좌절에 의해서 화가 난다는 것을 발견했다. 또한 1926년에 Marion Blackett은 런던 대학교에서 심리학 박사학위를 마치면서 행복이 중요하다는 것을 알게 되었다. 그녀는 산업심리학자로 일했는데, 매일 행복했던 일들을 기록하면서 그것들을 자신의 인생목표와 연관시켰다. 그 연구는 생각했던 것보다 훨씬 길어져서 결국에 Joanna Field(1934/1952)라는 필명으로 책을 출판하게 되었다. 그 연구에서 그녀는 놀라운 사실을 발견했는데, 그녀의 인생이 의식적인 목표에 의해서가 아니라 거의 무의식적인 불안에 의해서 진행되었다는 것이었다. 그것 때문에 그녀는 직업이 바뀌게 되었다. 그녀는 Marion Milner라는 저명한 정신분석가가 되었다. 그녀가 확인한 의식의 경계에 있는 불안들은 그 당시로는 잘 알려져 있지 않은 것들이었다. 수십 년이 지나서야 그것이 다시 발견되었으며, 인지행동치료의 초석이 되었다.

정서일기를 계속 써 나가는 한 가지 방법은 인식할 만큼 중요한 정서들을 주의 깊게 살펴보는 것이다. Oatley와 Duncan(1992)이 이 방법을 사용하였는데, 실험 참가자들에게 정서가 발생했다는 표시들은 심장이 빨리 뛰는 것 같은 신체적 감각, 마음에 떠오르는 멈출 수 없는 생각들, 정서적으로 행동하고픈 충동 등이라고 알려 주었다. 설문지를 만들기 위해서 만든 질문들은 '그 정서(또는 기분)의 이름은 무엇인가? 얼마나 지속되었는가? 무슨 일 때문에 시작되었는가? 누가 그 장소에 있었는가? 그 정서가 지속될 때 무슨 생각이 났는가? 어떤 충동을 경험했는가? 어떤 영향이 있었는가?'와 같은 것이다. 설문지를 만들 때는 이런 질문들을 가감해서 만들면 된다.

정서일기를 쓰는 또 다른 방법은 특정 시간에 느낌이 어땠는지를 적는 것이다. 이 방법은 경험 표집(experience sampling)이라고 하는데, Csikszentmihalyi와 Larson(1984)이 개발한 것이다. 그들은 청소년들에게 무작위적으로 신호를 받는 시각에 그때의 느낌을 기록하도록 했다. 타이머를 주머니에 넣고 시간을 맞추고 있다가(예를 들어, 45분으로 맞출 수 있다) 그 시간이 지났을 때 당시의 느낌을 적는다. 즉, 그 시각에 무엇을 하고 있었으며 그때 느낌이 어땠는지를 적는 것이다. 그런 과정을 가능한 한 여러 번 반복한다. 그리고 그것을 많든 적든 간에 원하는 대로 정서일기에 적는다.

이런 정서일기 쓰기 방법들은 자신의 정서적 삶의 어떤 면에 대해서 잘 이해하지 못하는 사람들에게는 아주 유용하다. 정서일기 쓰기는 힘든 시기에 사람들이 통찰을 얻을 수 있도록 하는 치료법들에서 공통적으로 쓰이는 방법이다(제14장 참조). James Pennebaker는 그런 반성이 가져다주는 이점을 개관했다. 정서일기를 계속 쓴다면 흥미로운 사실을 알게 될 것이다. 예를 들면, 혹시 당신은 때때로 불안이 엄습하거나 별다른 이유 없이 자괴감이 드는가? 그런 일이 있을 때마다 무슨 일을 하고 있었으며, 그 직전에 무슨 사건이 있었는지, 누가 있었는지 등을 기록하라. 그리고 무슨 생각들이 일어났는지 적어 놓아라. 나중에 그런 생각들을 반성해 보라. 즉, 여전히 그런 생각들이 확실히 믿을 만한 것들인가? 그러면 당신 자신에 대해서 흥미로운 발견을 하게 될 것이다.

일기로 정서연구를 한 또 다른 연구자들은 Oatley와 Duncan(1994)이다. 그들은 사람들에게 행복, 공포, 분노 등의 정서를 느낄 때 그것을 야기했던 사건들을 일기로 쓰라고 했다. Oatley와 Duncan(1992)은 Abigail이라는 20세 여성에 대해서 보고했는데, 그녀는 계속 정서일기를 썼으며 나중에 면담을 했다. Abigail은 남자 친구에게 분노가 일어나는 원인은 좋아하는 음악이 서로 달라서 의견이 일치하지 않기 때문이라고 했다. 말싸움은 2시간 반이나 계속되었고, 그 나쁜 기억은 3일 동안 계속되어서 3일 밤을 불면으로 보냈다. "도저히 그 사람과 더 사귈 수가 없었어요."라고 그녀는 말했다. 그녀의 생각은 이런 것이었다. '이건 너무 심하잖아? 그렇다면 그 남자와의 관계를 끝내야 하는 거야.' 그렇게 말싸움을 하고 나니 "예전 남자 친구가 마음에 떠올랐다." 그리고 "이런 관계가 과연 괜찮은 것인지" 고민하게 되었다(p. 275).

정서경험 측정하기

이제 어떻게 정서경험을 측정할 것인지를 살펴보자. Green, Goldman, Salovey(1993)는 긍정적 기분과 부정적 기분을 평가하는 다양한 방법에 대해서 조사했다. 그중 한 방법은 형용사 체크리스트(adjective checklist)를 작성하는 것인데, 다음과 같은 항목에 있는 형용사들을 사용하는 것이다.

- 긍정적 형용사: 즐거운, 만족한, 행복한, 기쁜, 흡족한, 마음이 훈훈한

• 부정적 형용사: 울적한, 우울한, 낙담한, 침울한, 슬픈, 불행한

정서와 기분에 대한 이런 여러 가지 유사한 형용사를 피험자들에게 무작위로 보여 준다. 그리고 피험자들에게 해당하는 형용사들을 고르라고 한다. 선택한 긍정적 형용사와 부정적 형용사들에 각각 점수를 준다.

두 번째 방법은 '나는 슬프고 의기소침하다.'와 같은 문장을 보여 주는 것이다. 그리고 사람들에게 자신에 해당하는 점수를 주라고 하는 것이다. 보통은 '아주 그렇다, 그렇다, 모르겠다, 아니다, 아주 아니다.'와 같은 5점 척도를 준다. 또는 '자신을 잘 묘사하고 있는' 다른 척도를 만들 수도 있다.

세 번째 방법은 다음과 같은 척도를 사용하는 것이다.

당신이 얼마나 슬픈지 다음 중 해당하는 숫자에 동그라미를 치시오.
전혀 아니다 0 - 1 - 2 - 3 - 4 - 5 - 6 - 7 - 8 - 9 - 10 아주 그렇다

이런 척도의 끝에는 기준점(anchor point)이라고 하는 구두표현을 적어 넣는데, 그것을 피험자의 현재 경험과 비교한다.

잘 확립된 자기보고 척도가 여러 개 있다. 전반적인 긍정적 기분과 부정적 기분 경향성을 측정하는 것이 있고(Watson, Clark, & Tellegen, 1998), 경외심과 동정심 같은 독특한 긍정 정서를 측정하는 것(Shiota, Keltner, & John, 2006)이 있다. 그리고 분노와 같은 특정 정서의 표현 경향성(Spielberger, 1996), 수치심과 죄책감(Tangney, 1990), 당혹감(Miller, 1995), 공포(Spielberger, 1983), 또한 다른 사람과의 관계에 관한 정서인 감사(McCullough, Tsang, & Emmons, 2004), 공감(Davis, 1983)을 측정하는 것도 있다.

경험 표집이라고 불리는 유용한 정서일기(앞의 글상자 참조)는 망각을 최소화하는 방법인데, 온종일 불시에 실험 참가자들이 소지하고 있는 장치를 통해서 신호를 받고, 바로 그 순간에 당시의 느낌을 기록하는 것이다(Barrett & Barrett, 2001; Bolger, Davis, & Rafaeli, 2003).

특정 정서와 핵심 감정

평가에 의해서 얼굴표정, 발성, 몸 움직임, 자율신경계 반응, 중추신경계 반응과 같은 정서 반응들이 일어난다. 예를 들면, 우리는 분노, 욕구, 공경심 같은 아주 복잡한 경험들을 한다. 어떻게 정서경험이 일어나는가라는 정서경험의 특성에 대해서는 과학적으로 잘 알려져 있지

않은 부분이 많다. 하지만 우리는 두 가지 질문을 할 수 있다.

첫째, 정서경험의 기본적 요소들은 무엇인가? Reisenzein(1992a)은 이 질문에 대한 대답이 두 가지 형태를 지닌다고 한다. 첫 번째 형태는 행복, 슬픔, 공포와 같은 기본 정서에 대한 경험은 더 이상 환원될 수 없는 어떤 것으로 받아들여야 한다는 것이다. 예를 들면, Oatley와 Johnson-Laird(1987)의 견해, 그리고 정서일기 연구들에서 나온 증거(Oatley & Duncan, 1984), 아무런 외부 사건 없이도 몇 가지 정서나 기분이 이유 없이 일어날 수 있다는 관찰들이 있는데, 이런 것들에는 특정 간질 발작의 정서적 전조 증상(MacLean, 1993) 또는 Gazzaniga(1988)의 분리뇌 환자가 경험한 공포감 등이 있다. 그러한 기본 정서들은 하위의 요소들로 더 이상 환원할 수는 없는 반면에, 더 상위 개념인 유쾌(pleasant) 또는 불쾌(unpleasant)로 명명할 수는 있다. 굳이 말하자면 이런 것은 정서가 생기는 준비상태라고 볼 수 있는 원형 정서들(ur-emotions)로, 제대로 된 정서들이 가지는 특징들을 모두 가지고 있지 않고 그중 일부분만을 가지고 있는 원시적 정서들이라고 할 수 있겠다.

두 번째 형태는 Reisenzein이 말한 것인데, 정서경험들은 그 자체로는 정서가 아닌 것들에서 도출된 것이라는 것이다. 예를 들면, Russell(2003)은 정서경험을 정서가(valence)로서 좋음(good)과 나쁨(bad), 그리고 각성치(arousal)로서 쇠약(enervation)과 활력(energization)의 두 가지 내재적 차원으로 나누고, 이 두 가지 차원에서 핵심 감정(core affect)을 도출한다(이 장의 앞부분에서 논의함; 또한 Barrett & Bliss-Moreau, 2009 참조). 좋음 대 나쁨은 사람들이 손쉽게 보고하는 것이다. 쇠약과 활력의 차원은 이야기가 약간 복잡하지만, Barrett 등(2004)은 정서 표집과 자율신경 반응을 결합함으로써 개인차는 물론 있지만 사람들이 이 차원에서 흔히 보고를 한다는 것을 발견했다. 추론을 전개해 보자면, 핵심 감정이란 개인이 세상에서 어떻게 살아나가느냐에 대한 가장 기본적이고 지속적인 평가를 반영한다는 것이다. 좀 더 일반적 용어로 말하자면, 그것은 더 확산된 기분으로 느껴지는 것이다("흥미가 없다" 또는 "활기차다").

만일 각각의 기본 정서가 경험의 원시적 형태라면[Oatley와 Johnson-Laird(1987)가 논의했듯이], 하나의 정서 또는 기분은 기본적 상태가 될 것이고, 어떤 복합 정서라는 것은 그 기본 정서의 원인, 목적, 또는 계획에 대한 이차적 평가를 하는 데서 나온다. 한편, Russell(2003)의 도식으로 이야기해 보면, 일차적 평가는 핵심 감정(좋음 또는 나쁨, 그리고 활력 또는 쇠약)이 될 것이고, 이차적 평가는 그 핵심 감정에 대한 인지적 귀인이 될 것이다. 어떤 시각에서 보든지 간에 우리에게는 기본적 상태가 있고, 이차적 평가로 말미암아 그 경험에 의미를 부여한다. 그 이차적 단계 중에 어떤 것은 특이한 것이고, 또 어떤 것은 가정교육에서 영향을 받은 것이고, 또 다른 것은 문화에서 영향을 받은 것으로 구성되어 있다.

그러면 다음 질문은 정서와 관련된 반응들이 어떻게 정서경험에 따라오게 되었느냐는 것이다. 기본 정서가 있다고 생각하는 연구자들은 상향적 가정(bottom-up assumption)을 받아들여서, 정서경험이 신체의 근육과 말초 생리적 시스템에 체성내장(somatovisceral) 변화를 일으킨다고 한다(예: Matsumoto, 1987). 이 견해에 따르면, 체성내장 변화는 개인이 환경에 적응하기 위해 즉시적 평가를 하는 입력으로 작용한다. 이러한 접근은 내수용기 감각(interoception)의 변화나 표정근의 수축과 같은 신체운동에 민감한 과정들이 있다는 것을 전제로 한다. 20개가 넘는 연구가 특정 정서경험들(예: 분노, 혐오, 당혹감, 사랑, 욕망)이 정서 특정적 표정근 운동과 함께 발생한다고 보고하고 있다(Hess et al., 1995; Keltner & Bonanno, 1997; 개관은 Matsumoto et al., 2008 참조). 몇몇 연구가 신체반응과 정서경험을 연관시키고 있지만(예: Eisenberg et al., 1989; Shearn et al., 1990), 다른 연구들은 그렇지 않다(Cacioppo et al., 2000). Mauss와 Robinson(2009)은 세 종류의 정서 측정을 개관했는데, 그것은 ① 행동적 측정(표정 포함), ② 생리적 측정, ③ 의식적 경험에 대한 자기보고이다. 그들은 각각에 내재하는 체계들은 어느 정도 분리되어 있어서 하나가 일어날 때 꼭 다른 것이 일어나라는 법은 없다고 결론짓는다.

핵심 감정과 관련된 접근법은 보다 하향적(top-down)이다. 핵심 감정적 접근에서는 정서경험이란 개념적 행동이다. 좋음 또는 나쁨에 대한 활성화는 핵심 감정을 일으키고, 그러면 상황에 근거해서 귀인이 생기는데, 이런 것은 언어에 의해서 일어난다(예: Barrett, 2006; Russell, 2003).

상향적 과정과 하향적 과정 둘 다 정서를 이해하는 데 중요한 통찰을 준다고 할 수 있다. 정서현상은 뇌와 마음 전체가 두루 관련된 것이다. 정서를 일으키는 사건들은 평가, 의도, 준비성과 관련되어 있고, 사회를 구성하는 사람들과도 관련되어 있다. 정서의 요소인 신체적 표현, 생리적 반응, 경험이 언제나 아귀가 딱 맞는 것도 아니다. 정서는 복잡한 것이고, 배경에 의해서 영향을 받는 것이다.

요약

평가는 개인의 목표나 관심과 관련된 사건에 대한 평정이다. 우리는 이 장을 시작할 때 일차적인 자율 반응적 평가가 무의식적으로 어떻게 일어나는가를 살펴보았다. 그것은 어떤 사건이나 사물이 목표와 부합하느냐 하는 관점에서 일어나는 것이다. 이차적 평가는 그런 정서를 일으킨 것이 무엇인지를 알아차리고 어떤 대처를 해야 할지 생각할 때 일어난다. 이런 이차적 평가가 문화에 따라서 얼마나 다른지를 보여 주었고, 정서의 개별적 접근법과 정서의 차원적 접근법이 어떻게 다른지도 살펴보았다. 우리의 정서가 언어적 형태로 전환되어서 다른 사람들과 그것을 공유하게 되는 사회적 과정인 삼차적 평가가 중요함도 알게 되었다. 정서를 언어화함으로써 정서경험에 집중할 수 있게 되며, 비유적 방법과 다른 정서와 관련지어서 그 의미를 파악할 수 있게 된다. 정서의 어떤 면은 원형적 형태나 각본으로써 잘 파악할 수 있지만, 동시에 사람들의 정서 표상에는 경계선 영역이 있는 것 같다. 정서를 측정하는 몇 가지 방법을 소개했다. 모든 정서는 보고할 수 있는 의식적 경험, 행동적 표현, 생리적 변화라는 측면들을 가지고 있다. 그런데 이런 측면들이 언제나 서로 맞아떨어지는 것은 아니다. 그런 측면들은 기껏해야 넓게 분포되어 있는 상이한 측면들을 보여 줄 뿐이다.

생각해 보고 논의할 점

1. 당신이 관심을 가지고 있는 행복한 정서에 대해서 생각해 보라. 아마도 하는 일에 대한 사랑이나 즐거움일 것이다. 그리고 일반적으로 행복을 야기한 것이 무엇인지 생각해 보라. 어떤 주제들이 떠오르는가? 분노나 슬픔 같은 부정적 정서에 대해서도 그렇게 생각해 보라.
2. 언어적 형태로 정서를 표현하는 것이 어떤 기능이 있는가?
3. 정서에 세 가지 체계가 있다. 즉, 행동적인 것(표정과 몸짓), 생리학적인 것(심박률과 피부 전기 반응), 경험적인 것(어떤 것을 앎)이다. 왜 이 세 가지 체계가 항상 아귀가 맞지는 않는가?

더 읽을거리

정서의 인지적 설명과 정서의 속성

Frijda, N. (2007). *The laws of emotion*. Mahwah, NJ: Erlbaum.

평가에 대한 뛰어난 개관

Moors, A. (2009). Theories of emotion causation: A review. *Cognition and Emotion, 23*, 625-662.

언어와 비유에 관련된 정서의 논의

Kövesces, Z. (2003). *Metaphor and emotion*. Cambridge, MA: Cambridge University Press.

정서의 차원적 설명

Russell, J. (2003). Core affect and the psychological construction of emotion. *Psychological Review, 110*, 145-172.

제**3**부 정서와 사회생활

제8장

아동기의 정서 발달

이 장은 Mark Wade와 함께 썼다.

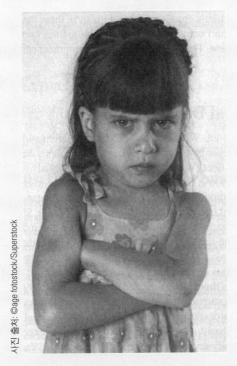

사진 출처: ©age fotostock/Superstock

[그림 8-0] 이 사진은 한 소녀가 분노를 나타내는 특징적 얼굴표정과
자세를 보여 주고 있다.

······유아기와 아동기 내내 우리의 감각들과 감정들은 말하자면 한편
이었으며, 그래서 한쪽의 마음을 상하게 하는 것은 다른 쪽에게도 적이었
다······.

— Thomas Wright (1604), 『전반적인 마음의 감정들
(The Passions of the Minde in Generall)』

정서 발달은 곧 사회성 발달이다. 우리는 아이들을 정서적인 존재라고 생각한다. 아이들은 다른 사람들과의 관계에서 울고, 웃으며, 화를 낸다. 우리가 아동의 정서 발달에 대해 알고 있는 것은 무엇일까? 아동의 정서는 성인의 정서와 다른가, 아니면 거의 같은가?

아동의 정서는 전반적인 발달에 굉장한 기여를 한다(예: Denham et al., 2003; Eisenberg, Spinrad, & Morris, 2002; Saarni, 1990). 정서를 표현하고, 인식하고, 조절하는 능력은 인생의 많은 부분에 엄청난 영향을 끼친다. 신생아들은 반사들만 가지고도 설명할 수 있지만, 출생 후 1년이 되면 완전히 사회적 존재가 되고 그 사회성은 정서를 중심으로 체계화된다. 유아의 정서와 사회생활을 포함한 발달에 대한 좋은 입문서로는 Slater와 Lewis(2007)의 책이 있다(또한 Bremner & Slater, 2004 참조). Kopp와 Neufeld(2003)는 1930년대부터 최근까지 유아의 사회생활에서 정서의 역할을 포함한 정서연구의 패턴을 추적했다.

이 장에서 우리는 세 가지 주요한 부분에서 아동의 정서 발달을 살펴볼 것이다. 그것은 정서표현(expression), 정서 인식(recognition), 정서 조절(regulation)이다. 그리고 마지막 부분에서는 환경과 관련하여 정서의 유전학에 대해 알아볼 것이다. 정서 발달이라는 주제는 제9장과 제11장에서 계속해서 설명한다.

정서 발달의 이론

정서는 우리 모두에게 첫 번째 언어이다. 출생 후 2년 이내에, 아이들은 첫 번째 의사소통을 한다. 이 의사소통은 우는 것으로 시작된다. Paul MacLean에 따르면, 진화과정에서 우는 소리는 중대한 것이었다. 파충류들은 대개 조용하다. 포유류가 출현하면서 소리가 출현하고 종의 적응이 시작되었고, 사회적 협동이 나타났다. 정서 발달을 이해한다는 것은 정서표현이 유아와 부모가 어떻게 상호작용할 수 있도록 해 주는지(Matsumoto, Keltner, Shiota, O'Sullivan, & Frank, 2008), 그리고 이러한 정서표현이 어떻게 문화와 개체성의 형태를 지니게 되는지를 이해하는 것이다. 기쁨, 슬픔, 분노, 두려움과 같은 정서는 개인의 생각이나 행동에 영향을 끼친다(예: Bechara, Damasio, & Damasio, 2000; Lerner & Keltner, 2000). 이제 우리는 생애 첫 1년간 이러한 정서들이 어떻게 나타나는지에 대한 세 가지 이론을 간단히 서술할 것이다.

첫 번째 이론은 Carroll Izard(1991, 2007, 2011)가 주장한 차별적 정서이론(differential emotions theory)이다. 이 이론은 내장된 발달시간표 같은 것이 있어서, 발달하는 동안 기쁨, 슬픔, 분노, 역겨움, 두려움과 같은 개별적이고 또 기본적인 정서들이 자연적으로 나타난다고 설명한다. 이 이론에 따르면, 모든 기본 정서는 특정 사건에 대한 반응으로서 자동적·무의식적으로 일어나는 신경적 요소, 표현적 요소, 느낌요소로 구성된 세트이다(Izard, 2007). 각 정서에 따라 생성되는 반응 패턴은 다소 제한되고 틀에 박힌 것들이지만(Öhman & Mineka, 2001 참조), 정보처리 메커니즘을 통해 수정될 수도 있다(예: Cunningham et al., 2004; Oster, 2005). 이러한 관점에서 보자면, 정서 발달은 성숙이나 특정한 상호작용으로 나타나게 되는 것이며, 이러한 과정을 거쳐서 개별 정서가 나타난다는 것이다.

두 번째 관점은 첫 번째 관점과 관련이 있으며, 분화(differentiation)이론이라고 한다. 이 생각에 따르면, 유아들의 정서가 부정성/괴로움 그리고 긍정성/쾌락이라는 두 가지 기본 정서 상태에서 시작한다는 것이다. 더 분화된 정서는 아마 쾌락의 성질과 각성 정도의 변화로, 발달상에서 더 나중에 나타난다. 이러한 관점은 1932년에 유아의 정서를 미분화된 흥분상태로 설명하고, 이것이 긍정적인 기분과 부정적인 기분으로 분화되며, 결과적으로 기쁨, 슬픔, 분노, 두려움 등의 구별된 정서로 나타난다고 설명한 Katherine Bridges에 의해 개념화되었다. 이 메커니즘을 통해서 특정 정서상태가 나타나기 위해서는 개체의 생물학적 성숙(Lewis & Michalson, 1983)과 환경과 상호작용하는 경험(Morris, Silk, Steinberg, Myers, & Robinson, 2007)이 관여한다.

정서 발달의 세 번째 이론은 기능주의자(functionalist) 관점이다(예: Saarni, Campos, Camras, & Witherington, 2006). 이 이론은 정서를 아동이 환경, 특히 양육자, 형제 그리고 다른 사람들과 관계를 형성·변형·유지하는 관계과정으로 설명한다. 해당 모델하에서 정서는 단순히 개인 내의 느낌이 아니라 개인 간 관계의 결과이다. 정서는 완전히 사회적인 것이다. 기쁨은 특정한 목표에 대한 성공을 시사하며, 슬픔은 상실을 시사한다. 그리고 분노는 목표를 달성하는 것을 타인이 방해한 것에 대한 반응이다. 얼굴표정은 정서적 상황에서의 무의식적인 행동적·생리적 반응으로 생각되기보다는 다른 사람과 의사소통하는 신호로 간주된다. 얼굴표정은 자신을 보고 있는 사람, 사건, 개인적 관련성 정도에 따라 달라진다. 정서 발달은 아동이 새로운 목표나 정서적 사건을 평가하는 새로운 방법을 만들었을 때, 그리고 다른 사람들과의 관계가 시간에 따라 변화함에 따라 발생한다(Witherington & Crichton, 2007).

정서표현

어린 아동의 정서적 경험을 연구하기 위해서 우리는 아동의 얼굴표정, 목소리, 몸짓과 같은 행동을 관찰한다. 우리는 이러한 행동표현들이 내재된 정서를 나타낸다고 가정한다.

기본 정서: 발달과정에서 출현

각각의 정서가 다른 발달 단계에서 출현한다. 우리는 제일 먼저 나타나는 정서들을 기본적 정서 세트라고 생각할 수 있는데, 그것들이 특정한 사건들을 가지고 실험해서 어떤 종류의 정서가 나타나는지 관찰한 연구자들이 알아낸 것이기 때문이다. 이러한 정서들의 출현은 복잡한 사회적 상황에서 정서적 기술을 키워 가는 단계들의 순서로 생각될 수 있다.

울기는 매우 어린 유아에게서 발생한다. 어떤 연구자는 이를 광범위한 불편함에 대한 반응으로 분화되지 않은 괴로움/짜증이 나타나는 것이라고 설명한다. 이와 같이 어떤 환경에서 만족, 주의집중, 흥미는 전반적인 즐거움 상태를 나타내는 것이다(Lewis, 1993). 뚜렷한 정서표현의 측면에서 보자면, 가장 먼저 나타나는 정서는 역겨움으로, 쓴맛을 느꼈을 때 신생아에게서 나타나는 반응이다. Steiner 등(2001)은 쓴맛을 느꼈을 때 인간 신생아에게서 나타나는 표현이 다른 영장류의 그것과 비슷하다는 것을 보여 주었다.

출생 후 2개월 정도 되면, 즐거움/행복 표현이 나타난다(Lavelli & Fogel, 2005). 그것은 바로 미소이다. 한 달 정도 된 아기들이 가끔 미소를 보이기도 하지만, 그것은 사회적인 것은 아니고 아기가 자는 동안 만들어지는 반응이다(Messinger, 2002). 진짜 사회적 미소는 1개월 이후에 나타난다(Messinger & Fogel, 2007). 2개월이 되면 미소는 쓰다듬어 주었을 때 나타나며, 3개월이 되면 양육자와 상호작용하는 동안 나타난다. 그리고 이것은 긍정적인 정서를 나타내는 것으로 추정할 수 있다. 3개월에는 더 나이가 많은 아동이 미소 짓게 되는 일과 같은 종류의 일에 대해 미소 짓게 된다. 그런 일에는 다른 사람들이 자신에게 주의를 기울이는 것, 같이 놀자고 하는 것, 목표로 하는 일을 달성하는 것 등이 있다(Lewis, 2010; Lewis & Ramsay, 2005 참조). 유아들의 미소는 그들이 흥미를 가지고 있다는 증거가 되고 부모들에게 즐거움을 주기 때문에, 미소의 한 기능은 양육자들의 마음을 사로잡는 것이다. 최근의 증거들은 부모-아동 상호작용에서 부모의 정서가 아동의 정서표현에 영향을 끼치는 것보다 아동의 정서표현이 부모의 정서에 더 많은 영향을 끼친다는 것을 보여 주었다(Beebe et al., 2007; Chow, Haltigan, & Messinger, 2010). 긍정적인 정서표현은 부모들이 아동들과 이야기하고, 놀고, 상호작용하는 것을 증가시키는 기능을 하는 것 같다.

여러 연구자가 4~6개월에 유아가 분노 표현을 보인다는 것을 관찰했다(Stenberg, Campos, & Emde, 1983; Bennett, Bendersky, & Lewis, 2002a, 2002b, 2005). Izard, Bennett과 동료들(2002a, 2002b)은 자신들이 개발한 부호화 체계를 사용하여 특정한 정서를 나타내도록 만들어진 상황에서 4개월 된 아동들의 얼굴표정을 조사했다. 아동들은 간지럼을 태우거나, 장난감 상자에서 인형이 튀어나오는 것을 보거나, 마스크를 쓴 낯선 사람이 나타나는 것보다 팔을 못 움직이게

사진 출처: ©Elizabeth Crews/The Image Works

사진 출처: ©Robert Matton AB/Alamy

(a) 긍정적인 행복한 표현　　　　　(b) 부정적인 표현

[그림 8-1] 정서표현을 보이고 있는 아기들

하는 상황에서 분노 표현을 더 많이 했다. 그러나 팔을 못 움직이게 하고 같은 자극들을 보여 주면 많은 아동이 분노보다는 놀람반응을 보였는데, 이는 아동들이 같은 자극에도 정서적으로 다른 방식으로 반응한다는 것을 밝혀낸 것이다. 후속 연구에서 Bennett 등(2005)은 아동들이 12개월이 될 때까지는 다른 상황에서보다 팔을 못 움직이게 하는 상황에서 분노반응을 더 많이 보이고, 팔을 못 움직이게 하는 상황은 다른 어떤 정서표현보다 분노 표현을 더 많이 나타나게 하는데, 기쁨은 예외적으로 분노와 비슷한 정도로 나타난다는 것을 밝혀냈다. 또한 팔을 못 움직이게 하는 것에 대한 반응으로 나타나는 흥미와 놀람 표현의 횟수는 4개월에서 12개월 사이에 줄어들었다([그림 8-2] 참조). 이는 비록 생애 첫 1년의 말미가 되어도 더 나이가 많은 아동에게서 볼 수 있는 정서표현의 특이성은 안 보이지만, 그 첫 1년 동안 뚜렷한 정서표현이 점점 조직화되고 분화된다는 것을 의미한다.

　슬픔에 관해서는, 유아는 네 달째부터 슬픈 표정을 짓지만, 우리는 유아가 보이는 슬픔이 성인이 보이는 슬픔과 같은 의미를 가지고 있는지에 대해서는 더 알아볼 필요가 있다. Michael Lewis와 동료들(2005, 2006)은 분노하는 표정에서는 그렇지 않았지만, 슬픈 얼굴표정이 코르티솔 수준 상승과 함께 나타난다는 것을 발견했다. 이 패턴은 성인에게서도 보일 것이

라고 예상한다. 그러나 우리는 역겨움을 야기하는 것에 대한 유아의 반응으로도 슬픈 표정을
볼 수 있다(Bennett et al., 2005). 그러므로 슬픔에 관해서는 어떤 연령에서의 슬픈 정서표현이
성인에게서 나타나는 것과 같은 의미를 지니는지에 대해 확신하기 어렵다.

　대부분의 증거는 공포가 다소 늦게, 7개월 정도에 나타난다는 것을 보여 주는데, 아마 공
포는 환경을 이동할 수 있는 아동의 능력이 증가하면서 그로 인해 나타나는 것 같다(Campos
et al., 2000). Bennett 등(2002a, 2002b)은 마스크를 쓴 낯선 사람이 나타나는 두려움을 야기
하는 상황에 대해 4개월 된 아동들이 두려움 표현보다는 놀라움, 기쁨, 분노 표현을 더 많이
보인다는 것을 보여 주었다. 그들의 연구에서 아동들은 그들에게 전혀 위험할 것이 없는 광
범위한 사건들에 대해 두려움 반응을 보였다. Camras, Oster 등(2007)은 11개월 된 미국, 중
국, 일본의 유아들에 대한 연구에서 정서표현에서의 문화 간 차이가 적었고, 두려움을 야기하
는 사건이나 분노를 야기하는 사건이 기대했던 정서를 보였다는 증거가 있지만, 두려움과 분
노 표현이 맥락에 따라 신뢰할 만하게 구별되지는 않는다는 것을 알아냈다. 최근의 연구에
서 Braungart-Rieker, Hill-Soderlund, Karrass(2010)는 4~16개월 아동의 공포 표현의 변화 추
이를 조사했다. 그들은 아동이 4개월째에는 낯선 사람에 대한 공포반응을 보이지만, 그 효과
가 약하다는 것을 보여 주었다. 이러한 공포반응은 12개월까지 시간이 지남에 따라 증가하고,
12~16개월에는 점점 변동이 없어진다. 그러므로 공포 표현에서 가장 큰 증가는 4~12개월에

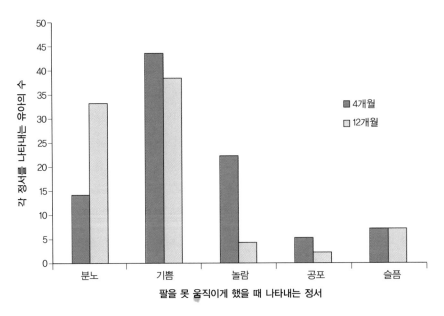

[그림 8-2] Bennett 등(2005)의 연구에서 팔을 못 움직이게 하는 것에 대해 다른 종류의 정서를 표현한 4~12개
　　　　　월 아동의 수

나타난다. 흥미롭게도, 이러한 결과는 아동의 기질과 엄마의 민감성 정도에 따라 달랐다. 아동이 높은 수준의 기질적 공포를 가진 경우에는 더 큰 공포 반응성을 예측할 수 있었던 반면에, 더 민감한 엄마를 가진 아동은 두려움이 느리게 증가하였다.

놀람에 관해서 Bennett 등(2002a, 2002b)은 4개월 된 아동에게 이 정서표현은 깜짝 놀라게 만드는 장난감 상자와 같은, 놀람을 야기하는 상황에서 흔히 나타나는 것임을 보여 주었다. 그러나 놀람은 분노와 공포를 야기하는 상황에서도 가장 흔한 반응으로 나타난다. 이는 아동의 정서표현에서 특이성의 부족을 다시 한번 시사하는 것이다. Camras 등(2002)은 11개월 된 아동에서, 놀랄 만한 사건과 더불어 기준 조건에서 놀라는 얼굴표정을 코드화했다. 놀람 얼굴표정에서 놀람 사건과 기준 조건 사건 사이에는 차이가 없었다. 그러나 놀람 사건에서는 더 움직임이 없어지는 반응을 보였는데, 이는 유일하게 기준 조건에서는 드물게 보이는 것이었다. 또한 Scherer, Zentner, Stern(2004)은 5~14개월 아동들에게서 놀라는 얼굴표정을 찾아낼 수 없었다. 그러나 놀람을 야기할 것으로 기대되는 상황은 얼어붙는(freezing) 행동과 함께 나타났다. 그러므로 이것이 일찍 나타나는 놀람반응의 독특한 특징일 것이다.

사회적 정서: 18개월 이후

아동은 태어난 지 1년이 다 되었을 때도 다양한 기본 정서를 보이지만, 이후 2년 동안에는 뚜렷하게 사회적 정서들을 보인다. 예를 들어, 자의식적 정서(self-conscious emotions)는 약 18개월 정도에 나타난다. 이 정서에는 공감, 이타심, 당혹감, 부러움이 포함된다(Lewis, 2010; Warneken & Tomasello, 2006; Zahn-Waxler & Radke-Yarrow, 1990 참조). 이러한 정서들은 얼굴표정, 목소리, 신체표현을 같이 봄으로써 인식할 수 있다. 예를 들어, 아동들이 공감적으로 다른 사람들의 괴로움에 반응할 때, 그들은 슬픈 얼굴표정, 다가와서 위로해 주는 행동, "엄마, 괜찮아?"와 같은 말로써 걱정을 보일 것이다. 12~24개월에 아동들은 다른 아동의 괴로움에 대해 위로를 하거나, 그를 부모에게 데려다 주거나, 어떠한 물건을 줌으로써 반응한다(Zahn-Waxler et al., 1992). 그 나이의 아동은 자신이 위로받고 싶어 하는 방식대로 상대를 위로해 주는 경향이 있다. 그러나 태어난 지 3년이 되면, 아동은 다른 사람의 필요에 맞추어 위로를 하게 된다. 예를 들어, 괴로워하는 아동을 위로하기 위해서라면 그 아동의 엄마를 데리고 온다. 또한 그들은 자신들이 야기한 괴로움에 대해 더 많이 반응하는 경향이 있다(Zahn-Waxler et al., 1992).

가끔씩은 태어난 지 2~3년 된 아동이 자부심, 죄책감, 후회를 포함하는 복잡한 정서들을 보일 수 있다. 이것들은 자의식 평가적 정서(self-conscious evaluative emotions; Lewis, 2010)라고 한다. 예를 들어, 만약 아동이 엄마와 놀도록 장난감을 받았다면 아마 미소를 지을 것인데, 이는 행복을 뜻하는 것이다. 만약 아동이 그 장난감을 집으려는 시도를 하지 않는다면 자부심을 보이지 않는 것이다. 자부심과 같은 정서는 자신의 행동과 사회적인 기준을 비교할 수 있는 능력과 성공과 실패를 평가할 수 있는 능력을 필요로 한다. 이렇게 평가를 할 수 있는 능력은 태어난 지 3년이 되기 전에는 나타나지 않는다(Lewis, 1997; Stipek, Recchia, & McClintic, 1992). 그러므로 아동이 3세가 되면 광범위한 정서 레퍼토리를 가지게 된다.

정서 발달의 진전

이제 우리는 세부적인 정서들의 출현을 가능하게 하는 아동의 인지 발달과정을 알아볼 것이다. 즐거움/행복부터 시작해 보도록 하자. 해당 정서의 표현에 기여하는 인지과정의 발달이 있는가? 미소의 출현과 함께 시각적 주의의 변화가 나타나는 것으로 보인다(Lavelli & Fogel, 2005; Messinger & Fogel, 2007). Lavelli와 Fogel(2005)은 출생 이후 3개월 동안 주 단위로 엄마와 아동이 상호작용하는 동안 유아의 행복함 표현을 조사했다. 태어난 지 1개월이 된 유아들은 엄마의 얼굴에 단순히 주의를 기울이다가 얼굴이 아닌 곳을 응시하는 식으로 주의를 계속 바꾼다. 2개월이 되면 아동은 엄마의 얼굴에 주의를 더 집중하게 되는데, 특히 머리, 입, 눈에 더 시선을 고정하는 모습을 보인다. 이러한 주의의 패턴이 나타난 직후 사회적인 미소가 나타난다. 그러므로 엄마의 미소와 같이 행복을 야기하는 것에 대해 주의할 수 있는 능력이 그러한 정서를 경험하기 위해서 필요하다.

3개월이나 4개월까지 유아들은 그들의 접근에 대해 양육자가 반응하기를 바란다(Van Egeren, Barratt, & Roach, 2001). 만약 접근에 대해 반응이 없으면 슬픔을 나타낸다. 그러므로 절망과 통제 상실, 슬픔을 경험하는 것은 어떤 사회적 사건에 대한 기대를 만들어 내는 능력과 그들의 기대가 깨어진 것을 아는 능력과 관련되어 있다.

분노에 대해서는 어떤가? 이 정서는 행복이 나타난 이후, 4~6개월에 나타나기 시작한다. 분노는 좌절감의 징후이고, 좌절감은 목표 달성에 장애물이 생긴 것에 대한 반응이다. 분노는 대개 장애물에 대한 정서적 반응으로 개념화된다. 예를 들어, 행복과는 달리, 분노를 경험하는 것은 개인이 성취하고자 노력한 목표에 대한 지식을 필요로 하고, 개인이 그 목표를 성공적으로 달성하지 못했다는 것에 대한 인식도 필요하다. 그러므로 분노 표현은 6개월 정도 된 아동의 수단-목적 지식과 관련되어 있다(Braungart-Rieker et al., 2010; Lewis, 1997). 인지적 발달의 추가적인 진전은 8개월 정도에 출현하는 두려움 정서를 설명하는 데 도움이 된다. 두려움은 잠재적으로 마주할 수 있는 위협적인 사건을 기억 속의 비슷한 사건과 비교하는 능력을 필요로 한다(Schaffer, 1974; Skarin, 1977). 그러므로 두려움은 무엇보다 생애 첫 1년간의 기억 용량 증가(Lewis, 1997)와 시각 변별능력 증가(Braungart-Rieker et al., 2010)를 반영한다.

우리가 제4장에서 논의한 것처럼, 많은 연구자는 평가(appraisal)가 정서를 유발한다고 생각한다. 평가이론에서 예측(prediction)이란 이런 것이다. 만일 아동의 목표가 엄마를 보는 것이고, 실제로 그 아동이 엄마를 보았다면 기쁨 정서가 나타날 것이다. 만약 사건이 예측은 되지만 분명하지 않다면, 아동은 기쁨보다는 희망을 경험하게 될 것이다. 만약 엄마가 떠나는 것과 같은 사건이 발생하면, 아동은 슬픔 정서를 경험할 것이다. 만약 이와 같은 사건이 발생할 것 같지만 분명하지 않다면, 아동은 슬픔보다는 두려움 정서를 경험할 것이다. 정서의 종류와 관련하여 정서 유발자의 종류에 대해 많은 연구가 있지만 이러한 것들을 아동의 평가와 연결 짓는 것은 매우 어려운 일인데, 어린 아동들은 내적 경험을 설명할 수 있는 능력이 부족하기 때문이다.

출생 후 2년째의 의식(consciousness)과 정신화(mentalizing) 능력의 발전(Lewis, 1992)은 공감과 당혹감의 경험을 가능하게 해 준다. 이 두 가지 정서는 두 보완적인 과정을 낳는다. 우선, 아동들은 다른 사람의 경험의 주관성을 이해해야 한다. 예를 들어서, 만약 아동이 부상을 입은 성인에게 괜찮냐고 묻거나 도움을 줄 방법을 강구하여 그의 고통에 공감적으로 반응한다면(Zahn-Waxler et al., 1992), 이는 다른 사람이 자신과는 다른 상태에 있다는 아주 기본적 이해를 한 것이다. 다른 정서에 대해서는, 아동은 자신이 다른 사람들의 주의의 대상이 될 수 있다는 것을 이해해야만 한다. 예를 들어, 당혹감 정서를 경험하기 위해서 아동은 자신이 다른 사람들의 사회적 평가의 대상이 된다는 것을 알아야만 한다. 이는 자신의 신체에 대한 객관적 인식을 말하는데, 이를 자기인식(self-recognition)이라 한다. 이러한 자기인식 능력은 전형적으로 거울-루주 패러다임(mirror-rouge paradigm)으로 평가된다(Amsterdam, 1972). 이 과제에서는 아동의 얼굴에 루주 자국을 만든 다음, 이를 거울을 통해 보게 한다. 이때 그 루주 자국을 알아채고 자신에게 어떤 행동을 하는 아동은 신체의 객관성을 인식하는 아동이라고 여긴다. 이러한 능력은 출생 후 18개월쯤부터 생기게 된다(Brownell, Zerwas, & Ramani, 2007; Nielsen & Dissanayake, 2004). 자신에 대한 의식은 어떠한 결정을 할 때 자신의 행동 방향을 반영하는 것을 가능하게 해 주며, 문제에 대한 새로운 해결책을 만들어 낼 수 있게 해 준다. Lewis(1997)는 자기인식을 의식의 주요한 표지자라고 하면서, 이것이 자의식 정서가 나타나게 해 준다고 했다. 이러한 의견을 뒷받침하여, 자기인식을 할 수 있는 아동들이 당혹감(Lewis et al., 1989; 〈표 8-1〉 참조)과 공감(Bischof-Köhler, 1991)을 더 많이 보인다는 연구가 이루어졌다. 또한 출생 후 18개월 정도에 아동은 자신이 다른 사람들의 정서표현의 대상이 될 수도 있다는 것을 이해하기 시작한다. 예를 들면, Repacholi와 Meltzoff(2007)는 아동 자신이

〈표 8-1〉 코에 루주를 바르는 테스트에서 당혹감을 나타낸 아동의 수

	자기인식을 보임	자기인식을 보이지 않음
당혹감을 보임	19	5
당혹감을 보이지 않음	7	13

출처: Lewis et al. (1989).

다른 사람의 행동을 모방하는 것에 대해 그 다른 사람이 부정적인 반응을 보일 때 그 행동을 덜 한다는 것을 보여 주었다. 자기반성과 자기-타인 분화는 출생 후 2년째의 자의식 정서들의 출현에서 인지적으로 매우 중요한 것이다.

사회적 정서의 마지막 부류인 자부심, 수치심, 죄책감, 후회, 좋아함 등의 발달은 출생 후 2~4년의 인지적 발달과 함께 나타난다. 이 단계에서 정서 발달에 기여하는 인지의 주요한 요소는 언어이다. Dunn(2004)은 아동들이 언어를 사용하기 시작하자마자 "그들의 정서에 대해 이야기하고 정서를 되돌아보는 능력이나 경향"을 가지게 된다고 말한다(p. 307).

아동은 18개월 정도부터 그들의 내적 상태에 대해 이야기하기 시작하고, 나이가 들면서 자신의 정서에 대해 이야기하는 시간의 비율이 점진적으로 늘어난다. 출생 후 2년까지 아동은 '행복한, 슬픈, 화난, 두려운'과 같은 정서 단어를 사용한다(Wellman, Harris, Banerjee, & Sinclair, 1995). 비록 이 나이에는 그 자신의 느낌에 대해서만 주로 이야기하지만, 그들은 이러한 종류의 정서가 다른 사람들에게도 있다고 생각하기도 한다. 그래서 출생 후 2년 정도의 어린 아동들은 정서에 대한 정신적인 개념을 가진다. 즉, 그들은 정서가 특정한 종류의 사건에 대한 것이라는 것을 알고, 정서적 결과가 정서 그 자체와는 다른 것이라는 것을 안다(Widen & Russell, 2010). 또한 출생 후 2년이 된 아동은 다른 사람의 욕구에 대해 이해하고 있는 것으로 보인다. 예를 들어, 아동은 그들이 선호하는 음식이 성인 실험자의 그것과는 다를지라도, 성인 실험자가 좋아하는 음식을 성인 실험자에게 줄 수 있다(Repacholi & Gopnik, 1997). 그들은 또한 욕구의 만족이 긍정적인 정서를 이끌어 낸다는 것, 그리고 욕구 불만족이 부정적 정서를 만들어 낸다는 것을 이해한다(Wellman & Woolley, 1990). 이는 다른 사람의 경험을 이해하는 것, 그리고 왜 사람들이 그들 나름의 방식으로 행동하는지를 이해하는 것에 중요한 단계이다. 이러한 정보를 가지고, 아동들은 협동과 같은 사회적 활동을 더 잘 수행할 수 있게 된다.

출생 후 18개월 정도에서의 획기적 사건은 아동이 협동과 이타성 둘 다에 대한 능력을 획득하는 것이다(Warneken & Tomasello, 2006). Warneken과 Tomasello는 18개월 된 아동이 공동의 목표를 달성하기 위해 그들의 파트너와 다른 행동을 취할 것이라는 것을 보여 주었다. 예를 들어, 아동들은 어떤 물건을 트램펄린에서 팅기게 하기 위하여 트램펄린의 양 끝을 서로

〈표 8-2〉 Warneken과 Tomasello(2006)의 18개월 된 아동 대상의 이타심 연구에서 사용된 문제

범주	과제 이름	문제
손에 닿지 않는 곳	펜	성인이 실수로 바닥에 펜을 떨어뜨린 상황(실험) 대 펜을 내려놓은 상황(통제)
장애물	캐비닛	성인이 잡지 더미를 캐비닛에 넣으려고 하는데 두 손으로 잡지를 잡고 있느라 캐비닛 문을 열 수 없는 상황(실험) 대 캐비닛 위로 잡지 더미를 올려놓은 상황(통제)
잘못된 결과	책	성인이 책 더미 맨 위에 책을 올리려고 하다가 책이 미끄러진 상황(실험) 대 책을 책 더미 옆에 놓은 상황(통제)
잘못된 방법	덮개	숟가락이 박스의 구멍으로 빠지고 성인이 박스 옆 덮개를 열어서 숟가락을 꺼낼 수 있다는 것을 모른채 그 구멍에 손을 넣어서 꺼내려 하는 상황(실험) 대 숟가락을 박스 안에 내려놓은 상황(통제)

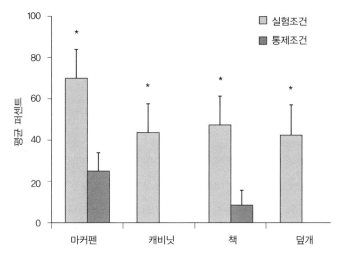

[그림 8-3] Warneken과 Tomasello(2006)의 연구에서 실험 및 통제 조건에서 성인 실험자를 도우려고 노력했던 18개월 된 아동의 평균 백분율

잡고 있을 것이다. 이 경우에 트램펄린에서 그 물건을 튕기게 하고자 하는 목표는 파트너 모두에서 달성된 것이다. 흥미롭게도, Tomasello와 동료들은 18개월 된 아동이 무언가 얻는 것이 없을 때에도 다른 사람들을 도우려는 이타적인 시도를 보인다는 것을 알아냈다(〈표 8-2〉와 [그림 8-3] 참조). [그림 8-3]은 실험 조건(성인이 동작을 완료하는 데에 도움을 필요로 함)과 통제 조건(성인이 도움을 필요로 하지 않음)에서 아동의 도우려는 경향성을 보여 준다.

아동은 3세 또는 4세가 되어야 신념, 생각, 지식과 같은 표상적 상태가 사람들에게 존재한

다고 생각하기 시작한다(Wellman, Cross, & Watson, 2001). 예를 들어, 아동들은 "그 애는 방에 선생님이 없었다고 믿었기 때문에 부정행위를 했을 거야."라고 추리할 수도 있다. Widen과 Russell(2010)에 따르면, 아동들이 다른 사람의 마음을 이해하는 개념의 변화는 그들이 기본적인 형태로 가지고 있던 정서의 개념에 대해 충분히 이해하고 난 후에 더 잘 구분된 정서 범주를 가짐으로써 가능하게 된다. 실제로 출생 후 3년, 4년 뒤에 우리가 관찰하게 되는 사회적 정서의 가장 현저한 특징은 사회적 정서가 그때의 상황에 대한 신념과 관련되어 있다는 것이다. 예를 들면, 자부심은 자신이 성공적으로 목표를 달성했다는 신념을 기반으로 하는 성취와 즐거움의 느낌이다. 수치심은 그가 다른 사람을 실망시키거나 인기를 잃었다는 신념에 근거를 두는데, 어떤 것에 대해 나쁘게 느끼는 것과 관련이 있다. 그러므로 출생 후 3~4년 뒤에 나타나는, 자신 혹은 다른 사람에게 신념이 있다고 생각하는 능력은 사회적 정서의 발달과 거의 함께 나타난다. 이는 사회적 · 도덕적 정서가 취학 전 아동들에게서 관찰된다는 보고와 일치한다(Aksan & Kochanska, 2005). 그러나 아동이 다른 사람의 신념과 그들의 정서를 연결 짓는 것 자체는 5세나 6세는 되어야 가능하다. 즉, 3세 혹은 4세의 아동들이 사람이 그들의 신념에 따라 행동한다는 것을 이해한다고 해도, 아동은 정서가 그들의 신념에 의해서 영향을 받는다는 것을 완전히 이해하지는 못할 수 있다(de Rosnay & Harris, 2002).

일반적으로 정신상태(정서, 소망, 신념)에 관해서 자신과 다른 사람을 이해하는 능력을 마음이론(theory of mind)이라고 하는데, 이는 아동의 사회정서적 발달에 결정적으로 중요하다. 이러한 능력이 점점 정교화됨에 따라 아동은 다양한 정서를 이해하는 정신적인 방법을 획득하게 되고, 이것이 다른 사람과 사회적으로 상호작용하는 능력을 도와주게 된다. Jenkins와 Astington(2000)은 종단연구에서 마음이론이 공동 목표를 수행하는 능력을 증가시킨다는 것을 보여 주었다. 그러므로 다른 사람의 신념을 포함하여 내적 상태를 표상하는 능력은 공동 목표를 수립하고 달성하는 상황을 만들 수 있다. 출생부터 학령 전까지의 정서표현의 발달에 대한 요약은 [그림 8-4]와 같다.

아동의 마음이론이 발달하면 그들의 언어능력도 발달한다. Judy Dunn과 동료들(1991)은 아동이 3세가 될 때까지 정서에 대한 의사소통 중 절반이 그 느낌의 원인과 관련되어 있음을 보여 주었다. 3~7세에 아동은 상실과 관련한 슬픔이나 통제력과 관련한 분노와 같은 부정적인 정서에 대해 이야기하는 것에 더 능숙하다(Hughes & Dunn, 2002). 정서와 그 원인에 대해 이야기하는 것을 배움으로써, 아동은 간단한 의사소통 시스템을 넘어 표정을 짓거나 음성표현을 하는 것 또한 할 수 있게 된다. 이 시점에서 정서 언어는 인간관계에서 협상의 일부분이 되고 내적 상태에 대한 의미를 공유하는 것으로 발달한다(Stern, 1985). 아동은 느낌에 대해 이야기할 수 있게 되고, 그 느낌의 원인에 대해 설명할 수 있게 되고, 그 정서를 다시 언급하고

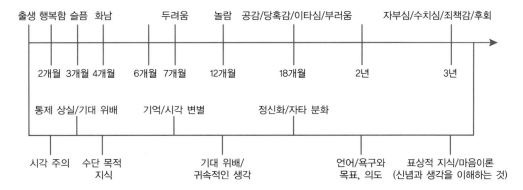

[그림 8-4] 정서표현의 발달에 대한 요약 연대표. 위의 선은 특정한 정서가 표현되는 나이를 보여 주고, 아래의 선은 시간에 따라 다양한 정서표현이 출현하는 것과 관련된 인지적 단계를 보여 준다.

그에 대해 이해한 것을 변경할 수도 있다. 아동의 복잡한 평가적이고, 반영적이고, 분석적인 생각을 정서적인 사건과 연결되도록 증진시키는 것이 바로 아동의 인지 시스템(언어 발달 포함) 발달이다. 우리는 정서의 최종 목표가 다른 사람과 협동하는 능력이며, 다른 사람과 정서, 목표, 경험을 공유하는 인간 특정적인 동기가 문화와 사회를 만든다는 Tomasello와 그 동료들의 의견에 동의한다(Tomasello, 2010; Tomasello, Carpenter, Call, Behne, & Moll, 2005).

정서를 유발하는 사건과 정서표현의 발달적 변화

시간에 따라 다른 정서를 표현하는 아동 능력의 발달적 변화에 덧붙여, 특정한 정서를 유발하는 사건의 종류 또한 변화한다. 두려움 정서를 한번 생각해 보자. 크고 갑작스러운 움직임에 대한 두려움이나 친숙하지 않은 장난감에 대한 두려움은 출생 후 7개월 이후부터 나타나서 출생 후 1년의 마지막 시기에 극에 달하게 되며, 그 이후 시간에 따라 다시 감소한다(Scarr & Salapatek, 1970). 4세 혹은 5세에 아동은 상상에만 존재하는 것들, 괴물, 유령, 무서운 꿈을 자주 겁내곤 한다(Bauer, 1976). 학령 초기에는 신체 손상과 신체적 위험에 대한 두려움이 나타난다. 그리고 청소년기에는 사회적인 문제가 두려움이나 불안의 지배적인 원인이 된다(Liang et al., 2009). 다른 정서에 대해서도 그 정서를 유발하는 사건들이 변하게 된다. 유아는 속박에 좌절을 느끼고, 학령전기 아동은 게임에서 제외되었을 때 화가 날 수도 있다. 청소년기에는 학교에서 성과를 내는 것에 실패한 것이나 또래 집단과 잘 지내지 못한 것이 분노를 야기할 수 있다. 분노는 대개 목표의 방해로서 나타나는 반응이며, 목표는 발달에 따라 변화한다. 아동의 인지 시스템이 완전히 발달하는 것과 맞물려서, 그들이 시간에 따라 다른 유발 상황에 노출됨으로써 다양한 새로운 정서경험을 만들어 낸다.

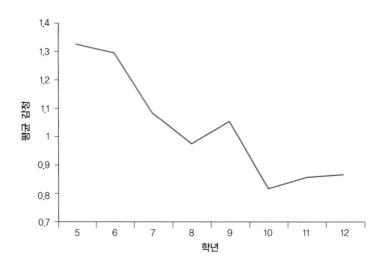

[그림 8-5] 중기 아동기에서 청소년기까지 긍정적 정서 평균치 변화

출처: Lanson et al. (2002).

　발달이 진행됨에 따라 아동의 전반적인 정서표현 또한 변한다. 예를 들어, Sallquist 등 (2009)은 부모와 교사의 평가에 따라 나타나는 긍정적 · 부정적 정서에서 그 크기와 정서적 표현성의 정도가 학년이 올라감에 따라 일반적으로 감소한다는 것을 보여 주었다. Larson 등 (2002)은 경험 표집을 이용하여 아동에게 휴대용 기기를 주고 온종일 그들의 정서를 보고하게 했다. 그 결과로, 전기 및 후기 청소년기에서 부정적 정서가 증가하고, 긍정적인 정서가 하강하는 변화가 나타났다([그림 8-5] 참조). 또한 Weinstein 등(2007)은 청소년기 동안 기분의 변화에 대한 재미있는 데이터를 보여 주었다.

　아동의 정서표현이 문화마다 같으리라는 법은 없다. Linda Camras와 동료들(Camras, Oster, Campos, & Bakeman, 2003)은 미국 유아들과 비교하여 중국 유아들이 전반적으로 덜 표현적이며, 고통의 표현을 덜 보이고, 미소를 더 적게 보인다는 것을 발견했다. 재미있게도, 일본 유아들은 표현성에 있어서 중국 유아들보다는 미국 유아들과 더 비슷한 양상을 보였다. 이러한 발견은 동양과 서양의 표현행동 사이의 단순한 구별에 대해 이의를 제기하는 것이었다. 이러한 차이는 아마 중국의 어머니들과 비교할 때, 미국의 어머니들이 정서표현을 권장하는 양육태도에 따른 것인 것 같다(Harkness & Super, 2002). 추가적으로 주목할 만한 문화의 기여는 이스라엘의 키부츠에 사는 유아가 낯선 사람에게 격렬한 두려움을 표현한다는 것이었는데, 도심에 사는 이스라엘 유아에서는 이러한 두려움이 보이지 않았다(Saarni et al., 2006). 그러므로 겉으로 보기에는 같은 집단에 속한 사람들 사이에서도 문화의 특정적인 요소가 정서표현에서 차이를 낳을 수 있다.

아동의 정서표현 발달에 대해 전반적으로 요약을 하자면, 출생 후 한 달 된 아기가 울 때 엄마는 아이가 왜 우는지에 알려고 애쓴다는 것이다. 아이가 배가 고픈가, 아픈가, 아니면 어디가 불편한가 살펴본다. 부모는 할 수 있는 조치를 다 취해 볼 것이다. 2세 아동은 어떤 강렬한 욕구가 있지만 그것이 방해받아서 굉장히 화가 난 것일 수 있다. 동시에 이 아동은 다른 사람들이 슬픈지 또는 화가 났는지 알 수 있을 것이고, 몇백 개의 어휘로 다른 사람의 정서에 대해서 물어볼 수 있고, 어떻게 해야 하는지도 배울 수 있다. 5세가 되었을 때, 아동은 몇 시간 동안 친구와 즐겁게 상상 놀이를 할 수 있고, 공평함에 문제가 생겼을 때 교섭을 할 수도 있다. 청소년기에 아동은 그들 자신과 다른 사람의 정서에 대해 이해하고, 친구와 관계를 잘 맺기 위해서 자신의 느낌을 제쳐 놓을 수도 있다.

정서 인식

아동이 다른 사람들과 관계를 맺기 위해서는 그들의 정서를 인식할 수 있어야 한다(Russell, Bachorowski, & Fernández-Dols, 2003). 이를 위하여 정서 표현 및 인식이 함께 발달하면서 그 두 가지가 모두 생각, 정서, 행동에 영향을 미친다고 한다(Izard, 2007).

출생하자마자 아동은 다른 사람들의 얼굴, 목소리, 제스처에서 정보를 얻기 시작한다. 이러한 능력은 신생아가 사람과 관련된 자극이 아닌 것보다 사람의 얼굴(de Haan, Pascalis, & Johnson, 2002), 사람의 목소리(Grossmann, Oberecker, Koch, & Friederici, 2010)를 더 선호한다는 사실에 근거한다. 이러한 선호에는 사람들을 구별하는 능력과 다른 사람들의 정서상태에서 정보를 얻어 내는 능력이 필수적이다. Grossmann(2010)에 따르면, 정서 인식 여부는 성숙한 지각 시스템과 정서 정보를 구별할 수 있는 능력 사이의 상호작용에 달려 있다. 예를 들어, 신생아는 눈, 코, 입과 같은 얼굴의 특징을 구별할 수 있다(Slater et al., 2000). 시각의 예민성이 출생 1년 후부터 향상되면서(Gwiazda & Birch, 2011), 유아는 눈썹과 눈 사이의 거리나 입의 가로 길이와 같은 얼굴의 특징을 인지할 수 있게 된다(Cashon & Cohen, 2003). 그러므로 얼굴표정을 점진적으로 더 잘 식별할 수 있게 된다(Leppänen & Nelson, 2008).

얼굴표정

얼굴표정의 인식을 연구하기 위한 한 방법은 습관화(habituation)인데, 이는 유아가 새로운 패턴을 친숙한 패턴보다 더 오래 주시한다는 사실을 발견한 데에서 기인한다. 그러므로 실험에서 유아는 한 가지 얼굴표정 사진(예: 행복한 표정)을 더 이상 보지 않을 때까지 보게 되었다. 만약 친숙한 얼굴보다 새로운 얼굴을 더 오래 본다면, 이는 그들이 표정을 구별할 수 있다는 의미가 된다. 이러한 방법들을 사용해서, 2~3개월 된 유아들이 기쁨, 슬픔, 놀람 표정을 구분할 수 있다는 것을 밝혀냈다(Barrera & Maurer, 1981; Young-Browne et al., 1977). 4~6개월 된 유아는 분노 표정을 구분해 낼 수 있었다(Montague & Walker-Andrews, 2001; Striano, Brennan, & Vanman, 2002). 그리고 5~7개월 된 유아는 두려움을 구분할 수 있다(Bornstein & Arterberry, 2003). 이러한 정서 인식의 발달 패턴이 유아의 정서표현의 발달 패턴과 밀접하게 맞아떨어진다는 것을 주목하라.

출생 후 1년이 되었을 때, 아동은 독립적으로 여기저기 돌아다니기 시작한다. 이는 사회적 참조(social referencing)와 함께 나타나는데, 이는 타인의 정서표현을 참조해서 자신의 행동을 바꾸는 능력을 의미한다. 시각절벽(visual cliff)이 그 예이다([그림 8-6] 참조). 고전적인 실험에

사진 출처: ©Elizabeth Crews/The Image Works

[그림 8-6] 시각절벽: 아기는 시각적으로 가파른 절벽을 본다. 하지만 실제로는 두꺼운 유리판이 유아를 안전하게 받쳐 주고 있다.

서 Sorce, Emde, Campos, Klinnert(1985)는 출생 후 12개월이 된 아동이 두려움을 일으키는 시각절벽에서 엄마가 행복해 보일 때는 그 시각절벽을 건넜고(74%가 건넘), 엄마가 두려워하는 것으로 보일 때는 아무도 그 시각절벽을 건너지 못했다. 하지만 이것이 아동이 특정 개별 정서를 인식한다는 것을 명백히 보여 주는 것은 아니다. 그들은 정서표현의 정서가(긍정적 또는 부정적)에 대해서만 반응하는 것 같다.

학령전기(preschool age)가 되면 아동은 첫 번째로 기쁨, 분노, 슬픔이 담겨 있는 사진에 대해서 정서 이름을 붙일 수 있는 능력을 가지게 되고, 그다음으로 두려움, 놀람, 역겨운 사진에 대해 그러한 능력을 가지게 된다(Widen & Russell, 2003). 학령기가 되면, 아동은 타인의 정서를 꽤 잘 인식할 수 있다. Battaglia 등(2004)은 정서적 표현(기쁨, 두려움, 분노, 역겨움, 슬픔, 놀람)과 중립적 표현이 담겨 있는 사진들에 대해 2, 3학년 아동들이 이를 72%의 정확도로 식별할 수 있다는 것을 밝혀냈다. 일반적으로 얼굴 정서 인식능력은 아동기를 지나면서 향상된다.

목소리 표현

유아는 아마도 억양과 같이 말투에서의 운율적인 면으로 그들 부모의 정서표현을 인식할 수 있다(Morton & Trehub, 2001). 예를 들어, Mastropieri와 Turkewitz(1999)는 신생아가 엄마의 슬프거나 화난 목소리보다는 즐거운 목소리에 대해 눈을 더 크게 뜨는 행동을 한다는 것을 보여 주었는데, 이는 그러한 목소리 표현이 모국어일 때만 그러했다. 그렇게 일찍 나타나는 능력임에도 불구하고, 유아는 출생 후 5개월은 되어야 기쁨, 슬픔, 분노 정서에 대한 목소리를 구분할 수 있게 된다(Flom & Bahrick, 2007).

목소리에 담긴 정서표현을 인식하는 아동의 능력은 사회적 참조 연구에서도 설명된다. Mumme 등(1996)은 새로운 장난감을 보여 주었을 때 출생 후 12개월이 된 아동은 엄마가 그 장난감에 대해 부정적인 정서가 담겨 있는 목소리를 들려주면 그 장난감에 관심을 덜 가지고 스트레스를 받는 행동을 보인다는 것을 보여 주었다. 또한 Vaish와 Striano(2004)는 유아가 긍정적인 목소리 표현 또는 긍정적인 목소리 표현과 얼굴표정을 함께 받았을 때만 시각절벽을 더 많이 건넜지만, 긍정적 얼굴표정만 보였을 때는 그렇지 않았다고 보고했다. Mumme와 Fernald(2003)에 따르면, 출생 후 12개월이 된 유아는 어떤 정서가 어떤 대상을 향한 것이라는 것을 이해할 수 있는데, 이는 타인의 정서표현에 대한 정보와 타인의 응시 방향을 조직화할 수 있는 능력이 있다는 말이다. 그러므로 사회적 참조는 공동 주의(joint attention)의 발달을 기반으로 하는 것인데, 이 공동 주의는 출생 후 1년의 후반기에 나타난다(Carpenter et al., 1998; Moore & Dunham, 1995).

자세와 몸짓

　자세와 몸짓을 통한 아동의 정서 인식은 얼굴이나 목소리 단서보다는 덜 연구되었다. Nelson과 Russell(2011a)의 최근 연구에서는 3~5세 아동을 대상으로, 세 조건에서 기쁨, 슬픔, 분노, 두려움을 인식할 수 있는 능력을 테스트했다. 얼굴과 목만이 제시되는 조건에서 여자 배우가 정서표현을 하였다. 목소리의 내용은 중립적이면서 목소리 정서만 제시되는 조건에서는 다른 어떤 시각적 정보도 없었다. 신체 자세만 제시되는 조건에서는 여자 배우의 머리와 신체가 보였지만, 그녀의 얼굴은 흐릿하게 보여 주었다. 여기서 제시된 정서적인 자세들은 이전 정서표현 연구에서 타당화 절차를 거친 것이었다(Aviezer et al., 2008). 그 결과를 보면, 아동은 얼굴만 제시된 조건에서 정서를 가장 잘 인식했고, 그다음은 신체 자세만 제시된 조건, 목소리만 제시된 조건 순이었다. 슬픔이 가장 빨리 인식되었고, 그다음으로 기쁨, 분노, 두려움 순으로 인식했다는 것 또한 흥미로운 점이다([그림 8-7] 참조). 이러한 결과는 자세에서의 단서가 아동이 정서를 인식하는 데 중요하다는 것을 보여 주었다.

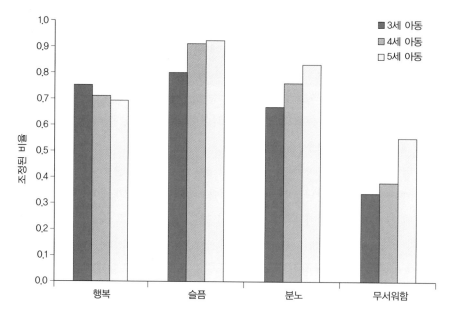

[그림 8-7] 각각의 정서를 보여 주었을 때 나이에 따른 정답반응의 비율

출처: Nelson & Russell (2011a).

다중 양식에서 정서 인식

어떻게 아동이 일상적 생활에서 정서를 인식하는가? 앞에서 기술한 Nelson과 Russell (2011a)의 연구에서는 아동에게 얼굴, 목소리, 자세의 단서를 종합적으로 노출시킨 후 정서를 분류하게 했다. 이러한 다중 단서(multicue)를 제시하는 조건은 목소리만 제시되는 조건과 신체 자세만 제시되는 조건보다는 이점이 있었지만, 얼굴만 제시되는 조건에서는 이점이 없었다. 그러니까 얼굴에서 획득한 것 이상으로 정보를 더 받아도 추가적인 이득이 없었다는 것이다([그림 8-8] 참조). 아마도 아동이 나이가 들면서 여러 부분에서 단서를 얻게 되겠지만, 그들이 정서를 이해하고자 할 때에는 타인의 얼굴에 가장 집중하게 될 것이다. 사회적 정서에 대한 연구에서 Nelson과 Russell(2011b)은 6세나 7세 아동이 얼굴 단서와 자세 단서가 둘 다 포함된 표현에 대해서만 자부심(pride) 정서를 알아볼 수 있다고 보고했다. 아동이 8세가 되면, 자부심 정서는 얼굴표정만 제시되었을 때도 인식될 수 있다.

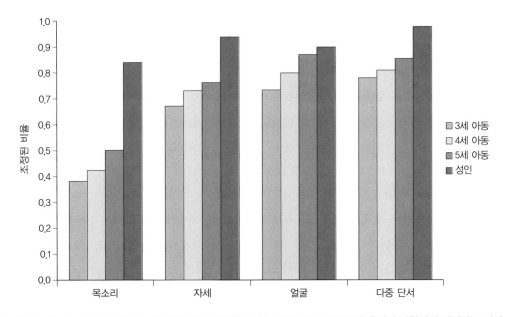

[그림 8-8] 3~5세 아동과 성인이 다른 단서 형태(목소리, 자세, 얼굴, 다중 단서)에서 정확하게 인식하는 정서 표현의 비율

출처: Nelson & Russell (2011a).

정서 인식에서 유아의 뇌 기전

편도체(제6장에서 논의되었던 뇌구조)는 신생아에서 완전히 발달되어 있고 유아가 얼굴에 주의를 집중할 때에 중요한 역할을 하는 것으로 보인다(Johnson, 2005 참조). 안와전두피질(orbitofrontal cortex) 또한 출생 후 1년이 된 유아와 성인 둘 다에서 중립적인 얼굴표정보다는 행복한 얼굴표정에 대해 활성반응을 보인다는 사실을 볼 때 정서의 인식에 중요한 역할을 한다(Minagawa-Kawai et al., 2009). 이러한 발견들은 얼굴표정을 인식하는 데에 특정적이며 일찍 발달하는 뇌 기전이 존재한다는 것을 보여 주고 있다.

인간은 얼굴 단서에 주의를 집중하는 방향으로 진화했다. 얼굴표정을 처리하는 준비성(preparedness) 관련 신경회로는 발달 초기에 형성되지만, 이러한 회로가 완전히 발달하려면 인간의 얼굴표정에 실제로 노출되어야 한다(Leppänen & Nelson, 2008). 그러므로 개개인의 경험은 얼굴 인식의 발달에 영향을 끼친다. Pollak과 동료들은 학대당한 아동에 대한 연구에서 이러한 아이디어에 대한 주목할 만한 예시를 보여 주었다. 그들의 실험 설계에서는 정서표현들이 담겨 있는 얼굴들을 아동에게 보여 주는데, 그 얼굴들이 이미지를 변형함으로써 유용한 시각 정보의 양적 측면에서 구조화된 얼굴에서부터 구조적이지 않은 얼굴로 체계적으로 조작되었다(즉, 구조적이지 않은 이미지부터 보여 주기 시작하여, 마지막 이미지에 도달할 때는 점점 더 구조화되어서 완전히 인식할 수 있는 얼굴표현이 된다). 적은 시각 정보만으로도 정서를 인식할 수 있는 아동은 해당 정서표현에 더 민감하다고 여겨졌다. 이러한 방법을 이용했을 때, 학대당한 아동은 분노의 신호에 대해 더 높은 민감성을 보이고, 슬픔의 신호에 대해서는 더 낮은 민감성을 보였다(예: Pollak & Sinha, 2002; Pollak & Tolley-Schell, 2003; [그림 8-9] 참조).

목소리 영역에서 Grossmann 등(2010)은 출생 후 7개월이 지난 유아에게서 중립적인 목소리에 대해서는 그렇지 않았지만 행복하거나 화난 목소리에 대해서는 우측 측두엽 영역에서의 국지화된 활동이 나타난다는 것을 보여 주었다. 어떤 정서의 목소리 표현에 대한 반응으로 편도체 또한 활성을 보였는데, 이는 특히 두려움 정서에 대해 그러했다(Adolphs, 2002 참조). 그러므로 편도체와 측두 영역은 얼굴과 목소리 둘 다의 양식에서 정서 인식과 관련된 공통적인 영역에 해당한다.

Grossmann과 동료들(2006)은 출생 후 7개월이 된 아동에게 얼굴표정과 목소리 표현을 함께 제시했다. 얼굴표정과 목소리 표현이 일치할 때, 그들은 불일치할 때와 비교하여 높은 피질 활성이 나타나는 것을 관찰했다. 이러한 결과는 Flom과 Bahrick(2007)의 연구에서도 동일하게 나타났는데, 그들은 출생 후 3~4개월이 되면 아동이 시청각 표현을 구별할 수 있지만, 5개월까지는 목소리 표현만 제시했을 때 그것을 구별할 수 없고, 7개월이 될 때까지 얼굴표정을

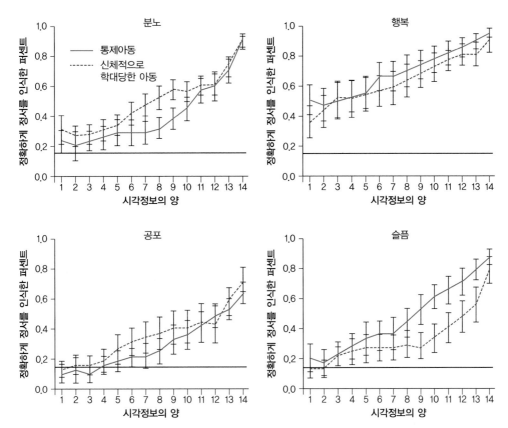

[그림 8-9] 신체적 학대를 당한 아동과 그렇지 않은 아동이 얼굴에 나타난 시각 정보의 양에 따라 네 종류의 정서
　　　　　 중 정확히 이를 알아본 횟수

출처: Pollak & Sinha (2002).

구별하지 못한다는 것도 보여 주었다. 아동이 긍정적 또는 부정적 얼굴표정보다 목소리 표현
을 더 잘 구별할 수 있다는 이러한 발견은 발달 초기에 얼굴보다는 목소리가 더 정서적 정보
를 많이 전달한다는 의견을 지지해 주었다. 그러나 앞서 언급한 Nelson과 Russell(2011a)의 연
구에서 보여 준 것처럼 일단 시각계가 발달하고 아동이 사람의 얼굴에 대해 더 많은 경험을 가
지게 되면, 인식에 있어서 얼굴표정이 더 중요해진다.

부정적 편향

　우리가 제7장에서 논의했던, 나쁜 것이 좋은 것보다 우리에게 더 강하게 영향을 끼친다
는 부정적 편향은 생애 초기에 발달하고 성인기까지 지속된다. 이러한 생각을 지지하면서,
Mumme와 Fernald(2003)는 출생 후 12개월 된 유아가 성인이 부정적 정서를 보인 새로운 물

체와 상호작용하기를 꺼리지만, 성인이 보인 긍정적인 표현이 유아가 그 사물과 상호작용하게 하지도 않는다는 것을 보여 주었다. 엄마가 아동의 복부를 꼭 껴안고 갑자기 숨을 들이쉬는 것과 같은 두려움을 나타내는 행동적인 단서를 주었을 때 유아가 친숙하지 않은 장난감을 덜 가지고 노는 경향을 보였다는 비슷한 결과도 있었다(Hertenstein & Campos, 2001). 하지만 긴장을 늦추고 숨을 내쉬는 안도의 표현에 대해서 탐색행동을 더 많이 보이지는 않았다. 최근의 뇌 기록 연구에서는 출생 후 12개월이 된 유아가 사회적 참조를 하는 동안 긍정적인 정서의 얼굴과 비교하여 부정적인 정서의 얼굴에 더 주의를 기울인다는 결과를 지지했다(Carver & Vaccaro, 2007).

얼핏 보기에는 이러한 부정적 편향이 이전의 발견들, 즉 어린 아동들이 부정적인 정서의 정보보다 긍정적인 정서의 정보를 더 잘 지각한다는 몇몇 발견과 모순되는 것 같다. 우리가 이러한 불일치를 어떻게 설명할 수 있을까? 해답을 얻기 위해서는 부정적 편향이 발생하는 시기에 초점을 맞추어야 하는데, 사실 부정적 편향은 출생 초기에는 잘 나타나지 않는다[한편, 3개월 된 아동에게서 부정적 편향이 나타난다는 Hamlin, Wynn, Bloom(2010)의 연구도 있기는 하다]. 예를 들어, 최근의 발견은 출생 후 6~7개월 된 유아가 두려움(Farroni, Menon, Rigato, & Johnson, 2007)과 분노(Grossmann et al., 2007) 표현과 비교하여 기쁨 표현에 더 높은 민감성을 보인다는 것을 보여 주었다. 출생 후 5~6개월 된 유아 또한 긍정적인 정서를 전하는 이야기를 더 선호했다(Singh, Morgan, & Best, 2002). 7개월은 되어야 아동은 부정적 편향을 보이기 시작한다. 이때 유아는 행복한 얼굴보다 두려워하는 얼굴을 보는 것에 더 흥미를 나타내고(Kotsoni et al., 2001), 즐거운 표정이나 중립적인 정서의 얼굴과 비교하여 두려워하는 얼굴에서 눈을 떼기를 더 어려워한다(Peltola et al., 2009). 또한 행복한 얼굴과 비교하여, 분노하는 얼굴에 주의를 기울이는 것을 더 선호하게 되는 변화가 7~12개월에 나타난다. 그러므로 출생 첫해 전반부 6개월 동안의 긍정적 편향이 후반부 6개월로 가면서 부정적 편향으로 진행되는 것으로 보인다.

왜 이러한 부정적 편향이 발생하는가? Vaish 등(2008)에 따르면, 아동은 생애 초기에는 주로 긍정적인 상호작용만을 경험한다(Malatesta & Haviland, 1982 참조). 이는 아동이 부정적인 정서 표현을 더 현출한 것으로 경험하도록 만든다. 실제로 7개월쯤에 아동은 스스로 움직이기 시작한다. 그러므로 그들은 더 위험한 상황에 노출되는 것이고, 이것은 양육자가 아동에게 부정적 정서를 보이게 되는 이유가 될 수도 있다(Campos, Kermoian, & Zumbahlen, 1992). de Haan 등(2004)의 연구에서는 매우 긍정적인 엄마를 둔 7개월 된 아동이 덜 긍정적인 엄마를 둔 아동보다 기쁨표현에 비해 두려움 표현을 더 길게 주시한다는 것을 보여 주었다. 게다가 우울한 엄마(부정적인 정서를 더 많이 보이는 엄마)를 둔 6개월 된 유아는 우울하지 않은 엄마를 둔 유아에 비해 기쁜 얼굴을 주시하는 것을 더 선호하는 경향이 있었다(Striano et al., 2002). 이러한 발견이 의미하는 흥미로운 점은 출생 후 7개월 정도의 부정적 편향의 확립에 긍정적인 상호작용의 조기 노출이 필수적인 반면에, 부정적 정서의 경험은 이러한 편향의 발달을 저해한다는 것이다. 이러한 결과는 정서 발달에 있어서 개인 간의 영향이 중요함을 강조하고 있다.

　부정적 편향은 진화적으로 아동이 잠재적으로 해로울 수 있는 환경을 피하게 하고자 하는 적응적인 기능이다. 동시에 아동이 다른 사람들의 표정을 이용하여 사물이나 사건의 본질에 대해 배울 때는 대인 간 상호효과가 발생한다. 만약 아동이 다른 사람들의 반응을 일반화한다면, 다양한 사물이나 상황에 어떻게 대처해야 하는지 알게 될 것이다. 아동이 언어를 구사하기 시작하면, 다른 사람들과 부정적인 정서에 대해 이야기함으로써(Lagattuta & Wellman, 2001) 아동이 다른 사람들의 신념, 소망, 의도와 같은 정신상태에 대해 배울 수 있게 된다. 특정한 결과의 이유에 대해 이야기하는 것은 아동이 다른 사람의 행동의 원인에 대해 정신적 용어로써 사고하는 능력을 향상시켜 준다. 그러므로 부정적 편향은 아마도 아동의 사회-인지적 발달을 촉진시켜 주는 것 같다. 마지막으로, 다른 사람들의 부정적인 표현의 원인에 대해 배움으로써, 아동은 다른 사람들에게서 더 긍정적인 반응을 끌어내는 방향으로 행동을 조정할 수 있다. 예를 들어, 엄마의 분노표정에 대해 주의를 기울이고 그 분노를 야기한 요소에 대해 배우며 그들 자신의 행동의 결과에 대해 이해하면서, 아동은 정서 조절에 대한 값진 교훈을 얻게 된다.

소설과 영화: 〈나의 오이디푸스 콤플렉스〉

　장편 소설이나 영화는 아니지만, 우리는 여기서 Frank O'Connor의 『나의 오이디푸스 콤플렉스(My Oedipus Complex)』라는 단편 소설에 대해 이야기할 것인데, 이 이야기가 어린 아동의 정서를 묘사한다는 점에서 우리가 아는 어떤 소설보다 낫기 때문이다. 이는 또한 세계 최고의 단편 소설 중 하나이기도 하다.

　이 이야기는 5세가 된 Larry의 느낌과 생각 그리고 그의 부모와의 관계를 묘사한다. Larry는 어떻게 그의 아버지가 산타클로스처럼 이따금씩 수수께끼같이 나타나는지 이야기하지만, 대개 아버지는 전쟁 동안 멀리 나가 있어서 Larry는 엄마와 둘이 살았다. 그는 아침에 일어나서, 창문을 본 다음, 엄마의 침대에 파고들어서 함께 낮 시간을 어떻게 보낼 것인지 엄마에게 이야기한다. 어느 날 아빠가 돌아왔고, Larry와 엄마가 항상 기도해 왔던 것처럼 전쟁이 끝났다. 사복 차림의 Larry의 아빠는 완전히 활기가 없어 보

였다. 낮 동안, 아빠와 이야기하고 있는 엄마는 불안해 보였다. 자연스럽게, Larry는 그의 엄마가 불안해 보이는 것이 싫었기 때문에 대화를 방해했다.

　"'조용히 해, Larry!' 엄마가 조바심 내며 말했다. '내가 아빠와 이야기하는 것 못 들었니?'"

　"이것이 처음 내가 그 불길한 단어를 들은 때이다. '아빠와 이야기하는 것'."

　Larry의 엄마는 아빠에게 Larry를 데리고 산책을 다녀오라고 했지만, Larry는 이 남자가 좋은 동반자는 아니라는 것을 알았다. 차 마시는 시간에 '아빠와 이야기하는 것'은 다시 시작되었지만, Larry의 아빠는 특권을 가지고 있었다. 아빠가 Larry의 엄마에게 저녁 신문을 읽어 주는 것이다.

　'이건 반칙이야.' Larry는 생각했다.

　다음 날 아침 Larry가 엄마의 침대로 갔을 때, 엄마는 그를 질책했다. "아빠를 깨우지 마라." 또 새로운 사태이다!

Larry는 왜냐고 물었다.

"'왜냐하면 불쌍한 아빠가 피곤하기 때문이야.' 이는 나에게는 말도 안 되는 이유인 것처럼 들렸고, 나는 '불쌍한 아빠'라는 감성적인 말에 넌더리가 났다. 나는 그런 감상적인 어조를 정말 좋아하지 않는다. 그런 말은 내게 항상 진실하지 않다는 느낌을 준다."

그날 밤, Larry의 엄마는 그에게 아침에 침대로 들어와서 아빠를 깨우지 말 것을 약속하라고 했다. Larry는 약속했다. 하지만 그는 그 약속을 지키지 못했다. 다음 날 아침, Larry는 침대로 들어갔다. 그의 엄마는 만약 그가 말을 하지 않는다면 침대에 있어도 좋다고 했다.

"하지만 난 말하고 싶어." 나는 흐느꼈다.

"'그건 안 돼.' 엄마가 단호하게 말했는데, 이 또한 Larry가 처음 보는 것이었다. …… 심술이 나서 나는 아빠를 발로 찼다."

아빠는 일어났다. "이놈아! 넌 잠도 안 자니?"

Larry는 그가 매우 사악해 보인다고 생각해서 침대 밖 먼 구석으로 달려가서 빽 소리를 질렀다.

"아빠는 침대에 꼿꼿하게 앉아 있네."

"닥쳐, 이 꼬마 강아지야!" 그는 목멘 소리로 말했다.

"아빠나 닥쳐!" 나는 이성을 잃고 소리쳤다.

엄마는 중재하려고 했고, 아빠는 말했다. "얘가 엉덩이를 맞고 싶나 봐."

"이전에 아빠가 소리 질렀던 것은 이번의 악의적인 말에 비하면 아무것도 아니었다. 그 말은 정말 나를 격분하게 만들었다."

"'아빠 엉덩이나 때려!' 나는 흥분해서 울부짖었다. '아빠 엉덩이나 때려! 닥쳐! 닥쳐!'"

Larry의 인생은 아기가 새로 태어나면서 점점 나빠져 갔다. 하지만 결국 해결책은 있었다. 이 이야기를 읽어 보라. 정말 괜찮은 이야기이다.

정서 조절

정서 조절(emotion regulation)의 개념은 정서경험, 정서의 생리학적 요소, 정서표현의 발생, 정서표현의 강도, 정서표현의 지속시간과 같은 과정을 모두 조절하는 것을 말한다(Eisenberg, Fabes, Guthrie, & Reiser, 2000; Eisenberg & Spinrad, 2004; Thompson, 2007). 이러한 과정은 자동적으로, 즉 자율적으로 나타난다. 예를 들어, 공포경험은 자동적으로 증가된 심박 수와 같은 생리적인 반응을 이끌어 내지만, 아동은 다른 사람들에게 두려움이라고 인식될 수 있는 표현을 하지 않으려고 할 수 있다.

사람들은 정서 조절을 개인적인 용어로 생각한다. 예를 들면, 그들은 불안을 어떻게 조절할 수 있을지 걱정한다. 하지만 정서 조절은 많은 부분에서 대인관계와 관련되어 있다. 아동기에 양육자는 아동의 정서를 조절하는 것에 대해 매우 신경 쓴다. 즉, 아동이 슬퍼할 때 달래 주고, 즐거워할 때 북돋아 주고, 성질을 부릴 때 중단시키고, 싸움이 나려고 할 때 피하게 해 주는 식이다. 제14장에서 성인의 정서 조절에 대해 논의하겠지만, 우리는 지속적으로 대인관계를 강조하는 것이 전 생애 동안의 정서 조절을 개념화하는 가장 좋은 방법이라는 것을 강조할 것이다.

정서 조절 과정

발달심리학의 많은 연구가 정서 조절과 관련해서 대인관계적 요소에 초점을 맞추어 왔다 (Cole, Martin, & Dennis, 2004 참조). 예를 들어, James Gross와 Ross Thompson(2007)이 설명했듯이, 정서 조절은 상황(situation)을 바꿈으로써 이루어진다. 부모들은 대개 집에서 놀이 환경을 선택하고, 예측 가능한 일정을 만들고, 아동에게 우호적인 정서적 분위기를 제공해서 아동의 정서를 조절한다. 그런 과정이란 바로 상황을 바꾸고자 노력하는 것이다. 아동의 손이 닿지 않는 곳에 있는 장난감을 되찾도록 도와주어서 아동이 짜증 내는 것을 피할 수 있다. 아동들이 말이나 정서표현으로 상황을 바꾸도록 유도한다. 실제로 부모가 아동의 정서표현에 즉시 반응하면, 아동은 더 적응적으로 그들의 정서에 대처할 줄 알게 된다(Braungart-Rieker et al., 2010).

아동이 자라면서 그들의 정서를 조절하는 것을 배우는 다른 기회를 경험하게 되면, 그들의 집행기능(executive function)이 향상된다(Hughes, 2011). 집행기능은 장기적 목표를 고려하여 계획할 수 있고, 기대되지 않은 상황을 헤쳐 나갈 수 있고, 위험이나 즉각적인 정서에 대처할 수 있는 것과 관련된 전체적 과정이다. Rothbart, Ziaie, O'Boyle(1992)은 출생 후 3~5개월이 된 아동이 특정한 시각적 장소에 주의를 기울인다는 것을 발견했다. 그들이 그런 장소로 주의를 바꿀 수 있는 능력은 덜 부정적인 정서를 갖게 되거나 더욱 진정될 때와 관련이 있다(Rothbart, Sheese, Rueda, & Posner, 2011 참조). 주의를 다른 곳으로 돌림으로써 정서적으로 분노하는 사건에서 벗어날 수 있는 것은 유아가 그들의 사회적 · 정서적 경험을 조절하는 효과적인 방법이다. 좋지 못한 집행기능은 4세 아동이 집중하지 못하고 부모에게 저항하거나 까다롭게 구는 것과 같은 문제행동과 강하게 연관되어 있다(Hughes & Ensor, 2008). 집행기능은 성인이 될 때까지 계속적으로 발달한다.

정서를 조절하는 다른 방법은 인지적 변화(cognitive change)를 통해서인데, 이는 정서적으로 북받치는 상황의 평가(appraisal)를 바꾸는 것을 말한다(Gross & Thompson, 2007). 예를 들어, 아동은 한 사건을 "Billy가 나를 밀었어."와 "복도가 너무 붐볐기 때문에 Billy와 내가 부딪혔어." 둘 다로 해석할 수 있다. 이렇게 의미를 바꾸는 것은 정서적인 영향을 변화시킨다. 이러한 종류의 재평가(reappraisal; Gross, 2002)는 부모가 정서적 상황들을 잘 설명함으로써 발달할 수 있다(Root & Jenkins, 2005). 하지만 평가할 수 있는 능력은 사건이 다른 방향으로 해석될 수 있다는 이해를 필요로 한다. 이는 신념이 있어야 하며, 또한 그 신념을 바꾸는 능력도 있어야 한다는 것을 의미한다. 아동이 사건을 재평가하고 사고를 전환할 수 있는 능력은 그들의 인지적 성숙에 달려 있다.

마지막으로, 정서는 행동적 · 생리적 변화(behavioral and physiological change)에 의해 조절된다. 이전에 설명한 조절방법들과 달리, 이 방법은 정서를 느끼고 있을 때 그 정서를 변화시키는 것이다. 안타깝게도, 생애 동안 개인이 조절하고자 노력하는 특정한 정서에 대한 연구는 거의 되어 있지 않다. 하지만 부정적인 경험을 조절하는 것보다는 긍정적인 정서를 조절하는 것이 더 쉽다는 증거가 있다(Thompson, 1992). 정서를 숨기는 것은 성인이나 청소년에게는 흔한 일인데, 특히 사회적 상황에서 그러하다(Gross, Richards, & John, 2006). 역겨움과 같은 정서 표현을 바꾸고자 하는 시도는 교감신경계의 활성을 증가시킨다(Gross & Levenson, 1997). 결과적으로, 정서적 사건 동안 행동은 감소하지만 생리적 반응은 증가하는 것과 같은 행동적 반응과 생리적 반응 사이의 불일치가 일어날 수 있다.

어린 아동은 그저 화나는 사건에서 눈길을 돌리거나 눈을 감는 것만이 가능할 수 있지만, 10대들은 상황을 선택하거나 바꿀 수 있고, 주의를 다른 곳으로 돌릴 수 있고, 해당 상황을 인지적으로 재평가할 수 있다. 다양한 정서 조절 방법을 동시에 사용하는 것이 정서를 조절하는 데에 가장 효과적인 것으로 드러났다(Gross & Thompson, 2007).

정서 조절의 신경생물학적 발달

생애 이른 시기부터 나타나 각성의 기저를 이루게 되는 산만한 흥분성 과정은 차차 정돈된다. 이는 자율신경계 성숙의 변화뿐 아니라 스트레스 사건에 대한 시상하부–뇌하수체–부신피질(HPA) 축에서의 변화도 포함한다(Gunnar & Quevedo, 2007). 결과적으로, 각성의 변화가 누그러뜨려지고, 그렇게 해서 아동과 부모 사이의 관계에서 유도되는 다른 조절과정들이 효과적으로 작동될 수 있다. 앞서 언급했듯이, 유아가 정서적 경험을 조절하기 위해 사용하는 가장 기본적인 전략은 주의 조절이다. 이는 그들이 정서적으로 각성되는 상황에서 벗어날 수 있도록 해 준다(Posner & Rothbart, 2000 참조). 부교감신경은 출생 후 1년 동안에 빠르게 발달하는데, 방금 언급한 점과 관련지어 보면 중요하다(Porges, 2003). 제5장에서 논의했던 것과 같이 미주신경은 심장박동률을 낮추는데, 이것은 진정되는 것이다. 정서적으로 각성되는 사건을 겪는 동안의 미주신경 반응은 성공적인 정서 조절이 일어난다는 것을 시사한다(Porges, 2003). 유아기에 주의 조절과 정서 조절은 관련되어 있다. DeGangi, DiPietro, Greenspan, Porges(1991)는 행동 조절, 수면, 섭식, 자기진정, 기분 조절에 장애가 있는 정서조절장애 유아들이 더 성공적으로 정서를 조절하는 아동보다 더 낮은 미주신경 반응을 보인다고 했다. 미주신경 반응에서의 차이는 유아(Bazhenova, Plonskaia, & Porges, 2001), 취학 전 아동(Calkins, Graziano, & Keane, 2007; Calkins & Keane, 2004)의 정서 조절의 차이를 낳는다. 기저 미주신경 반응이 높은 아동은 더 효과적으로 정서를 조절하는 경향이 있다.

게다가 각성에 대한 피질 조절은 아동기 동안 발달하는데, 이는 출생 후 2~4개월에 아직 미발달한 전뇌 억제 중추가 성장하는 것으로부터 시작된다(Thompson, 1994; 제6장 참조). 이것은 주의 조절이 향상되고, 신생아 반사의 감소와 전형적인 수면 패턴이 시작되는 것으로도 나타난다. 그러나 대부분 이러한 억제 조절이 출생 이후에 완전히 발달해 있는 것은 아니다. 출생 후 9~10개월이 되면, 반응 억제는 전두엽에서 신경 발달이 일어남으로써 보다 더 증진된다(Fox, 1991 참조). 반응 억제로 말미암아 아동은 외적 정서표현을 조절할 수 있게 되고 각성 상황을 잘 다룰 수 있게 된다. 출생 후 2년째에는 언어를 사용해서 정서경험의 의미와 정서경험의 결과를 다른 사람들에게 이야기함으로써, 그리고 그 이후에는 스스로를 진정시킴으로써 정서를 조절하게 된다(Thompson, Lewis, & Calkins, 2008 참조).

최근까지 유아기 동안에는 뇌구조 간에 기능적 연결성이 별로 없는 것으로 알려졌지만, 아동이 2세가 되면 이러한 연결성이 강해진다(Gao et al., 2009). 2세가 되면, 내측 전전두엽과 후측 대상피질을 포함하는 기능적 뇌 네트워크가 성인의 네트워크와 비슷해진다. 유아의 뇌신경 네트워크는 해부학적으로 국지적 연결만 있지만, 그 이후에는 뇌 영역들 간의 더 광범위한 연결성을 보인다(Fair et al., 2009). 예를 들어, 2세에 전측 대상피질은 집행기능(다른 여러 가지 인지적 기능을 조절하고 관리하는 가설적인 상위 인지 시스템)에 중요한 기능을 하는 전두엽과 두정엽 영역들과 강한 연결성을 가지고 있고, 이러한 연결성은 아동기 동안 지속적으로 증가한다(Rothbart et al., 2011).

3세에서 5세까지 집행기능이 발달함으로써 억제 조절, 의식적인 자기반성, 재평가, 자기점검과 같은 심리학적 과정을 통한 정서 조절을 더 잘하게 된다(Zelazo & Müller, 2002). 자발적으로 주의와 행동을 조절할 수 있는 능력인 자발적 통제(effortful control)가 점점 더 중요해진다. 이러한 능력은 학령전기 동안 현저하게 발달한다(Posner & Rothbart, 2007). 훌륭한 자발적 통제는 아동의 정서 생활을 덜 부정적이 되도록 해 주는데, 이는 전전두 뇌영역에서의 신경발달로 인한 더 나은 주의 조절, 주의 과정과 관련되어 있다(Carlson & Wang, 2007; Rothbart & Rueda, 2005). 자발적 통제는 집행 기능의 정서적 측면이라고 생각될 수 있다. 이는 복내측 전전두피질의 활동과 관련되어 있다(MacDonald, 2008). 정서 관련 집행기능(emotion related executive function)은 의도적인 집행기능(deliberative executive function)과 다르다. 의도적 집행기능은 배외측 전전두피질이 관여한다. 이 뇌 영역들은 유아기부터 20대 초반까지 계속적으로 발달한다(Giedd, 2004; Gogtay et al., 2004; Lenroot & Giedd, 2006; Shaw et al., 2008). [그림 8-10]에 정서 조절의 초기 발달에 대한 연대표 요약이 나와 있다.

전반적으로 출생 직후의 단순한 지향적(orienting) 네트워크에서 이후에 더 정교한 집행적

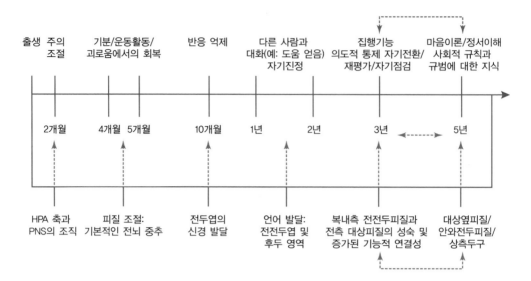

[그림 8-10] 유아에서 아동기 중기까지의 정서 조절의 발달에 대한 요약 연대표. 위의 선은 특정 정서 조절 처리의 대략적인 시작 부분을 보여 주고, 아래의 선은 이러한 처리의 신경생물학적 토대를 보여 준다. 3세에서 5세까지에 있는 점선으로 된 화살표는 이러한 처리과정이 이 시간대에서 거의 동시에 나타난다는 것을 의미한다.

(executive) 네트워크로 발달적 변화가 나타난다(Rothbart et al., 2011 참조). 아동과 청소년은 사회적 관계의 수립과 유지에 있어 중요한 여러 수단을 점점 더 잘 사용할 수 있게 된다. 빈약한 정서 조절 기술을 가진 아동은 공격성 증가(Hill, Degnan, Calkins, & Keane, 2006), 따돌림 증가(Kim & Cicchetti, 2010), 좋지 않은 취학 준비 상태(Bierman et al., 2008; Hughes, Ensor, Wilson, & Graham, 2010) 등의 심리적 어려움을 겪게 된다.

기질

아동은 사회화, 인지적 성숙을 통하여 조절기술을 발달시키지만, 그들의 성향 또한 발달에 기여한다. 그러한 특성 중 하나가 아동의 기질(temperament)인데, 이는 성격의 타고난 측면이라고 정의된다. 예를 들어, 모든 상황에서 일반적으로 수줍음이 많거나, 일반적으로 쾌활하거나, 일반적으로 소극적인 것이다. 기질은 신경생물적 기저를 가지고 있고, 발달 초기에 명확하게 나타나는 것으로 추정된다.

기질에 대한 여러 개념적 모델이 제안되었다. 각각의 개념화는 정서 조절의 긍정적인 결과와 부정적인 결과와 관련된 기질 차원으로 구성되어 있다. Thomas와 Chess(1977)는 까다로운 기질을 설명하였다. 그것에는 부정적인 정서표현을 쉽게 하는 성향, 낮은 적응성, 과활동성, 낮은 정서 조절 등이 포함된다. 그리고 다른 기질들로는 회복탄력성(resilience) 있는(훌륭한 자기조절과 낮은 부정적 감정) 기질, 과소 통제(충동적이고 가만히 있지 못하고 부정적인 정서성) 기질, 과잉통제(두려워하고 사회적 표현을 억제하는) 기질 등이 있다(Asendorpf, Borkenau, Ostendorf, & Van Aken, 2001). 두 가지 기질 분류체계가 있는데, 4개의 차원을 가정한 Buss와 Plomin(1975)의 분류체계와 6개의 차원을 가정한 Rothbart(1981)의 분류체계가 있다. 〈표 8-3〉에서 이 두 분류체계 각각의 차원과 해당 분류체계가 정서의 양상을 어떻게 설명하고 있는지 볼 수 있다.

기질은 다음의 두 가지 이유에서 정서 조절 연구에 중요하다. ① 기질은 발달 초기부터 나타난다. ② 기질은 비교적 안정적이고 나중의 결과를 예측할 수 있다. 기질이 빨리 출현한다는 점을 강조하면서, DiPietro, Hodgson, Costigan, Johnson(1996)은 기질의 태아기 표지자를 찾아냈다. 이 연구자들은 임신 36주에 많은 태동을 보이는 것이 3~6개월 된 유아가 더 까다로운 행동을 보이는 것을 예측할 수 있다는 것을 보여 주었다. 그래서 이러한 초기 기질의 차이가 나중의 성격과 정서 발달의 토대가 된다고 생각된다. 예를 들면, Rothbart, Derryberry,

〈표 8-3〉 잘 알려진 두 분류체계에서 기질의 차원들과 정서의 양상: Buss와 Plomin(1975)과 Rothbart (1981)의 분류체계

기질의 차원	각 차원에서 정서의 양상
Buss와 Plomin(1975)	
정서성	두려움, 분노, 괴로움
활동 수준	운동신경의 전반적인 각성상태
사회성	사람들에 대한 흥미와 긍정적인 정서
충동성	정서나 활동을 표현하는 데 걸리는 시간
Rothbart(1981)	
활동 수준	운동신경의 전반적인 각성상태
미소와 웃음	행복이나 즐거움
두려움	두려움
제지에 대한 괴로움	분노
진정됨	진정될 때 부정적인 정서로부터의 회복시간
지속성	흥미의 지속시간

출처: Campos et al. (1983)에서 발췌.

Hershey(2000)는 유아기의 분노-좌절 반응성이 아동기의 높은 충동성과 과활동 수준, 진정 능력 부족, 낮은 주의 조절을 예측해 준다는 것을 발견했다. Rothbart의 모델을 이용하여, Komsi 등(2006)은 출생 후 6개월에서의 긍정적 정서성(미소와 웃음, 주의 지속기간, 진정능력의 조합)이 출생 후 5.5년에서 더 나은 자발적 통제와 관련이 있는 반면, 부정적 정서성은 자발적 통제와 관련이 없다는 것을 보여 주었다. 유사하게, Kochanska와 Knaack(2003)은 분노를 덜 하는 경향이 있는 유아가 2~4세에 높은 자발적 통제를 발달시킨다는 것을 증명했는데, 이는 결국 6세 때 외현화 문제행동(externalizing problems)을 덜 일으키는 것과 관련이 있었다(외현화 문제행동의 정의는 제12장 참조). 유아기에 보이는 기질적 특성은 생애 주기 동안 대체로 안정성을 보인다. Kagan, Snidman, Kahn, Towsley(2007)의 종단연구에서 출생 후 1년이 지난 때에 높은 반응성을 가지고 있다고 분류된 아동은 아동기와 성인기에 걸쳐서 더 적게 웃는 등 특징적인 반응 패턴들을 보였다. 그러므로 생의 초기에 나타나는 기질적 반응성은 정서 조절에 중요한 메커니즘에 영향을 끼치고, 이러한 효과는 생애 동안 지속된다. 우리는 제11장에서 기질의 지속성과 나중의 성격특징과의 관계에 대해서 더 자세하게 알아볼 것이다.

정서 발달의 유전적 기여

발달을 이해하려면 정서성에 영향을 끼치는 유전적 요소에 대해 논의할 필요가 있다. 여기서 우리는 주의 조절과 자발적 통제에 대한 유전적 기여에 초점을 맞출 것이다. 유전은 아동의 기능적 정서 레퍼토리의 발달에 결정적인 역할을 한다. 일란성 쌍둥이와 이란성 쌍둥이 간의 차이점을 살펴봄으로써, 우리는 유전적 영향의 중요성에 대해 이해할 수 있다. 만약 어떤 정서적 속성에 있어서 일란성 쌍둥이가 이란성 쌍둥이보다 서로 더 비슷하다면, 이는 유전적 기여가 있다는 것을 시사하는 것이다. 기질과 성격에 대한 연구에서 한 유전자로 설명되는 변량(variance)은 대개 1~2% 정도이다(Yamagata et al., 2005 참조). 반대로, 쌍둥이의 행동유전학 연구(behavioral genetics study)에서는 유전자들 조합 전체가 특정 행동에 기여하는 바를 알려 주고 있다. 이러한 연구는 중요한데, 그것이 어떤 특질의 유전성에 대한 전반적인 그림을 그려 주기 때문이다(Plomin et al., 2009). 유아와 학령 전 아동 표본에서, Goldsmith, Buss, Lemery(1997)는 일란성 쌍둥이들이 정서성, 활동성, 사회성, 충동성에 대한 측정에서 이란성 쌍둥이들보다 더 유사하다는 것을 발견했다(또한 Lemery & Goldsmith, 2002 참조). 더 최근에 Yamagata 등(2005)은 성인 일란성 쌍둥이가 주의 조절과 자발적 통제에 있어서 이란성 쌍둥이들보다 더 유사하다는 것을 보여 주었다. 유전성은 주의 조절에서 0.45, 자발적 통제에서 0.49로 추산되었다. 이러한 종류의 연구에서는 아동기 초기로부터 아동기 중기에서 정서성에는 중간 정도에서 강한 정도로 유전의 기여가 있고, 이러한 효과가 성인기까지 연장된다고 제안하였다.

분자유전학(molecular genetics)을 기반으로 한 연구들에서는 특정한 유전자가 특정한 종류의 행동과 관련되어 있다는 것을 밝히고자 한다. 정서 발달과 관련하여 가장 광범위하게 연구된 유전자는 세로토닌 수송체(5-HTT) 유전자이다. 5-HTT 유전자는 Lesch 등(1996)의 발견에서 시작되었는데, 5-HTT 유전자의 프로모터 영역이 짧은 것은 전사(transcription) 감소와 관련이 있고, 이는 다시 림프아구(발달 후기 성숙한 세포와 구별되는 미성숙한 전구세포)로 세로토닌이 흡수되는 수준을 바꾸어 놓게 된다. 이러한 짧은 대립유전자는 신경증적인 행동 변산의 10% 정도를 설명하는데(Lesch et al., 1996), 이는 대부분의 단일 대립유전자가 행동의 차이를 1% 또는 2%만을 설명한다는 점에서 놀랄 만한 발견이다. 우리 모두는 염색체를 두 쌍 가지고 있기 때문에, 어떤 특정한 대립유전자(allele)는 하나의 염색체에 있거나 두 염색체 모두에 존재할 수 있다. 그러므로 세로토닌-수송체 관련 다형질 영역(seortonin-transporter-linked polymorphic region: 5-HTTLPR)의 짧은 대립유전자도 두 염색체 모두에 있거나[short/short(s/s) 타입], 한 염색체에만 있을 수[short/long(s/l) 타입] 있다. s/s 유전자형 또는 s/l 유전자형을 가지고 있는 사람은 두 개의 긴 유전자(l/l)를 가진 사람에 비해서 두렵거나 위협이 되는 자극에 대해 더 높은 편도체 활동을 보인다(Hariri et al., 2002). 그러므로 5-HTT 유전자의 차이는 정서 정보를 처리하는 데에 특별히 중요하다.

Grossmann 등(2011)의 최근 연구에서는 5-HTTLPR과 카테콜-O-메틸전이효소(catechol-O-methyltransferase: COMT) 유전자의 변이가 어떻게 정서표현에 대한 뇌 반응성과 연관되어 있는지 밝혀냈다. COMT 변이는 두려워하는 얼굴표정에 대해 중심두정 영역에서 차별적인 뇌 반응이 나타나는 것과 관련이 있었고, 5-HTTLPR 변이는 즐거운 얼굴표정에 대해 전두측두 영역에서 다른 뇌 반응이 나타나는 것과 관련이 있었다. 게다가 COMT 변이는 유아가 스트레스를 받는 사건에서 회복되는 능력과 관련이 있는 반면, 5-HTTLPR에서의 차이는 아동이 웃는 행동과 미소 짓는 행동과 관련이 있었다. 그러므로 이러한 각각의 유전자는 긍정적 및 부정적 정서 정보에 대한 인식과 반응에 구별되는 역할을 가지고 있는 것으로 보인다.

최근의 증거에서는 5-HTTLPR 유전자가 정서 조절에 영향을 준다고 한다. Beevers 등(2011)은 5-HTTLPR의 짧은 대립유전자(s/s)를 가지고 있으면 슬프거나, 위협이 되거나, 중립적인 자극보다는 긍정적인 정서 정보에 더 주의를 기울인다는 것을 보여 주었다. 반면, 두 개의 긴 대립유전자(l/l)를 가지고 있는 경우에는 긍정적인 정서가와 부정적인 정서가를 가진 정서 정보에 대해서 균형 잡힌 시선 고정을 보여 주었다. 이러한 결과는 짧은 5-HTTLPR 대립유전자를 가진 경우에는 부정적인 자극에 더 큰 반응성을 보여서, 이 부정적인 자극으로부터 주의를 돌리고자 하는 자발적 통제 메커니즘을 작동시킨다는 것을 시사한다. 이 연구자들은 주의를 전환하고자 하는 인지적 자원을 사용할 수 없는 상황에서는 부정적 정서 정보에 주의를 기울임으로 말미암아 정서장애를 겪게 될 위험에 처할 수 있다고 한다. 흥미롭게도, 짧은 대립유전자를 가진 사람들은 긴 대립유전자를 가진 사람들에 비해서 긍정적인 자극과 부정적인 자극에서 벗어나는 데에 어려움을 더 많이 겪는다는 것을 보여 주었는데, 이는 정서 조절에 어려움이 있을 수도 있다는 것을 암시하는 것이다(Beevers, Wells, Ellis, & McGeary, 2009).

유전적 요소가 정서경험에 확실하게 영향을 끼치기는 하지만, 이것은 환경적 영향과 함께 작동한다. 일반적으로 5-HTTLPR의 변이는 스트레스 취약성을 변화시키는 것 같다. 예를 들어서, 5-HTTLPR의 짧은 대립유전자를 가진 아동은 학대를 겪은 이후 우울 증상을 더 많이 보였다(Caspi et al., 2003). Williams 등(2009)의 최근 연구에서는 5-HTTLPR의 짧은 대립유전자를 가진 사람들이 긴 대립유전자를 가진 사람들에 비해 더 큰 놀람반응(startle response)을 보이고, 두려움을 야기하는 상황에서 높은 심박률을 보이며, 편도체와 전전두피질에서 더 높은 신경 활성을 보인다는 것을 밝혀냈다. 흥미롭게도 생애 초기에 스트레스를 받은 경우에 5-HTTLPR의 짧은 대립유전자를 가진 사람은 정서 처리에 있어 더 강한 부정적 편향을 가지고 있었다.

아동 발달은 "유전적 잠재성의 경험적 형성" 면에서 이해할 수 있고(Schore, 1999, p. 16), 유전적 다양성이 사회적 경험의 영향에 의해 생길 수 있다. 다시 말해서, 유전적으로 프로그램된 패턴이 표현되기 위해서는 환경의 영향을 받아야 한다는 것이다(Plomin, 1983). 유아기와 아동기 초기에 양육자와의 상호작용은 기본적인 환경적 입력이고, 많은 연구는 유전적 성향이 어떻게 엄마의 특성과 상호작용해서 아동의 정서성에 영향을 끼치는지를 보여 주었다. 예를 들어, Fox 등(2005)은 7세가 된 아동들이 5-HTTLPR의 짧은 대립유전자를 가졌을 경우에, 엄마가 높은 수준의 사회적 스트레스를 받았을 때는 사회적으로 과묵함을 보일 위험이 커진다는 것을 보여 주었다. Barry, Kochanska, Philibert(2008)의 연구에서는 5-HTTLPR 짧은 대립유전자를 가진 아동이 출생 후 15개월에 그들의 엄마와 좋지 않은 애착관계를 가지는 경향이 있지만, 이는 유아가 7개월일 때 덜 반응적인 엄마를 가진 경우에만 그렇게 된다는 것을 보여 주었다. 다시 말해서, 불안정 애착을 가질 위험은 아동에게 유전적인 위험과 환경적인 위험이 결합되었을 때 증가한다는 것이다. 이 연구 그룹의 추적연구에서는 짧은 5-HTTLPR 대립유전자를 가진 유아가 출생 후 15개월에 불안정 애착을 보이는 것이 25~52개월 되었을 때 보이는 자기조절 저하와 관련되어 있다는 것을 보여 주었다(Kochanska, Philibert, & Barry,

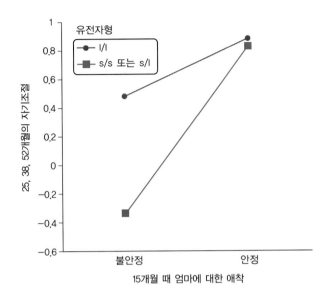

[그림 8-11] 긴 5-HTTLPR 대립유전자 두 개(l/l) 또는 짧은 5-HTTLPR 대립유전자(s/s 또는 s/l)를 가진 경우
에 따른 25~52개월 된 유아의 자기조절과 애착의 안정성 관계

출처: Kochanska, Philibert, & Barry (2009).

2009; [그림 8-11] 참조). 총괄하여, 이러한 연구들은 정서 발달이 유전적인 요소와 경험적인
요소가 함께 작동하는 기능이라는 인상적인 증거를 제시해 주었다.

유전자-환경의 상호작용 효과는 심지어 아기가 배 속에 있을 때에도 존재한다고 입증된 바
있다. 20주에 임신부가 불안을 느끼면 출생 전의 일임에도 불구하고 그들의 아기의 부정적
인 정서성(제지에 대해 스트레스 받음, 두려움, 스트레스 회복능력)은 출생 후 6개월이 되었을 때
현저하게 나타났다. 그런데 이런 일은 아동이 5-HTTLPR의 짧은 대립유전자를 가진 경우에
만 그러했다(Pluess et al., 2010). Pauli-Pott, Friedel, Hinney, Hebebrand(2009)는 출생 후 1년
이 된 아동의 정서성이 그들의 유전자 구성과 애착관계의 질의 함수라는 것을 알아냈다. 짧은
5-HTTLPR 대립유전자를 보유하고 있는 아동과 불안정 애착을 형성하고 있다고 분류된 아동
은 긴 5-HTTLPR 대립유전자를 보유하고 있거나 안정 애착을 형성하고 있는 아동보다 부정적
인 정서, 덜 긍정적인 정서표현, 강한 두려운 반응을 더 많이 나타냈다.

이러한 분자유전학 연구는 아동의 정서표현, 정서 인식, 정서 조절이 환경적 경험과 특정
유전자 이형의 결합에 의해 영향을 받는다는 것을 보여 주었다. 종합적으로, 이러한 조합은
전 생애에 걸쳐서 정서성과 관계성에 영향을 끼칠 것이다.

요약

우리는 아동에게서 나타나는 정서 발달에 대한 세 가지의 설명을 하면서 이 장을 시작했다. 그중 두 가지는 정서가 성숙의 결과로 나타난다고 제안하고, 나머지 한 가지는 사회적 상호작용의 중요성을 강조한다. 우리는 얼굴, 목소리, 제스처의 세 영역에서 정서표현과 정서 인식을 논의했다. 이러한 정서표현들은 처음에는 양육자와의 관계에서 만들어진다. 아동이 18개월 이후가 되면 자아와 관련된 정서들이 생기는데, 여기에는 다른 사람들의 정서를 인식하고, 다른 사람들의 정서를 자신의 정서와 비교하는 것도 포함된다. 아동은 첫 몇 년 안에 자신과 다른 사람의 정서에 대해 이야기할 수 있게 된다. 아동의 정서가 처음에는 고집스럽고 사회화되지 않은 것으로 생각된다는 점에서 정서 조절은 발달에 있어서 중요한 주제이다. 정서 조절은 처음에는 부모에 의해 훈련되지만, 취학 전 연령에서 아동은 그들의 목표와 관련하여 정서를 조절할 수 있게 된다. 마지막 절에서 우리는 특정 유전자가 아동이 신체적으로 학대당한 것과 같은 환경적 영향과 어떻게 상호작용하는지에 대한, 새롭게 생겨난 과학에 대해 논의했다. 유전자-환경 상호작용은 이제 기질과 정서에 대한 성격특성을 이해하는 데에 중요하다.

생각해 보고 논의할 점

1. 팔을 결박하는 것은 어린 아동들에게 분노를 일으키기 위해서 심리학자들이 자주 사용하는 방법이고, 인형이 튀어나오는 깜짝 장난감 상자(jack-in-the-boxes)는 놀람을 야기하기 위해 사용된다. 왜 이러한 자극들은 어떤 때는 기대한 효과를 발휘하지 못할까?
2. 학교에 갈 때쯤 된 아동은 정서적 기능의 어떤 측면이 발달해서 뭔가 잘못된 일이 발생해도 차분한 상태를 유지할 수 있게 되는가?
3. 유전자와 환경 둘 다가 정서 발달에 영향을 끼친다는 것을 고려했을 때, 더 강한 영향을 끼칠 것으로 생각하는 것은 무엇인가? 선천적인 유전자와 기질인가, 아니면 부모, 가족, 학교의 환경적 영향인가?

더 읽을거리

정서 발달에 대해서 우리가 아는 최고의 일반 입문서

Harris, P. (1989). *Children and emotion: The development of psychological understanding.* Oxford, UK: Blackwell.

사회적 상호작용에서 아동 정서의 중요성

Dunn, J. (2003). Emotional development in early childhood: A social relationship perspective. In R.

J. Davidson, K. R. Scherer, & H. H. Goldsmith (Eds.), *Handbook of affective sciences* (pp. 332-346). New York, NY: Oxford University Press.

타인의 정서에 대한 아동의 이해

Widen, S., & Russell, J. A. (2007). Young children's understanding of others' emotions. In M. Lewis, J. H. Jones, & L. F. Barrett (Eds.), *Handbook of emotions* (3rd ed., pp. 348-363). New York, NY: Guilford.

아동의 정서 조절 발달

Rothbart, M., Sheese, B., Ruedo, M. R., & Posner, M. (2011). Developing mechanisms of self-regulation in early life. *Emotion Review, 3,* 207-213.

사회적 관계에서의 정서

[그림 9-0]
Auguste Renoir의 〈부지발의 무도회(Dance at Bougival)〉(1882~1883). 이 작품은 한 예술가가 젊은 여인에게 모델이 되어 달라고 부탁하는 이야기를 예시하기 위해서 Lhote가 사용하였다. 이 그림에서 남자가 젊은 여자에게 열정적으로 얼굴을 들이대면서 자기 것인 양 부둥켜안는 것을 볼 수 있다. 그녀가 반지를 끼고 있는 것으로 보아서 유부녀라는 것도 알 수 있다. 그녀는 고개를 돌리지만 예의상으로 사교적 미소를 짓고 있다.

사진 출처: Dance at Bougival, 1883 (oil on canvas), Renoir, Pierre Auguste (1841~1919) / Museum of Fine Arts, Boston, Massachusetts, USA / Picture Fund / The Bridgeman Art Library

> 존재한다는 것은 남을 위해서 존재하는 것이며, 남을 통해 자신을 위해서 존재하는 것이다. 내면에 자주적 영역이 없는 사람, 그 사람은 전적으로 그리고 언제나 주변 영역에 산다. 자신의 내면을 볼 때, 다른 사람을 통해서 자신을 보거나 다른 사람의 눈으로 자신을 본다.
> — Mikhail Bakhtin, 『도스또예프스키 시학의 제문제(Problems of Dostoevsky's Poetics)』, p. 287

Tim Page는 현재 가장 중요한 음악 비평가 중 한 사람이다. 그는 아스퍼거 증후군을 가지고 있는데, 그것은 생의 초기부터 외골수로 집착하는 특성이 있다. 어릴 때 Page는 매사추세츠에 있는 도시들의 지도와 신문에 난 부고 기사, 1961년 판 『월드북 백과사전(World Book Encyclopedia)』, 스코틀랜드 코미디언 Harry Lauder(그는 공개적으로 학교 신문에 비틀즈를 경멸한다고 선언했다)의 음악에 강박적으로 집착했다. 아스퍼거 증후군은 때로는 가벼운 자폐증으로 취급된다. 아스퍼거 증후군은 이상한 사회적 형태로 나타나는데, 제4장에서 다루었던 많은 정서적 행동표현이 결핍되어 있다. 아스퍼거 증후군을 가진 사람들은 단조로운 목소리로 말하고, 다른 사람들과 눈을 맞추지 않으며, 신체접촉을 피한다. 이 증후군을 가진 사람들은 다른 사람들의 판단에 개의치 않으며, 종종 사회적 관례에 벗어난 행동을 한다. Page는 셔츠 단추 구멍마다 토끼의 뒷발을 달고 다니는 것을 좋아했다. 당연히 그는 Emily Post의 책 『에티켓(Etiquette)』에 기댈 수밖에 없었는데, 그 책에는 인간관계에서 사회적 복잡성을 다루는 방법이 친절하게 소개되어 있다.

아스퍼거 증후군을 가진 사람들은 종종 엄청난 재능을 보인다. 이러한 현상을 처음 보고 한 비엔나의 소아과 의사 Hans Aspergers는 이렇게 말했다. "과학이나 예술에서 성공하려면, 자폐증이 약간 있는 것은 필수적이다." Page에게는 음악에 대한 깊은 통찰이 있었다. Steve Reich의 〈음악가 18명의 음악(Music for 18 Musicians)〉을 듣고 나서, 그는 현대음악의 미니멀리즘에 매진해서 5년 동안 공부한 후에 음악 비평가가 되었다. 그는 Reich의 음악이 마치 흐르는 강물에 사진촬영 프레임을 잡아 준 것과 같다는 것을 알았다.

아스퍼거 증후군이나 자폐증이 있는 사람들도 다른 사람들처럼 추론할 수 있지만, 그들의 언어는 조건에 영향을 받지 않는다. 그들은 정서를 표현하거나 다른 사람의 정서를 느끼는 데 어려움이 있다. 10대가 되면 대부분의 소년은 소녀들에게 낭만적 관심을 가지지만, Page는 소녀들과 눈을 마주치려고 하지 않았다. 나중에 그가 청년이 되어서 성적 접촉을 할 때 〈오즈의 마법사(Wizard of Oz)〉에 나오는 양철 나무꾼 같았다고 고백했다. 그의 사회생활을 요약하면서 Page는 이렇게 적고 있다. "나의 인생은 다른 사람들과 동떨어져서 영원히 병행 놀이(parallel play)를 하고 있다는 우울한 감각에 젖어 있다."

많은 경우, 과학자들은 정서가 무엇인지 이해하기 위해서 정서 연속선의 극단에 있는 사람들에게 관심을 기울였다. 연구자들이 극단적인 공포의 상관물을 탐색할 때(제13장 참조), 보통 사람들에게 공포가 어떤 영향을 주는지 알 수 있다. 공포는 인지적 자원과 사회적 자원을 위협이 되는 것에 동원하게 한다. 아스퍼거 증후군을 가지고 있는 Tim Page와 같은 사람들로부터, 정서요소들이 망가졌을 때 사회적 관계에 어떤 일이 생기는지 알 수 있다. Tim Page의 삶을 보면 이 장의 주제를 잘 알 수 있다. 정서는 우리의 사회적 관계에 결정적으로 중요하다.

정서와 사회적 관계의 상호작용

비교행동학자(ethologist) Iraneus Eibl-Eibesfeldt(1989)는 수렵-채집 사회의 삶에 대한 관찰을 요약하면서, 정서가 사회적 관계의 문법이라고 결론지었다. 정서 교류는 상호작용의 핵심적 요소이며, 그것으로 인해서 가장 의미 깊은 관계가 형성된다. 부모와 아이 사이의 따뜻한 애착, 형제자매 사이의 갈등, 놀이, 타협, 구애행동에서 장난질, 젊은 수컷들 간의 지배적-복종적 관계, 간혹 일어나는 집단 간 분노 등이 그런 것들이다. 이런 정서 문법은 Tim Page가 이해하고 실행하기에 대단히 어려운 것이다.

Eibl-Eibesfeldt가 관찰한 것이 이 책의 중심 논제 중의 하나인데, 그것은 정서가 근본적으로 사회적이라는 것이다(Tiedens & Leach, 2004). 우리는 자주 정서의 내적 속성 때문에 놀란다. 정서를 어떻게 느끼고, 정서가 어떻게 이전의 기억을 일으키며, 어떻게 의사결정에 강력한 지침이 되는가 하는 것이다. 하지만 동시에 정서는 사회적이다. 우리는 신속하고 무의식적으로 얼굴표정, 목소리, 신체접촉으로 다른 사람과 정서소통을 한다. 자율신경계의 정서 관련 반응들로 싸움-도주뿐만 아니라 사회적 연결과 같은 사회적 행동도 한다. 정서는 평가에 의해서 촉발되는데, 그것은 사회적 목표와 관련되어 있다. 정서는 중요한 사회적 · 도덕적 판단 지침이다.

넓은 의미에서 우리는 정서의 사회적 속성을 두 가지 방향으로 접근할 수 있다. 첫 번째는 정서가 어떻게 특정 사회적 관계를 만드는지 생각해 보는 것이다. 정서는 확실히 일종의 문법인데, 사회적 교류의 기본 구성요소이다. 예를 들면, 정서적 경험으로 말미암아 관계에서 특정 역할을 맡을 수 있다(제1장과 제2장 참조). 낭만적 열정을 느낌으로써 장기간의 배우자 관계로 들어갈 수 있으며, 연민과 자식에 대한 사랑을 느낌으로써 부모 역할을 하고 돌보는 사람이 된다(Shields, 1991). 제4장에서 배운 것처럼 정서적으로 표현행동을 함으로써 사회적 관계를 잘 맺게 되며, 그렇게 해서 특별한 관계도 맺게 된다(Aubé & Senteni, 1996; Oatley, 2004c). 우리는 제2장에서 미소를 짓는 것이 협조적 관계를 불러온다는 것을 배웠다. 분노 표현은 갈등을 선언하는 것이거나 서로 간에 권력을 표명하는 것이다(Knutson, 1996). 공포 표현은 모두가 경계하면서 뭉치도록 한다. 사회적 정서는 관계에 대한 독특한 각본이다. 이 장에서는 정서가 낭만적 배우자 관계, 우정, 사회적 계층에서 계급을 만드는 방식에 대해서 배울 것이다.

두 번째 방향은 정서의 사회적 차원에 대한 접근을 해서 관계가 정서를 만들어 가는 방식에 대한 것이다. 하루를 살면서, 우리는 여러 가지 관계에 놓인다는 것을 알게 된다. 그 예로는 친구, 낭만적 배우자, 직장 상사, 부모와의 관계 등이 있다(Moskowitz, 2004). 이런 다양한 관계 안에서 우리의 정서도 변하기 마련이다. 친구와의 관계에서는 고마움을 느끼고, 낭만적 배우자와의 관계에서는 열정을 느낀다. 직장 상사는 불안을 느끼게 하고, 공손함을 느끼며 감화를 받는다. 부모로부터는 죄의식, 갈등, 가족에 대한 자부심 등이 촉발된다. 그러면 우리가 처해 있는 관계에서 어떻게 해석, 표현행동, 현재의 느낌, 행동 경향성 같은 것이 만들어지는가? 우리는 이 장에서 친구와 같이 있는가, 우리가 권력을 가지고 있다고 느끼는가, 또는 우리의 계급적 배경에 따라 정서반응들이 체계적으로 변한다는 것을 볼 것이다.

정서가 어떻게 특정 관계를 만들고, 관계들이 어떻게 우리의 정서적 삶을 형성하는지 고찰하기 위해서, 제2장에서 소개한 체계에 근거해서 다루어 볼 것이다. 거기에서 우리는 세 가지 사회적 목표와 한 가지 반사회적 목표를 인간 정서의 중심으로 제안했다. 정서에 대해서 배운 것과 이 네 가지 목표와 연관된 사회적 관계들을 조직화해 볼 것이다. 우리는 애착과 관련된 친밀한 관계 그리고 그런 관계들에서 정서들의 위치를 살펴볼 것이다. 우리는 친족관계가 아닌 경우, 즉 소속감, 우정에 의한 협조가 가능하도록 만드는 정서과정들도 살펴볼 것이다. 다음으로, 권력 행사의 목표와 관련된 계급적 관계의 핵심이 되는 정서들을 살펴볼 것이다. 그리고 정서가 집단 내에서 작동하는 방식, 종종 적대적 동기에 의해서 집단 간에 작동하는 방식에 대해서 살펴볼 것이다.

친밀한 관계 내에서의 정서

John Bowlby(1969)의 애착에 관한 영향력 있는 이론은 요람에서 무덤까지 어떻게 정서가 친밀한 관계의 핵심이 되는가에 대한 이론이다. 이 절에서 우리는 낭만적 배우자 관계에 초점을 맞추겠다. 최초의 불타는 성적 매력에서부터 시작해서 오래 지속되는 낭만적 사랑을 가능케 하는 열정에 이르기까지, 정서는 친밀한 삶의 중심에 있다. 제2장에서 사회적 목표의 형태에 근거해서 말한 것처럼, 낭만적 사랑은 애착과 소속감이란 사회적 동기에 근거를 두고 있다. 애착에 의해서 신뢰와 안전감이 생긴다. 소속감에 의해서 능력이 생기는데, 다른 동물들에 비해서 인간의 능력이 엄청나게 확장된 이유는 어떤 일을 이루기 위해서 협력하기 때문이다. Phillip Shaver는 낭만적 사랑이 애착에 근거를 두고 있는 것을 보여 주는 작업의 선두에 있으며(Shaver, 2006; Shaver & Mikulincer, 2002), Helen Fisher(1992)는 성과 협력에 관한 것들을 저술하는 데 몰두하고 있다.

성적인 사랑의 원리

많은 사람이 삶에 주된 의미를 부여하기 위해서 사랑하고 사랑받는 인간의 경험에 대해 생각한다. 그것은 소설의 인기 있는 주제이다. 예를 들면, 『달콤 쌉싸름한 초콜릿(Like Water for Chocolate)』이라는 소설을 쓴 Laura Esquivel을 보자.

> 나의 할머니는…… 우리 모두가 마음속에 성냥을 한 갑씩 가지고 태어나지만 우리가 그 성냥으로 불을 켜지는 못한다고 하셨어. …… 네가 사랑하는 사람이 내쉬는 숨결에는 산소가 있지. 촛불에 해당하는 것으로는…… 음악, 애무, 속삭임, 소리 같은 것이 있고, 그런 것들은 폭발을 일으킬 위험이 있지.
>
> — Esquivel (1992), Chapter 6

서구 사회에서는 많은 사람이 삶에서 사랑이 가장 중요하다고 생각한다. 미국인 10만 명을 조사한 자료를 보면, 결혼에서 가장 중요한 것은 부유함, 권력, 젊음, 건강이 아닌 사랑이며, 행복과 가장 가까운 것이라고 생각하는 것은 선이다(Freedman, 1978). 다음과 같은 점에서 보면 그 말이 옳다. 즉, 건강한 관계는 행복의 가장 강력한 결정인자들 중에 하나이다(Myers, 2000).

어떤 것이 사람들을 낭만적 배우자 관계로 만들어 주는가? 두 가지 후보자는 성적 욕망과 낭만적 사랑이다(Diamond, 2001; Djikic & Oatley, 2004; Hatfield & Rapson, 2002). 과학적으로 접근하기 위해서 먼저 속성 데이트(speed dating)에 대한 Eli Finkel과 동료들의 창의적 연구를 살펴보자(Finkel & Eastwick, 2008). 이 연구에서는 주말 사교 모임에서처럼 여러 명의 젊은 남녀가 실험실로 와서 모두가 돌아가면서 한 번씩 다른 사람과 2분씩 대화를 한다. 그렇게 한 후에, 실험에 참여한 남녀는 각자에게서 느꼈던 성적 욕망과 얼마나 호흡이 잘 맞는지를 평정했다. 이 자료를 보고, Finkel과 동료들은 최초의 열정과 욕망에 대한 중요한 통찰을 갖게 되었다. 첫째, 한 사람이 다른 사람에 대해서 독특한 욕망과 호흡이 잘 맞는다는 것을 느끼면 상대방도 그렇게 느낀다는 것이다(Eastwick, Finkel, Mochon, & Ariely, 2007). 둘째, 그 빠르게 진행되는 데이트에서 여러 사람에게 성적 매력을 느끼는 사람은 실제로는 그 사람들에게서 욕망과 호흡이 잘 맞는다는 것을 거의 느끼지 못한다는 것이다. 침팬지나 보노보와 같은 우리의 친척뻘 되는 영장류들이 난교를 하는 데 반해서, 우리 인간들은 낭만적 열정을 느낄 수 있으며 그것 때문에 한 사람에 집중하게 되고 장기적인 관계에 들어간다.

제2장에서 자세히 다루었듯이, 우리의 초기 성적 욕망에 대한 느낌은 특정 신호에 대한 반응이다. 그런 것에는 아름다운 피부, 도톰한 입술, 따뜻하고 반짝이는 눈빛, 젊은 신체, 남성

의 강인함, 여성의 생산력 등이 있다(Miller, 2000). 이러한 느낌들을 젊은 연인들은 '휘청거리는 것(knocked off their feet)'을 느끼고, 서로를 '갈구(hungry for)'하고, '미친 듯이 욕망에 빠지며(mad with desire)' '열정에 빠진다(swept away)' 등과 같은 은유로 나타낸다(Lakoff & Johnson, 1980). 이러한 은유들은 맹목적이 되어서 초기의 성적인 열정을 통제하지 못하는 것을 가리킨다. 우리는 오직 한 사람에게만 집중하게 된다. 열정은 그다음으로 특정 형태의 신체접촉과 포옹 그리고 성적인 신호를 발산하는 것으로 이어진다(제4장 참조). 성적 욕망의 표출은 여성의 배란과 에스트로겐 분비로 이어진다(Konner, 2003). 배란기가 되면 여성은 성적으로 적극적이 되고, 자위를 하고, 성관계를 가지게 되며, 남편과 가깝게 지내게 된다. 배란기에 있는 폴댄서들이 팁을 더 많이 받는다고 한다(Miller, 2001; Miller et al., 2007).

낭만적인 한 쌍이 더 많은 시간을 함께하면, 그들이 느끼는 강한 성적 욕망으로 말미암아 두 번째 정서를 경험하게 되는데, 그것은 낭만적 사랑으로서 깊게 친밀해지는 느낌이 생기는 것을 말한다(Acevedo & Aron, 2009). 그 두 사람은 같이 있으면 편안하고 안전하게 느끼며, 서로를 잘 알게 되고, 서로 한 몸이 되는 느낌을 가지게 된다. 친밀함이 증가하면서, 두 사람은 서로의 견해, 경험, 자아개념에 속하는 특성들을 함께하게 된다(Aron & Aron, 1997; Aron, Aron, & Allen, 1989; Aron & Fraley, 1999). 사랑하는 사람들은 서로를 이상적으로 여겨서, 다른 사람들과 구별되는 독특한 미덕을 가졌다고 생각한다(Murray & Holmes, 1993, 1997).

낭만주의 시대의 유명한 작가 중 한 사람은 Jane Austen이다. Jane Austen에 대해 소개한 글상자에서 1813년에 출간된 그녀의 가장 유명한 소설『오만과 편견(Pride and Prejudice)』의 줄거리를 읽을 수 있다. 그 소설을 읽거나 1995년에 제작된 TV 미니시리즈를 보면, 성적 매력이 사랑으로 변해 가는 흥미진진한 이야기를 만날 수 있다. 그러면 단지 당신의 욕망을 다른 사람에게 투사함으로써 일종의 환상으로 그 사람을 사랑할 수는 없다는 것을 알게 될 것이다. 당신은 오직 그 사람이 어떤 사람인지 알게 되면서 사랑하게 된다. 그런데 그 사람을 안다고 하더라도 그 사람을 당신이 바라는 사람으로 만들려는 것을 포기하지는 못한다는 것도 알게 된다.

여러 연구는 성적 욕망과 낭만적 사랑을 구분해 왔다(Chojnacki & Walsh, 1990; Sternberg, 1997; Whitley, 1993). 예를 들면, 사람들은 낭만적 사랑을 원형적 정서라고 명명하고, 성적 욕망은 사랑의 범위와 조금 겹쳐 있다고 생각한다(Fehr & Russell, 1984, 1991; Shaver et al., 1987). 다른 연구에서 실험 참가자들에게 사랑의 범위에 속하지 않는 정서 단어들을 골라내라고 했다(Fehr & Russell, 1991). 돌봄(8%), 애정(27%)을 골라낸 사람은 별로 없었으나, 욕망(59%), 사랑의 열병(82%), 성욕(87%)을 골라낸 사람은 많았다. 실험 참가자들이 사랑하는 사람이라고 한 사람들과 성적 욕망을 느끼는 사람이라고 한 사람들은 부분적으로만 겹쳤다(Myers & Berscheid, 1997).

사진 출처: The Kobal Collection, Ltd./Picture Desk/Art Resource

[그림 9-1] 2005년 작 영화 〈오만과 편견(Pride and Prejudice)〉에서 Mr. Darcy(Matthew Macfadyen 이 연기함)와 Elizabeth Bennet(Keira Knightley가 연기함)

소설과 영화: 『오만과 편견』

Jane Austen의 『오만과 편견』은 서구에서 여전히 최고의 러브 스토리이다. 이 소설은 다정하지만 철없는 엄마와 영리하지만 냉소적인 아빠를 둔 딸 Elizabeth Bennet의 이야기이다. 댄스 파티에서 그녀는 부유하고, 자부심이 강하며, 신랑감으로서는 적격인 Mr. Darcy에게 무시를 당했다. 그는 Elizabeth가 충분히 들을 수 있는 소리로 친구에게 이야기했다. "그녀는 괜찮기는 하지만 나를 유혹할 만큼 아름답지는 않아." 그 소설 속에서 Darcy의 무례함에 대한 이야기가 나온 몇 장 이후에, Elizabeth는 여자 형제와 이야기하다 "그가 나의 자존심을 건드리지만 않았더라도 난 그의 오만함을 쉽게 용서할 수 있었어." Darcy를 향한 Elizabeth의 사랑은 이 문제를 극복해야 했다.

모든 러브 스토리의 중요한 전제는 다음과 같다. 사랑하게 될 사람들은 처음에는 서로 잘 모르는 상태로 시작한다. Jane Austen의 소설이 아름다운 점은 Elizabeth가 Darcy를 사랑하게 되는 이야기가 사랑에 빠지게 되는 서구 문화의 전형적인 각본이 아니라는 점이다. 서구적 사랑 이야기에서는 어떤 장소에서 모르던 두 사람의 눈이 마주치면서, 사랑이 완벽한 형태로 시작된다. 그 대신에 이 이야기에서는 Elizabeth가 Darcy를 알아 가면서 사랑이 천천히 싹튼다. 독자인 우리도 이 소설을 읽어 가면서 두 사람을 알게 된다.

Laura Vivanco와 Kyra Kramer(2010)는 러브 스토리에서 반복되는 주제는 변화(transformation)인데, 『오만과 편견』이 초창기의 사례라고 했다. 그 주제는 오늘날의 낭만적 소설에서도 여전한데, 예를 들면, 할리퀸(Harlequin) 출판사에서 출판하는 책들도 그렇다. 비록 Jane Austen이 Darcy의 '전력을 다하는 열정'을 다루고 있지만, 그가 한 인간으로서 완벽한 사람은 아니다. 그는 오만함으로 말미암아 잘 다듬어진 남자는 못 되었다. 이 소설은 Elizabeth가 지적 능력과 결단력으로 그를 변화시키는 이야기이다. 그녀가 Darcy를 알아 갈수록 그도 그 자신을 알게 되며, 그래서 자신의 단점도 알게 되고, 다른 사람들에게 사려 깊게 대하게 되고, 종국에는 사랑할 수 있게 된다. Darcy의 오만함이 이렇게 변화함으로써 Elizabeth는 결혼을 승낙하게 된다. 동시에 Elizabeth도 조건에 맞게 그녀의 편견을 버리게 된다. Vivanco와 Kramer는 이러한 변화라는 주제가 고대 연금술의 다른 버전이라는 것을 보여 준다. 연금술에서는 철학자의 돌에 의해서 연금술사가 비금속을 귀금속인 금으로 변화시킨다. 〈오만과 편견〉에서 Elizabeth는 연금술사가 되어서 불완전한 비금속인 Darcy를 그녀를 사랑할 수 있는 귀금속과 같은 남자로 변화시킨다.

결혼에서의 정서

많은 사회에서 성적 욕망을 느끼면 사랑에 빠지고, 그러면 결혼해서 장기간에 걸친 헌신을 하게 된다. 그런 느낌에 자극을 받아서 미국과 캐나다 같은 나라에서는 80~90%의 사람들이 결혼을 하고, 많은 경우에 장기간의 낭만적 동반자 관계에 들어간다. 하지만 친밀한 배우자들의 정서적 삶은 변한다. 모든 친밀한 삶이 다 사랑스러운 것은 아니다. 산업화된 많은 나라에서 이혼율은 50%를 넘나들고, 결혼생활의 불만족도 상당히 높다(Myers, 2000). 그래서 결혼생활의 스트레스의 원인이 무엇인지 아는 것은 매우 중요하다.

John Gottman과 Robert Levenson은 다음과 같은 질문에서 답을 찾으려 했다. 결혼을 끝장내는 정서적 과정들은 어떤 것일까? 답을 얻기 위해서, 그들은 결혼한 부부가 갈등을 일으키는 문제를 가지고 15분간 대화할 때의 정서적 역학을 연구했다. 예를 들면, 성적 불만, 남편이 수입이 좋은 직업을 얻지 못한 것, 또는 아이의 교육 문제로 다투는 것 등이 그런 문제들이다. Gottman과 Levenson은 여러 가지 정서행동의 상호작용을 코딩했으며, 그들이 발견한 정서 형태에 따라서 결혼생활이 어떻게 될지를 알아보았다.

1983년에 시작한 장기간의 연구에서, Gottman과 Levenson은 인디애나주 블루밍턴에 사는 79쌍의 결혼생활을 추적했다. 앞에서 언급한 방법론을 사용해서, '요한계시록에 나오는 네 기사(Four Horsemen of the Apocalypse)'라고 그들이 이름 붙인 것을 찾아낼 수 있었다. 그것들은 유해한 정서행동들(toxic emotional behaviors)인데, 파괴적이면서 이혼을 예언할 수 있는 것이었다. 첫 번째는 비난(criticism)이다. 배우자가 비난을 하는 경향이 있으면 상대 배우자의 단점을 지속적으로 지적하는데, 그렇게 되면 결혼생활은 불만스러워진다. 다음에 나오는 두 가지의 예측자는 방어적이 되는 것(defensiveness)과 담쌓기(stonewalling: 문제를 해결하려고 하지 않음)이다. 낭만적 배우자들이 어려운 사항들을 같이 이야기할 때 항상 방어적이 된다면, 그들은 어려운 상황에 처하게 된다. 네 번째는 경멸(contempt)인데, 상대방을 무시하고, 비웃거나, 얕보는 것이다. Gottman과 Levenson은 그 15분 동안의 갈등 상황 대화에서 나타나는 네 가지

사진 출처: Tetra Images/Getty Images, Inc.

[그림 9-2] 친밀한 관계의 중요한 부분은 서로에게 분노를 표현할 수 있는 것이다. 분노는 경멸과 달리 관계를 유
　　　　　지하는 데 덜 파괴적이다.

유해한 행동을 측정해서, 어느 부부가 결혼생활을 지속하고 어느 부부가 이혼하게 되는지를
예언했다. 유해한 행동들을 보인 부부들 중에서 거의 93%가 14년 후에는 이혼한 것으로 나타
났다(Gottman & Levenson, 2000).

　더 최근의 연구들에서는 낭만적인 부부들이 계속해서 헌신을 하고 가깝게 지내게 되는 몇
가지 정서 패턴을 발견했다. 그런 패턴 중에 하나는 배우자와 인생에서 중요한 것을 공유하
는 것이다. 그것을 Shelly Gable은 선을 활용하는 것(capitalizing upon the good)이라고 명명했다
(Gable, Gonzaga, & Strachman, 2006; Gable, Reis, Impett, & Asher, 2004). 낭만적 배우자들이 즐
거움과 기쁨을 함께하고, 열정적으로 상대방의 좋은 일을 함께 좋아해 주면, 여러 달 후에도
서로가 서로에게 헌신하는 것을 느끼게 된다(Gable et al., 2006). 그러므로 담을 쌓거나 비난하
는 대신에, 당신의 배우자에게 일어난 좋은 일에 대해서 감사와 격려를 보내는 것이 더 현명할
것이다.

　또한 친밀한 관계는 배우자가 유머가 있고, 재미있으며, 장난기가 있으면 잘 되어 나간다.
결혼생활이 어느 정도 지나가게 되면 대부분은 상당히 단조로워진다. 아기 기저귀도 갈아 주
어야 하고, 아이들은 옥신각신하며, 배가 아픈 아이들도 돌보아 주어야 하고, 사춘기에 들어
선 아이들도 잘 다루어야 한다. 당연히 이 단계에서는 친밀한 관계는 뒷전이다(Myers, 2000).
낭만적 배우자들도 종종 자신들의 문제에 직면하게 된다. 직업에서의 어려움, 건강 문제, 재
정적 문제 등이 있으며, 15~20%의 결혼은 불륜 문제도 생긴다.

재미가 있고, 즐거우며, 장난기가 있으면 친밀한 관계에서 일어나는 이러한 경향들에 해독제가 된다. 예를 들면, 더 행복한 결혼생활을 하는 부부는 서로에게 장난기가 섞인 별명을 붙인다. 그리고 갈등을 겪을 때 곧바로 비난을 하기보다는 서로 짓궂은 장난을 하기가 더 수월하다(Keltner et al., 1998). 유머와 웃음이 있으면 심한 갈등을 누그러뜨려서 평화로운 타협을 할 수 있다(Gottman, 1993a, 1993b). 한 가지 실험에서 여러 해 동안 결혼생활을 해 오면서 장난기를 가진 부부들이 결혼생활이 훨씬 만족스럽다고 말했다(Aron, Norman, Aron, McKenna, & Heyman, 2000). 더 행복한 친밀함을 위한 교훈은 장난기를 유지하라는 것이다.

함양해야 할 또 하나의 정서적 경향은 연민을 느끼는 사람(compassionate love)이다. 배우자를 긍정적으로 생각하고 배우자의 결점과 약점도 받아들이는 것이다. 종단적 연구를 보면, 처음부터 서로에게 높은 연민을 느끼는 사랑을 가진 배우자들은 4년 후에 이혼할 가능성이 낮다(Neff & Karney, 2009).

연민을 느끼는 사랑에 더해서, 용서 또한 중요하다. 용서(forgiveness)란 나에게 잘못한 사람에게 대해서 느끼는 감정을 바꾸는 것인데, 복수를 하거나 회피하고 싶은 생각에서 벗어나 한 인간으로서 그 사람에 대해 더 긍정적으로 이해하는 것이다(McCullough, 2000; McCullough, Sandage, & Worthington, 1997; Worthington, 1998). 용서라는 것이 아무 생각 없이 배우자가 저지른 해로운 짓을 잘 덮어 주는 것은 아니다. 해로운 짓을 한 사람을 용서하면 혈압이 내려가고 분노가 줄어든다(Snyder & Heinze, 2005; Witvliet, Ludwig, & Vander Laan, 2001).

Michael McCullough와 동료들은 용서가 어떻게 낭만적 배우자와 가족의 만족 수준에 영향을 주는지 연구하였다(Hoyt, Fincham, McCullough, Maio, & Davila, 2005). 그들은 용서와 관련된 세 가지 차원을 측정하였다. 복수하고자 하는 충동, 배우자를 회피하고픈 욕망, 배우자의 실수에 더 연민을 가진 시각으로 보는 것이다. 그들은 용서가 관계의 만족을 증진시킨다는 것을 발견했다. 예를 들면, 9주간 연구한 것(Tsang, McCullough, & Fincham, 2006)을 보면, 관계에서 최근에 일탈행동으로 고통을 받은 학생들은 전형적인 피해를 호소했다. 부정행위를 당했거나, 모욕을 당했거나, 배척을 당했거나, 사회생활에서 따돌림을 당했다는 것이다. 그런 일들을 빨리 용서한 사람이 몇 주 후에 배우자와 더 가까워지고 헌신하게 되었다.

개별 정서: 연민

가장 우위에 있는 사회적 정서가 있는가? 즉, 모든 종류의 사회적 관계를 더 강건하게 만들어 주는 정서가 있느냐는 것이다. 종교사학자 Karen Armstrong(2006)은 있다고 생각한다. 그녀의 조사에 의하면, 약 2,500년 전에 나타난 종교적 · 윤리적 사고의 위대한 전통이 있다. 그것은 유교, 힌두교, 불교, 도교, 초기 그리스와 유대-기독교적 사고이다. 그녀는 연민이 덕을 실현하는 가장 중요한 정서로 출현했다고 주장한다. 연민은 타인의 복지를 증진시키고자 하는 욕망이 들어 있는 배려하는 감정이다(Goetz et al., 2010). 이 모든 위대한 전통은 연민에 집중하고 있다. Armstrong은 그 모든 전통에서 말하는 경구와 실천은 다른 사람을 배려하라는 것이며, 다른 사람의 복지를 증진시키고, 손해를 끼치지 않으며, 다른 사람으로부터 대접받기 원하는 대로 당신도 다른 사람을 대접하라는 것이다. 연민은 위대한 윤리적 전통들의 기념비이다.

과학적 연구들에서 나온 증거가 이 오래된 지혜를 지지한다. 연민을 느끼는 사람이 모르는 사람들에게서 더 큰 인류애를 느끼며(Oveis et al., 2010), 타인을 덜 책망하고(Condon & DeSteno, 2011), 더 너그러우며 협조적이다(Eisenberg et al., 1989). 이 장에서 배우게 되겠지만, 연민은 낭만적 유대에서부터 이익 경쟁을 하는 국가 간에서도 건강한 관계를 가지는 데 필수적 요소이다. 아마도 이러한 이유로 많은 명상과 기도 수행이 연민을 고양시키는 데 집중하는 것 같으며, 연민을 가장 사회적인 정서로 간주한다.

우정에서의 정서

사람들은 자주 일생에 걸친 친구나 목전의 친구에게서 깊은 사랑을 느낀다. 영장류에게 우정을 찾기 힘들지만, 우리 인간에게는 우정이 사회생활의 중심에 있다. 우정은 인간 사회의 소속감을 기반으로 하고 있는데, 우정으로 말미암아 혼자서는 성취할 수 없는 일들을 협동으로 해낼 수 있다. 대부분의 사람은 아주 친밀한 6~7명의 친구 네트워크를 가지고 있으며, 더 넓은 네트워크 안에서는 연결되는 모든 사람으로부터 지지를 받고 있다고 느낀다. 아이들은 우정으로 말미암아 자기들 세대의 도덕과 가치를 배운다(종종 부모는 그것을 유감스럽게 생각한다). 젊은이들은 우정으로써 가족 문제나 연애의 어려움을 해결한다.

진화적 관점에서 보면, 우정은 수수께끼 같은 것이다. 우정은 친족이 아닌 사람들 사이의 협동이다. 진화적으로 보면 우정은 한 사람이 다른 사람에게 자원을 제공하는 것이지만, 그 제공자의 유전자에는 어떤 유익도 없다는 점에서 문제가 있어 보인다. 이런 수수께끼에 대한 답을 얻기 위해서 Trivers(1971)는 우정의 근간에 대한 영향력 있는 분석을 해서 상호성(reciprocity)과 감사(gratitude)에 주안점을 두게 된다. 그는 우정과 같은 협동적 동맹은 인간 진화에서 출현하였는데, 서로 필요한 것을 주면서 보살펴 준다는 점에서 당면한 삶을 살아가는 데 더욱 성공적이 되었다고 주장한다. 이런 분석을 해 나가면서 Randolph Nesse, Phoebe Ellsworth(1990, 2008)는 사랑과 감사와 같은 정서가 친구 사이의 협동과 협농심을 속신시켰나고 한다. 이러한 생각에 따라 수행한 과학적 연구들은 감사, 공감, 흉내 내기, 사회적 지지를 느끼는 것의 광범위한 혜택에 초점을 맞추어 왔다.

감사

Adam Smith(1759)는 영국의 산업혁명 때에 나타난 새로운 산업들을 조사할 때 같이 일하는 사람들 사이에서 보이는 엄청난 협동에 감명을 받았다. 그는 감사가 공동의 목표를 같이하는 사람들을 묶어 주는 감정이라고 주장했다. 더 최근에 Michael McCullough, Robert Emmons 등(2001)은 감사가 친족이 아닌 사람들 사이에서 협동적 사회생활을 하기 위한 접착제라고 주장했다. 감사는 도덕적 정서이다. 어떻게 그럴 수 있는가? 첫째, 감사는 측정기처럼 작동한다. 감사로 어떤 친구가 너그럽고, 어떤 친구는 그렇지 못하다는 것을 알 수 있다. 감사는 마치 인간이 아닌 영장류의 상호 간 털 다듬기 같은 것이다. 감사에 대한 우리의 느낌은 친족이 아닌 협조자에게로 향한다.

둘째, 감사는 이타적 행동과 다정한 행동을 할 동기를 불러일으킨다. 감사는 너그러움을 낳고, 호의를 낳으며, 감사를 나타내는 것은 친구들 사이의 장기간에 걸친 헌신에 결정적으로 중요한 것이다. David DeSteno와 동료들(Bartlett & DeSteno, 2006; DeSteno et al., 2010)은 실험 모의자가 돌연히 실험 참가자들의 컴퓨터 문제를 해결해 주도록 만든 실험을 하였다. 그렇게 너그러운 도움을 받은 실험 참가자들이 감사함을 느끼면, 그들은 모르는 사람들을 위해서 자신의 시간과 자원을 더 너그럽게 할애해 주었다([그림 9-3] 참조). 감사는 친사회적 행동의 강력한 결정인자이다.

McCullough와 Emmons는 언어적이든 비언어적이든 감사를 표시하는 것은 보상으로 작용한다고 생각한다. 감사의 표시는 다정함과 협조적 행동을 강화한다. 감사해서 주는 선물, 단

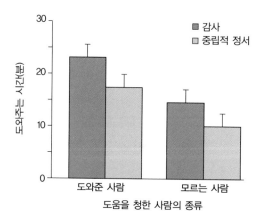

[그림 9-3] 감사를 느낄 때, 사람들은 그들을 도와준 사람과 모르는 사람 모두를 도와주는 데 더 많은 시간을 할애했다.

출처: Bartlett & DeSteno (2006).

순히 고맙다고 말하는 것, 더 정교하게 감사를 표하는 것 모두 너그러움에 보상을 주는 것이며, 차후에 협조적 행동을 더 많이 불러일으킨다. 감사의 표시로 다른 사람과 신체접촉을 하는 것은 본질적으로 보상적이며, 친족이 아닌 사이에서도 협조행동을 증가시킨다는 것을 농구팀에서 선수들 사이의 관계를 연구한 Michael Kraus의 연구에서도 발견했다(제4장 참조). Sara Algoe와 동료들은 감사가 우정을 증가시키는 방식을 탐구해서, 감사 표시를 하면 장기간에 걸쳐서 집단 내 사람들을 더 가깝게 만들 수 있다는 것을 알았다(Algoe, Haidt, & Gable, 2008).

흉내 내기

인간은 모방하는 종이다(Hatfield, Cacioppo, & Rapson, 1994). 사람들은 서로의 얼굴표정, 자세와 동작, 목소리 톤, 걸음걸이를 모방한다. 여러 실험에서 실험 참가자들은 사진에 나오는 미소를 무의식적으로 모방하는데, 그 사진이 너무 순간적으로 보여서 무엇을 보았는지 모를 때에도 그렇게 한다(Dimberg & Ohman, 1996). 우리는 다른 사람들의 정서를 특히 쉽게 모방한다. 단지 다른 사람이 웃는 소리만 들어도 웃게 된다(Provine, 1992). 만일 친구가 당혹스러운 상황을 만나서 얼굴이 빨갛게 되면 우리의 뺨도 붉어진다(Shearn, Bergman, Hill, Abel, & Hinds, 1992).

정서적 흉내 내기는 우정의 중심적 구성요소이다. 유사하다고 느끼는 것은 우정을 만드는 기본적 추동력이다. 우리는 우리와 태도, 취향, 믿음 등을 공유하는 사람을 더 가깝게 느낀다. 우리가 비슷한 사람들과 상호작용할 때 종종 더 만족스럽게 느끼고, 오래 지속되는 우정을 발전시킬 가능성이 높다. 정서적 흉내 내기는 친구들이 공통적 기반을 갖고 더 가까워지는 기본적 방식이다.

웃음을 생각해 보자. Jo-Anne Bachorowski는 여러 해 동안 웃음에 대해서 집중적으로 연구하였는데, 여러 가지 웃음의 리듬, 음고, 음의 변동성과 같은 청각적 프로파일을 분석하였다(Bachorowski & Owren, 2001). 그녀는 여러 가지 웃음을 분류했다. 씩씩대는 웃음(hiss), 코웃음(snort), 껄껄거리는 웃음(guffaw), 허허거리는 웃음(Chuckle), 배에서 나오는 큰 웃음(belly laugh) 등을 매일 마주친다. 그녀는 웃음에 놀라울 정도로 성차가 있다는 것을 알았다. 남성이 여성보다 꿀꿀대는 웃음(grunt)을 훨씬 많이 보인다. 그녀와 Moria Smoski가 수행한 우정과 관련된 연구에서는 친구끼리의 웃음과 모르는 사람끼리의 웃음을 조사했다. 그들이 재미있는 과제를 할 때는 친구 사이인 경우에는 거의 즉시적으로 서로 웃음을 흉내 냈지만, 모르는 사람끼리는 그렇게 하지 않았다(Smoski & Bachorowski, 2003). 이 결과가 의미하는 바는, 친구 사이에서는 서로가 즐겁다는 신호를 빠르게 모방해서 그 기쁨과 유머와 놀이의 관점을 즐긴다는 것이다.

정서적 흉내 내기가 실제로 사람들이 친구로 발전할 기회를 증가시키는가? 사람들은 흉내 내기를 증가시키기 위해서 할 수 있는 모든 의식적 행동을 다 하는데, 그런 것들에는 춤을 추고, 박자를 맞추어서 박수를 치는 것 등이 있다. 그 결과로 우정이 더 크게 형성되고 그렇지 않았다면 적이 되었을 사람들이 더 큰 협조를 하게 된다. 이런 가설에 대해서 창의적으로 검사한 것을 보자. Piercarlo Valdesolo와 David DeSteno(2011)는 실험 참가자들과 실험 모의자들을 마주 보게 않고 이어폰으로 리듬이 있는 음정을 듣게 했다. 실험 참가자들과 실험 모의자들은 동일한 음정을 듣고서 손가락으로 두드리기를 동일하게 함께 하거나, 각자 다른 음정을 듣고서 손가락 두드리기를 각자 다르게 하도록 했다. 손가락 두드리기를 동일하게 함께 한 경우에 실험 참가자들은 실험 모의자들을 더욱 친구처럼 느꼈다. 이 경우에 실험 참가자들은 자신들이 실험 모의자와 더 닮았다고 느꼈으며, 더 높은 수준의 연민을 느꼈고, 나중에 실험 모의자들이 길고 지루한 과제를 할 때 그것을 잘 마칠 수 있도록 더 많이 도와주었다. 신체적 흉내 내기는 상대방을 더 가깝게 느껴서 친구가 될 가능성을 높여 주었다.

이 실험을 보완한 결과를 보면, Cameron Anderson과 동료들은 정서적 흉내 내기가 친밀한 우정을 쌓도록 도와준다는 것을 발견했다(Anderson, Keltner, & John, 2003). 한 연구에서 그들은 실험 참가자들이 새로운 룸메이트와 함께 가을과 봄에 실험실을 방문하도록 하고, 매번 방문했을 때 유머러스한 동영상이나 불편한 동영상 같은 마음을 흔드는 자극을 보여 주면서 그들의 정서반응을 관찰했다. 친구로서 서로 흉내 내는 경향을 보일수록 (무선적으로 할당된 두 사람과 비교해서) 그 룸메이트들의 정서는 그해 내내 더욱 비슷해졌다. 더욱이 이런 정서적 흉내 내기가 친구 사이를 더욱 가깝게 만든다는 예측을 할 수 있었다.

사회적 지지

좋은 친구들과 정서적으로 강한 연결을 가지고 있으면 사회적 지지를 받는다는 것을 느낀다. 그것은 도움이 필요할 때 좋은 친구들로 둘러싸여 있다는 강한 느낌을 받는 것으로 확인된다. 〈표 9-1〉에는 광범위하게 사용되는 사회적 지지의 측정도구가 있다. 이 측정도구에서 명백해진 것처럼, 친구들은 우정으로 기쁨과 웃음을 선사할 뿐만 아니라 앞 절에서 보았듯이 친구들과 강한 네트워크를 가지고 있으면 힘든 시간에 복잡한 정서를 함께할 수 있는 사람들이 있음도 알게 된다.

강한 사회적 지지는 사람들의 정서적 삶에 큰 영향을 미친다. 제13장에서 보겠지만, 사회적 지지는 정서적 붕괴를 막아 주며, 신체적 건강에도 유익하다. 잘 증명된 효과는 사회적 지지가 스트레스와 불안을 줄여 주며, 힘들고 어려운 시간 동안의 불확실성도 줄여 준다는 것이다. 높은 사회적 지지를 가지고 있는 사람들은 코르티솔 기저 수준도 더 낮은데, 제5장에서 배웠듯이 그것은 좋은 친구를 많이 가지고 있으면 싸움-도주 반응에서 활성화되는 시상하부-뇌하수체(HPA) 축을 진정시킨다는 것을 시사한다(Kiecolt-Glaser & Glaser, 1999). Shelley Tylor 등(2008)은 동일한 차원에서 사회적 지지는 가장 강력한 불안 촉발자 중의 하나인 공개 연설에 직면해서도 코르티솔 반응을 감소시킨다는 것을 발견했다. 스트레스를 주는 상황에서도 친구들이 있으면 스트레스 관련 생리적 변화가 줄어든다. 한 창의적 연구에서는 여성들이 친구가 한 사람 있거나 또는 혼자인 상황에서 도전적 과제를 해야만 하도록 했다. 그들은 친구가 한 사람이라도 있는 경우에는 그 도전적 과제를 할 때 스트레스 관련 심혈관계 반응을 덜 보였다(Kamarack, Manuch, & Jennings, 1990). 다른 여러 연구에서도 〈표 9-1〉에 있는 것과 같은 잣대로 평가해 볼 때 좋은 친구들의 네트워크가 있는 경우에는 여러모로 도움을 받는다는 것을 보여 주었다. 캘리포니아주 앨러미다 카운티에서 수행한 한 연구를 보면, 다른 사람과 좋은 관계를 적게 가진 사람들이 9년 후에 사망할 확률이 1.9~3.1배나 높았다(Berkman & Syme, 1979).

〈표 9-1〉 사회적 지지 측정도구

1. 내가 필요로 할 때 내 곁에 있어 줄 특별한 사람이 있다.
2. 내가 기쁨이나 슬픔을 함께할 수 있는 특별한 사람이 있다.
3. 나의 가족은 진실로 나를 도와주려고 한다.
4. 나의 가족으로부터 필요로 하는 정서적 도움과 지지를 받는다.
5. 나는 진실로 위안을 받을 수 있는 특별한 사람이 있다.
6. 내 친구들은 정말 나를 도와주려고 한다.
7. 일이 잘못될 때 나는 친구들에게 의지할 수 있다.
8. 나의 문제들을 내 가족에게 이야기할 수 있다.
9. 내가 기쁨이나 슬픔을 함께할 수 있는 친구들이 있다.
10. 나의 삶에서 내 감정을 보살펴 줄 특별한 사람이 있다.
11. 나의 가족은 내가 어떤 결정을 할 수 있도록 기꺼이 도와준다.
12. 나의 문제들에 대해서 친구들과 이야기할 수 있다.

출처: Zimet, Dalhem, Zimet, & Farley (1988).

계급적 관계에서의 정서

영국의 철학자 Bertrand Russell이 1938년에 권력에 관해서 쓴 책에서 다음과 같이 말하고 있다.

사회과학에서 근본적 개념은 권력(Power)이다. 그것은 물리학에서 근본적 개념이 에너지인 것에 해당한다. …… 사회역학의 법칙들은 오직 권력의 견지에서 서술될 수 있다(p. 10).

많은 개인주의적 서양 국가에서 사람들은 대부분의 관계에서 권력 차이는 명확하게 작동하지 않는다고 믿는다. 그러나 Russell은 완전히 다르게 주장한다. 그는 모든 사회적 관계, 즉 운동장에서 노는 아이들, 낭만적 파트너들, 형제자매들, 부모들과 아이들 모두는 권력의 차이로 파악될 수 있다고 했다. 권력은 추동력으로서, 제2장에서는 주장(assertion)이라고 부르면서 영향력을 획득하고픈 욕망이라고 했다. 권력은 모든 관계의 일부분이며, 가장 사회적 관계에 해당하는 부분일 것이다.

주장적인 힘이 정서에 어떻게 영향을 미치는지 물어보지 않을 수 없는데, Stephanie Shields는 그녀의 '정서정치학(emotion politics)'이라는 개념에서 이 질문에 대해 넓은 의미의 대답을 내놓고 있다. 그것은 사람들이 정서를 경험하고, 표현하고, 개념화하는 과정이며, 그에 따라 그들 자신의 지위와 다른 사람들의 지위를 정의한다는 것이다(Shields, 2005). 지위(status)는 때로는 등급(rank)이라고 불리는데, 계급(hierarchy) 내에서 한 사람이 차지할 수 있는 수준을 의미한다. 제2장에서 설명했듯이, 계급은 어떤 포유류에서나 볼 수 있다. 계급은 자원을 편중되게 배분하기 위한 방법으로 진화해 왔다. 정서정치학에서 이야기하는 것을 바탕으로, 우리가 계급 내에서 지위와 협상을 신호하기 위해서 정서에 의존하는 방식을 살펴볼 것이다.

정서표시와 사회적 등급의 협상

계급 내에서 등급을 두고 갈등을 벌이는 것은 엄청나게 중요하다. 침팬지부터 먼 바다에 사는 일각고래에 이르기까지 많은 종에서, 지위 갈등은 격렬하고, 많은 대가를 치르게 된다. 사람들도 마찬가지인데, 특히 젊은 남성들끼리 사회적 계급을 다툴 때 그러하다. 예를 들면, Napoleon Chagnon은 베네수엘라 남부와 브라질 북부의 밀림에 사는 야노마뫼(Yanomamö)라는 집단을 현장에 가서 연구하였는데, 젊은이들이 결투를 하면서 상대방의 머리를 차례로 가격하여 그들이 얼마나 난폭한지 보여 준다는 것을 관찰하였다(Chagnon, 1968).

지위 경쟁이 많은 대가를 치러야 하기 때문에, 인간 이외의 많은 종은 계급 내에서 자신들의 위치를 협상하고 확보하기 위해서 비언어적인 표시를 이용한다. 유인원들은 가슴을 두드리고, 개구리들은 크게 개골개골하고, 수사슴들은 몇 시간 동안이나 으르렁대고, 침팬지들은 송곳니를 드러내며, 사슴들은 뿔을 얽어 댄다. 이런 종류의 의식적 표시들로써 집단 구성원들은 서로 직접 싸우는 것보다 대가를 더 치르는 방식으로 누가 권력을 가지고 있으며 누가 권력이 없는지를 정한다. 사람들 또한 정서표시를 하여서 계급 내의 자기 위치를 협상한다.

예를 들면, 분노는 명백하게 높은 권력을 나타내는 정서이다. 분노 뒤에는 물리력과 기운이 뒷받침하고 있다. 분노를 표현함으로써 집단 내에서 권력을 획득한다. 사람들은 분노를 나타내는 사람에게 높은 지위와 권력을 부여한다(Knutson, 1996). 사람들은 큰 권력을 가진 사람이 어려움에 처하면 분노한다고 생각한다(Tiedens, 2000; Tiedens, Ellsworth, & Mesquita, 2000). Larissa Tiedens는 사람들이 다른 정서가 아닌 분노를 표시하는 지도자에게 더 큰 권력을 부여한다는 것을 발견했다(Tiedens, 2001).

많은 사람은 분노가 파괴적이라고 생각한다. 물론 그럴 수 있다. 하지만 Averill(1982)의 일기연구들을 보면 대부분의 사람은 일주일에 2~3회 분노를 터뜨리며 주로 잘 알고 좋아하는 사람 사이에서 분노가 일어난다고 하는데, 부모와 아이, 친구, 연인 사이에서 일어난다. 분노는 전형적으로 부당하게 대우받았다고 생각할 때, 즉 어떤 사람이 지위 또는 자아에 손상을 입었다고 생각할 때 일어난다. 그 사람은 다른 사람과 맞설 때 권한을 느끼게 되며, 분노의 통상적 기능은 관계에서 무엇인가를 다시 설정하는 것이다.

또 다른 권력과 관련된 정서는 자존심이다. 자존심은 지배적 행동으로 나타나는데, 제4장에서 이야기했듯이 두 손을 허리에 대고 가슴을 크게 벌리며, 턱을 앞으로 내밀며 고개를 곧추세우는 자세이다. 자존심을 느끼면 지위가 더 상승하는가? Williams와 DeSteno(2009)는 사람들이 많은 사람과 상호작용하기 전에 자존심을 느끼도록 했다. 다른 사람들은 자존심을 느낀 사람들을 더 영향력이 큰 사람이라고 판단했다. 그래서 그 집단에서 사회적 등급이 상승했다.

분노와 자존심의 반대편에 있는 낮은 권력을 나타내는 정서가 있는가? 한 가지 후보는 당혹감이다. 실험연구에서 사람들은 당혹감을 표시한 사람이 지위가 낮고 신체적으로 왜소하다고 판단했다(Ketelaar, 2005). 분노와 자존심이 집단에서 권력을 표시하며 그 사람이 높은 지위를 얻을 수 있게 하는 것과 유사하게, 당혹감은 굴종을 표시한다.

그러므로 우리가 잠깐 동안 정서를 표현하는 것은 계급 내에서 새로운 권력과 지위를 차지하는 방법이다. 대립, 두뇌싸움, 짓궂게 놀리기(teasing), 농담으로 티격태격하기(banter) 등의 높은 정서 교류는 집단 구성원들 사이에서 정서표시를 통해서 지위 차이를 타협하는 행위이

〈표 9-2〉 남성 사교클럽 회원 네 명에게서 나타나는 짓궂게 놀리기

	높은 영향력(HP)		낮은 영향력(LP)	
	LP를 놀림	LP에게 놀림을 당함	HP를 놀림	HP에게 놀림을 당함
기쁜 미소*	83.3	95.8	56.5	95.8
분노 표정	8.3	25.0	0.0	0.0
경멸 표정	4.2	16.7	0.0	0.0
공포 표정	0.0	0.0	16.7	8.3
고통 표정	4.2	4.2	12.3	25.0

주: 네 명으로 구성된 남성 사교그룹에서 높은 영향력(High Power: HP)을 가진 회원과 낮은 영향력(Low Power: LP)을 가진 회원들
　이 서로를 짓궂게 놀린다. 높은 영향력을 가진 회원들은 즐겁게 미소 지으며, 낮은 영향력을 가진 회원이 도전을 해 올 때는 분노
　와 경멸의 표정을 짓는다. 반면에 낮은 영향력을 가진 회원들은 공포와 고통의 표정을 짓는다.
*기쁜 미소(Duchenne smile)는 대관골근(zygomatic major muscle)의 활동이 관여하는 미소이다. 입꼬리가 올라가며, 안륜근
　(orbicularis oculi muscle)도 활동을 하는데, 이것은 정적 정서경험과 밀접히 관련되어 있다.

다. 그런 것들 중에 하나는 사람들이 사회적 지위를 협상하기 위해서 사용하는 정서로서, 때
로는 유희로 또는 파괴적으로 짓궂게 놀리는 것이다(Keltner et al., 2001). 예를 들면, 한 연구
에서 남성 사교클럽의 회원들이 두 명은 영향력이 낮은 사람, 다른 두 명은 영향력이 높은 사
람들로 네 명을 만들어서 서로 간에 별명을 만들어서 부르고, 서로를 당혹스럽게 하는 이야
기를 하도록 했다(Keltner et al., 1998). 각자의 권력은 그 남성 사교클럽에서의 지위를 근거로
판단했다. 〈표 9-2〉에서 보듯이, 높은 영향력을 가진 회원들은 기쁜 미소, 분노, 경멸과 같은
정서를 나타냈는데, 그런 것들은 높은 권력과 연관된 것이다. 반면에 영향력이 낮은 회원들은
공포, 고통과 같은 굴종적 정서들을 나타냈다(또한 Öhman, 1986 참조). 그들의 짓궂게 놀리기
와 농담으로 티격태격하기에 나타난 미묘한 정서표시들은 상대편보다 자신의 사회적 등급이
높은지 낮은지를 나타내었다.

권력과 정서

우리는 지금까지 우리의 정서표시와 경험으로 사회계층 내에서 우리의 등급을 이동시켜 왔
다는 것을 배웠다. 이제 권력-정서 등식의 다른 면을 보도록 하자. 그리고 사회적 맥락 안에
서 우리가 경험하는 권력이 우리의 정서 경향성에 어떤 영향을 주는지 알아보자. 우리는 인간
과 인간 이외의 동물들에 대한 연구들에서 계급 내의 등급이 낮을 경우 개체들은 온갖 종류의
위협에 직면하고, 불안해하고, 항상 주위를 살피며, 다른 개체의 행동을 경계한다는 것을 알

았다(Keltner, Gruenfeld, & Anderson, 2003). 반면에 높은 지위를 가진 개체는 자원을 더 많이 확보하고, 자유를 즐기며, 다른 개체로부터 자유롭다는 것도 배웠다. 이런 차이는 등급이 높은 경우나 낮은 경우 모두에서 개체들의 정서생활에 심대한 영향을 미치는 것이 확실하다.

이러한 분석과 일치하게, 자기주장, 다시 말해서 권력은 사람들이 매 순간 느끼는 여러 정서에 막대한 영향을 준다는 것이 밝혀져 왔다. 권력이 높은 보상과 자유와 관련되어 있으므로, 낮은 권력을 가진 사람들과는 달리 높은 권력을 가진 사람들은 훨씬 긍정적인 정서를 경험하는 경향이 있다(Hecht & LaFrance, 1998). 반대로, 낮은 권력에 처한 사람들은 사회적 상황에서 잠재적 위협에 익숙해져서 슬픔, 수치심, 죄책감, 불안과 같은 부정적 정서들을 더 많이 경험한다(Hecht, Inderbitzen, & Bukowski, 1998; Tiedens et al., 2000).

권력은 한 사람이 다른 사람들의 정서에 반응하는 방식에 영향을 준다. 높은 권력을 가진 사람들은 다른 사람들에게서 별로 영향을 받지 않으며, 낮은 권력을 가진 사람들은 다른 사람들의 정서를 조심스럽게 살피는 경향이 있다. 그래서 정서 판단 정확도에 차이가 생길 수 있다. 이러한 주제와 일치하게, Galinsky, Magee, Inesi, Gruenfeld(2006)는 실험 참가자들에게 권력을 가지고 있을 때를 회상하게 하면 보여 준 사진에 나타난 얼굴의 정서를 덜 정확하게 판단한다는 것을 발견했고, van Kleef, De Dreu, Pietroni, Manstead(2006)는 높은 권력을 가지고 있는 사람들이 다른 사람들의 정서에 민감하지 않다는 것을 발견했다. Anderson 등(2003)은 낮은 권력을 가진 사람들이 친구들의 정서를 더 잘 따라 한다는 것을 발견했는데, 그 역방향은 그렇지 않았다.

두 명의 낯선 사람이 서로 대화하는 것을 연구해서 알아낸 것을 보면, Gerben van Kleef와 동료들은 높은 권력을 가진 사람은 상대방이 스트레스를 많이 받는 경험을 토로해도 연민의 감정이 저하한다는 것을 알아내었다(van Kleef, Oveis, van der Löwe, LuoKogan, Goetz, & Keltner, 2008). 사람들이 높은 권력이 보이는 사회적 단절을 이야기할 때, 그런 현상은 높은 권력을 가진 사람들이 다른 사람들의 정서에 주의를 기울이지 않는다는 것을 관찰하고서 하는 이야기이다.

사회계층과 정서

많은 사람이 출처가 불명확한 대화라고 하지만, 작가 F. Scott Fitzgerald는 동료인 Ernest Hemingway에게 이렇게 말했다. "부자들은 너와 나하고는 달라." Hemingway는 짤막하게 대답했다. "그래, 그 사람들은 돈이 더 많지."

사회과학자들은 부자와 빈자를 사회계층(social class)이라는 견지에서 연구하는데, 그것은 부, 교육, 일과 관련된 특권을 의미하는 것으로서 특정 사회에서 개인이 누리는 것이다(Adler et al., 1994). 사람들은 그들 자신과 다른 사람들의 사회계층을 부자와 빈자, 노동계층과 부르주아, 또는 1% 대 99%라는 견지에서 생각한다. 학자들은 종종 계층 배경에 따라 사람들이 다른 삶을 사는 것을 어떤 이웃과 사는지, 어떤 학교에 다니는지, 어떤 클럽에 속해 있는지, 어떤 음식을 먹는지, 어떤 취미를 즐기는지 등으로 구분하여 저술한다. 사회계층은 개인의 사회적 정체성의 강력하고도 전반적인 부분이다.

여기서 우리는 계층이 개인의 정서적 삶에 영향을 미치는지 살펴보자. 이 질문에 대한 대답은 사회계층이 등급에 대한 생각, 지위 고하에 대한 생각, 누가 영향력을 가지고 있느냐 등의 인식에서 시작된다는 것이다(Adler et al., 1994). 권력을 가진 사람이 꼭 상류계층에서 나오는 것은 아니다. 상류계층 사람들이 꼭 권력을 휘두르는 것도 아니다. 그러나 사회계층이 등급의 고저를 나타낸다는 사실로부터 부자와 빈자의 정서적 삶에 심대한 차이가 있다는 것을 이해하는 데 도움을 받을 수 있다. 사회계층이 개인들의 정서적 삶을 규정한다는 것은 권력이 정서에 유사하게 영향을 미치는 방식을 통해서 알 수 있다(Kraus, Piff, & Keltner, 2011).

이러한 논의와 일치하게, 낮은 계층에 속한 사람들은 불안과 같은 위협 관련 정서를 일으키는 상황에 반응하는 경향이 있다. 예를 들면, 아동들과 성인들을 대상으로 수행한 연구들에서 낮은 계층에 속한 사람들은 애매하고 사회적 불안을 야기하는 시나리오를 읽으면 더 큰 불안을 보고했는데, 그들의 심박률과 혈압도 더 높았다. 그리고 높은 계층에 속한 사람들과 비교해서 하루 전체에 걸쳐서 일어나는 코르티솔 수준의 감소 경향도 더 작았다(예: Chen & Matthews, 2001; Hajat et al., 2010). 안타까운 일이지만, 사회에서 낮은 계층에 처하게 되면 위협, 불안 및 스트레스 관련 생리적 변화를 더 자주 그리고 크게 겪었다.

그러한 사람들은 다른 사람들의 정서를 더 경계심을 가지고 살피기 때문에, 우리도 알다시피 낮은 계층에 처한 사람들은 다른 사람들의 정서를 더 잘 판단한다. 이 가정은 여러 연구에 의해 지지되었다. 예를 들면, 낮은 계층의 배경을 가지고 있는 사람들이나 실험적으로 다른 사람들보다 열악한 처지에 있다고 생각하게 만든 사람들은 얼굴표정이 들어 있는 사진을 보고 정서를 더 잘 알아맞혔다(Kraus, Côté, & Keltner, 2010). 낮은 계층에 속한 사람들은 높은 계층에 속한 사람들보다 그들의 친구의 부정적 정서를 더 잘 알아맞혔다(Kraus, 2011).

권력관계에서 그랬듯이, 이러한 계층 관련 차이에서도 낮은 계층에 속한 사람들은 다른 사람들의 정서에 공감적으로 반응하는 데 반해서 높은 계층에 속한 사람들은 그렇지 않았다. Michael Kraus와 동료들이 수행한 우정에 관한 연구를 하나 보면, 여러 가지 상호작용의 추이에서 낮은 계층의 친구는 높은 계층의 친구의 정서를 닮아 가지만, 높은 계층의 친구가 낮은 계층의 친구에게 반응할 때 공감적 반응 형태는 찾아볼 수 없었다(Kraus et al., 2011). 낮은 계층에 속한 사람들은 다른 사람들이 고통받는 것을 보면 자기보고와 심박률 감소와 같은 자율신경계 반응에서 더 큰 연민을 보였다(Stellar, Manzo, Kraus, & Keltner, 2011).

집단 내 정서와 집단 간 정서

사람들은 집단에 속해 있다. 우리는 남성 아니면 여성이고, 가족 구성원이고, 이런저런 국적을 가지고 있으며, 어떤 종교 집단의 구성원이거나 비종교인이라고 생각하는 사람들 중의 일원이다. 우리는 속해 있는 집단, 즉 내집단(in-group)의 일원으로서 정서적으로 밀접히 연결되어 있으며 유사하다고 느낀다. 한편, 다른 집단과 우리 집단의 차이를 극대화하거나 과장한다(Sherif & Sherif, 1953). 많은 집단은 구성원들 사이의 유사성을 높이기 위해서 노력하는데, 예를 들면 옷, 의식, 신념체계를 같이하며, 순응 수준을 높이기 위해서 때로는 공포나 다른 형태의 정서적 압력을 사용한다. 동시에 많은 집단은 외집단(out-group)의 구성원들에게 독특한 반응을 보인다.

집단 구성원으로서의 자격은 우리에게 매우 중요하다. 제1장에서 소개한 대로, 집단은 세 가지의 기본적인 사회적 동기를 실현하는 무대이다. 그것을 이 장에서 더 자세히 논하겠다. 첫째, 집단은 애착의 초점이다. 사람들을 만나는 곳이고, 피난처이며, 안전 기지이다. 둘째, 집단은 협조를 위한 소속감 동기에 근거를 두고 있다. 집단은 협조 네트워크이다. 셋째, 집단은 높은 지위에 있다는 것이 지도력을 가지고 있다는 것을 의미하며, 각자는 자기 위치가 있는, 권리 행사의 계급으로 조직화되어 있다. 집단에는 정해진 역할이 있고, 정체성이 있고, 타인과의 관계에서 지도력에 관한 체제가 있고, 연결되어 있다는 느낌과 사람들에 대한 너그러움이 있으며, 단순한 이기심을 넘어선 중요한 목적의식이 있다. 이 장의 앞부분에서 언급했듯이, 우리 인류의 가장 큰 강점은 너그러움과 따뜻함의 정서들이다.

집단 내에 소속감 정서의 이면에는 집단 간 갈등이 있다. 외집단과의 많은 갈등은 유해하지 않으며, 경쟁이라는 형태로 의식화되어 있다 그것은 계급을 두고 개인 간에 경쟁하는 것과 크게 다르지 않다. 집단 간 경쟁은 삶에서 가치가 있는 것이다. 우리 축구팀이 이기면 기뻐하고, 자신의 대학 팀이 이기는 것을 좋아하며, 우리 회사가 성과가 좋거나 올림픽에서 자기 나라 사람이 메달을 따면 자긍심을 느낀다.

하지만 어떤 집단 간 갈등은 난폭해지는데, 이런 잠재적 가능성이야말로 우리 인류의 가장 파괴적인 좋지 못한 성향이다. 외집단에 속한 사람들에게 난폭하게 대하는 것은 우리 천성에 깊이 새겨져 있다.

소설과 영화: 『해리 포터와 마법사의 돌』

J. K. Rowling의 『해리 포터와 마법사의 돌(Harry Potter and the Philosopher's Stone)』에서 우리는 젊은 마법사 Harry를 만난다. 사악한 Voldemort 경은 Harry의 부모를 살해하고 Harry를 죽이려고 하다가 사라지는데, 그 와중에 Harry의 앞이마에 깊은 상처를 남긴다. 이제 Harry는 안전을 위해서 마법을 부릴 수 없는 보통 친척들과 같이 있게 되는데, 그들은 Harry를 잘 대해 주지 않는다. 11세가 되었을 때, Harry는 Voldemort로부터 탈출한 것 때문에 마법사들 사이에서 유명해졌다는 것을 알게 되며, 마법과 묘기를 가르치는 학교인 호그와트에 입학하게 된다. 그곳은 친구들도 있고 적들도 있는 고립된 기숙학교이다.

정서에 관해서 이야기해 보자. Harry는 투명 망토를 뒤집어쓰고 학교 도서관을 뒤져서 에리세드 거울(Mirror of Erised)을 찾는다. Harry는 그 거울을 통해서 그의 부모를 보게 된다. 그는 교장 선생님이 도와주기 전까지 그 장면에 중독된다. Dumbledore 교장 선생님은 사람들이 가장 보고 싶어 하는 것을 그 거울이 보여 주는 것이라고 설명해 준다. 이 책을 읽는 독자들은 이것이 부모님에 대한 Harry의 애착욕구라는 것을 알 것이다.

정서에 관한 주제는 계속된다. Voldemort가 정서를 느낄 때면, Harry의 상처는 근질거린다. 마침내 Harry는 Voldemort와 대결하게 된다. Harry는 병원에 입원하게 되고, Dumbledore는 Harry의 어머니가 희생해서 Harry가 Voldemort의 공격에서 살아났다고 말한다. Voldemort는 그런 사랑을 이해하지 못하였다.

Harry Potter 책에서 정서의 힘을 어떻게 설명할 수 있을까? 애착의 주제와 마찬가지로, 부분적 답은 집단에 대한 동일시에 관한 것이다. 보통 사람들과 마법사들, 우리와 같은 좋은 사람과 대비되는 나쁜 사람들, Voldemort와 같은 완전히 사악한 사람들(이 이야기에서 외집단은 사악하게 묘사된다). Gabriel과 Young(2011)은 사람들에게 『해리 포터와 마법사의 돌』 또는 Stephanie Meyer의 흡혈귀 이야기 『트와일라잇(Twilight)』의 발췌본을 읽도록 한 후에 이런 생각을 조사해 보았다. 독자들에게 마법사와 흡혈귀라는 단어들과 암묵적 연합이 이루어졌는지 검사해 보고, 또 "만일 노력을 엄청나게 많이 하면 마음의 힘만으로 어떤 물체를 움직일 수 있다고 생각합니까?" "당신의 이빨은 얼마나 날카롭습니까?"와 같은 명시적 질문도 해 보았다.

Gabriel과 Young은 Harry Potter 발췌본을 읽은 사람들은 마법사의 성격을 띠며, 『트와일라잇』의 발췌본을 읽은 사람들은 흡혈귀의 특징을 띤다는 것을 발견했다. 독자들이 마법사나 흡혈귀와 동일시하면 좋은 기분을 느끼며, 삶의 만족도 척도에서 높은 점수를 얻었다. 그러한 동일시는 연결되고자 하는 기본적 욕구를 말해 주는 것이다. 그런 것은 사람들로 하여금 어떤 사회집단에 애착함으로써 고독감을 경감시키며 보상적인 심리적 정체성을 가지도록 한다.

분노와 집단 간 갈등

1994년 4월 6일 저녁에, 후투(Hutu)족 출신인 르완다의 대통령 Juvenal Habyarimana가 탄 비행기가 르완다 수도인 키갈리 부근에서 격추되었다. 이 사건으로 다수인 후투족 사이에서 반투치족(anti-Tutsi) 감정이 불타올랐고, 그다음 100일 동안 후투족은 약 80만 명의 투치족과 중도적 후투족을 대량학살했다. UN군은 그 폭력 사태를 방지하려고 하였으나 그렇게 하지 못했다(Dallaire, 2004). 투치족을 향한 후투족의 분노는 종족 학살에 불을 지폈다. 다른 정서들도 끓어올랐다. 예를 들면, 독자 수가 많은 신문과 지방 라디오 방송에서 후투족은 투치족에 대한 선전선동 내용을 들었다. 투치족의 혐오스러운 습관들과 비인간적 성향들을 듣고 후투족이 느낀 경멸심은 동포인 투치족을 향했다. 제14장에서 논의하겠지만, 소수의 존경할 만한 사람들은 그런 어마어마한 정서적 압력을 이겨 낼 수 있었다. 어떤 후투족 여성들은 죽음을 무릅쓰고 투치족 아이들을 돌보아 주었다.

20세기에 민족적 문제로 대량학살을 일으킨 사건들에는 1975~1979년에 캄보디아의 Pol Pot 정권이 저지른 소수민족 살해가 있으며(Kiernan, 2008), 보스니아에서 세르비아 공화국 군대가 저지른 무슬림 대량학살이 있다(Leyesdorff, 2011). 가장 끔찍한 예는 1933년부터 시작된 나치의 프로그램인데, 독일 시민들도 거기에 가담했다. 그 프로그램은 모든 교육과정에 정치 선전을 삽입하고, 라디오와 영화와 같은 대중매체를 통해서도 그렇게 하는 것이었다. 그 과정은 국가에 대한 자긍심을 고취하는 긍정적 정서를 바탕으로 레저활동과 놀이를 하는 기쁨을 포함했는데, 환희역향(Strength Through Joy) 운동이라는 것을 통해서 광범위하게 시행되었다. 또한 그 프로그램은 아는 사람들에게서 비난받게 되는 공포, 투옥의 두려움, 불순응할 때 죽임을 당하는 것, 외집단에 대한 분노에 찬 경멸이라는 부정적 정서를 바탕으로 하고 있다(Evans, 2005, 2008; Larson, 2011). 유대인이 외집단 중에서 표적이 되었고, 나치는 600만 명의 유대인을 살해했는데, 제2차 세계대전의 총 사망자 수는 6,000만~7,000만 명 정도였다.

그러한 끔찍한 사건에 대해서 어떻게 생각해야 하는가? 아마도 가장 중요한 출발점은 Jane Goodall(1986)이 발견한 것일 것이다. 제2장에서 본 것처럼, 큰 집단에 속한 침팬지들은 작은 집단에 속한 침팬지들을 체계적으로 사냥해서 죽였는데, 죽임을 당한 침팬지들은 그 이전에 같은 집단에 속해 있었지만 갈라져 나와서 별도로 살고 있었다. 이것을 보면 인간 사회에서 벌어지는 집단 간 폭력 성향이 영장류의 유산이라는 것이다. 이러한 대량학살로부터 우리는 분노와 폭력 사태를 부르는 정서들에 대해서 숙고해 보지 않을 수 없다. 그런 정서들은 반사회적 동기로부터 유래하며 폭력적 행동을 강력하게 일으킨다.

Leonard Berkowitz(1993)는 폭력행동의 근위 결정인자를 연구하는 데 전념하였다. 그가 내린 결론은 분노가 폭력행동을 폭발시킨다는 것이다. 이 결론은 공격성에 대한 연구에서 나왔다. [그림 9-4]에서 볼 수 있듯이, 신체적 고통 때문에 화가 난 여성은 다른 사람들에게 보상을 덜 주고 처벌은 더 많이 준다. 난폭한 아동과 성인에 대한 연구들을 보면, 폭력행동을 일으키는 사람들은 높은 분노 수준을 보인다(제12장과 제13장 참조). 집단 간 폭력행동에 대해서, Berkowitz는 집단 간 공격성에는 모욕을 주는 것, 창피를 주는 것, 불화, 불평등이 있는데, 그런 사회적 조건들에서 분노를 불러일으키면 폭력행동이 증가한다고 했다.

이 분석에서 더 나아가서 어떤 요인들이 한 집단이 다른 집단에 대해서 분노를 느끼고 더

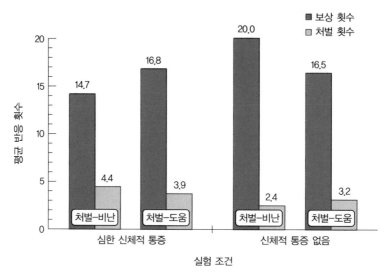

[그림 9-4] 극심한 신체적 통증을 겪고 있는 여성들과 그렇지 않은 여성들이 다른 사람들에게 주는 보상과 처벌의 평균 횟수

출처: Berkowitz et al. (1981).

공격적으로 행동할 가능성을 증가시키는지 알아보자. Diane Mackie, Eliot Smith와 동료들은 그 대답을 제시하고 있다(Mackie et al., 2000; Mackie, Devos, & E. R. Smith, 2000; Mackie & Smith, 2002; E. R. Smith, 1993; 또한 Dumont et al., 2003; Yzerbyt et al., 2003 참조). 그들은 한 집단의 구성원이 자기 집단이 다른 외집단보다 더 강하다고 느낄 때, 그리고 그 집단 구성원이 자기 집단에 대한 동일시를 강하게 할 때 분노가 외집단을 향할 가능성이 더 높다는 것을 발견했다. 실망스럽게도, 분노의 감정이 일단 시작되면 외집단을 향한 편견과 미움이 증가한다(DeSteno et al., 2004).

혐오와 우리 편-반대편 사고방식

두 집단 간의 폭력에는 종종 분노가 연루되지만, 다른 정서들 또한 분노를 촉발한다. 혐오는 두 집단 간에 명백히 유해한 정서이며, 폭력에 불을 붙인다. 예를 들면, 여기 Montezuma 치하의 아즈텍 왕국에서 코르테즈(Cortez)와 스페인 침략자들의 공격성에 대처하려고 황금 공예품과 다른 물품들을 바친 결과에 대한 이야기가 있다.

그 스페인 사람들은 활짝 웃었다. 그들은 즐거웠고 기쁨이 넘쳤다. 그리고 원숭이처럼 그 금붙이를 낚아챘다. …… 그들은 탐욕에 눈이 멀었으며, 금붙이를 갈구했다. …… 그들은 야만인처럼 지껄였으며, 말하는 모든 것이 야만스러웠다.

– Wright (1992), p. 26

그 스페인 사람들은 아즈텍인들을 경멸했으며, 목격자들에 의하면 아즈텍인들은 스페인 사람들의 행동을 혐오스럽게 생각했다. 그것은 흔히 집단이 마주칠 때 나타나는 반응이다. 그 두 집단의 사람들은 서로를 사람이 아닌 동물처럼 행동한다고 여겼다. 이처럼 혐오감을 가지고 다른 집단을 대하는 경향은 집단들 사이에서 폭력성이 증가할 때 공통적으로 나타난다. 갈등을 겪고 있는 집단들은 서로를 혐오스러운 쥐새끼나 해충처럼 여기며 인간으로 취급하지 않는다. 이러한 혐오감은 입법화되는데, 나치 치하에서 반유대인 법이 제정되었으며, 그렇게 되면 집단들은 서로 접촉하지 않으며 폭력상태에 접어든다.

혐오에 대한 초기 연구에서 Paul Rozin과 동료들은 혐오가 비록 원래는 맛에서 유래된 것이지만, 질병에서부터 우리 신체를 보호하기 위한 것으로 확장되었으며, 모든 종류의 오염을 방지하기 위한 것으로, 그리고 우리의 영혼이나 사회적 질서를 해치는 어떤 것이라도 방지하기 위한 것으로 확장되었다고 제안했다(Rozin, Haidt, & McCauley, 2008). 이것이 다른 집단들로 확장된다. 사람들은 다른 집단에 대해서도 혐오를 느낄 수 있고, 그 집단과 접촉하면 자신이 속한 집단이 오염되며 순수성을 잃어버린다는 비이성적인 믿음을 가지게 된다.

이러한 주장에 유도되어, 최근의 연구는 혐오가 외집단을 향한 편견을 갖게 하는 강력한 추진력임을 입증해 왔다. 예를 들면, 높은 강도의 혐오 경향성을 생득적 특성처럼 가지고 있는 사람들은 여러 가지 집단에 대해서 높은 수준의 반감을 가지고 있는데, 특히 동성애 집단에 대해서 혐오를 보인다(Inbar et al., 2009; Tapias et al., 2007). Yoel Inbar와 동료들은 근처에 있는 쓰레기통에 악취를 풍기는 스프레이를 뿌려서 사람들로 하여금 혐오를 느끼게 했다. 혐오스러운 냄새를 맡은 실험 참가자들은 게이들에게 부정적 태도를 보였다(Inbar et al., 출간 중). 혐오감은 편견의 감정을 증폭시키는데, 특히 동성애에 대해서 그러하며, 더 일반적으로는 우리 편-반대편 사고방식을 일으킨다.

히위인간화

우리 편을 좋아하고 반대편은 적대시하는 정서적 선호는 많은 문화에서 볼 수 있다(Brown, 1991). 심지어 사람들을 의미적으로 어떤 차이도 없는 두 집단에 무선 할당해도 자기가 속한 내집단 사람들을 호의적으로 판단하고 대우하며 외집단 사람들을 폄하하게 된다(Tajfel & Turner, 1979). 자신이 속한 집단이 다른 집단보다 더 뛰어나다고 생각하는 경향은 분노, 경멸,

혐오와 같은 여러 가지 정서에 의해서 증폭된다.

내집단을 외집단보다 우대하는 경향성의 한 정서적 측면을 하위인간화(infrahumanization)라고 한다(Cortes, Demoulin, Rodriguez, Rodriguez, & Leyens, 2005). 하위인간화는 내집단 구성원이 외집단 구성원들을 동물처럼 취급하는 경향이다. 즉, 온전한 인간으로 취급하지 않는 것이다. 하위인간화에는 정서가 결정적으로 중요한 역할을 한다. 세계 각지에서 집단의 구성원들은 자기 집단이 다른 집단에 비해서 자긍심이나 동정심 같은 더 복잡하고 세련된 정서를 더잘 느낀다고 여긴다(Cortes et al., 2005). 이런 더 복잡한 정서들은 인간의 인지능력의 독특한 측면이다. 이러한 것들에는 자기에 대한 의식, 다른 사람의 입장을 고려하기, 공감 등이 있는데, 그들의 정체성을 귀중하게 생각하는 가치 공유 집단 구성원들에게 특히 중요하다. 반면에 분노나 혐오와 같은 더 기본적인 정서들의 측면에서는 자신이 속한 집단 구성원들이 다른 집단보다 유사한 수준이라고 생각한다. 갈등이 증폭되는 방식에서 보듯이, 이러한 하위인간화 경향은 외집단 구성원을 향한 폭력이 쉽게 일어나도록 한다.

집단관계를 증진시키는 정서과정

정서들이 쉽게 집단을 분리시키고 폭력을 부르는 것과 비슷하게, 정서과정들 또한 집단 간관계를 증진시킬 수도 있다. 예를 들면, 집단 경계를 넘어서는 우정은 다른 집단에 속한 사람들 사이에 긴장을 고조시키는 부정적 정서들을 낮추는 것으로 알려져 있다(Page-Gould & Mendoza-Denton, 2011).

또한 다른 집단 구성원들을 서로 묶어 주는 연합 프로젝트가 중요하다. 이런 논지를 탐색한 창의적 연구 하나를 보면, Muzafer Sherif와 동료들은 여름 캠프에 참가한 두 집단의 소년들에게 엄청나게 높은 갈등을 겪도록 만들었다. 그 두 집단에 속한 소년들이 강한 결속을 가지도록 하기 위해서 연구자들은 그들을 연합 프로젝트(joint project)에 참여하게 했다. 그런 프로젝트의 한 예로, 연구자들은 캠프에 물 공급을 끊어 버렸다. 그 소년들은 캠프에 물을 공급하는 원거리 파이프에 문제가 있는지 조사해서 그것을 수리해야 했다. 두 집단에 속한 소년들이 협조해야만 그 문제를 해결할 수 있었다. 다른 예로, 그 소년들이 배가 고플 때 연구자들은 도시에 가서 식품을 실어 나르는 트럭의 시동이 걸리지 않게 만들었다. 그 소년들은 줄다리기를 할 때처럼 트럭에 밧줄을 매고 함께 끌어서 시동을 걸어야 했다. 서로에 대한 적대감이 즉시 사라지지는 않았지만, 그렇게 여러 번 협동 작업을 한 후에는 크게 감소했다([그림 9-5] 참조).

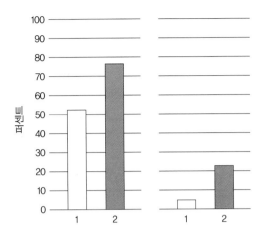

[그림 9-5] Sherif의 연구에서 외집단을 향한 적대감. 왼쪽 히스토그램의 흰색 막대는 집단 1에 속한 소년들이
집단 2에 속한 소년들을 모두 사기꾼, 좀도둑으로 생각하는 비율이며, 색상 막대는 집단 2에 속한 소
년들이 집단 1의 소년들에 대해서 그렇게 생각한 비율이다. 오른쪽 히스토그램의 막대들은 협동 작업
을 해서 화합이 이루어진 후의 비율을 나타낸다.

집단 간 갈등을 해소하는 다른 방법은 우리가 이미 살펴본 대로 친밀한 관계와 가족관계 안
에 있다. 용서(forgiveness)가 바로 그것이다. 용서는 영장류들이 집단의 평화를 유지하기 위해
서 항상 사용해 온 화해 절차에 그 기원을 두고 있다. 우리는 이미 결혼생활과 가족의 친밀한
관계에 용서가 중요하다는 것을 배웠다. 용서가 갈등을 겪고 있는 집단들이 관계를 복원하는
데 주된 기능을 한다는 것은 잘 알려져 있다. 남아프리카공화국의 인종차별 정책인 아파르트
헤이트(apartheid)가 끝난 후에, 진실과 화해 위원회(Truth and Reconciliation Commission)는 백
인 폭력 가해자들과 흑인 희생자들의 용서를 촉진하고자 서로 대면하도록 했다. 공식적이지
는 않았지만, '진실과 화해'를 위해서 르완다의 여러 마을에서 후투족 가해자들이 희생자들의
친척에게 사과를 했다. 그리고 그들이 공공장소에서 분노와 부당함을 소리 높여 말할 수 있도
록 했다. 긴장과 억울함이 여전히 존재하지만, 오늘날 후투족과 투치족 사이의 공격성은 누그
러졌다.

정서지능

우리는 이 장을 Tim Page의 이야기로 시작했다. 그는 음악 비평가인데, 아스퍼거 증후군
때문에 인간관계 문제를 가지고 있다. 우리는 이 장 전체를 통해서 여러 가지 정서를 표현하

고 경험하는 것이 친밀한 관계, 우정, 계급적 관계, 심지어 집단들 사이의 역동에 얼마나 중요한지를 배웠다. 정서는 인간관계의 문법이다.

관계에서 정서의 중요성을 파악할 수 있는 일반적인 개념이 있는가? John Mayer와 Peter Salovey는 그렇다고 한다. 그리고 중요한 이론적 발전을 통해서 정서지능(emotional intelligence)이라는 개념을 만들었다(Salovey & Mayer, 1990). 그들은 사람들이 언어적 · 계량적 · 분석적 · 예술적 지능에서 서로 다르듯이, 정서지능에서도 서로 다르다고 주장한다.

Salovey와 Mayer는 정서지능이 네 가지 기술로 이루어져 있다고 주장한다. 첫째, 정서지능에는 다른 사람의 정서를 정확하게 지각하는 능력이 포함되는데, 이는 다른 사람의 얼굴표정, 음성, 자세, 제스처 등을 자세히 읽는 능력이다. 그런데 권력이 정서에 미치는 영향을 살펴볼 때 높은 권력을 가지고 있으면 정서지능의 이 첫 번째 요소에 문제가 생긴다. 둘째, 정서지능에는 자기 자신의 정서를 이해하는 능력이 포함된다. 이 기술은 특정 뇌 손상을 입으면 손상된다(제6장 참조). 셋째, 정서지능에는 결정을 내리기 위해서 지금 현재의 느낌을 이용하는 능력이 포함된다(제10장 참조). 넷째, 정서지능에는 자기 자신의 정서를 조절하는 능력이 포함된다. 그렇게 해서 현재 상황에 적응하는 것이며, 그것을 정서 조절이라고 부른다(제14장 참조).

이 절에서 논의한 것들을 참조하면, 정서지능에서 높은 점수를 받은 사람들은 인간관계를 잘할 것이라고 예측할 것이다. 여러 연구는 그렇다는 것을 보여 준다(Mayer et al., 2008). 예를 들면, 높은 정서지능 점수를 보이는 5세 아동들은 3년 후에 사회적으로 더 잘 적응하였다. 정서지능 점수가 높은 청소년들이 친구가 더 많고 사회적 지지를 더 많이 받았다. 정서지능 점수가 더 높은 젊은 성인들은 낭만적 배우자들과 더 건설적이고 협조적인 관계를 가졌다. 생의 후반부에 정서지능 점수가 높은 사람들은 직장에서 더 존경받고 높은 지위를 가지며, 업무 현장에서 더 호평을 받았다. 그래서 정서지능은 이 장에서 우리가 다루었던 네 가지 관계에 유익한데, 그것은 친밀한 유대, 우정, 계급관계, 다른 집단 구성원들과의 관계이다.

요약

이 장에서는 이 교재의 중심 주제에 초점을 맞추었다. 그것은 정서가 사회적이라는 것이다. 우리는 정서의 사회적 속성을 두 가지 방식으로 생각할 수 있다는 제안으로부터 이 장을 시작했다. 정서는 사회적 관계를 만든다. 그리고 정서적 반응은 우리가 가지고 있는 관계에 의해서 형성된다. 애착에 의해서 형성되는 친밀한 관계 안에서, 욕망과 사랑이 어떻게 친밀한 유대를 창조하는지 살펴보았다. 그리고 경멸과 같은 부정적 정서과정과 용서와 같은 긍정적 정서과정이 결혼생활의 질적인 면에 어떤 영향을 미치는지 살펴보았다. 소속감의 목표라고 정의되는 우정에서 감사, 흉내 내기, 사회적 지지를 받고 있다는 전반적 느낌은 좋은 우정의 구성요소로, 사회적으로 연결되어 있다고 생각하게 한다. 권력과 주장력으로 정의되는 계급적 관계에서 정서표시는 우리가 등급을 타협하는 한 가지 방법이며, 권력 서열, 사회적 계층은 우리가 느끼는 정서들과 다른 사람들과 공감하는 능력에 영향을 미친다. 마지막으로, 정서과정이 어떻게 우리를 집단으로 묶어 주며, 내집단/외집단 역학들이 정서, 분노와 혐오감, 하위인간화에 의해서 어떻게 형성되는지를 논의하였고, 이 모든 것이 용서하는 성향에 의해서 어떻게 조절되는지도 논의하였다. 이 모든 발견을 모아 보면, 네 가지 기술로 정의되는 정서지능이 여러 종류의 관계에 전반적인 도움이 될 수 있다.

생각해 보고 논의할 점

1. 당신과 아주 가깝게 지내는 사람을 떠올려 보라. 당신과 그 사람은 어떻게 성적 매력과 헌신 사이의 정서적 이행(emotional transition)을 이루었는가?
2. 당신이 아는 사람들의 사회적 계급 차이들을 생각해 보라. 아마도 지적 능력, 패션 감각, 스포츠 능력, 금전, 낭만적 배우자와의 성공적 관계, 연설에서의 자신감 등에서 계급 차이가 있을 것이다. 어떤 계급이 당신에게 중요한가? 당신에게 있어서 이 계급들이 상승하거나 하강하면 당신의 정서는 어떤 영향을 받으며 어떻게 반응하겠는가?
3. 당신은 어떤 사회집단과 가장 많이 동일시하는가? 아마도 당신은 페미니스트이거나, 대학의 열혈 구성원이거나, 어떤 스포츠 팀의 지지자일 수 있다. 당신이 그 집단에 소속되어 있다는 느낌은 어떤 것이며, 당신 집단에 속하지 않은 사람들에 대한 느낌은 어떤가?

더 읽을거리

사회생활에서의 정서에 관한 연구의 뛰어난 개관

Tiedens, L., & Leach, C. (Eds.). (2004). *The social life of emotions*. New York, NY: Cambridge University Press.

한 인류학자가 쓴 사랑에 관한 가장 훌륭한 단독 저작

Fisher, H. (1992). *Anatomy of love*. New York, NY: Norton.

분노에 관한 뛰어난 책

Tavris, C. (1989). *Anger: The misunderstood emotion* (revised edition). New York, NY: Simon & Schuster.

나치가 권력을 장악한 후에 독일에서 일어난 변화를 목격한 한 미국 가족에 대한 대단히 흥미로운 설명

Larson, E. (2011). *In the garden of the beasts: Love, terror, and an American family in Hitler's Berlin*. New York, NY: Crown.

제**10**장

정서와 인지

감정과 이성

정서는 사고, 목표, 행위에 우
　선순위를 정한다

인지기능에서 정서에 대한 세
　가지 관점

인지기능에서 기분과 정서의
　영향

정서와 법

사진 출처: Toronto Rare Book Library

[그림 10-0] 이성은 은총의 신(Divine Grace)에게 지도를 받아서 열정,
공포, 절망, 분노 등을 쇠사슬로 묶어 놓는다. 이 사진에 들
어 있는 캡션은 이렇게 시작한다. "여기서 당신이 보듯이 감
정들(passions)은 이성에 의해서 조절되고/이성(이 사진에
서 은총의 신 앞에 앉아 있는 여성)은 은총의 신에 의해서 지
도를 받고……,"

출처: Senault (1671).

　　감정(the heart)은 그 나름의 사유들을 가지고 있는데, 그것은 이성
이 전혀 모르는 것이다.

　　　　　　　　　　　　　　　　　　　　　- Blaise Pascal, 『팡세(Pensées)』, iv

　1860년 7월 2일에, 사진 촬영술을 처음 개발한 Eadweard Muybridge는 세인트루이스로 가는 합승마차에 탑승했다. 거기에서 기차로 갈아타고 유럽으로 가서 샌프란시스코에 있는 그의 서점에 비치할 희귀본 책들을 구입하려고 했다. 텍사스 동북 지역에서 마부가 말들을 잘못 다루어서 마차가 산비탈을 위태롭게 달려 내려갔다. 충돌이 일어나서, Muybridge는 머리를 나무에 부딪혔다. 뇌에 심한 상해를 입었지만, 그는 기적적으로 살아나서 영국으로 갔고, 거기서 6년을 회복하는 데만 바쳤다.

　1866년에 캘리포니아로 돌아왔지만, 더는 이전의 Muybridge가 아니었다. 그의 사진 촬영은 괴이하게 위험해 보였고, 자주 강박적 특성을 띠게 되었다. 그는 동물이 내달리는 사진을 수없이 찍었다. 그 자신의 사진도 많이 찍었는데, 거의 나체 사진들이었으며, 카메라를 노려보며 눈살을 찌푸리는 것들이었다.

　1872년에 그는 스물한 살 연하인 Flora Shallcross Stone과 결혼했다. 결혼한 지 오래지 않아서 Muybridge가 출장을 가 있는 동안, Flora는 Harry Larkyns라는 멋진 젊은 남자와 불륜에 빠졌으며 임신하게 되었다. 아는 사람의 집에서 Muybridge는 자기 아이의 사진 한 장을 보게 되었는데, 우연히 그 사진의 뒷면을 보았다. 거기에는 '작은 Harry'라고 적혀 있었다. 그 지인은 Muybridge가 그 아이가 자신의 아이가 아니라고 의심했다고 했다.

　Muybridge는 Harry가 일하고 있던 캘리포니아의 칼리스토가에 있는 목장으로 갔다. 그는 Harry를 보자 다음과 같이 말했다. "난 Muybridge라고 하네. 여기 나의 아내가 보내는 메시지가 있네." 그는 스미스 앤 웨슨 No. 2, 6연발 권총을 꺼내서 Harry를 쏘아 죽였다.

　유명했던 그의 재판에서 증인들은 그가 유럽에서 돌아온 다음부터 사람이 완전히 달라졌다고 했다. 친구이자 동료 사진가인 Silas Selleck은 "유럽에서 돌아온 후에 그는 굉장히 기이해졌고, 행동이 전혀 달랐다."라고 말했다. M. Gray는 Muybridge가 사고를 당하기 전인 "돌아오기 이전에는 훨씬 짜증을 덜 내었으며, 돌아온 후에는 옷을 아무렇게나 입었다."라고 보고했다. J. G. Easland는 그 사고 이후에 Muybridge가 '말하고, 처신하고, 행동하는 데 기이함'을 보였다고 증언했다.

감정과 이성

　Muybridge의 안와전두피질은 손상을 입었다. 제1장과 제5장에서 Damasio(1994)의 연구를 소개했는데, 그의 연구에 나오는 사람들도 유사한 손상을 입었으며, 그들의 정서와 사회생활에 영향을 받았다. 여기서 그 생각을 더 확장시켜 보자. 안와전두피질이 정상적으로 작동하지 못해서 이 두뇌 영역이 관여하는 사회적 정서에 문제가 생기면, 사람들은 사회적 판단을 잘 못하게 된다. 그들의 의사결정은 왜곡된다. 이성과 정서가 따로 노는 것이 아니다. 사회적 정서가 없으면, 뇌 손상을 입은 이런 사람들은 더 이상 이성적이지 않다. 우리는 Muybridge 가 질투심 때문에 Harry Larkyns를 쏘았다는 것을 안다. 우리는 질투가 난다는 것이 무엇인지 알며, 괴로워할 수도 있다. 질환이 없는 많은 사람도 질투 때문에 일을 저지르고, 때로는 형사 법정에 서게 된다. 하지만 Muybridge의 질투심은 너무나 극심해서, 그를 화나게 만들었던 그 사건에 대해 아무런 잘못이 없는 그 아이에 대한 사랑, 그 희생자에 대한 연민, 그가 저지른 일의 결과에 대한 공포와 같은 다른 정서가 끼어들 여지가 없었다. 질투심이 그 자신보다 더 커져 버린 것이다. 사회의 정상적 구성원들인 우리에게는 서로의 관계 안에서 작동하는 정서 들의 위계가 있으므로 정서들로 말미암아 이성적으로 생각하고 현명하게 행동한다.

정서의 놀라운 특성 중의 하나는 정서가 이성에 영향을 미치는 방식이다. 철학자 Jean-Paul Sartre(1962)는 이것을 정서에 의해서 우리가 세상을 보는 방식에 마법적 변환(magical transformation)이 일어나는 것이라고 했다. 분노하거나, 두려워하거나, 기뻐하거나, 사랑에 빠 질 때, 우리는 세상을 다른 방식으로 이해한다. 각각의 정서는 그것에 해당하는 세상을 만들 지만, Muybridge처럼 몽땅 질투심으로만 가득 찬 세상을 만들지는 않는다. 대부분 그것은 일 시적이고 단지 그때만 그럴 뿐이다. 우리는 지금 현재의 특정 주제나 사건을 안다. 우리는 과 거로부터 특정 경험을 회상한다. 우리는 어떤 미래를 그린다. 각각의 정서는 그것을 통해서 세상을 보는 렌즈이다.

서양의 철학적 전통에서 정서는 종종 의심의 눈초리를 받았다. 기원전 3세기의 윤리학자 들인 Epicurus 학파나 Stoa 학파 철학자들이 취한 입장은 좋은 삶을 살기 위해서 정서가 전 부 다 제거되어야 한다는 것이었다(Nussbaum, 1994). 만일 Epicurus 학파나 Stoa 학파 철학자 들이 Muybridge의 질투심에 관해서 들었다면, 그들은 "그것 봐라. 내 말이 맞지!"라고 말했 을 것이다. 이러한 직관력에 의거해서, 많은 철학자는 정서가 세상을 지각하는 데 덜 정교하 고 더 원시적인 방식이며, 특히 고귀한 이성과 견주어 볼 때 더욱 그렇다고 가정하였다(Haidt, 2001). 이것이 의미하는 바는, 이렇게 원시적인 감정들이 이성에 의해서 다스려지면 인간 사 회는 더 좋아질 수 있다는 것이다. 드물지만 예외도 있는데, 18세기의 도덕 철학자인 David Hume(1739~1740/1972)은 다음과 같은 주장을 한 것으로 유명하다. "이성은 감정의 노예이며, 그렇게 되어야만 한다."

정서가 이성적일 수 있느냐고 우리가 물을 때, 그것은 무엇을 의미하는가? 첫 번째 의미는 정서가 실질적인 믿음에 근거해 있느냐는 것이다. 즉, 우리의 정서를 지지하고 있는 믿음과 평가들이 세상에서 일어나는 사건들과 상응하느냐는 것이다. 비록 우리가 상상적 사건들에 대해서도 정서적 경험을 하는 일이 많지만, 대부분 우리의 정서는 이성적 준거에 잘 들어맞는다. 평가에 관한 문헌들(제7장 참조)을 보면, 정서들은 흔히 세상에서 일어나는 일들에 대한 복잡한 믿음의 산물이다.

이성의 두 번째 의미는, 정서가 사회에서 사람들이 효율적으로 살아가는 데 도움이 되는가이다. 우리는 환경에 효율적으로 적응하면서 살아가는 존재로서 이성적 인간을 생각한다. 과대망상적 믿음(자만에 가득참)이나 학대(만연한 공포) 같은 것은 이런 시각으로 보면 비이성적이다. 그런 것들은 사람을 사회의 좋은 구성원이 되기 어렵게 한다. 이 책의 주된 추정은, 많은 맥락에서 정서가 이성적이기 때문에 환경에서 사람들이 적응적으로 반응하도록 해 준다는 것이다. 제12장과 제13장에서 보게 되겠지만, 항상 그렇다는 것은 아니다. 하지만 많은 경우에 정서가 생기면 사람들이 적응적으로 행동한다.

세 번째 의미는 이 장과 관련이 있다. 정서가 원칙에 입각해서, 조직적으로, 건설적으로 지각, 주의, 기억 및 판단을 잘하도록 만들어 주는가이다. 아니면 정서가 우리의 인지적 과정에 방해가 되고 파괴적으로 작용하는가이다. 극단적 수준의 어떤 정서가 우리를 압도할 수 있다. 극단적인 분노 때문에 이념적 반대자 또는 낭만적 배우자의 협조적 제스처를 알아차리지 못할 수 있다. 그런데 이 장의 주제에 대한 40년간의 연구 결과를 보면, 정서가 지각을 형성하고, 주의의 방향을 정하고, 특정 기억을 잘 떠올리게 하며, 특정한 방향으로 판단을 하도록 해서 우리가 인간성의 가치를 인식하도록 전반적으로 도와준다는 것을 말하고 있다(Clore, Gasper, & Garvin, 2001; Clore & Palmer, 2009; Forgas, 2003).

정서는 사고, 목표, 행위에 우선순위를 정한다

정서가 인지과정을 적응적 방식으로 만들어 준다는 생각은 인지과학이라고 알려져 있는 학문활동에서 나타났다. 인지과학은 1960년대에 성숙했고, 컴퓨터를 마음과정(mind like processes)을 연구하는 방법으로 사용하였다. 인지과학의 물음은 다음과 같다. 만일 당신이 마음을 설계한다면, 어떤 문제들에 직면할 것 같으며 어떤 원리들을 구현해야 하는가?

Simon(1967)은 그의 유명한 논문에서 지능을 가진 어떤 존재라도, 즉 그것이 사람이든 화성인이든 또는 우리가 만들고자 하는 지능을 가진 컴퓨터이든, 모두 정서가 필요할 것이라고 주장했다. Simon은 계속해서 정서가 일반적 문제에 대한 해답이라고 말했다. 즉, 정서는 언제나 우리 인간에게 부여되는 수많은 목표에 우선순위를 정한다는 것이다.

이것은 우리 인간처럼 복잡한 생명체에 인터럽트(interrupt; 인간의 마음을 컴퓨터에 비유하였기에 컴퓨터 과학 용어인 '인터럽트'를 사용함—역자 주)와 우선순위 결정(prioritization) 기능 같은 것이 있어야 한다는 말이다(De Sousa, 1987; Oatley, 1992). 최하위 동물들의 행동은 반사에 의해서 조절된다. 예를 들면, 암놈 진드기의 행동을 보자(Von Uexküll, 1934). 암놈 진드기는 교미를 한 다음에, 나무를 기어 올라가서 낮은 곳에 있는 가지의 끝에 매달린다. 그 진드기가 부티르산(butyric acid) 냄새와 같은 특정 자극을 탐지하면, 행동을 개시한다. 포유류가 소량의 부티르산을 방출하므로, 이 냄새를 맡고 나뭇가지에서 떨어지는 것은 돌아다니고 있는 사슴의 등 위로 낙하할 가능성을 높여 준다. 그리고 그 진드기가 그 동물의 등 위에 떨어지면, 또 다른 자극이 행동을 일으킨다. 따뜻한 체온이 그 진드기를 따뜻한 솜털이 있는 곳으로 움직이도록 한다. 그 진드기가 동물의 피부에 도달하면 또 다른 자극이 피부를 파고들어서 피를 빨도록 한다. 피는 알을 낳는 데 필요하다. 암놈 진드기가 사는 단순한 세계에서는 그 진드기의 지각계는 단지 몇 가지 일에만 적합하도록 맞추어져 있다. 진드기의 세계에 정서는 필요 없다.

이제 복잡성에서 반대쪽 끝에 있는 존재를 상상해 보자. 우리보다 엄청나게 지적인 존재 말이다. 아마도 신이 해당될 것이다. 신은 전지전능하며, 인지과학자라면 신이 우주의 완전한 모델을 가지고 있고 무한한 자원을 가지고 있다고 상정할 수 있다. 이 경우에도 정서는 필요 없다. 모든 것을 알고 있으며, 모든 것을 예측할 수 있기 때문이다.

우리 인간은 신과 진드기 사이 어디엔가 존재한다. 우리의 세계는 복잡하고, 우리는 목적을 가지고 행동한다. 그런데 때로는 우리의 행동이 예상했던 결과를 얻지 못한다. 우리는 지식과 자원에 한계가 있다. 때때로 우리는 지금 하고 있는 일을 계속하기 위해서 격려가 필요하다. 때때로 조그마한 성공, 실패, 좌절, 위협 등이 일어나며, 그런 것에 대한 반응을 미리 준비하고 있는 것도 아니기 때문에 목표를 변경하거나 계획을 바꾸는 것이 더 나을 수도 있다. 그런 일은 다음에 무엇을 해야 할지 확실히 알 수 없을 때 일어난다. 그렇게 해야 한다는 것을 정서들이 신호해 준다. 정서들이 우리가 다음에 무엇을 해야 하는지 정확하게 이야기해 주지는 않는다. 정서들은 우리를 재촉하여 특정 방식으로 행동하도록 준비시켜 주거나 진화과정 또는 발달과정에서 평균적으로 대처해 온 범위 내에서 행동하도록 해 주는데, 이것은 무작위로 행동하거나 최선의 행동을 계산하는 데에만 골몰하는 것보다는 더 나은 방식이다.

정서들이 갈등을 신호해 주고 개인의 행동을 재조정해 준다는 생각은 고대 그리스의 연극과 Aristotle의 저술, 그리고 Freud의 저술의 초점이다. 인지과학의 시대에서 새로운 점은 복잡한 세계에서 작동하는 여러 동기를 가지고 있는 복잡한 존재들에게 정서가 굉장히 중요하다는 것이다. 정서는 언제나 완전히 알 수 없고 그렇기 때문에 완전히 통제할 수도 없는 이 세상에서 행동을 하는 지침이다. 그것은 정서가 비이성적이냐 아니냐의 문제라기보다, 이 복잡한 세상에서 우리가 충분히 모르는 것들에 대해 완전히 이성적인 해결책을 찾기가 쉽지 않기 때문이다. 정서는 합리성을 향한 가교이다.

이 견해를 더 정교화해서, Oatley와 Johnson-Laird(1987, 2011)는 정서가 신경계에서 두 가지 종류의 신호 전달과 연관되어 있다고 제안했는데, 이것은 제7장에서 논의했다. 그중 한 가지는 자동적으로 일어나며 일차적 평가로부터 생긴다. 진화적 관점에서 보면, 그것은 오래되고 단순한 것이며 환경에 있는 대상들에 대한 구체적 정보를 전달하는 것은 아니다. 그것은 조직화 측면(organizational)이다. 그것은 두뇌를 특정 조직화 양태, 즉 준비상태로 만든다. 그리고 그 준비상태에 걸맞은 행동을 하도록 충동을 일으키는데, 기쁨, 분노, 슬픔, 공포와 같은 특정적 기본 정서들이 그에 해당한다. 이 신호는 개별 정서의 현상학적 느낌일 뿐이며 그 내용이 있는 것은 아니다. 그러한 정서 관련 신호는 체내와 체외 환경의 여러 가지 원천으로부터 온다(Izard, 1993). 그것은 곧 이어서 일어날 것에 대응하는 신속한 촉진자이다. 이러한 정서 점화 현상은 자극들이 의식하 수준에서 일어나고(제7장 참조), 자동적이며 무의식적 수준에서 처리되며(Winkielman, Zajonc, & Schwarz, 1997), 평가적 관여(attributional interventions)로부터 영향을 받지 않는다는 면에서 독특하다.

두 번째 종류의 신호는 이차적 평가에서부터 유래한다. 그것은 정보적 측면(informational)이다. 이 신호는 우리에게 정보를 전달해서 우리로 하여금 사건에 대한 정신적 모델을 만들 수 있도록 해 주며, 가능한 원인과 의미를 생성하도록 한다. 이런 두 가지 신호에 근거해서, 우리는 우리가 느낀 것과 아는 것에 잘 맞도록 행동한다.

정상적으로는 이러한 조직화 신호와 정보적 신호가 함께 일어나서, 정서적 느낌 및 원인과 대상에 대한 의식적 앎이 같이 생긴다. 하지만 두 종류의 신호가 분리되는 경우도 있는데, 제7장에서 이야기한 분리뇌 환자의 경우가 그 예이다. Oatley와 Johnson-Laird(1966)에 의하면, 그런 분리현상을 가지고 우리가 때때로 아무런 대상이 없이도 정서가 일어나며, 진정제와 같은 향정신성 약물들이 세상에서 벌어지는 사건들에 아무런 행동도 하지 않았는데도 우리의 정서를 변하게 하는지 설명할 수 있다. 또한 세상에서 벌어지는 일들을 볼 때 정서적 관여가 일어나지 않을 수 있다는 것도 설명해 준다. [그림 10-1]은 그 두 가지 신호에 대한 도식이다.

어떤 정서의 조직화 측면과 정보적 측면의 예를 공포를 가지고 설명하겠다. 사람에게서, 조직화 부분은 현재 진행 중인 행위에 인터럽트를 건다. 그러면 생리적 메커니즘이 준비되면서 도망가거나 방어적 공격을 하기 위한 행위들의 목록이 만들어지고, 또 그런 행동을 하도록 충동이 생긴다. 그러면 그 환경 내에 존재하는 어떤 위험이나 안전에 대해서 주의를 돌리게 되며, 방금 한 행위의 결과들을 점검하도록 만든다. 이 양식에서 우리는 두뇌의 자원을 위험에 대처하는 보안요원으로 간주할 수 있다. 정서는 이 양식을 켜도록 신호를 보낸다. 기분도 동일한 조직화 측면에 근거한 신호이지만, 기분은 양식을 변경시킬 수 있는 사건들이 일어날지

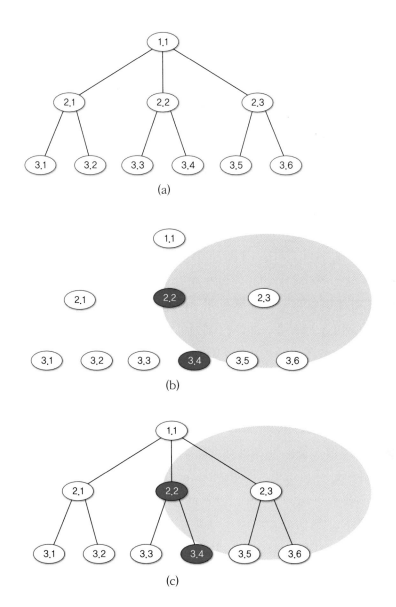

[그림 10-1] 두뇌의 모듈들과 그 모듈들에 들어가는 종류가 다른 메시지들. (a)에서는 정보적 신호가 특정 통로
들에 공급되는 것을 볼 수 있다. (b)에서는 정서 통제 신호가 한 모듈(2.3)에서 퍼져 나가서 어떤 모
듈은 켜고 다른 모듈은 꺼 버리는 것을 볼 수 있는데, 그렇게 해서 이 시스템을 특정한 양식으로 만
든다. (c)에서는 통상적으로 이 두 가지 신호가 함께 발생하는 것을 보여 주고 있다.

출처: Oatley & Johnson-Laird (1987), 이론에서 예시.

라도 두뇌를 특정 양식으로 계속 유지시킨다. 공포의 정보적 부분은 우리가 무엇을 보고 겁을
내느냐 하는 것이다. 그리고 알다시피 이것은 하찮은 것일 수도 있다.

인지기능에서 정서에 대한 세 가지 관점

정서는 어떻게 사고과정을 인도하는가? 예를 들면, 공포는 어떻게 우리의 지각과 판단에 변화를 가지고 오는가? 또 행복할 때는 지각과 판단에 어떤 변화가 생기는가?

정서 일관성

Gordon Bower는 기분과 정서가 뇌의 연합적 네트워크(associative brain network)에 기반을 두고 있다고 하였다(Bower, 1981; Mayer et al., 1992). 기억에 관여하는 신경로들은 각 정서와 깊게 연관되어 있는데, 과거 경험들, 심상들, 관련된 생각들, 표지들, 감각들의 해석 모두는 의미적 네트워크와 상호 연결되어 있다. 우리가 어떤 정서를 경험할 때, 그 정서와 연합되어 있는 모든 것이 더 쉽게 떠오른다. 예를 들면, 당신이 한때 낭만적 흥미를 가졌던 누군가를 만나고 그 사람에게서 새로운 매력을 느낀다면, 과거의 경험들, 관련된 생각들, 이미지들, 믿음 등 매력과 욕망을 느꼈던 모든 것이 떠오르면서 그 사건을 해석하는 데 동참하게 된다.

Bower의 설명에 따르면, 우리는 현재 느끼는 정서와 일관된(congruent) 것을 더 잘 학습하는 것이 확실하다. 왜냐하면 그런 것은 활성화되어 있는 기억구조와 통합되며 더 쉽게 인출되기 때문이다. 이러한 가설을 검증하기 위해서 실험 참가자들이 행복이나 슬픔을 느끼도록 최면을 걸었다. 그런 후에 그들은 두 명의 대학생에 대한 짧은 이야기를 읽었는데, 한 명은 학업 성취가 좋았고 다른 한 명은 그렇지 못했다(Bower, Gilligan, & Monteiro, 1981). 그다음 날 기억 검사를 했는데, 행복한 상태로 최면에 걸렸을 때 그 이야기를 읽었던 사람은 학업 성취가 좋았던 학생에 관해서 더 잘 기억했고, 슬픈 상태로 최면에 걸렸을 때 그 이야기를 읽었던 사람은 학업 성취가 나빴던 학생에 관해서 더 잘 기억했다.

Bower가 제안했던 일관성에 대한 생각은 정서의 영향에 대한 연구에서 지금도 광범위하게 받아들여지고 있지만, 그가 제안한 그 메커니즘은 그렇지 못하다. 예를 들면, 어떤 때는 기분과 비일관적인 기억이 일관적인 기억보다 더 잘 회상된다(Parrott & Spackman, 2000). Eich와 Macaulay(2000)는 그런 연구들을 다음과 같이 종합했다. 기분 종속적(mood-dependent) 영향이 기억과 지각에서 확실히 현출하지만, 그 영향은 실험 참가자가 수행하는 과제의 종류, 유도한 기분의 종류, 어떤 실험 참가자인가에 따라 달라진다. 그래서 Eich, Macaulay, Ryan(1994)은 다음과 같이 말한다.

한 사람은 행복하고 다른 사람은 슬플 때, '장미 한 송이'를 보았을 때 그들이 무엇을 보았는지, 본 것이 어떠했는지 묘사하게 했다고 하자. 그 두 사람은 똑같이 말할 것이며, 똑같은 방식으로 '장미 한 송이'를 부호화할 것이다. 어쨌든 그것은 Gertrude Stein이 이야기한 대로, 장미는 장미이고 장미일 뿐이다. …… 이런 상황에서는 장미를 본 것에 대한 기억은 아마도 기분에 좌우되지는 않을 것이다. 이제 다른 상황을 생각해 보자. 그것이 장미인지 확인하고 어떤 장미인지 묘사해 보라고 하는 대신에, 그 피험자들에게 생애 어떤 시기에 있었던 장미와 관련된 특정 사건을 회상해 보라고 하자(p. 213).

Eich와 동료들은 이렇게 사람들이 자전적인 사건을 회상할 때는 기분의 영향을 받는데, 그것이 사람마다 달리 나타나는 것은 각자가 다른 경험을 하기 때문임을 발견했다(Miranda & Kihlstrom, 2005).

Bower의 이론의 변형으로서 잘 알려져 있는 것은 Joseph Forgas의 감정침투 모델(affect infusion model)이다(Forgas, 1995; Forgas & Laham, 2005). 이 모델에 따르면, 정서들은 인지적 과제에 침투해서 기억과 판단에 영향을 끼치는데, 특히 그 과제가 복잡할수록 더욱 그렇다. 예를 들면, 행복한 기분은 판단 과제들에 침투해서 긍정적인 평가를 하도록 만든다. 삼단논법으로 추론하는 실험에서 Goel과 Vartanian(2011)은 기분 침투 효과를 발견했다. 삼단논법에 의한 추리는 기존 근거들의 영향을 받는다는 것이 잘 알려져 있으며, 사람들은 순전히 논리적으로 삼단논법의 전제로부터 추리해야만 한다. Goel과 Vartanian은 부정적 정서들이 사람들로 하여금 진술에 들어 있는 문제에 더 집중하게 만들고, 전제가 되는 근거들이 영향을 미치지 못하는 방식으로 결론을 내리게 한다는 것을 발견했다.

정보로서의 느낌

정서가 인지에 영향을 미치는 데 있어서, Gerald Clore가 제안한 사고에 대한 두 번째 접근은 정보로서의 감정(affect as information)에 관한 것이다(Clore & Palmer, 2009; Clore & Pappas, 2007; Clore & Parrott, 1991; Martin & Clore, 2001; Schwarz, 2005). 이 견해에 따르면, 우리가 판단을 내릴 때 정서는 그 자체로서 정보가 있다. 이 설명은 두 가지 가설에 근거를 두고 있다. 첫째, 정서는 우리에게 신호를 준다는 것이다. 예를 들면, 분노는 불공정이 생겼고 변화가 일어나야 한다는 것을 신호한다. 두 번째 가설은 우리의 많은 판단이 너무 복잡해서 관련된 모든 증거를 다 고려할 수 없다는 것이다. 예를 들면, 환경 정책, 보건 정책, 고용 문제, 국가 경제, 온난화 문제와 그런 것들을 국가의 지도자가 선거 공약에서 약속한 대로 이행하고 있는지를 생각해 보고, 당신이 그 정치 지도자에 대해 만족하고 있는지 이야기해 보자. 그렇게 많은 판단을 해야 하는 복잡성이 있기 때문에, 우리는 종종 현재의 느낌으로 단순하게 평가를 한다. 국가의 지도자를 판단할 때, 우리는 종종 아주 단순하게 '이 사람에 대해 나는 어떻게 느끼는가?'라고 생각한다. 사람들이 완전한 합리성을 가지고 관련된 모든 증거를 모으고 타당한 결론을 내린 후에 행동하는 경우는 거의 없다. 정서는 어림법(heuristics)이다. 이 방법은 많은 경우에 우연 수준보다 더 나은 결과를 얻는다. 그것은 판단을 하거나 행동을 취하는 지름길이다.

이런 정보로서의 감정 관점을 검사하는 방법으로서, Schwarz와 Clore(1983)는 화창한 날씨와 우중충한 날씨일 때 사람들의 정서적 삶을 연구하였다. 그들은 일리노이주에 사는 사람들에게 흐린 날 또는 맑은 날에 전화를 걸어서 물어보았다. "모든 것을 고려해 볼 때, 요즈음 당신의 삶은 만족스럽습니까 혹은 불만족스럽습니까?" 한 가지 조건에서는 단순히 응답자들에게 이 질문을 하였으며, 다른 조건에서는 응답자들에게 먼저 "거기 오늘 날씨가 어떻습니까?"라고 물어본 후에 삶의 만족도에 대해서 물어보았다. Schwarz와 Clore는 날씨를 물어보지 않은 응답자들은 그들의 현재 느낌을 어림법으로 사용하거나 지름길 전략으로 사용해서 그들의 삶이 얼마나 만족스러운지에 대한 복잡한 판단을 할 것이라고 예측했다. 그래서 화창한 날씨의 응답자들은 흐린 날씨의 응답자들보다 더 좋은 삶을 살고 있다고 대답할 것이라고 예측했다. Schwarz와 Clore는 날씨에 대한 질문을 받은 응답자들이 삶의 만족도에 대해 판단할 때 날씨 때문에 생긴 느낌의 영향을 덜 받을 것이라고 추론했다. [그림 10-2]에서 볼 수 있듯이, 이 연구의 결과는 Schwarz와 Clore의 주장을 확인해 준다. 그것은 사람들이 판단을 할 때 자주 정서를 어림셈법으로 사용하지만, 날씨가 좋기 때문에 행복한 기분이라는 것을 알게 되면, 즉 느낌에 대한 특정 근거를 댈 수 있을 때는 그렇지 않다는 것이다.

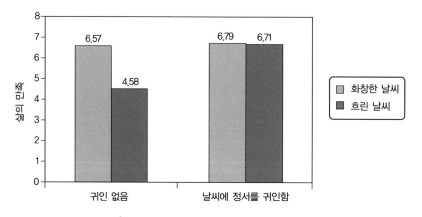

[그림 10-2] 사람들은 흐린 날씨일 때보다 화창한 날씨일 때 자신의 삶이 더 만족스럽다고 대답하지만, 사람들이 날씨를 떠올리도록 했을 때는 그렇지 않았다.

출처: Schwarz & Clore (1983).

Clore는 1992년에 다음과 같이 썼다. "인지-정서 영역에서 가장 신뢰할 만한 현상은 기분이 평가적 판단에 영향을 미치는 것이다."(p. 134) 즉, 한 상황에서 생긴 어떤 기분이 완전히 다른 어떤 것을 판단하는 데 영향을 미친다는 것이다. 이런 효과를 검증한 가장 놀라운 연구 중 하나가 Dutton과 Aron(1974)에 의해서 이루어졌다. 그것은 심리학 연구 전체에서 가장 창의적인 연구 중 하나이다. 그 연구자들은 젊은 남성들에게 캐나다 밴쿠버 인근에 있는 카필라노 현수교(Capilano suspension bridge)를 건넌 후에 어떤 여성을 마주치도록 했으며, 그 후에 그 젊은 남성들만 면담을 했다. 이 다리는 길이가 약 135m가 되며, 양쪽에 손잡이 밧줄이 있는 출렁다리이다. 그 출렁다리 전체가 위험하게 출렁이며 흔들린다. 그래서 만일 60m 높이에 있는 그 출렁다리에서 떨어지면 카필라노강의 바위에 부딪히거나 급류에 휩쓸린다. 비교집단의 젊은이들은 상류에 있는 단단한 삼나무 다리를 건너게 했는데, 그 다리는 안전하고 폭이 넓으며 강에서부터 3m 높이밖에 안 되었다. 각 다리의 반대편에서 두 집단의 모든 젊은이는 젊은 여성 또는 젊은 남성 한 명을 만나게 했으며, 그들은 다리를 건넌 젊은이들에게 심리학 과목에서 경치가 멋진 곳에 관한 연구를 하는데 거기에 참여하겠냐고 물어보았다. 다리를 건넌 그 젊은이들은 간단한 설문조사를 받고 한 젊은 여성의 애매모호한 사진을 보았는데, 사진 속의 여성은 한 손으로 얼굴을 가리고 있었고 다른 손은 앞으로 뻗고 있었다. 젊은 남성이 조사를 마치고 나면, 남성 면담자 또는 여성 면담자는 그 사람에게 전화번호가 적힌 쪽지를 주면서 더 알고 싶은 것이 있으면 전화하라고 이야기했다.

그 애매모호한 사진에 대한 성적인 이미지가 출렁다리를 건넌 다음 여성 면담자를 만난 젊은 남자들에게서 유의하게 높았다(낮은 삼나무 다리를 건넌 경우 또는 두 종류의 다리 모두를 건넌 후에 남성 면담자를 만나는 경우에 비해서). 그뿐만 아니라 그 출렁다리를 건넌 젊은이들이 낮은 삼나무 다리를 건넌 젊은이들보다 여성 면담자에게 전화를 건 경우가 훨씬 많았다. Dutton과 Aron은 두 번째 현장연구와 실험실 연구를 해서 그 효과를 정확하게 설명했는데, 그것은 불안한 흥분이 성적 끌림으로 변환되었다는 것이었다.

정적인 정서상태나 부적인 정서상태에서 느낌은 판단에 쉽게 영향을 주는데, 판단을 받는 대상이 그 정서의 원인과 아무런 관계가 없어도 그렇게 된다. 긍정적 기분과 부정적 기분이 다양한 판단에 영향을 준다는 것이 잘 알려져 있는데, 그런 것에는 상품에 대한 평가(Isen, Shalker, Clark, & Karp, 1978), 정치 지도자에 대한 평가(Forgas & Moylan, 1987; Keltner, Locke, & Audrain, 1993), 손실과 이득에 대한 평가(Ketelaar, 2004, 2005) 등이 있다. 긍정적 정서상태에서 우리는 대상과 사건들을 긍정적으로 평가한다. 부정적 정서상태에서는 똑같은 대상과 사건들을 부정적으로 평가한다.

현재의 기분이나 정서가 미래에 대한 판단에 영향을 미치는가? 물론 그렇다. 부정적 기분에 젖은 사람들은 미래를 비관적으로 전망하며, 긍정적 기분에 젖은 사람들은 미래를 낙관적으로 전망한다. Johnson과 Tversky(1983)는 실험 참가자들이 어떤 젊은이의 죽음에 대한 신문 기사를 읽도록 해서 사람들이 부정적 정서를 가지도록 했다. 부정적 기분(슬픔 등)에 젖은 사람들은 긍정적 기분(행복 등)에 젖은 사람들보다 미래에 일어날 일에 대해서 더 부정적으로 (병에 걸리는 등) 전망하였다.

여러 정서는 비관론(pessimism) 또는 낙관론(optimism)과 더욱 특정적으로 연합된다. 예를 들면, Keltner, Ellsworth, Edwards(1993)는 사람들이 분노를 느낄 때 또는 슬픔을 느낄 때, 미래에 어떤 일이 일어날지 예상하는 것이 다른지 살펴보았다. 다른 사람의 비난받을 만한 행위에 화가 난 사람은 미래에 다른 사람들이 그런 행동을 자주 할 것이라고 판단했다. 반면에 상황에 의해서 슬픔을 느낀 사람은 미래에 상황적 요인들 때문에 삶에 부정적인 일들이 더 자주 일어날 것이라고 추론했다.

이 가설을 검증하기 위해서, 그들은 화가 난 실험 참가자 또는 슬픈 실험 참가자들에게 어떤 사건이 더 자주 일어날 것 같으냐고 물어보았다. 그 사건들 중에 어떤 것은 다른 사람에 의해서 일어나며(예: 비행사의 실수로 비행기가 추락해서 친구가 사망함), 다른 사건들은 상황적 요인들에 의해서 일어난다(예: 빙판길에서 자동차 사고가 남). 그 예측과 일치하게, 분노한 사람들은 슬픈 사람들보다 다른 사람에 의해서 삶의 부정적 사건들이 더 많이 일어날 것이라고 판단했다.

유사한 연구에서 DeSteno와 동료들(2000)은 분노를 느끼는 사람들과 슬픔을 느끼는 사람들에게 슬픈 사건(예: 6만 명의 루마니아 고아 중에서 영양실조가 되는 아이들은 얼마나 될까)과 분노를 일으키는 불공정한 사건(예: 올해 말까지 2만 명의 폭력범이 재판을 받을 것인데, 부당한 법률 때문에 얼마나 많은 폭력범이 석방될 것인가)이 일어날 가능성을 평정해 보도록 했다. 슬픈 실험 참가자들은 슬픔을 일으키는 사건들이 더 많이 일어날 것이라고 판단한 반면에, 화가 난 실험 참가자들은 분노를 일으키는 사건들이 더 많이 일어날 것이라고 판단했다. 또 그런 연구에서 공포를 느끼는 사람들은 미래에 그런 위험한 사건들이 자신의 삶의 일부분이 될 것이라고 더 많이 추측했다(Lerner & Keltner, 2001).

정보로서의 감정 이론은 우리가 사회적 상호작용을 이해할 수 있도록 도와준다(Clore & Huntsinger, 2007). 우리는 우리의 정체성과 역할에 어울리는 행동과 말을 조심해서 해야 한다. 즉, 정서가 우리의 정체성을 떠받치는 방식으로 정보를 제공해서 우리로 하여금 행동하도록 하기 때문이다.

처리과정의 방식

세 번째 관점은 각각의 정서들과 기분들이 상이한 처리과정의 방식(styles of processing)을 촉진한다는 것이다. 우리가 죄책감이나 분노, 감사를 느낄 때 또는 열광적이 될 때, 우리는 다른 형태의 추론을 하고, 증거들을 다르게 다루며, 결론도 다르게 맺는다.

지난 10년 동안 인지심리학에서 부상한 중요한 연구 주제 중 하나는 생각, 추론, 결정을 할 때, 두 가지 시스템이 작동한다는 것이다. 즉, 시스템 1(System 1)과 시스템 2(System 2)가 그것이다. 이 생각은 Keith Stanovich(2004)와 Daniel Kahneman(2011)에 의해서 발전되었다. 시스템 1은 빠르고, 불수의적이며, 어림셈에 근거를 두고 있다. 여기 질문이 하나 있다. 가능한 한 신속히 이 질문에 대답하라. "암소는 무엇을 마시는가?" 우리 대부분은 '우유'가 머리에 떠오를 것이다. 그 대답은 '암소'와 '마시다'라는 단어의 연합에 의해서 촉발된다. 이것이 시스템 1의 작동이다. 그런데 그 질문을 더 천천히 그리고 정교하게 생각하면, 시스템 2가 작동을 시작해서 이렇게 생각할 것이다. '아마도 우유. 그런데…… 암송아지는 우유를 마시겠지만, 일반적으로 암소들은 물을 마셔야지.' 두 시스템 모두 특정 문제에 유용하다.

『생각에 관한 생각(Thinking Fast and Slow)』이라는 책에서 Daniel Kahneman(2011)은 그의 동료 Amos Tversky와 함께 이러한 일련의 연구들을 기술하였다. 그 책에서 그들은 사람들이 정교하게 생각해야 하는 문제를 받으면 종종 어림셈을 먼저 한다는 것을 보여 주었다. 정교한 시스템 2가 시스템 1보다 우선적이 될 수도 있지만, 시스템 2는 노력이 들어가는 것이며 약간 게으른 시스템이다. 우리는 시스템 1을 사용해서 결정을 하는 것을 더 좋아한다.

Damasio(1994)는 전두엽에 손상을 입은 환자에게 다음 진찰 날짜를 둘 중 하나 고르라고 했으며, 그러고는 이렇게 썼다. "약 반 시간 진찰할 뿐인데, 그 환자는 두 날짜 중에서 어느 날이 좋고 어느 날은 좋지 않은지 결정하는 데 많은 이유를 열거하였다." 그 환자는 결정할 수 없었다. Damasio가 결정할 수밖에 없었고, 책상을 치면서 그 환자에게 그만하라고 말했다고 한다. 이제 우리는 그 환자가 정교한 시스템 2를 사용하고 있었다는 것을 안다. 그 시스템은 자체적 결론을 내릴 수 없었다. 우리 대부분에게는 시스템 1의 정서, 즉 어림셈이면 충분하다. 우리는 "어느 날짜라도 좋습니다. 첫째 날에 하죠."라고 대답할 것이다. 우리의 정서적 세계에서 그것은 그리 중요하지 않다. 정서적 세계가 없다면 어떻게 될 것인가?

이러한 구분이 주어졌으니 다음과 같이 질문할 수 있다. 시스템 1에 기반을 둔 어림셈적 사고와 연합된 특정 정서들은 어떤 것이 있는가? 정교한 시스템 2와 관련된 것으로 보이는 정서들은 어떤 것인가? 긍정적 기분은 정교한 사고보다는 어림셈 사고를 촉진하는 경향이 있다는 것이 그 답이다. 불안한 기분은 정교한 사고를 촉진하며 세부적인 것들에 조심스러운 주의를 기울인다(Bless, Schwarz, & Wieland, 1996; Lambert et al., 1997). 소득세 신고를 할 때는 불안해지는 것이 더 좋을 것이다!

그런데 부정적 정서들 사이에도 차이는 있다. 다른 사람들에 대해서 사회적으로 판단할 때, 슬픔을 느끼는 사람은 분노를 느끼는 사람보다 고정관념에 덜 의존할 것이다(Bodenhausen, Sheppard, & Kramer, 1994). 고정관념은 다른 사람들을 판단하는 어림셈법이다. 그들을 비친숙하다(foreign)거나 거칠다(tough)고 판단한다. 고정관념은 행복하거나 화가 난 정서상태에 있는 사람이 더 쉽게 사용하며, 우리를 체계적이지 못하도록 만든다.

한편, 긍정적 기분은 우리가 더 융통성 있게 생각하도록 촉진한다(Isen et al., 1987). 한 가지 중요한 이론에서 Barbara Fredrickson(예: Fredrickson, 1998, 2003; Fredrickson & Branigan, 2005)은 긍정적 정서들의 기능을 우리의 자원을 확장하고 구축하는 것이라고 주장한다. 긍정적 정서들을 가지면 더 창의적인 생각을 할 수 있고, 중요한 유대를 형성하는 데 도움이 된다. Isen이 발견한 긍정적 정서와 연합된 창의성은 우리가 균형 있는 시각, 독특한 아이디어를 가지며, 학습할 수 있게 촉진해서 사고체계와 지적 자원을 구축하도록 해 준다. 긍정적 정서는 다른 사람들에게 다가가고, 협조하며, 우정을 나타내어 인적 자원을 구축하도록 도와준다. Fredrickson과 동료들이 수행한 연구를 보면, 우리가 기쁨, 즐거움, 만족감, 안심과 같은 긍정적 정서들을 경험하면, 특정 세부사항이 아니라 전체 국면에 대한 패턴을 더 쉽게 파악하게 되며, 우리 집단과 타 집단의 관계를 더 쉽게 파악하고, 밀접한 관계에 있는 우리 자신과 동료들의 관계를 더 잘 파악하게 된다(Fredrickson, 2001; Johnson & Fredrickson, 2005; Waugh & Fredrickson, 2006). 이러한 종류의 발견은 행복과 기쁨을 너무 의심스러운 눈초리로 볼 필요가 없으며 행복을 사치로 간주할 필요가 없다는 것을 강력하게 말해 준다. 그런 것은 복합적이고, 통합적이고, 창의적인 사고의 원천으로 보이며, 학습과 통찰 그리고 건강한 사회적 유대를 위해 필수적인 것이다.

개별 정서: 행복

행복(happiness)이란 무엇인가? 행복을 생각할 때 우리는 자신이 좋아하는 것을 떠올리게 된다. 즉, 해변에서 휴가를 즐기고 있다든지, 아이스크림을 먹는다든지, 친구와 웃고 즐기는 것 등이다. 그런 활동들은 통상적으로 즐거움(pleasure)이라고 한다. 즐거움은 특히 그 반대편을 생각하면 확실히 행복을 위해서 중요한 것으로 생각된다. 즉, 휴가를 즐길 돈이 없다든지, 아파서 고통 때문에 아무것도 생각할 수 없다든지, 사회적으로 고립되어 있

다든지 하는 것들이다. 하지만 인간 역사에서 많은 작가가 즐거움이 행복에 중요하지만, 그것만이 행복을 가져다준다고 생각하지는 않았다.

최근에 행복이라는 주제가 심리학자들 사이에서 큰 관심을 받고 있는데, 그런 연구를 하는 사람으로는 Martin Seligman, Mihaly Csikszentmihalyi, Barbara Fredrickson이 있다. 오랜 기간 동안 정서 연구자들은 공포와 같은 부정적 정서들을 주로 연구했으며, 긍정적 정

서들에 대해서는 무시해 왔다.

Seligman은 행복이 세 가지 요소로 이루어져 있다고 했다. 즐거움은 그중 하나이다. 두 번째는 하는 일에 몰두(engagement)하는 것이며, 세 번째는 의미 있는 활동을 하는 것이다. Schueller와 Seligman(2010)은 13,565명을 대상으로 대규모 인터넷 설문조사를 해서 사람들의 삶에서 이 세 가지 요소가 차지하는 정도를 물어보았다. 그들은 즐거움, 몰두, 의미 모두가 삶의 주관적 웰빙과 관련 있다는 것을 알아냈다. 하지만 객관적 웰빙과 관련된 교육 정도, 직업적 성취에의 몰두와 의미만 긍정적으로 기여했으며, 즐거움은 부정적으로 기여했다. 이 결과가 의미하는 바는 몰두와 의미 있는 활동이 즐거움보다 웰빙에 더 큰 영향을 미친다는 것이다.

Fredrickson은 2008년에 동료들과 함께 139명의 성인들을 대상으로 현장 실험을 했는데, 그중 절반은 자애명상(loving-kindness meditation)을 하도록 했다. 시간이 지나면서 이 명상을 한 사람들은 긍정적 정서의 양이 증가했는데, 그로 인해서 마음챙김 또는 알아차림(mindfulness), 삶의 목적의식과 같은 개인적 자원과 사회적 지지가 증가했으며, 질환의 증상들이나 우울증은 감소했다.

인지기능에서 기분과 정서의 영향

이제 지각, 주의, 기억, 판단, 의사결정에 대해 정서와 기분이 미치는 영향을 개관해 보자. 그렇게 하기 위해서 정서가 이성적인지 생각해 보기 바라며, 방금 살펴본 정서 일관성(congruence), 정보로서의 느낌, 처리과정의 방식에 대한 설명에서 주장하는 것과 일치하는 발견들을 살펴보자.

지각적 영향

기분과 정서는 우리의 지각에 영향을 미치는가? 경험상으로 보면 그렇다. 가족 모임에 가본 경험이 있으면 당신의 느낌에 의해서 그 모임에 대한 지각이 형성되었다는 것을 알 것이다. 만일 기분이 우울하면, 잃어버린 것에 더 집중하게 되고, 그런 모임들에서 있었던 이루지 못한 소망들이 맴돌 것이다. 신나는 기분이 들면, 똑같은 일에 대해서 유쾌함과 기대가 충만하게 될 것이다.

우리는 자신의 기분과 일치하게 사물을 시각하는가? Niedenthal과 Setterlund(1994)는 실험 회기 내내 음악을 들려주면서 행복한 기분이나 슬픈 기분을 유도하였다. 사람들에게 행복한 기분을 만들어 주기 위해서 Mozart의 〈아이네 클라이네 나흐트무지크(Eine Kleine Nachtmusik)〉를 들려주었다. 슬픈 기분을 유도하기 위해서는 Mahler의 〈아다지에토(Adagietto)〉를 들려주었다. 실험 참가자들은 표준 어휘 판단 과제(lexical decision task)를 하였다. 이 과제에서는 문자

열이 모니터에 순간적으로 노출되었는데, 그중에서 어떤 것들은 단어이고 다른 것들은 비단어였다. 비단어(예: blatkin)는 영어로 발음은 할 수 있다. 실험 참가자들이 나타난 것이 단어이면 키보드의 한쪽 버튼을 누르고, 비단어이면 다른 쪽 버튼을 누르도록 했다. 단어들은 다섯가지 범주로 되어 있었다. 즉, delight와 같은 행복 단어, calm과 같이 행복과 관련 없지만 긍정적 단어, weep과 같은 슬픈 단어, injury와 같이 슬픔과 관련 없지만 부정적 단어, habit과 같은 중립적 단어로 구성되어 있었다. 정서 일관성의 가설과 일치하게, 실험 참가자들이 행복한 기분상태에 있으면 행복 관련 단어에 대해서 슬픔 관련 단어보다 더 빨리 반응했다. 슬픈 기분상태에 있을 때에는 슬픔 관련 단어를 행복 관련 단어보다 더 빨리 알아보았다. 하지만 그런 행복한 기분, 슬픈 기분 효과는 특정 행복 정서나 특정 슬픔 정서와 관련이 없는 긍정적 단어나 부정적 단어들에는 나타나지 않았다.

Baumann과 DeSteno(2010)는 보고서에서 정서가 지각에 어떻게 영향을 미쳤는지를 다음과 같은 글로 시작하였다.

　　뉴욕 경찰에 의해서 1999년 2월 4일에 피살된 23세 Amadou Diallo의 죽음은 많은 사람의 기억에 신속한 위협 탐지가 가져온 비극적인 예로 남아 있다. 이 젊은 아프리카계 미국 젊은아가 지갑 속에 있는 신분증을 꺼내려고 윗도리에 손을 넣었을 때, 경찰들은 그가 총을 꺼내려고 한다고 생각하고 Diallo를 향해서 총을 열아홉 번이나 쏘았다(p. 595).

Baumann과 DeSteno가 수행한 실험들에서, 실험 참가자들에게 어떤 정서적 기억을 떠올리게 해서 그런 정서상태에 들어가게 하고 난 후에 어떤 판단을 하도록 했다. 특정 정서의 영향 하에서, 실험 참가자들은 0.75초 내에 사진 속에 있는 남자가 총을 쥐고 있는지 또는 중립적 물건을 쥐고 있는지 판단해야 했다. 분노에 의해서 그 중립적 물건이 총으로 오인되는 확률이 증가했다. 하지만 총을 중립적 물건으로 보는 확률은 증가하지 않았다. 그런 효과는 부정적 정서의 일반적 효과는 아니었고, 분노에 의해서 촉발된 위협 관련 신호에 의해 생긴 것이었다.

우리의 현재 기분과 느낌은 정서와 일관된 대상과 사건을 선택적으로 지각하게 만든다. 이것이 왜 정서와 기분이 지속되는지를 부분적으로 설명해 준다. 즉, 우리의 경험에 구축된 것은 정서와 일관성을 가진 대상과 사건을 지각하는 경향성이다. 그래서 우리의 경험이 오래 지속된다.

Niedenthal(2007)은 예를 들어 어떤 사람이 특정 정서를 특정 표정이나 제스처를 통해서 체화하고 나면, 그 사람은 그 정서에 맞추어서 판단을 할 가능성이 높아진다고 설명한다(제5장 참조). 이 절에서 개관한 그러한 발견들은 기분과 정서가 대상과 사건에 대한 지각을 현재 느낌에 근거해서 변경한다는 것을 시사한다. 즉, 현재의 목표와 관심사에 의해서 이러한 방식으로 행위가 결정되는 경우가 흔하다는 것이다.

주의의 영향

Wiiliam James는 그의 심리학 교과서(1890, vol. 1, p. 402)에서 다음과 같이 쓰고 있다. "나의 경험은 내가 주의를 기울이기로 한 것이다." 이것은 우리가 의식적으로 주의를 기울이지 않을 때에도 일어나는 일이다. 정서는 주의에 영향을 준다. 그 영향은 유입되는 정보를 여과하는 무의식적 처리에서 우리가 걱정할 때 의식적으로 집착하는 것까지의 전 영역에 걸쳐 있다.

주의에 대한 정서의 영향에서 가장 많이 연구된 것은 불안과 관련된 것이다. 불안은 주의를 협소하게 만든다(Mineka, Rafaeli, & Yovel, 2003). 불안할 때 우리는 불안해하는 것에 집중한다. 만일 계산을 해야 하는 과제를 하고 있다면, 그리고 실수하지 않는 것이 중요하다면, 주의를 집중하게 만드는 불안은 유용할 것이다. 하지만 만일 두려운 사건들에 지속적으로 집중하거나 안전에만 집중한다면, 다른 많은 중요한 문제를 간과하게 될 것이다(Eysenck, Derakshan, Santos, & Calvo, 2007). 불안은 일의 처리 용량을 독점해 버릴 것이며, 심지어 삶 전체를 장악해 버릴 수 있다. 이러한 문제가 있으면 불안장애로 고통받게 되는데, 제13장에서 이것을 다룬다.

불안을 일으키는 위협이 어떻게 주의를 장악하는지 연구하는 방법 중에서 한 가지는 정서 Stroop 검사(emotional Stroop test)가 있다. Stroop(1935)은 사람들에게 여러 가지 색깔이 쓰여 있는 빨강, 노랑, 파랑이라는 단어를 읽게 했다. 그리고 각 단어의 색깔을 말하라고 하면, 단어의 색깔과 그 단어가 담고 있는 색깔 이름이 다르면 응답 속도가 느려지는 것을 발견했다. 즉, 단어는 '빨강'인데 파란색으로 쓰여 있으며 '파랑'이라고 대답해야 하는 경우에는, 단어가 '빨강'이고 빨간색으로 쓰여 있으며 '빨강'이라고 대답하는 경우보다 응답 속도가 느렸다. 그 단어의 의미가 불수의적으로 주의를 끌어서 색깔을 답해야 하는 것을 방해한 것이다. 정서 Stroop 검사는 중립적 단어 또는 정서적으로 유의미한 단어를 보여 주면 정서 단어를 볼 때 그 단어의 색깔을 말하는 것이 느려지느냐를 알아보기 위한 것이다. Foa 등(1991)은 이 검사를 통해서 강간 피해자들이 강간과 관련된 단어를 볼 때 그 단어의 색깔에 대한 응답 속도가 느려진다는 것을 발견했다. 이러한 정신적 트라우마를 잘 극복한 사람들은 그런 단어들에 주의를 덜 빼앗겼다.

다른 종류의 연구에서 Calvo와 Avero(2005)는 중립적 장면 또는 정서적 장면이 담겨 있는 사진들(긍정적 장면, 상해 관련 장면, 위협 관련 장면)을 보여 주었다. 각 시행에서 중립적 사진과 정서적 사진이 나란히 있는 것을 3초 동안 보여 주고, 실험 참가자들의 안구운동을 측정하였다. 불안하지 않은 사람들과 비교해서, 불안한 실험 참가자들은 처음부터 중립적 사진보다 옆에 있는 정서적 사진을 보는 경우가 더 많았고, 처음 0.5초 동안 정서적 사진들을 더 오랫동안 보았다. 그 이후에는 정서적 사진을 보는 것을 피했다.

주의가 가지는 중요한 의미는 정서적 우선순위의 효과로 인해서 그 정서와 연관된 당면한 사건이나 물체에 우리가 집중하도록 한다는 것이다. Fenske와 Raymond(2006)는 fMRI 연구에 근거해서 이러한 효과를 개관하면서, 우리가 어떤 과제에 집중할 때는 그 과제와 무관하며 이전에 중립적이었던 형태, 물체, 사람들에 대해 정서적으로 덜 끌리게 된다고 하였다. Sharot, Korn, Dolan(2011)은 낙관적인 사람들(사실 약 80%의 사람들은 낙관적이다)이 미래에 부정적인 일들보다는 긍정적인 일들이 일어날 것이라는 편향된 낙관론에 집중한다는 것을 발견했다.

기억에 미치는 영향

정서가 기억에 미치는 영향을 이해하기 위해서, 기억이 어떻게 작동하는지에 대해 먼저 설명할 필요가 있다. 이것을 Frederic Bartlett(1932)의 획기적 연구에서 살펴볼 수 있다. 그는 사람들에게 어떤 이야기를 읽게 하고, 그 이야기를 읽은 후 즉시 또는 몇 년 후에 가능한 한 정확하게 그 이야기를 다시 말해 보라고 했다. 한 가지 유명한 실험에서, 그는 미국 토착민의 민속설화 「유령들의 전쟁(The War of the Ghosts)」을 평상 속도로 두 번 읽게 하였다. 그 이야기는 다음과 같다.

> 어느 날 밤, 이굴락에서 온 두 젊은이가 물개 사냥을 하려고 강을 따라 내려갔다. 거기에 있는 동안 안개가 끼고 사방은 조용하였다. 그때 그들은 전쟁의 함성을 들었으며, '싸우러 가는 집단이 있는 모양이다.' 라고 생각했다. 그들은 그 해안으로부터 달아나서 통나무 뒤에 숨었다. 그러자 카누들이 왔는데, 그 젊은 이들은 노 젓는 소리를 들었으며, 그중에 카누 한 대가 그들 쪽으로 오는 것을 보았다. 그 카누 안에는 남자 5명이 타고 있었으며, 다음과 같이 이야기했다.
>
> "어떻게 생각해? 우리는 너희가 같이 가면 좋겠다. 우리는 그 사람들과 싸우러 상류 쪽으로 가려고 해."
>
> 그중에 한 젊은이가 말했다. "난 화살이 없어."
>
> "화살은 카누 안에 있어." 그들이 말했다.
>
> "나는 같이 가지 않을 거야. 죽임을 당할 것 같아. 내 친척들은 내가 어디로 갔는지 몰라. 하지만 너는 같이 가도 돼." 그 젊은이가 다른 젊은이를 보고 말했다.

그러자 그 젊은이 중 한 사람이 갔다.

계속되는 이야기는 카누를 타고 있던 남자들과 같이 간 그 젊은이가 어떻게 전투에 참여하게 되었는지와 그 전투에서 화살을 맞았지만 아픔을 느끼지 않았으며, '아! 이들은 유령이구나.'라고 생각했다는 것을 말하고 있다. 이 이야기는 그 젊은이가 집으로 돌아오는 것으로 끝을 맺는다. 다음은 그 이야기의 마지막 몇 행이다.

그 젊은이는 그 이야기를 마치고 난 다음에 침묵했다. 해가 떠오르자 그는 쓰러졌다. 뭔가 시커먼 것이 그의 입에서 나왔다. 그의 얼굴이 일그러졌다. 사람들은 펄쩍 뛰면서 울부짖었다.
그는 죽었다.

여기 Bartlett의 실험 참가자 중 한 사람이 다시 쓴 이야기가 있다. 그에게 이 이야기를 읽은 후 처음 몇 달 동안 여러 번 이야기를 다시 써 보며, 그 다음 2년 반 동안은 그 이야기를 생각하지 않게 했다.

몇몇 전사가 유령들과 전쟁을 하러 갔다. 그들은 하루 종일 싸웠으며, 그중에 한 사람이 부상을 입었다.
그들은 아픈 동료를 데리고 저녁에 집으로 돌아왔다. 그날이 끝날 때 즈음에 그 사람의 상태는 급속히 나빠졌고, 마을 사람들은 그 사람 주위에 모여들었다. 해가 질 때 그는 깊은 한숨을 내쉬었으며, 뭔가 시커먼 것이 그의 입에서 나왔다. 그는 죽었다.

여기에서 보면, 이야기의 많은 부분이 없어지고 많은 부분이 달라졌다는 것을 알 수 있다. 기억으로부터 만든 이야기에는 그 남자가 해가 뜰 때가 아니라 해가 질 때 죽었다. 하지만 정서가 담긴 상세한 이야기 부분인 "뭔가 시커먼 것이 그의 입에서 나왔다."는 변경되지 않았다. Bartlett이 보고한 새로 쓴 많은 이야기에서도 이 부분은 대체로 바뀌지 않고 잘 보존되었다.
Bartlett은 우리가 말로써 설명할 때 우리가 사용하는 단어는 결코 정확하지 않다고 결론지었다. 우리가 지각하는 것은 우리의 의미구조에 동화(assimilation)된다. Bartlett은 그런 의미구조를 스키마(schema)라고 불렀으며, 여기에는 많은 양의 일반적 지식이 포함된다. 어떤 것을 회상하라고 하면, 실험 참가자들은 몇 가지 중요한 사항과 그 이야기에 대한 일반적인 정서적 태도를 취하고, 그 이야기가 어떻게 구성되어야 한다는 스키마에 근거해서 회상을 한다. 그러므로 이야기 스타일은 그 실험 참가자의 스타일이며, 사건들에 대한 기억은 그 사람의 문화에 적합한 방식으로 일어난다. 즉, 해가 뜰 때 죽는 것보다 저녁에 죽는 것이 문화적으로 맞다.

Bartlett이 말했듯이, 기억이란 다음과 같은 것이다.

……상상력을 동원한 재구성이며, 조직화된 과거 반응들과 경험들이 전체적으로 활성화된 것을 향한 우리의 [정서적] 태도인데, 거기에는 현출한 세부사항이 조금 들어 있다. …… 그러므로 결코 정확하다고 할 수 없으며…… 그러해야 함에도 불구하고 전혀 중요하지 않다(1932, p. 213).

한 집단은 20명의 실험 참가자로 구성되었는데, Bartlett은 그들이 이 이야기를 초기에 다시 만들어 낼 때 그 젊은이가 화살이 없다고 변명했다는 것을 단지 10명만 기억한 데 반해서, 18명이 그 젊은이가 자기 친척들이 자기가 어디로 갔는지 모른다고 변명한 것을 기억해 내었다. Bartlett은 이 연구를 제1차 세계대전이 끝날 때까지 했는데, 이 시기에는 사람들이 친척들과 헤어지는 두려움이 컸다고 하였다. 아마도 그런 것이 실험 참가자들로 하여금 친척을 이용해서 변명을 하는 이야기를 쉽게 떠올리고 또 기억하도록 했을 것이다.

우리의 기억은 얼마나 정확한가? Wagenaar(1986)는 4년 동안 그의 일상생활에서 일어난 일을 매일 기록했다. 그는 표준 기록지를 만들어서, 각 사건마다 누구와 연관되며, 그것은 어떤 것이며, 언제, 어디서 일어났는지 기록했다. 또한 그는 각 사건의 중요한 세부사항을 기록했

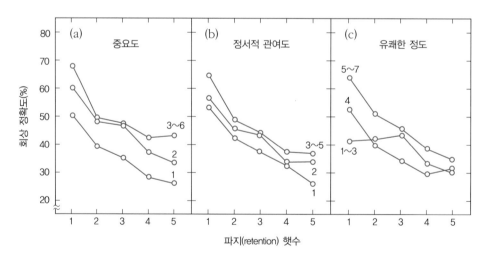

[그림 10-3] Wagenaar(1986)의 자전적 기억 연구. 각 그래프에는 5년 동안, 모든 단서가 주어졌을 때 정확하게 회상한 사건의 비율이 세 가지 변수의 함수로 나타나 있다. (a)에서 변수는 중요도이다. 이 그래프에서 3~6은 한 달에 한 번에서 일생에 한 번 일어난 사건을 나타내고, 2는 일주일에 한 번 정도 일어나는 사건, 1은 매일 한 번은 일어나는 사건을 나타낸다. (b)에서 변수는 정서적 관여도이다. 이 그래프에서 3~5는 중간 정도에서 극단적 정도 사이의 정서적 관여를 나타내고, 2는 관여가 거의 없는 경우, 1은 관여가 아예 없는 경우를 나타낸다. (c)에서 변수는 유쾌한 정도이다. 5~7은 유쾌함에서 극단적인 유쾌함을 나타내고, 4는 중립적인 경우, 1~3은 불쾌함에서 극단적인 불쾌함을 나타낸다.

고, 다음과 같은 세 가지 기준으로 그것을 평가했다. 그 기준은 현출성(salience: 이런 것들이 얼마나 자주 일어나는가, 즉 매일 일어나는가 또는 일생에 한 번 일어나는가), 정서적 관여도(emotional involvement), 유쾌한 정도(pleasantness)였다. 동료 한 명이 그 모든 사건을 소책자에 타이핑해 넣었다. 그래서 그 사건들을 다시 회상할 때는 그 세 가지 기준과 네 가지 회상 단서(누가, 무엇을, 어디서, 언제)를 차례로 얻을 수 있었다. 그의 과제는 다른 모든 단서를 회상하는 것이었으며, 그 네 가지 회상 단서가 주어졌을 때, 중요한 세부사항을 회상하는 것이었다. 만일 그가 이 모든 것을 성공적으로 하지 못하면, 그 사건은 완전히 망각한 것으로 점수를 매겼다. 5년에 걸쳐서 완전히 망각한 사건은 약 20%에 달했다. 하지만 [그림 10-3]에서 보듯이, 대부분의 사건에서 세부사항들을 완전히 기억하지는 못했으며, 회상은 시간이 가면서 훼손되었다.

목격자 증언

만일 당신이 어떤 범죄의 목격자라면 어떨까? 그 사건에 대한 당신의 기억은 어떻게 영향을 받을까? Bartlett(1932)의 법칙들 및 Loftus와 Doyle(1987)의 연구를 알고 있는 심리학자들은 목격자 증언에 흔히 오류가 있다는 것을 안다. 확실하다는 생각이 그 기억이 올바르다는 것을 의미하지 않는다. 영국에서 〈Devlin 보고서〉(범죄에 대한 잘못된 유죄 선고 사례를 검토하기 위해서 만들어진 공식적 위원회가 만든 보고서)는 목격자 증언에 근거해서 유죄를 선고하는 것은 그 정황이 예외적이거나 그 증언이 다른 증거들로 보강되는 경우를 제외하고는 신뢰할 수 없다고 권고하였다.

스트레스를 주는 사건들에 대한 많은 기억연구가 이루어져 왔다(Christianson, 1992). 여기 매력적이고 독특한 연구가 있다. 밴쿠버 교외에서 어떤 도둑이 총기 판매점에서 무장강도짓을 한 5개월 후에, Yuille와 Cutshall(1986)은 이전에 그 사건 때문에 경찰과 면담한 13명의 목격자를 다시 면담할 수 있었다. 그 도둑은 총기상 주인을 결박하고서 돈과 총기 여러 정을 가지고 도망갔다. 그 주인은 스스로 결박을 풀고, 권총을 들고 밖으로 나가서 그 도둑의 차 번호를 보았다. 그 도둑은 아직 출발 전이었는데, 여러 사람이 보는 앞에서 그 주인을 두 번 쏘았다. 잠시 후에 그 주인은 그 도둑을 향해서 권총을 여섯 발 발사했고, 그 도둑은 사망했다. 그 주인은 회복되었다. 그 도둑이 죽었기 때문에 법적으로 다툼의 여지가 없었다. Yuille와 Cutshall은 이 사건을 재구성하기 위해서 이 사건에 대한 완전한 범죄 수사 증거가 있는 경찰의 파일에 접근할 수 있었다. 경찰이 찍은 사진들도 있고 목격자들의 증언도 있었는데, 범죄 수사 증거와 목격자 증언은 서로를 확증해 주었다. Yuille와 Cutshall은 행위와 사람들이 말한 것, 그리고 증거물들에 대한 세부사항들을 작성했다.

연구를 위한 그들의 면담에서 Yuille와 Cutshall은 그 상점 주인과 도둑을 직접 마주친 목격 자들이 이 사건 때문에 큰 스트레스를 받고 있다고 했으며, 이 사건이 있은 후에 여러 날 동안 잠을 잘 못 잤다는 것을 알았다. 한편, 이 사건에 덜 연루된 목격자들은 정서적 스트레스를 그 렇게 많이 받고 있지는 않았다는 것도 알았다. 목격자들은 이 사건에 대해서, 그 도둑의 차 색 깔과 그 사체를 덮어 놓은 담요의 색깔과 같은 세부적인 것에 대해서 상당히 정확했다. 경찰 과 면담할 때 스트레스를 받은 목격자들은 세부사항의 93%를 정확하게 기억했다. 5개월 후에 이루어진 연구면담에서는 88%를 정확하게 기억했다. 스트레스를 덜 받은 목격자들은 그 비 율이 낮았다. 즉, 경찰의 면담과 나중에 있었던 연구면담에서 정확률은 약 75%였다. 그러므 로 기억의 정확도는 정서가 관여된 사건에서 더 증가하는 것으로 보인다.

하지만 Bartlett이 논의한 것처럼, 그런 사건들 역시 재구성의 과정을 거치게 된다. Pynoos 와 Nader(1989)는 1984년 2월 24일 로스앤젤레스의 한 학교에서 일어난 총격 사건 현장에 있 었던 학생들을 면담했다. 범인들은 학교 반대편에 있는 아파트에서 운동장에 있는 초등학교 학생들에게 탄창을 바꾸어 가며 여러 차례 총을 쏘았다. 지나가던 한 사람과 한 아이가 사망 하고 13명의 아이와 운동장 관리인이 총상을 입었다. 그 후 6~16주 동안 113명의 아이를 면 담했는데, 특징적인 왜곡이 있었다. 총상을 입은 아이들은 그 사건으로부터 정서적으로 자신 을 떼어 놓았다. 5명의 아이는 면담할 때 그들이 입은 가벼운 총상을 언급조차 하지 않았다. 반면에 그날 학교에 없었던 아이들 또는 집으로 돌아가고 있었던 아이들은 그 사건 현장에 가 까이 있었던 것처럼 말하는 경향이 있었다.

연구에서 도출한 확고한 결론은 우리가 정서적으로 강력했던 사건들을 더 잘 회상한다 는 것이다. 이런 현상은 일상에서도 일어나고 연구실에서도 관찰된다(Levine & Pizarro, 2004; Levine & Edelstein, 2009). 만일 어떤 사건이 중요하고 특이한 것이라면, 만일 외상적 사건들에 대한 플래시백(flashback)이 일어난다면, 그 사건은 기억에서 현출하게 된다.

특별히 강력하고 정서적으로 트라우마를 주는 사건들, 예를 들면 치료 도중에 회상되는 아 동의 성적 학대와 같은 사건에 특정 형태의 기억 억제가 있는가에 대한 질문은 광범위한 논란 을 일으킨다. 많은 연구자가 이러한 가능성을 부정하지 않는다. 하지만 그것이 과거에 그런 일이 있었다고 의도적이거나 부주의하게 암시를 받아서 쉽게 일어날 수 있으며 암시를 받은 사람은 그런 일이 실제로 있었다고 믿게 되기 때문에 그에 대해 회의적이기도 하다(Hardt & Rutter, 2004; Loftus & Davis, 2006).

설득

　제1장에서 우리는 Aristotle이 정서는 설득에 있어 중요하다고 말한 것을 보여 주었다. 관련 연구는 정서와 설득(persuasion)에 관한 더 복합적인 견해를 주고 있지만, 그것도 Aristotle의 정서에 관한 전반적 강조점과 다르지 않다.

　설득력 있게 해 주는 요인들은 그 의견을 듣는 사람과 의견 그 자체가 가지고 있는 정서에서 일관성이 있어야 한다. 예를 들면, 만일 어떤 정치가가 공직에 출마할 때 분노한 지지자 집단을 행동하도록 만들기 위해서는 불공정과 비난에 초점을 맞춘 분노 관련 용어들로 의사소통을 하는 작전을 짜는 것이 효과적이다.

　DeSteno, Petty, Rucker, Wegener, Braverman(2004)은 실험 참가자들에게 가상적인 신문 기사들을 읽게 해서 슬픔이나 분노를 느끼도록 만들었다. 그런 다음에 실험 참가자들에게 세금이 인상된다(많은 미국인에게 달갑지 않은 소식이다)는 두 종류의 고지서 중에서 하나를 주었다. 한 가지 고지서는 슬픔을 일으키도록 만들었는데, 세금을 인상해서 도움이 필요한 유아들과 노인들을 돕는다는 것이었다. 다른 고지서는 분노를 일으키도록 만들었는데, 세금을 인상해서 범죄자들이 빠져나가지 못하도록 세부 법령을 만들고 교통 체증이 악화되는 것을 방지하겠다는 것이었다. 슬픔을 느낀 사람들은 슬픔을 일으키도록 만든 세금 인상 고지서에 더 우호적이었고, 분노를 느낀 사람들은 분노를 일으키도록 만든 세금 인상 고지서에 더 우호적이었다.

　Briñol, Petty, Barden(2007)은 정서가 사람들이 가지는 확신에 영향을 주어서 또 다른 방식으로 설득에 영향을 미친다는 것을 발견했다. 실험 참가자들은 처음에 강한 설득의 메시지 또는 약한 설득의 메시지를 읽었다. 그것에 대해 자신들이 생각한 것의 목록을 만들도록 한 후에, 행복을 느끼거나 슬픔을 느끼게 만들었다. 슬픈 사람들보다는 기쁜 사람들이 그들의 생각에 대해 더 확신을 가지게 되었다. 슬프게 된 사람들과 비교해서, 행복하게 된 사람들에게는 그 메시지에 담겨 있는 논증의 질이 태도를 바꾸는 데 더 많은 영향을 주었다.

도덕적 판단

　이 장 서두에서 Eadweard Muybridge의 비극적인 이야기를 했는데, 그가 안와전두피질에 손상을 입고 나서 그의 정서와 도덕적 삶을 영위하는 능력이 어떻게 변해 버렸는지를 보았다. 더 일반적인 결론은 정서가 잘 작동할 때는 도덕적 판단(moral judgment)의 지침이 되어서, 옳고 그른 것 그리고 인성과 덕성에 대한 판단을 할 수 있다는 것이다. 이 결론은 이 책의 중심 주제와 일치하는데, 그것은 정서가 사회생활의 기본이라는 것이다.

비록 지금은 변화가 일어나고 있지만, 도덕적 판단에 대한 이러한 견해를 철학과 심리학에서 폭넓게 받아들이지 않았다. 더 광범위하게 받아들여진 견해는 전망을 하고 비용-편익 분석 그리고 권리와 의무를 고려하는 것과 같은 정교한 과정들을 거쳐서 도덕적 판단이 이루어진다는 것이었다. 이러한 전통에서 도덕 철학자들은 도덕적 판단에 정서가 들어설 여지가 있다는 데 회의적이었다. 예를 들면, 직관적으로는 동정과 연민의 느낌이 도덕적 판단에 중요하다고 생각할 것이다. 하지만 유명한 철학자인 Immanuel Kant의 견해는 그렇지 않다. 그는 동정이 옳고 그름의 판단에 근거할 수 없다고 했는데, 그 이유는 맥락과 문화에 보편적인 도덕적 판단의 지침이 되기에는 동정이 본질적으로 주관적이며 맹목적이고 신뢰할 수 없기 때문이라는 것이다.

그런데 더 최근에 연구자들은 정서가 사회-도덕적 직관으로 작용한다고 주장하고 있으며(Haidt, 2001; McCullough et al., 2001), 더욱이 정서가 도덕적 판단을 증폭시킨다고까지 주장한다(Horberg, Oveis, & Keltner, 2011). 이 견해에 따르면, 특정 정서를 신속하고 자동적으로 경험하면 의식적 수준에서 정교한 계산 없이도 옳고 그름, 덕성, 처벌에 대한 직관력이 생긴다(Greene & Haidt, 2002; Haidt, 2003). 이러한 정서적 직관은 사고하고 타인들과 토의하는 것으로 이어질 수 있다(Haidt, 2007).

Jonathan Haidt는 도덕적 직관의 여러 범주를 구분하기 위한 사례를 만들었는데, 그런 직관 범주들은 신속하고 자동적으로 의식에 떠오르며 그 속성상 정서적이다(Haidt, 2007). 첫째, 동정과 염려와 같이 피해(harm)와 관련된 정서들이 있다. 그것은 연약함과 보살핌이 필요하다는 지각에서 유래한 것이다. 그러한 정서들은 친사회적 반응을 일으킨다(Batson & Shaw, 1991; Eisenberg et al., 1989). 이러한 정서들은 아마도 우리의 진화과정에서 나타난 것인데, 우리 포유류들의 유산이 후손을 보살피고 이러한 보살핌을 가족과 가까운 사회 집단으로 확장시키는 것이기 때문이다. 최근의 연구들을 보면, 일시적 연민의 느낌도 사람들로 하여금 다른 사람과 자신이 공통의 인간성을 가지고 있다는 것을 깨닫게 하며, 그렇게 해서 친사회적 행동을 더 많이 하게 만든다(Oveis, Horberg, & Keltner, 2010). 또한 연민을 느끼는 사람은 덜 가혹하다(Condon & DeSteno, 2011). 심지어 유아들도 도덕적 직관을 가지고 있다는 것이 밝혀졌다. Warneken과 Tomasello(2009)는 12개월 된 아이들이 스트레스를 받고 있는 상대방을 위로해 주었으며, 14~18개월 된 아이들도 자발적이고 보상 없이 다른 사람을 도와준다는 것을 관찰했다.

둘째, 정서와 관련된 공정성, 상호성, 정의가 있는데, 진화 이론가들이 상호이타성(reciprocal altruism)이라고 부르는 것으로서 아마도 진화과정에서 발생하였을 것이다. 그래서 우리는 누가 보상을 받을 만하고 누가 사기꾼인가를 가려내는 예민함이 있다. 여기에서 언급한 많은 정서는 타인의 비난(condemnation of others)과 관련된 것으로 분노, 혐오, 경멸 등을 포함하는데, 다른 사람들에게 불공정하게 대하거나 상해를 입히는 부도덕한 행위를 할 때 나타나는 것이다(Lerner, Goldberg, & Tetlock, 1998). Buckholz 등(2008)은 fMRI 연구를 통해서 편도체와 내측 전두피질을 포함하는 뇌 영역의 활동이 여러 종류의 범죄에 대해서 실험 참가자들이 적절하다고 여기는 처벌의 크기를 예측해 준다는 것을 발견했다.

상해와 보살핌에 대한 시초의 연구들 중에서 '트롤리학(trolleyology)'이 있다. 이 패러다임은 Foot(1967/1978)이 개발했는데, 철로에 5명의 사람이 묶여 있고 전차가 통제 불능으로 그들을 향해 달려가서 그들이 사망하는 상황문(vignette)을 사람들에게 읽도록 하는 것이다. 실험 참가자들에게 그 전차의 선로를 변경해서 다른 쪽으로 가도록 하면 한 사람만 죽게 되는데, 그렇게 하겠냐고 물어보는 것이다.

Waldemann과 Dieterich(2007)는 이 상황문을 변경해서, 선로 위 육교에 덩치가 아주 큰 한 사람이 있는데 이 사람을 밀어서 선로 위로 떨어뜨려서 전차에 치어 죽게 함으로써 전차가 멈추어서 철로에 묶여 있는 5명은 살게 되는 경우라면 그렇게 하겠냐고 실험 참가자들에게 물어보았으며, 그 결과를 비교해 보았다. 사람들은 전차 선로를 바꾸는 경우에는 기꺼이 그렇게 하겠다고 했지만, 그들의 직관력은 그 덩치 큰 한 사람을 밀어서 죽게 함으로써 더 많은 사람을 구하겠다는 결정을 할 때는 망설이게 했다. Greene 등(2001)은 여러 가지 전차 문제(trolley problem)로 사람들을 도덕적 딜레마에 빠지도록 하고, 그들의 뇌활동을 fMRI로 측정해 보았다. 그들은 도덕적 딜레마가 심한 정도에 따라 정서 처리에 관여하는 뇌 영역들이 체계적으로 변화하며, 이러한 변형은 정서적 관여가 도덕적 판단들과 연관된다는 것을 발견했다. 이 발견은 Haidt의 도덕적 판단의 정서적 속성과 일치한다.

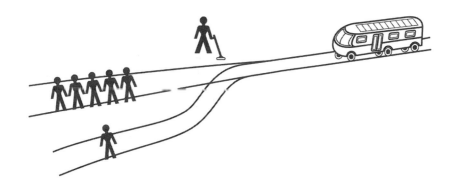

[그림 10-4] Philippa Foot(1967/1978)이 만든 전차 문제. 짧은 상황문을 사용해서 도덕적 직관을 검사한다.

공정성에 관한 두 번째 연구 추세는 흔히 최후통첩 게임(Ultimatum Game)을 사용하는 것이다. 두 사람이 이 게임을 하는데, 한 사람은 제안자로서 실험자가 준 돈을 어떤 비율로 나눌 것인지 제안한다. 다른 한 사람은 응답자로서 제안자가 제안한 대로 돈의 일부분을 받을 것인지 말 것인지 결정한다. 만일 응답자가 거절하면, 두 사람 다 돈을 한 푼도 갖지 못한다. 제안자가 돈을 반반씩 나누어 가지자고 제안하면, 그것은 공평해 보이므로 제안자는 수락할 것이다. 하지만 전통적인 경제학 이론에 대치되게, 제안자가 7:3, 8:2, 또는 9:1처럼 자기에게 이익이 되도록 제안하면, 응답자는 그 불공평함에 화가 나서 그 제안을 거절한다. 이러한 행동은 흔히 비이성적이라고 할 수 있는데, 그 응답자가 어쨌든 어느 정도의 돈이라도 받는 것을 포기해야 하기 때문이다. 이러한 일이 일어나는 것은 정서적 이유 때문일 것이다. Osumi와 Ohira(2009)는 제안을 수락하는 것과 비교해서 제안을 거절하는 것의 결과는 심박률이 낮아지는 것이라고 했다. 더 불공평한 제안을 받을수록 심박률은 더 많이 낮아졌다. Gospic 등(2011)은 응답자들이 이 게임을 할 때 그들의 뇌활동 fMRI를 찍었다. 그들은 불공평한 제안을 받고 응답자가 거절할 때는 편도체의 반응이 유발됨을 발견했는데, 이는 연구자들이 즉시적 공격성 반응이라고 명명한 것이다. 또한 그들은 응답자들에게 벤조다이어제핀을 투여하면 불공평한 제안을 받고 거절하는 비율이 37.6%에서 19%로 낮아지며, 이것은 편도체 활성의 저하와 연관된다는 것을 발견했다. Harlé와 Sanfey(2010)는 이 게임에서 불공평한 제안을 거절하는 것이 분노와 같은 접근(approach) 정서보다는 혐오와 같은 철수(withdrawal) 정서에 의해서 촉진된다는 것을 발견했다. 마땅히 그래야 한다는 생각(idea of deservingness)은 중요하다(Feather, 2007). 누가 어떤 대접을 받아야 하는지, 상응한 상벌이 주어지지 않을 때에 일이 어떻게 되어야만 하는지 등은 정서의 영향을 받는다.

문화 간 연구를 통해서 Haidt는 도덕적 직관과 연관된 도덕적 정서 세트를 더 많이 소개하였다(Haidt, 2007). 그중 한 세트는 자신을 향한 것으로서, 때때로 다른 사람들의 혐오스러운 행위를 비난하는 것에 상응하는 방식으로 행해진다. 이러한 것들을 자기비난(self-critical) 정서라고 한다. 수치심, 당혹감, 죄책감 등이 그에 해당하는데, 이는 미덕과 인성에 관한 생각 또는 도덕적 법칙 등을 위반했을 때 일어나며, 도덕적 행동을 하도록 동기를 불러일으킨다(Baumeister, Stillwell, & Heatherton, 1994; Keltner & Anderson, 2000; Keltner & Buswell, 1997; Tangney et al., 1996). 또한 Haidt는 다른 사람을 칭송하는(other-praising) 정서 세트도 소개하고 있는데, 가장 잘 알려져 있는 것으로는 감사, 경외가 있다. 이는 다른 사람의 도덕적 덕성을 인정하는 신호이다(Haidt, 2003; Keltner & Haidt, 2003).

소설과 영화: 〈여덟 번째 계명〉

〈십계명(The Decalogue)〉는 Krzysztof Kieslowski와 Krzysztof Piesiewicz가 각본을 쓰고, Kieslowski가 감독을 한 10부작 영화인데, 성경의 십계명(The Ten Commandments)에서 영감을 받은 것이다. 이 영화는 인간의 행위들이 다른 사람에게 어떤 영향을 미치는지에 관한 것이다. 영화 제작자들은 일반적이라고 인식되지만 동시에 비정상적인 상황들에 관한 영화를 만들고 싶었다고 하는데, 등장인물들은 가볍게 취급할 수 없는 곤란한 선택들에 직면한다.

심리학에서 윤리적 의사결정은 Kohlberg(1969)에 의해서 연구되었다. 그는 사람들에게 질문을 제기할 상황문을 만들었다. 가장 유명한 것은 Heinz 이야기이다. Heinz의 아내는 죽어 가고 있다. 그녀를 치료할 수 있는 약을 시내에 있는 약제사가 가지고 있지만, 10배나 비싼 값을 내라고 한다. Heinz는 돈이 없고 어디서 빌릴 수도 없다. Kohlberg의 질문은 다음과 같다. "Heinz는 그 약을 훔쳐야 하나?" 그는 아동이 청소년으로 발달하는 과정 중에 어떤 선택을 하는지, 그리고 이 문제에 대해서 어떤 생각을 하고 왜 그런 선택을 하는지 추적해 보았다. 그런 상황문은 윤리적 사고의 발달을 연구하는 데 유용하다. 하지만 윤리적 선택의 정서들을 이해하는 데 훨씬 좋은 것은 소설과 단편 소설, 연극, 영화 등이다. 〈십계명〉 10부작은 우리에게 문제를 제시해서 우리가 윤리적 선택을 해야 하는 상황에 처하는 상상을 하고, 우리의 공포와 올바른 일을 하려는 갈망과 연관된 사회적 세상을 경험하도록 한다. 도덕 정서와 사회적 행위에 관한 심리학 과목 하나를 상상해 보자. 그 수업에서는 상황문을 사용하는 대신에 매주 그 수업에서 학생들이 이 10부작 영화를 하나씩 보고, 자기라면 다른 사람에게 선을 행할 것인지 또는 피해를 입힐 깃인지에 대해 토의해서 자신들을 이해할 수 있을 것이다.

영화 〈여덟 번째 계명(Decalogue 8)〉은 성경의 십계명 중에서 "네 이웃에 대하여 거짓 증거를 하지 말지니라."에 근거한 것이다. 이것은 전기의 일부분을 수업에서 그렇게 사용한 어떤 윤리학 교수에 관한 것이다. Zofia(Maria Koscialkowska가 연기함)는 바르샤바 대학의 윤리학 교수이다. 뉴욕에서 그곳을 방문한 연구원 Elzbieta(Teresa Marczewska가 연기함)는 Zofia 교수의 수업에 초대받았다. 토론 수업이 시작되었고, Elzbieta는 어떤 문제를 제기할 기회를 얻었다. 때는 1943년, 장소는 나치 점령하의 바르샤바이다. 한 가족이 6세 유태인 소녀의 대부모(godparents)가 되겠다고 말한다. 그러면 그 소녀는 세례를 받고 입양되어서 나치 집단수용소로 가는 것을 면할 수 있다. 그런데 대모가 되겠다고 자원한 여자가 마음을 바꾸었다고 말했다. 그녀는 자신의 종교가 거짓 증언을 하는 것을 금하고 있다고 했다.

이러한 결정을 하는 것은 그 여자가 그 6세 소녀에게 사형 선고를 하는 것이나 마찬가지이다. 하겠다고 말해 놓고 마음을 바꾸는 것이 정당한가? 그녀는 자신이 말한 그 이유 때문에 거절했는가?

Elzbieta가 말한 이 이야기에서 다른 가족이 그 6세 소녀를 구했고, 그 소녀는 자라서 미국으로 갔다. 그 어린 소녀가 바로 Elzbieta이며, 나중에 연구원이 되었다.

Zofia 교수가 바로 그 소녀의 대모가 되겠다고 했던 여자였다. 왜 Zofia는 Elzbieta를 입양하기를 거부했을까? 대학의 윤리학 수업 중에 있었던 이러한 극적인 만남에서 Zofia는 Elzbieta에게 만족할 만한 설명을 할 수 있었을까? 이 영화는 아름답고 정서적으로 감동을 준다. 그리고 우리가 안전히 빠져들 만한 질문을 던진다.

마지막으로, 신체적·영적 순수성에 대한 관심사는 여러 문화의 도덕적 체계에서 중요하며, 혐오 정서와 연관된다. 예를 들면, 최면에 의해서나, 악취를 맡거나, 혐오스러운 장면을 보고 혐오를 느낀 사람들은 다른 사람의 범죄행위를 더 많이 비난하고(Wheatley & Haidt,

2005), 외집단에 속해 있다고 생각하는 사람을 더 많이 비난하는 경향이 있다(Dasgupta, DeSteno, Williams, & Hunsinger, 2009). 더 일반적으로, 다른 사람들의 행위에 대해서 도덕적 판단을 할 때 신체적·영적 순수성에 가치를 두는 경향이 있다(Horberg, Oveis, Keltner, & Cohen, 2009; Schnall, 2011). 정서가 연루된 또 다른 도덕적 직관들은 내집단-외집단 역학, 충성심의 중요성, 권위, 존경과 복종의 중요성과 연결되어 있다. Haidt(2001, 2007)는 최초의 직관적 정서가 생긴 다음에 토의를 거친 느리고, 노력이 들어간, 그리고 정교한 추론과정이 생겨서 우리의 도덕적 판단에 영향을 준다고 하였다. 우리가 이전에 기초적이고 어림셈에 의한 평가 절차(시스템 1)와 느리고 정교한 이차적 평가(시스템 2), 그리고 다른 사람과 의견을 나누고 논의하는 세 번째 단계에 대해서 논의했던 것을 기억하라. 도덕과 관련된 사건을 접하게 되면, 우리는 그 증거를 고려하고, 논리적 원리와 윤리적 원리들을 생각하고, 여러 행위에 대한 결과를 토의한다. 정서적 직관은 이러한 정교하고도 복잡다단한 과정에 개입한다.

정서와 법

Marcus(2002)는 민주주의와 정의가 포함된 국가의 이상은 정서 없이는 달성될 수 없다고 하였다. 정서와 법은 새롭게 부상하는 분야인데, 철학자들(Nussbaum, 2004)과 심리학자들(Finkel & Parrott, 2006), 변호사들(Maroney, 2006)이 이 분야에 공헌하고 있다. 이 분야의 주제들은 정서가 어떻게 도덕적 관념과 다른 사람을 판단하는 것에 연관되어 있느냐는 것이다. 우리는 또한 정서와 법적 문제들이 어떻게 상호작용하는지도 살펴본다. 예를 들면, 법조계에 종사하는 사람들이 정서에 의해서 어떻게 영향을 받고, 어떻게 증거를 이해하느냐는 것이다.

Terry Maroney(2006)의 사려 깊은 논문은 이러한 주제를 시작하기에 적합하다. 그녀는 서로 다른 정서가 각각의 법률들과 밀접히 연결되어 있다고 지적한다.

> 형사법은 공포와 비탄, 회한을 반영한다. 가족법은 (이상적으로는) 사랑과 애착의 촉진을 모색한다. 민사법은 정서적 고통을 다룬다. 소송 당사자들은 법적 장치에 호소해서 정서적 만족을 찾는다. 법적 의사결정권자들은 그들의 소송 사건에서 강한 감정을 가질 수 있다(p. 120).

이 절에서 우리는 형사법에 주목할 것이다. 형사법은 실제적 중요성이 있고, 계속 관심을 두어야 하는 분야이다.

도덕의 법칙, 의무의 법칙

어떤 법률은 신호등이 빨간불일 때는 멈추어야 한다고 명한다. 다른 법률은 우리에게 상해를 입히지 않은 사람을 공격하면 안 된다고 명한다. 우리는 그런 법률들이 대부분의 사람에게 유익하다고 여긴다. 하지만 법의 다른 측면이 있다. 처벌에 대한 공포를 주는 강제력인데, 경찰, 법원, 투옥 등이 그런 것이다.

앞 문단은 다분히 실제적인 것을 설명한 것인데, 그러면 법이란 그 본질이 무엇일까? 특정 방식으로 행동하라는 명령들의 집합인가? 비유를 들자면, 어떤 사람이 우리에게 돈을 내놓으라고, 그렇지 않으면 쏘아 버리겠다고 하는 것과 비슷하다. H. L. A. Hart는 그의 유명한 책 『법의 개념(The Concept of Law)』(1961)에서 그것이 좋은 출발점이라고 이야기했는데, 따르지 않을 경우에 재제를 받는 의무적 행동을 말하고 있기 때문이다. 그런데 Hart는 이 책 전반부를 그 비유가 아주 잘 맞지는 않다는 것을 보여 주는 데 할애하고 있다. 예를 들면, 그 총을 가진 사람이 명령을 내리는 상황에서는 외부적 제한 조건만 있고, 또한 한 사람만이 그 제한 조건에 처하고 있다. 그런데 법을 준수하는 사회에서는 내부적 제한 조건도 있으며, 그 법은 만인에게 공통으로 적용된다. 그러므로 법은 명령(order)보다는 규칙(rule)이라고 보는 것이 맞다. 그래서 법의 외현화된 규칙들에 상응하는 것들이 있는데, 게임의 규칙과 우리가 유아 때부터 자라오면서 어떻게 살아야 하는지에 대해 내면화한 심리적 규칙들이 그런 것이다.

Hart는 계속해서, 법에는 규칙들이 오직 한 세트만 있는 것이 아니라 두 세트가 있다고 말한다. 일차적 규칙들은 해야 하는 행위와 삼가야 할 특정 행위들에 대한 의무사항들이다. 이런 규칙들은 성문화되어 있다. 이차적 규칙들에는 입법기관이 일차적 규칙들을 만들고 폐기하는 절차들이 포함된다. 이차적 규칙의 한 가지 기능은 일차적 규칙들이 사회의 도덕적 감각에 맞는 장치가 되도록 하는 것이다. 정당한 이유 없이 다른 사람을 살해하는 것을 금지하는 법은 전 세계에 모두 있다. 그런 법은 인간의 취약성에 대한 지각과 상해를 줄이고자 하는 우리의 도덕적 직관에 근거하고 있다. 내적인 도덕적 감각과 특정 법률이 상응한다는 것은 사회조사를 통해서 잘 알려져 있다(Stylianou, 2003). 계획적으로 사람을 죽이는 것(살인)은 가장 악랄한 범죄이며, 가장 엄중한 처벌을 받는다는 것을 사람들은 잘 알고 있다. 또한 배우자가 다른 사람과 동침하는 것을 우연히 발견하고 질투심에 불타서 살인을 하는 것보다 강도살인이 더 나쁘다는 것도 이해할 수 있다. 미국 법에 이런 차이가 나타나 있는데, 범죄를 저지르면서 사람을 죽이면 살인(murder)이고, 홧김에 사람을 죽이면 고의적이지 않은 살인(manslaughter)으로 감형이 된다.

법이란 그러한 태도들이 정제된 것이다. 이전 절에서 논의한 대로, 다른 사람에게 상해를 입히지 말아야 한다는 정서적-도덕적 직관에 근거해서, 나쁜 행동을 한 사람들이 처벌받는 것이 옳다고 느낀다. 어떤 사회에서는 다른 사람에게 상해를 입히려는 충동은 복수를 당한다는 공포에 의해서 제지된다. 이러한 제재는 고대 문헌들에 잘 나타나 있다. 예를 들면, Miller(2006)는 중세 아이슬란드의 영웅 전설에 대해서 설명하고 있다. 게르만족의 법과 영국의 법에는 개인이 분노에 차서 복수를 하지 못하도록 하는 전통이 있는데, 그렇게 하면 전체 사회가 붕괴되고 복수가 끝없이 이어지기 때문이다. 그래서 그 지방의 특별 관리들이 그 범죄를 조사하고 처벌하는 기능을 담당한다.

사람들은 예의 바르게 행동하는 사람을 좋아하며, 무례한 사람은 싫어하고, 분노를 느끼고, 혐오스러워하고, 경멸한다. 소설에서도 이런 것을 볼 수 있다. Zillmann(2000)은 성향이론 (disposition theory)이라는 높이 살 만한 이론을 제안했다. 이 이론에 따르면, 우리는 예의 바른 가상 인물을 좋아하고 무례한 가상 인물은 싫어하는 성향이 있다. Zillmann은 소설에 심취한 사람은 누구나 "소설 속 인물의 의도와 행위를 칭찬하거나 비난하는 도덕적 감시자"라고 했다 (p. 38). 형사법은 사회에서 이 역할을 한다.

소설에는 이러한 주제에 대한 유용한 증거가 있는데, 좋아하는 인물이 예의 바르게 행동하면서 성공하면 사람들은 기쁨을 느끼고, 좋아하지 않는 인물이 무례하게 굴면서 성공하면 불쾌함을 경험한다(Weber, Tamborini, Lee, & Stipp, 2008). 또한 선한 인물이 그에게 고통을 주는 나쁜 인물을 응징하거나 악한 인물이 처벌받을 때, 사람들은 그 복수나 처벌의 수위에 민감하다. 그런 것이 적절할 때 그 이야기를 더 즐긴다. 심지어 '시적 정의(poetic justice)'라는 명칭도 있다.

정치가들은 흔히 범죄를 용인하지 않겠다고 말한다. 이 말은 곧 처벌 수위를 높이겠다는 의미이며, 실제로 그들은 그렇게 한다. 그렇게 하면 유권자들에게 인기를 얻는데, 우리에게 나쁜 짓을 한 사람은 처벌받아 마땅하다는 정서적-직관적 감각이 있기 때문이다. 일벌백계가 범죄를 줄일 수는 있겠지만, 정치가들이 말하지 않는 사실이 있다. 그것은 더 가혹한 법적 처벌이 범죄를 감소시키지는 않는다는 강력한 증거가 있다는 것이다(Webster & Doob, 2011). 범죄를 감소시킬 수 있는 더 나은 방법은 범죄가 발각될 수 있는 확실성을 높이는 것이다 (Durlauf & Nagin, 2011). 하지만 이것은 더 실행하기 어렵다.

실제 삶과 픽션에서 사람들이 선한 행동과 악한 행동에 대해 느끼는 감정은 추리 소설, 스릴러물, 〈법과 질서(Law and Order)〉와 같은 법정 장면이 나오는 TV 프로그램을 봐도 같이 일어난다. 이러한 프로그램을 하나 보고 당신이 좋아하는 것과 싫어하는 것이 무엇인지 알아보라. 그리고 범죄자가 체포될 때 느끼는 당신의 정서를 관찰해 보라. 그 프로그램에서 수사관들이 미국에서 실제 경찰들이 사용하는 방법을 사용하는 것을 보라. 그것을 'Reid 기법'이라고 한다. 이 기법은 먼저 피의자가 유죄라고 가정하고, 그 가정에 따라 피의자를 언어적으로 공격한다. 그래서 수사관들은 피의자의 불안이 증가하도록 만들고, 유죄의 증거를 들이댄다(허구의 증거도 사용 가능). 그러고는 수사관들은 당신을 이해한다고 말함으로써 피의자의 신뢰를 얻으려고 한다(Gudjonsson & Pearse, 2011). 이러한 상황에 처하게 되면 당신의 감정은 어떻겠는가? 이 기법은 생각한 것 이상으로 허위 자백을 받아 낼 비율이 높다.

　기본적으로 추리소설이 매력적인 것은 범행의 단서를 추적하는 것이 흥미롭기는 하지만 꼭 그것 때문만은 아니다. 그것은 살인이나 강간과 같은 흉악한 행위가 가상의 사회를 파괴하며, 범인을 확인하고 처벌해서 그런 파괴행위를 바로잡고, 그래서 우리가 함께 잘 살아가는 것을 느끼게 해 주는 것이다. 국제적 범죄가 일어날 때 유사한 정서들이 더 넓은 세계로 투사되는데, 예를 들면 2001년 9월 11일에 뉴욕과 워싱턴이 공격받았을 때 분노한 미국인이 보인 반응이 그런 것이다.

감정에 좌우되지 않는 판결?

　여기 역설적인 경우가 있다. 비록 법과 그 집행의 근간은 정서적인 것이지만, 법과 관련된 전통적 사안은 가해자에 대한 체포와 처벌은 감정에 좌우되지 않아야 하며, 법 집행자들은 그들의 감정을 개입시키지 말아야 한다는 것이다. Maroney(2011)는 이 역설의 의미들에 대한 유용한 개관을 하였다. 예를 들면, 그녀는 미국 대법원의 신임 대법관을 임명할 때 Obama 대통령이 공감적인 사람을 지명하고 싶다고 말하고는, 후보자의 자질들을 고려해서 Sonia Sotomayor 판사가 연민을 가지고 있다고 했다. 하지만 Sotomayor는 청문회에서 어떻게 말해야 옳은지 알고 있었다.

> "판사들은 자신의 감정(heart)에 기대어서는 안 됩니다." 그녀가 상원 법사위원회에서 증언할 때 한 말이다. "사건 판결을 하는 것은 감정이 아니고 법이기 때문입니다."(Maroney, p. 639)

　Maroney는 어떤 사람들이 대법관의 자질로서 공감과 연민이 중요하다는 Obama의 생각을 비판하면서 감정에 쉽게 흔들리는 사람(touchy-feely)이라고 비웃었다고 했다. 만일 사람들이 정서가 판단과 관계 중재에 어떻게 영향을 주는지 더 잘 이해한다면, 이처럼 비웃는 것이 덜 할 것이다.

　정서가 법적 절차에 관여하는 더 큰 영역은 배심원의 평결이다. Reid Hastie(2001)는 형사재판에서 배심원들의 정서적 반응에 대해서 다음과 같이 썼다.

……그 재판을 이끌어 가는 것으로서, 사건들에 대한 반응은 기본적으로 분노이다. 즉, 그 재판에 연루된 참석자들의 반응은 기본적으로 분노, 동정, 공포이다. 증거물이 제시될 때 반응은 기본적으로 혐오와 경악이다(p. 1007).

형사법정에서 어떤 사건에 관해서 듣고 있는 배심원의 심리학에 대해서 Pennington과 Hastie(1988)가 설득력 있게 설명한다. 그들은 배심원들이 무슨 일이 일어났는지에 대해 기반 논리 등을 사용한 대안적 이론이 아니라 인과적 설명이 담긴 이야기를 만든다는 것을 관찰했다. 배심원들은 이러한 정서에 기반을 둔 이야기에 근거해서 결정한다. 사실상, 전형적으로 두 가지 이야기를 법정에서 들을 수 있다. 하나는 검찰 측 이야기이고, 다른 하나는 변호인 측 이야기이다. Hastie(2008)가 주장한 대로, 배심원들은 일반적으로 검찰 측 이야기에 큰 하자가 없고 심각한 반대 증거가 없으면 유죄 평결을 내리는 경향이 있다. 하지만 종국에는 배심원들 자체의 이야기를 만들어야 한다. 배심원들의 이야기는 어떤 추론은 받아들이고 다른 추론은 안 받아들인 것이다. 공히 의문의 여지가 남는 검찰 측과 변호인 측의 이야기들과 달리, 판사의 이야기는 유죄 또는 무죄를 결정한다.

배심원들은 증거를 들을 때 느낀 정서들로 우선순위를 변경한다. 왜냐하면 어떤 이야기에서나 마찬가지로 그들이 자신의 감정을 가지고 자신만의 이야기를 구성하기 때문이다(Oatley, 2011). 분노를 느끼면, 구성한 이야기는 공격적인 것이 되며 처벌로 끝난다. 우리가 이 장의 앞부분에서 논의했듯이, 분노는 사람들로 하여금 다른 사람이 한 행위를 비난하게 만들고, 슬픔은 사람들로 하여금 그 사건을 개인적인 것이 아니라 상황에 의한 것이라고 귀인하게 만든다(Feigeson, Park, & Salovey, 2001; Keltner, Ellsworth, & Edwards, 1993; Lerner, Goldberg, & Tetlock, 1998; Quigley & Tedeschi, 1996). 공감과 동정은 보호해 주는 이야기를 만들고, 보상해 주는 것에 집중하도록 한다.

Hastie는 배심원들이 유죄인 사람을 처벌할 수 있어서 또는 억울한 사람을 석방시켜 줄 수 있어서 재판 후에 만족을 느낄 수 있는 예상 정서도 있다고 말한다. 또한 후회나 슬픔의 느낌도 예상할 수 있는데, 동정이 가는 사람을 유죄로 평결할 때에 그렇다고 한다. 우리가 배심원들이 이야기를 구성하는 것 말고 다른 활동을 해야 한다고 제안하는 것은 아니다. 다만, 사람들에게 유죄 판결 또는 석방을 할 때 어떻게 결정하는가를 더 깊게 이해하면 재판이 더 공정해질 수 있다는 것이다.

요약

정서를 특정 목표와 관련시켜 보면 대체로 합리적이다. 우리는 이 장에서 정서가 체계적인 방식으로 인지를 인도한다고 말했다. 그래서 지식이 충분하지 못해서 완벽한 합리성이 불가능할 때, 사람들이 상황에 신속하게 반응하도록 해 준다. 이 견해는 이 책의 중심 전제와 일치한다. 그것은 정서가 결코 오류가 없는 것은 아니지만 일반적으로 중요한 사회적 기능을 한다는 것이다. 정서는 사람을 복잡하고 변화가 많은 사회적 관계를 잘 헤쳐 나가도록 해 준다. 정서가 인지에 어떻게 영향을 미치는지 설명하는 세 가지 이론적 견해가 있다. 정서들은 일관성(congruency)이 있으므로 인지에 영향을 발휘하고, 그 자체로서 정보가 있으며, 다른 종류의 추론을 할 수 있게 한다. 우리는 정서가 사건들에 대한 지각에 영향을 주며, 주의에도 영향을 준다는 증거를 제시하였다. 기억을 할 때, 사람들은 정서적으로 현출한 사건을 회상하는 경향이 있으며, 동시에 현재 정서가 과거의 회상에 편견을 줄 수 있다. 또한 정서들은 평가적 판단, 미래에 대한 판단, 인과적 속성에 영향을 준다. 도덕적 직관은 사회생활에서 옳고 그름을 판단하는 좌표인데, 그것도 정서에 영향을 받는다는 것이 알려져 있다. 우리는 정서와 도덕성 사이의 관계가 법 집행과 사법 절차까지 확장되고 있다는 것을 논의했다.

생각해 보고 논의할 점

1. 정서나 기분이 당신의 의사결정에 영향을 줄 때는 언제인가? 이러한 영향을 이해할 수 있는가, 또는 결정을 바꾸고 싶은 어떤 측면이 있는가? 부모, 형제, 여자친구, 남자친구와 같은 가까운 사람에 관해서도 같은 질문을 해 보자.
2. 불안, 분노, 또는 행복이 과거 기억을 회상하는 데 어떻게 영향을 주는지 생각해 보자. 당신에게 있어서 그 주된 효과는 무엇인가?
3. 당신에게 익숙한 가족관계, 직장 상황에서 사회적 처리방식을 생각해 보라. 이런 상황을 헤쳐 나가는 데 정서가 어떤 식으로 작용하는가?

더 읽을거리

나음의 책은 정서의 철학에 대한 훌륭한 소개서이며, 정서가 이성적이리는 생각을 이해하는 기본을 제공한다.
De Sousa, R. (1987). *The rationality of emotions.* Cambridge, MA: MIT Press.

다음의 논문은 정서 편향에 대한 유용한 개관이며, 임상적 의미를 포함하고 있다.
Hertel, P., & Mathews, A. (2011). Cognitive bias modification: Past perspectives, current findings,

and future applications. *Perspectives on Psychological Science, 6,* 521-536.

기억에 미치는 정서의 관계에 대한 좋은 개관

Kensinger, E., & Schachter, D. (2008). Memory and emotion. In M. Lewis, J. Haviland Jones, & L. F. Barrett (Eds.), *Handbook of emotions* (3rd ed., pp. 601-617). New York, NY: Guilford.

도덕적 판단에서의 정서의 역할에 대한 뛰어난 저술

Haidt, J. (2001). The emotional dog and its rational tail: A social intuitionist approach to moral judgment. *Psychological Review, 108,* 814-834.

제 4 부 정서와 개인

제11장

정서성의 개인차

이 장은 Heather Prime과 함께 썼다.

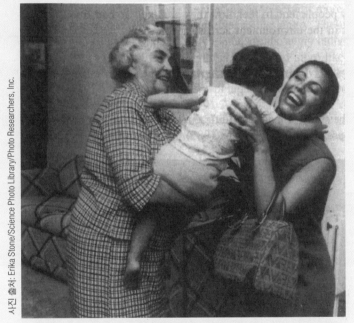

사진 출처: Erika Stone/Science Photo Library/Photo Researchers, Inc.

[그림 11-0] 엄마가 돌아와서 아이를 안아 주고 있다. 아이가 엄마에게 안
기면서 보모를 밀어내고 있는 것을 보라.

버림받은 아이가 갑자기 깨어나서

두려운 시선으로 여기저기 두리번거리며

찾을 수 없는 것을 찾으려 하네

그것은 사랑스러운 눈빛

— George Elliot

　태어날 때부터 아이들은 정서에서 뚜렷한 개인차를 보인다. 초기 기질(temperament)은 우리가 생각하는 성격이라고 하는 것에 기여한다. 이 같은 개인의 특징들은 시간이 지나도, 그리고 상황이 달라져도 안정적으로 유지된다. 이러한 다양한 성격특징은 정서에 그 기반을 두고 있다. 성격특징들에는 타인에게 따뜻하고 외향적이거나, 공포심이 많거나, 쉽게 화를 내는 것 등이 있다. 이 장에서 우리는 정서의 개인차가 어떻게 일생 동안 성격의 일부가 되는지에 대해 이야기할 것이다. 또한 우리는 정서에서 개인차 발달에 영향을 미치는 친밀한 관계의 역할에 대해 생각해 볼 것이다.

기질과 성격에서의 정서적 편향

　정서의 개인차는 지금껏 감정-인지 구조(affective-cognitive structures; Izard, 1971, 1977)라고 불려 왔다. 이 구조는 정서의 정보처리와 행동에 영향을 준다. 유아들의 기질(Campos et al., 1983)과 성인들의 성격(Magai, 2008)은 모두 정서적 편향으로서, 어떤 식으로 느끼는지, 어떤 식으로 사건들을 이해하는지, 환경에서 실제로 어떻게 행동할 것인지에 대해 일생 동안 영향을 준다.

사진 출처: Image Source/Alamy

[그림 11-1] 대부분의 3~5세 아이는 낯선 사람에게 수줍음을 탄다. 사진에서 아이가 엄마를 꼭 붙잡고 걱정스럽게 바라보는 것을 볼 수 있다. 아동기의 과도한 수줍음은 성인기까지 이어질 수 있다.

정서 형성의 개인차가 세상을 이해하는 방식에 영향을 준다

개인차 연구에서 지금까지 이어져 오고 있는 직관 중 하나는 사람들이 각자의 방식으로 상황을 능동적으로 이해한다는 것이다(Buss, 1987; Caspi & Bem, 1987). 몇몇 연구는 사람들의 성격적 특성으로부터 유래된 지각적 성향을 지적하고 있다. 위협 관련 편향(threat-related bias) 문헌에 대한 최근의 메타분석(Bar-Haim, Lamy, Pergamin, Bakermans-Kranenburg, & van Ijzendoorn, 2007)에서 위협 관련 편향은 확고한 현상으로 입증되었다. 즉, 불안 수준이 높은 사람들은 위험 관련 자극에 대해 중립적 자극보다 더욱 민감했으며, 불안 수준이 높지 않은 개인보다 위험 관련 자극에 대해 더 많은 주의를 기울였다. 이 발견은 다양한 실험 조건 아래 서로 다른 유형의 불안 집단(여러 임상적 장애가 있는 사람들, 높은 불안 수준을 가진 사람들, 불안 성향의 아이들과 성인들)에서 얻었다.

불안 편향을 가진 사람들은 자신들의 환경을 인식하는 방식으로 일상생활에 크게 영향을 미친다. 예를 들어, '신경증 폭포(neurotic cascade)'(Suls & Martin, 2005)를 가지고 있는 신경과민증인 사람들은 일상적 문제들을 더 많이 호소하고 있고, 더 심각한 정서반응을 보이며, 이전 사건들로부터 더욱 큰 정서적 과잉경험을 하고, 반복되는 문제들에 대해 더 강한 반응을 보인다. 그리고 이 모든 반응이 서로를 더욱 강화시킨다.

분노한 사람들도 세상을 편향되게 해석한다. Hazebroek, Howells, Day(2001)는 사람들에게 부정적인 결말이 담긴 사회적 상호작용 동영상을 보여 주고, 만약 그들이 같은 상황에 처해 있다면 얼마나 화가 날 것인지 물어보았다. 평소에 자신이 화가 더 많이 나 있다고 한 사람들은 평소에 화가 덜 나 있다고 한 사람들과 그 동영상의 시나리오를 다르게 지각했다. 이 같은 편향은 애매한 상황일 때 더욱 분명하게 나타났다. 똑같은 상황인데도 화가 더 난 사람들은 화가 덜 난 사람들에 비해서 더 높은 분노를 보였다. 더 나아가서 화가 더 난 사람들은 화가 덜 난 사람들에 비해서 그 동영상에 나오는 적대적 대립자에 대해 더 많은 비난을 하였고, 별로 관계없는 출연자를 적대적 대립자로 인식했다. 이를 적대적 귀인 편향(hostile attribution bias)이라고 부르는데, 이 편향은 공격적인 행동과 문제적 상호관계를 일으키는 원인으로 알려져 있다(Dodge, 1999). 아이들의 공격적인 행동과 또래들에 대한 적대적 귀인 간의 관계를 연구한 41개의 연구를 메타분석한 결과, 두 요인 간의 강력한 유의미한 연관성이 입증되었다(Orobio de Castro, Veerman, Koops, Bosch, & Monshouwer, 2002).

정서표현에서 상호적 처리과정

개인차는 사람들이 타인의 정서에 반응하는 것으로 알 수 있다. 어떤 정서는 전형적인 반응을 이끌어 내지만, 다양한 반응도 많다. 어떤 사람들에게는 우는 아이가 짜증스러울 수 있지만, 다른 사람들은 동정심이 생길 수 있다. David Kenny는 사회관계 모델(social relations model)이라는 창의적이고 엄격한 방법을 고안해서 어떤 사람이 다른 사람들과 얼마나 같거나 다른 반응을 하는지 실험해 보았다. 가족이나 사회집단을 머리에 떠올려 보자. 그는 한 가족 구성원과 나머지 가족 구성원 간의 상호작용을 관찰함으로써 각 구성원이 자신의 나머지 가족 구성원과 동일한 감정을 표현하는 정도(배우 효과, actor effect)와, 각 구성원이 나머지 가족 구성원으로 말미암아 같은 정서가 유발되는 정도(동반자 효과, partner effect)를 결정할 수 있다고 제안했다. 데이터는 각 가족 구성원과 나머지 가족 구성원 간의 상호작용을 순차 순환처리 설계(round-robin design)를 사용하여 수집했다.

Rasbash, Jenkins, O'Connor, Tackett, Reiss(2011)는 이 모델을 사용해서 가족 내에서 정서에 기반을 둔 상호작용을 실험했다. 부모와 두 명의 청소년으로 구성된 687가족이 가족 전체의 이항 조합 상호작용을 통하여 관찰되었다. 가족 구성원 중에서 두 사람씩 짝을 지어서 두 가지 곤란한 이슈(집안일, 분담하기, 귀가시간, 용돈 등)를 해결하는 동안의 과정을 10분간 비디오로 녹화했다. 이 비디오는 이후에 부정적이거나 긍정적인 정서표현(목소리 톤, 얼굴표정, 제스처)에 1부터 5까지 점수를 매겨서 코딩하였다. 먼저, 각 개인은 모든 가족 구성원과 비슷한 정서를 보인 것이 확실했다. 배우 효과는 부정성(20%의 분산을 설명함)보다 긍정성(28%의 분산을 설명함)에서 더 강했는데, 이는 긍정적인 표현 스타일이 부정적인 표현 스타일보다 가족 구성원 간에 더욱 확연하다는 것을 의미한다. 동반자 효과는 부정성(9%의 분산을 나타냄)에서 더욱 강하게 발생했으며, 긍정성에서는 나타나지 않았다. 이것은 타인에게 보이는 정서와 타인에 의해서 유도되는 정서 두 가지 모두가 관련된 개인의 특징적 정서표현이 있다는 것이다. 이 연구에서 가장 중요한 발견 중 하나는 부정성과 긍정성 모두에서 50% 정도의 분산을 보이는 가족 구성원 쌍이 있다는 것이다. 어떻게 자신의 감정을 표현하는가는 가족 구성원 간의 특정한 관계에 따라 달라진다. 예를 들면, 어린아이들과 엄마의 관계가 나이 든 아이들과 엄마의 관계와는 다르다는 것이다. 이는 다른 사람들에게 정서를 표현하는 것과 다른 사람들의 정서에 반응하는 것에는 많은 변산이 있을 수 있다는 것을 의미한다.

애착과 정서성

  정서를 기반으로 하는 관계의 연속성에 관한 탐구에서 애착이론은 큰 영향을 발휘해 왔다 (Shaver & Mikulincer, 2003). 애착이론을 창시한 John Bowlby(1971)는 애착을 유아가 위협을 경험할 때 활성화되는 것으로서 진화적으로 생긴 부모와 아이의 관계라고 보았다. 정서는 신호로써 기능한다. 즉, 유아의 울음은 공포와 보호가 필요하다는 신호로서, 부모들의 주의를 끈다. 시간이 가면 양육자에 대한 경험과 양육자가 아이들을 대하는 방법은 내재화된다. 아이들은 자신이 괴로움을 호소할 때, 양육자들이 같이 있어 줄 것이라는 것(또는 그렇지 않을 것)을 기대하게 된다. Bowlby는 심적 모형에 의거해서, 이런 기대가 아이들이 자신감 있게 세상을 탐색할 수 있게 되는 기반이 된다고 주장하였다.

  Mary Ainsworth는 유아들이 낯설게 느끼는 상황에서 유아들의 반응을 실험했다. 즉, 엄마와 떨어지게 되는 공포 유발 상황에서 유아들의 정서반응을 관찰하는 낯선 상황(Strange Situation) 실험을 실시했고, 그 후 엄마와 다시 재회시켰다([그림 11-2] 참조).

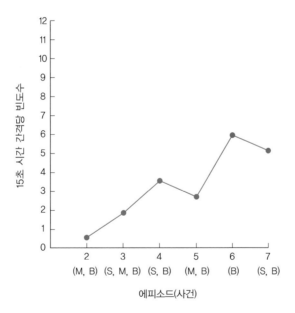

[그림 11-2] 낯선 상황 실험(Ainsworth & Bell, 1970)에서 여러 가지 시나리오에 대한 각 15초간의 울음 빈도수 관찰. x축은 다음과 같은 에피소드로 구성되어 있다(M = 엄마가 있을 때, B = 아기가 있을 때, S = 낯선 사람이 있을 때). 2. 엄마가 조용히 아이와 앉아 있는다. 3. 낯선 사람이 입장하여 조용히 앉아 있는다. 그리고 이 에피소드가 끝나기 전에 엄마가 조심스럽게 자리를 비운다. 4. 낯선 사람이 아이와 교류하려고 시도한다. 5. 엄마가 돌아오고 낯선 사람이 조심스럽게 자리를 비운다. 이 에피소드가 끝나기 전에 엄마가 자리를 비우면서 아이에게 안녕이라고 말한다. 6. 아기가 혼자 남는다. 7. 낯선 사람이 아기와 교류하기 위해 다시 들어온다.

Ainsworth와 동료들(1978)은 이 실험을 통해 세 가지의 뚜렷한 애착 유형(attachment styles)을 발견했다. 안정적으로 애착된(securely attached) 유아들은 분리 상황에서 스트레스를 받았지만, 양육자가 돌아왔을 때는 곧 안정을 되찾았다. 그 외에 두 가지의 불안정 애착 유형이 있다. 양가적으로 애착된(ambivalently attached) 유아들은 양육자들이 돌아오기를 바라지만, 돌아왔을 때도 안정을 되찾지 못하고 큰 분노와 저항행동을 보인다. 회피적으로 애착된(avoidantly attached) 유아들은 양육자들이 돌아와도 아무 신경을 쓰지 않는다.

나중에 Main과 Solomon(1986)에 의해 다른 유형이 추가되었는데, 이를 혼란(disorganized) 유형이라고 불렀다. 이는 낯선 상황에서 부모에게 지남력이 없고 모순되는 행동반응을 보이는 유형을 말한다. van Ijzendoorn, Schuengel, Bakermans-Kranenburg(1999)의 메타분석 결과에 따르면, 북미 중산층, 비임상적 유아들 중 15% 정도가 혼란 애착을 보였다. 이 비율은 낮은 사회경제적 표본들에서는 25%로 증가했으며, 10대에 엄마가 된 경우는 23%가 혼란 애착을 보였다. 이에 더해서, 임상적 집단에서는 혼란 애착 아동이 증가하는데, 그런 집단에는 아동이 신경학적 문제를 가지고 있거나(35%), 엄마가 알코올 중독 또는 약물 남용인 경우(43%), 부모가 학대를 하는 경우(48%), 엄마가 우울증을 앓고 있는 경우(21%) 등이 있다.

애착 안정은 추후 아동기에 있어서 여러 방면의 사회정서적 기능과 연관되어 있다. 예를 들어, 애착 안정은 또래들과의 관계, 정서 이해 향상, 사회 문제해결 기술, 높은 자기개념과 연관되는데(Thompson, 2008), 이는 아이들의 정서 발달을 이해하는 데 있어 핵심적인 개념이 된다.

애착 유형과 연관된 정서

다른 애착 유형들도 아이들의 정서와 연관이 있을까? 물론 그렇다. 아이들의 지금 정서와 성장한 후의 정서성 모두 애착 유형과 연관이 있다. 낯선 상황에서 유아들을 관찰하고, 후에 유아들의 감정 프로필을 만들어 보면 각 애착 유형이 정서표현에 있어서 특정한 패턴을 가진다는 것을 알 수 있다. 안정 애착 유형을 가진 유아들은 긍정 정서, 부정 정서, 중립 정서를 동등하게 나타냈다. 그에 반해서 양가 애착 유형의 유아들은 더 부정적인 정서(분노 등)를 보였고, 회피 애착 유아들은 부정적인 정서를 덜 보였다. 전체적으로 보면, 회피 애착 유아들이 모든 면에서 가장 적은 정서를 보였으며, 그다음은 안정 애착 유아, 양가 애착 유아 순이었다(Goldberg, MacKay-Soroka, & Rochester, 1994). 회피 애착 유아들에 대한 한 가지 해석으로, 이들 유아는 부정적인 정서를 느끼지만 그 정서들을 드물게 표현하는 전략을 사용하는 것으로 보인다. 한 연구에서는 회피 애착 유아들이 안정 애착 유아들보다 낯선 상황에서 더 적은 정서표현과 음성표현을 보였다고 밝혔다. 하지만 그 실험을 하는 동안 회피 애착 유아들은 안정 애착 유아들과 비슷한 정도의 심박 수를 보였으며, 실험 후에는 더 높은 코르티솔 수준을 보였다(Spangler & Grossmann, 1993). 이러한 사실은 스트레스가 분명하게 드러나지 않음에도 불구하고 회피 애착 유아들은 생리적인 각성을 경험하는데, 이것은 그 유아들의 회피행동이 대처 전략으로써 효과적이지는 않다는 것을 의미한다(Spangler & Grossmann, 1993).

애착상태와 아이들이 나이가 든 후의 정서에는 어떤 연결이 있을까? Kochanska와 동료들(2001)은 이 물음에 답하기 위해 1세(애착상태를 가늠할 수 있는 나이)부터 3세(실험에서 정서 유발자에게 정서를 나타낼 수 있는 나이)까지 아이들을 실험해 보았다. Goldberg와 동료들(1994)이 했던 실험처럼, 회피 애착 유아들이 1세에는 적은 수의 부정적 정서만을 표현하는 것을 발견했다. 하지만 3세가 된 후 공포 표현이 증가함을 보였다. 초기에 양가 애착 유형으로 구분된 유아들은 공포가 가장 많았는데 공포 반응이 공포 유발 자극뿐만 아니라 즐거운 자극에 대해서도 나타났다. 더 나아가 이 유아들은 1세부터 3세까지 긍정 정서에서 가장 높은 감소율을 보였다. 안정 애착 유아들의 분노 표현은 14개월에 정점을 찍고, 33개월까지 유의미하게 감소했다. 혼란 애착 유형의 유아들은 시간이 지날수록 분노가 증가했다.

애착이론을 자세히 들여다보면 또 다른 예측을 이끌어 낼 수 있다. 즉, 안정적으로 애착된 유아들은 다른 범주의 애착 유형의 유아들보다 스트레스에 잘 대처한다는 것이다. 몇몇 연구에서는 애착상태와 스트레스 반응을 생리적 지표와 연결시켰다. 코르티솔은 스트레스에 대한 반응을 나타내는 호르몬이다. 연구자들은 유아들이 양육자들과 함께 있을 때 안정 애착 유아들은 스트레스 상황에서 코르티솔의 증가가 일어나지 않은 반면에, 불안정 애착 유아들은 코르티솔이 증가함을 보여 왔다(개관은 Gunnar & Donzella, 2002 참조). 우리는 Bernard와 Dozier(2010)의 최근 연구로부터 어떻게 이러한 결과가 나왔는지를 이해할 수 있다. 이 연구자들은 애착의 혼란이 스트레스 과제를 할 때는 코르티솔의 증가와 관련이 있지만, 놀이 과제를 할 때는 관련이 없다는 것을 밝혀냈다. 반면에 나머지 애착 유형 유아들은 두 과제 모두에서 코르티솔의 반응이 나타나지 않았다. 이는 코르티솔 반응이 애착 유형뿐만 아니라 아이들이 대면한 상황의 종류에 따라 다르다는 것을 보여 준다. 급성 스트레스에 반응하는 높은 생리적 스트레스 반응은 성인들의 애착 불안정과 연관이 있다. 이러한 높은 생리적 스트레스 반응은 애착 관련 스트레스(Powers et al., 2006)뿐만 아니라 애착과 관련 없는 스트레스(Quirin et al., 2008)에서도 나타났다.

애착상태가 스트레스에 대한 반응에만 연관되는가, 아니면 하루 동안의 코르티솔 수준에서의 개인차와도 연관이 있는 것일까? 일반적으로 코르티솔 수준은 아침에 가장 높은데, 잠에서 깬 지 30~45분 후에 가장 높게 상승한다(코르티솔 각성 반응). 그리고 이후 하루 종일 점진적으로 감소한다(Adam & Gunnar, 2001; Quirin, Pruessner, & Kuhl, 2008). [그림 11-3]에서 볼 수 있듯이, Oskis, Loveday, Hucklebridge, Thorn, Clow(2011)의 연구는 여자아이들과 불안한 불안정 애착 유형을 가지고 있는 청소년들이 안정 애착 유형을 가진 집단에 비해 평평한 코르티솔 각성 반응을 보인다는 것을 밝혔다. 그러므로 애착 유형은 스트레스의 신체생리적 반응에 지속적인 영향을 준다.

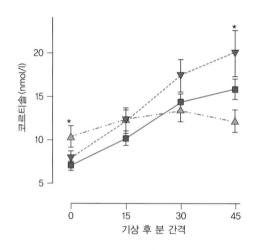

[그림 11-3]　9~18세 여자아이들의 기상 후 45분 뒤 타액(침)에서 추출한 유리 코르티솔의 평균값과 표준오차. 실선은 안정 애착 실험 참가자들(n=30), 급격하게 상승하는 점선은 회피 애착 실험 참가자들(n=17), 평평한 점선은 불안한 실험 참가자들(n=13)을 나타낸다.

출처: Oskis et al. (2011).

중요한 인물: John Bowlby와 Mary Ainsworth

　　정서연구의 르네상스는 제2차 세계대전의 여파로 시작되었으며, John Bowlby와 그의 애착이론을 통해 영감을 받았다. Bowlby는 의학을 전공하였고, 정신과 의사와 정신분석가가 되었다. 그는 아이들에 대해 관심이 많았는데, 예를 들어 어떻게 아이들이 부적응적으로 변하는지에 대해 연구했다. 전쟁이 끝나고 이러한 관심사는 부모와 헤어진 아이들의 문제로 집중이 되었다. 그리고 그는 Anna Freud와 Dorothy Burlingham의 관찰 결과를 바탕으로 전쟁 중에 피신시키거나 부모와 헤어진 아이들(예: 나치로부터 피신시키기 위해 영국으로 입양 보낸 아이들)을 연구했다.

　　애착이론은 이러한 염려와 동물행동학(ethology)이라는 새로운 과학으로부터 유래되었다. Bowlby가 세상을 떠나고 1992년에 Mary Ainsworth는 그의 추모사에서 Robert Hinde와 Julian Huxley가 Bowlby에게 각인(imprinting)의 개념과 Lorenz와 Tinbergen의 연구에 대해 소개해 주었을 때 그가 금세 행동학과 Darwin의 진화론이 문제의 핵심이라는 사실을 알아차렸다고 했다. 애착이론은 최초의 통찰에서 비롯된 핵심적인 것이다. 그리고 그 뒤에 따라오는 것은 모두 아귀가 맞았다. Bowlby의 책 『자녀 양육과 사랑의 성장(Child Care and the Growth of Love)』은 1951년에 출판되었다. 이 책은 그가 세계보건기구(WHO)에 제출한 애착의 중요성에 대한 보고서에서 비롯된 것이다. 애착은 아이들의 정서 발달에 있어 가장 중요한 주제 중 하나가 되었다.

Mary Ainsworth는 오하이오주에서 태어났다. 5세에 캐나다로 이민을 갔으며, 토론토 대학교에서 박사학위를 받았다. 그리고 전쟁 후에는 토론토 대학교에서 교원으로 근무했다. 그녀는 남편이 영국 런던으로 박사학위를 마치러 갔을 때 동행했다. 그리고 『타임즈(Times)』사의 구인 광고를 보고 직장을 잡았다. 그곳의 타비스톡 클리닉(Tavistock Clinic)에서 Bowlby와 함께 엄마와 헤어진 아이들을 연구하였다. 그녀는 애착이론을 더욱 확장시켰는데, 우간다와 미국의 볼티모어에서 애착행동에 대한 중요한 관찰 결과를 얻었다. Ainsworth는 유아들의 행동을 관찰하는 낯선 상황 실험을 고안했다. 이 검사는 다른 애착 유형을 가진 사람들을 이해하는 근거가 되었다.

18세기의 낭만주의 운동 때부터 사람들은 삶의 초기 인간관계가 장기적인 성격 형성에 중요하다는 사실을 알고 있었다. 하지만 Bowlby와 Ainsworth에 와서야 그 과정이 무엇인지, 어떻게 기능하는지를 알게 되었다.

애착에 미치는 유전적 영향

애착 유형은 유전되는가? 제8장에서 다루었듯이, 연구자들은 유전자를 50%씩만 공유하는 이란성 쌍둥이와 유전자를 100% 공유하는 일란성 쌍둥이를 비교하는 연구를 진행하였다. 제8장에서 우리는 아이들의 기질이 유전의 영향을 받는다는 것을 배웠다. 반면에 애착 유형의 유전적 영향을 연구한 세 연구에서는 유전이 애착 유형에 적은 영향만을 미친다고 보고하고 있다(Bokhorst et al., 2003; Fearon et al., 2006; O'Connor & Croft, 2001). 이 연구들은 모두 유전은 애착에 미미한 정도의 영향을 미친다고 보고했다. 대신에 애착 유형은 공유 환경(가족 안에서 모든 아이가 함께 경험하는 환경)과 비공유 환경(한 아이만 독특하게 경험하는 환경)의 독특성에 영향을 받는다. Fearon과 동료들(2006)은 부모들의 양육방식을 측정함으로써 이러한 발견들을 진전시켰다. 그들은 가족이 공유하는 양육 민감성(parental sensitivity: 아이가 보내는 신호를 알아차리고 해석해서 적절하고 즉각적인 반응을 하는 정도) 요소가 쌍둥이 사이에서 애착 유형 유사성의 일부를 설명할 수 있다는 것을 보여 주었다.

애착의 내적 작업 모델

Bowlby 이론의 핵심 아이디어는 양육자들과 아이들의 정서적 상호작용이 관계에 대한 내적 작업 모델(internal working model)을 만든다는 것이다. 그것은 심적 모델 혹은 한 묶음의 믿음으로서, 친근한 관계에서 무엇을 기대할 수 있는지를 말한다. 다른 사람들은 신뢰될 수 있을까? 다른 사람들로부터 편안함이나 사랑을 느낄 수 있을까? 이 같은 모델은 아이들이 언어를 배우기 전부터 형성되지만, 굳이 그 모델을 말로 표현한다면, 안정 애착을 가진 아이들의 모델은 "내가 위험에 처하면, 엄마는 나를 보호해 줄 거야."와 같은 것이고, 회피 애착을 가진 아이들의 모델은 "내가 위험에 처하면, 난 스스로 조심해야 하고 오직 나에게만 의지해야 해." 와 같을 것이다. 이 같은 내적 모델은 지속적인 정서적 편향을 만들어 내고, 이는 정서에서 개인차의 핵심이다. 아이들은 최초의 관계를 양육자들과 시작하는데, 이 관계는 변화하기가 쉽지 않고, 이후의 모든 친밀한 관계에 영향을 미친다(Bowlby, 1988; Mikulincer & Shaver, 2003). Bowlby와 그 이전 Freud의 독창적인 아이디어는 모든 친밀한 관계는 각인(imprint)을 남긴다는 것이다. 이 각인은 자아 형성의 요소가 되어서, 친밀한 관계가 무엇인지를 이해하고, 그 관계 속에서 어떻게 행동해야 하는지에 대한 형판이 된다.

이 분야의 초기 연구로서 George, Kaplan, Main(1985)은 성인애착면담(Adult Attachment Interview)을 개발하여 사람들이 자신들의 초기 애착관계에 대해 어떻게 생각하는지 조사했다. 이 방법을 사용하여, 사람들은 자신들의 어린 시절과 현재의 부모와의 관계에 대해 질문을 받았다. 면담은 그들이 유년기 때 거부당한 경험이나 화가 났을 때를 회상해 보라는 식으로 진행되었다. 상당히 복잡한 면담 반응을 분석한 결과, 성인들은 안정/자율형(secure/autonomous) 애착, 몰두형(preoccupied) 애착 혹은 무시형(dismissing) 애착의 성인 애착 유형들로 구분되었다. 이러한 범주들은 각각 유아 애착의 안정 애착, 양가 애착, 회피 애착에서 유래한 것으로 생각할 수 있다. 자율형 애착 유형의 성인들은 자신들의 유년기 경험을 객관적이고 균형감 있게 말했다. 그들은 아동기에 겪은 어려운 일들을 좋든 나쁘든 간에 일관성 있게 말했다. 몰두형 애착 유형의 성인들은 자신의 경험을 일관성 있게 말하지 못했고, 어릴 때 겪은 트라우마 경험들 때문에 현재에도 압도당하는 듯 보였다. 무시형 애착 유형의 성인들은 유년기를 설명할 때 남 말 하듯이 하거나 요약해서 이야기했으며 사건을 잘 회상하지 못했는데, 이것은 그런 사건들을 이상화하거나 지나치게 합리화했기 때문이며, 정서반응을 거의 보이지 않았다.

애착 유형이 이후 친밀한 관계의 판형이 된다는 생각에 대한 결정적 검사는 1세가 된 유아의 애착 유형을 측정하고 그 후 성인이 되었을 때 성인애착면담을 실시해서 성인 애착 유형이 연속성(continuity)을 가지는지 측정하는 것이다. Everett Waters와 동료들(2000)은 유아 때 낯선 상황 실험을 통해서 분류한 50명의 중산층 사람들을 대상으로 21세가 되는 해에 성인애착면담을 실시하였고, 그중에서 64%가 유아 때의 애착 유형에 해당하는 성인 애착이 지속되고 있었다고 밝혀냈다. 그 결과는 〈표 11-1〉에 제시되어 있다.

하지만 애착 유형의 지속성이 모든 연구에서 발견된 결과는 아니다(Grossmann et al., 2002; Weinfield, Sroufe, & Egeland, 2000). 이것은 Bowlby의 이론에 대한 중요한 도전이다. 지속성의 결여는 어느 정도는 개인의 관계 맥락(relational context)의 붕괴로 설명할 수 있다. 그러므로

〈표 11-1〉 1세에 낯선 상황 실험에서 안정, 회피, 저항 애착으로 분류되었고 21세 이후 성인애착면담에서 안정, 무시, 몰두 애착으로 분류된 사람들의 수

성인애착면담	유아 애착 분류(낯선 상황 실험)		
	안정	회피	저항
안정	20	2	3
무시	6	8	2
몰두	3	2	4

출처: Waters et al. (2000).

인생에서 부정적인 사건들, 즉 한쪽 부모의 죽음, 부모의 이혼, 부모의 신체적 혹은 정신적 질환, 신체적 혹은 성적 학대 등의 사건들이 애착 유형에 변화를 야기할 수 있다(Waters et al., 2000; Weinfield et al., 2000).

　초기 애착에 대한 지속적인 영향을 고려할 때, 횡단연구들과 실제적 종단연구들을 구분할 필요가 있다. 앞서 언급한 Waters와 동료들의 연구는 실제적 종단연구들이며, 피험자들을 유아기부터 성인기까지 추적해서 각각 시간에 따른 데이터를 수집했다. 그에 비해서 횡단연구는 특정 시간에 표본을 관찰하는 것이다. 종단연구는 인과관계가 있는 결론을 도출할 수 있는 것에 반해, 횡단연구의 경우는 그렇지 못하다. 원인이 결과에 선행해야 하는데, 어느 한 시점에서 수집한 데이터는 그것을 증명할 수 있는 방법이 없다. 예를 하나 보면 그 차이를 알 수 있을 것이다. 앞서 언급한 Waters와 동료들의 연구에서처럼, 1세 유아 때 애착 유형을 연구하고 20년 후에 동일 인물의 성인 애착 유형을 연구하는 것이다. 이것은 종단연구의 예가 되는데, 초기 애착 형태가 성인 애착에 영향을 준다는 것에 대한 인과적 추론을 만들어 낼 수 있다. 반면에 횡단연구는 성인기에 측정한 초기 애착을 가지고 부부 갈등과 같은 성인 기능의 여러 측면 간의 상관관계를 알아낼 수는 있다. 우리는 유아기 경험이 성인 기능에 영향을 주었는지 결론을 내릴 수는 없다. 성인기에 측정한 두 가지 구성개념으로 서로 간에 연관이 있다는 정도의 결론을 지을 뿐이다. 연구 보고를 읽거나 연구를 할 때는 실험 설계에 근거해서 어떤 결론을 내릴 수 있는지와 어떤 결론은 내릴 수 없는지를 아는 것이 중요하다.

　유아 때 안정 애착으로 분류된 아이들은 이후 유치원 시절에 더 자립적이고, 독립적이고, 자신감이 있었다. 그리고 그들은 더 높은 자존감, 사회적 유능성, 정서 조절 능력을 보였다(Sroufe, 2005). 종단연구들을 보면, 초기 애착이 청소년기와 초기 성인기의 적응으로 이어진다(개관은 Grossmann, Grossmann, & Waters, 2005 참조). 예를 들어, 안정 애착 이력이 있는 청소년의 경우에는 또래들과 잘 지내며, 사회생활을 잘하고, 좋은 리더십을 보인다. 또한 안정 애착

유형의 유아들은 성인 애정관계에서 어떤 정서적 색조를 가지는가 하는 것과 관련이 있었다 (Sroufe, 2005). 횡단연구들을 보면, 애착 유형과 성인들의 친밀한 관계(Collins & Feeney, 2000; Feeney & Collins, 2001), 만족 수준(Cooper, Shaver, & Collins, 1998; Shaver & Brennan, 1992), 일상생활 문제들(Mikulincer & Shaver, 2003) 사이에도 상관관계가 있었다. 일반적으로, 안정적으로 애착한 사람들이 삶의 여러 영역에서 잘 살아가는 경향을 보였다.

만약 내적 작업 모델이 중요하다면, 그리고 만약 애착 유형이 나중의 관계에 영향을 준다면, 우리는 아이들이 성인이 되어서 자신의 아이들을 키우게 될 때 그들의 유아기 경험이 추후 양육에도 영향을 줄 것이라고 예상해 볼 수 있다. 성인애착면담의 개발과 유아기 애착경험에 접근할 수 있는 다른 도구들로 말미암아, 연구자들은 어떻게 엄마의 애착경험이 나중에 자기 아이를 가졌을 때 유아-엄마 애착에 영향을 주는지를 연구할 수 있었으며(Benoit, Parker, & Zeanah, 2000), 그것을 통해 세대 간 관계 패턴을 연구할 수 있었다.

그렇다면 성인들의 애착 유형은 자신들의 아이의 애착 유형에 어떤 영향을 주는가? 이 질문에 답하기 위해 Fonagy, Steele, Steele(1991)은 여성들이 임신했을 때 성인애착면담을 진행했고, 그 후에 그 여성들의 아이가 1세가 되었을 때 낯선 상황 실험을 실시해서 애착 유형을 측정했다. 75%의 안정/자율형 여성들이 1세 아이들과 안정적인 애착관계를 맺었다. 그리고 73%의 몰두형/무시형 여성들은 불안정적으로 애착(양가 또는 회피)을 맺었다.

무엇이 이 애착 패턴의 세대 간 전달을 설명할 수 있을까? 그것은 애착의 표상들이 세심한 양육을 하는 부모의 능력에 영향을 미친다는 것인데(van Ijzendoorn, 1995), 이는 유아들의 안정 애착 발달에 영향을 준다(예: Ainsworth, Blehar, Waters, & Wall, 1978; Bakermans-Kranenburg, van Ijzendoorn, & Juffer, 2003). 성인 애착이 유아 애착에 영향을 준다는 것이 모성행동으로 일부 설명되기는 하지만(van Ijzendoorn, 1995), 그것은 미약한 매개 역할일 뿐이고 부모의 애착으로부터 유아의 애착에 이르는 전달 격차는 아직도 충분히 이해되지 못하고 있다.

그래서 애착 유형에 계속성이 있기는 하지만, 그것이 내적 작업 모델이 이후 행동을 융통성 없이 프로그래밍했기 때문이라는 의미는 아니다. 가혹한 인간관계 문제와 같은 생활사건들은 이러한 모델에 영향을 줄 수 있다. 다음 장에서 보게 되겠지만, 초기 애착에 실패한 사람들일지라도 회복이 되어 추후 삶에서, 그리고 그들의 아이들에게서도 만족스러운 애착관계를 형성할 수 있다.

애착과 정서 간 가교

어떻게 우리는 좀 더 일반적인 정서의 틀 안에서 애착에 대해 생각해 볼 수 있을까? 정서는 우리로 하여금 관계를 만들고 또 타협도 하도록 해 준다. 정서는 다른 마음들 간의 가교가 되어 협력을 함양시킨다(Tomasello, 2010). 애착 유형들은 지속적 조직화를 나타내는 것인데, 그것은 아이들과 그 주변 사람들 사이에서 정서 교류가 이어져 온 방식에 대한 지표이다. 안정 애착을 상호 간의 반응 지향성으로 생각해 볼 수도 있겠다. 그러므로 Kochanska(1997, 1999, 2002)는 상호반응성, 긍정성, 조화가 있는 부모-자식 관계는 아이가 열망을 가지며, 다른 사람들에게 호의적인 태도를 취하도록 촉진한다고 했다. 이것은 Bowlby가 말한 '목표 수정적 동반자 관계(goal-corrected partnership)'와 유사한 생각이다. Bowlby는 이상적인 초기 인지 발달과 정서 발달은 부모와 아이가 서로 표현하는 목표, 욕구 같은 것들을 서로 흔쾌한 마음으로 받아들이는 것이며, 서로를 향한 신뢰라는 것은 서로의 목표를 함양시키기 원하는 것이라고 했다.

제8장으로 돌아가 보면, 독자들은 상호적 보상지향(mutually rewarding orientation)의 인지적 기반을 기억할 수 있을 것이다. 유아들은 첫해 후반부에 다른 사람들과 정신상태를 공유할 수 있다. 그들은 손가락으로 가리켜서 부모의 주의를 물건 쪽으로 돌릴 수 있고, 다른 사람들이 물체를 가리키면 그 물체를 바라볼 수 있다(Carpenter, Nagell, & Tomasello, 1998). Kochanska와 Aksan(2004)은 7~15개월이 되는 아이들은 부모들에게 영향을 주고자 시도하는 횟수가 빈번하게 증가한다는 것을 보여 주었다. 부모들이 부정적 정서보다 긍정적 정서에 대해 더 많이 반응해 주면, 시간이 지날수록 아이들의 긍정성이 증가했다. 같은 기간 동안, 아이들의 자율성을 눈에 띄게 인식한 부모들은 아이들에 영향을 주려고 하는 빈도가 감소했다. 유아가 18개월이 되었을 때는 다른 사람과 협동하는 인지적 능력이 발달하였는데, 공동의 목표를 달성하기 위해서 그 사람이 다른 역할을 해야 할 때도 협동을 할 수 있었다(Warneken & Tomasello, 2006). 제8장에서 본 것처럼, 2세가 되면 아이들은 그들 자신이 원하는 것과 또 다른 사람들이 원하는 것에 대해서 말할 수 있게 된다.

이 같은 발달은 상호 간 반응 지향의 핵심으로서 전 생애에 걸친 협력활동의 근간이 된다. Forman, Aksan, Kochanska(2004)의 연구에서는 엄마와 상호 반응하는 교류를 보여 준 아이들은 유치원 시기에 좀 더 양심과 도덕적 행위가 발달하는 경향을 보여 주었다(또한 Rothbart et al., 2003 참조). 또한 이러한 상호적 보상지향이 있으면 아이들이 낮은 수준의 외현화 행동 문제를 보일 것이라고 예측할 수 있었다(Kochanska, Woodard, Kim, Koenig, Yoon, & Barry, 2010).

아이의 정서적 조직화에서 부모와의 관계

아이들의 정서 발달 개인차의 중요한 과정들은 대부분 가까운 관계에서 일어난다. 우리는 먼저 부모와 자식 관계에서 시작하고자 한다. 그리고 나중에 형제간과 또래 간 관계에 대해 이야기할 것이다.

아이의 내적 상태에 대한 부모의 반응성

중복되는 부분이 있기는 하지만, 우리는 부모와 자식 간의 관계과정에 대한 연구 결과를 두 가지의 넓은 영역으로 나누었다. 첫 번째 영역은 부모의 반응성(parental responsiveness)이라고 부르는 영역인데, 이는 부모들이 아이들의 내적 상태에 대해 공감하며 반응적인 것을 말한다. 해당 연구에서 이 영역은 애착이론으로부터 큰 영향을 받았다.

부모의 반응성

유아들과 걸음마기 아이들은 그들의 욕구를 전달하는 기초적인 기술만 가지고 있기 때문에, 아이들이 정서적 대화를 시도할 때 부모들이 반응하는 방법이 정서에서의 개인차에 중요한 요인이다. 이것을 아이의 인생 전반적인 부분에서 극명하게 볼 수 있다. 이런 점에서 부모의 여러 양육행동은 중요하다고 밝혀졌다.

부모의 반응성 측면에서 가장 널리 연구된 것은 부모의 민감성(parental sensitivity)이다. Ainsworth와 동료들(1978, p. 142)은 민감한 어머니를 "자신의 아이들의 신호에 기민하게 반응하고, 아이들의 의도를 정확하게 해석하고, 적절하고 신속하게 반응하는…… 적시에 아이들의 신호에 반응하는 부모"라고 정의하였다. 메타분석에서 부모의 민감성은 아이들의 안정 애착 상태와 정적 상관관계가 있는 것으로 나타났다(Atkinson et al., 2000; De Wolff & van Ijzendoorn, 1997).

엄마의 민감성의 인과관계를 지지해 주는 연구로는 van Ijzendoorn과 동료들(2000), Fearon과 동료들(2006)의 연구가 있다. 이 두 연구는 모두 형제자매들에게서 관찰되는 유사한 애착 유형들이 부모의 민감성이 얼마나 유사한가로 부분적으로 설명될 수 있다는 것을 증명했다. 이러한 인과적 역할은 중재연구를 통해서도 밝혀졌다. Bakermans-Kranenburg, van Ijzendoorn, Juffer(2003)의 연구는 임상적 표집과 비임상적 표집에서 부모의 민감성에 대한 애착 기반의 중재효과를 메타분석했다. 부모의 민감성을 대상으로 한 프로그램들(부모들로 하여금 좀 더 아이들의 신호에 정확하게 반응할 수 있도록 도와줌)은 부모의 민감성을 강화시키는 데 효과가 있는 것으로 나타났다. 그리고 아이들의 안정 애착도 증가했다. 이는 애착의 형성에서 민감성의 인과적 역할을 지지한다. 부모의 민감성 훈련은 애착 형성이 실패할 위험이 높다고 알려진 아이들 집단에서도 효과적인 것으로 나타났다. Moss와 동료들(2011)은 67쌍의 부모-아동 쌍을 모집하였는데, 이 부모들은 아이들을 학대해서 감독을 받고 있었다. 아이들은 3세 정도의 나이였다. 중재집단은 아이들의 애착을 증진시키기 위해 8주 동안 방문교육 프로그램을 실시해서 엄마의 민감성을 강화시키고자 했다. 중재는 부모-아동 상호관계를 찍은 녹화 장면에 대한 피드백을 통해 부모의 민감성 행동을 증진시키는 데 초점을 맞추었으며, 또한 애착/정서 조절 관련 주제로 토론도 함께 진행했다. 이 무선통제 실험의 민감성 훈련이 애착상태에 긍정적인 영향을 미치는 것으로 나타났을 뿐만 아니라(〈표 11-2〉 참조), 아이들의 와해된 행동도 줄어든다는 것이 확인되었다. 또한 그 중재는 나이 든 아이들의 외현화 문제행동과 내면화 문제행동에도 긍정적인 영향을 주었다.

부모의 민감성은 아이들의 행동 결과를 광범위하게 설명하는 데 있어서 중요하다. 더 민감한 부모들의 아이들은 높은 도덕성 발달을 보였고(Kochanska, Forman, Aksan, & Dunbar, 2005), 언어와 글을 읽고 쓰는 능력이 좋았고(Tamis-LeMonda, Bornstein, & Baumwell, 2001; Wade, Prime, Browne, & Jenkins, 2011), 행동적 문제들을 적게 일으켰으며(Belsky & Fearon, 2002), 또한 마음이론이 더 발달되었다는 것(Meins et al., 2002)이 입증되었다.

〈표 11-2〉 위험성이 높은 가족들을 대상으로 한 민감성 훈련 후, 중재집단과 통제집단의 애착 안정성 변화

애착 분류	중재집단(n=35)		통제집단(n=32)	
	n	%	n	%
안정에서 안정	8	22.9	4	12.5
안정에서 불안정	1	2.8	3	9.4
불안정에서 불안정	11	31.4	20	62.5
불안정에서 안정	15	42.9	5	15.6

출처: Moss et al. (2011).

대응행동

대응행동, 즉 부모와 아이가 매 순간 서로에게 반응하는 것을 연구하면 부모와 아이가 함께 만들어 가는 관계와 그 관계 내에서 개인의 역할을 알 수 있다. Beebe와 동료들(2010)은 아기들이 4개월째 되었을 때 엄마와 아기가 서로 얼굴을 마주 볼 때의 상호작용을 관찰하였다. 그

리고 이 상호관계를 12개월째의 애착 유형을 이해하는 데 사용하였다. 4개월째에 부모-아이 쌍에서 각자의 매 순간 상호작용을 관찰했는데, 연구자들은 엄마의 행동(시선, 얼굴 정서, 목소리 정서, 만지기, 공간적 지향)을 몇 초 관찰하고 입력한 후에 아기들의 행동(시선, 얼굴 정서, 목소리 정서, 만지기, 머리 방향)을 관찰했다. 그리고 이것이 아기들의 다음 행동을 예측할 수 있는지 여부를 실험했다. 또한 아이의 행동이 엄마의 행동에 영향을 주는지도 관찰해 보았다. 12개월이 되었을 때 혼란 애착을 보인 아이들이 4개월째 상호작용에서 가장 뚜렷한 차이를 보였는데, 이는 안정 애착 아동과 대비되는 것이었다. 나중에 혼란 애착으로 분류된 아기들은 4개월 때 더 많은 스트레스를 보였고, 더 많은 부정적인 목소리 정서를 보였으며, 얼굴표정과 목소리 표현 간의 불일치가 더 많았다(얼굴표정은 긍정적인데 목소리는 부정적). 혼란 애착 아기의 엄마들은 시선을 더 많이 피하고, 아이를 겁주는 행동을 했으며(예: 아기에게 급작스럽게 얼굴을 갖다 댐), 아기들이 스트레스를 받을 때 엄마가 긍정적인 표정을 짓는 경향이 있었다. 이 범주의 엄마와 아이들은 모두 시간이 지날수록 행동이 변덕스러워졌다. 혼란 애착 아기들은 엄마가 예측하기 힘든 시선을 보일 때 일관성 없이 대응했다. 엄마와 아기 모두의 입장에서 볼 때, 후에 혼란 애착으로 분류된 아기의 행동은 예측하기 어려웠다.

아이 정서에 대한 부모의 해석

부모들이 아이들의 정서표현을 해석하고 반응하는 방식은 아이들의 정서 패턴 발달에 핵심적인 역할을 한다. Spangler, Maier, Geserick, von Wahlert(2010)는 아이들의 정서에 대한 부모의 해석(parents' interpretations)이 부모들의 애착 유형과 관련이 있다는 것을 밝혀냈다. 안정 애착 부모들은 불안정 애착 부모들과 비교해서, 유아들의 사진을 볼 때 긍정적 편향(명시적으로 표정을 지음)을 보였다. 저자들은 유아의 정서에 대한 안정 애착 부모들의 이런 전반적인 긍정 평가로 인해서 스트레스를 주는 양육 환경에서조차도 유아들의 신호에 대해 부모의 반응성이 증가할 수 있다고 제안했다. 불안정 애착 부모에게서는 이런 편향이 없었지만, 반응성이 감소할 위험이 증가할 수도 있다. 또한 그들은 부정적인 유아의 정서표현에 대해 무시형 애착 부모들에게서 부정적인 생리적 반응이 나타난다는 것을 발견했다. 유아들의 정서를 평가할 때 부정적인 편향이 나오는 것은 안정 애착과 몰입형 애착 부모에게서는 발견되지 않았다. 무시형으로 분류된 사람들은 부정적인 정서표현을 볼 때 그것을 혐오로 평가하며, 과거에 자신들의 애착경험에 비추어서 자기 자신들이 그러한 부정적 감정을 표현했을 때 위협을 받고 거절당하는 것과 연관시키는 것 같다(Main et al., 1985). 이와 같은 발견들은 부모들이 정서정보를 처리할 때 과거의 애착경험이 중요하다는 사실을 보여 주는 것이다.

동기화

동기화(synchronization)는 아기들의 행동에 반응해 주는 타이밍을 말한다. 이는 매 순간의 상호작용(moment-by-moment interactions)을 의미한다. Isabella, Belsky, von Eye(1989)는 엄마들을 두 가지 범주로 나누었다. 아기들의 장단을 제때 잘 맞추어 주는 동기화된 엄마(synchronized mother)의 범주가 있다. 이들은 아기들이 말을 하면 대답해 주고, 아이들이 엄마에게 눈을 맞추고 싶어 할 때 같이 맞추어 주고, 아이들이 주변을 돌아다니고 싶어 할 때 도와준다. 이와 같은 관계는 상호 간에 보상이 된다. 반면에 비동기화 엄마(non-synchronized mother)들은 아기들이 졸고 있거나 조용할 때만 말을 건다. 그리고 아이들이 말을 하려고 하는 등의 행동을 할 때는 반응을 해 주지 않는다. Isabella와 동료들(1989)은 1개월에서 3세까지의 아이들과 가까이서 상호작용을 많이 하며 시간을 보낸 엄마의 아이들은 1세가 되면 안정 애착을 더 보인다는 것을 발견했다. 이것은 동기화 개념과 부모의 민감성 개념에 확실히 중복된 면이 있다는 것을 보여 준다. 부모의 민감성이 동기화의 개념을 포함하므로, 동기화가 포함된 부모의 민감성이 동기화가 포함되지 않은 부모의 민감성보다 아동의 애착상태를 더 잘 예측해 준다는 연구가 있다(Nievar & Becker, 2008). 이 결과를 보면, 유아와 부모 사이의 매 순간의 상호작용에서 동기화가 잘되는 것이 아기들의 정서 발달에 영향을 미친다는 것을 알 수 있다.

마음을 염두에 두는 것과 성찰기능

Elizabeth Meins(1999)가 보여 준 것처럼, 유아들에게 민감하기 위해서는 부모 측에서 해석을 잘하는 것이 필요하다. 부모의 반응은 즉각적일 뿐만 아니라 적절해야 한다. 그러므로 민감한 부모들은 처음에 아기들의 신호를 지각할 수 있어야 하고, 그 후에는 정확히 해석해야한다. 그러기 위해서 부모들은 유아들을 단순히 욕구를 만족시켜 주어야 하는 존재가 아니라 의식이 있는 개인으로 대해야 한다. 아기들이 욕구, 생각, 의도를 가지고 있다는 것을 인식하고 그렇게 대해 주는 이러한 능력을 마음을 염두에 둠(mind-mindednes)이라고 하는데(Meins et al., 2001), 이야말로 부모의 민감성과 이후 유아 안정 애착의 전제 조건이라고 한다(Meins, 1997, 1999).

아기들이 낮잠을 자고 나서 막 일어난 후 울고 있다고 가정해 보자. 아기들을 일으켜 주고 활기찬 음악을 틀어 주며 아기들과 같이 춤을 추는 부모가 민감한 양육을 하는 것은 아니다. 당신이 낮잠에서 막 깼을 때 하고픈 일이 이런 것은 아니지 않는가? 아기들은 부모들에게 왜 자신이 우는지 혹은 웃는지 말하지 못하고, 자신 주변에 대해 물어보지도 못한다. 그것은 오로지 아기들의 신체 언어, 욕구 혹은 정서를 이해할 수 있는 단서들을 해석하는 부모에게 달려 있다. 어떻게 반응해야 하는지 알기 위해서는, 먼저 부모가 아기들의 관점으로 세상을 볼 필요가 있다. 그러면 부모들은 아기들의 욕구에 반응할 수 있으며, 건강한 애착관계를 형성할 수 있다. 마음을 염두에 둔 부모의 민감성과 아기의 안정 애착이 서로 얽혀 있다는 것이 현재까지 입증된 사실이다(Laranjo, Bernier, & Meins, 2008; Lundy, 2003; Meins, Fernyhough, Fradley, & Tuckey, 2001). Laranjo, Bernier, Meins(2008)의 최근 연구에서는 마음을 염두에 둠과 애착 사이의 관계가 부모의 민감성에 의해서 중재된다고 밝혔는데, 이는 Meins(1999)가 말한 마음을 염두에 두는 것이 아기들의 신호에 적절하게 반응하는 엄마 능력의 전제 조건이라는 것을 지지한다.

성인 엄마들과 비교했을 때, 10대 엄마들이 낮은 민감성 수준을 보인다는 증거가 있다 (Borkowski et al., 2002; Culp et al., 1996; Garcia Coll et al., 1986; Jaffee et al., 2001). Demers, Bernier, Tarabulsy, Provost(2010)는 이 발견을 10대 엄마와 성인 엄마를 비교하는 것으로 진전시켜서, 성인 엄마들이 아기들과 상호작용할 때 더 적절하고 긍정적인 마음으로 이야기한다는 것을 발견했다. 이에 더하여 성인 엄마들의 아이들은 좀 더 안정 애착 유형으로 분류되었다. 부모의 민감성에서 마음을 염두에 두는 능력의 역할에 대해 우리가 알고 있는 것을 근거로, 10대 엄마들에게서 나타나는 낮은 수준의 민감성은 아기들이 보내는 신호의 의미를 정확하게 해석하지 못하는 데서 기인한다는 것을 알 수 있다. 이 점이 그 아기들의 애착 패턴에 영향을 줄 수 있다는 것이다.

마음을 염두에 두는 것과 관련된 성찰기능(reflective functioning)이 있다. 성찰기능이란 Peter Fonagy가 고안한 용어로서, 부모 자신과 아이들의 내적 정신경험을 성찰할 수 있는 부모의 능력을 말하는데, 이는 아이들에게 편안함과 안전함을 신체적·심리적으로 경험하게 만든다 (Fonagy et al., 1991, 1995). 자신의 어린 시절 경험을 성찰하고 그것을 지금 자신의 아이들이 경험하는 것에 적용함으로써, 부모들은 아이들에 대해 더 좋은 반응을 하고 민감성을 보일 수 있다. 학창 시절에 힘들었던 어떤 날을 회상해 보라. 아버지는 당신을 무릎 위에 앉히고 그냥 말을 들어 주었을 것이다. 그런 경험을 떠올려 보면, 당신은 아이의 눈으로 세상을 볼 수 있을 것이다. 어린 시절에 힘들었던 경험을 떠올려 보면 당신이 자신의 아이를 양육을 하는 데 도움을 받을 수 있다. Grienenberger, Kelly, Slade(2005)는 엄마가 성찰기능이 높으면 아이들이 안정 애착을 한다는 것을 보여 주었는데, 여기서 엄마의 양육행동이 엄마의 성찰기능과 애착 사이를 매개해 주었다.

정서의 사회화에서 육아

부모–아이 과정에서 두 번째로 넓은 영역은 애착과 크게 관련이 없는 반면에, 아이들에게 가족과 사회의 규범을 가르치는 것과 더 관계가 있다. 정서의 사회화는 부모가 아이들에게 나타내는 정서, 즉 어떻게 아이들의 정서에 반응하고, 아이들과 정서에 대해 대화하는 방식에서 생긴다. Grusec(2011)은 사회화의 양방향성이 중요함을 강조했다. 부모들만 항상 그 과정에 영향을 준다고 말할 수 없으며, 아이들도 적극 참여한다(Kuczynski, 2003). 기질적으로 부모들의 노력에 반응하는 아이들도 있지만 그렇지 않은 아이들도 있다.

아이들이 겪는 정서

아이들은 대체로 자신이 속한 사회 환경에서 관찰한 사람들의 행동을 따라 한다(Bandura, 1977). 아이들의 정서경험과 정서표현은 부모들이 아이들에게 어떤 정서가 용인되며 어떻게 정서를 표현하고 조절해야 하는지를 가르쳐 준 것의 결과이다(Denham, Mitchell-Copeland, Strandberg, Auerbach, & Blair, 1997; Parke, 1994). 이러한 정서의 관찰학습(observational learning)에는 세 가지 연관된 과정이 포함되어 있는데, 그것은 모델링, 사회적 참조, 정서 전염이다.

어떤 정서가 강조되느냐에 따라서 가족들 간에 큰 차이가 있다. 어떤 가족은 웃음이 가득할 수 있고, 어떤 가족은 불같은 분노가 가득할 수 있으며, 어떤 가족은 정서표현을 아예 피할 수도 있다. 가족 내에서 한 사람의 어떤 정서표현 빈도로써 그 가족 내의 다른 구성원의 그 정서 빈도를 예측할 수 있다. 예를 들어, Barry와 Kochanska(2010)는 한 해 동안 102쌍의 부모와 1세 아이들의 정서표현을 관찰했다. 그들은 한 사람의 긍정적인 정서가 가족 서로 간의 더 큰 긍정적 정서가 형성되는 것과 관련이 있으며 한 사람의 분노는 가족 간에 더 큰 분노와 연관되어 있다는 것을 발견했다. 이 같은 발견을 보면, 가족 내 두 사람의 정서가 연결되어 있을 뿐만 아니라 다른 가족 구성원들과도 연결되어 있어서 가족 내에 모든 사람의 정서가 얽혀 있다는 것을 알 수 있다. 즉, 정서는 전염된다(제10장 참조). Rasbash와 동료들(2011)은 가족 내에서 각 쌍을 관찰(앞에서 설명한 실험 설계)한 결과, 가족의 여러 가지 관계에서 표현된 부적 정서성 분산의 16%가 가족 수준에서 설명된다는 것을 발견했다. 이 말은 가족 구성원 내에서 각 쌍이 서로 별개로 상호작용하지만, 모든 가족 구성원 쌍의 상호작용 형태가 굉장히 비슷하다는 의미이다. 가족은 정서적 풍토를 가지고 있다. 어떤 가족은 따뜻하고, 어떤 가족은 적대적이다.

가족 내 긍정적인 정서에서 자라게 되면 아이들은 더 공감적이고 살갑게 굴고(Eisenberg, 1992), 감정 조절을 더 잘하며(Davidov & Grusec, 2006), 형제자매 관계에서 더욱 다정하게 된다(Jenkins et al., 2012). 3단계 종단연구 설계를 사용하여 세 번의 특정 시기에 실험 참가자들의 자료를 수집한 연구가 있다. 이 연구에서 McCoy, Cummings, Davies(2009)는 건설적인 부부 갈등(서로 협력하고 해결함)과 아이들의 긍정적인 사회 적응력 사이의 관계를 증명했다. 구체적으로는 건설적인 부부 갈등과 그 안에서 아이들이 느끼는 정서적 안정은 정적 상관관계가 있었으며, 이는 다시 아이들의 친사회적 행동과 연관되어 있었다.

가족 내에서 부정적인 정서에 노출되는 것은 아이들이 다른 상황들에서 더 부정적인 정서를 보이는 것과 연결되어 있다. 예를 들어, 아이들이 부모의 분노 갈등을 보고 자라면, 그들은 친구들과 함께 있을 때 더 쉽게 분노 정서를 보인다(Cummings & Davies, 2002; Jenkins et al., 2000, 2005). Denham과 동료들(2000)은 많은 분노를 표출하고 부모가 적대감을 가지고 있는 가족들 내에서는 아이들이 시간이 지날수록 더욱 높은 외현화 행동 문제가 나타났다는 것을 발견했다. 이것은 아이들이 자기 부모와 비슷한 정서를 보이는 데 있어서 모방학습만 중요한 것은 아니라는 것이다. 이 주제는 제12장에서 다시 다루게 될 것이다.

이와 같은 부모와 자식 간의 정서상 연합은 굉장히 쉽게 눈에 띈다. Malatesta와 Haviland(1982)는 만약 엄마가 분노 표현을 다른 엄마들보다 더 많이 한다면, 그 유아가 6개월째가 될 때 다른 유아들보다 더 많은 분노를 표출한다고 밝혔다. 만약 엄마가 아기에게 행복함을 많이 보여 주면, 6개월 된 유아는 행복함을 더 많이 보인다. Valiente, Eisenberg, Shepard와 동료들(2004)은 실험실 상황에서 스트레스를 주는 영상을 볼 때 엄마가 스스로 보고하는 부정적인 정서로 아이들의 부정적인 정서를 예측할 수 있다는 것을 발견했다.

아이들이 자신이 관찰한 사람들과 똑같은 정서들을 만들어 내는 것을 정서 전염(emotion contagion)이라고 한다(Hatfield, Cacioppo, & Rapson, 1994). 관련 연구들은 정서 전염, 즉 정서를 받아들이는 능력이 초기 유아기와 그 후에 발생한다고 주장했다(Saarni, Mumme, & Campos, 1998). 정서 전염은 한 사람이 보이는 얼굴표정, 목소리 혹은 정서적 제스처 같은 것과 유사한 반응을 다른 사람이 하는 것을 일컫는 말이다(Saarni et al., 1998).

정서에 대한 반응과 정서 코칭

아기들은 언어가 발달하면서 자신의 내적 상태에 대해 의사소통하는 여러 방법을 터득한다. 유아들이 보다 융통성 있게 자신들이 필요로 하는 것을 표현할 때, 부모들도 아이들의 정서에 반응하는 방법에 변화를 줄 수 있다. 그러면 부모들은 수용 가능한 표현양식에 주의를 줄 것이고, 다른 표현양식은 무시할 것이다. Brooks-Gunn과 Lewis(1982)는 엄마들이 첫해의 6개월 동안은 아기가 울면 더 많이 반응해 주지만 2년째에는 덜하다는 것을 발견했다. 그 대신에 아이들이 나이가 들어 2세가 되면, 부모들은 말로써 표현하려고 할 때 더 많이 반응해 주었다. 그 행동은 "나는 네가 울지 않고 말을 걸면 주의를 집중할 거야."라는 의미와 같다. 또한 그들은 엄마들이 남자아이들보다 여자아이들이 울 때 더 반응해 준다는 것을 발견했다. 비슷하게, Dunn, Bretherton, Munn(1987)은 아이들이 스트레스를 받을 때 엄마들이 받아들이는 참조 기준이 아이들이 18~24개월이 될 때 점차 줄어든다는 것을 확인했다. 짐작컨대, 이는 부정적인 정서에 신경을 덜 쓰기 위한 것으로 보인다(또한 Kochanska & Aksan, 2004 참조). 아이들이 2세가 될 때까지 부모들은 부정적인 정서에 대한 반응을 감소시켰는데, 그렇게 해서 우는 것으로 목표를 달성하는 것이 용인되지 않는 문화로 아이들을 유도하기 위함이다.

애착과 부모의 반응성에 대해 우리가 논의해 온 것으로부터, 우리는 부모들이 할 수 있는 가장 좋은 것은 아이들의 스트레스에 대해 즉각적이고 교감적으로 반응해 주는 것이라고 생각할 것이다. 물론 우리가 논의한 한 가지 연구를 보면, 안정 애착 유아들의 엄마들은 불안정 애착 유아들의 엄마들보다 아이들의 광범위한 정서에 반응해 준다(Goldberg, Mackay-Soroka, & Rochester, 1994). 하지만 부모들의 목표는 다 자랄 때까지 단순히 아이들을 보호해 주거나 편안하게 해 주는 것보다는 훨씬 복잡하다. 유아들이 걸음을 떼기 시작하면, 부모들은 스트레스를 겪는 자신들의 아이에 대해 더 복잡한 평가를 해야 한다. 그것은 스트레스를 받는 배경은 어떠한지, 장기적으로 보았을 때 어떻게 상황에 대처하도록 가르쳐야 할지 등에 대한 것이다(Dix, 1991; Mesman, Oster, & Camras, 2012).

아이들의 분노나 슬픔에 대해 부정적으로 반응하는 것은 아이들에게 좋지 못한 결과를 가져오게 하는 것과 강하게 관련된다(Patterson, 1982). 엄마가 아이들의 부정적인 정서에 대하여 문제 중심적 관점으로 반응하도록 격려해 주거나 도와주고 문제의 원인을 해결하도록 해 주면, 이는 아이들에게 건설적인 대처방법을 조성해 주는 것이다(Eisenberg, Fabes, & Murphy, 1996). 처벌을 하면 도피를 하거나 복수를 하는 것으로 연루되고(Eisenberg & Fabes, 1994; Eisenberg, Fabes, Carlo, & Karbon, 1992), 또한 제12장에서도 다루겠지만 더 많은 외현화 행동을 하는 것과도 관련된다. 아이들의 정서를 억누르거나 부정적으로 묵살하는 것 같은 양육반응들은 회피적 정서 조절과 부모-아이 상호관계에서 분노 표출을 증가시키는 것과 관련이 있다(Eisenberg, Fabes, Carlo, & Karbon, 1992; Eisenberg, Fabes, & Murphy, 1996; Snyder, Stoolmiller, & Wilson, 2003).

우리는 이전에 성찰기능에 대해 이야기했는데, 이것은 부모들이 자신들의 정신상태와 아이들의 정신상태에 대해 성찰하는 것이다. 이것은 정서 코칭과 연관된다고 알려져 있다(Gottman, Katz, & Hooven, 1996, 1997). 이것은 부모들이 아이들의 정서를 교육의 기회로 생각하는 것도 포함된다. 부모들은 아이들이 자신의 정서를 파악할 수 있게 도와주고, 주어진 상황에서 문제를 해결하도록 도와주며, 그 정서들에 대해 공감하고 받아들이도록 해 줄 수 있

〈표 11-3〉 Havighurst와 동료들(2010)이 실시한 중재 이전과 중재 이후 6개월간의 추적연구에서 교사들이 기록한 아이들의 정서 이름 붙이기와 문제행동의 평균값

	중재 이전	6개월 추적
아이의 정서 이름 붙이기		
중재집단	25.5	30.5
통제집단	26.2	29.2
아이의 행동 문제		
중재집단	90.2	81.2
통제집단	91.8	90.9

다(Gottman et al., 1997). 이것은 아이들이 더 나은 결과를 얻는 것과 관련이 있다. 그런 것들에는 더 적은 행동적 문제, 높은 사회기술, 심지어는 신체질환에 덜 걸리는 것 등이 포함된다(Eisenberg et al., 1998; Gottman et al., 1997).

아이들의 부정적인 감정을 소중하게 여기는 엄마들이 그런 생각을 가지지 않은 부모보다 자녀와 함께 9·11 테러에 대해서 더 수월하게 이야기했다(Halberstadt, Thompson, Parker, & Dunsmore, 2008). 유사하게, 아이들의 부정적인 정서를 받아들이는 부모들도 그들의 아이들로 하여금 그런 정서들을 표출하도록 격려해 주었다(Wong, Diener, & Isabella, 2008).

앞에서 언급한 연구들은 상관관계 연구이므로, 인과관계를 도출하기에는 결과들이 제한적이다. Havighurst와 동료들(2010)은 부모들에게 아이들의 정서에 대해 어떻게 반응해야 하는지를 가르쳐 주는 것만으로도, 유의미하게 아이들이 정서에 이름을 붙이는 것이 증가하고 아이들의 행동 문제도 유의미하게 줄어드는 것을 발견했다. 이것은 자녀의 정서에 부모가 반응해 주고 코칭해 주도록 6회기 훈련을 한 부모 집단의 결과였다. 그 결과는 〈표 11-3〉에서 볼 수 있다.

정서에 대해 이야기하는 것을 배우다

정서 언어를 배움으로써, 부모들과 양육자들은 아이들이 세상을 구성하고 정서적 경험을 하도록 만든다. 부모들은 여러 가지 방법으로 이를 실현한다. 한 가지 방법은 정서를 일으키는 사건들의 종류에 대해 아이들에게 말해 주는 것이다. 예를 들어, 아버지가 큰 개를 보고 흠칫 놀라는 딸에게 "무서워할 것 없어."라고 말해 줄 수 있다. 다른 상황에서 딸이 자전거 도로를 이리저리 돌아다니다가 자전거 탄 사람과 아슬아슬하게 부딪힐 뻔했다고 가정해 보자. 그러면 아버지가 즉각 딸에게 달려와 "위험했어! 깜짝 놀랐잖아."라고 말할 것이다. 이러한 정서

적인 대화들을 통해 아이들에게 어떤 상황에서 어떤 정서가 적절한지 가르쳐 주는 것이다. 그래서 아이들을 정서의 문화적 규칙으로 유도한다. 또한 정서적 대화는 아이들의 내적 경험을 구성한다. 그리고 아이들로 하여금 다른 이들의 내적 경험도 알도록 해 준다.

발달심리학자들이 비계설정(scaffolding)이라고 부르는 것은 부모나 교사들이 아이들을 다음 발달 단계로 나아갈 수 있게끔 도와주는 과정이다. 부모들은 비계설정 과정을 통해 마음에 대해 이야기함으로써 아이들의 마음에 대한 이해와 정서를 아이들 스스로 알게 되는 것보다 더 발전된 수준으로 만들어 줄 수 있다. 이 방법을 이용하여, 부모들은 아이들의 정서적 이해가 더 깊어지게 만들어 줄 수 있다(Fernyhough, 1996; Meins et al., 2002; Taumoepeau & Ruffman, 2008). Taumoepeau와 Ruffman(2006, 2008)은 두 연구를 통해, 비계설정 과정에 대한 증거들을 제시했다. 첫 번째 연구에서는 15개월이 된 아이의 엄마가 사용하는 욕망언어(사랑, 원함, 희망, 소원, 꿈)를 통해 24개월이 되었을 때 그 아이의 정신상태 언어와 정서 과제 수행을 미리 예측할 수 있었다(Taumoepeau & Ruffman, 2006). 두 번째 연구에서는 24개월이 되는 때에 타인의 생각과 지식에 대한 엄마들의 참조에서 정신상태에 대해 말하는 것이 더 고급스러운 형태를 띠면, 그것이 아이들이 33개월이 되었을 때 정신상태 언어를 얼마나 잘 구사하느냐에 대한 가장 일관성 있는 예측자였다(Taumoepeau & Ruffman, 2008). 부모들은 마음상태 이야기의 정교한 정도를 아이들의 발달 단계에 맞게 조절한다. 엄마들이 더욱 정교한 정신상태에 대한 이야기(생각, 지식)를 하는 것이 15개월과 33개월 사이 그리고 24개월과 33개월 사이에서 유의미하게 증가했다. 덜 정교한 이야기(즉, 욕구, 정서에 관한)는 상대적으로 안정적으로 머물렀다. 이 같은 발견이 말해 주는 것은, 부모들이 체계적인 비계설정 과정을 사용해서 아이들에게 더 많은 것을 이야기해 준다는 것이다. 그렇게 해서 부모들은 정신상태 언어를 아이들이 발달 단계에 따라서 배우도록 조절할 수 있다.

부모들이 아이들과 하는 담화가 아이들이 마음과 정서에 대해서 이해하는 정도에 대한 중요한 예측자라는 것이 알려졌다. 18개월부터 아이와 엄마는 정서에 대해 담화를 하기 시작하고, 아이들은 정서 언어를 사용하는 사회화를 시작한다(Dunn, Brown, Slomkowski, Tesla, & Youngblade, 1991). 정신상태 용어(mental state terms)를 사용하는 것이 이 분야에서 특히 흥미 있는 부분이다. 확실히 정신상태 용어를 더 많이 사용하는 부모들이 아이들과 상호작용할 때 아이들의 정서 이해에 더 많은 영향을 끼친다(예: Dunn, Bretherton, & Munn, 1987; Kuebli, Butler, & Fivush, 1995; Ontai & Thompson, 2002). Dunn, Brown, Slomkowski, Tesla, Youngblade(1991)의 연구는 33개월 때 인과관계에 대한 엄마-아이 담화가 7개월 후에 아이들의 정서 이해를 예측할 수 있음을 보여 주었다. 다른 연구에서는 엄마가 3세 아이에게 하는 느낌에 대한 담화와 정서에 관한 일상 대화가 3년 후의 아이들의 정서 이해(즉, 사진과 연결된 녹취를 듣고 타인의 정서를 확인할 수 있는 능력)과 연관이 있음을 확인했다(Dunn, Brown, & Bearsdall, 1991). Meins와 동료들은 아이들의 정신상태를 정확하게 반영하는 마음을 염두에 둔 코멘트(mind-minded comments) 연구를 통해 이 분야에 기여해 왔다. 6개월 된 유아의 엄마가 하는 마음을 염두에 둔 코멘트로부터 몇 년 후 그 아이들의 정신화 능력을 예측할 수 있다(Meins & Fernyhough, 1999). Laranjo, Bernier, Meins, Carlson(2010)은 최근에 이 연구를 걸음마기 아이에게까지 확장했다. 12개월 된 아이들에 대한 엄마들의 마음을 염두에 둔 코멘트로부터, 2세가 되었을 때 아이들의 관계에 대한 이해력을 예측할 수 있었다.

회상을 할 때 느꼈던 정서에 대해서 대화를 하면, 아이들의 정서적·관계적 이해력을 증진시키는 데 지대한 영향을 줄 수 있다(Laible, 2004; Laible & Panfile, 2009). 부모들은 아이들의 정서에 대해 토론함으로써 아이들에게 정서를 다루는 방법을 직접적으로 가르쳐 줄 수 있으며, 정서의 원인을 명확하게 하는 것을 도와줄 수 있다(Gottman, Katz, & Hooven, 1996; Ramsden & Hubbard, 2002). 부정적인 사건에 대해 논의하는 것이 특히 중요한 것으로 보인다. Laible(2011)의 최근 연구에서는 긍정적인 사건과 관련된 대화보다 부정적인 사건과 관련된 대화에서 엄마들이 정서의 원인에 대해 아이들과 더 깊이 논의하였고, 또한 그들의 정서적 경험을 더욱 확실시해 주었다. 더 나아가서 특히 부정적인 사건을 논의하는 동안 엄마의 정교화(maternal elaboration)는 아이들이 관계성을 일관성 있게 묘사할 수 있게 해 줄 뿐만 아니라 정서를 이해하는 것과도 연관되어 있었다. 아이들이 부정적인 정서를 이해하기 위해서 애쓴다면(Laible & Panfile, 2009), 과거의 그런 부정적인 정서경험에 대한 엄마의 정교화가 영향을 줄 수 있으며, 그렇게 해서 그 경험에 대해 풍부한 기억들을 구성할 수 있다. 이것이 그 사건의 정서적 경험에 대한 비계설정 과정이다(Laible, 2011). 중요하게 짚고 가야 할 부분은, 부모들만이 아이들이 정서에 대해서 이야기할 때 영향을 주는 사람들이 아니라는 것이다. 형이나 누나도 큰 영향을 줄 수 있다(Jenkins et al., 2003).

부모의 정서에 관한 담화에서도 문화적인 차이가 있는 것으로 나타났다. 예를 들어, 아이들과 같이 이야기를 나누는 동안, 중국 엄마들은 외적 행동과 조치에 대해 강조하는 경향이 있다. 반면에 유럽 출신의 미국 엄마들은 주로 아이들의 내적 태도, 생각, 느낌에 대해 초점을 맞추었다(Fivush & Wang, 2005; Wang, 2001). 서양 문화권에서 수행된 여러 연구와 일관되게, Doan과 Wang(2010)은 여러 문화에서 엄마가 정신상태를 묘사하는 언어를 사용하는 것으로 3세 된 아이의 정서 지식(행복, 슬픔, 분노 등의 정서를 일으키는 상황을 묘사하는 능력)을 예측할 수 있었다. 그들은 엄마가 행동에 대해 언급하는 것은 아이들의 정서 지식과 부적으로 연관이 있는 것을 보여 주었다. 마지막으로, 엄마가 행동이 아닌 정신상태를 묘사하는 이야기를 함으로써 아이들의 정서 지식에서 문화적인 영향의 일부를 설명할 수 있었다. 이처럼 관계성의 일부분만을 설명할 수 있다는 것은 아이들의 정서 이해 발달에는 중요한 역할을 하는 다른 많은 요소도 있다는 것이다.

양육에서 세대 간 전달과 유전자

앞에서 우리는 애착의 세대 간 전달에 대해서 다루었다. 그렇다면 양육의 세대 간 전달은 어떠할까? 일관적으로 따뜻하거나 적대적인 행동이 가족 내에서 세대를 거쳐서 계속 발생할까?

몇몇 연구는 한 세대의 양육의 영향이 자식들에 의해 그 자식의 자식들을 양육할 때 전달된다는 것을 관찰했다. 어린 시절에 긍정적이며 따뜻한 양육을 받은 사람들은 자라서 자신의 아이들에게도 따뜻한 부모가 되었다(Belsky, Jaffee, Sligo, Woodward, & Silva, 2005; Kovan, Chung, & Sroufe, 2009). 똑같은 영향이 적대적인 부모에게서도 나타났다. 어릴 때 가혹한 양육을 받은 사람들은 자신의 아이들에게 더 가혹한 양육을 하는 경향이 있었다(Kovan, Chung, & Sroufe, 2009; Neppl, Conger, Scaramella, & Ontai, 2009). 어떤 결혼 상대를 선택하느냐가 다음 세대를 가혹하게 양육하는지의 여부에 영향을 주었다. Conger와 동료들(2012)은 아이들이 성인이 될 때까지 추적연구를 하였다. 그들은 가혹하게 양육 받은 아이들은 가혹하게 양육할 결혼 상대를 선택할 위험이 크다는 것을 보여 주었다. 따라서 가혹하게 양육받은 사람들이 가혹한 양육을 할 위험은 그 사람이 선택한 결혼 상대에 의해 더욱 현저하게 된다. 한쪽 부모의 공격적 경향성은 다른 쪽 부모의 경향성에 의해 더 강화된다.

세대 간 영향의 어떤 면은 자신들이 아이였을 때 양육받은 것에서 배운 것일 수 있다. 이 같은 양육의 세대 간 영향의 또 다른 후보자는 유전자(genetics)이다. 이전에 보았던 대부분의 연구는 상관관계 데이터에 기반을 두고 있다는 것을 기억하는 것이 중요하다. 아이들은 약 50%의 유전자를 엄마와 아빠로부터 각각 물려받는다. 그러므로 적어도 그 영향의 일부분은 부모와 아이들 사이에서 유전적으로 작동한다. Kendler와 Baker(2007)는 자신에게 하는 부모들의 행동에 대한 아이들의 보고서를 기반으로 메타분석을 실시하였는데, 이는 양육에서 유전적 영향을 연구한 것이다. 그 연구는 쌍둥이나 다양한 유전적 관련을 가진 형제자매들이 부모가 자기들에게 한 행동을 메타분석한 것이다.

[그림 11-4]에서 다양한 양육방식에 대한 유전성 추정치들을 보면, 상당한 유전적 영향이 있음을 알 수 있다. 양육의 유전적 영향의 이면에 있는 메커니즘은 아이들에게 긍정적인 정서나 부정적인 정서에 대한 유전자를 물려줄 수 있다는 것이다. 양육이란 부분적으로는 아이들의 유전적 기반으로부터 생기는 것인데, 이것을 유전-환경 상관관계(gene-environment

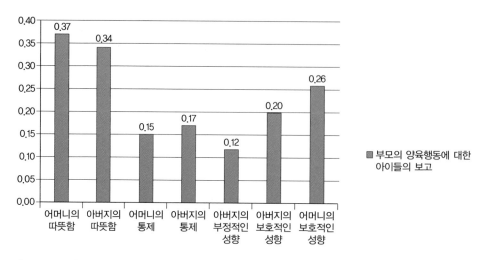

[그림 11-4] Kendler와 Baker(2007)가 발견한 여러 가지 양육 요소의 유전성에 대한 가중평균치

correlation)라고 한다(Jaffee & Price, 2008; McGuire, 2012). Lucht와 동료들(2006)은 도파민 시스템과 가바(GABA) 시스템에 관련된 두 가지 다형성(polymorphism)을 보고했다. 이 두 가지 시스템은 기질적 고집성과 부모로부터 배척당한 정도와 관련이 있었다. 이것이 시사하는 바는, 이 유전적 다형성이 부모로 하여금 배척해 버리도록 하는 힘든 기질을 만들어 낼 수 있다는 것이다.

양육을 넘어서: 형제와 또래친구의 영향

부모와 함께하는 상호작용과 유전이 유아 시기와 그 이후의 정서성에 제일 큰 영향을 미치지만, 형제자매와 또래들의 관계 또한 중요하다.

형제자매

형제자매들은 높은 친밀성, 정서성, 익숙함을 함께하는 독특한 관계이다(Dunn, 1983). 이를테면, 그들은 놀이를 할 때(Dunn, 1983)와 배울 때(Azmitia & Hesser, 1993)에 상호보완적인 관계를 가지는데, 이 두 가지 활동은 모두 개인 간 발달과 개인 내 발달을 증진시키는 기회가 된다. 형제자매들이 서로 가르치는 것을 연구한 결과를 보면, 어린아이들은 나이 든 또래보다 손위 형제자매에게 가르쳐 달라고 더 많이 요구하는 것으로 나타났으며, 그럴 때 좀 더 적극적으로 배우는 데 참여했다(Azmitia & Hesser, 1993). 또한 이 연구에서는 손위 형제자매들이 설명을 더 많이 해 주고 긍정적 피드백을 주었으며, 배우는 데 있어서 나이 든 또래들보다 관여를 더 많이 했다는 것을 보여 준다. 이 같은 결과는 형제자매 간에 특별한 비계설정 과정이 있다는 것을 시사한다.

아이가 많은 가정에서 자란 아이들은 더 나은 사회적 기술(Downey & Condron, 2004)을 가지며, 마음이론이 더 발달하는 것이 증명되었다(Jenkins & Astington, 1996; Lewis, Freeman, Kyriakidou, Maridaki-Kassotaki, & Berridge, 1996; Perner et al., 1994). 더 나아가서 나이 많은 형제자매가 있다는 것이 상대적으로 좋은 정신건강(즉, 과잉행동, 정서 문제, 친구 문제 등이 적음)과 관련되었다(Lawson & Mace, 2010). 마지막으로, 형제자매들은 아이들이 초기에 직면하게 되는 위험으로부터 보호해 주는 역할을 한다는 연구도 있는데, 이에 대해서는 다음 장에서 다룰 것이다(Gass, Jenkins, & Dunn, 2007a, 2007b).

형제자매 간의 상호작용은 영향력 있는 역할을 하는 것으로 보인다. Karos, Howe, Aquan-Assee (2007)는 5∼6학년 아이들 40명을 데리고 아이들의 사회인지적 문제해결에 관한 실험을 했다. 형제들의 인터뷰를 통해, 연구자는 상호적(즉, 동료애와 정서적 반응성) 혹은 보완적(즉, 도구적 지지와 능숙도) 상호작용을 측정했다. 아이들은 대강의 스토리만 담긴 사진을 보고 나서 어떤 일이 일어나고 있는지 그리고 어떤 결말이 나올 것인지 질문을 받았다. 예를 들어, 면담자가 부부 갈등을 겪고 있는 사진을 보여 주면서 "이 사진에서는 엄마와 아빠가 싸우고 있단다. 엄마 아빠가 왜 싸우는지 이야기해 볼 수 있니? 그리고 이런 상황에서 너는 어떻게 할 거니?"라고 물어본다. 오직 상호적 관계에서만 사회정서적 문제해결과 정적 상관관계가 나타났다. 더 나아가 출생 순위가 이 관계를 매개하였는데, 이는 특히 형이나 누나와 상호적 관계를 가진 아이가 사회인지적 기술에서 증진을 보이는 긍정적인 발달을 했다는 것을 보여 준다.

Kim, McHale, Crouter(2007)는 형제자매 관계와 유년기의 중반부터 사춘기까지 적응 추이의 변화 사이의 관련성을 종단적으로 연구하였다. 연구자들은 부모–아이 관계와 형제–부모 적응을 통제한 후에 형제간 갈등으로 우울 증상의 증가를 예측할 수 있다는 것을 발견하였다. 반면에 형제간의 친밀함은 또래관계에서 능숙함과 관련이 있고, 여자아이의 경우에는 우울 증상의 감소와 관련이 있었다.

어쩌면 형제자매 간의 친밀함이 정서적 유능감을 촉진하기보다는 방해할 수도 있다. Deneault와 동료들(2008)의 연구로부터 재미있는 결과가 나왔다. 그들은 나이, 언어능력, 부모의 사회경제적 지위, 어머니의 교육 수준이 동등한 경우에 이란성 쌍둥이가 일란성 쌍둥이보다 더 나은 정서적 이해를 보인다고 했다. 쌍둥이가 아니면서 형제가 한 명인 아이들에게서도 비슷한 결과가 발견되었다. 즉, 그 아이들은 정서 이해에 있어서 일란성 쌍둥이보다 더 나은 결과를 보였다. 비슷한 패턴이 또한 사회적 유능감에서도 나타났다. 이 같은 발견은 일란성 쌍둥이가 경험하는 감정적인 친밀함이 서로의 정서를 이해하는 능력을 방해할 수도 있다는 것을 시사한다.

인간 외의 종들 또한 발달에서 형제자매의 영향이 있다. 모성행동의 차이 외에, 한 배에서 태어난 새끼의 수가 성체가 된 그 실험실 쥐의 정서성 차이와 연관된다는 보고가 있다(Dimitsantos, Escorihuela, Fuentes, Armario, & Nadal, 2007). 확실히 적은 새끼 수로 사육된 쥐들이 더 민감한 정서를 보인다. 즉, 그 쥐들은 많은 한 배 새끼 수의 쥐들과 비교했을 때 십자 미로 과제에서 불안한 행동을 더 많이 보였으며, 강제 수영 과제에서도 대처 전략(적극적인 탈출 행동)의 감소를 보였다.

또래친구

60여 년 전에 Sullivan(1953)은 아동기와 사춘기 초기에 또래친구들과 관계에서 협력, 이타심, 공감과 같은 중요한 사회기술을 배운다고 말했다. 또래친구들 사이에서 아이들 정서의 독특한 반응이 나타났다. Strayer(1980)는 4~5세 아이들이 놀이하는 것을 관찰하여 친구들에게 어떻게 정서반응을 표현하는지 기록하였다. 아이들의 상호관계를 관찰해 보면 가장 빈번하게 관찰된 것은 행복(34%)이며, 그다음은 슬픔(30%), 분노(22%), 마음에 상처를 주는 것(13%) 순이었다. 대부분의 정서는 그냥 지나가게 두었다. 마음에 상처를 주는 것이 가장 많이 무시되었고, 그다음은 분노, 슬픔, 행복 순이었다. 대체로 아이들이 많이 표현하는 정서는 주로 다른 아이들이 많이 반응하는 정서였다. 아이들은 다른 모든 정서반응을 합한 것보다 행복한 표현에 더 많은 공감적 반응을 해 주었다. 그리고 다른 모든 정서반응보다 분노에 덜 반응하였다. 각각의 정서에 따라 반응들에서 차이가 있었다. 행복함에는 행복한 표정을 지었고, 슬퍼할 때에는 주로 활동을 함께 하거나 장난감을 함께 가지고 놀았으며, 분노 표현에는 대체로 길을 양보하는 것과 같이 언어적으로나 신체적으로 인정하는 표현을 보였다. 그리고 마음에 상처를 주는 표현에 대해서는 안심을 시켜 주거나 "괜찮니?" 하면서 물어보았다.

이 같은 대응반응은 아이들이 나이가 들면서 달라진다. 예를 들어, Denham(1986)은 2~3세 아이들은 Strayer가 발견한 결과와는 사뭇 다르게 상대 아이들이 슬픔보다 분노에 더 많이 반응을 한다는 것을 관찰했다. 이는 아마 아이들이 자랄수록 다른 사람들의 낮은 강도의 정서(슬픔 등)에 더 익숙하게 반응할 수 있게 되었기 때문으로 보인다. 어쨌든 이러한 반응의 차이는 또래친구들과 있을 때 아이들의 정서표현에 분명한 영향을 미친다.

아이들은 자기 또래 집단 안에서 다양한 정서표현을 할 때 어떤 결과가 나타날지를 배우게 된다. 그리고 그것에 따라서 자신의 표현 또한 변하게 된다. 아이의 발달에서 친구들과의 상호관계가 극적으로 증가하는 동안 여러 가지 중요한 단계(예: 어떤 믿음이 틀렸다는 것을 알게 됨)를 거치게 된다(예: Wellman, Cross, & Watson, 2001). 또래관계는 사회적 발달과 정서 발달에 중요한 과정이다. 예를 들면, 또래관계는 아이들에게 가상 놀이를 할 수 있는 상황적 배경을 만들어 준다. 아이들은 이런 가상 놀이를 할 때 주로 마음상태에 대한 이야기(mental state talk)를 한다(예: Howes & Matheson, 1992; Lillard, 1993; Youngblade & Dunn, 1995). 같은 맥락에서 Maguire와 Dunn(1997)은 어렸을 때 우정이 아이들의 정서 이해에 영향을 미친다는 것을 보여 주었다. 6세 때 높은 수준의 놀이 복잡성(play complexity, 양보하고 타인의 관심을 알아차리고 안심시키는 것 등)을 보인 아이들은 7개월 후에 복합적인 정서를 이해하는 데 더욱 능숙했다.

아이들의 학업적 발달, 사회적 기능, 심리적 웰빙에 또래친구들이 중요하다는 것이 지금껏 증명되어 왔다(예: Nangle & Erdley, 2001; Wentzel, 2009). 긍정적인 또래관계는 정서적 웰빙, 친사회적 행동을 중요시하는 것과 함께 자신에 대한 긍정적인 믿음이 연관되어 있었다(Rubin et al., 2006). 아이들의 웰빙에서 또래친구들의 수용 및 거절이 특별히 중요한 것 같다. 친구들의 수용(또래친구들이 자신을 좋아하거나 싫어하는 정도)은 웰빙과 상관관계가 있었으며, 나중에 사춘기와 성인기에서 적응 문제를 예측해 주었다(Parker & Asher, 1993; Rubin et al., 2006).

최근에 연구자들은 또래관계와 서로 간의 정서성이 중요하다고 강조해 왔다(Dougherty, 2006; Oberle, 2010). 사회적 능숙도와 정서적 웰빙이 관계에 미치는 영향, 그리고 반대로 관계가 사회적 능숙도와 정서적 웰빙에 미치는 영향은 분명하다(Oberle et al., 2010). Dougherty(2006)는 메타분석을 실시하여 부정적인 정서성(분노, 공격성 등)과 사회적 신분 간의 일관된 부적 관계를 발견했다. 그리고 긍정적인 정서성(행복)과 사회적 신분 간의 일관된 정적 관계를 발견했다. 최근 연구에서 Banerjee, Watling, Caputi(2011)는 아이들의 사회적 이해와 학교에서의 또래관계 사이의 쌍방향 모델을 보여 주었다. 이 모델에서는 아이들이 친구들의 거부를 경험하면 사회적 이해의 습득에 방해를 받을 수 있으며, 또한 나이 든 아이들 사이에서 사회적 개념의 이해가 어려우면 또래친구들에게 거부당할 수 있음을 시사한다.

아이들의 정서에 학교 환경이 영향을 미친다는 증거들도 존재한다. 특히 Milkie와 Warner(2011)는 동료로부터 존경받지 못하는 교사와 교육 보조재가 많지 않은 교실과 같은 부정적인 환경에 있는 아이들이 학습, 외현화, 대인관계, 내면화 문제를 더 많이 가지고 있다는 것을 보여 주었다. 추가적으로, 낮은 학습 기준, 지나친 행정 문서 작업, 소란스러운 행동, 낮은 수준의 친구들이 있는 교실에 있는 아이들은 하나 이상의 문제들을 가지고 있다.

생애에 걸친 정서성

우리는 지금까지 생애 초기 관계와 유전적 요소들 사이의 상호작용에서 어떻게 정서성의 개인차가 발생하는지 이야기했다. 사람들이 여러 방식을 거쳐서 성인기로 발달하며, 어떤 사람들은 성인기에 급진적인 변화를 겪지만, 초기의 정서 스타일이 사람의 전반적인 정서적 윤곽을 형성한다.

우리가 초기 관계에서 만든 정서의 레퍼토리는 우리가 일생 동안 만들어 가는 관계들에 영향을 미친다. Jenkins, Shapka, Sorenson(2006)은 10대 때 처음 본 여성들을 대상으로 12년 후 성인기까지 종단적 추적연구를 진행하였다. 사춘기에 분노를 더 많이 보인 여성들은 12년 후에 자신들의 파트너와 더 많이 싸우거나 더 많이 이별을 경험하는 경향이 나타났다. 비슷하게, 사춘기와 성인기에 반사회적이며 공격적인 사람들은 적대적이고 공격적인 성향의 사람들과 친해지거나 파트너가 되는 경향이 더 컸다(Dishion & Tipsord, 2011; Krueger, Moffitt, Caspi, Bleske, & Silva, 1998).

아동기에서 성인기까지 정서성의 연속성

일생 동안 사람들의 정서가 어떻게 변할지 생각해 보라. 사람들은 초기부터 중기 성인기에 이르기까지 스스로에게 점차적으로 편해지는 경향이 생긴다. 침울하거나 부정적인 정서적 경향은 줄어들고, 책임감과 배려심이 더 많이 생기며, 장기적 과제나 계획에 좀 더 집중할 수 있게 된다. 그리고 큰 위험 부담을 지지 않게 된다(Caspi, Roberts, & Shiner, 2005; McAdams & Olson, 2010). 물론 이것은 성인 발달에서의 정상 궤도를 말한다. 사람들이 겪는 변화의 비율과 양에는 변산이 있다(Mroczek, Almeida, Spiro, & Pafford, 2006).

어린 시절에 쉽게 화를 내고 좌절하는 아이들이 이후에 적대적인 성인이 될 경향이 더 클까? 겁이 많은 억제된 아이들은 제약 속에서 발달하여 소심한 성인이 될 가능성이 클까? 그러한 연속성이 확연히 있었다(Caspi et al., 2005). 3세 된 아이들의 기질과 20년 후 그들의 성격특성 사이의 연관성(Caspi et al., 2003)이 뉴질랜드에서 1,000명을 대상으로 입증되었다. 충동적이고 안절부절못하면서 쉽게 산만해지는 아이들은 자라난 후에 부정적 정서성에서 높은 점수를 받았다. 그들을 평가한 정보 제공자들은 그들을 무뚝뚝하고, 긴장되어 있으며, 불안한 사람으로 묘사했다. 자신감 있는 아이들은 가장 탈억제되어(제약이 적게) 자라났는데, 긍정적 정서요소에서 높은 점수를 받았으며 다른 사람들도 그들을 평가할 때 외향적인 사람으로 서술했다. 한편, 억제된(말이 없거나, 겁이 많은) 아이들은 성인이 되어서 높은 제약 수준을 보였다.

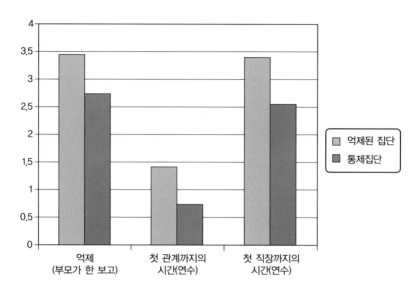

[그림 11-5] 억제 정도에 따른 결과의 평균값. 4세에서 6세까지 억제된 아동들과 억제되지 않은 아동들이 23세가 되었을 때 첫 번째 관계까지 걸린 시간과 정규 직장을 처음 얻기까지의 시간

출처: Asendorpf et al. (2008).

그리고 낮은 수준의 긍정적 정서 태도가 나타났다.

독일에서 실시한 비슷한 종단연구(Asendorpf, Denissen, & van Aken, 2008)에서는 4~6세가 된 아이들을 23세가 될 때까지 추적했다. 연구자들은 가장 억제된 15%의 아이들을 억제도가 평균 이하인 유치원생 통제군과 비교했다. 결과를 보면, 억제된 아이들은 자신의 부모들을 억제된 초기 성인으로 평가하였다. 또한 첫 안정적인 이성관계에 도달하는 시간과 첫 정규 직장을 찾을 때까지 시간이 더 지연되는 경향을 보였다. 또한 가장 공격적인 15%의 아이들을 초기 성인기까지 추적한 결과를 보면, 그들의 부모들은 그들을 더 공격적이고, 무뚝뚝하고, 덜 양심적이며, 새로운 경험을 하는 데 덜 개방적인 것으로 평가했다. 또한 그들은 학교나 직장에서 성취가 낮은 경향이 있었으며, 통제군과 비교했을 때 비행행동이 높았다. 이로 볼 때 정서성의 개인차는 전반적 영향을 미치며, 이것은 일생 동안 계속된다.

사춘기에서 중년기까지 연속성이 있는데, 이는 예외 없이 그렇다는 것이 아니라 그럴 확률이 높다는 것이다. Harker와 Keltner(2001)는 대학 졸업앨범 사진에서 여성들의 미소의 강도를 평가해서, 그 평가가 30년 후의 그들의 웰빙과 어떻게 연관되는지 살펴보았다. 졸업앨범 속의 미소의 강도는 그들의 소속감과 능숙도와 정적 상관이 있었고, 중년의 부정적인 정서성과 부적 상관이 있었다(〈표 11-4〉 참조). 흥미롭게도, 졸업앨범 속의 미소는 다른 사람과 인간관계를 형성하는 것과도 상관이 있었다. 졸업앨범 사진에서 더 긍정적인 정서를 보인 여성들

〈표 11-4〉 긍정적 정서성, 20세에 찍은 사진에서 보이는 미소의 강도는 30년 후의 성인 성격, 관계 만족도, 개인적 행복감을 예측해 준다.

측정	긍정적 정서성
52세 때의 부정적 정서성	−.27**
52세 때의 소속감	.14
52세 때의 능숙도	.29**
52세 때의 웰빙	.28**
52세 때의 결혼생활 만족도	.20*

주: ** = $p < .01$, * = $p < .05$

출처: Harker & Keltner (2001).

은 27세 이전에 결혼을 하는 경향이 있었으며, 30년 후에는 결혼생활에 더욱 만족하는 경향이 있었다. 같은 방법으로 우리는 초기 어린 시절의 수줍음과 분노 같은 정서적 특징들이 성인기의 삶의 방식을 예측할 수 있는지 알아보았을 때, 사춘기 후기에서 중년기까지도 똑같은 결과를 얻었다. 정서는 우리가 삶을 만들어 가는 데 중요한 것이다.

왜 이 같은 연속성이 발생하는지 생각해 볼 때, 우리는 개인 차원과 개인 상황 두 가지 모두에 대해서 생각해 보아야 한다. 다른 사람들에게서 따뜻하고 친화적인 반응을 이끌어 내는 잘 웃고 붙임성 좋은 아기를 생각해 보자. 시간이 지날수록 이와 같은 환경들이 초기 정서성을 강화시키고 정교화시킬 것이다. 반면에 쉽게 좌절하고 짜증을 잘 내는 아이는 다른 사람들로부터 더욱 강압적이거나 부정적인 반응들을 유발하고, 그 아이의 본질적인 정서 경향성은 영구적이 될 것이다. 그래서 아이들이 기질적 성향을 나타낼 뿐만 아니라 그 성향이 또한 환경적 반응을 일으키므로, 아동기의 기질은 성인기의 성향적 특성까지 이어진다고 볼 수 있다 (Caspi et al., 2005; Roberts, Wood, & Caspi, 2008).

성격특성과 정서성

성인기에 빅 5 성격 모델(Big Five model of personality; John, Naumann, & Soto, 2008; McCrae & Costa, 2008)은 매우 영향력 있는 모델이다. 다섯 가지 특성으로는 정서적인 불안, 적대감, 우울을 포함하는 신경증(Neuroticism), 따뜻함, 사교성, 긍정적 정서 경향성을 포함하는 외향성(Extraversion), 신뢰, 솔직함, 순응을 포함하는 우호성(Agreeableness), 성취 추구, 절제, 책임감을 포함하는 성실성(Conscientiousness), 상상력, 심미성, 감정, 아이디어를 포함하는 개방성

(Openness)이 있다. 신경증, 외향성, 우호성은 모두 보이는 그대로 정서적이다. 성실성과 개방성 또한 정서를 포함하고 있지만 상대적으로 덜 명백하다.

신경증에서 높은 점수를 기록한 사람들은 부정적인 사건에 대해 더 강하게 반응하였다. 반대로 외향성 점수가 높은 개인들은 긍정적 사건에 대해 더 강하게 반응하였다(Larsen & Ketelaar, 1991). 이 장의 서두에서 우리는 정서성을 어떤 평가를 할 때 지속되는 편향이라는 관점으로 볼 수 있다고 했다. 이런 의미에서 신경증은 부정적인 평가를 하는 쪽으로 편향되어 있는데, 특히 공포, 불안, 분노, 슬픔, 죄책감 같은 정서를 촉진하는 평가를 한다(Tong, 2010). 그리고 외향성은 긍정적인 평가를 하는 쪽으로 편향되어 있다(Lucas & Baird, 2004).

외향성과 긍정적 감정의 관련성은 매우 강력해서 몇몇 연구자는 긍정적인 정서성이 외향성 차원의 핵심이라고 주장한다(Lucas, Diener, Grob, Suh, & Shao, 2000). 흥미롭게도, 긍정적인 정서를 기쁨, 만족, 자부심, 사랑, 동정심, 재미, 경외심 같은 요소들로 분리해 보면, 기쁨, 자부심, 만족이 특히 외향성과 가장 강력하게 관련된 요소들이다(Shiota, Keltner, & John, 2006).

정서 조절 또한 성격과 연관되어 있다(Gross, 2008). 신경증 점수가 높은 사람들은 정서 조절 능력이 낮았고, 외향성 점수가 높은 사람들은 더 적응적 정서 조절 전략을 보였다(Gross & John, 2003; Wood, Heimpel, & Michela, 2003). Ng와 Diener(2009)는 최근 연구에서 신경증은 부정적인 정서를 만회하는 전략이 저조한 것과 연관되어 있고, 외향성은 긍정적인 정서를 유지하거나 음미하는 능력과 연관되어 있다고 보고했다.

여러 연구는 불안하고 공격적인 정서적 성향을 가지고 있는 성인들이 얼굴 정서표현을 어떻게 지각하는지 보여 주었다(Dimberg & Thunberg, 2007; Hall, 2006; Rubino et al., 2007; van Honk, Tuiten, & de Haan, 2001). 사춘기와 초기 성인들의 얼굴 정서 지각의 편향이 불안과 공격성에서 나타날 뿐 아니라 다른 성격특성에서도 나타났다(Knyazev, Bocharov, Slobodskaya, & Ryabichenko, 2008). 구체적으로는 행복, 중립 또는 분노 얼굴에 대해 그 얼굴들이 호의적인지 적대적인지 평가하도록 했을 때([그림 11-6] 참조) 불안한 성인들이 좀 더 적대적인 것으로 지각하는 경향성을 보였다.

동일한 연구에서 외향성이 높은 사람은 긍정적인 얼굴표정에만 민감하고 행복한 얼굴표정에 대해서만 우호적으로 평가하는 데 반해서, 높은 우호성과 높은 성실성을 가진 사람들은 모든 얼굴표정을 더 우호적으로 지각하는 경향을 보였다. 이 같은 발견들은 성격에 따라 타인의 얼굴표정을 지각하는 것이 체계적으로 편향되어 있음을 보여 준다.

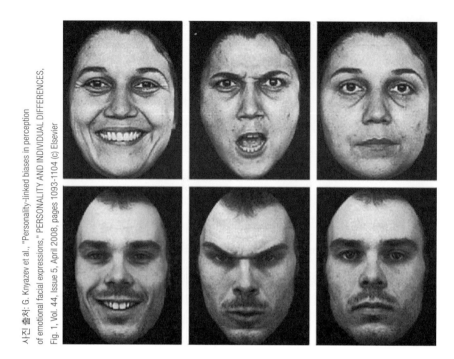

사진 출처: G. Knyazev et al., "Personality-linked biases in perception of emotional facial expressions," PERSONALITY AND INDIVIDUAL DIFFERENCES, Fig. 1, Vol. 44, Issue 5, April 2008, pages 1093-1104 (c) Elsevier

[그림 11-6] 행복, 분노, 중립 표정을 짓고 있는 여성과 남성의 사진들

출처: Knyazev et al. (2008).

　다른 종류의 연구들을 보면, van Kleef 등(2010)은 높은 우호성을 가진 사람들은 긍정적인 정서를 표현하는 리더들에 대해 좀 더 호의적인 반면에, 낮은 우호성을 가진 사람들은 분노를 나타내는 리더들에 대해 좀 더 호의적이었다.

　성격과 정서성의 패턴을 어떻게 설명할 수 있을까? Hans Eysenck는 뇌의 망상 활성 시스템(recticular activating system)에 근거한 생물학적 이론을 주장했다. Eysenck는 신경증이 이 시스템의 과활동과 관련이 있다고 했다. 신경증을 가진 사람들은 정서적으로 안정된 사람들보다 정서 유발 사건으로부터 더 쉽게 각성되는데, 특히 공포와 불안을 경험할 때 더 그렇다. 반면에 외향성은 망상피질 회로와 연관된다고 하였다(Eysenck, 1990). Eysenck의 가설은 내향적 사람들에 비해 외향적 사람들이 각성에서 낮은 기저선을 가지고 있다는 것인데, 이런 이유로 외향적 사람들이 사회생활에서 각성을 더 많이 일으키는 활동을 해서 적정 수준의 각성을 유지하려고 한다는 것이다.

　Jeffrey Gray는 성격의 신경생물학적 기반에 초점을 맞추었다. 그의 강화 민감성 이론(reinforcement sensitivity theory)은 보상 지향적 행동 접근 시스템(reward-oriented behavioral approach system), 행동 억제 시스템(behavioral inhibition system), 싸움-도주-얼어붙음 시스템

(fight-flight-freezing system)의 민감성 차이가 성격특성을 설명할 수 있다고 했다. 이에 따르면, 신경증은 행동 억제와 싸움-도주-얼어붙음 시스템에 근거해서 위협에 대해 높은 민감성을 가지고 있다(Gray & McNaughton, 2000). 반면에 외향성은 긍정적인 단서에 대해 행동 접근 시스템이 높은 민감성을 가지고 있다(Smillie, Pickering, & Jackson, 2006). 증거들을 보면, 신경증과 불안은 높은 피부 전도도(Mardaga, Laloyaux, & Hansenne, 2006) 및 신체 감각의 민감성(Pollatos, Traut-Mattausch, Schroeder, & Schandry, 2007)과 관련되어 있다. 외향성은 긍정적 정서 단서에 대해 민감성이 증가하는 것과 관련이 있었다(Canli et al., 2001). Depue, Luciana, Arbisi, Collins, Leon(1994)은 긍정적 정서특성을 가진 정도는 뇌의 도파민의 기능적 활성과 정적으로 상관이 있다는 것을 발견했으며, 이것은 성격의 생리학적 근거를 지지하는 것이다.

성격과 정서성은 바뀔 수 있을까

지금까지의 논의는 계속성에 치중해 있었다. 하지만 과연 우리는 성격을 바꿀 수 있을까? 이 질문은 William James가 유일한 대규모 연구를 해서 출판한 『종교경험의 다양성(Varieties of Religious Experience)』(1902)에서 제기한 것이다. 그는 개종이 사람들의 성격을 바꿀 수 있는지 알고자 했으며, 결론적으로는 그럴 수 있다고 언급했다. James는 이 아이디어를 두 번째로 다시 태어나는 것이라고 했다. James는 모든 사회화 과정은 사람들로 하여금 그들이 속해 있는 사회에 대해서, 그리고 자신에 대해서 편안함을 느끼게 해 준다고 했다. 그래서 그들은 한 번만 태어나면 된다. 하지만 어떤 사람들은 불편함을 느끼고, 괴로워하며 세상으로부터 당혹감을 느낀다. 그런 사람들은 다른 삶이 필요하고 다시 태어나기를 원한다. 그리고 이것이 개종을 하는 충동으로 작용한다. James는 우리의 성격이 여러 면을 가지고 있지만, 단 한 면만이 테이블에 닿아 있는 다면체라고 비유를 했다. 만약 그 다면체를 위로 약간만 들어 올렸다가 떨어뜨리면 원래의 면으로 다시 떨어질 것이다. 이것이 바로 우리의 성격이 일상의 동요에도 그대로 유지될 수 있는 이유이다. 개종은 그 다면체가 뒤집어져서 새로운 면으로 떨어지는 것이다. 무엇이 그런 중대한 변화를 일으키는가? James에 따르면 그것은 정서이다. 개종 경험이라는 것은 강한 정서적 사건이다.

정서적 사건들, 특히 폭력적인 사건들은 극도로 강력하게 정신적 전위를 촉발시킨다. 사랑, 질투, 죄책감, 공포, 후회, 분노 같은 급작스럽고 폭발적인 감정들이 모든 사람을 사로잡을 수 있다는 것은 우리 모두가 알고 있다. 희망, 행복, 안정, 결단 등은 개종의 정서특성인데, 이러한 것들도 동등하게 폭발적이다 (p. 198).

강한 정서들로 말미암아 새로운 삶의 방식이 급습을 한다. William James의 책에는 개종으로 인해서 이런 일이 발생한 사람들의 예로 가득하다.

James의 연구 프로젝트를 논하면서, Oatley와 Djikic(2002)은 세 가지 종류의 사건이 가장 빈번히 성격 다면체를 새로운 면으로 굴러가게 한다고 주장했다. 하나는 개인적인 것이다. 이는 James가 집중한 면이지만, Joanna Field(1934)의 경우처럼 범발성 불안증을 거의 완전하게 끝낼 수 있었던 세속적인 예들 또한 있다(이 주제에 대해서는 제14장에서 치료 문제와 함께 다룰 것이다). 두 번째 종류는 특별한 관계에서 발생한다. 사랑에 빠졌을 때나 집중적 보살핌이 필요한 누군가에게 헌신할 때, 군대와 같이 조직화된 곳에 참여하는 것처럼 새로운 관계 시스템에 들어갈 때 등이 있다. Glenn Elder(1986)는 제1차 세계대전 때에 미국 남자들의 삶이 군대에 들어가서 크게 변하는 것을 보여 주었다. 세 번째 종류는 사회적 대격변이 발생했을 때 나타난다. Oatley와 Djikic은 홀로코스트와 1995년에 발생한 보스니아 전쟁을 예로 들었다.

성격은 고정된 것이어야 하지만, Robert와 Mroczek(2008)의 연구가 보여 주는 것처럼 일생 동안의 사건과 경험을 통해 덜 극적인 방법으로 지속적으로 바뀐다. 사람들은 시간이 흐를수록 신경증은 감소하고 외향성과 성실성이 증가하는 추세를 보인다. 이 같은 변화는 특히 젊은 성인기인 20세부터 40세에 일어나지만 중년, 노년까지도 계속될 수 있다. Ready와 Robinson(2010)은 성격특성으로 젊은 사람들의 정서경험을 예측할 수 있는 반면, 이 같은 예측이 나이 많은 사람들에게서는 작동하지 않았다는 것을 발견했다. 그 이유는 나이가 들수록 자신의 정서들과 정서성을 조절하는 능력이 좋아지기 때문이다.

Stemmler와 Wacker(2010)는 생리학적 측정치(뇌활동과 심박률, 호흡률 같은 신체반응)를 사용한 많은 대형 연구로부터 수집한 데이터를 제시했다. 그들은 성격특성들(그리고 성격특성과 관련된 생리학적인 활동)이 상황이 달라져도 똑같았는지, 혹은 성격특성들은 특정 상황적 배경에서만 작동하는 성향(disposition)으로서 상호작용이라는 측면으로 보는 것이 더 나은지 알아보았다. 그들은 뇌와 신체반응 모두에서 상호작용 모델이 데이터와 가장 잘 맞다는 것을 발견했다.

소설과 영화: 〈카사블랑카〉

〈카사블랑카(Casablanca)〉는 시간을 초월해서 가장 사랑받는 미국 영화일 것이다. 세계에서 가장 훌륭한 영화를 꼽는 리스트에 카사블랑카는 언제나 수위를 차지한다.

영화배우 Humphrey Bogart가 카사블랑카에서 바를 소유하고 있는 Rick을 연기했고, Ingrid Bergman이 어느 날 유명한 자유의 전사 Victor Laszlo(Paul Henried가 연기함)와 함께 바를 방문한 Ilsa를 연기했다. 이야기는 유럽 지도와 함께 시작되며 어떻게 제2차 세계대전 때 유럽 전역의 사람들이 나치로부터 도망치게 되었는지에 대해 설명하면서 시작된다. 북아프리카에 있는 카사블랑카는 리스본을 경유해서 미국으로 갈 수 있는 항공편이 있는 지역이었다. 하지만 리스본에 가기 위해 카사블랑카를 떠나려면 출국 비자가 필요했다. 영화 초반에 우리는 카사블랑카를 떠나기 위한 통행증 2개를 도둑맞았다는 것을 알게 된다. 그 통행증은 결국 Rick에게 맡겨져 보관된다. 긴 회상 장면에서 우리는 전쟁 초기에 Rick과 Ilsa가 열정적인 사랑에 빠지는 것을 볼 수 있다. 그리고 나치가 도시를 점령하기 전에 파리로부터 오는 마지막 열차를 타고 함께 떠나기로 하지만, Ilsa는 나타나지 않았다. 영화를 보고 있는 우리는 카사블랑카에서 바를 운영하기 위한 Rick의 탈출을 볼 수 있다. 그의 냉소적인 말, 외로운 음주, 자기방어적인 태도로 "난 어떤 누구를 위해서도 위험을 무릅쓰지 않겠어."라고 하는 장면에서 Ilsa로부터 받은 깊은 상처를 볼 수 있다.

우리는 이상주의적이었던 Rick이 이제는 적의를 품은 상태로 바뀐 것을 알 수가 있다. 하지만 우리는 Rick이 그의 바에서 일하는 사람들을 걱정하는 모습을 볼 수 있다. 그리고 그가 여러 사람을 위해 위험을 무릅쓰는 것도 보게 된다. 그의 성격이 진짜 변한 것일까? 만약 당신이 이 영화를 보지 않았다면, 영화를 보고 난 후에 이 문제에 대해서 생각해 보기 바란다. 만약 이 영화를 이미 보았다면, Rick의 성격에 대해 어떻게 생각하는가?

정서성과 삶의 전기

정서성이 인물의 특징(character)에 어떻게 영향을 미치는지 이해하는 흥미로운 과정이 Carol Magai와 Jeannette Haviland-Jones(2002)의 책에 나와 있다. 저자들은 애착 유형 이론(이 장의 초반부 참조)과 Tomkins의 각본이론(제8장 참조), 동적 시스템(dynamic systems) 이론을 결합시켰다(제8장 참조).

저자들은 3명의 남성을 연구했는데, 그들은 내담자 중심 상담기법과 치료의 창시자인 Carl Rogers, 합리적 정서치료의 창시자인 Albert Ellis, 게슈탈트 치료의 창시자인 Fritz Perls이다. Magai와 Haviland-Jones는 정서적 주제와 내용에 대해 분석했는데, 이 사람들 각각의 자서전과 학문적 저서, 그리고 심리치료 과정이 담긴 초기 비디오에 나오는 그들의 습관적 얼굴표정을 분석했다(Shostrom, 1966).

다음은 Magai와 Haviland-Jones가 쓴 Carl Rogers에 대한 정서 기반 전기의 한 부분이다. Carl Rogers는 6남매 중 넷째로 태어났으며, 5세까지 막내로 자랐다. 22세가 되던 해에 그는 대학을 졸업했고, 2개월 뒤에 그가 사춘기 때부터 알고 지낸 여성과 결혼해서 대체로 행복한 오랜 결혼생활을 시작했다. Carl Rogers는 자서전에서 다음과 같이 썼다. "인간으로서 나 자신을 볼 때 나는 근본적으로 긍정적인 삶의 태도를 가지고 있다. 나의 전문직 활동에서는 외로운 늑대와 같고, 사회적으로는 좀 수줍어하기는 하지만 친밀한 관계를 즐긴다."(C. R. Rogers, 1972) 그의 아내는 Carl Rogers가 10대일 때를 회상하며 "그는 수줍고, 민감하며, 비사교적이었다."라고 썼다(H. E. Rogers, 1965). 많은 사람은 그를 신사적인 사람으로 보았으며, 놀랄 만큼 분노가 없다고 했다. 동시에 몇몇 직업적 동료는 그를 보고 엄청나게 짜증스러운 사람이라고 했다(Magai & Haviland-Jones, 2002, p. 57). 그는 학자로서 일하면서 직장을 자주 옮겨 다녔는데, 아마도 직업관계에서 발생하는 사람들 간의 갈등을 피하기 위해서였을 것이다.

이들은 전기의 평범한 소재들이다. 이전과 다른 접근방법(정신분석을 포함해서)으로 그런 소재들을 통합한 것은 정서성의 연속인데, 이것은 애착이론, 각본이론, 동적 시스템 이론에 근거를 두고 있다. Magai와 Haviland-Jones는 다음과 같이 말했다.

> ······Rogers의 주된 애착관계는 안정으로 보인다. ······ 하지만 다른 사회 동료들과 대화나 관계는 괴팍했을 수도 있다. ······ Rogers는 또한 극도로 수줍음이 많았지만 사람들에게 끌렸고, 심지어 집단대면 치료도 맡아서 했다(p. 57).

Magai와 Haviland-Jones는 어떻게 Carl Rogers가 타인에게 끌렸고 자주 다른 사람들을 그의 삶의 중심에 두었는지 설명했으며, 자신이 분노하는 사람이 아닌데도 어떻게 갈등을 겪었어야 했는지도 설명했다.

Magai와 Haviland-Jones는 Rogers가 엄마와의 애착관계를 잃어버려서 친밀한 관계에 대한 갈망을 원하는 각본을 가지고 있었다고 보았다. 그런데 그 각본 속에는 Rogers의 엄마가 빈번하게 만든 수치심이 많이 들어 있었으며, 그것 때문에 Rogers는 자라면서 언제나 결핍을 쉽게 느꼈다는 것이다. 그의 가족에게는 정서는 가치가 없는 것이고 분노는 용인될 수 없는 것이었다. Rogers의 정서 조직화를 동적 시스템 이론의 관점에서 보자면, 사람 간의 따뜻함과 관심에 대한 큰 끌개 영역(attractor area)이 있으며, 그 안에는 수치심 반발 영역(repellor area)들이 있다. 그리고 그 외곽에는 대단히 큰 영역이 자라나고 있는데, 그것은 가족 문화에서 기인한 것으로서 분노를 용인하지 않는 것이다. 그들은 심리치료 비디오에 나타난 Rogers의 얼굴표정을 이러한 논증의 증거로 보았다.

심리학자들은 성격(personality)에 대해서 이야기하는 경향이 있는 데 반해서, 전기작가나 소설가들은 인물특징(character)에 대해 이야기하는 경향이 있다. 사람들의 초기 애착 유형과 정서적 관계를 맺는 습관적 방법을 성격 및 인물특징과 연관 지음으로써, Magai와 Haviland-Jones는 심리학 기반으로 전기를 쓰는 새로운 설계를 만들어 냈다.

요약

연구자들은 성인기의 주요 성격특성으로 신경성, 외향성, 우호성과 같은 정서성에서 개인차가 있다는 데 대체로 동의한다. 정서성 스타일은 습관화된다. 이 같은 스타일이 유아기부터 성인기까지 계속되는 것은 명백하며, 친구와 사랑하는 사람을 선택하는 데 영향을 주고, 또한 이 같은 관계가 시간이 지나면서 발전해 가는 데에도 영향을 준다. 연구자들이 관계 내에서 정서를 생각해 온 한 가지 방식은 애착의 틀을 통해서이다. 네 가지 애착 유형에는 안정 애착, 양가 애착, 회피 애착, 혼란 애착이 있다. 이 같은 애착 유형의 어떤 측면은 1세부터 성인기까지 이어질 수 있으며, 부모로부터 자녀들에게 전달될 수 있다는 증거가 있다. 부모의 양육에서 많은 측면이 아이들의 정서를 형성한다는 것이 밝혀졌는데, 그러한 것들에는 유아들의 스트레스에 대한 반응, 유아들의 행동에 대한 대응반응, 부모들이 아이들과 정서에 대해 이야기하는 방식과 아이들의 정서표시에 대해 어떤 것은 반응해 주고 다른 것은 반응하지 않는 것 등이 포함된다. 형제자매들과 또래친구들의 배경 또한 아이들의 정서표현 발달을 이해하는 데 있어서 중요하다.

생각해 보고 논의할 점

1. 당신은 삶에서 어떤 평가적 편향을 가지고 있는가, 그리고 어떻게 그것이 타인과 당신의 관계에 영향을 주는가? 당신이 잘 알고 있는 사람에 대해서도 같은 질문을 해 보자.
2. 생애 초기의 관계 형태 발달에 관해서 어떤 것이 더 나은 생각인가? 애착이론이 더 나은가, 혹은 부모들에 의한 정서의 사회화가 더 나은가?
3. 당신이 자라는 동안에 가족 내에서 겪었던 정서적 경험들에 대해 생각해 보자. 이 같은 경험들이 당신이 자녀들을 양육할 때 어떤 영향을 줄 수 있겠는가?

더 읽을거리

인간의 조건 중 정서의 근본적인 문제들을 사려 깊고 폭넓게 다루고 있는 고전적 문헌

Bowlby, J. (1971). *Attachment and loss: Volume 1. Attachment.* London, UK: Hogarth Press (reprinted by Penguin, 1978).

아주 어린 아이들의 삶에서 정서와 대인관계에 대한 아마도 가장 좋은 도서

Stern, D. (1985). *The interpersonal world of the infant.* New York, NY: Basic Books.

사회적 상호작용의 정서적 스키마에 대한 논쟁과 이 아이디어를 어떻게 다른 관점들로 접근해 왔는지에 대한 개관

Baldwin, M. (1992). Relational schemas and the processing of social information. *Psychological Bulletin, 112,* 461-484.

정서와 성격의 관계를 잘 정리해 놓은 도서

Reisenzein, R., & Weber, H. (2009). Personality and emotion. In P. J. Corr & G. Matthews (Eds.), *The Cambridge handbook of personality psychology* (pp. 54-71). New York, NY: Cambridge University Press.

제 **12**장

아동기의 정서 기반 장애

이 장은 Dillon Browne 및 Mark Wade와 함께 썼다.

정서와 정신장애
아동기 정신장애의 유병률
위험요인
원위 위험: 부모의 정신병리, 이웃,
    사회계층 그리고 또래 집단
정신장애의 궤적
치료와 예방

사진 출처: PhotoAlto /Laurence Mouton /Getty Images, Inc.

[그림 12-0] 이 소년들은 몸싸움을 하고 있다. 적대감을 가지고 싸우는 것
일까, 아니면 단지 싸움 장난을 하는 것일까?

    ······우리는 환자의 진료 기록 안에 있는 신체검사 자료와 장애의 증상
들뿐만 아니라, 인간 그 자체와 그들의 사회적 상황에도 주의를 기울여야
한다. 무엇보다도, 우리는 환자의 가족 상황에 주목해야 한다.
                        – Sigmund Freud (1905), p. 47

정서와 정신장애

　아동기와 청소년기의 대부분의 정신장애는 정서기능의 손상들이다. 불안, 분노 또는 슬픔이 극심하게 나타날 수 있으며, 그러면 아동들은 친구나 가족과 잘 지내기 어렵고, 학업도 어려워진다. 아동기의 정서 기반 장애들은 성인의 장애와 뚜렷이 구별되는데, 발달에 따라 "장애의 정도와 특성이 달라진다"(Hudziak, Achenbach, Althoff, & Pine, 2008, p. 102). 이 장에서 보게 되겠지만, 아동기와 청소년기의 정서 기반 장애들은 단순히 극심한 정서가 아니라 그 이상이다.

Peter의 사례

　정서와 정서 기반 장애가 어떻게 중첩되는지 설명하기 위해서, 품행장애(conduct disorder)를 가지고 있는 한 소년에 대해서 이야기하겠다. 품행장애는 외현화 장애(externalizing disorder)의 일종이다. 이 소년은 우리 중 한 사람(Jennifer M. Jenkins)이 치료과정과 연구면담에서 만난 여러 소년의 합성인물이다. 익명을 보장하고, 아동과 가족 그리고 이 장의 나머지 부분에서 논의할 광범위한 배경에 대한 예시를 들기 위해서 우리는 이 합성인물을 만들었다.

　　Peter는 11세이며, 누나와 여동생이 각각 한 명씩 있고 부모와 아파트에서 살고 있다. 그는 자주 학교에서 말썽을 일으켰고, 최근에는 다른 아이와 싸워서 학교에서 며칠간 정학을 당했다. 한 여선생님이 그 싸움을 말리려 하자 Peter는 그 선생님에게 의자를 집어던졌다. 그는 그 선생님에게 고함을 치고 욕을 했는데, 어른 두 사람이 겨우 그의 분노 폭발을 제지할 수 있었다. 지난 2년 동안 교장 선생님은 Peter의 성마름, 반항, 무례함, 공격성, 무단결석에 대해서 문제 제기를 해 왔다. 그의 부모는 Peter가 걸음마를 할 때부터 집에서 하는 그의 행동에 대해서 걱정했다. Peter는 조산아였고, 아기 때에는 자주 보채고 달래기 힘들었다. 다루기도 힘들었을 뿐 아니라 말도 늦게 배웠다. Peter의 부모는 그에게 화를 자주 내었고, 떼를 쓰면 지쳐서 그의 요구를 들어주곤 했다. 게다가 폭력적이어서 누나와 여동생에게 신체적 공격을 가했으며, 부모는 서로 자주 싸웠다. Peter가 진료실로 왔을 때, 그는 분노, 불안, 고독을 자주 느낀다고 말했다.

아동기 장애의 개념화: 범주와 차원

　많은 소년과 적은 수의 소녀가 Peter와 유사한 장애를 보인다. 이러한 장애에 대해서 일반
적으로 사용하는 용어는 정신병리학(psychopathology)이다. 이러한 장애들을 평가하고 분류
하기 위해서 두 가지 체계가 사용되고 있다. 첫 번째는 정신의학적 진단(psychiatric diagnosis)
이다. 진단을 하기 위해서는 훈련된 임상가가 한 아동의 행동, 경험, 정서를 평가한다. 북미
에서 성인과 아동의 정신의학적 문제들을 분류하기 위해서 사용하는 주요 체계는『정신장애
의 진단 및 통계 편람(Diagnostic and Statistical Manual of Mental Disorders)』(American Psychiatric
Association, 2012)이다. 세계의 다른 나라들에서는 국제질병분류(International Classification of
Diseases; World Health Organization, 2008)를 통상적으로 사용하고 있다. 이러한 분류들은 질병
의 의학적 모델에 근거하고 있다. 이 모델은 다음과 같은 생각에서 출발한다. ① 문제들은 정
상기능과 구분되며 뚜렷한 차별이 있고, ② 특징적이며 명확한 병인학(etiology), 즉 인과관계
가 있고 특정 질환에 맞는 치료법이 있으며, ③ 질환의 진행과정은 그 질환을 가지고 있는 아
동들에게 모두 유사하다. 아동기의 가장 공통적 정신질환 문제들에서 이 가정들은 잘 들어맞
지 않는다. 질환들이 서로 질적으로 구분되며 또한 정상기능과 구분되는 특정적 실체를 가지
고 있다는 생각은 여러 연구를 통해서 의문시되어 왔다(Maser, Norman, Zislook, Everall, Stein,
Schettler et al., 2009). 많은 정신질환이 또한 이 체계가 타당한지 그리고 유용한지에 대해 의
문을 제기해 왔다(Rutter, 2011). 더욱이 다중장애들, 발달적 측면에 대한 주의 부족, 성차, 문
화 차이, 환자에 대한 정보 제공자의 차이, 잠재적 정서장애를 다루는 능력 부족 등이 동시
에 과도하게 발생하기 때문에 범주적(categorical), 즉 단정적 접근에 대한 비판이 제기된다
(Achenbach, 2009a; Hyman, 2010).

　정서 기반 장애들을 개념화하는 다른 방법은, 흔히 심리학자들이 사용하는 것으로서 증
상들을 어떤 차원(dimension)에서 변화하는 것으로 간주하는 것인데, 예를 들면 분노를 표
현의 경향성으로 취급한다. 차원적 접근에서 정신병리와 정상기능 사이에는 양적인 차이
가 아닌 질적인 차이가 있다(Pickles & Angold, 2003). 통상적으로 심리측정 평가(psychometric
assessment)를 통해서 정보를 얻는데, 임상가, 교사, 부모 그리고 아동 자신이 체크리스트와 질
문지에 응답한다. 그러한 측정도구들은 연속적 증상 점수를 제공하는데, 앞에서 언급한 단정
적 진단들과 겹치는 행동군을 확인할 수 있다(Achenbach, 2009a; Achenbach & Rescorla, 2000,
2001). [그림 12-1]에서 단정적 분류체계와 차원적 분류체계의 차이점들을 볼 수 있다.

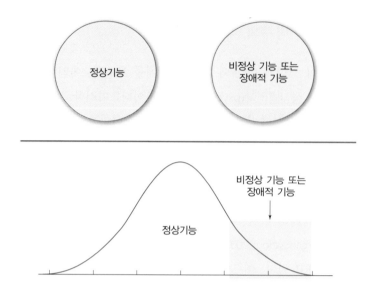

[그림 12-1] 장애에 대한 단정적(의학적) 생각(위 그림)과 차원적 견해(아래 그림)의 비교

아동기 정신장애에 정서가 어떻게 연루되는가

가장 흔한 아동들의 정서 기반 장애를 2차원으로 설명한다. 그것은 Achenbach와 Rescorla (2000, 2001)가 제안한 것으로서 가장 광범위하게 받아들여지고 있는 외현화(externalizing)와 내면화(internalizing)이다. 외현화 차원은 파괴적 행동, 즉 행동 표출화(acting out)로 특징지을 수 있고, 내면화 차원은 기본적으로 우울한 기분과 불안, 즉 행동 내면화(acting in)로 특징지을 수 있다(Kovacs & Devlin, 1998; Lahey, Rathouz, Van Hulle, Urbano, Krueger, Applegate et al., 2008). 이 장 서두에서 언급한 Peter는 여러 종류의 외현화 행동들을 보였으며, 정신과적 분류의 틀에서 보자면 품행장애(CD)로 진단될 수 있다.

내면화 장애들에는 불안과 우울 같은 문제들이 포함된다. 불안장애는 비정상적으로 강한 공포와 그 지속기간, 그리고 그 공포가 어떻게 촉발되었는가로 특징지어진다. 예를 들면, 아동들이 분리공포를 가지고 있으면, 부모에게 나쁜 일이 닥칠 것이며 부모를 잃게 될 것이라고 겁을 낸다. 결과적으로, 그런 아동들은 등교, 생일 파티, 방과 후 활동을 하지 않고 부모의 안전을 도모하려고 한다. 우울장애는 기분에 심대한 변화가 생기는데, 아동들은 최소한 2주 동안 활동에 흥미를 잃는다. 때로는 기분이 저하하는 것보다 아동은 굉장히 짜증을 낸다. 기분이 혼란스러운 것과 별개의 증상들도 생기는데, 체중의 변화, 수면장애, 피로, 집중 불능 등을 보인다.

앞에서 언급한 것을 보면, 정서 혼란이 불안장애의 가장 중심에 있다. 아동들은 공격적이고, 불안해하며, 슬퍼하고, 짜증을 낸다. 아동의 또 다른 흔한 정신병리인 주의력결핍 과잉행동장애(Attention-Deficit Hyperactivity Disorder: ADHD)는 핵심 증상이 정서적인 것이 아니다. 그래서 우리의 논의에 포함시키지 않는다. 물질 남용(substance abuse)과 섭식장애도 핵심 증상에 정서가 포함되지 않지만, 내재해 있는 정서 문제가 이 장애를 일으키는 데 일조할 수 있다. 청소년은 불만 때문에 물질 남용을 시작할 수 있다(Dodge, Malone, Lansford, Miller, Pettit, & Bates, 2009). 유사하게, 섭식장애가 일어나기 이전에 우울한 기분이 선행할 수 있다(Stice, 2002: Weltzin, Weisensel, Franczyk, Burnett, Klitz, & Bean, 2005). 하지만 진단은 정서 혼란을 고려하지 않고도 내릴 수 있다. 이 장에서 우리는 정서가 그 중심에 있는 아동기의 문제들, 그리고 정신병리와 함께 일어나는 정서적 경험의 상관물(correlate)들에 초점을 맞춘다.

정서 기반 장애들이 앞서 언급한 것처럼 그렇게 별도로 일어나지 않을 수도 있다. 정신병리학의 외현화와 내면화를 같이 경험하는 일이 아이들에게 정말로 흔하게 일어난다. 예를 들면, 분노와 공격 성향이 있는 아이들은 거짓말을 하고, 훔치고, 싸우고, 속이는데, 또한 불안과 우울을 경험할 가능성이 아주 많다(Lahey et al., 2008). Peter가 이러한 경우에 해당한다. 높은 외현화 장애와 내면화 장애를 함께 가지고 있는 아동들이 특히 장애가 심하며, 이런 형태는 6세 정도의 이른 나이부터 확인할 수 있다(Essex, Kraemer, Slattery, Burk, Boyce, Woodward et al., 2009).

정서들은 아동들에게 어떤 형태의 장애가 있는지 결정하는 중심적 역할을 한다. 제1장에서 우리는 정서경험과 정서표현의 연속선을 이야기했다. 그 연속선의 한쪽 끝은 몇 초간 지속되는 정서표현들과 몇 분에서 몇 시간 지속되는 정서적 사건들이 자리를 잡고 있다. 반대쪽 끝에는 우울증과 품행장애와 같은 장애가 있는데, 이 경우에는 오랫동안 지속되는 정서상태들이 장기간에 걸쳐서 삶에 지대한 영향을 미치며, 성격장애로서 일생에 걸쳐서 영향을 주기도 한다.

정서 기반 장애에서 정서는 비정상적인가

한 정서체계의 우세

아동기의 정서 기반 장애들에 대한 가장 공통적인 견해는 Jenkins와 Oatley(1996)와 더불어 Tomkins(1962, 1963, 1978)가 분명하게 말한 바 있다. 그것은 하나의 특정 정서 또는 가족 정서들이 다른 가능한 경험들보다 우세하고 지배적이 된다는 것이다. 예를 들면, 우울한 사람들은 다른 정서들보다 슬픔을 더 많이 경험하거나, 다른 사람들보다 슬픔을 더 많이 경험한다. 유사하게, Peter와 같은 경우를 보면, 상당히 급속하게 그리고 자주 분노와 공격성으로 바뀐다. 이러한 생각에 의하면, 장애란 정서들 사이의 불균형(imbalance)을 나타내고 있으며, 이러한 정서들이 실제로 바깥세상에서 일어나는 일에 일관적이지 않다.

제7장에서 평가에 대해 논의했던 대로, 정서에서 그런 편향은 정서 처리의 여러 가지 요소에 나타난다. 그래서 예를 들면 공격적인 아동들은 사건에 대해서 편향된 평가를 하며, 그렇기에 분노한다. 초기의 중요한 한 가지 연구에서 Dodge와 Coie(1987)는 부정적인 사회적 사건이 담긴 상황문을 읽어 주거나 동영상을 보여 주었다. 그 내용은 한 아동이 다른 아동에게 부딪히거나 한 아동이 다른 아동과 놀아 주지 않고 거부하는 것이었다. 공격적인 아동들은 그 가해 아동이 의도적으로 적대행위를 한다고 더 많이 보고한 데 비해서, 공격적이지 않은 아동들은 그 사건이 실수에 의해서 일어난 것이라고 생각했다(Dodge, 2006; Dodge, Bates, & Petitt, 1991). 한 메타분석(De Castro, Veerman, Koops, Bosch, & Monshouwer, 2002)의 결과는 이러한 종류의 평가 편향이 공격적인 아동들에게 정말로 더 흔하다는 것을 보여 주었다. 그 결과로써 차후의 공격적 행동 또한 예측할 수 있었다(Runions & Keating, 2007).

내면화 문제들의 등가물은 우울을 일으키는 평가(depressogenic appraisal) 형태였다. 불안과 우울에 취약한 아동들은 위협과 불운 쪽으로 치우친 평가 편향을 보였다(Frampton, Jenkins, & Dunn, 2010). 그런 형태 그 자체가 내면화 문제들을 촉발하지는 않지만, 스트레스를 주는 환경을 만나게 되면 그 형태는 아동들을 위험에 빠뜨린다(Abela, McGirr, & Skitch, 2007; Frampton et al., 2010; Hammen, 1988). 생각의 내용이 위험할 뿐만 아니라, 우울한 사람들은 그 사건 전후에 있었던 부정적 사건들을 반추하는 경향이 더 많다. 즉, 그들은 부정적 사건이나 생각을 마음속에 반복적으로 떠올린다(Baars, 2010; Smith, Alloy, & Abramson, 2006). 부가적으로 제7장에서 본 것처럼, 정서를 일으키는 중요한 개인적 목표들이 정서 기반 장애를 가진 사람들에게 더 문제가 된다는 것을 시사한다(Fontaine, 2010; Fontaine & Dodge, 2009). 예를 들면, 우울하지 않은 사람들이 흔히 긍정적인 상황, 사건, 사물이 발생하는 것을 목표로 정하는 것과 비교해서, 우울한 사람들은 부정적 상황이나 사건을 회피하는 경향(회피적 목표)이 더 크다(Vergara & Robert, 2011).

부적절한 정서반응

또 하나의 견해는 장애가 있는 아동들은 사건에 대해서 비전형적 정서반응(atypical emotional response)를 보인다는 것이다. 즉, 아무 일도 일어나지 않았는데 운다든지, 다른 사람이 우호적 제스처를 보였는데 화를 낸다든지 무시하는 반응을 보인다(Jenkins & Oatley, 2000). 반응이 불안정하기 때문에 다른 사람들은 그들을 이해하기 어렵다. 이 견해에 따르면, 아동들이 한 정서를 다른 정서보다 많이 보이는 것이 꼭 문제가 아니라 어떤 정서가 이상해 보인다는 것이다. 예를 들면, 11세 아이가 2세 아이처럼 처음 보는 사람에게 수줍음을 탄다는 것이다. 대부분의 아이는 자라면서 이러한 수줍음이 없어지므로 이런 모습은 부적절하고 정상에서 벗어난 것이다. 또 어떤 아이는 냉담하고 감정이 없을 수 있다. 이런 특성은 비정상적이며 외현화 장애와 연관되어 있고, 아이들에게서 보통 볼 수 있는 공감이 결여된 것이다(Fontaine, McCrory, Boivin, Moffitt, & Viding, 2011; Muñoz, 2009).

비전형적 정서들과 장애들이 관련된 것을 설명할 수 있는 생리학적 메커니즘이 있다. 예를 들면, 한 연구에서 젊은이들에게 분노, 슬픔, 공포, 행복의 감정을 불러일으키기 위해서 유명한 동영상들을 보여 주었다. 각 동영상을 볼 때 심박률을 측정하였으며, 그 후에 실험 참가자들은 주관적 정서경험들을 보고했다(Hastings, Nuselovici, Klimes-Dougan, Kendziora, Usher, Ho et al., 2009). 외현화 증상들이 있는 젊은이들은 정서반응의 심박 표지자들과 그들의 주관적 상태 사이에 일치성이 결여되어 있었다. 내면화 문제가 있는 젊은이들은 심박률과 주관적인 부정적 감정을 보고한 것 사이에 일치성이 있었다. 하지만 이런 사람들은 부정적 감정을 일으키려고 보여 준 동영상이 아닌 다른 동영상에서도 부정적 정서가 일어났다. 더욱이 내면화 문제가 있는 아동들은 긍정적 정서성에서 비전형적 형태를 보였는데, 행복한 느낌이 심박률의 증가와 일치하지 않았다. 이런 발견들은 정서경험들이 많은 요소를 가지고 있으며, 이런 요소들 간의 관계가 장애에서 보이는 부적절한 정서들의 한 요인일 수 있다는 것을 보여 준다.

정서 조절의 부족

제8장에서 우리는 정서 조절(regulation of emotions)을 다루었다. 이 중요한 과정은 정서 기반 장애를 개념화하는 또 다른 방식을 제공한다. 이 견해는 장애가 있는 아동들이 상황적 요구에 맞게 정서를 적절하게 조절할 수 없다는 것을 시사한다. 이러한 접근은 여러 가지 내면화, 외현화 위험요인들이 인지, 실행, 주의, 그리고 감정 통제의 통합적 네트워크로 이루어진 자기통제 시스템에 영향을 주어서 장애가 진행되도록 한다는 것이다(Cole & Deater-Deckard, 2009). 내면화 문제들이 진행된 아동들은 자기비난과 반추를 억제할 수 없다. 그런 아동들이 힘든 상황을 긍정적 시각으로 재평가(reappraisal)한다는 것은 일종의 투쟁이며, 그래서 우울과 불안이 생긴다. 유사하게, 외현화 문제들이 진행된 아동들은 좌절했을 때 주의를 긍정적인 것으로 돌리는 것이 어렵다는 것을 알기 때문에 계속 화를 낸다(Garnefski, Kraaij, & van Etten, 2005).

정상적으로 발달하는 젊은이들과 비교하면, 발달 지체가 있는 아동들은 좌절할 때 행동을 조절하는 데 더 힘든 시간을 보낸다(Gerstein, Pedersen, Crnic, Ryu, Baker, & Blacher, 2011). 그들은 좌절할 때 분통을 더 쉽게 터뜨리고, 긍정적 대처 전략을 더 적게 사용한다. 전체적으로 자기조절이 빈약한 아동들은 부적절한 정서표현을 하는 사고와 행동 방식을 발달시킴으로써 그것을 영구적 성향으로 만드는 한편, 정상적으로 발달하는 아동들은 내적 상태를 조절할 수 있고, 긍정적 발달경험으로부터 이득을 얻는다(Cole & Deater-Deckard, 2009).

부정적 환경에 대한 정서적 적응

정서장애의 마지막 견해는 아주 다른 것이다. 사회에서 장애라고 여기는 심리학적 형태들이 사실은 아동들이 경험하는 부정적 환경에 대한 적응(adaptations to negative environments)을 반영하는 것이라는 견해이다(Ellis, Boyce, Belsky, Bakermans-Kranenburg, & van Ijzendoorn, 2011). 이 모델이 근거를 두고 있는 진화적 틀에서는 스트레스를 주는 환경들을 아동들이 생식과정을 확보하기 위해서 적응해야 하는 배경으로 본다. Ellis와 동료들(2011)은 위험한 환경에서 자란 아이들은 불안정 애착을 발달시키는데, 이것은 다른 사람들을 우발적으로 만나게 만들며, 그들이 마주치게 될 위험한 배경에 잘 적응할 수 있는 방식으로 조숙한 성적 발달을 일으킨다. 또 다른 예를 보면, 분노를 폭발시키고 다른 사람의 물건을 훔치는 아동은 무의식적으로 다른 경쟁자들을 물리치고 생존과 생식의 이점을 얻은 것일 수 있다. 극도로 불안한

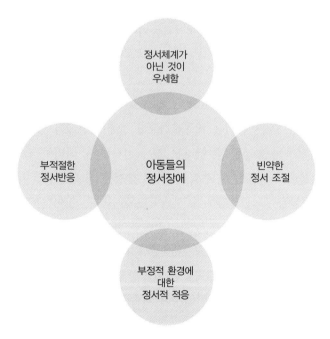

[그림 12-2] 아동들의 정서 기반 장애에 대한 보완적 설명

아이에게는 과도한 경계(hypervigilance)가 발달하는데, 이것은 잠재적인 부정적 사건들에 대한 적절한 반응을 대비하는 것이다. 만일 이러한 아이들이 그런 경쟁과 역경을 맞닥뜨리지 않으면, 그들의 생존 지향 행동은 파괴적이고 부적응적으로 보일 것이다. 아마도 안전한 환경에서 양육된 아이들에게는 그런 전략이 필요 없고, 그러므로 정상적으로 발달하는 것으로 보일 것이다. 이런 생각이 환경결정론적(environmental determinism) 시각을 말하는 것은 아니라는 것에 주목하라. 각각의 아이들이 부정적 환경과 긍정적 환경에 달리 반응한다는 말이다. 이런 현상에 대해서는 이후에 더 자세히 개관한다.

[그림 12-2]는 정서 기반 장애들의 개념화에 관한 다양한 설명을 보여 주고 있다.

아동기 정신장애의 유병률

역학(epidemiology)은 전체 집단에서 장애들이 얼마나 일어나는가, 그리고 그 장애들의 형태를 설명하는 과학이다. 역학자들은 유병률(prevalence)에 관심을 가지는데, 이것은 특정 기간 동안에 전체 인구에서 얼마나 되는 부분이 특정 질환에 걸리는지에 대한 것이다. 또 발병률(incidence)에 관심을 가지는데, 이것은 정해진 기간 동안에 그 질환이 새로 발생하는 사례가 얼마나 되는지에 대한 것이다. 우리는 기본적으로 유병률을 다룬다.

전체 집단을 대상으로 하는 연구들을 보면, 아동기와 청소년기에 일어나는 정신병리 문제들은 놀랄 만큼 흔하다. 매사추세츠주에서 유치원 아동들의 대표적 표본에 대한 연구를 보면, 학교에 들어가기 전에 5명 중 1명의 아동이 한 가지 장애를 가지고 있다(Carter, Wagmiller, Gray, McCarthy, Horowitz, & Briggs-Gowan, 2010). 소년들은 외현화 문제를 더 많이 보이고, 소녀들은 내면화 문제를 더 많이 보인다(〈표 12-1〉 참조).

〈표 12-1〉 6세가 된 아이들의 대표적 표본에서 장애의 12개월 유병률

장애의 종류	전체	소년	소녀
내면화	11.1	7.9	14.3
외현화	13.8	17.4	10.4
기타 장애	21.6	23.4	19.8
동반장애(2+)	5.8	5.3	6.3

출처: Carter et al. (2010)에서 발췌.

〈표 12-2〉 청소년의 종단적인 대표적 표본에서 장애의 3개월 유병률

장애의 종류	전체	9~10세	11세	12세	13세	14세	15세	16세	소녀	소년
외현화	7.0	5.7	4.4	5.3	5.2	6.3	10.0	10.3	4.5	9.5
불안	2.4	4.6	2.6	0.9	2.0	1.8	2.8	1.6	2.9	2.0
물질 사용	2.4	0.0	0.0	0.1	0.3	1.4	5.3	7.6	2.0	2.8
우울증	2.2	0.5	1.9	0.4	2.6	2.7	3.7	3.1	2.8	1.6
기타 장애	13.3	19.5	12.7	8.3	12.7	9.7	14.2	12.7	10.6	15.8

출처: Costello et al. (2003a).

초등학교 중반(9~10세)까지 Costello와 동료들(2003a)은 노스캐롤라이나주에서 얻은 아동들의 대표적 표본에서 5명 중에서 1명의 아동이 지난 3개월 내에 한 가지 장애의 준거에 들어간다는 것을 발견했다. 〈표 12-2〉에서 성차가 계속되는 것을 볼 수 있으며, 외현화 장애, 물질 남용, 우울증은 나이가 들어 감에 따라 증가하는 반면에, 불안장애와 같은 내면화 문제는 나이가 들어 감에 따라 감소한다는 것을 볼 수 있다. 국가 전체의 추정치도 유사한 결과를 보여 준다.

청소년기(13~18세)에 들어가면, Merikangas와 동료들(2010)은 거의 절반의 아이들이 생의 어떤 시점에서 진단 준거에 들어간다고 했다. 하지만 그 역치값을 심각한 장애로 한정하면, 이 추정치는 22%로 떨어진다. 청소년기에도 정신병리의 성차는 여전히 유지된다. 소녀들이 내면화 장애를 많이 겪는 반면에(성인이 되면서 여성 우울증이 특히 증가한다), 소년들은 외현화 장애를 더 많이 겪는다. 전체적으로 소년들의 행동장애들은 어린 나이에 나타나는 반면에, 여성들의 정서장애들은 더 나이가 들어서 나타난다.

위험요인과 정서 기반 장애의 관계

Alan Sroufe(2009)가 강조했듯이, 정서 기반 장애들은 동적 속성을 지닌 복합적 · 체계적 틀 안에서만 이해할 수 있다. 수많은 작은 영향(유전적 · 체질적 취약성과 환경에서 겪는 위험한 경험 등)이 함께 작용해서 아동들은 종국적으로 결함 있는 발달을 하게 된다. 앞으로 보게 되겠지만, 위험요인(risks)과 결과(outcomes) 사이의 관계는 비결정적이며 비특이적이다(Cicchetti & Rogosch, 1996). 다시 말하면, 특정 위험요인이 있으면 특정 장애가 일어날 확률이 증가할 수 있으나, 그 위험요인이 있다고 해서 반드시 그 장애가 일어나는 것은 아니다. 유사하게, 수많은 환경적 위험이 단일 장애를 일으킬 수도 있고, 한 가지 환경적 위험으로 여러 가지 형태의

장애가 일어날 수도 있다. 정신장애들의 발달에 관련된 과정들은 또한 교차적 관계를 가지고 있다(Sameroff, 2010). 이것은 아이들이 그들의 환경에 영향을 미친다는 의미이다. 대단히 저항적이기 때문에, Peter는 자기 부모를 화나게 만들 수 있다. 이러한 배경이 다시 그의 장애를 더 악화시킨다. 즉, 부모들이 Peter에게 화를 더 많이 낼수록, Peter의 행동은 더 나빠진다.

사람, 배경 그리고 다층적 환경

다층적 관점(multilevel perspective)이 아동들의 정서 기반 장애들을 이해하는 데 중요하다 (Bronfenbrenner, 1977, 2005; Cicchetti & Valentino, 2007; Lerner, 2006). 아동들은 다층적 환경에 영향을 받는데, 그런 것들에는 문화, 이웃, 학교와 같은 거시적 영향(원위요인, distal factors)이 있으며, 가족관계, 친구관계와 같이 아동들에게 더 밀접하고 즉시적 영향(근위요인, proximal factors)도 있다. 다층적 구조를 가진 아동들의 생태계는 [그림 12-3]에 제시되어 있다.

유사하게, 아동의 신체 내 조직화 수준들에도 거시적 수준부터 미시적 수준까지 조직화되어 있는데, 한 아동의 전반적 성격과 지능지수에서부터 미시적으로는 신경회로, 신경세포, 시

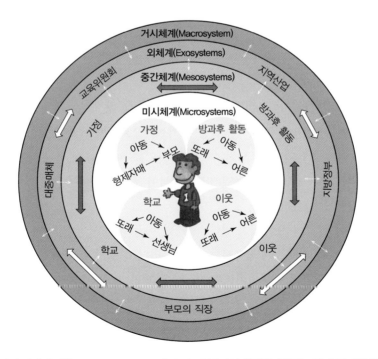

[그림 12-3] 인간 발달에 대한 Bronfenbrenner(1979, 2005)의 생물생태학적 모델에 근거한 아동 발달 배경의 다층적 속성

냅스, 유전자의 영향이 있다. 원위적 위험요인들과 근위적 위험요인들 전부가 아동의 기능에 영향을 준다(Hertzman & Boyce, 2010).

이렇게 다층적 구조가 있다는 것을 알면, 아동이 환경에 있는 다양한 측면에서 간접적 영향을 받는다는 것을 인식할 수 있다. 예를 들면, 이웃의 폭력과 무질서가 부모가 아동에게 보이는 부정적 감정을 증가시킨다는 것이 알려져 있다. 부모가 아동들에게 부정적으로 대하면, 아동들은 탈선 또래들을 사귀고 비행을 저지를 가능성이 높아진다(Chung & Steinberg, 2006).

우리가 아동들의 정신병리 진행을 생각할 때, 단순히 아동 또는 환경을 따로 떼어서 생각하는 것보다 아동과 배경의 관계를 고려해야만 한다(Sameroff, 2010). 정신병리는 사람-배경 상호작용의 부적응(maladaptive person-context interactions)으로 생각할 수 있다. 아동은 환경을 힘들어하고, 환경은 아동을 힘들어한다. 즉, 문제 아동들은 부모와 상호작용할 때 부모를 더 엄격하고 부정적이 되게 만들며(Lytton, 1990: Yagoubzadeh, Jenkins, & Pepler, 2010), 부모의 결혼생활에 갈등을 증가시킨다(Jenkins, Simpson, Dunn, Rasbash, & O'Connor, 2005). 부모가 보이는 엄격함이나 결혼생활의 갈등이 아동들의 문제행동을 더욱 증가시킨다. 정서 문제가 있는 아동들은 또한 같은 문제를 가진 친구를 사귄다. 즉, 분노와 공격성을 보이는 아동은 똑같이 분노와 공격성이 있는 아동들과 친해진다(Sijtsema, Ojanen, Veenstra, Lindenberg, Hawley, & Little, 2009). 우울한 아동들은 우울한 친구를 사귄다(Cassidy, Aikins, & Chernoff, 2003). 그래서 아동들이 가족 환경과 또래 환경을 공동으로 창조하며, 이러한 환경들이 아동들의 이후 발달에 계속 영향을 미친다.

Sroufe(1997)는 정신병리를 이해하는 발달적 틀을 제안한다. 그는 초기에는 아동의 행동이 약간만 일탈된 것일 수 있다고 한다. 즉, 아동이 기질적으로 약간 더 저항적일 수 있거나 다른 아동들에 비해서 언어 발달이 조금 느릴 수 있다. 만일 그 아동의 배경이 그를 도와주지 못하면, 시간이 갈수록 그 아동의 문제행동은 더 일탈적이 된다. 그 아동은 정상기능으로 돌아오기 점점 어려운 길에 들어서게 된다.

[그림 12-4]에 이 과정이 요약되어 있다. 그러한 아동의 정서적 기능이 이 도표의 중앙에 있다. 그 위에는 환경적 위험들이 작용하는 것이 나타나 있으며, 아래에는 그 아동 안에 있는 내인성 위험들에서 기인한 취약점들이 있다. 시간이 가면서, 그 아동과 배경 사이의 상호작용에 의해서 그 아동은 좋은 정신건강 또는 취약한 정신건강 쪽으로 들어서게 된다. 때가 되면 정신병리가 주역을 맡게 된다. 그러면 그 아동의 배경과 관련된 어떤 것보다도 그 아동의 이전 기능이 이후 행동의 더 강력한 예측자가 된다.

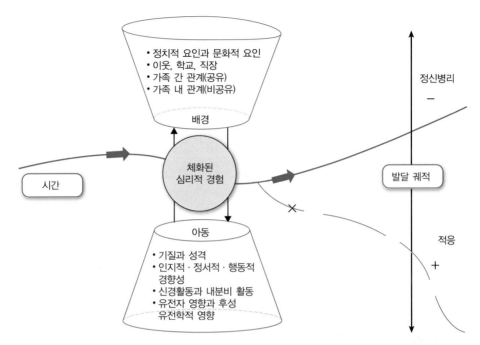

[그림 12-4] 시간에 따른 발달 궤적. 이것은 배경과 아동 내 요인들에 의해서 영향을 받는다.

위험과 회복탄력성: 위험요인과 보호요인의 조합

아동의 정서 기반 장애들에 대해서 우리가 이해하도록 한 가장 영향력 있는 사람은 Michael Rutter이다. 그는 아동들의 장애에 대해서 전반적인 역학연구를 하고, 정서적 문제들을 위험 요인과 회복탄력성이라는 견지에서 개념화한 첫 번째 인물이다(예: Rutter, 2005). 우리가 지금 부터 다룰 그 위험요인들이 서로 독립적이지 않다는 증거가 증가하고 있다.

한 가지 환경적 위험이 있으면 다른 위험들도 있을 가능성이 크다. 예를 들면, 아동기의 역 경들(adversities; 예: 학대경험, 빈곤, 정신건강 문제, 부모의 물질 남용)에 대한 연구에서, Dong과 동료들(2004)은 아동기에 한 가지 역경을 겪었다고 보고한 사람들의 87%가 다른 역경들도 겪 었다는 것을 발견했다. 아동기에 겪은 역경들이 합쳐지면, 그때 나타나는 분포는 역경들이 서 로 독립적일 때 나타나는 분포와 아주 다르다. 아동들이 직면한 역경들의 수를 합산해서 누적 위험이라고 부른다. 환경에서 겪게 되는 위험의 수가 증가하면, 스트레스의 생리적 지표의 수 도 증가하며(Badanes, Watamura, & Hankin, 2011; Evans, 2003), 정서 기반 장애들의 수도 증가 한다(Deater-Deckard, Dodge, Bates, & Pettit, 1998; Rutter, 1979). [그림 12-5]는 이 영향을 보여 준다.

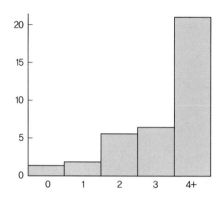

[그림 12-5] 아동에게 정신장애들이 발달하는 데 위험요인들이 미치는 영향. 위험요인이 하나만 있는 아동들은 위
험요인이 없는 아동들과 크게 다르지 않다. 하지만 위험요인이 하나씩 증가할수록 정신장애의 유병률
은 크게 증가한다.

출처: Rutter (1979).

중요한 인물: Michael Rutter와 George Brown

Michael Rutter는 의학적 훈련을 받았다. 경험적 아동 정신의학의 기초를 놓은 사람은 바로 Rutter이다. 이 연구에서 Brown과 Rutter(1996)는 정서적 특성들을 이해하기 위해서 가족을 면담하는 방법을 만들어 냈다. 그는 또한 아동기 장애에 대한 최초의 대규모 역학연구를 이끌었다. 그 연구는 와이트섬 연구(Isle of Wight study)라고 불렸는데(Rutter, Tizard, & Whitmore, 1970), 영국의 남쪽 해안에 있는 그 섬에서 연구가 진행되었기 때문이다. Rutter는 아동기의 정서장애와 행동장애들에 대한 위험요인들을 정의하기 위해서 체계적으로 연구를 시작했다. 그의 최근 연구는 아동의 발달에서 유전자-환경 상호작용에 관한 것이다. 그는 지금도 아동 발달과 아동 장애 분야의 주된 연구 인력이다.

George Brown은 사회학자로 훈련받았으며, Rutter와 공동 작업을 한 후에 한 가지 면담을 개발하였다. 그것으로 그는 여성 우울증에 대한 최초의 대규모 역학연구를 진행할 수 있었다. 이 연구는 Tirril Harris(1978)와 함께 『우울증의 사회적 기원(Social Origins of Depression)』이라는 책으로 출판되었다. 이것은 정서장애에 관해 지금까지 이루어진 것 중에서 가장 창의적이고 중요한 연구이다. 제13장에서 그것을 논의하겠다.

위험요인들이 정서 기반 장애들에 어떻게 영향을 주는지 이해하는 데 가장 중요한 요소는 위험요인들이 어떻게 결합되는지를 아는 것이다(Kumsta, Rutter, Stevens, & Sonuga-Barke, 2010). 우리가 이 장의 서두에서 이야기한 Peter의 경우에도 여러 가지 위험요인이 있었다. Peter는 조산아였는데, 그것은 부정적 기질을 가질 위험을 증가시키는 것이다. 그의 부모는 Peter를 힘들어했다. 결과적으로, 부모가 그에게 엄격하고 반사적으로 대응했기 때문에 Peter는 정서 조절을 배울 기회가 결코 없었다. Peter와 여자 형제는 어릴 때에는 서로 가까웠지만, 지금은 Peter의 무서운 성질을 알고 있다. 전문가들에게 도움을 받기 전까지 Peter는 많은 좋지 못한 경험을 했고, 좋은 양육과 지지를 못 받았다. 만일 Peter가 지지를 더 많이 경험했다면 장애가 생기지 않았을 가능성도 있다. 하지만 그의 공격성을 생각해 보면, 가족 구성원이나 선생님들이 그를 지지하기는 쉽지 않았을 것이다.

비록 연구를 통해서 좋은 기질(Clark, 2005), IQ(Masten, 2007), 안정적인 미주신경 긴장도(El-Sheikh, Harger, & Whitson, 2001)와 같은 내인성 강건함이 아동들을 보호한다는 것이 알려졌지만, 아마도 역경을 대처하는 데 가장 중요한 요인은 아동기와 성인기의 관계의 질적인 면일 것이다. Gass, Jenkins, Dunn(2007a, 2007b)이 기준선 및 추적 연구를 통한 측정치를 비교한 종단적 연구를 보면, 많은 아동이 힘든 사건들에 대한 고통을 겪는다는 것을 보여 준다. 하지만 아동들이 수많은 부정적 사건에 노출되었어도, 형제자매들과 밀접한 관계를 가지고 있다면 생각한 것보다 훨씬 적은 내면화 증상들을 보인다. 부모, 교사, 조부모, 형제자매 모두는 보호효과를 가져다준다(Jenkins & Smith, 1991).

환경적 위험의 차별적 취약성에 대해서 이렇게 개념화한 것을 체질-스트레스(diathesis-stress) 관점이라고 부른다. 이 관점은 긍정적 환경은 모든 사람에게 유사한 영향을 미친다고 가정한다. 그런데 최근의 차별적 민감성(differential susceptibility) 이론은 다른 견해를 제시한다. 즉, 어떤 사람들은 긍정적 환경(발달 촉진)과 부정적 환경(정신병리 촉진)을 만나면 그 두 가지 모두에서 영향을 더 많이 받는다는 것이다(Ellis, Boyce, Belsky, Bakermans-Kranenburg, & van Ijzendoorn, 2011). 아이들은 '난초형'과 '민들레형'으로 나뉜다. 난초는 최적의 조건에서는 잘 자라지만, 양육 환경이 좋지 못하면 시들어서 죽어 버린다. 반면에, 민들레는 길가에서든 좋은 화단에서든 잘 자란다. 차별적 민감성은 신경생물학적 근거가 있다고 생각된다. 그것은 스트레스-반응 체계의 고조된 반응성을 나타낸다(제5장과 제6장 참조). 환경은 민감성이 높은 사람들의 심리생리학적 상태에 더 큰 영향을 미친다. 차별적 민감성은 유전적 요인들과 초기 발달 경험으로부터 영향을 함께 받는다. 제1장에서 논의한 Darwin의 변이 원리(principle of variation)를 기억해 보라. 환경에 대한 반응성의 진화적 차이에 의해서 어떤 변이는 성공적이 될 확률이 높아진다.

위험유인

다음에 망라된 것은 정서 기반 장애의 발달에 영향을 미칠 수 있는 다양한 요인이다. 그러므로 아동의 일상생활에 영향을 미치기에 충분할 만큼 전반적으로 나타나는 분노, 슬픔, 공포의 비전형적 표현들은 그 아동의 내인성 요인들과 환경 내 요인들이 복잡하게 상호작용해서 발달한다.

아동 내에 있는 위험요인

정서 기반 장애의 유전적 영향에 대한 연구에는 세 가지 주된 접근이 있다. 그것은 정량적 유전학(quantitative genetics), 후보 유전자 연구, 전체 게놈과 관련된 연구들이다. 제8장에서 논의했듯이, 정량적 유전학은 특정 장애에 대한 유전적 비율을 추정한다. 많은 연구가 정신병리학의 발달에 미치는 유전과 환경의 상대적 영향을 탐구한다. 이 접근법은 흔히 일란성 쌍생아(유전자가 100% 일치함)와 이란성 쌍생아(유전자가 평균 50% 일치) 사이에서 특정 질환이 나타나는 빈도를 비교한다. 만일 일란성 쌍생아가 특정 질병의 유무에서 이란성 쌍생아보다 더 유사하다면, 장애는 고도로 유전적이라고 생각할 수 있다. 이러한 연구에서 유전성 추정치를 얻을 수 있는데, 이것은 유전에서 기인한 변이의 정도를 나타낸다.

아동과 청소년의 정서 기반 장애들에 대한 가장 광범위한 유전성 연구 중 하나는 9~17세의 1,571쌍의 대표적 쌍둥이들을 표집해서 검사한 것이다(Lahey, Van Hulle, Singh, Waldman, & Rathouz, 2011). 그 결과가 〈표 12-3〉에 제시되어 있다.

사회공포증과 부주의(57%)로부터 범불안장애와 주요우울증(71%)까지 가장 흔한 아동기 질환들에 대한 유전성 추정치를 얻었다. 외현화 장애와 내면화 장애에 대한 별도의 유전적 영향들을 확인할 수 있지만, 또한 연구자들은 그 두 가지 장애에 공히 작용하는 스트레스에 대한 유전적 위험도 확인하였다. 이 발견은 여러 종류의 정신병리 기저에는 정서적인 것 그리고 스

〈표 12-3〉 유전적 관련성이 있는 아동기 장애에서 유전적 분산의 비율을 1,571쌍의 쌍둥이 표본에서 얻었다.

장애	유전에서 기인한 분산 비율
주요우울증	0.71
범불안증	0.71
사회공포증	0.57
광장공포증	0.67
분리불안장애	0.56
강박장애	0.64
품행장애	0.76
부주의	0.57
과잉행동-충동성	0.62
반항장애	0.69

출처: Lahey et al. (2011).

트레스 때문에 정서적으로 반응하는 비특정적인 것에 대한 유전적 위험이 함께 있다는 중요한 가능성을 제기한다.

인간 게놈 프로젝트가 확립된 후에, 후보 유전자 연구(candidate gene studies)가 시작되었다(Plomin & McGuffin, 2003). 이 연구로써 개인의 유전자 변이가 어떻게 특정 정서 기반 장애들과 관련되어 있는지 알 수 있다. 뉴질랜드의 더니든 출생 코호트(Dunedin Birth Cohort) 연구에서 충격적인 발견이 있었다. 이 연구는 1,000명의 사람을 대상으로 출생부터 성인이 될 때까지 정신건강과 환경을 평가한 것이었다. Avshalom Caspi, Joseph McClay, Terrie Moffitt과 동료들(2002)은 남자들로부터 모노아민 산화효소-A(monoamine oxidase-A: MAOA) 유전자의 형태 변이를 검사하였다. 이 유전자는 세로토닌 등 아민기를 가지고 있는 전달물질들을 불활성화시키는 효소활동을 촉진한다. 이 유전자의 어떤 대립유전자들(낮은 MAOA 기능을 가진 집단)은 그 효소를 촉진하는 효능이 아주 낮다. 유전자 검사와 더불어서, 더니든 코호트에 속한 모든 사람에게 3~11세에 신체적 학대를 당한 적이 있는지 평가했다. 그리고 코호트에 속한 사람들을 학대당한 적 없음(64%), 아마도 학대당했음(28%), 심하게 학대당했음(8%)으로 분류했다. 코호트에서 13명의 소년이 낮은 효능의 MAOA 유전자를 가지고 있었으며 또 심하게 학대당한 경험이 있었다. 이 소년들 중에서 85%가 10~18세에 품행장애의 준거에 들어갔다. 이에 반해서 학대당하지 않은 낮은 MAOA 집단에서는 오직 22%의 아동만 품행장애 준거에 들어갔다. 학대를 당했을 가능성이 있거나 심하게 학대당했으면서 낮은 MAOA 유전자를 가지고 있는 남성들은 남성 코호트에서 12%에 달했다. 26세가 될 때까지 이 남성들은 전체 코호트에서 폭력 범죄로 유죄 선고를 받은 경우의 44%에 해당했다. 이 소년들은 학대를 당했지만 높은 MAOA 유전자를 가진 소년들에 비해서 자라난 후에 훨씬 높은 공격성을 보였다. 초기의 더니든 코호트 연구의 결과들이 [그림 12-6]에 나와 있다. 다섯 개의 연구에 걸쳐서 약 1,000명의 아동에 대한 메타분석을 한 결과는 공격적 행동에 대한 이러한 영향을 확인해 주었다(Kim-Cohen, Caspi, Taylor, Williams, Newcombe, Craig, & Moffitt, 2006). 다른 유전자들이 우울증 발달과 연관이 있었는데, 이 경우에도 사람들이 삶에서 부정적 사건을 겪은 경우에 그러하였다. 한 가지 메타분석을 보면, 세로토닌 수송체(serotonin transporter: 5-HTT)의 특정 변이를 가지고 있는 사람들이 아동기 때 학대를 당하는 것과 같이 삶에서 트라우마적이거나 충격적 사건을 겪은 경우에 우울해지기 쉽다는 것을 보여 주었다(Karg, Burmeister, Shedden, & Sen, 2011).

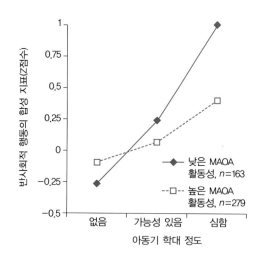

[그림 12-6] 반사회적 행동은 MAOA 활동성의 높고 낮음과 아동기 학대와 함수관계를 보인다.

출처: Caspi et al. (2002).

이러한 이전 연구들은 체질-스트레스 모델을 지지한다. 즉, 사람들이 취약성을 가지고 있을 때 부정적 환경의 영향을 만나면 더 큰 반응을 보인다는 것이다. Bakermans-Kranenburg 와 van Ijzendoorn(2011)은 차별적 취약성 이론을 검증하였다. 그들은 도파민 관련 유전자들의 변이에 따라 어떤 사람들이 부정적 환경이나 긍정적 환경에 더 반응적이며 취약한지 조사해 보았다. 그들은 낮은 도파민 활동성이 부정적 피드백에 반응해서 학습하는 것을 방해하지만, 반면에 즉시적 강화에 반응해서 학습을 촉진할 것이라고 생각했다. 그 메타분석에는 부정적 양육 환경 요인들에 대한 9개 연구(부모의 흡연, 엄마와 빈약한 소통, 부모 상실, 배우자 관계, 부정적인 양육), 긍정적 양육 환경 요인들에 대한 6개 연구(엄마의 높은 민감성, 애착의 안정성) 그리고 다양한 결과(짜증 냄, 정서 조절, 주의력결핍 과잉행동장애, 애착, 외현화 행동, 기부와 나눔으로 측정한 친사회적 행동)가 포함되었다. 그들은 차별적 취약성 이론을 지지하는 증거를 얻었는데, 도파민 관련 유전자들의 효율이 낮은 사람들이 지지적 환경에서 더 좋은 성취를 보였다. 이제 경험이 유전자 발현에 미치는 영향을 살펴보자.

개인의 유전적 취약성을 이해하기 위해서는 우리가 앞에서 말한 유전자 변이들에서 더 나아갈 필요가 있다는 것이 점점 명확해지고 있다. 최근에 여러 연구는 환경적 경험이 유전자 발현에 변화를 주는 후성유전학 과정(epigenetic processes)이 일어난다는 것을 보여 준다. 후성유전(epigenetic)의 문자적 의미는 '게놈의 상위(upon the genome)'이다. 그것이 어떻게 작동하는지 보자. 뉴클레오타이드(necleotides) 연쇄들이 유전자를 형성하며, 유전자들은 특정 아미노산들을 만드는 기능을 한다. 아미노산들은 신경화학물질들을 만들고, 또 해부학, 생리학,

심리학에 영향을 주는 생리학적 시스템들을 만든다. 예를 들면, 신경전달물질들도 이런 아미노산들에 의해서 만들어지며, 정서경험에 영향을 미친다. 환경은 유전자의 뉴클레오타이드 연쇄를 변화시키지 않고도 인간 게놈에 영향을 준다. 이런 일은 특별한 화학 물질군이 유전자에 더해지거나 제거되면서 일어난다. 그런 특별한 화학 물질군은 뇌의 특정 부위에 있는 세포들의 핵 안에 있으면서 유전자가 아미노산 연쇄를 만드는 것을 방해하거나 촉진한다. 이러한 일이 일어나는 한 가지 방식은 환경에 노출되는 데 반응해서 메틸기를 DNA 연쇄에 붙이는 것이다. 이러한 과정을 DNA 메틸화(DNA methylation)라고 하며, 그 결과로 유전자 발현이 변화한다. 다른 말로 하면, 환경적인 측면이 유전자 발현을 켰다 껐다 할 수 있다는 것인데, 메틸화가 많이 일어나는 부위들은 유전자 전사(transcription)가 일어날 때 덜 활성화되어 있기 때문이다(Weaver, Cervoni, Champagne, D'Alessio, Sharma, Dymov et al., 2004; Weaver, Champagne, Brown, Dymov, Sharma, Meaney et al., 2005; Weaver, D'Alessio, Brown, Hellstrom, Dymov, Sharma et al., 2007).

최근에 대부분의 후성유전학 연구는 쥐를 가지고 수행되며, 가장 흔히 연구되는 환경적 영향은 쥐의 새끼들을 어미가 핥아 주고 털 고르기를 해 주는 것이다. 사람들에게 여기에 해당하는 것은 유아 때의 모성 민감성이다. 이런 모성행동은 환경적 프로그래밍 효과를 통해서 자녀들의 스트레스 반응 형태에 영향을 미친다. 만일 쥐의 새끼들이 어미가 핥아 주고 털 고르기해 주는 것을 덜 경험하게 되면 성체가 되어서 스트레스에 더 좋지 않은 반응을 보인다(Bagot & Meaney, 2010; Weaver et al., 2004). 이처럼 핥아 주고 털 고르기해 주는 것이 없으면, 새끼들의 신체 내 생리적 환경이 바뀌고 스트레스에 정상적으로 반응하는 데 필요한 유전자인 글루코코르티코이드 수용기 유전자의 발현이 감소한다(Belay, Burton, Lovic, Meaney, Sokolowski, & Fleming, 2011; Meaney, 2001). 새끼들의 스트레스 반응에 미치는 모성행동의 이러한 효과는 유전자 메틸화에 의해서 매개된다(Weaver et al., 2004, 2005, 2007). 그것에 해당하는 형태들이 사람에게서도 발견되었는데, 글루코코르티코이드 수용기의 DNA 메틸화가 변화되어 있는 것이 자살자들에게서 발견되었는데, 이는 그들의 아동기 피학대 이력과 함수관계를 가지고 있었다(McGowan, Sasaki, D'Alessio, Dymov, Labonte, Szyf et al., 2009).

유사하게, Fleming과 동료들은 생의 초기에 어미로부터 보살핌을 잘 받지 못한 쥐의 새끼들이 주의, 충동성, 사회행동과 연관된 뇌 부위의 신경단백질 수준이 낮다는 것을 발견했다(Chatterjee, Chatterjee-Chakraborty, Rees, Cauchi, de Medeiros, & Fleming, 2007). 종합해 보면, 이런 단백질들은 생의 초기에 일어나는 복잡한 심포니 연주와 같은 신경 발달에 참여한다. 그런 것들에는 변연계, 피질, 시상하부가 자율신경계와 연결될 때 일어나는 축색의 길 찾기, 시냅스 가소성, 신경 생존 등이 있다. 생의 초기에 보살핌을 받지 못한 쥐들이 실제적 또는 어미의 보살핌을 받으면, 이러한 결과는 역전된다. 이를 보면 이런 효과가 환경적으로 매개된 속성이라는 것을 확인할 수 있다.

　유전자의 메틸화가 여러 가지 후성유전학 과정 중에 하나라는 것이 혈액 샘플을 사용한 유전 물질을 검사해서 확인되었다. 한 연구에서 시설(정신병리를 일으키는 환경)에서 자란 아동들의 전체 게놈 샘플에서 메틸화 형태를 관찰하고, 그것을 부모에게서 양육된 아동 집단과 비교하였다(Naumova, Lee, Koposov, Szyf, Dozier, & Grigorenko, 2011). 생물학적 부모에게서 양육된 아동들과 비교해서, 시설에서 자란 아동들은 면역기능과 세포기능을 조절하는 영역에서 유전자 메틸화가 훨씬 높다는 것을 보여 주었다. 세포기능의 조절에서 변화는 특정적으로 신경 발달과 신경 전달에 관련된 영역에서 나타났다. 저자들은 시설에서 자란 집단은 변화된 시상하부-뇌하수체-부신(HPA) 축의 발달을 겪었을 것이라고 결론지었다. 이 축은 사람의 스트레스 반응을 부분적으로 담당하는데, 제5장에서 이것을 다루었다. 하지만 유전자 메틸화, 유전자 발현, 더 나아가서 아동의 정서가 어떻게 연결되어 있는지에 대해서는 더 체계적 연구가 이루어져야 한다. 연구자들은 양육 환경이 사람을 괴롭혀서(get "under the skin") 정서 기반 장애를 일으키는 것으로 후성유전학적 영향을 요약하고 있다(Hertzman & Boyce, 2010).

신경학적 위험요인과 내분비 위험요인

　정서 기반 장애를 가지고 있는 아동들의 특정 신경적 기능과 호르몬 기능은 그런 장애가 없는 아동들과 다르다. 그러한 차이들은 흔히 뇌 발달 형태가 달라져서 생긴 것이며, 그런 아동에게서 다양한 생리학적·해부학적 결과로 나타난다. 비정상적 뇌 발달과 정서 기반 장애들이 연결되어 있다는 지표들에는 조산아들 사이에서 정서 기반 질환들이 매우 높은 비율로 나타나는 것(Boyle, Miskovic, Van Lieshout, Duncan, Schmidt et al., 2011), 흡연에 따른 좋지 못한 자궁 내 환경에 노출되는 것(Huijbregts, Seguin, Zelazo, Parent, Japel, & Tremblay, 2007), 영양실조(Janssens, Uvin, Van Impe, Laroche, Van Reempts, & Deboutte, 2009), 그리고 엄마의 우울증 또는 불안장애(O'Conner, Ben-Shlomo, Heron, Golding, Adams, & Glover, 2005; O'Connor, Heron, Golding, & Glover, 2003: O'Donnell, O'Conner, & Glover, 2009)가 포함된다. 또한 아동들의 정서 기반 장애들은 시상하부-뇌하수체-부신(HPA) 축의 기능(El-Sheikh & Hinnant, 2011), 전전두엽의 크기(Raine, 2000, 2002), 편도체의 구조(Raine, 2011; Yang, Raine, Narr, Colletti, & Toga, 2009), 미주신경 긴장도(Raine, 2002), 전전두엽, 편도체, 측핵, 해마에서 모노아민성 신경전달물질들의 수용기 밀도와 연관되어 있다(Pollak, 2005, 2008). 신경영상 연구들은 공포와 공격성이 고조된 편도체 반응과 억제된 피질 부적 피드백(cortical negative feedback)과 관련되어 있다는 것을 보여 주었다(Hariri, Mattay, Tessitore, Kolachana, Fera, Goldman et al., 2002; Hariri & Whalen, 2011; Meyer-Lindenberg, Buckholtz, Kolachana, Hariri, Pezawas, & Blasi, 2006). 다시 말하면, 정신병리가 있는 사람들은 손상된 정서 조절을 할 성향이 있는 신경구조를 가지고 있을 수 있다는 것이다.

출생 전 환경의 영향뿐만 아니라, 출생 후의 경험들도 뇌 발달에 영향을 미친다는 것이 알려져 있다. Pollak(2012)은 학대적 환경들에 의해서 여러 뇌체계가 두루 영향을 받는다는 자료를 보여 준다. 그런 영향들은 안와전두피질의 부피(학대적 환경을 겪으면 부피가 작아짐), 소뇌와 신경내분비계[옥시토신과 아르기닌 바소프레신(AVP) 체계], 그리고 분노의 처리에 대한 신경반응에서 확실히 나타난다. 지각적 편향과 주의 편향도 발달해서, 학대받은 아동들을 분노를 재빨리 알아차리고, 그것에 더 주의를 준다. 그들은 분노한 얼굴에서 주의를 돌리기 어렵기 때문에, 결과적으로 분노가 인지체계 안에서 우선권을 가지게 되며 인지의 다른 측면들은 비효율적이 된다.

제8장에서 언급한 대로, 기질특성(temperamental traits)은 정서 기반 장애의 생물학적 기저라고 연구자들이 생각하는 한 가지 대표적인 것이다. 기질은 성격의 최초 신호라고 생각할 수 있는 것인데(Matthews, Deary, & Whiteman, 2003), 생물학적 근거를 가지고 있다고 가정된다. 초기 아동기의 부정적 기질은 미약하지만 아동기의 외현화 및 내면화 정신병리의 일관된 예측자이다(Caspi, Henry, McGee, Moffitt, & Silva, 1995; Dougherty, Bufferd, Carlson, Dyson, Olino, Durbin et al., 2011; Lonigan, Phillips, & Hooe, 2003; Ruschena, Prior, Sanson, & Smart, 2005; Rydell, Berlin, & Bohlin, 2003). Bates와 동료들은 문제적 기질에 대한 3부분 모델(tripartite model)이 ① '짜증 냄–까다로움', ② '행동 억제–겁냄', ③ '충동성–다루기 힘듦'으로 구성되어 있다고 주장했다(예: Bates & Petitt, 2007). 그들은 부정적 정서성 중에서 '충동성–다루기 힘듦' 유형은 외현화 문제로 귀결되기 쉽고, '행동 억제–겁냄' 유형은 전형적으로 내면화 문제로 진행된다고 제안했다. 나중에 정신병리가 되는 경우에 양육을 할 때 기질의 간접적 영향도 있다. 부정적 감정을 많이 가지고 있는 아동들은 기질적으로 순한 아동들보다 양육하기 훨씬 더 어렵다. 그래서 그러한 아동들의 기질이 대단히 혐오스러운 양육을 야기한다(Ganiban, Ulbricht, Saudino, Reiss, & Neiderhiser, 2011; Lengua & Kovacs, 2005).

지금까지 정서 기반 장애의 아동 내 위험요인들에 대해 논의를 하였으므로, 이제 우리의 주의를 환경적 위험들로 옮겨 보자. 그런 와중에서도 개인과 배경 요인들이 항상 동적으로 서로 영향을 주고받는다는 것을 잊지 말자.

근위 위험요인

　제11장에서 정서 발달에 중요한 규범적 영향들을 살펴보았다. 정신병리를 발달시키는 영향들도 거기에서 우리가 살펴본 영향들과 유사하지만 더 극단적이다(Hatch, Harvey, & Maughan, 2010). 예를 들면, 우리는 반응적이고 따뜻한 양육을 하면 아동들이 긍정적 정서와 안정 애착 관계를 가진다는 것을 보았다. 이제 우리는 이러한 똑같은 과정들의 극단적 형태를 보겠다. 부모가 엄격하고 학대를 하면, 아이들은 애착관계가 없는 위탁 양육을 받고 자라게 된다. 그런 영향을 근위(proximal)라고 하는데, 이는 가깝다는 의미이다. 그런 영향들은 아이에게 곧바로 미친다. 그런 극단적 경험은 우리가 정서 기반 장애들에서 보는 비정상적 정서들과 관련이 있으며(Jenkins, 2008), 성인기로 전이된다(Edwards, Holden, Felitti, & Anda, 2003). 특정 위험요인들과 특정 정신병리학이 일대일로 대응되는 것은 아니라는 것을 기억하는 것이 중요하다(Rutter, 2009). 그런 위험들이 장애가 발생할 확률을 증가시킨다.

　정서 기반 장애들을 일으키는 가장 연구가 많이 된 근위요인들 중 하나는 부모-아동 관계(parent-child relationship)이다. 제11장에서 이 관계의 차원들을 살펴보았다(민감성, 비계설정, 마음을 염두에 두기). 이러한 경험들이 극단으로 치달을 때에만 정신병리에서 중요해진다. 부모의 적대감이 아동들이 장애를 일으키는 데 가장 명확하게 연관된 양육요소이다(Granic & Patterson, 2006; Maughn, Cicchetti, Toth, & Rogosch, 2006). 연구자들은 현재 부모의 적대감과 아동들의 문제 사이의 인과관계를 이해하려고 한다. 예를 들어, 1,479명의 아동과 엄마에 대한 종단적 연구를 보면, 아동의 외현화 행동과 엄마의 부정적 성향이 서로에게 장기적으로 '순환적 피드백 고리(recursive feedback loop)'를 만든다는 것을 보여 주었다(Zadeh, Jenkins, & Pepler, 2010). 까다로운 아동의 행동은 부모로 하여금 아동을 더 부정적으로 대하게 만들고, 그런 가혹한 양육으로 말미암아 아동들은 더 부정적이 된다. 더욱이 아동들이 자라면서 부모에게 미치는 아동의 그런 영향은 더 커진다. 부정적 양육과 아동의 외현화 행동 사이의 상호 연결을 '부정적 강압 사이클(negative coercion cycles)'이라고 한다(Granic & Patterson, 2006). 이러한 사이클에서 부모들은 아동의 비행에 대해서 적대심과 처벌 훈육으로 대응한다. 이것은 아동의 비행을 악화시킨다. Patterson(1982)은 그런 사이클을 악화시키는 중요한 메커니즘에 대해서 언급했다. 아동들이 점점 더 힘들어지면 부모들은 요구하는 것을 그만두어 버리는데, 그것이 아동의 혐오적 행동을 강화시키는 기능을 한다.

　비록 부모-아동 관계에 대한 대부분의 연구는 관찰에 의한 것들이지만, 아동의 정서에 대한 부모의 통제 영향들을 검사한 실험연구들도 있어서 인과관계를 보강할 수 있다. 한 연구에서는 아이들이 연설준비를 할 때 부모들이 ① 그것을 통제하도록 하거나, ② 자율성을 주도록 하였다(Thirwall & Creswell, 2010). 그 실험은 평형(counterbalance) 설계를 해서 모든 아동과 부모가 무선적 순서에 의해서 그 두 조건을 다 경험하도록 하였다. 엄마들이 고도로 통제적일 때 아이들은 그들의 수행에 대해서 부정적 전망을 하였다. 더욱이 특히 애당초 기질적으로 불안할 때는 아이들이 연설 도중에 더 불안한 행동을 나타내었다. 연구자들은 통제적인 양육은 자기 의심의 느낌을 증가시키며, 그것이 수행을 해야 하는 상황에서 불안으로 나타남을 주장했다.

어떤 아이가 받은 부정적 양육의 절대치는 정서 기반 장애들의 중요한 예측자이다. 하지만 그 아이의 형제자매들이 받은 양육 또한 웰빙에 영향을 준다. 차별적 양육(differential parenting)이란 한 아이가 다른 아이보다 따뜻함, 사랑, 보살핌을 더 많이 경험하거나 적대감, 분노, 부정적 정서를 더 많이 경험하는 것이다. Caspi와 동료들(2004)은 5세가 된 일란성 쌍생아 565명을 대상으로 한 연구에서 엄마로부터 더 부정적 정서성을 경험하거나 덜 따뜻하게 취급받은 쌍둥이 한쪽이 더 반사회적 행동 문제들을 보이는 것을 발견했는데, 이는 유전적 영향의 가능성을 배제한 결과이다. 흥미롭게도, 부모가 형제자매들에게 매우 차별적으로 대하면 가족 내의 모든 아이가 고통을 받는다. 그러므로 각 아이들을 양육하는 방식에서 가족 내 표준편차가 가족 평균 이상의 아동 행동과 아동 특정적 영향들을 설명해 준다(Boyle, Jenkins,

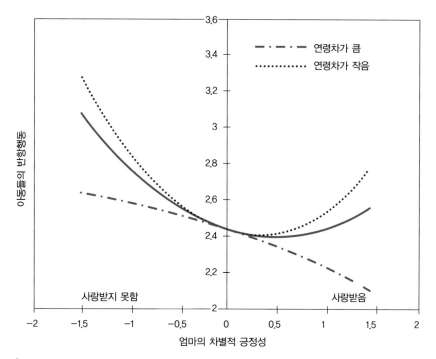

[그림 12-7] 아이들이 차별적으로 사랑받거나 사랑받지 못하는 경우에, 차별적 양육과 아동들의 반항행동은 함수관계를 갖는다.

출처: Meunier, Bisceglia, & Jenkins (2011).

Georgiades, Cairney, Duku, & Racine, 2004). [그림 12-7]에서 볼 수 있듯이, 높은 수준의 차별적 양육에서는 사랑받는 아이들이나 사랑받지 못하는 아이들 모두 높은 수준의 심리적 장애를 보인다(Meunier, Bisceglia, & Jenkins, 2011). 이런 영향은 아이들의 나이 차이가 별로 나지 않을 때 제일 심하다(부모의 자원을 얻기 위한 극심한 경쟁을 경험함). 이 발견들은 아이들 간의 당면한 관계보다 전체로서 가족 역학이 정서 기반 장애들을 이해하는 데 중요하다는 것을 시사한다.

아동 학대(child maltreatment)는 신체적 학대, 성적 학대, 방치, 또는 정서적 학대를 가하는 것을 말한다(Barnett, Manly, & Cicchetti, 1993; Cicchetti & Toth, 2005). 이것은 극단적이고 병적인 관계 환경에 해당하는데, 정상적 발달에 필요한 발달적 경험들을 제공받지 못한 것이다. 학대받은 아동들의 문제들은 광범위한데, 감정 조절, 고등 인지, 자기표상, 사회적 정보처리에서 발달 지체를 보인다. 학대받은 아동의 문제들은 각 발달 단계에서 필요한 능력들을 발달시키지 못할 뿐 아니라 그러한 장애들이 서로 복합적으로 작용하기 때문에 나이가 들어 가면서 더욱 증가한다(Cicchetti & Toth, 2005).

심각하고 장기간에 걸친 부모들 사이의 갈등(conflict between parents)에 노출된 아동들은 외현화 장애 및 내면화 장애를 발달시킬 위험이 높다(Kitzman, Gaylord, Holt, & Kenny, 2003). 공공연한 적대감에 노출되고 아동들이 스트레스 반응성을 갖게 되면, 정서 발달에 장기적인 결과를 가져오는 패턴으로 이끌게 된다(El-Sheikh & Hinnant, 2011). 하지만 아동들의 외현화 문제들은 부모가 헤어지기 전에 나타나며, 이혼하기 이전의 부모 갈등과 관련이 있다(Block, Block, & Gjerde, 1986: Cherlin, Furstenberg, Chase-Lansdale, Kiernan, & Robins, 1991). 유사하게, 부모들이 이혼한 후에 나타나는 아동들의 장애들은 지속적인 부모 갈등과 가장 강력하게 연관되어 있다는 것이 발견되었다(Emery, 1988). 다양한 방법론을 사용해서 118개의 연구에 대한 메타분석을 한 저자들은 아동들이 가정 내 폭력에 노출되었을 때에는 그 결과가 특히 좋지 않다는 것을 주장하였다(Kitzman, Gaylord, Holt, & Kenny, 2003).

관찰연구들만 가지고는 그 영향의 메커니즘을 결정하기는 어렵다. 우리는 아동의 외현화 행동이 부모 갈등을 일으킬 뿐만 아니라, 부모 갈등이 장기간에 걸쳐서 아동들의 행동 문제들을 증가시킨다는 것을 알고 있다(Jenkins et al., 2005). 부모와 아동들이 환경과 유전자를 공유한다는 것을 알기 때문에, 우리가 보는 부모 갈등과 아동의 정서 기반 장애들 사이의 연관이 그들이 유전자를 공유하기 때문인지 또는 갈등 그 자체가 아동에게 문제를 일으키는지 결정하는 것은 중요하다(D'Onofrio, Turkheimer, Emery, Slutske, Heath, Madden et al., 2005). 정량적 유전자 연구 설계를 사용해서, D'Onofrio와 동료들은 유전적 영향을 통제했을 때 아동의 외현화 행동을 일으키는 결혼 갈등의 환경적 영향을 보여 주었다. 그런 발견은 인과적 가설

과 일치한다. 같은 맥락에서 연구자들은 부부들을 결혼 갈등 해소와 부모교육 개입에 무선 할
당해서 이 집단들을 통제집단과 비교해 본 결과, 아동들이 더 잘 적응한다는 것을 발견했다
(Faircloth, Schermerhorn, Mitchell, Cummings, & Cummings, 2011).

환경 내에서 이러한 많은 위험이 함께 일어나면 어떤 결과가 초래되는가? [그림 12-8]에
서, 우리는 아동기에 어려운 경험이 많을수록 성인이 되어서 허혈성 심장 질환에 걸릴 가능

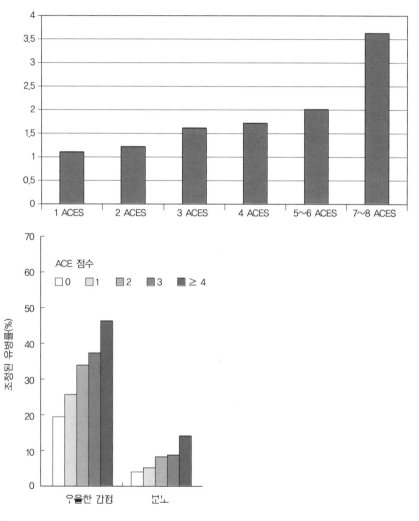

[그림 12-8] 부정적 아동기 경험들(ACEs)의 함수로서, 허혈성 심장 질환의 위험성(위 그림, 역경 비율)과 슬픔과
            분노의 정서들(아래 그림, 조정된 유병률). 부정적 아동기 경험들에는 신체적 학대, 정서적 학대, 성적
            학대, 빈곤, 부모 별거, 16세가 되기 이전에 부모가 정신장애, 범죄, 물질 남용 문제를 가지고 있는 경
            우가 포함된다.

출처: Dong et al. (2004).

성이 증가한다는 것을 볼 수 있다. 이 그래프에 나오는 자료는 부정적 아동기 경험(Adverse Childhood Experiences: ACEs) 연구에서 가져온 것으로서, 이것은 청소년과 성인의 광범위한 정신건강 문제들과 신체건강 문제들에 대한 급격히 증가하는 연구 문헌들과 연결되어 있다. 한 건강관리기관에서 9,367명의 성인 회원을 대상으로 수행한 연구를 보면, 생의 초기에 겪었던 힘든 경험의 개수(학대, 폭력, 빈곤, 부모 별거)와 건강 문제의 범위를 보고했다. 그 건강 문제들에는 물질 남용(Dube et al., 2003), 흡연(Ford et al., 2011), 취약한 정신건강(Edwards, 2003), 심장 질환(Dong et al., 2004) 등이 포함되었다. 이 연관성은 부분적으로 정서들로 설명된다. 분노 감정과 우울증은 ACEs 경험의 개수와 함께 증가한다. 이러한 정서들을 통제하고 나면, ACEs와 심장 질환의 연관성은 크게 줄어든다.

약 6,000명의 아동을 대상으로 한 메타분석 연구를 보면, 초기 아동기의 애착상태는 내면화 및 외현화 정신병리와 관계가 있다. 회피 애착 아동과 양가 애착 아동 각각에 따르면, 혼란 애착 범주에 드는 아동들이 가장 큰 위험에 노출되어 있다(Fearon, Bakermans-Kranenburg, van Ijzendoorn, Lapsley, & Roisman, 2010). 제11장에서 언급한 대로, 혼란 애착은 고위험 가족군에게 가장 흔하고, 혼란 애착의 가장 강력한 단일 예측자는 학대라는 것이 잘 알려져 있다(Cyr, Euser, Bakermans-Kranenburg, & van Ijzendoorn, 2010).

문제가 있는 양육이 혼란 애착을 발달시키는 데 영향을 끼치지만, 애착관계 부재 또는 애착관계 실패(failure of an attachment relationship)의 경우에는 특히 피해가 심하다. 고아원에서 애착관계를 가질 기회가 없이 양육된 아동들이 그런 경우에 해당한다. Ceausescu가 1989년에 실각한 후에, 연구자들은 고아원에서 자라다가 나중에 영국 가정으로 입양된 루마니아 아동들에 관심을 가지게 되었다. 예를 들면, Michael Rutter와 동료들은 이런 아동들을 집중적으로 연구하였다. 그 고아원은 한마디로 끔찍했다. 아이들은 작은 침대방에 가두어졌고, 아무런 자극이 없이 홀로 있었고, 말을 걸어 주는 사회적 접촉이 없었으며, 호스로 찬물을 끼얹어 씻겼다(Rutter, Sonuga-Barke, & Castle, 2010). 연구자들은 시설에 더 오래 있을수록 더 나쁜 정서적 결과가 생겼다는 것을 용량-반응 관계(dose-response relationship)를 도출해서 증명해 보였다(O'Connor, Marvin, Rutter, Olrick, & Britner, 2003). 가정에 입양된 루마니아 고아들을 시설에 있지 않았던 영국 입양아들과 비교했을 때, ① 통상적으로 낯선 사람에 대해서 아동이 보이는 경계심과 대비되는 무차별적 우호성, ② 양부모에 대한 비정상적 형태의 애착, ③ 외현화 증상을 더 많이 보였다(또한 Ellis, Fisher, & Zaharie, 2004 참조). 대부분의 환경적 위험요인들이 불특정적으로 작동을 하여 모든 종류의 장애 위험이 증가하지만(McMahon, Grant, Compas, Thurm, & Ey, 2003), 애착관계가 결여된 경우에는 특정 위험이 생긴다는 주장이 있다. 그 고아들이 15세가 될 때 실시한 추적연구에서는 일관된 증후군이 나타났다. 그것은 유사자폐

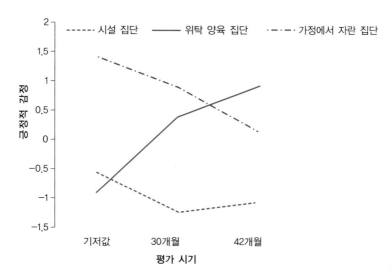

[그림 12-9] 생의 초기에 시설에 있었던 아동들을 위탁 양육 집단 또는 시설에 남아 있었던 집단에 무선 할당한 경우, 그리고 가정에서 자란 집단과 비교했을 때 긍정적 감정의 수준

출처: Ghera et al. (2009).

증, 탈억제 애착 또는 혼란 애착, 인지장애, 부주의-과활동성의 네 요소를 포함한다(Kumsta, Kreppner, Rutter, Beckett, Castle, & Stevens, 2010).

비록 이러한 연구들이 모두 관찰에 의한 것이지만, 애착관계가 없는 것이 정서적 문제를 일으키는 원인이 된다는 것을 시사한 개입연구가 하나 있다. Charles Nelson과 동료들은 루마니아 시설에 있었던 31개월 이전의 아동들을 대상으로 연구하였다(Nelson, Zeanah, Fox, Marshall, Smyke, & Guthrie, 2007). 그들은 139명의 아동을 위탁 가족(개입집단)에게 입양시키거나 시설에 남아 있도록(통제집단) 무선 할당하였다. 또한 가족에게서 정상적으로 양육되는 72명의 아동의 발달도 같이 추적하였다(Ghera, Marshall, Fox, Zeanah, Nelson, Smyke et al., 2009). 이 연구의 결과가 [그림 12-9]에 나타나 있다. 개입집단이 통제집단보다 더 긍정적 정서를 보였다. 당연하지만, 가장 좋은 결과를 보인 아동들은 위탁을 하지 않은 아이들이었다. 이러한 결과들은 정서 발달에서 애착관계가 중요하다는 것을 강조하고 있다.

원위 위험: 부모의 정신병리, 이웃, 사회계층 그리고 또래 집단

원위(distall, 멀다는 의미) 위험들이란 아동들에게 더 간접적으로 영향을 미치는 것을 말한다. 아동들의 정신병리에서 원위 위험은 부모의 정신병리와 빈곤이다. 스칸디나비아인 80만 명을 최대 28년간 추적한 코호트 연구에서는 청소년기와 초기 성인기의 정신장애 발병을 검사했다(Dean, Stevens, Mortensen, Murray, Walsh, & Pedersen, 2010). 부모가 정신증(psychosis)과 같은 심각한 정신질환을 가지고 있으면, 아동들은 모든 종류의 정신병리를 발달시킬 위험이 높다. 만일 양쪽 부모가 모두 심각한 정신질환(이 연구에서는 정신증)을 가지고 있으면 이러한 영향은 극대화된다. 이러한 경우에는 건강한 부모의 자손에 비해서, 그런 자손들에게 조현병이 발병할 확률은 13배 높으며, 물질 남용의 경우에는 8배, 어떤 형태이든 정신과적 장애를 보일 확률은 3배가 된다. 그런데 만일 부모가 정신증은 아니더라도 어떤 형태의 정신장애를 가지고 있을 경우에도, 그 자손의 정신병리 위험은 증가하였다.

전체 인구에서 우울증은 조현병보다 훨씬 흔하므로, 아동들의 정신장애가 어디서 영향을 받는지에 대한 대부분의 연구는 엄마의 우울증 연구에서 나왔다. 최근에 수행된 193개 연구에 대한 메타분석을 보면, 엄마의 우울증은 1~82개월 된 아동들의 내면화·외현화 정신병리와 연관이 있다. 효과크기는 작았는데, 엄마의 우울증이 그 연구들의 분산에서 1~6%만 설명해 주었다(Goodman, Rouse, Connell, Broth, Hall, & Heyward, 2010). 이 영향의 일부분은 부모의 행동에 의해서 설명된다(Lim, Wood, Miller, & Heyward, 2010). 왜냐하면 우울한 부모는 더 엄격하고 무감각하기 쉽기 때문이다(Elgar, McGrath, Waschbusch, Stewart, & Curtis, 2004). 이전에 논의한 유전적 위험도 이런 관련성에서 중요한 메커니즘이다.

아동들의 이웃과 사회적 관계 또한 정서적 문제에 영향을 미친다는 증거가 있다. 사회적 조직화의 기치 아래에 두 가지 중요한 사회적 과정이 있다(Silk, Sessa, Morris, Steinberg, & Avenevoli, 2004). ① 사회적 통제(social control)로, 젊은이들이 집합적 사회에서 감시를 받는 정도를 말한다. ② 사회적 응집력(social cohesion)으로, 상호신뢰와 공유된 가치를 말한다. 이 과정들은 집합적 효율성(collective efficacy)이라는 개념을 구성하는데(Sampson, Raudenbush, & Earls, 1997 참조), 이것은 지역사회가 아동의 행위에 영향을 미치는 정도라고 생각할 수 있다. 집합적 효율성은 청소년들의 친사회적 행동 수준에 긍정적 영향을 미치는데, 비행을 저지르지 않는 친구를 사귀고 행동 문제를 일으킬 위험을 감소시킨다(Elliott, Wilson, Huizinga, Sampson, Elliot, & Rankin, 1996). Aneshensel과 Sucoff(1996)는 사회적 응집성과 청소년의 정신병리 사이의 관계를 연구해서, 지역사회의 사람들이 서로 친근한 것이 청소년 우울증이 낮게 나타나는 것을 예측해 준다고 했다. 이 연구에서 사회적 응집성과 적대적 반항장애(oppositional defiant disorder) 및 불안장애는 역상관을 보였다. Xue, Leventhal, Brooks-Gunn, Earls(2005)는 사회적 응집성과 사회적 통제가 아동들의 더 긍정적 정신건강과 연관되어 있으며, 사회적 불리(social disadvantage) 정도를 통제했을 때에도 그런 결과가 나온다는 것을 보여 주었다.

비록 이웃의 효율성이 원위 위험 중에 하나이지만, 그것은 더 근위적 영향인 양육행동과 가정 환경에서 오는 자극의 양에 영향을 미친다(예: Klebanov, Brooks-Gunn, Chase-Lansdale, & Gordon, 1997). 다시 말하자면, 사회 조직적 시설이나 제도들이 이웃의 역할 모델을 제공하거나, 지역사회 내에서 부모와 아동들 사이의 관계를 증진시키거나, 동네 공원이나 도서관에서 사회적 관계를 가질 수 있는 기회를 제공해서 부모들을 사회화시키는 기능을 할 수 있다(Kohen, Leventhal, Dahinten, & McIntosh, 2008). Kohen과 동료들(2008)이 만든 모델은 원위 환경적 절차들을 아동들의 양육 결과와 연관시키고 있다. 이 모델은 빈곤과 같은 구조적 불리함이 이웃 간의 낮은 사회적 응집성을 일으키는 메커니즘이라는 것을 지지한다. 다시 말하면, 그것은 낮은 응집성이 빈약한 가족기능과 부모의 더 큰 정서적 스트레스와 연관된다는 말이다. 그러면 이러한 변수들이 일관성 없고 처벌 위주의 양육과 같은 근위적 영향을 증가시켜서 아동의 양육에 좋지 못한 결과를 낳는다. 최근의 한 연구는 부모 양육을 통제한 후에도, 아동의 양육 결과에 이웃의 직접적 영향이 있다는 증거를 제시하고 있다(Wade et al., 2011). 부모를 넘어서, 이웃에 사는 성인들이 아동의 사회화에 중요한 역할을 하는 사람일 가능성이 있다.

빈곤을 포함한 사회경제적 조건들이 아동들과 성인들의 정신건강과 신체건강의 가장 중요한 예측자라는 것은 잘 확인된 사실이다(Shokonoff, Boyce, & McEwen, 2009). 2,800명의 아동을 대상으로 한 연구를 보면, 지속적인 식량 불안정을 겪고 있는 아동들은 그렇지 않은 아동들에 비해서 외현화 문제를 가지고 있을 가능성이 두 배나 되었다(Slopen, Fitzmaurice, Williams, & Gilman, 2008). 연구자들은 사회경제적 지위(사회계층)가 세 가지 방식으로 발달에 영향을 미친다고 주장한다. 그것들은, ① 영양, 보건, 주거, 교육 등에서 자원(resources)의 불공평한 배분, ② 양육, 환경적 위해요인, 삶의 고난, 폭력, 이웃의 문제에서 초래되는 스트레스 반응(stress reactions), ③ 흡연, 음주, 불법적 물질 남용 등의 건강 문제들이다(Bradley & Corwyn, 2002). 빈약한 자녀 양육이 가져오는 생리적 결과들에 대한 이해가 증가함으로써(예: Bagot & Meaney, 2010), 현재 연구자들은 생물학적 스트레스 반응들이 정서 기반 장애들과 사회경제적 조건들에 대한 가장 중요한 연결 고리라고 제안한다(Repetti, Taylor, & Seeman, 2002).

하지만 사회경제적 조건들의 결과가 절대적 소득 수준에 관한 것만은 아니다. 그것은 또한 사회적 불평등에 관한 것이다. Wilkinson과 Pickett(2009)는 특정 국가나 사회의 소득 상위 20%와 하위 20%의 비율을 가지고 불평등 지수를 만들었다(예를 들면, 미국은 상위 20%가 하위 20%보다 8.5배 더 부유한 데 비해서 일본의 경우는 단지 3.4배 더 부유하다). 이런 불평등은 한 사회 내에서 건강 문제의 비율과 관련되어 있다. 똑같은 형태가 수많은 사회적 이슈에서도 관찰되는데, 그런 것에는 영아 사망, 심장 질환, 살인, 정신질환, 신뢰 등이 있다.

국제연합아동기금(United Nations Children's Fund: UNICEF)은 주관적 웰빙, 물질적 웰빙, 건

강과 안전, 가족관계와 또래관계, 행동, 위험들에 기반한 복합 웰빙 지표를 개발하였다. 여기서 여러 선진국의 소득 불평등 수준들과 이 지표상에 나타나는 점수들을 비교하면, 굉장히 놀라운 관계성을 볼 수 있다.

일반적으로 선진국에서는 개인의 소득이 평등할수록, UNICEF 지표에 따른 아동의 웰빙이 더 높다. 그것에 따르면 핀란드, 노르웨이, 스웨덴, 덴마크와 같이 소득 수준이 더욱 동등한 나라들이 가장 높은 수준의 아동 웰빙을 나타낸다. 예외도 있는데, 예를 들면 일본은 소득 수준에서 가장 높은 나라에 속하지만, 아동의 웰빙에서는 중간 수준인 반면에, 네덜란드는 스칸디나비아 국가들에 비해서 소득 수준이 약간 불평등하지만 아동 웰빙 지표에서는 가장 높은 점수를 얻었다. 다시 한번 일반적으로 이야기하면, 그 지표상의 정반대편에는 미국과 영국을 포함한 소득 수준이 가장 불평등한 몇몇 나라가 있으며, 이 나라들은 아동 웰빙에서도 가장 낮은 수준을 보였다. 하지만 그 일반적 법칙에도 한두 가지의 예외는 있다. 예를 들면, 포르투갈은 소득 불평등이 가장 높은 국가에 속하지만, 아동 웰빙은 중간 수준에 해당한다. 또 일반적으로 보자면 소득 불평등과 아동 웰빙이 중간 수준에 속하는 나라들에는 캐나다, 프랑스, 독일이 있다.

선진국에서 소득 불평등과 아동의 웰빙 지표 사이의 이런 강한 관계성과 엄정하게 비교되지만, 여러 나라에서 평균 소득과 아동의 웰빙은 일률적 관계성이 없다. 노르웨이와 미국은 1인당 소득 수준이 가장 높은 나라에 속하지만, 아동 웰빙의 차원에서 보자면 노르웨이가 미국보다 훨씬 높다. 스페인과 뉴질랜드는 1인당 소득 수준에서 낮은 쪽에 속하지만, 그 나라 국민들이 유사한 평균 소득을 올리는 데 비해서, 스페인의 아동 웰빙 지표가 뉴질랜드보다 훨씬 높다.

열악한 사회경제적 조건은 양육 문제들을 증가시킨다고 알려져 있다. 양육은 힘든 일이며, 부모가 아동들을 충분히 먹이고 입히지 못하는 것과 같이 기본적 생활을 걱정하게 되거나, 또는 부모들이 그들의 지역사회에서 불이익을 당하고 있다고 느끼면 그들의 아동들과 최상의 관계를 형성할 정서적 자원을 갖지 못한다(Duncan, Ziol-Guest, & Kalil, 2010; Jenkins et al., 2003; Macmillan et al., 2004). 밀워키의 새희망(New Hope) 프로젝트는 매우 가난한 동네에 사는 일하는 부모들이 참여한 실험이었다(Huston, Gupta, Bentley, Dowsett, Ware, & Epps, 2008). 그 부모들은 개입집단과 통제집단에 무선 할당되었다. 개입집단은 아동이 13세 이하인 경우에 임금 보조금과 아동 돌봄 보조금을 받았다. 그 보조금은 아동 돌봄에 사용할 수 있었고 건강보험 보조를 받았다. 2년 후에 개입 가족들과 통제 가족들을 추적 조사하였다. 그 개입의 결과로 소년들은 외현화 문제들과 학업 성취도, 사회기술에서 큰 보호효과가 있었다(소녀들의 경우에는 그렇게 확연한 증거는 보이지 않았다).

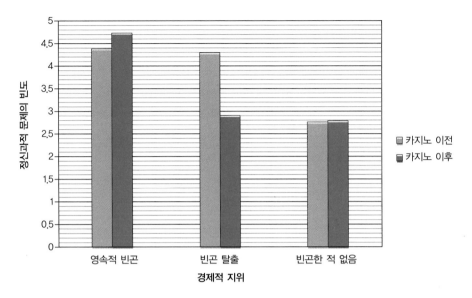

[그림 12-10] 카지노가 생기기 전과 후에 아동들이 나타낸 정신과적 문제의 빈도. 가족들을 영속적 빈곤 가족, 빈
곤을 탈출한 가족, 빈곤한 적이 없던 가족으로 분류함

출처: Costello et al. (2003b)에서 발췌.

  현장실험 연구 역시 유사한 결과를 보인다. 토착민 보호 지역에서 한 종단연구가 진행되는
동안 카지노가 개설되었다. 가족들이 더 이상 빈곤하게 살지 않아도 되었을 때 그들의 양육은
향상되었고, 그 결과로 아이들의 행동도 향상되었다. 이 결과가 [그림 12-10]에 나와 있다.
부모들이 재정적 걱정을 덜면서 아이들과 더 좋은 관계를 발전시킬 수 있었으며, 이것은 아이
들이 정신병리가 생길 가능성을 줄여 주었다(Costello, Compton, Keeler, & Angold, 2003).
  우리는 주변에 있는 사람들의 행동에 영향을 받는다. 그러므로 청소년들은 또래 집단이 흡
연, 음주, 비행을 통상적으로 저지르면, 그런 행동에 동참할 가능성이 높다는 것이 알려져 있
다(Dishion & Tipsord, 2011). 공격적 또래 집단이 취학 전 아동의 공격성에 영향을 준다는 것
(Howes, 2000), 그리고 학교에 다니는 아동들에게도 영향을 준다는 것(Kellam & Hendricks-
Brown, 1998)은 잘 알려져 있다. 이것은 사회집단의 구성(the composition)효과이다. 그러한 영
향은 아동의 우울과 불안에서 발견되며(Schaefer, Kornienko, & Fox, 2011) 비만에서도 발견되
는데, 사람들의 체중은 친한 친척과 친구들의 체중 증가에 따라 증가하며(Christakis & Fowler,
2007), 아동들의 초기 언어에서도 발견된다(Justice, Petscher, Schatschneider, & Mashburn, 2011).
그래서 우리가 정서 기반 장애들의 발달을 생각할 때, 바로 옆에 있는 영향만 생각할 것이 아
니라 아동들의 주변에 있는 성인들과 또래들의 영향도 생각할 필요가 있다.

정신장애의 궤적

정신장애는 얼마나 오랫동안 지속되는가? 우리는 정서를 사건에 대한 단기적 반응이라고 생각한다. 하지만 정신병리학을 보면 정서 그 자체는 단기적일지 몰라도 정서반응의 형태는 몇 개월이나 몇 년 동안 또는 일생에 걸쳐서 일어난다. 기저에 깔려 있는 감정적 편향(affective biases)의 안정성은 기질이나 성격의 안정성과 똑같은 방식으로 일어난다. 그 결과로, 우리는 아동의 외현화 장애와 내면화 장애에서 강력한 지속성을 볼 수 있다. 그것은 나중에 정신병리가 생길 위험을 가지고 있다. 그런 지속성(continuity)이 명확하지만, 또한 단절(discontinuity)도 있다. 그런 단절 중에서 예를 들자면, 어떤 아동들은 어릴 때 공격성의 기미를 보이지만, 성숙해지면서 공격적이 되지 않는 경우도 있다. 유사하게, 어떤 아동들은 어릴 때 슬퍼하고 불안해하지만 어른이 되어서 그런 문제가 지속되지 않는 경우도 있다. 이후 정신병리학의 지속성과 단절을 살펴보고, 그런 변화가 생기는 이유를 검토해 보겠다.

외현화 문제의 궤적

정신병리 패턴에 단절이 있기는 하지만, 장애의 초기 표지자들은 거의 예외 없이 나중의 발병을 예언할 수 있는 강력한 위험요인이라는 것을 기억하는 것이 중요하다(Ferdinand, Dieleman, Ormel, & Verhulst, 2007; Luby, Xuemei, Belden, Tandon, & Spitznagel, 2009). 성인기에 진단된 장애들의 절반이 청소년기에 시작된 것이다(Belfer, 2007).

품행 문제들에 발달적 궤적의 속성이 있다는 것에 대한 강력한 의견의 일치가 있다(Broidy et al., 2003; Colman, et al., 2009; Fergusson & Horwood, 2002; Nagin & Tremblay, 1999; Odgers et al., 2008; Schaeffer, Petras, Ialongo, Poduska, & Kellam, 2003; Shaw, Gilliom, Ingoldsby, & Nagin, 2003). 여러 연구는 품행 문제가 심한 아동 집단이 성인기가 될 때까지 그 문제의 발달이 지속된다는 것을 발견했다. 이러한 지속 집단은 일반적으로 전체의 10% 미만이지만 굉장히 심각한 문제 집단인데, 폭력 범죄의 상당히 큰 부분을 차지하기 때문이다(Colman, Ploubidis, Wadsworth, Jones, & Croudace, 2007; Farrington & Welsh, 2007; Huesmann, Dubow, & Boxer, 2009; Loeber & Farrington, 2000; Moffitt, 1993). 또 다른 아동 집단은 아동기 초기 또는 중기에 높은 공격성이나 약간 높은 공격성을 보이더라도, 성숙해 감에 따라 품행 문제들이 감소한다. 연구에 따라 표본 연령에 따른 집단의 크기에 변산이 있다. 또 다른 아동 집단은 품행 문제가 지속적으로 낮았다. 네 번째 형태는 추적기간에 청소년기와 초기 성인기를 포함시키면 명확해진다. 이 집단의 아동들은 '청소년기에 국한됨'이라고 분류되는데, 그들은 청소년기에 품행

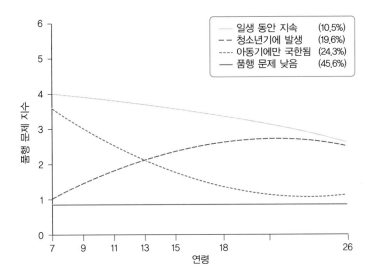

[그림 12-11]   아동기와 초기 성인기에 걸친 품행 문제. 약 10%는 일생에 걸친 지속적 품행 문제를 가지고 있다.

출처: Odgers et al. (2008).

문제들을 보이지만 이러한 문제들이 지속적으로 높은 품행 문제를 보이는 아동들처럼 심각하지는 않다. 그들의 품행 문제는 성인기에 들어가면 감소되기는 하지만 완전히 없어지는 것은 아니다(Moffitt, Caspi, Harrington, & Milne, 2002).

[그림 12-11]에서는 품행 문제들의 궤적을 보여 주고 있다. 품행 문제들을 가장 높게 겪는 사람들은 고지속성 집단에 속한 사람들이다. 이 집단은 초기 정서에서 다른 집단들의 궤적과 차별화를 보인다. Terrie Moffit과 동료들(2002)이 보여 주듯이, 이 집단에 속하는 사람들은 더 부정적 감정을 나타내었으며, 더 큰 주산기 위험(perinatal risk)에 처했을 수 있으며, 더 많은 신경 발달적 문제와 더 힘든 가족 문제 그리고 더 열악한 가족 내 관계를 많이 가지고 있었다. Shaw, Lacourse, Nagin(2005)은 이런 많은 요인의 영향을 확인하였으며, 또한 이 집단에 속한 사람들이 아동기에 공포를 덜 나타냈다는 것을 보여 주었다. 청소년기에 남성들은 그들의 배경에서 더 적은 위험들을 경험했다. 그들의 비행은 탈선한 또래들과 관계를 맺음으로써 대부분 발생한 것으로 보인다(Moffit et al., 2002).

내면화 문제의 궤적

일반적으로 내면화 장애들의 지속성은 외현화 문제들의 지속성보다 현저하게 드러나지 않는다(Esser, 1990; Offord et al., 1992). 최초 면담에서 내면화 장애를 가지고 있다고 진단된 아동들의 70~75%를 추적해 보면 장애에서 벗어나 있다(Offord et al., 1992). 외현화 장애와 유
사하게, 아동기와 성인기에 들어서까지 높은 내면화 장애가 지속되는 아동 집단이 있다. 외현
화 문제들과 비교하면, 내면화 문제들은 더 일화적 성격을 띠는데, 어떤 아동들은 그 문제들
이 사라졌다가 다시 나타나곤 한다. 이것은 Sterba, Prinstein, Cox(2007)의 연구 결과에서 명
확하게 나타난다. 그들은 2~11세에서 불안의 지속성을 검사했다. 약 3분의 2의 아동들은 전
체 추적기간 동안에 불안증을 보이지 않았다. 나머지 3분의 1은 지속적으로 불안이 높은 집단
과 2~6세에 불안 감소를 보이지만 6~11세에 다시 불안 증가를 보이는 집단으로 나뉘었다.
이렇게 변동이 있는 집단을 보면 어떤 아동들은 취약하기는 하지만 불안을 덜 일으키는 시기
가 있다는 것을 알 수 있다.

　아동기에서 성인기로 가는 동안에 내면화 문제에 어떤 일이 일어나는 것일까? Colman,
Ploubidis, Wadsworth, Jones, Croudace(2007)는 4,627명을 13세, 15세, 36세, 43세, 53세가
되었을 때 면담했다. 그 결과가 [그림 12-12]에 나와 있다.

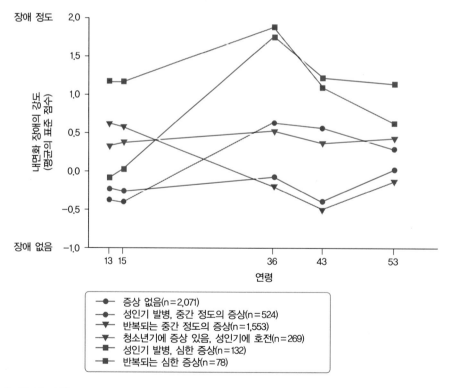

[그림 12-12] 다양한 수준의 증상을 가진 집단들에서 연령에 따른 내면화 장애의 일생에 걸친 궤적

출처: Colman et al. (2007).

이 그림에서 어떤 아동들은 아동기에 심한 문제 또는 중간 정도의 문제를 경험하고, 이런 장애가 성인기까지 지속되는 것을 볼 수 있다. 약 14%의 아동들이 청소년기에 상당한 문제들을 가지고 있지만 성인기가 되면 이런 문제들이 사라진다. 일반적으로 말해서, 출생 시 체중이 높은 것이 내면화 문제가 적은 것과 연관되며, 운동 발달의 지체는 더욱 심한 내면화 문제들과 연관되었다. 이 결과들은 신경 발달이 내면화 문제의 지속성에 영향을 미친다는 것을 시사한다.

요약하면, 어떤 아동들은 생의 초기에 여러 가지 문제를 보이는데, 이 문제들 중에 많은 부분이 청소년기와 성인기까지 지속된다. 다른 아동들에서는 초기의 문제들이 시간이 지나면서 감소하고, 때로는 초기에 문제를 거의 보이지 않았던 아동들이 이후 삶에서 지속적으로 문제들이 증가하기도 한다. 하지만 대부분의 아동은 계속 낮은 문제를 보인다. 어떤 진행 과정을 거치든지 간에, 이러한 발달 궤적에 기여하는 다양한 개인적 · 심리생물학적 · 배경적 요인들이 있다.

치료와 예방

아동과 청소년의 질환들을 경감시키기 위한 광범위한 임상치료 분야가 있다(Carr, 1999; Kazdin, 2004; Ollendick, 2004; Rutter & Taylor, 2002). 성인들을 위한 많은 종류의 치료가 있는데, 그러한 것들에는 행동치료, 인지행동치료, 정신분석치료(제14장에서 논의함) 등이 있다. 이러한 치료들은 또한 아동과 청소년에게도 사용된다. 그럼에도 불구하고 아동에게 특화된 질환의 예방과 치료에 대한 중요한 사안들이 있다.

아동기 외현화 문제와 내면화 문제를 위한 치료의 종류

아마도 아동의 치료에서 가장 중요한 차이는 그 아동의 관계를 치료하는 데 강조점을 두어야 한다는 것이다. 거기에는 가족관계가 가장 자주 등장할 뿐 아니라(Carr, 2009 참조), 학교에서의 개입도 아동의 정신병리를 감소시키는 데 효과적이라는 것이 밝혀져 있다(Polirstok & Gottlieb, 2006). 가족치료의 한 가지 형태인 부모관리 훈련(parent management training)은 부모를 참여시키는 것이다. 이 치료적 접근의 기본적 이론은 아동의 품행 문제가 부모-아동의 비적응적 관계의 결과라는 것이다. Patterson, Reid, Dishion(1992)은 반사회적 행동이 가족 내에서 시작되는데, 아동들의 공격적 행동과 반사회적 행동이 강화를 받고 부모의 적대적이고 강압적인 양육방식이 강화를 받을 때 일어난다는 것을 보여 주었다. 부모관리 훈련에서는 문제행동들을 지속적으로 확인하고, 감독하고, 처벌하며, 아이들의 친사회적 행동은 강화하도록 부모들에게 더 효과적인 양육방식을 가르친다. 교훈적 지도를 하거나 실제 또는 비디오 사례를 보고 따라 하도록 하고 역할극을 하도록 해서, 부모들이 명령을 올바로 사용하는 것, 행동에 따라 강화를 주는 것, 차별적 주의 주기, 타임아웃 기법을 배우도록 한다(McMahon & Forehand, 2003).

내면화 장애와 외현화 장애 모두에 적용되는 두 번째 치료방법은 인지행동치료(Cognitive Behavior Therapy: CBT)이다. 이 치료는 아동의 인지 왜곡, 정서 조절, 사회적 문제해결에 초점을 맞춘다(예: Webster-Stratton, Reid, & Hammond, 2001a, 2001b). 공격적 아동들이 보이는 인지 왜곡의 한 가지 예를 들어 보면, 한 아이가 복도에서 다른 아이와 부딪혔을 때 실제로 그것은 실수로 그렇게 된 것인데도 그 아이의 행동을 적대적이고 악의적인 것으로 간주하는 것이다. 인지행동치료가 우울증에서 부정적 평가 편향을 변화시키고(Kaufman, Rohde, Seeley, Clarke, & Stice, 2005), 반사회적 행동의 적대적 평가 편향을 변화시켜서(Lochman & Wells, 2002) 심리적 적응을 향상시킨다는 증거가 있다. 이런 종류의 치료는 가족치료 배경에서도 사용될 수 있어서(Carr, 2009), 인지적 재구성을 통해서 아동의 행동에 직접적으로 영향을 줄 수도 있고, 가족 관계를 향상시켜서 간접적으로 영향을 줄 수도 있다.

부모관리 훈련은 부모 중심 치료 접근인 반면에, 인지행동치료는 가족 또는 아동 중심 치료 접근이다. 하지만 우리가 위험요인들이라고 언급한 것들을 고려할 때, 다중체계치료(multisystemic treatment)를 해야 한다. 이것은 생태학적 체계에 근거를 둔 치료인데, 장애는 아동이 처한 다층적 환경에서 영향을 받는다고 생각한다. 그런 환경에는 아동의 가족, 이웃, 또래, 학교가 포함된다(Henggeler, Schoenwald, Borduin, Rowland, & Cunningham, 1998). 인지 왜곡, 좋지 못한 양육, 열악한 교사의 관리기술과 같은 여러 요인이 복합적으로 작용해서 문제행동을 일으킬 수 있다. 예를 들어, 품행장애의 치료를 생각해 보자. 다양한 치료 접근의 요소들을 결합해서 다중요소 개입을 할 수 있는데, 그런 것들에는 부모의 감독방식을 향상시키는 것, 아동의 기술 발달, 비행을 저지르는 또래들로부터 아이들을 떼어 놓는 것, 교실관리를 향상시키기 위해서 교사들을 훈련/상담하는 것, 가족을 위한 지지 네트워크를 만드는 것 등이 있다.

일반적으로 아동기의 정서 기반 장애들을 경감시키는 데 심리치료가 효과가 있다는 증거가 있다. 그러한 증거들은 대부분 무선 실험(randomized experiment)들에서 나왔는데, 그 결과가 [그림 12-13]에 요약되어 있다. 여러 자료로부터 모은 다양한 치료법의 효과크기를 볼 수 있다. 모든 치료법이 각 개인들에게 똑같은 효과를 주는 것은 아니라는 것을 알아야 한다. 예를

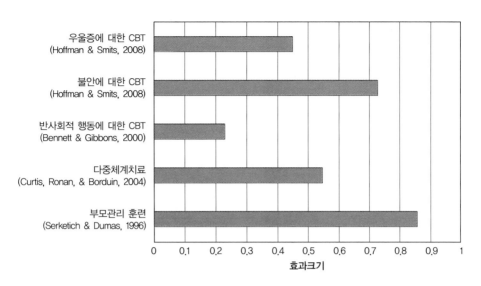

[그림 12-13] 여러 종류의 심리치료의 효과크기

들면, 품행장애의 경우에는 나이가 어릴수록 효과가 더 좋다. 아이들이 나이가 들면, 품행 문제는 고치기 훨씬 어렵고 비용도 훨씬 많이 든다.

예방과 치료 개입에 대한 목표설정 접근과 보편적 접근

치료에 있어서 두 번째 중요한 주제는 목표설정 접근(targeted approach)을 해야 하는지 보편적 접근(universal approach)을 해야 하는지에 관한 것이다. 이전에 논의한 치료들은 목표설정적인 것으로 이해할 수 있는데, 그런 접근들이 전체 집단 안에서 부정적 발달을 보일 위험이 높은 특정 하위 집단에 속한 개인들을 도와주는 것을 목적으로 하기 때문이다. 대부분의 치료 개입은 목표설정 접근의 변형인데, 치료를 받는 아이를 둔 부모들은 현재 정서적·심리적 스트레스를 주는 특정한 개인적 문제에 대해서 도움을 받고자 하는 경향이 있기 때문이다. 그 대신에 보편적 개입은 선제적 전략의 성질을 가지는데, 전체 집단이나 지역사회가 아동에게 일어날 좋지 못한 결과를 예방하는 목적으로 사용한다. 두 가지 접근법 모두 장점과 단점이 있다. 보편적 개입은 나쁜 결과가 사회적 뿌리를 가지고 있는 경우에 실시하면 이득이 있는데, 그 이득은 전체 집단 또는 지역사회에 잠재적으로 큰 도움이 되며, 일상의 사회적 활동에 통합될 수 있다. 하지만 보편적 프로그램들은 특별히 취약한 개인에게는 별로 이득을 주지 못하며, 그런 서비스가 필요 없는 사람들도 서비스를 받기 때문에 필요 이상으로 지출이 심하다는 반론이 있다. 또한 보편적 프로그램들은 지역사회를 끌어들이지 못할 수 있는데, 임상가들과 일선 서비스 제공자들이 가시적 증진을 발견하지 못해서 매력을 덜 느낄 수 있다. 목표 설정 접근은 개입들을 각 개인의 요구에 맞출 수 있다는 점에서 유리함이 있다. 각 개인과 임상가는 동기가 높아지고, 명확한 치료 이득을 얻을 수 있으며, 자원의 이용을 비용-효과 측면에서 효율적으로 관리할 수 있다. 하지만 목표설정 프로그램은 비용이 많이 드는 검사 단계가 있어야 하고, 문제를 가지고 있는 모든 사람에게 접근하기가 용이하지 않다.

개별 정서: 약자 괴롭힘

약자 괴롭힘(bullying)은 그렇게 잘 정의된 정서가 아니지만, 그 행위는 확실히 정서적이다. 그것은 사회적 계급이 낮아서 힘이 약한 자를 희생양으로 삼고 모욕을 주는 것이다. 흔히 약자 괴롭힘에는 신체적 공격과 난폭한 행위, 아이들을 꼼짝 못하도록 짓밟는 것 등이 포함된다. Dan Olweus와 동료들은 노르웨이의 베르겐에서 약자 괴롭힘을 방지하는 중요한 프로그램을 실시했는데(예: Olweus, 1993; Olweus, Limber, & Mihalic, 1999), 다른 유럽 국가들과 북아메리카에서도 이 프로그램을 받아들였다.

학교 운동장에서 몰래 비디오를 촬영한 O'Connell, Pepler, Craig(1999)의 연구에서, 약자 괴롭힘을 본 청소년들 중에서 54%는 그냥 방관함으로써 그 행위를 지지하였고, 21%는 괴롭히는 측에 동조하였다. 단지 25%만이 피해자를 도와주었다. 약자 괴롭힘은 반사회적 행위자들에게 흔한 일이다. 24세가 될 때, 이전에 약자를 괴롭히던 아이들의 35~40%가 3회 이상의 유죄 선고를 받았다(이전에 그런 행동을 하지 않았던 경우에는 10% 정도였다).

어느 때인가 Olweus는 약자 괴롭힘을 방지하는 것이 민주주의의 중요한 요소라고 말했다. 약자 괴롭힘 방지 프로그램에는 학교의 성인 구성원 대부분도 포함되는데, 그들도 열성적으로 참여하게 된다. 이 프로그램에서는 성인들에게 아이들에게 따뜻하게 대해 주지만, 용인할 수 없는 행동에 대해서는 엄격한 한계를 정하고, 규칙을 위반하면 비폭력적인 대응을 하도록 하고, 권위를 가지고 긍정적 역할 모델을 보이라고 요청하였다. 그 학교의 아이들에게는 약자 괴롭힘을 보면 묵인하지 말고 어른들에게 신고하도록 가르쳤다. 우리가 제3장과 제9장에서 사회적 동기에 관해 논의했듯이, 약자를 괴롭히는 아이들은 그들의 심리적 목적을 달성하기 위해서 권리주장을 하는 반면에, 성인들은 비폭력적 방법으로 자기주장을 할 수 있으며, 동시에 안전의 애착 목표를 증대하고 공정성을 증진시키기 위해서 따뜻함과 유머를 가지고 행동한다. 베르겐에서, 이 프로그램은 약자 괴롭힘을 50%나 줄였으며, 다른 곳에서는 그보다는 약간 덜 줄였다.

네덜란드에서 Camodeca와 Goossens(2005)는 자기 또래들로부터 약자를 괴롭힌다고 지목된 아이들, 그런 아이들에 동조하는 아이들, 피해자들, 피해자를 방어해 주는 아이들, 방관하는 아이들을 연구했다. 이러한 아이들을 그들의 정서적 삶의 관점에서 평가했다. 약자를 괴롭히는 아이들과 피해를 입는 아이들 모두 다른 아이들보다 분노와 적대적 해석에서 높은 점수를 보였다. 하지만 적극적 공격성은 괴롭히는 아이들에게서만 공통적으로 보였다. 피해를 입는 아이들은 가장 슬픈 집단이었다.

어떤 접근이 가장 효과적일까? 십중팔구는 목표설정 프로그램과 보편적 프로그램을 조합한 것이 가장 긍정적이고 광범위한 효과를 나을 것이다. 이러한 종류의 프로그램의 한 가지 예는 Matt Sanders와 동료들이 개발한 3P(Triple-P: Positive Parenting Program)이다(Sanders, 1999). 이

프로그램은 전체 지역사회에 걸쳐서 아동의 행동적 문제와 정서적 문제들을 감소시키기 위해서 대규모로 시행된 향상된 양육 실습이었다. 이 3P 모델하에서, 보편적 접근과 목표설정 접근이 통합되어서 부모들에게 필요한 최소충분 수준(minimally sufficient level)의 지원이 이루어졌다. 3P에서는 단계별로 강도와 구체성이 증가하는 개입이 제공된다. 수준 1은 가장 광범위한 수준인데, 양육에 대한 정보가 인쇄물과 전자매체를 통해서 전체 집단에게 적극적으로 제공된다. 이러한 전략에는 양육 정보지(parenting tip-sheets)의 배포, 흔한 아동기 문제들에 대한 설명, 부모들이 추가적 도움을 얻을 수 있는 곳에 대한 정보가 포함된다. 그것은 '나쁜 부모'를 대상으로 하는 것이 아니라 부모들이 그들 자신과 아동들에게 도움이 되는 단계들을 밟아 나갈 수 있도록 자율권을 주는 정보를 제공하는 것이다. 이 시스템은 강도가 수준 5까지 증가한다. 이 수준은 위험에 처한 아동들이 가지고 있는 문제들을 다루는 특정 기술들을 훈련시킬 뿐만 아니라 관계 갈등, 부모의 정신병리와 같은 가족 수준의 스트레스 인자들을 다루는 부모들을 돕기 위한 지원도 제공한다. 지금까지 3P를 평가하기 위한 약 50개의 무선통제 실험과 12개의 단일 사례연구, 28개의 유효성 연구, 4개의 메타분석이 이루어졌다. 이 프로그램은 임상적으로 증가된 아동들의 행동적 문제와 정서적 문제의 수를 줄이는 데 효과적일 뿐만 아니라 양육을 향상시키는 데도 효과적이었다(Sanders et al., 2008).

아동과 청소년들에서 주된 문제는 예방이다. 예방 아이디어는 좋지만 그 성과는 그다지 크지 못했다. Rutter(2002)가 지적했듯이, 지난 50년 동안 아동들의 신체적 건강은 괄목할 만큼 향상되었다. 그러나 그와 동일한 기간 동안 아동들의 사회정서적 건강은 그만큼 향상되지 못했다. 사실상 그 기간 동안에 아동의 정신병리는 실제로 악화되었다는 지표들이 있다. 예방은 대단히 중요한데, 정신질환 때문에 삶의 고통을 당할 뿐만 아니라 사회에 대한 경제적 비용도 크기 때문이다. 이런 사실을 생각해 보자. 2003년 중반에 미국의 교도소에 216만 6,260명이 수감되었는데, 매년 각 수감자당 평균 2만 1,400달러의 비용이 든다(Bruner, 2003). 총액을 계산해 보면 매년 460억 달러 이상을 지출하고 있지만, 이렇게 증가하는 수감률이 범죄율을 감소시킨다는 어떤 증거도 없다. 그런데 그런 비용 중에서 일부분을 외현화 장애의 위험들을 경감시키는 데 사용하면 어떨까? 그렇게 하면 투옥과 갱생에 관련된 비용을 줄일 수 있을 뿐만 아니라 정서적 스트레스를 일으키는 질환의 발생률을 줄여서 결과적으로 지역사회의 웰빙을 향상시킬 것이다.

출생 이전에 예방 프로그램을 시작하고, 이후에 자격을 갖춘 간호사들이 계속해서 그 일을 하게 되면 아동에게 나중에 일어나게 되는 정신병리를 감소시키는 데 가장 효과적이라는 것이 잘 알려져 있다(Olds, Sadler, & Kitzman, 2007). Olds와 동료들(1998)은 위험에 처한 가족들에게 수행한 무선통제 실험을 15년 동안 추적한 연구를 보고했다. 이 연구에서 아이를 임신하고 있는 엄마들을 간호사가 평균 9회 방문하였고, 출생 후 1년 동안 평균 23회 방문하였다. 이런 식으로 방문한 엄마들의 아이가 15세가 되었을 때 자기보고, 교사의 보고, 범죄 기록을 근거로 살펴보면, 통제 가족의 아이들과 비교해서 외현화 행동들과 반사회적 행동들이 더 적었다. Olds, Sadler, Kitzman(2007)은 아동기 문제들을 치료하고 예방하는 데 부모 기반 개입(parent-based intervention)의 중요성과 효과성을 보여 주었다.

요약

아동기와 청소년기의 정서 기반 장애들은 복잡하다. 정서가 그런 장애들에 여러 가지 방식으로 연루되는데, 그런 것에는 단일 정서체계의 지배, 부적절한 정서표현, 정서조절장애, 유해한 환경에 대한 정서적 적응 등이 포함된다. 이러한 형태들은 부적절한 정서표현, 외현화 장애의 경우에 보이는 외향적 투사행위, 내면화 장애의 경우에 보이는 내향적 문제 등으로 나타난다. 아동 내에서 그리고 그 아동의 배경에서 다중 수준으로 조직화되어 작동하는 위험요인들이 있다. 또한 사람과 환경 사이에 현재 진행되고 있는 상호교환도 있다. 아동기에 장애를 경험했던 아동들은 성인이 되어서 심리적 문제들을 겪을 가능성이 더 크고, 환경이 위험하면 장애가 계속될 가능성도 더 높다. 아동과 청소년 정신병리의 복잡한 속성에도 불구하고, 잘 확립된 개입 프로그램들이 있다. 이러한 노력들은 개인 내 과정뿐만 아니라 개인들과 그들의 환경 사이에 일어나는 부단한 동적 상호작용에 초점을 맞출 때 훨씬 더 성공적이다.

생각해 보고 논의할 점

1. 우리가 이 장의 첫 부분에서 외현화 문제를 보이는 Peter를 소개했는데, 그 아이를 도와주기 위해서는 어떤 종류의 예방책이 가장 효과적이라고 생각하는가?
2. 다른 사람들과 관계가 어떤 식으로 심리적 문제를 가지고 있는 아동들을 도와주는가?
3. 아동의 생물학적 과정이 어떤 식으로 정신건강 문제를 진전시키는가?
4. 왜 빈곤을 경험하면 아동들에게 정신건강 문제가 생기는가?

더 읽을거리

고아원과 입양의 영향에 대한 포괄적 개관

Maclen, K. (2003). The impact of institutionalization on child development. *Development and Psychopathology, 15*, 853-884.

인간 게놈 프로젝트에 근거한 아동 정서장애의 첫 번째 연구 중의 하나이며, 그 중요성이 계속 유지될 연구

Caspi, A., McClay, J., Moffitt, J. et al. (2002). Role of genotype in the cycle of violence in maltreated children. *Science, 297,* 851-854.

아동을 위한 경험적 근거를 가진 개입

Roth, A., Fonagy, P., Parry, G., Target, M., & Woods, R. (2005). *What works for whom? A critical review of psychotherapy research.* New York, NY: Guilford Press.

제 13장

성인의 정신장애와 웰빙

이 장은 Hannah Oatley와 함께 썼다.

사진 출처; Image Source/Alamy

[그림 13-0] 정신의학적 역학에서 나타난 놀라운 결과 중 하나는 우울증의 유병률이 여성이 남성보다 50% 더 높다는 것이다.

　　……인간의 비참함이 깨어나서…… 당신과 마주하고는 이제 자신의
자리를 달라고 요구하고 있다.

　　　　　　　　　　- Jean Jaurès (1897): Kleinman (1988), p. 53에서 재인용

절망적인 우울이나 사람을 무력하게 만드는 불안과 같은 극히 부정적인 정서가 많은 사람의 삶을 침범하고 있다. 그러한 상태들이 일상생활을 더 이상 잘 하지 못할 지경에 이르면 그것을 정서장애라고 한다. 이상심리학에 대해서 전체적으로 알아보려면 Kring, Johnson, Davison, Neale(2012)의 책을 살펴보고, 이 분야의 의학적 연구인 정신의학에 대해서 알아보려면 Gelder, Andreasen, Lopez-Ibor, Geddes(2009)의 책을 살펴보면 된다.

이 장에서 우리가 이야기할 때는 미국정신의학회(American Psychiatric Association: APA)의 『정신장애의 진단 및 통계 편람 제4판(DSM-IV-TR)』(2000)의 기준들을 일반적으로 사용한다. 다음 판인 DSM-5는 2013년에 출판될 예정이다(DSM-5는 이미 출판되었으며, 국내에서는 학지사에서 출간된 번역서도 있다.—역자 주). DSM-IV에 수록된 질환의 절반 이상이 현격한 정서적 요소를 가지고 있다. 이 장에서 우리는 가장 빈번하게 발병하는 두 가지 질환인 우울증과 불안장애에 대해 집중해서 살펴볼 것이다. 특히 정신병질(psychopathy)을 다루는 부분에서 정신질환들을 가지고 있는 환자들과 그들의 정서적 웰빙이 가족에 의해서 어떻게 정서적으로 영향을 받는지 살펴볼 것이다.

정신과적 장애: 증상과 유병률

우울(depression)은 때에 따라 정서장애 또는 기분장애로 불리는데, 강렬한 슬픔을 의미한다. 이런 종류의 절망감은 우리를 고통스럽게 하며 삶의 모든 의미를 고갈시킬 수 있다. 그러나 우울은 단지 슬픔이라고 정의 내릴 수는 없다. DSM-IV에 따르면 주요우울삽화는 최소 2주 이상 참을 수 없이 슬프거나 우울하거나 거의 모든 활동에서 즐거움을 느끼지 못하고, 수면장애, 행동의 둔화, 일상적인 활동에서의 에너지 부족, 집중력 부족, 무가치함 또는 죄책감, 자살에 대한 생각이나 계획 중 최소한 4개 이상이 동반될 때 진단된다. 주요우울장애는 정서장애 중에서 단일 진단 유병률이 가장 높다.

불안(anxiety)장애는 몇 가지 형태로 나타나는데, 주로 지속적인 통제 불가능한 불안감과 공포 대상에 대한 회피, 자신감의 결핍 등을 포함한다.

누군가가 신경쇠약으로 고통받고 있다면 이는 보통 주요우울삽화를 의미하며, 불안장애가 동반되는 경우와 그렇지 않은 경우로 나뉜다. 정서장애가 있는 경우, 한 개인의 감정은 정상인에 비해 훨씬 이해하기 어렵다.

정신의학적 역학

　정서장애는 얼마나 흔한가? 이 질문에 답하기 위해 우리는 제12장에서 다루었던 정신의학적 역학, 즉 질환이 발생하는 빈도를 연구하는 학문으로 되돌아갈 필요가 있다. 역학이란 사람이 얼마나 병들었는지에 대해 진단(diagnosis)을 내리기 위한 단서들을 발견해 내는 탐지활동이다.

　현대 의학의 성공은 항생제 등의 약물과, 멸균방법, 효과적인 마취제를 사용하는 수술기술의 발전을 통해 이루어진 것처럼 보인다. 그러나 전염병들은 이와 같은 혁신이 일어나기 이전에도 감소되었다. 사실상 일반적인 건강을 증진시킨 가장 중요한 발전은 사람들이 어떻게 병에 전염되는지에 대한 역학적 발견과 오염물의 제거 및 깨끗한 물의 공급을 통한 전염의 예방으로 이루어졌다(Cartwright, 1977). 이와 마찬가지로, 정신과에서도 약물의 발견이 중요하게 여겨져 왔으나 더욱더 중요한 것은 예방일 것이다(Dozois & Dobson, 2004, Muñoz, Mrazek, & Haggerty, 1995).

　정신의학적 역학은 물리치료의학의 역학만큼 자리 잡을 때까지 오랜 시간이 걸렸는데, 이는 주로 질병의 진단 기준에 대한 합의를 도출하는 것이 어려웠기 때문이다. 하지만 제12장에서 논의했던 아동의 정신의학적 역학에서 보았듯이, 오늘날에는 임상적 진단이나 연구를 위한 질병의 분류체계(classification scheme)와 면담(interview)이 존재한다. 정신건강 문제들이 얼마나 흔하게 나타나는지 밝히기 위한 대규모 연구들이 계속되어 왔다. 미국에서 수행된 가장 중요한 연구는 Ronald Kessler와 동료들(Kessler, Bergland, Demler, Jin, Merikangas, & Walters, 2005)에 의해 이루어진 것으로, 그들은 DSM-IV-R의 기준에 따라 진단을 내리는 방식을 사용해서 미국 본토 내 48개 주에서 질병의 위험요소를 결정하기 위해 면담연구를 하였다. 면담은 18세 이상의 성인 9,282명에게 수행되었으며, 응답률은 70.9%였다. 이 연구 결과의 일부는 〈표 13-1〉에서 확인할 수 있다.

　세계보건기구(WHO)에 의하면, 우울증은 2004년에 중·고소득 국가의 질병 부담에 가장 큰 요소로 작용하며, 전 세계적으로 장애에 의한 손실의 주된 원인이 된다. 제12장에서 설명한 것처럼, 특정 기간 동안 한 질병으로 고통받는 인구의 비율을 유병률(prevalence)이라고 한다. Kessler 등(2005)은 미국에서 주요우울장애의 평생 유병률이 16.6%라고 밝혔는데, 이는 다른 연구자들의 추정치와도 유사한 것이었다(예: Marcotte, Wilcox-Gok, & Redmon, 1999).

　이와 같은 연구들이 후향적 설계(retrospective design)를 택했던 반면, Terrie Moffitt과 동료들(Moffitt, Caspi, Taylor, Kokaua, Milne, Polanczyk et al., 2010)은 전향적 설계(prospective design)를 사용하였다. 그들은 뉴질랜드 더니든주에서 1,037명의 표본을 모집하였는데, 자료 누락이

〈표 13-1〉 혼합 국제진단 면담(Composite International Diagnostic Interview)의 세계보건기구 정신건강 조사(World Health Organization Mental Health Survey) 판을 통해 측정한 미국 48개 주 18세 이상 인구의 정신과적 문제 평생 유병률

	전체
우울(기분)장애	
주요우울장애	16.6%
양극성장애	3.9%
기분부전장애	2.5%
기타 우울장애	20.8%
불안장애	
공황장애	4.7%
공황발작이 없는 광장공포증	1.4%
사회공포증	12.1%
범불안장애	5.7%
특정공포증	12.5%
외상후 스트레스장애	6.8%
강박장애	1.6%
분리불안장애	5.2%
기타 불안장애	28.8%
충동조절장애	
반항장애	8.5%
품행장애	9.5%
주의력결핍 과잉행동장애	8.1%
간헐적 폭발성장애	5.2%
기타 충동조절장애	24.8%
물질사용장애	
알코올 남용	13.2%
알코올 의존	5.4%
약물 남용	7.9%
약물 의존	3.0%
기타 물질사용장애	14.6%
기타 정신장애	46.4%

출처: Kessler et al. (2005).

거의 없이 태어났을 때부터 32세가 될 때까지 추적연구를 진행하였다. 그들의 연구에 따르면 우울장애의 평생 유병률을 41.1%, 불안장애의 평생 유병률은 49.5%로, 〈표 13-1〉에 나타난 유병률보다 두 배 가까이 높은 수치를 보고하였다. 대부분의 경우 후향적 설문조사는 가장 홀

룡하며, 가장 기본적인 방식으로 여겨진다. 그러나 이 방식은 유병률을 낮게 측정하는 경향이 있는데, 이는 응답자가 그들의 삶을 회상하면서 자신의 증상을 정확히 보고하는 것에 종종 실패하기 때문이다. 그러므로 Moffitt 등의 유병률 측정치가 이전에 추정된 것보다 훨씬 높게 나타났지만, 이 수치가 사람들의 삶에서 나타나는 정신건강 문제들에 더욱 실질적인 양상을 반영했을 것이다.

제9장에서 논의했던 바와 같이, 정상적인 정서에 있어서도 남녀 간의 성차(gender differences)가 나타나기는 하지만, 〈표 13-2〉에서 보여 주는 바와 같이 정서장애에서의 성차에 비하면 작은 편이다. 이 표에서 우리는 여성이 남성에 비해 주요우울삽화로 고통받을 가능성이 1.5배 더 높고, 불안장애를 겪을 가능성 역시 1.6배 더 높음을 확인할 수 있다. 불안에서의 이와 같은 경향은 Vesga-López 등(2008)의 연구에서도 확인할 수 있는데, 그들은 여성이 남성에 비해 범불안장애를 겪을 가능성이 2배 높다는 것을 발견하였다. 반면, 여성은 알코올이나 약물 관련 장애를 겪을 가능성이 남성보다 반 이상 낮다. 이와 같은 차이는 아동기에서부터 계속된다(제12장 참조). Essau 등(2010)은 여성의 우울장애 유병률이 높아지는 현상이 사춘기부터 나타나기 시작한다는 것을 발견하였다.

〈표 13-2〉 성별, 인종 및 결혼상태에 따른 상대적 평생 유병률

	모든 우울장애	모든 불안조절장애	모든 충동장애 또는 약물장애	모든 알코올장애	기타 장애
성별					
남성	1.0	1.0	1.0	1.0	1.0
여성	1.5*	1.6*	0.7*	0.4*	1.1
인종					
백인	1.0	1.0	1.0	1.0	1.0
흑인	0.6*	0.8*	0.7	0.6*	0.7*
히스패닉	0.8*	0.7*	0.7	0.9	0.8
기타	1.1	1.2	1.1	1.2	1.0
결혼상태					
기혼/동거	1.0	1.0	1.0	1.0	1.0
과거에 결혼	1.9*	1.8*	0.8	3.9*	2.1*
미혼	1.0	1.0	1.4	1.4	1.0

주: 표의 각 칸에서 한 집단의 유병률을 1.0으로 할당한다. 다른 집단들의 유병률은 오즈비(odds ratio)로 나타난다. 예를 들어, 모든 우울장애에서 여성의 유병률은 남성의 1.5배라고 볼 수 있다. 별표(*)는 유병률이 기준치인 1.0과 유의한 차이(p<0.05)가 나타남을 의미한다.
출처: Kessler et al. (2005).

　많은 충동조절장애(성인기 정신장애 중 비교적 새로운 범주)는 분노 혹은 다른 화나는 기분의 표현이라고 생각될 수 있으며, 아동기에 나타나는 외현화 장애의 연장선으로 이해할 수 있다. 그러나 주의력결핍 과잉행동장애(ADHD)는 정서장애가 아니라 주로 주의의 결함에 의해 일어난다(제12장 참조).

　알코올은 불안을 낮춰 주는 약물로, 알코올의 오남용은 정서와 정서장애에 연관된다. 많은 사람은 불안과 수치심 등을 조절하기 위해 알코올을 마신다. 다른 약물들 역시 다양한 효과를 지니고 있으며, 이 주제에 관한 훌륭한 저술로는 Lewis(2011)의 책을 들 수 있다. Keyes, Grant, Hasin(2008)은 20세기 미국에서 알코올 남용의 성차가 감소했음을 발견했다. 알코올 남용은 대부분 남성의 질환이었다. 알코올 남용자의 비율은 1913~1932년에 태어난 집단에서 남성이 여성의 7.1배에 달했다. 그러나 1968~1984년에 태어난 집단에서 이 비율은 1.6배로 감소하였다.

　〈표 13-2〉에서 미국계 흑인이 정신질환을 앓을 가능성은 백인의 70% 수준으로 낮음을 확인할 수 있다. 또한 이혼하거나 별거한 사람의 경우, 결혼 또는 동거 중인 사람에 비해 유병률이 2배임을 볼 수 있다.

　성별, 인종 또는 민족 그리고 결혼상태에 따른 차이는 매우 크며, 이는 대부분의 심리학적 차이에 비해 꽤 큰 편이다. 역학의 매력적인 측면은 이와 같은 데이터 세트가 우리를 궁금하게 만든다는 점이다. 우리는 탐정이 되어야만 한다. 왜 더 많은 여성이 남성보다 우울하거나 만성적으로 불안할까? 왜 남성이 여성보다 알코올 중독이 될 가능성이 높을까? 파트너와 함께 사는 것이 어떻게 정서장애로부터 우리를 보호해 줄까?

　역학 탐정(epidemiological detectives)들의 첫 번째 가설은 이와 같은 차이가 뇌의 작용보다는 우리가 어떻게 살아가느냐와 더 깊게 관련된다는 것이다. 이는 이 분야의 연구에 있어 가장 중요한 주제이다. 그러나 그에 앞서 가장 흔한 정서장애의 형태에 대해 먼저 알아보자.

우울과 불안의 종류

　주요우울장애는 조울증, 오늘날 양극성장애(bipolar-disorder)로 불리는 정신질환과 구분된다. 양극성장애는 최소 1회 이상의 조증 삽화를 경험했을 때 진단되는 질환이다(Johnson & Kizer, 2002). 조증은 행복, 흥분, 자부심 과잉의 병이다. 조증에 걸린 사람들은 극도로 행복해하고 개방적이다. 그들의 자존감은 고양되어 있다. 그들은 때때로 터무니없이 거창해진다. 그들은 거의 잠도 자지 않으며 오랜 시간 일할 수 있고, 그들이 하는 모든 일에서 무한한 기쁨을 느낀다. 소설가 Tom Wolfe는 그가 겪은 경조증(hypomania: 조증보다 다소 가벼운 증세) 삽화와 관련해서 "만약 그 느낌을 한마디로 표현한다면······ 그것은 지상 낙원이었다."라고 말하였다 (McGrath, 2004, p. 38). Wolfe는 그 시기에 자신이 꽤 괜찮은 사람이었다고 생각했으며, 실제로 이러한 상태에 있는 이들은 종종 매력이 넘친다. 그러나 심각한 조증의 경우, 절대 갚을 수 없는 큰 빚을 지는 등 매우 위험한 행동을 할 수 있다. 우리 중 한 명이 조증 삽화를 겪고 있는 사람과 함께 차를 탄 기억이 있는데, 그는 사회의 관습이 얼마나 바보 같은지 비웃으며 일방통행 길에서 거의 시속 100km의 속도로 1시간 동안 역주행하였다. 그들은 아주 잠깐만 그런 기분에 젖는다. 그들은 종종 몇 주 뒤에 깊은 우울감에 빠지게 된다(이는 Wolfe에게도 나타난 일이다). Gruber, Harvey, Purcell(2011)에 따르면 양극성 장애를 지닌 사람들이 조증 삽화와 울증 삽화 사이의 시기에 영화 클립을 보았을 때 양극성장애가 아닌 사람들에 비해 더 강한 긍정적 경험을 보고하였고, 낮은 미주신경 조절(vagal regulation)을 보였다. 즉, 양극성장애에 취약한 사람들은 삽화와 삽화 사이에도 정서 처리에 편향이 나타남을 알 수 있다. 이 질환에 대해서는 정신과 교수인 Kay Jamison(1995)이 자신이 직접 경험한 것을 설명하고 있다.

양극성장애의 평생 유병률은 1% 정도이며, 성차는 나타나지 않는다. Kessler 등(2005)은 최근 양극성장애의 유병률이 4%에 이른다고 평가하였다. 이 병의 유전적 요인에 대해서는 이후에 다루어질 것이지만, 여기에서 짚고 넘어가야 할 점은 양극성장애의 유전율이 60~85%로 주요우울장애보다 높다는 것이다(Smoller & Finn, 2003).

불안장애들은 몇 가지 형태로 나타난다(DSM-IV-TR; APA, 2000). 갑작스러운 공포와 함께 나타나는 공황 발작(panic attack)은 빠른 심박 수, 어지러움, 호흡이 가빠지는 것과 같은 신체적 증상을 동반한다. 공황 발작은 이해하기 어려운 정서의 명확한 예시로, 사람들은 왜 이런 현상이 일어나는지 모른다. 불안장애는 특정 장소, 대상 또는 행위를 피하고자 하는 절박한 충동을 느끼는 공포증(phobia)을 포함한다. 그 질환 중에 한 가지는 광장공포증(agoraphobia)으로, 이는 집에서 멀리 떨어지는 것에 대한 두려움이다(Fyer, Mannuzza, & Coplan, 1996; Mathews, Gelder, & Johnson, 1981). 〈표 13-1〉에서 볼 수 있듯이, 공황 발작이 없는 광장공포증의 평생 유병률은 1.4%이며, 공황 발작을 동반하는 광장공포증의 유병률은 더 높다. 이와 같은 증상은 삶이 불안정한 시기에 주로 시작된다. 그런 시기에 수퍼마켓('agora'는 그리스어로 '시장'이라는 뜻)에서 어떤 사람이 공황 발작을 경험하고, 집으로 서둘러 돌아온 뒤 안정을 되찾았을 것이다. 그 후 이와 같은 경험을 되풀이하면서 조건불안(conditioned anxiety)이 생겨서, 집에서 멀어지면 견딜 수 없는 공포를 느끼고 집으로 돌아오면 차분해지는 강력한 학습 각본이 형성된다(Bouton, Mineka, & Barlow, 2001).

일부 광장공포증 환자는 편안한 마음으로 떠날 수 없는 장소에 가는 것을 두려워한다. 광장공포증 환자들은 동반자(애착 대상) 없이 밖에 나가는 것을 점점 더 어려워한다. 그들 스스로 안전하다고 느끼는 장소는 점점 줄어들게 된다. 마침내 그 장소는 자신의 집이 될 수도 있고, 자신의 침실만 안전하다고 느낄 수도 있다. 그들은 사회적 자신감을 잃고 스스로를 세계에서 고립시키며 이로 인해 자신감은 더욱더 고갈된다. 광장공포증으로 인한 제약은 인지행동치료(CBT)와 같은 개입을 통해 성공적으로 치료될 수 있다(제14장 참조). 치료를 통해 사람들은 다시 밖에 나갈 수 있고, 직장을 가질 수 있으며, 친구들을 방문할 수 있게 된다. 반면에 거미, 비행기 타기와 같은 특정 대상 또는 행동에 대한 공포증은 흔하게 나타나며, 이는 장애(disabling)라기보다는 골칫거리(troublesome)라고 하는 것이 더 낫겠다. 그러나 광장공포증과 사회공포증(타인과 함께 있는 것에 대한 공포)은 심각한 장애가 될 수 있다. 사회공포증은 광장공포증보다 더욱 흔하게 나타나며 평생 유병률은 12.1%이다. 범불안장애(generalized anxiety disorder)는 최소 6개월 이상 생활에 지장을 주는 지속적인 불안과 걱정으로 정의되며, 평생 유병률은 5.7%이다.

불안장애의 두 번째 범주는 강박사고(obsession)와 강박행동(compulsion)이다(Jenike, 1996). 강박사고는 불안한 생각이 침입하는 것으로, 예를 들어 세균에 감염될까 봐 불안해하는 것이다. 불안한 생각은 반복적으로 일어나며 환자들은 그것이 비이성적이라는 것을 깨닫고 있음에도 불구하고 멈출 수 없다. 강박행동은 손을 매우 자주 씻거나 난로가 꺼졌는지 계속해서 확인하는 것과 같은 반복적인 행동이나 의식(ritual)들로 나타난다. 그런 행동을 하는 것이 일시적으로 불안을 낮춰 주지만, 이는 단지 일시적일 뿐이다. 이 정신질환은 안전 추구 행위(security-motivated action)가 완료되었다는 사실을 정서적으로 인식하는 과정에 결함이 생겨서 나타날 수 있다(Szechtman & Woody, 2004). 심각한 경우, 강박행동을 하는 데 하루 중 상당한 시간을 쏟게 된다. 강박장애의 평생 유병률은 2~3%로 추정된다.

불안장애는 외상후 스트레스 장애를 포함한다. 외상후 스트레스 장애(post-traumatic stress disorder)는 강력한 불안, 수면장애, 트라우마 사건이 기억나고 반복적으로 재경험되는 플래시백(flashback), 그 사건을 상기시키는 대상에 대한 회피 등을 수반한다(McNally, 2003; McNally et al., 1990). 이와 같은 장애를 유발하는 트라우마 사건으로는 생명의 위협을 느끼고 동료들이 살해당하거나 불구가 되는 전쟁 상황이 있다(Grinker & Spiegel, 1945). Elder와 Clipp(1989)은 제2차 세계대전과 한국전쟁에서 전투 경험에 의해 정서적·행동적 문제가 나타날 위험이 높아졌음을 발견하였다. 베트남 전쟁 이후, 미국에서도 전투의 손상효과를 확인할 수 있었다(예: Shay, 1995). 특히 전투에 직접 참여했던 참전 군인들은 반사회적 행동이 증가되는 부작용을 보였다(Barrett et al., 1996). 이와 같은 증상들은 자연재해나 산업재해의 결과로도 나타날 수 있으며(Ironson et al., 1997), 강간과 같은 범죄에 의해서 나타나기도 한다(Burnam et al., 1988). Brewin, Dalgleish, Joseph(1996)은 세계에 대한 개인의 기본적 가정(basic assumption)

을 급격하게 무너뜨리는 모든 것을 트라우마라고 정의하였다. 그 기본적 가정이란 세계는 크고 안전한 장소로 개인은 자신의 삶의 목표를 성취할 수 있으며, 자신을 포함한 대부분의 사람이 이성적이고 품위 있는 방식으로 행동할 것이라는 믿음 등을 일컫는다. Brewin 등은 트라우마 후 플래시백의 혼란스러운 속성과 강한 공포증적 불안이 두 가지 기억체계를 통해 설명된다고 결론지었다. 첫 번째는 언어적인 것으로서, 경험의 의미를 형성하는 것이다. 두 번째는 외적 또는 내적 상황에 의해서 자동적으로 촉발되는 기억이다. 이 기억체계의 활성화는 언어체계와 큰 연관이 없으며, 그 과정은 훨씬 덜 수의적(voluntary)이다. 트라우마는 이 두 가지 체계를 통해 기억에 표상되는데, 이 두 체계는 반복적으로 활성화되지만, 반드시 상호 일치하는 것은 아니다. 이런 혼동이 그들이 경험한 강력한 두려움에 더해지게 된다.

장애는 어떻게 야기되는가

정서장애의 원인이 무엇인지에 대한 가장 일반적인 견해는 스트레스–취약성 가설(stress-diathesis hypothesis)이다(Kring, Johnson, Davison, & Neale, 2012; Monroe & Hadjiyannakis, 2002). 이는 제12장에서 아동기 장애와 관련되어 논의되었다. 이 가설은 질병에 취약하게 만드는 하나 이상의 내재적인 요인인 취약성(diathesis)이 존재할 때, 환경적 역경(environmental adversity), 즉 스트레스에 의해 장애가 촉발된다고 주장한다. 스트레스의 예로는 별거, 실직, 가까운 사람의 죽음 등이 있다. 취약성에는 유전적 요인들과 생애 초기의 역경 등이 있다.

대부분의 정서장애는 역경 없이 일어나지 않는다. 적어도 정서장애가 처음 나타나는 기간 동안은 심각한 역경이 있는 경우가 많다. 그러나 조현병과 같은 정신과적 장애(psychotic disorder)의 경우에는 개인이 지니고 있는 소인(predisposition)이 강하면, 비교적 덜 심각한 사건에 의해서도 정신병적 와해가 발병할 수 있다.

생활사건과 고난

정신장애 분야에서 일하는 역학 탐정들의 가장 좋은 예시는 Goerge Brown과 Tirril Harris(1978)일 것이다. 그들은 영국 런던에 거주하는 458명의 성인 여성을 인터뷰하였고, 그들 중 37명(8%)이 지난해에 우울증(불안장애가 동반된 경우도 있음)의 발병으로 고통받았음을 발견하였다. 그 우울증의 정도는 장애화된 수준으로서, DSM-IV-TR(APA, 2000)에서 정의하고 있는 주요우울장애의 진단 기준에 부합하는 정도였다. 더 나아가 9%는 장애 수준의 정신과적 문제를 1년 이상 겪었다고 보고하였다(즉, 인터뷰 전 1년 동안 총 17%의 여성들이 장애를 겪은 것이다).

Brown과 Harris의 연구에서 우울증이 발병한 여성 중 89%가 발병 직전에 심각한 생활사건 (life event or difficulty)을 경험하였다. 반면, 아무런 장애도 없는 여성의 경우 오직 30%만 지난 한 해 동안 심각한 사건이나 어려움을 겪었다고 보고하였다. 심각한 사건은 사별, 이혼, 실직 등을 포함하였다. 어려움(difficulties)은 장기간 지속되는 것으로 폭력적인 남편을 감내하기, 만성 질환을 앓고 있는 가족을 돌보기와 같은 문제들을 말한다.

Brown과 Harris는 어떤 사람이 우울증에 걸릴 가능성이 높은지 예측하는 새로운 방법을 개발하였다. 이 방법은 반구조적인 면담인 생활사건과 어려움 스케줄(Life Events and Difficulties Schedule)인데, 이는 Holmes와 Rahe(1967)의 유명한 체크리스트의 최근 판들을 대체해 버렸다. 체크리스트들은 생활사건과 어려움 스케줄에 비해 훨씬 부정확하였다(McQuaid et al., 2000; Thoits, 1995). 이 면담 스케줄을 사용해서 면접자는 피면접자에게 직업, 재산, 가정, 자녀, 관계 등 생활의 40개 영역에 대해 물어본다. 면담은 녹음되며, 각각의 스트레스 사건이나 힘든 일들은 날짜별로 기록되어 우울증 발병과 사건 간의 시간적 연관성을 알 수 있다(이는 단순한 체크리스트 방법으로는 불가능하다). 사건에 대한 기술을 나중에 연구 팀원들에게 읽어 주면, 그들은 그 사건이 내담자가 살아가는 데에 있어 어느 정도의 장기적 위험성을 지니고 있는지 평정한다. 장기적 심각도의 평정은 내담자와 같은 사회에 살고 있는 연구 팀원들이 하도록 한다. 동시에 이 평정 결과들은 신뢰도 평가를 거쳐야 하며, 이는 연구 팀원들이 이전 몇 년 동안에 평정했던 내용들을 가지고 닻 내리기(anchoring)를 하여서 심각도를 평정할 수도 있기 때문이다. 평정자들이 그 여성의 진단명을 모르도록 해서 편향된 평정치를 얻지 않도록 했다. 또한 평정치들은 여성 스스로가 그 사건에 대해 평정했던 결과와 독립적이어야 하는데, 여성 스스로 평정한 결과는 그 당시 우울증의 정도에 의해서 영향을 받기 때문이다.

사람들은 심각한 역경이 있을 때 우울해진다. 여기에서 Brown과 Harris의 연구에 참여했던 Trent 부인의 사례를 확인해 볼 수 있다.

Trent(가명) 부인은 어린 세 자녀가 있었고 화물차 운전사와 결혼하였다. 그녀는 방 두 개와 주방이 있는 아파트에 살고 있었다. 그녀의 셋째 아이는 면접 당시 8개월이었다. 그때 즈음 그녀의 남편은 직장을 잃었다. 그녀는 크게 걱정하지 않았으며, 남편은 곧 다른 직업을 얻었다. 그러나 2주 뒤 그는 또다시 이유도 듣지 못한 채 해고되었다. 그로부터 7주 뒤 그녀의 걱정은 심각해졌고 항상 긴장감에 휩싸이게 되었다. 그녀는 비참하다고 느꼈고 잠을 제대로 자지 못했으며, 아이들에게도 신경질적으로 변하였다. 그녀는 집안일을 하는 것이 어려워졌고, 집중하지 못했으며, 식욕이 감소했다. 그 후 두 달 동안 이 증상들은 더욱 심해졌다. 그녀는 종종 하루 종일 울었다. 그녀는 수면제를 먹었다. 남편과의 관계는 망가져 버렸다. 그녀는 성욕을 잃었으며, 그녀의 결혼생활이 끝났다고 생각했다. 그녀는 세 차례나 짐을 싸서 나갔으나 아이들 때문에 집으로 돌아왔다. 그녀는 자신을 비난하였고, 아무것도 대처하지 못할 것이라고 느꼈으며, 모든 것이 끝났다고 생각하였다. 면담이 이루어지기 3주 전 상황은 나아지기 시작했다. 그녀는 여전히 걱정스러운 일들을 되씹었지만, 텔레비전을 보면서 시름을 잊을 만큼 집중력도 회복되었다. 남편과의 잠자리도 다시 갖게 되었으며, 이전보다 오히려 더 좋아졌다. 그녀는 5개월 반 동안 우울증을 겪었다(Brown & Harris, 1978, pp. 28-30에서 요약).

이 사례에서 심각하게 위협적이었던 사건은 그녀의 남편이 두 번째로 해고되어 가정에 수입이 없었다는 것이다. 의기소침함, 수면장애, 체중 감소, 집중력 저하, 자기비하, 성욕 감소, 자살생각 등은 주요우울장애의 증상이다. Brown과 Harris가 고안한 방법을 통해, Trent 부인의 결혼생활에서의 어려움은 우울증을 야기할 수 있는 사건으로 고려되지 않았다. 그것은 우울증에 의해 야기된 문제일 수 있기 때문이다. 다른 연구자들 역시 자기 스스로 야기한 사건과 자신의 통제 범위를 넘어서서 야기된 사건을 구분하였다. Shrout 등(1989)은 우울증 환자들이 그렇지 않은 사람들에 비해 부정적이거나 통제 불가능한 사건에 의해 고통받을 확률이 세 배 더 높다는 것을 발견했다. 그러므로 우울증은 아무런 근거 없이 나타나는 것만은 아니다. 그것은 우리의 삶과 자기 자신에 대한 인식에 심각한 영향을 미치는 사건들에 의해 촉발된 슬픔과 무기력함을 포함한다. Brown과 Harris의 초기 연구에 의하면, 우울증, 특히 첫 번째 발병한 우울증은 심각한 사회적 역경과 관련되어 있다는 개념이 세계적으로 잘 자리 잡게 되었다(Kinyanda et al., 2011; Korkeila et al., 2010).

우울증을 유발할 수 있는 사건은 주로 높이 평가되던 역할의 상실(loss of a role)이다(Oatley & Bolton, 1985). Constance Hammen 등(1989)은 관계를 중요시하던 사람들이 사회적 상실이나 단절을 경험하면 우울해진다는 것을 생활사건 면접을 이용해서 발견하였다. 이러한 종류의 상실은 주로 애착과 소속감과 같은 사회적 동기와 관련이 있다. 반면, 자율성과 자신의 일을 가장 중요하게 여기는 사람들은 성취에서의 실패(failure in achievement)로 인해 가장 우울해지기 쉬우며, 이는 적극적인 사회적 동기와 관련이 있다.

불안 역시 부정적인 사건이나 고난 때문에 야기될 수 있다(Monroe & Wade, 1988). 한 연구에서는 범불안장애를 진단하고 지난 1년간의 생활사건들을 평가하는 표준화된 측정도구를 사용하여 2,902명의 여성과 남성을 인터뷰하였다(Blazer, Hughes, & George, 1987). 심각한 부정적 사건들은 남성과 여성 모두에서 불안장애를 3배 이상 증가시킨다.

〈표 13-3〉 우울증과 불안장애를 야기하는 역경

- 상실(loss): 사랑하는 사람의 죽음, 생계 수단의 상실과 같은 사건
- 굴욕(humiliation): 배우자나 연인의 부정에 의한 헤어짐, 강간, 자녀의 비행, 사랑하는 사람이나 권위 있는 사람에 의한 공적인 굴욕으로 자신의 핵심 역할을 위협하는(이는 제9장에서 논의되었던 지위와 관련된 자기주장의 사회적 동기와 관련됨) 사건
- 함정(entrapment): 어려운 상황에 빠졌으나 해결할 방법이 없는 상황
- 위험(danger): 미래의 상실 가능성 또는 아직 그것이 지닌 여파가 완전히 파악되지 않은 사건이 일어날 가능성

출처: Kendler et al. (2003).

어떤 종류의 역경이 우울증과 불안장애의 발병을 야기할까? Kenneth Kendler 등(2003)은 〈표 13-3〉에서 볼 수 있는 목록을 제공하였다. 이 표에 제시된 역경들을 제7장에서 다루었던 평가 개념과 비교해 보자. 우울과 불안으로 고통받는 사람들은 주로 상실(loss)과 위험(danger)으로 평가되는 사건들을 경험하고, 때로는 굴욕(humiliation)이나 함정에 빠지는 것(entrapment)으로 평가되는 사건들을 경험한다.

평가이론(appraisal theory)은 다양한 사건으로 인해 우울이나 불안이 야기될 수 있다는 것을 말해 준다. Finlay-Jones(1989)는 Brown과 Harris의 측정도구를 이용하여 일반 진료를 받으러 온 여성들을 인터뷰하였다. 그 결과, 82%의 우울증 환자와 85%의 불안장애 환자, 93%의 우울과 불안 복합 환자들이 심각한 생활사건에 의해 고통받은 반면, 정서장애가 없는 사람들의 경우는 34%만이 생활사건에 의해 고통받았음을 알 수 있었다. 우울장애는 상실(loss)과 관련된 사건에 의해 가장 많이 촉발된다. 반면, 암을 선고받거나, 원치 않는 임신을 하거나, 집에서 쫓겨날 위기에 처하는 것과 같은 다른 종류의 사건들은 미래에 일어날 위험한 사건들이다. 불안장애는 이와 같이 위험한 사건에 의해 가장 흔하게 촉발된다. 몇몇 사건은 상실과 위험을 모두 포함하기도 한다. 이는 현재 그 문제에 직면해 있으면서 미래에 더 심각한 문제로 악화될 것이라고 예상되는 경우이다.

대부분의 주요우울삽화와 불안장애의 일부 발현은 삶이 심각하게 잘못될 때 일어나며, 심각한 장기적 결과를 낳는다. 정상적 정서 삽화들과 마찬가지로, 대부분의 정서장애는 사건들과 상황들에 대한 반응이다. 그런 것들이 우리에게 중요한 것에 영향을 끼친다. 남편이 실직했을 때, Trent 부인은 패배감을 경험했고, 평범하게나마 살지 못하거나 가족을 돌보지 못할까 봐 두려움을 느꼈다.

하지만 정서장애들이 상실과 위험에만 관련된 것이라고 생각해서는 안 된다. Sheri Johnson(2005)이 보여 주었듯이, 조증 경향이 있는 사람들은 상실과 전혀 관계가 없다. 그런 사람들의

장애는 성공에 대한 과도하게 열정적이고, 지나치게 자신만만하며, 비이성적으로 낙관적인 반응이다. 그들은 목표 추구의 장애를 가지고 있다. 이런 증상들을 가지고 있는 사람이 실제로 우리보다 성취를 더 많이 하는지는 아직 잘 알려져 있지 않다.

문화 간 차이

세계보건기구(WHO, 2004)는 DSM-IV-TR을 통해 14개국의 정신질환을 조사하였고, 12개월 간 각각의 유병률이 유사한 패턴으로 나타남을 발견하였는데, 불안장애가 가장 많이 발생하였고(Kessler 등의 2005년 연구 결과와 유사함), 우울증(기분장애)이 그 뒤를 따랐다. 충동조절장애와 물질사용장애의 유병률도 국가 간 유사하게 나타났는데, 불안장애와 우울증에 비해서는 낮은 유병률을 보였다. 전반적으로 미국의 정신질환 평생 유병률이 가장 높았고(26.4%), 유럽 국가들은 이보다 조금 더 낮았으며(프랑스 18.4%, 독일 9.1%), 아시아와 아프리카 국가들의 유병률이 가장 낮았다(일본 8.8%, 나이지리아 4.7%).

우울증은 전 세계의 1억 2,100만여 명의 인구에게 발생하는 세계적인 현상임에도 불구하고, 그 유병률은 국가마다 상당한 차이를 보인다. 예를 들어, WHO의 연구에서 12개월간의 우울증 유병률은 미국의 경우 9.6%, 스페인은 4.9%, 중국(상하이)은 1.7%인 것으로 나타났다.

사진 출처: ©David Hofman Photo Library/Alamy

[그림 13-1] 가난은 우울증의 근본적인 원인으로, 우울증의 핵심에는 절망이 있다.

사진 출처: T. Yang et al., "Adolescents with Major Depression Demonstrate Increased Amygdala Activation." Fig. 2., Volume 49, Number 1, January 2010 (c) *Journal of the American Academy of Child and Adolescent Psychiatry.*

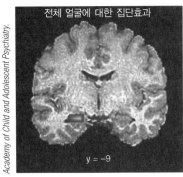

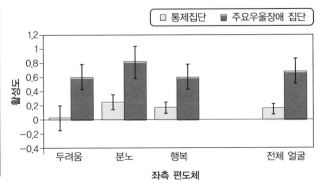

[그림 13-2] 건강한 청소년 집단(CTL)과 주요우울장애(MDD) 청소년 집단이 두려운 얼굴, 분노한 얼굴, 행복한 얼굴을 보았을 때 좌측 편도체의 활성화 수준

출처: Yang et al. (2010).

여기 역학 탐정들을 위한 또 하나의 굉장한 실마리가 있다.

제3장에서 다루었던 '개인주의적 사회에서 사는가 또는 상호의존적인 사회에서 사는가'라는 주제가 우울증의 유병률이 문화마다 서로 다른 이유, 즉 중국보다 미국의 유병률이 5배 이상 높은 이유를 설명할 수 있는가? 서구 사회에서는 경쟁과 개인적 성공을 위한 기회들이 더 많이 존재하고, 실패에 대한 가능성 또한 더 크다. 유망한 직업에 지원한다고 생각해 보자. 한 사람은 직업을 얻을 것이지만, 그렇지 못한 사람은 몇 명일까? 어쩌면 30명, 심지어는 100명이 될 수도 있다.

몇몇 위험요인은 사회마다 공통적으로 나타난다. 예를 들어, Patel 등(1999)이 인도, 짐바브웨, 칠레, 브라질에서 연구한 결과 여성과 가난한 사람, 교육 수준이 낮은 사람들이 우울증과 연관되어 있음을 발견하였다. Kessler 등(2005b)은 그들의 저서에서 비슷한 발견을 하였는데, 미국에서 12개월 동안의 유병률을 조사한 결과 우울증에 걸리는 것이 여성인 것, 교육을 받지 못한 것, 가난한 것, 작은 지역사회가 아닌 도시에서 사는 것과 관련되어 있었다.

성별이나 교육 부족, 가난과 같은 요소들에 의한 유병률의 차이는 역학 탐정들에게 좋은 단서가 된다. 이 차이들 중 몇몇은 매우 크다. 그러나 이러한 단서들은 상관적(correlational)인 것이지, 인과적인 것은 아니다. 예를 들어, 역학적 증거는 가난이 우울증의 원인인지 혹은 우울증에 걸리는 것이 직장에 다니는 것을 어렵게 만드는 것인지 알려 주지 못한다. 다음 단계는 유병률 단서로 시작하여 무엇이 장애를 야기하는지에 대해 보다 정확히 알아 가는 것이다.

우울증의 신경생리학

신경과학의 관점에서 Davidson, Pizzagalli, Nitschke, Kalin(2003)은 즐거운 목표 성취의 상실이 우울증을 야기하는 주요한 정서적 원인이라고 밝혔다. 뇌의 세 부분이 우울증에서 주요한 역할을 하는 것으로 보이는데, 이는 전두엽, 해마, 편도체이다(Nestler et al., 2002).

전두엽이 우울증에 영향을 미치는 것은 van Tol 등(2010)에 의해 발견되었다. 그들은 68명의 주요우울장애 환자들을 검사하였고, 우울증이 아닌 64명의 대조군에 비해 환자군의 전측대상피질(anterior cingulated cortex)의 크기가 작다는 것을 알아냈다. 또한 그들은 우울증이 일찍 발병한 사람들이 더 작은 전두엽을 지니고 있음을 밝혀냈다.

해마의 경우, 143개의 MRI 연구를 메타분석한 결과 해마의 용량이 감소하였고, 기저핵도 주요 우울장애와 연관되어 있음이 밝혀졌다(Kempton et al., 2011). 해마와 우울증의 연관성을 보여 주는 추가적인 증거로, 해마가 시상하부–뇌하수체 축의 기능을 조절한다는 것을 들 수 있다.

편도체에 대해 Yang 등(2010)은 사람들이 다양한 정서를 표현하는 사진을 보았을 때 우울증이 없는 청소년에 비해 우울증에 걸린 청소년의 편도체가 더 큰 활성화를 보였다는 것을 발견하였다. Siegle 등(2002)은 부정적인 지적에 대한 반응을 조사한 결과, 우울증이 아닌 환자군은 부정적 지적을 받은 이후 편도체의 활성화가 10초 미만으로 나타난 반면, 우울증 환자군에서는 편도체가 30초 이상 활성화되었다. Disner 등(2011)은 부정적인 사건을 부호화(encoding)하는 데에 편도체가 하는 역할을 바탕으로 우울증의 신경생물학적 이론을 제시하였다. 그들은 우울증에 의해 편도체가 과잉활성화되면서 해마와 같은 연결 부위들까지 활성화시키고, 결국 부정적인 사건들을 더 쉽게 회상하게 만든다고 주장하였다.

이 장에서 우리는 연구자들이 탐정이 되어야 한다고 주장해 왔다. 가장 유명한 탐정은 말할 것도 없이 Sherlock Holmes이다. '실버 블레이즈(Silver Blaze)' 사건에서 Holmes는 그 사건을 조사하는 경찰을 가리키며 말했다. "개에게는 밤중에 별난 사건이었겠네요." 경찰은 대답했다. "그 개는 그날 밤 아무것도 하지 않았습니다." Holmes가 다시 대답했다. "그게 바로 별난 사건이라는 말이에요."(Conan-Doyle, 1894, p. 347) Holmes가 그들이 찾고 있는 침입자는 그 개가 이전에 이미 알고 있었던 사람이 틀림없다고 추론한 것이다.

우울증의 신경생리학에서도 이와 비슷한 일이 일어나고 있다. 우울증의 주요 치료는 약물치료이며, 최근 가장 많이 쓰이는 약물 종류는 선택적 세로토닌 재흡수 억제제(Selective Serotonin Reuptake Inhibitors: SSRI)로, 널리 광고되고 처방되는 프로작(Prozac) 등이 있다. 이러한 약물들은 신경전달물질인 세로토닌의 재흡수를 감소시켜 세로토닌이 시냅스에 더 오래 남아 있도록 만든다. 제약회사에서는 우울증이 세로토닌의 결핍이나 불균형에 따른 것이며, 그래서 이런 약물을 매일 복용하면 고칠 수 있다고 생각한다. 여기에서의 '별난 사건'은 이와 같은 아이디어가 증거 기반의 신경생리학적 이론이 없는 채로 만들어졌다는 것이다. 그 침입자는 바로 제약회사이며, 정신의학자들은 그것에 대해 부르짖을 수 있었으나 여태껏 그러지 않고 있다.

Irving Kirsch(2009)는 세로토닌 재흡수 억제제를 통해 치료를 받은 집단과 위약 집단을 비교한 메타분석에서 세로토닌 재흡수 억제제가 효과가 없거나 아주 약간의 효과만 지니고 있음을 발견했다. 위약은 놀랍게도 우울증에 대한 자기보고식 척도에서 상당한 효과를 가져왔고, 특히 해로운 부작용이 없다는 이점을 지니고 있다. Angell(2008)은 제약회사들이 오늘날 향정신성 약물에 대한 대부분의 연구를 통제하고 있으며, "제약회사들은 자신들의 약물을 더 좋고 안전한 것처럼 보이도록 그들이 후원하는 연구들을 왜곡한다는 증거들이 축적되고 있다."(p. 1069)라고 썼다. Kirsch가 보여 준 것처럼, 향성신성 약물들이 광고한 만큼의 효과를 보이는지 아닌지 알기 위해서는 미국 식약청이 정한 약물효과 기준치보다 훨씬 더 많은 것을 알아야 한다.

해마에서 일어나는 신경발생(neurogenesis)은 우울증에 걸린 경우에 저하되는 것으로 보이며, 항우울제가 스트레스 상태에 있는 실험동물들의 신경발생의 약화를 역전시킬 수 있다는 사실이 발견되었다(Dranovsky & Hen, 2006). 이는 선택적 세로토닌 재흡수 억제제가 우울증에 다소나마 영향을 미칠 수 있다는 것을 암시해 준다. 그러나 이것은 아직 인간에게 적용되지 않은 새로운 이론이다. 우울증이 세로토닌의 결핍이나 불균형에 따른 것이라는 가설이 확인되기 위해서는 아직 더 많은 증거가 필요하다.

정서와 정서장애의 관계

심각한 생활사건들이 우울이나 불안을 촉발시키는 방식은 계획에 생긴 차질이나 걱정거리 같은 일상적인 사건들이 부정적 정서를 일으키는 방식과 비슷하다. 우리는 이런 부정적인 정서들을 경험하고, 그것이 주는 영향을 처리한다. 반면에 심각한 사건들은 우리가 처리할 수 없는 방식으로 다가와 핵심적인 삶의 역할을 위협한다. 당신의 삶에서 가장 많은 에너지와 열망이 투자되었던 핵심적인 것들, 예를 들어 중요한 관계, 대학에서의 지위, 직업에서의 장래와 같은 것들을 잃는다고 상상해 보자. 이런 것들을 상실하면 절망적인 우울이 생길 것이다. 이런 일이 일어나게 되면, 이는 삶의 모든 의미를 고갈시킨다([그림 13-3] 참조). 앞으로 나아가는 길은 보이지 않고, 불구자(disabling) 같은 상태가 된다. Trent 부인은 가족의 수입을 잃고, 그녀의 남편에 대한 믿음도 사라져 결국 가족에 대한 소망과 지금까지 만들어 온 삶까지 상실하였다. 그 결과, 그녀는 자녀들을 돌보는 것과 같이 그녀에게 매우 중요했던 일들을 하지 못하게 되었다.

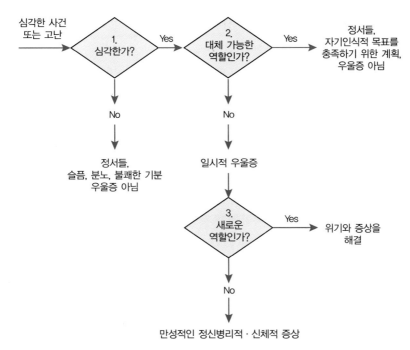

[그림 13-3] 우울증 발현과 정상적 정서 간의 구분

출처: Oatley (1988).

〈표 13-4〉 정서의 과다, 결핍 및 역기능으로서의 정서장애

- 과도한 슬픔: 우울증
- 과도한 공포: 공포증, 범불안장애, 외상후 스트레스 장애, 공황장애, 건강염려증(hypochondria, 질병에 대한 공포), 강박장애, 자신에게 알코올이나 약물을 투여하여 불안을 감소시키는 것
- 과도한 행복: 조증, 반사회적 성격장애
- 과도한 분노: 품행장애, 적대적 반항장애, 간헐적 폭발성 장애
- 과도한 혐오: 거식증
- 과도한 자의식 정서: 자기애적 자부심
- 자의식 정서의 결핍: 성인 자폐(당혹감의 부족), 사이코패스(죄책감이나 후회의 부족)
- 정서의 역기능: 조현병, 기타 정신병들

출처: Gruber & Keltner (2007).

이 장에서 우리는 우울이나 불안에 대해 진단 기준을 사용하는 것과 같은 전통적인 방식으로 정서장애를 기술해 왔다. 그러나 정서와 정서장애 간의 관계에서 Ann Kring(2008)이 설명한 것과 같은 새롭게 개념화된 또 다른 접근방식이 나타나고 있다. 이 접근법은 많은 사람이 여러 가지 병을 함께 진단(공병, comorbidity)받는다는 사실에 근거하고 있다. 비슷한 방식으로, Gruber와 Keltner(2007)는 정서장애가 정서의 과다일 수도 있고, 정서의 결핍일 수도 있으며, 정서의 역기능일 수도 있다고 보았다(〈표 13-4〉 참조).

우울과 불안 상태는 정상적인 슬픔과 공포와 어떤 관계가 있는가(Flack & Laird, 1999; Kring & Werner, 2004; Power & Dalgeish, 2008)? 우리는 우울증에 관련된 뇌 부위들이 정상적인 슬픔에도 관련되어 있다는 사실을 밝혀낸 Mayberg 등(2005)의 연구에 대해 제6장에서 논의하였다. 그러므로 우울은 단지 슬픔으로 정의할 수 없지만 슬픔은 우울에 포함된다. 불안에 대해서도 불안장애들이 일종의 과도한 공포라는 것은 의심할 여지가 없다. 중요한 질문은 '왜 그런 공포들이 겁먹은 사람들이 보이는 공포에 비해 훨씬 더 과도하게 나타나는가?'(Öhman, 2000), 그리고 '왜 애매모호한 사건에 의해서도 촉발되는 것인가?'(McNally, 1999)이다.

전반적으로 슬픔, 행복, 두려움, 분노가 각각 우울증, 조증, 불안장애, 품행장애에 부합한다고 말할 수 있다(Power & Dalgleish, 2008). Johnson-Laird, Mancini, Gangemi(2006)에 따르면, 정서장애는 우리가 논의한 바와 같이 자동적인 평가(automatic appraisal)에 의해 야기된 공포, 슬픔과 같은 기본 정서들이 촉발되면서 시작된다. 정서장애란 부적절한 정서가 나타나는 것이 아니다. 이것은 강도(intensity)의 문제로, 특정 정서가 인지적으로 이해될 수 없는 수준으로 유지되는 현상이며, 그렇게 해서 정서장애를 지속시키는 경향이 있다.

마지막으로, 왜 인간이 장애를 가져오는 정서상태에 취약한지는 대부분의 정서가 유용한 기능을 지니고 있다고 주장하는 최근의 정서이론들에서 풀어야 할 숙제로 남아 있다.

개별 정서: 자기자비

특정 정서상태가 어떻게 정신건강과 연관되는지에 대한 탐색이 Kristin Neff의 자기자비(self-compassion)에 대한 중요 연구로 이어졌다(2011). 자기자비에는 서로 다른 세 가지의 평가가 포함된다. 자신의 실패에 대해 비판적이지 않고 부드럽게 대처하는 능력, 자기 자신을 한 인간으로서 관대하게 받아들이는 능력, 고통과 시련을 침착하게 받아들이는 능력이 그것이다. Neff는 이와 같은 자기자비가 우울과 불안에 대한 중요한 완충제가 된다는 것을 발

견하였다. 자기자비는 우울, 불안, 반추(rumination), 완벽주의의 감소와 일관된 상관을 보였다. 자기자비를 기르는 것은 다음 장에서 논의할 명상 수련들(contemplative practices) 중 하나이다. 만약 자기자비라는 풍족한 정서적 상태가 무엇이며, 당신 또는 주변 사람들이 그것을 어떻게 측정하고 함양할 수 있는지에 대해 관심이 있다면 Neff의 웹사이트(www.self-compassion.org)를 방문해 보라.

취약성 요인

우울증이 종종 심각한 생활사건이나 고난에 의해 야기되기는 하지만, 심각한 역경을 겪은 사람 모두가 우울증이 발병하는 것은 아니다. 몇몇 사람은 다른 사람들에 비해 질병에 더욱 취약하다. 그렇다면 특정 사건에 대해 부정적인 정서로 반응하는 것과 우울증이나 불안장애와 같은 병적 정서장애로 반응하는 것 사이에는 어떤 차이가 있을까?

유전-환경 상호작용

많은 쌍생아 연구는 개인의 유전자와 환경 간의 상호작용이 우울증 또는 불안장애로 이어질 수 있다는 이론을 지지한다. 유전-환경 상호작용(gene-environment interaction)에 대한 연구들은 유전학자들 사이에서 상당한 관심을 차지한다.

몇몇 사람은 타인에 비해 유전적으로 우울증에 걸릴 위험이 높다. 그러나 그들이 우울증에 걸리는지 아닌지는 생활사건과 고난과 같은 환경적 요인에 달려 있다. 유전적 위험의 비중은 얼마나 클까? Sullivan, Neale, Kendler(2000)는 쌍생아 연구방법을 사용한 다섯 개의 연구에 대한 메타분석을 하였는데, 쌍둥이 형제가 모두 우울증으로 진단받을 가능성이 유의하게 높다는 것을 발견하였다. 일란성 쌍생아는 이란성 쌍생아에 비해 둘 다 우울증으로 진단받을 확률이 더 높았다. 이 다섯 개의 쌍생아 연구를 종합한 결과, 우울증에 있어 유전적 요인에 대한 의존도의 추정치는 37%인 것으로 나타났다. Kendler 등(2006)은 1만 5,493쌍의 스웨덴 출신 쌍생아를 조사한 결과 비슷한 추정치인 38%의 우울증 유전 가능성을 보고하였다.

유전적 편향은 불안장애에서도 마찬가지로 나타난다(Hamm, Vaitl, & Lang, 1990; Scherer et al., 2000). 위험에 대한 도식(schema)과 특정한 단서를 연합시키는 메커니즘에 있어서 높은 유전적 민감성이 왜 몇몇 사람이 그들의 삶에서 얼마나 심각한 위험을 겪었는지에 상관없이 다른 사람들에 비해 전반적으로 공포를 더 많이 느끼는지 설명해 준다. Boomsma, Van Beijsterveldt, Hudziak(2005), Kendler, Gardner, Lichtenstein(2008)은 아동기, 청소년기 및 초기 성인기의 쌍생아들을 연구하였다. 그들은 어린 아동들에게 있어서는 유전적 요소가 불안과 우울에 영향을 미치지만, 20세부터는 유전적 요소의 영향이 크게 감소한다는 것을 발견하였다.

우울증의 유전적 영향이 직접적으로 우울증을 유발하지는 않는다. 이를 조절하는 매개요인 중 하나는 심각한 생활사건을 경험하는 것이다. Robert Plomin 등(1990b), Kendler 등(1993a)은 일란성 쌍둥이가 경험한 생활사건의 수가 이란성 쌍둥이보다 더 유사하다는 것을 발견하였다. 다시 말해, 어떤 사람들은 유전적으로 불행한 생활사건을 경험할 가능성 자체가 다른 사람들에 비해 더 높으며, 이로 인해 그 사람들이 우울증에 걸릴 가능성이 더 높아지는 인과관계가 나타나는 것이다. Federenko 등(2006)은 180쌍의 쌍생아 연구를 통해 더 많은 생활사건을 겪게 될 유전적인 위험은 그 사건들이 개인적인 경우(예: 사회적 인정을 받지 못함), 또한 도전적이기보다는 부정적인 경우 그리고 지속되는 경우에 더 높다는 것을 발견하였다.

유전적인 영향에 의해 형성된 성격이 자신이 겪은 생활사건을 더 심각한 것으로 경험하게 만들 뿐만 아니라, 그들 스스로 더 많은 생활사건을 겪도록 만들 수 있는가? 542쌍의 쌍생아를 통해 Kendler와 Myers(2010)는 빅 5 성격특성인 신경증, 외향성, 개방성, 성실성, 친화성을 검사하였다. 그리고 그들은 이와 같은 성격특성들의 유전 가능성이 0.44~0.64 정도로 나타남을 발견하였다(타 연구의 추정치와 유사함). Middeldorp 등(2008)은 많은 쌍생아 표본을 검사하였고, 빅 5 성격특성 중에서 신경증이 생활사건에 노출될 가능성을 높이며 신경증과 우울증 간에 높은 상관관계가 있음을 발견하였다.

2001년 인간 게놈 프로젝트를 막 시작할 때, 어떤 특정 유전자가 인간의 특성(trait)을 결정하는지 이해하고자 유전체학(genomics)에 대한 연구가 확장되었다. Avshalom Caspi 등(2003)이 뉴질랜드 더니든에서 진행한 1,000명의 출생 코호트 종단연구와 그 추적연구는 제12장에서 논의되었다. 그 연구자들은 5-HTT 유전자의 영향을 받은 낮은 세로토닌 생산이 생활사건과 상호작용할 때 우울증의 가능성을 증가시킴을 보여 주었다. 여전히 이 결과에 대해서 약간의 논란이 남아 있지만(Wankerl, Wüst, & Otte, 2010), 동물 연구와 인간을 대상으로 한 신경영상 연구를 포함한 다양한 분야의 증거들이 Caspi 등의 결론을 지지한다.

여러 유전자가 조금씩 영향을 주면서 서로 상호작용해서 우울증을 일으킨다는 생각에 연구자들이 합의하고 있다(Plomin & Davis, 2009). 시상하부 뇌하수체 축(HPA)은 스트레스 반응을 조절하는 최후 공통로(final common pathway)이며(제5장 참조), 이는 우울증의 유전적 위험에 연관되는 것으로 보인다. 이 가설을 지지하는 우울증의 동물 모델 연구들도 있다(Müller & Holsboer, 2006; Uriguen et al., 2008).

지난 몇십 년 간 우울증에 대한 유전학은 제12장에서 다루었던 후성유전학의 등장으로 더욱 복잡해졌다. 우울증의 후성유전학에 대해서는 Schroeder 등(2010)이 개관하였다.

사회적 지지

사회적 관계는 사람들이 역경에 대한 반응으로 우울증을 발현시킬지 아닐지에 영향을 미친다. 사람들을 질병으로부터 보호해 주는 관계를 지칭하는 일반적 용어는 사회적 지지(social support)이다. 사회적 지지를 평가하는 전형적인 요소들로는 신뢰가 있는 사람과의 친밀한 관계, 대인관계적 마찰의 부재, 대인관계에서의 인정, 사회적 네트워크 안에의 통합, 실질적 도움에 대한 접근성 등이 있다(제9장의 예시 참조).

　적절한 사회적 지지를 받는 사람들은 사회적 지지가 없는 사람들에 비해 힘든 생활사건을 겪을 때 우울해질 가능성이 적다. 이는 Brown과 Harris(1978)에 의해 지역사회 여성들에게서 발견되었고, 그 이후에 실직한 남성(Bolton & Oatley, 1987), 청소년들(Stice et al., 2004), 여성 정신과 외래 환자(Ali, Oatley, & Toner, 2002), HIV 남성(Johnson et al., 2001) 등 다양한 인구집단에서도 일관적으로 발견되었다. 반면, 대규모 여성 쌍생아 연구에서 Wade와 Kendler(2000)는 생활사건과 사회적 지지의 부재 모두 우울중에 독립적인 영향을 미치지만, 사회적 지지가 생활사건에 대한 영향을 보호해 주는 상호작용 효과는 나타나지 않음을 발견했다.

　이 책에서 우리는 인간이 사회적 존재임을 말하는 것이다. 즉, 우리의 가장 중요한 정서들은 관계에 대한 것이다. 생활사건과 우울중에 대한 연구는 이를 보다 명백하게 드러내 주는데, 첫 번째로 우울중을 유발하는 사건들은 대부분 관계의 손실에 의한 것이며, 두 번째로 사회적 지지가 거기에 더해서 부가적인 영향을 준다는 것이다.

　중요한 관계의 손실은 삶의 의미를 고갈시킨다. 그것은 우리의 자아성(selfhood)의 일부를 잃는 것이다. 소속과 애착에 의한 지지가 없는 삶은 그런 지지가 있는 삶보다 훨씬 더 힘들다.

초기 경험

　생애 초기의 경험은 성인기의 정서장애에 대한 민감성에 영향을 미친다. 아동기에 어머니를 잃은 사람은 그렇지 않은 사람에 비해 우울중에 걸릴 확률이 더 높다(Brown & Harris, 1978). 처음에는 애착 대상의 상실이 개인을 취약하게 만든다고 해석되었다. 그러나 현재에는 상실이 아니라 상실에 뒤따라오는 부모의 보살핌 결핍이 가장 부정적인 영향을 가져온다고 본다. Brown과 Harris의 연구에서 아동기에 방치(neglect)되었거나 신체적·성적 학대를 당했던 여성들은 성인이 되어 우울중과 불안장애를 겪을 위험이 더 크게 나타났다(Brewin, Andrews, & Gotlib, 1993; Brown & Harris, 1993).

　아동기에 일어난 보살핌의 부족은 스스로를 생활사건이 나타날 위험이 높은 상황에 노출시키도록 만드는 경향이 있다. 그래서 Quinton, Rutter, Liddle(1984, 제12장에서 논의됨)은 시설에서 자란 소녀들이 이른 나이에 임신을 하며, 부적절한 성적 관계를 갖고, 미숙한 부모가 된다는 것을 발견하였다(또한 제9장에서 논의된 Fleming et al., 2002 참조). Hammen(1991)은 주요우울장애의 병력이 있는 여성들은 그렇지 않은 여성에 비해 생활사건을 더 많이 경험하였다는 것을 발견하였다. 이런 사건들의 대부분은 대인관계적인 것으로, 자녀 혹은 배우자와의 갈등과 같은 것이었다.

생애 초기의 방치로 인한 취약성은 스스로를 가치 있고 사랑받을 만한 사람이라고 인식하는 것에도 손상을 입힌다. 관계 속에서의 자신에 대해 부정적인 정서 도식을 지니는 것은 나쁜 결과를 가져오는 사건이 일어날 가능성을 높이고, 그렇게 해서 우울증에 걸릴 위험을 증가시킨다. 보살핌의 부족을 겪은 사람들은 애정에 대한 갈망을 지니게 되어 성급하고 이른 결혼에 이르게 되는데, 이런 결혼은 파경으로 끝날 위험성이 높다. 이는 좌절과 상실에 대한 예상을 확인시켜 주는 것이 되며, 결국 우울증에서 나타나는 한 가지 증상인 자기비난(self-deprecating)이 된다.

재발, 회복 그리고 장애의 연장

한 번의 우울삽화를 경험한 사람들은 한 번도 경험하지 않은 사람에 비해 또 다른 우울삽화를 겪을 가능성이 높으며, 차후에 우울삽화 및 우울증에 걸릴 취약성이 증가한다. Backs-Dermott,

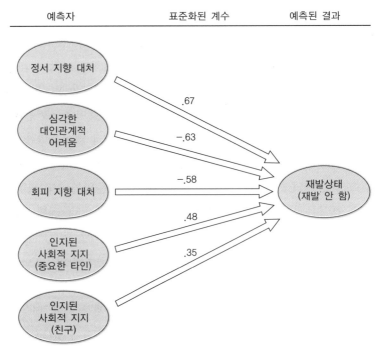

[그림 13-4] Backs-Dermott, Dobson, Jones(2010)의 연구에서 우울증의 재발을 예측하는 요인들의 표준 계수

Dobson, Jones(2010)는 우울삽화가 일어난 해의 시작부터 끝까지 종단연구를 한 결과, 회피적인 대처방식을 지니고 있거나, 대인관계적 어려움이 있거나, 부족한 사회적 지지를 받은 여성들은 또 다른 우울삽화를 보이면서 재발할 가능성이 더 높음을 발견하였다([그림 13-4] 참조).

재발

각종 우울삽화로 인해 우울증에 계속해서 더 취약해지는 메커니즘을 점화(kindling)라고 한다(Stroud et al., 2011). Segal, Williams, Teasdale, Gemar(1996)는 이것이 정신적 패턴이 습관처럼 형성되는 것이며, 그래서 각각의 삽화 이후에 덜 심각한 사건에 의해서도 다음의 삽화가 활성화되기 쉽다고 기술하였다.

Kendler, Thornton, Gardner(2001)는 유전적 위험이 낮은 사람들에게서는 생활사건들과 우울삽화들 간의 상관이 두드러지게 감소한다는 것을 발견하였다. 반면, 유전적 위험이 높았던 사람들은 심각한 생활사건이 없는 상태에서도 첫 우울삽화를 경험하는 경우가 많았다. Kendler 등은 이와 같이 원래 취약한 사람들은 '사전에 점화된(prekindlede)'것이라고 생각하였다. 주요한 스트레스 요인 없이 우울증을 겪게 되는 경로는 유전적 취약성과 아동기에 겪은 어려움에 따른 것이다.

회복과 새로운 시작

국립정신건강연구소 공동 우울증 연구(National Institute of Mental Health Collaborative Depression Study)에 의하면 대부분의 우울삽화는 해결되는 것으로 나타났다. 우울증이 발병하고 1년 이내에 약 70%의 사람들이 회복하였다. 발병 5년 이후까지 우울증이 남아 있는 사람은 12%이며, 10년이 지나면 7%의 사람들이 남는다(Keller & Boland, 1998).

사람은 우울해지면 부정적인 인지적 편향(cognitive bias)에 갇히게 되고, 이는 희망을 고갈시킨다(Gotlib & Joormann, 2010). 제7장에서 우리는 정서가 뇌의 체계를 변화시켜 편향을 일으키는 것을 살펴보았다. 정서장애들은 이러한 변화를 연장시킨다. 우울한 사람들은 상실과 실패의 기억을 회상하는 경향이 있는데, Teasdale(1988)은 이런 기억들이 기분을 저하시키고 우울증을 연장시킨다고 주장하였다([그림 13-5] 참조). 우울증의 부정적 편향은 새로운 삶의 계획을 세우지 못하게 하고, 이렇게 자기주도성을 잃게 되는 것은 우울증 기간을 더 지속시키는 역할을 한다.

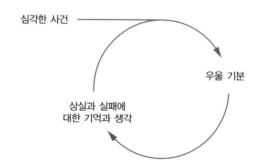

[그림 13-5] 악순환: 생활사건에 의해 발생한 우울증은 과거의 상실이나 실패에 대한 기억을 촉발시키고, 이는 그 사람을 더 우울하게 만든다.

Parrott과 Sabini(1990)는 대부분의 사람이 빠져나올 수 없는 이런 악순환에 갇히지는 않는다는 것을 지적하였다. 기분이 저조할 때 몇몇 기억이 떠오를 수는 있지만, 이것이 꼭 우울한 기억은 아니다. 우울삽화가 있을 때에도 사람들은 그들의 삶을 재개념화(reconceptualize)하고, 미래를 위한 계획을 세울 수 있다는 것이다(Nesse, 2000; Oatley, 1992). 이와 같은 회복은 Brown, Lemyre, Bifulco(1992)가 '새로운 출발(fresh start)'이라고 명명한 개념으로서, 이런 것들에는 잃어버린 것을 대체하기 위한 새로운 관계, 새로운 역할, 새로운 인생 프로젝트 등이 있다. 이러한 것들은 사람들로 하여금 보람차고 목표지향적이라고 느낄 수 있게 만든다. 우울증 재활에 관련된 한 종단연구에서 Oatley와 Perring(1991)은 우울증이 낮는지 아니면 회복되지 않고 지속되는지는 환자가 세운 새로운 계획이 잘 진행되는지 그렇지 않은지에 달려 있다는 것을 발견하였다.

Susan Nolen-Hoeksema는 문제해결적인 방식이 아니라 수동적이고 반복적인 방식으로 고통스러운 증상을 곱씹는 현상인 반추(rumination)에 의해 우울증이 지속되는지 알아보았다. Nolen-Hoeksema와 Morrow(1991)는 자연재해(1989년 샌프란시스코만에서 일어난 지진으로 62명이 죽고 1만 2,000명이 집을 잃게 된 사건)에 대한 정서적 반응을 연구하였는데, 그 사건에 대해 반추하는 사람들이 최대 7주가 지날 때까지 저조한 기분을 느꼈다는 것을 발견하였다. 또한 Nolen-Hoeksema 등(1994)은 가까운 친척이 호스피스 병동에서 죽었을 때, 처음 1개월간은 반추하는 사람과 그렇지 않은 사람 간의 기분상태에 차이가 없으나, 6개월이 지난 이후에 보통 사람들은 다시 기분이 나아지지만 반추하는 사람들은 여전히 기분이 저조하다는 것을 발견하였다. Nolen-Hoeksema, Wisco, Lyubomirsky(2008)는 반추연구 프로그램들에 대해 개관하였다. 이 개관에 뒤이어 Cooney, Joormann, Eugène, Dennis, Gotlib(2010)은 우울한 반추가 뇌의 특정 부위에 영향을 미친다는 것을 발견하였다.

우울증으로 야기되는 생각들이 모두 같은 것은 아니다. Joormann, Dkane, Gotlib(2006)은 반추가 두 가지 측면을 지니고 있음을 보여 주었다. 하나는 사건을 곱씹으며 마음앓이를 하는 것(brooding)으로, 부적응적인 것이다. 반면에 반성적인 숙고(reflective pondering)는 우울증을 야기한 사건에 이르게 된 과정을 충분히 사색하는 것으로, 우울삽화를 해결하거나 단축시킬 수 있다.

인지적인 설명과 더불어, 어떻게 우울증이 지속되는지에 대한 또 다른 설명은 Hammen과 동료들(Daley et al., 1997; Hammen, 1999), Joiner(2002)에 의해 제시되었다. 이는 관계의 측면 으로 설명된다. 우울증은 관계를 악화시키는 경향이 있으며, 이러한 관계 악화는 우울증을 지속시키는 경향이 있다. Hokanson 등(1991)은 대학교 룸메이트 간의 상호작용과 기분 사이 의 관계를 추적하였다. 한 집단은 두 명 중 한 명이 Beck 우울척도(Beck Depression Inventory; Beck, Steer, & Garbin, 1988, 우울을 측정하는 가장 보편적인 측정도구)에서 지속적으로 높은 수치 를 보이는 집단이었다. 다른 집단은 두 명 중 한 명이 Beck 우울척도에서 지속적으로 낮은 수 치를 보이는 활기찬 사람이었다. 룸메이트가 활기찬 사람인 집단과 비교하여, 지속적으로 우 울한 사람들과 생활했던 이들은 1년 후 더 우울해졌다. 그들은 자신이 점점 매니저처럼 되어 간다고 했으며, 그들의 룸메이트는 점점 더 의존적으로 변해 간다고 했다.

불안과 기타 정서장애에서의 인지적 편향

불안상태는 우울보다 더 만성적일 가능성이 높다. 지속적인 우울을 야기하는 인지적 메커 니즘은 사건에 대한 기억과 상황에 의해 크게 영향을 받지만, 지속적인 불안은 기본적으로 주 의와 관련이 있다(Mogg & Bradley, 2004). Andrew Mathews(1993)가 보여 준 바와 같이 불안 특성이나 장애를 가진 사람들은 불안을 야기하는 사건, 특히 자신이 지닌 특정한 불안을 야기 하는 사건에 주의가 편향되어 있다. 따라서 건강에 대해 불안한 사람 또는 건강염려증과 같이 (hypochondriacal) 걱정을 지닌 사람들은 신체적인 현상에 대해 이것이 질병의 증상인지 주의 를 기울인다. 이런 사람들은 건강과 관련된 뉴스 기사나 건강 문제에 대한 다른 사람들의 설 명에 주의를 집중하여 정신적 도식을 생성하고, 불안 수준을 높이는 심적 습관을 만든다. 따 라서 공포 때문에 무서워하는 대상이나 사건들에 초점을 맞추게 되고, 이는 더 큰 공포를 가져 온다. 또한 공포는 회피를 일으킨다. 그래서 사회불안이 있는 사람들은 스스로를 고립시키는 경 향이 있고, 이는 사람들 앞에 나서는 것을 더 불안하게 만들어 결국 자신감을 고갈시킨다.

2001년 미국에서 9·11 테러가 일어난 이후에, 그 사건과 밀접하게 관련된 사람들에게서 외상후 스트레스 장애(PTSD)의 증상들이 나타났다(Galea et al., 2002). 테러로 인한 공포는 불안 증상을 야기했으며, 몇몇 경우는 일터로 돌아가는 것을 불가능하게 만들거나 개인적인 관계를 무너뜨렸다. Lindstrom, Mandell, Musa, Britton, Sankin, Mogg 등(2011)은 뉴욕에서 9 · 11 트라우마에 근접하게 노출된 부모들의 경우, 트라우마에 적게 노출된 부모들에 비해 위협에 대한 더 큰 주의 편향을 보임을 발견했다.

우울과 불안을 넘어서

우리는 이 장에서 이상심리학 분야의 모든 것을 다루지는 않을 것이지만, 지금부터 심리학적 장애와 정서 간의 관계에 초점을 맞춘 세 가지 주제에 대해 논의할 것이다.

정신병질

비록 사이코패스로 진단받는 인구는 전체의 2%도 되지 않지만, Coid와 Yang(2011)이 영국에서 실시한 설문조사에 따르면, 보고된 폭력 사건 중 18.7%가 이들에 의한 것이라고 알려졌다. 정신병질은 정서장애로서 공격성과 강하게 연관되어 있다. 이는 ① 타인에 대한 정서적 연결의 부족과 함께 나타나는 냉혹함, ② 반사회적 행동이라는 두 가지 핵심 요소를 갖고 있다. 정신병질은 스릴 추구, 가학증, 대담함, 충동성, 분노 조절의 결핍, 반사회적 생활방식, 죄책감이나 후회의 결핍과 연관되어 있다. 전형적인 사이코패스는 남성이며 사회적으로 적대적이다. 그들은 타인의 평가에 대한 걱정을 하거나 수치심에 의해서 사회적 제약을 받는 경우가 별로 없다. 그들은 흔히 품행장애나 간헐적 폭발성 분노장애로 진단받는 청년과 다르다. 보통 반성적(reflective)이지 않으며, 특히 행동의 결과로 나타나는 부정적 결과를 되돌아보지 않는다. 예를 들어, Robert Louis Stevenson의 소설 『지킬 박사와 하이드 씨(Dr. Jekyll and Mr. Hyde)』에서 Jekyll 박사는 마력을 지닌 어떤 물약을 마신 뒤에는 이기적이고 양심의 가책을 느끼지 않는 Hyde 씨로 바뀐다. 대부분의 사람이 관습에 신경을 쓰면서 타인을 배려하는 Jekyll 박사라면, 사이코패스들은 현실 속의 Hyde 씨이다.

정신병질은 어린 나이에 시작되며 성인기의 범죄를 예측하게 해 준다(Lynam, Miller, Vachon, Loeber, & Stouthamer-Loeber, 2009). 이는 주로 정신병질 체크리스트(Psychopathy Check-List: PCL)나 이와 비슷한 측정도구들의 점수로 확인된다(Hare, Clark, Grann, & Thornton, 2000).

사이코패스는 공감의 결핍을 보이고, 타인에 대해 정서적으로 마음을 여는 것이 불가능해 보인다. 정신병질이 공감과 마음이론의 결핍이 나타난다는 점에서 자폐증과 비슷해 보일 수 있으나, 이 두 증후군은 서로 다르다(Blair, 2008). 전형적인 자폐증 환자는 그렇지 않은 반면, 사이코패스는 매우 잔인하다. 비록 자폐증 환자가 사이코패스도 될 수는 있겠지만, 그런 사람의 경우라면 서로 관련이 없는 난해한 두 가지 특성을 함께 지니고 있을 것이다(Baron-Cohen, 2011).

정신병질적 결함에 대해서는 두 가지 주요 이론이 존재한다. 하나는 주의 편향에 대한 것이다(Hiatt & Newman, 2006). 불안한 사람들은 위험 신호에 대응하며 그들이 무엇을 하고 있든 새로운 위협에 주의를 전환시키는 반면, 사이코패스는 자신이 하고 있는 일에 집중하여 새로운 정보의 영향을 적게 받는다. 이러한 관점에 따르면, 사이코패스에서 나타나는 충동성과 회피의 부족은 주의의 결핍에 의한 것이다. 두 번째 이론(Blair & Mitchell, 2009)에서는 전전두엽과 편도체의 이상을 수반한 정서 처리과정의 결함이 있다고 주장한다. 이러한 관점에 의하면, 과거에 가해졌거나 미래에 가해질 처벌은 사이코패스에게 영향을 미치지 못한다.

스릴러물이나 미스터리 살인 사건 속 사이코패스들은 우리에게 매우 흥미롭고 매력적으로 비춰진다. 그들은 일반적인 사회에는 흔하지 않으며 수감자들 사이에 더 많다. 그러나 아직까지 사이코패스를 효과적으로 치료하는 방법이나, 그들이 조직 또는 정치계에서 권력을 획득하는 것을 막을 수 있는 방법에 대해서는 거의 밝혀진 바가 없다.

조현병과 표출정서

정신병적 장애인 조현병(schizophrenia)은 0.87%의 평생 유병률을 보이며(Perälä et al., 2007), 남성보다 여성에게 조금 더 많이 나타난다. 정서장애들이 생활 속의 역경에 의해 촉발되는 경우가 많은 반면, 조현병은 유전적 요인이 크게 작용하며, 따라서 역경 없이도 발생할 수 있다. DSM-IV의 진단 기준에 따르면, 증상이 최소 6개월 이상 지속되어야 하며 심각한 사회적·직업적 기능상의 이상이 야기되어야 한다. 조현병의 증상에는 망상, 환각, 와해된 행동, 관계의 악화, 둔화된 정서 등이 포함된다. 둔화된 정서는 타인의 정서표현을 제대로 인식하지 못함에 따라 사회적 기능에 어려움이 생기는 것이다(Hooker & Park, 2002). Ann Kring과 동료들의 중요한 연구는 조현병 환자들의 둔화된 정서에 대해 보다 구체적인 의미를 밝혀냈다. 조현병 환자들은 정상적인 기능을 하는 사람들과 유사한 정서적 경험을 보고하지만, 자신의 정서를 밖으로 표출하는 행위가 덜 나타난다(예: Kring, 1999).

조현병은 가족 구성원들의 표출정서(Expressed Emotion: EE)에 주요한 영향을 준다. 표출정서란 조현병 환자의 가족 면접에서 평가되는 측정치이다. 초기의 측정도구(Brown, Birley, & Wing, 1972)는 ① 가족이 나타내는 비판적인 코멘트의 수, ② 환자 가족이 보이는 비언어적·

내용적 측면에서의 적개심의 수준, ③ 과잉 개입, 즉 환자를 아이처럼 다루는 것과 같은 것을 평가하였다. Vaughn과 Leff(1976)는 가족들이 나타내는 표출정서의 수준에 따라 앞으로 9개월 안에 그 조현병 환자가 재발할 것인지를 예측할 수 있음을 발견하였다. 병원에서 집으로 돌아온 환자들에 대해 가족들의 표출정서가 낮고, 가족들이 환자가 항정신성 약물을 복용한다는 사실에 대해 개의치 않는 경우에 재발률이 더 낮았다. 그러나 조현병 환자들이 표출정서가 높은 가족으로 되돌아왔을 때, 그리고 가족들과 보내는 시간이 일주일에 35시간 이상일 때, 약을 복용하지 않은 경우 92%의 환자가 9개월 이내에 재발하였다([그림 13-6] 참조).

표출정서에 대한 연구들에 대한 메타분석을 한 Butzlaff와 Hooley(1998)는 높은 표출정서가 조현병의 재발과 연관되며 낮은 표출정서는 낮은 재발률로 이어진다는 것을 발견하였다. 메타연구의 포함 기준을 충족시킨 27개의 연구 중 3개의 연구를 제외하고는 모두 표출정서가 재발에 미치는 영향을 보여 주었는데, 재발 환자 중 65%가 높은 표출정서를 지닌 가족에서 나타났으며, 35%만 낮은 표출정서를 지닌 가족에서 나타났다. 또한 Butzlaff와 Hooley는 표출정서의 영향이 조현병이나 거식증과 같은 섭식장애의 재발에 미치는 것보다 우울증에 미치는 영향이 더 크게 나타남을 발견하였다.

정신과적 장애들은 환자 혼자만 괴롭히는 것이 아니다. 이는 다른 사람에게도 괴로움을 주며, 이와 같은 어려움에 어떻게 대처하는지는 가족마다 다르다. 예를 들어, Grice 등(2009)은 높은 표출정서를 지닌 가족들은 부정적인 사건이 일어났을 때 환자를 비난하는 경향이 나타나며, 반면 낮은 표출정서를 지닌 가족들은 보다 긍정적인 사건에 초점을 맞춘다는 것을 발견하였다. 표출정서 연구는 환자의 상태에 대한 수용과 그것에 대처하는 유연성을 통해 가족 구성원 중 누군가 장애를 갖게 되더라도 삶이 너무 힘들어지지 않도록 하며, 정서적으로 비판적

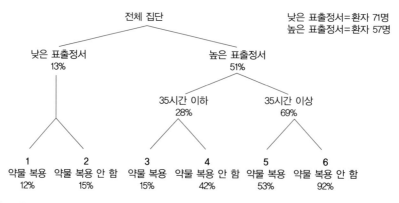

[그림 13-6] 퇴원한 지 9개월 이내에 재발된 조현병 환자의 비율로, 표출정서의 수준, 가족과 함께 보낸 시간, 약물 복용의 여부에 따라 분류됨

출처: Vaughn & Leff (1976).

이고 적대적인 태도를 취해 환자가 더 심한 증상을 보이고 재발에 이르게 되는 악순환을 끊을 수 있다.

정신신체적 영향

신체건강에 정서적 요인들이 미치는 영향에 대한 연구들은 많이 이루어져 왔다. 그렇다면 생활 속의 고난들이 정서적인 장애뿐만 아니라 면역체계(immune system) 등에 영향을 미쳐 신체적 질병을 유발할 수 있는가? 면역체계는 골수, 비장, 흉선, 림프선, 림프구와 대식세포와 같이 혈액 내에 존재하는 백혈구를 포함하여 우리 몸 전체에 퍼져 있다. 스트레스원들이 면역체계에 미치는 영향에 대한 학문은 정신신경면역학(psychoneuroimmunology)으로 알려져 있다. 이 분야에 대해서는 Byrne-Davis와 Vedhara(2008), Kiecolt-Glaser(2009)의 개관이 크게 도움이 된다.

이 분야의 초기 연구들은 역학적인 측면에 대해 연구했으며, 그중 특히 두 종류의 연구가 매우 중요하다. 하나의 주요한 흐름은 화이트홀 연구들(Whitehall Studies)이다. 이는 영국 남성 공무원들의 건강에 대한 Michael Marmot과 동료들의 연구로, 그들은 동일한 고용 안정성과 보건 혜택을 받고 있지만 지위가 다른 사람들에 대해 연구하였다. 가장 상위 지위로는 행정관리직, 그다음으로 전문가와 간부들 및 사무직, 그다음으로 기타 직군을 연구하였다. 첫 번째 연구에서 지위가 높은 사람들일수록 더 장수한다는 것이 밝혀졌다(Marmot & Shipley, 1996). 두 번째 연구에서 Kuper와 Marmot(2003)는 직장에서의 낮은 통제력으로 인한 직무 스트레스가 심장 질환 위험을 높인다는 것을 발견하였다. 영장류를 가지고 한 연구와 같은 다른 연구들을 보면, 높은 지위를 획득하는 것이 건강상의 이점을 지니고 있는 것으로 보인다. 영국 남성 공무원 연구의 추적연구에서, Boehm, Peterson, Kivimaki, Kubzansky(2011)는 삶에 대한 만족도가 심장 질환의 위험으로부터 사람들을 보호하는 긍정적인 역할을 한다는 것을 밝혀냈다.

두 번째 종류의 연구는 Richard Wilkinson과 Kate Pickett(2009)의 연구로 여러 사회집단에서 일어나는 사회적 불평등의 영향에 대한 광범위한 증거를 보여 주고 있다. 선진국의 경우에, 사망률과 특정 질병에 대한 유병률 두 가지 모두가 소득 격차와 크게 연관되어 있었다.

우리는 제12장에서 여러 국가에서의 소득 불평등과 그것이 심리적 · 사회적 · 신체적 건강의 지표들과 어떤 관계가 있는지 측정한 Richard Wilkinson과 Kate Pickett(2009)의 주요 연구를 소개하였다. 우선 그들은 국가별 데이터를 발표하였는데, 상위 20%의 세후 소득과 하위 20%의 세후 소득의 비율을 통해 해당 국가의 소득 격차를 측정하였다. 예를 들어, 일본과 스칸디나비아 국가들은 4 대 1의 비율을 보였다. 프랑스와 캐나다에서는 약 6 대 1이었고, 가장 선진국인 미국은 가장 큰 소득 격차를 보였는데 약 8.5 대 1이었다.

Wilkinson과 Pickett은 소득 격차가 강력하게 그리고 일관적으로 심리적 · 사회적 · 신체적 건강의 지표들과 관련되어 있음을 보여 주었다. 이런 지표들에는 심리적 웰빙의 부족, 낮은 사회적 신뢰 수준, 높은 정서장애 유병률, 아동의 낮은 학업 수행, 높은 빈도의 청소년 출산, 높은 살인율, 많은 수감 인원 등이 있다. 그들의 책에 있는 그래프(그 책의 [그림 2-2], p. 20)에서 그들은 여러 국가에서 나타난 소득 격차와 앞에서 제시한 심리적 · 사회적 · 신체적 문제 간의 관계를 제시하여서 그들의 연구 결과를 개괄적으로 보여 주었다.

이 그래프는 좌측 하단에서 우측 상단으로 뻗어 있는 직선을 보여 주고 있는데, 여러 국가들이 이 선을 중심으로 매우 작은 분산을 보이며 흩어져 있다. 직선의 좌측 하단 끝에는 가장 소득 격차가 적은 4개의 선진국이 자리 잡고 있는데, 이 나라들은 핀란드, 노르웨이, 스웨덴, 일본이다. 이 나라들은 심리, 사회, 건강 문제를 망라하는 통합 지표에서 가장 낮은 점수를 보였다. 직선의 반대쪽 끝인 오른쪽 상단에는 가장 격차가 심한 3개의 선진국이 자리 잡고 있었으며, 이는 영국, 포르투갈, 미국이다. 이 국가들은 심리, 사회, 건강 문제를 망라하는 통합 지표에서 가장 높은 점수를 기록하고 있다. 특히 미국은 그래프의 가장 끝에 있으며, 소득 불평등과 심리, 사회, 건강 문제의 통합 지표 점수 모두에서 가장 높은 것으로 나타났다. 그래프의 가운데 부분에는 캐나다, 프랑스, 스위스, 스페인과 같은 국가들이 있었으며, 이들의 소득 불평등과 문제 지표는 모두 중간 정도였다. 또한 일본의 경우 세전 소득 자체를 평등하게 하는 방식으로 형평성을 추구하는 반면, 스칸디나비아 반도의 국가들은 부자일수록 더 높은 세율을 적용하는 누진 소득세 제도를 도입하여 평등을 추구함에도 불구하고 이 둘이 비슷한 효과를 얻는다는 점을 주목해야 한다.

개발도상국의 경우에는 건강과 웰빙의 지표들이 평균 국민소득과 관련되어 있다. 이 개발도상국가들에서 가난한 사람들은 부적절한 식생활을 하며, 적은 자원을 지니고 살아간다. 반면, 선진국들에서는 이와 같은 메커니즘이 더 이상 통하지 않고, 대부분의 사람이 신체적으로 건강을 유지하기에 충분한 자원을 갖게 된다. 그런데 국가가 유럽, 북미, 일본 정도의 개발 수준에 도달하게 되면 더 이상 건강과 웰빙이 평균 국민소득과 관련을 보이지 않는다. 대신 불평등과 관련을 보이기 시작한다. 선진국에서 낮은 수준의 신체적 건강과 심리적 웰빙은 소득의 불평등과 밀접한 관련을 보이게 되며, 이는 각 국가의 가난한 사람뿐 아니라 모든 사람에게 적용된다. 이와 같은 현상에 관련된 각국의 밝혀지지 않은 특징들을 알아내기 위해 Wilkinson과 Pickett은 미국의 각 주에 대해 비슷한 분석을 시도하였다. 비슷한 아메리칸 드림을 지니고 있고, 비슷한 거주 환경에 살며, 비슷한 종류의 음식을 먹고, 유사한 수준의 학교에 아이들을 보내는 사람들을 분석한 결과, 가장 심한 소득 격차가 존재하는 지역인 루이지애나주와 캘리포니아주의 경우, 신체적 건강과 웰빙 상태가 전반적으로 평균에 비해 형편없었다. 반면, 뉴햄프셔주나 유타주와 같이 소득 격차가 낮은 지역에서는 더 나은 신체적 건강과 웰빙 상태를 보였다. Oishi, Kesebir, Diener(2011)는 미국에서 소득 격차가 크게 나타나는 해에 사람들은 더욱 불행하다고 느끼며, 그들이 불행하다고 느끼는 것이 인지된 불평등과 낮은 신뢰에 의한 것임을 보여 주었다. Oishi, Schimmack, Diener(2012)는 소득세가 누진적으로 부여되는 국가에서 국민들은 그렇지 않은 국가들의 경우와 비교하여 자신의 삶이 이상에 더욱 가깝다고 평가하였으며, 일상적으로 더 많은 긍정적인 경험과 더 적은 부정적인 경험을 보고한다는 것을 발견하였다.

그러므로 불평등이 건강과 사회적 지표들에 미치는 영향은 먹는 음식이나 기타 자원에 대한 접근성과는 관련이 없고, 오직 심리적인 데서 기인하는 것이다. 위계 속에서 살아갈 때 그것의 가장 밑바닥에 처하게 되는 것과 원하는 대로 아이들을 키우지 못하는 것이 사람들에게 수치심을 주는가? 타인에 대한 부러움이 마음뿐만 아니라 면역체계에도 영향을 미치는가? 불평등이 낳은 불신은 우리 모두에게 부정적인 영향을 주는가? 이는 굉장히 중요한 문제들이다.

Janice Kiecolt-Glaser와 동료들(2002)은 마찬가지로 역학적 연구부터 시작하였으며, 이후 그들이 한 탐정활동을 연구실로 가져왔다. 그들은 다양한 질병에 있어 부정적 정서는 위험요인이 되며 지지적 관계는 보호요인이 된다는 것을 밝혔다. 그들은 급성 스트레스와 만성 스트레스를 구분하였다. Kiecolt-Glaser는 시험을 보는 상황에서 나타나는 학생들의 급성 불안과 스트레스를 모델로 삼아 급성 스트레스에 관한 일련의 연구를 수행하였다. 그녀와 동료들은 급성 스트레스가 백신에 대한 면역 반응을 감소시키고(Glascr ct al., 1998), 시험 3일 전에 외과적 상처를 입은 학생들은 여름방학 때 같은 종류의 상처를 입은 학생들에 비해 40% 더 더디게 치료된다는 것을 발견하였다(Maroucha, Kiecolt-Glaser, & Favegehi, 1998).

웰빙

미국 독립선언문은 절대적 권리에 대한 것으로, '삶, 자유 그리고 행복 추구'에 대해 말하고 있다. 그렇다면 행복이란 무엇인가? WHO는 이를 웰빙이라는 용어로 정의 내리고 있다. 행복이란 다음과 같다.

……개인이 자신의 능력을 실현하고, 생활 속에서 오는 일상적인 스트레스에 대처할 수 있으며, 생산

적이고 보람차게 일할 수 있고, 자신이 속한 공동체에 기여할 수 있는 웰빙의 상태이다(WHO, 2001).

행복은 매우 긍정적인 것으로 보인다. 그러나 Gruber, Mauss, Tamir(2011)는 행복이 적절한 수준으로, 적절한 대상에 대해, 적절한 상황에서 일어나야 하며 그렇지 않으면 이 역시 해로 울 수 있음을 보여 주었다. 많은 연구자는 다음과 같은 세 가지 측면에서 행복과 웰빙이 이롭 다고 했는데, 이는 삶의 만족감, 긍정적인 정서, 부정적인 정서의 부재이다(Nettle, 2005). 이는 우리가 우리의 삶을 의미 있게 살아가고 즐거운 마음으로 관계에 참여할 수 있는 상태이다. Diener와 Diener(2002)는 43개국을 조사하여 이 나라들에서 86%의 사람들이 중간 이상의 행 복을 느낀다는 것을 바탕으로 긍정적인 정신건강의 일반적인 규준을 알아내었다.

행복에 관한 문제와 그 결과들은 심리학뿐만 아니라 경제학과 사회학에서도 매우 중요하게 다루어진다. 경제학의 경우, 행복이 더 큰 생산성과 경제적 성공, 지지적 관계의 구축과 장수 로 이어질 수 있기 때문에 행복에 관심을 갖는다(Lyubomirsky, King, & Diener, 2005).

Sonja Lyubomirsky 등(2005)은 행복과 웰빙을 생각할 때 고려해야 할 세 가지 요인을 제시 하였다. 첫 번째는 기질과 성격을 조절하는 유전적 설정점(set point)이다. 몇몇 쌍생아 연구들 에서는 성격을 기반으로 장기적인 행복감을 약 50% 정도 설명할 수 있으며, 행복감은 생활사 건에 의해 변동될 수 있지만 결국에는 대부분의 사람이 다시 기본적 수준으로 되돌아온다는 것을 발견하였다. 두 번째는 상황적이지만 개인의 삶에 장기적인 영향을 주는 요인들로, 성별 이나 문화적 배경, 소득 수준, 결혼상태와 같은 것들이다. 상황적 요인들은 행복에 대해 10% 정도 추가적인 설명을 해 준다. 원하던 직장에 간다거나 기대한 것보다 적은 돈으로 살아가야

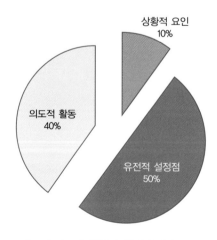

[그림 13-7] 행복과 웰빙의 결정요소

출처: Lyubomirsky et al. (2005).

하는 것과 같은 상황은 그 당시 모든 것을 바꾸는 것처럼 보이지만 실질적으로는 생각보다 작은 변화를 가져온다. 왜냐하면 사람들은 환경에 적응해 나가기 때문이다. 세 번째 요인은 의도적인 활동으로 사람들이 어떻게 가족, 친구, 직장 그리고 여가생활에서의 활동들을 조직적으로 잘해 나가는지를 말한다. 이는 행복의 40%를 설명한다. 이어지는 절들에서 이 세 요인에 대해 다룰 것이다.

유전적 영향

웰빙은 긍정적인 기질로 예측할 수 있다. Cohn 등(2009)은 긍정적인 정서와 더 큰 삶의 만족감 사이에 자아탄력성(ego resilience: 생활 스트레스에 대처할 수 있는 정신적 자원)이 매개적인 역할을 한다는 것을 발견하였다. 이 생각에 따르면, 긍정적인 정서는 자원을 만들어서 삶의 다양한 영역에서 개인이 성공에 도달할 수 있도록 해 준다. 예를 들어, 기쁨을 나누고 타인을 보살펴 주는 것은 지지적 관계를 형성하도록 해 주며, 세상에 대한 호기심은 다양한 직업적 기회를 열어 준다(Fredrickson & Cohn, 2008). Richards와 Huppert(2011)는 1946년에 영국에서 태어난 2,776명의 출생 코호트에 대한 추적연구를 하였다. 이 사람들이 16세 때 교사들은 그들의 에너지 수준, 행복감, 인기, 사교성 등의 영역을 평가하였다. 그 결과, 교사들의 긍정적인 평가를 받지 못한 사람들에 비해 2개 이상의 영역에서 긍정적인 평가를 받은 사람들은 이후의 삶에서 정신건강 문제를 겪을 가능성이 60% 더 낮았다. 또한 그들은 가족, 친구들과 자주 접촉할 가능성이 더 높았으며, 직장에서 만족할 가능성도 더 높았다.

성격은 긍정적인 기분과 부정적인 기분을 통해 웰빙에 영향을 주었다. 예를 들어, Abbott 등(2008)은 청소년기에 측정된 신경증과 외향성이 30년 이후에 측정한 웰빙상태에 대해 13~18%의 설명력을 갖는다는 것을 발견하였다. Stewart, Ebmeier, Deary(2005)는 외향성과 긍정적 기분 간의 정적 상관을 보고하였고, 외향성은 긍정적인 경험을 만들어서 기분에 영향을 미친다고 주장하였다. 전반적으로 신경증과 웰빙 간의 상관은 어떤 사회의 표본을 모집하느냐에 따라 덜 일관적으로 나타난다. 신경증은 우울과 불안에 대한 취약성과 관련되어 있다. 신경증은 당면한 문제들에 주의를 집중시키며, 이는 정서적 부적응에 영향을 미친다.

상황적 요인

경제학 연구에서 반복적으로 나타나는 연구 결과는 국가 내, 국가 간 연구에서 모두 적절한 정도의 부(wealth)가 주관적 웰빙과 유의미한 상관을 보인다는 것이다. 이러한 관계는 고소득 집단과 저소득 집단의 중간에서 가장 크게 나타난다. Kahneman 등(2006)은 한 해에 2만 달러 이하를 버는 사람들과 비교했을 때, 5만~8만 9,999달러를 버는 사람들 중 '매우 행복함'이라고 보고한 사람들이 2배 이상 많다는 것을 발견하였다. 그러나 9만 달러 이상 버는 사람들이 더 큰 행복감을 보고하지는 않았다. Kahneman 등은 웰빙이란 소득이 늘어남에 따라 계속 증가하는 것이 아닌데, 그 이유는 웰빙이 상대적인(relative) 부에 대한 판단의 영향을 받으며, 경제적 위계 속에서의 개인의 위치가 대개 지속적이기 때문이라고 제안하였다. 평균 이상의 소득을 올리는 사람들은 더 긴장되어 있으며, 즐거운 활동에 더 많은 시간을 할애하지 않는다.

전 세계의 웰빙상태를 비교한 Biswas-Diener, Vitterso, Diener(2005)의 연구에서 현대의 편리함과 사치를 누리지 않고 전통적인 생활방식을 유지하는 케냐의 마사이(Maasai)족과 미국의 아미시(Amish)족, 그린란드의 이누이트(Inughuit)족의 대다수가 웰빙을 측정하는 모든 범주에서 평균 이상인 것으로 나타났다. 그들의 점수는 미국의 전형적인 생활을 하는 사람들의 점수와 비슷하였다. 즉, 행복이 현대화와 산업화 사회의 상품들에 달려 있는 것은 아니라는 것이다. 범문화적으로 행복을 예측하는 요인으로 지속적으로 밝혀진 것은 건강, 결혼, 고용상태이다.

소득 불평등이나 부당한 처우 같은 요인들이 웰빙에 미치는 영향은 상황에 따라 달라진다. 예를 들어, 범죄율이 높은 지역은 범죄율이 낮은 지역에 비해 행복의 상실과 부당한 처우 간의 상관이 더 약하게 나타난다(Graham, 2009). Graham(2009, 2010)은 사람들이 상황에 대해 놀라울 정도로 적응적이며, 행복은 자신이 살고 있는 곳의 현재 상황에 기반을 두고 있다고 주장하였다. Tay와 Diener(2011)는 123개국의 표본을 통해 모든 문화권에서 기본적인 욕구의 충족이 주관적인 웰빙과 강하게 연관되어 있음을 발견하였다. 또한 모든 문화에서 사회적 욕구와 존경은 긍정적인 정서를 예측해 주는 반면, 존경의 결핍과 자율성의 부족은 부정적 정서를 예측하였다. Tay와 Diener는 또한 사람들이 기초적인 욕구를 충족시킬 수 있을지 없을지는 그들이 속한 사회에 달려 있지만 여러 종류의 사회에서도 심리적 욕구를 충족시키는 것은 가능하며, 심지어 기초적인 욕구를 충족시킬 수 없는 상황에서 살고 있는 경우에도 심리적 욕구를 충족시키는 능력 때문에 삶에 적응할 수 있게 된다는 것을 발견하였다.

반성과 수양: 몰입

Mihalyi Csikszentmihalyi(1990)는 많은 사람의 정서가 기본적으로 생활 속에서 일어나는 우연적인 사건들의 영향을 받지만, 몇몇 사람은 상당히 다르게 세상을 바라본다는 것을 발견하였다. 예를 들어, Rico Medelin은 영화 영사기를 만드는 공장의 조립 라인에서 일하였다. 그가 하는 일은 43초가 걸리며, 하루에 이 일을 600번 반복해야 한다. 우리가 이런 일로 생계를 유지해야 하고, 이 일을 Rico만큼 오래(5년간) 계속해야 한다면 불평불만이 가득

하겠지만, 그는 행복해했다. 그는 열심히 그의 작업을 분석하였고, 어떻게 도구들을 더 잘 사용하고 더 빨리 사용할 수 있는지 고안했다. 그의 하루 평균 속도 중에서 가장 빠른 기록은 28초이다. "이 일이 최고예요."라고 Rico는 말하였다. "이건 TV를 보는 것보다 더 낫죠."(pp. 39-40)

Rico 같은 사람들을 통해 Csikszentmihalyi는 그가 '몰입(flow)'이라고 명명한 상태를 발견하였다. 그의 연구에 참여한 사람 중에는 이탈리아 알프스에 살고 있던 한 여성도 있었는데, 그녀는 암소와 과수원을 돌보는 것을 즐겼다. 그녀는 이렇게 말했다. "나는 식물을 보살필 때 특별한 만족감을 느껴요. 나는 그것들이 매일 자라는 것을 보는 걸 좋아해요."(p. 55) 한 댄서는 그녀가 춤을 출 때 아무 곳에도 마음을 빼앗기지 않고 온전히 집중한다고 설명했다. 그녀는 그녀가 하고 있는 일에 완전히 빠져들었다. 한 젊은 엄마는 자신의 어린 딸과 함께 시간을 보낼 때 비슷한 느낌을 갖는다고 이야기했다.

Csikszentmihalyi는 또한 몰입상태를 최적경험(optimal experience)이라고도 불렀는데, 이러한 경험은 창조성을 느끼고, 그 자체로 목적이 되며, 신중하면서도 완전하게 그 일에 빠져들어 자기와 그 활동이 하나가 되는 상태이다. 이 상태에 이르기 위해서 우리는 어떤 활동을 할 것인지 결정하고, 그 활동을 우리가 몰입할 하나의 프로젝트로 전환시킬 수 있다. Csikszentmihalyi는 이 상태에 이르기 위한 몇 가지 조건에 대해 설명하였다. 이것은 즐거운 일이 일어나기를 기다려서 되는 일이 아니다. 우리는 창조적이어야 한다(Csikszentmihalyi, 1996).

가장 좋은 방법은 한 가지 활동을 수용하거나 선택해서 그것을 의미 있는 일로 만드는 것이다. 그것은 피아노를 배우는 것일 수도 있고, 다른 사람이 무슨 생각을 하는지 더 잘 이해하게 되는 일일 수도 있다. 자신만의 목표를 설정하고, 자신만의 특정한 문제를 설정하라. 그리고 목표에 이르는 과정 속에서 그것을 해결하려고 노력해 보라. 목표와 문제는 충분히 구체적이어야 하며, 스스로의 행동과 그 행동의 결과들(피드백)을 관찰하여 자신이 진전을 보이고 있는지 알 수 있어야 한다.

활동

어떤 종류의 활동을 하면 사람들이 자신의 삶이 가치 있다고 느낄까? 우정은 계속해서 기쁨과 만족의 원천인 것으로 나타났다. 우정의 어떤 점들이 행복을 증진시킬까? 423명의 대학생을 대상으로 한 연구에서, Demir와 Kubzansky(2007)는 우정의 질, 특히 동지애와 자기확신(self-validation)이 행복에 상당한 영향을 미친다는 것을 발견했다. 우정은 행복에 대한 변량의 58%를 설명하였으나, 이것은 대부분 성격적인 특성에 의한 것이었다. 이러한 성격 변수들을 조정하였을 때에는 우정의 질이 행복에 약간의 독립적인 영향을 지니고 있었다. 따라서 우정을 쌓고 이를 키워 나가는 활동이 중요하다.

웰빙의 또 다른 중요한 측면은 일이다. 이 주제에 대한 연구의 기반은 Maire Jahoda가 1932년에 저술한 책으로, 1933년에 익명으로 출판되었으나 그 후에 Jahoda, Lazarsfeld, Zeisel(1971)의 공동 저서로 다시 출판되었다. 이 책은 비엔나 근처의 오스트리아인들의 마을인 마리엔탈에 대한 내용이다. 이곳은 미국에서 일어났던 것보다 훨씬 더 심한 불경기가 있었던 1930년대에 주민들의 주된 일터였던 직물 공장이 문을 닫으면서 나타난 실직의 참혹한 영향을 보여 준다. 이 책은 포괄적인 사회연구의 모델이 되었다. Jahoda와 동료들은 사회 연구자, 외과 의사, 변호사가 포함된 팀을 꾸려 대화와 인터뷰를 시도하고 주민들의 일기를 조사하는 한편, 지역 도서관에서 대출한 책의 권수(사람들이 시간이 많아졌음에도 불구하고 계속해서 감소함)까지 면밀히 관찰하였다. 가난은 점점 심각해졌으나, 웰빙은 이보다 더 심각하게 손상되었다. 이는 비도덕화, 무관심, 몰개인화를 야기했다. Jahoda 등은 일이 소득을 가져온다는 점에서도 매우 중요하지만, 일이 가져다주는 가장 중요한 이익은 사회적인 것이라고 결론 내렸다. Clark와 Oswald(1994)는 이혼과 같은 심각한 스트레스를 포함해서 웰빙을 악화시키는 가장 결정적인 요소는 실직하는 것임을 발견하였다. 일은 우리의 시간을 구조화하며, 사회적 목적과 개인적 가치를 느끼게 해 준다. 몇몇 연구는 돈을 받고 하는 일에서부터 자원봉사에 이르기까지 어떤 사회적 활동에 참여하는 사람들이 그렇지 않은 사람들에 비해 더 높은 수준의 웰빙을 보고한다는 것을 보여 주었다(예: McMunn et al., 2009). 실직과 웰빙 간의 상관은 소득 변수를 상수로 놓고 계산해 보아도 여전히 유의하게 나타난다. 따라서 실직에 따른 부정적인 심리적 영향이 웰빙에 미친다는 것을 알 수 있다.

웰빙에 기여하는 또 다른 활동은 학습이다. 유아기에는 학습을 할 수밖에 없으며, 아동기에는 학교를 통해 학습을 하도록 강요된다. 초기 성인기에는 학습을 계속할지 말지를 결정한다. 우리는 이 책을 가지고 공부하는 것이 가치가 있으며 웰빙에 기여하기를 바란다.

요약

이 장에서 우리는 공포와 슬픔에 관련된 정서장애에 해당하는 우울과 불안에 대해 살펴보았다. 이는 세계적으로 가장 흔한 정신과적 증상이며, 남성에 비해 여성들이 주로 고통받는다. 반면, 남성들은 아동기에 나타나는 외현화 장애들이 알코올 남용과 충동조절장애로 지속되고 이 때문에 주로 고통받는다. 우울증이나 불안장애의 첫 삽화는 주로 스트레스에 의해 시작되는데, 이것에 영향을 미치는 요인으로는 심각한 생활사건과 어려움, 유전적 소인, 아동기 방치와 같은 환경적 소인이 있다. 우리는 주요우울삽화가 추후의 잦은 우울삽화로 이어질 수 있는지 살펴보았다. 정서나 기분이 인간관계에 영향을 미치는 것과 마찬가지로 정서장애들도 인간관계에 영향을 미친다. 우울과 불안을 넘어서, 정신병질과 같은 성격장애가 정서 문제와 어떻게 관련되어 있는지 알아보았다. 가족들에게서 나타나는 비판적이고 적대적인 정서는 조현병과 여타 장애의 재발을 촉발시킬 수 있다. 정신신체적 질병들은 우울이나 불안을 야기하는 스트레스로 인해 영향을 받는다. 심리적 웰빙은 정서장애의 반대 상태로, 이는 보통 우리가 이르고자 하는 상태이다. 이는 유전적 요인, 장기적인 환경, 우정을 유지하는 것이나 일하는 것과 같은 의도적인 활동들의 영향을 받는다.

생각해 보고 논의할 점

1. 당신이 슬픔, 불안, 분노 또는 환희와 같은 강한 정서를 느꼈던 때를 떠올려 보자. 이때를 생각하면 어떤 느낌이 드는가? 또 그때 어떻게 하고 싶었는가?
2. 가족이나 친구와 같은 주변 사람 중 심리적 장애로 고통받았거나 고통받고 있는 사람을 알고 있는가? 그 사람을 보살피기 위해 가장 중요하게 고려해야 할 점은 무엇인가?
3. 당신의 삶에 있어 가장 중요한 웰빙의 원칙은 무엇인가?

더 읽을거리

정서장애에 관한 도서 중 가장 중요하며 읽기 좋은 책

Brown, G. W., & Harris, T. (1978). *Social origins of depression: A study of psychiatric disorder in women.* London, UK: Tavistock.

정신병리에 있어 대인관계적 정서가 지닌 중요성에 관한 논문

Gruber, J., & Keltner, D. (2011). Too close for comfort? Lessons from excesses and deficits of compassion in psychopathology. In S. Brown, M. Brown, & L. Penner (Eds.), *Moving beyond self-interest: Toward a new understanding of human caregiving.* New York, NY: Oxford University Press.

정서와 관련된 신체건강에 대한 흥미롭고 종합적인 논문

Kiecolt-Glaser, J. et al. (2002). Emotions, morbidity, and morality: New perspectives from psychoneuroimmunololgy. *Annual Review of Psychology, 53*, 83-107.

웰빙과 관련된 훌륭한 요약 논문

Diener, E., Oishi, S., & Lucas, R. (2003). Personality, culture, and subjective well-being: Emotional and cognitive evaluations of life. *Annual Review of Psychology, 54*, 403-425.

제 14 장

의식, 정서 조절, 심리치료

의식
정서 조절
심리치료

사진 출처: Thomas E. Hill, Manual of Business and Social Forms, 1885

[그림 14-0] Ronald De Sousa는 그의 책 『정서의 합리성(The Rationality of Emotions)』에서 이 세 가지 그림을 사용하였다. 이 그림들은 Thomas Hill의 에티켓에 관한 책(1885)에서 나온 것으로, 올바른 정서표현으로 사회적 관습에 따라 행동하는 방식에 관한 것이다.

장담하건대, 영혼을 위한 의술이 있다. 그것은 철학인데, 신체적 질병은 외부의 도움을 받아야 하지만, 철학적 도움을 우리 외부에서 찾을 필요는 없다. 우리의 모든 자원과 힘을 동원해서 우리 자신을 치료할 수 있도록 노력해야 한다.

– Cicero, 『투스쿨룸 대화(Tusculan Disputations)』, III, 6

정서는 아마도 의식의 원형일 것이다. Jaak Panksepp(2005)은 그렇다고 한다. 정서를 생성하는 대부분의 인간 두뇌 신경망을 다른 포유류들도 가지고 있다. 그러므로 포식동물에게 위협을 받았을 때 느끼는 공포의 의식적 느낌, 그리고 같은 종의 동료와 놀이를 할 때 느끼는 즐거움은 같은 신경망을 가지고 있는 유인원이나 원숭이들에게도 일어날 것이다. 하지만 우리 인간은 정서를 느낄 뿐만 아니라 그 경험에 대한 의식적 반영을 통한 이차적 수준의 정서도 경험할 수 있다. 이러한 종류의 회귀적 의식(recursive consciousness)은 언어와 연관되어 있는데, 우리는 우리가 느낀 정서를 자신에게 이야기할 수 있고 타인들과 같이 이야기할 수도 있다(제7장 참조).

정서가 의식의 장을 채워 준다는 Paulhan(1887/1930)의 진술, 그리고 습관이 더 이상 통하지 않을 때 우리는 의식적이 되며 "갈등에서 다른 목소리가 나오듯이 때로는 반성적 사고에서 다른 성향이 나타난다."는 Mead(1913)의 관찰을 생각해 보면, 의식에 대해서는 정서를 주제로 해서 출발하는 것이 좋을 것 같다(p. 147). 예상치 못한 일이 일어나거나, 열기를 더하는 논쟁의 도전에 직면하거나, 관계를 맺을 잠재적 섹스 파트너를 만나면 우리는 어떤 정서를 경험하게 된다. 그런데 그 정서는 직접적이고 반영적으로 우리의 의식을 채운다.

의식

의식은 일종의 과정인 것 같은데, 우리는 무엇을 할 것인지 결정할 수 있고 또 그것을 한다. 하지만 최근의 증거는 이런 생각이 잘못되었다는 것을 시사한다. Libet(1985)이 보여 주었듯이, 행위는 의식화되어서 그 행위를 하려는 수의적 결정이 일어나기 이전에 종종 먼저 시작된다. 예를 들면, 이 발견은 환자의 뇌에 삽입된 단일 뉴런의 활동 기록에 의해서 반복적으로 확인되었다(뇌전증을 치료할 때 검사하기 위해서 전극을 삽입함; Fried, Mukamel, & Kreiman, 2011). 만일 실험할 때 자판을 누르는 것처럼 단순한 행위를 결정하는 인과적 연쇄과정 안에 의식이 있는 것이 아니라면, 우리가 갑자기 어떤 정서적 충동을 느낄 때 그것은 그런 인과적 연쇄과정 안에서 얼마나 작은 부분을 차지할까? 우리가 수풀 속에서 곰을 보면 일단 도망부터 가고, 그 후에야 정서를 느낀다는 James(1884)의 생각은 새로운 방식으로서 타당성이 있다.

제2장에서 소개한 제안의 견지에서 보면, 우리의 신체는 우리 유전자의 운반도구이며, 우리의 의식적 자아는 이러한 운반도구의 운전자라기보다 승객이라는 것이 맞을 것이다. 이 장의 질문은 어떻게 우리가 가끔 운전대를 잡을 수 있느냐는 것이다.

의식의 기능

Baumeister와 Masicampo(2010)는 의식의 기능이 우리 자신에 대한 진행형 시뮬레이션을 지속하는 것이며, 그것에는 기억, 당면한 사회적 이해와 정서적 이해, 미래의 가능한 행위에 대한 평가 등이 얽혀 있다고 말했다. 여기서 Galdi, Arcuri, Gawronski(2008)가 수행한 실험에서 드러난 사실들을 살펴보자. 그들이 연구할 때, 이탈리아에서 빈첸자에 있는 미군 부대를 확장하는 제안서가 제출되었다. 이것은 정서적 염려와 논란을 일으키는 사안이었다. Galdi 등은 빈첸자에 거주하는 129명에게 세 가지 측정치를 얻었다. ① 그 제안서에 찬성, 반대, 또는 아직 결정 못했는지, ② 그 제안이 미칠 환경적 · 사회적 · 경제적 결과에 대한 10문항의 질문지를 수집해서 그들의 의식적 신념들이 무엇인지, ③ 군부대 사진들과 평가적 단어들에 대해 버튼을 눌러서 반응하는 암묵적 연합(implicit association)검사를 통해서 그들이 어떻게 자동적 연합을 하는지 알아보았다. 이러한 종류의 암묵적 연합검사들은 의식적으로 통제하기 힘들고, 의식적 보고와 결과가 다를 수도 있다. 1주일 후에, 연구자들은 똑같은 측정들을 다시 했다. 제안서에 대해 결정한 실험 참가자들과 아직 결정하지 않은 실험 참가자들 모두 1차 검사와 2차 검사에서 의식적 신념과 자동적 연합검사에서 나온 결과가 일치하지 않았다. 주된 결과는 다음과 같다. 결정한 사람들은 1차 검사에서 보인 의식적 신념이 2차 검사에서 결정한 것과 자동적 연합검사 결과를 예언해 주었다. 반면에, 아직 결정하지 않은 사람들은 1차 검사 때 한 자동적 연합검사가 2차 검사에서 그들이 할 선택과 의식적 신념을 예언해 주었다. 의식적 신념은 자동적 연합과 의사결정에 영향을 미쳤지만, 즉시 그렇게 된 것이 아니라 어느 정도 기간이 지나고 나서 그렇게 됐다. 이 결과가 [그림 14-1]에 제시되어 있다.

감정 예측(affective forecasting)이라는 패러다임을 사용하면, 의식적 수준에서 우리 자신에

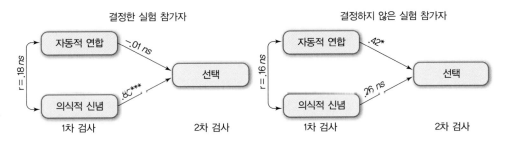

[그림 14-1] 1차 검사에서 결정한 사람(n= 96)과 아직 결정하지 않은 사람들(n=33)이 2차 검사에서 보인 자동적 연합과 선택에 대한 의식적 신념. 유의값: *=0.05, ***=0.001, ns=유의미하지 않음

출처: Galdi et al. (2008).

대해 생각하는 것과 의식의 개입이 저하된 상태의 자동적 정서과정은 놀랄 만큼 다르다는 것을 알게 된다. Kawakami 등(2009)은 자신을 백인 또는 아시아인이라고 생각하는 사람들에게서 인종차별주의자의 행동에 대해 분개하는지를 묻는 문항이 포함된 질문지에 답하도록 했다. 그들은 그럴 것이라고 답했다. 얼마 지나지 않아서, 실험자가 바깥에 있을 때, 그들은 실험 모의자인 한 흑인 남자가 돌아가야겠다고 말하며 무선전화를 집어드는 것을 보았다. 그가 실험실을 떠날 때, 또 다른 실험 모의자인 한 백인 남자의 무릎에 살짝 부딪혔다. 또 다른 실험 조건들에서는 그 흑인이 실험실 밖에 있을 때 그 백인이 아무 소리도 하지 않거나, "역시나, 난 흑인이 이러는 것을 싫어해."라고 약간 인종차별적 발언을 하거나, "에그…… 칠칠맞지 못하게!"라고 심한 인종차별적 발언을 했다. 몇 분 후에 그 실험자와 흑인이 실험실로 돌아왔고, 실험 참가자들에게 정서 목록을 주고 그 강도를 평정하라고 하였다. 두 가지 인종차별적 발언을 들었던 사람들이 아무 발언도 듣지 못했던 사람들보다 덜 분개했다. 나중에 누구와 같이 일하겠냐고 물어보니, 실험 참가자들은 그런 인종차별적 발언을 했던 남자를 보통 이상으로 거부했다.

감정 예측은 두드러진 연구 분야가 되었다(Lowenstein, 2007). 연구자들은 종종 우리가 그렇게 좋지 않게 행동한다는 것을 강조했다. 하지만 그러한 연구들에 대한 메타분석에 의하면, 사람들은 종종 미래 느낌을 예측하는 데 부정확하지만 미래에 일어날 어떤 일에 대해서 어느 정도 분개할 것인지에 대해서는 잘 알고 있다.

우리의 의식적 생각은 정서를 일으키는 무의식적 과정에 의해서 영향을 받을 수 있다. 그래서 의식적 생각들이 우리가 느끼고, 생각하고, 결정하는 것들에 항상 즉각적으로 영향을 미칠 수 있다기보다는, Galdi 등의 연구에서 사람들이 결정한 것처럼 의식적 생각들이 문제에 대해서 장기적으로 고려함으로써 우리 마음의 자동적 구조에 영향을 줄 수 있다. 그러면 그 문제에 대한 우리의 정서를 알게 되며, 다른 사람들과 의논하기도 한다. 또한 Galdi 등의 실험에서 결정하지 않은 사람들처럼 정서를 일으키는 것 같은 무의식적 과정들이 미래의 의식화된 신념들에 영향을 줄 수도 있는데, 그렇게 되려면 항상 시간이 좀 지나야 한다.

Baumeister와 Masicampo의 이론에 따르면, 의식적 생각은 다른 사람들의 견지를 이해할 수 있게 해 주고, 자신이 한 행위에 대한 기억과 정서 기억으로부터 배울 수 있게 해 주며, 미래 행위를 할 수 있는 가능성을 탐색할 수 있게 해 주고, 대화를 할 때 진행 중인 우리의 시뮬레이션 일부분을 다른 사람들과 나눌 수 있게 해 주며, 대화를 통해서 다른 사람과 정서도 나눌 수 있게 해 준다(Rimé, 2009). 그러므로 의식이 즉각적인 행위를 통제할 수는 없지만, 우리의 자동화된 사고과정에 간접적 영향을 미침으로써 행위를 통제한다. 아마도 그런 자동적 사고과정이 서로 간에 등록되고 또 우리의 의식 시뮬레이션에 등록될 때까지 그렇게 할 것이다.

제7장에서 우리는 언제 어떻게 정서를 경험하는지에 대해 논의하였다. 우선 일차적 평가를 통해서 그렇게 하는 경향이 있는데, 그것은 반사적 속성을 지닌다. 그 후에 이차적 평가에 의해서만 의식화가 일어난다. 그러면 우리는 무엇이 원인이었으며 그것에 대해서 무엇을 해야 할지 생각할 수 있다. 일차적 평가가 매우 짧게 일어나지만, 정서에 대한 의식적 경험은 더 길게 지속된다. Frijda, Mesquita, Sonnemans, van Goozen(1991)은 피험자들에게 정서경험의 강도 변화를 나타내는 그래프를 그리게 했다. 그들은 의식적 정서의 69%가 한 시간 이상 지속되며, 22%는 하루 이상 지속되는 것을 발견했다. 의식적 정서들이 오래 지속된다는 결론은 Oatley와 Duncan(1992)이 56명의 학부 학생에게 정서 일기를 쓰도록 한 연구에서 확증되었다. 제7장에 나왔던 Rimé(2009)의 연구에서 본 것처럼, 우리는 대부분의 정서적 일화를 다른 사람들과 이야기함으로써 더 정교한 방식으로 정서를 의식화한다.

의식적으로 정서를 이해하기

우리가 친구에게 어떤 정서에 대해서 말할 때는 이야기를 만들어서 한다. Bruner(1986)는 사고의 서술적(narrative) 양식과 전형적(paradigmatic) 양식을 구분하였는데, 후자는 과학계에서 설명을 할 때 사용하는 양식이다. 서술적이라는 것은 자신과 타인을 세상만사의 우여곡절과 마주하려는 의지를 가진 사람으로서 이해하려는 양식을 일컫는다.

우여곡절, 즉 목표와 의도에 연관된 문제들은 정서를 일으키는 사건들이다. 세상에 대한 서술적 이야기, 배경 설정이 있는 이야기, 인물, 갈등, 인성 발달에는 정서적 사건들을 넣어 줌으로써 의미가 생긴다. 서술적인 의미 생성은 우리 마음 안에서 정서가 반전됨으로써 또는 친구관계에서 일어나며, 또한 소설과 시를 읽고 연극과 영화를 봄으로써 일어나는데, 그러면 우리 또한 자신의 정서를 서술적 양식으로 표상할 수 있다.

정서란 단순히 마음의 동요 또는 정형화되지 않은 마음의 움직임이라 할 수 있다. 정서의 생물학적 기저가 있다는 증거를 제6장과 제7장에서 제시하였는데, 정서란 포유류의 생리학적 시스템이 체화된 것이다. 만약 그것이 전부라면 우리는 친척뻘 되는 유인원들이 가지고 있는 것과 같은 정서를 가지고 있을 것이다. 하지만 우리는 단순히 생물학적 세계로 태어난 것이 아니라 사회 속으로 태어났는데, 그 안에는 우리가 우정 어린 애착을 느낄 수 있는 사람들도 있고 갈등을 겪는 사람들도 있다. 모든 사회, 모든 지역, 모든 가족 안에는 우리가 서로에 대해서 인간적 의미를 가지는, 인물들, 관습의 전통들에 대한 서술적 역사가 있다. 그러한 전통들 안에서 정서들과 그들에 대한 우리의 이해가 중심축이다.

의례, 극예술, 이야기에서의 정서

모든 사회에서 사람들은 의례를 행하는데, 그런 것들에는 노래하고, 춤추고, 행진하고, 발표하는 집단적 활동이 있으며, 극장 또는 공연장도 있다. 그 모든 행위에는 스토리텔링이 있는데, 역사적인 것도 있고 픽션도 있다. 생일 파티와 같은 의례는 이벤트가 주를 이룬다. 다른 의례들은 새로운 사회적 현실을 만든다. 결혼식의 서약은 한 쌍의 혼인상태를 변화시킨다. 역시나 가장 강력한 의례들은 정서에 기반을 둔 것이다. 의례는 어떤 정서를 공공의 형태로 전환시킨다는 말이 맞다. 그런 의례 중에서 가장 오래된 것이 장례식이라는 증거가 있다. 고고학자들이 죽은 사람과 함께 묻힌 그들의 소지품들을 발견했을 때, 부장품을 묻는 의례가 10만 년 전으로 거슬러 올라간다는 것을 알았다. 그러므로 인류의 초기부터 슬픔을 나타내는 의례에는 이야기도 같이 있었음이 틀림없다. 죽은 사람은 기억에서 살아 있는데, 그것은 그 사람의 소지품을 같이 묻은 것에서 상징적으로 알 수 있다. 또는 그 사람은 다른 세상에서 계속 살고 있는 것이다.

우리는 정서 기반 의례를 사건이라고 생각할 수 있으며, 거기서 어떤 사람의 정서가 지역사회와 만난다. 그 예로는 장례식에서 사람들이 유사한 정서를 갖는 것, 초기 교회에서 누군가 어떤 정서를 보이면서 집단에게 참회를 하는 것, 고대 그리스 연극에서 보듯이 그 연극에 참여하는 사람들에게 그 의례 자체가 정서를 촉진하는 것 등이 있다. 때로는 특정 집단의 사람들을 위한 정서적으로 중요한 행사가 그 의례에 참여하는 사람들로 하여금 그것에 대해서 다시 생각해 보도록 하고, 그 의례를 정신적으로 자신의 일부가 되도록 하기도 한다. 이런 식으로 기독교인을 위한 성찬식(Holy Communion)은 예수의 최후의 만찬의 재현이 되었고, 또한 개인적 변화를 유도하기도 한다.

Turner(1974)는 정서적으로 중요한 사건이 의례를 낳는 단계를 보여 주었다. ① 통상적인 사회적 관계에서 파괴가 일어난다. 그러면 그것에 의해서 ② 위기가 발생하고 그것이 더 심해지면, ③ 그것을 바로잡는 사회적 행위가 일어나며, 개인적 조언이 공식적인 법적 체계 내의 행위로 변하며, 그 결과로 ④ 갈등 상황에 처해 있는 사람들을 재통합시켜서 지역사회로 되돌아오게 하거나 돌이킬 수 없는 분열을 직면하도록 하는 의례로써 막을 내린다.

우리는 이것을 어떻게 이해하는가? Scheff(1979)가 한 가지 설명을 했다. 그는 많은 의례가 그 중심에 정서를 경험하는 가능성을 지닌다고 했으며, 그것을 최적의 미적 거리(aesthetic distance)라고 불렀다(Cupchik, 2002 참조). Scheff는 만일 정서적으로 강렬한 사건이나 어려움을 압도적으로 경험하거나(트라우마 사건 등), 또는 우리가 그런 경험으로부터 너무 거리를 두게 되면(자신을 방어하기 위해서 정서를 차단해 버리면), 우리는 정서적 연체나 빚을 쌓게 되는데, 그것이 우리의 삶을 왜곡시킨다고 주장했다. Scheff는 의례, 연극, 이야기가 정서를 마음으로 불러내는 기억 단서를 마련해 준다고 하였으며, 그때 우리는 최적의 미적 거리를 두고서 안전한 배경에서 정서를 경험할 수 있다고 했다.

우리가 로미오와 줄리엣의 운명에 대해 슬퍼서 울 때, 그것은 우리 자신의 엄청난 개인적 상실을 다시 체험하는 것이지만, 우리의 자아는 일시적으로 의무나 책임감에서 벗어난 배경에서 그런 체험을 한다. 잘 만들어진 연극에서 상실을 대리 체험하는 것은 옛날의 스트레스를 다시 일깨울 만큼 충분한 스트레스를 준다. 하지만 그 정서는 또한 압도되지 않을 정도로 충분히 대리적인 것이다(Scheff, 1979, p. 13).

이 주제는 여기서 끝나지 않는다. 픽션은 소설의 독자나 영화, 연극의 관람자를 상상의 세계로 초대해서 들어가게 하고, 거기에 몰두하게 한다. 그 상상의 세계는 아동기의 놀이에 해당하는 성인기의 공간이다. Winnicott(1971)은 그 공간을 자신과 우리가 관계하는 다른 사람들 '사이의 공간(space in between)'이라고 불렀다. 소설, 연극 또는 영화에 나오는 사건들을 경험하는 것이 반드시 우리가 일상에서 그런 사건들을 경험하는 것과 같지는 않다. 그런 것들을 컴퓨터가 아닌 우리의 마음에서 돌아가는 시뮬레이션으로서 경험하거나(Oatley, 1999), 꿈처럼 오래된 비유로서 경험한다(Miall & Kuiken, 2002). 이러한 상상의 공간에서 우리는 가공의 인물로서가 아니라 우리 자신으로서 정서를 경험한다(Oatley, 2011). 그리고 아침이 되어서 직장에 도착하거나 저녁에 친구들과 만나면 우리를 조금 변화시키듯이, 우리는 정서적 상상의 공간에 들어갈 때 변화한다. 우리가 친구를 선택할 때 조심하듯이, 우리가 읽는 것에 대해서도(Booth, 1988), 또 우리가 보는 영화에 대해서도 신중해야 한다.

문학작품에 나타난 정서를 주목해서 보기

Karl Popper는 "인류의 역사는 없으며, 오직 인간의 삶의 모든 면에 관한 무한히 많은 역사만 있을 뿐이다."라고 썼다. 계속해서 그는 우리가 학교에서 배우는 역사는 대체로 "무력 외교에 대한 역사이며, 그것은 국제 범죄의 역사에 지나지 않는다."라고 썼다(Popper, 1962b, p. 270). 이것은 우리의 표현으로는 국제 무력 행사(international power assertion)를 의미한다. 의식을 더 고취시키는 역사들, 즉 생각의 역사, 기술의 역사, 가족의 역사는 의식의 역사와 정서의 역사로 설명할 수 있는데, 정서와 그 영향이 전형적으로 이야기의 중심에 있는 것으로 접근할 수 있다.

오랜 옛날부터 정서가 시, 소설, 민속-역사적 이야기의 주된 초점이었다는 것은 특별한 일이다. 4,000년 전부터 수메르에서 『길가메시(Gilgamesh) 서사시』가 전해 내려오는데, 그는 친구 Enkidu가 죽었을 때 우울해지고 삶의 의미를 잃어버린다. 이집트에서는 3,700년 전부터

"한 남자와 그의 영혼 사이의 논쟁(The dispute between a man and his soul.)"이 전해 내려오는데, 한 남자가 그의 영혼에게 불운을 하소연하며 죽기를 원한다고 하고, 그의 영혼은 이러한 불평에 짜증이 나서 때가 되면 죽을 것이라고 말한다(Lichtheim, 1973). 3,500년 전부터 인도에서는 『마하바라타(Mahabharata)』(Vyasa, c. 1500 BCE)가 전해 내려오는데, 이는 분노한 적개심에서 시작된 왕가의 두 지파 Kaurvas와 Pandavas 사이의 전쟁에 대한 이야기이다. 히브리에서는 성경의 첫 5권이 전해 내려오는데, 약 2,800년 전에 기록된 것으로서 한 가족의 역사가 주제이며, 그 안에는 인간 주인공들이 그들의 신 Yahweh에 대한 두려움과 희망에 찬 의지로 점철된 이야기이다(Rosenberg & Bloom, 1990). 동일한 시기에 그리스에서는 『일리아드(Iliad)』가 전해 내려오는데, 그 첫 마디가 "여신이여, 분노를 노래하소서."이다. 이 작품은 그리스 문화의 중심이다. 이 이야기는 트로이의 왕자 Menelaos가 Helen을 납치하면서 일어나는 길고도 분노로 가득 찬 전쟁 동안 Achilles가 삐친 결과에 대한 이야기이다(Homer, 850 BCE).

Hogan(2003)은 유럽 식민지화 이전 시기부터 있었던 전 세계의 이야기들을 수집했다. 그는 세 가지 원형적 이야기가 있다는 것을 발견했다. 그 세 가지 종류의 이야기는 공통적으로 모두 정서에 기반을 두고 있었다. 사랑 이야기가 가장 공통적인데, 두 연인이 맺어지기를 갈망하지만, 가족 중의 한 남자에 의해서 또는 강력한 구혼자에 의해서 방해를 받는 이야기이다. Shakespeare의 『로미오와 줄리엣(Romeo and Juliet)』은 이런 종류의 가장 유명한 이야기이다. 두 번째로 흔한 이야기는 통상적으로 가족 중의 두 남자가 벌이는 분노에 찬 갈등에 관한 이야기이다. 『마하바라타』가 그 예가 되겠다. 세 번째로 흔한 이야기는 불화로 말미암아 심한 스트레스를 겪고 있는 지역사회에 관한 것인데, 마침내 누군가 그 문제의 원인을 파악하고 그 자신을 희생해서 그 지역사회를 다시 회복시키는 이야기이다. 기독교 복음(Christian Gospel)이 그 예에 해당한다. 그러므로 초기부터 지금까지 계속해서 서술적 의식(narrative consciousness)의 정교한 작품인 그런 이야기들은 처음에는 구전되었지만 나중에 기록으로 전해졌으며, 우리는 정서들을 이해하고 반영하기 위해서, 또 그렇게 서술된 정서들에 대한 우리의 의식을 고취시키기 위해서 굉장히 몰두하게 된다.

19세기에 들어와서, 프랑스의 Gustave Flaubert와 Émile Zola, 영국의 Jane Austen과 George Eliot, 러시아의 Leo Tolstoy와 Fyodor Dostoevsky, 미국의 Herman Melville과 Harriet Beecher Stowe는 많은 즐거움을 주었다. 그리고 우리의 개인적 영역 너머에 있는 삶에서 일어나는 일들에 정서적으로 참여할 수 있게 해 주었는데, George Eliot은 이것을 "도덕적 감정의 날것(raw material of moral sentiment)"이라고 불렀다(Eliot, 1883, p. 193). Hunt(2007)는 소설이 인권(18세기 이전에는 생각할 수 없었던 것)을 발명하는 데 중요하였다고 주장하는데, 독자들이 그들 자신보다 더 어려운 환경에 처한 사람들의 이야기를 읽기 시작했으며, 그러한 사람들을 정서적으로 이해할 수 있었고, 개인의 존엄성에 관한 도덕적 직관을 경험했다.

1920년대에 들어서자, 소설은 더 내적인 것에 관심을 가지게 되었다. 그런 생각이 새로운 것은 아니고 적어도 Shakespeare의 작품에서부터 시작되었지만, 이 시대에 들어서 더 일반적인 것이 되었다. 즉, 전체로서의 한 인간에 대해 관심을 가지고, 한 사람의 삶에서 일어나는 정서적인 정보를 담은 이야기를 통해서 그 자신을 이해할 수 있게 되었다.

이야기들은 정신적 행위의 가능성과 사회 안에서 한 구성원으로서 문제들을 해결하는 가능성을 가져다준다. 또한 Mar, Oatley, Peterson(2009)은 픽션을 읽는 것이 다른 사람들에게 더 많은 공감을 가지는 것과 상관이 있다는 것을 발견했으며, Johnson(2011)은 그런 경우에 픽션을 읽는 것이 인과적으로 공감을 증가시킨다는 것을 확인했다. 그와 관련해서 Djikic 등(2009)은 픽션을 읽으면 사람들이 그들의 성격을 약간 자기결정적 방식으로 변화시킬 수 있는데, 정서가 그것을 매개한다는 것을 보여 주었다. 출판물과 영화 속 이야기들은 외현화된 문화적 대상들인데, 그것들은 정서와 그 의미에 관해서 그 어떤 개인의 생애에서 얻을 수 있는 것보다 더 광범위하게 사고하고 논의할 수 있는 예들을 제공해 준다(Oatley, 2011). 그것이 우리의 삶에 녹아 있는 문화적 전통에 대해서 생각해 보고 그것의 일부가 될 수 있도록 해 준다. Baumeister와 Masicampo(2011)가 시사했듯이, 무의식을 의식화하고 그 후에 그 의식적 생각이 우리의 자동적 연상에 영향을 미치게 함으로써 우리는 우리 자신을 자신답게 할 수 있으며, 지역사회에 같이 사는 사람들과 잘 지낼 수 있다.

정서 조절

정서 조절(regulation)에 대한 진지한 생각은 고대로 거슬러 올라간다. 동양에서 어떻게 하면 고통의 감정에 영향받지 않고 살아갈 수 있을까라는 문제를 해결하기 위해서 명상 수련이 개발되었다(이 장의 마지막 글상자에서 소개됨). 서양에서는 2,000년보다 더 전에 Epicurus 학파와 Stoa 학파가 정서 조절에 매진하였다. 우리는 이미 제7장에서 정서 조절에 대해서 논의하였으며, 제6장에서는 그것과 관련된 신경적 상관물(neural correlates)을 보았다. 이 절의 목적은 성인기에 정서 조절이 작동하는 방식을 살펴보는 것이다.

주의 전환, 재평가, 억압, 증강

정서 조절(emotion regulation)이라는 용어는 흔히 어떤 정서의 강도나 지속기간을 변화시키는 것을 지칭한다. 우리는 약속 장소로 가는 길에 교통 체증을 만나게 되면 덜 초조해지려고 노력한다. 음악을 듣거나, 늦었을 경우에 어떻게 할 것인지 생각해 보거나, 심호흡을 한다. 고객과 대면해서 일을 한다면, 고객이나 의뢰인을 상냥하게 대함으로써 직업적 즐거움을 증진시킬 수 있다.

정서 조절에 대한 한 가지 접근방법은 Russell(2003)이 언급한 대로 즐거움 차원에서 정서를 생각하는 것이다. 그러면 정서 조절이 불쾌함에서 유쾌함으로 옮겨 갈 수 있다.

Nico Frijda(1988)와 James Gross(1988)는 조절과정이 정서과정의 각 단계마다 영향을 준다고 주장한다. Gross, Sheppes, Urry(2011)는 정서 조절이 작용하는 다섯 단계를 제안한다. 그것은 상황 선택(situational selection), 상황 변경(situational modification), 주의 배치(attentional deployment), 인지변화(cognitive change), 반응 조절(response regulation)이다. 상황 선택과 상황 변경에 대해서는 제8장에서 논의했다. 주의 단계에서 조절적 개입 중에 하나는 주의 전환(distraction)이다. 인지변화를 보자면, 어떤 사건에 대한 평가는 정서의 형태와 그 강도에 공히 영향을 준다. 반응 조절의 과정을 더 자세히 살펴보자. 사람들은 특정한 방식으로 행동을 하든지 또는 행동하지 않든지 해서 어떤 정서반응을 억제 또는 강조할 수 있다. 만일 어떤 정서를 증진시키고자 한다면, William James의 조언대로 우리가 느끼고 싶은 방식대로 명쾌하게 실행하면 된다. 그렇게 하면 표현과정으로부터 내적 피드백을 받아서 그 정서를 더 강하게 느끼게 된다.

여러 연구가 다양한 개입의 효과를 검증하기 위해서 수행되었다. 그래서 한 뇌전도(EEG) 연구에서 Thiruchselvam 등(2011)은 주의 전환이 정서과정의 초기에 작동한다는 것을 발견했다. 한 fMRI 연구에서 Goldin 등(2008)은 사건 연쇄에서 다음 단계는 평가 또는 재평가이며, 이것이 전전두피질에 영향을 준다는 것을 발견했다. 예를 들면, 정서를 표현하지 않는 억제(suppression)도 전전두피질에 영향을 주지만, 그것은 그 과정의 나중에 나타나며 뇌섬엽과 편도체에도 영향을 준다는 것을 발견했다.

다른 방식의 정서 조절은 다른 영향을 일으킨다. Butler 등(2006)은 여성들에게 불쾌한 동영상을 보여 주었다. 그런 다음에 각 여성은 처음 보는 다른 여성을 만났다. 그 불쾌한 동영상을 본 어떤 여성들에게는 그것을 표현하지 않음으로써 정서를 억압하라고 지시했다. 다른 여성들에게는 자연스럽게 반응을 하라고 했다. 그리고 또 다른 여성들에게는 그들의 현재 상황을 생각하면서 그 경험을 재평가하라고 했다. 정서를 억압한 여성과 만났던 여성들은 자연스럽게 반응한 여성과 그 동영상을 재평가한 여성이 만났던 여성들에 비해서 혈압이 높아졌었다([그림 14-2] 참조).

억제는 또한 친밀한 관계(rapport)를 감소시켰는데, 아마도 정서적 반응성이 대화에서 중요

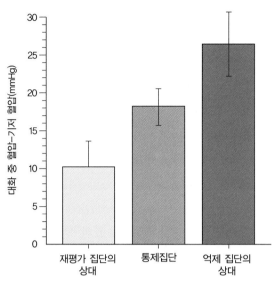

대화 중에 보인 혈압 상승 평균치

[그림 14-2] Butler 등(2003)의 연구에서 재평가를 하라고 지시한 여성들이 만난 상대 여성들 및 정서를 억압하라고 지시한 여성들의 상대 여성들, 그리고 통제집단 참가자들이 보인 혈압 상승

하기 때문일 것이다. 억제가 상대방을 우정적 관계에 덜 참여하고 싶게 만들었을 것이다. 실험에서 정서를 억제하라고 했던 지시가 일반적으로 그 실험에서 경험했던 정서 강도를 감소시키는 데 효과적이지 못했음이 나타났다(Ehring et al., 2010).

　재평가와 억제에 대한 또 다른 연구에서 van't Wout, Chang, Sanfey(2010)는 최후통첩 게임(Ultimatum Game)에서 불공정성에 대한 정서 조절 반응들을 살펴보았다. 제10장에서 이 게임을 소개했는데, 반응자는 제안자가 총액의 돈을 나누는 방식을 받아들이든지 또는 거부하든지 할 수 있다. 실험 참가자들은 그 게임을 24회 시행하였다. 어떤 사람들은 그들의 정서를 조절하라는 지시를 받지 않았다. 다른 사람들은 정서를 억제하라는 지시를 받았는데, 그 지시는 다음과 같았다. "당신이 최선을 다해서 어떤 정서적 느낌도 갖고 있지 않다는 신호를 보내고, 그 제안을 보았을 때 가졌던 어떤 정서적 느낌도 억제하는 것이 매우 중요합니다."(p. 187) 또 다른 사람들은 다음과 같이 재평가하라는 지시를 받았다. "그 제안을 보았을 때 최선을 다해서 중립적 태도를 취하는 것이 대단히 중요합니다. 그렇게 하기 위해서 그 제안에 대해서 초연해지거나 또는 왜 그 사람이 그런 제안을 했는지에 대해서 가능한 이유를 생각해 보기 권합니다."(p. 817) 정서반응을 억제하라고 지시받은 사람들에 비해서, 재평가하라고 지시받은 사람들은 불공정한 제안을 덜 거부했다. 그래서 van't Wout 등은 그들의 결과가 이전 발견들을 확장하는 것이라면서, "정서적 재평가는 표현적 억제와 비교했을 때 강력한 정서 조절 전략이며, 불평등에 직면할 때조차도 다른 사람들과 교류하는 방식에 영향과 변화를 가져다준다."(p. 815)라고 주장했다.

정서 조절에 관한 실험실 연구들이 유익한 정보를 주기는 하지만, 사람들은 일상생활에서 실제로 어떻게 정서를 조절하는가? 어떤 사람들은 재평가를 통해서 최선을 다하는 습관을 기른다. 다른 사람들은 억압을 한다. 그리고 또 다른 사람들은 주의 전환을 한다. 그것들에는 또한 그 나름의 영향들이 있다. 습관적으로 정서를 억압하는 사람들은 흔히 우울증에 취약해질 수 있으며, 우울삽화가 있었던 사람들과 그렇지 않은 사람들을 대상으로 억압과 재평가를 비교한 한 연구가 있었다. Ehring 등(2010)은 우울증에서 회복된 사람들과 우울증을 겪지 않은 사람들을 비교한 연구를 했는데, 우울증을 경험한 사람들이 정서를 억압하는 경향이 있다는 것을 발견했다. 하지만 문화적 차이가 있었다. Soto, Perez, Kim, Lee, Minnick(2011)은 미국에 사는 유럽계 미국인과 홍콩에 사는 중국인들에게 표현 억압을 하는지, 삶의 만족도는 어떤지, 얼마나 우울한 기분인지 물어보았다. 그들은 유럽계 미국인들에게서 표현 억압이 좋지 못한 심리적 영향을 끼치지만, 중국인들에게는 그렇지 않다는 것을 발견했다. 중국인 사회에서 겸손함은 미국에서의 사회적 관계와 다른 규칙을 포함하고 있었다. 중국인들은 억압을 하는데 더 세련된 기술을 가지고 있는 것 같았고, 그 문화에서 조화롭게 살아가는 데 어려움이 없었다.

정서와 자유의지

우리는 어떤 때는 사랑과 같은 강력한 정서에 압도되는 것을 즐긴다. 하지만 때로는 불안, 분노, 절망과 같은 정서가 우리를 압도하고 괴롭힌다. 정서 조절은 우리의 의지에 의해서 어떤 정서나 정서의 어떤 측면을 변화시키는 것이다.

진화에 대한 제2장의 논의에서, 어떤 정서들은 우리가 물려받은 유전자에 의해서 면밀히 프로그램되어 있다는 것을 보여 주었다. 이런 정서 프로그램화는 우리 신체의 생존 기회를 증가시켜서 유전자가 다음 세대로 전달되도록 한다. 정서 조절의 문제는 이런 프로그램에 의해서 우리가 강요를 받고 있다는 것을 아는 것이다. 그런 문제는 우리를 더 압박하는데, 그 유전자들의 프로그램에 더해서 우리는 가족 배경(제8장과 제9장), 그리고 사회의 제약들(제3장)의 영향도 받고 있기 때문이다. 우리에게 진정한 선택권이 있는가? 또는 종국에는 우리의 유전자와 환경이 우리를 통제하는가? 우리에게는 우리의 정서적 삶에 영향을 줄 수 있는 조그마한 자유의지라도 남아 있는가?

Prinz(2007)가 제기한 논쟁은 과학에는 자유의지를 위한 자리는 없다는 것이다. 차라리 동물학자에게 유니콘(unicorn)이 어떻게 생겼는지 물어보는 것이 더 낫겠다. 형사법 체계에는 유죄라는 개념이 있지만, 그런 개념이 사람들이 자유의지를 가지고 있다는 의미는 아니다. 책임의 부여와 유죄 평결은 단순히 우리 중에서 어떤 사람들을 제거하기 위해서 사회가 개발한 메커니즘일 수 있다. 그래서 Prinz는 다음과 같이 말했다. "과학적 심리학에는 자유의지라고 하는 이론적 구성개념을 위한 자리는 없다."(p. 74) Prinz에 의하면, 과학적 결론은 유전자에 의해서 프로그램된 뉴런들과 환경이 정서와 행동을 만들어 낸다는 것이다. 사람들은 이성에 의해서 행동하는 것이 아니고, 뉴런이 어떤 형태로 발화하기 때문에 행동이 일어난다는 것이다.

그러나 반대 의견도 있다. 만일 우리가 Prinz 자신의 분석에 '과학적' 반자유의지 주장을 적용한다면 그 주장도 의미를 갖지 못하는데, 그 주장 자체도 뉴런의 발화에 불과하기 때문이다. 이런 주장에 어떤 태도를 취하더라도, 그것은 내 컴퓨터가 반도체 칩의 작동으로 모니터에 어떤 글자를 나타내는 것과 크게 다를 것 없다.

두 번째 논쟁은 우리가 우리 삶에서 무엇을 할 것인지 스스로 결정한다고 생각하더라도 사실은 우리가 우리의 유전자, 우리의 양육, 사회적 제약들 때문에 행동한다는 것이다. 우리는 계급적 지위가 높은 사람들을 따르며, 집단 규범을 지키고, 사회가 용인하는 역할들을 순종적으로 한다.

심리학 전체에서 가장 유명하고 중요한 실험들에서 Stanley Milgram(1963), Philip Zimbardo와 동료들(Haney, Banks, & Zimbardo, 1973)은 이 주제에 대해서 다루었다.

Milgram의 연구에서는 40명의 남자를 신문 광고나 편지를 통해서 모집하였다(숙련공 또는 비숙련공, 사업을 하는 남자, 전문직 종사자 등). 그들에게 예일 대학교 실험실의 기억 실험에 참

[그림 14-3] Stanley Milgram이 실험기기에 기대어 있다. 그의 실험에서 실험 참가자들은 학습자들에게 전기충격을 주고 있다고 믿었다.

여하러 오라고 했다. 그들은 실험에 참여하면 보수를 받을 것인데, 그 보수는 실험실에서 무슨 일이 일어나는지와 관계없이 지급된다고 말했다. 그 공지사항은 중요한 실험을 위한 것이었는데, 그 실험은 단어 연합을 학습하는 한 남자를 훈련시킬 때 학습에 미치는 처벌의 효과를 알아보는 것이었다. 그들이 실험실에 도착했을 때 한 남자가 있었다. 그 남자는 실험 참가자 중에 한 사람처럼 보였지만, 사실은 실험 모의자였다. 그 남자에게 모자에 들어 있는 제비뽑기 종이쪽지 중에서 하나를 뽑아서 누가 교사가 되고 누가 학습자가 되는지 결정하라고 했다. 사실상 실험 참가자들은 항상 교사가 되는데, 종이쪽지 둘 다 '교사'라고 적혀 있었기 때문이다. 실험 참가자들은 실험 모의자가 뽑은 종이쪽지는 볼 수 없는데, 실험 모의자가 항상 두 번째로 종이쪽지를 뽑았기 때문이다. 실험 참가자는 학습자 역할을 맡은 그 사람이 방으로 들어가서 의자에 묶이는 것을 보았다. 그리고 실험 참가자에게 종이에 적혀 있는 단어 연합 쌍을 큰 소리로 읽어 주라고 했다. 그 학습자는 4개의 버튼 중에서 하나를 눌러서 반응했다. 만일 잘못된 버튼을 누르거나 버튼을 누르지 않으면, 실험 참가자는 점점 심한 전기충격을 주어서 학습자를 처벌하였다. 단계적 스위치가 달려 있는 기계로 처벌을 주었는데, 가장 낮은 단계에는 '5V, 약한 충격'이라는 표시가 붙어 있었다. 교사가 그 단추를 누를 때 불빛도 들어왔고 부저 소리도 같이 나게 했다. 그 스위치는 15V씩 계속 증가해서 375~420V에 이르도록 했는데, 그때는 '위험, 심한 충격'이라는 표시가 붙어 있었다. 이 단계를 넘어간 두 단계(435V와 450V)에는 'XXX'라는 표시가 붙어 있었다. 연속되는 단계의 처벌을 줄 때에는, 그 교사는 이전 단계의 전기충격 강도보다 더 높은 강도로 전기충격을 준다고 말하고 나서 그것에 해당하는 버튼을 눌렀다. 300V와 315V에서 학습자(실험 모의자로, 전기충격을 실제로 받지는 않는다)가 벽을 치는 소리가 들리고, 그 이후로는 반응이 사라졌다. 많은 실험 참가자가 학습자의 반응이 멈추자, 실험자에게 계속하는 것이 맞느냐고 물었다. 회색 가운을 입고 있는 그 실험자는 반응이 없으면 처벌을 받아야 한다고 말하면서 다음 단어 연합을 말하라고 했다. 그 실험자는 다음과 같이 말을 했다. "계속하는 것이 절대적으로 중요해요." 실험 참가자들 중에서 26명(65%)이 복종하면서 학습할 단어쌍을 계속해서 말했으며, 전기충격 전압이 얼마인지 알려 주면서 450V에 이르기까지 전기충격을 주었다. 실험 참가자들 중에서 일부는 심하게 땀을 흘리고 떨면서 말을 더듬는 등의 극심한 정서적 혼란을 보였다. 14명(35%)의 실험 참가자들은 '극도로 강한 충격'이라고 적힌 315~360V 단계 직전에서 계속하기를 거부하거나, 그 단계 안에서 또는 그다음 단계인 375V에서 계속하기를 거부했다. 전체적으로 Milgram은 그 실험을 거의 40회 했는데, 탐색적 실험도 있었고 재현 실험도 있었다(Reicher & Haslam, 2011). 그 모든 실험에서 조건들을 달리했는데, 순응 수준은 0~100%이었다.

스탠퍼드 교도소 실험(Stanford Prison Experiment)은 Zimbardo의 책(2007) 『루시퍼 이펙트:

무엇이 선량한 사람을 악하게 만드는가(The Lucifer Effect: Understanding How Good People Turn Evil)』에서 논의되었다. 그 실험은 캘리포니아주 스탠퍼드에서 가상 교도소 실험을 한 것인데, 지역 신문에 광고를 내서 사람들을 모으고, 그들을 교도관 또는 재소자로 무선 할당하였다. 초기 75명의 지원자 중에서 정신과적 장애가 있거나 범죄 경력, 약물 남용 경력이 있는 5명은 제외하였다. 남은 사람들 중에서 24명의 남자를 선발했는데, 모두 대학생들이며 안정되어 있고 심리적으로 건강한 사람들이었다. 이들 중에서 11명의 지원자는 8시간 교대근무 교도관 역할을 했으며, 10명은 종일 재소자 역할을 했다. 재소자들은 정체성을 잃었으며 수동적이 되었고 무기력해졌다. 그 10명 중에서 5명은 심한 정서적 반응을 보여서 실험자가 그들을 석방시켰다. 교도관으로 할당된 11명 중에서 9명은 맡은 역할을 잘 해내었는데, 그중 4명은 잔혹해지면서 새로 맡은 권력을 즐겼고, 지속적으로 괴롭히는 방법을 새롭게 만들어 냈다. (문명화된 나라의 정상적 교도소에서는 교도행정이 주의 깊게 관리되므로 이런 일은 일어나지 않는다.) 교도관으로 할당된 사람들 중에서 2명(18%)는 다른 교도관으로 할당된 사람들이 하는 잔혹한 행위에 동참하기를 거부하고, 재소자들에게 친절하게 대했다. 실험자들은 그 실험이 진행되는 방식에 너무 놀라서, 처음에 계획한 14일 대신에 6일 만에 그 실험을 종결했다.

Milgram과 Zimbardo는 또 다른 세상을 창조한 것이다. 그것은 실험 참가자들이 배우로 발탁된 일종의 극장이었는데, 실험 참가자들만 그 대본을 몰랐다. 왜 실험 참가자들이 그렇게 행동했는지에 대한 심리학적 설명을 보면, 그들은 이전에 경험한 적이 없는 이런 가상세계로 점점 빨려 들어갔으며, 복종하면서 또 기꺼이 그 역할을 시작하고 계속하는 자기 자신을 발견하게 된 것이다.

Milgram과 Zimbardo의 연구에 대한 대부분의 설명은 다른 면에 강조점을 두지만, 정서가 그 중심에 있다. 그 두 가지 연구 모두에서 잔혹함이란 정서가 명확하며, 많은 실험 참가자가 심각한 정서적 갈등을 경험했다.

이 연구들은 1933년에 Hitler가 권력을 장악하고 나치 국가를 세운 후에 일으켰던 5,000만∼7,000만 명의 사람이 사망한 제2차 세계대전에 관한 일련의 사건을 이해하는 데 중요하다. 사망자의 약 3분의 2는 민간인이었는데, 그중에는 유대인이 600만∼700만 명, 그리고 나치에 의해서 바람직하지 못한 사람들이라고 규정된 지적장애인들, 집시들, 동성애자들이 포함되었다. Milgram과 Zimbardo의 연구는 Christopher Browning(1992)의 『아주 평범한 사람들(Ordinary Men)』에 나오는 역사적 연구와 비교할 수 있는데, 이 책은 나치 치안경찰 101부대에 관한 것이다. Browning의 연구는 전쟁이 끝난 후에 그 부대원 486명 중에서 125명의 법률적 조사에 근거를 둔 것이었다. 그 부대의 장교 11명은 고등교육을 받았다. 다른 계급을 가졌던 남자들은 함부르크에 사는 숙련 노동자 또는 비숙련 노동자들이었으며, 일부는 직업 훈련을 받았으나 대부분은 15세 이후에 교육을 더 받지 못했다. 모집된 지 2년 반 후인 1942년부터 폴란드의 도시와 마을에서 유대인을 대량 학살하는 것이 그들의 직업이 되었다. 스탠퍼드 교도소 실험(Browning은 이 실험을 그의 연구와 비교한다)처럼, 대부분은 그들에게 주어진 역할을 하였다. 하지만 그들 중에서 10~20%는 사살에 참여하는 것을 거부하였다. 그들은 군법회의에 회부되지 않았다.

정서 조절에서 자유의지에 대한 그의 논의에서 Frijda(2010, 2011)는 Milgram, Zimbardo, Browning의 연구에서 소수의 사람은 잔혹함이라는 원초적 행위에 매몰되지 않고, 사회적 압력에 굴종하지 않고, 그들의 자유의지에 따라 행동하였다고 제안했다. 권위에 대한 존중으로 인해 정서적으로 위협받거나 결과에 대해 두려워하는 대신에, 그들은 다른 사람들에 대한 공감적 배려에 따라 옳다고 느끼는 대로 행동할 수 있었다. 같은 방식으로 Frijda는 유대인을 나치 점령지에서도 숨겨 준 비유대인들, 1994년 르완다에서 벌어졌던 집단학살에서 투치족 아이들을 숨겨 준 후투족 여인들과 같이 죽음을 무릅쓰고 그런 일을 한 예들도 있다고 말했다(Prunier, 1995). Simon Baron-Cohen이 그의 책『악의 과학(The Science of Evil)』에서 보여 주었듯이, 어떤 사람들은 타인에 대한 공감적 배려가 부족하고, 제8장에서 논의했던 타인의 생각과 느낌을 이해하는 능력인 마음이론이 열등하다. 그런 사람들은 다른 사람들을 보살필 수 없으므로 사회가 그들을 보살필 필요가 있다. 어떤 사회에서든 그런 사람들이 다른 사람 위에 군림하게 하는 것은 엄청난 실수이다. 우리 모두에게 다른 사람들을 위해서 공감적 배려를 함양하는 것이 정서 조절의 일부분이다.

그렇게 자유의지와, 어떤 정서보다도 공감적 배려를 우위에 둘 수 있는 가능성에 대해서 어떻게 생각해야 하는가? 할 수만 있다면 우리가 생각하고 그래서 자유롭게 결정지을 수 있는 자아를 상정하는 이 소박함에 미소를 보낼 수 있어야 한다. 하지만 진정한 문제는 만일 우리가 Milgram이나 Zimbardo의 실험에 참여했던 사람들 또는 치안경찰 101부대에 모집되었던 사람들이 직면했던 위협에 처한다면 어떻게 했을지를 생각하면서 우리의 삶에 대해서 생각해 보는 것이다. 우리는 단순히 명령받은 대로 행동할 것인가, 아니면 공감적 배려가 더 중요한가?

Gailliot 등(2007)은 우리가 자유의지를 믿든 그렇지 않든 간에 자유의지를 단련하는 것이 혈당 수준을 낮춘다는 것을 발견했다. 즉, 그것은 노력이 들어가는 것이다. 자유의지를 믿는 것은 다른 사람들에게 사려 깊고 도움이 되는 것과 연관된다. 그리고 그것은 에너지를 소모한다는 측면에서뿐만 아니라 그들 사회의 학살 정책에 맞선다는 측면에서도 비용이 들어가는 것이다. Baumeister, Masicampo, DeWall(2009)은 자유의지에 대한 그들의 믿음을 감소시키면 사람들이 더 공격적이 되고 잔혹해진다는 것을 발견했다. 그러므로 의식적 자유의지를 실행하는 능력을 어떻게 부르든 상관없이, 그것은 심리학적으로 측정될 수 있다(Baumeister,

Masicampo, & Vohs, 2011). 명백히, 그것은 우리가 어떻게 사느냐에 영향을 미치며 우리가 사는 사회에 영향을 준다.

자유의지를 실행하는 능력을 추정하는 또 다른 방법은 제13장에서 논의했듯이 정신건강을 고려해 보는 것이다. 심한 불안장애와 우울증을 겪고 있는 사람들과 중독에 사로잡혀 있는 사람들이 스스로 그렇게 된 것이라는 사실이 매우 간과되고 있다. 그들의 자유의지 영역은 협소하다. 그들은 더는 그들이 바라는 대로 행동할 수 없으며, 그래서 삶이 축소된다.

자유의지가 이상적 용어는 아니지만, 그 용어는 중요한 무언가를 가리키고 있다. 그것은 우리 삶에서 의미를 만드는 능력이다. 우리는 그것을 의미 창출(meaning-making)이라고 불러야 한다. 그것에 참여함으로써 우리는 단순히 생물학적 기반을 둔 충동이나 사회적 강제에 반응하는 것이 아니라 의미 있는 것을 향해 나아갈 수 있다. 이러한 방식으로 Stanovich(2004)가 언급한 대로 우리가 어떤 존재인지를 이해하고 로봇의 반란에 동참할 수 있다. 비록 우리가 유전자를 위한 운반 로봇(robot-vehicle)이기는 하지만, 우리는 더는 이런 유전자들이 만든 정서 프로그램에 강제될 필요가 없고 사회적 집단사고에 위협받을 필요도 없다. 우리는 또한 의식을 가지고 언어적 토론도 할 수 있도록 진화되었으므로, 단순히 유전자의 생존이나 집단 생존에만 강제되는 대신에 인간적 목적을 위해서 분투할 수 있다. 우리와 타인들의 관계는 상호 의존적이라는 것을 이해함으로써, 우리는 더 공감적이 되고 연민을 가질 수 있을 것이다. 그리고 우리가 사는 지구의 미래와 우리의 관계를 이해함으로써 덜 탐욕적이 되고 후손들을 위해서 생각 없는 짓을 덜 하게 될 것이다. 그렇게 할 수 있으며, 그렇지 못할 때는 공룡들이 걸었던 길을 가게 될 것이다. 그렇게 하기 위해서는 우리 유전자의 정서적 충동들보다, 그리고 다른 집단과 갈등을 일으키는 한 사회 내의 집단사고적 경멸보다 인간적 목적들을 우위에 둘 필요가 있다.

의식적 사고가 통상적으로 의미 창출을 만들어 낸다. Baumeister와 Masicampo가 제안한 대로, 이 책에서 우리는 의식이 과거 기억들과 현재의 사회-정서적 세상, 미래의 행동 가능성과 연관된 내적 시뮬레이션이라고 주장한다. 이 시뮬레이션에서 이 일을 하는 것이 저 일을 하는 것보다 더 낫다고 결정할 수 있는 의미를 만들어 낼 수 있다. 자유의지가 신경적 인과 법칙의 밖에서 작동한다는 의미는 아니다. 그것은 다른 사람들에 대한 공감적 배려와 같은 사려 깊고도 의미 있는 이성에 따라서 행동할 수 있다는 의미이다. 일단 의식선상에서 의미가 설정되면, 행동을 지배하는 자동적 과정에 영향을 미치는 이성이 발생할 수 있다. 비록 그렇게 되기까지 통상적으로 시간이 걸리지만, 우리 마음의 연합적 구조 안에서 그런 적응이 일어날 수 있어야 다른 사람들과 우리 자신에 대한 선택과 책임성을 이해하는 자발적 탐색이 가능해진다.

아직은 아무도 의식이 무엇인지 모른다. 어떻게 생물학적 존재가 인간적 의미를 만들어 내는지 알려져 있지 않다. 그것은 사회성의 창발적 특성(emergent property)일 수도 있다. 그 설명이 어떻든 간에, 단순히 행동하는 대신에 우리는 의미 있게 행동할 수 있으며, 그렇게 행동하는 이유를 의식적으로 명확히 추론하고 다른 사람들과 논의한다. 물론 우리가 이 책에서 명백히 이야기한 대로 인간의 행위에는 제약이 있다. 정서에 대한 이해가 자유의지를 돕는다. 그런 이해를 통해서 단순히 유전자나 사회적 강제의 명령에 의해서가 아니라 인간 이성을 위해서 행동할 가능성이 높아진다.

무엇이 조절되는가

고대 Epicurus 학파 철학자들과 Stoa 학파 철학자들은 우리의 정서가 너무 강하기 때문에 그것과 싸울 수 없다고 주장했다. 그렇더라도 우리는 그것을 극복해 나가야 하며 우리의 바람에 집중해야 한다. 그리고 심리학자로서 말하자면 우리의 목표와 관심사에 집중해야 한다. Stoa 학파의 Chrysippus가 말한 정서의 두 가지 움직임의 견지에서 보자면, 첫 번째 움직임은 생리학적이며 표현적인 것인데 그것은 자동적이다. 우리가 충동을 경험하기는 하지만, 숙고한 후에 일어나는 두 번째 움직임과 다른 사람과 공유함으로써 일어나는 세 번째 움직임에 대해서 우리는 다음과 같이 말할 수 있다. "나는 진정으로 이렇게 하기를 원하는가, 아니면 뭔가 다르게 행동하는 것이 더 낫지 않을까?"

Joseph Campos 등(2011)은 우리가 정서를 개인적 마음의 차원이 아닌 관계의 차원으로 간주해야 한다고 했다. 그들은 정서의 대인적 관점에서 정서 조절 문제를 정서의 개인적 즐거움이 아닌 대인적 균형으로 보아야 한다고 지적했다. 그들은 다음과 같이 말했다.

......정서 조절은 전형적으로 어떤 개인이 협상을 하거나 다양한 목표를 조율하는 과정이며, 그 개인이 대개는 그와 아주 다른 추구를 하는 또 다른 개인이나 집단의 사람들과 관계를 맺으려고 노력하는 것이다(p. 27).

이런 생각의 타당성은 Frijda(2010, 2011)가 이야기한 학살이 자행되는 전쟁에서 사람들의 예들을 보면 확실히 알 수 있다. 그들은 자신의 죽음을 두려워했지만, 자신들과 다른 사회집단에 속한 사람들을 피신시켜 주었다.

우리는 정서 조절을 어떤 정서가 주는 불쾌함을 피하고 유쾌한 경험을 하려는 것으로 간주하면서 이 장을 시작했다. 이러한 논의를 근거로 우리는 더 정교한 개념으로 옮겨 갈 수 있다. Tamir, Mitchell, Gross(2008)는 정서 조절이 유쾌함과 관련될 수 있으며 또 관심사(목표)와 관련될 수도 있다고 제안했다. 한 실험에서 그들은 이 두 가지를 비교하였다. 그들은 사람들이 비대립적 목표가 아닌 대립적 목표를 추구하는 과정에서 행동할 것을 예상할 때, 비록 그 행동이 불유쾌할지라도 분노를 증가시키는 방향으로 활동하기를 더 선호한다는 것을 발견했다. 그들은 또한 대립적 과제에서는 분노가 사람들의 수행을 향상시킨다는 것도 발견했는데, 비대립적 과제에서는 그렇지 않았다. 그래서 Gross, Sheppes, Urry(2011)는 정서 조절을 "정서 발생 과정(emotion-generative process)을 변화시키기 위한 어떤 목표의 활성화"(p. 767)라고 정의하는데, 즉 어떤 정서들이 시작되고 어떻게 유도되는지에 영향을 주는 것이라고 한다.

정서를 조절하는 것은 종종 인간관계의 부산물(by-product)이기도 하다. 정서는 어떤 관심사를 다른 것보다 우위에 두는 기능을 한다. Mesquita와 Frijda(2011)가 지적했듯이, 실험실에서의 정서와 달리 대부분의 실생활에서 정서들은 혼합되어 있기 때문에 우리는 그중에서 어떤 측면에 주의를 두어야 할지 항상 결정할 수 있다. 그들은 다음과 같은 예를 든다. 만일 생일 파티에서 친구들이 〈해피 버스데이(Happy Birthday)〉노래를 부르면 우리는 당혹감을 느끼지만, 그곳에서 도망치는 것이 아니라 그들을 좋아하기 때문에 그들과 함께하며 미소를 짓는다. 같은 방식으로, 우리는 속상하더라도 우울해하기보다는 어떤 친구의 관심사에 주의를 기울이는 것이 더 중요하다고 결정짓고 또 그렇게 한다. 그렇게 하면 우리도 덜 속상해질 수 있다. 우리가 어떤 성공을 만끽하더라도 다른 사람이 부러워하기를 원치 않는다면, 우리는 관계를 위한 배려에 우선순위를 두고 자랑하는 것을 자제한다. 권위를 가지고 있는 누군가를 염려한다면, 그 관계의 의미에 집중하고 신중히 행동한다. 어떤 친구가 상처를 주어서 화가 난다면, 그 사람을 용서하는 것이 좋으며 비난하기보다는 관계를 지속하는 데 우선순위를 둔다.

심리치료

심리치료는 치료자가 환자(또는 내담자)의 이야기를 듣고 때로는 자신의 의견을 말하는 치료과정이다. 정서 조절이 정서의 특정 일화들을 관리하는 것인 데 비해서, 치료는 그 개념이 확장된 것이다. 즉, 한 사람이 일반적으로 정서적 삶을 다루기 위해서 어떻게 그 자신의 성격을 관리하는가를 다룬다.

Sigmund Freud가 실시하였던 초기 형태의 치료로 심리치료에 대해서 생각해 보는 것이 유용한데, 그 치료는 어떤 환자가 생의 초기에 겪었던 정서적 트라우마 사건에 초점을 맞추었다. 우리는 제1장에서 그 아이디어를 간략히 소개했다. 그것은 Freud가 Katharina를 치료한 사례이다(Freud & Breuer, 1895). 이 치료는 그 환자가 정신적 트라우마를 회상하도록 하는 것을 목표로 했다. 이 경우에 그것은 성적 학대이며 그 내용을 의식에 떠올리게 하고, 그렇게 해서 그 성적 학대와 연합된 정서들을 경험하고 표현하도록 하는 것이었다. 이 치료의 아이디어는 그 정신적 트라우마에서 지속되는 유해한 영향으로부터 그 환자를 해방시키는 것이었다.

하지만 이 치료법에 관한 첫 논문을 출판하고 얼마 지나지 않아서, Freud는 정서장애가 전형적으로 아동기의 성적 학대에 의해서 생긴다는 생각에 실수가 있었다고 믿게 되었다. 그때부터 그의 새로운 생각의 중심이 된 정신분석의 기본은 사람들이 내적 갈등(inner conflict) 때문에 고통받는다는 것이었다. 예를 들면, 의식적으로 깨닫지 못한 와중에 어떤 사람에 대해서 성적으로 끌리면서 동시에 사회적 금기 때문에 억제하고 있는 경우 같은 것이다.

정신분석은 처음 시작할 때부터 지지자들과 비난자들이 많았다. 비난을 하는 사람들은 정신분석은 치료과정이라기보다 수사를 하는 것이라고 주장했다! 논쟁은 계속되었지만, 정신분석치료는 계속 번창하였으며 서양 문화의 일부분이 되었다. 그런 공격 중에는 Grünbaum (1986)과 Crews(1994)가 한 것도 있다. Freud의 심리치료 형태에 대해 공격을 하는 또 다른 부류는 아동기 성적-정서적 트라우마 기억에서 회복되었다고 보고한 사람들의 경우에서 나왔는데(Ochsner & Schachter, 2003), 그들이 억제되고 있었는지 모르지만 그 기억은 치료자의 암시에 의한 것일 수 있다고 했다.

사진 출처: Van Bucher/Science Photo Library/Photo Researchers, Inc.

[그림 14-4] 거의 모든 형태의 심리치료는 한 사람의 치료자가 내담자가 말하는 정서적 삶에 대해서 듣고 그 내담자를 이해하는 것이다.

하지만 여전히 강력하게 남아 있는 것은, 주의 깊게 듣고, 존중심을 가지며, 정서장애로 고통받는 환자들에게 '고르게 떠 있는 주의(evenly hovering attention)'를 기울이라는 치료 아이디어는 Freud가 확립했다는 것이다. 서양의 정신과 치료에서 그리고 모든 심리치료에서 사람들은 적극적 경청(active listening)이라는 이러한 치료법에 어떤 식으로든 신세를 지고 있다.

정서에 초점 맞추기

많은 심리학자와 정신과 의사는 자신들이 절충적 방법을 사용한다고 말하는데, 이것은 실무에서 그들이 여러 종류의 치료법을 병합해서 사용한다는 의미이다(Kring, Johnson, Davison, & Neale, 2012; Lambert, 2004). 대부분의 치료법에는 치료자, 대화, 제안 등이 포함된다. 거의 모든 치료법에는 다소간 명시적 방식으로 정서가 포함된다(Greenberg & Safran, 1989). 그래서 치료는 타인과의 상호작용이다. 환자 또는 내담자로서 한 사람은 치료에서 자신의 정서 스키마의 특성을 발견하게 되는데, 자신에게 불안, 분노, 또는 절망을 가져다주는 것은 대부분 스키마이며, 그들은 어느 정도 그런 스키마의 동작방식을 바꿀 수 있다. 치료에 의해서 이런 스키마들에 대해서 더 잘 이해하게 되고, 더 책임감을 가지며, 그래서 행동과 정서의 측면들이 변화될 수 있는 관계 배경이 마련된다.

정서장애에 대한 의학적 접근은 약물을 처방해서 정서적 증상들의 고통과 번민을 완화시켜 주는 것이다. 항우울제(antidepressant)와 진정제(tranquilizer) 치료에 대해서는 제6장과 제13장에서 논의하였으며, 그런 약물들은 각각 우울과 불안 상태의 강도를 낮추어 준다. 많은 정신과 의사에게 약물치료는 선택의 문제인데, 약물은 치료자에게 상대적으로 저렴하고 간편하며, 환자들도 종종 그것을 선호하기 때문이다.

심리치료들은 내담자들에게 정서 영역에서 자유의지를 발휘하도록 만든다. 우선, 기본적인 네 가지 형태를 소개하겠다. 그런 후에 그 치료효과의 증거들을 개관하겠다.

정신분석: 관련된 무의식적 도식

정신분석치료의 독특한 면은 전이(transference)에 대한 인식과 해석에 있다. 전이는 Freud(1905)가 Ida Bauer의 치료 사례에서 논의하였는데, Freud는 그녀를 'Dora'라고 명명했다. 그녀는 일요일을 제외하고 매일 비엔나의 베르크가세 19번지에 있는 Freud의 진찰실을 방문했다(Bernheimer & Kahane, 1985). Dora의 치료 사례에서 Freud는 그의 새로운 치료방법을 설명했다. 환자를 긴 소파(couch)에 눕히고 그녀의 삶에 대해서 이야기하는데, 마음에 떠오르는 어떤 이야기라도 좋으니 하라고 한다. Freud는 그녀의 이야기에서 빈 곳을 메우기 위해서 해석을 제시하였다. Dora의 이야기에서 빈 곳은 그녀가 자신의 아버지가 Frau K.라는 여성과 불륜에 빠진 것을 비난하는 이야기를 할 때 자신의 아버지의 불륜에 약간 흥분되어서 그녀 자신이 그 불륜녀의 남편인 Herr K.의 정중한 관심을 즐겼다는 부분이었다.

전이는 정서 스키마들이 명확히 드러난 것이며, 정서 스키마란 다른 사람들과 관계하는 습관적 방식이 구현된 정신적 모델이다. 그것은 이전부터 내려온 것으로, 중요한 타인들을 향한 정서적 태도의 집합이라고 말하는 것이 가장 적합할 것이다. 그런 태도들과 정서들이 현재의 사람들에게 투사되는데, 치료자도 그런 사람에 포함된다. Freud(1905)는 "전이란 무엇인가?"라고 물었다. "전이는 충동과 환상의 새로운 판본 또는 복제본인데…… 아버지와 같은 이전 인물이 의사와 같은 인물로 대치되는 것이다."(p. 157) 그래서 이 경우에 Dora는 아버지를 "비밀스러우며 우회적인 방식을 좋아하는 사람"이라고 말했다. 그녀와 아버지의 관계는 불신으로 차 있었다. 예를 들면, 그녀의 아버지가 Frau K.와 불륜을 시작할 때, 아버지는 Dora의 주의를 돌리기 위해서 Herr K.가 그녀에게 정중한 관심을 보이도록 만들었다는 것이다. 그녀에 대한 분석에서 Dora의 전이에는 그녀가 아버지를 대했듯이 Freud를 대하는 것이 들어 있었는데, 불신이 바로 그것이다. 그녀는 3개월 후에 치료를 중단하고 Freud를 차 버림으로써 그것을 보여 주었는데, 그녀의 아버지로부터 정서적으로 분리되는 것처럼 행동한 것이다.

중요한 인물: Sigmund Freud

Sigmund Freud는 1856년에 가난한 양모상과 부인 사이에서 태어났다. 그는 4세 때부터 사망하기 1년 전까지 비엔나에서 살았다. 1881년 의사가 된 직후에, Martha Bernays를 만나서 깊이 사랑하게 되었고, 4년간 순결하게 약혼기간을 보냈다. 그런데 이때 겪은 좌절이 아마도 그가 성에 대한 이론을 만드는 데 기여한 것 같다. 생물학과 신경학에서 경력을 쌓으려던 여러 시도가 다소간 성공적이지 못했으므로, Freud는 최면을 가지고 환자를 치료하기 시작했는데, 최면이 그렇게 썩 좋은 것은 아니라고 말했다. 그런 후에 그는 정신분석으로 유명해진 치료를 시작했다. 이 치료는 내적 갈등을 발견하기 위해서 사람들이 말하는 그들의 삶에 대한 이야기를 듣는 것인데, 그렇게 해서 그 갈등은 의식화되고 해소될 수 있는 것이다.

1902년에 Freud는 비엔나 대학교에서 조교수에 해당하는 자리를 얻었다. 그는 항상 자신이 마땅히 얻어야 한다고 생각하는 인정을 받지 못해서 힘들어했지만, 되돌아보면 그때부터 그에게 행운이 와서 그의 생애 동안 영향력이 커지고 세계에서 가장 유명한 심리학자가 되었다.

1938년에 Freud와 그의 가족은 나치를 피해서 영국으로 이주했다. 1939년 9월, 그가 암으로 사망하기 전까지 마지막 해를 영국에서 보냈는데, Freud의 연구는 심리학과 정신의학에 기초가 되었을 뿐만 아니라 예술과 문학에서도 중요하게 되었다. 그는 20세기 사고에 큰 영향을 미쳤다. 무의식, 불안, 신경증, 심리치료 같은 아이디어는 Freud가 없었다면 오늘날과 같은 의미를 갖지 못했을 것이다(전기적 정보: Gay, 1988; Sulloway, 1979).

정신분석치료는 전이를 인식하고, 그것을 환자의 의식에 떠올리도록 설계된다. 전이는 다양한 관계에서 일어난다(Miranda & Andersen, 2010). 전이는 의사가 진찰을 하는 거의 모든 경우에 일어나는데, 이전에 보살펴 주는 사람이 그랬듯이 우리는 그 치료자가 모든 것을 더 잘하기를 바란다. 그 일은 모든 종류의 심리치료에서 일어나므로, 치료자가 분석가가 아니더라도 받아들인다. 그 일은 학생과 교사 사이의 관계에서도 일어난다. 또한 권력이나 영향력을 가진 사람, 즉 권위적 인물과 만날 때에도 일어난다. 그 일은 낭만적 관계에서도 일어나는데, 우리는 애정에 굶주린 것처럼 되거나, 만족하지 못하거나, 짜증을 내거나, 막무가내로 행동하게 되는데, 한때 우리가 부모에게 했듯이 그렇게 행동한다. 제11장에서 논의한 대로 이러한 전이 유형들은 유아의 애착 유형들이 성인기까지 이어진다는 면으로 입증되었다(Waters et al., 2000).

정신분석치료의 아이디어는 다음과 같다. 우리의 인간관계는 정신건강에 아주 기본적인 것이므로, 지금 현재의 실제적 어떤 사람이 아니라 과거에 있었던 어떤 사람과 인간관계에 근거를 가지고 있다면 기껏해야 오해가 있을 뿐이고, 최악의 경우는 추적 불가능한 문제들이 존재한다. 문제가 있는 정서 스키마는 흔히 믿음에 단단히 결속된 강력한 소망에 근거를 두고 있는데, 그 믿음이란 사람들이 자신에게 어떤 문제가 있다거나 자신은 결코 만족할 수 없다는 생각을 고수하는 것이다(Dahl, 1991). 그래서 어떤 여성은 아동기로부터 유래된 정서 스키마를 가지고 있을 수 있다. 즉, 자신이 분노할 때는 오직 나쁜 일만 생긴다고 믿는 것이다. 그녀는 분노를 억제하려고 노력하지만 별로 성공적이지 못하게 되고, 그녀의 삶에 제한을 두어서 분노하는 경우를 드물게 할 수 있지만, 그러면 자신의 삶이 위축되고 불만족스러워진다는 것을 알게 된다. 또는 부모에 대한 경험을 통해서 어떤 남성은 통제를 잃어버릴까 봐 어떤 강한 정서를 가지는 것도 너무 위험하다고 느낄 수 있다. 그러면 그 남성의 성격은 돌처럼 경직된다. 한편, 또 다른 사람은 친밀감을 갈망하지만 다른 사람에게 휘둘릴까 봐 무서워한다.

전이에 대한 해석으로서 정신분석의 아이디어는 다음과 같다. 즉, 정서 관련 스키마는 곧장 치료적 관계로 이전된다. Strachey(1934)는 치료자의 관점에서 다음과 같이 썼다.

> 먼 옛날의 갈등들, 그것은 죽은 환경과 미라가 된 성격에 관계된 것이며 그 결과는 이미 정해진 것이기 때문에, 그런 것들을 다루는 데 애쓰기보다는 우리와 그 환자가 주연이 되는 실제적이고 즉시적인 환경 안에 있는 우리를 발견한다.

그리고 계속해서 Strachey는 그 내담자가 제기한 부분적으로 무의식적인 스키마가 의식화되면 치료자와의 관계 안에서 새로운 해결책을 선택할 수 있으며, 이 새로운 해결책은 치료

밖의 환경에서 다른 관계들에 일반화될 가능성이 있다고 썼다.

정신역동치료의 혁신적 형태 한 가지가 Fonagy와 Luytem(2001)에 의해서 시도되었다. 그 치료법은 정신화 치료(mentalizing therapy)라는 것으로, 경계선 성격장애(borderline personality disorder)를 가진 사람들에게 특히 중요한데, 이들은 정서를 조절하기 힘들고 또 자주 자해와 자살 시도를 한다. 이 장애는 애착에 그 기원을 두고 있으며, 이 사람들은 애착이 강하지 않으므로 다른 사람들과 자신에 대해서 아주 메마른 감각을 지닌 채로 성장한다. 이 치료법은 그런 사람들에게 공감과 마음이론을 발달시키는 데 목적을 두고 있다.

치료에서 전이에 대한 경험적 연구 중에는 Luborsky와 Crits-Christoph(1990)의 연구가 있다. 그들은 전이에 있어서 핵심 갈등관계 주제(Core Conflictual Relationship Themes)를 인식하는 방법을 고안했다. 이 방법을 사용해서 Henry 등(1994)은 치료자가 이러한 주제들이 발생하는 것을 인식하고 해석하면, 환자가 치료에서 많은 진전을 보인다는 것을 발견했다. 한 fMRI 연구에서 Loughead 등(2010)은 자전적 이야기들이 마음이론, 자기참조 과정(self-referential process), 정서를 관장하는 뇌 부위를 활성화시키며, 이런 자전적 이야기에서 핵심 갈등관계 주제의 내용이 더 수준이 높을수록 기억과 관련된 영역들이 더 많이 활성화된다는 것을 발견했다.

Rogers 상담: 공감적 지지

상담치료의 시조는 Carl Rogers(1951)이다. Rogers는 1930년대에 처음으로 비지시적 치료(nondirective therapy)라는 원리를 만들었다. 이 치료의 목적은 내담자가 치료자와 진심에서 우러난 비판단적인(non-judgmental) 관계를 경험하도록 하는 것이다. 치료자가 하는 일은 온화한 마음으로 내담자가 하는 말에 공감하면서 들어 주는 관계를 만드는 것이다. 내담자는 아무런 위협감을 느끼지 않고 치료자와 대화함으로써 자신의 자아에 있는 부조화가 무엇인지 알게 되면서 변화하게 된다.

Rogers는 자신의 이런 치료를 나중에 '인간 중심(person-centered) 치료'라고 재명명하였다. Rogers는 내담자 자신만이 그런 부조화를 깨닫고 변화할 수 있다고 생각했다. 정신분석에서는 치료자가 해석을 해 주는 것이 중요하다고 하며, 행동치료에서는 학습이나 코칭이 중요하다고 하지만, Rogers는 그런 것이 치료자가 해야 할 일은 아니라고 했다. 이런 인간 중심 치료는 별개로 생긴 것이지만, Rogers의 인본주의 치료(humanistic therapy)는 실존적 치료(existential therapy)와 현상학적 치료(phenomenological therapy)와 연관되어 있다(Binswanger, 1963).

Rogers는 연구를 하기 위해서 치료 회기를 녹음한 최초의 치료자이다.

인지행동치료: 생각으로 정서적 삶을 바꾸다

올바른 방식으로 정서를 생각함으로써 정서를 바꿀 수 있다는 아이디어는 제 1장에서 소개한 고대 Epicurus 학파 철학자들이나 Stoa 학파 철학자들까지 거슬러 올라갈 수 있다. 그들이 무가치한 욕망에 영향을 받지 않도록 사고를 한 것처럼, Beck(1976)이 창설한 인지행동치료(CBT)도 그런 방식으로 사고하도록 만든다. 이 치료법은 사람들로 하여금 정서를 일으키는 사건들에 대해 평가 오류를 인식하고 방지하도록 하는 데 기초를 두고 있다. 구체적으로는 내담자들이 부정적 정서를 경험할 때는 그렇게 속상하기 이전에 무슨 사건이 있었는지, 어떤 정서가 생겼는지, 어떤 생각이 일어났는지를 일기에 적도록 하였다. 또 그런 다음에는 어떤 대안적 생각을 적어야 했는데, 그들이 믿는 것이 아니라 어떤 다른 생각이어야 했다. 그렇게 해서 내담자들은 그들의 정서로부터 거리를 둘 수 있으며, 반복되는 원인들을 알 수 있고, 마음에 사고를 일으켜서 언제나 같은 정서가 생기게 하는 사고-원인-정서(thoughts-causing-emotions) 순환고리를 이해할 수 있다. 모든 문화에서 그랬듯이, 글로 쓰는 것은 정서의 의미를 반추하고 의식화하는 주된 방법 중의 하나이다.

이 치료에서 Beck(예: Beck, 1976; Beck et al., 1979)은 불안과 우울을 초래하는 평가 패턴에는 임의적이고 절대적이고 개인화된 평가를 하는 경향이 있다는 것을 발견했다. 만일 내담자들이 다른 평가를 할 수 있다면, 예를 들면 내적인 것보다는 외적인 평가, 전반적이 아닌 국지적 평가, 영구적이 아닌 비영구적 평가를 할 수 있다면, 그런 악순환을 파괴할 수 있는 다른 정서를 가질 수 있다는 것이다. 그래서 인지행동치료는 핵심 신념과 핵심 계획 모두를 변경하도록 하며, Stein 등(1994)이 제안한 정서적 사건에 대한 평가에서 핵심이 되는 질문, 즉 "나는 이 일에 대해서 무엇을 할 수 있는가?"에 대해 변경된 대답을 하도록 한다는 것이다.

인지행동치료를 확장해서, 현재 많은 치료자와 이론가는 마음챙김 명상(mindfulness meditation)을 추가한다(Philippot & Segal, 2009). 마음챙김과 인지행동치료를 결합한 치료법을 변증법적 행동치료(dialectical-behavioral therapy)라고 부르는데, 이는 자살이나 자해를 하는 환자들을 대상으로 시행되고 있다(Linehan, Comtois, Murray et al., 2006). 마음챙김 명상의 특성 중에 하나는 행위를 일으키는 충동으로부터 정서를 분리하는 법을 배우는 것이다.

정서 중심 치료: 정서로 정서적 삶을 바꾸다

왜 치료에서 정서가 그렇게도 중심 역할을 하는가? Greenberg(1993)는 정서를 명시적으로 만들면 정서 스키마에 명확함과 통제 가능성을 부여한다고 주장한다. Greenberg(2002)는

Spinoza(1661~1675)가 정서를 바꾸는 오직 한 가지 방법은 다른 정서를 가지는 것이라고 말한 것을 언급하며, 이것이 정서 중심 치료의 목표라고 한다. 이 치료에서는 정서를 탐색한다. 예를 들면, 살면서 분노하고 치료에서도 분노하는 사람이 갑자기 분노가 슬픔으로 바뀔 수 있는데, 바로 그녀 자신이 그 분노하는 것에 대해 부분적으로 책임이 있다는 것을 깨닫게 될 때 그렇게 된다.

삶을 살아가면서 우리는 많은 목표와 많은 실행계획을 갖게 된다. 애착과 같은 것은 말없이 형성된다. 그 이후에 형성되는 다른 것들은 더 명시적으로 일어나지만, 그 목표들이 서로 어떻게 영향을 미치는지는 알지 못하므로, 그 의미들은 무의식 속에 남아 있을 수 있다. 그런 목표 또는 관심사가 영향을 받으면 정서가 신호를 보낸다. 이러한 것을 단지 부분적으로만 인식할 때는 어떤 관심사가 중요한지 아는 데 정서가 최선의 단서가 될 수 있다. 그래서 정서 중심 치료의 과업 중 하나는 그런 단서를 알아내고 우리 자아의 일부분인 목표구조를 의식적으로 충분히 이해하는 모델을 만드는 것이다.

치료 그리고 삶의 과업 중 일부분은 우리가 충분히 경험할 수 없었던 정서들을 인식하는 것이다. 이 경우에 치료는 그런 정서들을 충분히 경험하도록 북돋아 주는 것으로 구성되는데, Greenberg(2002)는 그런 정서가 기본 정서들이라고 했다. 그래서 내담자들은 분노를 억누르고 있을지라도 분노하고 있다는 것을 인식할 수 있으며, 인식하지 못하고 있었던 깊은 슬픔을 인식할 수 있다. 인식하고 표현함으로써, 기본 정서들과 그것이 어디서 생겼는지를 더 잘 이

정서에 초점 맞추기

고대 그리스인들은 경의(reverence)를 나타내는 것, 즉 삶이 우리에게 준 모든 것에 깊이 감사하는 것이 건강한 개인과 건강한 사회에 필수적이며, 정의감만큼 중요하다고 믿었다. 경의는 의식의 한 형태이며, 우리에게 주어진 놀라운 것들을 인식하는 것이다. 그런 것에는 배울 수 있음, 좋은 건강, 주변의 사랑하는 사람들, 세상을 여행할 수 있는 것 등이 있으며, 또 사회에 주어진 놀라운 것도 많다. 경의에 밀접히 얽혀 있는 정서는 감사(gratitude)이다. Robert Emmons는 이 분야의 세계적 연구자인데, 감사를 당신에게 주어진 것들에 경의를 표하는 것이라고 했다(Emmons, 2007). 우리는 이 책 전체에 걸쳐서 신체 접촉을 통해서 감사를 나타내는 것과, 감사가 강력한 관계를 만드는 데 얼마나 중요한지 배웠다.

Michael McCullogh와 Robert Emmons는 감사해야 할 몇 가지 것을 일주일에 한 번씩 적기만 하여도 웰빙과 신체건강이 25% 향상된다는 것을 발견했다(McCullough et al., 2003). 이 발견에 근거해서 몇 가지 종류의 감사 개입 또는 감사를 실천하는 것의 효과를 검증해 보았는데, 광장한 유익이 있다는 것이 증명되고 있다. Emmons는 그의 책 『감사: 고마워하는 것이 어떻게 더 큰 행복을 가져다줄 수 있는가(Thanks)』에서 감사하는 것이 반성의 중요한 형태가 되어서 학교에서는 아동들을 사회적으로 그리고 학업적으로 도와주고, 일터에서는 노동자들의 사기를 북돋아 주며, 배우자들 사이의 관계에서 만족감을 높여 주고, 사람들이 어려운 시기를 잘 넘기도록 도와준다는 것을 아주 잘 개관하고 있다.

해하게 된다. 철학자들이 말했듯이, 기본 정서들은 더 의도성을 지니게 되고, 인간관계에 대한 의미들이 명확하게 된다.

하지만 그에 더해서 내담자들은 어떤 정서를 너무 많이 경험하기도 한다. Greenberg는 이런 것을 이차적 정서라고 불렀다. 그런 정서들을 정신분석가들은 방어(defense)라고 불렀다. 이차적 정서들은 받아들이기 어려운 어떤 기본 정서에서 유래하거나 그런 정서를 숨기기 위해서 나타난다. 그래서 복종적이어야 한다고 교육받은 여성들은 정말 화가 날 때 슬픔을 느낄 수 있으며, 그 후에 자신이 중요하다는 느낌이 생기면 절망하게 되고 더 슬프게 된다. 자라면서 절대 겁내지 말라고 교육받은 남성들은 공포를 표출함으로써 분노를 숨길 수 있는데, 그렇게 되면 그런 분노 성향 때문에 다른 사람들로부터 멀어지며 고립되게 된다. 흔히 기본 정서들을 잘 모르거나 받아들일 수 없을 때 그 기본 정서들은 더 쉽게 이차적 정서로 변형될 수 있다(Elster, 1999 참조). 이럴 때 치료적 과업은 내담자가 이차적 정서를 경험하도록 격려하는 것이 아니라, 내담자들이 이미 과도하게 그렇게 하고 있으므로 그런 정서들이 더 진정한 무엇을 숨기고 있다는 것을 이해하도록 북돋는 것이다.

세 번째 범주의 정서는 도구적 정서이다. 사람들은 도구적 정서가 자신이 원하는 것을 얻도록 해 준다는 것을 배웠다. 즉, 울면 동정심을 유발할 수 있고, 짜증을 잘 내면 다른 사람들이 문제를 제기하지 않고 가까이 오지 않는다는 것을 배운 것이다.

정서 중심 치료의 과정과 그 성과는 경험적 연구의 대상이었으며, Greenberg(2010)는 최근에 그 개관을 했다.

치료 성과

치료는 효과가 있는가? 우리는 증거기반 개입(evidence-based intervention)과 경험적으로 증명된 심리치료의 시대에 살고 있다(Hunsley & Lee, 2010). 의료보험제도는 유효성이 증명되지 않은 치료법들에 자원을 투입하려고 하지 않는다.

현재 여러 종류의 수많은 심리치료가 시행되고 있는데, 그러한 치료들은 내담자들을 무선 할당한 것, 한 종류의 치료를 받은 사람들의 결과를 다른 치료를 받은 사람들 또는 통제집단 사람들과 비교한 것들이다. 그런 연구들 중에서 최고는 Sloane 등(1975)이 수행한 것이다. Smith, Glass, Miller(1980)는 지금은 널리 알려진 기법인 메타분석을 처음 사용한 연구를 하였는데, 심리치료의 효과를 평가한 것이었다. Smith 등은 475개의 연구에서 여러 종류의 심리치료에 걸쳐서 평균 효과크기는 1~0.85 표준편차였다. 이것이 의미하는 바는, 평균적으로 치료를 받은 사람이 치료를 받지 않은 통제집단 사람들의 80%보다 결과가 좋다는 것이다. 심리치료 회기와 교육적 개입들에 대한 메타분석을 한 개관에서 Lipsey와 Wilson(1993)은 이 결과를 대략적으로 확정했다. 교육적 개입들과 비교해서, 전형적으로 12회기 정도의 상대적으로 적당한 시간이 소요되는 심리치료가 대부분의 교육적 개입보다 더 효과적이라고 알려져 있다. 이러한 발견이 있은 10년 후에도 Lambert와 Ogles(2004)가 여러 종류의 심리치료를 메타분석해서 유사한 결론에 도달했다. 인정된 많은 심리치료의 성과에 대한 연구들이 대체로 긍정적 결과를 보여 주었다. 편향적 신념에도 불구하고, 여러 가지 신념을 가진 치료자들은 흔히 유사한 효과크기를 보였다.

하지만 모든 치료가 다 효과적인 것도 아니고, 모든 치료자가 다 도움이 되는 것도 아니다. 비록 심리치료가 도움이 되지만, 때로는 해롭기도 하다. Orlinsky와 Howard(1980)는 23명의 치료자에게 치료를 받은 여성 142명의 기록을 개관하였다. 6명의 치료자는 훌륭했다. 전체적으로 그들이 돌본 내담자의 84%가 치료가 종료될 때 호전되었으며 아무도 악화되지 않았다. 5명의 치료자는 좋지 않았다. 내담자의 50% 이하가 호전을 보였으며 10%는 악화되었다. 더욱이 Westen, Novotny, Thompson-Bremner(2004)가 치료 성과 문헌들을 개관하면서, 심지어 경험적으로 효과가 있다고 알려진 치료들에서조차도 많은 환자가 호전을 보이지 않았으며, 더 많은 환자에게서 호전된 효과가 지속되지 않았다.

연구에서 중요한 영역은 치료가 웰빙을 지속시킬 수 있으며, 우리 인간들이 겪어야만 하는 태생적 충격들에 대한 회복탄력성을 향상시킬 수 있느냐 하는 점이다. Fava와 Tomba(2009)는 웰빙 치료가 무선통제 실험에서 그 타당성이 입증된 것을 보여 주었는데, 자신에 대해서 긍정적 평가를 하고, 지속적 성장과 발달을 한다고 느끼며, 삶이 목적이 있고 의미 있다는 신념을 특히 다른 사람들과 관계에서 가진다는 결과들을 보여 주었다.

정신분석에 대해서 말하자면 특정적 비판을 상당히 많이 받아 왔으며, 시간이 많이 소요되고, 그 효과에 대해서는 회의론이 계속되어 왔다. 그런데 스웨덴의 스톡홀름에서 Blomberg, Lazar, Sandell(2001)이 수행한 대규모 연구에서 그 효과가 입증되었다. 그 연구에서 400명 이상의 환자가 최대 3년 동안 국가 보험이 지급하는 정신역동치료를 받았는데, 일주일에 5회씩 본격적 정신분석을 받든지, 또는 정신분석적 심리치료라고 불리는 치료를 일주일에 1~2회씩 받았다. 그 저자들은 치료의 기간과 빈도 대비 치료 성과는 어떤 치료집단에 사람들이 할당되었는지에 상응해서 나타났다고 하였다(Sandell, Blomberg, & Lazar, 2002). 즉, 정신역동치료를 더 많이 받을수록, 그 결과는 더 좋았다. 본격적인 정신분석치료를 3년 동안 받은 156명의 환자를 추적한 결과는 처음 치료를 시작할 때 보였던 증상들이 치료에 의해서 현저하게 개선되었음을 보여 주었다. 그들은 치료가 종료된 후에도 계속 호전을 보여서 환자가 아닌 집단의 정신건강 점수와 동일한 지점에 도달했다.

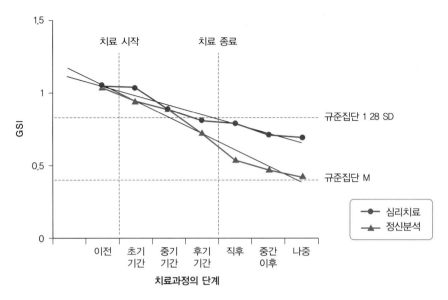

[그림 14-5] Blomberg, Lazar, Sandell(2001)의 연구에서 정신분석적 심리치료와 정신분석을 하는 각 단계에서 보이는 전반적 증상지표(Global Symptom Index: GSI). 사례 수준의 규준(위쪽 점선) 및 주요 증상들이 없는 규준 집단과 비교하였다.

1960~2008년에 출간된 무선통제 실험의 결과들에 대한 광범위한 개관에서 Leichsenring과 Rabung(2008)은 장기간의 정신역동적 심리치료가 전체적 유효성, 목표 문제들, 성격적 기능들에서 단기 심리치료보다 유의미하게 더 좋은 결과를 보인다는 것을 발견했다. 그래서 복합 정신장애를 가진 환자들이 비교집단의 환자들보다 평균적으로 96% 더 좋아졌다. 새로운 연구들이 첨가된 Leichsenring과 Rabung(2011)의 추적연구는 장기 정신역동치료가 단기치료보다 더 효과적임을 밝히고 있다. Smit 등(2012)이 수행한 무선통제 실험들의 메타분석에서는 비록 장기간의 정신분석치료를 받으면 치료를 하지 않은 통제집단에 비해서 정말로 좋아졌지만, 그것이 다른 종류의 심리치료보다 더 우수하지는 않았다는 것을 발견했다.

인지행동치료에 대해서 상대적으로 단기간 동안 이런 종류의 치료를 받은 효과에 대한 연구들이 특히 우울과 불안에 대해서 반복적이고도 충분히 납득할 수 있는 수준으로 이루어졌으며, 그래서 선호하는 치료법이 되었다(Hollon & Beck, 2004). Gloaguen 등(1998)은 한 메타분석에서 우울증의 경우에 항우울제 치료보다 더 효과적이며 재발도 더 낮다는 것을 발견했다. Hollon과 Ponniah(2010)는 125개 논문을 개관하였는데, 마음챙김 명상을 병행하는 것과 같은 다양한 치료가 포함된 인지행동치료가 우울증과 여타 기분장애에 효과적이라는 것을 발견했다. Stewart와 Chambless(2009)는 한 메타분석에서 불안에 효과가 있는 인지행동치료가 특수하게 만든 실험이 아닌 임상 실제에서 효과가 있다는 것을 발견했다.

〈표 14-1〉 내담자들이 내담자 중심 치료 또는 정서 중심 치료를 받은 경우에 치료 이전과 치료 이후에 보인
증상 측정치 두 가지의 평균. 두 치료 간에 치료 이후의 증상 측정치 차이가 $p < .05$에서 유의미
하였다.

	내담자 중심 치료(n = 36)	정서 중심 치료(n = 36)
Beck 우울척도		
치료 이전	24.6	26.1
치료 이후	9.5	6.2
전반적 증상 지표		
치료 이전	1.4	1.5
치료 이후	0.7	0.5

출처: Goldman, Greenberg, & Angus (2006).

정서 중심 치료는 인지행동치료보다 더 나중에 나온 것이며, 그래서 그에 대한 연구가 많지 않다. 하지만 정서 중심 치료도 인지행동치료와 거의 동일한 이득이 있다는 것이 발견되었다(Elliott, Greenberg, & Lietaer, 2004).

내담자 중심 치료(상담)는 그 자체로는 인지행동치료만큼 효과적이지는 않다(Watson, Gordon, Stermac et al., 2003). 또한 정서 중심 치료만큼 효과적이지도 않다(Goldman, Greenberg, & Angus, 2006; 〈표 14-1〉 참조).

Watzke 등(2010)은 정신역동치료 또는 인지행동치료에 가장 잘 맞는 291명의 정신과 입원 환자를 선택한 후에 두 치료에 무선할당하고 치료효과를 비교하였다. 인지행동치료의 경우에는 무선할당한 것에 어떤 이점도 없었다. 정신역동치료의 경우에는 이점이 있었는데, 정신역동치료에 적합한 환자들이 정신역동치료를 받은 경우에 치료효과가 더 컸다.

Kallestad 등(2010)은 불안형 성격장애 또는 공포형 성격장애를 가진 49명의 환자에게 인지치료와 정신역동치료를 비교하는 무선통제 실험을 실시하였다. 정신역동치료를 받은 사람들에게서 증상 개선이 증가하거나 그것을 예측할 수 있는 통찰이 생겼으며, 2년 추적연구에서도 인간관계 기능의 개선이 있었다. 인지치료에 할당된 환자들은 치료기간 동안 통찰이 크게 증가하지 않았으며, 통찰이 개선을 예언하지도 않았다.

치료는 치료자와 어떤 지지적 관계(상담치료가 강조하는 것 같은)를 필요로 하는 것처럼 보이지만, 그런 관계만으로는 호전을 일으키는 데 특별히 효과적이라고 알려져 있지 않다.

특히 인지행동치료와 같은 단기치료들이 증상 개선에 효과가 있다고 알려져 있지만, 사람들에게 그들의 정서적 삶에 대한 통찰을 갖도록 하는 치료, 즉 그들 자신의 정서 스키마의 기능에 대해 무엇인가를 의식적으로 이해하도록 만드는 종류의 치료들이 단기간에 단지 증상개

선을 하는 치료들보다 장기적으로는 더 좋다.

전문가 개입이 없는 심리치료

치료를 용이하게 받을 수 없다는 것은 심각한 문제이다. Kessler 등(2005a, 2005b)의 보고와 제13장에서 논의한 미국의 정신장애 유병률을 보라. 가장 흔한 장애인 우울증과 불안장애를 살펴보자. 유병률과 2011년 미국 인구 약 3억 1,200만 명을 곱해 보라. 전체 인구의 절반 이상이 15~54세이다. 그러면 이 연령대에서 얼마나 많은 사람이 정신장애를 가지고 있는지 계산이 나올 것이다. 매년 수천만 명의 미국인이 치료를 받아야 할 우울증, 불안장애, 또는 이 두 가지 모두 때문에 고통받고 있다. 이렇게 자원이 많은 사회에서도 그런 사람들을 돌보아 줄 정신건강 전문가들이 충분치 않다. Kessler 등은 매년 사람들이 어떤 정신장애로 고통받을 때 오직 5분의 1만 전문가에게 진찰받으러 가며, 또 그중에서 절반만이 정신건강 전문가에게 간다고 한다. 몇 년 동안 일주일에 4~5회 하는 정신분석은 오직 극소수의 사람에게만 가능하다. 심지어 8~12회기를 하는 인지행동치료 같은 단기치료의 경우에도 모든 사람이 다 받을 수 있는 것은 아니다.

해결책은 무엇인가? 심리학자들과 정신과 의사들이 개발한 개인치료와 더불어 사람들이 집단으로 만나는 것과 같은 다른 형태의 치료가 하나의 해결책이 될 수 있다. 그것을 구축한 사람들 중에는 Jane Addams도 포함되는데, 집단 사회복지사업을 위한 집을 1889년에 열었으며 나중에 노벨상을 받았다. 몇 년 지나지 않아서 Joseph Pratt은 약 20명의 결핵 환자를 집단으로 만나도록 했는데, 그들은 함께 지지적 사회구조를 만들었으며, 그것이 병의 진행에 중요한 치료적 효과를 발휘한다는 것을 알았다(Lambert & Ogles, 2004; Tillitski, 1990). 알코올 중독자 갱생회(Alcoholics Anonymous: AA)와 같은 많은 자조 단체들이 정서적으로 중요한 문제들을 해결해 나가는 집단적 과정을 실행하는 것을 기본으로 하고 있다.

하지만 여전히 갈 만한 곳이 충분치 않다. 사람들에게 정서적 위기를 만났을 때 누구에게 갈 것이냐고 물어보면 대단히 다양한 사람을 말하는데, 성직자, 랍비, 의사 등을 말하지만 주로 친구에게 갈 것이라고 말하는 것을 들어도 놀랍지 않다. 제13장을 떠올려 보면, 가장 광범위하게 발견되는 정서장애의 보호요인은 다른 사람들과의 관계인데, 친척들 및 친구들과 맺는 밀접한 관계로서 사회적 지지라고 알려진 것이다.

제7장에서 대부분의 정서는 사회적으로 공유된다는 Rimé 등(1998)의 발견을 소개했다. 이 연구를 시작할 때, Rimé 등은 그런 정서 공유가 조절적 기능을 해서 공유하지 않은 경우에 비해서 공유한 정서의 강도는 약해질 것이라고 생각했으나, 그런 차이는 발견되지 않았다. 부당

함을 경험했을 때, 그것을 이야기한다고 하더라도 분노를 느끼는 것이 약해지지 않는다! 사람들은 정서를 나누는 것을 원하며, 왜 그러냐고 물어보면 그렇게 하는 것이 이득을 가져다주기 때문이라고 대답한다. 우리는 대화를 하면서 그들이 느끼는 정서의 의미를 이해할 수 있게 됨으로써 그 이득을 얻는다고 생각한다. 그런 이해에는 말하는 그 사람과 다른 사람들의 정서에 함축된 의미들을 이해하는 것도 포함되는데, 친구 또는 친척에 대해 언급할 때 나타나는 함축된 의미들을 보면 그런 이해가 내부에서 나오기도 하고 외부에서 오기도 한다. 이것이 사회적 지지의 중요한 측면인 것 같다.

그래서 정신과적 의료 서비스의 목표 중에는 민간에서 아무도 사회적으로 소외되지 않도록 진화하는 것이 포함되어야 한다. 동시에 정신건강 전문가들이 정서적 고통을 치료하는 데 도

반성과 수양: 명상

수천 년 동안 여러 문화의 위대한 영적, 윤리적 전통들은 사회생활에서 겪는 복잡한 정서들을 다루기 위해 한 가지 접근법을 발전시켜 왔는데, 그것은 명상(meditation)이다. 오늘날 명상이 임상적 수준의 불안과 우울을 겪고 있는 사람들에게 도움이 되는지를 알고자 하는 과학적 연구들이 진행되고 있으며, 그 결과는 고무적이다. 여러 종류의 사색(contemplation)과 명상에 걸쳐서 핵심이 되는 수련법들이 있다. 모든 수련은 조용한 장소에서 하는데, 그런 장소에서 편안한 자세를 취할 수 있다(의자에 앉든지 바닥에 앉는다).

제5장에서 우리가 말한 한 가지 수련법은 정신을 집중해서 건강하고 안정된 리듬으로 깊게 내쉬는 호흡을 천천히 하는 것이다. 이런 호흡은 스트레스에 연관된 심혈관 각성을 낮추어 준다. 두 번째 수련법은 신체에서 오는 감각에 집중하는 시간을 잠깐씩 가지는 것이다. 예를 들면, 불안이 높은 아동에게 특정 근육을 조였다가 풀어 주는 훈련을 시켜서 긴장과 이완에 대한 감각을 알려 주는 것이다. 또는 신체 주시(body scan)를 하라고 해도 되는데, 주의를 여러 신체 부위로 이동시키는 것이다. 예를 들면, 발끝에서 시작해서 천천히 얼굴 근육으로 주의를 이동시키고 머리 꼭대기까지 이동시키는 것이다. 마지막으로, 대부분의 명상 수련에서 사용하는 것은, 예를 들면 티베트의 Dalai Lama에 의해서

유명해진 것인데, 마음을 자비 또는 연민으로 훈련시키는 것이다. 명상자는 연민의 느낌을 가족 구성원들, 친구들, 사랑하는 사람들, 모르는 사람들, 자신 그리고 궁극적으로는 적들에게까지 확대시켜서 모든 사람을 향해 더 큰 연민을 갖도록 하는 것이다.

명상은 효과가 있는가? 지난 10년 동안 수행된 일련의 연구를 보면 효과가 있다. 가장 잘 알려진 연구들 중에서 하나는 Richard Davidson, Jon Kabat-Zinn과 동료들이 한 것인데, 그들은 소프트웨어 엔지니어들에게 마음챙김 명상(mindfulness meditation) 기법을 익히도록 했다. 그것은 마음을 알아차리고(awareness of the mind) 다른 사람들을 향해서 자비심(lovingkindness)을 갖는 것이다. 6주 후에 이들의 좌측 전두엽 활동이 증가했는데, 이 뇌 영역은 긍정 정서의 증가와 불안, 우울의 감소와 연관된 부위이다(제6장). 이들은 또한 면역기능도 향상되었는데, 독감 예방주사를 놓은 피부의 면역반응 크기로 그것이 확인되었다(Davidson et al., 2003). 유사한 종류의 연구가 있는데, Barbara Fredrickson과 동료들은 호흡에 집중하고 타인에게 자비심을 가지는 마음챙김 명상을 수행함으로써 몇 주일 후에 행복이 증가한 것을 발견했다(Fredrickson, Cohn, Coffey, Pek, & Finkel, 2008).

움이 되는 방법을 발견하면, 감히 주장하건대 정신건강 전문직을 영리적 측면이 아니라 그런 서비스를 지역사회로 확산해 주는 직업으로 생각해 주었으면 좋겠다.

이것으로 이 책을 마치겠다. 정서가 우리 관계의 관절과 힘줄이라면, 우리 정체성에 대한 깊은 단서들과 서로 간에 어떤 일이 진행되는지에 대한 신호들은 다른 사람들과 함께 사는 우리의 삶을 분명하게 해 주는 방식들이다.

요약

정서들은 항상 어떤 사람, 어떤 것에 대해 의식적으로 알고, 발생한 일에 대한 느낌도 알도록 촉진해 준다. 의식으로 말미암아 우리는 정서를 이해할 수 있으며, 그런 정서의 이해를 다른 사람들과 함께 나눌 수 있다. 우리의 정서를 의식적으로 이해한다는 것에는 우리와 다른 사람들이 자신과 자신의 행위에 관한 이야기를 더 잘 알 수 있게 된다는 것도 포함된다. 정서 조절이란 우리가 정서의 강도를 조정하는 과정이다. 이렇게 하는 데 더 효과적인 방식들이 있다. 정서 조절은 우리가 정서에 대해 의지력을 발휘할 수 있다는 것을 상정하며, 우리에게 어느 정도의 자유의지가 있는지에 대한 논의이다. 심리치료들은 많은 사회의 종교적 절차와 의례에 존재한다. 일반적으로 말해서, 그런 것들은 공동체와 관계에서 압박을 받는 사람들을 재통합시키려는 데 목표가 있다. 20세기에 들어서, 여러 가지 형태의 심리치료가 개발되었는데, 대부분이 정서에 그 근거를 두고 있다. 주된 형태는 정신분석치료, 인지행동치료, 정서 중심 치료이다. 모두는 아니지만 많은 심리치료 형태가 도움이 된다는 것이 경험적으로 알려져 있다. 하지만 모든 치료자가 모든 내담자에게 도움이 되는 것은 아니다.

생각해 보고 논의할 점

1. 의식에 관한 심리학적 연구들이 얼마나 당신 자신의 의식적 경험과 일치하는가? 그런 일치성과 불일치성으로부터 당신은 어떤 결론을 도출할 수 있는가?

2. 자유의지에 대해 당신은 어떤 관점을 가지고 있는가? 당신이 Zimbardo의 스탠퍼드 교도소 실험의 참여자라고 상상해 보라. 처음에는 수감자라고 상상해 보고, 다음으로 교도관이라고 상상해 보라. 각 역할을 맡을 때 어떻게 반응했겠는가?

3. 치료를 받는다면 어떤 치료가 좋으며, 왜 그렇다고 생각하는가?

더 읽을거리

정서, 의식 그리고 예술

Oatley, K. (2003). Creative expression and communication of emotion in the visual and narrative arts. In R. J. Davidson, K. R. Scherer, & H. H. Goldsmith (Eds.), *Handbook of affective sciences* (pp. 481-502). New York, NY: Oxford University Press.

정서와 자유의지

Frijda, N. (2009). Not passion's slave. *Emotion Review, 2,* 68-75.

정서 조절과 그것을 이해하는 데 매우 유용한 논의

Gross, J., & Thompson, R. (2007). Emotion regulation: Conceptual foundations. In J. Gross (Ed.), *Handbook of emotion regulation* (pp. 3-24). New York, NY: Guilford.

심리치료에 대한 상이한 접근들이 어떻게 통합되고 경험적으로 연구되어 왔는지를 보여 주는 핸드북

Norcross, J., & Goldfried, M. (Eds.). (2005). *Handbook of psychotherapy integration* (2nd ed.). New York, NY: Oxford University Press.

참고문헌

Abbott, R. A., Croudace, T. J., Ploubidis, G. B., Kuh, D., Richards, M., & Huppert, F. A. (2008). The relationship between early personality and midlife psychological well-being: Evidence from a UK birth cohort study. *Social Psychiatry and Psychiatric Epidemiology, 43,* 679-687.

Abela, J. R. Z., McGirr, A., & Skitch, S. A. (2007). Depressogenic inferential styles, negative events and depressive symptoms in youth: An attempt to reconcile past inconsistent findings. *Behaviour Research and Therapy, 45,* 2397-2406.

Abramson, L. Y., Metalsky, G. I., & Alloy, L. B. (1989). Hopelessness depression: A theory-based subtype of depression. *Psychological Review, 96,* 358-372.

Abramson, L. Y., Seligman, M. E. P., & Teasdlae, J. D. (1978). Learned helplessness in humans: Critique and reformulation. *Journal of Abnormal Psychology, 87,* 49-74.

Abu-Lughod, L. (1986). *Veiled sentiments.* Berkeley: University of California Press.

Abu-Lughod, L., & Lutz, C. A. (1990). *Introduction to language and the politics of emotion.* New York, NY: Cambridge University Press.

Acevedo, B. P., & Aron, A. (2009). Does a long-term relationship kill romantic love? *Review of General Psychology, 13,* 59-65.

Achenbach, T. M. (2009a). Some changes needed in the DSM-V: But what about children? *Clinical Psychology: Science and Practice, 16*(1), 50-53.

Achenbach, T. M. (2009b). *The Achenbach System of Empirically Based Assessment (ASEBA): Development, findings, theory, and applications.* Burlington: University of Vermont Research Center for Children, Youth and Families.

Achenbach, T. M., & Rescorla, L. A. (2000). *Manual for the ASEBA preschool forms & profiles.* Burlington: University of Vermont, Research Center for Children, Youth, & Families.

Achenbach, T. M., & Rescorla, L. A. (2001). *Manual for the ASEBA school-age forms & profiles.* Burlington: University of Vermont, Research Center for Children, Youth, & Families.

Adam, E. K., & Gunnar, M. R. (2001). Relationship functioning and home and work demands predict international differences in diurnal cortisol patterns in women. *Psychoneuroendocrinology, 26*(2), 189-208.

Adler, N. E., Boyce, T., Chesney, M. A., Cohen, S., Folkman, S., & Kahn, R. L. (1994). Socioeconomic status and health: The challenge of the gradient. *American Psychologist, 49,* 15-24.

Adolphs, R. (2002). Neural systems for recognizing emotion. *Current Opinion in Neurobiology, 12*(2), 169-177.

Aggleton, J. P. (Ed.). (2000). *The amygdala* (2nd ed.). Oxford, UK: Oxford University Press.

Agmo, A., Barreau, S., & Lemaire, V. (1997). Social motivation in recently weaned rats is modified by opiates. *Developmental Neuroscience, 19,* 505-520.

Aharon, E., Etcoff, N., Ariety, D., Chabris, C., O'Connor, E., & Breiter, H. (2001). Beautiful faces have variable reward value: fMRI and behavioral evidence. *Neuron, 32,* 537-551.

Ainsworth, M. D. S., & Bells, S. M. (1970). Attachment, exploration, and separations: Illustrated by the behavior of one-year-olds in a stranger situation. *Child Development, 41,* 49–67.

Aksan, N., & Kochanska, G. (2005). Conscience in childhood: Old questions, new answers. *Developmental Psychology, 41*(3), 506–516.

Algoe, S. B., Haidt, J., & Gable, S. L. (2008). Beyond reciprocity: Gratitude and relationships in everyday life. *Emotion, 8,* 425–429.

Ali, A., Oatley, K., & Toner, B. (2002). Life stress, self-silencing, and domains of meaning in unipolar depression: An investigation of an outpatient sample of women. *Journal of Social and Clinical Psychology, 21,* 669–685.

Allen, J., McElhaney, K. B., Land, D., et al. (2003). A secure base in adolescence: Markers of attachment security in the mother-adolescent relationship. *Child Development, 74,* 282–307.

Alloy, L., Abramson, L. Y., Hogan, M. E., et al. (2000). The Temple-Wisconsin cognitive vulnerability to depression (CVD) project: Lifetime history of Axis-I psychopathology in individuals at high and low cognitive risk for depression. *Journal of Abnormal Psychology, 109,* 403–418.

Alloy, L., Abramson, L. Y., Murray, L. A., Whitehouse, W. G., & Hogan, M. E. (1997). Self-referent information processing in individuals at high and low cognitive risk for depression. *Cognition and Emotion, 11,* 539–568.

Ambadar, Z., Schooler, J., & Cohn, J. F. (2005). Deciphering the ambiguous face. *Psychological Science, 16,* 403–410.

American Psychiatric Association (2000). *Diagnostic and statistical manual of mental disorders* (4th ed., Text revision, *DSM-IV-TR*). Washington, DC: American Psychiatric Association.

Andalmann, P. K., & Zajonc, R. B. (1989). Facial efference and the experience of emotion. *Annual Review of Psychology, 40,* 249–280.

Anderson, A. K., & Phelps, E. A. (2000). Expression without recognition: Contributions of the human amygdala to emotional communication. *Psychological Science, 11,* 106–111.

Anderson, A. K., & Phelps, E. A. (2002). Is the human amygdala critical for the subjective experience of emotion?: Evidence of intact dispositional affect in patients with amygdala lesions. *Journal of Cognitive Neuroscience, 14,* 709–720.

Anderson, C., Keltner, D., & John, O. P. (2003). Emotional convergence between people over time. *Journal of Personality and Social Psychology, 84,* 1054–1068.

Anderson, E., Siegel, E., Bliss-Moreau, E., & Barrett, L. F. (2011). The visual impact of gossip. *Science, 332,* 1446–1448.

Anderson, S. M., & Chen, S. (2002). The relational self. *Psychological Review, 109,* 619–645.

Andersen, S. M., & Saribay, S. A. (2005). The relational self and transference: Evoking motives, self-regulation, and emotions through activation of mental representations of significant others. In M. W. Baldwin (Ed.), *Interpersonal cognition* (pp. 1–32). New York, NY: Guilford.

Andrew, R. J. (1963). The origin and evolution of the calls and facial expressions of the primates. *Behavior, 20,* 1–109.

Andrew, R. J. (1965, October). The origin of facial expressions. *Scientific American, 213,* 88–94.

Aneshensel, C. S., Fielder, E. P., & Becerra, R. M. (1989). Fertility and fertility-related behavior among Mexican-American and non-Hispanic white female adolescents. *Journal of Health and Social Behavior, 30,* 56–76.

Aneshensel, C. S., & Sucoff, C. A. (1996). The neighborhood context of adolescent mental health. *Journal of Health and Social Behavior, 37*(4), 293–310.

Angell, M. (2008). Industry-sponsored clinical research: A broken system. *Journal of the American Medical Association, 300,* 1069–1071.

Anisfeld, E., Casper, V., Nozyce, M., & Cunningham, N. (1990). Does infant carrying promote attachment? An experimental study of the increased physical contact on the development of attachment. *Child Development, 61,* 1617–1627.

Ardrey, R. (1966). *The territorial imperative.* New York,

NY: Dell.

Aristotle (1984). *Complete works. Revised Oxford translation in 2 volumes* (J. Barnes, Ed.) Princeton, NJ: Princeton University Press.

Armstrong, K. (2001). *Buddha.* London, UK: Penguin.

Armstrong, K. (2006). *The great transformation: The beginning of our religious traditions.* New York, NY: Knopf.

Arnold, M. B., & Gasson, J. A. (1954). feelings and emotions as dynamic factors in personality integration. In M. B. Arnold & S. J. Gasson (Eds.), *The human person* (pp. 294-313). New York, NY: Ronald.

Aron, A., & Aron, E. N. (1997). Self-expansion motivation and including the other in self. In S. Duck (Ed.), *Handbook of personal relationships: Theory, research, and interventions* (2nd ed., pp. 251-270). Chichester, UK: Wiley.

Aron, A., & Aron, E. N. (1998). Love and sexuality. In K. S. McKinney (Ed.), *Sexuality and close relationships* (pp. 25-48). Hillsdale, NJ: Lawrence Erlbaum.

Aron, A., Aron, E. N., & Allen, J. (1989). *The motivation for unrequited love: A self-expansion perspective.* Paper presented at the International Conference on Personal Relationships, Iowa City, IA.

Aron, A., Aron, E. N., Tudor, M., & Nelson, G. (1991). Close relationships as including other in self. *Journal of Personality and Social Psychology, 60,* 241-253.

Aron, A., Fisher, H., Mashek, D., Strong, G., Li, H., & Brown, L. (2005). Reward, motivation and emotion systems associated with early-stage intense romantic love. *Journal of Neurophysiology, 93,* 327-337.

Aron, A., Norman, C. C., Aron, E. N., McKenna, C., & Heyman, R. E. (2000). Couples' shared participation in novel and arousing activities and experienced relationship quality. *Journal of Personality and Social Psychology, 78,* 273-284.

Arsenio, W. F., & Lemerise, E. A. (2004). Aggression and moral development: Integrating social information processing and moral domain models. *Child Development, 75,* 987-1002.

Asendorpf, J. B., Borkenau, P., Ostendorf, F., & Van

Aken, M. A. G. (2001). Carving personality description at its joints: Confirmation of three replicable personality prototypes for both children and adults. *European Journal of Personality, 15*(3), 169-198.

Asendorpf, J. B., Denissen, J. J. A., & van Aken, M. (2008). Inhibited and aggressive preschool children at 23 years of age: Personality and social transitions into adulthood. *Developmental Psychology, 44,* 997-1011.

Atkinson, L., Goldberg, S., Raval, V., et al. (2005). On the relation between maternal state of mind and sensitivity in the prediction of infant attachment security. *Developmental Psychology, 41,* 42-53.

Atkinson, L., Niccols, A., Paglia, A., Coolbear, J., Parker, K. C. H., Guger, S., Poulton, L., Guger, S., & Sitarenios, G. (2000). A meta-analysis of time between maternal sensitivity and attachment assessments: Implications for internal working models in infancy/toddlerhood. *Journal of Social and Personal Relationships, 17*(6), 791-810.

Atkinson, R. L., Atkinson, R. C., Smith, E. E., & Bem, D. M. (1989). *Introduction to psychology* (10th ed.). Belmont, CA: Wadsworth.

Aubé, M., & Senteni, A. (1996). Emotions as commitments operators: A foundation for control structure in multi-agents systems. In W. V. de Velde & J. W. Perram (Eds.), *Agents breaking away: Proceedings of the 7th European Workshop on MAAMAW, Lecture notes on artificial intelligence, No. 1038* (pp. 13-25). Berlin, Germany: Springer.

Augustine (c. 400). *Confessions* (R. S. Pine-Coffin, Trans.). Harmondsworth, UK: Penguin (current edition 1960).

Aureli, F., Preston, S. D., & De Waal, F. B. M. (1999). Heart rate responses to social interactions in free-moving Rhesus Macaques (*Macaca mulatta*): A pilot study. *Journal of Comparative Psychology, 133,* 59-65.

Aurelius, M. (c. 170). *Meditations* (M. Staniforth, Trans.). London, UK: Penguin (1964).

Averill, J. R. (1985). The social construction of emotion: With special reference to love. In K. J. Gergen & K. E. Davis (Eds.), *The social construction of the person* (pp. 89-109). New York, NY: Springer Verlag.

Averill, J. R. (1999). Creativity in the domain of emotion. In T. Dalgleish & M. Power (Eds.), *Handbook of cognition and emotion* (pp. 765–782). Chichester: Wiley.

Averill, J. R., & Nunley, E. P. (1992). *Voyages of the heart: Living an emotionally creative life*. New York, NY: Free Press.

Aviezer, H., Hassin, R. R., Ryan, J., Grady, C., Susskind, J., Anderson, A., et al. (2008). Angry, disgusted, or afraid? *Psychological Science, 19*(7), 724.

Axelrod, R. (1984). *The evolution of cooperation.* New York, NY: Basic Books.

Azmitia, M., & Hesser, J. (1993). Why siblings are important agents of cognitive-development: A comparison of siblings and peers. *Child Development, 64*(2), 430–444.

Baars, B. J. (2010). Spontaneous repetitive thoughts can be adaptive: Postscript on "mind wandering." *Psychological Bulletin, 136*(2), 208–210.

Bachorowski, J. A. (1999). Vocal expression and perception of emotion. *Current Directions in Psychological Science, 8*, 53–57.

Bachorowski, J. A., & Owren, M. J. (2001). Not all laughs are alike: Voiced but not voiced laughter readily elicits positive affect. *Psychological Science, 12,* 252–257.

Bachorowski, J. A., Smoski, M. J., & Owren, M. J. (2001). The acoustic features of human laughter. *Journal of Acoustic Society of America, 110,* 1581–1597.

Backs-Dermott, B. J., Dobson, K. S., & Jones, S. (2010). An evaluation of an integrated model of relapse in depression. *Journal of Affective Disorders, 124,* 60–67.

Badanes, L. S., Watamura, S. E., & Hankin, B. L. (2011). Hypocortisolism as a potential marker of allostatic load in children: Associations with family risk and internalizing disorders. *Development and Psychopathology, 23,* 881–896.

Bagot, R. C., & Meaney, M. (2010). Epigenetics and the biological basis of gene x environment interactions. *Journal of the American Academy of Child and Adolescent Psychiatry, 49*(8), 752–771.

Bakermans-Kranenburg, M. J., & van Ijzendoorn, M. H. (2011). Differential susceptibility to rearing environment depending on dopamine-related genes: New evidence and a meta-analysis. *Development and Psychopathology, 23,* 39–52.

Bakhtin, M. (1963). *Problems of Dostoevsky's poetics* (C. Emerson, Trans.) Minneapolis, MN: University of Minneapolis Press (current edition 1984).

Banerjee, R., Watling, D., & Caputi, M. (2011). Peer relations and the understanding of faux pas: Longitudinal evidence for bidirectional associations. *Child Development, 82*(6),1887–1905.

Banse, R., & Scherer, K. (1996). Acoustic profiles in vocal emotion expression. *Journal of Personality and Social Psychology, 70,* 614–636.

Barbato, A., & D'Avanzo, B. (2000). Family interventions in schizophrenia and related disorders: A critical review. *Acta Psychiatrica Scandinavica, 102,* 81–97.

Bard, P. (1928). A diencephalic mechanism for the expression of rage with special reference to the sympathetic nervous system. *American Journal of Physiology, 84,* 490–513.

Bard, P., & Rioch, D. M. (1937). A study of four cats deprived of neocortex and additional portions of the forebrain. *Johns Hopkins Medical Journal, 60,* 73–153.

Bar-Haim, Y., Lamy, D., Pergamin, L., Bakermans-Kranenburg, M., & van IJzendoorn, M. H. (2007). Threat-related attentional bias in anxious and nonanxious individuals: A meta-analytic study. *Psychological Bulletin, 133*(1), 1–24.

Barnett, D., Manly, J. T., & Cicchetti, D. (1993). Defining child maltreatment: The interface between policy and research. In D. Cicchetti & S. L. Toth (Eds.), *Child abuse, child development, and social policy* (pp. 7–73). Norwood, NJ: Ablex.

Baron, R. A. (1987). Interviewer's mood and reaction to job applicants. *Journal of Applied Social Psychology, 17,* 911–926.

Baron-Cohen, S. (2011). *The science of evil: On empathy and the origins of cruelty.* New York, NY: Basic Books.

Barrera, M. E., & Maurer, D. (1981). The perception of facial expressions by the three-month-old. *Child Development, 52*(2), 203–206.

Barrett, D. H., Resnick, H. S., Foy, D. W., Dansky, B. S., Flanders, W. D., & Stroup, N. E. (1996). Combat exposure and adult psychosocial adjustment among U.S. Army veterans serving in Vietnam, 1965–1971. *Journal of Abnormal Psychology, 105,* 575–581.

Barrett, L. F. (2006). Solving the emotion paradox: Categorization and the experience of emotion. *Personality and Social Psychology Review, 10,* 20–46.

Barrett, L. F., & Bliss-Moreau, E. (2009). Affect as a psychological primitive. *Advances in Experimental Social Psychology, 41,* 167–218.

Barrett, L. F., Lindquist, K. A., Bliss-Moreau, E., et al. (2007). Of mice and men: Natural kinds of emotions in the mammalian brain? A response to Panksepp and Izard. *Perspectives on Psychological Science, 2,* 297–311.

Barrett, L. F., Ochsner, K. N., & Gross, J. J. (2007). On the automaticity of emotion. In J. A. Bargh (Ed.), *Social psychology and the unconscious: The automaticity of higher mental processes* (pp. 173–217). New York, NY: Psychology Press.

Barry, R. A., & Kochanska, G. (2010). A longitudinal investigation of the affective environment in families with young children: From infancy to early school age. *Emotion, 10*(2), 237–249.

Barry, R. A., Kochanska, G., & Philibert, R. A. (2008). G×E interaction in the organization of attachment: Mothers' responsiveness as a moderator of children's genotypes. *Journal of Child Psychology and Psychiatry, 49*(12), 1313–1320.

Bartlett, F. C. (1932). *Remembering: A study in experimental and social psychology.* Cambridge, UK: Cambridge University Press.

Bartlett, M. Y., & DeSteno, D. (2006). Gratitude and prosocial behavior: Helping when it costs you. *Psychological Science, 17,* 319–325.

Bartz, J. A., Zaki, J., Bolger, N., & Ochsner, K. N. (2011). Social effects of oxytocin in humans: Context and person matter. *Trends in Cognitive Sciences, 15,* 301–309.

Bateman, A. (2004). Psychoanalysis and psychiatry: Is there a future? *Acta Psychiatrica Scandinavica, 109,* 161–163.

Bates, J. E., & Pettit, G. S. (2007). Temperament, parenting, and socialization. In J. Grusec & P. Hastings (Eds.), *Handbook of socialization* (pp. 153–177). New York, NY: Guilford.

Bateson, P. (1990). Obituary: Konrad Lorenz (1903-1989). *American Psychologist, 45,* 65–66.

Bateson, P. P. G. (1983). *Mate choice.* Cambridge, UK: Cambridge University Press.

Batson, C. D., & Shaw, L. L. (1991). Evidence for altruism: Toward a pluralism of prosocial motives. *Psychological Inquiry, 2,* 107–122.

Battaglia, M., Ogliari, A., Zanoni, A., Villa, F., Citterio, A., Binaghi, F., et al. (2004). Children's discrimination of expressions of emotions: Relationship with indices of social anxiety and shyness. *Journal of the American Academy of Child & Adolescent Psychiatry, 43*(3), 358–365.

Bauer, D. H. (1976). An exploratory study of developmental changes in children's fear. *Journal of Child Psychology and Psychiatry, 17,* 69–74.

Bauer, P. M., Hanson, J. L., Pierson, R. K., Davidson, R. J., & Pollak, S. D. (2009). Cerebellar volume and cognitive functioning in children who experienced early deprivation. *Biological Psychiatry, 66,* 1100–1106.

Baumann, J., & DeSteno, D. (2010). Emotion guided threat detection: Expecting guns where there are none. *Journal of Personality and Social Psychology, 99*(4), 595–610.

Baumeister, R., & Masicampo, E. J. (2010). Conscious thought is for facilitating social and cultural interactions: How mental simulations serve the animal-culture interface. *Psychological Review, 117,* 945–971.

Baumeister, R., Masicampo, E. J., & DeWall, C. N. (2009). Prosocial benefits of feeling free: Disbelief in free will increases aggression and reduces helpfulness. *Personality & Social Psychology Bulletin, 35,* 260–268.

Baumeister, R., Masicampo, E. J., & Vohs, K. (2011). Do conscious thoughts cause behavior? *Annual Review of Psychology, 62,* 331-361.

Baumeister, R. F., Bratslavsky, E., Finkenauer, C., & Vohs, K. D. (2001). Bad is stronger than good. *Review of General Psychology, 5,* 323-370.

Baumeister, R. F., Stillwell, A. M., & Heatherton, T. F. (1994). Guilt: An interpersonal approach. *Psychological Bulletin, 115,* 243-267.

Baxter, M. G., & Murray, E. A. (2002). The amygdala and reward. *Nature Reviews Neuroscience, 3,* 563-574.

Bazhenova, O. V., Plonskaia, O., & Porges, S. W. (2001). Vagal reactivity and affective adjustment in infants during interaction challenges. *Child Development, 72*(5), 1314-1326.

Bear, R. A., & Nietzel, M. T. (1991). Cognitive and behavioral treatment of impulsivity in children: A meta-analytic review of the outcome literature. *Journal of Clinical Child and Adolescent Psychology, 20*(4), 400-412.

Beauregard, M., Courtemanche, J., Paquette, V., & St-Pierre, E. L. (2009). The neural basis of unconditional love. *Psychiatry Research, 172*(2), 93-98.

Beauregard, M., Levesque, J., & Bourgouin, P. (2001). Neural correlates of conscious self-regulation of emotion. *The Journal of Neuroscience, 21,* 1-6.

Bechara, A., Damasio, H., & Damasio, A. R. (2000). Emotion, decision making and the orbitofrontal cortex. *Cerebral Cortex, 10*(3), 295-307.

Bechara, A., Damasio, H., Tranel, D., & Damasio, A. (1997). Deciding advantageously before knowing the advantageous strategy. *Science, 275,* 1293-1295.

Beck, A. T. (1976). *Cognitive therapy and the emotional disorders.* New York, NY: Meridian.

Beck, A. T. (1983). Cognitive therapy of depression: New perspectives. In P. J. Clayton & P. E. Barrett (Eds.), *Treatment of depression: Old controversies, new approaches* (pp. 265-284). New York, NY: Raven Press.

Beck, A. T., & Emery, G. (1985). *Anxiety disorders and phobias: A cognitive perspective.* New York, NY: Basic Books.

Beck, A. T., Rush, A. J., Shaw, B. F., & Emery, G. (1979). *Cognitive therapy of depression.* New York, NY: Guilford.

Beck, A. T., Steer, R., & Garbin, M. (1988). Psychometric properties of the Beck Depression Inventory: Twenty-five years of evaluation. *Clinical Psychology Review, 8,* 77-100.

Beebe, B., Jaffe, J., Buck, K., Chen, H., Cohen, P., Blatt, S., et al. (2007). Six-week postpartum maternal self-criticism and dependency and 4-month mother-infant self- and interactive contingencies. *Developmental Psychology, 43*(6), 1360-1376.

Beebe, B., Jaffe, J., Markese, S., Buck, K., Chen, H., Cohen, P., et al. (2010). The origins of 12-month attachment: A microanalysis of 4-month mother-infant interaction. *Attachment & Human Development, 72*(1-2), 6-141.

Beer, J., Heerey, E. A., Keltner, D., Knight, R., & Scabini, D. (2003). The regulatory function of self-conscious emotion: Insights from patients with orbitofrontal damage. *Journal of Personality and Social Psychology, 85,* 594-604.

Beer, J. S. (2002). Self-regulation of social behavior. *Unpublished dissertation.* University of California, Berkeley.

Beer, J. S., Knight, R. T., & D'Esposito, M. (2006). Integrating emotion and cognition: The role of the frontal lobes in distinguishing between helpful and hurtful emotion. *Psychological Science, 17,* 448-453.

Beer, J. S., Shimamura, A. P., & Knight, R. T. (2004). Frontal lobe contributions to executive control of cognitive and social behavior. In M. S. Gazzaniga (Ed.), *The newest cognitive neurosciences* (3rd ed., pp. 1091-1104). Cambridge, UK: MIT Press.

Beevers, C. G., Marti, C. N., Lee, H. J., Stote, D. L., Ferrell, R. E., Hariri, A. R., et al. (2011). Associations between serotonin transporter gene promoter region (5-HTTLPR) polymorphism and gaze bias for emotional information. *Journal of Abnormal Psychology, 120*(1),187-197.

Beevers, C. G., Wells, T. T., Ellis, A. J., & McGeary, J. E. (2009). Association of the serotonin transporter gene promoter region (5-HTTLPR) polymorphism with biased attention for emotional stimuli. *Journal of Abnormal Psychology, 118*(3), 670-681.

Beier, E. G., & Sternberg, D. P. (1977). Marital communication. *Journal of Communication, 27*, 92-97.

Belay, H., Burton, C. L., Lovic, V., Meaney, M. J., Sokolowski, M., & Fleming, A. S. (2011). Early adversity and serotonin transporter genotype interact with hippocampal glucocorticoid receptor mRNA expression, corticosterone, and behavior in adult male rats. *Behavioral Neuroscience, 125*(2), 150-160.

Belfer, M. L. (2007). Critical review of world policies for mental healthcare for children and adolescents. *Current Opinion in Psychiatry, 20*(4), 349.

Belsky, J., Jaffee, S. R., Sligo, J., Woodward, L., & Silva, P. A. (2005). Intergenerational transmission of warm-sensitive-stimulating parenting: A prospective study of mothers and fathers of 3-year-olds. *Child Development, 76* (2), 384-396.

Belsky, J., Spritz, B., & Crnic, K. (1996). Infant attachment security and affective-cognitive information processing at age 3. *Psychological Science, 7*(2), 111-114.

Bennett, D. S., Bendersky, M., & Lewis, M. (2002a). Children's intellectual and emotional-behavioral adjustment at 4 years as a function of cocaine exposure, maternal characteristics, and environmental risk. *Developmental Psychology, 38*(5), 648-658.

Bennett, D. S., Bendersky, M., & Lewis, M. (2002b). Facial expressivity at 4 months: A context by expression analysis. *Infancy, 3*, 97-113.

Bennett, D. S., Bendersky, M., & Lewis, M. (2005). Does the organization of emotional expression change over time? Facial expressivity from 4 to 12 months. *Infancy, 8*(2), 167-187.

Benoit, D., Parker, K. C., & Zeanah, C. H. (1997). Mothers' representations of their infants assessed prenatally: Stability and association with infants' attachment classifications. *Journal of Child Psychology and Psychiatry, and Allied Disciplines, 38*(3), 307-313.

Ben-Ze'ev, A. (2000). *The subtlety of emotions*. Cambridge, MA: MIT Press.

Ben-Ze'ev, A., & Oatley, K. (1996). The intentional and social nature of human emotions: Reconsideration of the distinctions between basic and non-basic emotions. *Journal for the Theory of Social Behaviour, 26*, 81-92.

Berk, M. S., & Anderson, S. M. (2000). The impact of past relationships on interpersonal behavior: Behavioral confirmation in the social-cognitive process of transference. *Journal of Personality and Social Psychology, 79*, 546-562.

Berkman, L. F., & Syme, S. L. (1979). Social networks, host resistance, and mortality: A nine year follow-up study of Alameda County residents. *American Journal of Epidemiology, 100*, 186-204.

Berkowitz, L. (1989). The frustration-aggression hypothesis: An examination and reformulation. *Psychological Bulletin, 106*, 59-73.

Berkowitz, L. (1990). On the formation and regulation of anger and aggression: A cognitive-neoassociationistic analysis. *American Psychologist, 45*, 494-503.

Berkowitz, L., Cochran, S., & Embree, M. (1981). Physical pain and the goal of aversively stimulated aggression. *Journal of Personality and Social Psychology, 40*, 687-700.

Bermond, B., Bleys, J. W., & Stoffels, E. J. (2005). Left hemispheric preference and alexithymia: A neuropsychological investigation. *Cognition and Emotion, 19*, 151-160.

Bermond, B., Fasotti, L., Nieuwenhuyse, B., & Schuerman, J. (1991). Spinal cord lesions, peripheral feedback and intensities of emotional feelings. *Cognition and Emotion, 5*, 201-220.

Bernard, K., & Dozier, M. (2010). Examining infants' cortisol responses to laboratory tasks among children varying in attachment disorganization: Stress reactivity or return to baseline? *Developmental Psychology, 46*(6), 1771-1778.

Bernheimer, C., & Kahane, C. (1985). *In Dora's case: Freud, hysteria, feminism*. New York, NY: Columbia University Press.

Berntson, G. G., Cacioppo, J. T., & Quigley, K. S. (1993). Respiratory sinus arrhythmia: Autonomic origins, physiological mechanisms, and psychophysiological implications. *Psychophysiology, 30,* 183-196.

Berridge, K. C. (2000). Taste reactivity: Measuring hedonic impact in human infants and animals. *Neuroscience and Biobehavioral Reviews, 24,* 173-198.

Berridge, K. C. (2003). Comparing the emotional brains of humans and other animals. In R. J. Davidson, K. Scherer, & H. H. Goldsmith (Eds.), *Handbook of affective sciences* (pp. 25-51). New York, NY: Oxford University Press.

Berscheid, E. (1985). Interpersonal attraction. In G. Lindsey & E. Aronson (Eds.), *Handbook of social psychology* (3rd ed., pp. 413-484). New York, NY: Random House.

Berscheid, E. (1988). Some comments on love's anatomy; Or, whatever happened to old-fashioned lust? In R. J. Sternberg & M. L. Barnes (Eds.), The psychology of love (pp. 359-374). New Haven, CT: Yale University Press.

Berscheid, E., & Ammazzalorso, H. (2004). Emotional experience in close relationships. In M. B. Brewer & M. Hew--stone (Eds.), *Emotion and motivation. Perspectives on social psychology* (pp. 47-69). Malden, MA: Blackwell.

Bharata Muni. (200 BCE). *Natyasastra; English translation with critical notes* (A. Rangacharya, Trans.). Bangalore: IBH Prakashana(current edition 1986).

Bierman, K. L., Domitrovich, C. E., Nix, R. L., Gest, S. D., Welsh, J. A., Greenberg, M. T., et al. (2008). Promoting academic and social-emotional school readiness: The head start REDI program. *Child Development, 79*(6), 1802-1817.

Biglan, A., Hops, H., Sherman, L., Friedman, L. S., Arthus, J., & Osteen, V. (1985). Problem-solving interactions of depressed women and their husbands. *Behavior Therapy, 16,* 431-451.

Binswanger, L. (1963). *Being in the world: Selected papers* (J. Needleman, Ed. and Trans.). New York, NY: Basic Books.

Bird, G., Silani, G., Brindley, R., White, S., Frith, U., Singer, T., et al. (2010). Empathic brain responses in insula are modulated by levels of alexithymia but not autism. *Brain: A Journal of Neurology, 133,* 1515-1667.

Birdwhistell, R. L. (1970). *Kinesics and context.* Philadelphia: University of Pennsylvania Press.

Bischof-Köhler, D. (1991). The development of empathy in infants. In M. Lamb & H. Keller (Eds.), *Infant development: Perspectives from German-speaking countries* (pp. 1-33): Hillsdale, NJ: Erlbaum.

Biswas-Diener, R., & Diener, E. (2001). Making the best of a bad situation: Satisfaction in the slums of Calcutta. *Social Indicators Research, 55,* 329-352.

Biswas-Diener, R., Vitterso, J., & Diener, E. (2005). Most people are pretty happy, but there is cultural variation: The Inughuit, the Amish, and the Masai. *Journal of Happiness Studies, 6,* 205-226.

Blair, R. J. R. (2008). Fine cuts of empathy and the amygdala: Dissociable deficits in psychopathy and autism. *Quarterly Journal of Experimental Psychology, 61,* 157-170.

Blair, R. J. R., & Cipolotti, L. (2000). Impaired social response reversal: A case of acquired sociopathy. *Brain, 123,* 1122-1141.

Blair, R. J. R., & Mitchell, D. G. V. (2009). Psychopathy, attention and emotion. *Psychological Medicine, 39,* 543-555.

Blair, R. J. R., Morris, J. S., Frith, C. D., Perrett, D. I., & Dolan, R. (1999). Dissociable neural responses to facial expressions of sadness and anger. *Brain, 122,* 883-893.

Blascovich, J., Spencer, S., Quinn, D., & Steele, C. (2001). African-Americans and high blood pressure: The role of stereotype threat. *Psychological Science, 12,* 225-229.

Blazer, D., Hughes, D., & George, L. K. (1987). Stressful life events and the onset of a generalized anxiety syndrome. *American Journal of Psychiatry, 144,* 1178-1183.

Bless, H., Schwarz, N., & Wieland, R. (1996). Mood and the impact of category membership and individuating information. *European Journal of Social Psychology,*

26, 935–959.

Block, J. H., Block, J., & Gjerde, P. F. (1986). The personality of children prior to divorce: A prospective study. *Child Development, 57,* 827–840.

Blomberg, J., Lazar, A., & Sandell, R. (2001). Long-term outcome of long-term psychoanalytically oriented psychotherapies: First findings of the Stockholm outcome of psychotherapy and psychoanalysis project. *Psychotherapy Research, 11,* 361–382.

Bloom, H. (1989). *Ruin the sacred truthsL: Poetry and belief from the Bible to the present.* Cambridge, MA: Harvard University Press.

Bodenhausen, G., Sheppard, L., & Kramer, G. (1994). Negative affect and social judgment: The different impact of anger and sadness. *European Journal of Social Psychology, 24,* 45–62.

Boehm, J. K., Peterson, C., Kivimaki, M., & Kubzansky, L. D. (2011). *Heart health when life is satisfying: Evidence from the Whitehall II cohort study.* (European Heart Journal, online).

Boesch, C., & Boesch, H. (1989). Hunting behavior of wild chimpanzees in the Tai National Park. *American Journal of Physical Anthropology, 78,* 547–573.

Boesch, C., Head, J., Tagg, N., Arandjelovic, M., Vigilant, L., et al. (2007). Fatal chimpazee attack in Loango National Park. *International Journal of Primatology, 28,* 1025–1034.

Bolger, N., Davis, A., & Rafaeli, E. (2003). Diary methods: Capturing life as it is lived. *Annual Review of Psychology, 54,* 579–616.

Bolton, W., & Oatley, K. (1987). A longitudinal study of social support and depression in unemployed men. *Psychological Medicine, 17,* 453–460.

Bonanno, G. A., & Keltner, D. (2004). The coherence of emotion systems: Comparing "on-line" measures of appraisal and facial expressions, and self-report. *Cognition and Emotion, 18,* 431–444.

Boole, G. (1854). *An investigation of the laws of thought.* New York, NY: Dover.

Boomsma, D. I., Van Beijsterveldt, C. E. M., & Hudziak, J. J. (2005). Genetic and environmental influences on anxious/depression during childhood: A study from the Netherlands Twin Register. *Genes, Brain and Behavior, 4,* 466–481.

Booth, W. C. (1988). *The company we keep. An ethics of fiction.* Berkeley: University of California Press.

Borelli, J. L., Crowley, M. J., David, D. H., Sbarra, D. A., Anderson, G. M., & Mayes, L. C. (2010). Attachment and emotion in school-aged children. *Emotion, 10*(4), 475–485.

Borkowski, J. G., Bisconti, T., Weed, K., Willard, C., Keogh, D. A., & Whitman, T. L. (2002). The adolescent as parent: Influences on children's intellectual, academic, and socio-emotional development. In J. G. Borkowski, S. L. Ramey, & M. Bristol-Power (Eds.), *Parenting and the child's world: Influences on academic, intellectual, and social-emotional development* (pp. 161–184). Mahwah, NJ: Erlbaum.

Bornstein, M. H., & Arteberry, M. E. (2003). Recognition, discrimination and categorization of smiling by 5-month-old infants. *Developmental Science, 6*(5), 585–599.

Borod, J. C. (2000). *The neuropsychology of emotion.* New York, NY: Oxford University Press.

Boucher, J. D., & Brandt, M. E. (1981). Judgment of emotion: American and Malay antecedents. *Journal of Cross-Cultural Psychology, 12,* 272–283.

Bouton, M. E., Mineka, S., & Barlow, D. H. (2001). A modern learning theory perspective on the etiology of panic disorder. *Psychological Review, 108,* 4–32.

Bouzouggar, A., Barton, N., Vanhaeren, M., et al. (2007). 82,000-year-old shell beads from North Africa and implications for the origins of modern human behavior. *Proceedings of the National Academy of Sciences of the USA, 104,* 9964–9969.

Bower, G. H. (1981). Mood and memory. *American Psychologist, 36,* 129–148.

Bower, G. H., Gilligan, S. G., & Monteiro, K. P. (1981). Selectivity of learning caused by affective states. *Journal of Experimental Psychology: General, 110,* 451–473.

Bowlby, J. (1979). *The making and breaking of affectional bonds.* London, UK: Tavistock.

Bowlby, J. (1991). *Charles Darwin: A new life*. New York, NY: Norton.

Bowler, J. M., et al. (2003). New ages for human occupation and climatic change at Lake Mungo, Australia. *Nature, 421*, 837–840.

Bowman, E., Aigner, T., & Richmond, B. (1996). Neural signals in the monkey ventral striatum related to motivation for juice and cocaine rewards. *Journal of Neurophysiology, 75*, 1061–1073.

Boyle, M. H., Jenkins, J. M., Georgiades, K., Cairney, J., Duku, E., & Racine, Y. A. (2004). Differential maternal parenting behavior: Estimating within and between family effects on children. *Child Development, 75*, 1457–1476.

Boyle, M. H., Miskovic, R., Van Lieshout, R., Duncan, L., Schmidt, L. A., Hoult, L., Paneth, N., & Saigal, S. (2011). Psychopathology in young adults born at extremely low birth weight. *Psychological Medicine, 41*(8), 1763–1774.

Bradley, R. H., & Corwyn, R. F. (2002). Socioeconomic status and child development. *Annual Review of Psychology, 53*, 371–399.

Braungart-Rieker, J. M., Hill-Soderlund, A. L., & Karrass, J. (2010). Fear and anger reactivity trajectories from 4 to 16 months: The roles of temperament, regulation, and maternal sensitivity. *Developmental Psychology, 46*(4), 791–804.

Brazier, M. A. B. (1959). The historical development of neurophysiology. In *Handbook of physiology Section 1* (Vol. 1, pp. 1–58). Bethesda, MD: American Physiological Association.

Breiter, H. C., Etcoff, N. L., Whalen, P. J., et al. (1996). Response and habituation of the human amygdala during visual processing of facial expression. *Neuron, 17*, 875–887.

Bremner, J. G., & Slater, A. (Eds.). (2004). *Theories of infant development*. New York, NY: Blackwell.

Brennan, S. (1985). The caricature generator. *Leonardo, 18*, 59–87.

Brestan, E. V., & Eyberg, S. M. (1998). Effective psychosocial treatments of conduct-disordered children and adolescents: 29 years, 82 studies, and 5,272 kids. *Journal of Clinical Child Psychology. 27*(2), 180–189.

Brewin, C. R., Andrews, B., & Gotlib, I. H. (1993). Psychopathology and early experience: A reappraisal of retrospective reports. *Psychological Bulletin, 133*, 82–98.

Brewin, C. R., Dalgleish, T., & Joseph, S. (1996). A dual representation theory of posttraumatic stress disorder. *Psychological Review, 103*, 670–686.

Briñol, P., Petty, R. E., & Barden, J. (2007). Happiness versus sadness as determinant of thought confidence in persuasion: A self-validation analysis. *Journal of Personality and Social Psychology, 93*, 711–727.

Broadbent, D. E., & Broadbent, M. (1988). Anxiety and attentional bias: State and trait. *Cognition and Emotion, 2*, 165–183.

Brody, L. R., & Hall, J. A. (2000). Gender, emotion, and expression. In M. Lewis & J. Haviland-Jones (Eds.), *Handbook of emotions, second edition* (pp. 338–349). New York, NY: Guilford.

Broidy, L. M., Nagin, D. S., Tremblay, R. E., Bates, J. E., Brame, B., Dodge, K. A., et al. (2003). Developmental trajectories of childhood disruptive behaviors and adolescent delinquency: A six-site, cross-national study. *Developmental Psychology, 39*(2), 222.

Bronfenbrenner, U. (1977). Toward an experimental ecology of human development. *American Psychologist, 32*(7), 513–531.

Bronfenbrenner, U. (2005). Ecological systems theory. In U. Bronfenbrenner, *Making human beings human: Bio-ecological perspectives on human development* (pp. 106–173). London, UK: Sage.

Brown, D. E. (1991). *Human universals*. Philadelphia, PA: Temple University Press.

Brown, G. W., Adler, Z., & Bifulco, A. (1988). Life events, difficulties and recovery from chronic depression. *British Journal of Psychiatry, 152*, 487–498.

Brown, G. W., Birley, J. L. T., & Wing, J. K. (1972). Influence of family life on the course of schizophrenic disorders. *British Journal of Psychiatry, 121*, 241–258.

Brown, G. W., & Harris, T. O. (1978). *Social origins*

of depression. *A study of psychiatric disorder in women.* London, UK: Tavistock.

Brown, G. W., & Harris, T. O. (1993). Aetiology of anxiety and depressive disorders in an inner-city population. 1: Early adversity. *Psychological Medicine, 23,* 143–154.

Brown, G. W., Harris, T. O., & Hepworth, C. (1995). Loss, humiliation and entrapment among women developing depression: A patient and non-patient comparison. *Psychological Medicine, 25,* 7–21.

Brown, G. W., Lemyre, L., & Bifulco, A. (1992). Social factors and recovery from anxiety and depressive disorders: A test of specificity. *British Journal of Psychiatry, 161,* 44–54.

Brown, G. W., & Moran, P. (1994). Clinical and psychosocial origins of chronic depressive episodes. 1: A community study. *British Journal of Psychiatry, 165,* 447–456.

Brown, G. W., & Moran, P. (1998). Emotion and the etiology of depressive disorders. In W. F. Flack & J. D. Laird (Eds.), *Emotions in psychopathology. Theory and research* (pp. 171–184). New York, NY: Oxford University Press.

Brown, R. P., & Gerbarg, P. L. (2005). Sudarshan Kriya Yogic breathing in the treatment of stress, anxiety, and depression, Part I: Neurophysiologic model. *Journal of Alternative and Complementary Medicinc, 11,* 189–201.

Brownell, C. A., Zerwas, S., & Ramani, G. B. (2007). "So Big": The development of body self-awareness in toddlers. *Child Development, 78*(5), 1426–1440.

Browning, C. R. (1992). *Ordinary men: Reserve Police Battalion 101 and the final solution in Poland.* New York, NY: HarperCollins.

Bruneau E., Pluta A., & Saxe R. (2012) Distinct roles of the "shared pain" and "theory of mind" networks in processing others' emotional suffering. *Neuropsychologia, 50*(2), 219–231.

Bruner, J. (1986). *Actual minds, possible worlds.* Cambridge, MA: Harvard University Press.

Bruner, J. S. (2003, September 25). Do not pass go. *Review of The culture of control: Crime and social

order in contemporary society,* by David Garland. *New York Review of Books, 50.*

Buck, R. (1999). The biology of affects: A typology. *Psychological Review, 106,* 301–336.

Buck, R. (2002). The genetics and biology of true love: Prosocial biological affects and the left hemisphere. *Psychological Review, 109,* 739–744.

Buck, R., & Ginsberg, B. E. (1997). Communicative genes and the evolution of empathy: Selfish and social emotions as voices of selfish and social genes. In C. S. Carter, I. I. Lederhendler, & B. Kirkpatrick (Eds.), *The integrative neurobiology of affiliation* (pp. 481–483). New York, NY: New York Academy of Sciences.

Buckholz, J. W., Asplund, C. L., Dux, P. E., Zald, D. H., Gore, J. C., et al. (2008). The neural correlates of third-party punishment. *Neuron, 60,* 930–940.

Buckley, T. C., Blanchard, E. B., & Neill, W. T. (2000). Information processing and PTSD: A review of the empirical literature. *Clinical Psychology Review, 20*(8), 1041 1065.

Buhle, J., Kober, H., Ochsner, K., Mende-Siedlecki, P., Weber, J., Hughes, B., Kross, E., Atlas, L., McRae, K., & Wager, T. (in press). Common representation of pain and negative emotion in the midbrain periaqueductal gray. *Social Cognitive and Affective Neuroscience.*

Burgess, E. W., & Wallin, P. (1953). *Engagement and marriage.* Philadelphia, PA: Lippincott.

Burnam, M. A., Stein, J. A., Golding, J. M., Siegel, J. M., Sorenson, S. B., Forsythe, A. B., & Telles, C. A. (1988). Sexual assault and mental disorders in a community population. *Journal of Consulting and Clinical Psychology, 56,* 843–850.

Buss, A. H., & Plomin, R. (1975). *A temperament theory of personality development.* Oxford, UK: Wiley-Interscience.

Buss, D. (1992). Mate preference mechanisms: Consequences for partner choice and intrasexual competition. In J. H. Barkow, L. Cosmides, & J. Tooby (Eds.), *The adapted mind* (pp. 267–288). New York, NY: Oxford University Press.

Buss, D. M. (1994). *The evolution of desire: Strategies of

human mating. New York, NY: Basic Books.

Buss, D. M., Larsen, R., Westen, D., & Semmelroth, J. (1992). Sex differences in jealousy: Evolution, physiology, and psychology. *Psychological Science, 3,* 251-255.

Butler, A. C., Chapman, J. E., Forman, E. M., & Beck, A. T. (2006). The empirical status of cognitive-behavioral therapy: A review of meta-analyses. *Clinical Psychology Review, 26*(1), 17-31.

Butler, E. A., Egloff, B., Wilhelm, F. H., Smith, N. C., Erickson, E. A., & Gross, J. J. (2003). The social consequences of expressive suppression. *Emotion, 3,* 48-67.

Byrne-Davis, L. M. T., & Vedhara, K. (2008). Psychoneuroimmunology. *Social and Personality Psychology Compass, 2,* 751-764.

Cacioppo, J. T., & Gardner, W. L. (1999). Emotion. *Annual Review of Psychology, 50,* 191-214.

Cacioppo, J. T., Klein, D. J., Berntson, G. G., & Hatfield, E. (1993). The psychophysiology of emotion. In M. Lewis & J. M. Haviland (Eds.), *Handbook of emotions* (pp. 119-142). New York, NY: Guilford.

Caine, S., & Koob, G. (1993). Modulation of cocaine self-administration in the rat through D-3 dopamine receptors. *Science, 260,* 1814-1816.

Calkins, S. D., Graziano, P. A. & Keane, S. P. (2007). Cardiac vagal regulation differentiates among children at risk for behavior problems. *Biological Psychology, 74*(2), 144-153.

Calkins, S. D., & Keane, S. P. (2004). Cardiac vagal regulation across the preschool period: Stability, continuity, and implications for childhood adjustment. *Developmental Psychobiology, 45*(3), 101-112.

Call, J., & Tomasello, M. (2008). Does the chimpanzee have a theory of mind? 30 years later. *Trends in Cognitive Science, 12,* 187-192.

Calvo, M. G., & Avero, P. (2005). Time course of attentional bias to emotional scenes in anxiety: Gaze direction and duration. *Cognition and Emotion, 19,* 433-451.

Cameron, J. (Writer & Director). (2009). *Avatar* [Movie]. USA.

Campos, B., Shiota, M., Keltner, D., Gonzaga, G., & Goetz, J. (in press). What is sheared, what is different?: Core relational themes and expressive displays of eight positive emotions. *Cognition and Emotion.*

Campos, J. J., Barrett, K. C., Lamb, M. E., Goldsmith, H. H., & Stenberg, C. (1983). Socioemotional development. In M. M. Haith & J. J. Campos (Eds.), *Handbook of child psychology* (4th ed., Vol. II, pp. 783-915). New York, NY: Wiley.

Campos, J. J., Bertenthal, B. I., & Kermoian, R. (1992). Early experience and emotional development: The emergence of wariness of heights. *Psychological Science, 3*(1), 61-64.

Campos, J. J., Kermoian, R., & Zumbahlen, M. R. (1992). Socioemotional transformations in the family system following infant crawling onset. In N. Eisenberg & R. A. Fabes (Eds.), *Emotion and its regulation in early development. (New Directions in Child Development No. 55,* pp. 25-40). San Francisco, CA: Jossey-Bass.

Campos, J. J., Walle, E. A., Dahl, A., & Main, A. (2011). Reconceptualizing emotion regulation. *Emotion Review, 3,* 26-35.

Camras, L., Meng, Z., Ujiie, T., Dharamsi, S., Miyake, K., Oster, H., et al. (2002). Observing emotion in infants: Facial expression, body behavior, and rater judgments of responses to an expectancy-violating event. *Emotion, 2*(2), 179-193.

Camras, L., Oster, H., Campos, J. J., & Bakeman, R. (2003). Emotional facial expressions in European-American, Japanese, and Chinese infants. *Annual New York Academy of Science, 1000,* 135-151.

Camras, L. A., Oster, H., Ujiie, T., Campos, J. J., Bakeman, R., & Meng, Z. (2007). Do infants show distinct negative facial expressions for fear and anger? Emotional expression in 11-month-old European American, Chinese, and Japanese infants. *Infancy, 11*(2), 131-155.

Canli, T., Zhao, Z., Desmond, J. E., et al. (1999). FMRI identifies a network of structures correlated with retention of positive and negative emotional memory. *Psychology, 27,* 441-462.

Canli, T., Zhao, Z., Desmond, J. E., Kang, E., Gross, J., & Gabrieli, J. D. (2001). An fMRI study of personality influences on brain reactivity to emotional stimuli. *Behavioral Neuroscience, 115*(1), 33-42.

Cannon, W. B. (1927). The James-Lange theory of emotion: A critical examination and an alternative theory. *American Journal of Psychology, 39,* 106-124.

Cannon, W. B. (1929). *Bodily changes in pain, hunger, fear and rage* (2nd ed.). New York, NY: Appleton.

Cannon, W. B. (1931). Again the James-Lange and the thalamic theories of emotion. *Psychological Review, 38,* 281-295.

Carlson, E., Sroufe, A., & Egeland, B. (2004). The construction of experience: A longitudinal study of representation and behavior. *Child Development, 75*(1), 66-83.

Carlson, N. (2004). *Foundations of physiological psychology* (6th ed.). Boston, MA: Allyn & Bacon.

Carlson, S. M., & Wang, T. S. (2007). Inhibitory control and emotion regulation in preschool children. *Cognitive Development, 22*(4), 489-510.

Carmichael, M. S., Dixen, J., Palmisano, G., et al. (1987). Plasma oxytocin increases in the human sexual response. *Journal of Clinical Endocrinology and Metabolism, 64*(1), 27-31.

Carney, D,. Cuddy, A., & Yap, A. J. (2010). Power posing: Brief nonverbal displays affect neuroendocrine levels and risk tolerance. *Psychological Science, 21,* 1363-1368.

Carpenter, M., Nagell, K., & Tomasello, M. (1998). Social cognition, joint attention, and communicative competence from 9 to 15 months of age. *Monographs of the Society for Research in Child Development, 63*(4), 1-174.

Carr, A. (2009). The effectiveness of family therapy and systemic interventions for child-focused problems. *Journal of Family Therapy, 31,* 3-45.

Carter, A. S., Wagmiller, R. J., Gray, S. A. O., McCarthy, K. J., Horowitz, S. M., & Briggs-Gowan, M. J. (2010). Prevalence of DSM-IV Disorder in a Representative, Healthy Birth Cohort at School Entry: Sociodemographic Risks and Social Adaptation. *Journal of the American Academy of Child and Adolescent Psychiatry, 49*(7), 696-699.

Carter, C. S. (1998). Neuroendocrine perspectives on social attachment and love. *Psychoneuroendocrinology, 23*(8), 779-818.

Carter, C. S., & Altemus, M. (1997). Integrative functions of lactational hormones in social behavior and stress management. In C. S. Carter & I. I. Lederhendler (Eds.), *Annals of the New York Academy of Sciences, 807,* 164-174.

Cartwright, F. F. (1977). *A social history of medicine.* London, UK: Longman.

Carver, C. S., Johnson, S. L., & Joormann, J. (2008). Serotonergic function, two-mode models of self-regulation, and vulnerability to depression: What depression has in common with impulsive aggression. *Psychological Bulletin, 134*(6), 912-943.

Carver, L. J., & Vaccaro, B. G. (2007). 12-month-old infants allocate increased neural resources to stimuli associated with negative adult emotion. *Developmental Psychology, 43*(1), 54-69.

Cashon, C. H., & Cohen, L. B. (2003). The construction, deconstruction, and reconstruction of infant face perception. In O. Pascalis & A. Slater (Eds.), *The development of face processing in infancy and early childhood: Current perspectives* (pp. 55-68). New York, NY: Nova Science.

Caspi, A., Harrington, H. L., Milne, B., Amell, J. W., Theodore, R. F., & Moffitt, T. E. (2003). Children's behavioral styles at age 3 are linked to their adult personality traits at age 26. *Journal of Personality, 71,* 495-513.

Caspi, A., McClay, J., Moffitt, T. E., Mill, J., Martin, J., Craig, I. W., et al. (2002). Role of the genotype in the cycle of violence in maltreated children. *Science, 297,* 851-854.

Caspi, A., Moffitt, T. E., Morgan, J., Rutter, M., Taylor, A., Arseneault, L., et al. (2004). Maternal expressed emotion predicts children's antisocial behavior problems: Using MZ-twin differences to identify environmental effects on behavioral development.

Development Psychology, 40, 149-161.

Caspi, A., Roberts, B. W., & Shiner, R. L. (2005). Personality development: Stability and change. *Annual Review of Psychology, 55,* 453-484.

Caspi, A., Henry, B., McGee, R. O., Moffitt, T. E., & Silva, P. A. (1995). Temperamental qualities at age 3 predict personality traits in young adulthood: Longitudinal evidence from a birth cohort. *Child Development, 66,* 486-498.

Caspi, A., Sugden, K., Moffitt, T. E., Taylor, A., Craig, I. W., Harrington, H., et al. (2003). Influence on life stress on depression: Moderation by a polymorphism in the 5-HTT gene. *Science, 301*(5631), 386-389.

Cassidy, J., Aikins, J. W., & Chernoff, J. J. (2003). Children's peer selection: Experimental examination of the role of self-perceptions. *Developmental Psychology, 39*(3), 495-508.

Chagnon, N. A. (1968). *Yanomamö: The fierce people.* New York, NY: Holt, Rinehart & Winston.

Chaiken, S., Lieberman, A., & Eagly, A. H. (1989). Heuristic and systematic information processing within and beyond the persuasion context. In J. S. Uleman & J. A. Bargh (Eds.), *Unintended thought: Limits of awareness, intention and control* (pp. 212-252). New York, NY: Guilford.

Chamberlain, P., Price, J., Leve, L. D., Laurent, H., Landsverk, J. A., & Reid, J. B. (2008). Prevention of behavior problems for children in foster care: Outcomes and mediation effects. *Prevention Science, 9*(l), 17-27.

Chapman, H. A., Kim, D. A., Susskind, J. M., & Anderson, A. K. (2009). In bad taste: Evidence for the oral origins of moral disgust. *Science , 323,* 1222-1226.

Chatterjee, D., Chatterjee-Chakraborty, M., Rees, S., Cauchi, J., de Medeiros, C. B., & Fleming, A. S. (2007). Maternal isolation alters the expression of neural proteins during development: "Stroking" stimulation reverses these effects. *Brain Research, 1158,* 11-27.

Chen, E., & Matthews, K. A. (2001). Cognitive appraisal biases: An approach to understanding the relation between socioeconomic status and cardiovascular reactivity in children. *Annals of Behavioral Medicine, 23,* 101-111.

Cherlin, A. J., Furstenberg, F. F., Chase-Lansdale, P. L., Kiernan, K. E., & Robins, P. K. (1991). Longitudinal studies of effects of divorce on children in Great Britain and the United States. *Science, 252,* 1386-1389.

Cheyney, D. L., & Seyfarth, R. M. (1990). *How monkeys see the world: Inside the mind of another species.* Chicago, IL: University of Chicago Press.

Chimpanzee Sequencing and Analysis, Consortium (2005). Initial sequences of the chimpanzee genome and comparison with the human genome. *Nature, 437,* 69-87.

Chivers, M. L., Seto, M. C., Lalumière, M. L., Lann, E, & Grimbos, T. (2010). Agreement of genital and subjective measures of sexual arousal in men and women: A meta-analysis. *Archives of Sexual Behavior, 39,* 5-56.

Chojnacki, J. T., & Walsh, W. B. (1990). Reliability and concurrent validity of the Sternberg Triangular Love Scale. *Psychological Reports, 67,* 219-224.

Chow, S. M., Haltigan, J. D., & Messinger, D. S. (2010). Dynamic infant-parent affect coupling during the face-to-face/still-face. *Emotion, 10*(1), 101-114.

Chrétien de Troyes. (1180). The knight of the cart. In D. Staines (Ed.), *The complete romances of Chrétien de Troyes* (pp. 170-256). Bloomington: Indiana University Press (1990).

Christakis, N. A., & Fowler, J. H. (2007). The spread of obesity in a large social entwork over 32 years. *New England Journal of Medicine, 357*(4), 370-379.

Christian, D. (2004). *Maps of time: An introduction to big history.* Berkeley: University of California Press.

Christianson, S.-Å., & Loftus, E. (1991). Remembering emotional events: The fate of detailed information. *Cognition and Emotion, 5,* 81-108.

Chung, H. L., & Steinberg, L. (2006). Relations between neighborhood factors, parenting behavior, peer deviance and delinquency among serious juvenile offenders. *Developmental Psychology, 42*(9), 319-

331.

Cicchetti, D., & Rogosch, F. A. (1996). Equifinality and multifinality in developmental psychopathology. *Development and Psychopathology,* 597-600.

Cicchetti, D., & Toth, S. (2005). Child maltreatment. *Annual Review of Clinical Psychology, 1,* 409-438.

Cicero. (45 BCE). *Tusulan disputations.* Loeb ed., Chicago Vol. *18*(J. E. King, Ed. and Trans.). Cambridge, MA: Harvard University Press (current edition 1927).

Cikara, M., Botvinick, M. M., & Fiske, S. T. (2011). Us versus them: Social identity shapes neural responses to intergroup competition and harm. *Psychological Science, 22,* 306-313.

Cikara, M., Bruneau, E. G., & Saxe, R. R. (2011). Us and them: Intergroup failures of empathy. *Current Directions in Psychological Science, 20,* 149-153.

Clark, A. E., & Oswald, A. J. (1994). Unhappiness and unemployment. *Economic Journal, 104,* 648-659.

Clark, C. (1990). Emotions and the micropolitics in everyday life: Some patterns and paradoxes of "Place." In T. D. Kemper (Ed.), *Research agendas in the sociology of emotions* (pp. 305-334). Albany, NY: State University of New York Press.

Clark, L. A. (2005). Temperament as a unifying basis for personality and psychopathology. *Journal of Abnormal Psychology, 114*(4), 505-521.

Clark, M. S., & Finkel, E. J. (2005). Willingness to express emotion: The impact of relationship type, communal orientation, and their interaction. *Personal Relationships, 12,* 169-180.

Clark, M. S., Fitness, J., & Brissette, I. (2004). Understanding people's perceptions of relationships is crucial to understanding their emotional lives. In M. Brewer & M. Hewstone (Eds.), *Emotion and motivation. Perspectives on social psychology* (pp. 21-46). Malden, MA: Blackwell.

Clark, M. S., & Williamson, G. M. (1989). Moods and social judgements. In H. Wagner & A. Manstead (Eds.), *Handbook of social psychophysiology* (pp. 347-370). Chichester, UK: Wiley.

Clore, G. L. (1992). Cognitive phenomenology: Feelings and the construction of judgment. In L. L. Martin &

A. Tesser (Eds.), *The construction of social judgment* (pp. 133-163). Hillsdale, NJ: Erlbaum.

Clore, G. L., & Gasper, K. (2000). Feeling is believing: Some affective influences on belief. In N. H. Frijda, A.S.R. Manstead, & S. Bem(Eds.), *Emotions and beliefs: How feelings influence thoughts* (pp. 10-44) Cambridge, MA: Cambridge University Press.

Clore, G. L., Gasper, K., & Garvin, E. (2001). Affect as information. In J. P. Forgas (Ed.), *Handbook of affect and social cognition* (pp. 121-144). Mahwah, NJ: Erlbaum.

Clore, G. L., & Huntsinger, J. R. (2007). How emotions inform judgments and regulate thought. *Trends in Cognitive Sciences, 11,* 393-399.

Clore, G. L., & Ortony, A. (2008). Appraisal theories: How cognition shapes affect into emotion. In M. Lewis, J. Haviland Jones, & L. F. Barrett (Eds.), *Handbook of emotions* (3rd ed., pp. 628-642). New York, NY: Guilford.

Clore, G. L., & Palmer, J. (2009). Affective guidance of intelligent agents: How emotion controls cognition. *Cognitive Systems Research, 10,* 21-30.

Clore, G. L., & Pappas, J. (2007). The affective regulation of social interaction. *Social Psychology Quarterly, 70,* 333-339.

Cohen, S., & Wills, T. A. (1985). Stress, social support, and the buffering hypothesis. *Psychological Bulletin, 98,* 310-357.

Cohen, S., Frank, E., Doyle, W. J., et al. (1998). Types of stressors that increase susceptibility to the common cold in healthy adults. *Health Psychology, 17,* 214-223.

Cohn, M. A., Fredrickson, B. L., Brown, S. L., Mikels, J. A., Conway, A. M. (2009). Happiness unpacked: Positive emotions increase life satisfaction by building resilience. *Emotion, 9,* 361-368.

Coid, J., & Yang, M. (2011). The impact of psychopathy on violence among the household population of Great Britain. *Social Psychiatry and Psychiatric Epidemiology, 46,* 473-480.

Cole, P. M., & Deater-Deckard, K. (2009). Emotion regulation, risk and psychopathology. *Journal of*

Child Psychology and Psychiatry, 50(11), 1327–1330.

Cole, P. M., Martin, S. E., & Dennis, T. A. (2004). Emotion regulation as a scientific construct: Methodological challenges and directions for child development research. *Child Development, 75*(2), 317–333.

Collingwood, R. G. (1938). *The principles of art.* Oxford, UK: Oxford University Press.

Collins, R. C. (1990). Stratification, emotional energy, and the transient emotions. In T. D. Kemper (Ed.), *Research agendas in the sociology of emotions* (pp. 27–57). Albany, NY: State University of New York Press.

Colman, I., Murray, J., Abbott, R. A., Maughan, B., Kuh, D., Croudace, T. J., et al. (2009). Outcomes of conduct problems in adolescence: 40 year follow-up of national cohort. *BMJ, 338*, 2981.

Colman, I., Ploubidis, G. B., Wadsworth, M. E. J., Jones, P. B., & Croudace, T. J. (2007). A longitudinal typology of symptoms of depression and anxiety over the life course. *Biological Psychiatry, 62*(11), 1265–1271.

Conan-Doyle, A. (1894). Silver Blaze. In *The Penguin complete adventures of Sherlock Holmes* (pp. 335–350). London, UK: Penguin (current edition 1981).

Condon, P., & DeSteno, D. (2011). Compassion for one reduces punishment for another. *Journal of Experimental Social Psychology, 47*, 698–701.

Conway, M. A. (1990). Conceptual representation of emotions: The role of autobiographical memories. In K. J. Gilhooly, M. T. G. Keene, R. H. Logie, & G. Erdos (Eds.), *Lines of thinking: Reflections on the psychology of thought, Vol. 2: Skills, emotion, creative processes, individual differences and teaching thinking.* Chichester, UK: Wiley.

Conway, M. A., & Bekerian, D. A. (1987). Situational knowledge and emotions. *Cognition and Emotion, 1*, 145–191.

Cooney, R. E., Joormann, J., Eugène, F., Dennis, E. L., & Gotlib, I. H. (2010). Neural correlates of rumination in depression. *Cognitive, Affective and Behavioral Neuroscience, 10*, 470–478.

Corter, C. M., & Fleming, A. S. (1990). Maternal responsiveness in humans: Emotional, cognitive, and biological factors. *Advances in the Study of Behavior, 19*, 83–136.

Cortes, B. P., Demoulin, S., Rodriguez, R. T., Rodriguez, A. P., & Leyens, J. P. (2005). Infrahumanization or familiarity? Attribution of uniquely human emotions to the self, the ingroup, and the outgroup. *Personality and Social Psychology Bulletin, 31*(2), 243–253.

Costello, E. J., Compton, S. N., Keeler, G., et al. (2003b). Relationships between poverty and psychopathology: A natural experiment. *Journal of the American Medical Association, 290*, 2023–2029.

Costello, E. J., Mustillo, S., Erkanli, A., Keeler, G., & Angold, A. (2003a). Prevalence and development of psychiatric disorders in childhood and adolescence. *Archives of General Psychiatry, 60*, 837–844.

Coyne, J. C. (1976). Depression and response to others. *Journal of Abnormal Psychology, 85*, 186–193.

Coyne, J. C. (1994). Self-reported distress: Analog or ersatz depression. *Psychological Bulletin, 116*, 29–45.

Coyne, J. C. (1999). Thinking interactionally about depression: A radical restatement. In T. Joiner & J. C. Coyne (Eds.), *The interactional nature of depression* (pp. 365–392). Washington, DC: American Psychological Association.

Coyne, J. C., & Gotlib, I. H. (1983). The role of cognition in depression: A critical appraisal. *Psychological Bulletin, 94*, 472–505.

Coyne, J. C., Kessler, R. C., Tal, M., Turnbull, J., Wortman, C., & Greden, J. (1987). Living with a depressed person: Burden and psychological distress. *Journal of Consulting and Clinical Psychology, 55*, 347–352.

Coyne, J. C., & Whiffen, V. E. (1995). Issues in personality as diathesis for depression: The case of sociotropy-dependency and autonomy-self criticism. *Psychological Bulletin, 118*, 358–378.

Craddock, N., & Jones, I. (1999). Genetics of bipolar and psychology. *Journal of Medical Genetics, 36*, 585–594.

Crews, F. (1994, November 18). The unknown Freud. *New York Review of Books, 40*, 55–66.

Cronin, H. (1991). *The ant and the peacock.* New York,

NY: Cambridge University Press.

Crowell, J., Treboux, D., & Waters, E. (2002). Stability of attachment representations: The transition to marriage. *Developmental Psychology, 38,* 467-479.

Csikszentmihalyi, M. (1990). *Flow: The psychology of optimal experience.* New York, NY: Harper Collins.

Csikszentmihalyi, M. (1996). *Creativity: Flow and the psychology of discovery and invention.* New York, NY: Harper Collins.

Culp, A., Osofsky, J. D., & O'Brien, M. (1996). Language patterns of adolescent and older mothers and their one-year-old children: A comparison study. *First Language, 16*(46), 61-75.

Cummings, E. M., & Davies, P. T. (2002). Effects of marital conflict on children: Recent advances and emerging themes in process-oriented research. *Journal of Child Psychology and Psychiatry, and Allied Disciplines, 43*(1), 31-63.

Cummings, E. M., Davies, P. T., & Campbell, S. T. (2000). *Developmental psychopathology and family process: Theory, research, and clinical implications.* New York, NY: Guilford.

Cunningham, W. A., Johnson, M. K., Raye, C. L., Gatenby, J. C., Gore, J. C., & Banaji, M. R. (2004). Separable neural components in the processing of black and white faces. *Psychological Science, 15*(12), 806-813.

Cunningham, W. A., Raye, C. L., & Johnson, M. K. (2004). Implicit and explicit evaluation: fMRI correlates of valence, emotional intensity, and control in the processing of attitudes. *Journal of Cognitive Neuroscience, 16,* 1717-1729.

Cunningham, W. A., Raye, C. L., & Johnson, M. K. (2005). Neural correlates of evaluation associated with promotion and prevention regulatory focus. *Cognitive, Affective, & Behavioral Neuroscience, 5,* 202-211.

Cupchik, G. C. (2002). The evolution of psychical distance as an aesthetic concept. *Culture and Psychology, 8,* 155-187.

Cutlip, W. D., II, & Leary, M. R. (1993). Anatomic and physiological bases of social blushing: Speculations from neurology and psychology. *Behavioural Neurology, 6,* 181-185.

Cyr, C., Euser, E. M., Bakermans-Kranenburg, M. J., & van Ijzendoorn, M. H. (2010). Attachment security and disorganization in maltreating and high-risk families: A series of meta-analyses. *Development and Psychopathology, 22,* 87-108.

Dahl, H. (1991). The key to understanding change: Emotions as appetitive wishes and beliefs about their fulfillment. In J. D. Safran & L. S. Greenberg (Eds.), *Emotions, psychotherapy, and change* (pp. 130-165). New York, NY: Guilford.

Daley, S. E., Hammen, C. L., Burge, D., et al. (1997). Predictors of the generation of episodic stress: A longitudinal study of late adolescent women. *Journal of Abnormal Psychology, 105,* 251-259.

Damasio, A. R. (1994). *Descartes' error.* New York, NY: Putnam.

Damasio, A. R. (2003). *Looking for Spinoza: Joy, sorrow, and the feeling brain.* Orlando, FL: Harcourt.

Damasio, H., Grabowski, T., Frank, R., Galaburda, A. M., & Damasio, A. R. (1994). The return of Phineas Gage: The skull of a famous patient yields clues about the brain. *Science, 264,* 1102-1105.

Dante Alighieri. (1295). *La vita nuova (The new life)* (B. Reynolds, Ed. & Trans.). Harmondsworth: Penguin (1969).

Dante Alighieri. (1307-1321). *La divina comedia (The divine comedy)* (M. Musa, Ed. & Trans.). Harmondsworth: Penguin (1984).

Darwin, C. (1859). *On the origin of species by means of natural selection.* London, UK: Murray.

Darwin, C. (1872). *The expression of the emotions in man and animals.* Chicago, IL: University of Chicago Press (current edition 1965).

Darwin, C. (1872/1998). *The expression of emotions in man and animals* (3rd ed.). New York, NY: Oxford University Press.

Dasgupta, N., DeSteno, D., Williams, L. A., & Hunsinger, M. (2009). Fanning the flames: The influence of specific incidental emotions on implicit prejudice. *Emotion, 9,* 585-591.

Davidov, M., & Grusec, J. E. (2006). Untangling the links of parental responsiveness to distress and warmth to child outcomes. *Child Development, 77*(1), 44-315.

Davidson, R. J. (1992). Anterior cerebral asymmetry and the nature of emotion. *Brain and Cognition, 20,* 125-151.

Davidson, R. J. (1993). The neuropsychology of affective style. In M. Lewis & J. M. Haviland (Eds.), *Handbook of emotions* (pp. 143-154). New York, NY: Guilford.

Davidson, R. J., Ekman, P., Saron, C. D., Senulis, J. A., & Friesen, W. V. (1990). Approach-withdrawal and cerebral asymmetry: Emotional expression and brain physiology I. *Journal of Personality and Social Psychology, 58,* 330-341.

Davidson, R. J., & Irwin, W. (1999). The functional neuroanatomy of emotion and affective style. *Trends in Cognitive Sciences, 3,* 11-21.

Davidson, R. J., Jackson, D. C., & Kalin, N. H. (2000). Emotion, plasticity, context, and regulation. *Psychological Bulletin, 126,* 890-906.

Davidson, R. J., Kabat-Zinn, J., Schumacher, J., Rosenkrantz, M., Muller, D., Santorelli, S. F., et al. (2003). Alterations in brain and immune function produced by mindfulness meditation. *Psychosomatic Medicine, 65,* 564-570.

Davidson, R. J., Pizzagalli, D., Nitschke, J. B., & Kalin, N. H. (2003b). Parsing the subcomponents of emotion and disorders: Perspectives from affective neuroscience. In R. J. Davidson, K. Scherer, & H. H. Goldsmith (Eds.), *Handbook of affective sciences* (pp. 8-24). New York, NY: Oxford University Press.

Davis, J. D., Senghas, A., & Ochsner, K. N. (2010). The effects of Botox injections on emotional experience. *Emotion, 10,* 433-440.

Davis, M. H. (1983). Measuring individual differences in empathy: Evidence for a multidimensional approach. *Journal of Personality and Social Psychology, 44,* 113-126.

Dawkins, R. (1976). *The selfish gene.* Oxford, UK: Oxford University Press.

Dawkins, R. (1986). *The blind watchmaker.* New York, NY: Norton.

De Castro, B. O., Veerman, J. W., Koops, W., Bosch, J. D., & Monshouwer, H. J. (2002). Hostile attribution of intent and aggressive behaviour: A meta-analysis. *Child Development, 73*(3), 916-934.

De Dreu, C. K. W., Greer, L. L., Handgraaf, M. J. J., Shalvi, S., van Kleef, G. A., Baas, M., ten Velden, F. S., van Dijk, E., & Feith, S. W. W. (2010). The neuropeptide oxytocin regulates parochial altruism in intergroup conflict among humans. *Science, 328*(5984), 1408-1411.

De Dreu, C.K.W., Greer, L. L., Handgraaf, M. J. J., van Kleef, G. A., & Shalvi, S. (2011). Oxytocin promotes human ethnocentrism. *Proceedings of the National Academy of Sciences of the United States of America, 108*(4), 1262-1266.

De Haan, M., Belsky, J., Reid, V., Volein, A., & Johnson, M. H. (2004). Maternal personality and infants' neural and visual responsivity to facial expressions of emotion. *Journal of Child Psychology and Psychiatry, 45*(7), 1209-1218.

De Haan, M., Pascalis, O., & Johnson, M. H. (2002). Specialization of neural mechanisms underlying face recognition in human infants. *Journal of Cognitive Neuroscience, 14*(2), 199-209.

De Lorris, G., & De Meun, J. (1237-1277). *The romance of the rose* (H. W. Robbins, Trans.). New York, NY: Dutton (current edition 1962).

De Rosnay, M., & Harris, P. L. (2002). Individual differences in children's understanding of emotion: The roles of attachment and language. *Attachment & Human Development, 4*(l), 39-54.

De Sousa, R. (1987). *The rationality of emotions.* Cambridge, MA: MIT Press.

De Sousa, R. (2004). Emotions: What I know, what I'd like to think I know, and what I'd like to think. In R. C. Solomon (Ed.), *Thinking about feeling: Contemporary philosophers on emotions* (pp. 61-75) New York, NY: Oxford University Press.

De Vignemont, F., & Singer, T. (2006). The empathetic brain: How, when, and why. *Trends in Cognitive Sciences, 10,* 435-441.

De Waal, F. (1982). *Chimpanzee politics.* New York, NY:

Harper & Row.

De Waal, F. (1989). *Peacemaking among primates*. Cambridge, MA: Harvard University Press.

De Waal, F. (1996). *Good natured: The origins of right and wrong in humans and other animals*. Cambridge, MA: Harvard University Press.

De Waal, F. (2011). Interview, http://www.wonderlance.com/february2011_scientech_fransdewaal.html

De Waal, F., & Lanting, F. (1997). *Bonobo: The forgotten ape*. Berkeley, CA: University of California Press.

De Waal, F. B. M. (1995, March). Bonobo sex and society. *Scientific American, 272*, 82-88.

De Waal, F. B. M. (2000). Primates: A natural heritage of conflict resolution. *Science, 289*, 586-590.

De Wolff, M. S., & van Ijzendoorn, M. H. (1997). Sensitivity and attachment: A meta-analysis on parental antecedents of infant attachment. *Child Development, 68*(4), 571-591.

Del Carmen, R., Pedersen, F. A., Huffman, L. C., & Bryan, Y. E. (1993). Dyadic distress management predicts subsequent security of attachment. *Infant Behavior & Development, 16*(2), 131-147.

Dean, K., Stevens, H., Mortensen, P. B., Murray, R. M., Walsh, E. & Pedersen, C. B. (2010). Full spectrum of psychiatric outcomes among offspring with parental history of mental disorder. *Archives of General Psychiatry, 67*(8), 822-829.

Deater-Deckard, K., Dodge, K. A., Bates, J. E., & Pettit, G. S. (1998). Multiple risk factors in the development of externalizing behavior problems: Group and individual differences. *Developmental Psychopathology, 10*, 469-493.

Deci, E. L., & Ryan, R. M. (2000). The "what" and "why" of goal pursuits: Human needs and the self-determination of behavior. *Psychological Inquiry, 11*(4), 227-268.

DeGangi, G. A., DiPietro, J. A., Greenspan, S. I., & Porges, S. W. (1991). Psychophysiological characteristics of the regulatory disordered infant. *Infant Behavior and Development, 14*(1), 37-50.

Deleaveau, P., Jabouriar, M., Lemogne, C., Guionnet, S., Bergouignan, L., Fossati, P., et al. (2011). Brain effects of antidepressants in major depression: A meta-analysis of emotional processing studies. *Journal of Affective Disorders, 130*, 66-74.

Demers, I., Bernier, A., Tarabulsy, G. M., & Provost, M. A. (2010). Mind-mindedness in adult and adolescent mothers: Relations to maternal sensitivity and infant attachment. *International Journal of Behavioral Development (Print), 34*(6), 529-537.

Demir, M., & Weitekamp, L. A. (2007). I am so happy 'cause today I found my friend: Friendship and personality as predictors of happiness. *Journal of Happiness Studies, 8*, 181-211.

Deneault, J., Ricard, M., Décarie, T. G., Morin, P. L., Quintal, G., Boivin, M., et al. (2008). False belief and emotion understanding in monozygotic twins, dizygotic twins and non-twin children. *Cognition and Emotion, 22*(4), 697-708.

Denham, S. A., Blair, K. A., DeMulder, E., Levitas, J., Sawyer, K., Auerbach-Major, S., et al. (2003). Preschool emotional competence: Pathway to social competence? *Child Development, 74*, 238-256.

Denham, S. A., Mitchell-Copeland, J., Strandberg, K., Auerbach, S., & Blair, K. (1997). Parental contributions to preschoolers' emotional competence: Direct and indirect effects. *Motivation and Emotion, 21*(1), 65-86.

Denham, S. A., Workman, E., Cole, P., Weissbrod, C., Kendziora, K., & Zahn-Waxler, C. (2000). Prediction of externalizing behavior problems from early to middle childhood: The role of parental socialization and emotion expression. *Development and Psychopathology, 12*, 23-45.

Dennis, T., Talih, M., Cole, P. M., Zahn-Waxler, C., & Mizuta, I. (in press). The socialization of autonomy and relatedness: Sequential verbal exchanges in Japanese and U.S. mother-preschooler dyads. *Journal of Cross-Cultural Psychology*.

Dentan, R. K. (1968). *The Semai: A nonviolent people of Malaya*. New York, NY: Holt, Rinehart & Winston.

Depue, R. A., & Collins, P. F. (1999). Neurobiology of the structure of personality: Dopamine, facilitation of incentive motivation, and extraversion. *Behavioral* and Brain Sciences, 22, 491-569.

Depue, R. A., & Morrone-Strupinsky, J. V. (2005). A neurobehavioral model of affiliative bonding: Implications for conceptualizing a human trait of affiliation. Behavioral and Brain Sciences, 28, 313-395.

Descartes, R. (1649). Passions of the soul. In E. L. Haldane & G. R. Ross (Eds.), The philosophical works of Descartes. New York, NY: Dover (current edition 1911).

DeSteno, D., Bartlett, M., Baumann, J., Williams, L., & Dickens, L. (2010). Gratitude as moral sentiment: Emotion-guided cooperation in economic exchange. Emotion, 10, 289-293.

DeSteno, D., Dasgupta, N., Bartlett, M. Y., & Cajdric, A. (2004). Prejudice from thin air: The effect of emotion on automatic intergroup attitudes. Psychological Science, 15, 319-324.

DeSteno, D., Petty, R. E., Rucker, D. D., Wegener, D. T., & Braverman, J. (2004). Discrete emotions and persuasion: The role of emotion-induced expectancies. Journal of Personality and Social Psychology, 86, 43-56.

DeSteno, D., Petty, R., Wegener, D., & Rucker, D. (2000). Beyond valence in the perception of likelihood: The role of emotion specificity. Journal of Personality and Social Psychology, 78, 397-416.

DeSteno, D. A., & Salovey, P. (1996). Jealousy and the characteristics of one's rival: A self-evaluation maintenance perspective. Personality and Social Psychology, 22, 920-932.

Detert, N. B., Llewelyn, S., Hardy, G. E., Bakham, M., & Stiles, W. B. (2006). Assimilation in good- and poor-outcome cases of very brief psychotherapy for mild depression: An initial comparison. Psychotherapy Research, 16, 393-407.

Di Ciano, P., Blaha, C. D., & Phillips, A. G. (1998). Conditioned changes in dopamine oxidation currents in the nucleus accumbens of rats by stimuli paired with self-administration or yoked-administration of d-amphetamine. European Journal of Neuroscience, 10(3), 1121-1127.

Diamond, J. (1997). Guns, germs, and steel: The fates of human societies. New York, NY: Norton.

Diamond, L. M. (2003). What does sexual orientation orient?: A biobehavioral model distinguishing romantic love and sexual desire. Psychological Review, 110(1), 173-192.

Dickerson, S. S., Gable, S. L., Irwin, M. R., Aziz, N., & Kemeny, M. E. (2009). Social-evaluative threat and proinflammatory cytokine regulation: An experimental laboratory investigation Psychological Science, 20(10), 1237-1244.

Dickerson, S. S., Gruenewald, T. L., & Kemeny, M. E. (2004). Immunological effects of induced shame and guilt. Psychosomatic Medicine, 66, 124-131.

Dickerson, S. S, & Kemeny, M. E. (2004). Acute stressors and cortisol responses: A theoretical integration and synthesis of laboratory research. Psychological Bulletin, 130, 355-391.

Diener, E., & Biswas-Diener, R. (2002). Will money increase subjective well-being? A literature review and guide to needed research. Social Indicators Research, 57, 119-169.

Dimberg, U., Thunberg, M., & Elmehed, K. (2000). Unconscious facial reactions to emotional facial expressions. Psychological Science, 11, 86-89.

Dimberg, U., & Thunberg, M. (2007). Speech anxiety and rapid emotional reactions to angry and happy facial expressions. Scandinavian Journal of Psychology, 48(4), 321-328.

Dimberg, U., Thunberg, M., & Grunedal, S. (2002). Facial reactions to emotional stimuli: Automatically controlled emotional responses. Cognition and Emotion, 16, 449-471.

Dimitsantos, E., Escorihuela, R. M., Fuentes, S., Armario, A., & Nadal, R. (2007). Litter size affects emotionality in adult male rats. Physiology & Behavior, 92(4), 708-716.

DiPietro, J. A., Hodgson, D. M., Costigan, K. A., & Johnson, T. R. B. (1996). Fetal antecedents of infant temperament. Child Development, 67(5), 2568-2583.

Dishion, T. J., & Tipsord, J. M. (2011). Peer contagion in child and adolescent social and emotional development. *Annual Review of Psychology, 62,* 189-214.

Disner, S. G., Beevers, C. G., Haigh, E.A.P., & Beck, A. T. (2011). Neural mechanisms of the cognitive model of depression. *Nature Reviews: Neuroscience, 12,* 467-477.

Ditzen B., Schaer M., Gabriel B., Bodenmann G., Ehlert U., & Heinrichs M. (2009). Intranasal oxytocin increases positive communication and reduces cortisol levels during couple conflict, *Biological Psychiatry, 65,* 728-731.

Djikic, M., & Oatley, K. (2004). Love and personal relationships: Navigating on the border between the ideal and the real. *Journal for the Theory of Social Behaviour, 34,* 199-209.

Djikic, M., Oatley, K., Zoeterman, S., & Peterson, J. (2009). On being moved by art: How reading fiction transforms the self. *Creativity Research Journal, 21,* 24-29.

Doan, S. N., & Wang, Q. (2010). Maternal discussions of mental states and behaviors: Relations to emotion situation knowledge in European American and immigrant Chinese children. *Child Development, 81*(5), 1490-1503.

Dodge, K. A. (2006). Translational science in action: Hostile attributional style and the development of aggressive behaviour problems. *Development and Psychopathology, 18,* 791-814.

Dodge, K. A., Bates, J. E., & Pettit, G. S. (1990). Mechanisms in the cycle of violence. *Science, 250,* 1678-1683.

Dodge, K. A., & Coie, J. D. (1987). Social-information-processing factors in reactive and proactive aggression in children's peer groups. *Journal of Personality and Social Psychology, 53,* 1146-1158.

Dodge, K. A., Malone, P. S., Lansford, J. E., Miller, S., Pettit, G. S., & Bates, J. E. (2009). A dynamic cascade model of the development of substance-use onset. *Monographs of the Society for Research in Child Development, 74*(294), 1-120.

Dodge, K. A., & Pettit, G. S. (2003). A biopsychosocial model of the development of chronic conduct problems in adolescence. *Developmental Psychology, 39*(2), 349-371.

Dohrenwend, B. P., Link, B. C., Kern, R., Shrout, P. E., & Markowitz, J. (1990). Measuring life events: The problem of variability within event categories. *Stress Medicine, 6,* 179-187.

Doi, T. (1973). *The anatomy of dependence* (J. Beste, Trans.). Tokyo: Kodansha.

Doll, R., & Peto, R. (1981). *The causes of cancer.* Oxford, UK: Oxford University Press.

Dollard, J., Doob, L. W., Miller, N. E., Mowrer, O. H., & Sears, R. R. (1939). *Frustration and aggression.* New Haven, CT: Yale University Press.

Domes, G., Heinrichs, M., Michel, A., Berger, C., and Herpertz, S. C. (2007). Oxytocin improves "mind-reading" in humans. *Biological Psychiatry, 61,* 731-733.

Dong, M., Anda, R. F., Felitti, V. J., Dube, S. R., Williamson, D. F., Thompson, T. J., Loo, C. M., & Giles, W. H. (2004). The interrelatedness of multiple forms of childhood abuse, neglect and household dysfunction. *Child Abuse & Neglect, 28,* 771-784.

D'Onofrio, B. M., Turkheimer, E., Emery, R., Slutske, W., Heath, A. C., Madden, P. A., & Martin, N. G. (2005). A genetically informed study of marital instability and its association with offspring psychopathology. *Journal of Abnormal Psychology, 114*(4), 570-586.

Dostoevsky, F. (1955). Introduction by D. Magarshak (Trans.). *The Idiot.* Harmondsworth: Penguin.

Dougherty, L. R. (2006). Children's emotionality and social status: A meta-analytic review. *Social Development, 15*(3), 394-417.

Dougherty, L. R., Bufferd, S. J., Carlson, G. A., Dyson, M. W., Olino, T. M., & Klein, D. N. (2011). Preschoolers' observed temperament and *DSM-IV* psychiatric disorders assessed with a parent diagnostic interview. *Journal of Clinical Child and Adolescent Psychology, 40,* 295-306.

Downey, D. B., & Condron, D. J. (2004). Playing well with others in kindergarten: The benefit of siblings at home. *Journal of Marriage and Family, 66*(2), 333-350.

Dozois, D. J. A., & Dobson, K. S. (Eds.). (2004). *The prevention of anxiety and depression: Theory, research, and practice.* Washington, DC: American Psychological Association.

Dranovsky, A., & Hen, R. (2006). Hippocampal neurogenesis: Regulation by stress and antidepressants. *Biological Psychiatry, 59,* 1136–1143.

Dube, S. R., Felitti, V. J., Dong, M., Chapman, D. P., Giles, W. H., & Anda, R. F. (2003). Childhood abuse, neglect, and household dysfunction and the risk of illicit drug use: The adverse childhood experiences study. *Pediatrics, 111*(3), 564–572.

Dumont, M., Yzerbyt, V. Y., Wigboldus, D., & Gordijn, E. (2003). Social categorization and fear reactions to the September 11th terrorist attacks. *Personality and Social Psychology Bulletin, 29,* 1509–1520.

Dunbar, K. (1993). How scientists really reason: Scientific reasoning in real-world laboratories. In R. J. Sternberg & J. Davidson (Eds.), *Mechanisms of insight.* Cambridge, MA: MIT Press.

Dunbar, R. I. M. (1993). Coevolution of neocortical size, group size, and language in humans. *Behavioral and Brain Sciences, 16,* 681–735.

Dunbar, R. I. M. (1996). *Grooming, gossip and the evolution of language.* London, UK: Faber & Faber.

Dunbar, R. I. M. (2001). Brains on two legs: Group size and the evolution of intelligence. In F. B. M. De Waal (Ed.), *Tree of origin: What primate behavior can tell us about hum in social evolution* (pp. 173–191). Cambridge, MA: Harvard University Press.

Dunbar, R. I. M. (2003). The social brain: Mind, language, and society in evolutionary perspective. *Annual Review of Anthropology, 32,* 163–181.

Dunbar, R. I. M. (2004). *The human story: A new history of mankind's evolution.* London, UK: Faber.

Duncan, G., Ziol-Guest, K., & Kalil, A. (2010). Early-childhood poverty and adult attainment, behavior and health. *Child Development, 81*(1), 306–325.

Dunn, B. D., Billotti, D., Murphy, V., & Dalgliesh, T. (2009). The consequences of effortful emotion regulation when processing distressing material: A comparison of suppression and acceptance. *Behavior Research and Therapy, 47,* 761–773.

Dunn, J. (1983). Sibling relationships in early childhood. *Child Development, 54*(4), 787.

Dunn, J. (2004). The development of individual differences in understanding emotion and mind: Antecedents and sequillae. In N. H. Frijda, A. S. R. Manstead, & A. Fischer (Eds.), *Feelings and emotions: The Amsterdam Symposium* (pp. 303–320). New York, NY: Cambridge University Press.

Durand, K., Gallay, M., Seigneuric, A., Robichon, F., & Baudouin, J. Y. (2007). The development of facial emotion recognition: The role of configural information. *Journal of Experimental Child Psychology, 97*(1), 14–27.

Durlak, J. A., Fuhrman, T., & Lampman, C. (1991). Effectiveness of cognitive-behavior therapy for maladapting children: A meta-analysis. *Psychological Bulletin, 110*(2), 204.

Durlauf, S. N., & Nagin, D. (2011). Imprisonment and crime: Can both be reduced? *Criminology and Public Policy, 11,* 9–54.

Dutton, D. (2009). *The art instinct: Beauty, pleasure, and human evolution.* London, UK: Bloomsbury.

Dutton, D. G., & Aron, A. P. (1974). Some evidence for heightened sexual attraction under conditions of high anxiety. *Journal of Personality and Social Psychology, 30,* 510–517.

Eagly, A., & Wood, W. (1999). The origins of sex differences in human behavior: Evolved dispositions versus social roles. *American Psychologist, 54,* 408–423.

Eales, M. J. (1992). Shame and guilt: Instincts and their vicissitudes in human evolution (Unpublished manuscript).

Easterling, D. V., & Leventhal, H. (1989). Contribution of concrete cognition to emotion: Neutral symptoms as elicitors of worry about cancer. *Journal of Applied Psychology, 74,* 787–796.

Eastwick, P. W., Finkel, E. J., Mochon, D., & Ariely, D. (2007). Selective versus unselective romantic desire: Not all reciprocity is created equal. *Psychological Science, 18,* 317–319.

Edelmann, R. J. (1990). Embarrassment and blushing: A component-process model, some initial descriptive and cross-cultural data. In W. R. Crozier (Ed.), *Shyness and embarrassment: Perspectives from social psychology* (pp. 205-229). Cambridge, MA: Cambridge University Press.

Edelmann, R. J., & Hampson, S. E. (1979). Changes in nonverbal behavior during embarrassment. *British Journal of Social and Clinical Psychology, 18,* 385-390.

Edelmann, R. J., & Hampson, S. E. (1981). Embarrassment in dyadic interaction. *Social Behavior and Personality, 9,* 171-177.

Edwards, V. J., Holden, G. W., Felitti, V. J., & Anda, R. F. (2003). Relationship between multiple forms of childhood maltreatment and adult mental health and community respondents: Results from the adverse childhood experiences study. *American Journal of Psychiatry, 160,* 1453-1460.

Egeland, B., & Farber, E. A. (1984). Infant-mother attachment: Factors related to its development and changes over time. *Child Development, 55*(3), 753-771.

Ehring, T., Tuschen-Caffler, B., & Schnulle, J., Fischer, S., & Gross, J. J. (2010). Emotion regulation and vulnerability to depression: Spontaneous versus instructed used of emotion suppression and reappraisal. *Emotion, 10,* 563-572.

Eibl-Eibesfeldt, I. (1970). *Ethology: The biology of behavior.* New York, NY: Holt, Rinehart & Winston.

Eibl-Eibesfeldt, I. (1989). *Human ethology.* New York, NY: Aldine de Gruyter.

Eich, E., & Macaulay, D. (2000)> Fundamental factors in mood-dependent memory. In J. Forgas (Eds.), *Feeling and thinking: The role of affect in social cognition* (pp. 109 130). New York, NY: Cambridge University Press.

Eich, E., Macaulay, D., & Ryan, L. (1994). Mood dependent memory for events of the personal past. *Journal of Experimental Psychology (General), 123,* 201-215.

Eisenberg, N. (1992). *The caring child.* Cambridge, MA: Harvard University Press.

Eisenberg, N., Cumberland, A., & Spinrad, T. L. (1998). Parental socialization of emotion. *Psychological Inquiry, 9,* 241-273.

Eisenberg, N., Fabes, R. A., Carlo, G., & Karbon, M. (1992). Emotional responsivity to others: Behavioral correlates and socialization antecedents. *New Directions in Child Development, 55,* 57-73.

Eisenberg, N., Fabes, R. A., Guthrie, I. K., & Reiser, M. (2000). Dispositional emotionality and regulation: Their role in predicting quality of social functioning. *Journal of Personality and Social Psychology, 78*(1), 136-157.

Eisenberg, N., Fabes, R. A., Miller, P. A., Fultz, J., Shell, R., Mathy, R. M., & Reno, R. R. (1989). Relation of sympathy and distress to prosocial behavior: A multimethod study. *Journal of Personality and Social Psychology, 57,* 55-66.

Eisenberg, N., Fabes, R. A., & Murphy, B. C. (1996). Parents' reactions to children's negative emotions: Relations to children's social competence and comforting behavior. *Child Development, 67,* 2227-2247.

Eisenberg, N., & Spinrad, T. L. (2004). Emotion-related regulation: Sharpening the definition. *Child Development, 75*(2), 334-339.

Eisenberg, N., Spinrad, T. L., & Morris, A. S. (2002). Regulation, resiliency, and quality of social functioning. *Self and Identity, 1*(2), 121-128.

Eisenberger, N. I., & Lieberman, M. D. (2004). Why rejection hurts: A common neural alarm system for physical and social pain. *Trends in Cognitive Sciences, 8,* 294-300.

Eisenberger, N. I., Lieberman, M. D., & Williams, K. D. (2003). Does rejection hurt? An fMRI study of social exclusion. *Science, 302,* 290-292.

Ekman, P. (1972). Universals and cultural differences in facial expressions of emotion. In J. Cole (Ed.), *Nebraska Symposium on Motivation, 1971* (pp. 207-283). Lincoln: University of Nebraska Press.

Ekman, P. (1984). Expression and the nature of emotion. In K. R. Scherer & P. Ekman (Eds.), *Approaches to emotion* (pp. 319-344). Hillsdale, NJ: Erlbaum.

Ekman, P. (1992). An argument for basic emotions. *Cognition and Emotion, 6,* 169-200.

Ekman, P. (1993). Facial expression and emotion. *American Psychologist, 48,* 384-392.

Ekman, P. (1994). Strong evidence for universals in facial expressions: A reply to Russell's mistaken critique. *Psychological Bulletin, 115,* 268-287.

Ekman, P., & Friesen, W. V. (1969). The repertoire of nonverbal behavior: Categories, origins, usage and coding. *Semiotica, 1,* 49-98.

Ekman, P., & Friesen, W. V. (1971). Constants across culture in the face and emotion. *Journal of Personality and Social Psychology, 17,* 124-129.

Ekman, P., & Friesen, W. V. (1975). *Pictures of facial affect.* Palo Alto, CA: Consulting Psychologists Press.

Ekman, P., & Friesen, W. V. (1984). *Emotion facial action coding system (EM-FACS).* Obtainable from Paul Ekman, University of California, San Francisco.

Ekman, P., Friesen, W. V, & Ellsworth, P C. (1982). *Emotion in the human face.* Cambridge, MA: Cambridge University Press.

Ekman, P., Levenson, R. W., & Friesen, W. V. (1983). Autonomic nervous system activity distinguishes among emotions. *Science, 221,* 1208-1210.

Ekman, P., & Rosenberg, E. L. (1997). *What the face reveals.* New York, NY: Oxford University Press.

Ekman, P., Sorenson, E. R., & Friesen, W. V. (1969). Pancultural elements in the facial displays of emotions. *Science, 164,* 86-88.

Elder, G. H. (1986). Military times and turning points in men's lives. *Developmental Psychology, 22,* 233-245.

Elder, G. H., & Clipp, E. C. (1989). Combat experience and emotional health: Impairment and resilience in later life. *Journal of Personality, 57,* 311-341.

Elfenbein, H. A., & Ambady, N. (2002). On the universality and cultural specificity of emotion recognition: A meta-analysis. *Psychological Bulletin, 128,* 203-235.

Elfenbein, H. A., & Ambady, N. (2003). Universals and cultural differences in recognizing emotions. *Current Directions in Psychological Science, 12,* 159-164.

Elgar, F. J., McGrath, P. J., Waschbusch, D. A., Stewart, S. H., & Curtis, L. J. (2004). Mutual influences on maternal depression and child adjustment problems. *Clinical Psychology Review, 24,* 441-459.

Elias, N. (1939). *The history of manners: The civilization process, Vol. 1* (E. Jephcott, Trans.). New York, NY: Pantheon (1978).

Eliot, G. (1860). *The mill on the floss.* Edinburgh, UK: Blackwood (current edition Penguin, 1973).

Eliot, G. (1871-1872). *Middlemarch: A study of provincial life.* Edinburgh, UK: Blackwood (The Works of George Eliot Standard Edition, 1883)

Elliott, R., Greenberg, L. S., & Lietaer, G. (2004). Research on experiential psychotherapies. In M. J. Lambert (Ed.), *Bergin and Garfield's handbook of psychotherapy and behavior change* (5th ed., pp. 493-539). New Yorks NY: Wiley.

Elliott, D., Wilson, W. J., Huizinga, D., Sampson, R., Elliott, A., & Rankin, B. (1996). The effects of neighborhood disadvantage on adolescent development. *Journal of Research in Crime and Delinquency, 33,* 389-426.

Ellis, B. H., Fisher, P. A., & Zaharie, S. (2004). Predictors of disruptive behavior, developmental delays, anxiety, and affective symptomatology among institutionally reared Romanian children. *Journal of the American Academy of Child and Adolescent Psychiatry, 43,* 1283-1292.

Ellis, B. J., Boyce, W. T., Belsky, J., Bakermans-Kranenburg, M. J., & van Izjendoorn, M. H. (2011). Differential susceptibility to the environment: An evolutionary-neurodevelopmental theory. *Development and Psychopathology, 23,* 7-28.

Ellsworth, P. (1991). Some implications of cognitive appraisal theories of emotion. In K. T. Strongman (Ed.), *International review of studies on emotion* (pp. 143-161). Chichester UK: Wiley.

Ellsworth, P. C., & Smith, C. A. (1985). Patterns of cognitive appraisal in emotion. *Journal of Personality and Social Psychology, 48,* 813-838.

Ellsworth, P. C., & Smith, C. A. (1988). From appraisal to emotion: Differences among unpleasant feelings.

Motivation and Emotion, 12, 271–302.

Elmadjian, F. J., Hope, M., & Lamson, E. T. (1957). Excretion of E and NE in various emotional states. *Journal of Clinical Endocrinology, 17,* 608–620.

El-Sheikh, M., & Hinnant, J. B. (2011). Marital conflict, respiratory sinus arrhythmia and allostatic load: Interrelations and associations with the development of children's externalizing behaviour. *Development and Psychopathology, 23,* 815–829.

Elster, J. (1999). *Alchemies of the mind: Rationality and the emotions.* Cambridge, MA: Cambridge University Press.

Emery, N. J., & Amaral, D. G. (2000). The role of the amygdala in primate social cognition. In R. D. Lane & L. Nadel (Eds.), *Cognitive neuroscience of emotion* (pp. 156–191). New York, NY: Oxford University Press.

Emmons, R. A. (2007). *Thanks! How the new science of gratitude can make you happier.* Boston, MA: Houghton-Mifflin.

Emmons, R. A., & McCullough, M. E. (2003). Counting blessings versus burdens: An experimental investigation of gratitude and subjective well-being in daily life. *Journal of Personality and Social Psychology, 84,* 377–389.

Epictetus. (c. 100). *Discourses and Encheiridion* (English translation by W. A. Oldfather). Cambridge, MA: Loeb-Harvard University Press (1998).

Erikson, E. H. (1950). *Childhood and society.* London, UK: Penguin (reissued 1965).

Esquivel, L. (1992). *Like water for chocolate* (T. & C. Christensen, Trans.). New York, NY: Doubleday.

Essau, C. A., Lewinsohn, P. M., Seeley, J. R., & Sasagawa, S. (2010). Gender differences in the developmental course of depression. *Journal of Affective Disorders, 127,* 185–190.

Essex, M. J., Kraemer, H. C., Slattery, M. J., Burk, L. R., Boyce, T. W., Woodward, H. R., et al. (2009). Screening for childhood mental health problems: Outcomes and early identification. *Journal of Child Psychology and Psychiatry, 50*(5), 562–570.

Esteves, F., Dimberg, U., & Öhman, A. (1994). Automatically

elicited fear: Conditioned skin conductance response to masked facial expressions. *Cognition and Emotion, 8,* 393–413.

Etcoff, N. L., & Magee, J. J. (1992). Categorical perception of facial expressions. *Cognition, 44,* 227–240.

Etkin, A., Klemenhagen, K. C., Dudman, J. T., Rogan, M. T., Hen, R., Kandel, E. R., et al. (2004). Individual differences in trait anxiety predict the response of the basolateral amygdala to unconsciously processed fearful faces. *Neuron, 44*(6), 1043–1055.

Evans, G. W. (2003). A multimethodological analysis of cumulative risk and allostatic load among rural children. *Developmental Psychology, 39*(5), 924–933.

Eysenck, M., Derakshan, N., Santos, R., & Calvo, M. G. (2007). Anxiety and cognitive performance: Attentional control theory. *Emotion, 7,* 336–353.

Eysenck, M. W. (1992). *Anxiety: The cognitive perspective.* Hove, UK: Erlbaum.

Fair, D. A., Cohen, A. L., Power, J. D., Dosenbach, N. U. F., Church, J. A., Miezin, F. M., et al. (2009). Funcitonal brain networks develop from a "local to distributed" organization. *PLoS Computational Biology, 5*(5), e1000381.

Faircloth, W. B., Schermerhorn, A. C., Mitchell, P. M., Cummings, J. S., & Cummings, E. M. (2011). Testing the long-term efficacy of a prevention program for improving marital conflict in community families. *Journal of Applied Developmental Psychology.*

Farrington, D. P., & Welsh, B. C. (2007). *Saving children from a life of crime: Early risk factors and effective interventions.* Oxford, UK: Oxford University Press.

Farroni, T., Menon, E., Rigato, S., & Johnson, M. H. (2007). The perception of facial expressions in newborns. *European Journal of Developmental Psychology, 4*(1), 2–13.

Faulkner, D., & Miell, D. (1993). Settling into school: The importance of early friendships for the development of children's social understanding and communicative competence. *International Journal of Early Years Education, 1,* 23–46.

Fava, G. A., & Tomba, E. (2009). Increasing psychological

well-being and resilience by psychotherapeutic methods. *Journal of Personality, 77,* 1903–1934.

Fearon, R. M., van Ijzendoorn, M. H., Fonagy, P., Bakermans-Kranenburg, M. J., Schuengel, C., & Bokhorst, C. L. (2006). In search of shared and nonshared environmental factors in security of attachment : A behavior-genetic study of the association between sensitivity and attachment security. *Developmental Psychology, 42*(6), 1026–1040.

Fearon, R. M. P., Bakermans-Kranenburg, M. J., Van Ijzendoorn, M. H., Lapsley, A., & Roisman, G. I. (2010). The significance of insecure attachment and disorganization in the development of children's externalizing behavior: A meta-analytic study. *Child Development, 81,* 435–456.

Feather, N. T. (2006). Deservingness and emotions: Applying the structural model of deservingness to the analysis of affective reactions to outcomes. *European Review of Social Psychology, 17,* 38–73.

Federenko, I., Schlotz, W., Kirschbaum, C., Bartels, M., Hellhammer, D. H., & Wust, S. (2006). The heritablity of perceived stress. *Psychological Medicine, 36,* 375–385.

Fehr, B., & Russell, J. A. (1984). Concept of emotion viewed from a prototype perspective. *Journal of Experimental Psychology. General, 113,* 464–486.

Fehr, B., & Russell, J. A. (1991). The concept of love viewed from a prototype perspective. *Journal of Personality and Social Psychology, 60,* 425–438.

Feigeson, N., Park, J., & Salovey, P. (2001). The role of emotions in comparative negligence judgments. *Journal of Applied Social Psychology, 31,* 576–603.

Feldman-Barrett, L. (1997). The relationship among momentary emotional experiences, personality descriptions, and retrospective ratings of emotion. *Personality and Social Psychology Bulletin, 23,* 1100–1110.

Feldman-Barrett, L., & Barrett, D. J. (2001). Computerized experience-sampling: How technology facilitates the study of conscious experience. *Social Science Computer Review, 19,* 175–185.

Feldman-Barrett, L., Quigley, K. S., Bliss-Moreau, E., & Aronson, K. R. (2004). Interoceptive sensitivity and self-reports of emotional experience. *Journal of Personality and Social Psychology, 87,* 684–697.

Feldman-Barrett, L., & Russell, J. A. (1999). Structure of current affect. *Current Directions in Psychological Science, 8,* 10–14.

Fenske, M. L., & Raymond, J. E. (2006). Affective influences of selective attention. *Current Directions in Psychological Science, 15,* 312–316.

Ferdinand, R. F., Dieleman, G., Ormel, J., & Verhulst, F. C. (2007). Homotypic versus heterotypic continuity of anxiety symptoms in young adolescents: Evidence for distinctions between DSM-IV subtypes. *Journal of Abnormal Child Psychology, 35*(3), 325–333.

Fergusson, D. M., & Horwood, L. J. (2002). Male and female offending trajectories. *Development and Psychopathology, 14*(1), 159–177.

Fernald, A. (1992). Human maternal vocalizations to infants as biologically relevant signals: An evolutionary perspective. In J. H. Barkow, L. Cosmides, & J. Tooby (Eds.), *The adapted mind: Evolutionary psychology and the generation of culture* (pp. 391–428). New York, NY: Oxford University Press.

Fernández-Dols, J. M., & Ruiz-Belda, M. A. (1995). Are smiles a sign of happiness? Gold medal winners at the Olympic Games. *Journal of Personality and Social Psychology, 69,* 1113–1119.

Fernández-Dols, J. M., & Ruiz-Belda, M. A. (1997). Spontaneous facial behavior during intense emotional episodes: Artistic truth and optical truth. In J. A. Russell & J. M. Fernandez-Dols (Eds.), *The psychology of facial expression* (pp. 255–294). Cambridge, MA: Cambridge University Press.

Fernyhough, C. (1996). The dialogic mind: A dialogic approach to the higher mental functions. *New Ideas in Psychology, 14*(1), 47–62.

Ferrari, M., & Koyama, E. (2002). Meta-emotions about anger and amae. *Consciousness and Emotion, 3,* 197–212.

Field, J. (1934). *A life of one's own.* Harmondsworth, UK:

Penguin (current edition 1952).

Field, T. (2001). *Touch*. Cambridge, MA: MIT Press.

Field, T., Healy, B., Goldstein, S., Perry, S., Bendell, D., Schanberg, S., Zimmerman, E. A., & Kuhn, C. (1988). Infants of depressed mothers show "depressed" behavior even with nondepressed adults. *Child Development, 59*, 1569-1579.

Finkel, E. J., & Eastwick, P. W. (2008). Speed-dating. *Current Directions in Psychological Science, 17*, 193-197.

Finkel, N. J., & Parrott, W. G. (2006). *Emotions and culpability. How the law is at odds with psychology, jurors, and itself*. Washington, DC: American Psychological Association.

Finkenauer, C., Engels, R., & Baumeister, R. F. (2005). Parenting behaviour and adolescent behavioural and emotional problems: The role of self-control. *International Journal of Behavioral Development, 29*, 58-69.

Finlay-Jones, R. (1989). Anxiety. In G. W. Brown & T. O. Harris (Eds.), *Life events and illness* (pp. 95-112). London, UK: Unwin Hyman.

Fiorino, D. F., Coury, A., & Phillips, A. G. (1997). Dynamic changes in nucleus accumbens dopamine efflux during the Coolidge effect in male rats. *Journal of Neuroscience, 17*(12), 4849-4855.

Fischer, A. H. (2000). *Gender and emotion: Social psychological perspectives*. Cambridge MA: Cambridge University Press.

Fischer, A. H., & Manstead, A. S. R. (2000). The relation between gender and emotions in different cultures. In A. H. Fischer (Ed.), *Gender and emotion: Social psychological perspectives* (pp. 71-93). Cambridge, MA: Cambridge University Press.

Fisher, H. E. (1992). *Anatomy of love*. New York, NY: Norton.

Fiske, A. P. (1991). *Structures of social life*. New York, NY: Free Press.

Fiske, A. P., Kitayama, S., Markus, H. R., & Nisbett, R. E. (1998). The cultural matrix of social psychology. In D. T. Gilbert, S. T. Fiske, & G. Lindsey (Eds.), *Handbook of social psychology* (4th ed., pp. 915-981). Boston, MA: McGraw-Hill.

Fiske, S. T. (2010). Interpersonal stratification: Status, power, and subordination. In S. T. Fiske, D. T. Gilbert, & G. Lindzey (Eds.), *Handbook of social psychology* (5th ed., pp. 941-982). New York, NY: Wiley.

Fivush, R., & Wang, Q. (2005). Emotion talk in mother-child conversations of the shared past: The effects of culture, gender, and event valence. *Journal of Cognition and Development, 6*(4), 489-506.

Flack, W. F., & Laird, J. D. (Eds.). (1998). *Emotions in psychopathology: Theory and research*. New York, NY: Oxford University Press.

Flack, W. F., Laird, J. D., Cavallaro, L. A., & Miller, D. R. (1998). Emotional expression and experience: A psychosocial perspective on schizophrenia. In W. F. Flack & J. D. Laird (Eds.), *Emotions in psychopathology: Theory and research* (pp. 315-322). New York, NY: Oxford University Press.

Fleming, A. S., & Corter, C. (1995). Psychobiology of maternal behavior in nonhuman mammals: Role of sensory, experiential and neural factors. In M. Bornstein (Ed.), *Handbook of parenting*. Hillsdale, NJ: Erlbaum.

Fletcher, G. J. O., Tither, J., O'Loughlin, C., Friesen, M., & Overall, N. (2004). Warm and homely or cold and beautiful? Sex differences in trading off traits in mate selection. *Personality and Social Psychology Bulletin, 30*, 659-672.

Flinn, M., & Alexander, R. (2007). Runaway social selection in human evolution. In S. W. Gangestad & J. A. Simpson (Eds.), *The evolution of mind: Fundamental questions and controversies* (pp. 249-255). New York, NY: Guilford.

Flom, R., & Bahrick, L. E. (2007). The development of infant discrimination of affect in multimodal and unimodal stimulation: The role of intersensory redundancy. *Developmental Psychology, 43*(1), 238-252.

Foa, E. B., Feske, U., Murdoch, T. B., Kozak, M. J., & McCarthy, P. R. (1991). Processing of threat-related information in rape victims. *Journal of Abnormal*

Psychology, 100, 156-162.

Fonagy, P. (2000). The outcome of psychoanalysis: The hope of a future. The Psychologist, 13, 620-623.

Fonagy, P., & Luyten, P. (2009). A developmental, mentalization-based approach to the understanding and treatment of borderline personality disorder. Development and Psychopathology, 21, 1355-1381.

Fonagy, P., Steele, M., Steele, H., Leigh, T., Kennedy, R., Mattoon, G., et al. (1995). Attachment, the reflective self, and borderline states: The predictive specificity of the Adult Attachment Interview and pathological emotional development. In S. Goldberg, R. Muir, & J. Kerr (Eds.), Attachment theory. Social, developmental and clinical perspectives (pp. 233-278). Hillsdale, NJ: Analytic Press.

Fonagy, P., Steele, M., Steele, H., Moran, G. S., & Higgitt, A. C. (1991). The capacity for understanding mental states: The reflective self in parent and child and its significance for security of attachment. Infant Mental Health Journal, 12(3), 201-218.

Fontaine, N. M. G., McCrory, E. J. P., Boivin, M., Moffitt, T. E., & Viding, E. (2011). Predictors and outcomes of joint trajectories of callous-unemotional traits and conduct problems in childhood. Journal of Abnormal Psychology. 120(3), 730-742.

Fontaine, R. G. (2010). New developments in developmental research on social information processing and antisocial behavior. Journal of Abnormal Child Psychology, 38, 569-573.

Fontaine, R. G., & Dodge, K. A. (2009). Social information processing and aggressive behavior: A transactional perspective. In A. J. Sameroff (Ed.), The transactional model of development: How children and contexts shape each other (pp. 117-135). Washington, DC: American Psychological Association.

Foot, P. (1978). The problem of abortion and the doctrine of the double effect. In P. Foot (Ed.), Virtues and vices and other essays in moral philosophy (pp. 19-32). Oxford, UK: Blackwell (originally published 1967).

Forgas, J. (1994). Sad and guilty. Affective influences on the explanation of conflict episodes. Journal of Personality and Social Psychology, 66, 56-68.

Forgas, J., & Laham, S. M. (2005). The interaction between affect and motivation in social judgments and behavior. In J. Forgas, K. Williams, et al. (Eds.), Social motivation: Conscious and unconscious processes (pp. 168-193). New York, NY: Cambridge University Press.

Forgas, J. P. (2003). Affective influences on attitudes and judgments. In R, J. Davidson, K. R. Scherer, & H. H. Goldsmith (Eds.), Handbook of affective sciences (pp. 596-618). New York, NY: Oxford University Press.

Forgas, J. P., & Moylan, S. (1987). After the movies: The effect of mood on social judgments. Personality and Social Psychology Bulletin, 13, 465-477.

Forman, D. R., Aksan, N., & Kochanska, G. (2004). Toddlers' responsive imitation predicts preschool-age conscience: 1. Psychological Science, 15(10), 699-704.

Foster, C. A., Witcher, B. S., Campbell, W. K., & Green, J. D. (1998). Arousal and attraction: Evidence for automatic and controlled processes. Journal of Personality and Social Psychology, 74, 86-101.

Fox, E., Mathews, A., Calder, A. J., & Yiend, J. (2007). Anxiety and sensitivity to gaze direction in emotionally expressive faces. Emotion (Washington, DC), 7(3), 478-486.

Fox, E., Russo, R., & Georgiou, G. A. (2005). Anxiety modulates the degree of attentive resources required to process emotional faces. Cognitive, Affective, & Behavior Neuroscience, 5(4), 396-404.

Fox, N., & Davidson, R. A. (1987). Electroencephalogram asymmetry in response to the approach of a stranger and maternal separation in 10-month-old infants. Developmental Psychology, 23, 233-240.

Fox, N. A., Henderson, H. A., Marshall, P. J., Nichols, K. E., & Ghera, M. M. (2005). Behavioral inhibition: Linking biology and behavior within a developmental framework. Annual Review of Psychology, 56, 235-262.

Fox, R. (1991). Aggression then and now. In M. H. Robinson & L. Tiger (Eds.), Man and beast revisited (pp. 81–93). Washington, DC: Smithsonian Institute Press.

Frampton, K. L., Jenkins, J. M., & Dunn, J. (2010). Within-family differences in internalizing behaviors: The role of children's perspectives of the mother-child relationship. *Journal of Abnormal Child Psychology, 38*, 557–568.

Francis, D., & Meaney, M. J. (1999). Maternal care and the development of stress responses. *Development, 9*, 128–134.

Frank, M., Ekman, P., & Friesen, W. V. (1993). Behavioral markers and recognizability of the smile of enjoyment. *Journal of Personality and Social Psychology, 64*, 83–93.

Frank, M. G., & Stennet, J. (2001). The forced-choice paradigm and the perception of facial expressions of emotion. *Journal of Personality and Social Psychology, 80*, 75–85.

Frank, R. H. (1988). *Passions within reason. The strategic role of the emotions.* New York, NY: W. W. Norton

Fredrickson, B. L. (2001). The role of positive emotions in positive psychology: The broaden-and-build theory of positive emotions. *American Psychologist, 56*, 218–226.

Fredrickson, B. L. (2003). The value of positive emotions. *American Scientist, 91*, 330–335.

Fredrickson, B. L., & Branigan, C. (2005). Positive emotions broaden the scope of attention and thought-action repertoires. *Cognition and Emotion, 19*, 313–332.

Frederickson, B. L., & Cohn, M. A. (2008). Positive emotions. In M. Lewis, J. Haviland Jones & L. F. Barrett (Eds.), *Handbook of emotions* (3rd ed., pp. 777–796). New York, NY: Guilford.

Fredrickson, B. L., Cohn, M. A., Coffey, K. A., Pek, J., & Finkel, S. M. (2008). Open hearts build lives: Positive emotions, induced through loving-kindness meditation, build consequential personal resources. *Journal of Personality and Social Psychology, 95*, 1045–1062.

Fredrickson, B. L., & Levenson, R. W. (1998). Positive emotions speed recovery from the cardiovascular

sequelae of negative emotions. *Cognition and Emotion, 12*, 191–220.

Fredrickson, B. L., Tugade, M. M., Waugh, C. E., & Larkin, G. R. (2003). What good are positive emotions in crises? A prospective study of resilience and emotions following the terrorist attacks on the United States on September 11th, 2001. *Journal of Personality and Social Psychology, 84*, 365–376.

Freedman, J. L. (1978). *Happy people: What happiness is, who has if, and why.* New York, NY: Harcourt Brace Jovanovich.

Freud, A. (1937). *The ego and the mechanisms of defense.* London, UK: Hogarth Press.

Freud, S. (1901). *The psychopathology of everyday life. The Pelican Freud Library, Vol. 5* (J. Strachey, A. Richards, & A. Tyson, Eds., A. Tyson, Trans.). Harmondsworth: Penguin (current edition 1975).

Freud, S. (1904/1985). Psychopathic characters on the stage. In A. Dickson (Ed.), *The Pelican Freud Library, Vol. 14: Art and literature* (pp. 119–127). London, England: Penguin.

Freud, S. (1905). *Fragment of an analysis of a case of hysteria (Dora). The Pelican Freud Library, Vol. 9: Case histories, II* (J. Strachey & A. Richards, Eds.) Harmondsworth, UK: Penguin (current edition 1979).

Freud, S. (1920). *Beyond the pleasure principle. The Pelican Freud Library: Vol. 11: On metapsychology. The theory of psychoanalysis* (J. Strachey & A. Richards, Eds., pp. 1–64). Harmondsworth, UK: Penguin (current edition 1974),

Freud, S., & Breuer, J. (1895). *Studies on hysteria. The Pelican Freud Library, Vol. 3* (J. Strachey, A. Strachey, & A. Richards, Eds.). Harmondsworth, UK: Penguin (current edition 1974).

Fridlund, A. J. (1992). The behavioral ecology and sociality of human faces. *Review of Personality and Social Psychology, 13*, 90–121.

Fridlund, A. J. (1994). *Human facial expression: An evolutionary view.* San Diego, CA: Academic Press.

Fried, I., Mukamel, R., & Kreiman, G. (2011). Internally generated preactivation of single neurons in human medial frontal cortex predicts volition. *Neuron, 69*,

548-562.

Friesen, W. V. (1972). *Cultural differences in facial expressions in a social situation. An experimental test of the concept of display rules.* Doctoral thesis, University of California, San Francisco.

Frijda, N. H. (1988). The laws of emotion. *American Psychologist, 43,* 349-358.

Frijda, N. H. (1993a). Moods, emotion episodes, and emotions. In M. Lewis & J. M. Haviland (Eds.), *Handbook of emotions* (pp. 381-403). New York, NY: Guilford.

Frijda, N. H. (Ed.). (1993b). Appraisal and beyond: The issue of cognitive determinants of emotion. *Cognition and Emotion, 7,* 225-387.

Frijda, N. H. (1994). The Lex Talionis: On vengeance. In S.H.M. Van Goozen, N. E. Van der Poll, & J. A. Sergeant (Eds.), *Emotions: Essays on emotion theory* (pp. 263-289). Hillsdale, NJ: Erlbaum.

Frijda, N. H. (2005). Emotion experience. *Cognition and Emotion, 19,* 473-497.

Frijda, N. H. (2007). The laws of emotion. Mahwah, NJ: Erlbaum.

Frijda, N. H. (2010). Not passion's slave. *Emotion Review, 2,* 68-75.

Frijda, N. H. (in press). Emotion regulation and free will. In T. Vierkant, A. Clark, & J. Kiverstein (Eds.) *Decomposing the will.* Oxford, UK: Oxford University Press.

Frijda, N. H., Kuipers, P., & ter Schure, E. (1989). Relations among emotion, appraisal, and emotional action readiness. *Journal of Personality and Social Psychology, 57,* 212-228.

Frijda, N. H., & Mesquita, B. (1994). The social rules and functions of emotions. In S. Kitayama & H. R. Markus (Eds.), *Emotion and culture: Empirical studies of mutual influence* (pp. 51-87). Washington, DC: American Psychological Association.

Frijda, N. H., & Parrott, W. G. (2011). Basic emotions or ur-emotions. *Emotion Review, 3,* 416-423.

Fyer, A., Mannuzza, S., & Coplan, J. D. (1996). Panic disorders and agoraphobia. In H. I. Kaplan & B. J. Saddock (Eds.), *Comprehensive textbook of psychiatry* (6th ed., Vol. 1, pp. 1191-1204). Baltimore, MD: Williams & Wilkins.

Gabbay, F. H., Krantz, D. S., Kop, W., et al. (1996). Triggers of myocardial ischemia during daily life in patients with coronary artery disease: Physical and mental activities, anger, and smoking. *Journal of the American College of Cardiology, 27,* 585-592.

Gable, S. L., Gonzaga, G., & Strachman, A. (2006). Will you be there for me when things go right? Social support for positive events. *Journal of Personality and Social Psychology, 91,* 904-917.

Gable, S. L., Reis, H. T., Impett, E., & Asher, E. R. (2004). What do you do when things go right? The intrapersonal and interpersonal benefits of sharing positive events. *Journal of Personality and Social Psychology, 87,* 228-245.

Gabrielsson, A., & Juslin, P. N. (2003). Emotional expression in music. In R. Davidson, K. Scherer, & H. H. Goldsmith (Eds.), *Handbook of affective sciences* (pp. 503-534). London, UK: Oxford University Press.

Gailliot, M. T., Baumeister, R., DeWall, C. N., Maner, J. K., Plant, A., Tice, D. M., et al. (2007). Self-control relies on glucose as a limited energy source: Willpower is more than a metaphor. *Journal of Personality and Social Psychology, 92,* 325-336.

Galdi, S., Arcuri, L., & Gawronski, B. (2008). Automatic mental associations predict future choices of undecided decision-makers. *Science, 321,* 1100-1102.

Galea, S., Ahern, J., Resnick, H., Kilpatrick, D., Bucuvalas, M., Gold, J., et al. (2002). Psychological sequelae of the September 11 terrorist attacks in New York City. *New England Journal of Medicine, 346,* 982-987.

Galinsky, A. D., Magee, J. C., Inesi, M. E., & Gruenfeld, D. H. (2006). Power and perspectives not taken. *Psychological Science, 17,* 1068-1074.

Gao, W., Zhu, H., Giovanello, K. S., et al. (2009). Evidence on the emergence of the brain's default network from 2-week-old to 2-year-old healthy pediatric subjects. *Proceedings of the National Academy of Sciences, 106,* 6790-6795.

Garcia Coll, C., Vohr, B. R., Hoffman, J., & Oh, W.

(1986). Maternal and environmental factors affecting developmental outcome of infants of adolescent mothers. *Journal of Developmental and Behavioral Pediatrics: JDBP, 7*(4), 230-236.

Gardner, H. (1993). *Creating minds. An anatomy of creativity seen through the lives of Freud, Einstein, Picasso, Stravinsky, Eliot, Graham, and Ghandi.* New York, NY: Basic Books.

Garnefski, N., Kraaij, V., & van Etten, M. (2005). Specificity of relations between adolescents' cognitive emotion regulation strategies and internalizing and externalizing psychopathology. *Journal of Adolescence, 28*(5), 619-631.

Gasper, K., & Clore, G. L. (1998). The persistent use of negative affect by anxious individuals to estimate risk. *Journal of Personality and Social Psychology, 74*, 1350-1363.

Gasper, K., & Clore, G. L. (2000). Do you have to pay attention to your feelings in order to be influenced by them? *Personality and Social Psychology Bulletin, 26*, 698-711.

Gass, K., Jenkins, J. M., & Dunn, J. (2007a). Are sibling relationships protective? A longitudinal study. *Journal of Child Psychology and Psychiatry, and Allied Disciplines, 48*(2), 167-175.

Gass, K., Jenkins, J. M., & Dunn, J. (2007b) The sibling relationship as protective for children experiencing life events: A longitudinal study. *Journal of Child Psychology and Psychiatry, 48*, 167-175.

Gay, P. (1988). *Freud: A life for our time.* London, UK: Dent.

Gazzaniga, M. S. (1985). *The social brain.* New York, NY: Basic Books.

Gazzaniga, M. S. (1988). Brain modularity: Towards a philosophy of conscious experience. In A. J. Marcel & E. Bisiach (Eds.), *Consciousness in contemporary science* (pp. 218-238). Oxford, UK: Oxford University Press.

Gazzaniga, M. S., Ivry, R. B., & Mangun, G. R. (2002). *Cognitive neuroscience.* New York, NY: Norton.

Geertz, C. (1973). *The interpretation of cultures.* New York, NY: Basic Books.

Gelder, M., Andreasen, N., Lopez-Ibor, J., & Geddes, J. (Eds.). (2009). *New Oxford textbook of psychiatry* (2nd ed.). Oxford, UK: Oxford University Press.

Gewertz, D. (1981). A historical reconsideration of female dominance among the Chambri of Papua New Guinea. *American Ethnologist, 8*, 94-106.

Ghera, M. M., Marshall, P. J., Fox, N. A., Zeanah, C. H., Nelson, C. A., Smyke, A. T., & Guthrie, D. (2009). The effects of foster care intervention on socially deprived institutionalized children's attention and positive affect: Results from the BEIP study. *Journal of Child Psychology rind Psychiatry, 50*(3), 246-253.

Gibbs, E. L., Gibbs, F. A., & Fuster, B. (1948). Psychomotor epilepsy. *Archives of Neurology and Psychiatry, 60*, 331-339.

Giedd, J. N. (2004). Structural magnetic resonance imaging of the adolescent brain. *Annals of the New York Academy of Sciences, 1021*(1), 77-85.

Gilbert, P. (1998). What is shame? Some core issues and controversies. In P. Gilbert & B. Andrews (Eds.), *Shame. Interpersonal behavior, psychopathology, and culture* (pp. 3-38). New York, NY: Oxford University Press.

Gilbert, P. (2000). The relationship of shame, social anxiety and depression: The role of the evaluation of social rank. *Clinical Psychology and Psychotherapy, 7*, 174-189.

Givens, D. B. (1983). *Love signals: How to attract a mate.* New York, NY: Crown.

Gladwell, M. (2005). *Blink.* New York, NY: Little, Brown & Co.

Glaser, R., Kiecolt-Glaser, J. K., Malarkey, W. B., & Sheridan, J. F. (1998). The influence of psychological stress on the immune response to vaccines. *Annals of the New York Academy of Sciences, 840*, 656-663.

Glickman, S. E., & Schiff, B. B. (1967). A biological theory of reinforcement. *Psychological Review, 74*, 81-109.

Gloaguen, V., Cottraux, J., Cucherat, M., & Blackburn, I. (1998). A meta-analysis of the effects of cognitive therapy in depressed patients. *Journal of Affective Disorders, 49*, 59-72.

Goel, V., & Vartanian, O. (2011). Negative emotions can attenuate the influence of beliefs on logical reasoning. *Cognition and Emotion, 25,* 121-131.

Goethe, J. W. von. (1774). *The sorrows of young Werther* (M. Hulse, Trans.). Harmondsworth, UK: Penguin (current edition 1989).

Goetz, J., Simon-Thomas, E., & Keltner, D. (2010). Compassion: An evolutionary analysis and empirical review. *Psychological Bulletin, 136*(3), 351-374.

Gogtay, N., Giedd, J. N., Lusk, L., Hayashi, K. M., Greenstein, D., Vaituzis, A. C., et al. (2004). Dynamic mapping of human cortical development during childhood through early adulthood. *Proceedings of the National Academy of Sciences of the United States of America, 101*(21), 8174-8179.

Goldberg, S., Grusec, J. E., & Jenkins, J. M. (1999). Confidence in protection: Arguments for a narrow definition of attachment. *Journal of Family Psychology, 13,* 475-483.

Goldberg, S., Perrotta, M., Minde, K., & Corter, C. (1986). Maternal behavior and attachment in low-birth-weight twins and singletons. *Child Development, 57*(1), 34-46.

Goldin, P. R., McRae, K., Ramel, W., & Gross, J. J. (2008). The neural bases of emotion regulation: Reappraisal and suppression of negative emotion. *Biological Psychiatry, 63,* 577-586.

Goldman, R. N., Greenberg, L. S., & Angus, L. (2006). The effects of adding emotion-focused interventions to the client-centered relationship conditions in the treatment of depression. *Psychotherapy Research, 16,* 537-549.

Goldsmith, H. H., & Alansky, J. A. (1987). Maternal and infant temperamental predictors of attachment: A meta-analytic review. *Journal of Consulting and Clinical Psychology, 55,* 805-816.

Goldsmith, H. H., Buss, K. A., & Lemery, K. S. (1997). Toddler and childhood temperament: Expanded content, stronger genetic evidence, new evidence for the importance of environment. *Developmental Psychology, 33*(6), 891-905.

Gombrich, E. H. (1972). *The story of art* (12th ed.).

London, UK: Phaidon.

Gonzaga, G. C., Keltner, D., Londahl, E. A., & Smith, M. (2001). Love and the commitment problem in romantic relations and friendship. *Journal of Personality and Social Psychology, 81,* 247-262.

Gonzaga, G. C., Turner, R., Keltner, D., Campos, B., & Altemus, M. (2006). Romantic love and sexual desire in close bonds. *Emotion, 6,* 163-179.

Goodall, J. (1986). *The chimpanzees of Gombe: Patterns of behavior.* Cambridge, MA: Harvard University Press.

Goodall, J. (1992). Unusual violence in the overthrow of an alpha male chimpanzee at Gombe. In T. Nishida, W. C. McGrew, P. Marler, M. Pickford, & F. B. M. De Waal (Eds.), *Topics in primatology, Vol. 1: Human origins* (pp. 131-142). Tokyo: University of Tokyo Press.

Goodman, S. H., Rouse, M. H., Connell, A. M., Broth, M. R., Hall, C. M., & Heyward, D. (2010). Maternal depression and child psychopathology: A meta-analytic review. *Clinical Child and Family Psychology Review, 14*(1), 1-27.

Gospic, K., Mohlin, E., Fransson, P., Petrovic, P., Johannesson, M., Ingvar, M., et al. (2011). Limbic justice: Amygdala involvement in immediate rejection in the ultimatum game. *PLoS Biology, 9*(5), 1-8.

Gotlib, I. H., & Joormann, J. (2010). Cognition and depression: Current status and future directions. *Annual Review of Clinical Psychology, 6,* 285-312.

Gottfried, J. A., O'Doherty, J., & Dolan, R. J. (2003). Encoding predictive reward value in human amygdala and orbitofrontal cortex. *Science, 301,* 1104-1107.

Gottlieb, J., & Polirstok, S. (2006). The impact of positive behavior intervention training for teachers on referral rates for misbehavior, special education evaluation and student reading achievement in the elementary grades. *International Journal of Behavioral Consultation 2*(3), 354-361.

Gottman, J. M. (1993a). *Why marriages succeed or fail.* New York, NY: Simon & Schuster.

Gottman, J. M. (1993b). The roles of conflict engagement, escalation, and avoidance in marital interaction: A longitudinal view of five types of couples. *Journal of Consulting and Clinical Psychology, 61,* 6-15.

Gottman, J. M., Katz, L. F., & Hooven, C. (1996). Parental meta-emotion philosophy and the emotional life of families: Theoretical models and preliminary data. *Journal of Family Psychology, 10*(3),243-268.

Gottman, J. M., Katz, L. F., & Hooven, C. (1997). *Meta-emotion*. Mahwah, NJ: Lawrence Erlbaum.

Gottman, J. M., & Levenson, R. W. (1992). Marital processes predictive of later dissolution: Behavior, physiology and health. *Journal of Personality and Social Psychology, 63,* 221-233.

Gottman, J. M., & Levenson, R. W. (2000). The timing of divorce: Predicting when a couple will divorce over a 14-year period. *Journal of Marriage and the Family, 62,* 737-745.

Granic, I., & Patterson, G. R. (2006). Toward a comprehensive model of antisocial development: A dynamic systems approach. *Psychological Review, 113,* 101-131.

Gray, J. A., & McNaughton, N. (2000). *The neuropsychology of anxiety. An enquiry into the functions of the septohippocampal system* (2nd ed.). Oxford, UK: Oxford University Press.

Gray, L., Watt, L., & Blass, E. M. (2000). Skin-to-skin contact is analgesic in healthy newborns. *Pediatrics, 105,* 1-6.

Green, D. P., Goldman, S. L., & Salovey, P. (1993). Measurement error masks bipolarity in affect ratings. *Journal of Personality and Social Psychology, 64,* 1029-1041.

Greenberg, L. S. (1993). Emotion and change processes in psychotherapy. In M. Lewis & J. M. Haviland (Eds.), *Handbook of emotions* (pp. 499-508). New York, NY: Guilford.

Greenberg, L. S. (2002). *Emotion focused therapy: Coaching clients to work though their feelings.* Washington, DC: American Psychological Association.

Greenberg, L. S. (2010). Emotion focused therapy: A clinical Synthesis. *Focus: Journal of Lifelong Learning in Psychiatry, 8,* 32-42.

Greenberg, L. S., & Safran, J. D. (1989). Emotion in psychotherapy. *American Psychologist, 44,* 19-29.

Greene, J., & Haidt, J. (2002). How (and where) does moral judgment work? *Trends in Cognitive Sciences, 6,* 517-523.

Greene, J. D. (2007). Why are VMPFC patients more utilitarian?: A dual-process theory of moral judgment explains. *Trends in Cognitive Sciences, 11*(8), 322-323.

Greene, J. D., Sommerville, R. B., Nystrom, L. E., Darley, J. M., & Cohen, J. D. (2001). An fMRI investigation of emotional engagement in moral judgment. *Science, 75,* 2105-2108.

Grice, S. J., Kuipers, E., Bebbington, P., Dunn, G., Fowler, D., et al. (2007). Carers' attributions about positive events in psychosis relate to expressed emotion. *Behavior Research and Therapy, 47,* 783-789.

Grienenberger, J. F., Kelly, K., & Slade, A. (2005). Maternal reflective functioning, mother-infant affective communication, and infant attachment: Exploring the link between mental states and observed caregiving behavior in the intergenerational transmission of attachment. *Attachment & Human Development, 7*(3), 299-311.

Griffiths, P. E. (1997). *What emotions really are.* Chicago, IL: University of Chicago Press.

Grinker, R. R., & Spiegel, J. P. (1945). *Men under stress.* New York, NY: Blakiston.

Gross, J. (2008). Emotion and emotion regulation: Personality processes and individual differences. In O. P. John, R. W. Robins, & L. A. Pervin (Eds.), *Handbook of personality: Theory and research* (3rd ed., pp. 701-724). New York, NY: Guilford.

Gross, J. J. (1998). Antecedent- and response-focused emotion regulation: Divergent consequences for experience, expression, and physiology, *Journal of Personality and Social Psychology, 74,* 224-237.

Gross, J. J. (2002). Emotion regulation: Affective, cognitive, and social consequences. *Psychophysiology, 39*(3), 281-291.

Gross, J. J., & John, O. P. (2003). Individual differences in two emotion regulation processes: Implications for affect, relationships, and well-being. *Journal of*

Personality and Social Psychology, 85(2), 348–362.

Gross, J. J., & Levenson, R. W. (1997). Hiding feelings: The acute effects of inhibiting negative and positive emotion. *Journal of Abnormal Psychology, 106*(1), 95–103.

Gross, J. J., Richards, J. M., & John, O. P. (2006). Emotion regulation in everyday life. In D. K. Synder, J. Simpson, & J. N. Hughes (Eds.), *Emotion regelation in couples and families: Pathways to dysfunction and health* (pp. 13–35). Washington, DC: American Psychological Association.

Gross, J. J., Sheppes, G., & Urry, H. L. (2011). *Cognition and emotion.* Lecture at the 2010 SPSP Emotion Preconference. Emotion generation and emotion regulation: A distinction we should make (carefully). *Cognition and Emotion, 25,* 765–781.

Gross, J. J., & Thompson, R. A. (2007). Emotion regulation: Conceptual foundations. In J. J. Gross (Ed.), *Handbook of emotion regulation* (pp. 3–24). New York, NY: Guilford Press.

Grossmann, K., Grossmann, K. E., Kindled, H., & Zimmer mann, P. (2008). A wider view of attachment and exploration. In J. Cassidy & P. R. Shaver (Eds.), *Handbook of attachment: Theory, research, and clinical applications* (2nd ed.). New York, NY: Guilford.

Grossmann, K., Grossmann, K. E., Spangler, G., Suess, G., & Unzner, L. (1985). Maternal sensitivity and newborns' orientation responses as related to quality of attachment in northern Germany. In I. Bretherton & E. Waters (Eds.), *Growing points in attachment theory and research. Monographs of the Society for Research in Child Development, 50,* 233–256.

Grossmann, K. E., Grossmann, K., & Waters, E. (2005). *Attachment from Infancy to adulthood: The major longitudinal studies.* New York, NY: Guilford.

Grossmann, K. E., Grossmann, K., Winter, M., & Zimmerman, P. (2002). Attachment relationships and appraisal of partnership: From early experience of sensitive support to later relationship representation. In L. Pulkkinen & A. Caspi (Eds.), *Paths to successful development: Personality in the life course* (pp. 73–

105). New York, NY: Cambridge University Press.

Grossmann, T., Oberecker, R., Koch, S. P., & Friederici, A. D. (2010). The developmental origins of voice processing in the human brain. *Neuron, 65*(6), 852–858.

Grossmann, T., Striano, T., & Friederici, A. D. (2006). Crossmodal integration of emotional information from face and voice in the infant brain. *Developmental Science, 9*(3), 309–315.

Grossmann, T., Striano, T., & Friederici, A. D. (2007). Developmental changes in infants' processing of happy and angry facial expressions: A neurobehavioral study. *Brain Cognition, 64*(1), 30–41.

Gruber, H. E., & Barrett, P. H. (1974). *Darwin on man: A psychological study of scientific creativity, together with Darwin's early and unpublished notebooks.* New York, NY: Dutton.

Gruber, J., Harvey, A. G., & Purcell, A. (2011). What goes up can come down? A preliminary investigation of emotion reactivity and emotion recovery in bipolar disorder. *Journal of Affective Disorders, 133,* 457–466.

Gruber, J., Johnson, S. L., Oveis, C., & Keltner, D. (2008). Risk for mania and positive emotional responding: Too much of a good thing? *Emotion, 8,* 23–33.

Gruber, J., & Keltner, D. (2007). Emotional behavior and psychopathology: A survey of methods and concepts. In J. Gruber & D. Keltner (Eds.), *Emotion and psychopathology: Bridging affective and clinical science* (pp. 35–52). Washington, DC: American Psychological Association.

Gruber, J., & Keltner, D. (2011). Too close for comfort? Lessons from excesses and deficits of compassion in psychopathology. In S. Brown, M. Brown, & L. Penner (Eds.), *Moving beyond self-interest: Toward a new understanding of human caregiving.* New York, NY: Oxford University Press.

Gruber, J., Mauss, I. B., & Tamir, M. (2011). A dark side of happiness? How, when, and why happiness is not always good. *Perspectives on Psychological Science, 6,* 222–233.

Grünbaum, A. (1986). Precis of *The foundations of*

psychoanalysis: A philosophical critique. Behavioral and Brain Sciences, 9, 217–284.

Grusec, J. E. (2011). Socialization processes in the family: Social and emotional development. *Annual Review of Psychology, 62,* 243.

Grusec, J. E., Goodnow, J. J., & Kuczynski, L. (2000). New directions in analyses of parenting contributions to children's acquisition of values. *Child Development, 71*(1), 205–211.

Grynberg, D., Luminet, O., Corneille, O., Grèzes, J., & Berthos, S. (2010). Alexithymia in the interpersonal domain: A general deficit of empathy? *Personality and Individual Differences, 49,* 845–850.

Gudjonsson, G., & Pearse, J. (2011). Subject interviews and false confessions. *Current Directions in Psychological Science, 20,* 33–37.

Gunnar, M. R., & DonZella, B. (2002). Social regulation of the cortisol levels in early human development. *Psychoneuroendocrinology, 27*(1), 199–220.

Gunnar, M. R., Mangelsdorf, S., Larson, M., & Hertsgaard, L. (1989). Attachment, temperament, and adrenocortisol activity in infancy: A study of psychoendocrine regulation. *Developmental Psychology, 25*(3), 355–363.

Gunnar, M. R., & Quevedo, K. M. (2007). Early care experiences and HPA axis regulation in children: A mechanism for later trauma vulnerability. *Progress in Brain Research, 167,* 137–149.

Haber, S. N., & Knutson, B. (2010). The reward circuit: Linking primate anatomy and human imaging. *Neuropsychopharmacology, 35,* 4–26.

Haidt, J. (2001). The emotional dog and its rational tail: A social intuitionist approach to moral judgment. *Psychological Review, 108,* 814–834.

Haidt, J. (2003). The moral emotions. In R. Davidson, K. Scherer, & H. H. Goldsmith (Eds.), *Handbook of affective sciences* (pp. 852–870). London, England, Oxford University Press.

Haidt, J. (2007). The new synthesis in moral psychology. *Science, 316,* 998–1002.

Haidt, J., & Keltner, D. (1999). Culture and facial expression: Open ended methods find more faces and a gradient of universality. *Cognition and Emotion, 13,* 225–266.

Haidt, J., Koller, S. H., & Dias, M. G. (1993). Affect, culture, and morality, or Is it wrong to eat your dog? *Journal of Personality and Social Psychology, 65,* 613–628.

Haight, G. S. (Ed.). (1985). *Selections from George Eliot's letters.* New Haven, CT: Yale University Press.

Hajat, A., Diez-Roux, A., Franklin, T. G., Seeman, T., Shrager, S., Ranjit, N., Castro, C., Watson, K., Sanchez, B., & Kirschbaum, C. (2010). Socioeconomic and race/ethnic differences in daily salivary cortisol profiles: The multi-ethnic study of atherosclerosis. *Psychoneuroendocrinology, 35,* 932–943.

Halberstadt, A. G., Thompson, J. A., Parker, A. E., & Dunsmore, J. C. (2008). Parents' emotion-related beliefs and behaviours in relation to children's coping with the 11 September 2001 terrorist attacks. *Infant and Child Development, 17,* 557–580.

Hall, C. W. (2006). Self-reported aggression and the perception of anger in facial expression photos. *The Journal of Psychology, 140*(3), 255–267.

Hallion, L. S., & Ruscio, A. M. (2011). A meta-analysis of the effect of cognitive bias modification on anxiety and depression. *Psychological Bulletin, 137,* 940–958.

Hamlin, J. K., Wynn, K., & Bloom, P (2010). Three-month-olds show a negativity bias in their social evaluations. *Developmental Science, 13*(6), 923–929.

Hamm, A. O., Vaitl, D., & Lang, P. J. (1990). Fear conditioning, meaning and belongingness: A selective association analysis. *Journal of Abnormal Psychology, 98,* 395–406.

Hammen, C. (1988). Self cognitions, stressful events and the prediction of depression in children of depressed mothers. *Journal of Abnormal Child Psychology, 16,* 347–360.

Hammen, C. (1991). Generation of stress in the course of unipolar depression. *Journal of Abnormal Psychology, 100,* 555–561.

Hammen, C. (1999). The emergence of an interpersonal approach to depression. In T. Joiner & J. C. Coyne (Eds.), *The interactional nature of depression* (pp.

21-35). Washington, DC: American Psychological Association.

Hammen, C., Ellicott, A., Gitlin, M., & Jamison, K. R. (1989). Sociotropy/autonomy and vulnerability to specific life events in patients with unipolar depression and bipolar disorders. *Journal of Abnormal Psychology, 98,* 154-160.

Haney, C., Banks, C., & Zimbardo, P. (1973). Interpersonal dynamics in a simulated prison. *International Journal of Criminology and Penology, 1,* 69-97.

Hankin, B., Abramson, L. Y., Miller, N., & Haeffel, G. J. (2004). Cognitive vulnerability-stress theories of depression: Examining affective specificity in the prediction of depression versus anxiety in three prospective studies. *Cognitive Therapy and Research, 28,* 309-345.

Harbaugh, B. T., Mayr, U., & Burghart, D. (2007). Neural responses to taxation and voluntary giving reveal motives for charitable donations. *Science, 316,* 1622-1655.

Hardt, J., & Rutter, M. (2004). Validity of adult retrospective reports of adverse childhood experiences: Review of the evidence. *Journal of Child Psychology and Psychiatry, 45,* 260-273.

Hare, R. D., Clark, D., Grann, M., & Thornton, D. (2000). Psychopathy and the predictive validity of the PCL-R: An international perspective. *Behavioral Sciences and the Law, 18,* 623-645.

Hare, T. A., Tottenham, N., Galvan, A., Voss, H. U., Glover, G. H., & Casey, B. J. (2008). Biological substrates of emotional reactivity and regulation in adolescence during an emotional go-nogo task. *Biological Psychiatry, 63*(10), 927-934.

Hariri, A. R., Mattay, V. S., Tessitore, A., Kolachana, B., Fera, F., Goldman, D., et al. (2002). Serotonin transporter genetic variation and the response of the human amygdala. *Science,* 297-400.

Hariri, A. R., & Whalen, P. J. (2011). The amygdala: Inside and out. *F1000 Reports Biology, 3,* 2.

Harker, L. A., & Keltner, D. (2001). Expressions of positive emotion in women's college yearbook pictures and their relationship to personality and life outcomes across adulthood. *Journal of Personality and Social Psychology, 80,* 112-124.

Harlé, K. M., & Sanfey, A. G. (2010). Effects of approach and withdrawal motivation on interactive economic decisions. *Cognition and Emotion, 24,* 1456-1465.

Harris, C. R. (2001). Cardiovascular responses of embarrassment and effects of emotional suppression in a social setting. *Journal of Personality and Social Psychology, 81,* 886-897.

Harris, C. R. (2003). A review of sex differences in sexual jealousy, including self-report data, psychophysiological responses, interpersonal violence, and morbid jealousy. *Personality and Social Psychology Review, 7,* 102-128.

Harris, C. R., & Christenfeld, N. (1996). Gender, jealousy, and reason. *Psychological Science, 7,* 364-366.

Harris, P. L. (1989). *Children and emotion: The development of psychological understanding.* Oxford, UK: Blackwell.

Harrison, P. J. (2002). The neuropathology of primary mood disorder. *Brain, 125,* 1428-1449.

Hart, A. J., Whalen, P. J., Shin, L. M., et al. (2000). Differential response of the human amygdala to racial outgroup vs. ingroup face stimuli. *Neuroreport, 11,* 2351-2354.

Hart, H. L. A. (1961). *The concept of law.* Oxford, UK: Oxford University Press.

Hastie, R. (2001). Emotions in jurors' decisions. *Brooklyn Law Review, 66,* 991-1009.

Hastie, R. (2008). Conscious and non-conscious processes in jurors' decisions. In C. Engel & W. Singer (Eds.), *Better than conscious: Decision making, the human mind, and implications for institutions* (pp. 371-390). Cambridge, MA: MIT Press.

Hastings, P. D., Nuselovici, J. N., Klimes-Dougan, B., Kendziora, K. T., Usher, B. A., Ho, M. R., et al. (2009). Dysregulated coherence of subjective and cardiac emotional activation in adolescence with internalizing and externalizing problems. *Journal of Child Psychology and Psychiatry, 50*(11), 1348-1356.

Hatch, S. L., Harvey, S. B., & Maughan, B. (2010). A developmental-contextual approach to understanding mental health and well-being in early adulthood. *Social Science & Medicine, 70*(2), 261-268.

Hatfield, E., & Rapson, R. L. (2002). Passionate love and sexual desire: Cultural and historical perspectives. In A. L. Vangelista, H. T. Reis, & M. A. Fitzpatrick (Eds.), *Stability and change in relationships* (pp. 306-324). New York, NY: Cambridge University Press.

Hauser, M. D. (1996). *The evolution of communication.* Cambridge, MA: MIT Press.

Havighurst, S. S., Wilson, K. R., Harley, A. E., Prior, M. R., & Kehoe, C. (2010). Tuning in to kids: Improving emotion socialization practices in parents of preschool children—Findings from a community trial. *Journal of Child Psychology and Psychiatry and Allied Disciplines, 51*(12), 1342-1350.

Hazan, C., & Shaver, P. (1987). Romantic love conceptualized as an attachment process. *Journal of Personality and Social Psychology, 52,* 511-524.

Hazebroek, J. F., Howells, K., & Day, A. (2001). Cognitive appraisals associated with high trait anger. *Personality and Individual Differences, 30*(1), 31-45.

Hecht, D. B., Inderbirtzen, H. M., & Bukowski, A. L. (1998). The relationship between peer status and depressive symptoms in children and adolescents. *Journal of Abnormal Child Psychology, 26,* 153-160.

Hecht, M., & LaFrance, M. (1998). License or obligation to smile: The effect of power and sex on amount and type of smiling. *Personality and Social Psychology Bulletin, 24,* 1332-1342.

Heelas, P. (1986). Emotion talk across cultures. In R. Harré(Ed.), *The social construction of emotions* (pp. 234-266). Oxford, UK: Blackwell.

Hejmadi, A., Davidson, R. J., & Rozin, P. (2000). Exploring Hindu Indian emotion expressions: Evidence for accurate recognition by Americans and Indians. *Psychological Science, 11,* 183-187.

Heinrichs, M., von Dawans, B., and Domes, G. (2009). Oxytocin, vasopressin, and human social behavior. *Frontiers in Neuroendocrinology, 30,* 548-557.

Heller, A. S., Johnstone, T., Shackman, A. J., Light, S., Peterson, M., Kolden, G., Kalin, N., & Davidson, R. J. (2009). Reduced capacity to sustain positive emotion in major depression reflects diminished maintenance of fronto-striatal brain activation. *Proceedings of the National Academy of Sciences, 106*(52), 22445-22450.

Henggeler, S. W. (2002). *Serious emotional disturbance in children and adolescents: Multisystemic therapy.* New York, NY: Guilford.

Henggeler, S. W., Melton, G. B., & Smith, L. A. (1992). Family preservation using multisystemic therapy: An effective alternative to incarcerating serious juvenile offenders. *Journal of Consulting and Clinical Psychology, 60*(6), 953.

Henggeler, S. W., Schoenwald, S. K., Borduin, C. M., Rowland, M. D., & Cunningham, P. B. (1998). *Multisystemic treatment of antisocial behavior in children and adolescents.* New York, NY: Guilford.

Henriques, J. B., & Davidson, R. J. (1991). Left frontal hypoactivation in depression. *Journal of Abnormal Psychology, 100 ,* 535-545.

Henry, W. P., Strupp, H. H., Schacht, T. E., & Gaston, L. (1994). Psychodynamic approaches. In A. E. Bergin & S. L. Garfield (Eds.), *Handbook of psychotherapy and behavior change* (4th ed., pp. 467-508). New York, NY: Wiley.

Henshilwood, C. S., & Dubreuil, B. (2009). Reading the artifacts: Gleaning language skills from the Middle Stone Age in southern Africa. In R. P. Botha & C. Knight (Eds.), *The cradle of language: Studies in the evolution of language* (pp. 41-61). New York, NY: Oxford University Press.

Hertel, P., & Mathews, A. (2011). Cognitive bias modification: Past perspectives, current findings, and future applications. *Perspectives on Psychological Science, 6,* 521-536.

Hertel, P. T., & Hardin, T. S. (1990). Remembering with and without awareness in a depressed mood. *Journal of Experimental Psychology: General, 119,* 45-59.

Hertenstein, M. J. (2002). Touch: Its communicative functions in infancy. *Human Development, 45,* 70-94.

Hertenstein, M. J., & Campos, J. J. (2001). Emotion regulation via maternal touch. *Infancy, 2*(4), 549-566.

Hertenstein, M. J., Holmes, R., McCullough, M., &

Keltner, D. (2009). The communication of emotion via touch. *Emotion, 9,* 566-573.

Hertzman, C., & Boyce, W. T. (2010). How experience gets under the skin to create gradients in developmental health. *Annual Review of Public Health, 31,* 329-347.

Hess, U., Adams, R. B., & Kleck, R. E. (2005). Who may frown and who should smile? Dominance, affiliation, and the display of happiness and anger. *Cognition and Emotion, 19* , 515-536.

Hess, U., Banse, R., & Kappas, A. (1995). The intensify of facial expression is determined by underlying affective states and social situations. *Journal of Personality and Social Psychology, 69,* 280-288.

Hess, U., & Thibault, P. (2009). Darwin and emotion expression. *American Psychologist, 64,* 120-128.

Hetherington, E. M., Stanley-Hagan, M., & Anderson, E. R. (1989). Marital transitions: A child's perspective. *American Psychologist, 44,* 303-312.

Hiatt, K., & Newman, J. P. (2006). Understanding psychopathy: The cognitive side. In C. J. Patrick (Ed.), *Handbook of psychopathy* (pp. 334-352) New York, NY: Guilford.

Hibbs, E. D., Zahn, T. P., Hamburger, S. D., Kruesi, M.J.P., & Rapoport, J. L. (1992). Parental expressed emotion and psychophysical reactivity in disturbed and normal children. *British Journal of Psychiatry, 160,* 504-510.

Hill, A. L., Degnan, K. A., Calkins, S. D., & Keane, S. P. (2006). Profiles of externalizing behavior problems for boys and girls across preschool: The roles of emotion regulation and inattention. *Developmental Psychology, 42*(5), 913-928.

Hilton, S. M., & Zbrozyna, A. W. (1963). Amygdaloid region for defense reactions and its efferent pathway to the brainstem. *Journal of Physiology. 165,* 160-173.

Hirata, S. (2009). Chimpanzee social intelligence: Selfishness, altruism, and the mother-infant bond. *Primates, 50,* 3-11.

Hitchcock, A. (Writer and Director). (1958). *Vertigo* [Movie]. USA.

Ho, A. P., Gillin, J. C., Buchsbaum, M. S., Wu, J. C.,

Abel, L., & Bunney, W. E., Jr., (1996). Brain glucose metabolism during non-rapid eye movement sleep in major depression. A positron emission tomography study. *Archives of General Psychiatry, 53,* 645-652.

Hochschild, A. R. (1983). *The managed heart: Commercialization of human feeling.* Berkeley: University of California Press.

Hochschild, A. R. (1990). Ideology and emotion management. In T. D. Kemper (Ed.), *Research agendas in the sociology of emotions* (pp. 117-142) Albany, NY: State University of New York Press.

Hofmann, W., & Baumert, A. (2010). Immediate affect as a basis for intuitive moral judgement: An adaptation of the affect misattribution procedure. *Cognition and Emotion, 24,* 522-535.

Hofstede, G. (1980). *Culture's consequences. International differences in work-related values.* Beverley Hills, CA: Sage.

Hogan, P. C. (2003). *The mind and its stories.* Cambridge, MA: Cambridge University Press.

Hogan, P. C. (2009). *Understanding nationalism. On narrative, cognitive science, and identity.* Columbus: Ohio State University Press.

Hogarty, G. E., Anderson, C. M., Reiss, M. A., et al. (1986). Family psychoeducation, social skills training, and maintenance chemotherapy in the aftercare treatment of schizophrenia. One-year effects of a controlled study of relapse and Expressed Emotion. *Archives of General Psychiatry, 43,* 633-642.

Hohmann, G. W. (1966). Some effects of spinal cord lesions on experienced emotional feelings. *Psychophysiology, 3,* 143-156.

Hokanson, J. E., Hummer, J. T., & Butler, A. C. (1991). Interpersonal perceptions by depressed college students. *Cognitive Therapy and Research, 15,* 443-457.

Hollon, S. D., & Beck, A. T. (2004). Cognitive and cognitive-behavioral therapies. In M. J. Lambert (Ed.), *Bergin and Garfield's handbook of psychotherapy and behavior change* (5th ed., pp. 447-492). New York, NY: Wiley.

Hollon, S. D., & Ponniah, K. (2010). A review of

empirically supported psychological therapies for mood disorders in adults. *Depression and Anxiety, 27,* 891–932.

Holman, S. D., & Goy, R. W. (1995). Experiential and hormonal correlates of care-giving in rhesus macaques. In C. R. Pryce & R. D. Martin (Eds.), *Motherhood in human and nonhuman primates: Biosocial determinants* (pp. 87–93). Basel, Switzerland: Karger.

Holmes, T. H., & Rahe, R. H. (1967). The social readjustment rating scale. *Journal of Psychosomatic Research, 11,* 213–218.

Homn, H. L., & Arbuckle, B. (1988). Mood induction effects upon goal setting and performance in young children. *Motivation and Emotion, 12,* 113–122.

Homer. (c. 850 BCE). *The Iliad* (M. Hammond, Ed. and Trans.). Harmondsworth, UK: Penguin (current edition 1987).

Hooker, C., & Park, S. (2002). Emotion processing and its relationship to social functioning in schizophrenia patients. *Psychiatry Research, 112,* 41–50.

Hooley, J. M., & Teasdale, J. D. (1989). Predictors of relapse in unipolar depressives: Expressed emotion, marital distress and perceived criticism. *Journal of Abnormal Psychology, 98,* 229–237.

Horberg, E. J., Oveis, C., Keltner, D., & Cohen, A. B. (2009). Disgust and the moralization of purity. *Journal of Personality and Social Psychology, 97,* 963–976.

Hou, J., Wu, W., Lin, Y., Wang, J., Zhou, D., et al. (2012, in press). Localization of cerebral functional deficits in patients with obsessive-compulsive disorder: A resting-state fMRI study. *Journal of Affective Disorders.*

Howell, S. (1981). Rules not words. In P.H.A. Lock (Ed.), *Indigenous psychologies: The anthropology of the self* (pp. 133–143). London, UK: Academic Press.

Howes, C. (2000). Social-emotional classroom climate in child care, child-teacher relationships and children's second grade peer relations. *Social Development, 9*(2), 191–204.

Howes, C., & Matheson, C. C. (1992). Sequences in the development of competent play with peers: Social and social pretend play. *Developmental Psychology, 28*(5), 961–974.

Hoyt, W. T., Fincham, F. D., McCullough, M. E., Maio, G., & Davila, J. (2005). Responses to interpersonal transgressions in families: Forgivingness, forgivability, and relationship-specific effects. *Journal of Personality and Social Psychology, 89,* 375–394.

Hrdy, S. B. (1999). *Mother nature.* New York, NY: Ballantine.

Hsu, H.-C., & Fogel, A. (2003). Stability and transitions in mother-infant face-to-face communication during the first 6 months: A microhistorical approach. *Developmental Psychology, 39*(6), 1061–1082.

Hudziak, J. J., Achenbach, T. M., Althoff, R. R., & Pine, D. S. (2007). A dimensional approach to developmental psychopathology. *International Journal of Methods in Psychiatric Research, 16*(1), 16–23.

Huebner, R. R., & Izard, C. E. (1988). Mothers' responses to infants' facial expressions of sadness, anger and physical distress. *Motivation and Emotion, 72,* 185–196.

Huesmann, L. R., Dubow, E. F., & Boxer, P. (2009). Continuity of aggression from childhood to early adulthood as a predictor of life outcomes: Implications for the adolescent-limited and life-course-persistent models. *Aggressive Behavior, 35,* 136–149.

Huey S. J., Jr., Henggeler, S. W., Brondino, M. J., & Pickrel, S. G. (2000). Mechanisms of change in multisystemic therapy: Reducing delinquent behavior through therapist adherence and improved family and peer functioning. *Journal of Consulting and Clinical Psychology, 68*(3), 451.

Huey S. J., Jr., Henggeler, S. W., Rowland, M. D., Halliday-Boykins, C. A., Cunningham, P. B., Pickrel, S. G., et al. (2004). Multisystemic therapy effects on attempted suicide by youths presenting psychiatric emergencies. *Journal of the American Academy of Child & Adolescent Psychiatry, 43*(2), 183–190.

Hughes, C. (2011). Changes and challenges in 20 years of research into the development of executive functions.

Infant and Child Development, 20(3), 251-271.

Hughes, C., & Dunn, J. (2002). "When I say a naughty word": A longitudinal study of young children's accounts of anger and sadness in themselves and close others. *British Journal of Developmental Psychology, 20*(4), 515-535.

Hughes, C., & Ensor, R. (2008). Does executive function matter for preschoolers' problem behaviors? *Journal of Abnormal Child Psychology, 36*(1), 1-14.

Hughes, C., Ensor, R., Wilson, A., & Graham, A. (2010). Tracking executive function across the transition to school: A latent variable approach. *Developmental Neuropsychology, 35*(1), 20-36.

Hughlings-Jackson, J. (1959). *Selected writings of John Hughlings-Jackson* (J. Taylor, Ed.). New York, NY: Basic Books.

Huijbregts, S. C. J., Seguin, J. R., Zelazo, P. D., Parent, S., Japel, C., & Tremblay, R. E. (2006). Interrelations between maternal smoking during pregnancy, birthweight and sociodemographic factors in the prediction of early cognitive abilities. *Infant and Child Development, 15,* 593-607.

Hume, D. (1972). *A treatise of human nature.* London, UK: Fontana/Collins (original publication 1739-1740).

Hunsley, J., & Lee, C. M. (2010). *Introduction to clinical psychology: An evidence-based approach.* Hoboken, NJ: Wiley.

Hunt, L. (2007). *Inventing human rights.* New York, NY: Norton.

Hupka, R. B. (1991). The motive for the arousal of romantic jealousy: Its cultural origin. In P. Salovey (Ed.), *The psychology of jealousy and envy* (pp. 252-270). New York, NY: Guilford.

Huron, D. (2003). Is music an evolutionary adaptation? In I. Peretz & R. Zatorre (Eds.), *The cognitive neuroscience of music* (pp. 57-75). Oxford, UK: Oxford University Press.

Huston, A. C., Gupta, A. E., Bentley, A. C., Dowsett, C., Ware, A., & Epps, S. R. (2008). *New hope's effect on social behavior, parenting, and activities at eight years.* New York, NY: MDRC.

Hyman, S. E. (2010). The diagnosis of mental disorders: The problem of reification. *Annual Review of Clinical Psychology, 6,* 155-179.

Inbar, Y., Pizarro, D. A., & Blom, P. (in press). Disgusting smells cause decreased liking of gay men. *Emotion.*

Inbar, Y., Pizarro, D. A., Knobe, J., & Bloom, P. (2009). Disgust sensitivity predicts intuitive disapproval of gays. *Emotion, 9,* 435-439.

Insel, T. (1992). Oxytocin—A neuropeptide for affiliation: Evidence from behavioral, receptor autoradiographic, and comparative studies. *Psychoneuroendocrinology, 17*(1), 3-35.

Insel, T., Young, L., & Wang, Z. (1997). Molecular aspects of monogamy. *Annals of the New York Academy of Sciences, 807,* 302-316.

Insel, T. R. (1993). Oxytocin and the neuroendocrine basis of affiliation. In J. Schulkin (Ed.), *Hormonally induced changes in mind and brain* (pp. 225-251). San Diego, CA: Academic Press.

Insel, T. R., & Harbaugh, C. R. (1989). Lesions of the hypothalamic paraventricular nucleus disrupt the initiation of maternal behavior. *Physiology and Behavior, 45,* 1033-1041.

Ironson, G., Wynings, C., Schneiderman, N., et al. (1997). Post traumatic stress symptoms, intrusive thoughts, loss and immune function after Hurricane Andrew. *Psychosomatic Medicine, 59,* 128-141.

Isabella, R. A. (1993). Origins of attachment: Maternal interactive behavior across the first year. *Child Development, 64*(2), 605-621.

Isabella, R. A., Belsky, J., & von Eye, A. (1989). Origins of infant-mother attachment: An examination of interactional synchrony during the infant's first year. *Developmental Psychology, 25*(1), 12-21.

Isen, A. (1970). Success, failure, attention and reactions to others: The warm glow of success. *Journal of Personality and Social Psychology, 15,* 294-301.

Isen, A. M. (1987). Positive affect, cognitive processes and social behavior. In L. Berkowitz (Ed.), *Advances in experimental social psychology* (Vol. 20, pp. 203-253). New York, NY: Academic Press.

Isen, A. M. (1993). Positive affect and decision making. In M. Lewis & J. M. Haviland (Eds.), *Handbook of emotions* (pp. 261-278). New York, NY: Guilford.

Isen, A. M., Daubman, K. A., & Nowicki, G. P. (1987). Positive affect facilitates creative problem solving. *Journal of Personality and Social Psychology, 52,* 1122-1131.

Isen, A. M., Shalker, T., Clark, M., & Karp, L. (1978). Affect, accessibility of material in memory and behavior: A cognitive loop? *Journal of Personality and Social Psychology, 36,* 1-12.

Isley, S. L., O'Neil, R., Clatfelter, D., & Parke, R. D. (1999). Parent and child expressed affect and children's social competence: Modeling direct and indirect pathways. *Developmental Psychology, 35*(2), 547-560.

Isley, S., O'Neil, R., & Parke, R. (1996). The relation of parental affect and control behaviors to children's classroom acceptance: A concurrent and predictive analysis. *Early Education and Development, 7*(1), 7-23.

Ito, T. A., Larsen, J. T., Smith, N. K., & Cacioppo, J. T. (1998). Negative information weighs more heavily on the brain: The negativity bias in evaluative categorizations. *Journal of Personality and Social Psychology, 75,* 887-900.

Izard, C. E. (1971). *The face of emotion.* New York, NY: Appleton-Century-Crofts.

Izard, C. E. (1977). *Human emotions.* New York,NY: Plenum.

Izard, C. E. (1991). *The psychology of emotions.* New York, NY: Plenum.

Izard, C. E. (1993). Four systems for emotion activation: Cognitive and non-cognitive processes. *Psychological Review, 100,* 68-90.

Izard, C. E. (1994). Innate and universal facial expressions: Evidence from developmental and cross-cultural research. *Psychological Bulletin, 115,* 288-299.

Izard, C. E. (2007). Basic emotions, natural kinds, emotion schemas, and a new paradigm. *Perspectives on Psychological Science, 2*(3), 260-280.

Izard, C. E. (2010). The many meanings/aspects of emotion: Definitions, functions, activation, and regulation. *Emotion Review, 2,* 363-370.

Izard, C. E. (2011). Forms and functions of emotions: Matters of emotion-cognition interactions. *Emotion Review, 3*(4), 371-378.

Jaffee, S., Caspi, A., Moffitt, T. E., Belsky, J., & Silva, P. (2001). Why are children born to teen mothers at risk for adverse outcomes in young adulthood?: Results from a 20-year longitudinal study. *Development and Psychopathology, 13*(2), 377-397.

Jaffee, S. R., & Price, T. S. (2007). Gene-environment correlations: A review of the evidence and implications for prevention of mental illness. *Molecular Psychiatry, 12,* 432-442.

Jahoda, M., Lazarsfeld, P. F., & Zeisel, H. (1971). *Marienthal: The sociography of an unemployed community.* Chicago, IL: Aldine.

James, W. (1884). What is an emotion? *Mind, 9,* 188-205.

James, W. (1890). *The principles of psychology.* New York, NY: Dover (current edition 1950).

Jamison, K. R. (1993). *Touched with fire: Manic-depressive illness and the artistic temperament.* New York, NY: Free Press.

Jamison, K. R. (1995). *An unquiet mind.* New Work, NY: Knopf.

Jamner, L. D., Alberts, J., Leigh, H., & Klein, L. C. (1998, March). Affiliative need and endogenous opiods. Paper presented at the annual meeting of the Society of Behavioral Medicine. New Orleans, LA.

Janssens, A., Uvin, K., Van Impe, H., Laroche, S. M. F., Van Reempts, P., & Deboutte, D. (2009). Psychopathology among preterm infants using the Diagnostic Classification Zero to Three. *Acta paediatrica, 98,* 1988-1993.

Janig, W. (2003). The autonomic nervous system and its coordination by the brain. In R. Davidson, K. Scherer, & H. H. Goldsmith (Eds.), *Handbook of affective sciences* (pp. 135-186). London, UK: Oxford University Press.

Jankowiak, W. R., & Fischer, E. F. (1992). A crosscultural perspective on romantic love. *Ethos, 31,* 149-155.

Jaynes, J. (1990). *The origin of consciousness in the break-down of the bicameral mind.* London, UK: Penguin.

Jenike, M. A. (1996). Obsessive-compulsive disorder. In H. I. Kaplan & B. J. Saddock (Eds.), *Comprehensive textbook of psychiatry* (6th ed., Vol. 1, pp. 1218-1227). Baltimore, MD: Williams & Wilkins.

Jenkins, J. M. (2008). Psychosocial adversity. In M. Rutter, D. Bishop, D. Pine, S. Scott, J. Stevenson, E. Taylor, & A. Thapar (Eds.), *Rutter's child and adolescent psychiatry* (5th ed.). New York, NY: Blackwell.

Jenkins, J. M., & Astington, J. W. (1996). Cognitive factors and family structures associated with theory of mind development in young children. *Developmental Psychology, 32*(1), 70-78.

Jenkins, J. M., & Astington, J. (2000). Theory of mind and social behavior: Causal models tested in a longitudinal study. *Merrill Palmer Quarterly, 46,* 203-220.

Jenkins, J. M., & Ball, S. (2000). Distinguishing between negative emotions: Children's understanding of the social-regulatory aspects of emotion. *Cognition and Emotion, 14,* 261-282.

Jenkins, J. M., Dunn, J., O'Connor, T. G., Rasbash, J., & Simpson, A. (2005). The mutual influence of marital conflict and children's behavior problems: Shared and non-shared family risks. *Child Development, 76*(1), 24-39.

Jenkins, J. M., & Oatley, K. (1996). Emotional episodes and emotionality through the life span. In C. Magai & S. H. McFadden (Eds.), *Handbook of emotion, adult development, and aging* (pp. 421-441). San Diego, CA: Academic Press.

Jenkins, J. M., & Oatley, K. (1998). The development of emotion schemas in children: The processes underlying psychopathology. In W. F. Flack & J. D. Laird (Eds.), *Emotions and psychopathology* (pp. 45-56). New York, NY: Oxford University Press.

Jenkins, J. M., & Oatley, K. (2000). Psychopathology and short-term emotion: The balance of affects. *Journal of Child Psychology and Psychiatry, 41,* 463-472.

Jenkins, J. M., Rasbash, J., Leckie, G., Gass, K., & Dunn, J. (2012, in press). The role of maternal factors in sibling relationship quality: A multilevel study of multiple dyads per family. *Journal of Child Psychology & Psychiatry.*

Jenkins, J. M., Shapka, J., & Sorenson, A. (2006). Teenage mothers' anger over twelve years: Partner conflict, partner transitions and children's anger. *Journal of Child Psychology & Psychiatry, 47,* 775-782.

Jenkins, J. M., Simpson, A., Dunn, J., Rasbash, J., & O'Connor, T. G. (2005). Mutual influence of marital conflict and children's behavior problems: Shared and nonshared family risks. *Child Development, 76*(1), 24-39.

Jenkins, J. M., Smith, M. A., & Graham, P. (1989). Coping with parental quarrels. *Journal of the American Academy of Child and Adolescent Psychiatry, 28,* 182-189.

Jenson, P. S., Xenakis, S. N., Davis, H., & Degroot, J. (1988). Child psychopathology rating scales and interrater agreement: II. Child and family characteristics. *Journal of The American Academy of Child and Adolescent Psychiatry, 27,* 451-461.

John, O. P., Naumann, L. P., & Soto, C. J. (2008). Paradigm shift to the integrative Big Five trait taxonomy: History, measurement, and conceptual issues. In O. P. John, R. W. Robins, & L. A. Pervin (Eds.), *Handbook of personality: Theory and research* (pp. 114-58). New York, NY: Guilford.

Johnson, D. R. (2012). Transportation into a story increases empathy, prosocial behavior, and perceptual bias toward fearful expressions. *Personality and Individual Differences, 52,* 150-155.

Johnson, M. H. (2005). Subcortical face processing. *Nature Reviews Neuroscience, 6*(10), 766-774.

Johnson, E. J., & Tversky, A. (1983). Affect, generalization, and the perception of risk. *Journal of Personality and Social Psychology, 45,* 20-31.

Johnson, J. G., Alloy, L., Panzarella, C., et al. (2001). Hopelessness as a mediator of the association between social support and depressive symptoms: Findings of a study of men with HIV. *Journal of Consulting and Clinical Psychology, 69,* 1056-1060.

Johnson, K. J., & Fredrickson, B. L. (2005). "We all look the same to me": Positive emotions eliminate the own-race bias in face recognition. *Psychological

Science, 16, 875-881.

Johnson, S. L. (2005). Mania and dysregulation in goal pursuit: A review. *Clinical Psychology Review, 25,* 241-262.

Johnson, S. L., & Kizer, A. (2002). Bipolar and unipolar depression: A comparison of clinical phenomenology and psychosocial predictors. In I. H. Gotlib & C. L. Hammen (Eds.), *Handbook of depression* (pp. 141-165). New York, NY: Guilford.

Johnson-Laird, P. N., Mancini, F., & Gangemi, A. (2006). A hyper-emotion theory of psychological illnesses. *Psychological Review, 113,* 822-841.

Johnson-Laird, P. N., & Oatley, K. (1989). The language of emotions: An analysis of a semantic field. *Cognition and Emotion, 3,* 81-123.

Joiner, T. (2002). Depression in its interpersonal context. In I. H. Gotlib & C. L. Hammen (Eds.), *Handbook of depression* (pp. 295-313). New York, NY: Guilford.

Jonas, H. (1958). *The gnostic religion: The message of the alien God and the beginnings of Christianity.* Boston, MA: Beacon.

Jones, S., Eisenberg, N., & Fabes, R. (2002). Parents' reactions to elementary school children's negative emotions: Relations to social and emotional functioning at school. *Merrill-Palmer Quarterly, 48,* 133-159.

Joormann, J., Dkane, M., & Gotlib, I. H. (2006). Adaptive and maladaptive components of rumination? Diagnostic specificity and relation to depressive biases. *Behavior Therapy, 37,* 269-280.

Jung, C. G. (1925). Marriage as a psychological relationship. In J. Campbell (Ed.), *The portable Jung* (pp. 163-177). New York, NY: Viking-Penguin (current edition 1971).

Juslin, P. N., & Laukka, P. (2003). Communication of emotions in vocal expression and music performance: Different channels, same code? *Psychological Bulletin, 129,* 770-814.

Juslin, P. N., Liljeström, S., Västfjäll, D., Barradas, G., & Silva, A. (2008). An experience sampling study of emotional reactions to music: Listener, music, and situation. *Emotion, 8,* 668-683.

Justice, L. M., Petscher, Y., Schatschneider, C., & Mashburn, A. (2011). Peer effects in preschool classrooms: Is children's language growth associated with their classmates' skills? *Child Development, 82*(6), 1768-1777.

Kagan, J., Snidman, N., Kahn, V., & Towsley, S. (2007). The preservation of two infant temperaments into adolescence. *Monographs of the Society for Research in Child Development, 72*(2), 1-95.

Kahneman, D. (2011). *Thinking fast and slow.* Toronto: Doubleday Canada.

Kahneman, D., Kreuger, A. B., Schkade, D. A., Schwarz, N., & Stone, A. (2006). Would you be happier if you were richer? A focusing illusion. *Science, 312,* 1908-1910.

Kallestad, H., Valen, J., McCullough, L., Svartberg, M., Hoglend, P., & Stiles, T. C. (2010). The relationship between insight gained during therapy and long-term outcome in short-term dynamic psychotherapy and cognitive therapy for cluster C personality disorders. *Psychotherapy Research, 20,* 526-534.

Kamarack, T. W., Manuch, S., & Jennings, J. R. (1990). Social support reduces cardiovascular reactivity to psychological challenge: A laboratory model. *Psychosomatic Medicine, 52,* 42-58.

Kandel, E. R., Schwartz, J. H., & Jessell, T. M. (1991). *Principles of neural science* (3rd ed.). Norwalk, CT: Appleton & Lange.

Kane, F., Coulombe, D., & Miliaressis, E. (1991). Amygdaloid self-stimulation: A movable electrode mapping study. *Behavioral Neuroscience, 105,* 926-932.

Kano, T. (1992). *The last ape: Pygmy chimpanzee behavior and ecology* (E. O. Vineberg, Trans.). Stanford, CA: Stanford University Press.

Kant, I. (1764, 1960). Observations on the feeling of the beautiful and the sublime. Translated by J.T. Goldthwait. Berkeley: University of California Press.

Kappas, A., Bherer, F., & Thériault, M. (2000). Inhibiting facial expressions: Limitations to the voluntary control of facial expressions of emotion. *Motivation and Emotion, 24,* 259-270.

Karg, K., Burmeister, M., Shedden, K., & Sen, S. (2011). The serotonin transporter promoter variant (5-HTTLPR), stress and depression meta-analysis revisited: Evidence of genetic moderation. *Archives of General Psychiatry, 68*(5), 444-454.

Karos, L., Howe, N., & Aquan-Assee, J. (2007). Reciprocal and complementary sibling interactions, relationship quality and socio-emotional problem solving. *Infant and Child Development, 16*(6), 577-596.

Katkin, E. S. (1985). Blood, sweat, and tears: Individual differences in autonomic self-perception. *Psychophysiology, 22*, 125-137.

Katkin, E. S., Blascovich, J., & Godband, S. (1981). Empirical assessment of visceral self-perception: Individual and sex differences in the acquisition of heart rate discrimination. *Journal of Personality and Social Psychology, 40*, 1095-1101.

Kaufman, N. K., Rohde, P., Seeley, J. R., Clarke, G. N., & Stice, E. (2005). Potential mediators of cognitive-behavioral therapy for adolescents with comorbid major depression and conduct disorder. *Journal of Consulting and Clinical Psychology, 73*(1), 38.

Kawabata, H., & Zeki, S. (2004). Neural correlates of beauty. *Journal of Neurophysiology, 91*, 1699-1705.

Kawakami, K., Dunn, E., Karmali, F., & Davidio, J. F. (2009). Mispredicting affective and behavioral responses to racism. *Science, 323*, 276-278.

Kazdin, A. E. (1986). Comparative outcome studies of psychotherapy: Methodological issues and strategies. *Journal of Consulting and Clinical Psychology, 54*, 95-105.

Kazdin, A. E. (2004). Evidence-based treatments: Challenges and priorities for practice and research. *Child and Adolescent Psychiatric Clinics of North America, 13*(4), 923-940.

Keegan, J. (1994). *A history of warfare.* New York, NY: Vintage.

Kellam, S. G., & Hendricks-Brown, C. (1998). The effect of level of aggression in the first grade classroom on the course and malleability of aggressive behavior into middle school. *Development and Psychopathology, 10*, 165-185.

Keller, M. B., & Boland, R. J. (1998). Implications of failing to achieve successful long term maintenance treatment of recurrent unipolar major depression. *Biological Psychiatry, 44*, 348-360.

Keltner, D. (1995). Signs of appeasement: Evidence for the distinct displays of embarrassment, amusement, and shame. *Journal of Personality and Social Psychology, 68*, 441-454.

Keltner, D. (2004). The compassionate instinct. *Greater Good, 1*, 6-9.

Keltner, D., & Anderson, C. (2000). Saving face for Darwin: Functions and uses of embarrassment. *Current Directions in Psychological Science, 9*, 187-191.

Keltner, D., & Bonanno, G. A. (1997). A study of laughter and dissociation: The distinct correlates of laughter and smiling during bereavement. *Journal of Personality and Social Psychology, 73*, 687-702.

Keltner, D., & Buswell, B. (1996). Evidence for the distinctness of embarrassment, shame, and guilt: A study of recalled antecedents and facial expressions of emotion. *Cognition and Emotion, 10*(2), 155-172.

Keltner, D., & Buswell, B. N. (1997). Embarrassment: Its distinct form and appeasement functions. *Psychological Bulletin, 122*, 250-270.

Keltner, D., Capps, L. M., Kring, A. M., Young, R. C., & Heerey, E. A. (2001). Just teasing: A conceptual analysis and empirical review. *Psychological Bulletin, 127*, 229-248.

Keltner, D., Ellsworth, P. C., & Edwards, K. (1993). Beyond simple pessimism: Effects of sadness and anger on social perception. *Journal of Personality and Social Psychology, 64*, 740-752.

Keltner, D., & Gross, J. J. (1999). Functional accounts of emotions. *Cognition and Emotion, 13*, 467-480.

Keltner, D., Gruenfeld, D. H., & Anderson, C. (2003). Power, approach, and inhibition. *Psychological Review, 110*(2), 265-284.

Keltner, D., & Haidt, J. (1999). Social functions of emotions at four levels of analysis. *Cognition and Emotion, 13*, 505-521.

Keltner, D., & Haidt, J. (2001). Social functions of emotions. In T. Mayne & G. Bonanno (Eds.), *Emotions. Current issues and future directions* (pp. 192-213). New York, NY: Guilford.

Keltner, D., & Haidt, J. (2003). Approaching awe, a moral, spiritual, and aesthetic emotion. *Cognition and Emotion, 17*(2), 297-314.

Keltner, D., Haidt, J., & Shiota, M. N. (2006). Social functionalism and the evolution of emotions. In M. Schaller, J. A. Simpson, & D. T. Kenrick (Eds.), *Evolution and social psychology* (pp. 115-142). Madison, CT.: Psychosocial Press.

Keltner, D., Haidt, J., & Shiota, M. (in press). Social functionalism and the evolution of emotions.

Keltner, D., & Harker, L. A. (1998). The forms and functions of the nonverbal display of shame. In P. Gilbert & B. Andrews (Eds.), *Interpersonal approaches to shame* (pp. 78-98). Oxford, England: Oxford University Press.

Keltner, D., & Kring, A. (1998). Emotion, social function, and psychopathology. *General Psychological Review, 2*, 320-342.

Keltner, D., Locke, K. D., & Audrain, P. C. (1993). The influence of attributions on the relevance of negative emotions to personal satisfaction. *Personality and Social Psychology Bulletin, 19*, 21-29.

Keltner, D., & Shiota, M. N. (2005). New facial displays of emotions (Unpublished manuscript).

Keltner, D., Young, R., & Buswell, B. N. (1997). Appeasement in human emotion, personality, and social practice. *Aggressive Behavior, 23*, 359-374.

Keltner, D., Young, R. C., Heerey, E. A., Oemig, C., & Monarch, N. D. (1998). Teasing in hierarchial and intimate relations. *Journal of Personality and Social Psychology, 75*, 1231-1247.

Kemeny, M. (2009). Psychobiological responses to social threat: Evolution of a psychological model in psychoneuroimmunology. *Brain, Behavior and Immunity, 23*, 1-9.

Kemper, T. D. (1978). *A social-interactional theory of emotions.* New York, NY: Wiley.

Kemper, T. D. (2006). Power and status and the power-status theory of emotions. In J. Turner & J. Swets (Eds.) *Handbook of the Sociology of Emotions* (pp. 87-113). Boston, MA: Springer.

Kemper, T. D. (2011). *Status, power and ritual interaction.* Ashgate. Burlington, VT.

Kempton, M. J., Salvador, Z., Munafo, M. R., Geddes, J. R., Simmons, A., et al. (2011). Structural neuroimaging studies in major depressive disorder: Meta-analysis and comparison with bipolar disorder. *Archives of General Psychiatry, 68*, 675-690.

Kendler, K. S., & Baker, J. H. (2007). Genetic influences on measures of the environment: A systematic review. *Psychological Medicine, 37*(5), 615-626.

Kendler, K. S., Gatz, M., Gardner, C. O., & Pedersen, N. L. (2006). A Swedish national twin study of lifetime major depression. *American Journal of Psychiatry, 163*, 109-114.

Kendler, K. S., Gardner, C. O., & Lichtenstein, P. (2008). A developmental twin study of symptoms of anxiety and depression: Evidence for genetic innovation and attenuation. *Psychological Medicine, 38*, 1567-1575.

Kendler, K. S., Heath, A., Martin, A., & Eaves, I. J. (1986). Symptoms of anxiety and depression in a volunteer twin population. *Archives of General Psychiatry, 43*, 213-221.

Kendler, K. S., Hettema, J. M., Butera, F., Gardner, C. O., & Prescott, C. A. (2003). Life event dimemsions of loss, humiliation, entrapment, and danger. *Archives of General Psychiatry, 60*, 789-796.

Kendler, K. S., & Myers, J. (2010). The genetic and environmental relationship between major depression and the five-factor model of personality. *Psychological Medicine, 40*, 801-806.

Kendler, K. S., Neale, M. C., Kessler, R. C., Heath, A. C., & Eaves, L. J. (1993a). A twin study of recent life events. *Archives of General Psychiatry, 50*, 789-796.

Kendler, K. S., Neale, M. C., Kessler, R. C., Heath, A. C., & Eaves, L. J. (1993b). A longitudinal twin study of 1-year prevalence of major depression in women. *Archives of General Psychiatry, 50*, 843-852.

Kendler, K. S., Thornton, L. M., & Gardner, C. O. (2000). Stressful life events and previous episodes in the etiology of major depression in women: An evaluation of the "kindling" hypothesis. *American Journal of Psychiatry, 157,* 1243-1251.

Kendler, K. S., Thornton, L. M., & Gardner, C. O. (2001). Genetic risk, number of previous episodes, and stressful life events in predicting onset of major depression. *American Journal of Psychiatry, 158,* 582-586.

Kensinger, E., & Schachter, D. (2008). Memory and emotion. In M. Lewis, J. Haviland Jones, & L. F. Barrett (Eds.), *Handbook of emotions, third edition* (pp. 601-617). New York, NY: Guilford.

Kessler, H., Taubner, S., Buchheim, A., Münte, T. F., Staseh, M., Kachele, H., et al. (2011). Individualized and clinically derived stimuli activate limbic structures in depression: An fMRI study. *PLoS ONE, 6*(1).

Kessler, R. C., Bergland, P., Demler, O., Jin, R., Merikangas, K. R., & Walters, E. E. (2005). Lifetime prevalence and age-of-onset distributions of *DSM-IV* disorders in the National Comorbidity Survey replication. *Archives of General Psychiatry, 62,* 593-602.

Kessler, R. C., Zhao, S., Blazer, D. G., & Swarz, M. (1997). Prevalence, correlates, and course of minor depression and major depression in the national comorbidity study. *Journal of Disorders, 45,* 19-30.

Ketelaar, T. (2004). Ancestral emotions, current decisions: Using evolutionary game theory to explore the role of emotions in decision-making. In C. Crawford & C. Salmon (Eds.), *Evolutionary psychology, public policy and personal decisions* (pp. 145-168). Mahwah, NJ: Erlbaum.

Ketelaar, T. (2006). The role of moral sentiments in economic decision making. In DeCremer, D., Zeelenberg, M., & Murnighan, K. (Eds.) *Social Psychology and Economics.* Lawrence Erlbaum Associates, pp. 97-116.

Ketelaar, T., & Clore, G. L. (1997). Emotions and reason: The proximate effects and ultimate functions of emotions. In G. Matthews (Ed.), *Advances in personality* (pp. 355-396). Amsterdam, The Netherlands: Elsevier.

Ketelaar, T., Gross, J. J., & Sutton, S. K. (1998). Relations between affect and personality: Support for the affect-level and affective-reactivity views. *Personality and Social Psychology Bulletin, 24*(3), 279-288.

Keverne, E. B. (1996). Psychopharmacology of maternal behaviour. *Journal of Psychopharmacology, 10,* 16-22.

Keverne, E. B., Nevison, C. M., & Martel, F. L. (1997). Early learning and the social bond. In C. S. Carter, I. I. Lederhendler, & B. Kirkpatrick (Eds.), *The integrative neurobiology of affiliation, Vol. 807.* New York, NY: New York Academy of Sciences.

Keyes, K. M., Grant, B. F., & Hasin, D. S. (2008). Evidence for a closing gender gap in alcohol use, abuse, and dependence in the United States population. *Drug and Alcohol Dependence, 93,* 21-29.

Kiecolt-Glaser, J. K. (2009). Psychoneuroimmunology. *Perspectives on Psychological Science, 4,* 367-369.

Kiecolt-Glaser, J. K., & Glaser, R. (1999). Chronic stress and mortality among older adults. *Journal of the American Medical Association, 282,* 2259-2260.

Kiecolt-Glaser, J. K., McGuire, L., Robles, T., & Glaser, R. (2002). Psychoneuroimmunology: Psychological influences on immune function and health. *Journal of Consulting and Clinical Psychology, 70,* 537-547.

Kiecolt-Glaser, J. K., Robles, T. F., Heffner, K. L., Loving, T. J., & Glaser, R. (2002). Psycho-oncology and cancer: Psychoneuroimmunology and cancer. *Annals of Oncology, 13*(Suppl. 4), 166-169.

Kieslowski, K. (Writer and Director). (1991). *Decalogue: The Ten Commandments* [Movie]. Poland.

Kim, J., & Cicchetti, D. (2010). Longitudinal pathways linking child maltreatment, emotion regulation, peer relations, and psychopathology. *Journal of Child Psychology and Psychiatry, 51*(6), 706-716.

Kim, J., McHale, S. M., & Crouter, A. C. (2007). Longitudinal linkages between sibling relationships and adjustment from middle childhood through adolescence. *Developmental Psychology, 43*(4), 960-973.

Kim, J. W., Kim, S.-E., Kim, J.-J., et al. (2009).

Compassionate attitude towards others' suffering activates the mesolimbic neural system. *Neuropsychologia, 47*(10), 2073-2081.

Kim-Cohen, J., Caspi, A., Taylor, A., Williams, B., Newcombe, R., Craig, I. W., & Moffit, T. E. (2006). MAOA, maltreatment and gene-environment interaction predicting children's mental health: New evidence and a meta-analysis. *Molecular Psychiatry, 11,* 903-913.

Kinyanda, E., Woodburn, P., Tugumisirize, J., Kagugube, J., Ndanabangi, S., & Paatel, V. (2011). Poverty, life events and the risk for depression in Uganda. *Social Psychiatry and Psychiatric Epidemiology, 46,* 35-44.

Kirsch, I. (2009). Antidepressants and the placebo response. *Epidemiology and Psychiatric Sciences, 18,* 318-322.

Kitayama, S., Karasawa, M., & Mesquita, B. (2003). Collective and personal processes in regulating emotions: Emotion and self in Japan and the United States. In P. Philipott & R. S. Feldman (Eds.), *The regulation of emotion.* Hillsdale, NJ: Erlbaum.

Kitayama, S., Markus, H. R., & Kurokawa, M. (2000). Culture, emotions, and well-being: Good feelings in Japan and the United States. *Cognition and Emotion, 14,* 93-124.

Kitayama, S., Mesquita, B., & Karasawa, M. (2006). The emotional basis of independent and interdependent selves: Socially disengaging and engaging emotions in the U.S. and Japan. *Journal of Personality and Social Psychology, 91,* 890-903.

Kitzman, K. M., Gaylord, N. K., Holt, A. R., & Kenny, E. D. (2003). Child witness to domestic violence: A meta-analytic review. *Journal of Consulting and Clinical Psychology, 71*(2), 339-352.

Klasmeyer, G., & Sendlmeier, W. F. (1999). Voice and emotional states. In R. Kent & M. Ball (Eds.), *Voice quality measurement* (pp. 339-359). San Diego, CA: Singular.

Klaus, M. H., & Kennell, J. H. (1976). *Maternal—infant bonding.* St Louis, MO: Mosby.

Klebanov, P. K., Brooks-Gunn, J., Chase-Lansdale, L., & Gordon, R. (1997). Are neighborhood effects on young children mediated by features of the home environment? In J. Brooks-Gunn, G. Duncan, & J. L. Aber (Eds.), *Neighborhood poverty: Context and consequences for children* (Vol. 1, pp. 119-145). New York, NY: Russell Sage.

Klüver, H., & Bucy, P. C. (1937). "Psychic blindness" and other symptoms following bilateral temporal lobectomy. *American Journal of Physiology, 119,* 352-353.

Knutson, B. (1996). Facial expressions of emotion influence interpersonal trait inferences. *Journal of Nonverbal Behavior, 20,* 165-182.

Knutson, B., Burgdorf, J., & Panksepp, J. (2002). Ultrasonic vocalizations as indices of affective states in rats. *Psychological Bulletin, 128,* 961-977.

Knutson, B., & Greer, S. M. (2008). Anticipatory affect: Neural correlates and consequences for choice. *Philosophical Transactions of the Royal Society B, 363,* 3771-3786.

Knutson, B., Wolkowitz, O. M., Cole, S. W., et al. (1998). Selective alteration of personality and social behavior by serotonergic intervention. *American Journal of Psychiatry, 155,* 373-379.

Knyazev, G. G., Bocharov, A. V., Slobodskaya, H. R., & Ryabichenko, T. I. (2008). Personality-linked biases in perception of emotional facial expressions. *Personality and Individual Differences, 44*(5), 1093-1104.

Kochanska, G. (1997). Mutually responsive orientation between mothers and their young children: Implications for early socialization. *Child Development, 68*(1), 94-112.

Kochanska, G. (2001). Emotional development in children with different attachment histories: The first three years. *Child Development, 72*(2), 474-490.

Kochanska, G. (2002). Mutually responsive orientation between mothers and their young children: A context for the early development of conscience. *Current Directions in Psychological Science, 11*(6), 191-195.

Kochanska, G., & Aksan, N. (2004). Development of mutual responsiveness between parents and their young children. *Child Development, 75*(6), 1657-

1676.

Kochanska, G., Forman, D. R., Aksan, N., & Dunbar, S. B. (2005). Pathways to conscience: Early mother-child mutually responsive orientation and children's moral emotion, conduct, and cognition. *Journal of Child Psychology and Psychiatry, and Allied Disciplines, 46*(1), 19-34.

Kochanska, G., Forman, D. R., & Coy, K. C. (1999). Implications of the mother-child relationship in infancy for socialization in the second year of life. *Infant Behavior & Development, 22*(2), 249-265.

Kochanska, G., & Knaack, A. (2003). Effortful control as a personality characteristic of young children: Antecedents, correlates, and consequences. *Journal of Personality, 71*(6), 1087-1112.

Kochanska, G., Philibert, R. A., & Barry, R. A. (2009). Interplay of genes and early mother-child relationship in the development of self-regulation from toddler to preschool age. *Journal of Child Psychology and Psychiatry, 50*(11), 1331-1338.

Kochanska, G., Woodard, J., Kim, S., Koenig, J. L., Yoon, J. E., & Barry, R. A. (2010). Positive socialization mechanisms in secure and insecure parent child dyads: Two longitudinal studies. *Journal of Child Psychology and Psychiatry, 51*(9), 998-1009.

Kohen, D. E., Brooks-Gunn, J., Leventhal, T., & Hertzman, C. (2002). Neighborhood income and physical and social disorder in Canada: Associations with young children's competencies. *Child Development, 73*(6), 1844-1860.

Kohen, D. E., Leventhal, T., Dahinten, V. S., & McIntosh, C. N. (2008). Neighborhood disadvantage: Pathways of effects for young children. *Child Development, 79*(1), 156-169.

Kohlberg, L. (1969). Stage and sequence: The cognitive developmental approach to socialization. In D. A. Goslin (Ed.), *Handbook of socialization theory and research* (pp. 347-480). Chicago, IL: Rand McNally.

Kok, B. E., & Fredrickson, B. L. (2010). Upward spirals of the heart: Autonomic flexibility, as indexed by vagal tone, reciprocally and prospectively predicts positive emotions and social connectedness *Biological Psychology, 85,* 432-436.

Komsi, N., Räikkönen, K., Pesonen, A. K., et al. (2006). Continuity of temperament from infancy to middle childhood. *Infant Behavior and Development, 29*(4), 494-508.

Kopp, C. B., & Neufeld, S. J. (2003). Emotional development during infancy. In R. J. Davidson, K. R. Scherer, & H. H. Goldsmith (Eds.), *Handbook of affective sciences* (pp. 347-374). New York, NY: Oxford University Press.

Korkeila, J., Vahtera, J., Nabi, H., Kivimaki, M., Korkeila, K., et al. (2010). Childhood adversities, adulthood life events, and depression. *Journal of Affective Disorders, 127,* 130-138.

Kosfeld, M., Heinrichs, M., Zak, P., Fischenbacher, U., & Fehr, E. (2005). Oxytocin increases trust in humans. *Nature, 435,* 673-676.

Kotsoni, E., De Haan, M., & Johnson, M. (2001). Categorical perception of facial expressions by 7-month-old infants. *Perception, 30*(9), 1115-1125.

Kovacs, M., & Devlin, B. (1998). Internalizing disorders in childhood. *Journal of Child Psychology and Psychiatry, 39*(1), 47-63.

Kovan, N. M., Chung, A. L., & Sroufe, L. A. (2009). The intergenerational continuity of observed early parenting: A prospective, longitudinal study. *Developmental Psychology, 45*(5), 1205-1213.

Kövesces, Z. (2003). *Metaphor.* London, UK: Oxford University Press.

Kraepelin, E. (1899). *Psychiatrie: Ein Lehrbuch für Studirende und Aerzte* (2nd ed.). Leipzig, Germany: Barth.

Kramer, P. D. (1993). *Listening to Prozac.* New York, NY: Viking.

Kraus, M. W., Côté, S., & Keltner, D. (2010). Social class, contextualism, and empathic accuracy, *Psychological Science, 21,* 1716-1723.

Kraus, M. W., Huang, C., & Keltner, D. (2010). Tactile communication, cooperation, and performance: An ethological study of the NBA, *Emotion, 10,* 745-749.

Kraus, M. W., Piff, P. K., & Keltner, D. (2011). Social class as culture: The convergence of resources and rank in the social realm. *Current Directions in Psychological Science.*

Kraut, R. E., & Johnson, R. E. (1979). Social and emotional messages of smiling: An ethological approach. *Journal of Personality and Social Psychology, 37,* 1539-1553.

Krebs, J. R, & Davies, N. B. (1993). *An introduction to behavioural ecology.* Oxford, UK: Blackwell.

Kreitler, H., & Kreitler, S. (1972). *Psychology and the arts.* Durham, NC: Duke University Press.

Kring, A., Johnson, S. L., Davison, G. C., & Neale, J. M. (2012). *Abnormal psychology* (12th ed.). Hoboken, NJ: Wiley.

Kring, A., & Werner, K. H. (2004). Emotion regulation and psychopathology. In P. Philippot & R. S. Feldman (Eds.), *The regulation of emotion* (pp. 359-385). Mahwah, NJ: Erlbaum.

Kring, A. M. (1999). Emotion in schizophrenia: Old mystery, new understanding. *Current Directions in Psychological Science, 8,* 160-163.

Kring, A. M. (2008). Emotion disturbances as transdiagnostic processes. In M. Lewis, J. Haviland-Jones, & L. F. Barrett (Eds.), *Handbook of emotions* (3rd ed., pp. 691-705). New York, NY: Guilford.

Kringelbach, M. L., & Berridge, K. C. (2009). Toward a functional neuroanatomy of pleasure and happiness. *Trends in Cognitive Sciences, 13*(11), 479-487.

Krpan, K., Coombs, R., Zinga, D., et al. (2005). Experiential and hormonal correlates of maternal behavior in teen and adult mothers. *Hormons and Behavior, 47,* 112-122.

Krumhuber, E., & Manstead, A. S. R. (2009). Can Duchenne smiles be feigned? New evidence on felt and false smiles. *Emotion, 9,* 807-820.

Kuczynski, L. (Ed.). (2003). *Parent-child relationships as a dyadic process.* Thousand Oaks, CA: Sage.

Kuebli, J., Butler, S., & Fivush, R. (1995). Mother-child talk about past emotions: Relations of maternal language and child gender over time. *Cognition and Emotion, 9*(2-3), 265-283.

Kuipers, L., & Bebbington, P. (1988). Expressed emotion research in schizophrenia: Theoretical and clinical implications. *Psychological Medicine, 18,* 893-909.

Kumsta, R., Kreppner, J., Rutter, M., Beckett, C., Castle, J., Stevens, S., et al. (2010). III. Deprivation-specific psychological patterns. *Monographs for the Society of Research in Child Development, 75*(1), 48-78.

Kumsta, R., Rutter, M., Stevens, S., & Sonuga-Barke, E. J. (2010). IX. Risk, causation, mediation and moderation. *Monographs of the Society for Research in Child Development, 75*(1), 187-211.

Kuper, H., & Marmot, M. (2003). Job strain, job demands, decision latitude, and risk of coronary heart disease within the Whitehall II study. *Journal of Epidemiology and Community Health, 57, 147-153.*

Kuppens, P., Van Mechelen, I., Smits, D. J. M., De Boeck, P., & Caulemans, E. (2007). Individual differences in patterns of appraisal and anger experience. *Cognition and Emotion, 21,* 689-713.

La Bar, K. S., & LeDoux, J. E. (2003). Emotional learning circuits in animals and humans. In R. J. Davidson, K. R. Scherer, & H. H. Goldsmith (Eds.), *Handbook of affective sciences* (pp. 52-65). New York, NY: Oxford University Press.

La Rochefoucauld (1665). *Maxims* (L. Tancock, Trans.). Harmondsworth: Penguin (current edition 1959).

Lagattuta, K. H., & Wellman, H. M. (2001). Thinking about the past: Early knowledge about links between prior experience, thinking, and emotion. *Child Development, 72*(1), 82-102.

Lahey, B. B., Rathouz, P. J., Van Hulle, C., Urbano, R. C., Krueger, R. F., Applegate, B., et al. (2008). Testing of structural models of *DSM*-IV symptoms of common forms of child and adolescent psychopathology. *Journal of Abnormal Child Psychology, 36,* 187-206.

Lahey, B. B., Van Hulle, C. A., Singh, A. L., Waldman, I. D., & Rathouz, P. J. (2011). Higher order genetic and environmental structure of prevalent forms of child and adolescent psychopathology. *Archives of General Psychiatry, 68*(2), 181-189.

Laible, D. (2004). Mother-child discourse in two contexts: Links with child temperament, attachment security, and socioemotional competence. *Developmental Psychology, 40*(6), 979-992.

Laible, D. (2011). Does it matter if preschool children and mothers discuss positive vs. negative events during reminiscing? Links with mother-reported attachment, family emotional climate, and socioemotional development. *Social Development, 20*(2), 394-411.

Laible, D., & Panfile, T. (2009). Mother-child reminiscing in the context of secure attachment relationships: Lessons in understanding and coping with negative emotion. In J. Quas & R. Fivush (Eds.), *Emotion and memory in development: Biological, cognitive, and social considerations. Oxford series in affective science* (pp. 166-195). Oxford, UK: Oxford University Press.

Laible, D. J., & Thompson, R. A. (1998). Attachment and emotional understanding in preschool children. *Developmental Psychology, 34*(5), 1038-1045.

Lambert, A. J., Khan, S. R., Lickel, B. A., & Fricke, K. (1997). Mood and the correction of positive versus negative stereotypes. *Journal of Personality and Social Psychology, 72,* 1002-1016.

Lambert, K. G. (2003). The life and career of Paul MacLean: A journey toward neurobiological and social harmony. *Physiology & Behavior, 79*(3), 343-349.

Lambert, M. J. (2004). *Bergin and Garfield's handbook of psychotherapy and behavior changes* (5th ed.). New York, NY: Wiley.

Lambert, M. J., & Ogles, B. M. (2004). The efficacy and effectiveness of psychotherapy. In M. J. Lambert (Ed.), *Bergin and Garfield's handbook of psychotherapy and behavior change* (5th ed., pp. 139-193). New York, NY: Wiley.

Lambie, J., & Marcel, A. J. (2002). Consciousness and emotion experience: A theoretical framework. *Psychological Review, 109,* 219-259.

Lancaster, J. B., & Kaplan, H. (1992). Human mating and family formation strategies: The effects of variability among males in quality and the allocation of mating effort and parental investment. In T. Nishida, W. C. McGrew, et al. (Eds.), *Topics in primatology: Vol. 1. Human origins* (pp. 21-33). Tokyo: University of Tokyo Press.

Lane, R. D., Fink, G. R., Chau, P. M., & Dolan, R. J. (1997). Neural activation during selective attention to subjective emotional responses. *Neuroreport, 8,* 3969-3972.

Lang, P. J., Greenwald, M. K., Bradley, M. M., & Hamm, A. O. (1993). Looking at pictures: Affective, facial, visceral, and behavioral reactions. *Psychophysiology, 30,* 261-273.

Lange, C. (1885). The emotions. In E. Dunlap (Ed.), *The emotions.* Baltimore, MD: Williams & Wilkins (current edition 1922).

Langer, S. K. (1957). *Philosophy in a new key: A study in the symbolism of reason, rite, and art.* Cambridge, MA: Harvard University Press.

Laranjo, J., Bernier, A., & Meins, E. (2008). Associations between maternal mind-mindedness and infant attachment security: Investigating the mediating role of maternal sensitivity. *Infant Behavior and Development, 31*(4), 688-695.

Larsen, R. J., Kasimatis, M., & Frey, K. (1992). Facilitating the furrowed brow: An unobtrusive test of the facial feedback hypothesis applied to unpleasant affect. *Cognition and Emotion, 6,* 321-338.

Larson, R. W., Moneta, G., Richards, M. H., & Wilson, S. (2002). Continuity, stability, and change in daily emotional experience across adolescence. *Child Development, 73*(4), 1151-1165.

Lavelli, M., & Fogel, A. (2005). Developmental changes in the relationship between the infant's attention and emotion during early face-to-face communication: The 2-month transition. *Developmental Psychology, 41*(1), 265-280.

Lawler, K. A., Younger, J. W., Piferi, R. L., Billington, E., Jobe, R., Edmondson, K., et al. (2003). A change of heart: Cardiovascular correlates of forgiveness in response to interpersonal conflict. *Journal of Behavioral Medicine, 26,* 373-393.

Lawson, D. W., & Mace, R. (2010). Siblings and childhood mental health: Evidence for a later-born advantage. *Social Science & Medicine (1982), 70*(12), 2061-2069.

Lazarus, R. S. (1991). *Emotion and adaptation.* New York, NY: Oxford University Press.

Lazarus, R. S., & Lazarus, B. N. (1994). *Passion and reason. Making sense of our emotions.* New York, NY: Oxford University Press.

Leakey, R., & Lewin, R. (1991). *Origins.* Harmondsworth: Penguin.

Leary, M. R., Britt, T. W., Cutlip, W. D., & Templeton, J. L. (1992). Social blushing. *Psychological Bulletin, 112,,* 446–460.

Lebra, T. S. (1983). Shame and guilt: A psychological view of the Japanese self. *Ethos, 11,* 192–209.

LeDoux, J. (1996). *The emotional brain: The mysterious underpinnings of emotional life.* New York, NY: Simon & Schuster.

LeDoux, J. E. (1993). Emotional networks in the brain. In M. Lewis & I. M. Haviland-Jones (Eds.), *Handbook of emotions* (pp. 109–118). New York, NY: Guilford.

Lee, R. B. (1984). *The Dobe !Kung.* New York, NY: Holt, Rinehart & Winston.

Leichsenring, F., & Rabung, S. (2008). Effectiveness of long-term psychodynamic psychotherapy. *Journal of the American Medical Association, 300,* 1551–1565.

Leichsenring, F., & Rabung, S. (2011). Long-term psychodynamic psychotherapy in complex mental disorders: Update of a meta-analysis. *British Journal of Psychiatry, 199,* 15–22.

Leick, G. (2001). *Mesopotamia: The invention of the city.* London, UK: Penguin.

Lemery, K. S., & Goldsmith, H. H. (2002). Genetic and environmental influences on preschool sibling cooperation and conflict: Associations with difficult temperament and parenting style. *Marriage & Family Review, 33,* 77–99.

Lengua, L. J., & Kovacs, E. A. (2005). Bidirectional associations between temperament and parenting and the prediction of adjustment problems in middle childhood. *Journal of Applied Developmental Psychology, 26,* 21–38.

Lenroot, R. K., & Giedd, J. N. (2006). Brain development in children and adolescents: Insights from anatomical magnetic resonance imaging. *Neuroscience and Biobehavioral Reviews, 30*(6), 718–729.

Leppänen, J. M., & Nelson, C. A. (2008). Tuning the developing brain to social signals of emotions. *Nature Reviews Neuroscience, 10*(1), 37–47.

Lerner, J. S., Goldberg, J. H., & Tetlock, P. E. (1998). Sober second thoughts: The effects of accountability, anger, and authoritarianism on attributions of responsibility. *Personality arid Social Psychology Bulletin, 24,* 563–574.

Lerner, J. S., & Keltner, D. (2000). Beyond valence: Toward a model of emotion-specific influences on judgement and choice. *Cognition & Emotion, 14*(4), 473–493.

Lesch, K. P., Bengel, D., Heils, A., et al. (1996). Association of anxiety-related traits with a polymorphism in the serotonin transporter gene regulatory region. *Science, 274*(5292), 1527–1531.

Levenson, R. W., Carstensen, L. L., Friesen, W. V., & Ekman, P. (1991). Emotion, physiology, and expression in old age. *Psychology and Aging, 6,* 28–35.

Levenson, R. W., Ekman, P., & Friesen, W. V. (1990). Voluntary facial action generates emotion-specific autonomic nervous system activity. *Psychophysiology, 27,* 363–384.

Levenson, R. W., Ekman, P., Heider, K., & Friesen, W. V. (1992). Emotion and autonomic nervous system activity in the Minangkabau of West Sumatra. *Journal of Personality and Social Psychology, 62,* 972–988.

Levesque, J., Eugène, F., Joanette, Y, Paquette, V., Mensour, B., Beaudoin, G., Leroux, J. M., Bourgouin, P., & Beauregard, M. (2003). Neural circuitry underlying voluntary suppression of sadness. *Biological Psychiatry, 53,* 502–510.

Levi, P. (1958). *If this is a man* (S. Woolf, Trans.). London, UK: Sphere (current edition 1987).

Levine, L. (1997). Reconstructing memory for emotions. *Journal of Experimental Psychology: General, 126,* 165–177.

Levine, L., & Pizarro, D. (2004). Emotion and memory research: A grumpy overview. *Social Cognition, 22,* 530–554.

Levine, L., Whalen, C. K., Henker, B., & Jamner, L. D. (2005). Looking back on September 11, 2001:

Appraised impact and memory for emotions in adolescents and adults. *Journal of Adolescent Health, 20,* 497-523.

Levine, L. J., & Edelstein, R. S. (2009). Emotion and memory narrowing: A review and goal relevance approach. *Cognition and Emotion, 23,* 833-875.

Levine, L. J., & Safer, M. A. (2002). Sources of bias in memory for emotions. *Current Directions in Psychological Science, 11,* 169-173.

Levine, S., & Stanton, M. E. (1984). The hormonal consequences of mother-infant contact in primates and rodents. In C. C. Brown (Ed.), *The many facets of touch: The foundation of experience, its importance through life, with initial emphasis for infants and young children* (pp. 51-58). Skillman, NJ: Johnson & Johnson Baby Products Co.

Levy, R. J. (1984). Emotion, knowing, and culture. In R. A. Shweder & R. A. Levine (Eds.), *Culture theory. Essays on mind, self, and emotion* (pp. 214-237). Cambridge, MA: Cambridge University Press.

Lewis, C., Freeman, N., Kyriakidou, C., Maridaki-Kassotaki, K., & Berridge, D. (1996). Social influences on false belief access: Specific sibling influences or general apprenticeship? *Child Development, 6,* 2930-2947.

Lewis, C. S. (1936). *The allegory of love: A stud y in medieval tradition.* Oxford, UK: Oxford University Press.

Lewis, M. (1992). *Shame: The exposed self.* New York, NY: Free Press.

Lewis, M. (1993). Self-conscious emotions: Embarrassment, pride, shame, and guilt. In M. Lewis & J. M. Haviland-Jones (Eds.), *Handbook of emotions* (pp. 563-573). New York, NY: Guilford.

Lewis, M. (1997). The self in self-conscious emotions. *Annals of the New York Academy of Sciences, 818*(1), 119-142.

Lewis, M., Haviland-Jones, J. M., & Barrett, L. F. (Eds.). (2008). *Handbook of emotions* (3rd ed.). New York, NY: Guilford.

Lewis, M., & Michalson, L. (1983). *Children's emotions and moods: Developmental theory and measurement.*

New York, NY: Plenum Press.

Lewis, M., & Ramsay, D. (2002). Cortisol response to embarrassment and shame. *Child Development, 73,* 1034-1045.

Lewis, M., & Ramsay, D. (2005). Infant emotional and cortisol responses to goal blockage. *Child Development, 76*(2), 518-530.

Lewis, M., Sullivan, M. W., Stanger, C., & Weiss, M. (1989). Self-development and self-conscious emotions. *Child Development, 60,* 146-156.

Lewis, M. D. (2010). Desire, dopamine, and conceptual development. In S. D. Calkins & M. A. Bell (Eds.), *Child development at the intersection of emotion and cognition.* (1st ed.). Washington, DC: American Psychological Association.

Lewis, M. D. (2011). *Memoirs of an addicted brain.* Toronto: Doubleday Canada.

Lewis, M. D., & Granic, I. (Eds.). (2000). *Emotion, development, and self-organization: Dynamic systems approaches to emotional development.* New York, NY: Cambridge University Press.

Lewis, M. D., & Ramsay, D. (2005). Infant emotional and cortisol responses to goal blockage. *Child Development, 76,* 518-530.

Li, J., Wang, L., & Fischer, K. W. (2004). The organization of Chinese shame concepts. *Cognition and Emotion, 18,* 767-797.

Li, M., & Fleming, A. S. (2003). The nucleus accumbens shell is critical for normal expression of pup-retrieval in postpartum female rats. *Behavioural Brain Research, 145,* 99-111.

Libet, B. (1985). Unconscious cerebral initiative and the role of conscious will in voluntary action. *Behavioral and Brain Sciences, 8,* 529-566.

Lichtenstein, J., & Cassidy, J. (1991, April). *The Inventory of Adult Attachment (INVAA): Validation of a new measure of adult attachment.* Paper presented at the biennial meeting of the Society for Research in Child Development, Seattle, WA.

Lichtheim, M. (1973). *Ancient Egyptian literature: Vol. 1. The Old and Middle Kingdoms.* Berkeley: University of California Press.

Lieberman, M. D., & Eisenberger, N. I. (2009). Pains and pleasures of social life. *Science, 323,* 890–891.

Liebowitz, M. R. (1983). *The chemistry of love.* Boston, MA: Little, Brown.

Lillard, A. (1993). Pretend play skills and the child's theory of mind. *Child Development, 64,* 348–371.

Lim, J., Wood, B. L., Miller, B. D., & Simmens, S. J. (2011). Effects of paternal and maternal depressive symptoms on child internalizing symptoms and asthma disease activity: Mediation by interparental negativity and parenting. *Journal of Family Psychology, 25*(1), 137–146.

Lindsley, D. B. (1951). Emotions. In S. S. Stevens (Ed.), *Handbook of experimental psychology* (pp. 473–516). New York, NY: Wiley.

Lindstrom, K. M., Mandell, D. J., Musa, G. J., Britton, J. C., Sankin, L. S., Mogg, K., et al. (2011). Attention orientation in parents exposed to the 9/11 terrorist attacks and their children. *Psychiatry Research, 187,* 261–266.

Linehan, M. M., Comtois, K. A., Murray, A. M., Brown, M. Z., Gallop, R. J., et al. (2006). Two-year randomized controlled trial and follow-up of dialectical behavior therapy vs therapy by experts for suicidal behaviors and borderline personality disorder. *Archives of General Psychiatry, 63,* 757–766.

Lipps, T. (1962). Empathy, inner imitation, and sense feeling. In M. Rader (Ed.), *A modem book on esthetics: An anthology, 3rd edition* (pp. 374–382). New York, NY: Holt, Rinehart & Winston.

Lipsey, M. W., & Wilson, D. B. (1993). The efficacy of psychological, educational, and behavioral treatment. *American Psychologist, 48,* 1181–1209.

Lochman, J. E., & Wells, K. C. (2002). Contextual social-cognitive mediators and child outcome: A test of the theoretical model in the coping power program. *Development and Psychopathology, 14*(4), 945–967.

Lodi-Smith, J., & Roberts, B. W. (2007). Social investment and personality: A meta-analysis of the relationship of personality traits to investment in work, family, religion, and volunteerism. *Personality and Social Psychology Review, 11,* 68–86.

Loeber, R., & Farrington, D. P. (2000). Young children who commit crime: Epidemiology, developmental origins, risk factors, early interventions, and policy implications. *Development and Psychopathology, 12,* 737–762.

Loftus, E. F., & Davis, D. (2006). Recovered memories. *Annual Review of Clinical Psychology, 2,* 469–498.

Loftus, E. F., & Doyle, J. M. (1987). *Eyewitness testimony: Civil and criminal.* New York, NY: Kluwer.

Lonigan, C. J., Phillips, B. M., & Hooe, E. S. (2003). Tripartite model of anxiety and depression in children: Evidence from a latent variable longitudinal study. *Journal of Consulting and Clinical Psychology, 71,* 465–481.

Lopez, S. R., Nelson-Hipke, K., Polo, A. J., Jenkins, J. H., et al. (2004). Ethnicity, expressed emotion, attributions, and course of schizophrenia: Family warmth matters. *Journal of Abnormal Psychology. 113,* 428–439.

Lorenz, K. (1937). Über die Bildung des Instinktbegriffes. *Die Naturwissenschaften, 25,* 289–331. [The conception of instinctive behavior.] In C. Schiller (Ed. & Trans.), *Instinctive behavior: Development of a modern concept* (pp.176–208). London, UK: Methuen.

Lorenz, K. (1967). *On aggression* (M. Latzke, Trans.). London, UK: Methuen.

Loughead, J. W., Luborsky, L., Weingarten, C. P., Krause, E. D., German, R. E., Kirk, D., et al. (2010). Brain activation during autobiographical relationship episode narratives: A core conflictual relationship theme approach. *Psychotherapy Research, 20,* 321–336.

Lovejoy, C. O. (1981). The origin of man. *Science, 211,* 341–350.

Lowenstein, G. (2007). Affect regulation and affective forecasting. In J. Gross (Ed.), *Handbook of emotion regulation* (pp. 180–203). New York, NY: Guilford.

Lowenstein, G., & Lerner, J. S. (2003). The role of affect in decision making. In R. J. Davidson, K. R. Scherer, & H. H. Goldsmith (Eds.), *Handbook of affective sciences* (pp. 619–642). New York, NY: Oxford

University Press.

Luborsky, L., & Crits-Christoph, P. (1990). *Understanding transference.* New York, NY: Basic Books.

Luby, J. L., Xuemei, S., Belden, A. C., Tandon, M., & Spitznagel, E. (2009). Preschool depression: Homotypic continuity and course over 24 months. *Archives of General Psychiatry, 66*(8), 897–905.

Lucas, R. E., & Baird, B. M. (2004). Extraversion and emotional reactivity. *Journal of Personality and Social Psychology, 86*(3), 473–485.

Lucas, R. E., Diener, E., Suh, E. M., Shao, L., & Grob, A. (2000). Cross-cultural evidence for the fundamental features of extraversion. *Journal of Personality and Social Psychology, 79*(3), 452–468.

Luminet, O., Rimé, B., Bagby, R. M., & Taylor, G. J. (2004). A multimodal investigation of emotional responding in alexithymia. *Cognition and Emotion, 18,* 741–766.

Lundy, B. L. (2003). Father- and mother-infant face-to-face interactions: Differences in mind-related comments and infant attachment? *Infant Behavior & Development, 26*(2), 200–212.

Lutz, C. (1990). Engendered emotion: Gender, power, and the rhetoric of emotional control in American discourse. In C. A. Lutz & L. Abu-Lughod (Eds.), *Language and the politics of emotions* (pp. 69–91). New York, NY: Cambridge University Press.

Lutz, C., & White, G. M. (1986). The anthropology of emotions. *Annual Review of Anthropology, 15,* 405–436.

Lynam, D. R., Miller, D. J., Vachon, D., Loeber, R., & Stouthamer-Loeber, M. (2009). Psychopathy in adolescence predicts official reports of offending in adulthood. *Youth Violence and Juvenile Justice, 7,* 189–207.

Lytton, H. (1990). Child and parent effects in boys' conduct disorder. A reinterpretation. *Developmental Psychology, 26*(5), 683–704.

Lyubomirsky, S., King, L., & Diener, E. (2005). The benefits of frequent positive affect: Does happiness lead to success? *Psychological Bulletin, 131,* 803–855.

MacDonald, K. (1992). Warmth as a developmental construct: An evolutionary analysis. *Child Development, 63,* 753–773.

MacDonald, K. B. (2008). Effortful control, explicit processing, and the regulation of human evolved predispositions. *Psychological Review, 115*(4), 1012–1031.

Macintyre, M. (1986). Female autonomy in a matrilineal society. In N. Grieve & A. Burns (Eds.), *Australian women: New feminist perspectives* (pp. 248–256). Melbourne: Oxford University Press.

Mackie, D. M., Devos, T., & Smith, E. R. (2000). Intergroup emotions: Explaining offensive action tendencies in an intergroup context. *Journal of Personality and Social Psychology, 79,* 602–616.

Mackie, D. M., & Worth, L. T. (1989). Processing deficits and the mediation of positive affect in persuasion. *Journal of Personality and Social Psychology, 57,* 27–40.

Mackie, D. M., & Worth, L. T. (1991). Feeling good but not thinking straight: The impact of positive mood on persuasion. In J. P. Forgas (Ed.), *Emotion and social judgments* (pp. 181–200). Oxford, UK: Pergamon Press.

MacLean, P. D. (1949). Psychosomatic disease and the "visceral brain": Recent developments bearing on the Papez theory of emotion. *Psychosomatic Medicine, 11,* 338–353.

MacLean, P. D. (1990). *The triune brain in evolution.* New York, NY: Plenum.

Macmillan, R. et al. (2004). Linked lives: Stability and change in maternal circumstances and trajectories of antisocial behavior. *Child Development, 75*(1), 205–220.

Magai, C. (2008). Long-lived emotions: A life course perspective on emotional development. In M. Lewis, J. M. Haviland-Jones, & L. Feldman Barrett (Eds.), *Handbook of emotions* (3rd ed.). New York, NY: Guilford.

Maguire, M. C., & Dunn, J. (1997). Friendships in early childhood, and social understanding. *International Journal of Behavioral Development, 21,* 669–686.

Main, M. (1990). *Parental aversion to infant-initialed*

contact is correlated smith the parent's own rejection during childhood: The effects of experience on signals of security with respect to attachment. In K. E. Barnard & T. B. Brazelton (Eds.), *Touch: The foundation of experience* (pp. 461-495). Madison, CT: International Universities Press.

Main, M., & Stadtman, J. (1981). Infant response to rejection of physical contact by the mother. *Journal of the American Academy of Child Psychiatry, 20,* 292-307.

Malatesta, C. Z., & Haviland, J. M. (1982). Learning display rules: The socialization of emotion expression in infancy. *Child Development, 53*(4), 991-1003.

Mandler, G. (1964). The interruption of behavior. In *Nebraska Symposium on Motivation* (Vol. *12*). Lincoln: Nebraska University Press.

Mandler, G. (1984). *Mind and body: Psychology of emotions and stress.* New York, NY: Norton.

Manstead, A. S. R., & Wagner, H. L. (1981). Arousal, cognition, and emotion: An appraisal of two-factor theory. *Current Psychological Reviews, 1,* 35-54.

Mar, R. A., Oatley, K., & Peterson, J. B. (2009). Exploring the link between reading fiction and empathy: Ruling out individual differences and examining outcomes. *Communications: The European Journal of Communication, 34,* 407-428.

Mardaga, S., Laloyaux, O., & Hansenne, M. (2006). Personality traits modulate skin conductance response to emotional pictures: An investigation with Cloninger's model of personality. *Personality and Individual Differences, 40*(8), 1603-1614.

Marks, J. (1992). The promises and problems of molecular anthropology in hominid origins. In T. Nishida, W. C. McGrew, P. Marler, M. Pickford, & F.B.M.De Waal (Eds.), *Topics in primatology: Vol. 1. Human origins* (pp. 441-453). Tokyo: University of Tokyo Press.

Markus, H. R., & Kitayama, S. (1994). The cultural construction of self and emotion: Implications for social behavior. In S. Kitayama & H. R. Markus (Eds.), *Emotion and culture: Empirical studies of mutual influence* (pp. 89-130). Washington, DC: American Psychological Association.

Marmot, M. G., & Shipley, M. J. (1996). Do socioeconomic differences in mortality persist after retirement?: 25-year follow-up of civil servants from first Whitehall study. *British Medical Journal, 313,* 1177-1180.

Maroney, T. A. (2006). Law and emotion: A proposed taxonomy. *Law and Human Behavior, 30,* 119-142.

Maroney, T. A. (2011). The persistent cultural script of judicial dispassion. *California Law Reviews, 99,* 629-681.

Maroucha, P. T., Kiecolt-Glaser, J. K., & Favegehi, M. (1998). Mucosal wound healing is impaired by examination stress. *Psychosomatic Medicine, 60,* 362-365.

Marshall, L. (1976). *The !Kung of Nyae Nyae.* Cambridge, MA: Harvard University Press.

Martin, L. L. (2000). Moods do not convey information: Moods in context do. In J. Forgas (Ed.), *Feeling and thinking: The role of in social cognition* (pp. 153-177). New York, NY: Cambridge University Press.

Martin, L. L., & Clore, G. L. (2001). *Theories of mood and cognition: A user's guidebook.* Mahwah, NJ: Erlbaum.

Maruskin, L. A., Thrash, T. M., & Elliot, A. J. (in press). The chills as a psychological construct: Content universe, factor structure, affective composition, elicitors, trait antecedents, and consequences. *Journal of Personality and Social Psychology.*

Maser, J. D., Norman, S. B., Zislook, S., Everall, I. P., Stein, M. B., Schettler, P. J., et al. (2009). Psychiatric nosology is ready for a paradigm shift in *DSM*-V. *Clinical Psychology: Science and Practice, 16,* 24-40.

Mason, W. A., & Mendoza, S. P. (Eds.). (1993). *Primate social conflict.* Albany, NY: State University of New York Press.

Masten, A. S. (2007). Resilience in developing systems: Progress and promise as the fourth wave rises. *Development and Psychopathology, 19*(3), 921-930.

Mastropieri, D., & Turkewitz, G. (1999). Prenatal experience and neonatal responsiveness to vocal expressions of emotion. *Developmental Psychobiology, 35*(3), 204-214.

Masuda, T., Ellsworth, P. C., Mesquita, B., Leu, J., Tanida, S., & van de Veerdonk, E. (2008). Placing the face in context: Cultural differences in the perception of facial emotion. *Journal of Personality and Social Psychology, 94,* 365-381.

Masuda, T., Gonzalez, R., Kwan, L., & Nisbett, R. E. (2008). Culture and aesthetic preference: Comparing the attention to context of East Asians and European Americans. *Personality and Social Psychology Bulletin, 34,* 1260-1275.

Matarazzo, O. (2008). Use and effectiveness of three modalities of emotion regulation after negative life events: Rumination, distraction and social sharing. In A. B. Turley & G. C. Hoffman(Eds.), *Life style and health research progress* (pp. 87-138). Hauppauge, NY: Nova Biomedical Books.

Matas, L., Arend, R. A., & Sroufe, L. A. (1978). Continuity of adaptation in the second year: The relationship between quality of attachment and later competence. *Child Development, 49,* 547-556.

Matheson, M. D., & Bernstein, I. S. (2000). Grooming, social bonding, and agonistic aiding in rhesus monkeys. *American Journal of Primatology, 51,* 177-186.

Mathews, A., Gelder, M. G., & Johnson, D. W. (1981). *Agoraphobia. Nature and treatment.* London, UK: Tavistock.

Mathews, A., & Klug, F. (1993). Emotionality and interference with color-naming in anxiety. *Behavior Research and Therapy, 29,* 147-160.

Mathews, A., Yiend, J., & Lawrence, A. (2004). Individual differences in the modulation of fear-related brain activation by attentional control. *Journal of Cognitive Neuroscience, 16,* 1683-1694.

Matsumoto, D. (1989). Cultural influences on the perception of emotion. *Journal of Cross-Cultural Psychology, 20*(1), 92-105.

Matsumoto, D. (1990). Cultural similarities and differences in display rules. *Motivation & Emotion, 14*(3), 195-214.

Matsumoto, D., & Ekman, P. (1989). American-Japanese cultural differences in intensity ratings of facial expressions of emotion. *Motivation & Emotion, 13*(2), 143-157.

Matsumoto, D., & Ekman, P. (2004). The relationship between expressions, labels, and descriptions of contempt. *Journal of Personality and Social Psychology, 87*(4), 529-540.

Matsumoto, D., & Hwang, H. S. (2012). Culture and emotion: The integration of biological and cultural contributions. *Journal of Cross-Cultural Psychology, 43*(1), 91-118.

Matsumoto, D., Keltner, D., Shiota, M. N., O'Sullivan, M., & Frank, M. (2008). Facial expressions of emotion. In M. Lewis, J. M. Haviland-Jones, & L. F. Barrett (Eds.), *Handbook of emotions* (3rd ed., pp. 211-234). New York, NY: Guilford Press.

Matsumoto, D., Seung, H. Y., Nakagawa, S., et al. (2008). Culture, emotion regulation, and adjustment. *Journal of Personality and Social Psychology, 94*(6), 925-937.

Matsumoto, D., Weissman, M., Preston, K., Brown, B., & Kupperbusch, C. (1997). Context-specific measurement of individualism-collectivism on the individual level: The IC Interpersonal Assessment Inventory (ICIAI). *Journal of Cross-Cultural Psychology, 28,* 743-767.

Maughn, A., Cicchetti, D., Toth, S. L., Rogosch, F. A. (2006). Early-occurring maternal depression and maternal negativity in predicting young children's emotion regulation and socioemotional difficulties. *Journal of Abnormal Child Psychology, 35,* 685-703.

Mauro, R., Sato, K., & Tucker, J. (1992). The role of appraisal in human emotions: A cross-cultural study. *Journal of Personality and Social Psychology, 62,* 301-317.

Mauss, I. B., Butler, E. A., Roberts, N. A., & Chu, A. (2010). Emotion control values and responding to an anger provocation in Asian-American and European-American individuals. *Cognition and Emotion, 24,* 1026-1043.

Mauss, I. B., Levenson, R. W., McCarter, L., et al. (2005). The tie that binds? Coherence among emotion experience, behavior, and physiology. *Emotion, 5,* 175-190.

Mauss, I. B., & Robinson, M. D. (2009). Measures of emotion: A review. *Cognition and Emotion, 23,* 209-

237.

Mayberg, H. S., Lozano, A. M., Voon, V., McNeely, H. E., Seminowicz, D., et al. (2005). Deep brain stimulation for treatment-resistant depression. *Neuron, 45,* 651–660.

Mayer, J. D., Barsade, S. G., & Roberts, R. D. (2008). Human abilities: Emotional intelligence. *Annual Review of Psychology, 59,* 507–536.

Mayer, J. D., Gaschke, Y. N., Braverman, D. L., & Evans, T. W. (1992). Mood-congruent judgment is a general effect. *Journal of Personality and Social Psychology, 63,* 119–132.

McAdams, D. P., & Olson, B. D. (2010). Personality development: Continuity and change over the life course. *Annual Review of Psychology, 61*(1), 517–542.

McCoy, K., Cummings, E. M., & Davies, P. T. (2009). Constructive and destructive marital conflict, emotional security and children's prosocial behavior. *Journal of Child Psychology and Psychiatry and Allied Disciplines, 50*(3), 270–279.

McCrae, R. R., & Costa, P. T. (2008). The five-factor theory of personality. In O. P. John, R. W. Robins, & L. A. Pervin (Eds.), *Handbook of personality: Theory and research* (pp. 159–81). New York, NY. Guilford.

McCullough, M. E. (2000). Forgiveness as human strength: Theory, measurement, and links to well-being. *Journal of Social and Clinical Psychology, 19,* 43–55.

McCullough, M. E., Kilpatrick, S. D., Emmons, R. A., & Larson, D. B. (2001). Is gratitude a moral affect? *Psychological Bulletin, 127,* 249–266.

McCullough, M. E., Sandage, S. J., & Worthington, E. L. J. (1997). *To forgive is human.* Downers Grove, NJ: InterVarsity.

McCullough, M. E., Tsang, J., & Emmons, R. A. (2004). Gratitude in "intermediate affective terrain": Grateful moods and their links to personality and daily life events. *Journal of Personality and Social Psychology, 86,* 295–309.

McFarland, C., & Ross, M. (1987). The relation between current impressions and memories of self and dating partners. *Personality & Social Psychology Bulletin, 13,*

228–238.

McGrath, C. (2004, Oct. 31). Wolfe's world. *New York Times, Magazine Section,* pp. 34–39.

McGowan, P. O., Sasaki, A., D'Alessio, A. C., Dymov, S., Labonte, B., Szyf, M., Turecki, G., & Meaney, M. J. (2009). Epigenetic regulation of the glucocorticoid receptor in human brain associates with childhood abuse. *Nature Neuroscience, 12*(3), 342–348.

McGuffin, P., & Sargeant, M. P. (1991). Genetic markers and affective disorder. In P. McGuffin & R. Murray (Eds.), *The new genetics of mental illness* (pp. 165–181). Oxford, UK: Butterworth-Heinemann.

McMahon, R. J., Forehand, R. L., & Foster, S. L. (2005). *Helping the noncompliant child: Family-based treatment for oppositional behavior.* New York, NY: Guilford.

McMahon, S. D., Grant, K. E., Compas, B. E., Thurm, A. E., & Ey, S. (2003). Stress and psychopathology in children and adolescents: Is there evidence of specificity? *Journal of Child Psychology and Psychiatry, 44,* 107–133.

McMunn, A., Nazroo, J., Wahrendorf, M., Breeze, E., & Zaninotto, P. (2009). Participation in socially-productive activities, reciprocity and well-being in later life: Baseline results in England. *Ageing and Society, 29,* 765–782.

McNally, R. J. (1999). Panic and phobias. In T. Dalgleish & M. Power (Eds.), *Handbook of cognition and emotion* (pp. 479–496). Chichester, UK: Wiley.

McNally, R. J. (2003). Progress and controversy in the study of posttraumatic stress disorder. *Annual Review of Psychology, 54,* 229–252.

McNally, R. J., Kaspi, S. P., Riemann, B. C., & Zeitlin, S. B. (1990). Selective processing of threat cues in posttraumatic stress disorder. *Journal of Abnormal Psychology, 99,* 398–402.

McNeill, D. (Ed.). (2000). *Language and gesture.* New York, NY: Cambridge University Press.

McQuaid, J. R., Monroe, S. M., Roberts, J. E., Kupfer, D. J., & Frank, E. (2000). A comparison of two life stress assessment approaches: Prospective prediction of treatment outcomes in recurrent depression. *Journal* of Abnormal Psychology, 109, 787-791.

Meaney, M. J. (2001). Maternal care, gene expression, and the transmission of individual differences in stress reactivity across generations. Annual Review of Neuroscience, 24, 1161-1192.

Meins, E. (1997). Security of attachment and the social development of cognition. Howe: Psychology Press.

Meins, E. (1999). Sensitivity, security and internal working models: Bridging the transmission gap. Attachment & Human Development, 1(3), 325-342.

Meins, E., & Fernyhough, C. (1999). Linguistic acquisitional style and mentalising development: The role of maternal mind-mindedness. Cognitive Development, 14(3), 363-380.

Meins, E., & Fernyhough, C., Fradley, E., & Tuckey, M. (2001). Rethinking maternal sensitivity: Mothers comments on infants' mental processes predict security of attachment at 12 months. Journal of Child Psychology and Psychiatry, 42(5), 637-648.

Meins, E., & Fernyhough, C., Wainwright, R., Das Gupta, M., Fradley, E., & Tuckey, M. (2002). Maternal mind-mindedness and attachment security as predictors of theory of mind understanding. Child Development, 73(6), 1715-1715.

Mellars, P. (2004). Neanderthals and the modern human colonization of Europe. Nature, 432, 461-465.

Mellars, P., & French, J. C. (2011). Tenfold population increase in Western Europe at the Neanderthal-to-modern human transition. Science, 333, 623-627.

Mendes, W. B., Major, B., McCoy, S., & Blascovich, J. (2008). How attributional ambiguity shapes physiological and emotional responses to social rejection and acceptance. Journal of Personality and Social Psychology, 94, 278-291.

Menon, U., & Shweder, R. A. (1994). Kali's tongue: Cultural psychology, cultural consensus and the meaning of "shame" in Orissa, India. In H. Markus & S. Kitayama (Eds.), Emotion and culture: Empirical studies of mutual influence (pp. 241-284). Washington, DC: American Psychological Association.

Mesman, J., Oster, H., & Camras, L. (2012). Parental sensitivity to infant distress: What do discrete negative

emotions have to do with it? Attachment and Human Development.

Mesquita, B. (2001). Culture and emotion: Different approaches to the question. In T. J. Mayne & G. A. Bonanno (Eds.), Emotions: Current issues and future directions. Emotions and social behavior (pp. 214-250). New York, NY: Guilford.

Mesquita, B. (2003). Emotions as dynamic cultural phenomena. In J. Davidson Richard, K. R. Scherer, & H. H. Goldsmith (Eds.), Handbook of affective sciences (pp. 871-890). New York, NY: Oxford University Press.

Mesquita, B., & Ellsworth, P. C. (2001). The role of culture in appraisal. In K. R. Scherer & A. Schorr (Eds.), Appraisal processes in emotion. Theory, methods, research. New York, NY: Oxford University Press.

Mesquita, B., & Frijda, N. (1992). Cultural variations in emotions: A review. Psychological Bulletin, 112, 179-204.

Mesquita, B., & Frijda, N. H. (2011). An emotion perspective on emotion regulation. Cognition and emotion, 25, 782-784.

Mesquita, B., Frijda, N. H., & Scherer, K. R. (1997). Culture and emotion. In P. R. Dasen & T. S. Saraswathi (Eds.), Handbook of cross-cultural psychology, Vol. 2: Basic processes and human development (pp. 255-297). Boston, MA: Allyn & Bacon.

Mesquita, B., & Markus, H. R. (2004). Culture and emotion: Models of agency as sources of cultural variation in emotion. In N. H. Frijda, A. S. R. Manstead, & A. Fischer (Eds.), Feelings and emotions: The Amsterdam Symposium (pp. 341-358). New York, NY: Cambridge University Press.

Messinger, D. (2002). Positive and negative: Infant facial expressions and emotions. Current Directions in Psychological Science, 11(1), 1-6.

Messinger, D., & Fogel, A. (2007). The interactive development of social smiling. Advances in Child Development and Behaviour, 35, 328-366.

Meunier, J. C., Bisceglia, R., & Jenkins, J. M. (2012, in press). Differential parenting and children's behavioral problems: Curvilinear associations and mother-father combined effects. *Developmental Psychology, 48,* 987-1002.

Meyer-Lindenberg, A., Buckholtz, J. W., Kolachana, B., Hariri, B., Pezawas, L., Blasi, G., et al. (2006). Neural mechanisms of genetic risk for impulsivity and violence in humans. *Proceedings from the National Academy of Sciences of the United States of America, 103*(16), 6269-6274.

Miall, D. S., & Kuiken, D. (2002). A feeling for fiction: Becoming what we behold. *Poetics, 30,* 221-241.

Middeldorp, C. M., Cath, D. C., Beem, A. L., Willemsen, G., & Boomsma, D. I. (2008). Life events, anxious depression and personality: A prospective and genetic study. *Psychological Medicine, 38,* 1557-1565.

Milgram, S. (1963). Behavioral study of obedience. *Journal of Abnormal and Social Psychology, 67,* 371-378.

Milkie, M. A., & Warner, C. H. (2011). Classroom learning environments and the mental health of first grade children. *Journal of Health and Social Behavior, 52*(1), 4-22.

Miller, E. K., & Cohen, J. D. (2001). An integrative theory of prefrontal cortex function. *Annual Review of Neuroscience, 24,* 167-202.

Miller, G. F. (2001) *The mating mind: How sexual choice shaped the evolution of human nature.* New York, NY: Doubleday.

Miller, G. F., Tybur, J., & Jordan, B. (2007). Ovulatory cycle effects on tip earnings by lap-dancers: Economic evidence for human estrus? *Evolution and Human Behavior.*

Miller, R. S. (1995). On the nature of embarrassability: Shyness, social-evaluation, and social skill. *Journal off Personality, 63,* 315-339.

Miller, R. S., & Tangncy, J. P. (1994). Differentiating embarrassment from shame. *Journal of Social and Clinical Psychology, 13,* 273-287.

Miller, W. I. (2006). *An eye for an eye.* Cambridge, MA: Cambridge University Press.

Miller, W. L. (1994). The politics of emotion display in heroic society. In N. Frijda (Ed.), *Proceedings of the 8th conference of the International Society for Research on Emotions, Cambridge,* July 14-17. Storrs, CT: ISRE Publications (pp. 43-46).

Minagawa-Kawai, Y., Matsuoka, S., Dan, I., Naoi, N., Nakamura, K., & Kojima, S. (2009). Prefrontal activation associated with social attachment: Facial-emotion recognition in mothers and infants. *Cerebral Cortex, 19*(2), 284-292.

Mineka, S., & Cook, M. (1993). Mechanisms involved in the observational conditioning of fear. *Journal of Experimental Psychology: General, 122,* 24-38.

Mineka, S., & Gilboa, E. (1998). Cognitive biases in anxiety and depression. In W. F. Flack & J. D. Laird (Eds.), *Emotions in psychopathology. Theory and research* (pp. 216-228). New York, NY: Oxford University Press.

Mineka, S., Rafaeli, E., & Yovel, I. (2003). Cognitive biases in emotional disorders: Information processing and social-cognitive perspectives. In R. J. Davidson, K. R. Scherer, & H. H. Goldsmith (Eds.), *Handbook of affective sciences* (pp. 976-1009). New York, NY: Oxford University Press.

Miranda, R., & Andersen, S. M. (2010). The social psychology of transference. In J. E. Maddux & J. P. Tangney (Eds.), *Social psychological foundations of clinical psychology* (pp. 476-496). New York, NY: Guilford.

Miranda, R., & Kihlstrom, J. F. (2005). Mood congruence in childhood and recent autobiographical memory. *Cognition and Emotion, 19,* 981-998.

Mischel, W., & Shoda, Y. (1995). A cognitive-affective system theory of personality: Reconceptualizing situations, dispositions, dynamics, and invariance in personality structures. *Psychological Review, 102,* 244-268.

Mıthen, S. (1996). *The prehistory of the mind: The cognitive origins of art and science.* London, UK: Thames and Hudson.

Mithen, S. (2001). The evolution of imagination: An archeological perspective. *SubStance* (# 94/95), 28-54.

Miyake, K., Campos, J., Kagan, J., & Bradshaw, D. L.

(1986). Issues in socioemotional development. In H. Stevenson, H. Azuma, & K. Hakuta (Eds.), *Child development and education in Japan* (pp. 239–261). New York, NY: Freeman.

Miyamoto, Y., Uchida, Y., & Ellsworth, P. C., (2010). Culture and mixed emotions: Co-occurrence of positive and negative emotions in Japan and the United States. *Emotion, 10*(3), 404–415.

Moffitt, T. E. (1993). Adolescence-limited and life-course-persistent antisocial behavior: A developmental taxonomy. *Psychological Review, 100*, 674–701.

Moffitt, T. E., Caspi, A., Harrington, H., & Milne, B. J. (2002). Males on the life-course persistent and adolescence-limited antisocial pathways: Follow-up at age 26 years. *Development and Psychopathology, 14*(1), 179–207.

Moffitt, T. E., Caspi, A., Taylor, A., Kokaua, J., Milne, B. J., Polanczyk, G., ct al. (2010). How common are common mental disorders? Evidence that lifetime prevalence rates are doubled by prospective versus retrospective ascertainment. *Psychological Medicine, 40*, 899–909.

Mogg, K., & Bradley, B. P. (1999). Selective attention and anxiety: A cognitive-motivational perspective. In T. Dalgleish & M. Power (Eds.), *Handbook of cognition and emotion* (pp. 145–170). Chichester, UK: Wiley.

Mogg, K., & Bradley, B. P. (2003). Selective processing of nonverbal information in anxiety: Attentional biases for threat. In P. Philippot (Ed.), *Nonverbal behavior in clinical settings* (pp. 127–143). London, UK: Oxford University Press.

Mogg, K., & Bradley, B. P. (2004). A cognitive-motivational perspective on the processing of threat information and anxiety. In J. Yiend (Ed.), *Cognition, emotion, and psychopathology: Theoretical, empirical and clinical directions* (pp. 68–85). New York, NY: Cambridge University Press.

Mogg, K., & Bradley, B. P. (2005). Attentional bias in generalized anxiety disorder versus depressive disorder. *Cognitive Therapy and Research, 29*(1), 29–45.

Monroe, S. M., & Hadjiyannakis, K. (2002). The social environment and depression. In I. H. Gotlib & C. L. Hammen (Eds.), *Handbook of depression* (pp. 314–340). New York, NY: Guilford.

Monroe, S. M., & Simons, A. D. (1991). Diathesis stress in the context of life stress research: Implications for the depressive disorders. *Psychological Bulletin, 110*, 406–425.

Monroe, S. M., & Wade, S. L. (1988). Life events. In C. G. Last & M. Hersen (Eds.), *Handbook of anxiety disorders* (pp. 293–305). New York, NY: Pergamon Press.

Montagne, B., Kessels, R. P., Frigerio, E., de Haan, E. H., & Perrett, D. I. (2005). Sex differences in the perception of affective facial expressions: Do men really lack emotional sensitivity? *Cognitive Processing, 6*(2), 136–141.

Montague, D. P. F., & Walker-Andrews, A. S. (2001). Peekaboo: A new look at infants' perception of emotion expressions. *Developmental Psychology, 37*(6), 826–838.

Montepare, J. M., Goldstein, S. B., & Clausen, A. (1987). The identification of emotions from gait information. *Journal of Nonverbal Behavior, 11*, 33–42.

Moons, W. G., Eisenberger, N. I., & Taylor, S. E. (2010). Anger and fear responses to stress have different biological profiles. *Brain, Behavior, and Immunity, 24*, 215–219.

Moore, C., & Dunham, P. J. (1995). *Joint attention: Its origins and role in development.* Mahwah, NJ: Lawrence Erlbaum.

Moors, A. (2007). Can cognitive methods be used to study the unique aspect of emotion: An appraisal theorist's answer. *Cognition and Emotion, 21*, 1238–1269.

Moors, A. (2009). Theories of emotion causation: A review. *Cognition and Emotion, 23*, 625–662.

Moors, A., De Houwer, J., & Eelen, P. (2004). Automatic stimulus-goal comparisons: Support from motivational affective priming studies. *Cognition and Emotion, 18*, 29–54.

Morris, A. S., Silk, J. S., Steinberg, L., Myers, S. S., & Robinson, L. R. (2007). The role of the family context in the development of emotion regulation. *Social*

Development, 16(2), 361-388.

Morris, D., Collett, P., Marsh, P., & O'Shaughnessy, M. (1979). *Understanding emotions from gestures: Their origin and distribution.* London, UK: Cape.

Morton, J. B., & Trehub, S. E. (2001). Children's understanding of emotion in speech. *Child Development, 72,* 834-843.

Moskowitz, A. K. (2004). "Scared stiff": Catatonia as an evolutionary based fear response. *Psychological Review, 111,* 984-1002.

Moss, E., Dubois-Comtois, K., Cyr, C., Tarabulsy, G. M., St-Laurent, D., & Bernier, A. (2011). Efficacy of a home-visiting intervention aimed at improving maternal sensitivity, child attachment, and behavioral outcomes for maltreated children: A randomized control trial. *Development and Psychopathology, 23*(1), 195-210.

Mueller, T. I., Keller, M. B., Leon, A., Solomon, D. A., Shea, M. T., Coryell, W., et al. (1996). Recovery after five years of unremitting major depressive disorder. *Archives of General Psychiatry, 53,* 794-799.

Müller, M. B., & Holsboer, F. (2006). Mice with mutations in the HPA-system as models for symptoms of depression. *Biological Psychiatry, 59,* 1104-1115.

Mumme, D. L., & Fernald, A. (2003). The infant as onlooker: Learning from emotional reactions observed in a television scenario. *Child Development, 74*(1), 221-237.

Mumme, D. L., Fernald, A., & Herrera, C. (1996). Infants' responses to facial and vocal emotional signals in a social referencing paradigm. *Child Development, 67*(6), 3219-3237.

Muñoz, L. C. (2009). Callous-unemotional traits are related to combined deficits in recognizing afraid faces and body poses. *Journal American Academy of Child and Adolescent Psychiatry, 48*(5), 554-562.

Muñoz, R. F., Mrazek, P. J., & Haggerty, R. J. (1995). Institute of Medicine report on prevention of mental disorders: Summary and commentary. *American Psychologist, 51,* 1116-1122.

Murphy, M. R., Seckl, J. R., Burton, S., Checkley, S. A., & Lightman, S. L. (1987). Changes in oxytocin and vasopressin secretion during sexual activity in men. *Journal of Clinical Endocrinology and Metabolism, 65*(4), 738-742.

Murphy, S. T., & Zajonc, R. B. (1993). Affect, cognition, and awareness: Affective priming with optimal and sub-optimal stimulus exposures. *Journal of Personality and Social Psychology, 64,* 723-739.

Murray, S. L., & Holmes, J. G. (1993). Seeing virtues in faults: Negativity and the transformation of interpersonal narratives in close relationships. *Journal of Personality and Social Psychology, 65,* 707-723.

Murray, S. L., & Holmes, J. G. (1997). A leap of faith? Positive illusions: Idealization and the construction of satisfaction in close relationships. *Journal of Personality and Social Psychology, 70,* 79-98.

Myers, D. G., & Diener, E. (1996, May). The pursuit of happiness. *Scientific American, 274,* 54-56.

Myers, S. A., & Berscheid, E. (1997). The language of love: The difference a preposition makes. *Personality and Social Psychology Bulletin, 23,* 347-362.

Nadal, M., & Pearce, M. T. (2011). The Copenhagen neuroaesthetics conference: Prospects and pitfalls for an emerging field. *Brain and Cognition, 76,* 172-183.

Nagin, D., & Tremblay, R. E. (1999). Trajectories of boys' physical aggression, opposition, and hyperactivity on the path to physically violent and nonviolent juvenile delinquency. *Child Development, 70*(5), 1181-1196.

Nakota, T., & Trehub, S. (2004). Infants' responsiveness to maternal speech and singing. *Infant Behavior and Development, 27,* 455-464.

Nance, J. (1975). *The gentle Tasaday.* New York, NY: Harcourt Brace Jovanovich.

Nangle, D. W., & Erdley, C. A. (2001). Editors' notes. In D. W. Nangle & C. A. Erdley (Series Eds.) & W. Damon (Volume Ed.), New directions for child and adolescent development. *The role of friendship in psychological adjustment.* San Francisco, CA: Jossey-Bass.

Naumova, O. Y., Lee, M., Koposov, R., Szyf, M., Dozier, M., & Grigorenko, E. L. (2011). Differential patterns of whole-genome DNA methylation in institutionalized children and children raised by their biological parents. *Development and Psychopathology* (Online preprint).

Neal, D. T., & Chartrand, T. (2011). Embodied emotion perception: Amplifying and dampening facial feedback modulates emotion perception accuracy. *Psychological Science, 2,* 673-678.

Neff, K. (2011). *Self-compassion.* New York, NY: William Morrow.

Nelson, E., & Panksepp, J. (1996). Oxytocin mediates acquisition of maternally associated odor preferences in pre-weaning rat pups. *Behavioral Neuroscience, 110*(3), 583-592.

Nelson, E. E., & Panksepp, J. (1998). Brain substrates of infant-mother attachment: Contributions of opioids, oxytocin, and norepinephrine. *Neuroscience and Biobehavioral Reviews, 22*(3), 437-452.

Nelson, N. L., & Russell, J. A. (2011a). Preschoolers' use of dynamic facial, bodily, and vocal cues to emotion. *Journal of Experimental Child Psychology, 110*(1), 52-61.

Nelson, N. L., & Russell, J. A. (2011b). Putting motion in emotion: Do dynamic presentations increase pre-schooler's recognition of emotion? *Cognitive Development, 26*(3), 248-259.

Nelson, N. L., & Russell, J. A. (2011c). When dynamic, the head and face alone can express pride. *Emotion, 11*(4), 990-993.

Neppl, T. K., Conger, R. D., Scaramella, L. V., & Ontai, L. L. (2009). Intergenerational continuity in parenting behavior: Mediating pathways and child effects. *Developmental Psychology, 45*(5), 1241-1256.

Nesse, R. M. (1990). Evolutionary explanations of emotions. *Human Nature, 1,* 261-283.

Nesse, R. (2000). Is depression an adaptation? *Archives of General Psychiatry, 57,* 14-20.

Nesse, R. (2006). Why so many people with selfish genes are pretty nice, except for their hatred of *the selfish gene.* In A. Grafen & M. Ridley (Eds.), *Richard Dawkins: How a scientist changed the way we think: Reflections by scientists, writers, and philosophers* (pp. 203-212). New York, NY: Oxford University Press.

Nesse, R., & Ellsworth, P. C. (2009). Evolution, emotions, and emotional disorders. *American Psychologist, 64,* 129-139.

Ng, W., & Diener, E. (2009). Personality differences in emotions does emotion regulation play a role? *Journal of Individual Differences, 30*(2), 100-106.

Niedenthal, P. M. (2007). Embodying emotion. *Science, 316,* 1002-1005.

Niedenthal, P. M., & Halberstadt, J. H. (2000). Grounding categories in emotional response. In J. Forgas (Ed.), *Feeling and thinking: The role of affect in social cognition* (pp. 357-386). New York, NY: Cambridge University Press.

Niedenthal, P. M., Mermillod, M., Maringer, M., & Hess, U. (2010). The Simulation of Smiles (SIMS) model: Embodied simulation and the meaning of facial expression. *Behavioral and Brain Sciences, 33,* 417-433.

Niedenthal, P. M., & Setterlund, M. B. (1994). Emotion congruence in perception. *Personality and Social Psychology Bulletin, 20,* 401-411.

Niedenthal, P. M., Winkielman, P. Mondillon, L., & Vermeulen, N. (2009). Embodiment of emotional concepts: Evidence from EMG measures. *Journal of Personality and Social Psychology, 96,* 1120-1136.

Nielsen, M., & Dissanayake, C. (2004). Pretend play, mirror self-recognition and imitation: A longitudinal investigation through the second year. *Infant Behavior and Development, 27*(3), 342-365.

Nievar, M. A., & Becker, B. J. (2008). Sensitivity as a privileged predictor of attachment: A second perspective on de Wolff and van Ijzendoorn's meta-analysis. *Social Development, 17*(1), 102-114.

Nishida, T., Hasegawa, T., Hayaki, H., Takahata, Y., & Uehara, S. (1992). Meat-sharing as a coalition strategy by an alpha male chimpanzee. In T. Nishida, W. C. McGrew, P. Marler, M. Pickford, & F. B. M. De Waal (Eds.), *Topics in primatology, Vol. 1: Human origins* (pp. 159-174). Tokyo: University of Tokyo Press.

Nofzinger, E. A., Nichols, T. E., Meltzer, C. C., et al. (1999). Changes in forebrain function from waking to REM sleep in depression: Preliminary analyses of [18F]

FDG PET studies. *Psychiatry Research, 91,* 59-78.

Nolen-Hoeksema, S. (2000). The role of rumination in depressive disorders and mixed anxiety/depressive symptoms. *Journal of Abnormal Psychology, 109,* 504-511.

Nolen-Hoeksema, S. (2002). Gender differences in depression. In I. H. Gotlib & C. L. Hammen (Eds.), *Handbook of depression* (pp. 492-509). New York, NY: Guilford.

Nolen-Hoeksema, S., & Jackson, B. (2001). Mediators of the gender difference in rumination. *Psychology of Women Quarterly, 25,* 37-47.

Nolen-Hoeksema, S., Larson, J., & Grayson, C. (1999). Explaining the gender difference in depression. *Journal of Personality and Social Psychology, 77,* 1061-1072.

Nolen-Hoeksema, S., & Morrow, J. (1991). A prospective study of depression and post traumatic stress symptoms after a natural disaster: The 1989 Loma Prieta earthquake. *Journal of Personality and Social Psychology, 61,* 115-121.

Nolen-Hoeksema, S., Morrow, J., & Fredrickson, B. J. (1993). Response styles and the duration of episodes of depressed mood. *Journal of Abnormal Psychology, 102,* 20-28.

Nolen-Hoeksema, S., Parker, L. E., & Larson, J. (1994). Ruminative coping with depressed mood following loss. *Journal of Personality and Social Psychology, 67,* 92-104.

Nolen-Hoeksema, S., Wisco, B. E., & Lyubomirsky, S. (2008). Rethinking rumination. *Perspectives on Psychological Science, 3,* 400-424.

Norcross, J. C., & Goldfried, M. R. (Eds.). (2005). *Handbook of psychotherapy integration* (2nd ed.). New York, NY: Oxford University Press.

Noriuchi, M., Kikuchi, Y., & Senoo, A. (2008). The functional neuroanatomy of maternal love: Mother's response to infant's attachment behaviors. *Biological Psychiatry, 63*(4), 415-23.

Nussbaum, M. (2001). *Upheavals of thought: The intelligence of emotions.* New York, NY: Cambridge University Press.

Nussbaum, M. C. (1986). *The fragility of goodness: Luck and ethics in Greek tragedy and philosophy.* Cambridge, MA: Cambridge University Press.

Nussbaum, M. C. (1994). *The therapy of desire: Theory and practice in Hellenistic ethics.* Princeton, NJ: Princeton University Press.

O'Connor, F. (1963). *My Oedipus complex and other stories.* London, UK: Penguin Books.

O'Connor, T. G., Ben-Shlomo, Y., Heron, J., Golding, J., Adams, D., & Glover, V. (2005). Prenatal anxiety predicts individual differences in cortisol in pre-adolescent children. *Biological Psychiatry, 58*(3), 211-217.

O'Connor, T. G., Heron, J., Golding, J., & Glover, V. (2003). Maternal antenatal anxiety and behavioural/emotional problems in children: A test of a programming hypothesis. *Journal of Child Psychology and Psychiatry, 44,* 1025-1036.

O'Connor, T. G., Marvin, R. S., Rutter, M., Olrick, J. T., & Britner, P. A. (2003). Child-parent attachment following early institutional deprivation. *Development and Psychopathology, 15,* 19-38.

O'Doherty, J., Kringelbach, M., Rolls, E., et al. (2001). Abstract reward and punishment representations in the human orbitofrontal cortex. *Nature Neuroscience, 4,* 95-102.

O'Donnell, K., O'Connor, T. G., & Glover, V. (2009). Prenatal stress and neurodevelopment of the child: Focus on the HPA axis and role of the placenta. *Developmental Neuroscience, 31,* 285-292.

Oatley, K. (1988). Life events, social cognition and depression. In S. Fisher & J. Reason (Eds.), *Handbook of life stress, cognition and health* (pp. 543-557). New York, NY: Wiley.

Oatley, K. (1992). *Best laid schema: The psychology of emotions.* New York, NY: Cambridge University Press.

Oatley, K. (1999). Why fiction may be twice as true as fact: Fiction as cognitive and emotional simulation. *Review of General Psychology, 3,* 101-117.

Oatley, K. (2002). Emotions and the story worlds of fiction. In M. C. Green, J. J. Strange, & T. C. Brock

(Eds.), *Narrative impact: Social and cognitive foundations* (pp. 39-69). Mahwah, NJ: Erlbaum.

Oatley, K. (2003). Creative expression and communication of emotion in the visual and narrative arts. In R. J. Davidson, K. R. Scherer, & H. H. Goldsmith (Eds.), *Handbook if affective sciences* (pp. 481-502). New York, NY: Oxford University Press.

Oatley, K. (2004a). From the emotions of conversation to the passions of fiction. In A.S.R. Manstead, N. Frijda, & A. Fischer (Eds.), *Feelings and emotions: The Amsterdam Symposium* (pp. 98-115). Cambridge, MA: Cambridge University Press.

Oatley, K. (2004b). Scripts, transformations, and suggestiveness, of emotions in Shakespeare and Chekhov. *Review of General Psychology, 8,* 323-340.

Oatley, K. (2004c). *Emotions: A brief history.* Malden, MA: Blackwell.

Oatley, K. (2009). Other bodies, other minds. Review of *Avatar* (2009), dir. James Cameron, *PsycCRITIQUES, 55*(5).

Oatley, K. (2011). *Such stuff as dreams: The psychology of fiction.* Oxford, UK: Wiley-Blackwell.

Oatley, K., & Bolton, W. (1985). A social-cognitive theory of depression in reaction to life events. *Psychological Review, 92,* 372-388.

Oatley, K., & Djikic, M. (2002). Emotions and transformation: Varieties of experience of identity. *Journal of Consciousness Studies, 9-10,* 97-116.

Oatley, K., & Duncan, E. (1992). Incidents of emotion in daily life. In K. T. Strongman (Ed.), *International review of studies on emotion* (pp. 250-293). Chichester, UK: Wiley.

Oatley, K., & Duncan, E. (1994). The experience of emotions in everyday life. *Cognition and Emotion, 8,* 369-381.

Oatley, K., & Jenkins, J. M. (1992). Human emotions: Function and dysfunction. *Annual Review of Psychology, 43,* 55-85.

Oatley, K., & Johnson-Laird, P. N. (1987). Towards a cognitive theory of emotions. *Cognition and Emotion, 1,* 29-50.

Oatley, K., & Johnson-Laird, P. N. (1995). The communicative theory of emotions: Empirical tests, mental models, and implications for social interaction. In L. L. Manin & A. Tesser (Eds.), *Striving and feeling: Interactions among goals, affect, and self-regulation* (pp. 363-393). Mahwah, NJ: Erlbaum.

Oatley, K., & Johnson-Laird, P. N. (2011). Basic emotions in social relationships, reasoning, and psychological illnesses. *Emotion Review, 3,* 424-433.

Oatley, K., & Perring, C. (1991). A longitudinal study of psychological and social factors affecting recovery from psychiatric breakdown. *British Journal of Psychiatry, 158,* 28-32.

Oberle, E., Schonert-Reichl, K., & Thomson, K. C. (2010). Understanding the link between social and emotional well-being and peer relations in early adolescence: Gender-specific predictors of peer acceptance. *Journal of Youth and Adolescence, 39*(11), 1330-1342.

Ochsner, K., & Schachter, D. (2003). Remembering emotional events: A social cognitive and neuroscience approach. In R. J. Davidson, K. R. Scherer, & H. H. Goldsmith (Eds.), *Handbook of affective sciences* (pp. 643-660). New York, NY: Oxford University Press.

Ochsner, K. N. (2008). The social-emotional processing stream: Five core constructs and their translational potential for schizophrenia and beyond. *Biological Psychiatry, 64,* 48-61.

Ochsner, K. N., Bunge, S. A., Gross, J. J., & Gabrieli, J.D.E. (2002). Rethinking feelings: An fMRI study of the cognitive regulation of emotion. *Journal of Cognitive Neuroscience, 14,* 1215-1229.

Ochsner, K. N., & Gross, J. J. (2008). Cognitive emotion regulation: Insights from social cognitive and affective neuroscience. *Currents Directions in Psychological Science, 17*(l), 153-158.

Odgers, C. L., Moffitt, T. E., Broadbent, J. M., Dickson, N., Hancox, R. J., Harrington, H., et al. (2008). Female and male antisocial trajectories: From childhood origins to adult outcomes. *Development and Psychopathology, 20*(2), 673-716.

Oenguer, D., & Price, J. L. (2000). The organization of

networks within the orbital and medial prefrontal cortex of rats, monkeys, and humans. *Cerebral Cortex, 10*(3), 206-219.

Offord, D. R., Boyle, M. H., Racine, Y. A., Fleming, J. E., Cadman, D. T., Blum, H. M., et al. (1992). Outcome, prognosis, and risk in a longitudinal follow-up study. *Journal of the American Academy of Child & Adolescent Psychiatry, 31*(5), 916-923.

Ogas, O., & Gaddam, S. (2011). *A billion wicked thoughts: What the world's largest experiment reveals about hidden desires.* New York, NY: Dutton.

Öhman, A. (1986). Face the beast and fear the face: Animal and social fears as prototypes for evolutionary analyses of emotion. *Psychophysiology, 23*, 123-145.

Öhman, A. (2000). Fear and anxiety: Evolutionary, cognitive, and clinical perspectives. In M. Lewis & J. Haviland-Jones (Eds.), *Handbook of emotions, Second Edition* (pp. 573-593). New York, NY: Guilford.

Öhman, A., & Dimberg, U. (1978). Facial expressions as conditioned stimuli for electrodermal responses: A case of "preparedness"? *Journal of Personality and Social Psychology, 36,* 1251-1258.

Öhman, A., & Mineka, S. (2001). Fears, phobias, and preparedness: Towards an evolved module of fear and fear learning. *Psychological Review, 108*(3), 483-522.

Öhman, A., & Soares, J. J. F. (1994). "Unconscious anxiety": Phobic responses to masked stimuli. *Journal of Abnormal Psychology, 103*, 231-240.

Oishi, S., Kesebir, S., & Diener, E. (2011). Income inequality and happiness. *Psychological Science, 22,* 1095-1100.

Oishi, S., Schimmack, U., & Diener, E. (2012). Progressive taxation and the subjective well-being of nations. *Psychological Science, 23,* 86-92.

Olds, D., Henderson, C. R., Cole, R., Eckenrode, J., Kitzman, H., Luckey, D., et al. (1998). Long-term effects of nurse home visitation on children's criminal and antisocial behavior. *JAMA: Journal of the American Medical Association, 280*(14), 1238.

Olds, D. L., Sadler, L., & Kitzman, H. (2007). Programs for parents of infants and toddlers: Recent evidence from randomized trials. *Journal of Child Psychology and Psychiatry, 48*(3-4), 355-391.

Olds, J., & Milner, P. (1954). Positive reinforcement produced by electrical stimulation of septal area and other regions of rat brain. *Journal of Comparative and Physiological Psychology, 47*, 419-427.

Ollendick, T. H., & King, N. J. (2004). Empirically supported treatments for children and adolescents: Advances toward Evidence-Based practice. In P. M. Barrett & T. H. Ollendick (Eds.), *Handbook of interventions that work with children and adolescents* (pp. 1-25). West Sussex, England: Wiley.

Olson, D. R. (1994). *The world on paper.* New York, NY: Cambridge University Press.

Oltmanns, T. F. (2003). *Case studies in abnormal psychology* (6th ed.). New York, NY: Wiley.

Ontai, L. L., & Thompson, R. A. (2002). Patterns of attachment and maternal discourse effects on children's emotion understanding from 3 to 5 years of age. *Social Development, 11*(4), 433-450.

Orlinsky, D. E., & Howard, K. I. (1980). Gender and psychotherapeutic outcome. In A. M. Brodsky & R. T. Hare-Martin (Eds.), *Women and psychotherapy* (pp. 3-34). New York, NY: Guilford.

Orobio de Castro, B., Veerman, J., Koops, W., Bosch, J., & Monshouwer, H. (2002). Hostile attribution of intent and aggressive behavior: A meta-analysis. *Child Development, 73,* 916-934.

Orth-Gomer, K., Wamala, S. P., Horsten, M., et al. (2000). Marital stress worsens prognosis in women with coronary heart disease: The Stockholm Female Coronary Risk Study. *Journal of the American Medical Association, 284*, 3008-3014.

Ortony, A., Clore, G., & Collins, A. (1988). *The cognitive structure of emotions.* New York, NY: Cambridge University Press.

Osgood, C. E., May, W. H., & Miron, M. S. (1975). *Cross-cultural universals of affective meaning.* Urbana: Illinois University Press.

Oskis, A., Loveday, C., Hucklebridge, F., Thorn, L., & Clow, A. (2011). Anxious attachment style and salivary cortisol dysregulation in healthy female children and adolescents. *Journal of Child Psychology and Psychiatry, 52*(2), 111–118.

Öst, L. G. (2008). Efficacy of the third wave of behavioral therapies: A systematic review and meta-analysis. *Behaviour Research and Therapy, 46,* 296–321.

Oster, H. (2005). The repertoire of infant facial expressions: An ontogenetic perspective. In J. Nadel & D. Muir (Eds.), *Emotional development: Recent research advances* (pp. 261–292). Oxford, UK: Oxford University Press.

Osumi, T., & Ohira, H. (2009). Cardiac responses predict decisions: An investigation of the relation between orienting response and decisions in the ultimatum game. *International Journal of Psychophysiology, 74,* 74–79.

Oveis, C., Cohen, A. B., Gruber, J., Shiota, M. N., Haidt, J., & Keltner, D. (2009). Resting respiratory sinus arrhythmia is associated with tonic positive emotionality. *Emotion, 9,* 265–270.

Oveis, C., Horberg, E. J., & Keltner, D. (2010). Compassion, pride, and social intuitions of self-other similarity. *Journal of Personality and Social Psychology, 98,* 618–630.

Overton, W. F. (2006). Developmental psychology: Philosophy, concepts, methodology. In R. M. Lerner, *Handbook of child psychology: Vol. 1: Theoretical models of human development* (6th ed., pp. 18–88). Hoboken, NJ: Wiley.

Owren, M. J., & Bachorowski, J. (2001). The evolution of emotional expression: A "selfish-gene" account of smiling and laughter in early hominids and humans. In T. J. Mayne & G. A. Bonanno (Eds.), *Emotions: Current issues and future directions* (pp. 152–191). New York, NY: Guilford.

Ozer, D. J., & Benet-Martínez, V. (2006). Personality and the prediction of consequential outcomes. *Annual Review of Psychology, 57*(1), 401–421.

Page, D. (1955). *Sappho and Alceus: An introduction to the study of ancient Lesbian poetry.* Oxford, UK: Oxford University Press.

Page-Gould, E., & Mendoza-Denton, R. (2011).

Friendship and social interaction with outgroup members. In L. R. Tropp & R. Mallett (Eds.), *Beyond prejudice reduction: Pathways to positive intergroup relations* (pp. 139–158). Washington, DC: APA Books.

Panksepp, J. (1993). Neurochemical control of moods and emotions: Amino acids to neuropeptides. In M. Lewis & J. M. Haviland (Eds.), *Handbook of emotions* (pp. 87–107). New York, NY: Guilford.

Panksepp, J. (2001). The neuro-evolutionary cusp between emotions and cognitions: Implications for understanding consciousness and the emergence of a unified mind science. *Evolution and Cognition, 7,* 141–163.

Panksepp, J. (2005). Affective consciousness: Core emotional feelings in animals and humans. *Consciousness and Cognition, 14,* 30–80.

Panksepp, J. (2005). Beyond a joke: From animal laughter to human joy. *Science, 308,* 62–63.

Panksepp, J., Nelson, E., & Bekkedal, M. (1997). Brain systems for the mediation of social separation-distress and social-reward. Evolutionary antecedents and neuropeptide intermediaries. In C. S. Carter, I. I. Lederhendler, & B. Kirkpatrick (Eds.), *The integrative neurobiology of affiliation* (Vol. 807, pp. 78–100). New York, NY: New York Academy of Sciences.

Papez, J. W. (1937). A proposed mechanism of emotion. *Archives of Neurology and Psychiatry, 38,* 725–743.

Parke, R. D. (1994). Progress, paradigms, and unresolved problems: A commentary on recent advances in our understanding of children's emotions. *Merrill-Palmer Quarterly, 40*(1), 157–69.

Parker, J. G., & Asher, S. R. (1993). Friendship and friendship quality in middle childhood: Links between peer group acceptance and feelings of loneliness and social dissatisfaction. *Developmental Psychology, 29,* 611–621.

Parkinson, B. (1996). Emotions are social. *British Journal of Psychology, 87,* 663–683.

Parkinson, B., Fischer, A. H., & Manstead, A. S. R. (2004). *Emotion in social relations: Cultural, group, and interpersonal processes.* Philadelphia, PA: Psychology Press.

Parrott, W. G., & Sabini, J. (1990). Mood and memory under natural conditions: Evidence for mood incongruent recall. *Journal of Personality and Social Psychology, 59,* 321-336.

Parrott, W. G., & Spackman, M. P. (2000). Emotion and memory. In M. Lewis & J. Haviland-Jones (Eds.), *Handbook of emotions* (2nd ed., pp. 476-490). New York, NY: Guilford.

Parrott, W. G., & Smith, S. F. (1991). Embarrassment: Actual vs. typical cases and classical vs. prototypical representations. *Cognition and Emotion, 5,* 467-488.

Parry, G., & Shapiro, D. A. (1986). Social support and life events in working-class women. *Archives of General Psychiatry, 43,* 315-323.

Paster, G. K., Rowe, K., & Floyd-Wilson, M. (Eds.). (2004). *Reading the passions: Essays on the cultural history of emotion.* Philadelphia: University of Pennsylvania Press.

Patel, V., Araya, R., De Lima, M., Ludermir, A., & Todd, C. (1999). Women, poverty and common mental disorders in four restructuring societies. *Social Science and Medicine, 49,* 1461-1471.

Patterson, G., Reid, J., & Dishion, T. (1992). *A social learning approach: Vol. 4. Antisocial boys.* Eugene, OR: Castalia.

Patterson, G. R. (1982). *Coercive family process.* Eugene, OR: Castalia.

Pauli-Pott, U., Friedel, S., Hinney, A., & Hebebrand, J. (2009). Serotonin transporter gene polymorphism (5-HTTLPR), environmental conditions, and developing negative emotionality and fear in early childhood. *Journal of Neural Transmission, 116*(6), 503-512.

Pavlov, I. P. (1927). *Conditioned reflexes* (G. V. Anrep, Trans.). New York, NY: Dover (current edition 1960).

Pecina, S., & Berridge, K. C. (2000). Opioid site in nucleus accumbens shell mediates eating and hedonic "liking" for food: Map based on microinjection Fos plumes. *Brain Research, 863,* 71-86.

Pedersen, C. (1997). Oxytocin control of maternal behavior. Regulation by sex steroids and offspring stimuli. *Annals of the New York Academy of Sciences, 807,* 126-145.

Peltola, M. J., Leppänen, J. M., Vogel-Farley, V. K., Hietanen, J. K., & Nelson, C. A. (2009). Fearful faces but not fearful eyes alone delay attention disengagement in 7-month-old infants. *Emotion, 9*(4), 560-565.

Peng, K., Ames, D., & Knowles, E. (2001). Culture and human inference: Perspectives from three traditions. In D. Masumoto (Ed.), *Handbook of culture and psychology* (pp. 243-263). New York, NY: Oxford University Press.

Peng, K., & Nisbett, R. (1999). Culture, dialectics, and reasoning about contradiction. *American Psychologist, 54,* 741-754.

Pennebaker, J. W. (1989). Confession, inhibition, and disease. In L. Berkowitz (Ed.), *Advances in experimental social psychology* (Vol. 22, pp. 211-244). Sari Diego, CA: Academic Press.

Pennebaker, J. W. (1997). Writing about emotional experiences as a therapeutic process. *Psychological Science, 8,* 162-166.

Pennebaker, J. W. (2002). Writing, social processes, and psychotherapy: From past to future. In S. J. Lepore & J. M. Smyth (Eds.), *The writing cure: How expressive writing promotes health and emotional well-being* (pp. 281-291). Washington, DC: American Psychological Association.

Pennebaker, J. W. (2012). Can expressive writing change emotions? An oblique answer to a misguided question. In D. Hermans, B. Rimé, & B. Mesquita (Eds.), *Changing emotions.* London, UKPsychology Press.

Pennebaker, J. W., & Chung, C. K. (2011). Expressive writing: Connections to mental and physical health. In H. S. Friedman (Ed.), *Oxford handbook of health psychology.* New York, NY: Oxford University Press.

Pennebaker, J. W., Kiecolt-Glaser, J. K., & Glaser, R. (1988). Disclosure of traumas and immune function: Health implications of psychotherapy. *Journal of Consulting and Clinical Psychology, 56,* 239-245.

Pennebaker, J. W., Mehl, M. R., & Niederhoffer, K. G. (2003). Psychological aspects of natural language use:

Our words, our selves. *Annual Review of Psychology, 54,* 547-577.

Pennebaker, J. W., & Seagal, J. D. (1999). Forming a story: The health benefits of narrative. *Journal of Clinical Psychology, 55,* 1243-1254.

Pennebaker, J. W., Zech, E., & Rimé, B. (2001). Disclosing and sharing emotion: Psychological, social, and health consequences. In M. S. Stroebe, R. O. Hansson, W. Stroebe, & H. Schut (Eds.), *Handbook of bereavement research. Consequences, coping, and care* (pp. 517-543). Washington, DC: American Psychological Association.

Pennington, N., & Hastie, R. (1988). Explanation-based decision making: Effects of memory structure on judgement. *Journal of Experimental Psychology: Learning, Memory, and Cognition, 14,* 521-533.

Perälä, J., Suvisaari, J., Saarni, S. I., Kuoppasalmi, K., Isometsä, E., Pirkola, S., et al. (2007). Lifetime prevalence of psychotic and bipolar I disorders in a general population. *Archives of General Psychiatry, 64,* 19-28.

Perner, J., Ruffman, T., & Leekam, S. (1994). Theory of mind is contagious: You catch it from your sibs. *Child Development, 65*(4), 1228-1238.

Perper, T. (1985). *Sex signals: The biology of love.* Philadelphia, PA: ISI Press.

Perrow, C. (1984). *Normal accidents: Living with high-risk technologies.* New York, NY: Basic Books.

Peterson, C. (2000). Kindred spirits: Influences of siblings' perspectives on theory of mind. *Cognitive Development, 75*(4), 435-455.

Peterson, G., Mehl, L., & Leiderman, H. (1979). The role of some birth related variables in father attachment. *American Journal of Orthopsychiatry, 40,* 330-338.

Petty, R., & Cacioppo, J. (1986). The elaboration likelihood model of persuasion. In L. Berkowitz (Ed.), *Advances in experimental social psychology* (Vol. 19, pp. 124-205). New York, NY: Academic Press.

Phan, K. L., Taylor, S. F., Welsh, R. C., Ho, S.-H., Britton, J. C., & Liberzon, I. (2004). Neural correlates of individual ratings of emotional salience. *Neuroimage, 21,* 768-780.

Philippot, P., & Segal, Z. V. (2009). Mindfulness based psychological interventions: Developing emotional awareness for better being. *Journal of Consciousness Studies, 16,* 285-306.

Phillips, M. L., Young, A. W., Senior, C., et al. (1997). A specific neural substrate for perceiving facial expressions of disgust. *Nature, 389,* 495-498.

Pickles, A., & Angold, A. (2003). Natural categories or fundamental dimensions: On carving nature at the joints and the rearticulation of psychopathology. *Development and Psychopathology, 15*(3), 529-551.

Pickles, A., Rowe, R., Simonoff, E., et al. (2001). Child psychiatric symptoms and psychosocial impairment: Relationship and prognostic significance. *British Journal of Psychiatry, 179,* 230-235.

Pilowsky, I., & Katsikitis, M. (1994). The classification of facial emotions: A computer based taxonomic approach. *Journal of Affective Disorders, 30,* 61-71.

Pittam, J., & Scherer, K. R. (1993). Vocal expression and communication of emotion. In M. Lewis & J. M. Haviland (Eds.), *Handbook of emotions* (pp. 185-197) New York, NY: Guilford.

Plato. (375 BCE) *The republic.* London, UK: Penguin (current edition 1955).

Plomin, R. (1983). Developmental behavioral genetics. *Child Development, 54*(2), 253-259.

Plomin, R., & Bergeman, C. S. (1991). The nature of nurture: Genetic influence on environmental measures. *Behavioral and Brain Sciences, 14,* 373-427.

Plomin, R., Chipuer, H. M., & Loelin, J. C. (1990). Behavioral genetics and personality. In L. A. Pervin (Ed.), *Handbook of personality* (pp. 225-243). New York, NY: Guilford.

Plomin, R., & Davis, O. S. P. (2009). The future of genetics in psychology and psychiatry: Microarrays, genome-wide association, and non-coding RNA. *Journal of Child Psychology and Psychiatry, 50*(12), 63-71.

Plomin, R., Haworth, C. M. A., & Davis, O. S. P. (2009). Common disorders are quantitative traits. *Nature Reviews Genetics, 10,* 872-878.

Plomin, R., Lichtenstein, P., Pedersen, N., McClearn, G. E., & Nesselroade, J. R. (1990). Genetic influences on life events during the last half of the life span. *Psychology of Aging, 5,* 25–30.

Plomin, R., & McGuffin, P. (2003). Psychopathology in the postgenomic era. *Annual Review Psychology, 54,* 205–228.

Pluess, M., Bolten, M., Pirke, K. M., & Hellhammer, D. (2010). Maternal trait anxiety, emotional distress, and salivary cortisol in pregnancy. *Biological Psychology, 83*(3), 169–175.

Plutchik, R. (1980). *Emotion: A psychobioevolutionary synthesis.* New York, NY: Harper & Row.

Polirstok, S., & Gottlieb, J. (2006). The impact of positive behavior intervention training for teachers on referral rates for misbehavior, special education evaluation and student reading achievement in the elementary grades. *International Journal of Behavioral Consultation and Therapy, 2*(3), 8.

Pollak, S. D. (2012). The emergence of human emotion: New approaches to the old nature-nurture debate. *Parenting Science and Practice, 12*(2–3), xxx.

Pollak, S. D., & Sinha, P. (2002). Effects of early experience on children's recognition of facial displays of emotion. *Developmental Psychology, 38*(5), 784–791.

Pollak, S. D., & Tolley-Schell, S. A. (2003). Selective attention to facial emotion in physically abused children. *Journal of Abnormal Psychology, 112*(3), 323–338.

Pollard, T. M. (1995). Use of cortisol as a stress marker: Practical and theoretical problems. *American Journal of Human Biology, 7*(2), 265–274.

Pollatos, O., Traut-Mattausch, E., Schroeder, H., & Schandry, R. (2007). Interoceptive awareness mediates the relationship between anxiety and the intensity of unpleasant feelings. *Journal of Anxiety Disorders, 21*(7), 931–943.

Polya, G. (1957). *How to solve it: A new aspect of mathematical method* (2nd ed.). Garden City, NY: Doubleday.

Popper, K. R. (1962a). *Conjectures and refutations.* New York, NY: Basic Books.

Popper, K. R. (1962b). *The open society and its enemies* (Vol. 2, 4th ed.). London, UK: Routledge & Kegan Paul.

Porges, S. (1998). Love: An emergent property of the mammalian autonomic nervous system. *Pycchoendocrinology, 23,* 837–861.

Porges, S. W. (2003). The polyvagal theory: Phylogenetic contributions to social behavior. *Physiology & Behavior, 79*(3), 503–513.

Posner, M. I., & Rothbart, M. K. (2000). Developing mechanisms of self-regulation. *Development and Psychopathology, 12,* 427–441.

Potts, R. (1998). Variability selection in hominid evolution. *Evolutionary Anthropology, 7,* 81–96.

Power, M., & Dalgleish, T. (2008). *Cognition and emotion: From order to disorder* (2nd ed.). Hove: Psychology Press.

Power, T. G., & Hill, L. G. (2010). Individual differences in appraisal of minor, potentially stressful events: A cluster analytic approach. *Cognition and Emotion, 24,* 1081–1094.

Powers, S. I., Pietromonaco, P. R., Gunlicks, M., & Sayer, A. (2006). Dating couples' attachment styles and patterns of cortisol reactivity and recovery in response to a relationship conflict. *Journal of Personality and Social Psychology, 90*(4), 613–628.

Prinz, W. (2007). A critique of free will: Psychological remarks on a social institution. In M. Ash & T. Sturm (Eds.), *Psychology's territories: Historical and contemporary perspectives from different disciplines* (pp. 67–88). Hove: Psychology Press.

Proust, M. (1913–1927). *A la recherche du temps perdu* [Remembrance of things past] (C. K. Scott-Moncreiff, T. Kilmartin, & A. Mayor, Trans.). London, UK: Chatto & Windus (current edition 1981).

Provine, R. R. (1992). Contagious laughter: Laughter is a sufficient stimulus for laughs and smiles. *Bulletin of the Psychonomic Society, 30,* 1–4.

Provine, R. R. (1993). Laughter punctuates speech: Linguistic, social, and gender contexts of laughter. *Ethology, 95,* 291–298.

Provine, R. R., & Fischer, K. R. (1989). Laughing, smiling, and talking: Relation to sleeping and social context in humans. *Ethology, 83*, 295–305.

Prunier, G. (1995). *The Rwanda crisis: History of a genocide.* London, UK: Hurst.

Purkis, J. (1985). *A preface to George Eliot.* London, UK: Longman.

Putnam, H. (1975). The meaning of meaning. In K. Gunderson (Ed.), *Language, mind and knowledge. Minnesota studies in the philosophy of science* (Vol. 7). Minneapolis: University of Minnesota Press.

Pynoos, R. S., & Nader, K. (1989). Children's memory and proximity to violence. *Journal of the American Academy of Child and Adolescent Psychiatry, 28*, 236–241.

Pyszczynski, T., & Greenberg, J. (1987). Self-regulatory perseveration and the depressive self-focusing style: A self-awareness theory of reactive depression. *Psychological Bulletin, 102*, 122–138.

Quigley, B., & Tedeschi, J. (1996). Mediating effects of blame attributions on feelings of anger. *Personality and Social Psychology Bulletin, 22*, 1280–1288.

Quirin, M., Pruessner, J. C., & Kuhl, J. (2008). HPA system regulation and adult attachment anxiety: Individual differences in reactive and awakening cortisol. *Psychoneuroendocrinology, 33*(5), 581–590.

Rabin, B. S. (1999). *Stress, immune function, and health: The connection.* New York, NY: Wiley.

Raine, A. (2000). Annotation: The role of prefrontal deficits, low autonomic arousal, and early health factors in the development of antisocial and aggressive behavior in children. *Journal of Child Psychology & Psychiatry, 43*(4), 417–434.

Raine, A. (2011). An amygdala structural abnormality common to two subtypes of conduct disorder: A neurodevelopmental conundrum. *American Journal of Psychiatry, 168*, 569–571.

Ramsden, S. R., & Hubbard, J. A. (2002). Family expressiveness and parental emotion coaching: Their role in children's emotion regulation and aggression. *Journal of Abnormal Child Psychology, 30*(6), 657–667.

Rasbash, J., Jenkins, J., O'Connor, T. G., Tackett, J., & Reiss, D. (2011). A social relations model of observed family negativity and positivity using a genetically informative sample. *Journal of Personality and Social Psychology, 100*(3),474–491.

Rasbash, J. Leckie, G., Pillinger, R., & Jenkins, J. (2010). Children's educational progress: Partitioning family, school and area effects. *Journal of the Royal Statistical Society: Series A (Statistics in Society), 173*(3), 657–682.

Ready, R. E., & Robinson, M. D. (2008). Do older individuals adapt to their traits? Personality-emotion relations among younger and older adults. *Journal of Research in Personality, 42*, 1020–1030.

Reicher, S. D., & Haslam, S. A. (2011). The shock of the old. *The Psychologist, 24*, 650–652.

Reisenzein, R. (1983). The Schachter theory of emotion: Two decades later. *Psychological Bulletin, 94*, 239–264.

Reisenzein, R. (1992a). A structuralist reconstruction of Wundt's three-dimensional theory of emotion. In H. Westmeyer (Ed.), *The structuralist program in psychology: Foundations and applications* (pp. 141–189). Toronto, Canada: Hopgrefe & Huber.

Reisenzein, R. (1992b). Stumpf's cognitive-evaluative theory of emotion. *American Psychologist, 47*, 34–45.

Reisenzein, R., & Weber, H. (2009). Personality and emotion. In P. J. Corr & G. Matthews (Eds.), *The Cambridge handbook of personality psychology* (pp. 54–71). New York, NY: Cambridge University Press.

Repacholi, B. M., & Gopnik, A. (1997). Early reasoning about desires: Evidence from 14- and 18-month-olds. *Developmental Psychology, 33*(1), 12–21.

Repacholi, B. M., & Meltzoff, A. N. (2007). Emotional eavesdropping: Infants selectively respond to indirect emotional signals. *Child Development, 78*(2), 503–521.

Repetti, R. L., Taylor, S. E., & Seeman, T. E. (2002). Risky families: Family social environments and the mental and physical health of offspring. *Psychological Bulletin, 128*(2), 330–366.

Richards, I. A. (1925). *Principles of literary criticism.* New

York, NY: Harcourt Brace Jovanovich.

Richards, M., & Huppert, F. A. (2011). Do positive children become positive adults? Evidence from a longitudinal birth cohort study. *Journal of Positive Psychology, 6*, 75-87.

Rimé, B. (2009). Emotion elicits social sharing of emotion: Theory and empirical review. *Emotion Review, 1*, 60-85.

Rimé, B., Finkenauer, C., Luminet, O., Zech, E., & Philippot, P. (1998). Social sharing of emotion: New evidence and new questions. *European Review of Social Psychology, 9*, 145-189.

Rimé, B., Mesquita, B., Philippot, P., & Boca, S. (1991). Beyond the emotional event: Six studies on the social sharing of emotions. *Cognition and Emotion, 5*, 435-465.

Rimé, B., Philippot, P., & Cisamolo, D. (1990). Social schemata of peripheral changes in emotion. *Journal of Personality and Social Psychology, 59*, 38-49.

Rinn, W. E. (1984). The neuropsychology of facial expression: A review of the neurological and psychological mechanisms for producing facial expressions. *Psychological Bulletin, 95*, 52-77.

Roberts, B. W., & Mroczek, D. (2008). Personality trait change in adulthood. *Current Directions in Psychological Science, 17*, 31-35.

Roberts, B. W., Wood, D., & Caspi, A. (2008). The development of personality traits in adulthood. In O. P. Joh, R. W. Robins, & L. A. Pervin (Eds.), *Handbook of personality: Theory and research* (pp. 375-98). New York, NY: Guilford.

Roberts, T. A., & Pennebaker, J. W. (1995). Gender differences in perceiving internal state: Toward a his-and-hers model of perceptual cue use. In M. Zanna (Ed.), *Advances in experimental social psychology* (Vol. 27, pp. 143-176). New York, NY: Academic Press.

Rodrigues, S. M., LeDoux, J. E., & Sapolsky, R. M. (2009). The influence of stress hormones on fear circuitry. *Annual Review of Neuroscience, 32*, 289-313.

Rolls, E. T. (1997). Taste and olfactory processing in the brain and its relation to the control of eating. *Critical Reviews in Neurobiology, 11*(4), 263-287.

Rolls, E. T. (1999). *The brain and emotion.* New York, NY: Oxford University Press.

Rolls, E. T. (2000). The orbitofrontal cortex and reward. *Cerebral Cortex, 10*, 284-294.

Rolls, E. T., & Bayliss, L. L. (1994). Gustatory, olfactory, and visual convergence within the primate orbitofrontal cortex. *Journal of Neuroscience, 14*(9), 1532-1540.

Rolls, E. T., Hornak, J., Wade, D., & McGrath, J. (1994). Emotion related learning in patients with social and emotional changes associated with frontal lobe damage. *Journal of Neurology, Neurosurgery and Psychiatry, 57*, 1518-1524.

Romney, A. K., Moore, C. C., & Rusch, C. D. (1997). Cultural universals: Measuring the semantic structure of emotion terms in English and Japanese. *Proceedings from the National Academy of Sciences, 94*, 5489-5494.

Root, C. A., & Jenkins, J. M. (2005). Maternal appraisal styles, family risk status and anger biases of children. *Journal of Abnormal Child Psychology, 33*(2), 193-204.

Rosaldo, M. (1980). *Knowledge and passion: Ilongot notions of self and social life.* Cambridge, MA: Cambridge University Press.

Roseman, I. (1984). Cognitive determinants of emotion: A structural theory. In P. Shaver (Ed.), *Review of personality and social psychology, Vol. 5: Emotions, relationships and health* (pp. 11-36). Beverley Hills, CA: Sage.

Roseman, I. (2011). Emotional behaviors, emotivational goals, emotion strategies: Multiple levels of organization integrate variable and consistent responses. *Emotion Review, 3*, 434-443.

Roseman, I., Dhawan, N., Rettek, I., Naidu, R. K., & Thapa, K. (1995). Cultural differences and cross-cultural similarities in appraisals and emotional responses. *Journal of Cross-Cultural Psychology, 26*, 23-38.

Roseman, I., & Evdokas, A. (2004). Appraisals cause experienced emotions: Experimental evidence.

Cognition and Emotion, 18, 1-28.

Rosen, H. J., & Levenson, R. W. (2009). The emotional brain: Combining insights from patients and basic science. *Neurocase, 15,* 173-181.

Rosenberg, D., & Bloom, H. (1990). *The book of J.* New York, NY: Grove Weidenfeld.

Rosenberg, E. L., & Ekman, P. (1994). Coherence between expressive and experiential systems in emotion. *Cognition and Emotion, 8,* 201-229.

Rosenman, R. H., Brand, R. J., Jenkins, C. D., Friedman, M., Straus, R., & Wurm, M. (1975). Coronary heart disease in the Western collaborative group study. *Journal of the American Medical Association, 233,* 872-877.

Ross, E. D. (1984). Right hemisphere's role in language, affective behavior, and emotion. *Trends in Neuroscience, 7,* 342-346.

Rothbart, M. K. (1981). Measurement of temperament in infancy. *Child Development, 52,* 569-578.

Rothbart, M. K., Derryberry, D., & Hershey, K. (2000). Stability of temperament in childhood: Laboratory infant assessment to parent report at seven years. In V. J. Molfese & D. L. Molfese (Eds.), *Temperament and personality development across the life span* (pp. 85-119). Mahwah, NJ: Lawrence Erlbaum.

Rothbart, M. K., & Rueda, M. R. (2005). The development of effortful control. *Developing individuality in the human brain: A tribute to Michael I. Posner,* 167-188.

Rothbart, M. K., Sheese, B. E., Rueda, M. R., & Posner, M. I. (2011). Developing mechanisms of self-regulation in early life. *Emotion Review, 3*(2), 207-213.

Rothbart, M. K., Ziaie, H., & O'Boyle, C. G. (1992). Self regulation and emotion in infancy. In N. Eisenberg & R. A. Fabes (Eds.), *Emotion and its regulation in early development (New Directions in Child Development, No. 55,* pp. 7-24). San Francisco, CA: Jossey-Bass.

Rousseau, J.-J. (1755). Discourse on the origin and basis of inequality among men. In *The essential Rousseau* (pp. 125-201). New York, NY: Penguin (current edition 1975).

Rousseau, J.-J. (1762). The social contract, or principles of political right. In *The essential Rousseau* (pp. 1-124). New York, NY: Penguin.

Rozin, P., & Fallon, A. E. (1987). A perspective on disgust. *Psychological Review, 94,* 23-41.

Rozin, P., Haidt, J., & McCauley, C. R. (2008). Disgust. In M. Lewis, J. Haviland, & L. F. Barrett (Eds.), *Handbook of emotions* (3rd ed., pp. 757-776). New York, NY: Guilford.

Rozin, P., & Kalat, J. (1971). Specific hungers and poison avoidance as adaptive specialization of learning. *Psychological Review, 78,* 459-486.

Rozin, P., Lowery, L., Imada, S., & Haidt, J. (1999). The CAD triad hypothesis: A mapping between three moral emotions (contempt, anger, and disgust), and three moral codes (community, autonomy, divinity). *Journal of Personality and Social Psychology, 66,* 870-881.

Rozin, P., & Royzman, E. B. (2001). Negativity bias, negativity dominance, and contagion. *Personality and Social Psychology Review, 5,* 296-320.

Rubin, K. H., Bukowski, W., & Parker, J. (2006). Peer interactions, relationships, and groups. In N. Eisenberg (Ed.), *Handbook of child psychology: Social, emotional and personality development* (6th ed., pp. 571-645). New York, NY: Wiley.

Rubino, V., Blasi, G., Latorre, V., Fazio, L., d'Errico, I., Mazzola, V., et al. (2007). Activity in medial prefrontal cortex during cognitive evaluation of threatening stimuli as a function of personality style. *Brain Research Bulletin, 74*(4), 250-257.

Runions, K. C., & Keating, D. P. (2007). Young children's social information processing: Family antecedents and behavioral correlates. *Developmental Psychology, 43*(4), 838-849.

Rusbult, C. E. (1980). Commitment and satisfaction in romantic associations: A test of the investment model. *Journal of Experimental Social Psychology, 17,* 172-186.

Rusbult, C. E. (1983). A longitudinal test of the investment model: The development (and deterioration) of satisfaction and commitment in heterosexual involvements. *Journal of Personality and Social Psychology, 45,* 101-117.

Ruschena, E., Prior, M., Sanson, A., & Smart, D. (2005). A longitudinal study of adolescent adjustment following family transitions. *Journal of Child Psychology and Psychiatry, 46,* 353-363.

Russell, B. (1938). *Power. A new social analysis.* London; Allen & Unwin.

Russell, J. A. (1991b). In defense of a prototype approach to emotion concepts. *Journal of Personality and Social Psychology, 60,* 37-47.

Russell, J. A. (1994). Is there universal recognition of emotion from facial expression? A review of methods and studies. *Psychological Bulletin, 115,* 102-141.

Russell, J. A. (2003). Core affect and the psychological construction of emotion. *Psychological Review, 110,* 145-172.

Russell, J. A., Bachorowski, J. A., & Fernández-Dols, J. M. (2003). Facial and vocal expressions of emotion. *Annual Review of Psychology, 54*(1), 329-349.

Russell, J. A., & Fernández-Dols, J. M. (1997). What does a facial expression mean? In J. A. Russell & J. M. Fernandez-Dols (Eds.), *The psychology of facial expression* (pp. 3-30) New York, NY: Cambridge University Press.

Rutter, M. (1979). Protective factors in children's responses to stress and disadvantage. In M. W. Kent & J. E. Rolf (Eds.), *Primary prevention in psychopathology, Vol. 3. Social competence in children* (pp. 49-74). Hanover, NH: University Press of New England.

Rutter, M. (2005). Environmentally mediated risks for psychopathology: Research strategies and findings. *Journal of the American Academy of Child and Adolescent Psychiatry, 44,* 3-18.

Rutter, M. (2009). Understanding and testing risk mechanisms for mental disorders. *Journal of Child Psychology and Psychiatry, 50*(1-2), 44-52.

Rutter, M. (2011). Research review: Child psychiatric diagnosis and classification: Concepts, findings, challenges and potential. *Journal of Child Psychology and Psychiatry, 52*(6), 647-660.

Rutter, M., Sonuga-Barke, E., & Castle, J. (2010). I. Investigating the impact of early institutional deprivation on development: Background and research strategy of the English and Romanian Adoptees (ERA) Study. *Monographs of the Society of Research and Child Development, 75*(1), 1-20.

Rutter, M., & Taylor, E. A. (2002). *Child and adolescent psychiatry.* Oxford, UK: Wiley-Blackwell.

Rydell, A., Berlin, L., & Bohlin, G. (2003). Emotionality, emotion regulation, and adaptation among 5- to 8-year-old children. *Emotion, 3*(l), 30-47.

Saarni, C. (1990). Emotional competence: How emotions and relationships become integrated. In R. A. Thompson (Ed.), *Nebraska Symposium on Motivation, 1988: Socioemotional development. Current theory and research in motivation.* (Vol. 36, pp. 115-182). Lincoln: University of Nebraska Press.

Saarni, C., Campos, J. J., Camras, L. A., & Witherington, D. (2006). Emotional development: Action, communication, and understanding. In N. Eisenberg, W. Damon, & R. M. Lerner (Eds.), *Handbook of child psychology* (6th ed., Vol. 3, pp. 226-299). Hoboken, NJ: Wiley.

Saarni, C., Mumme, D., & Campos, J. J. (1998). Emotional development: Action, communication, and understanding. In N. Eisenberg (Ed.), *Handbook of child psychology, Vol. 3: Social, emotional and personality development* (5th ed., pp. 237-309). New York, NY: Wiley.

Sacks, O. (1973). *Awakenings.* London, UK: Duckworth.

Safer, M. A., Bonanno, G. A., & Field, N. P. (2001). It was never that bad: Biased recall of grief and long-term adjustment to the death of a spouse. *Memory, 9,* 195-204.

Salaman, E. (1982). A collection of moments. In U. Neisser (Ed.), Memory observed: Remembering in natural contexts (pp. 49-63). San Francisco, CA: Freeman.

Salem, J. E., & Kring, A. (1999). Flat affect and social skills in schizophrenia: Evidence for their independence. *Psychiatry Research, 87,* 159-167.

Sallquist, J. V., Eisenberg, N., Spinrad, T. L., Reiser, M., Hofer, C., Zhou, Q., et al. (2009). Positive and negative emotionality: Trajectories across six years and relations with social competence. *Emotion, 9*(1),

15-28.

Salovey, P. (1991). *The psychology of jealousy and envy.* New York, NY: Guilford.

Sameroff, A. (2010). A unified theory of development: A dialectic integration of nature and nurture. *Child Development, 81*(l), 6-22.

Sampson, R., Raudenbush, S., & Earls, F. (1997). Neighborhoods and violent crime: A multilevel study of collective efficacy. *Science, 277*(5328), 918-924.

Sandell, R., Blomberg, J., & Lazar, A. (2002). Time matters: On temporal interactions in long term follow-up of long term psychotherapies. *Psycho-therapy Research, 12,* 39-58.

Sander, D., & Scherer, K. R. (2009). *The Oxford companion to emotion and the affective sciences.* New York, NY: Oxford University Press.

Sanders, M. R., Ralph, A., Sofronoff, K., Gardiner, P., Thompson, R., Dwyer, S., et al. (2008). Every family: A population approach to reducing behavioral and emotional problems in children making the transition to school. *Journal of Primary Prevention, 29*(3), 197-222.

Sangsue, J., Scherer, K. R., Scherer, U., Tran, V., & Wranik, T. (2004). Emotions in everyday life: Probability of occurrence, risk factors, appraisal and reaction patterns. *Social Science Information, 43*(4), 499-570.

Sapolsky, R., Romero, M., & Munck, A. U. (2000). How do glucocorticoids influence stress responses? Integrating permissive, suppressive, stimulatory, and preparative actions. *Endocrine Reviews, 21,* 55-89.

Sarason, B. R., Shearin, E. N., Pierce, G. R., & Sarason, G. R. (1987). Interrelations of social support measures: Theoretical and practical implications. *Journal of Personality and Social Psychology, 52,* 813-832.

Sartre, J.-P. (1962). *Sketch for a theory of the emotions* (P. Mairet, Trans.). London, UK: Methuen.

Sauter, D. (2010). More than happy: The need for disentangling positive emotions. *Current Directions in Psychological Science, 19,* 36-40.

Sauter, D., Eisner, F., Ekman, P., & Scott, S. K. (2010). Cross-cultural recognition of basic emotions through nonverbal emotional vocalizations. *Proceedings of the National Academy of Sciences, 107*(6), 2408-2412.

Sauter, D., & Scott, S. K. (2007). More than one kind of happiness: Can we recognize vocal expressions of different positive states? *Motivation and Emotion, 31*(3), 192-199.

Scarr, S., & Salapatek, P. (1970). Patterns of fear development during infancy. *Merrill-Palmer Quarterly, 16,* 53-90.

Schachter, S., & Singer, J. (1962). Cognitive, social and physiological determinants of emotional state. *Psychological Review, 69,* 379-399.

Schaeffer, C. M., Petras, H., Ialongo, N., Poduska, J., & Kellam, S. (2003). Modeling growth in boys' aggressive behavior across elementary school: Links to later criminal involvement, conduct disorder, and antisocial personality disorder. *Developmental Psychology, 39*(6), 1020.

Schaffer, H. R. (1974). Cognitive components of the infant's response to strangeness. In M. Lewis & L. A. Rosenblum (Eds.), *The origins of fear* (pp. 11-25). New York, NY: Wiley.

Schank, R.,& Abelson, R. (1977). *Scripts, plans, goals and understanding: An inquiry into human knowledge structures.* Hillsdale, NJ: Erlbaum.

Schechner, R. (2001). *Rasaesthetics. The Drama Review, 43,* 27-50.

Scheff, T. J. (1979). *Catharsis in healing, ritual, and drama.* Berkeley: University of California Press.

Scheff, T. J. (1997). *Emotions, the social bond, and human reality: Part/whole analysis.* New York, NY: Cambridge University Press.

Scherer, J. F., True, W. R., Xian, H., Lyons, M. J., Eisen, S. A., Goldberg, J., et al. (2000). Evidence for genetic influences common and specific to symptoms of generalized anxiety and panic. *Journal of Affective Disorders, 57,* 25-35.

Scherer, K. R. (1986). Vocal affect expression: A review and a model for future research. *Psychological Bulletin, 99,* 143-165.

Scherer, K. R. (1988). Criteria for emotion antecedent appraisal: A review. In V. Hamilton, G. H. Bower,

& N. H. Frijda (Eds.), *Cognitive perspectives on emotion and motivation* (pp. 89–126). Dordrecht, The Netherlands: Kluwer.

Scherer, K. R. (1997). The role of culture in emotion antecedent appraisal. *Journal of Personality and Social Psychology, 73,* 902–922.

Scherer, K. R., Johnstone, T., & Klasmeyer, G. (2003). Vocal expression of emotion. In R. J. Davidson, K. R. Scherer, & H. H. Goldsmith (Eds.), *Handbook of affective sciences* (pp. 433–456) New York, NY: Oxford University Press.

Scherer, K. R., Zentner, M. R., & Stern, D. (2004). Beyond surprise: The puzzle of infants' expressive reactions to expectancy violation. *Emotion, 4*(4), 389–402.

Schimmack, U. (1996). Cultural influences on the recognition of emotion by facial expressions: Individualistic or Caucasian cultures? *Journal of Cross-Cultural Psychology, 27,* 37–50.

Schimmack, U., Oishi, S., & Diener, E. (2002). Cultural influences on the relation between pleasant emotions and unpleasant emotions: Asian dialectic philosophies or individualism-collectivism? *Cognition and Emotion, 16,* 705–719.

Schimmack, U., Oishi, S., & Diener, E. (2005). Individualism: A valid and important dimension of cultural differences between nations. *Personality and Social Psychology Review, 9,* 17–31.

Schnall, S. (2011). Clean, proper, and tidy are more than the absence of dirty, disgusting and wrong. *Emotion Review, 3,* 264–266.

Schore, A. N. (1999). *Affect regulation and the origin of the self: The neurobiology of emotional development.* Hillsdale, NJ: Lawrence Erlbaum Associates.

Schubert, T. W., & Koole, S. L. (2009). The embodied self: Making a fist enhances men's power-related self-conceptions. *Journal of Experimental Social Psychology, 45,* 828–834.

Schueller, S. M., & Seligman, M. E. P. (2010). Pursuit of pleasure, engagement, and meaning: Relationships to subjective and objective measures of well-being. *Journal of Positive Psychology, 5,* 253–263.

Schultz, W., Dayan, P., & Montague, P. R. (1997). A neural substrate of prediction and reward. *Science, 275,* 1593–1599.

Schwarz, N. (1990). Feelings as information: Informational and motivational functions of affective states. In E. T. Higgins & R. M. Sorrentino (Eds.), *Handbook of motivation and cognition* (Vol. 2, pp. 527–561). New York, NY: Guilford.

Schwarz, N. (2005). When thinking feels difficult: Meta-cognitive experiences in judgment and decision making. *Medical Decision Making, 25,* 105–112.

Schwarz, N., & Clore, G. L. (1983). Mood, misattribution, and judgments of well-being: Informative and directive functions of affective states. *Journal of Personality and Social Psychology, 45,* 513–523.

Segal, Z. V., & Williams, J. M. G., & Teasdale, J. D. (2002). *Mindfulness based cognitive therapy for depression: A new approach to preventing relapse.* New York, NY: Guilford.

Segal, Z. V., & Williams, J. M. G., Teasdale, J. D., & Gemar, M. (1996). A cognitive science perspective on kindling and episode sensitization in recurrent affective disorder. *Psychological Medicine, 26,* 371–380.

Selye, H. (1936). A syndrome produced by diverse nocuous agents. *Nature, 138,* 32.

Serketich, W. J., & Dumas, J. E. (1996). The effectiveness of behavioral parent training to modify antisocial behavior in children: A meta-analysis. *Behavior Therapy, 27*(2), 171–186.

Sessa, F. M., Steinberg, L., Avenevoil, S., Silk, J. S., & Morris, A. S. (2004). Neighborhood cohesion as a buffer against hostile maternal parenting. *Journal of Family Psychology, 18*(1), 135–146.

Seyfarth, R. M., & Cheney, D. L. (1992). Meaning and mind in monkeys. *Scientific American, 267,* 122–129.

Shaffer, A., Burt, K. B., Obradović, J., Herbers, J. E., & Masten, A. S. (2009). Intergenerational continuity in parenting quality: The mediating role of social competence. *Developmental Psychology, 45*(4), 1227–1240.

Shakespeare, W. (1600). *Hamlet.* London, UK: Methuen (current edition 1981).

Shakespeare, W. (1923a). As you like it. In A. Harbage (Ed.), *The complete Pelican Shakespeare: Comedies and romances* (pp. 200-229). Harmondsworth: Penguin (current edition 1969).

Shakespeare, W. (1923b). *The Norton Shakespeare* (S. Greenblatt, Ed.). New York, NY: Norton (modern edition 1997).

Sharot, T., Korn, C. W., & Dolan, R. J. (2011). How unrealistic optimism is maintained in the face of reality. *Nature Neuroscience* (Advance online).

Shaver, P., Hazan, C., & Bradshaw, D. (1988). Love as attachment: The integration of three behavioral systems. In R. J. Sternberg & M. L. Barnes (Eds.), *The psychology of love* (pp. 68-99). New Haven, CT: Yale University Press.

Shaver, P., Schwartz, J. C., Kirson, D., & O'Connor, C. (1987). Emotion knowledge: Further exploration of a prototype approach. *Journal of Personality and Social Psychology, 52,* 1061-1086.

Shaw, D. S., Gilliom, M., Ingoldsby, E. M., & Nagin, D. S. (2003). Trajectories leading to school-age conduct problems. *Developmental Psychology, 39*(2), 189.

Shaw, D. S., Lacourse, E., & Nagin, D. S. (2005). Developmental trajectories of conduct problems and hyperactivity from ages 2 to 10. *Journal of Child Psychology and Psychiatry, 46*(9), 931-942.

Shaw, P., Kabani, N. J., Lerch, J. P., Eckstrand, K., Lenroot, R., Gogtay, N., et al. (2008). Neurodevelopmental trajectories of the human cerebral cortex. *Journal of Neuroscience, 28*(14), 3586-3594.

Shay, J. (1995). *Achilles in Vietnam: Combat trauma and the undoing of character.* New York, NY: Simon & Schuster.

Shearn, D., Bergman, E., Hill, K., Abel, A., & Hinds, L. (1990). Facial coloration and temperature responses in blushing. *Psychophysiology, 27,* 687-693.

Shearn, D., Bergman, E., Hill, K., Abel, A., & Hinds, L. (1992). Blushing as a function of audience size. *Psychophysiology, 29,* 431-436.

Shelley, M. (1818). *Frankenstein, or modern Prometheus.* Harmondsworth: Penguin (current edition 1985).

Sherif, M. (1956, November). Experiments in group conflict. *Scientific American, 195,* 54-58.

Sherif, M., & Sherif, C. W. (1953). *Groups in harmony and in tension.* New York, NY: Harper & Row.

Sherman, G. D., & Haidt, J. (2011). Cuteness and disgust: The humanizing and dehumanizing effects of emotion. *Emotion Review, 3,* 245-251.

Shields, S. A. (1991). Gender in the psychology of emotion: A selective research review. In K. T. Strongman (Ed.), *International Review of Studies in Emotion* (Vol. 1, pp. 227-245). Chichester, UK: Wiley.

Shields, S. A. (2005). The politics of emotion in everyday life: "Appropriate" emotion and claims on identity. *Review of General Psychology, 9,* 3-15.

Shields, S. A. (2002). *Speaking from the heart: Gender and the social meaning of emotion.* Cambridge, MA: Cambridge University Press.

Shikibu, M. (c. 1000). *The tale of Genji* (R. Tyler, Trans.). New York, NY: Viking Penguin (2001).

Shiota, M. N. Campos, B. C., Gonzaga, G. C., Keltner, D., & Peng, K (2010). I love you but . . . : Cultural differences in emotional complexity during interaction with a romantic partner. *Cognition and Emotion, 24*(5), 786-799.

Shiota, M. N., Keltner, D., & John, O. P. (2006). Positive emotion dispositions differentially associated with Big Five personality and attachment style. *Journal of Positive Psychology, 1*(2), 61-71.

Shokonoff, J. P., Boyce, W. T., & McEwen, B. S. (2009). Neuroscience, molecular biology and the childhood roots of health disparities: Building a new framework for health promotion and disease prevention. *Journal of the American Medical Association, 301*(21), 2252-2259.

Shrout, P. E., Link, B. G., Dohrenwend, B. P., Skodal, A. E., Stueve, A., & Mirtznik, J. (1989). Characterizing life events as risk factors for depression: The role of fateful loss events. *Journal of Abnormal Psychology, 98,* 460-467.

Shweder, R. (1990). In defense of moral realism: Reply to Gabannesch. *Child Development, 61,* 2060-2067.

Shweder, R. A., & Haidt, J. (2000). The cultural psychology of the emotions: Ancient and new. In M. Lewis & J. M. Haviland-Jones (Eds.), *Handbook of emotions* (2nd ed., pp. 397-414). New York, NY: Guilford.

Shweder, R. A., Much, N. C., Mahapatra, M., & Park, L. (1997). The "big three" of morality (autonomy, community, divinity), and the "big three" explanations of suffering. In A. Brandt & P. Rozin (Eds.), *Morality and health* (pp. 119-169). New York, NY: Routledge.

Sibley, C., & Ahlquist, J. E. (1984). The phylogeny of the hominid primates, as indicated by DNA-RNA hybridization. *Journal of Molecular Evolution, 20,* 2-15.

Siegle, G. J., Steinhauer, S. R., Thase, M. E., Stenger, V. A., & Carter, C. S. (2002). Can't shake that feeling: Event-related fMRI assessment of sustained amygdala activity in response to emotional information in depressed individuals. *Biological Psychiatry, 51,* 693-707.

Siegman, A. W., Townsend, S. T., Civilek, A. C., et al. (2000). Antagonistic behavior, dominance, hostility, and coronary heart disease. *Psychosomatic Medicine, 62,* 248-257.

Sijtsema, J. J., Ojanen, T., Veenstra, R., Lindenberg, S., Hawley, P. H., & Little, T. D. (2009). Forms and functions of aggression in adolescent friendship selection and influence: A longitudinal social network analysis. *Social Development, 19,* 515-34.

Silk, J. B., Alberts, S. C., & Altmann, J. (2003). Social bonds of female baboons enhance infant survival. *Science, 302,* 1231-1234.

Silk, J. S., Sessa, F. M., Morris, A. S., Steinberg, L., & Avenevoli, S. (2004). Neighborhood cohesion as a buffer against hostile maternal parenting. *Journal of Family Psychology, 18,* 120-134.

Simon, H. A. (1967). Motivational and emotional controls of cognition. *Psychological Review, 74,* 29-39.

Simon-Thomas, E., Godzik, J., Castel, E., Antonenko, O., Ponz, A., Kogan, A., & Keltner, D. (2011). An fMRI study of caring vs self-focus during induced compassion and pride. *Social and Cognitive Affective Neuroscience, 7*(6), 635-648.

Simon-Thomas, E. R., Keltner, D. J., Sauter, D., Sinicropi-Yao, L., & Abramson, A. (2009). The voice conveys specific emotions: Evidence from vocal burst displays. *Emotion, 9,* 838-846.

Simpson, J. A., & Kenrick, D. T. (1998). *Evolutionary social psychology.* Hillsdale, NJ: Lawrence Erlbaum.

Singer, J. A., & Salovey, P. (1993). *The remembered self: Emotion and memory in personality.* New York, NY: Free Press.

Singer, J. A., & Singer, J. L. (1992). Transference in psychotherapy and daily life: Implications of current memory and social cognition research. In J. W. Barron, M. N. Eagle, & D. L. Wolinsky (Eds.), *Interface of psychoanalysis and psychology* (pp. 516-538). Washington, DC: American Psychological Association.

Singer, T., Seymour, B., O'Doherty, J., Kaube, H., Dolan, R. J., & Frith, C. (2004). Empathy for pain involves the affective but not sensory components of pain. *Science, 303,* 1157-1162.

Singh, D., Dixson, B. J., Jessop, T. S., Morgan, B., & Dixson, A. F. (2010). Cross-cultural consensus for waist-hip ratio and women's attractiveness. *Ethology and Sociobiology, 31,* 176-181.

Singh, L., Morgan, J. L., & Best, C. T. (2002). Infants' listening preferences: Baby talk or happy talk? *Infancy, 3*(3), 365-394.

Skarin, K. (1977). Cognitive and contextual determinants of stranger fear in six- and eleven-month-old infants. *Child Development, 48*(2), 537-544.

Slade, A. (2005). Parental reflective functioning: An introduction. *Attachment & Human Development, 7*(3), 269-281.

Slade, A., Grienenberger, J., Bernbach, E., Levy, D., & Locker, A. (2005). Maternal reflective functioning, attachment, and the transmission gap: A preliminary study. *Attachment& Human Development, 7*(3), 283-298.

Slater, A., Bremner, G., Johnson, S. P., Sherwood, P., Hayes, R., & Brown, E. (2000). Newborn infants' preference for attractive faces: The role of internal and external facial features. *Infancy, 1*(2), 265-274.

Slater, A., & Lewis, M. (2007). *Introduction to infant development* (2nd ed.). New York, NY: Oxford University Press.

Sloane, R. B., Staples, F. R., Cristol, A. H., Yorkston, N. J., & Whipple, K. (1975). *Psychotherapy versus behavior therapy.* Cambridge, MA: Harvard University Press.

Slopen, N., Fitzmaurice, G., Williams, D. R., & Gilman, S. E. (2010). Poverty, food insecurity, and the behavior for childhood internalizing and externalizing disorder. *Journal of the Academy of Child and Adolescent Psychiatry, 49*(5), 444-452.

Smillie, L. D., Pickering, A. D., & Jackson, C. J. (2006). The new reinforcement sensitivity theory: Implications for personality measurement. *Personality and Social Psychology Review: An Official Journal of the Society for Personality and Social Psychology, Inc., 10*(4), 320-335.

Smit, Y., Hulbers, M. J. H., Ioannidis, J. P. A., van Dyck, R., van Tilberg, W., & Artz, A. (2012). The effectiveness of long-term psychoanalytic psychotherapy: A meta-analysis of randomized controlled trials. *Clinical Psychology Review, 32,* 81-92.

Smith, A. (1759). *The theory of moral sentiments.* Oxford, UK: Oxford University Press (1976).

Smith, C., & Ellsworth, P. (1985). Patterns of cognitive appraisal in emotion. *Journal of Personality and Social Psychology, 48,* 813-838.

Smith, E. R. (1993). Social identity and social emotions: Toward new conceptualizations of prejudice. In D. M. Mackie & D. L. Hamilton (Eds.), *Affect, cognition, and stereotyping* (pp. 297-315). New York, NY: Academic Press.

Smith, M. L., Glass, G. V., & Miller, T. I. (1980). *The benefits of psychotherapy.* Baltimore, MD: Johns Hopkins University Press.

Smith, J. M., Alloy, L. B., & Abramson, L. Y. (2006). Rumination, hopelessness and suicidal ideation: Multiple pathways to self-injurious thinking. *Suicide and Life-threatening Behavior 36*(4), 443-454.

Smith, T. W., & Ruiz, J. M. (2002). Psychosocial influences on the development and course of coronary heart disease: Current status and implications for research and practice. *Journal of Consulting and Clinical Psychology, 70,* 548-568.

Smoski, M. J., & Bachorowski, J.-A. (2003). Antiphonal laughter between friends and strangers. *Cognition and Emotion, 17,* 327-340.

Snowdon, C. T. (2003). Expression of emotion in non-human animals. In R. Davidson, K. Scherer, & H. H. Goldsmith (Eds.), *Handbook of affective sciences* (pp. 457-480). London, UK: Oxford University Press.

Snyder, C. R., & Heinze, L. S. (2005). Forgiveness as a mediator of the relationship between PTSD and hostility in survivors of childhood abuse. *Cognition and Emotion, 19,* 413-431.

Snyder, J., Stoolmiller, M., & Wilson, M. (2003). Child anger regulation, parental responses to children's anger displays, and early child antisocial behavior. *Social Development, 12,* 335-360.

Sober, E., & Wilson, D. S. (1998). *Unto others: The evolution and psychology of unselfish behavior.* Cambridge, MA: Harvard University Press.

Sogon, S., & Masutani, M. (1989). Identification of emotion from body movements. *Psychological Reports, 65,* 35-46.

Solomon, R. C. (1977). *The passions.* New York, NY: Anchor.

Solomon, R. C. (2004). Emotions, thoughts, and feelings: Emotions as engagements with the world. In R. C. Solomon (Ed.), *Thinking about feeling: Contemporary philosophers on emotions* (pp. 76-88). New York, NY: Oxford University Press.

Solomon, R. C. (2007). *True to our feelings: What our emotions are really telling us.* New York, NY: Oxford University Press.

Solomon, Z., & Bromet, E. (1982). The role of social factors in affective disorder: An assessment of the vulnerability model of Brown and his colleagues. *Psychological Medicine, 12,* 125-130.

Sorabji, R. (2000). *Emotion and peace of mind: From Stoic agitation to Christian temptation.* Oxford, UK: Oxford University Press.

Sorce, J. F., Emde, R. N., Campos, J., & Klinnert, M. D.

(1985). Maternal emotional signaling: Its effect on the visual cliff behavior of 1-year-olds. *Developmental Psychiatry, 21*(1), 195-200.

Soto, J., Perez, C. R., Kim, Y.-H., Lee, E. A., & Minnick, M. R. (2011). Is expressive suppression always associated with poorer psychological functioning? A cross-cultural comparison between European Americans and Hong Kong Chinese. *Emotion, 11*, 1450-1455.

Spangler, G., Maier, U., Geserick, B., & von Wahlert, A. (2010). The influence of attachment representation on parental perception and interpretation of infant emotions: A multilevel approach. *Developmental Psychobiology, 52*(5), 411-423.

Spielberger, C. D. (1983). *State-Trait Anxiety Inventory for Adults.* Palo Alto, CA: Mind Garden.

Spielberger, C. D. (1996). *Manual for the State-Trait Anger Expression Inventory (STAXI).* Odessa, FL: Psychological Assessment Resources.

Spinoza, B. (1661-1675). *On the improvement of the understanding, The ethics, and Correspondence* (R. H. M. Elwes, Trans.). New York, NY: Dover (current edition 1955).

Spock, B. (1945). *The common sense book of baby and child care.* New York, NY: Dell, Sloan & Pearce.

Sroufe, A. (2009). The concept of development in developmental psychopathology. *Child Development Perspectives, 3*(3), 178-183.

Sroufe, A. (2005). Attachment and development: A prospective, longitudinal study from birth to adulthood. *Attachment & Human Development, 7*, 349-367.

Sroufe, L. A. (1997). Psychopathology as an outcome of development. *Development and Psychopathology, 9*, 251-268.

Stack, D. M. (2001). The salience of touch and physical contact during infancy: Unraveling some of the mysteries of the somesthetic sense. In G. Bremner & A. Fogel (Eds.), *Blackwell handbook of infant development* (pp. 351-378). Malden, MA: Blackwell.

Stack, E. C., Balakrishnan, R., Numan, M. J., & Numan, M. (2002). A functional neuroanatomical investigation of the role of the medial preoptic area in neural circuits regulating maternal behavior. *Behavioral Brain Research, 131*(1-2), 17-36.

Staines, J. (2004). Compassion in the public sphere of Milton and King Charles. In G. K. Paston, K. Rowe, & M. Floyd-Wilson (Eds.), *Reading the early modern passions: Essays in the cultural history of emotion* (pp. 89-110). Philadelphia: University of Pennsylvania Press.

Stanislavski, C. (1965). *An actor prepares* (E. R. Habgood, Trans.). New York, NY: Theater Arts Books.

Stanovich, K. E. (2004). *The robot's rebellion: Finding meaning in the age of Darwin.* Chicago, IL: University of Chicago Press.

Starkstein, S. E., & Robinson, R. G. (1991). The role of the frontal lobes in affective disorder following stroke. In H. S. Levin, H. M. Eisenberg, & A. L. Benton (Eds.), *Frontal lobe function and dysfunction* (pp. 283-303). New York, NY: Oxford University Press.

Stearns, P. N., & Haggarty, T. (1991). The role of fear: Transitions in American emotional standards for children, 1850-1950. *The American Historical Review, 96*, 63-94.

Stein, M. B., Simmons, A. N., Feinstein, J. S., & Paulus, M. P. (2007). Increased amygdala and insula activation during emotion processing in anxiety-prone subjects. *American Journal of Psychiatry, 164*(2), 318-327.

Stein, N., Folkman, S., Trabasso, T., & Richards, T. A. (1997). Appraisal and goal processes as predictors of psychological well-being in bereaved caregivers. *Journal of Personality and Social Psychology, 72*, 872-884.

Stein, N. L., Liwag, M., & Trabasso, T. (1995). *Remembering the distant past: Understanding and remembering emotional events.* Paper presented to the Biennial Meeting of the Society for Research in Child Development. Indianapolis, March 30-April 2.

Stein, N. L., Trabasso, T., & Liwag, M. (1994). The Rashomon phenomenon: Personal frames and future-oriented appraisals in memory for emotional events. In M. M. Haith, J. B. Benson, R. J. Roberts, & B. F. Pennington (Eds.), *Future oriented processes,*

Chicago, IL: University of Chicago Press.

Steiner, J. E., Glaser, D., Hawilo, M. E., & Berridge, K. C. (2001). Comparative expression of hedonic impact: Affective reactions to tates by human infants and other primates. *Neuroscience and Biobehavior Reviews, 25*(1), 53-74.

Stemmler, G. (2003). Methodological considerations in the psychophysiological study of emotion. In R. J. Davidson, K. R. Scherer, & H. H. Goldsmith (Eds.), *Handbook of affective sciences* (pp. 225-255). New York, NY: Oxford University Press.

Stemmler, G., & Wacker, J. (2010). Personality, emotion, and individual differences in physiological responses. *Biological Psychology, 84,* 541-551.

Stenberg, C. R., Campos, J. J., & Emde, R. N. (1983). The facial expression of anger in seven-month-old infants. *Child Development, 54*(1), 178-184.

Sterba, S. K., Prinstein, M. J., & Cox, M. J. (2007). Trajectories of internalizing problems across childhood: Heterogeneity, external validity, and gender differences. *Development and Psychopathology, 19*(2), 345.

Stern, D. (1985). *The interpersonal world of the infant.* New York, NY: Basic Books.

Sternberg, R. J. (1997). Construct validation of a triangular love scale. *European Journal of Social Psychology, 27,* 313-335.

Stevenson, R. L. (1886). *Dr Jekyll and Mr Hyde.* Harmondsworth: Penguin (current edition 1979).

Stewart, R. E., & Chambless, D. L. (2009). Cognitive-behavioral therapy for adult anxiety disorders in clinical practice: A meta-analysis of effectiveness studies. *Journal of Consulting and Clinical Psychology, 77,* 595-606.

Stewart, M. E., Ebmeier, K. P., & Deary, I. J. (2005). Personality correlates of happiness and sadness: EPQ-R and TPQ compared. *Personality and Individual Differences, 38,* 1085-1096.

Stice, E. (2002). Risk and maintenance factors for eating pathology: A meta-analytic review. *Psychological Bulletin, 128*(5), 825-848.

Stice, E., Ragan, J., & Randall, P. (2004). Prospective relations between social support and depression: Differential direction of effects for parent and peer support. *Journal of Abnormal Psychology, 113,* 155-159.

Stipek, D., Recchia, S., & McClintic, S. (1992). Self-evaluation in young children. *Monographs of the Society for Research in Child Development, 57*(1), 1-84.

Storbeck, J., & Clore, G. L. (2008). Affective arousal as information: How affective arousal influences judgments, learning, and memory. *Social and Personality Psychology Compass, 2,* 1824-1843.

Strachey, J. (1934). The nature of the therapeutic action in psychoanalysis. *International Journal of Psychoanalysis, 15,* 127-159.

Strack, F., Martin, L. L. & Stepper, S. (1988). Inhibiting and facilitating conditions of the human smile: A nonobtrusive test of the facial feedback hypothesis. *Journal of Personality and Social Psychology, 54,* 768-777.

Strakowski, S. M., DelBello, M. P., Sax, K. W., Zimmerman, M. E., Shear, P. K., Hawkins, J. M., & Larson, E. R. (1999). Brain magnetic resonance imaging of structural abnormalities in bipolar disorder. *Archives of General Psychiatry, 56,* 254-260.

Stretton, M. S., & Salovey, P. (1998). Cognitive and affective components of hypochondriacal concerns. In W. F. Flack & J. D. Laird (Eds.), *Emotions in psychopathology: Theory and research* (pp. 265-279). New York, NY: Oxford University Press.

Striano, T., Brennan, P. A., & Vanman, E. J. (2002). Maternal depressive symptoms and 6-month-old infants' sensitivity to facial expressions. *Infancy, 3*(1), 115-126.

Striano, T., Henning, A., & Stahl, D. (2005). Sensitivity to social contingencies between 1 and 3 months of age. *Developmental Science, 8*(6), 509-518.

Stringer, C., & Gamble, C. (1993). *In search of the Neanderthals.* New York, NY: Thames and Hudson.

Stroebe, W., & Stroebe, M. S. (1996). The social psychology of social support. In E. T. Higgins & A. W. Kruglanski (Eds.), *Social psychology: Handbook of basic principles* (pp. 597–621). New York, NY: Guilford.

Strohminger, N., Lewis, R. L., & Meyer, D. E. (2011). Divergent effects of different positive emotions on moral judgment. *Cognition, 119,* 295–300.

Stroop, J. R. (1935). Studies of interference in serial verbal reactions. *Journal of Experimental Psychology, 18,* 643–666.

Stroud, C. B., Davila, J., Hammen, C. L., & Vrshek-Schallhorn, S. (2011). Severe and nonsevere events in first onsets versus recurrences of depression: Evidence for stress sensitization. *Journal of Abnormal Psychology, 120,* 142–154.

Sturgeon, D., Turpin, D., Kuipers, L., Berkowitz, R., & Leff, J. (1984). Psychophysiological responses of schizophrenic patients to high and low Expressed Emotion relatives: A follow-up study. *British Journal of Psychiatry, 145,* 62–69.

Stuss, D. T., & Benson, D. F. (1984). Neuropsychological studies of the frontal lobes. *Psychological Bulletin, 95,* 3–28.

Stylianou, S. (2003). Measuring crime seriousness perceptions: What have we learned and what else do we want to know? *Journal of Criminal Justice, 31,* 37–56.

Suh, E., Diener, E., Oishi, S., & Triandis, H. C. (1998). The shifting basis of life satisfaction judgments across cultures: Emotions versus norms. *Journal of Personality and Social Psychology, 74,* 482–493.

Sullivan, H. S. (1953). *The interpersonal theory of psychiatry.* New York, NY: Norton.

Sullivan, P. F., Neale, M. C., & Kendler, K. S. (2000). The genetic epidemiology of major depression: A review and a meta-analysis. *American Journal of Psychiatry, 157,* 1552–1562.

Sulloway, F. J. (1979). *Freud, biologist of the mind: Beyond the psychoanalytic legend.* New York, NY: Basic Books.

Suls, J., & Martin, R. (2005). The daily life of the garden-variety neurotic: Reactivity, stressor exposure, mood spillover, and maladaptive coping. *Journal of Personality, 73*(6), 1485–1510.

Sutton, S. K., & Davidson, R. J. (1997). Prefrontal brain asymmetry: A biological substrate of the behavioral approach and inhibition systems. *Psychological Science, 8,* 204–210.

Svejda, M. J. Campos, J. J., & Emde, R. N. (1980). Mother-infant "bonding": Failure to generalize. *Child Development, 56,* 775–779.

Svejda, M. J., Pannabecker, B. J., & Emde, R. N. (1982). Parent-to-infant attachment: A critique of the early "bonding" model. In R. N. Emde & R. J. Harmon (Eds.), *The development of attachment and affiliative systems* (pp. 83–93). New York, NY: Plenum.

Swain, J. E. (2010). The human parental brain: In vivo neuroimaging. Progress in Neuropsychopharmacology. *Biological Psychiatry, 35,* 1242–1254.

Szechtman, H., & Woody, E. (2004). Obsessive-compulsive disorder as a disturbance of security motivation. *Psychological Review, 111,* 111–127.

Tajfel, H. (1982). Social psychology of intergroup relations. *Annual Review of Psychology, 33,* 1–39.

Tajfel, H., & Turner, T. (1979). An integrative theory of intergroup conflict. In W. G. Austin & S. Worchel (Eds.), *The social psychology of intergroup relations.* Monterey, CA: Brooks Cole.

Tamir, M., Mitchell, C., & Gross, J. J. (2008). Hedonic and instrumental motives in anger regulation. *Psychological Science, 19,* 324–328.

Tan, E. S. (1996). *Emotion and the structure of film: Film as an emotion machine.* Mahwah, NJ: Erlbaum.

Tangney, J. P. (1990). Assessing individual differences in proneness to shame and guilt: Development of the self-conscious affect and attribution inventory. *Journal of Personality and Social Psychology, 59,* 102–111.

Tangney, J. P. (1992). Situational determinants of shame and guilt in young adulthood. *Personality and Social Psychology Bulletin, 18,* 199–206.

Tangney, J. P., Miller, R. S., Flicker, L., & Barlow, D. H. (1996). Are shame, guilt, and embarrassment distinct emotions? *Journal of Personality and Social Psychology, 70,* 1256–1264.

Tannen, D. (1991). *You just don't understand: Women and men in conversation*. New York, NY: Ballantine.

Tapias, M., Glaser, J., Vasquez, K. V., Keltner, D., & Wickens, T. (2007). Emotion and prejudice: Specific emotions toward outgroups. *Group Processes and InterGroup Relations, 10*, 27-41.

Tarrier, N., Barrowclough, C., Porceddu, K., & Watts, S. (1988). The assessment of psychophysiological reactivity to the Expressed Emotion of the relatives of schizophrenic patients. *British Journal of Psychiatry, 152*, 618-624.

Taumoepeau, M., & Ruffman, T. (2006). Mother and infant talk about mental states relates to desire language and emotion understanding. *Child Development, 77*(2), 465-481.

Taumoepeau, M., & Ruffman, T. (2008). Stepping stones to others' minds: Maternal talk relates to child mental state language and emotion understanding at 15, 24, and 33 months. *Child Development, 79*(2), 284-268.

Tay, L., & Diener, E. (2011). Needs and subjective well-being around the world. *Journal of Personality and Social Psychology, 101*, 354-365.

Taylor, G. J., Bagby, R. M., & Parker, J. D. A. (1991). The alexithymia construct: A potential program for psychosomatic medicine. *Psychosomatics, 32*, 153-164.

Taylor, G. J., Bagby, R. M., & Parker, J. D. A. (1997). *Disorders of affect regulation: Alexithymia in medical and psychiatric illness*. Cambridge, MA: Cambridge University Press.

Taylor, S. E., Burklund, L. J., Eisenberger, N. I., Lehman, B. J., Hilmert, C. J., & Lieberman, M. D. (2008). Neural bases of moderation of cortisol stress responses by psychosocial resources. *Journal of Personality and Social Psychology, 95*, 197-211.

Taylor, S. E., Klein, L. C., Lewis, B. P., Gruenewal, T. L., Gurung, R. A. R., & Updegraff, J. A. (2000). Biobehavioral responses to stress in females: Tend-and-befriend, not fight-or-flight. *Psychological Review, 107*, 411-429.

Teasdale, J. (1988). Cognitive vulnerability to persistent depression. *Cognition and Emotion, 2*, 247-274.

Thagard, P., & Nerb, J. (2002). Emotional gestalts: Appraisal, change, and the dynamics of affect. *Personality and Social Psychology Review, 6*(4), 274-282.

Thiruchselvam, R., Blechert, J., Sheppes, G., Rydstrom, A., & Gross, J. J. (2011). The temporal dynamics of emotion regulation: An EEG study of distraction and reappraisal. *Biological Psychology, 87*, 84-92.

Thirwall, K., & Creswell, C. (2010). 48. *Behaviour Research and Therapy, 48*, 1041-1046.

Thoits, P. A. (1986). Social support as coping assistance. *Journal of Consulting and Clinical Psychology, 54*, 416-423.

Thoits, P. A. (1995). Identity-relevant events and psychological symptoms: A cautionary tale. *Journal of Health and Social Behavior, 36*, 72-82.

Thomas, A., & Chess, S. (1977). *Temperament and development*. New York, NY: Brunner/Mazel.

Thomas, E. M. (1989). *The harmless people* (Rev. ed.). New York, NY: Random House.

Thompson, R. A. (1994). Emotion regulation: A theme in search of definition. *Monographs of the Society for Research in Child Development (Serial No. 240), 59*(2-3), 25-52.

Thompson, R. A. (Ed.). (2007). *Handbook of emotion regulation*. New York, NY: Guilford Press.

Thompson, R. A. (2008). Early attachment and later development: Familiar questions, new answers. In J. Cassidy & P. R. Shaver (Eds.), *Handbook of attachment* (2nd ed., pp. 348-365). New York, NY: Guilford.

Thompson, R. A., Lewis, M. D., & Calkins, S. D. (2008). Reassessing emotion regulation. *Child Development Perspectives, 2*(3), 124-131.

Tiedens, L., & Leach, C. W. (Eds.). (2004). *The social life of emotions*. New York, NY: Cambridge University Press.

Tiedens, L. Z. (2000). Powerful emotions: The vicious cycle of social status positions and emotions, *Emotions in the workplace: Research, theory, and practice* (pp. 72-81). Westport, CT: Quorum Books/Greenwood.

Tiedens, L. Z. (2001). Anger and advancement versus sadness and subjugation: The effect of negative emotion expressions on social status conferral. *Journal of Personality & Social Psychology, 80*(1), 86-94.

Tiedens, L. Z., Ellsworth, P. C., & Mesquita, B. (2000). Stereotypes about sentiments and status: Emotional expectations for high- and low-status group members. *Personality and Social Psychology Bulletin, 26*(5), 560-574.

Tiedens, L. Z., & Fragale, A. R. (2003). Power moves: Complementarity in submissive and dominant nonverbal behavior. *Journal of Personality and Social Psychology, 84*, 558-568.

Tillitski, C. J. (1990). A meta-analysis of estimated effect sizes for group versus individual versus control treatments. *International Journal of Group Psychotherapy, 40*, 215-224.

Tinbergen, N. (1951). *The study of instinct.* Oxford, UK: Oxford University Press.

Tizard, B., & Hodges, J. (1978). The effect of early institutional rearing on the development of eight year old children. *Journal of Child Psychology and Psychiatry, 19*(2), 99-118.

Tomasello, M. (1999). *The cultural origins of human cognition.* Cambridge, MA: Harvard University Press.

Tomasello, M. (2008). *Origins of human communication.* Cambridge, MA: MIT Press.

Tomasello, M. (2010). Human culture in evolutionary perspective. *Advances in culture and psychology, 1*(7), 5-52.

Tomasello, M., Carpenter, M., Call, J., Behne, T., & Moll, H. (2005). Understanding and sharing intentions: The origins of cultural cognition. *Behavioral and brain sciences, 28*(5), 675-690.

Tomkins, S. S. (1962). *Affect, imagery, consciousness: Vol. 1. The positive affects.* New York, NY: Springer.

Tomkins, S. S. (1963). *Affect, imagery, consciousness: Vol. 2. The negative affects.* New York, NY: Springer.

Tomkins, S. S. (1970). Affect as the primary motivational system. In M. B. Arnold (Ed.), *Feelings and emotions: The Loyola symposium* (pp. 101-110). New York, NY: Academic Press.

Tomkins, S. S. (1978). Script theory: Differential magnification of affects. In H. E. Howe & R. A. Dienstbier (Eds.), *Nebraska Symposium on Motivation* (Vol. 26, pp. 201-236). Lincoln: University of Nebraska Press.

Tomkins, S. S. (1979). Script theory: Differential magnification of affects. In H. E. Howe & R. A. Dienstbier (Eds.), *Nebraska symposium on motivation, 1978* (pp. 201-236). Lincoln: University of Nebraska Press.

Tomkins, S. S. (1995). *Exploring affect: The selected writings of Sylvan S. Tomkins* (E. V. Demos, Ed.). New York, NY: Cambridge University Press.

Tomkins, S. S. (1984). Affect theory. In K. Scherer & P. Ekman (Eds.), *Approaches to emotion* (pp. 163-195). Hillsdale, NJ: Erlbaum.

Tong, E. M. W. (2010). Personality influences in appraisal emotion relationships: The role of neuroticism. *Journal of Personality, 78*, 393-417.

Tooby, J., & Cosmides, L. (1990). The past explains the present: Emotional adaptations and the structure of ancestral environments. *Ethology and Sociobiology, 11*, 375-424.

Tracy, J. L., & Matsumoto, D. (2008). The spontaneous display of pride and shame: Evidence for biologically innate nonverbal displays. *Proceedings of the National Academy of Sciences, 105*, 11655-11660.

Tracy, J. L., & Robins, R. W. (2004). Show your pride: Evidence for a discrete emotion expression. *Psychological Science, 15*, 94-97.

Tracy, J. L., & Robins, R. W. (2007). Emerging insights into the nature and function of pride. *Current Directions in Psychological Science, 16*, 147-150.

Tranel, D. (1994). "Acquired sociopathy?": The development of sociopathic behavior following focal brain damage. In D. Fowles (Ed.), *Progress in experimental personality and psychopathology research.* New York, NY: Springer.

Tranel, D., & Damasio, H. (1994). Neuroanatomical correlates of electrodermal skin conductance responses. *Psychophysiology, 31*, 427-438.

Triandis, H. (1972). *The analysis of subjective culture.* New York, NY: Wiley.

Triandis, H. C. (1989). The self and social behavior in differing cultural contexts. *Psychology Review, 96,* 269–289.

Triandis, H. C. (1994). *Culture and social behavior.* New York, NY: McGraw-Hill.

Triandis, H. C. (1995). *Individualism and collectivism.* Boulder, CO: Westview Press.

Trivers, R. L. (1971). The evolution of reciprocal altruism. *Quarterly Review of Biology, 46,* 35–57.

Tronick, E. Z. (1989). Emotions and emotional communications in infants. *American Psychologist, 44,* 112–119.

Tropp, M. (1976). *Mary Shelley's monster.* Boston, MA: Houghton Mifflin.

Tsai, J. L. (2007). Ideal affect: Cultural causes and behavioral consequences. *Perspectives on Psychological Science, 2,* 242–259.

Tsai, J. L., & Chentsova-Dutton, Y. (2002). Understanding depression across cultures. In I. H. Gotlib & C. L. Hammen (Eds.), *Handbook of depression* (pp. 467–491). New York, NY: Guilford.

Tsai, J. L., Chentsova-Dutton, Y., Friere-Bebeau, L. H., & Przymus, D. (2002). Emotional expression and physiology in European Americans and Hmong Americans. *Emotion, 2,* 380–397.

Tsai, J. L., Knutson, B., & Fung, H. H. (2006). Cultural variation in affect valuation. *Journal of Personality and Social Psychology, 90,* 288–307.

Tsai, J. L., & Levenson, R. W. (1997). Cultural influences on emotional responding: Chinese American and European American dating couples during interpersonal conflict. *Journal of Cross-Cultural Psychology, 28,* 600–625.

Tsai, J. L., Levenson, R. W., & Carstensen, L. L. (2000). Autonomic, expressive, and subjective responses to emotional films in older and younger Chinese American and European American adults. *Psychology and Aging, 15,* 684–693.

Tsai, J. L., Miao, F., & Seppala, E. (2007). Good feelings in Christianity and Buddhism: Religious differences in ideal affect. *Personality and Social Psychology Bulletin, 33,* 409–421.

Tsai, J. L., Simenova, D., & Watanabe, J. (2004). Somatic and social: Chinese Americans talk about emotion. *Personality and Social Psychology Bulletin, 30,* 1226–1238.

Tsang, J., McCullough, M. E., & Fincham, F. D. (2006). The longitudinal association between forgiveness and relationship closeness and commitment. *Journal of Social and Clinical Psychology, 25,* 448–472.

Tsukiura, T., & Cabeza, R. (2011). Shared brain activity for aesthetic and moral judgments: Implications for the Beauty-is-Good stereotype. *Social, Cognitive and Affective Neuroscience, 6,* 138–148.

Turner, R. A., Altemus, M., Enos, T., Cooper, B., & McGuinness, T. (1999). Preliminary research on plasma oxytocin in normal cycling women: Investigating emotion and interpersonal distress. *Psychiatry: Interpersonal & Biological Processes, 62,* 97–113.

Turner, R. A., Altemus, M., Yip, D. N., Kupferman, E., Fletcher, D., Bostrom, A., et al. (2002). Effects of emotion on oxytocin, prolactin, and ACTH in women. *Stress: The International Journal on the Biology of Stress, 5,* 269–276.

Turner, V. (1974). *Dramas, fields, and metaphors: Symbolic action in human society.* Ithaca, NY: Cornell University Press.

Uriguen, L., Arteta, D., Diez-Alarcia, R., Ferrer-Alcón, M., Diaz, A., et al. (2008). Gene expression patterns in brain cortex of three different animal models of depression. *Genes, Brain and Behavior, 7,* 649–658.

Uvnas-Moberg, K. (1994). Role of efferent and afferent vagal nerve activity during reproduction: Integrating function of oxytocin on metabolism and behaviour. *Psychoneuroendocrinology, 19,* 687–695.

Uvnas-Moberg, K. (1997). Physiological and endocrine effects of social contact. In C. S. Carter, I. I. Lederhendler, and B. Kirkpatrick (Eds.), *The integrative neurobiology of affiliation, Vol. 807* (pp. 146–163). New York, NY: New York Academy of Sciences.

Uvnas-Moberg, K. (1998). Oxytocin may mediate the benefits of positive social interaction and emotions. *Psychoneuroendocrinology, 23*(8), 819–835.

Vaccarino, F. J., Schiff, B. B., & Glickman, S. E. (1989). A biological view of reinforcement. In S. B. Klein & R. R. Mowrer (Eds.), *Contemporary learning theories*. Hillsdale, NJ: Erlbaum.

Vaish, A., Grossmann, T., & Woodward, A. (2008). Not all emotions are created equal: The negativity bias in social-emotional development. *Psychological Bulletin, 134*(3), 383–403.

Vaish, A., & Striano, T. (2004). Is visual reference necessary? Contributions of facial versus vocal cues in 12-month-olds' social referencing behavior. *Developmental Science, 7*(3), 261–269.

Vaish, A., & Warneken, F. (2011). Social cognitive contributors to young children's empathic and prosocial behavior. In J. Decety (Ed.), *Empathy from bench to bedside* (pp. 131–146). Cambridge, MA: MIT Press.

Valdesolo, P., & DeSteno, D. (2011). Synchrony and the social tuning of compassion. *Emotion, 11*, 262–266.

Van Bezooijen, R., Van Otto, S. A., & Heenan, T. A. (1983). Recognition of vocal dimensions of emotion: A three-nation study to identify universal characteristics. *Journal of Cross-Cultural Psychology, 14*, 387–406.

Van den Berghe, P. L. (1979). *Human family systems: An evolutionary view*. Amsterdam, The Netherlands: Elsevier.

van Dijk, C., de Jong, P. J., & Peters, M. L. (2009). The remedial value of blushing in the context of transgressions and mishaps. *Emotion, 9*, 287–291.

Van Egeren, L. A., Barratt, M. S., & Roach, M. A. (2001). Mother-infant responsiveness: Timing, mutual regulation, and interactional context. *Developmental Psychology, 37*(5), 684–697.

van Honk, J., Tuiten, A., de Haan, E., van, D. H., & Stam, H. (2001). Attentional biases for angry faces: Relationships to trait anger and anxiety. *Cognition & Emotion, 15*(3), 279–297.

van Ijzendoorn, M. H. (1995). Adult attachment representations, parental responsiveness, and infant attachment: A meta-analysis on the predictive validity of the Adult Attachment Interview. *Psychological Bulletin, 117*, 387–403.

van Ijzendoorn, M. H., Moran, G., Belsky, J., Pederson, D., Bakermans-Kranenburg, M., & Fisher, K. (2000). The similarity of siblings' attachments to their mother. *Child Development, 71*(4), 1086–98.

van Ijzendoorn, M., Schuengel, C., & Bakermans-Kranenburg, M. (1999). Disorganized attachment in early childhood: Meta-analysis of precursors, concomitants, and sequelae. *Development and Psychopathology, 11*, 225–249.

van Kleef, G. A., De Dreu, C. K. W., Pietroni, D., & Manstead, A. S. R. (2006). Power and emotion in negotiation: Power moderates the interpersonal effects of anger and happiness on concession making. *European Journal of social Psychology: Special issue on social power, 36*, 557–581.

van Kleef, G. A., Homan, A. C., Beersma, B., & Van Knippenberg, D. (2010). On angry leaders and agreeable followers: How leaders' emotions and followers' personalities shape motivation and team performance. *Psychological Science, 72*, 1827–1834.

van Kleef, G. A., Oveis, C., van der Löwe, I., LuoKogan, A., Goetz, J., & Keltner, D. (2008). Power, distress, and compassion: Turning a blind eye to the suffering of others. *Psychological Science, 19*, 1315–1322.

Van Tol, M. J., Van der Wee, N. J. A., Van den Heuvel, O. A., Nielen, M. M. A., Demenscu, L. R., Aleman, A., et al. (2010). Regional brain volume in depression and anxiety disorders. *Archives of General Psychiatry, 67*, 1002–1011.

van't Wout, M., Chang, L. J., & Sanfey, A. G. (2010). The influence of emotion regulation on social-interactive decision-making. *Emotion, 10*, 815–821.

Vaughn, C. E., & Leff, J. P. (1976). The influence of family and social factors on the course of psychiatric illness: A comparison of schizophrenic and depressed patients. *British Journal of Psychiatry, 129*, 125–137.

Veblen, T. (1899). *The theory of the leisure class: An economic study of institutions*. New York, NY:

Macmillan.

Vergara, C., & Roberts, J. E. (2011). Motivation and goal orientation in vulnerability to depression. *Cognition and Emotion, 25*(7), 1281-1290.

Vesga-López, O., Schneier, F., Wang, S., Heimberg, R. G., Shang-Min, L., et al. (2008). Gender differences in generalized anxiety disorder: Results from the national epidemiologic survey on alcohol and related conditions (NESARC). *Journal of Clinical Psychiatry, 69*, 1606-1616.

Visalberghi, E., & Sonetti, M. G. (1994). Lorenz's concept of aggression and recent primatological studies on aggressive and reconciliatory behaviors. *La Nuova Critica,* Nuova serie, 23-24, 57-67.

Von Uexküll, J. (1934). A stroll through the worlds of animals and men. In C. H. Schiller (Ed.), *Instinctive behavior: Development of a modem concept* (pp. 5-80). London, UK: Methuen (current edition 1957).

Vyasa. (c. 1500 BCE). *Mahabharata* (W. Buck, Trans.). Berkeley: University of California Press (current edition 1973).

Vygotsky, L. S. (1987). Emotions and their development in childhood. In R. W. Rieber & A. S. Carton (Eds.), *Collected works of L. S. Vygotsky* (Vol. 1, pp. 325-337). New York, NY: Plenum.

Wade, M., Prime, H., Browne, D., & Jenkins, J. M. (2011). A multilevel perspective on school readiness: Implications for programs and policy. In M. Boivin & K. Bierman (Eds.), *Promoting school readiness and early learning: The implications of developmental research for practice.* New York, NY: Guilford.

Wagenaar, W. A. (1986). My memory: A study of autobiographical memory over six years. *Cognitive Psychology. 18*, 225-252.

Wagner, H. L., MacDonald, C. J., & Manstead, A. S. R. (1986). Communication of individual emotions by spontaneous facial expression. *Journal of Personality and Social Psychology, 50*, 737-743.

Wakschlag, L. S., Pickett, K. E., Cook, E., et al. (2002). Maternal smoking during pregnancy and severe antisocial behavior in offspring: A review. *American Journal of Public Health, 92*, 966-974.

Waldemann, M. R., & Dieterich, J. H. (2007). Throwing a bomb on a person versus throwing a person on a bomb. *Psychological Science, 18*, 247-253.

Walker, S. P., Wachs, T. D., Gardner, J. M., Lozoff, B., Wasserman, G. A., Pollitt, E., Carter, J. A., & the International Child Development Steering Group (2007). Child development: Risk factors for adverse outcomes in developing countries. *The Lancet, 369*, 145-157.

Wallbott, H. G., & Scherer, K. (1986). How universal and specific is emotional experience? Evidence from 27 countries on five continents. *Social Science Information, 25*, 763-795.

Wallis, J. D. (2007). Orbitofrontal cortex and its contribution to decision-making. *Annual Review of Neuroscience, 30*, 31-56.

Wang, Q. (2001). "Did you have fun?" American and Chinese mother-child conversations about shared emotional experiences. *Cognitive Development, 16*(2), 693-715.

Wankerl, M., Wüst, S., & Otte, C. (2010). Current developments and controversies: Does the serotonin transporter gene-linked polymorphic region (5-HTTLPR) modulate the association between stress and depression? *Current Opinion in Psychiatry, 23*, 582-587.

Warneken, F., Chen, F., & Tomasello, M. (2006). Cooperative activities in young children and chimpanzees. *Child Development, 77*, 640-663.

Warneken, F., & Tomasello, M. (2006). Altruistic helping in human and young chimpanzees. *Science, 311* (5765), 1301-1303.

Warneken, F., & Tomasello, M. (2009). The roots of human altruism. *British Journal of Psychology, 100*, 455-471.

Washburn, S. L. (1991). Biochemical insights into our ancestry. In M. H. Robinson & L. Tiger (Eds.), *Man and beast revisited* (pp. 61-73) Washington, DC: Smithsonian Institute Press.

Waters, E., Merrick, S., Treboux, D., Crowell, J., & Albersheim, L. (2000). Attachment security in infancy and early adulthood: A twenty-year longitudinal study. *Child Development, 71*, 684–689.

Watson, D. (1988). Intraindividual and interindividual analyses of positive and negative affect: Their relation to health complaints, perceived stress, and daily activities. *Journal of Personality and Social Psychology, 54*(6), 1020–1030.

Watson, D., Clark, L., McIntyre, C. W., & Hamaker, S. (1992). Affect, personality, and social activity. *Journal of Personality and Social Psychology, 63*(6), 1011–1025.

Watson, D., Clark, L. A., & Tellegen, A. (1988). Development and validation of brief measures of positive and negative affect: The PANAS scales. *Journal of Personality and Social Psychology, 54*, 1063–1070.

Watson, J. C., Goldman, R. N., & Greenberg, L. S. (2007). *Case studies in emotion-focused treatment of depression: A comparison of good and poor outcome.* Washington, DC: American Psychological Association.

Watson J. C., Gordon, L. B., Stermac L., et al. (2003). Comparing the effectiveness of process-experiential with cognitive-behavioral psychotherapy in the treatment of depression. *Journal of Consulting and Clinical Psychology, 71*, 773–781.

Watzke, B., Rüddel, H., Jürgenson, R., Koch, U., Kriston, L., Grothgar, B., et al. (2010). Effectiveness of systematic treatment selection for psychodynamic and cognitive-behavioural therapy: Randomised controlled trial in routine mental healthcare. *British Journal of Psychiatry, 197*, 96–105.

Waugh, C. E., & Fredrickson, B. L. (2006). Nice to know you: Positive emotions, self-other overlap, and complex understanding in the formation of a new relationship. *Journal of Positive Psychology, 1*, 93–106.

Weaver, I. C., Cervoni, N., Champagne, F. A., D'Alessio, A. C., Sharma, S., Seckl, J. R., et al. (2004). Epigenetic programming by maternal behavior. *Nature Neuroscience, 7*(8), 847–854.

Weaver, I. C., Champagne, F. A., Brown, S. E., Dymov, S., Sharma, S., Meaney, M. J., et al. (2005). Reversal of maternal programming of stress responses in adult off-spring through methyl supplementation: Altering epigenetic marking later in life. *The Journal of Neuroscience, 25*(47), 11045–11054.

Weaver, I. C., D'Alessio, A. C., Brown, S. E., Hellstrom, I. C., Dymov, S., Sharma, S., et al. (2007). The transcription factor nerve growth factor-inducible protein A mediates epigenetic programming: Altering epigenetic marks by immediate-early genes. *The Journal of Neuroscience, 27*(7), 1756–1768.

Weber, M. (1947). *The theory of social and economic organization* (A. M. Henderson & Talcott Parsons, Trans.). London, UK: Hodge.

Weber, R., Tamborini, R., Lee, H. E., & Stipp, H. (2008). Soap opera exposure and enjoyment: A longitudinal test of disposition theory. *Media Psychology, 11*, 462–487.

Webster, C. M., & Doob, A. N. (2011). Searching for Sasquatch: Deterrence of crime though sentence severity. In J. Petersilia & K. Reitz (Eds.), *Oxford handbook of sentencing and corrections.* New York, NY: Oxford University Press.

Webster-Stratton, C., & Herman, K. C. (2008). The impact of parent behavior-management training on child depressive symptoms. *Journal of Counseling Psychology, 55*(4), 473.

Webster-Stratton, C., Reid, J., & Hammond, M. (2001a). Social skills and problem-solving training for children with early-onset conduct problems: Who benefits? *Journal of Child Psychology and Psychiatry, 42*(7) 943–952.

Webster-Stratton, C., Reid, M. J., & Hammond, M. (2001b). Preventing conduct problems, promoting social competence: A parent and teacher training partnership in head start. *Journal of Clinical Child Psychology, 30*(3), 283–302.

Weiner, B. (1985). An attributional theory of achievement motivation and emotion. *Psychological Review, 92*, 548–573.

Weiner, B. (1986). *An attributional theory of motivation and emotion.* New York, NY: Springer-Verlag.

Weiner, B., & Graham, S. (1989). Understanding the

motivational role of affect: Lifespan research from an attributional perspective. *Cognition and Emotion, 3,* 401–419.

Weinstein, S. M., Mermelstein, R. I., Hankin, B. L., Hedeker, D., & Flay, B. R. (2007). Longitudinal patterns of daily affect and global mood during adolescence. *Journal of Research on Adolescence, 17*(3), 587–600.

Weisfeld, G. E. (1980). Social dominance and human motivation. In D. R. Omark, E. F. Strayer, & D. G. Freedman (Eds.), *Dominance relations: An ethological view of human conflict and social interaction* (pp. 273–286). New York, NY: Garland.

Weiss, S. J., Wilson, P., Hertenstein, M. J., & Campos, R. (2000). The tactile context of a mother's caregiving: Implications for attachment of low birth weight infants. *Infant Behavior and Development, 23,* 91–111.

Weissman, M. M., Bland, R., Canino, G. J., et al. (1996). Cross-national epidemiology of major depression and bipolar disorder. *Journal of the American Medical Association, 24,* 293–299.

Wellman, H. M., Cross, D., & Watson, J. (2001). Meta-analysis of theory of mind development: The truth about false belief. *Child Development, 72*(3), 655–684.

Wellman, H. M., Harris, P. L., Banerjee, M., & Sinclair, A. (1995) Early understanding of emotion: Evidence from natural language. *Cognition & Emotion, 9*(2–3), 117–149.

Wellman, H. M., & Woolley, J. D. (1990). From simple desires to ordinary beliefs: The early development of everyday psychology. *Cognition, 35*(3), 245–275.

Weltzin, T. E., Weisensel, N., Franczyk, D., Burnett, K., Klitz, C., & Bean, P. (2005). Eating disorders in men: Update. *Journal of Men's Health and Gender, 2*(2), 186–193.

Wentzel, K. R. (2009). Peers and academic functioning at school. In K. H. Rubin, W. M. Bukowski, & B. Laursen (Eds.), *Handbook of peer interactions, relationships, and groups* (pp. 531–547). New York, NY: Guilford.

Werner, E. E. (1989, April). Children of the Garden Island. *Scientific American, 260,* 106–111.

Westen, D., Novotny, C. M., & Thompson-Bremner, H. (2004). The empirical status of empirically supported therapies: Assumptions, findings, and reporting in controlled clinical trials. *Psychological Bulletin, 130,* 631–663.

Whalen, P. J., Rauch, S. L., Etcoff, N. L., McInerney, S. C., Lee, M. B., & Jenike, M. A. (1998). Masked presentations of emotional facial expressions modulate amygdala activity without explicit knowledge. *Journal of Neuroscience, 18,* 411–418.

Wheatley, T., & Haidt, J. (2005). Hypnotic disgust makes moral judgments more severe. *Psychological Science, 16,* 780–785.

Whipple, N., Bernier, A., & Mageau, G. A. (2011). Broadening the study of infant security of attachment: Maternal autonomy-support in the context of infant exploration. *Social Development, 20*(1), 17–32.

Whitley, B. E. (1993). Reliability and aspects of the construct validity of Sternberg's Triangular Love Scale. *Journal of Social and Personal Relationships, 10,* 475–483.

Wicker, B., Keysers, C., Plailly, J., Royet, J.-P., Gallese, V., & Rizzolatti, G. (2003). Both of us disgusted in *my* insula: The common neural basis of seeing and feeling disgust. *Neuron, 40,* 655–664.

Widen, S. C., & Russell, J. A. (2003). A closer look at preschoolers' freely produced labels for facial expressions. *Developmental Psychology, 39*(1), 114–128.

Widen, S. C., & Russell, J. A. (2008). Children acquire emotion categories gradually. *Cognitive Development, 23*(2), 291–312.

Widen, S. C., & Russell, J. A. (2010). Differentiation in preschooler's categories of emotion. *Emotion, 10*(5), 651–661.

Wierzbicka, A. (1999). *Emotions across languages and cultures: Diversity and universals.* Cambridge, MA: Cambridge University Press.

Wilkinson, R. G., & Pickett, K. (2009). *The spirit level: Why more equal societies almost always do better.*

London, UK: Allen Lane.

Williams, J. M. G., Watts, F. N., MacLeod, C., & Mathews, A. (1997). *Cognitive psychology and emotional disorders* (2nd ed.). Chichester, UK: Wiley.

Williams, J. R., Insel, T. R., Harbaugh, C. R., & Carter, C. S. (1994). Oxytocin administered centrally facilitates formation of a partner preference in female prairie voles (*Microtus ochrogaster*). *Journal of Neuroendocrinology, 6,* 247-250.

Williams, L. A., & DeSteno, D. (2009). Pride: Adaptive social emotion or seventh sin? *Psychological Science, 20,* 284-288.

Williams, L. M., Gatt, J. M., Schofield, P. R., Olivieri, G., Peduto, A., & Gordon, E. (2009). "Negativity bias" in risk for depression and anxiety: Brain-body fear circuitry correlates, 5-HTT-LPR and early life stress. *Neuroimage, 47*(3), 804-814.

Willis, F. N., & Briggs, L. F. (1992). Relationship and touch in public settings. *Journal of Nonverbal Behavior, 16,* 55-63.

Willis, F. N., & Hamm, H. K. (1980). The use of interpersonal touch in securing compliance. *Journal of Nonverbal Behavior, 5,* 49-55.

Wilson, A. C., & Cann, R. L. (1992, April). The recent African genesis of humans. *Scientific American, 266,* 68-73.

Wilson, M. I., & Daly, M. (1996). Male sexual proprietariness and violence against wives. *Current Directions in Psychological Science, 5,* 2-7.

Winkielman, P., Zajonc, R., & Schwartz, N. (1997). Subliminal affective priming resists attributional intervention. *Cognition and Emotion, 11,* 433-465.

Winnicott, D. W. (1958). *Through paediatrics to psychoanalysis.* London, UK: Tavistock.

Witherington, D. C., & Crichton, J. A. (2007). Frameworks for understanding emotions and their development: Functionalist and dynamic systems approaches. *Emotion, 7*(3), 628-637.

Witt, D. M., Carter, C., & Walton, D. (1990). Central and peripheral effects of oxytocin administration. *Physiology and Behavior, 37,* 63-69.

Witt, D. M., Winslow, J. T., & Insel, T. (1992). Enhanced social interaction in rats following chronic, centrally infused oxytocin. *Pharmacology, Biochemistry, and Behavior, 43,* 855-861.

Witvliet, C., Ludwig, T. E., & Vander Laan, K. L. (2001). Granting forgiveness or harboring grudges: Implications for emotion, physiology, and health. *Psychological Science, 12,* 117-123.

Wong, M., Diener, M. L., & Isabella, R. (2008). Parents' emotion-related beliefs and behaviors: Associations with children's perceptions of peer competence, child grade and sex. *Journal of Applied Developmental Psychology, 29,* 175-186.

Wood, J. V., Heimpel, S. A., & Michela, J. L. (2003). Savoring versus dampening: Self-esteem differences in regulating positive affect: Self-esteem differences in regulating positive affect. *Journal of Personality and Social Psychology, 85*(3), 566-580.

Woolf, V. (1965). *Jacob's room.* Harmondsworth: Penguin.

Wordsworth, W. (1802). Preface to Lyrical Ballads of 1802. In S. Gill (Ed.), *William Wordsworth.* Oxford, UK: Oxford University Press (1984).

World Health Organization (1983). *Depressive disorders in different cultures.* Geneva, Switzerland: World Health Organization.

World Health, Organization (2003). *International classification of diseases* (10th Rev. ed.), Clinical Modification (ICD-10-CM), pre-release draft. Geneva: World Health Organization (available at www.cdc.gov/nchs/about/otheract/icd9/icd10cm.htm).

World Health Organization (2008). ICD-10: International statistical classification of diseases and related health problems (10th Rev. ed). New York, NY: Author.

World Health Organization Consortium (2004). Prevalence, severity, and unmet need for treatment of mental disorders in the World Health Organization World Mental Health Surveys. *Journal of the American Medical Association, 291,* 2581-2590.

Worth, L. T., & Mackie, D. M. (1987). Cognitive mediation of positive affect in persuasion. *Social Cognition, 5,* 76-94.

Worthington, E. L. J. (1998). Empirical research in forgiveness: Looking backward, looking forward. In J. E. L. Worthington (Ed.), *Dimensions of forgiveness* (pp. 321-339). Philadelphia, PA: Templeton Foundation Press.

Wright, M. R. (1981). *Empedocles, the extant fragments.* New Haven, CT: Yale University Press.

Wright, R. (1992). *Stolen continents. The "New World" through Indian eyes.* Toronto, Canada: Penguin.

Wright, R. (2004). *A short history of progress.* Toronto, Canada: Anansi.

Wright, T. (1604). *The passions of the minde in generall* (reprint edited by T. O. Sloan). Urbana: University of Illinois Press (1971).

Xue, Y., Leventhal, T., Brooks-Gunn, J., & Earls, F. J. (2005). Neighborhood residence and mental health problems of 5- to 11-year-olds. *Archives of Genetic Psychiatry, 62,* 554-563.

Yagoubzadeh, Z., Jenkins, J. M., & Pepler, D. (2010) Transactional models in the relationship between child behavior and maternal negativity: A 6-year longitudinal study. *International Journal of Behavioral Development, 34,* 218-228.

Yamagata, S., Takahashi, Y., Kijima, N., Maekawa, H., Ono, Y., & Ando, J. (2005). Genetic and environmental etiology of effortful control. *Twin Research and Human Genetics, 8*(4), 300-306.

Yang, T. T., Simmons, A. N., Matthews, S. C., Tapert, S. F., Frank, G. K., Max, J. E., et al. (2010). Adolescents with major depression demonstrate increased amygdala activation. *Journal of the American Academy of Child & Adolescent Psychiatry, 49,* 42-51.

Yang, Y., Raine, A., Narr, K. L., Colletti, P., & Toga, A. W. (2009). Localization of deformations within the amygdala in individuals with psychopathy. *Archives of General Psychiatry, 66,* 986-994.

Yates, F. A. (1964). *Giordano Bruno and the Hermetic tradition.* London, UK: Routledge & Kegan Paul.

Young-Browne, G., Rosenfeld, H. M., & Horowitz, F. D. (1997). Infant discrimination of facial expressions. *Child Development, 48*(2), 555-562.

Youngblade, L. M., & Dunn, J. (1995). Individual differences in young children's pretend play with mother and sibling: Links to relationships and understanding of other people's feelings and beliefs. *Child Development, 66,* 1472-1492.

Yuille, J. C., & Cutshall, J. L. (1986). A case study of eyewitness testimony to a crime. *Journal of Applied Psychology, 71,* 291-301.

Yzerbyt, V. Y., Dumont, M., Wigboldus, D., & Gordijn, E. (2003). I feel for us: The impact of categorization and identification on emotions and action tendencies. *British Journal of Social Psychology, 42,* 533-549.

Zadeh, Z. Y., Jenkins, J., & Pepler, D. (2010). A transactional analysis of maternal negativity and child externalizing behavior. *International Journal of Behavioral Development, 34*(3), 218-228.

Zahn-Waxler, C., & Radke-Yarrow, M. (1990). The origins of empathic concern. *Motivation and Emotion, 14*(2), 107-130.

Zahn-Waxler, C., Radke-Yarrow, M., Wagner, E., & Chapman, M. (1992). Development of concern for others. *Developmental Psychology, 28,* 126-136.

Zajonc, R. B. (1980). Feeling and thinking: Preferences need no inferences. *American Psychologist, 35,* 151-175.

Zaki, J., & Ochsner, K. N. (in press). The neuroscience of empathy: Progress, pitfalls and promise. *Nature Neuroscience.*

Zald, D. (2003). The human amygdala and the emotional evaluation of sensory stimuli. *Brain Research Reviews, 41,* 88-123.

Zald, D. H., Lee, J. T., Fluegel, K. W., & Pardo, J. V. (1998). Aversive gustatory stimulation activates limbic circuits in humans. *Brain, 121,* 1143-1154.

Zelazo, P. D, & Müller, U. (2002). The balance beam in the balance: Reflections on rules, relational complexity, and developmental processes. *Journal of Experimental Child Psychology, 81*(4), 458-465.

Zhou, Q., Main, A., & Wang, Y. (in press). Temperament effortful control and anger/frustration to Chinese children's academic achievement and social adjustment: A longitudinal study. *Journal of*

Educational Psychology.

Zhou, Q., Sandler, I. N., Millsap, R. E., Wolchik, S. A., & Dawson-McClure, S. R. (2008). Mother-child relationship quality and effective discipline as mediators of the six-year effects of the New Beginnings Program for children from divorced families. *Journal of Consulting and Clinical Psychology, 76,* 579–594.

Zhou, Q., Wang, Y., Deng, X, Eisenberg, N., Wolchik, S., & Tein, J-Y. (2008). Relations of parenting and temperament to Chinese children's experience of negative life events, coping efficacy, and externalizing problems. *Child Development, 79,* 493–513.

Zillman, D. (1978). Attribution and misattribution of excitatory reactions. In J. H. Harvey, W. J. Ickes, & R. F. Kidd (Eds.), *New directions in attribution research* (Vol. 2, pp. 335–368). Hillsdale, NJ: Erlbaum.

Zillman, D. (1988). Cognitive excitation interdependencies in aggressive behavior. *Aggressive Behavior, 14,* 51–64.

Zillmann, D. (1989). Effects of prolonged consumption of pornography. In D. Zillman & J. Bryand (Eds.), *Pornography: Research advances and early policy considerations.* Hillsdale, NJ: Erlbaum.

Zillmann, D. (2000). Humor and comedy. In D. Zillmann & P. Vorderer (Eds.), *Media entertainment: The psychology of its appeal* (pp. 37–57). Mahwah, NJ: Erlbaum.

Zillmann, D., & Vorderer, P. (Eds.). (2000). *Media entertainment: The psychology of its appeal.* Mahwah, NJ: Erlbaum.

Zimbardo, P. G. (2007). *The Lucifer effect: Understanding how good people turn evil.* New York, NY: Random House.

Zimet, G., Dalhem, W., Zimet, S., & Farley, G. (1988). The multidimensional scale of perceived social support. *Journal of Personality Assessment, 52*(1), 30–41.

찾아보기

저자 소개

Dacher Keltner는 미국의 캘리포니아 대학교 버클리 캠퍼스 심리학과 교수이다. 그는 박사후 연구원으로서 Paul Ekman과 함께 3년간 연구하였다. 현재는 The Berkeley Social Interaction Lab을 이끌고 있다. 또한 그는 The Greater Good Science Center의 창립자이자 책임자이고, 인기 있는 팟캐스트 The Science of Happiness의 진행자이다.

Keith Oatley는 소설가이면서 캐나다의 토론토 대학교 인지심리학 분야의 명예교수이고, The Cognitive Science Program의 책임자이다. 그는 여섯 권의 심리학 서적을 저술하였는데, 가장 최근 책은 『Emotions: A Brief History』이다. 그가 쓴 소설 두 권 중에서 첫 번째 소설인 『The Case of Emily V.』는 최고의 최초소설을 위한 영연방 작가상(The Commonwealth Writers Prize for Best First Novel)을 수상하였다.

Jennifer M. Jenkins는 캐나다의 토론토 대학교 응용심리학 및 인간개발학과 교수이다. 그녀의 주된 연구 분야는 아동과 가정생활에서 정서과정을 이해하는 것이며, 정신병리학을 가진 아동들의 정서적 조직화, 위험요인, 회복탄력성에 관한 경험적 연구를 하고 있다. 그리고 실제적 응용 분야로서 아동의 정신건강을 증진시키기 위한 정책과 프로그램 혁신에 관심을 가지고 있다.

역자 소개

김현택(Hyun Taek Kim)은 고려대학교 심리학과 명예교수이다. 그는 『심리학: 인간의 이해』(공저, 학지사, 1996) 등 15권의 저서와 번역서, 40편 이상의 국제 학술논문, 100편 이상의 국내 학술논문을 발표하였으며, Training Emotion Recognition Using Multisensory Information: US Patent(2018) 등 다수의 특허를 소지하고 있다. 과학기술부 뇌과학사업의 뇌기능 행동측정 센터장과 융합연구센터장 등을 역임하였으며, 대검찰청, 경찰청 과학수사 자문위원 등으로 봉사하였다. 미국의 The Foundation for Neurofeedback and Applied Neuroscience가 매년 전 세계에서 한 편의 논문을 선정해서 수여하는 Annual Award for the Best Neurofeedback Article(2012)과 한국정보과학회 논문상(2019) 등을 수상하였다.
E-mail: neurolab@korea.ac.kr

정서의 이해
Understanding Emotions (3rd edition)

2021년 1월 30일 1판 1쇄 발행
2023년 3월 20일 1판 2쇄 발행

지은이 • Dacher Keltner · Keith Oatley · Jennifer M. Jenkins
옮긴이 • 김 현 택
펴낸이 • 김 진 환
펴낸곳 • **㈜ 학지사**

04031 서울특별시 마포구 양화로 15길 20 마인드월드빌딩 5층
대표전화 • 02) 330-5114   팩스 • 02) 324-2345

등록번호 • 제313-2006-000265호

홈페이지 • http://www.hakjisa.co.kr
페이스북 • https://www.facebook.com/hakjisabook

ISBN 978-89-997-2283-7 93180

정가 **29,000원**

출판미디어기업 학지사

간호보건의학출판 **학지사메디컬** www.hakjisamd.co.kr
심리검사연구소 **인싸이트** www.inpsyt.co.kr
학술논문서비스 **뉴논문** www.newnonmun.com
원격교육연수원 **카운피아** www.counpia.com